澄心清意

阅读致远

日本帝国衰亡史

上

［美］约翰·托兰——著

方宏进 何中夏 吴越——译

THE RISING SUN
The Decline and Fall of the Japanese Empire,
1936—1945

THE RISING SUN: THE DECLINE AND FALL OF THE JAPANESE EMPIRE, 1936–1945 by JOHN TOLAND
Copyright: ©1970 by John Toland. Renewed 1998
This edition arranged with BRANDT & HOCHMAN LITERARY AGENTS, INC.
through BIG APPLE AGENCY, INC., LABUAN, MALAYSIA.
Simplified Chinese edition copyright:
2022 ZHEJIANG LITERATURE AND ART PUBLISHING HOUSE
All rights reserved.

本书中文简体字版版权,浙江文艺出版社独家所有
著作权合同登记图字:11-2015-213号

图书在版编目(CIP)数据

日本帝国衰亡史:全二册/(美)约翰·托兰著;方宏进,何中夏,吴越译. —杭州:浙江文艺出版社,2022.4
ISBN 978-7-5339-6405-4

Ⅰ.①日… Ⅱ.①约… ②方… ③何… ④吴… Ⅲ.①第二次世界大战—史料—日本 Ⅳ.①K313.46

中国版本图书馆CIP数据核字(2021)第028418号

责任编辑	沈 逸　周 易		**责任校对**	陈 玲
责任印制	吴春娟		**封面设计**	水玉银文化
营销编辑	王莎惠　宋佳音　徐 全		**数字编辑**	姜梦冉　任思宇

日本帝国衰亡史

[美]约翰·托兰 著　方宏进　何中夏　吴　越 译

出版发行	浙江文艺出版社
地　址	杭州市体育场路347号
邮　编	310006
电　话	0571-85176953(总编办)
	0571-85152727(市场部)
制　版	杭州天一图文制作有限公司
印　刷	杭州杭新印务有限公司
开　本	710毫米×1000毫米　1/16
字　数	1000千字
印　张	62.75
插　页	3
版　次	2022年4月第1版
印　次	2022年4月第1次印刷
书　号	ISBN 978-7-5339-6405-4
审图号	GS(2021)878号
定　价	188.00元(全二册)

版权所有　侵权必究

(如有印装质量问题,影响阅读,请与市场部联系调换)

出版说明

约翰·托兰是美国著名作家、历史学家，他的一系列作品都行销全球、脍炙人口、深受关注。其中，《日本帝国衰亡史》（The Rising Sun: The Decline and Fall of the Japanese Empire, 1936—1945）更是获得1971年普利策非虚构类作品奖的畅销书，成为二战史写作的重要作品。该书构思于《最后一百天》（1966）之后，也是对他早期作品《不是耻辱》（1962）的补充和扩展，再次把目光投向二战时的东方政局和战事。1966年2月，托兰和他的第二任妻子寿子抵达日本，开始了长达一年多时间的密集采访和深入调研。除东京地区外，托兰的足迹遍布日本四大岛屿和许多海上小岛，包括冲绳岛、硫黄岛等，甚至还去了两趟菲律宾，挖掘到许多有用的信息。1967年5月，托兰开始写作，1968年底完成初稿，后又耗时十四个月进行反复修订。

《日本帝国衰亡史》英文版出版以来影响力巨大，不仅在于从托兰细腻的记叙中披露了许多日本政治和军事上不为人知的内幕，更重要的是，揭示了大战发生背后深层次的原因和影响，为我们深入研究和剖析日本发动战争之历史根源提供了多元的视角。比如，他在描绘日本军政高层作决策之时，插入对日本国民性的剖析，以及对日本政治传统的说明；他书写战争阴影笼罩下普通士兵与平民的故事，渲染其中的残酷、疯狂和荒诞，在探讨战争与人性的方面为我们提供了较多有益的思考。

但不可避免，也是我们在此需要特别指出的是，由于作者自身认识上的局限性，他更多的是从美国和日本的视角出发来审视当时的时局和战争，书中大量借助日方当事人的素材，难免掺杂个人感情和不自觉的立场倾向，致使书中不自觉地流露出的一些情感表达和观点并不客观与准确，与我们所持的立场不相一致，也是我们不认同的。例如，托兰在探讨日本发动侵略战争的动机时，时常聚焦于意识形态上的原因，并引用了日方当时的说辞，将之视作亚洲人合力推翻白人殖民主义的斗争，这显然不符合日军对中国发动侵略战争并犯下滔天罪行的事实；而日本提出"大东亚共荣圈"的设想，其意在扶植伪满洲国、汪伪政府以及东南亚一系列傀儡政权，实质上是要操控傀儡政权实现其侵略目的。又如，托兰以独特的笔触勾勒了裕仁天皇的形象，对裕仁的个人品性及其在最后时刻承担起投降之责的行为不乏欣赏之情，却很少直接讨论裕仁在战争中应承担的罪责。事实上，我们从托兰对一场场御前会议过程的描绘中可以清晰地看到，裕仁在战事发生的每一个关键性环节都掌握着最终的决定权，他参与和主导了日本发动侵略战争、领土扩张直至衰亡一系列过程中的重要决策，负有不可推卸的责任。还有，托兰将日本少壮派官兵的激进行为描述成"理想主义"的"下克上"，却缺乏对这些情感、观念、内在动机和性质的深刻解剖，较少论及它们与超国家主义乃至军国主义相混杂的情况。类似以上托兰著作中所反映出来的种种问题，都充分说明了当时背景下托兰本身存在的历史认知误区，我们在编辑过程中已作了一定的妥善处理，在此郑重提醒广大读者在阅读过程中要注意分辨和甄别。

在本书的编校过程中，我们参考了市面上较早的《日本帝国衰亡史》的译本，修正了既有版本中存在的一些知识性差错，在人名地名、政治机构、政策文件、军队编制、武器装备等方面都做了大量的查阅与核对工作，使之表达准确；同时，基本保留了原著中作者的大篇幅注释，并添加了大量译者注释，以说明作者写作素材的来源，以及行文中事实和观点的种种依据，便于读者更好地阅读和了解。就书中的部分表述，尤其是专有名词，作了调整并加注说明。书中难免挂一漏万，恳请方家指正，以便于今后进一步修订完善。

前　言

第二次世界大战后,大多数西方人觉得,东条大将和其他日本领导人——实际上还包括日本民众——比希特勒及其纳粹党徒好不到哪去,他们不论遭到何等的惩罚和灾难都是罪有应得。

二十五年过去了,日本在精神上和经济上已经从几乎濒临全面崩溃的困境中恢复过来,在世界民族之林中重新得到尊重。但是人们依旧会有疑问:我们怎么能佩服和尊重这样一个在战争时期常如野蛮人一般的民族呢?

本书很大程度上是尝试从日本的角度来回答上述问题,以及那场改变亚洲局面的战争所涉及的其他问题。何以一个版图仅如美国加利福尼亚州大小的国家竟敢对珍珠港发动自杀性的攻击,以至于使自己陷入绝境,要与一个比自己国力强大十倍的对手决一死战?今天看起来大致相同的两个国家之间,当时发生的那场战争真的是必不可少、无法避免的吗?是否正是那场战争的胜利使得美国从此永久性地卷入了亚洲事务呢?

即使有我的日籍夫人和她家人的帮助,我原本也没有打算写作这本书,但是发生了这样两件事:一是日本人对自己此前不久的历史所抱的态度有了重大的转变,二是出现了一些新的重要历史文献。除了日本外务省和日本防卫厅战史馆业已保存的大量材料外,最近又发现了一些被隐匿或丢失多年的宝贵材料,例如御前会议和联络会议的记录,原以为被焚

I

毁的近卫文麿的部分日记,以及1940年至1944年2月21日间出任陆军参谋总长的杉山元元帅所写的长达千页的"笔记"。

更为重要的是,日本的一些前文武高官,包括天皇的首席顾问木户幸一侯爵、天皇最小的弟弟三笠宫崇仁亲王殿下、珍珠港和中途岛战役的实际指挥官草鹿龙之介将军,以及东条的头号心腹佐藤贤了将军等,都愿意敞开心扉详细地描述这段不幸的过去。几年前,我为写《不是耻辱》一书搜集资料时,只要一触及某些敏感话题,这些人就面露难色,但是现在他们的这种心情已完全消解了。此外他们相信,战后西方人有了在亚洲的经历后,对日本过去在中国所犯的罪行会有更多的认识。那些参加过这场战争的人,从将军到士兵,也比较愿意谈及他们的罪行,说出过去难以启齿的内容:怯懦、谋杀、草菅人命、投降以及当逃兵。

为了确保准确,这些人连同其他每位与作者交谈过、其经历被写入本书的人,都阅读了书中与自己相关的段落,常常还为说明问题而添加了评论。书中的对话不是虚构的,都出自大量的谈话记录、档案材料、速记记录以及当事人的回忆。例如有关历次御前会议和联络会议上大量的辩论内容,就是根据下述资料写成的:杉山元的"笔记"、最近搜集到的官方档案资料、私人日记,以及同样出席御前会议的木户侯爵(木户侯爵在天皇每次参加会议后马上就能得到一份会议报告)、铃木贞一、星野直树和贺屋兴宣等人的谈话记录等。

我认为,美国在第二次世界大战中犯的最大的错误,就是没有意识到自己同时在打两场性质不同的战争:一场是在欧洲,与另一个西方民族及其纳粹主义作战;另一场是在亚洲,不仅是在同一个追求现代霸权的侵略性民族作战,还要在意识形态上同整个东亚竞争。

1922年,远东问题专家泰勒·丹尼特就曾写道:"包括美国在内的每个国家,对造成远东问题现今的种种遗祸都负有责任。我们所有人都应该永远抛弃自以为是、无辜受害者的伪装,以忏悔来面对现实。"

如果我们早这么做了,1941年与日本的谈判就很可能带来和平而非战争,美国也不会多年来不得已地在亚洲充当道义上的警察。道义上的警察并不是一个好充当的角色,特别是当它自己在道义上正问题重重时。

本书内容是这些被裹入人类史上最大规模战争的人们的真实写照，他们头昏脑胀、自视清高、龌龊阴暗、灰心沮丧、充满矛盾。我已尽全力要用事实本身说话，如果非要做出什么结论的话，那就是：历史教训绝不简单，那是人类本性的反复呈现，而非历史在重复。事实上我们常常可以从过往教训中受益良多，而非相反。例如，我们自己在战后亚洲的暴行，无疑能给美国人一个看清上一代日本人行径的佐证。

约翰·托兰

目 录

第一部：战争的根源
第一章 "下克上"/003
第二章 卢沟桥事变/036
第三章 "便是背水一战了"/055

第二部：黑云压城
第四章 白纸还原/093
第五章 致命的照会/129
第六章 "Z"作战计划/159
第七章 "战争到来的速度或将超出想象"/187

第三部：万岁
第八章 "视死如归"/231
第九章 "我们眼前的艰难岁月"/261
第十章 "胜机虚无缥缈，败局近在眼前"/285
第十一章 "对他们施以仁慈就是延长战争"/315
第十二章 "无愧于心"/336
第十三章 转折/358

第四部：死亡之岛
第十四章 "小本经营"行动/387
第十五章 绿色地狱/410
第十六章 "卑职罪该万死"/439
第十七章 终局/466

第五部：大军集结

第十八章　鼠辈与好汉 /493

第十九章　向马里亚纳群岛进发 /529

第二十章　"七生报国" /564

第六部：决战

第二十一章　"不让任何人丧失勇气" /593

第二十二章　莱特湾之战 /619

第二十三章　断颈岭之战 /651

第二十四章　溃败 /674

第七部：苦尽甘来

第二十五章　"天赐良机" /693

第二十六章　"就像地狱熄火之后" /724

第二十七章　江户之花 /759

第二十八章　最后一次出击 /772

第二十九章　铁台风 /796

第三十章　散兵游勇 /823

第八部：一亿玉碎

第三十一章　寻求和平 /839

第三十二章　真没有那么值得操心 /860

第三十三章　广岛 /881

第三十四章　……以及长崎 /897

第三十五章　"忍所难忍" /916

第三十六章　宫城事件 /937

第三十七章　鹤之一声 /960

尾　声 /983

第一部
战争的根源

第一章 "下克上"

第二章 卢沟桥事变

第三章 "便是背水一战了"

第一章 "下克上"

1

1936年2月25日下午的日本东京,厚厚的大雪已覆盖全城,天空却仍乌云密布,呈现凶兆。这场五十四年不遇的大雪已经下了几天,似乎还要继续下下去。三天前的傍晚,雪就已经下到一英尺厚,造成交通拥堵,一片混乱。有的剧院不得不变成临时旅社,为无法回家的观众提供住宿。

大雪覆盖下的东京掩不住其东西合璧的风采,显示正在摆脱封建色彩的日本已经成为亚洲最先进最西化的国家。离传统琉璃瓦屋顶的宫城几百米远的地方,耸立着一座四层楼的钢筋水泥建筑,这里是天皇办公室及掌管宫廷事务的机关宫内省所在地。在围绕宫城的古旧石墙和护城河之外,都市景观展现的更是东西方风格遥相呼应。一边是帝国剧院、第一生命馆等成排的西式高楼,另一边几个街区外却还是鹅卵石小巷,挤满了一间间艺伎社、寿司馆、和服店,摇摇欲坠的房子里开着各式各样的小卖部,门外挂着随风晃动的暖帘和花花绿绿的灯笼,在阴沉的天气里依旧显得喜气洋洋。

宫城旁边的一座小山坡上,国会大厦正在修建,从冲绳岛开采来的大石块仿照埃及风格的样式堆砌起来。在这座威严的大厦后面,是一栋栋政府首脑的官邸。其中最大的一处是首相官邸,由两幢楼组成,办公楼区是弗兰克·劳埃德·赖特①早期风格的西式建筑，而生活楼区则还是日式风格的，有薄如纸的墙壁、推拉门和榻榻米。

外表平静的东京此时正酝酿着一场骚动，大雪覆盖的街头即将迎来剧烈的冲突。宫城外侧有一处兵营，驻守着陆军第一（玉）师团的部队。现在这里正被有关当局密切关注。因为陆军省的一名少佐向上级密报，这个兵营里的军人将要发动武装叛乱。他从一名年轻军官那里刺探到，一批激进分子计划当天暗杀天皇的几名高级幕僚。现在嫌疑分子已被监控，政界要人身边也加派了临时保镖。同时，首相官邸的门窗都用钢条加固，还安装了直通警视厅的报警器。宪兵队和警方还是信心满满的，觉得这一小撮情绪激愤的叛乱分子翻不起多大的浪，况且他们还对密报是否属实将信将疑，毕竟这一天眼瞅着就要过去了。

这种掉以轻心的态度实际上是大错特错了，因为反叛情绪在这支精锐的宫城卫队里已经强烈到无以复加。这支部队桀骜不驯，上峰已经下令近期就要把他们调到"满洲"②去，而他们作出的回应，则是一批人以演习为名跑到警视厅大门外集体当街撒尿。这次准备造反起事的不是几个人，而是1400多人，他们也不只是准备袭击几个政客，而是要同时攻打东京的六个重要目标，包括警视厅大楼及若干政要的宅邸。

就在兵变突袭的复杂准备工作紧锣密鼓地进行的时候，天渐渐黑下来了，大街小巷游荡着寻欢作乐的人们。银座已经挤满了人，这里是东京的百老汇及第五大道路口，对日本青年人来说，这里一直是外来世界的浪漫象征，在宛如仙境的霓虹灯影下，是精品店、咖啡屋、欧美电影、西式舞厅和餐馆。相距不远的赤坂区，则都是身着各式和服的男女的身影，传统的日式街区也有快乐的场景。身着绚丽和服、浓妆重抹的艺伎坐在黄包车上往来穿梭，好像穿越时空而来在柳荫街道上一闪而过。那昏暗之中晃动的柔和光影，则是巡街警察手拎着的红灯笼映出的乡愁之情。这一

---

① 20世纪初具有代表性的美式建筑设计家。——译者注

② 此处"满洲"指伪满洲国。当时的美、英、中等国都不承认此政权，故站在上述各国立场表述时，本书统一写作"伪满洲国"。但站在以日本、苏联为代表的承认者一方时，仍保留"满洲"的说法。下同。——编者注

切宛如迷人版画里的画面复活了。

此前已经有六批军人一次次地举事，企图用暴力及刺杀的手段解决日本社会的不公，尽管他们都一一失败了，但是今夜的反叛者还是要拼死一搏。他们造反的动机并非为了个人的荣华富贵，他们的信条是"下克上"，日本的传统让这种造反精神合理化了。这个词汇最初产生于15世纪，那时的日本各地叛乱频生，地方门阀不服从将军①，而将军又不服从天皇。

第一次世界大战后，专制制度在欧洲开始瓦解，民主、社会主义、共产主义的潮流涌动，剧烈影响着日本的年轻一代，要求变革的呼声越来越响亮，各类政党陆续出现，1924年，成人普选法律正式实施。这一切来得太快了，政治成了一些人赌博投机的工具，松岛红灯区丑闻、铁路丑闻、朝鲜丑闻等不断被揭发出来，如何惩戒贪污受贿成了国会中激烈争吵的主题。

伴随着西化而来的人口爆炸更加重了日本的混乱。本州、四国、九州和北海道——这日本的四大岛加起来，面积还没有美国加利福尼亚州大，却已经居住着8000万人，国民经济无法再承受每年增加100万人口的压力。农民由于农产品价格暴跌处于饥荒的边缘，他们组织了日本历史上第一次抗议。工人在一批批失业，流浪街头，左翼政党和工会组织应运而生。

这些农民及工人的运动都遭到了国家主义者组织的抵抗，其最著名的领袖就是北一辉，他既是国家主义者，又主张激烈的革命，他把社会主义和帝国主义融为一体。他论证改革的著作《日本改造法案大纲》既受到激进派的推崇，也受到天皇崇拜者的赞赏。北一辉的言论吸引了热切希望改革的人们，他写道：

日本正在效仿西方国家毁灭性的榜样，在皇权的庇护下那些拥

---

① 将军，日本封建时期事实上的统治者，在明治天皇以前的几个世纪里，天皇不过是将军的傀儡。（本书注释，如无特别标明，均为作者原注。）

有金融、政治、军事等权利的人们，都在维护自己的非正义权益……

没有完美的保护和领导，印度和中国的七亿兄弟绝不可能获得独立。

东西方的历史都不过是封建国家经过一个时期的内战而取得统一的历史，唯一可能的国际和平就是经过一段国际战争而取得的封建式和平，这样的和平基于一个可以统治世界各国的强大国家的出现而实现。

北一辉提出了一些具体的设想：他号召"清除天皇与国民之间的障碍"，这障碍就是内阁与国会；要建立专制独裁政体；重要的产业都应国有化；选举权应该只由每户人家的家长拥有；任何人都不得积攒超过100万日元（当时约合50万美元）的财富；女人应该退回到家里，"去发扬光大日本古老的花道和茶道"。

众多富有理想、易受煽动的青年人，本就对政治经济上的腐败和自身的贫困十分不满，北一辉的理论让他们如获至宝，在这种理论的指引下，他们可以对抗邪恶的势力，他们能够把东方从西方人的统治下解放出来，他们能够让日本成为世界各国的领袖。

在西方社会里，这样的年轻人可以通过参加工会或者投身政治来实现其理想。但是在日本，年轻人，特别是出身于小地主或小商人家庭的年轻人，最好的出路是进入陆军或者海军当军官。他们来到军队中，才深刻地了解到社会真实的贫穷状况，那些来自农村的底层士兵都家境贫寒，男丁出外当兵，家里就会陷于饥荒境地，而这些士兵收到家书时，都边读边落泪。这让这些年轻的军官们认识到，必须要有人对这样的社会问题负责，应该追究那些高级军官、政客以及朝廷大臣的责任。他们为此纷纷加入秘密组织，这其中有鼓动采取暴力行动进行暗杀的"天剑党"，也有积极主张对外扩张领土、对内实行改革的"樱花会"。

到了1928年，这样的骚动达到了顶点。两个卓越的军方人物，把大家想象中的计划付诸实际行动。他们一个是石原莞尔中佐，一个是板垣征四郎大佐。石原才华横溢、头脑精明、长于策划但夸夸其谈；板垣沉着冷静、思维缜密且善于组织。这么两个人物搭帮结伙简直是绝配,只要是石原能够谋划好的事,板垣就一定能将其实施成功。他们两人当时都是关东军的参谋,这支部队自1905年起就被派往荒凉的"满洲"去保护日本在那里的利益,那儿的面积比加利福尼亚、俄勒冈和华盛顿三个州加起来还大。

这两个军官认为解决日本困境的出路只能在"满洲",把这片人烟稀少的土地变成发达的地区,为日本过剩的人口找到移居的地方(在日本本土三分之二以上的农场占地都不到二又四分之一英亩),既解决国内的失业问题,还可以把这里开发为日本保持工业国发展所急需的原料资源及制造品的市场。但是石原和板垣认为要想实现这一目标,日本就必须完全控制"满洲"。当时"满洲"在中国军阀张作霖大帅的统治下,管制松散。日本不仅拥有在铁路沿线派驻军队的权利,还可以开发矿业、农业和商业。

几百年来,为了争夺中国北部这片广袤的土地,斗争一直持续不断。中国拥有"满洲"和朝鲜,俄国则占据了从白令海峡到符拉迪沃斯托克的西伯利亚沿海地带,使之成为其滨海边疆区。许多世纪以来日本处于闭关锁国状态,没有加入到争夺这一地区的斗争中。直到1853年,美国海军准将马修斯·C.佩里把军舰开进江户(东京)湾,用炮舰打开了日本的国门,迫使中古状态的日本接受现代化。日本人毫不犹豫地接受了这一变化,他们积极努力地学习模仿大规模生产技术,还在其中加入创新,例如,让纺织厂的女工们穿上溜冰鞋工作以提高效率。日本还建立起了强大的陆军和海军,并模仿欧洲式的武力外交,向外派遣征伐性的远征军。此后不到几十年的时间,日本就控制了朝鲜的大部分地区,并于1894年为争夺朝鲜而与中国开战。日本轻而易举地打赢了战争,额外获取了台湾、"满洲"南部以及辽东半岛的两个重要军港——旅顺和大连。

日本突然闯进来把"中国西瓜"抢走了一块,这让原本觊觎这里的俄国、德国和法国产生了警觉,他们联起手来给日本施压,迫使日本退出辽东半岛。俄国接着独占了辽东半岛,但是不到十年的工夫就又丢掉了。1904年,日本感到民族尊严受到侵害,奋起对沙皇进行反击。尽管那时的沙俄帝国幅员辽阔,陆地面积为全球的六分之一,但是令全世界惊奇的是,小小的日本连战连赢,旅顺和大连又被日本人抢了去。

日本还获得了俄国在"南满"地区修建的所有铁路。要不是日本希望欧洲人觉得他们能够成为帝国主义大家庭中应被尊重的成员,日本当时本是可以一下子占领整个"满洲"的。此后日本在这片人烟稀少、盗匪猖獗的土地上投入了几十亿美元,在铁路沿线建立起了管制和秩序,成千上万的日本人、朝鲜人等跑到这里来经商或定居。

这一状况让石原和板垣想到可以建立一个不受中国军阀控制的"满洲"。石原梦想把"满洲"建成一个自治区,成为日本人、中国人、朝鲜人和白俄人等共同生活的"天堂",也使得这里成为对付苏俄的一个缓冲地带。①

由关东军去搞定这一切,这是得到来自东京方面的同意的,但是不论是天皇还是陆军省都不愿正式批准这样一个貌似伪装的侵略方案。石原和板垣及其同党们并未因此而却步,他们决定自作主张采取行动。他们要来一次"下克上"。第一步就是把年迈的中国军阀张大帅干掉。1928年6月4日,一名关东军的参谋指挥工兵炸毁了张作霖的专列,张作霖受伤而死。石原和板垣不顾来自东京方面的一系列警告,继续操纵关东军行动,好像这支军队成了他们的私人武装。1931年夏天,他们准备好做出最后一击,秘密调遣军队准备从中国人那里武力夺取"满洲"。外相听到这一谣传后,马上劝陆相赶快从东京派一名军官去"满洲"弹压关东军。派去的是一名少将,他于1931年9月18日晚上抵达沈阳。与此同时,离城几英里外的"南满"铁路线上,刚有人埋下一包炸药。这里距离中国军队第七旅的兵营很近,爆炸将会成为一个借口,使得关东军可以派兵占领沈阳以"维持秩序"。

板垣大佐很容易就把派来的将军请到一家叫"菊文"的日本旅店去跟艺伎们共度良宵。当晚10点来钟,炸药爆炸,但是造成的破坏十分有限,

---

① 板垣曾写道:"因为无产阶级的立场是要均分国家财富,在资源匮乏的日本,是不可能找到这样保证人人安居乐业的解决方案的。所以站在日本资本主义的角度上看,'满洲'才显得对日本如此至关重要。"

因为几分钟后就有一列南行的火车安然驶过爆炸地点。一名日本领事馆的官员试图把正在发生的情况透露给中国人，但是被关东军的一名少佐用军刀威胁着闭了嘴。10时半，日军开始向中国军营射击，其他部队则开始围攻沈阳。在菊文旅店里喝醉酒的少将早已入睡，没有听到外面的阵阵枪声。不过，就算他听到了也没什么两样，他本人从一开始就知道这一计划，他是赞成的。

转天凌晨，沈阳已落入日本人手中。这不仅让全世界吃惊，更让东京自身狼狈。在内阁的要求下，参谋本部命令关东军限制敌对冲突的蔓延。但是这伙个人主义分子根本不拿这一命令当回事，继续进军去占领"满洲"的其他地区。这事实上就是一次大规模的"下克上"。

在东京的樱花会为了配合"满洲"方面的行动，已经秘密策划好了在东京发动兵变。他们的目的是在日本国内进行激烈的改革，配合对外占领"满洲"，让日本因此成为一个崭新的国家。这次政变计划的代号叫"锦旗革命"，有120多名军官会带领他们的部下参与，煽动叛乱的北一辉的信徒们也一起行动，他们准备杀死多名政府及宫廷的高官，然后就去宫城前面集体剖腹自杀以向天皇谢罪。

但是由于参与政变谋划的派系太多，意见不统一，结果有人跑去告密。告密者到底是因为内讧还是为了拿赏钱，无人知晓。1931年10月17日，政变策划者都被逮捕。但是首要人员只是被关了二十天禁闭，他们的随从也就关十天，其他的人受到的只是一顿训斥而已。历来如此：计划或者已经实际采取暴力行动的人，只要他们的出发点是为了国家的荣誉，那就一律赦免。

当晚陆相致电关东军，提出了软弱的责备：

1. 关东军今后不得再试图采取独立于皇军的行动或新的占领"满蒙"的计划；
2. 整体局势正在向符合我军方意图的方向发展，所以你们应该可以完全放心。

可能是担心安抚得还不够,陆军次官又追加了一句话:

> 为解决目前的困境,我们需要精诚团结,共同努力……请信任我们的积极性,你们应小心行事……谨防莽撞之举,例如宣布关东军独立,等待对我们有利的时机的到来。

关东军的将领不但未被安抚,反而更加愤慨,他们否认关东军有谋求独立的企图,他们只是承认:"为了国家",关东军的一些举动可能过于激进和武断了。

流产的"锦旗革命"政变达到了它的目的:此后的几年里在"满洲"的冒险得以成功地保留了下来。这让很多日本人相信,政界和商界都太腐败了,所以应该支持由军人主导的改革。这一事件还带来了另外一个苦果——改革势力向左右两翼分裂。由新闻记者组成的被称为"统制派"的一方认为,为了防备苏联可能的进攻,只拿下"满洲"是不够的,应该控制整个中国;而以北一辉信徒组成的另一派"皇道派"则认为,进一步的扩张是愚蠢的,只要让"满洲"实现工业化,它就足以成为一个抵抗共产主义的坚固堡垒。

比较理想化的年轻军官属于皇道派,资深军官和陆军省要员则支持统制派,而更加激进的国家主义者则立即转向暗杀行动。例如"血盟团"的每个成员都保证,要在1932年2月11日前后至少刺杀一名贪官污吏或者财商大佬,以庆祝传说中的天照大神第五代孙——日本的第一位真人皇帝神武天皇登基二千五百九十二年。被列入暗杀名单的包括藏相井上准之助,他个性直率,经常反对陆军部门不断提出的追加拨款的要求。那个被指派去暗杀井上的人在偏僻的海滩上练习射击,然后比计划提前四天在大街上朝井上连开三枪。不到一个月,又一起类似的刺杀事件发生了,目标是三井财团的总裁团琢磨男爵,当他跨出车门时,一个年轻刺客从后面用手枪顶住他的后背,然后扣动扳机。

对这些凶手的审判为日本大众提供了看热闹的机会和社会传播的话题。在日本的刺客史上就常常出现这样的情况,凶手比被害人更能得到人们的同情。一个人被刺杀,这不就证明他太缺德了吗?替天行道而出手杀人,这能算残暴吗?虽然证据确凿,但是这两个刺客都没有被处死,只是被判了无期徒刑。明摆着的,过不了几年他们就都会被保释出来的。

距团琢磨被刺刚好两个月的5月15日是个星期天,东京靖国神社的侧门边停下了两辆出租车。车上下来了九名海军、陆军军官,他们向神社里的天照大神行礼,然后带上从神社和尚那里请来的护身符乘车而去。接着这两辆车直接开去了首相官邸,军官们冲破警卫的防护闯进首相的办公室。时任首相犬养毅是个七十五岁的小老头,留着把山羊胡子,他镇定地把这些不速之客请入一间日式房屋,军官们还礼貌地脱鞋入室席地而坐。这时一个走岔路来晚了的同伙手持短刀冲了进来,大喊:"还废什么话,快开枪呀!"军官们掏出枪来一通射击,这位反对侵略"满洲",始终不承认"满洲"傀儡政府的勇敢老人被打死了。凶手们出来乘出租车又杀到警视厅,结果因为是星期天,除了几个执勤人员外,凶手们找不到下手的对象。他们又跑到日本银行门外扔了颗手榴弹,炸坏了几扇窗户。此后他们在街头散发了宣传单,接着就自首去了。

"五一五"政变虽然失败了,但是对凶手的审判却掀起了更大的波澜。审判一共分三次,一次对文职人员,一次对海军人员,一次对陆军人员。跟往常一样,相当多的群众同情凶手。当一个被告宣称,他和他的同志们是为了唤醒祖国而敲响警钟时,全场旁听的人们一齐鼓掌。人们对腐败深恶痛绝,对坦然面对死亡的犬养毅并没有多少同情。他的死就算是给政客们的一个警告吧。

而同情凶手的人们则群情激愤,他们如潮水般陆续向主审法官呈递上了十一万份血书,要求宽恕这些凶手。法官们还收到了泡在酒精里的九枚人的小手指,那是新潟县九个青年为请求代替凶手们受刑而寄来的信物。

刺杀犬养首相的凶手中只有一个人表示遗憾,但是他又说首相"就应该死在国家改革的祭坛上"。另外一个凶手则宣称:"我已将生死置之度外,我要对为我之死心怀悲痛的人们说:不必为我流泪,我是在改革的祭坛上献身的!"

审判结果早在料想之中，没有一个人被判死刑。被判刑的这40人几年后几乎都被释放了，因为他们在人民的心目中是武士，是英雄。还有谁能为结束严重的经济衰退①而如此断然一击？还有谁能站出来领导工农运动？还有谁敢公开对贪官污吏、朝廷大臣、财商大佬进击？正因为私底下人们都怀有这样的看法，所以军国主义和极右势力得以持续发展。

被林林总总腐败行为煎熬着的青年军官们又等待了三年，只是出于忠于天皇的信念他们才没有投身于共产主义革命。终于，他们中的一员受到"上天启示"的驱使，决定亲手去采取行动。他的行动即使对依旧处于半封建状态的日本来说，也是足够血腥和怪异的。1935年8月的一个早晨，相泽三郎中佐来到明治伊势神宫前祈祷，然后从后门走进宫城庭院旁边的一座老旧的二层木结构楼房，这里是陆军参谋本部。相泽跟当时众多富有理想的激进军人一样，对陆军教育总监②真崎甚三郎大将③崇拜得五体投地，对他被撤职一事愤愤不平。

相泽在伊势神宫前向天照大神祈求的就是："我感应到了要杀死永田的启示，如果我是正确的，就请大神保佑我成功；如果我是错误的，那就让我失败。"这个永田就是时任军务局长的永田铁山将军，众所周知他是真崎甚三郎大将的死对头。相泽不经通报就直接闯入永田的办公室，未等永田抬头，相泽出手就是一剑，一剑未中又刺一剑。被刺成轻伤的永田跌跌撞撞地向门外冲去，相泽又从背后刺中永田，瞬间硬生生将他刺穿钉在门上。接着相泽对永田的脖子再猛砍两下，然后跑去一个军官朋友那里说，他已经对永田执行了上天的裁决，然后竟然溜到街上去买帽子，因为刚才行刺永田时他把帽子落下了，结果被宪兵逮个正着。相泽本以为被宪兵盘问两句后他就能走人，没承想自己却一下子成了明星，在一场动摇军队基础的审判中，他成了凝聚所有企图毕其功于一役以实现改革的青

---

① 随着美国经济的大萧条，日本更加贫困了。日本的主要出口商品生丝的价格下跌了百分之五十多。

② 日本陆军中最重要的三个职位是：参谋总长、陆相和教育总监，即"三长官"。这种三角建制可追溯至1878年，是由德皇借给日本的一名普鲁士少校雅各布·梅克尔建议的。

③ 皇道派的领袖人物。——译者注

年爱国者的核心人物。

在这次审判中,五个法官战战兢兢地面对相泽,而相泽却被允许以证人的身份对官僚、政客和财阀(如三井或三菱那类家族式财团)的腐败行径发出指控。相泽采取了认罪辩护,他承认了谋杀,但是他说他之所以这样做只不过是在尽天皇麾下一个光荣的军人应尽的职责。"国家已经陷于如此令人担忧的境况,农民们苦难深重,官员们贪污腐败,对外交往软弱无能,我们的军事统帅权竟然被海军限制协议侵犯!"①相泽疾呼改革,他以夸张的口吻侃侃而谈:"所以我终于明白了,是那些高官蒙蔽了皇上,那些财阀、官僚正在蚕食着政府和军队为自己谋取私利。"正是这些原因逼他出手,逼他"下克上"!

相泽的辩护律师也发出威胁性的警告:"如果法庭不能领悟指引相泽采取行动的这种精神,那么就会有第二个,乃至第三个相泽站出来。"

2

这一预言最终被付诸行动,那是在 1936 年 2 月 25 日冰雪覆盖下的东京,日本现代史上最野心勃勃的一伙政变首领准备此时起事。他们明晨的首要目标就是首相冈田启介。冈田是位退役的海军大将。2 月 25 日晚,他正在首相官邸举行宴会,庆祝执政党(民政党)五天前在众议院选举中获胜。他成为政治家并非出于自愿,而是接到了他无法推却的请求。去年秋天,天皇授命由他组阁,前任首相斋藤实子爵(也是一位退役的海军大将)因为牵扯进了大藏省一些官员的丑闻事件里而被迫辞职。

当冈田的宾客们举杯相庆选举胜利的时候,冈田自己则在盘算着退休的事情,选举大胜虽然被人们视为是冈田用政策重创了法西斯主义和军国主义,他却已对钩心斗角备感厌倦。选举虽说是获胜了,但他认为军国主义和沙文主义依旧强大。

---

① 1922 年,在华盛顿举行的国际海军裁军会议通过了美、英、日三国的海军舰艇比例为 5∶5∶3,日本年轻一代激进人士认为这是对日本的种族歧视。

另外两个被列为刺杀目标的人物此时正在距首相官邸不远的美国大使馆里，美国驻日大使约瑟夫·格鲁为款待前首相正在此举行有36人参加的晚宴。前首相虽然下了台，却又被任命为内大臣。另一位在此出席晚宴的目标人物也是位退役海军大将，即现在担任天皇侍从长的铃木贯太郎。

格鲁人高马大，浓眉重须，鬓发灰白。他出生于他曾祖父的老家所在地波士顿后湾。他与富兰克林·罗斯福是格鲁顿中学和哈佛大学的同学。虽为贵族，但他却具有民主的天性，早年在欧洲时就是位杰出的外交家。他出使日本十分合适，他谙熟日本事物，喜欢日语和日本的一切。他的夫人也曾在日本生活过，会说日语，是佩里准将①的后人。

那晚，格鲁殷勤地招待着他的宾客，还特别安排放映了一部由珍妮特·麦克唐纳和纳尔逊·埃迪主演的电影《调皮的玛丽埃塔》。他选中这部电影的原因是"片中饱含维克多·赫伯特动人的音乐、优美的画面、浪漫的故事，典雅脱俗……"。晚宴后，格鲁陪斋藤来到客厅，让他在舒适的扶椅上坐下。格鲁知道斋藤此前没有看过有声电影，如果他看不下去也可以打个瞌睡。但是斋藤子爵没睡，兴致勃勃地看了下去。斋藤原来参加任何宴会都是到10时就会起身告辞，可当晚他不但在电影中场休息时跟着吃了点心，还一直看到影片结束。其他宾客大都被影片的浪漫情节打动，电影结束后灯光开亮时，日本女宾们的眼圈"都明显是红红的"。

斋藤夫妇起身告辞时已是午夜11时半了。格鲁夫妇送他们到门口，斋藤这样开心也让他心满意足。斋藤的汽车出发时，大雪下起来了。

2月26日凌晨4点，香田清真大尉和其他叛乱首领叫醒了他们的部下。士兵们并不知道叛乱阴谋，还以为又是举行夜间演习。只有几个人得到通知这次是要去杀人。

"我要你随我一同去赴死！"栗原中尉对上等兵仓友音吉说。

仓友大吃一惊，但毫无惧色地回应："好的长官，我可以去赴死。"他必

---

① 马修斯·C. 佩里，用炮舰轰开日本大门的那位美国海军将领。——译者注

须绝对服从长官命令,丝毫不得违抗。后来仓友回忆:"那时我才知道要出大事了。"

鹅毛大雪中几个叛乱军官联想起了"四十七浪人"的典故。17世纪时,有个豪族因为受到幕府将军的高家①吉良的羞辱而自杀。被辱豪族手下的一名武士小石发誓要为主公报仇雪恨。在此后的七年时间里,他按照武士的牺牲传统装成酒鬼,却在秘密策划复仇一事。在一个大雪纷飞的清晨,四十七个浪人(浪人是失去主公的流浪武士,类似美国的游侠牛仔)突袭了宫城附近的吉良家。他们杀掉了吉良,砍了他的头供奉在安放他们主公骨灰的神社里。然后遵循正宗的武士道风范,四十七个流浪武士全部切腹自尽。这个真实故事体现的是理想化的武士道行为,成为日本电影和歌舞剧中最为人喜闻乐见的主题。

叛乱部队各小队分别奔向各自目标的所在地:香田率领的小队要攻打的是陆相的官邸,想要胁迫高级将领支持他们;另一小队要去占领警视厅;其他四支小队的任务分别是刺杀首相、大藏相、内大臣和天皇侍从长。刺杀内大臣斋藤实的凶手在得手后,要再跑到陆军教育总监在郊外的寓所,杀掉教育总监渡边锭太郎;此时,还有两队人也奔赴市郊,分别去刺杀前内大臣、天皇的顾问牧野伸显伯爵和天皇最亲近的谋臣、国家最有荣耀的资深政治家西园寺公望公爵,八十七岁的公爵是最后一位明治维新"元老"。②

栗原中尉和一名宪兵军官闯到首相官邸的正门,执勤的警察在门内问他们来干什么,宪兵只是回答:"快开门!"门警没觉得会出啥事,毕竟来的一个是同事,另一个是陆军军官。当他们走近大门时,栗原中尉一手把门警揪住,一手用手枪顶着他,命令道:"开门!"

栗原及其他军官带头闯入,其带来的士兵蜂拥而上。他们缴了正在大门旁警卫室里睡觉的警察的武器。栗原推开众人进入漆黑一片的官邸内,他先打开大厅里的电灯,看清自己所处的方位,然后立马又把灯关上。

---

① 高家,江户幕府的役职,主管幕府的仪式典礼。——编者注
② 这些元老曾协助明治天皇起草了1889年帝国宪法,进而成为天皇的顾问。1916年西园寺被曾补为帝国元老,到1936年时,他是唯一健在的帝国元老。

顷刻间走廊里枪声大作,外边的叛军等的就是这个信号,他们开始用重机枪扫射,打得大厅里的吊灯破碎坠落地上。

凌晨快5点的时候,首相冈田启介的一位年轻秘书迫水久常被住宅外传来的沉闷震动声吵醒了,他的住所就在首相官邸后门对面。他想:"他们还是来了!"他早就预估有人会要袭击他上级,他立即从床上跳了下来。他与首相的关系相当亲密,因为他的妻子是冈田的女儿,而冈田的夫人又是他的姑姑。

迫水轻轻推开窗户,透过纷飞的雪花看过去,只见守卫对面官邸后门的警察正慌作一团,他马上给警视厅打去电话。

"我们刚听到总理①官邸那边的警铃响了,"一个人答道,"一个排已经赶过去了,增援部队也刚出发。"这让迫水放下心来,他又回到楼上。这时街上一阵军靴踏地咔咔作响的声音,他再向窗外望去,盼着来的是警察增援部队或者是专门保护首相的陆军卫队。但是随着枪声响起,他看到一个警察应声倒地,其他警察退开,刺刀闪烁中杀将过来的是一队军人。又是一阵枪声,似乎有步枪和机枪,这次这位秘书终于搞明白了,这是陆军正在攻打首相官邸。他急忙穿好衣服,想去营救首相。当他冲到街上时,听到官邸里那个日式建筑内枪声连连。大门外的军人们挥着步枪冲过来把迫水赶回家中,他们没脱湿漉漉的皮靴就跟了进来。沮丧的迫水只能在屋里兜来转去,寻思着陆军特别卫队和警察增援部队到底出了啥事。原来警察增援部队已经被赶跑了,而陆军特别卫队就是叛军。

迫水再次打电话到警视厅。"我们是起义部队。"这次电话那头这样回答。500多名叛军正在占领警视厅大楼。迫水挂断电话,又打给附近的宪兵部队麹町分队。那边一个怯懦的声音回答:"局面失控,我们能咋办呢?"

距首相官邸几个街口,迫水的堂弟正指挥着170名士兵冲进陆相川岛义之的官邸,香田就在这批人里。他把川岛叫出来,向他宣读了一系列

---

① 日语中,"首相"一词是"总理"的非正式称呼,通常情况下用来称呼他国首相,日本人称呼自己国家的首相时一般用"总理",也就是"内阁总理大臣"之简称。故全文中,在日本人对话、文书中称呼日本首相时,译为"总理"或"总理阁下",在作者叙述、注释中则译作"首相"。——译者注

要求：政治和社会改革；逮捕统制派首领；把皇道派军官安排在关键岗位（叛乱者反对向中国扩张）；委派荒木贞夫①大将出任关东军司令，以达到"抵制赤俄的目的"。香田还坚决要求下达戒严令，要陆相立即前往宫城，向天皇面奏叛军的请求。

就在他们争辩的同一时刻，安藤辉三大尉率领着150名士兵冲进了侍从长铃木贯太郎的官邸。铃木跟斋藤一样，几个小时前还在舒适地观看电影《调皮的玛丽埃塔》呢。女仆叫醒了这位年迈的海军大将。他急忙跑到储藏室拿刀，但没找着。听到走廊传来了脚步声，他走进旁边的房间，死在密室里是耻辱的。他瞬间就被差不多20把刺刀逼住，一位士兵上前一步，礼貌地问道："您是铃木阁下吗？"

铃木说他就是，并举手让大家安静："你们这样做肯定是有原因的，告诉我是什么。"没有人回答。铃木又问了一遍，还是沉默。当他第三次问时，一个拿手枪的人（侍从长看他似乎是个伍长）不耐烦地说："没时间了，我们要开枪了。"

铃木猜想，他们可能是奉上头的命令行事却不知道原因。"那就没辙了，上来开枪吧！"铃木坦然地说道并昂首挺胸，好像是在面对行刑队。他身后墙上挂着的正是他父母的画像。三把手枪同时开火，一枪未打中，一枪打中下腹，另一枪穿心而过。他倒下时仍然清醒，他的头部和肩膀又被子弹打入。

"补枪！"有人反复在喊。铃木感到一把手枪抵着他的喉咙，接着，他听见他夫人在叫："别打了！"此时，安藤大尉走了进来，拿枪的那人问："要补枪吗？"

两年前，安藤大尉曾找过铃木提出改革纲领，铃木大将直截了当地驳斥了他的观点，因此安藤一直是蛮钦佩他的。此刻让他说"补枪"那可是"太残酷了"，于是他命令部下向铃木阁下致敬。大家就跪到躺在地上的海军大将旁，举枪致敬。

---

① 荒木贞夫大将长期以来被改革派奉为偶像。他在平息1932年的"五一五"叛乱事件中表现突出。那时他是陆相，以直言不讳和留着八字胡的凶相让人印象深刻。

"起立！出发！"安藤大尉命令他的部下，然后转向铃木夫人问道："您是夫人吗？"她点了点头。"我曾听说过您。对发生的这些事我感到特别遗憾。"他说他们对大将本人并无恶意，"但是我们和阁下大人对如何在日本实行改革意见不同。所以我们只能这样做"。

怀着负罪感和确信铃木已死的想法，安藤大尉离去了（铃木家有个女仆还听他自言自语地说要去自杀）。但是铃木竟然奇迹般地活下来了，而且在日本帝国最后的日子里发挥了主导作用。

一名中尉率领部下前往藏相高桥是清的大宅子。他们打破内楼大门，一部分士兵抓起来五六个门警和仆人，其他士兵则穿过大屋踹开每间房的房门，寻找他们的刺杀对象。

藏相高桥此时正独自待在一间有10张榻榻米大的卧室内。他是个大人物，他是跑街学徒出身，后来信了基督教，最后当上日本银行总裁和贵族院成员。少壮军官们憎恨他，是因为他坚持削减上一年度的巨额军费预算。

中尉终于挥着手枪冲进了藏相的房间，一脚把高桥的被子踢掉，大叫："天诛！"（来自上天的惩罚）。高桥毫无惧色地抬起头来冲着他大喊："傻瓜！"中尉迟疑片刻后开枪，把手枪里的子弹全部打在这老人身上。另一名叛乱军官大叫着蹿过来，抡起军刀劈下去，力道大到把高桥的右臂连着穿的厚棉袄一起砍了下来。接着他又把刀戳进藏相的肚子里，恶狠狠地左右搅动。

这时睡在隔壁西式卧房里的高桥夫人撞了进来，一眼就看到她那已被开膛破肚的丈夫，悲愤地大哭起来。中尉用肩膀挤开聚在走廊上被吓傻了的一群仆人时，他还在说："请原谅我打扰你们了。"

快5点时，首相冈田被警铃声惊醒，很快，他的妹夫松尾传藏（一位退伍大佐）带着两个警察推门进来。

"他们还是来了。"冈田说。接着他又补充道，这是谁都没办法的事了。

"现在没空说这个了!"六十一岁的松尾喊道。他是个精力旺盛、独断专行的人物,不管冈田乐不乐意,他都执意要给这个大舅子当个不拿薪水的编外大管家。他拽起还在犹豫不决的冈田,只裹着一件薄睡衣就跑了出去,穿过走廊那里有一个秘密通道。这时他们听到砸门声,一个警察把冈田和松尾推进一间当储藏室用的洗浴间,然后把门关上。不一会儿走廊里就响起喊声、枪声和厮打声,然后就没有动静了。

"待这别动!"性急的松尾嘱咐了一句就走了出去。冈田首相也想跟着出去,但是在黑暗中撞到了储物架上,把几个清酒瓶子碰倒在地上,他吓得浑身僵硬。外面还是没有动静,冈田又往外走,却又绊到了那几个清酒瓶子,发出一阵乱响。

"现在别出来!"走廊里一个警察轻声说,冈田赶忙又退回洗浴间里。这时,他听到有人在喊:"院子里有人!"他透过窗户看出去,只见他的妹夫贴着墙根儿站着,有五六个士兵从屋里看着他。

"开枪打他!"指挥官喊道,但这些士兵却都在犹豫,"你们这帮家伙很快就要被派去'满洲'了!现在连一两个人都不敢杀,以后能干什么?"

士兵们不情愿地把枪伸出窗户朝院子里开火。

"天皇万岁!"松尾大叫一声后就倒在台阶上,血如泉涌。他痛苦地挺起胸来,像是在接受检阅,却仍忍不住呻吟起来。

栗原中尉和仓友推开一排吓呆了的士兵走过来,他们告诉栗原这个人就是冈田首相。中尉犹豫了一下就转向仓友,命令道:"补枪!"

仓友不大情愿,他只拿着一把手枪。栗原不耐烦地说:"就用它打!"

仓友违心地举起枪朝松尾射击,一枪打中胸膛,另一枪打中眉心。松尾大佐扑倒在地,鲜血染红了雪地。

栗原先前在首相卧室中拿到一张冈田的照片,他跪在尸体前拿着照片同松尾的脸比对后,毫不迟疑地说:"就是冈田。"士兵们高呼"万岁",然后把尸体抬进首相的卧室,放在一张薄垫子上。

为了搞清楚情况,冈田从洗浴间悄悄地来到走廊上,一个警察昏迷倒地,左臂已被砍断;不远处,另一个警察被捅死在椅子上,整个身子折成了V字形。冈田向他们低头志哀后,走进自己的卧室。他看见松尾的尸体被放在垫子上,不禁扑上去痛哭流涕。良久,他站起身来穿上和服,当他正在系外衣的带子时,听见有脚步声,便来到走廊里。

"谁?"一个士兵喊起来。冈田急忙闪身躲进一个黑暗角落里。

"我刚看到一个怪物,"那个士兵对几个同伴说,"是个老头儿。但是像鬼影一样消失了。"

尸横遍地,但是冈田却奇迹般地活下来了,此前他一直认为自己死定了。他第一次开始考虑未来。叛军占领宫城了吗?"重臣"①们都被刺杀了吗?他确定自己有责任活下去,一旦叛乱被镇压,就要整肃陆军的军纪。但四处都是叛军,他该躲到哪儿去呢?答案来了,他在走廊里突然撞见两个女仆,她们急忙把他带进她们的房间,推进壁柜里,再用一堆脏衣服把他盖起来。

此时,被派去郊外执行任务的突袭小队赶到了目的地。高桥太郎中尉和他手下30名士兵闯进了真崎大将的继任者教育总监渡边锭太郎在郊区的寓所。渡边夫人和一个女仆试图拦阻高桥,高桥推开她们冲进卧室。渡边将军和他的小女儿躺在蒲垫上,高桥用手枪向渡边射击,又抽出刀来砍在他头上。

另一小队叛乱分子在山上的度假区里四处搜寻牧野伸显伯爵。牧野是内大臣斋藤的前任,现在还是天皇的心腹顾问之一。由于找不到他,叛军便放火烧了旅馆,企图把他逼出来。这位老人已被他二十岁的孙女和子带着从旅馆后门跑了。老人和孙女艰难地在陡峭的山坡上往上爬,士兵们跟着追了上来乱枪齐发。和子不惧弹雨横飞,张开和服的两个大袖子挡在她爷爷身前。一个叛军可能是被这个小姑娘的英勇行为感动了,大叫:"打中啦!"然后劝说他的同伙离去。

被指派去刺杀西园寺公望的第三小队却始终没离开东京市区。最后关头时,这个小队的指挥官拒绝出动,他不忍对最后一个"元老"施加任何暴行。

---

① 当过首相的人被称为"重臣",即资深政治家。他们的主要职责是向天皇举荐首相人选。

在位于兴津的寓所里,年迈的公爵刚被一个噩梦吓醒,梦中他被好多砍下的头颅和堆积起来的血尸包围。当听到首都发生叛乱的消息后,当地警方立刻派出大批警察把西园寺护送到附近的一幢小别墅去。接着他们收到一份电报,说有一辆大汽车上坐满了穿卡其制服的青年人,正在向兴津开来。于是,公爵像木乃伊一样被包裹起来,从一个地方转移到另一个地方以欺骗刺客。谁承想这些青年人原来不过是专利药品的推销员。

在陆相的官邸里,香田大尉发现陆军上层的态度持续摇摆不定。将军们一直既不愿意参加起义,又不愿意与叛军对抗。只有才华横溢、脾气暴躁的职业军官片仓衷少佐是少数几个显得有决断力的人之一,叛乱激怒了他。他倒也不是有多反对叛乱者的目标,而是反对混乱和不听指挥。他坚信,必须有严明的纪律和对天皇的绝对忠诚,军队才能存在下去。

片仓在陆相川岛的官邸的院子里质问一群叛乱分子何以滥用皇军的权力。他喊道,只有天皇一人才有权调动军队,他要求去见陆相川岛大将。

他对围着他的那群人说:"昭和维新①是我们大家都在思考的事情,我和你们一样期待改革。但我们都应该继续尊敬天皇陛下,服从最高统帅部,军队不能被私人利用。"

一个叛军指挥官从楼内走出来说:"我们不能让你进去见陆相。"

"是陆相本人对你这样说的吗?"

"不是。这是香田大尉的命令。陆相准备马上就进宫,少安勿躁,局势很快就会明朗。"

片仓猜想,叛军正在用武力逼迫陆相协助他们建立一个军政府。片仓走向大门,看到真崎大将叉开两腿凶神恶煞般地站在那里,像守护佛寺的金刚一样。片仓一阵冲动,想扑上去宰了他,真崎肯定是这一切的幕后

---

① "昭和"是当时在位的统治者裕仁天皇使用的年号,意为"开明的和平"。在日本的历法中,1936年是昭和十一年,是他统治的第十一年。然而,只有在他死后,他才会被称为昭和天皇。他的父亲嘉仁,使用的年号是"大正",意为"大义"。他的祖父睦仁,使用"明治"的年号,意为"开明的统治"。明治天皇的时代发生了日本历史上最伟大的改革和发展,史称"明治维新",成为后世改革者效仿的对象。

黑手，他可能还想当首相呢！片仓控制住了自己，他首先得更多地了解发生了什么情况。此时陆军次官从楼里走出来，片仓向他行礼并请求能跟他讲几句话。正当他被别人推开的时候，陆相自己也走了出来，边走边佩好他的军刀。

片仓少佐的头被什么东西猛击一下，然后闻到一股奇怪的味道，他急忙用左手捂住脑袋大叫："你们不能开枪！"一个面色苍白的大尉（叛军的另一个指挥官矶部浅一）手提出鞘的军刀迎了上来。

"我们有话好好说！收起你的刀！"片仓大喊。矶部刚把刀插回刀鞘，就又变了主意重新拔了出来。

"你一定是香田大尉了，"片仓继续说道，"除非有圣谕，否则你无权调动军队。"他隐约听到有人在嘟囔，可能是真崎，"我们不能再这样流血了。"

他摇摇晃晃，被几个军官扶进陆相的汽车里。当汽车驶过大门时，他模模糊糊地看到那里有几个宪兵，他大叫："让宪兵上车！"宪兵上了车后，有人建议送他去陆军医院或陆军军医学校，他再次挣扎着说："不要……我要去城里的私人医院。"他可不想在病床上被人干掉。

3

《基督教科学箴言报》驻远东首席记者威廉·亨利·钱伯林最初是从一家日本通讯社那里得知叛乱的消息的。在市内，他接收到了一大波相互矛盾的谣言。外务省虽尚未被叛军占领，大门仍是敞开的，但却没人告诉外国记者正在发生什么事。东京市区的主要十字路口都有军队站岗，可是钱伯林不知道他们是属于哪一边的。眼下还有政府存在吗？

全市的上班族对发生了什么都一无所知，以为还是平平常常的一天，直到警察要他们乘坐的公共汽车绕开宫城和政府大楼走时，才知道出事了。此时暴力行动已经结束，叛军占领了东京市中心约一平方英里的区域，国会大楼和首相官邸都在其中，山王饭店成了他们的临时指挥部。他们花钱征用了贵族俱乐部餐厅的桌布，制成了横幅标语，上边用墨水写着

"尊王归政义军",挂在首相官邸外面。

听到造反的消息后,宪兵队司令官岩佐六郎将军马上起床,拖着因中风而半身不遂的身体乘车赶往叛军占据的地方。卫兵把他拦了下来。"这还是皇军吗?"他边问边哭,备感耻辱。

叛军这会儿正在给所有的报社和通讯社散发他们的"宣言"。警察把这些宣传单几乎全部没收了,但记者钱伯林却想办法搞到了一张。对大多数西方人来说,这份宣言就是东方人之不可思议的又一证据,但是对研究过日本史的钱伯林来说,它却让人感到不寒而栗:

神国日本之国体,体现于天皇陛下万世一系之统率,其目的系使国家天赋之美传遍八纮一宇,使普天之下人类尽情享受其生活。

顷来,私心私欲不顾民生与繁荣之徒簇出,无视天皇尊严。国民生灵涂炭,痛苦呻吟,国家内忧外患,日益激化。

元老、重臣、军阀、财阀、官僚、政党均为破坏国体之元凶。

我等之责任乃清除君侧之奸臣,粉碎重臣集团。此系天皇陛下臣民之义务。

祈皇祖皇神保佑我辈成功,拯救祖先国土。

美国大使馆临近叛乱区域,格鲁大使向国务院发出电报,首次报告了叛乱的消息:

今晨,军队占领了部分政府机关及市区。据悉,若干要员被刺杀。现仍无法确认任何情况。记者被禁止向国外发电报或打电话。此电文主要在于检测我加密电报是否畅通。密电室收到后请立即回复。

德国大使馆也在叛军火力覆盖区内。《法兰克福报》兼职记者、德国大使馆武官的秘书,也正在赶写有关叛乱的初步报告,正本报给德国外交部,副本则报给苏联红军第四局情报部。此人就是理查德·佐尔格博士,他出生在俄国、长在德国,父亲是德国人,母亲是俄国人。佐尔格爱卖弄才华,足智多谋。他设法取得了德国大使欧根·奥特将军的充分信任(奥特将军无意间将一些具有毁灭性的机密文件泄露给佐尔格,佐尔格将它们传递到了莫斯科),他们之间的工作关系发展成了亲密的私人关系。佐尔格沉迷于女色,他在东京与第二任夫人一起生活,同时给在苏联的第一任夫人写情书,此外还有其他多桩风流韵事。他在任何情况下都能开怀畅饮,酒劲儿发作起来把他的德国老乡们吓得要命,隔三差五他就得来这么一出。他原先是波希米亚分支的共产党员(他的叔祖父曾是马克思和恩格斯的朋友),后来又加入了纳粹党,用以掩护他作为苏联红军远东间谍网负责人的身份。他花了两年时间在日本建起了一个间谍组织,这次叛乱是对他第一次真正的考验。

他后来是这样评述这次政变的:"具有非常典型的日本特征,因此其发生的动因特别值得研究。对其动因进行具有洞察力的研究,特别是研究它所展示出的社会张力和内在危机,这对于了解日本的内部结构来说,比只关注日本军力的记录或秘密文件,具有更大的价值。"报告发往莫斯科后,佐尔格命令他的情报网尽可能搜集所有与此次政变相关的详细情报。此外他又诱导德国大使、陆军和海军武官分别进行独立的调查,他则可以分享他们各自的发现。

陆相到宫城后,向天皇禀奏了叛乱的情况。通常来讲,如果天皇要发话,都是用模棱两可的形式。但是那天,悲痛使得他说得直截了当:"不论出于何种精神,此事皆为极度之憾事,吾判定此举必有损于我国体之荣耀。"他接着对自己的这位首席军事副手坦言,他觉得陆军这是在"用一团乱丝套在自己的脖子上"——这意思就是,体面地训诫一下陆军就得了。

天皇的角色对外国人来讲,就算不是完全无法理解,也是很难弄清楚的。他的权力和责任与世界上任何其他国家的君主都不同。他的祖父明治天皇是个具有坚强意志和信念的人,他提出"富国强兵"和"文明启蒙"的口号,带领日本从半封建社会进入现代社会。在明治天皇治下,国家利益高于个人利益。明治的继承人大正天皇却是个古怪的人,有一次,他在国会上把要演讲的讲稿卷成筒当望远镜玩。他的古怪和易怒被人们夸大,以至于他的继位人在1921年就被任命为皇储。大正天皇在五年之后的圣诞节那天去世,由他二十五岁的儿子继位。

从童年开始,裕仁就在西园寺公爵的培训下去担当天皇的角色。西园寺本人则深受法国大革命和英国自由主义的影响。这位最后的"元老"反复告诫这位年轻人,日本需要一位慈父而非暴君,他要为所有国家大事承担负责,但不能随着自己的意愿主动地发号施令。他应该是客观的和无私的。

从理论上讲,天皇具有至高无上的权力,所有国策都需由他批准。但是依照传统,只要是内阁和军方领导同意的政策,他就得毫无保留地批准。他超然于政治和党派纷争之上,他代表的是整个国家。

尽管有这些约束,他还是可以施加巨大的影响力,因为只有他具有独一无二的警告权或恩准权又置身其外。更重要的是,每个日本人都誓死效忠他。这种道德上的力量如此巨大,致使他不敢轻易动用,即使用也只能以一种模糊的方式。那些向君王请示的人,只能猜测他的心意,因为他几乎总是含糊其词、面无表情。

如果他像他祖父那样做个积极进取的天皇,他也许能够巩固他的权力,因为依照明治宪法,他是武装部队的最高统帅。但是裕仁是个学究型人物,他宁愿当科学家而不是君主。他最开心的日子是每周一和周六,因为这两天他可以躲进他朴素的实验室里去研究海洋生物学。他从未想过要当暴君。他当皇太子时去欧洲旅行,带回来了对威士忌酒、西方音乐和高尔夫球的品味,以及始终不移的对英国君主立宪制的推崇。当触及原则问题时,他也能反抗来自传统和宫廷的压力。在良子皇后连生四个女儿后,他拒绝为了生育男性继承人而纳妃——几年后,良子接连生了两个儿子。

他看上去不像个皇帝,常穿着磨破了边的肥大裤子,歪系着领带,在宫城里闲逛,戴着像船舷窗玻璃那么厚的眼镜梦游似的盯着某个地方看。他不修边幅,有时还会把外套上的纽扣扣错。他不喜欢买新衣服就干脆推说"买不起"。他甚至节俭到克制自己去买需要的书,铅笔要用到像烟头那样短。他毫无虚荣心，是个自然而不受拘束的人，言行举止像个小村长。这个矮小溜肩膀的男人并不自傲，他追求的是如何让国民生活得更好。

他的臣民们将他奉为神祇。孩子们都受到过警告，如果他们直视天皇的脸，他们就会瞎眼。如果有人在公开演讲中提到"天皇"一词，全体听众就会立刻坐正聆听。如果哪个记者冒失地问及天皇的私事，那么就会得到冷冰冰的回答：不能对神问这样的问题。

但是在日本，"神"的含义与西方不同。对日本人来说，天皇就是神，就像父母老师都是小神一样。对天皇的感情不仅是敬畏，还有爱戴与尽责，无论其地位高下，每个臣民都觉得与天皇有着家庭纽带关系，天皇是所有人的父亲。明治天皇病入膏肓时，举国上下都为他祈祷，祝他康复，许多人通宵达旦地守在宫城前的广场上。他的死让举国上下像一家人那样悲哀。日本过去就是一个大家族，一个从不断交战的多部族演化而来的现代化了的宗族。

每个孩子都要接受皇道教育：日本的道德基础是对天皇和父母尽责。没有天皇，就没有祖国；没有父母，就没有家。就像父母爱子教子一样，天皇爱护并教导着他的臣民。

鉴于现实中天皇处于这样一种暧昧的地位，参谋总长和军令部总长发展出了近乎独裁的权力，实际上两个总长只需对自己负责。天皇对陆军的质疑只发生过一次，那是在1928年，当他得知石原—坂垣团伙谋杀了张作霖大帅时，他勃然大怒，竟忘记了他曾受过的严格培训，严厉地训斥了首相。西园寺公爵也很生气，天皇对军方的质疑背后是受了他的影响，但他更关注的是天皇本人。他以老师而非臣子的语气责怪裕仁的表现像个暴君。老人的话震动了天皇，除了三次例外，天皇一直都恪守这位最后的"元老"提出的基本准则："统而不治。"①

---

① 天皇的幺弟三笠宫殿下深信，暗杀张大帅是引发日美战争的根本原因。暗杀不但引起了"九一八"事变，还是他哥哥作为天皇这一角色的转折点。三笠宫殿下在1966年12月27日接受作者采访时表透露了这一观点。

4

征得叛军许可后,冈田首相的秘书迫水久常回到首相官邸,发现他的岳父竟安全地藏在壁柜里,他小声说:"我就回来,您打起精神来。"然后,他回到自己家里考虑营救计划。快 10 点时,宫内省一名官员打来电话,礼貌地对首相的去世表示哀悼。他说:"天皇陛下希望派一名皇家信使来慰问家属,是到官邸还是到私邸?"

迫水生怕被偷听,把电话挂掉,他觉得必须亲自去觐见天皇奏明真相。他换上晨礼服,里面穿了一件防弹背心。他拿了把雨伞当武器,穿过大街走进首相官邸,一番争论后,他得到叛军的许可,穿过了警戒线。他坐上一辆出租汽车,来到宫城前的平川门,艰难地踏着厚雪走向宫内省那座钢筋水泥大楼。

内大臣汤浅仓平刚开始表示哀悼,迫水就打断他的话,告诉他首相还活着。汤浅大吃一惊,手里的东西都吓得掉在地上,他说必须把这一喜讯告诉天皇陛下,说完就走了。他一定是在宫城复杂的房屋之间跑着来回的,没过几分钟,就回来郑重地告诉迫水:"我报告冈田总理依然健在时,陛下非常高兴。他说'好极了',吩咐我尽快把冈田护送到安全的地方。"

迫水建议向第一师团的指挥官求援,让他派部队来营救冈田。汤浅不同意,认为这样做太冒险,因为指挥官必须获得其上级的批准。"你搞不清楚他们是哪拨的。"

此话有理,所以迫水决定从更独立的渠道去获取帮助。他走进一间满是高级将校的房间。他们愁眉苦脸的,好像都要受到谴责似的。很多人对冈田之死表示惋惜,但也有几个人公然指出,这样的事情必定要发生,因为首相拒绝听取陆军的建议。

大家传看了叛军的宣言,进行了激烈的辩论,但是似乎谁也做不了主。陆相川岛显得完全不知所措,他肯定是靠不住了。迫水沮丧地环顾四周,这些人都是陆军高层,但却是一群乌合之众和没有主见的投机分子。他感到这里没有一个人值得信赖到可以分享秘密。所以,他从人群里挤出来,走进另一间屋子,那里内阁正在举行会议,场面一样混乱不堪。大臣们忧心忡忡、咬牙切齿,却又都束手无策,直到资深阁僚、内务大臣后藤文夫到场。他们迁怒于迫水,一拥而上询问首相的情况:"他是怎么死的?""尸体在哪里呢?""是谁杀了他?"迫水支支吾吾地应付着,同时发现了一个他可以信赖的人——海相。海相是冈田的老朋友,又是同辈的海军将领。为了防备被人偷听,迫水小心地斟酌词语对海相说:"大臣阁下,我们要去领取一位海军老前辈的遗体,阁下能否派支海军陆战队到总理官邸保护我们?"

海相没有听出话里的玄机,他说:"不行。如果这引发海军与陆军冲突,怎么办?"

迫水压低嗓子说:"我准备告诉您一件重要的事。现在,如果您不接受我的建议,那就当我什么也没说。"迫水透露了首相还活着的秘密,需要海军去营救。

"我什么也没听到。"海相感到左右为难,说完就溜走了。

似乎谁也指望不上了,迫水开始胡思乱想一些不切实际的计划。他想到普法战争期间,法国总统甘贝塔戏剧性地从巴黎乘气球逃跑的办法,但他又想到东京只有广告气球。能不能把松尾的尸体和冈田塞进一口棺材里运出官邸呢?还是不成,那需要一口特大号的棺材。时间已过正午,分秒必争,他绝望地挨间屋子转来转去,毫无办法。

下午3时,在叛军控制的那一平方英里地区以外的街区都是一派貌似正常的景象。男孩子们在雪地上骑着自行车送杂货,靠近事发区域的小铺老板穿着围裙从店里出来,向守卫着路障的年轻士兵打听情况。似乎没人知道更多的情况。

陆军首脑们依旧犹豫不决。尽管他们全都被叛军煽动性行为所排斥,但很多人原则上还是认同叛军的目标,因此无法作出任何决定。他们甚至在是否向香田大尉及其同党发出呼吁一事上都不能达成一致,直到这份呼吁书最后被改成轻描淡写、含糊不清的模样。它被冠以"训诫"之名,其实都不敢称对方为"叛军":

1. 举事之目的天皇已知晓；
2. 尔等行事之动机可谓真诚谋求彰显国体；
3. 对现时国体形式之展现，我等之敬畏无以复加；
4. 各军事参议官一致认同致力实现上述目标；
5. 余事均依天皇旨意定夺。

这份呼吁书于下午3时发布。同时发布的还有一份可笑的紧急防卫命令，它把东京中心区划归第一师团管辖，而该师团早已叛变。这不过是权宜之计，让他们守备他们已占领的地方，他们可能会以为自己还是效忠政府的军队。

无论是安抚性的"训诫"还是紧急命令，都未收到预期的效果，反而使香田团伙相信陆军的大部分高级将领是站在他们一边的。香田的回复是："如果我们最初的请求得到准许，我们将服从你们的命令。否则我们不会撤出已占领的区域。"

当晚，从甲府和佐仓开来的援军到达，在叛军路障对面布防。在美国大使馆的楼顶上，可以看到叛军挂在首相官邸和山王旅馆的横幅标语在飘动。格鲁夫人紧张到坚持要去另一间房就寝，尽管大使向她保证，不到万不得已，叛军是不会找美国人麻烦的。

离大使馆几个路口远的地方，一辆汽车开到宪兵总部，三个装束整齐的军人跳下车来，他们是香田和另外两个叛军头目。他们是来继续谈判的，当他们穿过走廊时，两个自以为聪明的门卫举手敬礼。

"混蛋！"一名士官探身窗外喊道，"还给叛军敬礼！他们不是皇军！"

来的三个人听真崎大将和荒木大将讲了三十分钟，内容无非是劝说他们结束叛乱，但又一次，安抚只能让他们更加坚定。

在令人意料地迟到六个小时后，后藤终于来到宫内省接受任命，成为"临时代理内阁总理大臣"。几分钟后，他听闻陆相提出要发布戒严令。后藤和其他文官阁僚担心此举可能会演变成军事独裁，所以争辩说，严格来讲这只是陆军叛乱，与公众无关，应由陆军内部自行解决。

川岛反驳说，此事必有外部势力煽动，因此需采取非常措施以确保国家安全。这一反驳虽然软弱无力，倒也影响了那些举棋不定的阁僚。在深夜举行的御前会议上，大家同意立即颁布戒严令。

　　就在此时，一个宪兵曹长得知了冈田的下落：他的一个部下奉命进入首相官邸，把死伤的警察抬出来，偶然打开壁柜，竟看见冈田首相像尊佛像似的一动不动坐在里面。这则惊人消息被报告给分队长，分队长决定不再向上报告。如果搞错了他会被嘲笑；如果是真的，有些同情叛军的宪兵会通知叛军，冈田就会遭到杀害。但对曹长小坂计介来说，这可是失职。于是，他主动带着两个志愿者于当天深夜偷偷穿过叛军的警戒线，于2月27日凌晨大胆进入首相官邸。小坂直接走进女仆的房间打开壁柜，向冈田保证他很快就会得到营救。然后他穿过大街，向住在迫水隔壁的首相另一位秘书福田耕寻求帮助。

　　秘书和曹长两个人边呷着红茶，边小心谨慎地互相试探，最后小坂透露冈田还活着。此时福田才承认自己和迫水也知道冈田还活着，希望把冈田混进前来官邸吊唁的人群中偷偷带走。

　　在接下来的半小时里，机智的曹长和他的两个部下从卧房里偷偷拿出来一套西装给冈田穿上，再征用一辆汽车开到院子里。此时正好有两辆黑色小轿车停下来，十来个吊唁宾客排队进入官邸。福田把他们引进首相卧室，曹长的一个部下正守在那里，确保这些人别太靠近尸体，以免看出死者不是首相。

　　当宾客焚香祭奠的时候，福田和小坂把戴着口罩遮住半张脸还浑身打战的冈田带到后面，有一伙叛军站在门口，小坂威严地喊道："紧急病人！他看不了尸体！"

　　叛军们让到一旁，三人来到了院里。但是院子里却没有汽车在等着，叛军头目好奇地走过来想看个究竟。突然，征用的汽车开来了，福田打开车门把已筋疲力尽的冈田塞进1935年款的福特轿车，自己也跟着钻了进去。小坂心怦怦直跳，看着这辆汽车缓缓开出大门走远。他泪流满面，恍惚地站在那里。

冈田就这样逃脱了，但接下来的问题是如何在这个骗局被人揭穿前把松尾的尸体运走。这就是迫水的事了，但他觉得在冈田进到一个安全的藏身之地前，最好什么也别做。迫水一小时接一小时地独守在尸体旁。终于，电话铃响了，他妻子通知说她父亲已安全抵达一座佛寺。现在迫水可以干活了，他先打电话给宫内省，告诉他们冈田已脱险，然后又打电话到冈田私邸，让那边尽快把棺材送到官邸来。可那边回复说，现成的棺材不适合首相大人，要花几小时特制一个。

拖延开始让迫水焦躁不安：他可能会被发现而被处死。当他越来越害怕的时候，忽然想起来他父亲的童年时代男孩们常玩的一个叫作"站在最后一根稻草上"的游戏。一个男孩先把某样东西放在坟头上，另一个男孩去把它捡回来，第三个男孩再插根稻草在坟头上，一直持续下去，直到有人害怕为止。男孩们相信，只有当他们的睾丸萎缩时，真正的恐惧才会来临，所以当他们走向坟头时，都会把它掏出来拽大。果不其然，迫水发现他的睾丸快缩没了，他设法把它拽大，然后惊讶地发现自己的恐惧消失了。过去的人很聪明啊。

天黑时，棺材终于送来了，迫水把抬棺人支开，用毯子把松尾的尸体完全包裹起来放进棺内。当送葬队伍慢慢离开官邸时，叛军首领举手敬礼，还说了一句告别的客套话。灵车静静地驶出大门，经过一段颠簸路段后，安全抵达首相私邸。一群人已经聚在那里等候着，一块墓碑连同一幅用黑纱围边的冈田的大照片被放在棺材上。

迫水严令不得开棺，然后赶去宫内省，内阁成员又聚在那里。这次，迫水才告诉他们冈田依然健在，而他们从震惊中缓过来后，都建议冈田首相去觐见天皇，越快越好。让迫水料想不到的是，代理首相后藤却表示反对。他认为冈田要对这场叛乱负责，应该立即辞职。后藤拒绝听任何辩解，显然他觉得自己应该当首相。无奈之下，迫水只好打电话向其他要人求助。

没人帮他，大家的共识是，如果叛军知道冈田躲在宫里，就可能会向宫城开火，那可"太恐怖了"。绝望的迫水打电话给福田，叫他不要把冈田送到宫城来,他则赶回冈田私邸,看看丧礼是否照常进行,而骗局尚未被揭穿——否则叛军就会开始搜捕了。

松尾夫人沉默地坐在棺材旁,几个小时过去了,她一句都没有问起自己的丈夫。同情之心使得迫水无法再隐瞒实情了,他把冈田的亲人叫到一起,包括他四个孩子中的三个,以及松尾四个孩子中的三个,迫水控制着自己的情绪告诉他们,松尾大佐如何为了让首相脱险而牺牲了自己。

"我很高兴我的丈夫能够作出奉献。"这位寡妇轻声说道。她是一个武士的女儿。

5

现在,此次叛乱已被称为"二二六"事件。在天皇本人施压下,军方首脑的态度也开始强硬起来。被军方的拖延激怒的天皇,自张大帅被刺以来第一次不顾他的身份直言:"如果陆军不能镇压叛乱,那我将亲自站出来阻止他们。"

这迫使陆军于2月28日凌晨5时06分以天皇的名义发布敕令,命令叛军"迅速撤离"所占区域,回到各自的驻地去。危险区域的居民将被疏散,如果次日上午8点叛军仍未撤出,将会对他们开火。

这一敕令使叛军分化为两派:一派要服从天皇;另一派坚信这并非出自天皇本意,而是天皇在统制派的压力下发出的。

这一天,迫水遇到了其他更令他失望的事。代理首相后藤一直反对冈田去面见天皇,而警方也无论如何都拒绝护送首相进宫,说是"责任过于重大"。迫水害怕冈田因自责而切腹自杀,就不理会后藤和警方,自行把冈田首相带到了宫内省。

晚上近7时,那位老人被护送到天宫城殿的耳房。当他们经过走廊时,官员都被面色阴沉的冈田吓得目瞪口呆,以为看见了鬼。有几个人被吓得跑走了,其余的则缩成一团。

一见到天皇,冈田立即卑屈地为这场叛乱请罪,就好像这是他的过错一样,然后提出辞职。"你活一天,就继续履行一天你的职责。"天皇回答,还接着说他很欣慰。

冈田敬畏得说不出话,禁不住泪流满面,最后还是克制住自己说:"从此臣会竭尽所能。"这次天皇没有回话。

当晚,冈田就在宫内省留宿,迫水则返回首相官邸,那里仍然挤满了吊唁的人。一群愤怒的海军军官把他挤在中间,其中一人喊道:"作为武士,你竟敢就这样弃守城堡?即使首相死了,你也必须留下来守护他的遗体,誓死保卫官邸。你怎么能如此不负责任地跑去宫内省!谁知道你干什么去了!"

迫水对丧事的安排令他们大为不满,说是明天要把尸体运到海军军官俱乐部去举行应有的仪式。迫水请求他们耐心点,但没等他说完,有位海军军官立即喊道:"你父亲是个好军人。我当年替你操办婚事就是因为你是他的儿子,我以为你也是个靠得住的人。但是今天这事证明你就是个厌货,一个连丧事都办不好的软蛋!冈田若在天有灵一定会感到悲哀,竟把女儿嫁给你这么个家伙。你父亲也会痛心疾首。你自个儿振作起来吧!"

即使天皇敕令已发,但除少数人之外,大部分叛军都拒绝撤离。从周边城市调往东京的陆军越来越多,联合舰队也驶入东京湾,登陆部队在海军省和其他海军机构外围布防。年轻的官兵们恨不得立马动手,为被陆军刺杀或重创的三位海军老将斋藤、铃木和冈田报仇。一名年轻军官在冲动驱使下已让他的军舰主炮口对准了国会大楼,他想轰塌那座大楼,但还是克制住了自己。

2月29日(那年是闰年)早上6点,陆军宣布:"我们确定将开始镇压在帝都麴町一带制造骚乱的叛军。"这是官方第一次使用了"叛军"一词。当日乌云密布,大雪将临,除了还有士兵外,东京几乎是个死城。学校停课,电车和火车停运。打不了电话,也发不了电报,东京已被隔绝。市区公共交通中断,陆军已集结兵力准备进攻。尽管有些坦克进入了攻击位置,但还是有些坦克向叛军的路障贴近,坦克外面挂着劝降标语,号召叛军"遵从敕令",立即撤走。满载炸弹的轰炸机在上空盘旋,还有飞机撒下致普通官兵们的传单:

1. 速回本部,为时未晚。
2. 抗拒为叛,将予枪决。
3. 尔等父母兄弟正因汝为国贼而哭泣。

一只广告气球在航空大楼上升起,下悬长条大字标语:"**敕令已出。勿抗军旗。**"各要害地点都架起了高音喇叭,日本广播电台著名播音员和田信贤哽咽着朗读致叛军士兵的呼吁书:"你们真诚忠实地服从你们的长官,相信他们的命令是正当的。但是现在天皇命令你们回归本部。如果继续顽抗,你们就是违抗敕令的国贼。你们以为自己在行正路,但现在你们知道自己错了,便不可继续违背陛下,致使自己堕落为万世国贼。为时未晚,罪尚可恕。你们的父兄及全国人民都真诚地祈求你们回头。立刻撤离现在的阵地,返回原部。"

叛军士兵开始疑惑地面面相觑,可谁都在等别人先动。上午10点左右,坚实的大坝崩溃了,30名普通官兵携带着步枪和机枪撤离阵地。中午前后,几乎所有普通士兵都回到了原先所属的部队,只剩下留在首相官邸和山王旅馆的几个小分队。下午2点,飘动在首相官邸外的横幅标语落下。一小时后,陆军省通过电台宣布,未发一枪一弹,叛军既已投降。

叛军首领仍在陆军省和山王旅馆,皇军没有采取行动去抓捕他们,而是给他们一个表现出武士道精神的机会。荒木大将钦佩他们的精神,也同情他们的动机,但要求他们切腹自尽,毕竟他们做出了令人无法容忍的鲁莽之事以致伤了天皇的心。青年军官们考虑过集体自杀,但最后还是决定接受军事法庭的审判,那时他们就可以像相泽那样,唤醒国民关注正被腐败侵蚀的日本。

但是有个军官拒绝投降。野中四郎大尉独自离开,写了一份临终声明,为他所在的部队三十年来从未出征、其他部队却能浴血荣光而感到遗憾。"这些年来,国内卖国贼的罪行竟然要用我们在'满洲'和上海的战友们的鲜血来赔偿。我接下来若屈居帝都,苟且偷生,将何以告慰这些英灵?我是疯癫还是愚笨?我给自己选的路只有一条。"他在声明上签字后便走上了这条路:切腹自尽。

那天下午4点半,疲惫的迫水把吊唁者召集到冈田家里,宣读了一份准备好的声明,披露了松尾死亡和冈田脱险的细节。听众一时惊得鸦雀无声,终于有人高呼"万岁",其他人也跟着喊起来。消息立刻在邻里间传开。

"二二六"事件结束。如此血腥的一场暴动最终以仅死亡七人的代价和平终结,叛军投降了。妇女们展现出了超常的勇气,将军们却是首鼠两端。以外国人视角来看,此次兵变不过是一场超国家主义者制造的大屠杀,只有少数人意识到它的意义。但苏联人却了解,因为佐尔格准确地预判这一事件将导致日本向中国的扩张。①

事情就这样结束了,但好像往池塘里撇出了一片石头,涟漪一直波及了太平洋彼岸。

---

① 佐尔格博士在给莫斯科的详尽报告中,分析了引发此次叛乱的深层次的社会动荡。佐尔格还把德国大使馆武官获取的情报中的精彩部分拍照送到莫斯科,其中有两名叛军首领在前一年写的一本秘密小册子,题为《整肃陆军意见书》。苏联红军第四局对这名新间谍很是满意,并要求他提供进一步的情报:此事是否会影响日本的外交政策?会使日本反苏更多还是更少?

在一位与高层交往密切的记者和一位原为艺术家的共产党员的帮助下,佐尔格解答了所有这些问题,他观察到"二二六"事件将导致社会改革或是长期的对外扩张,扩张必将指向中国。对此他谨慎客观,因为他清楚,与柏林和华盛顿不同,"莫斯科十分了解中国和日本,没那么容易受糊弄"。

时至今日,仍有些消息灵通的日本人认为,此次事件是日本共产党特务煽动的。他们宣称,真崎大将在叛乱发生前曾秘密会晤左翼领袖。他们指出,不只是青年军官们,连北一辉和其他民粹主义者都无意间成了日本共产党的工具。日本共产党的计划是通过那些同时宣扬社会主义和皇道的"理想主义"者,以行动促使日本共产主义化。日本共产党深知天皇崇拜的威力,他们打算利用帝制,而非废除它。佐尔格某种程度上也认可这一说法,他后来跟一位朋友说,日本共产党与这次叛乱可能有关系,他们试图建立一个天皇治下的"共产主义"日本。

第二章 卢沟桥事变

1

500万东京人揪着的心没那么容易放松,这就跟1923年大地震过后一样。政变期间人们对年轻叛匪们极少同情。大众第一时间几乎一致谴责政变分子,同时批评席卷陆军系统的肆意妄为倾向。

"五一五"事件发生时,人们还曾一度确信军国主义者和民族主义者采取直接的武力行动,是有可能粉碎腐败的政党政治,纠正社会错误倾向的。但是腐败和社会不公却一如既往,历经四天的野蛮动乱后,大众已经失去了对武力的盲目信任,几乎不惜一切代价要求恢复秩序。

虽然,上演颂扬复仇、血腥暴力、不惜流血牺牲的《忠臣藏》的歌舞伎剧院还是场场爆满,但是面对混乱局面,支持陆军中统制派的人却持续增加。该派的名称就代表了此时的需要——纪律,尽管它真正的主张是要控制中国。文职领导人同样希望恢复法律与秩序,他们开始行动起来打压皇道派,而这却无意间打开了大门,使他们自己的势力逐渐被军方削弱。

当外相广田弘毅组建新内阁时,表面上看,文官们似乎获取了新的权力。格鲁大使通报国务院,广田将"约束陆军在中国的危险倾向",并在日记中写下他对新首相人选感到满意,"因为我相信广田是一位坚强且可靠的人物,虽然他不得不在一定程度上与陆军逢场作戏,但我认为他将尽可能明智地处理外交事务……"

广田一上台就带来了希望,他挑选公开亲美的外交家吉田茂当他的外相,但是,陆军的抗议非常激烈,他只好作罢。这只是一系列调和行为的肇始,在接受陆军提出的未来陆相人选必须由陆军"三长官"批准的要求时,新首相的妥协达到了顶点。这一表面上看起来无关紧要的变化,实质上回到了老一套,即这个国家的政策尽归陆军主宰。如果军方不赞成某个内阁,陆相可以辞职,而"三长官"又拒绝同意任何其他人选,这就意味着内阁倒台。陆军可以拒绝提供陆相人选,直到选出他们中意的内阁。这意味着文官们自动放弃了最后一项对国家事务的控制权。

虽然陆军高层逐步扩大了政治操控力,但这并非他们的首要目的。他们首先要竭力防止另一次"二二六"事件的发生。他们认识到不管有多少条纪律,都约束不了那些追求"理想主义"的青年军官们满怀激情地献身于消除贫困和腐败。解决办法就是要铲除不公的根源,这只能通过纠正叛乱分子认为的自由经济的罪恶来实现。"满洲"的定居者已经在要求在本土实施他们的计划经济,因为它在"满洲"已带来显著的物质迅速发展。但是谁能推行这样全面的经济改革呢?资本家正忙于保护自己的利益,而作为他们仆人的政治家不但不适合做这个工作,而且早已丧失了大众的信任。鉴于陆军不可能公开介入政治又不使自身受到腐蚀,那么唯一可行的路径是:"推进改革"又不过多介入。

为了预防公众的敌意,陆军高层把荒木、真崎和十几个同情皇道派的将领列入闲职名单,又把很多少壮军官调到无关紧要的岗位上。[1]

叛乱期间启用的戒严令月复一月地持续执行,媒体遭到严控,异议者全部噤声。叛乱分子被快速秘密审判。十三个军官和包括北一辉在内的四个平民被处死刑。7月12日,他们被绑在柱子上,蒙上眼睛,脑门上画

---

[1] 1966年,荒木大将在去世前几周与作者的一次访谈中说:"我们(皇道派)是理想主义者,他们(统制派)是实用主义者。我们觉得适当时机下诉诸武力是必要的,但更重要的是要依照明治天皇的五项原则行事,让国家走上正轨。所以只图打垮中国是不对的。"他又苦笑着补充道:"但是讲理想的输了,现实主义者总能得偿所愿。"

了靶心。曾协助刺杀渡边大将的高桥中尉在唱了一首歌后说："真的,真的,我愿特权阶层能够反省自己的行为而更为慎重。"另一位愤怒的年轻军官高呼："哦,日本人民,别信皇军!"还有一个大叫："人们信任陆军!别让苏联人打败我们!"在枪响前几乎所有人都山呼"天皇陛下万岁"。

即使皇道派军官被清洗,东京还是有些人数不多但颇具影响的团体献身于他们的主要原则——结束扩张。他们的头头就是那个曾策划侵占"满洲"的石原莞尔。此时他在参谋本部任职,已被自己的"功绩"所带来的后果吓得胆战心惊。他曾经梦想着一个五族联合的"民主满洲",人人和睦相处,成为抵抗苏联侵略的堡垒。但是这个目标却异化为陆军高层的野心,他们要把"满洲"作为侵略华北的基地。

叛乱分子被处决后不久,石原在东京的宝亭饭店秘密会见了陆军省和参谋本部的十一名重要军官。这些人跟他一样担心向中国扩张的后果,于是凑在一起商讨对策。

石原一上来就问:既然最危险的敌人是一直以来的对手苏联,我们为什么要冒风险跟中国开战?他接着说,对重工业薄弱的日本来说,同时打两场战争无异于自杀。相反,国家应该集中全力扩大生产力,直到能与苏联相抗衡。为了在重工业方面获得自给自足的能力,日本应该实施一系列五年计划来开发"满洲"的资源。到1952年时,日本工业将发展到最高峰,那时才能对苏联全面开战并取得胜利。唯有这样方可拯救日本,而不是统制派的扩张政策,他们叫嚣着要向中国甚至东南亚推进,那势必将引起与英国和美国的战争。如果这一切发生了,唯一能够得到好处的将是日本真正的敌人苏联。石原补充说,帝国最大的危险不在东京,因为这里的上层人物还是听得进道理和规劝的,最大的危险是在"满洲"。

在那里,关东军中有影响力的激进派正在准备对华北进行未经批准的突袭,其核心人物是土肥原贤二少将,他与石原颇为相似,都擅长诡计。他早就被西方媒体人士起了个绰号叫"'满洲'的劳伦斯"。上一年,他曾只身一人前往华北,诱骗军阀以及华北五省的官员脱离中国,组建一个在日本皇军庇护下的自治政府。当时的首相冈田知道此事后,曾传话去制止蛮干的土肥原。但土肥原像石原一样不理睬东京,继续成功地策划建立了一个类似自治政府的机构。在"跟着太阳旗走"的口号下,投机的日本商人像洪水般涌入华北,激起了全中国的反日情绪。土肥原宣称他所建立起的傀儡政权,只不过是作为缓冲。但是几周后,他又以保护日本商人防备盗匪为名,往那里调去了5000名日军。

现在石原指责这次调兵是大规模入侵中国的开端,土肥原所谓的缓冲区是一枝"毒花",应在引发日军与蒋介石领导的国军全面开战前把它铲除。

石原的结论是,让土肥原悬崖勒马的最好方式就是把他们弄回办公室,建议他们的上司把日军调离华北的纠纷地点。这些纠纷地点之一就是位于北平(今北京)西南约15英里处的古老的卢沟桥。

自1900年由英、美、日等国派遣的军队血腥镇压仇外的义和团运动后,日本军队就一直驻扎在北京地区。次年,中国人被迫签署了所谓的《义和团事变议定书》(即《辛丑条约》),允许列强各国驻守北京附近的要塞据点,"以维持首都与海上通道间的畅通"。

义和团被镇压后,中国更加成为了西方帝国主义的掠夺对象,但是,资源不断被掠夺,终于激起人民的反抗。很久前,拿破仑就曾发出警告,说中国是一个沉睡着的巨人:"让他睡吧!他一旦醒来,就会动摇世界。"

在中国真正的民主主义者孙中山领导的革命的攻击下,腐朽的清帝国于1911年崩塌,这个沉睡的巨人终于被唤醒。然而,这个新生的共和国却立即被贪得无厌的地方军阀团团围困,尽管孙中山的国民党持续得到举国上下的普遍支持,但中国已经分崩离析。经过十多年令人绝望的流血冲突,孙中山终于向一个乐于施以援手的国家苏联求助。很快,广州涌现大批共产党人,他们对所有事情,从群众宣传到军事战术等都给出建议。国民党军队背后那个出谋划策的人物自称盖伦,其实是苏联将军布吕歇尔;而首席政治顾问是一个曾在芝加哥商学院任教的履历丰富的人物,他是克里姆林宫的顶级政治煽动家米哈伊尔·鲍罗廷。在他们的帮助下,民国的力量成长起来,在蒋介石的指挥下,其军队打败了军阀势力,向北推进,夺取了上海和南京。然而,胜利却带来了更大的问题,国民党内部的共产党势力越来越大。1927年,已成为孙中山接班人的蒋介石得出结论,如果继续接受苏联的帮助必将导致赤色中国,于是他宣布共产党为非法。① 从那天起到日本"二二六"事件止,三方混战席卷全中国。今天是国民党军队和军阀开战;明天是两者联合起来去攻打日益强大的红军;后天又是共产党、军阀与蒋介石对抗。

这样长期的动乱再加上国际共产主义运动的持续高涨,给日本军方首脑敲响了警钟。他们在北边受到斯大林部署在符拉迪沃斯托克的轰炸机群的威胁,那里距东京还不到700英里,在西面又受到毛泽东领导下的日益壮大的中国共产党军队的威胁。②

对军国主义者来说,唯一的选择就是巩固夹在两种威胁之间的"满洲",那里就是抵御共产主义的防波堤。统制派人物进一步认为光有"满洲"是不够的,还应再占据华北。整个华北地区都处于无政府状态,日方在那里的巨大利益需要保护。说那里处于无政府状态多少有些道理,根据《皇家国际事务研究所调查报告》,那里不但土匪横行,而且共产党本身也已成为"一股有组织、有效率的政治势力,在广阔的区域里行使独立的行政权"。另有迹象显示,中国共产党是苏联的盟友。"如果中国的共产主义就是苏联式的共产主义,那么可以预料的是中国共产主义将与苏联共产主义携手行动的可能性。"

所以,无怪乎统制派将共产主义在中国的传播视为日本的主要危险。中国共产党人与美国和欧洲的共产党人不同,并非单纯的是某个政党的

---

① 在被迫离开中国后,鲍罗廷报告说:"下一个中国将军到莫斯科来欢呼'向世界革命致敬!'时,最好立马就把他送去国家政治保卫总局,他们所有人都该吃枪子儿。"

② 在苏联一方,他们指控美国和英国密谋在亚洲对抗他们。在苏联科学院历史研究所出版的《苏联简史》第二部分中有这样的描述:"1927年4月,英美政界试图挑起苏联和中国之间的军事冲突。中国警察和军人闯入苏联驻北京的大使馆,拘捕了使馆工作人员,对使馆进行了搜查和洗掠。这一挑衅行为是由西方势力的代表所煽动的,中国驻苏联外交代办在回复苏联抗议照会的文件里证实了这一事实,他非常清楚地陈述中国军方和警察与西方外交机构预谋了此次行动。"该书中有更多的资料进一步显示:"1929年夏季……美国、日本、英国和法国的决策层再一次试图煽动中苏冲突,使苏联卷入远东战争。1929年5月27日,土匪袭击了苏联驻哈尔滨的领事馆,7月10日,中国军队试图夺取本由苏联和中国共同管理的东部铁路……在1929年9月和10月,中国军队和白俄武装部队侵入了苏联境内。"这些指控找不到确凿的证据。

党员,而是国民政府的真实敌手,他们有自己的法律和活动范围。中国的许多地方已经成为苏区,连上海本地也成了共产主义宣传的策源地。

此时毛泽东宣称只有他的红军在独自抗日,而蒋介石进行的只是"剿共"战争。毛泽东对西方记者说,在此,我以中华苏维埃政府的名义庄严宣布,如果蒋介石的军队或任何其他军队停止对红军作战,那么,中华苏维埃政府将立即命令红军停止对他们的军事行动……如果蒋介石真的愿意抗日,那么,中华苏维埃政府将明确地在抗日战场上向他伸出友谊之手。

建立统一战线的号召并没有打动蒋介石,但他最重要的一位野战军司令官张学良并不那么固执,所以毛泽东决定先做通他的工作。张学良被称为"少帅",因为他父亲就是大帅张作霖,后者被刺杀导致东北被日本占领。少帅指挥的东北军已归国民党领导,被派去剿灭中国北方的共产党军队,但他对蒋介石的路线却持谨慎的保留态度。他开始认识到他正与之对战的人也是爱国者,也许双方应该联合起来一致抗日。

1936年秋,毛泽东派他最能干的谈判专家周恩来去找少帅达成停战协议。周恩来是一个温文尔雅的人,说话和声细语,相貌秀雅。就像所有优秀的外交家那样,他总是带着无尽的耐心。他的一位姓韩的老校友说:"不管我有多生气,他总是微笑着在争议中重申他的立场,只是换了个说法,只要换的方式足够多,就会让你觉得他已经在讲述新观点了。"

周恩来在中国北方一个遥远的城市西安的一个天主教堂里会见了张学良。周恩来承认蒋介石理所当然应是抗日领袖,承诺红军将领都可由蒋介石来领导。作为交换,张学良必须向他保证,红军应与国军得到同等待遇。此外,国民党要释放关在监狱中的共产党人,在打败日本后,允许共产党合法活动。

他们签署了一份列出上述条件的文件,然后握手确认了这一协议。

张学良说,他们两人都还得等待蒋介石的指示。

"如果您依旧怀疑我党参加抗日统一战线的决心,"周恩来说,"我将欣然愿意作为人质与阁下一起留在西安。"

张学良回答说,这倒不必,他自己也与别人一样决心抗日——毕竟,他自己也有一笔私人恩怨要跟日本人清算。尽管如此,作为军人,他必须先说服他的上级蒋委员长接受他们刚才签订的停战协定中的条款。

但在张学良见到蒋介石之前,蒋的另一位野战军司令官杨虎城将军说服了少帅,只有劫持蒋委员长,才有可能让他和红军合作。就在此时,蒋介石已启程前往西安,要拿证据当面质问少帅他是否正在被左派影响,并要警告他,"除非马上采取行动,否则局面可能会引致叛乱"。

虽然张学良同意劫持蒋介石,但当蒋介石真到了西安,张学良的决心又动摇了。他继续犹豫不定,直到12月12日上午杨将军自己动手搞起事来。他控制了蒋委员长和该区域内所有忠于蒋的部队。蒋在逃跑时摔了一跤,受了重伤,但当他与少帅见面时反倒比少帅更镇定。蒋说:"为了你的利益和国民的利益,你唯一的出路是立即幡然悔悟,把我送回南京。你千万别上共产党的当。现在就悔悟,别为时过晚。"

深感不安的张学良两天后才打起精神来,向他的上司呈交了拟议的八点协定,这与他和周恩来签订的协定几乎相同。他向蒋委员长保证,只要签了这个协定,就立刻护送他回民国首都。

"只要我仍被扣押,就没有什么好商量的。"蒋介石说。他问谁敢来枪毙他,说完就去读《圣经》了。

愁眉不展的张学良转向共产党求助。周恩来到了后,先是赞扬张的勇气,接着又责怪他劫持蒋太过莽撞了,然后走进去会见那个被关着的人。他们彼此非常了解。在黄埔军校(类似西点军校)时期,周曾是蒋的下属,在蒋的批准下,他建立起了政治委员制度。蒋介石没有想到被挑选出来当政治委员的人大多是共产党员,等他意识到这点时已太迟了。

蒋介石后来曾出八万美元悬赏周恩来,可以理解现在他见到周时面如土色,十分恐慌。但周却非常亲切友善。他发誓,如果蒋介石愿意合作,共产党绝不会利用目前这一局势。共产党所要求的只是结束内战,联合抗日。

蒋介石一开始是抗拒的,但是越听越有兴趣,但仍然拒绝作出承诺。按照共产党方面的说法,周恩来一周之内就说服了蒋介石接受条件去领导抗日。不管怎样,蒋介石在圣诞节那天乘飞机返回南京。出人意料的是,少帅竟也跟着他去了,在那里两个人上演了一出典型的东方式的挽回面子大戏。这就活像是中国戏曲中的桥段。先是张卑躬屈膝地忏悔自己"乖戾无礼",行为不检,不合法理:"自知羞愧,故亲送先生返京,以接受应得之惩处。只要对国家有利,决不逃避,罪该万死。"接着蒋介石说:"鉴于我才德不足,对部属管教不严,致有今日空前叛逆之举。"张被审判处以十年监禁,但不到二十四小时就被赦免了。

与此同时,蒋介石公开宣布,他已获释但"没有接受任何条件",尽管西安方面传出了各种消息。毋庸置疑,这个说法是为了安抚南京方面那些比他更为激烈反对与共产党有任何交易的人,因为几周之后他就和毛泽东进行讨价还价了。谈判进行得顺利,所以到1937年初,中共中央致电国民党,他们愿意放弃武装反抗国民政府的政策。这些条件被非正式地接受了,如同鲍罗廷在的"蜜月时期"那样,国共两党再一次联合起来了。

这给中国带来了十多年来第一次表面上的平静。周恩来在接受一次采访时宣告:"和平已经实现,现在我们之间不再打仗了。我们有机会实质性地参与抗日战争的准备工作。关于实现民主的问题,这个目标才刚刚开始实现……打个比方,我们必须将抗战准备工作与民主视作人力车的两个车轮。这就是说,先要做抗战准备,接下来是民主运动——后者可以推动前者前进。"

几个月后,1937年7月5日,国共两党签署正式协定,双方着手准备把日本赶出北平和华北其他地区。

2

在日本,军方对政府施加的影响不断增大已成为一个难题。在维持法律和秩序的名义下,广田首相明显地对将领们言听计从,引起国会中自由派议员对这些将领的公开抨击。一位愤怒的议员对陆相说他应该切腹谢罪。这赢得了一片欢呼和掌声,陆相愤而辞职。当然,随着陆相的辞职,广田内阁于1937年2月也跟着倒台了。

西园寺公爵毫不迟疑地立即向天皇推荐了另一位大将宇垣一成来接替广田。这一选择几乎激怒了陆军中的所有人,因为宇垣是稳健派,曾裁减过他们陆军四个师团。结果,"三长官"说,他们就是找不出来可以加入宇垣内阁的陆相人选。宇垣被迫向天皇上奏说他没有办法组建内阁,在向媒体发表的声明中他怨气冲天:"我看到的是,把持陆军权柄的那么几个人成了一个团伙(即统制派),把他们的意见强加给政府,鼓吹他们的所作所为好像是代表了广大陆军的意愿。陆军属于天皇,但是这些人近日的表现是否真的就代表了皇军的普遍意愿,这并不确定。要由陆军'三长官'来选择陆相过于形式化,且缺少诚意……我相信日本正站在一个十字路口,一条路是法西斯主义,一条路是议会政治。陆军已经变成了一个政治组织,出现了这样的状况我也应当承担部分负责。事已至此,我对天皇陛下深表愧疚。此外,我长期热爱的陆军会成了这个样子,我深感遗憾……"

最后,一位名叫林铣十郎的大将被选为首相,他是同情统制派的,但是他在国会遭到激烈的反对,这使得他的政府仅仅维持了四个月,还落了一个"吃完就走内阁"的绰号。林铣十郎的下任是文官近卫文麿公爵,他来自曾统治过日本几个世纪的藤原家族。他是西园寺的弟子,但是长期以来不听这位最后的"元老"的劝告,不愿卷入政治。在"二二六"事件后的困难时期里,老公爵西园寺认为只有近卫才能领导新政府,并向天皇作了正式的推荐。可是近卫谢绝了,说自己身体欠佳,现在当个贵族院的议长就行了。这成了西园寺"最尴尬的时刻"。

但是考虑到当下危机的严重性,近卫最后还是听从了劝告,接受了这个此前一直都由老年人担任的职务。近卫四十六岁,让他来领导国家是广受认可的选择,人们不再相信政客,也害怕继续由军人统治。对大多数军人来说,他们也都信任近卫,因为他没有政治野心。财阀们想靠他带来稳定,知识界则希望他遏止法西斯主义的趋势。一般老百姓对他颇有好感,因为他年轻英俊而且还不大乐意出来当首相:凡是没有野心的人一定是个正派人。

在6月份就任首相时,近卫许诺:"在宪法框架内进行渐进式的改革和进步是我们的准则。国家需要全民改革,作为既非法西斯主义又非社会主义的政府,必须听到这样的呼声。伟大的(明治)维新带领我们取得了今天的光荣与成就,那么现在应由年轻人来担起责任,把我们国家推向一个新时代。"

这个"新时代"比他预期的来得快,但绝不是他设想的那个"新时代"。7月7日晚上,在卢沟桥这座古老石桥上,这个"新时代"来临了。驻扎在这个历史地标附近的一个日军中队在离中国大军营约一英里处进行夜间演习。在结束演习的号声吹响时,他们与中国军队发生冲突,但是几分钟后,这场小冲突就结束了。然而日军这边出了一个意外,一个士兵失踪了。中队长把情况报告给了大队长,大队长打电话向北平附近的联队指挥部报告。第二个中队被派往卢沟桥,一名参谋官跟着过去,开始同中方安排停火。当双方刚刚一致同意这是个不幸的误会时,又发生了第二轮冲突。

第一轮冲突可能是意外,第二轮冲突却值得怀疑,特别是在该地区,中日两国军队之间关系并不紧张,这也是基于华北地区中国军队总司令宋哲元将军和日军在华北的驻屯军参谋长桥本群将军之间的私交。

不管第二轮冲突因何而起,日军开始了攻击。直到第二天上午,谈判人员才一致同意双方和平撤退。日本人在撤退时却招来射击,他们立刻还击,战斗又打响。

双方都指责对方破坏停火协议,谈判破裂。消息传到东京后,陆军参谋总长发了一个例行公事的电报,命令就地和平解决争端。当天晚些时候,陆军省、海军省和外务省的代表一致同意采取"不扩张"和"就地解决"的政策。这个政策也得到近卫首相和他的内阁的批准。然而在陆军参谋本部的一次特别会议上,扩张主义者强烈要求向中国增派军队,给蒋介石一个教训,否则,蒋可能以该事件为借口收回"满洲",进而危及日本控制的朝鲜。他们承诺将采取迅捷的军事行动,快速与蒋达成协定,然后将全部日军调至华北,华北将纯粹被当作对付苏联的缓冲地带。

最坚决的反对意见来自此时已升为少将的参谋本部第一部部长石原莞尔。他力争了几个小时,但最终也只好承认,驻扎在华北的中国军队或许会屠杀那里的日本商人和定居者。这将在日本激起公愤，并带来他最怕发生的事情——无休无止的报复。

这就是为什么这个曾经说过"除非跨过我的尸体，否则就别想让士兵开进中国"的人，最后同意向中国派遣援军。这批援军由关东军抽调的两个旅团、朝鲜抽调的一个师团和本土抽调的三个师团组成。不久前还曾保证维护国际道义的近卫公爵在7月11日同意了日本向另一个国家大量派兵。据他的私人秘书牛场友彦说，"鉴于陆相保证，这只是为了制止局部冲突的一次军队调动"，近卫也无可奈何。

在卢沟桥，经过几小时的争辩后，谈判人员刚谈成了又一次停火。但正当双方撤离时，突然传来一阵机枪似的响声（后来被证明是放鞭炮），于是战斗再起。这一次，两位彼此友好的将领宋哲元和桥本群亲自出面，当天便签署了明确的局部协定。宋对此次事件表示歉意。桥本代表他那病危的司令官表示不会再向华北增兵。

蒋介石无视这项停火协定，命令宋哲元向事发地区集结更多的军队。宋却遵守他的承诺，履行了停火协定，开始撤军。看起来这场危机即将结束了，但不幸的是，当时通信联络极差，东京方面不知道问题正在得到解决，而于7月17日断然要求中国停止向华北派兵，并承认土肥原参与扶植的傀儡政府。这大大激怒了蒋介石，他在南京挑战式地宣告："吾人如再失去寸土，如再丧失主权，吾等将对中华民族犯下不可饶恕之罪……中国主权不容牺牲，即使不惜一战，战事一起，誓不回首。"

日本驻南京大使馆武官喜多诚一将军对他的老朋友，即日本陆军士官学校毕业的中国国民政府军政部部长何应钦说，如果中国军队不尽快撤出华北，"局势可能无法控制。"何应钦并不反对与日本人进行有限的合作，但他也表示："如爆发战争，日本和中华民国都将战败，唯有苏联与中共会得到好处。你若现在不信，等十年后再看。"他请喜多诚一把这一警告转告日本政府，并明确地说中国人将"战斗到最后一个人"。

日本民众原本就很关注中国军队大量开赴华北的夸张报道，他们对蒋介石的宣言感到愤愤不平。《东京日日新闻》发表社论称，中国的答复使日本只能"铤而走险"，别无选择。

直到此时，桥本那份被耽误了很久的报告才送抵东京。报告说，卢沟桥地区战况平静，不必向华北增派援兵。调兵命令被取消了，连陆军省内的扩张主义者们也都放松下来，觉得危机总算过去。他们认为，蒋介石会同意宋哲元所签署的条款，中国又恢复和平了。

宋哲元继续下令拆去北平市内街道上的工事，放宽戒严令。南上的客运列车终于又能开抵这个古都。但蒋介石仍然没有和解的意愿，双方谈判代表所担心的事终于爆发：将近三周以来一直剑拔弩张的中日军队真的开始打起来了。7月25日晚上，在距北平约50英里的廊坊火车站，小冲突在一小时以内已发展为大规模战斗。日军随即向廊坊派去大批援军，黎明时，又有17架日机轰炸中国军营。几小时后，日军占领了廊坊。

宋哲元与桥本群之间的交情此时已毫无作用。后者的司令官已去世，新任司令官香月清司中将刚到达。他是一个标准的军人，认为自己被派来此地是为了"严惩蛮横的中国人"。他电告东京，他已尽了一切努力试图和平解决问题，所以请求批准可在必要时"动用武力"保护日本人的生命财产。陆军首脑同意该请求，并向上海和青岛各派一个师团。

由于军方保证能"在三个月内解决"中国的问题，近卫首相为避免内阁倒台只好再次同意。第二天，7月27日，他在国会宣布，政府必须要在东亚建立"新秩序"。在"爱国"的日本人看来，这种做法是恰当和公允的：日本人的生命财产应该被保护，共产主义应该受遏制，现在是表现坚定而非软弱的时候。没人意识到这事实上就相当于对中国的全面宣战。陆军首脑深信到秋天之前他们就可以迫使蒋介石和谈。

得到东京的许可后，香月中将发布了一份公告宣称，他将要对"正以行动贬低日本帝国威严的中国军队发起惩罚性讨伐"。7月28日凌晨，这份公告用飞机散发了出去。接着日军轰炸了三个城市，地面部队开始攻击北平除城区之外的其他地区的中国军队。

实际上，铤而走险的行动已经不可避免。在中国问题上的各式辞令已演变为无法保证获取可靠战略利益的军事行动。日本由此朝着同美国开战迈出了巨大的第一步。

3

"三个月打垮中国人,他们就会来求和。"杉山陆相曾这样预言。随着日军打下一个又一个城市,日本全国都弥漫着狂热的情绪。然而,几乎整个西方世界都在谴责日本的侵略行径,连德国也在批评日本(因为德国担心他们自己在中国的利益)。中国向国际联盟发出申诉,正当全世界都在期待国联的报告时,从世界另一端传来了勇敢的抨击。1937年10月5日,美国总统富兰克林·罗斯福在芝加哥发表了强有力的演说,谴责一切侵略者,他将日本人与纳粹和法西斯分子相提并论①,说:"当某种传染病开始流行时,大家都同意而且参与隔离患者的行动中,这也是为了全体共同体成员的健康着想。"他解释道,不管是否宣战,只要是战争,都是传染病。"我们正在采取措施,从而把卷入战争的危险性降到最低,但是,在一个信心和安全已然瓦解的混乱世界中,我们不可能得到百分之百的保障。"罗斯福的意思是明确无误的,第二天,在国际联盟谴责日本后,并非国际联盟成员的美国也马上表示支持。

在美国国内,罗斯福的行为得到了极大的赞许,但是国务卿科德尔·赫尔却不喜欢"隔离"这一说法,"旨在创造并加强国际合作的社会共识而一直持续进行的宣传推广活动",可能因为这一说法"倒退至少半年时间"。约瑟夫·格鲁大使也觉得这是一个极为严重的错误。美国在中国没有什么利益值得去冒与日本开战的危险,而且给一个信奉武力至上的国家来一次"道德雷劈"也是无效的,这样做只会恶化两国关系,破坏他本人一直在经营的友好关系。在得知使馆里其他的同事也感到震惊和不满

---

① 当罗斯福尚在格鲁顿中学读书时,他就确信日本有长期的扩张计划。他母亲称罗斯福熟读马汉将军的《海权论》,到了"几乎可以背诵全书"的地步。后来,在与马汉将军的通信中,他也了解到,马汉将军同样觉得日本会成为太平洋上的主要威胁,并深感忧虑。
1920年,在哈佛,一名日本留学生自信地告诉罗斯福,日本自1889年起就制订了长达百年的扩张计划。其中包括吞并中国东北,在华北建立受保护国,夺取美英两国在太平洋上的岛屿(夏威夷群岛,位于墨西哥和秘鲁的基地)等。后来,罗斯福告诉国务卿亨利·史汀生日本的这项"阴谋",并指出其中的很多部分已经被验证了。

的两天后,格鲁要求他们不要在使馆外面发表意见。当晚,他在日记中写道:

> 今天,我感受到我苦心营造的城堡在耳边轰然倒塌。我们大家都在官邸里踟蹰,个个垂头丧气,郁郁寡欢。下午,我同艾丽斯和埃尔茜去电影院看了《怒海余生》……然后,我就一头扎进小说《飘》里面——那里面正有我所感受到的东西。

日本的反应当然是迅速和激烈的。"日本是处在扩张中,但试问有哪个国家在它的扩张时期没有造成邻国的恼怒?去问问美洲的印第安人和墨西哥人吧,当初年轻的美国在崛起时是何等令人恼怒吧!"松冈洋右如此反驳,他是一个有着犀利口才的外交官,赢得了许多追随者。他认为日本的扩张就像早年的美国一样,如同孩子要自然长大。"只有一件事能阻止孩子的长大——死亡。"他宣称日本正在为两个目标奋斗:一、不让亚洲像非洲一样完全受制于白人的统治;二、使中国的共产主义得不到发展。"在它的眼中没有宝藏——只有牺牲再牺牲。只有它对此有最深刻的理解。它赖此以生存,它的邻国也同样如此。当下日本最大的难题就是,它是否能够扛过去?"

几星期以后的11月16日,时任外相的广田弘毅正式指控美国在筹划一个反日阵线。他告诉格鲁,对日本进行经济制裁并不能停止中国的战争,只会鼓励中国人延长敌对状态。广田说,直到此时,日本还觉得美国是唯一一个不偏不倚的国家,有助于促成和平,正如西奥多·罗斯福总统在日俄战争时所做的那样。

三天后,日本占领了苏州,打通了南京和上海之间的通道。12月12日,南京陷落的前夕,日本海军航空兵炸沉了在长江里的、明显可以看到挂着美国国旗的炮舰"班乃岛"号,使得日本与英美的关系几近破裂。此前一周,由桥本欣五郎大佐(樱花会创始人)指挥的炮兵联队轰击了英国炮舰"瓢虫"号并俘获该舰。

这些事件重新唤起了罗斯福总统"隔离"侵略者的决心。他召见英国驻华盛顿大使罗纳德·林赛爵士,建议两国联合对日本进行海上封锁,切断日本的原材料来源。林赛抗议说,这样的"隔离"政策会引发战争。他在给伦敦的电报中说,他"在惊愕中提出的意见没给总统留下什么印象"。第二天,12月17日,罗斯福向内阁概述了他的"隔离"计划。在收到海军调查法庭从上海发来的一份报告后,他的决心更加坚定了。该报告称,日军对"班乃岛"号的攻击是肆无忌惮、残忍无情的。更为重要的是,海军情报部门截获并破译了一份发给日本联合舰队的密电,表明这次攻击是由日本航空母舰"加贺"号上的一名军官精心策划的。

在东京,近卫政府和英美一样为"班乃岛"号和"瓢虫"号事件感到困扰。外相广田给格鲁大使发了照会,表示遗憾,并提出赔偿"班乃岛"号沉没的全部损失。广田卑下地道歉说:"我处于艰难的处境。事件的发生让人很意外。"日本海军军令部为了表示他们不赞同轰炸"班乃岛"号,下令解除了应对此事负责的"加贺"号舰长的职务。"我们此举是为了建议陆军仿效我们,解除桥本的职务。"海军次官山本五十六中将说。山本曾在美国待过很长时间,了解美国的潜力,所以他不想与美国舰队开战。

圣诞节那天,华盛顿官方接受了日本的道歉(格鲁认为,这一道歉在平安夜送达是"高明的"安排),这一事件从表面上看算是了结了。英国也宽容地接受了日方就袭击英国"瓢虫"号军舰的道歉,尽管日本军方没有听从山本的建议解除桥本的职务。桥本依旧被准许带兵进军南京。

到了12月日军侵入南京城时,所有抵抗都已停止。日军司令官松井石根大将在离开日本时曾宣称:"本人去前线不是要同敌人打仗,而是怀着给自己兄弟带去安慰的心情出发。"他给日军下令"要展现日本的荣誉和光辉,增进中国人民的信赖","尽可能地保护和恩惠中国的官民"。

然而,日军进城后就烧杀抢掠,奸淫妇女。据目击者称,男女老幼"像兔子一样被猎杀,还能动的任何人都会被打死"。甚至连与日本友好的德国人也在一篇官方报告中谴责日军是"兽性的机器"。

松井大将趾高气扬地入城后,才了解到出现了"违反军纪和道德败坏的行为"。他下令要严格遵守他此前的命令,"确保不再犯下丝毫有损荣誉的罪行。"他宣布:"现在太阳旗飘扬在南京上空,皇道照耀着扬子江南岸,复兴的黎明将要来临。此时此刻我衷心希望四万万中国人能再好好想一想。"松井回到上海一周后,又听到传言说"不法行为仍在持续发生"。他写信给在南京的日军司令官:"必须严惩一切有不法行为者。"

但是日军的暴行又持续了一个月。大约三分之一的城市被焚毁;两万多符合服兵役年龄的男青年被押至城外,被刺刀或机枪全部杀光;许多妇女、少女被奸污、杀戮后肢解;无数年纪大些的市民被抢劫和枪杀。一个月后,至少有三十万中国人被屠杀。

在一个被日本人视为其文化精神主要来源的国家(他们的罗马和希腊),日军为什么会施加如此惨无人道的野蛮暴行?一个国家的士兵进入外国的领土后失去控制,犯下他们在本国绝不敢犯的暴行,这是人所共知的,但这很难解释日军暴行的规模和强度。这可能是在那些更加激进的军官煽动下干出来的,他们认为必须教训中国人。

在日本国内,关于日军在南京的暴行,近卫首相知道的比德国人还少。但是他明白,尽管征服了大片地区,日本非但没有胜利在望,反而陷入了重重危机。近卫是个独特的人——出身于贵族,却心向社会主义。他外在显得柔和、羞涩且懦弱,而在那些最了解他的人看来,他几乎是个品味高雅、兴趣广泛的人,看问题客观,能以同情的态度倾听各种不同政见的人发表意见。事实上,他倾听时表现出的同情态度使每个人都以为近卫赞同自己的意见。为了作出某项决定,他常常要花费很长的时间先去了解问题的方方面面。不过,决定一旦作出,就几乎再也无法令其改变。他的私人秘书牛场友彦回忆道:"他完全是不可动摇的。"近卫崇拜的人物寥寥无几,其中之一是英国的鲍尔弗勋爵,这位勋爵曾被认为不具备担任首相的资质,但上任后却高效并富有决断。毫无疑问,近卫是想当"日本的鲍尔弗"。

近卫公爵是近卫笃麿公爵的长子,也是家族二百五十年来第一个由正房妻室所生的继承人。他的曾祖父曾为此写了不少诗抒发喜悦之情。他出生八天后,母亲就死于产褥热,但是直到成年后,他还一直以为他父亲的第二个妻子(他母亲的妹妹)是他的亲生母亲。"在我得知她不是我生母后,"他后来说,"我开始相信人生就是由谎言编织的。"

他年轻时得过肺结核，有两年，他除了看着天花板胡思乱想外无所事事。从那时起他就同情失败者。他不喜欢金钱、百万富翁和政客，写了许多激进的文章。成熟后，他依旧持有某些社会主义思想，哪怕当了首相，他还是反对特权阶级。他给外人的印象像是个民主派，对所有人都以礼相待。"乞丐也是客。"他曾这么对牛场说。但他的灵魂深处却保留着贵族思想。牛场近期回忆说："这些贵族思想比你能想象到的还要多得多。"

有关他的所有事情似乎都是矛盾的，但又能说得通。情感上他不喜欢美国人，却把大儿子文隆送到美国的劳伦斯维尔和普林斯顿上学。他喜欢日本和服，穿起来非常挑剔讲究，但穿起西装来也有模有样。他与夫人是自由恋爱结婚的，但对他的情人（一名艺伎）也情意绵绵。他有两次犯了传统的家规：第一次，他废止了让第二、第三或第四个"老婆"在正房里居住的规定（"只有一个情妇是可以原谅的，你不同意吗？"）；第二次，他不再写家族日志（"如果事实对我不利，我怎么能把它记录下来呢？"）。

他只有一次严肃地叱责过五个孩子中的一个，他写了封严厉的信给在普林斯顿上学的文隆，责备他酗酒和荒废学业。文隆回信说，他这只不过是在仿效美国的生活方式，此事也就不了了之。

近卫十三岁那年，父亲去世。父亲对他宠爱有加，以至于近卫小时候腰上总是拴着绳子以防跌倒。近卫对所有孩子都很喜爱，包括他情妇生的最小的女儿。他能跟孩子们一起吃饭、唱歌，玩耍打闹，更像一位美国父亲而非日本父亲。

作为上等社会产物的近卫公爵，一只脚还停留在过去，一只脚已踏入未来，他的个人魅力和光彩都不外露，需独具慧眼之人才能察觉。他对国家有责任感，他怀疑一切以至于不再相信任何人，包括他自己。他似乎无法捉摸，连家人也难以看穿他。牛场可能是跟他最亲近的人，但他所看到的近卫除了是一个宠孩子的父亲、爱妻妾的丈夫、有魅力的文艺爱好者、体谅人的上司，还是一个怪诞冷漠的人。他温文尔雅、严于律己，又老于世故到了"有时难以猜透其真实想法"的地步。

有一次，牛场问他，日本的历史人物中他最崇敬谁。"没有。"近卫回答。"连乃木大将或东乡元帅（日俄战争中的英雄人物）都不是吗？""当然不是!"

他对天皇感情深厚,两人非常亲密。在天皇陛下面前,别人都是蹭着椅子边欠身而坐,近卫却可以舒服地半躺半坐。他这样做并非对天皇不敬,而是觉得自己与裕仁亲密无间。当有人要去觐见天皇时,他会说:"啊!请代我问候天皇。"他并不是在开玩笑,纯粹出于自然。他觉得他同样也是出身于高贵的家族。

一个月又一个月,解决中国问题的希望依旧渺茫。近卫公爵绝望之下转向另一条出路——和谈。他本想请英国出面斡旋,但陆军却劝他请德国做调停人,因为德国同交战双方都关系良好。希特勒曾向蒋介石提供武器和军事顾问,日本则在一年前与德国签订了约束力不太强的《反共产国际协定》。日本提出的条件理由充分,当非常亲华的德国驻华大使陶德曼向蒋介石转呈这些条件时,蒋介石好像有意接受。

但是祸害日本稳定的两大毒瘤又发作了,那就是"下克上"与机会主义。首先,有消息说日军在中国又打了一次大胜仗,陆相杉山因此抬高了和谈的价码;其次,日军华北驻屯军司令意外地违背了近卫和陆军参谋本部的明确指令,在北平建立了一个傀儡政权。虽然陆军参谋本部在石原莞尔的敦促下仍然主张与蒋介石谈判,但陶德曼的努力徒劳无功。中国大使在华盛顿与罗斯福总统会谈后,中方坚持认为日本的条件涉及面太广。而日方认为这是中国在有意回避,本来就死板的日本谈判代表也就失去了耐心。近卫推断蒋介石其实并不想真心谈判,决定走捷径,跟那些"认同日本理念"的中国人沟通。1938年1月16日,他宣布:"帝国政府将停止与中国国民政府交涉,而将依靠一个建立并发展起来的中国的新政权,以取得合作。"

这个声明受到知识分子和一些国会自由派议员的严厉斥责。石原也警告近卫,这个政策势必带来无穷无尽的灾难。这些批评迫使首相重新考虑自己的立场,他开始意识到,他的草率行为可能使得日本采取丧失了灵活性、决一死战的政策。发动全面战争,这是他排在最后的选项。在自我怀疑的困扰下,他想过是否应该辞职。但朝廷官员劝说他留下来继续干,否则中国人会把握十足地认为他是因为不能解决中国问题而辞职的,这样将会更难找到期许的解决方案。

最后,近卫终于看明白了,陆军在中国问题上也没有确定的政策,只是随波逐流。但是,他无法得到关于最高统帅部方面的可靠情报,只好眼睁睁看着中国形势逐步恶化下去。

以国防为名的陆军建议制定一项全国总动员法案,其目的在于剥夺国会对战争措施残存的最后一点控制权,把国民生活的方方面面都引向高效的战时经济。陆军发言人头头是道,颇有说服力地辩称,日本是个人口过多的小国,几乎没有自然资源,周围又受到苏联、中国、美国和英国一系列敌人的包围,唯一的应对方式就是全国总动员。国会于1938年3月通过了这项法案,事实上这是国会为自己屈服于陆军投了赞成票。英国驻日大使罗伯特·克雷吉评论道:"自由输给了日本陆军,永久地消失了。"

这些人还从过往的历史中借用了两个口号,以使国民对征战东亚做好心理准备。这两个口号一个是"国体",另一个是"皇道",但很讽刺的是,"皇道"却又跟新近被镇压的叛乱相关。"皇道"本来的意义被曲解为要经由日本控制东亚来构建世界的秩序与和平。

无论是"国体"还是"皇道",二者都强调天皇与国民间的父子关系以及天皇的神圣性,而这些正在唤起千百万狂热之徒要以"圣战"的方式使亚洲免于殖民主义化和共产主义化。

第三章 "便是背水一战了"

1

日军连战连捷，攻陷汉口、广州，迫使蒋介石将国民政府迁至腹地城市重庆。尽管土地遭到征服，中国人民却未曾屈服。直到1939年初，日军仍看不到最终胜利的希望。成千上万的兵员折损，数以百万计的日元花费，换来的却是西方世界尤其是美国的震怒。

日美两国敏感的邦交关系始于美国舰队驶入江户湾的那天，舰队司令佩里准将带着米勒德·菲尔莫尔总统的亲笔国书，要求日本打开闭锁已久的国门。美方此举之动机有三：通商、向黄种异教徒传播福音、输出1776年《独立宣言》的精神。日本强忍怨愤，顺从美方要求，不料却发现在随后的数年里，美国从官方与民间两方面，在教育、科学、医疗及生产领域给予日本诸多实质性帮助，助力日本从封建时期过渡至现代社会。由是，两国关系得到改善。19世纪晚期，美国将势力范围拓展至太平洋，兼并夏威夷、关岛、威克岛与菲律宾群岛，此举使得日本心生不安。但到1900年，共同面对义和团运动又使得两国重新走到一起。

四年后的日俄战争对两国的友好关系是一种巩固，美国对处于弱势的日本抱以极大的同情。纽约《商业周刊》称日本"捍卫权利，不求逐利"，漫画家则将日军士兵描绘成英勇的武士，与俄国巨熊对峙。时任库恩-勒布银行总裁的雅各布·希夫对俄国反犹主义的相关报道深感悲痛,认为日本此番努力"不仅是一国之事业,更关乎整个文明世界"。希夫并不是嘴上空谈,而是真正投入资源帮助日本作战。日本在战场上取得重大胜利,但没有能力终结战争,只得求助于当时的美国总统西奥多·罗斯福。罗斯福总统作为调停人,为日本争取到最为有利的条件,日俄两国于1905年在新罕布什尔州签下《朴次茅斯和约》。然而,此举竟为美日两国的友好关系画下句点,可谓是世界历史上异乎寻常的转折点之一。究其原因,乃是日方全未意识到国家已濒临破产,反因条约未规定赔款事宜而大为光火。日本各地爆发反美骚乱,东京实施全面戒严。罗斯福的努力使得日本免于陷入困境,甚至可能是免于灾难,日本政府却对此只字不提。

第二年,事态愈趋恶化,不过此次的责任却在美方。当时在美国,尤其是太平洋沿岸地区,存在着一种杞人忧天式的恐慌,担心亚洲会在日本的领导下得到复兴,进而吞没西方文明。《旧金山纪事报》明言:"紧迫的世界性议题摆在我们眼前,统治世界的究竟是优等的高加索人种(白种人),还是劣等的东方民族。"旧金山教育委员会对"黄祸"①的恐惧达到顶峰,命令全体美籍日裔孩童前往唐人街的学校就学。

日本政府反应激烈,称之为"侮辱性的歧视行为,引发不容忽视之公愤"。战争也被提上议程,罗斯福总统密令驻菲律宾军队的司令做好准备,以防日本袭击。

后来,危机过去,怨愤仍存。"一战"期间,尽管两国属于同一阵营,敌对情绪却达到高潮。伍德罗·威尔逊总统呼吁"世界各国之领土完整与政治独立",也就是侵略者应将强占而来的领土与权利交还中国。对数十年来苦心经营帝国的日本而言,威尔逊的理想主义立场无疑是直接的威胁;日本军方首脑认为,为争夺西太平洋及亚洲的霸权,日美两国迟早会有一战。1924年,美国国会通过《排亚法案》,禁止日本人移民美国。此

---

① 该词的创造者乃是德皇威廉。1895年,威廉得到"天启",认为东方大军将会席卷欧洲,便请人作画。画作中一尊佛骑着一条龙盘旋在城市废墟的上空,标题为 *Die gelbe Gefahr*!,即"黄祸"。威廉命人将画作复制了数份,赠给欧洲各皇室及驻柏林的各国大使。

举使得日本军方进一步得到国内舆论的支持。在骄傲又敏感的日本人看来，该法案似乎是一种蓄意挑衅，就连那些亲美派也无法保持冷静。"在日本看来，这就像是最最亲密的朋友平白无故地给了自己一个耳光，"日本一位著名学者写道，"一年又一年过去，法案既未废除，亦无修正，这只会让伤痛之感在我等心中日益加深。如此一种感情，必将在两国之间的私人或公众交流之间，以某种形式流露出来。"①

随着日军占领中国东北，入侵华北，美国的谴责态度越发强硬起来，两国之间的鸿沟亦在不断加深。道义上的谴责只会坚定日本平民大众的一种信念：为什么美洲可以实行门罗主义，亚洲就只能践行门户开放原则？中国东北盗匪横行，日本加以占领，此举与美国武装干涉加勒比地区又有什么差别？此外，美国幅员辽阔，岂能理解日本自"一战"之后便面临的苦恼？为什么英国、荷兰占据印度、新加坡、东印度群岛等地属于"合情合理"，日本从而效之的行为便是犯罪？美国当年通过诡计、酒精与屠杀从印第安人手中夺来领土，与如今日本在中国的所作所为别无二致，又有什么资格义愤填膺？②

日本的极端"爱国者"密谋暗杀亲欧美派的领导人，并炸毁美、英两国大使馆。他们多次举行大规模集会，谴责美、英援助中国，并呼吁政府接受希特勒的邀请，与德、意达成三方协议。西方人入住某些酒店时遭拒，在大庭广众之下受到侮辱，有时甚至遭到殴打，而警察完全袖手旁观。

所有这些冲动的排外情绪，又因东西方之间的道德、宗教甚至思维模式的差异而愈演愈烈。西方人的思考逻辑清晰精确，通过原理、定义与证据得出一个个合理的结论；日本人则是天生的辩证主义者，相信矛盾存在

---

① 这位"著名学者"是新渡户稻造（1862—1933），此人娶美国女子为妻，素来是亲美派。文中引用内容出自他1932年在美国加州大学时的讲义集《日本文化讲义——日本国民与其发达文化之概说》。——译者注

② 就此，格鲁大使曾对国务院表示："我们必须正视一个事实，即至今为止，尚未发现一套行之有效的国际道德准则，可供世界各国秉行之。各国在道德方面确实存在共通之处，但某一个国家在特定情境下奉行的道德标准与此关系甚微，甚至可以说毫无关联。假如我们奉行一套缺乏根据的理论，认为今时今日我国奉行的国际道德准则能够对其他国家形成指导与约束，并由此去制定外交政策，那么结果必将招致灾难。"

于万事万物之中。在日常生活中，日本人本能地践行着矛盾对立的观念，并设法对矛盾加以调和。正确与错误、精神与物质、神灵与凡人——一切对立的元素都能达成和谐统一，这也能够说明，一件事物为何可以同时具备善恶两种属性。

与西方人非黑即白的思维倾向不同，日本人对事物的区分界限更为模糊。这点表现在国际关系问题上，便是看重"策略"而非"原则"，而这在西方人看来实属不知廉耻。西方逻辑好比手提箱，棱角分明，容量固定；东方逻辑则像风吕敷——日本人用来包裹物品的布，可大可小，随机应变，不用时甚至可以折叠起来，放入口袋之中。

在西方人看来，日本人是一个难以理解的矛盾体：优雅与野蛮、诚实与狡诈、勇敢与怯懦、勤劳与懒惰，一切都可以并存于同一个体之中。日本人对此却并不感到异常，只是将它们视为统一体，反倒不明白西方人为何无法理解。对日本人而言，没有矛盾是头脑简单的体现，此类人不会受到尊敬。一个人的身上存在的矛盾越多，其性格便越为深邃；自我斗争越尖锐，其内涵便越为富足。

这一哲学理念主要来自佛教，其教义认为世间万物皆存在于一片深渊之中，深渊不存在时间，不存在空间，也无法对一切作出区分。① 四大皆空。同时，由于凡所有相，皆是虚妄，对事物加以区分亦不可能。因果之轮来去运转，"我"也只不过是水月镜花，并非实体存在。至于变化运转之轨迹，无人知晓，也无人掌管，因为造物主、天父或是命运，统统都不存在。

日本对中国采取的军事侵略行动中，存在"因果之轮"的作用。面对那些狂热的少壮派军官所策划的侵略行为，部分军方、政界领导人没有作为，他们表现得怯懦，某些情况下是为保全自身，或者是优柔寡断。然而，各个阶层中的多数人，只是遵循着教义，相信"因果之轮"毫无目的、永恒地"盲转"着，而自己只要顺从无言地躺在上面，随波逐流便是。出于特有

---

① 几乎每个日本家庭都供有两个神龛，一个属于佛教，一个属于神道教。神道教（意为"众神之道"）是日本国教，其基础是对于一切自然现象的敬畏，究其本质，与其说是宗教，更像是祖先崇拜，以及与逝者的交流。神道教复兴于19世纪并被改造，成为一种民族主义意识形态。

的灵活性,部分宗派认为,死后人人皆可成佛,或者称之为"世尊"。另一部分宗派则相信,个体不过是无,救赎只存在于自我否定之中,人不过是虚无之海上的一片浮沫,终将消逝于无生无死、无始无终、无边无际的海水之中。就连佛陀本身,其存在意义也不超过那根指向月亮的手指。①

上述一切都可以用"沙扬娜拉"(sayonara)一词来表达,"沙扬"意为"如此","娜拉"意为"既然",合起来的意思就是,"就这样吧"。日本人随时都在向万事万物告别,因为在他们看来,每时每刻都是一场幻梦,人生本身便是一段漫长的"沙扬娜拉"。王图霸业终成黄粱,英雄圣贤竟为土灰,日月星辰来而复往,唯一永恒不变的,只有"变化"本身。

从这种对于死亡的强烈认知之中,日本人学到面对灾难的坚韧态度,同时也深刻体悟到,任何时刻都可能是最后一刻。这不是悲观主义,而是一种冷静的决心,不让自己因任何情况而感到低沉失望或是欣喜若狂,只是接受必然而已。鲤鱼最为日本人钦佩,因为它不畏艰难,逆流而上,越过最陡峭的飞瀑;可一旦落入罟网,面对刀俎,便不再挣扎,只是平静地等待结局的降临。就这样吧,沙扬娜拉。

美国人当中,即便是那些见识广博之士,也对"因果之轮"或那些少壮派叛乱军官所发挥的力量知之甚少,甚至一无所知。他们认为,日本入侵占领中国的行动,其主谋乃是一批希特勒式的、妄图称霸世界的军方首脑。

在日本人心中,形而上学的直觉与兽性本能的冲动并存。由此,哲学被野蛮化,而野蛮又被哲学化。叛乱分子犯下暗杀等血腥罪行,是出自"理想主义";军人渡海前往中国,是为"解救东方",结果却使大量东方人在南京丧命于屠刀之下。

日式思维在超验与经验之间,在菊与刀之间,不存在缓冲区。他们有宗教信仰,却没有西方意义上的上帝,没有唯一神;他们真诚,却不懂罪的概念;他们具有同情心,却缺乏人性;他们存在家族,却没有社会;他们拥

---

① 禅宗把世间真理比作月亮,把佛陀之教法比作指向月亮的手指。即言教不过是指示真理之手段,不必过分执着于此。——译者注

有僵化的宗族制度带来保障,但也剥夺了个性。简而言之,日本人是一个充满干劲的民族,经常受到对立力量的驱使,试图同时朝着相反的方向前进。

东西方之间还存在不少细微差异,也会不必要地加剧两者关系的恶化。比如,一个西方人问:"此路不通往东京,对吗?"日本人会回答"是",意思是,你说得对,此路不通往东京。有时日本人表示赞同,仅仅是为了让对方开心,或是避免尴尬;在面对问题时,他们宁可给出错误答案,也不愿承认自己无知,上述种种,也都有可能造成误解。

在大多数西方人看来,日本人古怪得难以理解。他们使用工具的方式完全错误:蹲在铁砧旁打铁;用锯子或刨子时不是推,而是拉;建造房屋从屋顶开始。开锁时钥匙往左拧(方向错误)。日本人不管做什么,方向总是反着:话倒着讲,书倒着念,文章倒着写。① 有椅子不坐,去坐地板;生鱼活虾还蠕动着,他们也往肚子里填。前一秒讲完催人泪下的个人遭遇,后一秒放声大笑;穿着崭新的西服掉进泥坑,爬起来时还面带笑容;有话不肯直说,偏偏口是心非;谈到主题之前,总要拐弯抹角;在家待客过分客气,出门乘车粗鲁推搡;甚至把一家主人杀掉后,还要跟仆人道歉,说不好意思把屋子弄得一团糟。

西方没有意识到的是,在现代化和西化的外皮之下,日本的内在仍然属于东方。从封建主义到帝国主义的转变过于迅速,使得日本领导人重术而轻道,既没有时间,也没有意愿去发展自由主义和人道主义。

2

苏联与日本之间的敌对行为仍在持续,其原因倒并不是文化隔阂,而是领土纠纷。1938年夏,两国军队为争夺中苏边境的一座荒山而大动干戈,苏联红军与空军协同作战,日军惨败,不到两周日方便同意停战。约十个月后,在距离北平相对较近的中蒙边境诺门坎附近,另一场军事冲突

---

① 指日文从右往左竖排书写,日语中宾语在前、谓语在后。——译者注

爆发,并在几个星期内演变为全面对抗,这是世界军事史上第一次大规模坦克战。日军又一次溃不成军,伤亡人数超过50000。这是一场难堪的战争预演,不仅刺激了日军内部对于武器与战术的改良,更促使日本越发倾向于与德、意建立同盟。因为在日本看来,苏联、英国、中国、美国随时都有可能联手对抗自己。①

1939年8月23日,诺门坎争端尚未完全得到解决之时,斯大林与死敌希特勒签订一项条约,使得中日两国陷入混乱。于当年1月接替近卫公爵出任首相的平沼骐一郎为《三国公约》(即《德意日三国同盟条约》)签订一事,曾先后召开70余次内阁会议,此时见事态竟落得如此结局,狼狈与失落之余,宣布"鉴于近日欧洲发生复杂怪奇之新情势,特率内阁辞职"。

希特勒与斯大林都向全世界吹嘘苏德之间那份历史性的条约,当然,那项瓜分东欧的秘密协议不在宣传范围之内。九天之后,即9月1日,150万德军入侵波兰,第二次世界大战就此爆发。波兰夹在两股巨大的力量之间,短短数周便被肢解,不过西线本身却平静如昔,甚至有新闻记者讽刺这是一场"假战"。

随着侵华战争进入1940年,陆军参谋本部秘密决定,若不能在年内取得全面胜利,便选择逐步撤军,仅在华北地区驻留部队,以防范共产主义抬头。然而,六个星期后的5月10日,希特勒在西线发动闪电战,又一次打乱日本的战略方针。四日后的黄昏时分,荷军总司令投降。次日上午7时30分,英国新任首相温斯顿·丘吉尔被来自巴黎的电话吵醒,法国总理保罗·雷诺惊呼道:"败了!我们战败了!"两星期后,比利时国王利奥波德三世宣布投降,无视政府建议,拒绝前往英国避难,并说:"我决定留下来。同盟国的事业已告失败。"不到一个月,法国宣布投降,英国也

---

① 这并不是日本单方面的杞人忧天。诺门坎事件发生前不久,斯大林曾致函蒋介石称:"我国与欧洲国家的谈判,并不见得一定不顺利。假如顺利,就有可能推动远东地区也建立起一个爱好和平的阵营。在该问题上,时间也是一大助力。

"日本对华作战已有两年,最近不再游刃有余,反倒有些自乱阵脚,病急乱投医,时而反对英国,时而反对苏联与外蒙古。这是日本外强中干的一种迹象,或将促使各国联合起来反日。苏联的反击已使得日本自食其果,英美两国则在伺机而动。无疑,在不久的将来,中国也一定会以牙还牙,百倍奉还。"

陷入自身难保的境地。

在日本军方首脑看来，希特勒唾手而得的胜利无疑是一种鼓舞，他们在对华战争上的态度就此改变，甚至提出口号："切勿错过良机！"随着法国败北，英国也在苦苦挣扎、图谋生存，此时正是日军进军东南亚、攫取石油等急需资源的大好时机。6月22日上午，陆军参谋本部与陆军省召开联席会议，会上，那些不久前主张从中国撤军的人士，反过来建议对新加坡发动突然袭击。尽管计划最终遭到保守派否决，但侥幸心理与机会主义像是飘浮在空气中的病毒，一天天蔓延扩散。数个月前还在为对华战争之失败而妥协的日本人，眼见希特勒在欧洲一飞冲天，不禁也打起东南亚资源的算盘。

7月底，近卫公爵听从众议，第二次受命组阁，其中两个要职迎来新面孔：一是外相人选松冈洋右，此人是个舌灿莲花的外交官，精明强干，有时异想天开；二是陆相人选东条英机中将，此人生性勤奋，头脑冷静，有"剃刀东条"之称。与近卫不同，东条的思想没有那么复杂，他曾承担一系列艰巨任务，包括出任关东军内的宪兵队司令，收获良好成效，从而在陆军中树立起很高的威望。东条治军清廉，律人律己从严，用人只看能力与经验。在"二二六"事件中，与那些态度摇摆的将领不同，东条迅速传令全军，称"满洲"进入紧急状态，从而避免叛乱形成星火燎原之势。在东条看来，等级秩序大于天，"下克上"是"绝对不可宽恕"、无法容忍的举动。正因如此，军方保守派，以及那些害怕再次发生流血叛乱事件的文官，都对东条青眼有加。毋庸置疑，近卫相中东条，主要原因亦在于此。

松冈出任外相之前，曾任"南满"铁路总裁，与任职于关东军的东条也有密切合作。此人性格与东条几乎完全相反，虽然同样头脑清醒，为人却更为浮夸，喜好冒险，相信直觉。与沉默寡言的东条不同，松冈口若悬河，有两个恰如其分的外号："五万言先生"和"讲话机器"。不过，在谈到自己过于健谈时，松冈心平气和地加以否认："喋喋不休的目的，要么是收回前言，要么是找寻借口。这两件事我从未做过，自然也绝不会喋喋不休。"英国驻日大使克雷吉则如此评价松冈："嘴里讲出一百句话，却没有几句有价值的，此等人物我还从未见过。"同时，克雷吉也认为松冈头脑敏锐，性格固执，意志坚定。

松冈生得身材短小，皮肤黝黑。当初在国联大会争论"满洲"议题时，松冈匆匆退场，他那短平头、小胡子、大号玳瑁边眼镜与夸张的怒态曾引起全世界的关注。十三岁时，松冈跟随做船长的叔叔出海，却被抛在美国海岸，被迫自谋生计。被俄勒冈州波特兰市一户美国家庭收留后，松冈开始艰苦的谋生之路，先后做过劳工，在律师事务所打过杂，甚至为赚取学费做过临时仆从。自俄勒冈大学毕业后，松冈在美国工作三年，而后返回日本，凭聪明才智与精力充沛，一举成名。

如果说近卫公爵尚且愿意听取别人意见，那么松冈便是刚愎自用。有太多想法源源不断地涌入松冈那颗敏锐的头脑，而他只顾得上阐述，没有时间倾听。此外，松冈讲话时有故弄玄虚的倾向，听者往往感到困惑不解，甚至有人认为他精神失常。不过，在外务省的下属，比如斋藤良卫博士与加濑俊一看来，这只是松冈性格中的矛盾因素在行为中的表现。松冈享受头脑中的思维碰撞，时常讲出一些自己并不相信的话，或是提出一些自己反对的建议，通过证明这些所言所行的荒谬，去顺利推行自己的所思所想。此人眼光深远，却很少对自己的展望作出解释。即使解释，凭借那种正话反说的表达方式，也难怪会让听者陷入云里雾里。一部分人认为松冈乃是全日本第一流的人物，但即便是那些人，也认为他的外交举动是在走钢丝，从而捏着一把冷汗。松冈反复向同僚保证自己是亲美派，提起美国时却多番出言不逊；他不信任德国，却向希特勒献媚；他反对军国主义抬头，同时又大肆宣扬主战言论。

矛盾的把戏同样在家庭生活中上演。松冈厉声斥责七个孩子，又让他们骑在他背上嬉闹；教育子女专制独断，却从不吝惜慈爱与关心。松冈家曾有一名书生（一种既做秘书工作，也照料生活起居的仆人），名叫荻原极，此人十分害怕松冈的暴脾气，面对主人甚至不敢抬头直视。一次，松冈沐浴过后，在房间里大喊道："喂！"荻原朝房内瞄去一眼，发现松冈不耐烦地指向腰间，便拿来一条束腰带，不料松冈大怒，却也不明说要的究竟是什么。荻原无奈，只好去问女佣，才明白主人这个特殊的手势，意思是需要兜裆布。在松冈"闭门谢客"的日子里，有时会有一些执意要求会面的客人，荻原进去通报时，便会遭到一顿怒吼："根本不在家，怎么会客？"荻原长期处于精神紧张状态，最终忍无可忍，选择辞掉这份痛苦的工作。然而，数年之后，荻原写信请求在"南满"铁路谋个差事，松冈偿其所愿。在那副凶悍、狂傲、急躁的外表之下，松冈拥有迥然不同的内心，而这一面并不时常为人所见。

新内阁成立仅四天，便通过一项崭新国策，以应对日本所面临的"前所未有之严峻考验"，声称其基本目标在于实现世界和平，而达成目标的手段，则是建立"大东亚新秩序"。新国策要求整个民族动员起来，全国上下为国献身，实行计划经济，改革国会，并致力于解决中国问题。

此外，日本还要与德、意签署三方协定，与苏联达成一项互不侵犯条约。至于美国方面，尽管对日本实施战略物资禁运，但只要它同意日方的"正当要求"，日本也会尝试去安抚美国。除此之外，趁欧洲陷入战火之际，日本准备进军印度支那甚至更远的地方，必要时可以通过武力夺占一个帝国。

该项国策的实际构想者其实是军方首脑，他们说服以近卫首相为首的内阁成员，使他们相信时值世界纷乱之际，唯有如此才能保证日本生存下来。此举意味着"切勿错过良机"成为正式国策，事变升级为战争，日本进一步走上侵略的道路。美式民主的一个基本元素，是文职领导人的权力大于军方领导人，而日本却恰恰相反。尽管《明治宪法》对内阁与军部的权力分属有所规定，但在实际运作中，对内政、外交知之甚少的军方首脑往往能够支配内阁文臣，因为军方首脑辞职会导致政府垮台。不过事实上，军方影响力之大，早已不需要以辞职相威胁。军事独裁已成为一种传统，极少受到质疑。结果是，日本的各项国策，竟是由一批一心尚武、思想狭隘的陆海军将领所制定，但他们却对政治一窍不通。

那些制定"切勿错过良机"国策的军国主义者并不是渴望与欧美开战，他们根本没有预见爆发新战争的可能性。随着法国战败，英国则在奋战求生，印度支那的橡胶、锡、钨、煤与稻米，正是"宝藏散落满地，谁捡到就属于谁"。不到两个月，日本便迫使软弱无能的维希政府在河内签署协定，允许日军在印度支那北部建立空军基地，并将该地区作为进攻中国的跳板。

对于这一切,松冈以及部分头脑清醒的军方高层并不是未加抗议。他们预见到日本正走在与英、美爆发冲突的道路上。然而,抗议无济于事,陆军参谋总长闲院宫载仁亲王含泪辞职。

对于日军进驻印度支那一事,美国反应甚为强烈,因为美国向中国运输物资需要通过滇缅公路,如此公路将暴露在日军威胁之下。英国首相丘吉尔却不把印度支那北部的日军放在心上,并建议从新加坡撤出英印军的两个旅。"依我之见,所谓日本对马来亚的威胁并不严重,只是一时之情况,很快便会有变化,"外交大臣安东尼·艾登表示反对,立马致函首相称,"种种迹象表明,德日两国已在最近达成某种协议,因此,为新加坡的陆防作出些许巩固,方是明智之举。"

艾登的猜测无误。与德、意经过长期讨论之后,《三国公约》即将正式签订。海军担心协议会使得日本在某些情况下自动加入战争,此时仍然反对。但松冈凭借三寸不烂之舌,加以连珠炮般的理由,对海军的观点加以反驳。松冈宣称,"条约将迫使美国对日采取政策时更为谨慎",进而避免日美之间爆发战争。再者,即便德国真的与美国发生战争,也并不意味着日本会必然受到义务约束,援助德国。

难以抵挡松冈的语言攻势,此外由于民间对缔结同盟的呼声很高,这些异议人士最终也被说服。近卫违心地表示同意,因为他很清楚,反对陆军的结局,就是再次被迫辞职。近卫对女婿表示:"我的想法是,把军队当成一匹马,骑着它远离战争。"天皇与海军一样,反对签订公约,并在加盖玉玺之前警告近卫称,此举或将最终导致日本与英、美开战。"今后是甘是苦,"天皇的口吻中带着不祥的气息,"卿须与朕同享同当。"1940年9月27日,公约在柏林正式签订。① 在英、美两国看来,此事进一步证明,日本与纳粹德国、法西斯意大利事实上是一丘之貉。三个"土匪"国家联

---

① 此时,希特勒并不希望日本与英、美爆发战争,反倒与松冈一样,认为《三国公约》有助于避免战争。在给墨索里尼的信中,希特勒写道:"要阻止美国参战,或在无法阻止的情况下使其无法施展手脚,与日本保持紧密合作乃是最有效的途径。"然而,几乎紧随着《三国公约》正式签订,希特勒便改变主意,不再希望维持远东和平,而是决定促使日本尽快加入战争,并命令身在东京的德国驻日大使诱使日本冒着激怒美国的风险,出兵新加坡。

起手来，企图征服世界。美国立即进行报复，把各种废金属也添加到 7 月刚刚公布的禁运清单中，与各种战略物资、航空燃料并列。

对《三国公约》大感震惊的不仅仅是英美，苏联《真理报》也称此举"使得战争局势进一步恶化，战争范围进一步扩大"。德国外交部长约阿希姆·冯·里宾特洛甫向苏联外交人民委员莫洛托夫一再保证，公约所针对的仅仅是美国的战争贩子。"公约自然不包含任何针对美国的侵略性内容，唯一目的只是要那些竭力呼吁美国参战的群体醒悟过来，向他们表明，美国一旦参战，便会自动与世界三大强国为敌。"里宾特洛甫反过来建议苏联也加入公约，并给斯大林写下一封长信：

> 苏联、意大利、日本、德国是世界四大强国，其历史使命，乃是制定一项长远政策，使他们的利益范围扩大到全世界，最终引导他们的人民走上正确的发展道路……

松冈自信地认为，自己设想的计划有助于实现世界和平。他的部分密友对此迷惑不解：松冈本人既然亲美，为何却与德、意结盟？松冈解释道，与德、意结盟才是避免与美国爆发战争的最佳途径。"你先站稳脚跟，坚决反击，"松冈对长子说道，"美国人才会明白你是个男子汉，那样你们才能以平等的身份对话。"松冈认为，只有他自己才真正地了解美国，甚至曾表示："真正存在的只有我认知中的美国、我认知中的美国人，其他美国、其他美国人，统统不存在。"

在与斋藤博士的谈话中，松冈表示："我很清楚，人们会说这绝非易事。"但是，他与希特勒结盟"目的在于牵制陆军的侵略政策……并阻止美国的战争贩子介入欧洲战争。在此之后，我国便可以与美国握手言欢。如此一来，太平洋地区的和平得以保证，同时也能够在全世界形成一个资本主义国家大联合，以共同反对共产主义"。

此外，松冈还称，中国问题也可以通过《三国公约》得到解决。"要解决中国问题，必须依靠互助共荣，而不能指望在外界力量的帮助下去威胁中国。为此，我国应当借助第三国从中斡旋。在我看来，最佳选择莫过于美国。但问题是,日本(具体说是陆军)肯作出何种让步?日本应该要同意完全从中国撤军。"

说话素来拐弯抹角的松冈最后得出结论称,欲实现此目标,最佳选择是支持里宾特洛甫的计划,与德、意及他们共同的敌人苏联携手,组成四国联盟。同时,他请缨亲赴苏联,实现该外交目标。经过长时间争论,军方首脑终于批准他的欧洲之行,但不许松冈给希特勒带上见面礼——日军进攻新加坡的承诺。

1941年3月12日,东京火车站挤满为松冈送行的人群。发车铃响起后,松冈快步冲到杉山大将面前,又重新提起新加坡一事,问陆军准备什么时候把它打下来。

"目前恕难奉告。"杉山冰冷地答道,内心暗想,松冈这人真是讨厌!

在穿越西伯利亚、前往柏林的漫长旅途中,松冈再次证明自己的确惹人讨厌。陆军为防止松冈轻率地对新加坡问题作出承诺,派遣永井八津次大佐与之随行。松冈私下对永井说道:"永井老弟啊,你看能不能在边境挑点事,我来让日苏两国签下中立条约。"

抵达柏林后,松冈首先与希特勒会面。即便是在与元首的谈话中,占据主导权的仍然是松冈。希特勒多数时间都沉默着,少有的几次开口,也大多是在谩骂英国,高叫着:"英国绝不可姑息!"

里宾特洛甫、希特勒及第三帝国其他高级官员都在竭力劝说松冈,称占领新加坡对日本利处颇多。里宾特洛甫称,此举"极有可能将美国排除在战争之外",因为在那时,罗斯福不敢冒险把舰队开往日本海域。同时,希特勒也下保证称,日本一旦参战,德国必将鼎力相助,"即便不谈德美两国士兵素质的云泥之别,美国也绝不是德国的对手。"

然而,每当话题涉及新加坡,松冈总是避而不谈。日方使节团赠予赫尔曼·戈林一幅富士山画卷,戈林收下后半开玩笑地说道,只要"日本攻下新加坡",他就去亲眼看看富士山实景。松冈的反应只是看向紧张的永井,点点头说:"这事儿您得问他。"

对与斯大林签署条约一事,松冈依然信心十足,唯一令他感到意外的是,四大国同盟建议的发起者里宾特洛甫竟泼起冷水:"这类条约怎能在此时缔结？您可别忘了，苏联从不会白白与人好处。"永井认为这是一项警告，驻德大使大岛浩将军甚至私下向松井透露称，德苏两国极有可能在不久后开战。尽管如此，松冈的热情仍没有丝毫减退。

4月6日，日本使节团离开柏林。抵达苏联边境时，有消息传来称，德军入侵南斯拉夫。永井等顾问深感忧虑，因为就在前一天，苏联刚与南斯拉夫签署中立条约。松冈却依然劲头十足，对私人秘书加濑俊一说道："与斯大林的协议，已是我囊中之物了！"

松冈所言不虚。抵达莫斯科一星期后，他在克里姆林宫签下中立条约。在盛大的庆祝宴会上，斯大林对事态的转变感到十分高兴，亲自给日本客人上菜，又是拥抱，又是亲吻，甚至还翩翩起舞。该条约证明所谓德国即将袭击苏联确属谣言。毕竟，假如希特勒真有进攻苏联的打算，又怎么会允许日本来与苏联签订中立条约？开场祝酒时，斯大林高呼："天皇陛下万岁！"并断言，尽管意识形态不同，但谁都不应背弃外交盟约。

在回敬斯大林时，松冈的发言逾越了一名日本外交官的身份。"条约已经签好，"松冈脱口而出，"我这个人从不说谎。如果我说谎，就把脑袋割下来送给您。但如果说谎的是您，那我一定会来取您的项上人头。"

"本人的项上人头，对我国十分重要，"斯大林冷淡地反驳道，"尊驾的脑袋，对贵国想来也同样如此。所以两颗头颅还是安稳地长在各自脖子上为好。"松冈为缓和气氛，开玩笑称永井与海军同僚"总是在讨论怎么把贵国打个落花流水"，反倒让尴尬的气氛进一步跌落至冰点。

斯大林正色道，日本固然强大，苏联也非1904年的沙俄可比。片刻之后，他又重新找回平日的幽默感，说道："你是亚洲人，我也是。"

"对，都是亚洲人。这杯敬亚洲人！"

推杯换盏，祝酒频频，东行的列车不得不推迟一小时。在月台上，松冈一行发现微醺的斯大林与莫洛托夫从边门过来道别，大感惊讶。斯大林吻了吻永井，高声道："英国之所以今天吃尽苦头，是因为他们对军人评价太低。"接着又面带喜色，张开双臂，像熊一样环抱住矮小的松冈，深情地拍了拍他,说道:"有了《苏日中立条约》,以后在欧洲就没什么好怕的了!"

高乃依笔下的角色曾说:"我拥抱敌人,只是为了使他窒息。"①松冈没有想到这点,反倒兴高采烈地答道:"在全世界也没什么好怕的!"接着,他就像一名征服者般登上火车。(使节团在车上时,斯大林已在拥抱另一位大使——希特勒的特使弗里德里希·沃纳·冯·德·舒伦堡伯爵,并说:"你我必须保持友谊,请为此尽一切努力。")列车穿过西伯利亚时,松冈告诉加濑,离开莫斯科之前,自己曾与老友——美国驻苏大使劳伦斯·斯坦哈特畅谈,达成一致意见,即恢复日美两国友好关系。"舞台搭好啦,"松冈说道,"下一步就是去华盛顿了。"

3

在地球另一端的华盛顿,日本驻美大使野村吉三郎正与美国国务卿科德尔·赫尔携手努力,弥补日美之间的分歧。野村其人性情温和,一目已失明,进入外交界之前曾是海军大将。两人会谈的促成者是两位热情的天主教神父:一人是玛利诺外方传教会②的总会长华理柱主教,另一人是其助手詹姆斯·M.德劳特神父。约半年前,两位神父带着库恩-勒布银行投资银行家刘易斯·L.施特劳斯的介绍信,前往东京拜访产业组合中央金库③理事井川忠雄。两人劝说称,日美之间的问题,可以在两国善意人士的帮助下和平解决,并向井川展示一份备忘录,其内容是对"远东门罗主义"的鼓吹,以及对反共立场的明确。井川读过备忘录,大受触动,认为凡是理智的日本人,都会颔首称是。井川曾以大藏省官员的身份留

---

① 皮埃尔·高乃依(1606—1684),法国剧作家。文中所引名言(J'embrasse mon rival, mais c'est pour l'étouffer.)常被误认为出自高乃依作品,实则出自同时代另一位名家让·拉辛(Jean Racine)的剧作《布列塔尼库斯》(*Britannicus*)第四幕第三场,是尼禄的台词。——译者注

② 玛利诺外方传教会,又称美国天主教传教会,成立于1911年,致力于以东亚地区为主的海外宣教活动。——译者注

③ 该金融机构在1943年已更名为"农林中央金库",在文中所述的1940年前后仍然叫作"产业组合中央金库"。——译者注

美数年，在纽约银行界人脉颇广，妻子也是美国人。井川猜想，此份提议背后有罗斯福总统的支持，因为德劳特神父称，这番行动已经过美国政府中"高层人员"的批准。于是，井川联系到近卫首相与松冈外相，满怀热情地向他们介绍起两位神父。首相建议井川先去与陆军省内颇有影响力的人物岩畔豪雄大佐接洽，以试探军方的看法。岩畔乃是理想精神与狡诈手段的精妙结合体。欲将两位神父的计划付诸行动，岩畔实属最佳人选，因为此人素来坚信拯救日本之道正是与美国修好，而耍弄阴谋也已融入其生活方式之中。在嬉皮笑脸的面孔背后，岩畔拥有陆军中第一流的机敏头脑，同时他也是一位谍报专家，曾创立著名的中野学校，以向亚洲各国不断地输出间谍。这些间谍训练有素，且被灌输了岩畔本人的"理想主义"观点——亚洲各国应当自由地联合起来。日本打算印刷总面额为15亿美元的日币假钞，使之流入中国，以破坏中国经济①，该计划的提议者也是岩畔。此外，岩畔还曾说服关东军首脑，允许约5000名逃离希特勒魔爪的流浪犹太人来"满洲"避难，其理由在任何真正的日本人看来都合情合理：当年日俄战争时，犹太人建立的库恩-勒布银行曾为日军提供资金，这是日本欠犹太人的一笔债。

岩畔大佐安排两位美国神父与军务局长武藤章少将见面，武藤同样深受触动，表示赞同。1941年元旦前后，两位神父返回美国，邀请另一位声名显赫的天主教徒——邮政总局局长弗兰克·C.沃克加入到计划当中。在沃克的安排下，罗斯福总统接见华理柱，读过那份热情洋溢的长篇备忘录后，又转批给赫尔，附注写道："……你怎么看？富·罗。"

"总体而言，我对该计划在当下的可行性表示怀疑。"赫尔提交一份由斯坦利·亨培克博士起草的意见书作为答复，此人是赫尔的远东事务高级

---

① 此处有误。该计划印刷的并不是日币假钞，而是其时中华民国通行的法币假钞。当时的印制量为45亿法币。若按1936年《中美白银协定》规定的100法币等于30美元换算，大体上可以认为是"总面额为15亿美元"。——译者注

顾问，素以同情中国、敌视日本而闻名。①"以我之见，在当前阶段，日本政府及日本民众诚心接受这种安排的可能性极小，甚至可以说根本不存在。"

然而，罗斯福对该计划兴味盎然，指示邮政总局局长沃克把本职事务交由助手处理，而沃克本人则全力协助华理柱主教开展工作。沃克以代号"无名氏"的"总统特派员"身份，在纽约市伯克郡大酒店18楼设立了一处秘密总部。

1月下旬，华理柱主教致电井川：已与总统会晤，有望取得进展，静待事态发展。井川收到电报，正犹豫自己是否也该飞往华盛顿，协助两位神父和即将赴美的野村大使，去寻求两国共存的方案。野村为人正直，心地善良，在美国交游颇广，与罗斯福总统也有私交。但不幸的是，在外交工作方面，野村既没有经验，也缺乏手腕。

井川前去咨询岩畔大佐。大佐不但鼓励他赴美，还设法搞来一本商务护照，两位愿为和平作出贡献的实业家负责提供资金。井川此行前去协助野村，但表面上是去与美国商人谈判。不料消息走漏，松冈（此时他刚要启程赴欧）指责陆军"干涉对美谈判"，"甚至为此提供资金"。陆相东条英机对此一无所知，便把岩畔叫来办公室问话。岩畔巧舌如簧，竟让东条直截了当地通知外务省称，陆军对井川此行的使命一无所知。

---

① 亨培克的观点符合当时一般美国人的看法；也正是因为如此，赛珍珠(Pearl Buck)的小说《大地》(Good Earth)才在美国成为畅销书。30年来，美国人对中国人的看法始终高度理想化：中国是一个天真无邪的孩童，在英帝国主义、日本帝国主义的魔爪下渴望着保护。孤苦无依的中国应当受到保护，而能够理解其美德的国家只有美国。

"那时美国对中国的印象过于主观，"乔治·F. 凯南写道，"容不下一丝现实，那么多历史教训，那么多心理因素，人们都选择视而不见。比如近数十年来，中国政治舞台上司空见惯的残酷流血事件；比如中国民众本身巨大的心理和政治能量；比如中国人骨子里的仇外心理；比如义和团之乱的教训；比如中国各派在把外部援助转化为国内政治优势方面所展现出的惊人的掠夺能力——一切的一切，美国都视而不见。"

所谓"中国游说团"(China Lobby)的政治团体在美国的活动，进一步推动了中国在美国的影响力。游说团创始人宋子文来自中国最为显赫的宋氏家族，其三个姐妹分别嫁给孙中山、孔子的后裔孔祥熙，以及蒋介石。宋子文先后毕业于哈佛大学、哥伦比亚大学，与亨利·摩根索、哈里·霍普金斯、罗伊·霍华德、亨利·卢斯、约瑟夫·艾尔索普、托马斯·科克兰等诸多美国名流来往密切。在上述友人及波兰人路德维克·赖赫曼的帮助下，宋子文于1940年创立游说团，并发现自己可以直接与罗斯福总统接触，而不必经过赫尔。

这当然是在玩火,不过岩畔认为,若能与美国建立友好关系,冒些风险实属值得,况且,此人原本就爱玩火。令岩畔没有想到的是,他本人在该事件中扮演的角色到此并没有谢幕,反倒是刚刚登台:东条十分欣赏岩畔对局势的深刻把握,令他前往美国协助野村。

为做好万全准备,岩畔与主战派和主和派分别接洽。某天夜里,在银座的一次宴会上,血盟团团长井上日召劝岩畔从事间谍活动:"英、美正在封锁我国,一场大战绝对免不了。您此去美国,得弄清楚我们应该何时动手。"不过,井上此类黩武主义者属于少数,绝大多数人士仍然建议岩畔用体面的方式解决问题。

3月30日,岩畔带着玩弄阴谋的想法来到纽约,发现美国国内在是战是和的问题上存在很大分歧。干涉主义者深信,只有帮助各民主国家击败侵略者,才能保障美国的未来,实现长治久安。不久前,干涉主义者在国会通过《租借法案》,承诺向轴心国的敌人提供"除直接参战外的"无限制援助,这意味着美国将会成为民主国家的兵工厂。支持该项措施和战争本身的是"不列颠包裹"①等组织,以及那些来自欧洲的少数族裔——他们的亲人还在希特勒与墨索里尼的魔爪之下。反战派的构成则更为复杂,汇集着形形色色的面孔:以查尔斯·林德伯格为代表的"美国优先"右翼组织②;参议员博拉和德美同盟会;由美国共产党和各劳工政党主导的"美国和平动员"组织③;美国中西部那些同情英国和中国,却又不希望卷入战争的老派孤立主义者。

岩畔刚下飞机,便被带到圣巴特里爵主教座堂,与华理柱主教、德劳特神父会谈。"在《三国公约》的约束下,日本绝不能有任何出卖其他签署国的行为,"岩畔说道,"第十三位门徒犹大出卖耶稣基督,千百年来受到基督

---

① 不列颠包裹,美国人道主义组织,由女富豪娜塔莉·威尔斯·拉瑟姆于1940年创立,主要向英国运送衣物及医疗用品等。——译者注

② 美国优先委员会,美国反干涉主义倡议团体,成立于1940年9月4日,解散于1941年12月10日。查尔斯·林德伯格曾是一位著名飞行员,此时作为社会活动家担任该委员会的发言人。——译者注

③ 美国和平动员,美国反战组织,持亲苏、亲共立场。——译者注

徒唾弃。日本人与基督徒同样讲求信义。因此，假如您的条件是退出《三国公约》，那我们就没有办法谈下去了。"得到两位神父的理解后，岩畔前往华盛顿，在沃德曼公园酒店订下一间房。不久前，科德尔·赫尔也在该酒店租下一间套房。次日一早，岩畔找到野村大使报到，发现野村为人和蔼，且对两位神父及井川开辟的那条非官方渠道很有热情。然而，使馆内大多数外交官都对该方案持反对态度，甚至毫不掩饰对井川的蔑视态度。对那些外交官而言，新来的岩畔更令人难以捉摸。此人看上去"坦诚直率"，但使馆人员总怀疑其目的是替陆军掩饰侵略意图，因此对其特别提防。

4月2日，井川和岩畔这两名非官方外交人士在德劳特神父的协助下，着手起草《日美谅解草案》，历时三天完成。《谅解草案》内容广泛，措辞缓和，从《三国公约》到西南太平洋经济活动问题都有所涉及，其中最为重要的几点与中国有关：日本承诺从中国撤军，并放弃对中国领土的所有主张，前提是中国承认伪满洲国，蒋介石政府要与其敌对政权——中华民国前行政院长汪精卫领导的南京政府合并。①

德劳特把一份副本交给邮政总局局长沃克过目，沃克称之为"日本'意识形态'与国家政策方面的一场革命，也是美国政治家取得圆满成功的证明"，并将其呈交给罗斯福，建议总统"趁日本领导人尚未遭到暗杀"前，迅速签署。另一方面，日本大使馆内，大使野村、公使若杉要、一干陆海军驻外武官，以及外务省条约局的一名工作人员对措辞作出些许修改后，一致同意签署《谅解草案》。

在美国国务院内，多位远东事务专家对《谅解草案》仔细研判后，得出

---

① 数个月前，即1940年的11月30日，日本已与汪伪政府签订条约。汪出身文人家庭，曾赴东京学习政治学，后来成为孙中山的追随者，曾为孙写下临终遗愿。在出任国民党副总裁前，他曾两度出任中华民国行政院长。汪、蒋二人素为政治对手，关系一向紧张。在1938年的一次私人宴会上，汪提议两人联袂辞职，"以谢天下。"蒋很是不快。数日后，经过一番思量，汪选择搭乘飞机，出逃河内。1940年3月30日，在民心不属、资金匮乏的情况下，汪精卫在南京建立起伪政府。

日方自以为承认了汪伪政府，便能够给对华战争提供合法依据，最终却证明，日本与汪精卫都没能从中获得好处：日本失去一切与蒋介石和谈的机会；南京政府受到日本操控，而汪本人最终也沦为中国的头号卖国贼。

结论称："其中大部分条款，都正中日本帝国主义狂热分子之下怀。"赫尔同意该看法，但同时也觉得，"尽管其中部分观点荒唐无稽，但有些观点其实可以接受，还有一部分可以在修改后达成一致。"4月14日，井川告知野村称，自己已与赫尔约定当晚于沃德曼公园酒店秘密会晤，野村要走一条后门走廊前往赫尔的套房，在8点钟准时敲门。野村半信半疑，以为是一场恶作剧，但还是按照要求前去，惊讶地发现开门的果真是赫尔。赫尔神情忧郁，若有所思，讲话总是慢条斯理，除非是在情绪激动之时——这一点，野村此时还没有机会领教。赫尔的家乡是田纳西州那片山区宿怨之地①，而其本人性格也爱记仇。

野村隐晦地表示，他对某份"谅解草案"了如指掌，尽管还没有将其发往东京，但相信日本政府对此"会持积极态度"。赫尔对草案中的部分要点提出异议，同时表示，只要上述问题得到解决，野村就可以把修改后的文件发往东京，以确定帝国政府是否会将其作为"谈判基础"。外交经验尚浅的野村把赫尔的话误解为美国将会接受修改后的草案。

野村可谓是大错特错。赫尔并不认为草案里的建议能够构成谈判的坚实基础，但他的表述却在不经意间对野村作出误导。导致此等误会的原因，或许是野村的英语水平尚不过关，也或许是他对和平解决方案的渴望太过强烈，没能仔细理解赫尔那含糊的措辞。不管怎样，此事更大程度上错在赫尔。尽管赫尔主观上没有意图，但他理应明白，自己的表述某种程度上对野村是一种鼓动。这是一次方式方法上的过失。

两日后，两人又在酒店套房内会晤。"我国政府关心的一个首要问题，"赫尔以缓慢、迂回的方式说道，"是得到日本政府事先的明确保证，日本政府有意愿与能力推进一项计划……关于解决问题，放弃现行的军事征服主义……并采取我国政府始终所宣布且践行的、应当作为国家间一切关系之基石的原则。"赫尔拿出一张纸，上面列有四项原则：

---

① 山区宿怨（mountain feuds），19世纪中晚期美国中东部山脉（比如阿巴拉契亚山脉）地区存在的一种社会现象，由于执法困难及对司法机构的不信任，山区民众及其家族更加倾向于通过血腥的暴力斗争解决日常纠纷。——译者注

1. 尊重每个国家的主权和领土完整；
2. 支持不干涉其他国家内政的原则；
3. 支持均等原则，包括通商机会均等；
4. 维持太平洋地区现状，以和平手段改变现状除外。

野村问赫尔是否"在相当程度上对《谅解草案》中所含的提议表示认可"，以确认自己早先的乐观看法是否牢靠。赫尔回答说，有些提议可以欣然接受，另一些则必须修改或是删除。"……不过，如果[贵国]政府真诚地就方针作出改变，"赫尔继续说道，"我[可以]认为，两国很有理由就一切重大问题和分歧找到彼此都十分满意的解决方案。"野村闻言，深感安心。尽管赫尔明确指出此次会晤"绝非意味着达到谈判阶段"，"只是纯粹、初步地，以非官方形式探索何种行动能够为日后的谈判铺平道路"，但野村依然保持乐观。

野村把赫尔的建议与异议转告给井川、岩畔二人，又把自己的意见大部分纳入修订后的《谅解草案》之中。文件经加密发往东京。野村强烈建议政府积极考虑，并补充道，赫尔对《谅解草案》"总体来讲并不反对"（这确属事实，赫尔曾多番表达该看法），且愿意将此作为谈判之基础（这违背事实，赫尔全无此等打算）。

这次犯下外交错误的是野村，程度与赫尔同样严重。赫尔提出的四项基本原则并没有附在发往东京的文件之内。假如近卫首相能够看到四项原则，他对《谅解草案》的热情必会降温。然而现实情况是，首相错误地认为事态进展良好，大受鼓舞，召开军政首脑出席的紧急会议。包括军方首脑在内，与会众人深感兴奋，认为原则上应立即接受美方提议——那份他们错误认知中的《谅解草案》。①

---

① 陆军参谋本部此前便已收到驻华盛顿武官发来的乐观报告：日美外交关系出现改善可能，务请第一时间给予指示。

陆相东条最为信任的顾问之一——佐藤贤了大佐对美方的让步程度感到震惊，认为过于"顺利，令人难以置信"，并将自己的怀疑禀报给东条。然而，东条希望尽一切可能体面地结束对华战争，因而选择与其他阁僚采取同样的态度。

外务次官提出异议,认为不应操之过急,待外相自莫斯科回国后再作打算。近卫认为松冈难打交道,不愿与他产生冲突,便选择默许。4月21日,近卫听说松冈终于抵达那座距日俄战争那片战场不远的城市——大连,便通过电话通知松冈立即回国,共同考虑华盛顿方面提出的一项重要提议。松冈满心以为那是自己在莫斯科时与美国驻苏大使劳伦斯·斯坦哈特会谈的成果,便得意扬扬地对秘书说,自己很快就要前往美国,去实现世界和平了。

次日下午,松冈的座机抵达立川空军基地,受到接机人群的热烈欢迎。深受痔疮折磨的近卫也在其中,座位上垫着一个充气皮圈。近卫提议与松冈共乘一辆汽车前往首相官邸,其他阁僚正在那里等候;至于与美国谈判的情况,他打算在车里便告知松冈。松冈却说,他想先去宫城护城河边的广场稍事停留,向天皇行礼。在近卫看来,在记者的照相机下深深鞠躬,实属惺惺作态之举;而在松冈进行这种仪式之时,他又不能只是站在一边,否则会被指责为大不敬。

既然无法说服松冈放弃行礼,心高气傲的近卫只好选择与松冈分乘两辆汽车离开机场。① 在前往宫城的途中,外务次官道出实情:和平提议的促成者并不是松冈,而是两个外交门外汉。松冈感到颜面尽失,故意拖到很晚才去首相官邸出席《谅解草案》会议。会上,松冈不仅回避近卫,甚至连会议的主题也避而不谈,左一句"希特勒兄",右一句"斯大林兄",好像那两人是他的挚友。起初,松冈满腹怨气,后来越聊越起劲,精神焕发地提到自己告诉斯坦哈特,罗斯福"是个赌徒",美国越是提供援助,中国问题越无法得到解决,战争越会持续下去。"我对斯坦哈特讲啊,美国总统爱好和平,就该与同样爱好和平的日本合作。应该让罗斯福去劝说蒋

---

① 后来近卫屡次表示懊悔:"那天真应该与松冈同乘才是!"近卫的秘书牛场认为,促使近卫放弃与松冈同乘一辆车的主要原因可能是痔疮。假如真是如此,那么应该讲,相对而言微不足道的病痛改变了历史走向,近卫并不是第一人,滑铁卢战场上,拿破仑也饱受痔疮之苦。

"当然,就算同乘,近卫或许也无法说服松冈,"牛场进一步评论道,"但是,放弃与松冈同乘的既定计划,很有可能是历史的一个转折点,实在令人扼腕兴叹。近卫没让其他阁僚去接机,硬要亲自前去,就是因为他一直希望亲口对松冈解释。此事充分反映出近卫的性格:不够锲而不舍,容易半途泄气。"

介石,与我国和解。"此外松冈还称,里宾特洛甫表示,德国与苏联签署条约只是"情势所迫",一旦真正开战,斯大林在德国兵锋之下很难撑过三四个月。

当然,会议不可能一直回避正题。当终于谈到《谅解草案》时,松冈厉声喝道:"不管你们陆海军怎么说,我肯定不同意!别的先不提,我国与德、意签订的条约怎么办?再说美国,这是惯常把戏了,上一次世界大战,美国拿《石井-蓝辛协定》①来利用日本,仗一打完,就翻脸不认账。"松冈毫无预兆地宣布自己身心俱疲,需要"休养一个月"来仔细考虑,说罢便离开会场,打道回府。

众人的疑虑并未因松冈那番自吹自擂而消除,会议持续至深夜,武藤将军与东条都建议不再拖延,立即接受《谅解草案》。翌日,近卫首相召见松冈,恢复冷静的松冈只是表示:"请您先给我一点时间,让我忘掉那趟欧洲之行,然后再考虑眼下的情况。"

这一考虑便是一个星期。见松冈毫无动静,陆海军开始施加压力,要求免去他的职务。众人无法判断松冈持此态度究竟是何缘故:是因为谈判抛开外相,从而冒犯到他呢,还是仅仅因为对外行人议和不够信任,担心招致灾难,他才选择保持谨慎?

松冈本人给出的理由是:《谅解草案》不过是陆军的一项阴谋,岩畔大佐是在利用自己。陆海军怒不可遏,身在华盛顿的谈判人员也不清楚问题究竟出在什么环节。性情焦急的岩畔最是煎熬,在4月29日天长节那天,终于按捺不住,提议与松冈通电话。这自然是轻率的行为,但行事轻率正是岩畔的特点,众人为其热情所感染。最后决定,由岩畔、井川二人前往邮政总局局长在纽约市设立的秘密总部使用电话。晚上,两人来到伯克郡大酒店的1812号房间,举起葡萄酒遥祝天皇万岁。大佐不胜酒力,两杯下肚便头晕目眩。晚上8点(日本时间为次日上午10点),岩畔把电话拨到松冈位于千驮谷的住所。

---

① 1917年,美国同意日方要求,承认日本在华享有"特殊利益",但协定内容含糊不清,第一次世界大战结束后终被废除。

"欧洲之行一切顺利，恭喜恭喜。"岩畔开口道，"那天我送您的那条鱼，您觉得怎么样？请尽快烹熟，否则会变质。野村等人都在等着您的答复。"

"我知道，知道，"松冈敷衍道，"告诉野村，让他别那么着急。"

松冈态度如此不逊，惹得岩畔心头火起，很想扇他一记耳光。"烦请打探其余众人看法。鱼若放得太久，必将变质。一旦变质，全部责任都会归在您身上，务必小心。"

"我知道。"松冈的态度依然粗鲁。岩畔一把扣下电话，嘴里不知嘟囔着什么，突然昏过去，吓得井川不知所措。

次日，两人又去拜访美国前总统赫伯特·胡佛。胡佛热情接待两人，但表示眼下执政党不是共和党，谈判一事自己爱莫能助。"战争一旦爆发，文明将倒退 500 年，"胡佛表情阴沉，接着又补充道，"谈判必须在入夏之前完成，否则就会失败。"

东京方面，松冈仍在拖延对赫尔的答复，并将《谅解草案》告知希特勒，正在等待他的答复。① 对那些催促立即采取行动的阁僚，松冈再三强调，在批准《谅解草案》之前，应当先要求美国签署一项不会影响日、英开战的中立条约。野村奉命就签署该中立条约一事前去试探赫尔，不出意料，赫尔断然拒绝。松冈恼羞成怒，于 5 月 8 日谒见天皇时表示，一旦美国参与欧战，日本便应支援轴心国盟友，并进攻新加坡。松冈预言在华盛顿的谈判将无疾而终；假如会谈取得成功，那就意味着日本必须牺牲德国与意大利，去安抚美国。"事若如此，臣恐不能继续效力于内阁。"

天皇把松冈的表态亲自转告近卫公爵，同时表达自己的"震惊与深深关切"。近卫秘密与陆相东条与海相及川古志郎会面，他们一致同意逼迫固执的外相采取行动。众人草拟出一份接受《谅解草案》主要条件的答复，指示松冈立即发出，不得延误。

---

① 德国驻日大使欧根·奥特将军曾担心日本与华盛顿的谈判将成为对《三国公约》的否定。松冈向他保证称，如果美国参战，日本一定也会参战。尽管如此，希特勒对松冈依然持怀疑态度，并对墨索里尼提起，松冈身为天主教徒，却向异教神灵献祭，"从中能够得出一个无可动摇的结论，此人身上既有美国宣教士的虚伪，又有东亚日本人的狡诈。"

5月12日,野村把文件带到赫尔的套房。赫尔读过,大失所望,因为它"在达成协议方面几乎没有提供任何基础,除非我方愿意牺牲一部分最为基本的原则,但这显然并不可能"。不过,无论如何,这总算是日方给出的一份正式提案。赫尔决定"以该提案为基础,设法说服日方于此处修改几笔,彼处删除几项,再增添些许内容,直到双方都能够接受,以友好的方式签署协议"。

然而,事情无法如赫尔设想的那般进展顺利:双方会谈本就因语言不畅、立场顽固、态度僵硬、沟通混乱而受到严重阻碍,此时更因美方截获日本密电而进一步遭到干扰。日方自认为牢不可破的外交密码已被美国密码专家破译。在代号为"魔术"的行动中,美国成功截获并破译大量日本政府发往驻各国外交官的电报。因此,通常在会谈之前,野村的想法就已为赫尔所知。① 不过,负责筛选电报的是一名海军军官,此人认为价值不高的信息便不会上报给赫尔。此外,电报翻译人员对佶屈聱牙的公文化外交日语并不精通,因此赫尔有时也会受到误导。

曾在田纳西州担任地方法官的赫尔,对日本人那挂在脸上的"冰冷"微笑向来反感,也讥讽或取笑日本人点头哈腰的姿态与说话时的"咝咝声"②。赫尔的首席顾问亨培克博士的观点是:日本人不可信,与日本达成任何妥协,都是对美国民主原则的背叛。加上赫尔本人的反感情绪,博士说服他并没有花费太多工夫。

亨培克与上司赫尔一样,道德观念很强。他在中国长大,生来便敌视日本,纯粹从道德立场去看待日本的扩张。根据其在国务院的同事 J. 皮尔庞特·莫法特的描述,亨培克把"日本当作太阳,把德、意当作围绕它旋

---

① 约两个星期之前,日本驻德大使大岛浩从柏林发电称:他从德国外交部负责日-德事务的官员海因里希·施塔默尔博士处获悉,德国情报部门相当确定,野村的加密电报已被美国政府截获并破译。"至少有两点可以为这种怀疑提供佐证,"大岛写道,"其一,我国的加密信息,德国也能够解读;其二,早在1922年华盛顿会议期间,我国的密码就曾被美国破译过。"然而,日本外务省电信课课长龟山一二信誓旦旦地对松冈表示:就人类认识能力而言,破解外交密码绝无可能。假如真有机密情报落到美国手里,那一定是有泄密者。

② 蛇与猫在呼气时会发出咝咝声,日本人则恰恰相反,他们在吸气时发出此类声音,通常出现在沉思、犹疑或尴尬的时候。

转的卫星"。自1938年秋季以来，亨培克一直支持经济战，主张制订"外交层面上的'战争计划'"。他生性固执而敏感，坚信日本是一股"侵略成性"的强大势力，在一群傲慢的军国主义者统治下穷兵黩武，又因世界各国的弱小而越发恣肆。亨培克始终认为，制止日本只能通过一系列的报复手段，如有必要，则最终诉诸经济制裁手段。即便经济制裁有可能引发战争，也必须实施下去；毕竟，屈从于军国主义者的要求，结局仍然免不了一战。与那个时代的许多知识分子一样，作为外交界第一流人物的亨培克固执己见①，甚至独断专行，对观点更为客观的下属不屑一顾，其中就有国务院首席日本问题专家——虚怀若谷的约瑟夫·W. 包兰亭。

在这些难熬的日子里，赫尔与野村频频在沃德曼公园酒店会面，力图解决分歧，只是进展甚微。其中部分障碍来自东京，因为松冈不分公私场合都在发表挑衅言论。5月14日，松冈对格鲁大使讲，希特勒不向美国宣战，真可谓"心平气和，宽宏大量"；美国攻击德国潜艇之举，无疑会导致日、美开战；美国应当"像个爷们儿，作出光明磊落、合乎情理"的选择，"公开对德宣战，而不是躲在中立的幌子后边，从事战争活动"。格鲁再怎么同情日本，也无法忍受这样的侮辱，便反唇相讥，逐一驳斥松冈的观点。松冈意识到自己说得太过火，便在会面结束后写下一封和解信：

> ……不瞒您讲，敝人当时的想法是：谈及美国的态度与行动，怎会令阁下如此不悦？送别阁下后，方才恍然大悟，原来是词汇使用不当……敝人本欲表达的意思自然不是"不够光明磊落"，而是"不够谨慎稳妥"。
>
> 区区短笺，但愿澄清误会。若敝人言语间果有招致误解之处，万望海涵。

三天之后，松冈再次写信给格鲁。信件标有"私人信函"字样，篇幅冗

---

① "我依然坚信，"牛场在1970年写道，"由于美国方面的因素——赫尔对形式主义与正统外交的坚持，以及亨培克的固执己见，导致近卫的努力付诸东流。（当然，日本方面更是固执得多！）"

长,文意散乱。松冈在信中表示,自己知道作为外相怎样行动才算"正确",却时常忘记自己正是外相。此外,对许多外交官而言的所谓正确态度,松冈深表反感,因为这些态度"很难带来任何成效"。松冈坦言,自己是从一千年、两千年,甚至三千年的角度去考虑问题,如果有人觉得他精神失常,那也没有办法,因为自己生来便是如此。

的确有人认为松冈精神失常,而且还不止一人。不久前的一次联络会议上,海相及川就曾发问:"外相怕是精神有问题吧?"无独有偶,罗斯福在读过经"魔术"行动破译的松冈发给野村的指示后,也认为发出指示之人"精神极度紊乱,无法冷静地进行逻辑思考"。

近卫公爵倒持另一种看法,他认为松冈那些挑衅性、煽动性,甚至有时出尔反尔的言论,乃是故意作态,意在威吓对手,松冈始终把矛头对准美国的原因,或许正在于此。不过,假如松冈内心渴望和平,所做的一切都是策略,那这些策略只会起到反作用。由于松冈口出恶语、屡番拖延,华盛顿的会谈几乎陷入僵局。松冈对此并非不知情,做派却依然如故,甚至向希特勒寻求意见。故意破坏会谈的原因,或许出自松冈那极度自负的信念:只有自己才了解真正的美国,只有自己才有能力解决争端。

在野村和岩畔推进和平的同时,松冈在另一边发表好战言论。赫尔自然得出结论:自己正被日本人愚弄。6月21日,国务卿赫尔终于对日方提议作出答复:日本必须放弃《三国公约》,也不得以协助国民政府反共为由,在华北部分地区驻留军队。

近卫及众阁僚大失所望。这份答复给出的条件甚至不如《谅解草案》。美方为何对"原始"提议作出变更?近卫摸不着头脑。此时他无从得知,赫尔从未将《谅解草案》视作谈判的基础。

在答复的同时,赫尔发表了一份口头声明,称近来某些日本官员——显然是指松冈——发表的公开言论,似乎构成了谈判道路上不可逾越之障碍。松冈怒不可遏,认为这是一种人身侮辱,并将华盛顿谈判彻底中断的原因归咎于此。

不过,到了次日,千种疑虑、百般困惑都变得无关紧要。6月22日,星期日,希特勒入侵苏联。尽管大岛大使在与希特勒及里宾特洛甫会谈后，提前十六天电告东京德、苏开战迫在眉睫，但日本还是大感震惊。

斯大林同样感到措手不及。尽管此前两个月里，德军飞机侵犯苏联领空高达180次（入侵纵深达400英里），苏联也事先得到来自华盛顿与伦敦的官方警告，甚至还收到过斯大林安插在东京的谍报人员理查德·佐尔格的消息，但这些都没能引起苏联方面的注意。1939年春天，佐尔格曾准确预测德军将于9月1日进军波兰，这次则是把里宾特洛甫通知德国驻日大使欧根·奥特将军的电报影印本发回莫斯科——电报内容是德军将于6月下旬入侵苏联，甚至在开战前不久的6月14日，佐尔格也曾发回电报称："战争将于6月22日打响。"交火刚开始的短短数个小时，德空军便炸毁66个苏联机场与1200架飞机。地面部队长驱直入，缴获2000门大炮、3000辆坦克和2000卡车弹药。①

德军入侵苏联的消息传到东京，是在当地时间下午接近4时。数分钟后，松冈给内大臣木户幸一侯爵打去电话，请求谒见天皇。木户时年五十二岁，短小精悍，蓄着整齐干净的小胡子。与近卫一样，木户也是西园寺公爵的门生。西园寺乃是"元老"②中的最后一人（已于1940年去世，享年九十一岁），素来主张自由主义政治哲学，注重逻辑推理，并再三强调日本之政策必须以联合英、美为基础。木户受西园寺浸润极深，因此也曾

---

① 《苏联简史》（*A Short History of the U.S.S.R.*）称："国家战备情况如此不堪，是由于斯大林在评估总体战略形势、预计战争爆发时间方面出现严重错误。……希特勒希望通过突然袭击，一鼓作气消灭红军；而斯大林的误判及其他彻头彻尾的错误，对希特勒计划之推进乃是一种助长。"

然而，1969年初，苏共权威机关刊物《共产党人报》（*Kommunist*）刊文称，斯大林是一位"杰出军事领袖"，1956年苏共"二十大"上，尼基塔·赫鲁晓夫（Nikita Khrushchev）对斯大林添油加醋式的攻击纯属污蔑。"有关斯大林军事指挥无能、指导'全球'战争、不容其他观点等言论，以及国外篡改历史之辈所杜撰之种种类似说法，皆属不负责任的凭空捏造，毫无根据。"数日后，苏联红军官方刊物《红星报》（*Krasnaya Zvezda*）发表长文抨击捷克斯洛伐克、南斯拉夫及法国等国的"修正主义者"，文中也对上述斯大林再评价的观点作出附和。

② 元老，旧日本政界的一种非官方称呼，指明治晚期至昭和早期，九位早年曾参加倒幕、维新的老资历重臣，他们在政界具有极大的影响力。西园寺公望是其中逝世最晚的一人。——译者注

积极反对出兵中国,以及签订《三国公约》。其祖父木户孝允(Koin Kido)①乃是"维新四杰"②之一,但木户幸一取得的成就,所凭借的是其个人的勤奋与能力。作为内大臣,木户乃是备受天皇宠信的常设顾问("敝人之于陛下,就如哈里·霍普金斯之于罗斯福总统"),就大小诸事提供建议,裕仁也对其建议渐渐依赖。近卫与木户大概是日本文官中最有影响力的两位,两人交往密切,又在性格与外表上迥然相异。秉承实用主义的木户头脑冷静,性格务实,为人直率,处事果断,深受旁人敬重。虽贵为高官,木户也把生活中的一切细节规划得井井有条,并准确加以执行。木户对高尔夫怀有极大的热情,每到特定日子便前往球场打球;其挥杆动作堪称精准典范,同伴誉之为"钟摆木户"。

木户安排松冈于5时30分谒见天皇,自己则先行面圣,禀报天皇称,外相的观点或许与近卫不同。"恕臣斗胆,特向陛下建言,伏请陛下与外相确认,此事是否曾与首相有过磋商,并强调此事之高度重要性,以促使两人密切交流。同时应告知外相,陛下对总理的观点基本同意。"

一小时不到,松冈前来谒见天皇。从其话语中不难听出,外相与首相尚未就此事有过交流。松冈坚信德国能够迅速击败苏联③,并建议暂缓南进,立即进攻西伯利亚。这意味着要从两个方向进行扩张,天皇对此大感惊诧,指示松冈与近卫商量,接着便示意谒见结束。

松冈接受天皇指示后,的确曾与近卫接触,但结果依旧是我行我素,继续在私下场合及联络会议上鼓吹进攻苏联。联络会议通常在首相官邸

---

① 木户本人在审阅该部分手稿时,曾对我如此说道:"祖父的名讳,虽为大众读作'Koin',正式读法应是'Takayoshi'。"孝允没有儿子继承家族,便把女儿嫁给外甥孝正,从法理上将孝正过继至木户家。孝允的女儿去世后,孝正再婚;两人所生的长子便是幸一。

② 日本历来有"维新三杰""维新十杰"的说法,"四杰"则未闻。从作者托兰在第四章的叙述来看,"第四杰"似是伊藤博文。——译者注

③ 美国军方与松冈看法相同。海军部长弗兰克·诺克斯预测"希特勒荡平苏联只需六个星期到两个月"。战争部长亨利·史汀生在日记中写道:"我不禁产生一种感觉,此事对我国和英国来讲,乃是大好时机,只要能够及时把握。"随后便告知罗斯福称,德国击败苏联,预计只需一个月到三个月。格鲁大使则认为,德国进攻苏联,对美国有利无弊,并在日记中写道:"纳粹与共产党两败俱伤,实在再好不过,民主国家很快便会占据上风,至少是从目前的险境解脱出来。"

举行,是一种非官方聚会,出席者有内阁四巨头——首相、外相、陆相、海相,以及军方高层人士,包括海军军令部总长及次长、陆军参谋总长及次长。其他阁僚及相关专家有时也会出席,提出建议,分享信息。会议室面积适中,首相坐在正中一把扶手椅上,其他人围坐在旁。三名秘书——内阁书记官长、陆军军务局长、海军军务局长则坐在门边。

会议气氛热烈,没有主持官员,礼仪方面也不甚拘束,因此时常发生争论。这种会议始于1937年底,目的是协调政府与军方的活动,后来有过一段时间的中断,至1940年底,因时局危急而得到恢复。

松冈面圣后的第三天,他的观点遭到军方明确反对,因为军方并不希望与苏、美同时开战。海相及川表示,同时与两个国家的海军为敌,着实难于登天。"为避免此等情况,请不要让海军一边进攻苏联,一边向南推进。海军还不打算招惹苏联。"

"此时若不有所行动,待到德国消灭苏联,我国可是很难分到一杯羹的。"松冈如此说道,接着又发表一些与外相身份不符的奇谈怪论。"目前只面临两种选择,流血或是外交,而流血更为有效。"次日,松冈甚至跳过是战是和的问题,直接问众人,南方与北方何者更为重要?

陆军参谋总长杉山的回答是,同样重要。"陆军正在静观时局变化。"杉山没有透露:假如莫斯科在8月底之前沦陷,陆军便会进攻西伯利亚。

"一切都得看情况,"头脑敏捷、脾气急躁的陆军参谋次长冢田攻说道,"陆军不可能兼顾两路。"

东条却认为松冈的意见中有几点相当不错,便在会议结束后,与佐藤贤了大佐继续辩论。"往北,我们什么都捞不到,"佐藤说道,"往南,至少可以拿下石油等资源。"与石原、岩畔一样,佐藤也是聪明但性格冲动之人,经常担任陆军官方发言人。某次发言时,一名阁僚频频出言打断他,佐藤便朝他大吼道:"闭嘴!"从此便在公众心中落下一个负面印象。

东条也拿这个"闭嘴"大佐的怪脾气没有办法,不过对其意见却是一向倚重。听过佐藤的分析,东条提出疑虑:"假如我们对苏宣战,美国会不会支持苏联,对我们宣战?"

"并不是没有可能。美、苏两国虽在制度方面存在分歧,但一旦面临战争,一切都不好说。"

次日会议上,东条没有给予松冈任何支持。不过,松冈并不气馁,并辩称,大岛大使发回的报告表明,德国对苏战争很快便会结束,英国也将在年内投降。"如果在德国击败苏联之后,再着手讨论苏联问题,我国在外交上只会颗粒无收。反之,我国毫不犹豫地进攻苏联,美国也不会参战。"松冈表示,自己有信心通过外交手段拖住美国三四个月。"按照大本营的建议,一味观望下去,只会受到美、英、苏三国合围。必须先北进,再南进。"松冈像强迫症患者一般滔滔不绝地讲着,直到发现自己的话毫无作用才算作罢。末了,他又说道:"我希望各位作出进攻苏联的决定。"希望把问题强行敲定。

"不行。"杉山代表军方发言。

松冈最有力的盟友在柏林,然而希特勒本人并未直接要求日本进攻苏联,而是在三天之后,通过里宾特洛甫发电报给德国驻日大使的形式正式提出该要求。6月30日上午,奥特将军把德方请求转达给松冈。在当日下午的联络会议上,松冈以此作为主要论点,宣称德国正式要求日本参战,狂热鼓吹进攻苏联。一名与会者将其表现比作"喷火"。"本人预测一向准确,"松冈夸口道,"现在的预测是,如果战争从南面开始,英、美两国必将参战!"松冈推迟南进的主张极富说服力,以至于及川转身问杉山:"推迟六个月,如何?"

松冈口若悬河,眼见局面即将扭转,一名海军官员俯下身去,对陆军参谋次长冢田耳语道,或许确实应该考虑推迟南进。冢田却毫不动摇,几句豪言壮语,便劝得及川和杉山又重新坚定立场。此时,会上鲜少发言的近卫公爵开口称,自己同意大本营的意见。近卫的发言算得上一锤定音,漫长的争论终于结束。最终决定南进。

最后一个步骤是取得天皇的正式批准,也就是在宫城内召开御前会议。按照传统,会议只是一种形式,天皇一言不发,正襟危坐,听取臣下对于政策的解释,最后盖下玉玺以示批准。御前会议的出席成员与联络会议一致,再加上一两位专家,以及枢密院议长。议长某种意义上是代表天皇出席，在天皇不便开口时代他发问。

此次批准南进战略的御前会议于7月2日召开。会议厅摆着两张长桌，铺着锦缎，与会者端坐于两侧。天皇入场时，众人纷纷肃立。天皇与他的三个兄弟一样，皮肤光滑如瓷，色泽独特，虽然身着戎装，却看不出英武之气。天皇走上讲台，在金色屏风前面南落座——按照宫廷礼节，尊者坐北朝南——看上去超然物外，仿佛凌驾于世俗之上。

与会者在天皇下首坐下，与天皇面向呈直角，双手放在膝上，面面相觑。会议开始，除枢密院议长原嘉道之外，众人发言都已经过排练。近卫公爵首先起身，向天皇鞠躬，宣读名为《伴随形势推移之帝国国策要纲》的文件，也就是南进计划。占领法属印度支那是计划第一步，通过对维希政府施压，很有希望无须流血便达成目的；假如交涉失败，那就只有动用武力，冒着与美、英开战的风险也在所不惜。

杉山起身鞠躬，表示自己同意南进。"当然，倘若德苏战局发展对帝国有利，臣以为，也应当通过武力去解决该问题，从而确保北部边境的安全。"

海军军令部总长永野修身大将同样认为，南进有其必要，风险可以承担。永野落座后，原嘉道开始发问。在一场如此正式的会议上，他提出的有些问题比预期的更加令人尴尬。议长问道，通过外交手段拿下印度支那的现实可能性究竟有多大？

"外交手段想必无法奏效。"松冈依然反对南进，因此要与会上的主流意见对抗。

原身材矮小，气质温和，面对众多威严的陆、海军将领却毫无惧色，强调称，军事行动"绝非儿戏"，一边尝试与法国签署条约，另一边又向印度支那派兵，这种外交难道符合皇道？"本人认为，日本单方面采取军事行动，从而背上侵略者的骂名，绝非明智之举。"

"有些行为确实会让世人视日本为背信弃义之徒，我会确保国家避免此类行为。"松冈保证道。

原还怀有其他疑虑，并提出问题：为何不选择北进？其论点与松冈的部分看法不谋而合。希特勒进攻苏联，乃是千载难逢的良机。"苏联在全球散播共产主义，我国与之迟早会有一战……民间就对苏作战的呼声也十分高涨。"原本应该是走趟程序的会议，演变为一场争论。"本人希望避免与美国发生冲突。进攻苏联，想来不会引起美国报复。"而出兵印度支那，原担心反倒会导致英、美与日交战。

这正是松冈前一天提出的观点。"这种可能性的确存在。"松冈附和道。

杉山内心承认原的问题"一针见血"，但在会上只是若无其事地指出，占领印度支那"对粉碎英、美之阴谋实属必要。此外，德国军事形势一片大好，日本出兵法属印度支那，想必不会激怒美国亲自参战"。但同时，杉山也提醒道，不宜过早认定苏联必败，应当先等待"五六十天"，以确保德国胜券在握。杉山的发言为会议定下结论，松冈继续辩论的希望终告破灭。经过表决，近卫宣读的政策文件被一致通过。日本选择南进。

整个会议过程中，天皇始终面无表情，不发一语。按照传统，天皇的出席只是为会议作出的决定提供合法依据与约束力。文件被送到内阁官房，工作人员用公文纸誊抄一份，首相、陆军参谋总长、海军军令部总长共同签署后，呈禀御前，最后交由宫内省加盖玉玺。经过如此一套程序，文件便成为国策，日本也朝着发动全面战争的道路又迈出一步。

4

接下来的问题是，如何处理赫尔提出的反建议。不难想象，对赫尔那份"某日本官员公开发表煽动言论"的口头声明，松冈依然满腔怒火。如此一种无伤大雅的指责，在松冈看来却是人身侮辱，同时也是对日本不可原谅的冒犯。7月12日的联络会议上，松冈以偏执狂般的态度怒气冲冲地表示："这十天，我一直在想，美国是在把日本当成保护国或是附属国！只要我还坐在外相位子上，就决不可能接受。别的一切都可以考虑，只有那份口头声明，必须断然拒绝。声明把日本视作弱国，视作附属国，那是典型的美式思维，恃强凌弱。部分国人反对我，我甚至听说总理与我也不是一条心。"松冈又把怒火发泄在国内政敌身上，好像他们与赫尔同样可恨。"那也难怪美国会认为日本走投无路,所以给我国发来如此一份声明。本人在此提议,立即拒绝该声明,停止与美国继续谈判!"松冈称罗斯福是在"蛊惑人心",指责其所作所为是在试图将美国引入战争。至于松冈本人,他自幼渴望日、美两国和平相处。"我认为,和平相处的希望已不复存在。"最后,松冈自相矛盾地总结道,"但还是要尝试到最后。"

最后这句总结倒是符合军方心意的话。东条重申,尽管希望渺茫,对美谈判也应继续。"是否能够通过《三国公约》阻止美国正式参战?那份口头声明,确实是对我国国体的侮辱,外相认为必须拒绝,没有问题。不过,倘若我们怀着真心诚意去与美国沟通,告诉他们日本人的理解中何为正确,会怎么样呢?有没有可能打动美方?"

及川也同意与美国达成某种协议。部分情报显示,美国没有条件在太平洋地区挑起战争。"既然我国也不希望在太平洋上作战,那么是不是还存在谈判的余地?"

"余地?"松冈语带讥讽,反唇相讥,"你不去承诺放弃对南边使用武力,人家凭什么听你讲话?至于其他条件,还有什么能满足对方?"松冈毫无妥协之意,"对方给我们发来那种声明,意思很明白,就是觉得日本是只软柿子。"

近卫公爵看出来,松冈是把私人情感带入了外交活动,于是决定绕过外相。不过,松冈的影响力毕竟很大,首相也只能悄悄与其他核心阁僚商议,最终起草了一份对赫尔的和解答复,交给松冈。松冈自称卧病在床,花费数日时间才把文件读完,甚至读过之后仍在刻意拖延。首先应该拒绝那份口头声明,然后等待数日,再把答复发出。

首相对拒绝口头声明没有意见,但坚持要把答复也一并发给赫尔,以免耽误时间。上述指示由近卫发给松冈的副手斋藤,斋藤嘴上应承下来,却选择抗命不从——这又是一次"下克上",因为斋藤此举纯属独断,未与任何人商议。如同松冈所希望的那样,斋藤先只把拒绝口头声明的文件发往华盛顿,答复则推迟数日,赫尔最先看到它,还是来自情报部门截获的一封发往德国的电报。

对看重等级秩序的东条而言,这种行为无可宽恕,便对近卫提议撤掉外相。近卫不想与松冈撕破脸皮，毕竟在与希特勒、斯大林会面后，松冈在公众心目中属于英雄人物。近卫决定使用一点手段：内阁全体辞职，然后重新组阁，起用其他人选出任外相。7月16日6时30分，近卫召开内阁特别会议，在会上提出该建议，无人反对；松冈依然卧病在床。

作为日本外交史上最富争议的人物，松冈轰轰烈烈的政治生涯就此落下帷幕。此事究其原因，是一名下属出于忠诚心，代替松冈选择抗命，但松冈本人对此一无所知。

次日，天皇要求近卫重新组阁。由于人事变动极少，组阁花费的时间尚不到二十四小时。新任外相是海军大将丰田贞次郎，此人与美国相处一向融洽，上任后第一件事，便是电告日本驻维希法国大使称，无论维希政府决断为何，日军都将于7月24日进军印度支那。期限前一天，维希政府同意日军和平进入印度支那南部。大使春风得意，给东京发回电报称：

> 法国接受我国之要求之所以如此痛快，是因为我国所展现之决心坚定，意志果断。简而言之，法国别无选择，只能屈服。

该电报同样遭到"魔术"行动破译，赫尔读后怒不可遏，好像日本拿下印度支那用的是武力一样。赫尔力劝罗斯福对日本实施新的禁运以示报复，尽管不久之前，海军作战计划处曾发出警告，新的禁运措施"或将导致日本提前进攻马来亚与荷属东印度群岛，并使美国提早卷入太平洋战争"。

长期以来，伊克斯等人便劝说罗斯福对一切侵略者采取强硬措施，这一次，总统选择听从此类意见。① 7月26日晚，罗斯福下令冻结日本在美国的全部资产。接着，英国、荷兰也纷纷效仿，其结果是，所有日美贸易都

---

① 希特勒入侵苏联次日，美国内政部长哈罗德·伊克斯在给罗斯福的信中写道："对日本实施石油禁运，可谓最为符合民心的举措。如此一来，我国便能够事半功倍地涉入战争。倘若我国因石油禁运而间接被卷入战争，那么就可以免受公众的批评说我国参战是去给苏共提供援助。"

停止了。失去美国这一主要石油进口国，日本自然陷入难以为继的境地。《纽约时报》刊文称，该措施"是一次打击，其严厉程度仅次于开战"。而在日本领导人看来，美国的所作所为要比旁人想象的更为过分：日本在印度支那的基地，是通过与维希政府的谈判而获得的，维希政府即便没有得到美国官方正式认可，至少也是得到外交承认的合法政权，换言之，日本在国际法方面并不理亏。如此说来，资产冻结可以被认为是 ABCD 四大国（美国、英国、中国、荷兰）包围日本的最后一步棋，不仅是对日本之亚洲主导地位的否定，更使其生存本身也受到挑战。

消息传来，日本军部顿时为沮丧、狂躁与愤恨的气氛所笼罩，这些情绪倒是在预料之中，出乎意料的是高层竟为此陷入混乱。五天后，海军军令部总长永野谒见天皇。此人性格稳重、明白事理，却也未能从这个本该预见到的结局之中清醒过来。永野首先称自己希望避免战争，此事可以通过废弃《三国公约》实现，海军始终认为公约是妨碍日、美两国和平相处的绊脚石。接着他又提醒道，日本的石油储备只够使用两年，而一旦战争打响，最多只够用一年半，最后总结道："鉴于形势，我国最好先下手为强，那样能够取胜。"

永野此番发言着实惊人，在短短一段话里表达出五重意思：和平是最佳出路、外交事故之责任与海军无关、预测石油荒、建议发起殊死进攻、判断能够获胜。

天皇打断永野的发言，抛出一个问题："能够取得辉煌大胜吗，就像对马海战那样？"

"臣惶恐，难孚陛下厚望。"

"那么，"天皇神情严肃，"便是背水一战了。"

第二部
黑云压城

第四章　白纸还原

第五章　致命的照会

第六章　"Z"作战计划

第七章　"战争到来的速度或将超出想象"

第四章　白纸还原

1

近卫面对着诸多重大难题,为此,许多人深感同情。然而,从近年来首相的作为来看,就连那些同情者,也不禁心生困惑:自由主义者领导的政府,为何会让军方得势?为何要对前任外相言听计从,致使他危及华盛顿谈判?克雷吉大使对近卫的许多颇有政治家风范的行为印象深刻,却也"时常为近卫的执政风格明显软弱,紧要关头未能利用其强有力的个人地位以限制极端分子而感到恼怒"。①

陆军中的有识之士——内阁企划院总裁铃木贞一认为,近卫在关键时刻摇摆不定并非出于软弱,而是因为陷入理性上的困惑:他身上的客观性使之很难当机立断,并采取相应行动。

---

① 秘书牛场对近卫的思想理解颇深,其评论如下:"像是丘吉尔或肯尼迪那样的领袖,或许能够控制陆军。然而,考虑到日本的宪政制度,军令机关与内阁总理大臣相互独立;面对这样一股铁下心来要去支配国家的强大势力,即便是丘吉尔,恐怕也未必能将陆军置于掌控之下。近卫不是天生的领袖,做不到强人政治,勇敢、果决、献身精神都绝不是其典型特征。不过,近卫对日本陆军了解很深,也对如何驾驭陆军一事十分关切。就前一点,他或许胜过任何外人;就后一点,他也不曾落人之后。近卫的哲学基本可以概括为消极的,即不冒犯也不挑衅,能不正面冲突,就先拖延下去。毕竟,一旦军部视你为绊脚石,便会把你一脚踢开,然后找到另外的掩护,躲在后面继续为所欲为。"

不过有一点,铃木与克雷吉都不会反对:近卫是一位哈姆雷特式人物,或许软弱,但最终也会受到激励,采取果断行动。为一举解决中国问题,近卫决定与罗斯福总统举行私人会晤。① 8月4日,首相召见陆相东条和海相及川,将该决定告知二人。"当然,假如那位总统不明事理,我也有充分的心理准备中止谈判,立即回国。"日、美两国都需要作出让步,而近卫认为,只要两国首脑能够"虚怀若谷"地展开会谈,并不是无法达成协议。近卫保证,自己不会"急于求成,能够做到不卑不亢"。

东条和及川一并表示,要先与同僚商议,才能作出承诺。短短数小时后,及川便回来报告称,海军"完全支持,并期待会晤取得成功"。东条却发现陆军内部意见不一,便写信给首相称,陆军担心首脑会谈对目前基于《三国公约》的政策会是一种削弱,并在国内引起负面反响。不过,只要近卫承诺,一旦罗斯福拒绝理解日本之立场,便会领导日本对美作战,那么陆军也不反对会晤。在信件末尾,东条悲观地预测称,"会谈成功的概率最多只有两成"。

近卫本人倒不存在疑虑,在午餐时把此事告知松本重治——此人是同盟通讯社编辑局局长,与近卫私交甚笃。8月6日上午,近卫入宫,将会晤意图奏禀天皇。天皇回想起永野大将此前提及石油储备减少的情况,答道:"与罗斯福之会晤,宜尽速实现。"次日上午,近卫给美国国务卿赫尔发去电报,提议与罗斯福总统在檀香山会晤,以就协调两国分歧之措施展开讨论。

赫尔并不相信近卫的提议,认为这种"信誓旦旦的手法"与希特勒如出一辙,当初在慕尼黑会议上,张伯伦也吃过相同的亏。战争部长史汀生赞同赫尔的意见,并在日记中写道:"向总统发出邀请,不过是一种障眼法,意在阻止我国采取果断行动。"两日后,野村大使与赫尔会面,希望得到一个明确答复。赫尔的答复半是谴责非难半是道德评论,他说,眼下日本的和平派显然"已无力掌控局面"。日本报界"正不断受到教唆,散播论

---

① 大约就在此时,近卫在私邸招待联合舰队司令官山本五十六海军大将,询问对美作战胜算如何。山本回答称,战事若只持续一年左右,确有取胜希望;"拖到一年之后,那就全无把握了"。此番对话证实了近卫的怀疑,也加深其信念:与罗斯福会晤乃是唯一的解决方案。

调称日本受到美国包围",而就在那天,赫尔还曾告诉记者:"一个国家倘若安分守己、爱好和平,便绝不会被其他国家包围。"野村大感沮丧,最后问道,这是否算是对首脑会晤提议的答复。赫尔把刚才的话原封不动地复述一遍,总结道:"能否找到办法制定相应政策,进一步作出合适的计划,都取决于日本政府。"

在日本军方首脑看来,同意近卫与罗斯福会晤本已属于痛下决心,谁承想华盛顿方面的态度竟如此冷淡,这更加深了日方的怀疑:美国是真的希望和平,还是在玩弄手段争取时间?每日消耗12000吨宝贵石油又没有补给,无须多久,军队便会像搁浅在沙滩上的鲸鱼一样坐以待毙。

罗斯福并未亲自参与此事的讨论,因为此时他已离开华盛顿,乘巡洋舰"奥古斯塔"号前往纽芬兰的阿真舍湾,与温斯顿·丘吉尔会谈。8月10日,星期日,罗斯福在英国战列舰"威尔士亲王"号的甲板上进行礼拜,头顶便是战舰的巨炮,祷词出自《约书亚记》,倒是十分应景:"你平生的日子,必无一人能在你面前站立得住。我怎样与摩西同在,也必照样与你同在。我必不撇下你,也不丢弃你。"

礼拜结束后,罗斯福坐着轮椅,在丘吉尔的陪同下参观"威尔士亲王"号。在舱内,代理国务卿萨姆纳·威尔斯正在阅读丘吉尔起草的两份声明,准备同时从华盛顿与伦敦发出,警告日本若继续侵略西南太平洋,两国将采取严厉的反制措施。

威尔斯离开"威尔士亲王"号时,丘吉尔说:"倘若日本进一步向南扩张,避免英、日两国爆发战争的可能便微乎其微。如果美国把那份明确制止日本南下的声明也发布出来,或许还能挽回一些希望。"

次日,罗斯福与丘吉尔在"奥古斯塔"号上展开会谈。罗斯福"强烈认为应尽最大努力避免与日交战",问题在于采取何种路线:是强硬路线,中间路线,还是温和路线?丘吉尔提议强硬路线,因为来自东京的提案不过是"花言巧语,意在攫取眼下日本所需的一切,而他们的承诺决不会在未来得到履行"。

罗斯福表示"条件无法接受",但可以由自己去与日本谈判,争取到大约三十天时间,以供英国在新加坡地区巩固防御。一个月的时间弥足珍贵。"交给我吧,"罗斯福说道,"我打算最好能再哄他们三个月。"

丘吉尔满心以为罗斯福已听从自己的建议准备采取"强硬"路线,便给外交大臣安东尼·艾登发去电报:

……总统将在约一周内结束旅程,回到国内后,他会向日本大使递交一封照会。在该照会的末尾,将会添有一段由我起草的文字,"日本对西南太平洋地区的任何进一步侵占行为,都将迫使美利坚合众国政府采取反制措施,即便此类措施可能导致美国与日本爆发战争。"或许总统还会自行添加一段文字,大意是:鉴于苏联明显属于友好国家,美利坚合众国政府对西北太平洋地区任何类似冲突同样保持关注。

罗斯福在路上或许确有如此打算,但刚一回国,便在赫尔的劝说下重新考虑,最终决定采取温和路线。赫尔本人其实也相信,阻止日本唯一可以依靠的只有武力。(不久前,赫尔在与威尔斯通话时说:"很简单,跟日本交涉,左耳进右耳出就行。但现在一定要装作很重视,能装多像就装多像,因为这样有助于使日本推迟采取进一步行动,而这正是我国的目的所在。")8月17日,虽然是星期日,罗斯福仍然召见野村大使,并兴致勃勃地表示,假如日本停止扩张活动,并决心"在太平洋地区奉行一项和平计划",那么美国将"准备重启7月中断的非官方预备性讨论,并尽力选择一个合适的时间和地点以交换意见"。罗斯福对首脑秘密会晤的想法很感兴趣,甚至主动提议定在"10月中旬前后",地点是阿拉斯加州州府朱诺。

野村即刻致电东京:宜速作答复,勿失良机。

次日,亦即8月18日下午,外相丰田贞次郎召见格鲁大使。(格鲁认为"此人通情达理,有人情味"。)丰田表示,自己想以一名海军军官而非外交官的身份坦率交谈。日本进驻印度支那,目的是为解决中国问题,而非受到来自德国的压力。随后发生的资金冻结事件,已在日美两国之间"长久以来的和平关系史上留下一个浓重的污点",倘若最终连谈判也破裂,后世历史学家将无法理解何以如此。为此,最佳方案是两国领导人展开会晤,在"相互平等的基础上,在冷静、友好的氛围中"使问题得到解决。

国务院已在计划近卫与罗斯福会晤的相关事宜,但并未通知格鲁,因此格鲁听闻后对首脑会晤的想法感到新奇。两国领导人都出身名门,应该能够使问题得到体面解决。此外,格鲁本人也将在场,这或许会成为其职业生涯中的巅峰时刻。

外务省内闷热难当,丰田令人端上冰饮料和冷毛巾,建议格鲁与自己一样脱掉外衣。两人用毛巾擦脸时,格鲁说道:"将军在军旅生涯中,也曾立于战舰舰桥,一连数日数夜,对抗骤雨狂风。自您站在外务省的'舰桥'上以来,所面临的更是风雨如磐,无休无止。鉴于形势,敝人愿与将军一道,尽力去平息那些怒浪惊涛。"

会面持续了一个半小时。格鲁大使回到使馆,立即给赫尔发去一封特别电报:

>……日美之间爆发战争的可能性与日俱增,而此战实属徒劳无益。大使(格鲁)凭借所拥有之一切权限……呼吁,对此次日方之提案,务必详加考量,切不可弃若敝屣。原因不仅仅是该提案在日本史无前例,更是由于提案表明日本之顽固并未达到无可挽回之程度,因为对其作出批准的乃是日本天皇及最高权力机构。近卫公爵与罗斯福总统之会晤,或将产生无法估量的益处。据此,大使冒昧进言:机不可失,正如最近罗斯福总统与丘吉尔首相的海上会晤那样,最高级别政治首脑之行动,有可能克服表面上看来难以逾越的障碍,以实现太平洋地区之和平。

数星期前曾为《谅解草案》四处奔走的岩畔、井川二人认识到,他们这场抛开外务省的外交活动已宣告失败，便于7月31日离开华盛顿，两周后抵达日本。岩畔惊讶地发现，东京各界为好战情绪所笼罩，人们对英、美的仇恨与日俱增，他们普遍认为ABCD包围网正在扼杀日本。而美国的情况却非如此，尽管主流情绪确实反对轴心国，但表现方式依然不失和平。反战组织在白宫周围集会抗议，孤立主义者四处演说，反对罗斯福援助中、英两国。延长现役军人服役期限的法案尽管得到通过，却也只有一票优势。军营里，官兵把"俄亥俄州"（Ohio）一词的首字母戏解为"10月溜号"（Over the Hill In October）。

岩畔多番拜访军政高层、企业领袖，力陈己见，呼吁继续谈判：美国的潜力远超日本，一旦发生冲突，对日本而言必是灭顶之灾。然而，众参谋的全部兴趣都在南进上，海军军令部有一名参谋甚至表示："日本身处ABCD封锁网之中，没有时间耽误下去，出路只有一条——战斗！"岩畔回想起数个月前，海军主张和平解决美国问题时态度还算得上坚决，如今他只能得出一个悲观的结论："木已成舟。"

尽管悲观，岩畔却不气馁，继续遍访各部门，费尽唇舌，却只如"拳头打在棉花上"。8月最后一周的一次联络会议上，岩畔将美日两国悬殊的军事潜力进行了一番对比：钢铁，20比1；石油，超过100比1；煤炭，10比1；飞机，5比1；海运能力，2比1；劳动力，5比1；综合潜力，10比1。强弱差距如此，纵有"大和魂"——日本精神，也绝无取胜之可能。与会众人一度为之动摇，东条甚至命令岩畔把发言内容总结为书面报告。

次日，岩畔来到陆相办公室讨论这份报告，却被东条三言两语打发："昨天让你整理的那份报告，不用交了。"原来，陆军已决定将岩畔调往驻柬埔寨的某支部队。

岩畔准备登上南行第一程的火车时，对前来送行的友人说道："承蒙各位相送，阵仗还不小。至于日后回来——当然，前提是能活着回来——恐怕就只剩我一个人，孤零零地徘徊在东京火车站废墟里了。"

岩畔遭到流放的原因，或许是他那股传教士般的热情，但他的观点并非没有响应者，最终竟促使政策发生180度大反转。经过长时间争论，军方首脑最终同意避免与美开战，甚至愿意接受重大让步。岩畔出发的那天,8月28日,日方已给富兰克林·罗斯福发出两份电文。一份是近卫致罗斯福的信函,再次要求会晤;另一份则是一项正式提议:一旦中国问题得到解决,或在东亚建立起"公正的和平"后,日本便会从印度支那撤军。此外,日本还进一步承诺,只要苏联"信守《苏日中立条约》",不"威胁日本或'满洲'",日本便不向邻国进军,也不对苏联采取军事行动。更重要的是,日方同意遵守赫尔的四项基本原则——此时,这些原则已出现在美方的官方文件中。

> ……在非官方会谈中,美国政府曾详细提出一系列原则与指导意见,作为构成太平洋地区计划之设想。日本政府愿意作出如下声明:日本政府认为,在可能范围内的最友好方式下,上述原则及其实际运用,乃是实现真正和平的首要前提,不仅应适用于太平洋地区,更应推广至全世界……

该提议对日本数月以来所鼓吹的政策是一次否定,同时展现出作出更多让步的意愿,尽管十分有限。罗斯福对此的第一反应依然乐观,初步计划与近卫举行为期三日左右的会晤。然而,斯坦利·亨培克博士对日方诚意表示怀疑;同样地,赫尔从"魔术"行动截获的情报中获悉,日本正在东南亚集结兵力,他自然也不肯信任日方。如此一来,也就难怪一直"盼望与近卫会晤"的罗斯福轻易便改变主意,同意在"达成圆满协议之前"暂时搁置会晤。换言之,美方从最开始就不相信日方提供的价码,也不接受讨价还价,除非事先得到保证,即美方自己提出的条件整体上会得到满足。

东京方面,格鲁大使及使馆人员恨不得美方直接接受日方提出的价码,且相信近卫会同意"最终从印度支那和中国部分撤军,只在华北与内蒙古暂时保留数量有限的驻军,以保全面子"。因此,格鲁请求尽快批准近卫与罗斯福的会晤。数个月来,格鲁一直在警告华盛顿方面:日军"有能力以迅雷不及掩耳之势采取行动",同时日本也存在一种传统,"举国上下的绝望心理,可能演变为孤注一掷的决心"。

9月3日上午11时,联络会议在与宫殿相邻的宫内省召开①,笼罩会议的正是那种绝望的心理。因为直到此时,罗斯福尚未给出正式答复。与会众人满腹疑虑:主动提出妥协提议,莫非是一着坏棋?美国是不是在耍把戏,拖延时间?

"眼下我国日益疲弱,终将无以为继,"海军军令部总长永野发言称,"倘若此时作战,本人相信存在胜算,而随着时间的流逝,这种机会恐怕也将烟消云散。"敌方的"王"是其强大的工业潜力,而日本没有办法"一着将军,置其于死地",至关重要的一点便是在首战中拿下决定性胜利。"因此,我们唯一的出路只有突然加速前进!"

听到这番发言,陆军颇有些不知所措。陆军参谋总长杉山提出一个新环节——规定截止日期。"外交目标必须尽力在10月10日之前实现,"杉山说道,"如若无法实现,那就只能坚决出击,总不能一直拖拉下去。"

这个建议十分危险,很有可能意味着战争。然而,与会众人之中最倾向于和平的近卫公爵与丰田外相,却并未提出反对意见。或许两人暗自认为,距离期限还有五个星期,足以使谈判顺利结束,而唯一争论的焦点仅仅在措辞方面。七个小时后,众人达成一致意见,政策确定如下:"为保护帝国之安全,维系帝国之生存,决定以10月上旬为暂定期限,在此之前做好战争准备,必要时对美、英、荷发动战争。"与此同时,政府也会真心诚意地进行谈判,以实现最低限度的目标;而在10月10日前,倘若连最低目标都未能实现,那么结局便是战争。

作战计划已经拟定完毕:陆、海军将同时对珍珠港、香港、马来亚及菲律宾发动袭击。② 珍珠港在目标之内,陆军参谋本部也只是在数日之前获悉;陆军省内,知情者只有寥寥数人,而奇怪的是,东条却不在其中。

内阁原本认为,对截止日期的决定略显仓促,最好先多加考虑,再上

---

① 日方推测,大岛大使此前从柏林报告的信息泄露事件,原因在于内阁官员出卖情报。为防止泄密,7月21日以来,联络会议均改在官城内举行。当然,大多数政治决定,还是会通过"魔术"行动被美国官员了解。

② 有关上述袭击计划具体成型之细节,将在本书第七章详述。

达天听。然而，数小时后，随着罗斯福对和解提议的答复的到来，日方微弱的希望化为乌有。答复包含两部分：第一部分针对的是近卫一再提出的会晤请求，罗斯福表示婉拒，除非双方能够先在"必要的基本问题上"达成一致；第二部分是口头声明，同样含糊不清，令日方大感沮丧。许多外交官似乎都喜欢使用这类巧妙的回击：通过婉转的表述避免承诺任何重要事项，同时回避关键性问题。答复表示，美方注意到日本愿意遵守赫尔的四项原则，对此"感到欣慰"，却又似乎是在提出疑问，贵国果真愿意如此？至于日本提出的从印度支那撤出军队一事，美方未加任何评论。

鉴于美方给出的答复似乎是一种蓄意拒绝（纯属误解），且对陆军痛下决断之后作出的让步加以贬低（的确属实），内阁对这份有关截止日期的政策毫无争议地予以批准。9月5日，近卫入宫，准备请求天皇召开御前会议，以赋予政策官方合法性。面圣之前，近卫先在内大臣办公室稍作停留。

"此等提议直接呈交陛下，未免也太唐突了！"木户侯爵惊呼道。在木户看来，其内容是彻头彻尾的战争准备。"陛下也需要考虑的时间。"近卫的辩解听起来软弱无力。

"这个截止日期，难道不能弄得含糊一点？"木户问道，"定在10月中旬，这是铤而走险哪。"

近卫推三阻四，显得极不自在。木户坚持道："您总得想个法子！"近卫支支吾吾道，这是联络会议上定下的事情，如今自己也无能为力。

下午4时30分，侍从通报称，天皇召首相入内。近卫进入时，天皇从文件中抬起头来，说道："朕注意到，文件里先讲战争，后讲外交。御前会议明日举行，朕定要向俩总长细细询问此事。"

"禀陛下，条文的先后顺序，并不一定对应其重要性。"近卫尴尬地答道，并建议立即召见俩总长，详细阐释大本营的立场。6时，近卫与杉山、永野再次入宫面圣。

天皇发问，南进的相关战事能否按计划取胜。俩总长详述了马来亚、菲律宾的作战计划，天皇却依然忧心忡忡。"无法如期完成作战计划的可能性是否存在？计划定的是五个月，难道没有五个月内拿不下来的可能吗？"

"陆、海两军曾对全局进行过反复研讨，"杉山解释道，"因此臣认为，我军能够按计划完成作战行动。"

"依卿之见，我军是否能够轻而易举地完成登陆作战？"

"轻而易举恐怕无法做到，不过陆、海两军历来训练有素，臣对成功登陆抱有信心。"

"之前在九州举行过登陆演习，遭到'击沉'的舰船为数不少。假如实战中发生此类情况，卿打算如何处理？"

杉山惶恐地答道："演习之所以如此，是因为还未将敌机击落便过早地出动护航舰队。实战中，臣相信此类情况不会发生。"

"作战计划能否顺利实行，卿可有把握？"天皇执拗地问道，"卿出任陆相之时，曾预言蒋介石不堪一击，可直到如今这点也未实现。"

"中国内陆太过辽阔。"杉山苦恼不已。

"朕当然清楚，可南洋要比中国辽阔得多，"天皇不再掩饰激动的情绪，"说五个月内结束战争，究竟有何凭据？"

杉山尝试回答称，日本境况每况愈下，须趁帝国尚有恢复元气之能力，采取措施加强国力。

天皇认为杉山没有正面回答自己的问题，便打断道："我军是否有绝对之把握取胜？"

"臣不能说'绝对'二字，但胜算的确存在。即便日本争取到一年半载的和平，假如随后出现全国性危机，那也于事无补。臣认为，我国应该谋求的乃是长达二十年甚至五十年的和平。"

"好，朕算是明白了！"天皇高声喊道，话音很不自然。

杉山看出天皇仍有所顾虑，说道："当然，臣等也认为战争乃是下策，应当尽最大努力推进谈判，只有濒临绝境之时，才选择付诸武力。"

永野在旁顺势帮腔："依臣之见，如今之情况，恰似一名危笃病人正在等待手术。"必须迅速决定手术方案；做手术虽属极端措施，但有可能挽救患者生命；不做手术，就只能坐以待毙。必须当机立断。"大本营希望谈判成功。不过，一旦谈判失败，手术就势在必行。"随后，永野又连忙补充道:当然,"第一要务"还是外交。

"那是不是说,眼下大本营把外交置于优先地位?"见俩总长异口同声地承认,天皇的情绪才缓和下来。

次日,亦即9月6日,上午9时40分,御前会议即将召开之前,天皇召见木户,问道:日本是否能够战胜美国?华盛顿方面谈判进展如何?

木户建议天皇在会议开始时保持沉默,只让枢密院议长原嘉道去提问即可,提问内容经过木户整理,已经传达给原,而一旦讨论结束,天皇便应主动打破先例——不再是单纯"听政",而是作为君主短暂地"执政","指示俩总长与政府合作,促使谈判取得成功"。唯有不拘传统,采取非常手段,才能废除那项"截止日期"政策,避免即将到来的灭顶之灾。

此次御前会议,铃木贞一中将作为资源专家也受邀出席。近卫见铃木与众人缓缓步入会议室,便将他拉到一边,拿出那份新政策文件。铃木匆匆瞥过一眼,便指出该文件不宜禀奏天听。近卫表示同意,但又说,以东条为首的军方首脑坚持要求迅速上奏。假如要推迟御前会议,即便只推迟二十四小时,内阁恐怕也得下台。"究竟是战是和,日后才能决定。文件的意思,不过是要在谈判的同时做好战争准备。所以我还是打算上奏。"

10时整,决定国运的会议正式召开。"承蒙陛下错爱,此次会议将由臣近卫担任主持。"首相致开场辞,接着对紧张的国际局势展开回顾。海军军令部总长永野发言时,与会者腰背挺直,双手置于膝上,凝神静听。永野表示,谈判必须尽一切努力推进,不过,一旦日本的最低要求无法得到满足,便只能通过"进攻性的军事行动"来解决问题,哪怕美国"处于难以撼动的地位,工业强大,资源丰富"。

陆军参谋总长杉山重申对谈判成功的期望。铃木中将则谈到国内资源的严峻状况:即使实施严格的战时管制,液体燃料储备也最多只能坚持十个月。"华盛顿谈判倘若成功,那当然很好;若不成功,日久天长拖延下去,那就难免大祸临头。"眼下摆在日本眼前的选择有三种:立即备战、继续谈判、坐以待毙。"第三种选择肯定不在考虑之内,因此我等只能在前两种选择中择一而行。"

讲求实际的原嘉道起身表示：采用常规外交方式的时机已经过去，近卫希望与罗斯福展开会晤并达成某种协议，其决心值得赞赏。原把那份新政策草案高高举起，问道："草案似乎是在暗示，战争为先，外交在后。我是否可以将之解释为，我国将竭尽全力推进外交，只有在束手无策之际才会开战？"

"原议长此番解释，与本人起草文件的意图完全相符。"海相及川说道。

然而，军方越是解释，原越是疑惑。"草案给我的印象，我们仍是要将大方向转为战争，而非外交。重心究竟是否在外交方面？希望政府与大本营给出明确的看法。"

令人尴尬的沉默笼罩着会场。天皇注视着与会众臣，尖着嗓门问道："为何沉默不语？"这在日本政治传统中，实属闻所未闻之举。

自"二二六"事件以来，天皇始终保持着垂拱而治的君主形象。此时众臣听到天皇发声质问，无不惊得呆若木鸡。良久，一名阁僚站起身来，那是海相及川。"臣等将着手备战，当然也要竭力推进谈判。"

又是一阵沉寂。众人在等待俩总长发言，却发现永野、杉山都毫无起身之意。

"大本营竟无言以对，朕甚感遗憾。"天皇再次开口，并从口袋中拿出一张字条，吟诵起祖父明治天皇所作的一首和歌：

今世四海已为一，何见风波不止息？①

受到天皇一番斥责，众臣如坐针毡，会议室内鸦雀无声。天皇继续说道："朕素爱此歌，定下规矩，往往颂之。皇祖贵和之精神，常萦朕心，亦恒愿绍述之。众卿有何看法？"

最终，永野硬着头皮站起身来，俯首道："臣谨代表大本营，对未能回

---

① 这首和歌的字面意义自然是支持和平、反对战争，但裕仁之祖父明治天皇吟唱此首和歌的背景，却是在1904年日俄战争前夜、两国断绝外交关系的御前会议上。由此，"今世四海"和歌的真实含义成谜，并为日本学界争论不休。——译者注

应陛下质询表示深切歉意。只是……"永野奋力辩白,"臣之所思所想,与原议长方才所言完全一致。文件中也有两处提到此点。只是因为原议长表示理解,方才臣便认为,似无必要再次就意图加以强调。"

杉山起身道:"臣亦是如此,方才正欲起身回应原议长,而及川海相已替臣作出答复。"如此一来,俩总长便不必再作表态。杉山继续说道:"方才陛下对会议之沉默表示遗憾,臣等委实不胜惶遽。恕臣斗胆,窃惟圣意,乃是要求臣等尽一切努力,通过外交手段实现吾国之目标,同时忧虑大本营之政策将首要考量战争而非外交。"杉山向天皇保证,事实绝非如此。

2

一手尝试谈判、一手立即备战的决议事实上意味着,除非谈判能够在 10 月 10 日之前取得成功,否则便要开始敌对行动。尽管决议已加盖玉玺,但天皇龙颜不悦,使得军方内部也有所动摇。近卫意识到,天皇把重心放在外交上,这是他争取和平的最后机会。主要问题倒不在于东条一伙,而在于公众。媒体喉舌制造舆论,蛊惑公众,使他们认为英美正在蓄谋将日本打为三等民族。于是,愤怒的浪潮化作此起彼伏的集会,要求政府采取行动。格鲁大使感觉自己仿佛置身于"西部蛮荒之地",尽管极不情愿,还是选择佩带手枪,以应对不祥的时局。

危险是真实的。在得悉近卫与罗斯福的会晤拟将举行后,两个秘密组织谋划对首相展开暗杀。其中一个组织决定采取黑帮式的莽撞手段,在东京袭击近卫;另一个组织则打算效仿皇姑屯事件,趁近卫出行时动手。当初炸死张大帅的办法是由一个名叫辻政信的中佐设计的,此人是极端沙文主义者,广受少壮派激进军官崇拜。辻认为最高首脑会晤终将带来耻辱性的和平,便决心加以阻挠。

辻挑选的凶手是一个曾两度入狱的民间人士,呼风唤雨的民族主义团体首领——儿玉誉士夫。此人第一次入狱的罪名是给天皇呈上右翼请愿书,呼吁救济失业者——此事的确属实;第二次入狱的罪名是往大藏相宅邸中投掷炸药包——此事倒是冤枉。儿玉与辻志同道合，愿意执行暗杀计划。近卫赴美参加会晤，必须前往横须贺海军基地搭船，而横须贺与东京之间公路情况不佳，唯一的选择便是乘火车前往。儿玉计划在火车经过东京城外的六乡桥时，引爆炸药。

御前会议结束数小时后，近卫给正在做美容的情妇打电话，催促她做好准备，很快会有辆车来接她。几分钟后，情妇乘车来到伊藤文吉伯爵①府上。此人是"维新四杰"之一伊藤博文公爵之子，但他家中没有一名仆从。

接着，另外两辆车子也驶抵伊藤府。一辆里面坐着近卫首相及其私人秘书牛场友彦；另一辆里坐着格鲁大使与参赞尤金·H. 杜曼，车身没有张贴使馆标志。两名外交官此前都未参加过这种性质的会谈。按照惯例，除国务活动场合外，首相与他国外交使节之间不会存在任何社交或官方接触。

近卫称情妇是"这家主人的女儿"，晚餐全由她一人准备，谈话便不必担心隔墙有耳。在接下来的三个小时里，近卫与格鲁"推心置腹"，翻译则由牛场与杜曼负责。近卫向格鲁保证，东条、及川两名将军也都希望和平解决问题。

那么赫尔的四项原则呢？格鲁问道。

近卫表示，四项原则总体上可以接受，"只是在实际操作过程中，总会出现各种各样的问题。为解决这些问题，我必须（与总统）进行会晤"。近卫承认，在对华战争和《三国公约》问题上，自己负有责任，美日两国"不尽如人意的关系"也应当归咎于自己，因此为消弭两国之间的分歧，个人安危不足挂齿。

近卫表示，只要与罗斯福面对面交流，必定能够达成协议，但前提是要在短时间内实现会晤，而用常规外交途径需要花费一年时间。当然，近卫不可能透露 10 月 10 日是截止日期，倒计时已不足五周。"倘若拖到一年之后，"近卫说道，"我不敢说还有什么措施能够解决两国分歧，但就目

---

① 伊藤文吉爵位乃是男爵，并非伯爵。——译者注

前而言,我成竹在胸。我可以保证,只要见到他(罗斯福),一定能够达成某种协议,我的提议之中,有一项他肯定无法拒绝。"在这番神秘兮兮的表态后,近卫转而看向杜曼(他出身传教士家庭,生于大阪,在日本生活了将近23个年头。),说道:"日本国情,您再清楚不过。我这边有几句话,您且听听,想来能够理解我方诚意,也方便您更好地说服格鲁先生,但是千万不要翻译出来。相信您也清楚,我们不能把天皇陛下卷入这类争论之中。不过,一旦与总统先生就和平达成协议,我便会禀报陛下,陛下将会立即下旨,命令陆军停止敌对行动。"

近卫所说的计划极其大胆,是日本历史上从未有过的尝试。杜曼迫切地想要译给格鲁听,最终还是答应保守秘密。

近卫重申,东条和杉山皆同意他向美国提出的建议,前者甚至承诺派出一名大将陪同近卫出席最高首脑会晤。"我与总统先生会谈时,身后会站着四名将军,陆、海军各两人。"近卫承认,军方存在一小部分人反对和平谈判,但在陆、海军俩总长的全力支持下,一切反对意见都不足为虑。事成之后,纵使他遭到暗杀,那也是死得其所。"一己生死,没有那么值得挂念。"

近卫态度真挚,且表现出遵循赫尔的四项原则的强烈意愿,格鲁深受感动,表示将立刻返回使馆,发送一封外交生涯中"最重要的电报"①。

东条对首脑会晤不作反对不假,却也没有全力支持。于是,近卫找到天皇的姑父东久迩宫亲王,希望亲王对陆相施压。次日一早,东久迩宫请东条前来,说道:"顷悉陛下对华盛顿谈判深为关切,对近卫与罗斯福会晤寄予厚望。"东条身为陆相,理应领会圣意,以更为积极主动的态度,去处

---

① 电报中存在一处严重误解,若不是格鲁对近卫的言辞加以修饰,便是杜曼的翻译没能准确传达首相的意思。格鲁在电报中称,日方"毫无疑问、全心全意地同意国务卿阐述的四原则……",而近卫在回忆录中追忆往事,提到那段话的日文原文是"原則のには結構であるが……",意即"原则上可以同意"。近日,在一次采访中,牛场证实近卫的记忆无误,并表示在那次会谈过程中,他曾多次纠正杜曼译文中出现的谬误。罗伯特·布托将近卫那句话译为"作为原则,堪称绝妙"。辞书中,日文"結構"(kekko)确有"绝妙"(splendid)的义项,但在此处语境中,它的意思是"不加强调的同意",亦即"可以同意"。

格鲁对此作出的错误理解,后来被亨培克等人捏作把柄,用以抨击近卫满口谎言。

理此次会晤和日美关系问题。

"未向陛下作出详尽解释，皆属敝人考虑不周，实在汗颜。"东条尴尬地说道，"今后凡陆军禀奏诸事，敝人自当注意解释，不使陛下心存疑惑。就日美谈判及近卫与罗斯福会晤等事，圣心所向，敝人亦是心领神会。"东条表示，出于陆相之职责，自己必将竭力促成会晤，而就个人意见来看，会晤成功率不会超过三成。"话虽如此，敝人认为，只要还有一丝成功希望，谈判就必须进行下去。"东条情绪激动起来，发誓称，假如外交解决方案对日本之未来不利，自己便要"犯颜直谏"；假如天皇对逆耳忠言置若罔闻，自己便只能辞职，"若不如此，真是枉称赤胆忠心"。

东久迩宫听着这番慷慨陈词，未加打断，待东条讲完，回忆道："当初我在法国，贝当和克里孟梭都曾对我说过，'德国是美国在欧洲的眼中钉，美国通过世界大战把它拔掉。待下一次大战来临，美国便要拔除另一颗眼中钉，也就是东方的日本。日本不擅长外交，美国对此了如指掌，一定会一点一点地羞辱你们，直到你们耐不住性子，去挑起战火。一旦兵戎相见，日本必将失败，因为美国实在太过强大。所以，你们要学会逆来顺受，千万不要上当。'眼下时局，正如贝当、克里孟梭所料。我等必须忍辱负重，避免与美国爆发战争。您是军人，自然知道命令必须服从。如今，陛下与总理都希望促成谈判，您既位列阁僚，身居陆相，理当遵循政策方针，否则便应该主动辞职。"

日方起初表示，愿意遵守四项原则，并提出从印度支那撤兵，赫尔只是冷淡地表示接受，于是在次日，日本又追加发出两份提议。这些举动将日方垂死一搏的绝望心理体现得淋漓尽致，美方本应该注意到的。两份提议中，第一份是递交给格鲁的正式提议，承诺一旦实现和平，便绝不对日本以南任何地区采取军事行动，并从中国撤军。作为交换条件，美国将取消资金冻结相关法令，并中止远东及西南太平洋地区的军事行动。

第二份提议却不具备官方性质，野村大使没有通知东京方面，私自将它递交给赫尔。这份厚重的提议书正是岩畔大佐于数个月前在华盛顿时起草的方案。显然，在野村看来，还是旧方案更能引起赫尔的兴趣。赫尔一头雾水。两份提议的观点迥然不同,那么日本究竟持何种立场?

理清状况大约花费了一周时间,赫尔终于对官方提议作出答复,称它"未能体现此前谅解方案之精神,其范围亦有缩减",并把厚达五六页的反对意见交给野村。

消息传到东京,军国主义者认为,这些举动是在故意拖延时间,显示美方不愿早日达成协议,于是更加相信赫尔是在争取时间。他们转而在公私两方面对近卫进行严厉抨击。9月18日,事态愈演愈烈,甚至有人对首相发起人身袭击。那时,近卫身在距东京市中心约45分钟车程的郊区荻洼的一所幽静的别墅中,正当他准备离开时,四个手持匕首和军刀的汉子跳上汽车踏板,好在车门紧紧锁住,歹徒尚未来得及打碎玻璃,便被便衣警卫制伏逮捕。

尽管出现暴力事件,但对近卫而言,更让他忧心的仍然是迫近的截止期限。和平解决问题的时间只有不足三个星期,而罗斯福仍不肯为会晤定下日期。暗杀未遂的事件发生四日后,外相丰田请格鲁来到办公室。格鲁对截止期限一无所知,却也觉察到事态紧迫。丰田说道,赫尔称日本最新那份提议缩减了谈判的范围,这点着实奇怪,事实上该是拓宽才对。他同时表示,日本愿意作出进一步让步,正在筹划一份对华和平条款:蒋介石、汪精卫俩政府合并;不割地;不赔款;经济合作;撤出全部日军,只在某些确有需求的地区保留部队。

鉴于形势危急,格鲁在将新提议发给赫尔的同时,又直接致函总统,提出私人呼吁(格鲁与罗斯福曾一起为哈佛大学的《克里姆森报》工作过,算得上是老朋友):

> 总统先生钧鉴。久未修书问候,只缘装载我国外交邮袋之船舶稀少,书简往往延误,不及反映美日关系之瞬息万变,无法为决策提供帮助。不过,在发往国务院的电报中,我始终尝试对日益变化的时局进行准确描绘,希望能够时常供您参考。
>
> 从那些电报中,想必您已了解到,我与近卫公爵保持着密切联系。日本国内极端主义分子、亲轴心国分子抗议手段激烈,近卫不顾

危险,致力于改善日美关系。诚然,对两国关系发展至如此境地,近卫负有重大责任。而如今,近卫无疑意识到不祥之兆:日本不可能指望《三国公约》,若要避祸,唯有改变政策方向。且不论眼下那种种努力出自何种动机,我相信至少此时,近卫态度真诚,并将竭尽所能与我国达成合宜之谅解,同时又不致在日本引发公开叛乱。许多证据表明,日本过去在履约方面信用不佳,但与近年来的情况相比,我认为现任政府履行许下的承诺的可能性更高。如此机会很难再来。军方极端主义分子对国际事务与经济法则一无所知,而除近卫外,日本再没有任何一名政治家,能够控制住他们,推行这些极端分子所反对和憎恨的开明政策。就目前形势而言,若不能达成协议,其他任何行动都将大大增加战争的可能性——"下地狱易"①——我国最终能够赢下战争,这点自然没有疑问,但让资源贫瘠的日本沦为三流国家,究竟是否符合我国之利益,则需要打上一个问号。因此,我真诚地希望两国能够达成协议。甚至不必去深究,至少在某种程度上不去深究,现任政府是否能够持续守信,是否有能力充分执行各条款……

如同此前给国务卿发去的建议,大使的这封私人信件同样收效甚微。(事实上,格鲁直到五个星期后才收到不冷不热的回复。)9月25日的联络会议上,大本营要求把10月15日定为最后期限,不可再作变更。会议结束后,近卫万念俱灰,拒绝享用大本营准备的午餐,而是把众阁僚请到首相官邸。在哪里,近卫开始对东条施压:大本营把10月15日定作最后期限,究竟是强制的要求,还是询问式的请求?

"这是一项明确不易的意见,称不上强制的要求。"东条回答道,此举不过是把9月6日御前会议的决议付诸实施,"事到如今,决议自不可能轻易更改。"

见对方如此坚决,近卫感到一筹莫展,便对木户侯爵说,既然陆军坚

---

① 下地狱易(Facilis descensus A verno est),拉丁文成语,出自《埃涅阿斯纪》第六卷,女先知告诫埃涅阿斯,下地狱易,回人间难。——译者注

持最后期限，自己也只能辞去首相一职。木户像是教训孩子一般，对近卫严加叱责。根据牛场的记述，在近卫与木户的交往之中，彼此间有着一种独一无二的洒脱。在木户面前，近卫能够抛掉一切伪装，展露出性格中罕见的一面。木户告诫称，行事须"慎重"，毕竟为9月6日决议负责的仍是近卫，"双手一摊，逃之夭夭，这是不负责任。"

近卫默然无语。在沮丧情绪与痔疮恶化的双重折磨下，近卫告诉私人秘书，自己需要冷静下来考虑问题。9月27日，首相离开东京，前往附近的镰仓海岸休养地。

3

在美国国务院的官员看来，9000英里外的那名首相乃是豺狼。赫尔不会忘记，日军侵占中国领土时，《三国公约》签订时，日本的时任首相都是近卫。尽管近卫表态愿意遵守四项原则，赫尔仍然怀疑他的真诚。出于此类原因，美方坚持先拟定细则，否则绝不支持任何首脑会晤。

受到赫尔诸多忧虑的影响，罗斯福对会晤也不再怀有原初的热情。9月28日，总统从海德公园向国务卿发出一份备忘录：

> 国务院在书面意见中指出：日本最初寻求会晤时，态度更为开明；相较之下，此时之立场实属狭隘。我对此完全同意。若对方不能转回最初之态度，可恳切邀请他们就原则问题重新展开协商，并重申本人对举行会晤之期望。

在东京，仍未放弃希望的格鲁大使确信，华盛顿官员没能洞察到近卫所面临的种种问题。次日，格鲁再次向赫尔发去一份报告，既是呼吁，也是警告：

> ……本大使过去亦曾多次阐明：日本之政策始终在温和与极端之间摇摆。在现有情况下，任何一个日本领导人或团体，都没有能力

在避免丧身殒命的前提下,扭改日本之扩张计划;若欲阻止日本长期侵占中国及向南推进,必须设以不可逾越之障碍……

本大使强调,至关重要的一点是:理解日本之思维方式与西方国家存在根本差异。日本对任何特定情况所采取之反应是难以捉摸的,其行动也无法通过任何西方标准加以预估……

目前两国对话尚处在初步阶段,假如美国政府期待日本政府就原则与具体细则两方面作出令美方满意的承诺,那么几乎可以肯定,会晤只会无限期地拖延下去,无法取得任何成效。同时,近卫内阁及其中希望与美国达成和解的支持者亦将认为,协议不存在任何前景,美国政府不过是在拖延时间……最终,近卫政府将名誉扫地,日本将爆发反美情绪,甚至可能导致无所顾忌的极端行为……

最后,格鲁总结称,美国需要对近卫及其支持者改造日本的举措寄予"相当程度的信任",否则"在太平洋地区避免最终决战的希望"终将破灭。

次日,格鲁在日记中写道,自己已"尽最大努力,向我国政府描绘日本局势之图景",不过,另有一件事情颇为恼人:亨培克发来一系列对日采取强硬态度的建议,而这些建议正是格鲁本人早先的观点。

斯坦利·亨培克寻章摘句,还特地给我发来,其用意真是令人费解。能够想到的可能性只有一种:他想提醒众人,格鲁早先建议采取强硬措施,如今却鼓吹所谓"绥靖"政策。别的先不讲,单说"绥靖"一词,由于与慕尼黑和雨伞①产生联系,已不幸成为一个饱受误解与滥用的术语。如今我所主张的不是绥靖,而是"建设性的和解"。"建设性"一词十分重要,它意味着建造。若要建造一幢永久性的建筑物,就算是傻瓜,也不会选择一片不够稳固的地基……结果最终如何,我不清楚,也无人知晓。但总之,失败主义不在我的哲学之内。

---

① "绥靖主义"一词最早流行开来时,主要指英国首相张伯伦对德、意两国的外交政策,该政策在慕尼黑会议上达到巅峰。同时,由于张伯伦出行时酷爱携带雨伞,自20世纪30年代后,雨伞在政治话语体系中也隐喻"绥靖主义"。——译者注

从某种程度上讲,亨培克对格鲁的看法并没有错。或许格鲁太过轻信日本人,或许他不够理智,甚至不够敏锐。然而,格鲁确实具备三样财富:一位感情细腻的夫人,难能可贵地对日本怀有同情心;一位出生在日本的顾问(杜曼),同样难能可贵地对该国的缺陷与优点都了解颇深;最后,还有格鲁本人极强的荣誉心与责任感。而另一边,格鲁那位精明的同行——英国驻日大使克雷吉,也抱有同样的观点与信念。次日凌晨4时20分,克雷吉给外交大臣安东尼·艾登发去一封电报:

> ……认为日本或许动机不纯,这种观点敝人并不质疑。然而,日本现任政府如今走上一条崭新道路,难道仅仅因为上述理由,我们就不去鼓励它继续走下去吗?退一步讲,即便日本相信,同样的野心,其最佳的实现手段是技巧上的改变,并以该想法推行其政策(敝人并不完全赞同这一观点),只要德国战败,日本那批扩张主义者也绝无可能在战后迅速实现目标。此外,使日本保持中立,亦将加速击败德国之进程。有鉴于此,敝人冒昧认为,对"我地平线"(该电报原文经过加密。提供给作者的副本中,部分词汇未经解密。"我地平线"或许是指"我方")之事后分析,或将理所当然地受到战争限度之限制……

自从松冈离任,政局发生根本性变化,日本正准备稳步脱离轴心国。

> 目前,日美两国政府间正在进行的讨论乃是核心问题。主要分歧似乎在于,日本希望从速解决,同时又无法就大原则以外的事项达成协议;美国却像是在拖延时间,要求先对某些定义作出最为精确的界定,而后才能就签订有关协议、改善双边关系达成共识……自我抵日以来,解决远东问题之最佳时机莫过于此刻,而双方若僵持下去,恐将痛失良机。
> 敝人与美国大使一致认为,签署《三国公约》及与轴心国的联系

正迅速将日本拖往深渊,近卫公爵目睹一切(自然,他没有逃避属于自己的那份责任),也怀着"电话"(或许是指"最")真挚的热诚,希望避免危险的发生……倘若会晤宣告流产或拖延过久,纵使有天皇作为后台,近卫及其政府是否"英国领事馆"(或许是指"能够")存活下去,也是未定之数。

克雷吉承认,与日本达成任何协议,都可能使蒋介石疑神疑鬼或心灰意冷;而美国在远东的利益与英国并不完全一致。

……"或是修理"(或许是指"总而言之"),风险必须要去承担。敌人与美国大使坚决认为,权衡利弊,错失良机实属"漫漶难辨的"(或许是指"不可饶恕的")愚行。谨慎自是好事,但过分谨小慎微只会导致裹足不前……

10月2日,赫尔终于就某些问题给出日方引颈而望的明确答复:美方表示"欢迎"首脑会晤,认为近卫接受四项原则"令人欣慰";但提议本身无法接受,尤其是关于中国的条款——美方的要求是,所有日军必须立即撤出中国。由此,在双方"就主要问题达成一致"之前,会晤只得暂时搁置。

"我方丝毫没有拖延之意。"赫尔在把答复递给野村时补充道。赫尔为人正直,想来对此等诈术十分不齿;然而,陆军参谋长乔治·C. 马歇尔和海军作战部长哈罗德·H. 斯塔克两位将军曾再三嘱咐,一定要尽量争取时间,以便巩固太平洋地区的防御。讽刺的是,这类行动加速日本作出发动战争的决定,美军备战时间反倒由此减少。10月5日上午11时,陆军各师团长及各部门负责人聚集在陆相办公室开会,最终决定:"外交谈判解决问题已然无望。须当乞请陛下召开御前会议,作出开战决定。"

近卫从休养地归来,越发消沉,众阁僚亦是如此,只有木户尚未放弃和平的希望。"纵观国内外时局,若日本与美国爆发战争,胜负着实难料,"木户对近卫公爵说道,"因此,必须重新审视局势。政府应当明确,第一要务并不是立即对美宣战,而是先使日中战争的问题得到圆满解决。应当直截了当地告知国民,今后十年乃至十五年将会是卧薪尝胆的日子。"①

近卫认为,这种方案虽不合心意,却现实可行,于是决定付诸实践。10月12日上午,近卫把陆相、海相、外相及内阁计划委员会的铃木将军召集至位于荻洼的别墅。那天是个星期日,风和日丽,恰好也是近卫本人的五十寿辰。

近卫的别墅建于荻洼边缘一片宽敞的土地上,房屋是日式建筑,舒适宜人,毫无浮华之气。赶在会议开始前,内阁书记官长富田健治先来一步,带来海军军务局长冈敬纯写给近卫的一张字条:"海军不希望日美谈判中止,希望实现一切可能以避免战争;不过,以上意见我们不便在会上公开表达。"

不知通过何种途径,东条也获悉了字条内容。抵达荻洼后,东条决心仔细盘问海相及川。海军是在"推卸责任",这属于懦夫行为。众人围绕桌子坐定,准备开始会议,东条语带愠怒,对及川的态度堪称无礼,甚至脱口而出道:"在华盛顿继续谈判纯属徒劳!"眼见东条立场强硬,海军只好行那字条上所讲的不便行之事:直言不讳。"我国处在十字路口上,不是战,便是和,"及川说道,"倘若决定继续进行外交,那就要放弃备战,一心一意展开谈判。谈判几个月,又突然改变方针策略,这绝对行不通……海军愿唯总理马首是瞻。"

近卫表示,无论是战是和,都必须立刻作出抉择。"两种选择都存在风险,问题是何者风险更大?如果说一定要在此时此地作出决定,那我支持谈判。"

---

① "卧薪尝胆"的字面意思是"睡在柴火上,舔舐苦胆"。"这是源自中国的成语,"在一封私人信件中,木户侯爵解释道,"辞书上的解释是,'为复仇而时常忍受苦难'。不过,这里的意思是要求国民适应一种忍耐与朴素的生活方式。该词首先出现在日本公众视野中,是在中日甲午战争结束后,距今也算不得太久。那时,日本迫于三国(德、俄、法)干涉,被迫归还辽东半岛,媒体便提出'卧薪尝胆'的口号,呼吁国民适应忍耐与朴素的生活方式,待有朝一日国力雄厚,东山再起。"

东条看向丰田大将,语带讥讽地问道:"敢问外相先生,对谈判可有信心?就您此前的高论来看,恐怕很难说服陆军参谋本部。若您果有信心,敝人倒愿请教。"

"权衡利弊之下,"近卫代替外相答道,"我的选择还是谈判。"

"那只是您一厢情愿罢了,"东条厉声道,"凭这些没法说服陆军参谋本部。"及川从旁赞成和谈,使得东条越发焦躁。东条要求近卫不要仓促作出决定,并说:"我想听听外相的意见。"

"这取决于条件是否许可,"丰田说道,"在我看来,眼下最为棘手的问题在于'中国派遣军'。倘若陆军对美方要求寸步不让,那么继续谈判的确毫无意义。而假如陆军足够清醒,愿意作出些许妥协,那谈判也并非没有成功的可能。"

"驻军关乎陆军生死存亡!"东条吼道,"在这一点上绝无妥协可能!"他继续说,日本已在原则上同意从中国全面撤军,这本身便是一次巨大让步。美国现在的意思,显然是要日本立即从中国撤出全部军队,这自然无法接受。100万日本人陷在中国战场的泥沼之中,在中国恢复秩序之前,日本无法撤出全部军队。只有在某些地区驻留日军,才能保证整个大陆的治安得以维持,经济得以发展。战争目标尚未达到,先行全面撤军,"与帝国陆军之荣耀极不相称",陆军参谋本部全员"及海外派遣军"也对该观点表示赞同。

"如今应当放弃虚名,追求实利,陆相难道不如此认为?"近卫说道,形式上向美国妥协,又有何不可?具体来说,可以原则上同意全面撤军,同时又与中国当局协商,保留部分军队驻扎在治安不稳的地区。

东条表示,近卫的方案根本不在考虑之内。只要作出保证,就必须恪守承诺。一旦屈服于美国的要求,中国便会表现出蔑视,而被人蔑视乃是最为可怕之事。同时,全面撤军将会导致陆军颜面扫地,届时,胜利果实便会像银行挤兑那样瓦解冰泮,不仅华北,连朝鲜也保不住。

东条力排众议,坚持己见。"陆军无意改变那日(9月6日)御前会议的决议。倘若在大本营定下的截止期限之前,谈判存在成功希望,那便应该继续谈判。只是海相先生方才所言'唯总理马首是瞻'云云,敝人绝不同意。战争的决定应由政府与大本营共同作出。就现阶段而言,敝人认为不存在任何通过外交手段解决问题的可能。"

"但战争能否获胜,我没有把握,"近卫反驳道,"我的意见是,除外交谈判之外,没有任何办法能够克服艰难时局。至于战争,谁有把握取胜,就交给谁负责吧。"近卫把目光落在东条身上,"若您坚持战争,恕我无法对此负责。"

"外交失败就开战,这难道不是既定事项?"东条勃然大怒,"御前会议您又不是没有出席。您说不能对战争负责,实在难以理解。"

"那只是一场'内内'(nai-nai)的决议。"近卫说道,意思是"只在内部作出的"决定,换言之,也是一项秘密决定,如果得到天皇首肯,还可以重新考虑。东条却按字面意思将它理解为"不具备官方效力"的决议,如此便是对天皇的侮辱。见东条情绪激动,近卫只好进一步作出解释:"既然我对谈判更有信心,为什么要对战争负责?我的意思就是这样。只有在谈判不存在任何前景时,才将战争视为最终决定,而如今,成功的机会依然存在。"

"假设真的放弃战争准备,"对"二二六"事件心有余悸的铃木说道,"该怎样控制陆军?"

"那种情况下,"东条说道,"控制陆军并非难事。"

争论持续至下午,最终双方达成妥协:谈判以 10 月 15 日为期限,只要大本营同意,仍存在继续延长的余地。但有一点绝不能作出任何让步,必须在中国驻留军队,抗击共产主义。

且不论妥协与否,会议确实产生了良好的效果。经过一整日唇枪舌剑的辩论后的东条,在返回东京市区的路上,突然意识到 9 月 6 日的决议确实作得过于仓促,因为海军似乎缺乏信心。在如此情况下进行战争,恐将犯下弥天大错。回到陆军省,东条立即传新任军务课长佐藤贤了大佐前来,告知他海军似有动摇一事。

"阁下,"佐藤说道,"我来为您与海相、俩总长安排一次私人会面。在待合(一种有艺伎作陪的餐饮场所)酒席上,什么话不能谈呢?您就这么讲,'战争打起来,海军有没有把握?跟美国打仗,唱主角的还得是海军,假如你们真没把握,那这仗就打不得。当然,我也绝不会把事情推在海军没把握这点上。责任都由我一人来扛,就说是我这个陆相不愿意打。'"

东条脸色涨得通红,唾沫横飞地说道:"海相、俩总长是何等人物。你的意思是,那三位在御前会议上缄口不言的事情,会在酒席上吐露?"东条斥之为阴谋诡计,不屑为之。

荻洼会议没能得出结果,却传出一种流言:内阁可能倒台,政府或将宣战。近卫开始对妥协感到后悔。在中国问题上,若不作出进一步让步,便绝无可能与美国实现和解。近卫思索着在期限到来之前还能做些什么,最终决定与东条私下谈谈。10月14日一早,近卫给东条打去电话,约好在10点钟召开的内阁会议之前见面。

"除在中国保留驻军的立场外,您的其他观点我都赞同。"近卫说,并建议立即从中国撤出全部军队,"做做样子"。

见近卫朝三暮四,东条气得怒目圆睁。"我国让出一步,美国便会咄咄逼人,前进一步。您的解决方案,完全称不上方案。战火即便一时压下,也必将在数年内复燃。总理阁下,对您个人我十分尊敬,但您的观点过于悲观。对我国的弱点,您了如指掌……但美国也并非没有弱点。"

"见仁见智吧。"近卫提醒道,1904年2月4日,明治天皇召见伊藤公爵,咨询日本能否战胜俄国。伊藤答道,日军有能力在朝鲜边境抵挡俄军一年,与此同时可以请美国出面调停。明治天皇闻言,大感宽慰,于是才批准对俄宣战。然而此时纵观国际局势,不存在出面调停的第三方,因此必须谨慎行事——更何况在物质层面,美国握有巨大优势。

东条听到"谨慎"一词,更是气得身体僵直。"也有些时候,我们需要拿出勇气,去做些非同寻常之事。比如两眼一闭,从清水寺①的平台上纵身跃下!"

近卫答道,这作为一夫之勇自无不可,"身居要职之人,不应以此种方式考虑问题。"

东条鄙夷地看着近卫,说道:"种种分歧,皆是出于总理阁下与敝人性

---

① 清水寺是日本一座寺庙,建于京都一条峡谷边缘的小丘上。

格不同。"心中暗自想道,此人实在过于软弱,在动荡时代里无法承担首相大任,甚至反复无常,食言而肥。

进入会议室,东条决定自己也背弃承诺,并采取强硬立场逼迫近卫辞职。会议开始时,东条装作情绪激动的样子,一边轻轻用手指弹着手里的文件,一边说道:"陆军将继续备战。我不认为备战一定会干扰谈判,总之绝不能再拖延下去,一天也不行!"说着,东条转头看向丰田外相,询问他与美国谈判能否成功。

"争论的焦点,"丰田再次强调,"在于撤军。美方对我方答复并不满意。假如要我们在该问题上再次作出答复,就必须显示坦率的态度……对我国的态度,美方的怀疑与日俱增。只有拿出事实,才能使对方满意。我国一手备战,一手和谈,在美方看来乃是难以理解之事。"

"撤军问题,没有半点让步的余地!"东条吼道,假装火冒三丈——也有可能是真的在发火,"撤军意味着日本败在美国手里,这将是帝国外交史上一大污点!外交不是一味让步,有时也可以是进逼。在此时作出让步,结局便是丢掉'满洲',丢掉朝鲜。"东条不过是老调重弹,但这次讲得感情充沛,颇具感染力。而后,东条把矛头对准海军,尤其是及川,因为海军没有就能否击败美国公开表态。近卫及阁僚呆坐无言,瞠目结舌地听着东条这通"炸弹式的演说"。

东条的演说收到预期中的成效。会后不过数小时,铃木以近卫中间人的身份,来到东条办公室,代近卫传话说:既然陆相选择公开表达如此激烈的意见,那近卫他也不能继续留任首相。

东条拒绝收回前言,并表示近卫只有愿意合作,才能继续留任。然而,近卫打算辞职的消息,在陆军内部也引起不小冲击。武藤将军对铃木坦诚道,尽管总理胆小如鼠,但要维持全国上下团结一心,还非得依靠此人不可。"总理辞职,那仗也打不了啦。"武藤在房间内踱步,半开玩笑地说道:"要不在'满洲'搞一次大型演习,让官兵把不满发泄一下,如何?"

当天下午晚些时候,武藤拜访内阁书记官长富田健治,请他来做中间人:"某种程度上,总理无法作出决断的原因,似乎在于海军犹疑不决。"假如海军确实不希望开战,那陆军也不得不从头再作打算。"要压制陆军那几位核心人物,单单说'唯总理马首是瞻'还不足够,需要公开声明'海军不希望开战'才行。您看是否能安排一下,让海军按此意思公开表态?"

海军拒绝发表正式声明。"海军所能做的,"军务局长冈敬纯对富田说,"最多是请总理按自己的判断处理此事。"

那天从早到晚,铃木、富田、冈和武藤都在各部门之间穿梭。像这样的紧要关头,利用中间人进行斡旋属于常见做法,因为电话存在被窃听的风险。此外,有些事情或许当面难以启齿,通过中间人要方便一些;如果事情谈不妥,回绝中间人也不至于伤了和气。

夜里,铃木回到陆军省,把僵局归咎于海军,接着问东条,对新任首相人选有何看法。"除东久迩宫亲王外,不作第二人想。"东条答道,"眼下局面连近卫都控制不住,也只有请皇室成员出马了。"若新政府的目的是和平,那既能实现和平,又不致引发陆军叛乱的人选只有寥寥数位,天皇的姑父正是其中之一。东久迩宫可以召集俩总长,告诉他们自己决定反对开战。在惯例与宪法的约束下,天皇本人不能做的事情,皇室亲王却可以做到,且军方无法违背其意志。如此,便能够在避免内乱的前提下实现和平。送别铃木时,东条认为他自己应该避开近卫,否则可能会控制不住脾气。

铃木离开陆军省,径直赶往近卫的郊区别墅,转达东条相中东久迩宫一事。近卫颔首道:"我对东久迩宫了解颇深,亲王德高望重,素来反战。明日我便入宫面圣,禀报此事。"

次日,亦即10月15日,正是和平谈判的截止日期。铃木的忙碌程度更甚往日。一早,铃木把推荐东久迩宫出任新首相一事告知木户侯爵,木户的反应颇为冷淡:亲王"天资聪颖"不假,但政治经验与训练不足。更重要的是,一旦战争爆发,不应让皇室成员承担任何责任。

中午,铃木见到近卫。近卫表示,天皇对人选的看法与木户不同,支持东久迩宫出任新首相,并请铃木去刺探一下亲王本人作何反应。

"陆军之中,也不是所有人都主张战争。"铃木对东久迩宫说道,"我本人也相信,亲王有能力控制局面。"接着又补充道,东条的个人看法是,只有东久迩宫能够直接接触天皇,摸清圣意究竟如何,那时无论决定是战是和,都不会致使陆军失去控制。

"兹事体大,"东久迩宫说道,"我需要一些时间,仔细考虑。下定决心之前,我想先与陆相和海相谈谈。"

当晚,近卫给木户打电话征询意见,看是否应该亲自出面,与东久迩宫私下接触。木户表示为时尚早,"但只要政府承担责任,我不反对"。尽管木户的支持态度冷淡,近卫还是选择密会东久迩宫,说道:陆军若不从中国撤出全部军队,谈判不具备任何成功可能;要解决该问题,团结陆海两军,非亲王领导的新内阁不能做到。

"事情太过突然,一时之间难以作出决断。"亲王说道,"我本人不支持皇室成员出任总理。不过,倘若由您重新组阁,尝试与陆军达成一致意见,事若不谐,再把我当作最后底牌打出来,那样的话,赴汤蹈火,我在所不辞。"亲王更希望由近卫连任首相,并建议在新内阁中挑选一名更能接受和平的新陆相以取代东条。同时,亲王也承诺运用自己的影响力,来促成该目标的实现。近卫此行原本是劝说亲王出马,离开时却决心由自己连任首相一职。

近卫的头号对手东条很不耐烦,决心立即采取行动,谈判截止期限已到,却不见政府作出任何反应。尽管心中存在诸多疑虑,东条还是决定在天皇面前挑明此事,强行解决。次日下午,东条找上内大臣木户,说道:"是时候根据9月6日的决议采取行动了。"并要求木户安排面圣事宜。

木户称,那次决议太过仓促,考虑不够充分,"必须三思"。这一答复合情合理,东条却故意搪塞,只说"是啊,我知道",接着抛出另一个问题:"由皇室成员出马,组成新内阁,您看如何?"

木户表示,不能让东久迩宫组阁。"皇室成员只能在和平时期进入内阁。"

这不是东条想要的答复,却言之有理,东条顿了顿,打算反驳,却又无话可说,只得再次回到9月6日决议的话题,坚持要求执行。

"假如真去执行那项决议,日本将会怎样?"

"您又怎么看呢?"

"要我来讲,"木户答道,"日本会沦为三流甚至四流国家。"

对话结束后，东条郁郁寡欢，木户却欢欣鼓舞。他觉察到东条内心同样存在疑虑，只要近卫在寻求和平时"态度略为强硬"，并不是无法对付东条。巧合的是，正在此时，近卫打来电话，突兀地表示："我准备辞职。"

这正是木户的担心所在。一切来得那么突然，内大臣肩上的担子更因时局而加重了。这重担正是挑选新首相来统领日本史上最为关键的一届内阁。自1940年西园寺公爵亡故以来，木户作为内大臣，便承担起那最后一位"元老"的主要职责。毕竟，权力真空总得有人填补，且木户为人低调，从不推卸责任，这种和光同尘的性格，使得旁人无法对其地位发起挑战。

新内阁将带领国家，走上战争或和平的岔路口，而木户的职责，正是确保和平。帮助木户确定新首相人选的正是提出辞职的近卫。黄昏时分，近卫来找木户。数个星期以来饱受焦虑折磨，使得近卫尽显疲态。

"9月6日的决议纯属毒瘤，应该将其推倒重来。"木户说道，"人选必须熟悉事态进展，率领众人从头考虑。"新首相不能是局外人，必须能够服众，又在此前数个月参与过相关争论。如此一来，目标人选只剩下两人：及川与东条。考虑到目前的危机正是东条一手造成，而及川又曾对战争结果表示担忧，似乎及川才是合适的人选。然而，陆军中的主干力量——少壮派军官或许不会接受及川，甚至有可能公开反对，进而发动叛乱。

及川为人谦和，颇有学者风度，确实能在国际场合留下不错的印象。"不过，假如真指定及川，"木户对近卫说道，"陆军就没人肯出来担任陆相。"如此一来，东条便是唯一的人选。假如最终决定是实现和平，东条有能力压制住陆军中的激进分子。此人个性鲜明，行事作风直接。此外，从出任陆相以来的表现来看，东条对天皇的一切旨意都会绝对遵从。

近卫当即表示赞同，这个反应很能体现出其性格。这或许是因为，近卫对东条的反感的过激反应。两人关系已僵到需要互相回避，近卫却列举出数条论据来支持东条组阁（或许可以称之为自圆其说）：东条不仅有能力控制陆军，近来态度也"十分谦虚"，甚至表现出乐于接受继续对美谈判。"前几天，东条告诉我，鉴于海军态度尚不明朗，应该把问题彻底搞清楚，纵观全局，重新考虑。由此看来，东条不至于一上任就推动战争。假如再得到陛下劝诫,想来行事会更为谨慎。"

木户保证,天皇必将命令东条重新考虑9月6日的决议。若非实用主义者,绝无可能作出此种安排:组成一个新内阁,首先看重的是它能够控制住局势,然后再通过天皇降旨,强制其考虑和平。

近卫离开宫城时,还一直在琢磨这个计划,而当与女婿一同乘车回府时,便产生深刻的怀疑,甚至说出大逆不道之言论——将时局之危机归咎于天皇。天皇不久前曾评论道:"陆军尽是一群蠢货!"既然天皇如此看待陆军,为何不坦率、坚定地表明观点?通常情况下,天皇确实理应保持沉默,然而此时,是战是和,国运悬于一线,天皇应当毫不犹疑,指明道路才是。

近卫与天皇,虽说在日本受人敬仰赞赏,但他们也都有可能给国家招致灾祸。两人都看重国民福祉。然而,只有在极为罕见的情况下,两人才能跳脱出性格的囚笼,果断行事。这是裕仁与近卫的不幸,也是日本的悲剧。不久前,JOAK电台曾播出一首新歌曲,而那天,即10月16日,其歌词刊登在日本头号英文报纸《日本时报与广告报》①上:

> 警报警报真堪笑,空袭空袭若等闲!
> 准备已万全,邻组肩并肩,保家卫国决心坚。
> 敌机不过虫与豸,我军必胜利,我军勇无前。
> 空袭何所惧?失败为何物?
> 敌机来皇土,统统下地狱。

次日一早,尤金·杜曼正在起床穿衣,便接到近卫的秘书牛场来电,称希望登门拜访。杜曼吃早餐时,牛场上门,情绪显得"激动而紧张",称自己彻夜未眠,替近卫物色新首相人选。近卫给格鲁大使捎来一封信,表示自己的辞职"实属憾事,令大使失望"。信件由牛场起草,但在动笔之

---

① 《日本时报与广告报》,日本第一份英文报,现名《日本时报》。《日本时报与广告报》乃是《日本时报》在1940年与《日本广告报》合并后暂时采用的名称。1943年,又改名为《日本时报》。——译者注

前,近卫已对选择东条的原因作出充分解释:只有东条才能撤销开战决定,"交给海军去做,会引发太多不满"。

……然而,敝人确信,新一届内阁同样将竭尽全力,把持续至今的两国对话继续下去,直至圆满成功。因此,敝人真诚地盼望,阁下与贵国政府不会因内阁更替,或因新内阁之表象不佳,或出于对新内阁之印象,而过度失望或气馁。敝人谨在此保证,敝人将竭力协助新内阁,实现那份当初勉力为之却惜哉未竟的崇高使命……

下午1时过后,七名"重臣",亦即七名前首相,聚集在宫殿西侧的候见室召开会议,协助推选新首相。木户也在场,决定推荐东条;近卫由于是即将卸任的首相,没有出席。

有人提议选择一名皇族亲王,木户反对,因为一旦爆发战争,"皇室或将受到国民狂风暴雨般的谴责"。木户提名东条,称他"对时局之发展了如指掌",有能力"促成陆、海军之间通力合作",且理解重新审视9月6日的决议的必要性。

出身海军的冈田启介大将表示反对。此人担任首相时,正值"二二六"事件,奇迹般地从叛军手中逃过一劫。冈田称,以东条为代表的陆军集团,所作所为无不体现出他们刚愎自用、冥顽不灵。"恕我僭越引用内大臣的话:'过去,陆军惯常从我们身后放冷枪,希望以后不要换成大炮。'"

木户对自己说过的话当然赞同,承认陆军的态度值得关注;不过,除东条外,还有什么人具备足够的地位、威望与能力,去压制少壮派军官与右派?海军里面可有此等人物?

"以我之见,海军绝不应在此时介入。"冈田说道,并推荐其友人宇垣将军。此人乃是自由派人士,曾在20年代支持裁减武装部队。

多名"重臣"对东条上任意见颇大,直到3时30分,以枢密院议长身份出席会议的原嘉道表示,只要东条肯遵循圣意,也就是重新考虑9月6日的决议,那么让他出任首相亦无不可。接着,广田弘毅(他曾在"二二六"事件后以文职身份出任首相,后屈服于陆军压力而辞职)问道:东条是否兼任陆相?

"兼任。"木户答道。

"那就没问题。"那意味着东条有能力控制住陆军之中的激进分子。

诸"重臣"纷纷表示赞同,而原的总结道出了所有人的心声:"内大臣提出的人选,自然算不得十全十美,只是除他之外再无合适的选择,那便不妨一试。"

木户如愿以偿。

东条此时正在收拾行装。原来,东条明白近卫内阁倒台多半缘于自己,担心受到天皇叱责,进而遭到调任。3时30分,侍从长打来电话,传达入宫面圣的指示。东条连忙抓起一些文件塞进公文包,打算用来支持自己的立场。

谁知天皇不但没有斥责他,反而说道:"特此命卿组阁。务必恪守宪法。朕闻当今局势严峻,望卿谨记,动荡时局,更需陆、海军密切合作。朕随后亦将召见海相,下达同样指示。"这番话令东条不知所措。

东条请求稍加考虑,便退下进入休息室。很快,及川也走进休息室,天皇对他的训示自然是要与陆军"密切合作"。木户走上前来,替天皇挑明一些只能暗示、不便明说的事情:"陛下刚刚或对两位提起过陆、海军合作一事。有关国体①之决定,陛下希望两位对国内外局势展开更为全面深刻的研究,不必顾及9月6日的决议。特将此事作为陛下旨意,传达给两位。"

天皇亲自撤销御前会议决议,这在日本历史上绝无仅有。东条奉命"白纸还原",也就是说,要另起炉灶,从头与美国和谈。

东条一时间难以理解,好半天才对木户说,谨受陛下大任。在靖国神

---

① 作者原文使用"kokutai"(国体)一词,后加括号注释"national essence",即"国家之本质"。事实上,二战期间,"国体"一词基本特指"天皇制",此处使用"国体"有误。检《木户幸一日记(下)》,此处木户原文为"国策の大本を決定せられますに就いては……",亦即"有关国策基础之决定……"。——译者注

社里,东条俯首默祷。东条意识到,自己面临的是一种崭新的生活。从此以后,自己必须学会作为一名文职官员,而非军方将领,去考虑问题。这种巨大转变短时间内很难适应,但东条强迫自己去审视眼前的问题:他必须立即组建起一个内阁,全凭能力与经验挑选阁僚,去处理全日本方方面面的诸多事务;这必须是一个全国性内阁,而非军事内阁;而作为阁僚之首,他的第一要务便是绝对遵循天皇的旨意。东条发誓按照新的座右铭生活:"一切判断,皆以陛下为镜鉴。"每一个决定都将交给天皇。天皇的旨意即是镜子,倘若明亮,东条便一往无前;只要存在一丝阴影,东条便三思后行。此外还有什么更好的准则呢?天皇生来就不属于任何阶级,他反映国民利益。

东条从神社回来,发现陆军省内沸反盈天。大厅里,两名情绪激动的将军把东条拦下,分别提出一份阁僚名单。东条嘴里念叨着陆军"过度干涉",转过身去,大踏步走入办公室。东条要求召见文职官员星野直树,此人刚从"满洲"回国不久,乃是东条的亲信。星野最终被找到时是在歌舞伎剧院,他来到陆军省,发现东条席地而坐,各类文件在四周堆成小山。"你来做我的书记官长。"东条说道。

两人商议阁僚人选。"别把陆军选进来。"东条说道,同时又建议让备受陆军爱戴的石黑英彦出任文相。星野认为,石黑或将受到部分人士反对,成为隐患,便提出让现任文相连任,毕竟那人是大学教授。

"有道理。"东条说着,把石黑从名单中划掉,"藏相呢?青木、贺屋,谁合适?"

"这两人都经验老到。"星野说道。由于前者身在南京,而后者恰在东京,东条便在贺屋兴宣的名字下面打上记号。"外相让东乡做,如何?"

星野表示,当初从苏联手中收购"北满"铁路时,自己与东乡曾有合作,对此人了解颇深。"他性格坚韧,我觉得很不错。"东条又打上一个记号。

于是,星野给那些适宜人选打电话,要求他们迅速作出决定。有七人立即接受,包括贺屋与东乡在内的另外四人则心存疑虑,坚持要先与东条面谈。贺屋很快便来到东条办公室,问道:"现如今流言四起,称日美即将开战。听说陆军主张战争,您本人的态度呢?"

"若有可能,我希望通过和平手段解决。我并非好战之徒。"

"您无意发动战争,这当然很好,但大本营并不受政府辖制。"贺屋提出质疑,并提醒东条中国的问题。

"陆军违反内阁意愿发动战争,此等事在我这里绝不容许。"东条说道。

东条坦诚相待,贺屋颇受触动,便在作出决定之前,于深夜给近卫打去电话。近卫劝贺屋接受,努力实现和平。

贺屋登门后不久,东乡茂德①也前来拜访东条。东乡出身武士家族,但与那位声名显赫的海军大将②并无亲缘关系。他身材敦实,虑事周全,说话时总是故意拖着九州口音,东京人听着很是刺耳。在格鲁看来,此人性格冷酷,"极度缄默"。作为一名经验丰富的职业外交官,东乡了解欧洲事务,甚至把一名德国女子娶进家门,在家族内引起轩然大波。不过,与大多数外交官不同的是,东乡习惯直言不讳地表达意思,有些人视之为粗鄙。东乡要求新政府能够保证让他真诚地展开谈判。近卫对美谈判为何没能成功?

东条坦率回应:近卫之所以下台,是因为陆军坚持要在中国保留驻军。有关中国驻军等问题,陆军必须"作出真正意义上的让步",以便"在合理的基础上"达成解决方案。东条补充道,他不反对重新审议任何问题,但东乡必须当场给出答复,以便整理出名单,次日清晨奏呈天皇。

东乡选择接受。

次日,为与首相一职相称,五十七岁的东条晋升为陆军大将。授职仪式结束后,东条乘火车来到全日本最为神圣的神社——伊势神宫,按照惯例祭拜天照大神。

在公开场合,众人对东条当选表示热烈欢迎。《读卖新闻》称:该抉择

---

① 东乡(Togo)发音近似于"Tohngo"。在日语中,"g"除作单词首字母外,其余情况发音都近似"ng"。(此处托兰解释有误。"东乡"二字发音并不近似"Tohngo";日语中也不存在所谓"g"发音近似"ng"的情况,事实上,是"n"的发音有时近似"ng"。——译者注)

② 指在日俄战争中大破沙俄海军的东乡平八郎(1848—1934)。——译者注

将鼓舞日本"共克时艰,并给予反轴心国同盟一次沉重打击"。而私下里,部分人士,比如东久迩宫,却深感忧虑。亲王不清楚木户何以推荐东条,此人如此"好战",天皇又何以亲加认可?

至于美国方面,舆论也存在分歧。《纽约时报》驻东京记者奥托·托利舒斯在与大使馆参赞杜曼讨论过此事后评论道:"近卫内阁倒台,是由于一批极端分子发布好战论调。不过,此时便断定新政府必将同样受到那批极端分子把持,为时尚早。东条本人便是防止出现这种情况的保证……从某些角度讲,这次政府更迭或许有助于促进谈判……现在美国清楚,自己是在与日本陆军直接交流。"

然而,谈判中最具发言权的还是科德尔·赫尔。赫尔将新任首相描述为"日本军官的典型代表,心胸狭窄,顽固不化,思想褊狭",甚至"相当愚蠢"。如果说赫尔对近卫期望不多,那么对东条便是"更少"。

第五章　致命的照会

1

起初,苏联对7月2日御前会议的结果并不清楚,而苏联间谍尾崎秀实却得到一则传闻称,日军决定南进,而非进攻西伯利亚。为确定传闻真伪,上线间谍佐尔格将尾崎派往"满洲"。在那里,尾崎发现,此前关东军曾密令3000名铁路劳工协助进攻红军,现今不知何故,毫无动静。10月4日,佐尔格通过无线电,将该情报连同最新的外交动态一并发往莫斯科:

根据从日本官方各渠道所获取的情报来看,倘若本月15日或16日,美国未就日本的谈判请求作出满意答复,日本内阁将选择总辞职,或进行大规模改组。无论属于何种情况……本月或来月,日美将爆发战争。日本当局唯一的希望是,格鲁大使能够在最后关头拿出新提案,以促使谈判重启。

至于苏联问题,日本高层一致认为,假如德国取胜,远东的相关利益自然将由日本接手,没有必要对苏作战。在日本看来,倘若事实证明德国无力在短时间内击溃苏联,并将苏联政府逐出莫斯科,那么日本便应静观其变,待来春再作打算。无论如何,北上问题的重要性，居于美国问题和南进问题之下。

这份情报异常准确，帮助苏联把大部分红军从"满洲"调往西线。然而，这是佐尔格发送的最后一份情报。一星期后，间谍网成员之一——身患肺病的三十八岁画家宫城与德遭到逮捕。宫城落网实属偶然：在某次大规模的反共行动中，一名被特高（"思想"警察）逮捕的女子招供称，她与宫城在美国相识，两人都是共产党员。宫城之所以参加共产党，是出于对美国"对亚裔种族实行非人道歧视"的愤懑。尽管掌握着"满洲"的石油储备调研报告等绝密材料，宫城一整天都不发一语，却在午休时采用一种日本人不常用的自杀方式，从三楼窗户纵身跃下。一名警探本能地跟着跳窗，两人双双落在树上，宫城摔断一条腿。之后，宫城便把他所知的佐尔格间谍网的情报全部招供出来。

根据宫城供认的情报，尾崎于三日后被捕。佐尔格原本与他们约定当晚碰头，见两人迟迟未到，便隐隐猜到真相。在那个借酒浇愁的晚上，佐尔格终于确信，自己在日本的使命已然终结。不久前，他还曾起草过一份致莫斯科的电报，要求转调至苏联或德国"开展新工作"。

事实是，那天晚上，佐尔格暂时没有被捕之虞。内相很担心抓捕佐尔格会导致事态闹大，暴露出尾崎乃是近卫"密友"的事实（其实两人只是相识，称不上密友，尾崎加入近卫公爵的著名智囊团"朝食会"也只是通过老同学牛场的介绍而已），进而导致近卫政府垮台。而就在次日，近卫辞职，这便不再有任何顾忌，批准逮捕佐尔格。

次日，也就是东条正式就任首相的那天，天色未晓，警察把佐尔格从睡梦中揪起，身穿睡衣，脚蹬拖鞋，被押至鸟居坂警察署。奥特大使向外务省提出抗议，并要求与佐尔格会面。两人会面时，佐尔格神色颇为尴尬。一番闲聊过后，大使问道，是否还有什么难言之隐。佐尔格沉默片刻，说道："大使先生，我们后会无期了。请代我向尊夫人、孩子们问好。"

奥特这才意识到，自己一直以来都在蒙受朋友的欺骗。会面结束后，奥特心情仍然难以平复，对日方负责官员说道："为保护德日两国利益，务请彻查此案,一定要追根究底。"

在 10 月 23 日的联络会议上,海军军令部总长永野郁郁寡欢:"说是在 10 月定下来,到现在还是没有任何进展。"海军每小时耗油量高达 400 吨。"形势紧急,无论是战是和,必须立刻作出决定。"

陆军从旁帮腔。"一拖就是一个月,"杉山说道,"不能再浪费四五天去研究情况。从速解决!"

首相东条的发言听上去酷似近卫的论调:"大本营敦促从速,敝人深表理解。然而,从政府的角度出发,还是应当审慎、负责地研究此事,毕竟海相、藏相、外相也都还是新面孔。首先有一事需要确定,对 9 月 6 日的决议,是要原样接受,还是换个角度去加以看待。大本营对此可有异议?"

杉山、永野表示并无异议。

面对上任以来的首次正式考验,东条正面接受,顺利克服。木户的直觉没有错:事实证明,当军方心怀愤懑时,东条确有能力应对。

此后十日,联络会议讨论的内容不外乎两点:一是与华盛顿的谈判问题;二是假如开战,胜算究竟有几成。与会者一致同意维持《三国公约》的立场,并兑现近卫对赫尔四项原则所作出的承诺。唯一的分歧在于从中国撤军这个问题:曾与近卫针锋相对的东条此时建议,"作为一种外交姿态",可以提出约在二十五年内从中国撤出全部军队。但杉山反而沿袭了东条之前的立场,一再声明,坚决反对任何让步。外相东乡茂德的表态则超出东条预期,称"最好立即撤军",又说只要把美方的提议接近原封不动地答应下来,"一切都会好转"。

东乡此言一出,会议室当场乱作一团,数名与会者甚至认为,东乡处于精神错乱状态。于是,有人提议休会,次日再议。东乡恰好需要时间去"整理思绪",便表示赞同。

东条却坚持继续开会,并声称分秒必争,通宵达旦也必须作出决定。东条给出三种选择,要求与会者考虑:一、付出巨大艰辛,或者用木户的话来讲,"卧薪尝胆"——"睡在柴火上,舔舐苦胆",也要避免战争;二、决定立即开战;三、继续谈判,同时做好在必要时开战的准备。最后,东条补充道,其个人看法是希望通过外交手段实现和平。

杉山与冢田发现东条态度转变巨大,既恼火又困惑,不明白堂堂一位陆军将军,怎么现在说起话来倒像文官,便离开了这场冗长的会议。东条回到办公室,与心腹顾问佐藤贤了商讨三种选择。此时已晋升少将的佐藤说道,立即宣战乃是下下之策;至于木户那条"卧薪尝胆"的路线,既不能使中国问题得到圆满收场,也无法解决日美之间的根本分歧;不过,假如海军正式承认没有信心开战,那也只得选择木户路线,"只要确实存在胜算,那我当然支持诉诸武力;但倘若一丝胜算都没有,还去发动战争,那就纯属胡闹了。"

东条没有多少异议。次日早上那场联络会议意义重大,东条担心杉山要在会上坚持立刻开战,便指示佐藤先去沟通。杉山的答复却略带讽刺:"回去转告陆相,除掉战争,没有第二种答案。"

会议定在上午9时开始,东条请杉山提前来一趟,希望亲自劝服他。7时30分,杉山带着心直口快的冢田,来到首相官邸。

"放弃外交,选择南进并开战的方案,陛下强烈反对。"东条说道,并对杉山是否能够改变圣意表示怀疑,"总长若有把握,大可自行晋谒,敝人全无异议。"

杉山答道,陆军参谋本部认为对美谈判已走入死胡同,只要美国依然固执己见,那就绝无成功之可能,也没有谈判下去的必要。唯一的解决方案只有战争!接着,杉山又痛斥身为军方将领的东条竟站在文职官员一边。东条默然不应。若论身份,东条先是首相,其次才是陆相。

11月1日,联络会议在明治宫殿会议室举行。这是自1937年开设联络会议以来的第66次会议,会上气氛极其紧张。国运悬而未决,首相再次与发言更有分量的军方发生争执。东条表示希望对三条路线展开讨论:先是第一条路线,"卧薪尝胆",大家有何意见?

东条的支持者之一——身为文职官员的藏相贺屋在回答时提出两个问题:"假如我国并不开战,隐忍下去,却在三年后遭到美国舰队主动攻击,要怎么做?届时,海军是否存在获胜希望?"

"不清楚。"永野大将答道。

"那么,美国舰队主动来袭的可能性有多少?"贺屋继续问道。

"五五对开吧。"

贺屋穷追不舍:假设美军确实来袭,帝国海军能否取胜?

永野依旧不肯作出保证:"要么现在避战,三年后再打;要么立刻开打,做好未来三年长期战争的准备。"又补充道,最好在日本占据有利条件时立即开战。

贺屋以子之矛,攻子之盾,指出永野此前曾承认,假如战争持续三年,胜负很难预料。"此外,本人坚信美国主动来袭的可能性微乎其微。因此结论只有一个,立即开战绝非上策。"

另一位文职官员——外相东乡表示完全赞同。

"岂不闻古语有云,'无恃其不来。'①"永野说道,"未来之事,难以逆料。"三年之内,美国会在东南亚部署强大兵力。

"好,那我们什么时候开战才能赢?"

"立刻!"永野被贺屋的话刺激到,斩钉截铁地答道,"大好战机,此后绝无仅有!"

杉山表示,应于12月初开战,但谈判仍要继续,以使日军占据先机。贺屋则视之为卑鄙的手段:"皇国历史赫赫两千六百年,如今正逢巨大变局,国运悬而未决,竟要在外交上使用诈术,真是无耻!"

"万万不可!"东乡同样抗议。

海军军令部次长对两人的怒火视若无睹,说道:"我代表海军发表意见,政府可以谈判至11月20日(东京时间)。"

陆军不如海军那样有耐心,他们的期限是11月13日。

东乡怒道:"作为外相,我只接受有希望成功的谈判。军方提出的那些条件,包括截止日期,纯属对谈判的阻碍。眼下情况明白得很,各位得放弃发动战争的念头。"

---

① 检防卫研修所战史室编《大本营政府联络会议议事录(二)》,永野此处原文为"'来ラサルヲ恃ムカレ'ト言フコトモアル",出自《孙子·九变》:"故用兵之法,无恃其不来,恃吾有以待之。"意即,不要指望敌人不来攻击,要指望自己有所防备。——译者注

东条却表现得镇定自若,对东乡、贺屋的意见表示赞同,一如当初支持陆军那般。渐渐地,陆军把怒火集中到东乡身上,甚至在休息时间尝试对其施压。他被告知,"若外相反对战争,我们只好把他换掉。"在会议桌上用过午餐后,东乡继续斥责陆军:"海军还定在11月20日呢,11月13日实在太荒唐了。"

"13日就是最后期限!"冢田表示,再拖下去将导致各作战部队产生混乱。

海相岛田繁太郎身为海军大将,对陆军那种僵化思维很不理解,问道,谈判为何不能持续到11月29日?

"您这提议纯属添乱。"冢田喊道,"少讲两句,不行吗?"接着转向东乡,问道:"您想要的限期是哪天?"

会议场面一度失控,东条宣布暂时休会。在二十分钟的休息时间里,陆军商定:若有必要,谈判可以持续至11月30日。

休息时间结束,东条首相试图再拖延一点时间,问道:"何不把期限定在12月1日?"从心理上讲,日期定在下个月会让外交官更为从容。"只是让谈判多持续一日,有何不可呢?"

"绝无可能!"冢田说道,"陆军绝不同意超过11月30日。"

"冢田,"岛田问道,"到11月30日,具体是什么时刻?午夜可以吗?"事实上,这也把时间定在了东条想要的那一天——12月1日。

"行吧。"冢田作出让步,"就到30日午夜。"

期限初步拟定,接下来便轮到外相东乡来说服美方达成协议。东乡表示,自己已草拟出两份方案将递交给美国。甲案,某种程度上属于此前日方提议的委婉版本:陆军同意在1966年之前,从中国撤出全部驻军。倘若国务卿赫尔拒绝甲案,那么再把乙案作为最后的手段提出。乙案是一种权宜之计,是在达成最终解决方案之前的一项暂行过渡办法,其目的是打消赫尔对于日本入侵印度支那的怀疑,并向美方保证,日本将放弃任何武力征服东南亚的计划。

在乙案中,日本承诺不再向南采取进攻性行动,且一旦中国恢复和平,或在太平洋地区实现全面和平,日军将全部撤出印度支那。与此同时,日本会立即将其在印度支那南部的军队转移至北部,作为交换条件,美国将对日销售100万吨航空汽油。

杉山表示,乙案不可接受。"在法属印度支那驻军,有助于掌控中国,南方原材料之半数亦可收入囊中。此外,从战略角度讲,也能够保证我国在应对美国及解决中国问题上居于更为有利的地位。即便达成协议,也并不意味着美国一定会向我国提供原材料。陆军反对乙案。"见杉山态度如此强硬,东乡只得摊牌说:谈判时间如此紧张,要让华盛顿方面接受甲案,可能性着实微乎其微。挽救和平唯一行之有效的措施,就是把谈判范围缩小至南方问题上。"希望各位不要强人所难。"

一部分与会者,包括书记官长星野、藏相贺屋,都认为外相言之有理,但陆军却坚持己见。"断不可从印度支那南部撤军!"冢田高声重复着杉山的论点,"而且,一旦撤军,我军所有从南往北的原材料补给路线,都会暴露在美国的枪口之下。美国想什么时候切断它们,就什么时候切断。"乙案不过是将危机推迟半年,而半年之后——由于气候原因——机会便将一去不复返,日本再也无法通过武力解决问题。"因此,乙案不予考虑,只能提出甲案。"

在接下来的数个小时里,陆军一再否决从印度支那撤军的相关建议,甚至坚称:应对赫尔提出要求,解冻日本资产,并停止那些破坏中国问题和平解决的行径①。东乡听着那些荒诞不经的提议,深知这些条件绝不可能支持谈判,无奈之下吼道:"外交搞不下去,那不搞也行——至少别去主动挑起战火!"

"这就是为什么要按甲案行事!"冢田声音也不低。

"对,"永野说道,"就依甲案继续谈判。"

---

① 此时,美国对华援助不仅包括大量物资,甚至还提供人力。前美军陆军航空队上校克莱尔·陈纳德率"飞虎队"公开于缅甸训练,准备对日空战。1941年4月15日,罗斯福总统签署一道未公开的行政命令,授权预备役军官及现役士兵从美国陆军航空队、美国海军和海军陆战队航空部队退役,以便参加陈纳德组织的"美国志愿航空队"。鉴于此时美国并未与日交战,自然不能直接与中国往来,一切安排只能通过非官方机构办理,以便保密。此前成立的"中国中央飞机制造厂"被授权雇佣100名美国飞行员与数百名地勤人员,"于中国驾驶、维修并制造飞机"。在日方看来,此举是一种充满敌意的挑衅行为。

尽管遭到陆、海军联合反对，东乡依然拒绝在印度支那问题上作出让步。巧妇难为无米之炊，没有印度支那作为条件，谈判如何进行？众人吵得不可开交，担任会议秘书的武藤将军提议休息十分钟，以便东条在休息室与三名陆军将领交流。"外相已提出方案，假如因为陆军反对，最终导致谈判告吹，"武藤规劝道，"这责任陆军负得起吗？"东条也提醒道，天皇的旨意是"白纸还原"，圣意不可违。杉山最终妥协，但表示只有在甲案失败之后，才能提出乙案，同时还吐露他的忧虑：日本竟作出如此屈辱的让步，军中那批激进分子得知此事后，恐有哗变之虞。

"交给我处理便是。"东条说道。此时午夜已过，显然，争论也不能无休无止地持续下去。

除在休息室的几名陆军将领外，与会者在香烟与怒火的刺激下，感到头脑发昏，此时都在御花园醒神。永野拍了拍东乡的肩膀，问道："您说，外务省能不能把事情包揽下来，让全部问题都通过外交解决？至于海军方面，大可不必担心，此事的处理方式，完全按您的想法来便是。"

东乡暗吃一惊，没想到数分钟前还站在对立面的永野，此时竟然成为意外的盟友，受此鼓舞，东乡重新进入会议室时，决心更为坚定。谁知争论一开始，永野又跳出来鼓吹战争。这是海军的惯常把戏，私下主和，公开主战。至于主战的原因，自然是维护颜面，以及保住那笔属于自己的军费拨款。"当然，打仗就有战败的可能。"永野说道，"但现在的情况是，不打，就得对美国摇尾乞怜；打，还存在取胜的希望。连打都不打，这与战败有什么区别？"

永野这番发言，冢田听着颇感恼火：听上去永野似乎主战，但话却讲得小心翼翼，左右逢源。为何他不像杉山那样有话直说呢？"其实大家心里都有数，实现和平的方法恐怕并不存在。"冢田语气急迫，"但谁也不肯站出来讲，'没什么好担心，就算日久天长地打下去，一切责任也由我承担。'然而，维持现状，不过是饮鸩止渴。因此结论只有一个，必须开战。本人相信，战争避无可避。如今正是大好时机。即便现在不打，那明年、后年也逃不过一战。帝国精神必将化作光芒，照耀我等前进。"日本南进，或将有助于德、意击败苏联，并迫使中国投降，而占领东南亚也是对美国国防资源的一次重大打击。"我国将筑起一道铜墙铁壁,将亚洲的敌人逐个击破,最终击溃美利坚,粉碎不列颠!"

出乎众人意料的是,杉山总长站出来,反对下属冢田迫切的主战言论。杉山表示,自己"极其勉为其难地"同意东乡的提议,亦即从印度支那南部撤军。与会者惊得瞠目结舌,只有他的同僚除外,他们私下了解到杉山已有让步之心。人人心里都清楚,杉山作出这样大幅度妥协,必将在陆军各级之中引起极大不满。

作为交换条件,陆军希望文官团体立即停止其他抗议行为,正式通过有关截止日期的提案。然而,藏相贺屋拒绝仓促行事:"国运攸关的决定,我不同意在仓促之间作出。"贺屋建议再推迟一天,"仔细考虑一夜"。凌晨2时,精疲力竭的与会者鱼贯而出,离开会议室。

穿过寂静的城市,贺屋在回家途中暗自思索:假如自己坚持反战,会出现什么情况?东条会被迫解散内阁,而新内阁无疑将向军国主义者俯首帖耳。另一方面,华盛顿方面的谈判,达成圆满结果的可能性也不是没有。综合来看,明智的做法或许是支持该提案。此外,一旦战争爆发,贺屋也确信不会有第二个人比自己更有能力抑制通货膨胀。结论的确符合逻辑,但贺屋实在无法接受与美国开战的可能,因此他没能下决心给东条打去电话,表示同意。

东乡独自踏上归途,心中同样纠结不已。诚然,通过他据理力争,政府最终会提出乙案,然而,乙案也未必能使美方满意。假如自己辞职呢?是否能够迫使陆军作出更多让步?短短睡过数小时,东乡便去拜访老友广田弘毅,征询意见。做过首相的广田认为,东乡应当留任,"尽力促使谈判成功"。毕竟,新任外相或许会支持主战派,东乡认为广田言之有理。

告别广田后,东乡接着前去拜访东条,寻求帮助。其原因是在前一日的联络会议上,东条的表现堪称通情达理。东乡提出,假如赫尔对甲案或乙案反应良好,希望东条前去"说服有关人士作出更多让步"。

东条没让东乡失望,表示:只要美方也选择折中,自己非常愿意作出进一步妥协,并将尽快告诉同僚。"我在祈祷神灵保佑,希望日美顺利达成协议。"东条认为,美方接受乙案的可能性有五成。此时,只有藏相贺屋仍不同意。整个上午,东条都在通过电话施压,催促贺屋速作决定。贺屋一方面不胜其扰,另一方面也认同那个符合逻辑的结论,便乘车前往首相官邸,于下午2时许告知东条,自己勉为其难地服从多数意见。

内部意见终于统一,接下来的重担便压在外相肩上:东乡需要在期限之内,去实现那虚无缥缈的和平。东乡认为,谈判若要取得成功,唯一希望是派人前往华盛顿,协助那位三番五次犯下外交错误的野村大使。数月前,野村也曾亲自提出,希望外务省派遣来栖三郎协助自己。来栖此人极富外交手腕,曾代表日本签署《三国公约》,同时又与美国联系密切。来栖的夫人艾丽斯·杰伊便是一名美国女子——虽然她的双亲都是英国人,但她出生在纽约市的华盛顿广场。

来栖有些犹豫,最终还是选择接受任务。此时最大的难题是,如何在绝对保密的前提下,将来栖迅速送往华盛顿。倘若走漏风声,让那些主战派参谋、超国家主义者获知行程,来栖或将遭遇生命危险。泛美航空公司倒是有一架"飞剪"客机,将于四十八小时内从香港起飞,然而,安排来栖乘海军飞机前往香港便需要数日。最后,格鲁大使出面解决此事。身在华盛顿的国务院远东事务处处长马克斯韦尔·汉密尔顿接到格鲁电话,随即说服泛美航空公司将航班推迟两日。

11月4日下午,来栖向东条辞行。东条说道:"美国橡胶与锡的储备日益减少,其国民反对战争。"并补充道,自己认为来栖此行成功概率只有三成。看来短短两天,东条又添了两成疑虑。"请尽最大努力,设法达成协议。"

深夜,来栖蹑手蹑脚地走进卧室,在妻子床边坐下。"是要出远门吗?"妻子问道。"可能要去美国。"来栖答道。妻子给来栖披上毛毯,又端来一杯咖啡。考虑到遭遇暗杀的"种种可能",她建议从东京前往横须贺的那段路途,由两人的儿子陪同。来栖之子二十二岁,以机械师的身份服役于陆军航空队。父子两人若同行,记者便会以为这只是父亲在送儿子出差。来栖表示赞同。临走时,来栖对妻子说道:"只怕今日一去,竟成永别啊。"

次日上午10时30分，在庄严肃穆的气氛之中，13名军政高层官员列队进入会议室，准备开始御前会议。当第十四人，亦即天皇出现时，会议按照惯例开始。东条称，政府与大本营已就9月6日的决议重新加以考虑。会议室内笼罩着焦虑的气氛。"最终得出的结论是，我们必须做好开战准备。军事行动开始的时间初步定为12月1日（这比实际时间11月30日午夜听起来感觉更好）；与此同时，也要尽最大努力尝试通过外交途径解决问题。"

外相东乡回顾外交前景并指出，"外交方面几乎不存在回旋余地"，成功希望"渺茫，我等深感遗憾"。

铃木将军重申日本资源的紧缺情况："简而言之，与中国交战的同时，再与英、美、荷三国打一场旷日持久的战争，绝非易事。"不过，头几个月取胜的可能性并不低，因此铃木认为，战争确属解决之策，总比"坐等敌人鲸吞蚕食"要好。

永野大将要求对作战计划保密，因为日本之国运完全取决于战争初期能否取得决定性胜利。杉山强调时机的重要性："从作战计划的角度讲，敌对行动开始得越迟，随着时间的推移，日美之间的军备差异便越为悬殊。"至于战争初期，杉山对胜利信心百倍。"不过，不可忽视的现实仍然是，我国面临的或将是一场持久战。"但即便是持久战，杉山也相信，日本能够"确立坚不可摧的战略态势"，从而挫败敌人。

雄谈阔论响彻会议室，却无法冲淡笼罩在众人头顶的绝望气氛。杉山本人也没有忘记呼吁"加强"外交。枢密院议长原嘉道就谈判提出问题，东条回答称，美方的答复实属"花言巧语"，"没有作出半点让步，只是单方面向日本提出强硬要求"。东条表示，最为严重的分歧在于中国驻军问题。谈到那场投入与回报不成正比的战争时，东条的情绪十分激动。"代价是什么？四年艰辛，百亿军费，一百万将士，十多万伤亡，无数家庭饱受丧亲之痛。"假如此时撤军，中国必将奋起反抗，"届时，中国将重新接管'满洲'、朝鲜和台湾！"

原询问美方会对甲、乙两案作何反应。东乡表示，甲案不会收到立竿见影的成效，"恐怕连乙案也无法解决问题"，毕竟谈判时间只剩下两个星期。"因此,敌人认为成功概率甚低。作为外相,敝人自当竭尽全力,但谈判成功之可能性,遗憾的是……大约只有一成。"

"不,有四成!"东条说道。看来一夜之间,东条的乐观心态又增加了一成。

原担心战争避无可避,便从种族主义的角度对众人提出警告:美、英、德都是白种人。"因此我担心,假如日美开战,美国可能与德国达成协议,反倒使得日本陷入孤立。我们不得不正视这种可能性,出于对黄种人的仇恨,美国上下很可能把当前对德国的仇恨心理转嫁至日本。同样,英国也会放下对德战争,把矛头掉向我国。"

东条也从另一个角度敲响警钟,指出与美国那样的敌人长期作战存在极大危险。"每当我想到美国在西南太平洋地区的势力日益扩张,想到日华战争陷入僵局,以及其他种种问题,总感觉我国面临的烦恼没有尽头。我们衮衮诸公,自然可以高谈阔论'卧薪尝胆',但国民究竟能忍耐到何年何月呢?"尽管数分钟之前,东条还对和平表示乐观,但现在这番表态,含有肯定战争、赞同开战的意味。"倘若只是坐以待毙,那么不需两三年,日本便将沦落为三流国家。"此外,战争从道义上能够讲得通,因为英、美两国威胁到日本的生存。"此外,只要保证治理公正,占领区民众对我国的敌对情绪也许会有所缓和。美国起初必然会暴跳如雷,随后也会明白(我国为何发动战争)。总之,敌人会小心行事,避免此战成为一场种族战争。各位尚有异议否?若无异议,那么提案便不加修改,原样通过。"无人提出异议。与上一次御前会议不同,天皇全程未发一语。

2

格鲁十分了解日方领导人的挫败感,也清楚这种感觉或将导致何种后果。在11月5日那场具有历史意义的御前会议前数日,格鲁在日记中写道:"显然,日本正在筹备一项战争计划,以备在和平计划失败时执行,而那项战争计划,很有可能带来令人措手不及的危险变故。"怀着这种心情,格鲁再次给赫尔发去一封预言危机的电报,主张和平解决问题:

……倘若上述努力失败，本大使[格鲁]预计，日本或将选择回到过去之立场，甚至存在变本加厉之可能。其结果则是一场不顾一切、破釜沉舟的冒险行动，事实上，他们举国上下会不惜切腹自尽，也誓要保障日本免受外国经济封锁，绝不屈服于他国之压力。那些了解日本民族性格和心理的观察家，感受到日复一日的变化，自然能意识到，这种出人意料的偶然事件之发生，并不仅仅是存在可能性，而且是很有可能……

这并不是鼓吹绥靖政策，也不是在原则上妥协。

　　……本大使之意图，仅在于提醒，日本有能力迅速发动自杀式战争，美国切勿低估此能力，从而卷入对日战争。诚然，一个理智的国家不会有此等举动，但我们不能用美国的逻辑标准去衡量日本……日本接下来很有可能以迅雷不及掩耳之势采取某些危险行动，迫使美日两国陷入无可避免的武装冲突。

格鲁祈祷华盛顿方面理解自己的意图。"英美最大的问题是，"一名日本友人曾对格鲁说起，"总是把日本人看作成年人，把它当作成年人对待；实际上，日本人还是儿童，要像对待孩子那样与之交往。"

然而，与之前一样，格鲁那份电报未在国务院引起重视。斯坦利·亨培克认为大使思维守旧，尽管为人高尚，却容易上当受骗。大使受杜曼的影响太深，而杜曼在东方生活得太久，已无法客观地看待日本；他对日本的同情心使得他发自东京的每一封电报都带有浓重的亲日色彩。

"魔术"行动截获的情报印证了亨培克的判断：一个两面三刀的国家，明面谈判，暗地备战，岂能相信？另外，亨培克认定日本只是虚张声势，不敢真与美国作战，因此劝说赫尔，不必理会格鲁发来的最新警告。

于是情况演变为：和谈顾问坚决主张强硬态度，军方首脑反而敦促行事小心，着实令人啼笑皆非。马歇尔和斯塔克两位将军共同向罗斯福总统发起呼吁称,应当避免一着不慎而导致危机,毕竟,主要战略目标仍是击败德国。"纵使击败日本,只要德国尚存余力,那便称不上胜负已决。"两人警告总统,盟军的"心头大患"依然是德国,与日本爆发战争,将会削弱对德作战的力量。至少三到四个月内,不应对日发出最后通牒,以争取时间在菲律宾与新加坡巩固防守。

罗斯福此前也对史汀生提到过,希望"赢得更多时间"。然而,他还没来得及找到办法,便收到一份截获的情报,情报显示危机无可避免。这是一封东乡外相发给野村大使的长电,其中包括甲、乙两案以及秘密指示。情报经解码、翻译完毕后,很快便被送往国务卿处。指示一开头,便带有一种日方已放弃谈判的感觉:

> 既然日美邦交已来到悬崖边缘,国民对缓和关系的信心亦在持续减弱。

但日文原文中并不存在这种悲观情绪。东乡表述的内容是:

> 日美关系处于破裂边缘,我等正夜以继日,为调整两国邦交而竭尽全力。

第二段的英文译文更具误导性①:

> 帝国内外局势极度紧张,不容再作拖延。然而,为表示日本帝国与美利坚合众国维系和平之诚意,经多方慎重考虑,决定就继续谈判再进行一次赌博,同时也是我国之最后努力……

原文的语气更为负责:

---

① 包括此封密电在内,就诸多外交信息误译一事,不少日本人士认为那是美方有意为之,然而,并无相关证据支持此种观点。之所以造成误译,更大程度上可能是由于译员也是仓促培训而成,对外交日文中的表述风格不够熟悉,或是希望把文本翻译得更为通俗易读。

国内外局势十分严峻,我国无法承受任何拖延。出于与美国保持和平关系之真诚意愿,帝国政府经过周密考虑,决定继续对美谈判。目前之谈判乃是我国之最后努力……

译文版本接着指出,除非上述提议被接受,否则便意味着两国关系破裂:

……事实上,我等是在拿国运赌博,孤注一掷。

而东乡的原文是:

……而帝国之安危取决于此。

接下来,赫尔读到的译文是:

……此举是我国展示友谊之极限所在,是最后一次存在成交可能的交易,希望与美国的所有争端,都能够通过上述提议和平解决。

东乡的原文则是:

……如今,本着完全友好的精神,我等作出最大程度之让步,俾使问题得到和平解决。在谈判进入最后阶段之际,真诚希望美国能够对此重新加以考虑,并以适当的精神处理危机,以维护日美关系。

在呈给赫尔的译本中,东乡关于甲案的具体指示部分同样存在谬误,可参考以下摘录:

赫尔读到的版本：

本案乃修订后之最后通牒。

（注：若美方当局就"[日军在中国驻留]最后期限"提出问题，请含糊回答，称该期限将持续25年。）

……鉴于美方强烈反对我国在范围未明确之地区驻扎军队，我方应试图转移占领区，更替相关官员，以打消其怀疑。……

……迄今为止，我方答复一向含糊不清。希望你用尽可能模棱两可而又婉转动听的言辞，旁敲侧击地传达出这样一种意思：无限期占领并不意味着永久占领。……

（4）作为原则问题，我等急于避免在日美双方所达成的正式建议草案中加入此内容。……

东乡实际的版本：

本案中包含的提议，实质上是我方之最后让步。

（注）一旦美方问及所需期限之长短，应作答复称，目标大约为25年。

鉴于美方对无限期驻军之强烈反对，建议通过明确驻军地区及驻军期限，来打消其怀疑。……

……当前阶段，命你严格围绕"必要期限"这一抽象表述展开谈判，尽力给美方留下如此一种印象：驻军既不会永久持续，也不会存在于任一特定的时段。

关于[**赫尔**]四项原则，应尽最大努力，避免将其纳入日美正式协议的条款之中……

对赫尔而言，单是那最后一段便称得上证据确凿：证明日本的欺骗性意图，也加深了他长久以来的怀疑。而事实上，这是一段荒谬的误译。译者把"四项原则"中的"四"错译作序号(4)，使该段落成为三项指示——"(1)非歧视与贸易""(2)《三国公约》之解释与适用""(3)撤军"之后的总结条目。译文使得该摘录部分看上去像是电文的主要部分之一，加之把"关于四项原则"错译为"(4)作为原则问题"，甚至武断地插入"急于"一词，从而对赫尔产生误导。由此赫尔深信，就提议中的任何一项要点，日方都试图避免达成正式协议。

11月7日晚,野村带着甲案拜访赫尔。赫尔早已对其内容了如指掌——或者说,自认为了如指掌——只是草草扫过一遍,便确信其中没有包含真正的让步。赫尔的态度十分直接,野村见状,便要求与总统直接会面。眼见着宝贵的时间一天天流逝,大使心急如焚。在日本军方首脑的施压下,野村希望问题迅速得到解决;赫尔却拖延进程,因为美军高层要求争取时间。双方各怀鬼胎,背道而驰,导致谈判进展不断恶化。

三日后,野村终于得以面见总统,并指出日本作出"让步幅度甚大",重申需要尽快采取行动。罗斯福必定没有忘记马歇尔和斯塔克关于争取时间的请求,答道:"各国作出决策,必须考虑到百年之后的未来,尤其是在我们所身处的这一时代。"谈判仅仅持续六个月,双方都需要耐心;美国需要的不是一项临时协议。野村给东乡发报称,美方对甲案"并非完全不予接受"。这位一厢情愿的海军大将,似乎不想放弃任何一根救命稻草。

同样不肯放弃希望的还有华理柱主教。11月15日,主教结束另一次远东之行回国,给赫尔发去一份长篇备忘录,再次尝试维护日美两国和平。备忘录在呈给赫尔之前,先经亨培克之手;亨培克出于强烈的个人偏见,在其中添加大量冷嘲热讽的批注。

主教解释称,任何政策一经天皇批准,日本全体臣民便会视之为"国策最终敲定,君无戏言"。亨培克在旁用铅笔评论道:"假如某项政策一经天皇批准,便是'君无戏言',那三国同盟同样适用于此。"而在另外一段寻求两国谅解的长篇文字旁,亨培克批道:"幼稚。"

"有一点或许值得回顾,"华理柱评论道,"中日两国原本打算实际合作,谁知'九一八事变'陡然发生,才将合作进程打断,并迫使两国彻底分道扬镳。"对此,亨培克用铅笔批注:"观此言论,好像'九一八事变'的发起者是中国一方。"而当华理柱指出"今日之远东,绝无真正之和平"时,亨培克写道:"那么谁该为此负责?是日本(以及德国)。"

就在同一日,外交特使来栖三郎自西而东跨越美国本土,风尘仆仆地抵达华盛顿,并在两日后,随野村前往国务卿办公室拜会赫尔。特使身材矮小,戴眼镜,短髭打理得干净整齐,他曾代表日本签下《三国公约》。赫尔只向他瞥去一眼,便断定此人信不过。"此人无论外表还是态度,都无法赢得他人的信任与尊重。"赫尔在回忆录中写道,"从见第一面起我就觉得,此人一定满嘴谎言……在我眼中,此人唯一的可取之处是英语流利,因为他把自己的美籍女秘书娶进了门。"

赫尔认定来栖对日本政府的密谋知情,很可能企图"通过谈判安抚我国,以便日本在合适的时机发动突然袭击"。国务卿陪着野村、来栖二人步行数百码,来到白宫。罗斯福表现出和蔼可亲的姿态,说道:"正如布赖恩①所说,朋友之间永远存在商谈的余地。"

来栖答道,太平洋"恰似一桶火药",两国必须找到避免战争的方法。罗斯福颔首,表示应当达成广泛谅解。

至于《三国公约》,来栖表示,美国"历来强烈主张遵守国际承诺,却要求日本作出背信弃义之举",着实令人难以理解。日方领导人早已向美方保证,该条约并不会必然导致战争;战争需要另外单独的决定。此外,日美之间倘若达成谅解,"自然会使《三国公约》'黯然失色',美方对条约适用问题的忧虑,亦将随之消散"。这实质上是朝着废除公约迈出的第一步,赫尔却对来栖所言全然不予置信,认为那只是对公约作出的"某种似是而非的辩解"。

罗斯福保持友好态度,重申"两国之间不存在利益分歧,因此一切分歧亦无理由恶化",甚至毛遂自荐,希望充当中日和解的"中间人"。

3

就在同一天,东条首相在帝国议会发表讲话,并进行全国广播。讲话内容主要围绕与华盛顿的谈判问题,指出成功与否取决于以下三点:中国问题当由日本解决,美国不得干涉;美国必须避免"对帝国构成直接军事威胁",并取消经济封锁;美国必须努力"防止欧战扩大"至东亚。

通常来讲,讲话内容再精彩也不会引起太大反响,而这次演说却收获

---

① 威廉·布赖恩(1860—1925),美国政治家,曾在伍德罗·威尔逊政府中担任国务卿。——译者注

一片雷鸣般的掌声。在美国驻日大使馆的外交包厢里,海军武官探身向前,与同伴耳语。《朝日新闻》的一名记者注意到美方外交人员的反应,写道:

> ……四名美国使馆人员突然凑作一团,交头接耳,随即又猛烈摇头。无人知道那反应代表什么意思。旁听席上的其他听众都紧紧盯着那四人。

海军武官当时的耳语是:"呵,还好不是宣战。"

随着时间一天天流逝,华盛顿对甲案始终没有确切答复,日方领导层逐渐丧失希望。由于美方在重大问题上的态度似乎日渐僵硬,东乡只得使出最后手段:电令野村展示乙案。11月20日,野村在赫尔面前宣读乙案,赫尔却将其视为日方之最后通牒,他后来在回忆录中将其条件描述为"荒谬绝伦,让一名美国外交官去接受,实属无法想象之事"。然而,当时的赫尔不动声色,"以免授日方以把柄,导致日本退出谈话",只是表示会对方案"秉持谅解的心态加以研讨"。

事实上,乙案列出的五项条件之中,不合理的只有一条——停止对华援助。然而,赫尔因该条目大动肝火,竟将其视作整个方案的核心问题,进而作出既不合适、亦无必要的过激反应,怒道:"在美国民众看来,希特勒与日本是狼狈为奸;双方的目的是平分世界,希特勒一半,日本一半。"并补充道,民众的这种看法又因《三国公约》而进一步加深,接着便开始猛烈抨击公约。

野村无奈,只得求助来栖。一个多星期前,赫尔还曾承认,《三国公约》并不是主要问题。谁知刚过去的短短几天内,他又三度宣称:只要日本不肯放弃公约,和平谈判便无法取得实质性进展。美方为什么再次把公约抬得如此之高呢?如此一来,好像日美关系又重新回到松冈在任的时候,没有任何改善。①

---

① 赫尔旧事重提的原因可能有以下几种:出于义愤;由于美国公众普遍将日本与纳粹德国相提并论,赫尔担心与日本达成协议会遭到美国公众谴责;政府希望公众就与日交战一事有所准备,因而勾勒出一幅希特勒-东条联手侵略世界的恐怖图景。

赫尔的部下对乙案的反应也同样奇怪。最同情日本的约瑟夫·包兰亭担心,接受乙案将意味着"美国纵容日本之侵略,同意日本在未来肆无忌惮地开疆拓土……并出卖中国……",同时也是"对美国国家安全之巨大威胁"。

包兰亭如此大谈侵略,其实并无太大意义。乙案内容充分涵盖东南亚及西南太平洋地区的问题,并提出要在中国实现和平。日本不可能在不违背自己的提议的情况下展开进一步侵略。在当时的情况下,即使美国要求日本就停止军事扩张作出明确承诺,日本也很有可能答应。

因此,问题并不出在乙案内容本身,而是国务院拒绝相信日本会忠实履约。比如其中一项条目——日军从印度支那南部撤至北部,在日本陆军看来,这是经过激烈争论之后,勉强作出的重大让步。包兰亭却对此嗤之以鼻,他认为既然日本可以把驻军从南部撤至北部,自然也可以"在一两天内"调动军队轻松重返南部,此等提议实属"一纸空文"。

而另一方,罗斯福显然对乙案颇感兴趣,甚至用铅笔手书一份《暂行过渡办法》,交给赫尔:

在六个月内

1. 美国恢复经济关系,供应些许石油及稻米,随后再予增加。
2. 日本不再向印度支那、"满洲"边境或任何南方地区(包括荷属东印度、英属马来亚或暹罗)增兵。
3. 日本同意,即使美国介入欧战,亦不履行《三国公约》义务。
4. 美国作为日华议和的中介,但本身并不参加会谈。

有关太平洋地区诸协议,随后再议。

《暂行过渡办法》进一步证明,罗斯福与赫尔不同,他是一位"现实政治"①

---

① 现实政治(Realpolitik),原为德语政治学术语,在英语中得以沿用,主张国家利益至上,一切决策都应从国家利益出发,避免受到道义、情感、意识形态等束缚。——译者注

的践行者。此举是美国僵硬态度的首次真正缓和,也首次为和平解决问题带来现实可行的希望。赫尔信奉原则至上,对此无疑会感到不悦,但他毕竟恪尽职守,尽管他个人对来栖有所保留,对东乡并不信任,依然愿意进行谈判,并着手将《办法》纳入外交进程。

在与赫尔的交流过程中,来栖发现,美方依然把《三国公约》看得很重。次日,来栖前往国务院,提交一份信函草案,宣称:公约并不会带来任何义务,使签署国日本为第三国之侵略行为提供配合或协助。

……我国政府绝不会服从他国之意志,而使日本人民卷入战争。只有在正义无法得到伸张,而国家安全与国民生命又面临威胁时,日本政府才会将战争视为一种无可避免的最终手段。

本人希望,上述声明将有助于消除阁下一再提及的公众的怀疑态度。此外需要补充的一点是:一俟两国达成完全谅解,该信件可按阁下之意愿公之于世。

无论是对《三国公约》的间接否定还是公开上述信件的建议,都未能打消赫尔的怀疑。次日,亦即 11 月 22 日,星期六,赫尔的怀疑得到"证实":美方再次截获东京发给野村的电报,电报指示谈判最终期限将延至 11 月 29 日(华盛顿时间)。

……该截止日期为最终确定日期,绝不容许再次更改。之后,情况将顺其自然。

当晚,野村与来栖拜访赫尔,敦促美方对乙案作出答复。两人面带微笑,彬彬有礼。赫尔只得"强逼自己"挤出和蔼的表情,因为"日本的卑鄙伎俩"早就通过"魔术"行动暴露无遗。"两人坐在那里,点头哈腰,野村有时发出咯咯笑声,来栖则更多地龇牙咧嘴。他们心里一定在反复盘算,倘若要求遭到拒绝,日本政府便会在数日之内发动新的侵略行动,而那迟早将导致美日交战,带来生灵涂炭的结局。"

"时局如此，日本竟不肯为和平做几件小事，实在遗憾。"赫尔说道。

野村同样局促不安，一再敦促尽快答复，并要求就日方提议逐条作答。

"日方没有理由对我方提出任何要求。"赫尔暴躁地答复，"太令我失望了。我也在尽一切努力，你们却只管强行要求答复。"赫尔不明白东京方面稍微等待数日又如何，不过最终还是承诺尽快答复。时间最快也是周一，因为美国先要与在远东地区有相关利益的几个友好政府协商。赫尔心中的答案，正是罗斯福匆匆写下的那份《暂行过渡办法》。

11月24日，星期一，赫尔邀请英、中、澳、荷四国代表来到办公室，展示罗斯福那份最新草案的副本。中国大使胡适博士提出质疑：为何允许日本在印度支那驻留5000军人？赫尔答道，在马歇尔将军看来，就算驻留25000人也不会构成威胁。"我国政府并不承认日本有权在印度支那驻留一兵一卒，"赫尔解释道，"不过，目前达成该项临时协议有其重大意义，主要原因是陆、海军最高层再三向本人强调，时间就是一切。日本可能发动突然袭击，两军必须准备周全，以作出有效应对。"

荷兰公使亚历山大·劳登博士态度鲜明：荷兰对《暂行过渡办法》表示支持。其余三人则表示，需要等待国内指示。赫尔颇感不耐烦，愠道："那片地区的安危，相较于我国，与各位所代表的政府有着更直接的利害关系。然而诸国政府埋首其他事务，似乎对眼下讨论的问题一无所知，其冷淡的态度中不曾体现出合作意愿。事态竟朝此意料之外的方向发展，本人着实心寒。"

次日，胡博士满怀歉意地向赫尔递交一份照会。那是国民政府外交部长的一份电报，内称蒋介石对《暂行过渡办法》"反感颇烈"，认为美国"仍拟对敌姑息，牺牲我国"①。

赫尔怒道，美国否决《暂行过渡办法》自无不可，但如果那样，"一旦日本南进，可不要怪罪美国不向印度支那一带及日本海域派遣舰队"。

胡博士告辞时天色已暗，赫尔仍召集部下展开进一步讨论，他本人强

---

① 这句中两处引号内文字引自台湾省"国史馆"藏蒋中正"总统"文物 002-080103-00007-018，1941年11月24日郭泰祺（时任外交部长）电胡适原文。——译者注

烈主张:尽管明知接受的可能性微乎其微,也先把《暂行过渡办法》发给日方,此举至少能够强调"我方正尽一切努力避免战争,而日方拒绝此案,更能充分暴露其征服东方的狼子野心"。

那天深夜,丘吉尔给罗斯福发来一封电报:

>……当然,事情由您来处理。就我国而言,自然也不希望爆发额外的战争。要担心的事情只有一件:蒋介石有没有茶饭不思?令我等感到不安的是中国。倘若中国覆败,我等之共同危险亦将大幅增加……

显然,蒋介石已与伦敦方面有过沟通,借丘吉尔之口委婉地表示对《暂行过渡办法》的拒绝,这也耗尽了赫尔最后一点耐心。从"魔术"行动截获的情报可以断定,乙案是日本的最终方案,谈判必将于月底结束。东条还有进一步让步的打算,但赫尔并不知情;即便知道,也不会相信。自仲夏以来,赫尔始终"坚信日本决心继续军事扩张之路"。

正是怀有这种心理,加之蒋介石的反对、丘吉尔有所保留的赞同,以及他本人谈判数月以来的疑虑与疲倦,才使得赫尔在此时此刻作出决定:将《暂行过渡办法》束之高阁。取而代之,美方会提出"一项在和平、互利、渐进基础上的合作计划",他的助手立即着手把该提议拟成草案。

那天中午,"战时内阁"成员被召集到白宫开会。史汀生在日记中对会议有所描述:

>……(罗斯福)提出,鉴于日本素以不宣而战而臭名昭著,我们或将于下周一(12月1日)遭到袭击。问题是……应该采取何种措施,诱使敌人打响第一枪,却又不致招来太大危险。此事并不简单。赫尔认为,此事应当建立在宽泛的主张之上,比如海洋自由原则,以及日本与希特勒结盟、并在世界范围内推行侵略政策之事实。其他人则强调另一项事实:日本所可能采取的任何南进行动,都将对我国在菲律宾的利益形成包围,并切断我国从马来西亚获取橡胶的重要供

应线。我则向总统指出,早在今年夏天,总统便曾通知日本:如果日本跨越边境进入泰国,即意味着对我国安全之侵犯。那算是迈向最后通牒的第一步。因此,总统只需(对日本)指出:任何此类远征行动都将违背我国此前发出的警告。①

次日,亦即 11 月 26 日,身在白宫的罗斯福正准备用早餐,却被财政部长小亨利·摩根索打断。总统还没来得及尝上一口烟熏鲱鱼,赫尔又打来电话,报告中国对《暂行过渡办法》的抗议。"我会处理妥当。"罗斯福说罢,扣下电话继续用餐,却发现早餐已然凉透,便把它推到一边。这一小插曲在摩根索后来的记述中有所提及:"总统在用完早餐之前,或许不应该受到任何人打扰,包括我在内。"

此时,赫尔已在电话中告知史汀生,自己"差不多已下定决心,不把……那项提案[《暂行过渡办法》]……提交给日本,而是使它自行作废。只是单纯告诉日方,总统没有提出任何方案"。

史汀生扣下电话,突然想起另一件事:日军一支新派遣军从上海出发,远征印度支那。前一天夜里,史汀生就此事向白宫提交过一份文件,不知罗斯福是否已经过目,便打去电话确认。电话那头的反应,被史汀生在日记中描述为"勃然大怒,甚至可以说暴跳如雷"。罗斯福回答说那份

---

① 后来,这段记录常被查尔斯·比尔德等修正派历史学家引用,以支持他们的论点:罗斯福总统故意诱使日本攻击美国领土。假如只粗看这段存在争议的日记内容与史汀生此后的一些言论,那批反罗斯福的人士的观点似乎没有问题。然而,在对总统及其顾问11月下旬的讨论记录加以研究后,可以明显看出,美方料想到新加坡、泰国或东南亚某处可能遭到日军袭击。但显然,他们没能预计到日军首先将打击美国领土,比如菲律宾群岛或关岛,至于夏威夷首当其冲,更是超出预料。因此,当罗斯福说"我们或将遭到袭击"时,"我们"一词指的是 ABCD 四国。而所谓"并不简单"指的是:当日本在新加坡或泰国打响"第一枪"时,如何使之看起来也是针对美国的"第一枪",这点并不简单,而这也恰恰是因为罗斯福没能想到美国会直接遭袭。实现这种"谋划"存在两种方法:一是对日本发出外交警告;二是向国会提出咨文,只要日本实施南进,即便并未直接威胁美国领土之安全,政府亦将认定这是对美国切身利益,亦即对美利坚合众国本身之攻击。

在直接证据并不存在的情况下,上述假设也只能是一种假设。然而,与那些逢罗斯福必反之人士作出的主观臆断相比,上述假设更加符合逻辑,也更为公正。

文件他并未看到,它"将局势彻底扭改,证明日本全无信用可言,明面上谈判,暗地里又向印度支那派遣军队"。

很快,赫尔亲自前往白宫,并表示,既然中国反对《暂行过渡办法》,那不妨就此将其搁置,新拟一项"实现全面和平的基本方案",提交给日本。

愤怒的罗斯福依然未从日本派遣军队一事中平复过来,便同意了赫尔的处理方式。当天下午,赫尔请野村、来栖来到国务院,于下午5时递交两份文件,内心"几乎不抱希望地期冀着,在这最后时刻,东京的那一颗颗穷兵黩武的头脑还能够接纳一点点常识"。

来栖与野村满怀期待地打开第一份文件,那是一份口头声明,宣称美国"极其真挚地"期望为太平洋的和平作出努力,但同时认为日方提出的乙案"似不可能在遵循法律、秩序与正义之前提下,在太平洋地区实现最终目标,亦即确保和平"。作为乙案的替代品,赫尔提出一个新的解决方案,也就是第二份文件中的内容。该文件注明"绝密,暂定,非决定案",并提出十项条款。来栖通篇读下来,感到大失所望。文件坚决要求日本"从中国和印度支那撤出全部陆、海、空及警察部队";在中国,除蒋介石外,不得支持任何其他政府或政权;此外,也在实质上要求废除《三国公约》。

该案严苛程度远超6月21日那份美方提议,乃是赫尔单独草拟,未与马歇尔、斯塔克协商。而此时,两位将军恰好也正在起草另一份备忘录,准备提交给总统,请求争取更多时间增援菲律宾。尽管来栖已作出书面保证,称《三国公约》并不存在重大意义,但赫尔在此案中依旧重新搬出《三国公约》问题,并提出一项新建议,呼吁"在大英帝国、中国、日本、荷兰、苏联、泰国与美国之间,签订一份多边互不侵犯条约"。来栖明白,新建议只会使盘根错节的局势更加复杂,并导致进一步的拖延。野村惊得瞠目结舌。来栖问道:这是否应当被视作美方对乙案之答复?

赫尔给出肯定回答,并指出,日本接受该案将在经济上获利:资产解冻,在互享最惠国待遇的基础上签订贸易协定,稳定美元与日元之间的汇率,减少贸易壁垒,并给予其他可观的经济优惠政策。

来栖预见到,东京方面会将该案视为侮辱与贿赂,便对这些条件提出异议,说道:在他看来,日本政府绝不可能同意立即、无条件地从中国与印度支那撤出全部军队。假如美国的想法是让日本"向蒋介石脱帽致歉",那不会存在任何达成协议的希望。来栖请求,在把该提案发回东京之前,先与赫尔再作一番更为细致的非正式讨论。

"我方能做到的只有这么多。"赫尔说道,民心所向,群情汹涌,倘若让石油自由流入日本,他自己"或将性命难保"。

来栖半带讥讽地打趣道,有时越是"信念坚定的政治家"越无法得到公众同情。远见卓识属于智者,而智者有时会成为烈士。人生短短数十年,唯有尽职尽责罢了。心灰意冷之余,来栖说道,赫尔这番提议基本意味着谈判走向终结,并问美方是否考虑过暂行过渡方案。

听到"暂行过渡"一词,赫尔感到很不自在,草草回答称:我方已作过探讨。

"是因为其他大国有意见吗?"来栖问道。

这一问十分接近真相,赫尔有点尴尬,答道:"我已尽最大努力探讨过了。"

4

11月27日上午,驻华盛顿使馆的武官向大本营发去电报,这是东京方面收到的第一份有关赫尔答复的消息。电报开篇指出,美方已对乙案作出书面答复,"谈判没有一丝希望"。众参谋挤在电报室里,焦急地等待着接下来的内容解码,那其中包含赫尔答复的主要观点。

此时,军政高层正在宫城召开联络会议。电报送至宫城时,恰好是休息时间,众人正在用午餐。东条把电报内容高声朗读出来,现场鸦雀无声,只有一人开口道:"最后通牒来了!"东乡起初便明白谈判成功希望渺茫,却也没想到竟是此等结果,"颓然"之余,口齿不清地喃喃自语起来,旁人全未听懂。几名陆军将领则是幸灾乐祸,"表情似乎是在说,'我们陆军有先见之明吧?'"东乡原本便感觉赫尔的照会像是一块"大石压在胸口",此时看到陆军反应,情绪更是跌落至谷底。

岛田认为,赫尔的答复"斩钉截铁",甚至未承认日本已作出重大让步这一事实，实属一道"晴天霹雳"。

而在像贺屋这样的主和派人士看来，此类要求同样荒诞不经。赫尔显然清楚，日本对此的唯一选择只有拒绝。妥协近在咫尺，赫尔反而去追求无休无止的讨论，这显然是拖延时间的伎俩，意味着美国准备开战，而敌人正是日本！日本主动提出立即从印度支那南部撤军，赫尔仍不满足，希望从印度支那与中国立即撤出全部军队，这是在痴人说梦。

会议室内众人最为恼火的一点是，赫尔明确要求日本从"中国全境"撤军。得到"满洲"付出的代价巨大，失去"满洲"意味着经济上的灾难。美国如此富裕，有什么权力提出这种要求？一个民族但凡还有一丝尊严，又怎么可能会屈从？

赫尔的答复确实是急躁与愤怒的产物，但日方最为愤慨的那段文字，却并非赫尔本意，这堪称一场悲剧。赫尔所指的"中国"并不包括"满洲"，他也无意要求日本从那里撤军。早在4月份，赫尔便向野村保证，在达成基本协议之前，没有必要就是否承认"满洲"展开讨论。因此，在赫尔心中，这并不是一个待解决的问题。然而，对日方而言，赫尔的照会只能按照字面去理解。毕竟，自从《谅解草案》提出以来，美方在许多问题上的立场都变得强硬起来。

就这一点而言，美方的答复本应更加明确才是；那样，至少日方不会反应如此激烈。当然，把"满洲"问题排除在外也并不意味着日方便会对赫尔的提议全盘接受，但东乡或许能够得到机会，说服军方继续谈判，而那很有可能将迫使军方推迟原本定下的最后期限——11月30日。①

如此一来，两个强国最终走上冲突之路。那么，应当受到指责的，究

---

① 从东条到东乡，联络会议的全部出席者无不认为，赫尔所指的"中国"包括"满洲"。1967年，我在对几位东条旧日同僚的采访中问道：假如赫尔澄清此事，情况将会如何？佐藤贤了此前并不知晓此事，拍了拍额头，答道："可惜当时不知道啊。"接着又激动地补充道："如果你们声明承认'满洲'，那我们就接受提议了。"铃木、贺屋、星野的看法，倒不如佐藤那样直接。如今已成为日本政界中流砥柱的贺屋表示："假如那份照会的内容不包括'满洲'，联络会议应该会就是否发动战争重新加以细致、激烈的讨论，主要问题将围绕是否立即从华北撤军。"铃木认为，至少珍珠港事件能够避免，"政府或许会改组"。

竟是美国还是日本？就责任而言，几乎全该由日本担负：是日本入侵中国，建立伪满洲国对中国人民犯下暴行，而后选择南进，最终走上对美战争的道路。同时，这一侵略过程有其背景：连续经历第一次世界大战、大萧条、人口爆炸式增长后，为继续保持一流强国地位，日本必须对外寻找新原料、开拓新市场，而西方世界视日本为经济对手，试图将其打压淘汰。这些因素导致的必然结果，便是日本走上侵略之路。此外，也包括天皇独特且暧昧不清的地位，以及"下克上"在某些事件中起到的破坏性作用。

美国同样存在偏执的恐惧——"黄祸"。然而，奇怪的是，恐惧"黄祸"的美国并不害怕与日本兵戎相见，反而沉溺在编造各种贬低日本人的笑话之中。一则曾在华盛顿流传的故事称，英国给日本建造的军舰头重脚轻，一旦交火便会立时倾覆。日本的空中力量也未能幸免，美国人嘲讽日军飞行员都是一群笨手笨脚的小四眼儿，并不将他们视作可畏的对手，而是当作取笑的对象。或许，正是这种优越感在潜意识里诱导着部分美国领导人——包括罗斯福在内，采取高压措施，将日本逼至忍耐的极限。

两个国家，一个资源丰富、幅员辽阔，坐拥大洋天险；另一个资源匮乏、人口拥挤，时常要提防着来自苏联的进攻。要前者去理解后者的处境，着实是难上加难。然而，对仇恨与怀疑气氛的助长，美国本身亦有责任：排斥日裔移民，本质上是赤裸裸的肤色偏见、种族歧视，"大和子民"素来心高气傲，自然会感到恼怒。美国还应意识到并承认自己在四项原则方面采取的道义立场实属伪善。① 显然，盟国英国在印度或缅甸并未遵守那些原则；就连美国自己，在处理中美洲问题时，也是秉持"大舰巨炮外交"支撑下的门罗主义。美国标榜正义，是因为那正义能够为我所用；高高在上的道义，所图的也不过只是私利。

最后，美国还犯下一项严重的外交错误：中国命运如何，与美国的切身利益本无密切关系；美方却在谈判最后关头，将中国作为外交政策之基

---

① 在国际关系中，道义是一种价值并不固定的交易物。美国曾为协议之神圣性，为保持远东现状，为维护中国领土完整而绝不采取妥协立场。同样是这个美国，却也在数年之后的雅尔塔会议上，轻易许诺苏联占有远东领土，以诱使其参与太平洋战争。诚然，倘若美国在1941年与日本和解，这便意味着抛弃并出卖国民党中国。

石。1941年夏天之前，美国在远东只有两个有限的目标：一是离间日本与希特勒，二是阻止日本南进。完成这两个目标本非难事，谁知美国却对《三国公约》无谓纠结，并执意要令中国摆脱困境。这谈何容易。为着如此一个虚无缥缈的目标，美国外交官正促使战争早日到来。可笑的是，美国自己的军方反而希望避免战争，而这场战争，美国并没有条件主动发起。

美国的头号大敌是希特勒。美国无法为解救中国而倾尽全力去对抗日本，也从未有过这种打算。然而，美国政府非但没有坦率地把这点告知蒋介石，反倒在蒋的催促下，推行一项导致远东战争的政策——这实质上等于抛弃了中国。更重要的是，美国外交官把日本与纳粹德国等而视之，使得国家陷入两场性质完全不同的战争：一场在欧洲，其对手是法西斯主义；另一场则在东方，关系到渴望摆脱白人奴役的亚洲人。

就谈判双方而言，罗斯福尽管具有诸多缺点，却也不失高瞻远瞩、具有人道精神；而天皇也是重视名誉之人。然而，两人身上都戴有枷锁：束缚前者的是以民主为名的庞大国家机器，束缚后者的则是教育经历、旧风习俗，以及对其统治的种种规制。至于日本军国主义者，则是身陷旧时代的君臣体系，其行为之主要驱动力乃是"忠君爱国"。① 他们追求权力，为的是更有效地"忠君爱国"。近卫公爵的软弱表现，很大程度上是由于日本首相地位本就不够稳固，至第二次近卫内阁倒台时，公爵天性中优柔寡断的因素已朝着刚毅果决转变，一直持续至其退出政治舞台。就连爱慕虚荣、行为乖张的松冈——他是一名有才干的外交家，在把日本捆绑在《三国公约》上时，真心认为自己是在"为世界和平尽力"。他破坏华盛顿的谈判，是为了维持自己的面子，而非对美国的恶意。

赫尔在对日谈判中，采取非黑即白的极端态度，犯下外交官最为致命的错误之一——不给对手挽回颜面的机会，将其逼入死胡同，迫使其选择战争作为唯一出路。然而赫尔，包括史汀生，都不是起决定性作用的

---

① 东京审判后，东条承认，导致日本覆灭的原因是大本营的独立性。"祖宗留存下来的制度也是一种桎梏。罪魁祸首是那些没能挣脱桎梏之人……尤其是我本人。"

角色。

关键在于那个时代。第一次世界大战后,欧洲所面临的社会、经济动荡,以及种种意识形态的兴起,才是日美两国走向战争深渊的真正原因,最终导致11月26日悲剧的发生。美国当然不会单纯为中国而投身战火,促使美国冒险的,乃是对日本与希特勒、墨索里尼联手征服世界的恐惧。最终的悲剧是:日本恰恰是因为害怕受到英美民族之孤立,才选择与希特勒沆瀣一气,达成有名无实的联盟。

一场本无必要的战争即将爆发。导致这一切的是三方面因素:日本方面的机会主义、"下克上"、非理性、颜面、骄傲,以及恐惧;美国方面的种族偏见、信任不足、对东方的无知、僵硬刻板、标榜正义、颜面、民族自豪感,以及恐惧;还有,彼此之间的误解、语言障碍,以及翻译谬误。

亨德尔曾疑问"外邦为什么争闹"①,或许一切争闹,本质上都是出自上述原因。无论如何,美国所犯下的严重错误,将致使其在未来数十年内付出惨痛代价。假如赫尔的选择是发出那份针对乙案的妥协办法,那么日本(根据仍然在世的当时的内阁成员的说法)或许会与美国达成某种协议,至少也会在主和派的压力下再争论数个星期。那样一来,严寒天气将迫使谈判期限延至1942年春,届时苏德战局明朗化,日本自将作出极限让步,以避免与一个败局已定的盟国携手,加入一场绝无胜算的战争。即便未能达成协议,美国也足以争取到宝贵时间,派出更多轰炸机与增援部队巩固菲律宾的防御;珍珠港惨剧也将不复存在。导致12月7日那场灾难的那一系列不可思议的机缘巧合,重新上演的可能性同样微乎其微。

---

① 巴洛克时期著名作曲家亨德尔在其代表作清唱剧《弥赛亚》中的歌词,出自《旧约·诗篇》。作者此处只是故意用其字面意思(国家之间何以频频大动肝火)而已,与《圣经》原意并不完全一致,也并无必要一致。——译者注

第六章 "Z"作战计划

1

1939年夏初,当陆军敦促与德、意紧密合作时,海相米内光政及其次官反对签订任何协议。陆军深信,希特勒征服欧洲全境后,便能够帮助日本解决中国问题。而米内大将及其次官则认为,英、德之战必定旷日持久,美国终将卷入其中,而德国无法避免失败的命运——日本与希特勒签订条约,到头来只能孤身对抗美国。

海军次官讲起话来,比海相更为直白,公开预言称:日美交战,不管怎么打,结局都是失败。此人身高只有5英尺3英寸(与传奇海军大将东乡恰好一样),却生得膀大腰圆,因此给人一种魁梧健壮的印象。他正是山本:其父是一名小学校长,在五十六岁那年老来得子,故为其取名"五十六"。为"回敬佩里准将来访",山本加入海军,后来又就学哈佛,出任大使馆驻外武官,在美国生活多年。由于那段留美经历,山本回国后亦频繁指出,美国之工业潜力值得警惕,而这类言论不为超国家主义者所喜。米内担心山本遭到暗杀,遂于1939年8月派他出海,担任联合舰队司令长官。

在30年代,日本海军构想的对美作战基本方针是:首先让美舰自珍珠港出动,发起最初的攻击;当美舰行进时,日军派出潜艇骚扰,主力舰队则在领海内以静待哗。等到不胜其扰、疲敝难当的美舰来到日本海域时,日舰再选择出击,在硫黄岛、塞班岛以西的某处海域,通过一场大规模海面战斗一举歼敌。

山本接手联合舰队,立刻便把理论战线扩展至马绍尔群岛。第一次世界大战后,马绍尔群岛与加罗林群岛作为托管地一并交予日本,成为日本在太平洋地区最东端的属地。在1940年的春季舰队演习中,舰载机取得辉煌战果。其时,山本正在旗舰"长门"号甲板上踱步,眼见飞机表现优异,便转身对参谋长福留繁少将说道:"空中力量如此训练有素,或许有机会在夏威夷一招制敌。"在突如其来的致命一击下,停泊在珍珠港内的美军舰队将失去作战能力,那样,日军便可趁着美军重整舰队的时间攻占东南亚,将其所有资源攫为己有。①

偷袭计划的灵感主要来自山本心中的英雄——东乡海军大将。1904年,日军不宣而战,东乡指挥鱼雷艇对驻扎在旅顺港的俄国太平洋第二舰队②发动奇袭,而俄军舰队司令斯塔尔克海军上将当时还在参加宴会。经此一役,俄舰队损失战列舰两艘、巡洋舰多艘,自此元气大伤,并在次年的对马海峡海战中几近覆灭。有一个小插曲是:时为海军少尉的山本也曾参与对马海战,并在战斗中失掉左手两根手指。

(突袭制胜的观念深深根植于日本人的性格。日本最受喜爱的文学体裁是"俳句",它将感性意象与直觉联想凝缩在短短17个音节中,通过一定的格式,以精练的妙语体现日本佛教中的彻悟。同样地,柔道、相扑、剑道等运动,也是在漫长的对垒过程中,抓住一瞬之机,克敌制胜。)

---

① 细细推测山本奇袭珍珠港之灵感来源,颇耐人寻味。1921年,伦敦《每日电讯报》的海军记者赫克托·C.拜沃特在美国出版了一部名为《太平洋海上霸权》的作品。四年后,该作品的部分内容被扩写为一部小说,名叫《太平洋大战》。书中描写日军对美军停泊在珍珠港的舰队展开偷袭,同时袭击关岛、菲律宾群岛,甚至还有在吕宋岛的林加延湾和拉蒙湾登陆的情节。日本海军军令部此前便将《太平洋海上霸权》译为日文,分发给海军高级将领,见小说《太平洋大战》出版,也将它列入海军大学校课程。

《太平洋大战》出版时,山本正在华盛顿任海军驻外武官。1925年9月,《纽约时报书评》以《假如太平洋爆发战争》为题,在首版对该书作出介绍。很难想象素来醉心海军事务的山本会没有注意到这部小说。

② 此处以旅顺港为基地的俄国太平洋舰队实为第一支队,而非第二支队;第二支队是参加次年对马海峡海战的那支舰队,由波罗的海舰队改组而成。——译者注

认真考虑空袭珍珠港的不止山本一人。东京方面,海军军令部作战课航空主务部员三代一就中佐也在劝说其上司:欲破强敌美国,必须以最快速度迫使其接受决战。为实现此目标,可以投入有六至八个引擎的大型飞机,对停泊在珍珠港的美军舰队展开轮番轰炸。如此一来,美舰要么逃回本土,要么离港出击,前往马绍尔群岛附近作战——这将正中日军下怀。

上司没有把三代的意见当回事,但军令部的保密工作似乎并不完善。1941年1月27日,美国驻日大使馆一秘爱德华·S.克罗克从他的朋友秘鲁驻日公使里卡多·里韦拉·施赖伯博士处听说:据传言,日本准备倾尽全力"对珍珠港展开一次大规模偷袭"。消息由克罗克报告给格鲁大使,又通过格鲁传回华盛顿,送达海军情报局。情报局在报告中指出,"根据我局所掌握之日本海、陆两军部署和使用情况来看,日军似无可能对珍珠港立即采取行动,在可预见的未来亦不似有此计划"。

其时,山本正在推进此计划。2月1日,山本给第十一航空舰队参谋长大西泷治郎少将写去一封非正式信件,对自己的计划作出简单概述,并要求大西对计划之可行性展开秘密研究。大西找来源田实中佐处理此事。此人与大西既是上下级,也是好朋友,在海军中拥有远远超出中佐级别的影响力——在中国战场上,源田在远距离战斗机群作战方面作出"重大创新",为自己赢得极高声誉。接下任务后,源田对山本的计划进行研究,并在十天后提出结论:攻击珍珠港,难度与风险并存,但"成功之可能性并不算低"。① 大西把源田的报告与自己的推论一并发送给山本,而此时山本大将正在与作战参谋黑岛龟人大佐讨论偷袭计划。黑岛绝顶聪明,行为举止却多怪癖,有时会穿着和服在旗舰上若有所思地踱步,身后

---

① 这一信息主要来源于源田本人的证言,但证言前后存在抵牾之处。1945年11月28日,美国海军后备队上校佩顿·哈里森对源田进行审讯,道格拉斯·和田负责口译工作。上校对源田的审讯此后还有数次。在东京审判中,源田也曾出席为被告方提供证词。然而,他的供述与证言每次都有出入:一次是说,珍珠港袭击计划是2月1日自己与大西将军谈话时所提出;后来又称,计划在山本致大西的信件中已有所概述,而对信件之日期,他又有三种不同的说法——1月27日、2月1日、2月10日。

留下一串烟灰。勤务兵称他为"仙人参谋"。一连数日,黑岛把自己关在参谋舱室里,最后在大蒜味、线香味与香烟烟雾中现身,呈上一份名为"黑岛计划"的详细作战方案。①

计划成功仰赖于两个并不可靠的前提:其一,在偷袭时,太平洋舰队(原名美国舰队,于2月1日更名)恰好停泊在珍珠港内;其二,一支大规模航母部队能够瞒天过海,横跨半个太平洋。只有赌徒才会铤而走险,而山本正是这样一个赌徒,他在桥牌、扑克、将棋(日本象棋)等方面都有极高造诣。一次,一个美国人问山本怎么那么快就学会打桥牌,山本答道:"我能背下5000个汉字,记住52张牌又有何难?"渡边安次中佐或许是山本最为中意的参谋,山本常对他说,赌博对自己的思考起到巨大作用,此事半凭算计,半凭运气。具体到夏威夷袭击计划,尽管风险甚高,回报却也极为丰厚,令人无法拒绝。"假如会失败,"山本的说法有些宿命论的感觉,"还不如从一开始就不打这仗。"

致大西的信发出两天后,山本把计划简要地告诉隶属海军军令部三部②的小川贯尔大佐,并要求小川尽可能多地搜集有关夏威夷的情报。小川已在岛上安排有一队间谍,由手头拮据的德国胆小鬼奥托·库恩、一名和尚、两名第二代日裔美国人组成,但该小队发回的只是些无关紧要的情报。小川决定派出另一名海军情报专家赴岛,此人名叫吉川猛夫,是一名少尉,隶属负责对美情报工作的第五课,他早就被相中,已就执行任务做好相关准备。吉川身材颀长,相貌俊朗,从外表看不出他已二十九岁,尽管手上有一根断指,容易成为辨识特征,但依然被选中执行该任务。

吉川早年在江田岛的海军兵学校就读,在游泳比赛(该校要求,每名学员毕业前必须从宫岛那座著名的神社游回江田岛,那是一段冰冷的水域,长10海里,水母横行)中荣获冠军,在剑道比赛中获第四名。他在班上特立独行,选择在同学埋头备考时钻研禅学,修身养性。即便如此,他

---

① 战后,黑岛在去世前不久对三代说:"袭击珍珠港是我的主意。"

② 昭和时期,军令部下设"第一部"至"第四部"四个部,分别主管作战、军备、情报、通信。"军令部第三部"职能上相当于美国的"海军情报局"。文中提到的小川,1936年曾任第三部第五课课长,该课负责对美情报工作。——译者注

还是顺利毕业,先是在巡洋舰上担任过一个任期的密码军官,随后辗转于水雷学校、炮兵学校与航空学校,却因饮酒过度患上胃病,只得暂时退伍。重新入伍后,吉川以预备役军官身份进入军令部第三部,起初在第八课,后来调至第五课,在堆积如山的情报中披沙拣金,熟记舰船调动情况与各式海军装备。

1940年春,第五课课长竹内大佐征求吉川意见,问他是否愿意赴夏威夷开展间谍活动——该任务中,他不会接受任何间谍培训,甚至连一本手册都没有,实质上全凭个人本事。吉川接受该任务,化名森村正,乔装为平民,留起头发,前往日本大学学习国际法与英语,为进入领事馆任职而做准备。通过外交考试后,吉川把一部分工作时间匀至在外务省研究美国的政治和经济。

待山本要求掌握更为详尽的夏威夷情报时,已是1941年春季,此时吉川准备万全,便于3月20日登上横滨码头的"新田丸"号邮轮,怀着与美国海军一较高下的兴奋心情,一星期后抵达檀香山。驻檀香山领事馆总领事喜多长雄热情地接待他,当晚便把吉川带到一座名为"春潮楼"的料亭,该处坐落于山丘之上,珍珠港情况尽收眼底。料亭女老板名叫藤原奈美子①,与吉川乃是爱媛县同乡。她告诉吉川,春潮楼有五名艺伎,在日本受过训练,此次差事绝不会无聊。

吉川凭借着150美元的月薪以及每半年600美元的经费,按照自己的方式灵活展开行动:他首先在夏威夷各主要岛屿大范围地巡视一圈,然后驱车绕瓦胡岛两周,最后穿上一件印有"aloha"②字样的鲜艳衬衫,挽着一名漂亮艺伎,在瓦胡岛上空进行空中旅行,看上去与普通游客全无二致。在第二次视察各岛后,吉川便清楚地意识到,海军舰艇只存在于珍珠港内,于是决定将精力集中在瓦胡岛。吉川调查的方式是驱车环岛行驶六小时,每星期两次。此外,他也每日观察珍珠港港区,通常是在山头俯望,也有几次闯进去过。一次,吉川带上盒饭,混迹工人队伍中,在珍珠港

---

① 据2014年日本文艺春秋出版社出版的《太平洋战争亲述》(《太平洋戦争の肉声》)一书,此人名叫"藤原多祢代"(藤原タネヨ),而非"藤原奈美子"。——译者注

② aloha,夏威夷语,意为"喂",用作问候语。——译者注

内徘徊一整日都没有受到盘问。为探查储油量,吉川用手敲打油箱,发现满油的油箱常常会漏出油来,这点从围栏外边也很容易看清。另一次,吉川说服一家军官俱乐部的女主人,雇用他为一场宴会打杂,不过他探听到的情报只有美国人如何洗盘子而已。

瓦胡岛上日裔居民众多,却帮不上任何忙。吉川与许多日裔交谈,通常是在领事馆的酒席上,每每探听口风,却发现几乎每名日裔都视自己为忠诚的美国公民。在吉川看来,一方面拜神礼佛,慷慨解囊捐助皇军,另一方面又要做美国公民,实属荒唐。一名日裔老者表示,一旦战争爆发,他一定放火烧掉甘蔗园,接着便滔滔不绝地谈论起他见过的大炮。当他说到钻石头山上的一门大炮"粗得像庙里的大钟"时,吉川便明白此人的话究竟有几分"可信"了。

与美国水手的闲聊同样收获甚少。水手很是健谈,但话里没有多少有用信息。吉川搜集情报的方法堪称朴实无华,他只是坐在春潮楼的榻榻米上,俯瞰着广阔的海港,将舰只停泊情况绘制成图。在此过程中,少不了艺伎相伴,有时是七五三子,有时是鞠千代。① 定期驱车巡游时,吉川通常也会偕女伴出行,比如一名艺伎,或是领事馆内的女佣,因为单独行动会受到卫兵的盘问。

一次,吉川乘出租车来到珍珠港附近的希卡姆机场。该机场隶属陆军航空兵团,是一座大型轰炸机基地。车子驶到大门口,吉川声称自己与一名美军军官有约,哨兵便挥手示意放行。吉川让出租车司机绕着基地打转,自己则把机库与飞机的数目,以及两条主跑道的长度默默记在脑海之中。另有一次,吉川顺利潜入位于瓦胡岛中心的战斗机基地惠勒机场,与观众一并坐在草坪上,观看P-40战斗机驾驶员的特技飞行表演——数架飞机俯冲进入敞开的机库。吉川没有做笔记,而是把飞机、飞行员、机库、兵营与士兵的数量默记下来。他从不使用相机,只依靠自己的"肉眼摄像"。

---

① 两艺伎名不可考。在作者于1962年出版的《不是耻辱》(*But Not in Shame*)一书中,两人分别叫作"七五三香"与"鞠蝶"。相较之下,本书中两人的花名较为符合常识。——译者注

吉川每星期向喜多总领事提交一次报告，喜多派司机将加密的报告送至檀香山市的麦凯电报局。不到一个月，吉川便发现一辆黑色汽车"跟踪"自己，那是一辆FBI的车，装有无线电天线。无视喜多的警告，吉川依然坚持自己的行动方式。很快，两人的关系便僵硬起来，几乎每天都要争吵。

2

到4月份，珍珠港行动有了一个新代号："Z"作战计划。该名称是为纪念东乡海军大将在对马海峡海战中升起的Z旗，以及旗帜所代表的那句著名训示：皇国兴废在此一战，各员务须奋发努力。① 此时，作战计划即将交到执行部队，也就是第一航空舰队的手中。

4月10日，海军少将草鹿龙之介出任第一航空舰队参谋长。此人体魄强健，精力充沛，相貌忠厚老实。与在企业担任高管的父亲不同，草鹿年轻时便志在四海，1913年毕业自海军兵学校后，他将大部分时间投入海军航空队，甚至曾作为观察员搭乘"齐柏林伯爵"号飞艇横渡太平洋。草鹿曾先后任"凤翔"号和"赤城"号两艘航空母舰舰长，来到东京之前，他的职务是在帕劳担任第二十四航空战队司令官。

前往海军军令部报到后，四十八岁的草鹿少将被带到福留繁少将的办公室。福留在海军大学校时曾与草鹿同窗，此时的职务是军令部第一部部长。"你看一下这个。"福留拿出一捆文件，内容以钢笔书写，草鹿一眼便认出那是大西的字迹。"您的意思是，把它当成一份作战计划，"草鹿说道，"但这也只是份计划，没法投入实战。"

"这只是一个提议，现在什么都没决定。为预备战争爆发，军令部需要你制订一份切实可行的计划，一定要行之有效。"

草鹿乘火车来到广岛，在旗舰"赤城"号上向新长官南云忠一中将汇

---

① Z旗是一面单独的旗帜，属26字母信号旗之一，单独升起该旗原本的含意是"需要拖船"。对马海峡海战之前，日本海军信号簿已将"皇国兴废……"一语与Z旗对应起来，东乡以立Z旗为号，对各舰将士作出训示。之所以偏偏选择Z旗作为发布训示的信号，一说认为Z乃26字母之末，意味着再无退路。——译者注

报工作。南云身材瘦小,是一个鱼雷专家,对航空却是门外汉。草鹿从长官处得知,"Z"作战计划将交由自己负责。然而,草鹿本人也并非飞行员,他将自己定位为"航空经纪人",具体方案细节必须请飞行好手来拟定。于是,草鹿召见首席参谋大石保、航空参谋源田实,命令两人起草一份完整可行的计划。源田对袭击珍珠港一事自然了如指掌,此时却只字不提。

草鹿越是琢磨,越怀疑计划的可行性:首战不利意味着满盘皆输,这风险实在太高。随着"Z"作战计划的进展,草鹿的担忧也日益强烈,最终在6月底拜访大西少将时指出计划的缺陷。大西也为草鹿的雄辩所折服,承认其中有过于浓重的赌博色彩。

草鹿建议两人同去面见山本。

"对计划有意见的人是你,"大西说道,"还是你自己去吧。"

回到"赤城"号,在得到长官许可后,草鹿乘小艇来到联合舰队的旗舰"长门"号上,对山本说,计划太过冒险,并把自己的所有论点都一股脑儿搬出。

山本心平气和地听完草鹿的批评,说道:"因为我平时爱玩扑克、打麻将,你便说计划冒险。事实并非如此。"说罢,山本便示意送客。草鹿的焦虑并未平息,垂头丧气地往舷门走去,却感到有人拍了拍自己的肩膀,转头一看,竟是山本。"我理解你为什么反对,但袭击珍珠港是我作为联合舰队司令长官作出的决定。所以,我希望你能放下意见,全力贯彻执行该决定。今后他人若有异议,我来做你的后盾。"

大石负责制订总体计划,源田负责研究空袭技术——1940年,源田看过一部美国新闻片,自此便一直在考虑如何运用航母进行集中打击;草鹿本人则潜心考虑一项要害问题:如何避人耳目地将机动部队①开至距离珍珠港在航空打击范围以内的海域——此事难于登天。日军舰船速度胜过美舰,但提升航速的代价是武装与续航能力的削弱。除新航母"翔鹤"号和"瑞鹤"号外,机动部队其余舰只都没有足够的燃料容量直抵珍珠

---

① 以南云忠一为司令长官的"第一航空舰队"俗称"南云机动部队",亦简称"机动部队"。本书中,作者有时用"Striking Force",有时用日文发音"Kido Butai"加以指称。——译者注

港。航行途中又如何进行燃料补给呢？

此外，奇袭重在一个"奇"字，哪条航线能够确保奇袭成功？于是，草鹿找来航海专家——参谋雀部利三郎少佐，命他对过去十年间横渡太平洋舰只的国籍与型号加以研究。雀部给出的报告指出，11月、12月两个月份，由于风大浪高，没有舰只选择走北纬40度以北的航线。阅读雀部报告时，草鹿脑海中首先想到的是12世纪时，源义经通过奇袭攻克一座敌人自以为固若金汤的城池。在那场战役中，源选取的是一条完全出人意料的奇袭路线。① 草鹿认为，选择北方航线奇袭珍珠港，能够起到相同的效果；美国舰队猜测日军将从马绍尔群岛的基地发起进攻，因此他们历来都在夏威夷西南海面进行演习。只有一点至关重要的不利因素：如何在波涛汹涌的海面上给舰船补油？草鹿并未困扰太久，很快便决定，通过巩固纪律、加强训练来解决该问题。

前往飞机起飞点的路线，此时必须定下。草鹿从夏威夷传来的情报中获悉，美海军飞艇的巡逻范围是珍珠港外500海里，其他"卡特琳娜"水上飞机则在阿留申群岛的荷兰港以南500海里的海域上空巡逻。因此，草鹿得出结论：只有朝着接近正东的航向行驶，穿过两片巡逻区域之间的盲区，才能使机动部队神不知鬼不觉地抵达珍珠港以北800海里处。袭击行动前一日，舰队将在此处进行最后一次补油，随后趁夜南下，直冲目标而去。天一亮，飞机便起飞。

通常情况下，飞行训练与作战行动由各航母舰长或航空战队司令官负责。然而，此次奇袭却需要一名空中指挥官统一协调行动。舰队高层挑出的人选是"赤城"号飞行长渊田美津雄中佐。渊田时年三十九岁，有着3000小时的飞行经验，同时，他的领导能力要比飞行技术更为可贵。当然，并不是每一名航母舰长都能接受渊田来指挥自己舰上的飞机，这类情况需要草鹿亲自出面解决。

根据源田的计划，主要袭击目标乃是战列舰队列，即沿着福特岛岸

---

① 此战发生于1184年2月7日。一年之后，源氏又在一场海战中击败平氏，奠定其在日本的统治地位。（此战即一之谷之战。尽管学界对奇袭细节存在歧说，但奇袭所攻克的乃是平氏诸将设在一之谷的"本阵"，即营寨，而非"固若金汤的城池"。——译者注）

边、停泊在珍珠港中间的两列战列舰。首先由鱼雷机对外列各舰展开俯冲轰炸，内列则交由高空（水平）轰炸机与俯冲轰炸机处理。

草鹿认为，要实现对内列各舰的打击，必须配备高精度投弹瞄准器，且炸弹要能够穿透舰身厚重的装甲而不立即引爆。日方知道美军有"诺顿"瞄准器，但始终未能搞到图纸。最终的解决方案是：前一个问题，通过德国仿"诺顿"制造的97型瞄准器解决，虽然该型号瞄准器的效果不够稳定，但投弹手可以通过勤加练习弥补；后一个问题，源田、渊田与技术人员找到一个简单直接的解决办法，把战列舰炮弹改造为炸弹，对外层进行加固，避免其在撞击目标后立即爆炸。

在欧战爆发前，陆军参谋本部从未考虑过如此大规模的战争行动，他们此前的战事始终局限在亚洲大陆。不过，当英国成为敌对国后，陆军也考虑到与美国发生冲突的可能性，并为此做准备，派遣井本熊男少佐调查攻占东南亚的战略可行性。井本为人精明强干，乃是陆军的人才，接到任务后，便取道香港，途径河内、西贡，抵达新加坡。回国后，井本便起草了一份侵略香港、新加坡两地的作战计划。

次年，陆军派出更多军官前往更为遥远的爪哇岛、苏门答腊岛及菲律宾群岛，调查攻占这些地区的可行性。然而，最终得出的计划却含糊不清，甚至没能建立起有效的间谍网络。好在一小部分日本侨民和退役军官志愿提供帮助，当地土著也起到一定作用。菲律宾群岛上，许多民众仍对埃米利奥·阿奎纳多在世纪之交那场壮志未酬的反美斗争怀有苦涩的回忆；而在英属、荷属地区，也有民众支持推翻白人统治。

1940年12月，大约在山本认真考虑珍珠港计划的同一时间，日本的"中国派遣军"的三个师团接到命令，展开热带地区作战训练。此外，陆军还建立起一个特殊部门"台湾军研究部"，令其在半年内搜集有关在东南亚地区热带作战的所有资料。该部门规模不大，由林义秀大佐负责，而其真正的骨干则是那个身负诸多争议的辻政信中佐。此人无时无刻不在展现着怪癖。一次，几名同僚在艺伎馆寻欢作乐，辻竟义愤填膺，一把火将馆子烧毁。从外表讲，此人圆脸、秃顶，贼眉鼠眼，属于典型的参谋军官相貌，但他身上散发出的那种特立独行的气质，使他受到青年参谋军官的狂热崇拜,甚至被尊为日本的"作战计划之神"和"东洋之光"。不过,一部分长官对辻持审慎保留的态度。陆军中人望首屈一指的今村均中将承认辻天赋异禀,却也看出他丧心病狂。另外也有许多同僚,比如今井武夫大佐,认为辻是一个聪明却狂热的"理想主义者",思考问题只从自己出发,认为正确的只有自己——就像石原莞尔一样。事实上,辻的确信奉石原的主张,同样决心把"满洲"打造为"五族协和"的"王道乐土";不同的是辻更为激进,他梦想整个亚洲"协同共荣",将亚洲还给亚洲人。

儿玉誉士夫(就是接受辻之委托,计划用炸药暗杀近卫公爵的那个人)与辻的初次见面是在南京的派遣军司令部。那时儿玉替石原给辻送信,向今井大佐打听辻之所在,今井说道:"哦,你找那个疯子啊。他住在马厩后边一间小脏屋里面。"儿玉见到辻,问他为什么独自一人住在如此破旧的地方。

"司令部都烂透啦,没有一个人不烂。"辻的语气充满憎恶,"他们满脑子就只有勋章。晚上不是去宴会花天酒地,就是跟艺伎寻欢作乐。自从'中国事变'①以来,整支军队都烂到根儿了。我对那些腐烂情况了如指掌,不但了解,我还大胆讲出来,所以啊,招他们怨恨啦。"事实上,辻所做的不仅仅是"讲出来"那么简单。他曾以"腐败"为由向宪兵队告发一名军官,后来,这名军官便自杀了。

1941年1月1日,个性强烈的辻中佐接到调令,前往台湾。据谣传,此次调任属于东条下达的流放令,因为东条与石原是死对头。在台湾的工作看似毫无意义,辻却并不难过,反而全心全意投入到自己的新课题上面:研究马来亚战役。不到两个月,辻通过各种渠道获悉:如从海上进攻,新加坡岛是一座坚不可摧的堡垒,但它与马来半岛最南端以一条1100码长的堤道相连,若从陆上通过堤道进攻其背部,要塞的防御设施便形同虚设。

辻最为得力的助手同样是个性情乖张之徒。此人名叫朝枝繁春,军衔大尉,二十九岁,身长六英尺,勇武敏捷。朝枝幼年时希望成为一名工程师,却由于家境贫寒,随波逐流地进入免收学费的陆军士官学校就读,

---

① "中国事变",即"七七事变"。——编者注

毕业后便被派往中国战场，并因作战勇猛而被辻相中。两人都有冒险精神，一见如故。后来，朝枝奉命回到陆军省做文职工作，却感到无聊透顶，最终竟作出决定：脱离军队，抛妻弃家。朝枝给妻子与父母写信称，自己"准备去濑户内海自尽"，随后更名易姓，乔装成平民，离开东京，准备前往印度尼西亚，投身反荷兰殖民主义的斗争之中。

南下途中，朝枝向辻寻求帮助。辻满口答应替友人保密行踪，结果不出数小时，朝枝便被卫兵逮住，满腹怨愤地踏上被羁押回国之路。出人意料的是，陆军不愿家丑外扬，并未让朝枝上军事法庭，只是勒令他退伍了事。于是，朝枝又一次背井离乡，来到台湾，为的是找那个出卖自己的友人算账，结果却再次因辻的"人格魅力"而折服，最终竟自愿充当特工，搜集缅甸、马来亚及泰国的相关情报。朝枝废寝忘食地钻研目标各国的地理与语言，其态度堪称狂热。

与吉川在夏威夷开展活动大约同一时间，朝枝扮作一名农业工程师前往泰国，巧妙地施展贿赂手段，拍摄了各关键区域的照片；同时又与大量当地人有过交流，其中不乏一些高层人士。朝枝相信，欲攻缅甸，泰国无疑是最佳跳板，而泰国，则可以兵不血刃地拿下。

英军在缅甸边境设有严密的岗哨，朝枝却依然在数个月后成功潜入，并掌握到辻所需要的情报。返回台湾后，朝枝总结出目标在地形和气候方面的特点，这些特点对传统认知中的热带战争理论是一种颠覆。

日军所占据的海南岛是一座大型岛屿，位于北部湾，与中国大陆南端隔海相望。6月，林、辻二人在该岛举行一场秘密演习，目的在于检验朝枝带回的新情报以及在台湾研究得出的新理念。令兵员与马匹一股脑儿挤进运输舰，运往酷热难当的热带地区，这在传统战术思想中属于自杀行为。辻却深信，通过加强训练、整饬军纪，该问题完全可以克服。辻把数千名全副武装的士兵关入华氏120度的闷热船舱，令三人挤睡一张榻榻米（一种草垫，长约六英尺，宽约三英尺），配发少量饮用水。如此持续一星期后，虚弱不堪的士兵被放出来，在（假想中的）最恶劣条件下，牵着马匹，背着装备，在开阔的海滩成功登陆。最后一次登陆还模拟了实战条件，由一个步兵大队、一个炮兵中队与一个工兵中队完成演习。

如此一来，日军所需要的便只剩下登陆点海岸的地形与潮汐的准确情报。于是，辻又把他间谍网的唯一成员派往马来亚——看起来，朝枝无论出现在哪里都不奇怪。

海军历来担心与美国发生冲突，从而反对南进。然而，6月中旬，永野大将正式提议南下进军印度支那，无论是否需要诉诸武力。事实证明，对付维希政府用不着动武；而行动本身却导致日本在美国的资产遭冻结，日本对西方世界发动战争似已箭在弦上。起初，参谋总长杉山并不赞成立即准备攻占东南亚，最终还是迫于压力，在8月23日改变立场。

同样，海军军令部起初也不赞同"Z"作战计划。1941年夏末，军令部第一部第一课课长富冈定俊大佐作为主要反对者，就计划之风险，与联合舰队的"仙人参谋"黑岛大佐展开激烈争论。富冈指责称，目前的计划对南方战役投入过少，而把重心放在虚无缥缈的"Z"计划上。假使轰炸机飞到珍珠港上空，发现里面空空如也，又当何如？富冈与黑岛同样血气方刚，争至恼人处，险些动起手来。不过待争论结束，两人分别时，便已重归于好，而黑岛开始对自己的论点产生怀疑。

山本却毫不动摇。东京方面越是反对，山本便越是坚定。一次，山本对棋友渡边安次说道："真到那一步，我也只有辞职了事。"渡边笑了笑。不过，山本大将并不是一时冲动，而是暗下决心，准备在万不得已时以辞职相逼，作为最后手段。

奇袭珍珠港的相关训练在九州岛紧锣密鼓地进行着。该岛在日本四大主要岛屿中位于最南部，以活火山众多、民风好勇斗狠、色情作品流行而闻名。除"Z"计划的制订者，无人知晓行动目标为何处，连航空母舰各舰长也不例外。佐伯航空基地的战斗机飞行员只知道演习是为了一场空袭行动，其规模之大需要动用四艘航母的全部舰载战斗机。俯冲轰炸机则集中在富高航空基地，该处位于佐伯航空基地以南约150英里[①]的海

[①] 150英里约为241公里，显然有误。佐伯市与富高市相距约80公里，此处或应为"50英里"。——译者注

岸边，飞行员专门针对夜间轰炸与精准投弹展开训练。船只拖曳着充当目标的筏子前行，"犁出"层层浪花。

其余飞行员的训练地点在更往南的鹿儿岛湾，他们既要练习高空轰炸机，也要练习鱼雷轰炸机。两者相较，鱼雷轰炸的训练更受欢迎，因为几乎每一名飞行员都梦寐以求的举动，正是训练内容本身：发出威吓的轰鸣声，飞过老百姓头顶；绕着建筑物进行特技飞行。每架飞机搭乘三名士兵：飞行员、观察员（兼任投弹手）、报务员（兼任机枪手）。飞机需要翻越鹿儿岛市后方一座5000英尺的高山，然后朝着山形屋百货大楼与鹿儿岛火车站俯冲而下，在电线杆与烟囱之间腾挪闪避，飞至码头上空时，再陡然下降至25英尺高的低空。此时，观察员需要拉动套环，代表着已对300码外的防波堤（战列舰队列）发射鱼雷。随后，飞机向右急转，以免撞上樱岛山——该山是一座活火山，位于鹿儿岛湾中的一座小岛上，接着再继续紧贴水面飞行，此时若有渔船不幸恰在附近，渔民便要被吓得魂飞魄散。训练过程对飞行员而言自然很痛快，而且是合法的。然而，鹿儿岛民众却是怨声载道：为了在艺伎面前露一手，那帮愣头青差点把平野饭店屋顶给掀下来，海军难道不能管一管？

鹿儿岛乃是豪杰人物西乡隆盛的故乡。① 源田之所以选择这里，是因为这里最能模拟轰炸机袭击珍珠港时将会面临的大多数问题。届时，飞行员必须在大量烟囱与建筑物上空穿行，然后突然减速降下，以便从超低空向敌舰队列发射鱼雷。超低空飞行风险极大，但源田坚持主张这类训练，因为珍珠港海域水太浅，鱼雷若从通常高度投放，只会一头扎入海底。即便是25英尺高度的超低空，仍无法保证鱼雷顺利发射。源田死命催促横须贺海军基地的相关专家，要求研制一款浅水鱼雷。

在鹿儿岛东北数百英里处，风光绮丽、崎岖不平的四国岛三机湾海岸，另一支海军部队正针对"Z"计划的另一方面展开训练。当地居民疑惑地发现，每日清晨，都有十几名精神抖擞的年轻少尉驾驶数艘渔船驶向三机湾，

---

① 西乡隆盛乃是日本实干派的典型人物。1877年，西乡领导萨摩藩发起西南战争，以反抗明治政府。尽管西乡本人是日本家喻户晓的英雄人物，民众却并未响应号召。后来，西乡的塑像一直矗立在鹿儿岛，至今依然是"象征大和精神的一处圣地"。

船后拖着约 80 英尺长的物件,上面覆有帆布,形状像是巨大的雪茄。一到傍晚,渔船又拉着那些神秘物件返航,少尉则聚集在岩宫旅馆吃晚饭。

帆布覆盖的物件原来是双人小型潜艇。驾驶员瞒天过海地驶过湾口,演练对美军战列舰发射鱼雷。然而,就连他们的教官,也不知道三机湾所模拟的环境竟是珍珠港。

9 月 2 日,各舰队司令长官及主要参谋人员,连同联合舰队、军令部、海军省要员(共约 40 人)齐聚东京郊区目黑的海军大学校,准备进行最后一次兵棋推演。陆军亦有数名观察员在场,直到此时,他们才获知目标乃是珍珠港。推演需要解决两个宏观问题:第一,为成功袭击珍珠港制订出详尽的最终方案;第二,从海军角度出发,就攻占马来亚、缅甸、荷属东印度群岛、菲律宾群岛、所罗门群岛,乃至最终包括夏威夷群岛在内的中部太平洋诸岛制订出详细的时间表。

此次会议先决定推演人选:军令部与海军省派出人员担任裁判,余者分为三队——山本本人指挥 N 队(日军),第二舰队司令长官近藤信竹中将指挥 E 队(英军),第三舰队司令长官高桥伊望中将指挥 A 队(美军)。9 月 5 日,也就是天皇吟诵祖父诗歌的前一天,兵棋推演正式举行。在巨大的沙盘之上,山本指挥机动部队朝夏威夷进发。然而,航母尚未抵达飞机起飞点,高桥从珍珠港派出的"美军"侦察机便发现敌情。奇袭未能奏效,山本麾下飞机损失三分之一,两艘航母亦被击沉。尽管"损失"惨重,海军依然没有废弃山本的计划。其原因一是不希望山本果真辞职;二是希特勒对苏联步步紧逼,使得日本在"满洲"越发没有后顾之忧。

不到一周,海军作战参谋便拟定出一份计划,将 11 月 6 日定为 X 日(日方的行动日)。计划书以油印形式印好,约 40 页厚,放在马尼拉纸制成的黑色文件夹中。一名军官把约 100 份副本交给二等兵曹野田光春①,令其送至停泊在吴市外的旗舰上面。野田在"长门"号上负责文书

---

① 此人姓名所用汉字本不可考,"光春"亦可写作"光晴""光治"等。从本书下文来看,他最终的结局是为美军所俘虏,并在战后接受作者采访。1976 年平凡社编辑部出版的《文献昭和世相史·战后篇》(《ドキュメント昭和世相史·戦後篇》)一书目录中,有署名"野田光春"的《俘虏笔记》(《捕虜の記》)一文,存在两者乃同一人物之可能性。——译者注

工作，出于好奇便打开文件夹偷看一眼，发现计划书开头便写道："帝国准备向美利坚合众国、大不列颠（及尼德兰王国）宣战。"野田看得入迷，把奇袭珍珠港的详细计划从头到尾读过一遍，其中还有许多图表与密文。

野田与一名助手将全部文件夹分包成四捆，前往东京火车站，乘上东京开往吴市的火车。当晚，两人睡在三等卧铺车厢，各拿两捆文件来垫头垫脚。

根据计划书，行动只需要四艘航母。对此，联合舰队与机动部队的每一个参谋都表示抗议，提出至少需要六艘。草鹿不仅正式提出追加两艘航母，甚至亲自飞往东京据理力争。在军令部辩论一整天后，草鹿未能取得成果，便擅自给山本发去一封电报，抱怨联合舰队未能作为后盾提供支持。

草鹿无法说服军令部，而更为痛苦的是，失去作战机会的两艘航母也要由他来指定。最终，草鹿选出最小的两艘——"苍龙"号与"飞龙"号，而两者所属部队的司令官乃是山口多闻少将。此人与草鹿乃是故交，毕业于普林斯顿大学，脾气与胆量同样大过常人。草鹿派源田去传达这则坏消息，却发现源田不情不愿，于是便将山口召到"赤城"号来。

起初，脾气暴躁的山口似乎对决定并无异议，只是选择借酒浇愁。谁料五六杯酒下肚，山口突然暴吼起来，大步冲入南云中将的私人办公舱室，草鹿根本阻拦不及。在日本海军中，这个级别的将领做出此种举动，倒也不算罕见之事。南云安抚称，"苍龙""飞龙"两舰确实不能出战，不过舰上那些训练有素的乘员，可以调到"翔鹤"和"瑞鹤"上面去。然而，当山口发现自己并不算在那些乘员之内，还是未能上阵时，大喝道："'飞龙''苍龙'必须参加战斗！"接着便朝瘦小的南云猛扑过去。山口身材魁梧，一把便把对方脑袋夹住。

草鹿从门外赶来，扯住山口的胳膊，问道："怎么回事？"

南云面孔涨得通红，依然沉声道："别担心，我南云也是柔道好手，区区醉汉，我还不放在眼里。"说着便要奋力挣脱，谁知山口双臂用力，勒得南云脸部越发紫红。最后，草鹿上前锁住山口脑袋，强行将他拖至隔壁房间，说道："你自个儿在这儿闹去吧。"

独处一室后，山口怒气渐消，浑圆的脸孔上浮现出笑容，甚至在房内蹦跳起来，嘴里哼着流行歌曲《东京音头》。

扭打本身并没有产生什么结果。不过，数日之后，东京方面接到山本亲自打来的电话，随后便允许"苍龙""飞龙"两舰一并出击。

数星期后，草鹿把各航母舰长及首席飞行长召至"赤城"号，告诉他们目标乃是珍珠港，并下令将练习靶由移动改为固定。富高航空基地里，飞行员不再轰炸拖动的木筏，而是将一块直径15英尺的巨岩漆成白色，作为目标。在鹿儿岛湾海滩上，阿部平次郎大尉用石灰画出一艘战列舰的轮廓，命令麾下10架高空轰炸机朝其投掷练习弹。队伍中只有阿部本人知道，那是"加利福尼亚"号的轮廓。

经过数星期的刻苦训练，轰炸效率取得长足提升，命中率高达80%。优异的成绩自然伴随着代价：当地母鸡被飞机持续的轰鸣声惊扰，无法下蛋。

3

9月24日晚，喜多总领事从檀香山麦凯电报局收到一封加密电报。电报来自小川大佐，其内容是对吉川的指示，要求以后对珍珠港的情报调查集中针对如下五个区域：

……A区：福特岛与军工厂之间的水域。
B区：福特岛以南、以西之临近水域。
C区：东部狭湾。
D区：中部狭湾。
E区：西部狭湾及诸水路。

喜多把电报转交给吉川，吉川在上述地区转过几次，四日后便将泊港舰只列出清单，通过电报发回。清单内有战列舰一艘，重型巡洋舰、轻型巡洋舰、驱逐舰、潜艇若干，只是没有航母。

海军另一名间谍在墨西哥城活动,其时面临着暴露身份的危险。此人名叫和智恒藏,军衔中佐,表面身份是一年前赴任的驻墨西哥公使馆海军武官辅佐官,真实身份则是日本规模最大的海外间谍网——"L机关"头目,其主要任务是拦截大西洋上美军舰队的电讯。和智破译美军密码没有花费太多时间,美军舰只在大西洋的一切调动情况,东京方面都了如指掌。

和智通过某位墨西哥将军采购水银,充当副业。至此时,采购量已达约2000瓶,每瓶重量为90磅。由于水银也在禁运清单上,和智只得把瓶装水银装入大桶,上半部盖满废铜作为掩护。事故发生在9月下旬:在往一艘日本船只上搬运大桶时,一只瓶子不慎破裂,水银泄漏出来。按常理来说,遇到此类事件,一名情报人员的间谍生涯就得告终。不过,和智为应对紧急情况,始终随身携带着一大捆1000美元面额的钞票,由此成功帮助自己渡过难关。墨西哥一位势力颇大的银行家是和智的联络人,答应帮他摆平此事,并拿出一份需要买通的官员名单——仅是墨西哥总统的姓名旁边,就写着10万美元。

和智并不吝于贿赂,因为那时正是间谍活动的紧要关头。在和智长期收买的情报人员名单上,有一个代号"萨顿"的人物。此人是一名遭到革职的美军少校,对军队心怀怨愤,以每月2000美元的价码提供情报。和智曾把"萨顿"提供的巴拿马运河上海军航运的详细数据与自己截获的情报两相印证,发现此人是一个精准的信息源,于是打算一俟战争爆发,便把"萨顿"送往华盛顿:一方面,此人在华盛顿还有许多身居高位的朋友;另一方面,此人出入陆海军俱乐部也更为方便。

10月22日,亦即天皇命令东条组阁的五天之后,辻亲自出马执行一项间谍任务。朝枝大尉发来一份有关马来亚海滩与潮汐的情报,辻却打算亲眼看看,便说服侦察机中队长池田大尉驾机带他飞往马来半岛。拂晓时分,两人搭乘一架未涂标志、全无武装、续航时间为五小时的双引擎飞机,从攻击部队的新总部所在地西贡起飞。由于存在迫降英属领地的风险,辻提前换上陆军航空队军装。

飞机飞过暹罗湾，两小时后，马来亚东部海岸线便在两人眼前清晰地延展开来。左侧是英属马来亚最北端城镇哥打巴鲁，右侧是两个泰国沿海城镇——北大年与星若拉①。星若拉机场简陋得可怜，池田驾机径直从上空飞过，辻看到主要道路两侧都建有橡胶种植园，心想：拿下机场，只需一个精锐大队即可，然后把它作为我军的作战基地。兴奋之余，辻举起相机，拍下一张照片。

飞机继续飞往马来亚西海岸。由于下雨导致能见度降低，辻指示池田把飞机降至6500英尺的高度。突然，透过蒙蒙雨雾，他们看见一个大型空军基地的轮廓。辻大叫道：这是英军基地亚罗士打。池田急忙拉起机头，转向南下，他们发现两个同样惊人的英军机场，接着掉头向北，又发现两处机场，规模与亚罗士打不相上下。辻深感震撼：敌军空袭若来自如此现代化的设施，小小的星若拉基地根本不堪一击。看来，首批部队登陆后，必须"不惜一切代价"，在数小时内打下亚罗士打与哥打巴鲁。

在燃料余量只够再支持10分钟航程时，飞机降落于西贡。"收获颇丰，不枉此行。"辻对池田说道，"现在我确信，胜利将属于我军。"

航空队军服还未脱下，辻便向司令官及参谋人员汇报发现的情况，并据此拟定出新的作战计划：第五师团（于星若拉、北大年）与第十八师团（于哥打巴鲁）同时登陆。霹雳河上那座桥梁极具战略意义，第五师团将负责拿下它，并进一步攻占亚罗士打英空军基地。第十八师团则先占领哥打巴鲁及其机场，而后沿东海岸向南推进。

辻很清楚，新计划截然不同于东京方面的既定方案，看重面子的陆军参谋本部绝不会轻易接受。于是，辻亲自飞往东京，准备面呈计划。纵使辻再怎么舌灿莲花，此事仍是难于登天，好在老友服部卓四郎大佐新近得到提拔，出任参谋本部作战课长，愿为辻提供一臂之力。服部听辻描述飞行侦察的经过，受其勇气触动，同时也确信该计划能够奏效，于是克服重重阻力，最终说服参谋总长杉山采纳辻的提议。

---

① Singora（星若拉），现多称Songkhla（宋卡）。——译者注

此时,定期往返的外交信使刚刚抵达夏威夷,带来一包100美元面额的钞票与情报部门的指示,要求喜多把款交给德国间谍奥托·库恩。此人是希姆莱旧识,却无法讨后者欢心,脱离纳粹党后来到夏威夷,经营家具生意,但赔得血本无归,此时靠着做间谍和妻子经营美容院的收入过活。库恩总是在日本情报人员面前夸耀自己人脉通天,却始终未能拿出什么实际成果。

喜多总领事在一张纸上写下"卡拉马"(Kalama)字样,将纸一撕两半,一半寄给库恩,接着叫来吉川,拿出另一半纸,要求吉川将它送给"一个美籍德国人,待我们完全撤离夏威夷,此人会继续侦察工作"。

吉川从未与德国人打过交道,也不想做跑腿工作,因此表现得很不情愿。喜多却态度坚决,走到保险箱前,拿出那个以报纸捆装的包裹,里面装有14000美元与一封信件。"把你那半张纸给对方看,如果他有另一半,就把钱给他。"此外,吉川还需要带回库恩读过信件之后的答复。

10月28日黄昏前,吉川身着绿色短裤、夏威夷衬衫,大踏步走出领事馆前门,坐上一辆出租车。车子爬上钻石头山,沿东海岸行驶数分钟,吉川指示司机在距离库恩家约半英里处停下,付好车费,待出租车离开后,便信步向前走去,最终找到目的地。那房子独门独院,很是宽敞。吉川敲了敲厨房偏门,见无人应声,便推门走进去,喊道:"打扰啦……有人吗?"十分钟后,不知从哪儿闪出一个人影,是一个四十出头的男子。

"奥托·库恩?"

男子点点头。不过,吉川仍然担心对方是FBI特工假扮,便假装不经意地让那半张纸滑落到桌子边缘。男子面色苍白,颤抖着也抽出半张纸。吉川默默地把两片纸拼在一起,"卡拉马"字样完整无缺。库恩同样不发一语,带着吉川走出后门,来到一处夏威夷风格的露天凉亭。吉川把包裹交给库恩,并告诉他里面有一封信。库恩仔细摸索一番,终于找到那封无署名信件,内容是指示库恩测试使用一台短波发射机:频率11980,呼号EXEX,分别于太平洋标准时间11月3日1时整和11月5日5时30分与JHP电台取得联系。

待吉川要求答复时,库恩才第一次开口,声音颤抖而尖细,几不可闻:"我会在两到三天内,给总领事答复。"接着便拿出一张纸,在上面写道,自己无法进行这种测试,最后将纸放入信封封好,交给吉川。

沉沉暮色之中,吉川回到马路边,生怕不知从哪儿会跳出一名FBI探员把自己扑倒在地。直到他搭上出租车,车辆朝领事馆开去,心头大石才算落地。

在邮轮"大洋丸"号上,另外两名情报人员也正前往瓦胡岛。其中一人是潜艇专家前岛寿英中佐,乔装为随船医师;另一人是助理事务长,名叫铃木孝雄。只有"大洋丸"号的船长与事务长才知道,此人真名叫作铃木英[①],乃是一名航空专家,也是海军中最为年轻的少佐。铃木之父是一名陆军大将,伯父则是著名海军大将铃木贯太郎,也就是在"二二六"事件中死里逃生的那个侍从长。铃木的任务是确定以下几点:目标之准确位置、应当使用何种炸弹、紧急状态可在何处迫降,以及最重要的——美军是否仍然在毛伊岛的拉海纳港设有海军基地。假如确有基地,那么前往珍珠港的部队便要抽出大量飞机,以作应对。此外,铃木还需要在前往檀香山的途中,注意观察洋流和气候等情况。"大洋丸"号此次航行所选择的正是南云机动部队计划采取的那条航线。

尽管海面上波涛汹涌,但是船上的美国乘客并未感到身体不适,只是有些内心不安。鉴于国际局势日益紧张,卡尔·西普勒夫妇带着两个孩子离开了日本。然而,航程渐远,船舶却并不报告当前所在位置,西普勒一家难免心里打鼓。从风力强弱、气候冷暖,以及太阳在海平面上的高度来推断,他们感觉此次航线比往常偏北,且偏离甚远,四下也看不到其他任何船只的踪迹。难道"大洋丸"号准备驶往其他港口?西普勒设法给身处檀香山的朋友发电报,却发不出去。"大洋丸"号处于无线电静默状态。

11月1日黎明前,邮轮终于来到瓦胡岛附近。西普勒登上甲板,打算看一眼钻石头山,首先映入眼帘的却是跟随在邮轮尾部的一艘小型白

[①] 铃木英之父的名字正是"铃木孝雄",以父亲名讳为乔装化名,恐不符合常理。考虑到本书中日本姓名偶有舛误,不能排除作者误将其父姓名当作化名之可能。——译者注

色汽艇。战斗机盘旋在上空,又陡然俯冲下来,高度很低,以至于邮轮乘客与飞行员可以互相挥手致意。

铃木站在舰桥上,用双筒望远镜仔细观察珍珠港的出入口,发现其宽度仅容一艘大型舰船通过。6时刚过,满载海军陆战队官兵的汽艇驶来。官兵登上邮轮,各自在舰桥与机舱附近立正站岗。铃木猜测,美军的目的,必是防止有人凿沉邮轮,堵塞珍珠港出入口。

铃木接近这批港务局官兵——其中包括几名海军军官,他们上船来负责把邮轮开到檀香山——假装若无其事地问起海水深浅、布雷情况,美军官兵并不隐瞒。在船上的酒吧喝酒时,铃木又打听到,出入口布有一道钢网,能够自动开合;附近一艘英军舰船桅杆上,有一精巧装置不断旋转,那叫作雷达。

不过,他没有机会执行其他任务。喜多派遣一名职员带来警告称,"大洋丸"号停泊在港期间,两名情报人员最好还是待在船上。铃木无奈,只得绞尽脑汁列出97道问题,请喜多逐一答复。他被告知,邮轮返航之前,会送回答复。

负责答复的是吉川。"一星期中,哪一日港内停泊舰只最多?"这很简单:星期日。"是否有大型水上飞机执行巡逻任务?"这同样不难:有"卡特琳娜"水上侦察机,每天早晚都出海。"出港舰只驶往何处?目的为何?"吉川不清楚,但从航速与出港时刻推断,舰只想必是在约500海里外进行演习。"珍珠港出入口是否有反潜网?若有,请具体描述。"吉川听说过反潜网,但不确定是否真的存在,便决定亲自走一趟。他换上平常那身运动装——绿裤子、夏威夷衬衫,拿起一根竹钓竿,走上公路,途经希卡姆机场,穿过一片空地,朝珍珠港出入口而去。此时,吉川心中的想法是:一旦被抓住,就假装自己是菲律宾人。他走进海军建筑附近的小树林,险些被正在晾晒衣服的美军水兵发现,急忙躲进灌木丛中,一直待到日落才敢出来。躲藏之时,曾有一个念头从吉川脑海中闪过:假如被美军发现,那就自杀。但很快,他又转变想法:有人抓我,我就大喊"投降"。

天色变暗,吉川匍匐至港口出入口,听到有人在讲话,连忙停止动作,静待四周再无半点声响,才轻轻潜入水中,缓缓蹬动双腿,游出50码进入航道。他的双脚在水下一番摸索，什么也没有触碰到，于是，吉川一头扎进水中去寻找反潜网，不料由于过度紧张，只下潜几码深便憋不住气。如此反复下潜五次，终究没有任何发现，吉川只好游回岸边。在吉川的间谍生涯中，这短短几分钟是最为惊心动魄的时刻。然而在报告书上，他却没有什么新发现可写。

在"大洋丸"号上，铃木花费数小时观察珍珠港出入口及毗邻的希卡姆机场，并拍摄照片。此后数日，领事馆雇员不时抱着报纸来到"大洋丸"号，从海军陆战队官兵身边走过，而铃木想要的答复就在报纸之中。

到邮轮起航那天，亦即11月5日，铃木不仅得到从周围山丘上拍摄的珍珠港照片、新近的航拍照片，甚至连希卡姆机场的钢筋混凝土机库房顶有多厚、战列舰装甲有多厚，都掌握得一清二楚。综合各项情报，铃木把总结出来的内容写在一张纸上，并仔细藏好。下午3时，邮轮即将离港，最后一名信使带着一个密封外交公文袋赶上船来，里面装有吉川的最新发现与最精确的地图。铃木的任务宣告完成。

4

在九州岛附近海面，南云的旗舰"赤城"号收到一个大型板条箱，水兵将它抬进草鹿的办公舱室，里面是一个七英尺见方的瓦胡岛模型。在接下来的数日里，计划制订者源田、领头执行者渊田把模型上的每一处地形特征记得滚瓜烂熟。

联合舰队基地设在樱岛，这是一座美丽的小岛，距离广岛南端约两小时航程。此时，联合舰队离开樱岛，转移至丰后水道，在此假扮停泊中的美军太平洋舰队。南云指挥数艘航母开至"美舰"外200海里处，出动俯冲轰炸机，战斗机群在旁护航，高空轰炸机和鱼雷轰炸机随后行动。飞机编队时没有装载对讲设备，人员要沟通时只能把信号写在黑板上，再从座舱中把黑板举高。

最后的技术难题，也就是鱼雷问题，已由横须贺基地的鱼雷专家爱甲文雄大佐解决，办法是把飞行稳定器上的木制尾翼安装在鱼雷上。在鹿儿岛湾经过数十次测试后发现，百分之八十的鱼雷都能够用于珍珠港浅水海域。此时的紧要问题是赶在出击之前制造出足够的尾翼。

11月3日，山本率麾下主要参谋人员飞往东京，面见永野，海军最终统一内部意见，对"Z"作战计划自此不再存有异议。讨论结束时，永野长叹道："珍珠港一事，我也不能保证自己一定正确，毕竟是上年纪啦。我相信你们的判断。"

两日后，山本发布"机密联合舰队命令作第一号"。这是一份长达151页的厚重文件，对敌对行动第一阶段海军之战略目标作出概述：不仅包括奇袭珍珠港，而且几乎是在同时对马来亚、菲律宾群岛、关岛、威克岛、香港，以及南太平洋发动袭击。

山本把全体飞行队长召集至旗舰上，公布目标乃是珍珠港。① "此战，"山本说道，"绝不可掉以轻心。美国绝非寻常敌手，其实力永远都会超过你的预期。"

11月6日，日本陆军组建"南方军"，由陆军大将寺内寿一伯爵担任总司令官，负责尽快攻占美、英、荷三国在"南方地区"的全部属地。在开战初期对马来亚、菲律宾同时发起进攻之后，山下奉文中将将会率第二十五军②拿下马来亚与新加坡。本间雅晴中将则率第十四军征服菲律宾，此人是一位业余剧作家，同时也是陆军之中亲英美少数派的代表人物。南方军总参谋长一职，由屡次代表陆军出席联络会议并参与激烈讨论的冢田中将出任。冢田离开东京时，参谋本部许多军官都有一种不祥的预感：此人一走，那些狂热的少壮派该由谁去压制呢？

---

① 战斗机飞行队长中，只有板谷茂少佐一人在场，此人即将在奇袭行动中指挥全体战斗机中队。至于其他战斗机飞行队长，他们早已从源田那里得知珍珠港一事。源田告诉他们，此次任务有去无回。众人闻言，均咬牙切齿地表示，一定要将计划制订者碎尸万段。于是源田改口，答应对计划作出调整。

② 在"二战"时的日军建制中，例如，南方"军"、"方面军"、"第二十五军"三种建制，作者都使用"Army"一词。事实上，三者为从属关系，绝不相同。旧日本陆军不设英、美、中等国的"军"(Corps)一级建制，其称之为"军"(Army)的作战单位，相当于其他各国之"集团军"，数个"军"组成"方面军"，数个"方面军"组成"总军"，南方军即总军之一，关东军后来也升为总军。——译者注

山本发布"机密联合舰队命令作第二号",此时距离"第一号"发布还不足24小时。该命令将敌对行动时间初步定在12月8日。选择8日有两个原因:其一,当夜乃是满月,有利于舰载机起飞;其二,日本时间8日正好是夏威夷时间的星期天(7日)。吉川的报告指出,美军太平洋舰队通常于星期五返回珍珠港,下周一再度起航。

11月10日,南云中将发布自己的第一号命令,正式执行山本的计划。其中有这样一项解释:只要日美外交谈判成功,哪怕是在最后一刻,也要取消珍珠港奇袭,机动部队将退回北纬42度、东经170度的集合点,等待进一步指示。

6艘航母将一切非必要设备统统拆除,同时禁止官兵携带私人行李,省出空间装载油罐和油桶。全部舰只保密措施提升至最高级。通常情况下,一支舰队离开本土时,舰上装载的都是热带服装,以及适合南方气候的特殊食品。而此次,水兵需要的却是防寒服、防冻油、特制防水遮炮布等各式御寒装备。草鹿希望,准备这些反常物资时不会引起怀疑。

11月16日,珍珠港攻击航母机动部队在濑户内海海口集结。舰队实力十分强大:航母6艘;配备有14英寸口径炮的高速战列舰2艘——"比睿"号、"雾岛"号;重型巡洋舰2艘——"利根"号、"筑摩"号;轻型巡洋舰1艘、驱逐舰8艘、给油舰3艘、补给舰1艘。其中2艘航母"赤城"(意为"红色城堡")号、"加贺"(意为"增加之喜悦"①)号分别由巡洋舰与战列舰改装而成,排水量30000余吨;"飞龙"(意为"飞天之龙")号、"苍龙"(意为"绿色之龙")号二舰排水量仅18000吨,但设计更为现代化;"翔鹤"(意为"翱翔之鹤")号、"瑞鹤"(意为"吉祥之鹤")号乃是最新式航母,体形也最为巨大,长826英尺,与美军第一航母"企业"号几乎同样大小。6艘航母上,总共载有360架飞机:战斗机81架、俯冲轰炸机135架、高空(水平)轰炸机104架、鱼雷轰炸机40架。鱼雷轰炸机中,只装有30枚新式尾翼鱼雷。按照计划,原本还应再准备100枚,但由于一星期内无法准备

---

① 此处属于望文生义。"加贺"仅是地名,先有读音,后根据读音选取汉字,二字本无实义。在历史上,该地名在确定为"加贺"两字之前,也有过"贺我""香我"等写法。——译者注

完毕，也就只能放弃。

次日傍晚，山本来到"赤城"号，预祝南云及主要人员一路顺风。渊田注意到，山本在警告说美国乃是有史以来头号强敌时，面色十分阴郁，而后来在军官餐厅的送行宴上，又表现得成竹在胸，说道："我料此次行动必获全胜。"说罢，便遥向天皇祝酒。

甫一入夜，"赤城"号便在两艘巡洋舰的左右护卫下，缓缓驶出佐伯湾。舰上灯火全部熄灭，晶体也暂时从通信设备中取出，以确保无线电静默；留在濑户内海的舰只则准备好发出大量无线电通信，以迷惑敌军监听人员。

在"长门"号的后甲板上，山本背着双手，来回踱步，时不时停下来，凝望着"赤城"号远去的黑影。尽管对"Z"作战计划信心十足，山本依然害怕与美国开战。不久前，山本在一封写给海军兵学校同学的信中提道："愚弟眼下之立场，说来也诚为怪异。心中决意，竟与个人意见南辕北辙，无可奈何，又只得一往无前。此亦造化弄人哉？自年度伊始以来，低级失误频出……"①

机动部队其余舰只，按照不规则的间隔时间逐一起航，按各自的航线，驶往东京以北约1000海里处的集结点。倘若全体舰只一齐朝瓦胡岛驶去，那很难避人耳目。集结点设在千岛群岛中的择捉岛，此处湾阔水深，夏季巨浪滔天，冬季却异常平静。岛上只有一个村落，村里建有三幢住宅、一个混凝土小码头、一个邮局、一个无线电台，实属理想中的秘密集结点。为安全起见，海军提前派出海防舰"国后"号，将岛上所有外发的书信及电报扣押下来，巡逻艇则在单冠湾围堵渔民。

"加贺"号是最后出发的航母，此时还在濑户内海装载最后一批改装鱼雷。一俟起航，舰长便把全体乘员召至甲板，宣布此次航行将以单冠湾为中转站，最终目标是珍珠港。此时的珍珠港内，吉川正注视着一艘大型战列舰、八艘驱逐舰入港，而港内已停泊有五艘巡洋舰，以及一艘"企业"

---

① 该段引文出自山本五十六写给堀悌吉（1883—1959）的一封短笺。其中最后一句"And what a bad start we've made..."，在原信中与上文分属不同段落（"四、年度初頭より凡失により……"），为避免误解，此处按日文原文译出。——译者注

号级别的航母。

"大洋丸"号在横滨靠岸。铃木手头那份至关重要的情报依然密封在外交公文袋里,此时必须先把它交给一名外务省代表。铃木搭乘火车来到东京后,永野大将命他带上从夏威夷取得的最新情报,立即启程赶往单冠湾。谁知那公文袋竟在运送过程中遗失,外务省官员对此一无所知,也无法找到。无奈之下,铃木只好带上那张总结情报要点的纸,以及一份凭借记忆绘出的珍珠港草图,乘上战列舰"比睿"号,一路北上。

尽管任务紧急,铃木还是花费了四天时间才赶上机动部队,并得知,遗失的公文袋在东京失而复得,已有一架飞机带着袋子于两日前出发,只是此时尚未抵达。铃木只好按照自己那份仅一页的笔记,向源田、草鹿汇报情况,叙述希卡姆机场和惠勒机场详情,并称瓦胡岛上共有 350 架陆军飞机①。日本领事馆人员从未见到过舰只出现在拉海纳港,而他自己在回国途中与几名第二代日裔饮酒时,也再次确认此事属实。

在"赤城"号上,各舰长、副舰长也了解到具体的航线。一名舰长问道,假如在符拉迪沃斯托克遇到苏联商船,该作出何种反应。长官给出的答复是"击沉。凡是悬挂旗帜的,一概击沉"。

11 月 25 日傍晚,各航母舰载机飞行员 500 余人挤在"赤城"号机组人员宿舍,此处的床铺与桌子已被清掉。南云对袭击行动加以概述,这 500 多人当中,许多人是第一次听说"珍珠港"一词。南云的演说带动起热烈的气氛,当他讲完最后一句"祝作战顺利"时,室内响起一片震耳欲聋的欢呼声。

欢呼过后,源田与渊田指着珍珠港模型,就袭击细节作出解说。每名飞行员都拿到两组照片,一组是美军军舰,另一组是瓦胡岛附近能够用以

---

① 铃木给出的信息绝大多数都相当准确,唯有该数字与事实有所出入:夏威夷诸岛上(陆军)飞机共有 231 架。

机动部队出发后数小时,装有重要情报的那架飞机抵达。铃木没有随舰出发,而是留在单冠湾,便命令飞行员追赶上去,把公文袋空投给"赤城"号。然而,飞机遭遇当地暴风雪,只得选择中途折返。

迫降的岛屿。假如发生迫降，潜艇会在标记位置提供接应。

夜色如墨，风大浪高，许多飞行员无法返回自己的舰只。当夜，亦即机动部队驶离集结点前夜，"赤城"号举办了一场盛大酒会，然而司令长官却没有心情参加。南云作战悍勇，却也时常不由自主地担忧。一星期来，南云不断对草鹿重复："到底能不能顺利，心里真是没底。"草鹿每次都答道："别担心。"

午夜过后许久，辗转反侧的南云翻身下床，命令副官去把铃木少佐叫醒。铃木来时，身着日式睡衣的南云向他道歉：大半夜扰人清梦，实在不好意思，只是有一事如鲠在喉，"你是不是绝对肯定，没有人在拉海纳见到过太平洋舰队？"

"是，长官。"

"是否存在太平洋舰队在拉海纳集结的可能性？"

"绝无此种可能。"

南云似乎松了口气，点头表示感谢。铃木退出舱室，心中感到一阵激动：司令长官的恐惧，能够因自己的一席话而平复。

11月26日清晨，天朗气清，气压高得反常。海面风平浪静，似乎是一种好兆头；然而，舰队起锚时，"赤城"号的一个大型螺旋桨被铁丝缠住，一名水兵掉进单冠湾冰冷的海水之中。

半个小时后，舰队终于出发，但那名坠海水兵却始终没能找到。每艘舰船都洋溢着兴奋感与使命感，在晨雾之中列队驶过朦胧的择捉岛。重型巡洋舰与战列舰朝岛上的山腰实弹试射，积雪被炮弹激起，宛如盛放的白花，连同轰鸣的炮声，使得舰上官兵激动难当。

在华盛顿，赫尔正在打印那份拒绝妥协的照会，准备交给来栖与野村大使。

第七章 "战争到来的速度或将超出想象"

1

那天早上,赫尔发出照会后,接到战争部长亨利·史汀生的电话。史汀生问,《暂行过渡办法》是否已发送给日方。赫尔则答道:"此事今后不再归我负责,由你和诺克斯,也就是陆、海两军来接手处理。"

史汀生给罗斯福打去电话,表示自己对日本派遣军大规模撤出上海、转而南下的报道深感忧虑,并建议对美国远东陆军总司令道格拉斯·麦克阿瑟中将发出最后警告,要求"做好万全准备,应对袭击"。总统指示史汀生依此办理。上午9时30分,史汀生召集陆军总参谋部战争计划处处长伦纳德·T. 杰罗准将①、海军部长弗兰克·诺克斯,以及绰号"贝蒂"的海军作战部长哈罗德·斯塔克海军上将来到他办公室。

军方再次主张尽可能推迟危机到来。史汀生心想,斯塔克在真正的危机面前"一贯有些谨小慎微",并表示"若真能推迟,自然再好不过",但"假如代价是要美国对日本低三下四,或者像个软骨头一样重启谈判,那宁可不推迟"。

---

① 战争计划处(Operations Division),正式名称为"War Plans Division",隶属于总参谋部,其处长略相当于日本陆军参谋本部作战课长,亦即服部卓四郎担任的那个职位。——译者注

几人最终拟定出一份战争警告，并发给麦克阿瑟：

> 对日交涉一事，实质上可视为终止状态。日本政府重回谈判轨道之可能性微乎其微。日本未来之行动难以逆料，敌对行动随时可能发生。倘若敌对行动无可（重复"无可"）避免，美利坚合众国希望由日本公然打响第一枪。你部不应（重复"不应"）视该策略为一种限制，从而采取危及地区防御之行动方针……

美国陆军夏威夷军区①司令沃尔特·C. 肖特将军也收到一份电报，内容与发往远东陆军那封相仿，电报另加指示称，切勿"惊扰百姓或暴露意图"。② 肖特将军将此理解为提防间谍进行破坏行动，并把自己的理解写在答复中，发往华盛顿。显然，战争部从未认真对待过那份答复，肖特也无从得知自己对那份指示的理解有误。

斯塔克海军上将把自己的想法简明扼要地汇总在一封电报中，发给太平洋上的两位舰队司令——身在菲律宾的托马斯·C. 哈特海军上将与身在夏威夷的赫斯本德·E. 金梅尔海军上将：

> 此电文应视为战争警告。以寻求太平洋稳定局势为目的之对日谈判，今已停摆。预计未来数日内，日军将采取侵略性行动。日军之数量、装备及特遣舰队之构成表明，其作战类型当属两栖远征行动，目标则是菲律宾、泰国或克拉半岛③，亦存在是婆罗洲之可能性。请配置适当防御部署，做好充分准备以执行战争计划-46 中之指定任务……

---

① 美国陆军夏威夷军区，现今美国太平洋陆军（United States Army Pacific）之前身。——译者注

② 后来，陆军珍珠港事件委员会（The Army Pearl Harbor Board）不无讽刺地称之为"自相矛盾电文"（Do or Don't Message）。

③ 即马来半岛。——译者注

警告归警告，表面上谈判仍在进行。当日，罗斯福接见来栖与野村，表示自己并未放弃和平解决问题的希望，只是近来日军占领印度支那、纵兵南下及发表敌对言论等举动，"对美国政府、美国人民而言，无异于当头一盆冷水"。

　　午夜前不久，来栖与东京方面通话。他对暗语的使用极不熟练，甚至无法欺骗军事门外汉。"提亲"代表谈判，"君子小姐"代表罗斯福，"婴孩诞生"代表关键转折点。接听来栖电话的是外务省美国局长山本熊一，两人交谈七分钟，一字一句都为美国情报部门所记录。① 来栖问道："是不是快要生孩子了？"

　　"没错，"山本语气坚定，"孩子快出生了。"

　　"……朝哪个方向，"来栖突然停顿，意识到没有使用暗语，忙改口道："会是男孩，还是女孩？"

　　山本笑出声来，接着便明白来栖所指，说道："嗯，会是个大胖小子……至于亲事，就是婚姻安排的问题——不要突然告吹。"

　　"不要突然告吹？你是说谈判？"来栖已是一头雾水，无奈地说道，"真是——"接着自嘲般地笑笑："好吧，我尽最大努力。"来栖顿了顿，继续说道："君子小姐今日电报，还请仔细阅读……亲事，他们希望继续谈下去，他们有这个希望。与此同时，我们家里很是热闹，孩子要出生了。其中闹得最欢的，要数德川（日本陆军），对吧？德川急不可待，是不是？"来栖笑了笑，笑声听上去很是焦虑，"所以我才觉得，我这边不管怎么做都是徒劳。"

　　山本表示，他不认为情况已如此不妙。"总之，山是不能卖的（不能作出让步）。"

　　"我知道，当然知道，没有什么讨论余地了。"

　　"嗯，虽然不能让步，关于那封电报的答复，这边倒是可以给你。"

　　"不管怎样，"来栖继续说道，"君子小姐明天就要离开小镇去乡下，周三才会回来。"

---

① 作者所见只有美方记录，亦即英文译本。无法找到日方记录，而来栖、山本亦皆作古。

"希望你能再加努力。"

"嗯,我会竭尽所能。野村也在全力以赴。"山本问起当日与"君子小姐"的谈话中,是否有什么值得一提之处。来栖答道:"没什么特别,只是旧事重提,比如向南的——呃……"来栖绞尽脑汁思索暗语,"南边,对,南边那档子事影响很大。"

"明白了。那么再见。"

"再见。"来栖长舒一口气。

次日,"魔术"行动又立大功,发现在九日之前东京方面发给喜多总领事的一份电报中存在更为重要的信息:

……为预备紧急事态(外交关系断绝之风险),考虑到国际通信中断之情况,每天的日语短波新闻广播中将插入以下警告暗语:

(1)日美关系发生意外:**东风、有雨**。

(2)日苏关系发生意外:**北风、多云**。

(3)日英关系发生意外:**西风、晴朗**。

上述暗语将以天气预报信息的形式插入在广播中间及结尾,每句重复两遍。收到该信息后,请将全部加密文件一并销毁。眼下,上述安排尚属绝密内容。

"风向"暗语在华盛顿引起动荡。情报人员警觉地作出安排,对未来日语新闻广播中的关键文句进行全天候监听,却不知道,吉川的间谍报告此时就躺在翻译人员的"收件"筐里,只要看上一眼,便能立刻发觉珍珠港即将遇袭。由于翻译人员忙碌,以及该文件优先级过低,甚至无人对其进行粗略检查。

获悉"风向"暗语的同一日,亦即11月28日早上,史汀生闯进罗斯福卧室,报告日本正在向南增兵,希望动用菲律宾基地的B-17轰炸机,给予日军迎头痛击。此时罗斯福还躺在床上,对史汀生的报告泰然处之,并在数小时后召开的战争委员会会议上决定:不应仓促采取反制措施,只有当日军触犯红线时,才发出"唯有一战"的警告。总统将以个人身份致书天皇,表达对和平之渴望,并警告称,倘若日本坚持侵略道路,战争必将到来。

致书是个好主意,天皇本有机会接受。此时,天皇刚刚要求"重臣"重新对整体局势作出评估,并提出报告。各位前首相——近卫位列第八——没有参与之前的决定,因此他们的观点也会更为客观。内大臣木户侯爵希望召开御前会议,遭到首相东条拒绝,理由是"重臣"在法律上并不具备政治职能。两人达成妥协:会议结束后,"重臣"将与天皇共进午餐,发表意见。

次日,亦即11月29日上午9时30分,八位"重臣"、东条及四名阁僚,以及枢密院议长原嘉道齐聚明治宫殿会议室。这次会议更像是一场非正式洽谈,既无主持者,也不做任何决策。若槻礼次郎男爵历来反对军国主义,就谈判的最终期限发问:"难道不存在进一步交涉的余地?"

外相东乡表示"进一步交涉亦无意义"。首相东条认为"通过外交手段解决问题已然无望",自此以后,应当将外交仅仅视为"促使作战计划顺利展开"的一种手段。

"放弃谈判,立马就开战吗?"若槻坚持询问。

"迄今为止,我等始终竭尽全力希望通过外交达成解决方案,"东条说道,"于是,行事束手束脚、谨小慎微。事到如今,兴兵乃是维护尊严、遵循公义之举,不必再为之羞愧。"

东条的言论并不能说服若槻。男爵的看法与木户一致:从国家角度出发,两害相权,"卧薪尝胆"(强忍度过艰难时期)比战争更为有利。

"倘若真去卧薪尝胆,到头来还是没能避免一战,又当何如?"铃木将军问道,"那时再打,连一丝胜算都不会有。"

就着铃木的质疑,若槻反而提出更多问题。东条不耐其烦,便打断道:"我等所言,您尽管相信便是。我军有能力占领该地区(东南亚)并获取充足石油。未来三年,我等也可以逐步扩张势力范围。航空燃油问题也有办法解决,至于钢铁情况,去年年产量为476万吨,三年后还会增长。"

"您越讲,我就越糊涂。"海军大将冈田启介打断东条发言,并提出质询:那么,欧战方面又作何打算?

"我国与意、德签有协约,自将携手并进。"东条答道,战略要求日本挥师西进,与希特勒军会合。"我们必须将英国彻底击败。"而在击败英国的道路上,目标之一将是印度。"接着,我军将配合德-苏战争,在近东地区展开联合行动。"

冈田并不相信东条的宏伟蓝图能够奏效,也不认为向东南亚扩张有助于提高钢铁产量。"今后,原材料海运回国将变得越发困难。三年后,工厂能不能开工都难说呢。原材料问题,您打算怎么解决?"

这些都是值得担忧的现实因素,东条的回答却轻描淡写:"资源问题确实存在不确定因素,但还是处在掌控之中。其他事情也是一样,政府能够处理妥当,您大可放心。"

"放不下心。"冈田反唇相讥,"军工厂可以继续建,原材料从哪儿来呢?搞到原材料谈何容易?国内那点儿资源很快就会耗尽。"

"政府会根据优先级安排生产。"

冈田将质询转向新的方面,问海军是否有能力击败美国。

东条尚未从海军那里得到肯定答复,却还是表示,只要接连攻占战略要地,做好持久战准备,日本必将取得胜利。

"眼下算是一切安好吧,"冈田语带讥讽,"未来全是不确定因素。比如说美国正在建造新舰船,您从中感觉不到危险吗?"

"一切都在考虑之内,"失去耐性的东条怒道,"不打,结果是什么您还不清楚?我国断不可向英、美屈服。自中国事变以来,16万将士丧生异国他乡,200万人民陷于水深火热,还要继续忍受苦难?再忍下去,几年之内,我国会丧失仅存的一战之力。你我浪费的宝贵作战时间,难道还不够多吗!"

冈田没有被吓到,反而更加高调地讥讽:"我等竭力与美国友好协商,争取和平解决问题,为的正是避免将士白白牺牲。建设大东亚共荣圈,正是为着这个目的。我国从亚洲诸国进口大量稻米,不知是否已解决他们的贫困问题?我们试图去造福各国民众,尽管日本自身也劳力不足、海运紧张,还是要作出牺牲。不过拿着军票①去采购原材料,倒是看不出半点

---

① 军票,战争期间占领军在当地发行的一种货币,以便大量采购当地物资。——译者注

公义。"

东条全无所动,答道:"此事端看我等手段,如何去打动各国民众。当地组织一定要利用起来。起初民众确实会感到生活艰难,但很快就能适应过来,重回生活轨道。"

时间已过正午,众人准备与天皇共进午餐,会议只得中止。与会众人、天皇及木户一并转移至表御座所。天皇首先发言:"时势维艰,众卿以为如何?"这是在客气地邀请众人发表意见。

"我国民众之意志力无须担心,"若槻男爵说道,"但必须仔细确认,资源方面是否足够支持我国进行长期战争。对上午政府作出的解释,臣依然很不放心。"

东条提示天皇称,目前政府作出的一切解释,都是经过内阁与大本营一致同意的内容。

"臣听取发言后,亦感到颇有无法信服之处。"冈田说道。

近卫公爵持同样的态度:"臣最难理解的一点是,即便谈判破裂,为何一定要立即诉诸战争?是不是可以找到一种解决方案,继续维持现状?也就是保持卧薪尝胆的状态。"

反对者还有海军大将米内光政:"臣对生产经济一窍不通,不便发表具体看法,只有一句俚俗表述,有辱圣听,万望陛下恕罪——若是一心避免长痛,国家恐将因短痛而一蹶不振。"

"重臣"之中,只有阿部信行与林铣十郎表示完全信任东条政府。会议似乎已经结束,但若槻想要再谈两句。东条试图阻止,未能成功。"倘若国家真正面临生死存亡之危机,我们自然应当挺身作战,哪怕明知胜算渺茫,哪怕国土满目疮痍。"若槻说道,"但是,为实现某种理想而推动某项国策,比如建设大东亚共荣圈、维护东亚秩序云云,并倾尽举国之力,风险委实太大。望各位再三斟酌。"

东条顽固地重申,内阁早已就整件事情在联络会议上从头至尾讨论过好几个小时,主要围绕着两个问题:一、日本能否获得长期战争所需的资源;二、一旦战争爆发,将于何时、以何种方式结束。第一个问题,要看冲突初期能够取得多少成果;第二个问题,可能将取决于苏联或梵蒂冈出面调解。

面对压倒性的反对意见,东条丝毫没有动摇。木户全程不发一语,而是记录下大量笔记:局势已然"失去控制",通过天皇施以影响的策略宣告失败,战争无可避免,日本之兴衰存亡,此后全看天意。

散会时已是下午4时,但东条的一天还远远没有结束。他立即召开第74次联络会议,并在会上得出结论:通知希特勒、墨索里尼,日美谈判必将破裂,战争一触即发。

东乡外相就行动开始的具体日期询问海军军令部总长永野。贺屋藏相同样需要知道日期,因为一旦敌对行动开始,股市便会暴跌,只有提前得知确切时间,才能避免崩盘。

"两位既然非问不可,"永野有些不情不愿,"那我也只能透露了。具体日期是……"永野压低声音,"……12月8日。"东条也是此时才获知日期。① "距离开战还有些时间,希望您在外交上做点功夫,帮助军队赢得战争。"永野说道。

"我明白。"东乡说道,"不过有一点,为什么不能把消息告知外交代表(来栖与野村)?就说我们已经下定决心。海军已通知过(驻美)大使馆武官,是吧?"

"不,还没有通知过海军武官。"永野答道。

东乡不明白永野的做派为何如此鬼祟,继续问道:"继续把外交官蒙在鼓里,不合适吧?"

"海军打算制造一场奇袭。"永野只得吐露实情。次长伊藤整一中将继续解释称,海军希望日美谈判持续至敌对行动开始,这样,对美军最初的打击将完全出乎意料。

东乡闻言,先是努力克制住情绪,然后强作镇静地说道,若不通过适当方式通告开战意图,日本在国际社会将再无诚信可言。随后,东乡越讲越激动,他难以自控,期期艾艾地表示:海军计划"与国际公认之程序相

---

① 东条知道陆、海两军将在菲律宾和马来亚展开联合行动,但直到第二天,他才知道珍珠港也在计划之内,但并不了解更多细节。文职阁僚,以及宫廷内的高级官员,比如木户,都对主要目标一无所知,也不会有任何人打算告知他们。

违,断然不可成行",日本"竟要做出此等背信弃义、有辱国威之勾当",实在无法想象。

某位与会者评论道:"此刻全体国民都要做大石内藏助,时代要求如此。"大石曾率领46名浪人佯狂买醉,实则伺机为主复仇。

东乡称自己尚有安排,提议就此休会,说罢便把椅子往后一推。伊藤见东乡起身,便替海军求情:假如外务省不肯退让,能否不通知赫尔,只通知格鲁大使?

东乡的回答简单粗暴:"不行!"接着便挤出人群,离开房间,径直回到办公室,拟出两份电报,于当日深夜分别发往柏林与罗马方面。发给大岛浩大使的电报表示,谈判已然失败:

> ……形势如此,帝国前路艰险,须果断采取行动。阁下能否立即会见希特勒总理、里宾特洛甫外长,将事态发展之概况秘密通报二位,但云:近来英、美两国态度转为挑衅,正计划派兵进驻东亚各地域,日本避无可避,只得调遣部队加以应对。另外,以下信息必须在保证极度机密的前提下通报他们二位:英、美与日本之间有可能因某些冲突而突然爆发战争,且战争到来的速度或将超出想象。

奇怪的是,东乡并没有指示大岛,要求德国在日美开战后对美宣战。奥特大使倒是被召至外务省,东乡问道:倘若局势发展至最坏情况,德国是否会援助日本?奥特毫不犹疑地回答:会尽一切可能给予援助。

"魔术"行动截获发给大岛的电报并发送给罗斯福。同样令人警惕的消息还有另外一条:星期日,亦即11月30日早上,合众社从东京发来的一则登载于《纽约时报》的报道称,东条首相刚刚发表煽动性演说,称蒋介石被"美、英的共产主义玩弄于股掌之中,因为两国意图坐收渔人之利",并挑拨亚洲民族关系,"这是英、美两国惯用的伎俩,因此我国必须采取报复性手段加以肃清。"日本决心作战,"以期胜利大合唱尽早响彻于正义之阵营",绝不容许任何势力"插手亚洲事务,因为亚洲之命运亦是天命所加"。

东条从没发表过上述演说，甚至未曾读到过，更不用说批准了。那是在《中日基本条约》①签订一周年的纪念会议上宣读的一篇文章，起草者另有人在。文章原本的基调也并非如此好战，是拙劣的译文加以渲染夸张，例如，"我国必须采取报复性手段加以肃清"一句，日文原意是"必须制止此种行为"。

《纽约时报》登载的另一篇文章暗示罗斯福或将提前结束感恩节假期，从佐治亚州的沃姆斯普林斯返回白宫。当天深夜，来栖再次致电东京方面，告知山本熊一："总统明天就回来了，行程很急！"②

"急着回去，有什么特殊含义吗？"

"总理那篇演说，这边新闻媒体都在争相报道，反响很强烈啊。"

"哦，很强烈吗？"山本完全不清楚来栖在说什么。

"对，就是那些激进言论，各家报纸都放在头版头条；总统回来，恐怕就是因为此事。当然肯定也有其他原因，但报纸上报道的只有这么一点。"来栖难以掩饰慌乱的情绪，"总理也好，各位政府高层也好，讲话演说一定要慎之又慎，不然外交官会非常难堪，进退两难……"

"我们一直很谨慎。"

"使馆这边始终在竭力推进谈判，结果总理那番言论落在新闻记者手里，反而成为攻击我们的头号武器。请提醒总理、外相及各位政府高层，一定要谨言慎行。尤其是要告诉外相，大使馆每天期盼着与往常不同的消息，期盼着一些积极表态，谁承想盼到头，盼来的竟是这个（东条演说）。"来栖顿了顿，问道："日美谈判还要继续下去吗？"

"是的。"

来栖怒道："你以前总催着谈判，想要快速得出成果，我没说错吧？结

---

① 《中日基本条约》，全称《关于中华民国日本国间基本关系条约》，日方称《日华基本条约》，为1940年11月30日，日本政府与汪伪政府在南京签署的一项条约，从条文上确认南京政权作为日本傀儡政府之地位。——译者注

② 两人通话时间为八分钟，下述引文取自"魔术"行动截获情报的译文，是八分钟对话的"初步浓缩版"。

果现在又想拖长这个进程？"来栖自然不知道此时的谈判只是掩护珍珠港奇袭的一道幌子，但其怀疑正朝着这一方向发展。此前不久，在与同盟通讯社的记者加藤万寿男谈话时，来栖曾若有所思地沉吟道："我是不是一颗烟幕弹呢。"对电话那头的山本，来栖的语气已变为怒斥："总理也好，外相也好，都不能再这么讲话！你明白吗？请各位开口之前，都先三思。"

开战前的最后一道程序，是天皇的正式批准。星期一，亦即12月1日下午2时05分，御前会议在宫城的东一之间召开。首相东条神色肃穆，声音洪亮地宣布，日本绝不会屈服于美国之要求而从中国撤军，亦不会废除《三国公约》，否则国家便将面临存亡危机。"为化解当前危局，延续帝国国祚，向美、英、荷三国开战已成为无可避免的选择。"

随后，东条就美日谈判那段冗长的过程作出一番详尽的回顾。永野大将随即起身，"满怀激情"地宣称，陆、海军官兵"士气高昂，愿为陛下尽忠，为帝国效命，粉身碎骨，在所不辞"。表态过后，会议又就公众意志、紧急预案、粮食供给、经济金融等方面展开专项讨论。

天皇坐在御座上，默然不语，偶尔点头，看上去似乎心情舒畅。杉山为"陛下心性之优雅高贵而深受触动，感到无比敬畏"，而藏相贺屋却认为，天皇明显不希望开战。

枢密院议长原提出一系列问题，最后一问引得与会众人议论纷纷。"假若发生空袭，该当何如？……东京陷入火海，我等应如何处理？各位可曾考虑到此节？是否做出过预案？"

铃木贞一大将表示，会搭建简易避难所以收容留守城市的民众。这算不上令人满意的答案，然而事已至此，即便是原，也承认不再有理由对美国继续让步。"美国倨傲不逊、冥顽不灵，"原说道，"一旦让步，日清战争、日俄战争甚至'满洲事变'①以来的成果都将丧失殆尽。这坚决不能接受。"

东条为会议作的总结陈词，说出了所有人的想法：大日本帝国，如今

---

① "满洲事变"，即"九一八事变"。——编者注

正站在兴衰存亡的岔路口上,"陛下亲临会议,臣不胜战栗惶惧……倘若圣意已决,臣等必将竭诚尽忠,以前所未有之合作精神,紧密团结政府与大本营,举国一体,以期必胜,誓将不遗余力,完成帝国之宏图,以安圣心。"

会议结束,天皇默然接受众臣行礼,面无表情地离开东一之间。东条等人在提议开战的文件上签下名字,文件随即便提交到天皇手中。天皇短暂地陷入沉思,终于想透,开战决定的推动者并不仅仅是少数激进派将领而已。天皇告诉木户,赫尔的要求带有侮辱性质,自己无视成规、违背传统,坚持"白纸还原",已是最大限度的努力。于是,天皇在那份具有历史意义的文件上加盖玺印——开战决定得到正式批准。①

一周之内,战火将在多处同时燃起,而奇袭行动是否成功,完全取决于保密程度。那天深夜,从中国战场发来的一封电报称,一架飞往广州的运输机在国军控制区坠毁。电报来自第二十三军司令官酒井隆中将,此人率部驻扎于广州附近,正准备攻占香港。此事意味着保密工作或将功亏一篑,因为机上有一名叫杉坂共之②的少佐,身上携有珍珠港奇袭相关密令。

---

① 1946年1月,天皇打破长久以来的沉默,在与侍从长藤田尚德的谈话中,讨论起那场御前会议,这对天皇而言属于罕见之举。"当然,无论在任何时候,都不应该批准开战。那次,朕也经过多番思虑,做出各种各样的尝试,希望通过某种方式避免战事,最终还是无济于事,使得国家陷入战争泥沼,实在遗憾万分……

"立宪君主制下,君主不得通过言论或行动自由表达个人意志,亦不得出自个人意愿干涉政府决定,因为各位大臣的权力乃是宪法所赋予。

"因此,当一项决议提交上来,只要达成决议的程序合法,那它无论是内政、外交还是军事方面的内容,朕都没有任何选择,只有盖下玉玺而已。即使朕本人对决议怀有再多不满……

"倘若朕出自个人意志,否定某项决议,结果会是怎样呢?通过基于宪法的正当程序达成的决议,天皇却能够任意批准、任意否决,这就意味着,肩负着相关责任的天皇这一角色,将在政治中失去其定位。这就像是天皇本人违宪。在立宪君主制下,君主采取这类行动乃是一种禁忌。"("我深信,"藤田观察到,"陛下那番话,是在暗指战前的种种情况,尤其是那几场御前会议。")

② "共之"读音当作"Tomoyuki"。杉坂未在空难中丧生,而是到12月5日才被发现,因负隅顽抗遭到击毙。——译者注

陆军参谋本部高度警觉，立即召集海军高层举行紧急会议。飞机失事之前，杉坂少佐是否有时间销毁机密文件？坠机燃起的大火是否已将文件烧毁？还是说，文件被国军截获，已飞速送至蒋介石手中？蒋介石自然会把文件交给罗斯福。那么，"Z"作战计划是否应该中止？

次日一早，忧虑似乎得到证实：一架侦察机在广州东北部约50英里处发现一架大型军用运输机残骸，据飞行员描述，"失事现场挤满中国人，看上去活像一大群蚂蚁。"

尽管怀有焦虑，永野与杉山还是乘车前往宫城，将准确的开战日期禀奏天皇。两人称：12月8日，夏威夷当地时间乃是7日，也是大多数军舰入港停泊的休息日。气象方面也对攻击有利，"从午夜到日出"都有月光。永野恭敬地请求天皇允许军令部将行动日定为12月8日，天皇毫不犹豫地加以批准。①

当天下午2时，南方军总司令官寺内大将收到杉山发来的电报，上面只有两个词：山形日之出（HINODE YAMAGATA）。"山形"指"12月8日"，"日之出"指"行动开始日期"。

三个半小时后，山本使用新密码给机动部队发去一封电报，内容稍长一些：攀登新高山（NIITAKA-YAMA NOBORE）②1208。意思是："按原计划，于12月8日发动袭击。"

为节省燃料，机动部队以14节的缓慢航速向东驶去。舰队呈环形编队，打头三艘潜艇负责侦察中立国商船，倘若发现，便由水兵登船扣押。不过，假如遇到的是美军太平洋舰队，情况便要棘手得多。海军内部曾就此展开多番讨论，在某次讨论中，山本乐呵呵地半开玩笑道："见到美舰，先放礼炮，喊一声'后会有期'，掉头回家便是。"众将闻言，无不大笑，草鹿却在心里想道：除了打声招呼，又能做些什么呢？毕竟两国并不处在交战

---

① 东京审判后，远东军事法庭首席检察官约瑟夫·基南会见天皇。据相关记载，天皇声称他事先并不知道珍珠港将会遇袭。然而，从现有证据来看，天皇显然知情，甚至亲自批准"Z"作战计划。此外，也有充分记录表明，天皇曾下达明确指令，要求政府在袭击之前给予美方适当的通知。

② 新高山是台湾岛上的最高峰，高13599英尺，比日本帝国最高峰富士山高出1211英尺。

状态。

而此时,"攀登新高山"的消息传来,草鹿感到肩上一块大石落地,随之而来的是另一种令人愉悦的责任感:舰队终于获得权限,去发起雷霆一击,而后全身而退。这就像剑道中的战术"魔物"(mamono)①一样:袭击凌厉狠辣,撤步飘然如风。不过,美军毕竟也有空中巡逻,随着机动部队逐渐接近珍珠港,不能完全排除暴露的可能。假如遇到这种情况,草鹿已准备好改变战术——奇袭失败也无妨,只管全力进攻便是。

海上的天气是十年来最为平静的,给油方面问题不大。南云传令各舰舰长熄灭灯火,并将"Z"作战计划通报全体乘员。那天夜里,一种紧张又隐隐克制的兴奋情绪在各舰之间传递。②

那晚,《日本时报与广告报》的头条标题是:

日本将继续努力与美国达成谅解。

2

在机动部队驶离冰冷的单冠湾的数小时后,珍珠港内,负责监视日军舰船动向的海军通信情报站③工作人员威尔弗雷德·J. 霍姆斯少校向上级汇报称,六艘敌军航母停泊在"其本国海域"。不过自那之后,霍姆斯便无法再追查到六艘航母的踪迹,此后数日也一无所获。

12月2日,太平洋舰队作战情报官爱德华·T. 莱顿少将把消息报告给他的长官金梅尔上将。金梅尔并不感到焦虑——至少没有表现出焦

---

① 原文中,作者在"mamono"一词后加以括号标注"devil",可知此战术名称确是"魔物"二字,然具体不详。——译者注

② 当然,并非人人都感到兴奋。"加贺"号飞行长佐多直大便公开批评整个计划,对手下多名飞行员说道:"舰队目的地是北太平洋,一片鸟不拉屎的地方。"日本急需的资源是石油,而石油蕴藏在遥远的南方,"所以我说,攻击珍珠港真是愚不可及。"

③ 海军通信情报站,又称"海波"站(Station HYPO),是第二次世界大战期间美国海军设立在夏威夷的通信监测与情报破译单位。——译者注

虑,甚至还半开玩笑地问道:"你的意思是,有可能日舰现下就在钻石头山周围晃悠,只是我们没发现?"

"最好现在就能发现他们,长官。"

数英里外的檀香山,总领事喜多刚刚收到来自东京的电报:

> 鉴于眼下局势,战列舰、航空母舰及巡洋舰是否在港乃是重中之重。今后,请尽可能汇报每日情况。以下各项情况,也请电告:珍珠港上空是否配备防空气球;若无,则请报告是否存在升起此类气球之迹象;此外,也请告知舰只是否配备防鱼雷网。

电报内容极为直白,白纸黑字是对袭击珍珠港的警报。消息为夏威夷情报部门截获,发送给华盛顿破译,但由于华盛顿方面认为电报只与夏威夷有关,与外交无关,因此将之划为低优先级,压在某个不为人知的箱底。早在9月份,另有一封重要的截获电报遭遇类似命运,其内容是将珍珠港划分为五个区。待翻译人员好不容易将它译出,陆军军事情报处处长谢尔曼·迈尔斯准将认为那是一封海军电报,与陆军无关,而海军情报局翻译室室长阿尔文·D.克莱默则认为,那只是"日本外交部门简化外交通信的一种尝试",只给电报打上表示"值得关注"的一星,而不是表示"紧急"的两星。

罗斯福的非正式顾问、同时又是丘吉尔密友的伯纳德·巴鲁克正在华盛顿的酒店房间内,与三井财阀的顾问律师拉乌尔·德斯弗奈因交谈。律师表示,来栖特使希望不经过赫尔而直接向总统传达一则消息,希望巴鲁克从中斡旋。巴鲁克联系罗斯福的秘书之一——绰号"爸"的埃德温·沃森少将,沃森回电话称,罗斯福拒绝绕过赫尔接见来栖,但并不反对巴鲁克去打探一番消息为何。

次日,亦即12月3日,巴鲁克在五月花酒店会见德斯弗奈因与来栖。来栖起誓称,他本人也好,日本民众也好,天皇也好,都渴望和平,然而军方"子弹上膛,双手持枪……决心开火"。赫尔"性多疑,且充满敌对情绪"，若能绕过此人直接面见总统，他便可请求总统直接对天皇发出个人呼吁，以此挫败军方企图，从而避免战争。之后，天皇会请罗斯福出面调停日中问题。来栖强调，两国间最重要的是保持对话，罗斯福最好能派遣一名私人代表前往日本，比如哈里·霍普金斯。

巴鲁克并不认为来栖的建议"有多么值得一提"，但还是答应转达给白宫方面。

另外一名和平使者——卫理公会著名传教士 E. 斯坦利·琼斯博士也在奔波，打算向罗斯福提出类似的建议。博士致电总统秘书马文·麦金太尔，要求与总统会面，提出一项无法落在纸面上的建议：由罗斯福给天皇发去私人电报，以此避免战争（该计划受到大使馆官员寺崎英成的启发）。麦金太尔让博士二十分钟后在白宫东门等候，由工作人员带领，通过秘密入口前往总统办公室，以免"遭到记者包围"。

罗斯福表示，自己本就在考虑致书天皇一事，"但总是有所犹豫，毕竟绕过两位日本使节，是对他们的侮辱"。

"我正是为此而来的。"琼斯说道，致书的想法恰恰源自来栖与野村二人，"正是受二人所托，我请求总统发送电报。他们还说，绝不能留下纸面记录，一旦事情泄露，让本国人知道外交官绕过政府打天皇的主意，他们的项上人头恐将难保。"

"好，绝不留下记录。"总统说道，"没问题。"

琼斯提醒称，必须直接联系天皇本人，不能通过外务省，否则天皇永远也无法收到电报。"日本政治的机制我也不懂，总之他们如此叮嘱。"

"好，让我来理理思路。"罗斯福沉吟道，"总不可能跑一趟电报局，说我是美国总统，想给日本天皇发一封电报。倒是可以通过格鲁。"让格鲁亲手把信递交给天皇。"假如二十四小时内没有回音，那么——现在我明白该怎么处理这类问题，就让信件见报，给天皇施压以得到答复。"

琼斯告辞前，请求总统千万不要透露计划的灵感来自寺崎先生。

"我会保密。"罗斯福保证。

电报当天没能发出，因为赫尔依旧心存疑虑，力劝罗斯福：向天皇发出个人呼吁应当作为最终手段；再说，天皇也不过是东条内阁的傀儡，绕过内阁发送电报,不仅招人反感,更将被视为软弱无能的表现。

情报部门截获的一封来自东京的电报证实了赫尔的疑虑。电报指示位于马萨诸塞大道上的日本大使馆的人员,销毁全部密码书,只保留三部,同时毁掉两台"B"密码机中的一台。一名负责侦察日本大使馆动态的陆军情报人员发现,工作人员正在后院焚烧文件。军事情报处处长谢尔曼·迈尔斯与其麾下远东科科长鲁弗斯·S.布拉顿上校一致得出结论,"最好的情况是断绝外交关系,最坏的情况是爆发战争",形势迫在眉睫。

在世界的另一边,山下奉文中将正在宣读进攻命令,各师团长、支队长、参谋军官聚精会神地听着,因意识到日本国运岌岌可危而泪流满面。

部队将于12月8日黎明时分展开登陆,登陆地点有三,都在东海岸,靠近泰国与英属马来亚边境位置:其中两个在泰国境内,即北大年与星若拉;另一个则是马来亚境内的哥打巴鲁。辻中佐素多奇思,计划采用现代版的特洛伊木马计占领中立国泰国:派遣1000名身着泰军军服的士兵,在星若拉附近登陆,围捕一批咖啡馆女服务员和舞厅女郎作为掩护展开行动。随后,士兵会征用二三十辆公交车,带着姑娘坐上车,载歌载舞地驶至英属马来亚边境,一手摇泰国国旗,一手摇米字旗,用英语高呼"日本兵真是穷凶极恶!""英国万岁!"辻相信,一片混乱之中,边防部队会让公交车进入马来亚。

次日,亦即12月4日黎明时分,一支由26艘运输船组成的船队离开与中国大陆南端隔海相望的海南岛,南下驶往马来半岛。辻站在陆军运输船"龙城丸"号的舰桥上,望着旭日自东方冉冉升起,皎洁如盘的月亮则在西方天际消失无踪。辻想起母亲与妻儿的面庞。四周传来的只有引擎的轰鸣声。一片平静,气氛十分安详。

4日午后不久,东京方面再次召开联络会议,讨论何时向赫尔递交最终照会。时间初步定在12月7日12时30分,伊藤整一中将没有异议。东条与东乡都很在意能否赶得及在袭击开始之前递交照会,伊藤一口保证没问题,于是时间便确定下来。

东乡希望照会的内容不是简单宣战,而只是一个终止谈判的通知,并给出草拟的内容,其中反映出日方在收到赫尔照会后所感受到的普遍不满及义愤,宣称日本始终耐心地寻求和解,"而美国政府顽固不化,无视现实,咬定不切实际的原则而拒绝让步,导致谈判无故拖延"。在总结部分,照会以遗憾的口吻宣布,"鉴于美国政府之态度,我国唯有得出此结论,通过进一步谈判达成协议之可能性不复存在"。

有人怀有侥幸心理,希望照会为进一步谈判留有余地。然而,其余与会者都清醒地意识到,照会实质上等于宣战,而剩下的时间已不多了。

作为最后一道保险措施,日军舰队在 4 日那天变更密码。美国海军情报局大感头痛,如此一来,那六艘航母的位置便再也无法搜索,而破解新密码也需要一段时间。机动部队已驶过三分之一路程,没有留下任何会导致泄密的踪迹。垃圾通通收在舰内;空油桶则压扁,堆放在甲板上。正午之前,舰队抵达北纬 42 度、东经 170 度,这是最后一个主要补油点,全部舰只都在此处完成补油。之前,舰船补油时最快只能以 9 节航速行驶,此时船员已驾轻就熟,航速能够保持在 12 节。随着机动部队全部舰只补油完毕,补给船只只留下三艘,其余全部返航,留下的三艘会在四十八小时内为舰队提供最后一次补油。

正午过后,舰队收到第一则警报。山本用新密码发来的电报称:截获一则无线电信息,恐来自舰队附近之敌方潜艇。草鹿询问各舰舰长,并无一人截获到来历不明的信息。机动部队毫不退缩,转向东南方,无惧大雾,继续保持原速挺进。飞行员闷在甲板下方,等待似乎漫无尽头。有人画画,有人练剑道,至少有一个人已经开始动笔写书。战斗机飞行员志贺淑雄创作出八幅寺庙主题的水彩画,并邀请"加贺"号众军官前来参观他的个人画展。志贺为"在如此严肃的时刻,展出如此不严肃的作品"而羞怯难当,不过他确定,此时不展出,日后也不会再有机会。距离最后一次演习已过去数个星期,许多飞行员担心技术生疏,便坐进机舱,保持操纵战斗机的手感;投弹手则专心致志地操作着投弹瞄准器。只有机枪手能进行实打实的练习,他们把风筝当作靶子。

次日,亦即 12 月 5 日,伊藤中将来到外务省,告知东乡递交照会的时间需要推迟半小时,改为华盛顿时间下午 1 时。东乡询问是何缘故,伊藤回答自己之前计算有误。东乡又问,下午 1 时把照会递交给赫尔,那么距离袭击还留有多少时间?伊藤以"作战机密"为由,拒绝透露开战具体时间,但保证两者之间留出的空余绝对充足。离开外务省时,伊藤再次提醒外务省,切勿过早给大使馆发送电文。

此时的瓦胡岛正在下雨,吉川乘坐一架小型单翼飞机在珍珠港上空完成最后一趟"观光"飞行。那日早上,吉川收到一封来自东京的紧急电报,要求提交"一份美军舰队全面综合的报告"。着陆后,为近距离确认从空中观察到的情况,吉川最后一次乘车绕行珍珠港,最后给东京方面发去电报:

......5 日下午,港内停泊舰只如下:战列舰 8 艘、巡洋舰 6 艘、驱逐舰 16 艘。

消息再次被"魔术"行动截获,幸运又一次垂青山本,电报还是沉睡在"待阅"文件筐内。

3

以《朝日新闻》为首的东京报刊媒体继续指责西方意图开战。12 月 6 日,各大报纸头条如下:

徒劳延长谈判,美无意对日妥协
美首脑人士共议对日政策,固执态度未见改善
为保中立,泰国骑虎难下
反日包围跋扈猖狂,践踏日本和平愿望
四国齐备战

奥托·托利舒斯把自己对危机临近的感想汇总在一封电报里，发回《纽约时报》。文章称，绝大多数日本民众拒绝相信日本即将与四个国家同时开战：

> ……民众的本能愿望，却与每日之所见所闻相冲突。政府最高首脑发表耸人听闻的言论，称日本正面临两千六百年以来史上最大之危机。群众大会对敌人厉加谴责，报刊新闻尽是战争叫嚣，四处挖掘防空洞，修建蓄水池，民众开展防空演习，尤其是要应对日本城市之致命灾害——大火。最后，还有一路上涨的税收与物价。民众也知道，这不是玩笑，而是真正的战争。不久之前，战争还显得那么遥远，如今却在向神国日本张开炽热的双臂。
>
> 日本在长久以来的战争中，以无数鲜血与巨额财富为代价，已获大量战果。民众不希望开战，却也不想放弃那些成果。有人教育民众称，此战乃是一场自卫战争，目的在于把日本人民从数个资源匮乏的小岛上解放出来，争取更为广阔的天地，同时也是为解救10亿亚洲人脱离白人的残酷剥削……
>
> 假如战火真的蔓延至本土，绝不可认为这些厌恶战争的民众没有上阵作战的勇气，也不可认为日本之战争潜力就如表面那般匮乏。日本自称神土，在其民众心中，爱国主义与宗教信念合二为一。"苟利国家，岂有善恶"不仅是一句口号，日本民众永远都怀着宗教狂热，相信国家走在正确的道路上，不论政治家作出何种错误决策。

在马尼拉，亚洲舰队总司令托马斯·哈特海军上将预测，敌对行动随时可能开始。该舰队实力有限，仅有1艘重型巡洋舰、1艘轻型巡洋舰、13艘曾在"一战"服役的四烟囱驱逐舰，以及29艘潜艇。不过，每艘舰艇都将弹药通通上架，鱼雷装好弹头，处于充分备战状态。

菲律宾地区最主要的轰炸机基地乃是克拉克机场，此前三个晚上，机场上空都曾发现不明飞机。不过，麦克阿瑟将军依然泰然自若。当日下午,他与哈特一起会见了一名来自新加坡的客人——英国远东舰队总司令海军上将汤姆·菲利普斯爵士。此人比拿破仑还要矮上一英寸,人称"拇指汤姆"。三人讨论起一支日本舰队曾在暹罗湾附近的印度支那海岸一带现身,随后又消失在茫茫迷雾之中。日军是准备直接攻击马尼拉或新加坡,还是仅仅要登陆泰国?

麦克阿瑟宽慰道,预计到来年4月,他将拥有训练精良的20万大军,且配有由256架轰炸机与195架战斗机组成的强大空中力量。

"道格,厉害,真厉害。"哈特插话道,"不过此时此刻的防御怎么办呢?"答案不言自明。麦克阿瑟部队的数量确实不少,但这13万人中有10万是装备简陋的菲律宾师,他们仅受过短短几个月的紧密队形训练,唯一熟练的项目恐怕只有敬礼。空中力量也难称充足,只有35架"空中堡垒"与107架P-40战斗机能够派上用场。

会议结束后,菲利普斯向哈特提出一项特别请求:英军打算与日军舰队进行方向相对,从新加坡沿马来半岛东海岸北上,其中主要力量是"反击"号战斗巡洋舰与"威尔士亲王"号战列舰,希望美军派出四艘驱逐舰加入他的舰队。哈特答应派出四艘老旧的驱逐舰。正交谈间,一名传令官进来,带来给菲利普斯的新电报:新加坡基地的飞机再次发现日军舰队动向,位置在泰国海岸附近。

"将军,"哈特问道,"您说自己何时飞回新加坡?"

"我打算明早回去。"

"如果您不想在开战后再赶回去,那我建议您立即起飞。"

那天下午,外务省把准备发给赫尔的通告的最终版本,连同对驻美大使馆的基本指示一并交给电信课课长龟山一二,要求他先发送指示部分,保证大使馆在华盛顿时间12月6日上午8时收到。在指示收到后一个小时,再把通告的前十三个部分发出,而且要直接发送英文版本,以防译文出现讹误;通告的最后一部分,亦即第十四部分,含有明确断绝外交关系的内容,应保证大使馆于当地时间7日早晨4时或5时才能收到。

东京至华盛顿通信情况基本良好，电报发送耗时从不超过一小时。考虑到信息订正或是其他意外情况，龟山留出充分时间，于晚8时30分①将指示与前十三个部分送至中央电报局。40分钟后，大使馆收到指示。又过了一小时，前十三个部分也被发送出去。

前十三个部分一定会大大早于规定时间抵达华盛顿，因此龟山心满意足地回家休息。最为关键的第十四部分，龟山打算次日下午发送，发出后半小时，再给来栖、野村发去最后一封电报，指示他们在华盛顿时间12月7日下午1时，将全部的十四个部分一并递交给赫尔。

灯火管制中的机动部队保持20节时速，朝着东南方向乘风破浪前进。不止一名瞭望员筋疲力尽，被大风吹入海中。雾气浓密，很难观测到前方行船。尽管气候恶劣，航向不断变化，舰队依然保持着整齐队形。

日军始终习惯使用东京时间，而非当地时间。此前，舰队无论北上还是南下，大致都在同一时区，因此并不存在太大问题。此时昼夜颠倒，官兵很不适应，必须忘记时钟，根据太阳判断进餐时间。

那天，警报接二连三传来，南云焦虑不已。首先是东京传来的报告称，附近海域有一艘苏联船只。"加贺"号甲板上的六架战斗机立即进入备战状态，飞行员做好升空准备，但侦察结果毫无异样，最终飞机也未起飞。天黑之后，有人发现头顶升起一道亮光，于是旗舰发出警戒警报，各舰官兵冲往战斗位置，防空炮纷纷抬头，对准那道神秘亮光。其实，那是"加贺"号自己用以判断风向而升起的发光气球。

休息前，草鹿又一次安抚南云，说"没关系"。

南云长叹道："真是羡慕你啊，能这么乐观。"

4

此时，华盛顿还是12月6日，星期六。英国海军部传来一份报告称，

---

① 东京时间与华盛顿时间相隔14小时，东京时间12月6日晚8时30分，对应的是华盛顿时间12月6日上午6时30分。——译者注

一支包括 35 艘运输舰、8 艘巡洋舰、20 艘驱逐舰的日军舰队正径直开往马来半岛。① 在高级海军将领的每日例会上,海军部长弗兰克·诺克斯问道:"各位觉得,日本是不是要对我们动手?"

代表斯塔克上将发言的里奇蒙德·凯利·特纳海军少将答道:"不是的,部长先生,我认为他们的目标是英军,敌人还没有做好准备与我军开战。"

会上没有出现异议。

海军情报局密码科迎来周末休息日,多数工作人员将在中午下班。译员多萝西·艾杰斯夫人不急着回家,便去筛选"魔术"行动所截获的那些低优先级情报,也就是那些与夏威夷相关的堆积如山的文件。艾杰斯夫人数星期前才加入密码科,对身边的一切都很感兴趣。她先是发现一封 12 月 2 日从东京发给驻檀香山总领事喜多的电报,里面询问珍珠港内船只动向,以及防鱼雷网、防空气球的情况。出于好奇,艾杰斯夫人又拿起喜多于 12 月 3 日发给东京的电报,一读之下激动不已:其内容是吉川的报告,他用冗长的篇幅详述奥托·库恩在得到珍珠港内美军舰队的情况后,如何通知停泊在瓦胡岛附近的日本船只,方法有在窗户上挂灯、焚烧垃圾升起烟雾作为信号,或者通过电台播放招聘广告,等等。

艾杰斯夫人判断电报疑点重重,便报告给文书士官长 H.L. 布莱恩特,布莱恩特却说电报太长,她在中午之前绝对翻译不完,不如等下周一再作汇报。艾杰斯夫人不想拖延,便加班到下午 3 点,把电报翻译完成。此时,翻译室室长阿尔文·克莱默前来值班,发现兴奋的艾杰斯夫人,不但没有和她一样激动,反而批评她的工作,并开始校订。不久,克莱默便放弃继续校订,让艾杰斯夫人下班回家,说电报太长,下周再找个时间校订即可。艾杰斯夫人表示抗议,克莱默便说:"下周一,下周一再处理它。"

---

① 当时,美国出现一场激烈的政治争议,甚至涉及叛国的罪名:数名反罗斯福派的军官窃取了几份揭示美国作战计划的绝密文件,并交给三家拥护孤立主义的报社——《芝加哥论坛报》《纽约每日新闻》《华盛顿时代先驱报》。12 月 4 日,三社同时将文件刊出,试图以此证明罗斯福战争贩子的身份。这事在一定程度上,分散了美国军民的注意力。

如此一来，"Z"作战计划再一次与暴露的危险擦身而过。①

马萨诸塞大道上的日本大使馆内，指示电报（日文书写）与准备递交给赫尔的前十三个部分的长篇电报（英文书写）都已收到。一名使馆人员即将调往南美工作，当晚有一场饯别会，因此密码员在傍晚时分便前去赴宴，解码工作仅仅完成前八个部分。

解码完毕的内容过于机密，不便交给打字员处理，因此由使馆一秘奥村胜藏亲自打印成稿。完成八个部分后，奥村前往位于地下的娱乐室稍事歇息，发现两名记者正在打乒乓球。其中一人是加藤万寿男，见奥村走来，便上前询问客船"龙田丸"号的消息。五天前，该船自横滨出发，预计于14日抵达洛杉矶。

"那船到不了美国。我可以跟你赌一美元。"奥村意味深长地说道。

受到琼斯博士或巴鲁克，也有可能是两者共同的影响，罗斯福总统终于下定决心，给天皇发去一封私人信件。信件内容由白宫起草，从近一个世纪前的事情说起：当年的美国总统米勒德·菲尔莫尔也曾以个人名义致书修好。两国多年维持和平，却因日本占领南印度支那而濒临战事，而菲律宾、马来亚、泰国、荷属东印度的民众也面临着国土沦陷之虞。

> 上述各国民众处境危若累卵，然而这处境不能无限期或永久持续下去。
>
> 只要日本陆、海两军完全撤出印度支那，美国绝不会产生入侵该地之念头。
>
> 吾人认为，东印度群岛、马来亚及泰国诸政府当局也能够作出同样保证。至于中国政府，美国可以出面要求。因此，日本自印度支那撤军，将意味着整个南太平洋地区维持和平。
>
> 如今，吾人致书陛下，是为表达殷切之期望，愿陛下与吾人一道，在此剑拔弩张之际，探寻驱散阴霾之方法。吾人深信，为两个伟大国

---

① 战后，军事情报处官员鲁弗斯·布拉顿上校曾说："如果当初（12月6日）便得到消息……一切都将不同。"

家、为两国及邻近诸国人民,恢复传统友好关系,阻止死亡与毁灭进一步笼罩世界,乃是双方共同之神圣责任。

总统在信上签下"富兰克林·D. 罗斯福",连同一张手书字条,一并命人交给赫尔:

考德尔如晤:
速将此信发给格鲁。信件内容无惧监听,为节省时间,使用明码亦无妨。

富·罗

晚7时40分左右,国务院对新闻媒体宣布:总统以个人名义致书日本天皇,信件已经发出。

战争部长亨利·史汀生还在岩溪谷上方的伍德利庄园中,不打算回长岛过周末。① 原因正如他在日记中所写的那样:"气氛表明,似乎要有大事发生。"

美国海军解码人员比日本大使馆的工作人员更为勤奋,加班至晚8时30分,将东乡发来的前十三个部分解码完成,并打印成稿,准备分发。克莱默少校深知情报之重要性,便拿起电话,给几位高层负责人一一拨号。"我发现一则重要情报,还请您立即过目。"克莱默对海军部长诺克斯说道。随后,海军情报局局长、陆军战争计划处处长以及白宫都接到电话,只有一人联系不上——绰号"贝蒂"的斯塔克上将不在位于天文台环路的官邸之中。

晚上9时刚过,克莱默离开办公室,由妻子驾车前往白宫。下车后,克莱默来到白宫旁边一座附属办公楼,把一个密封的装有情报副本的文件袋交给当值人员莱斯特·舒尔茨中尉。

---

① 伍德利庄园,位于华盛顿特区的一座豪宅,地势颇高。史汀生家在长岛,但为办公方便,平时住在庄园。——译者注

舒尔茨把文件袋送到总统书房,罗斯福正坐在桌边,与哈里·霍普金斯交谈。罗斯福读完这十三个部分,一语不发地将它交给霍普金斯。当霍普金斯读完后,罗斯福说道:"意思就是宣战。"

舒尔茨等在一边,总统与霍普金斯则谈起危急局势。"开战主导权握在日本手中,"霍普金斯说,"只恨我们没法先发制人。"

"对,不能先动手。美国是民主国家,热爱和平。"罗斯福抬高嗓音,"但我们交出的答卷一向不错。"总统拿起电话,打算与斯塔克通话,接线员回答称,斯塔克在国家大剧院。罗斯福扣下电话,说道:"我过会儿再联系'贝蒂'。要是在剧院被叫走,一定会引发公众恐慌,这样不好。"

斯塔克难得忙里偷闲,那时他正在剧院观看驻场剧《学生王子》,但他对表演没有什么印象,事后回忆时,甚至记不清12月6日晚上自己究竟在做什么。战争近在咫尺,但首当其冲的会是哪里?暹罗湾附近的武装船队看似目标是新加坡,但也有可能是菲律宾,甚至是巴拿马运河。好在他不用担心夏威夷地区。为保护珍珠港基地免遭日军突然空袭,美军制定出夏威夷陆、海两军联防计划。斯塔克对该计划很是满意,将其作为范本发送给各驻地司令官。

那晚,海军情报局局长西奥多·S. 威尔金森上校举办晚宴,陆军军事情报处处长谢尔曼·迈尔斯将军恰好临席,也看到了十三个部分。在迈尔斯看来,电报"没有多少军事意义",因此并不特别在意,而且给麾下远东问题专家布拉顿上校打去电话,称"没有必要特地提醒"马歇尔将军。将军正在麦尔兹堡与夫人共度安闲的周末;迈尔斯也心安理得地上床休息,并不打算周末加班。

时间已过午夜,12月7日迎来最初几分钟。一些高官还未入睡,考虑着日本会在何时何地发动袭击。然而,包括罗斯福、赫尔、史汀生、诺克斯、马歇尔、斯塔克在内的所有人,都没有料到日本的目标竟是珍珠港。

瓦胡岛上,时间还是周六傍晚。与马歇尔、斯塔克一样,夏威夷地区的陆、海两军司令丝毫未曾担心珍珠港遭到空袭。沃尔特·肖特将军正在沙夫特堡的自家露台上,与麾下情报军官、反情报军官举行紧急会议,会议内容是讨论 FBI 对当地一名日裔牙医与东京某报社通话的监听记录。报社编辑打听夏威夷各种各样的事物,不仅询问飞机、探照灯、天气的情况,甚至还问到花朵。就花朵的问题,牙医答复称:木槿与一品红开得正盛。花朵有什么含义?是某种暗号吗?

肖特夫人在门外的车子里已不耐烦地等了将近一小时。最后,肖特决定先不采取任何行动,等到次日早上再说,然后便坐上车,急忙赶往 15 英里外的斯科菲尔德兵营军官俱乐部,去参加当晚特别举办的一场义演。他们得抓紧了。

金梅尔将军则在"无钥轩"①出席私人晚宴,不过他精力过人富有献身精神,一心工作。在晚上 9 时 30 分,他喝过一杯惯点的鸡尾酒后便告辞离去,打算回家睡觉。有传言称,金梅尔与陆军同僚肖特将军水火不容。实际上,两人已约好次日上午一起打高尔夫球。通常,金梅尔都会坐在办公桌前度过周日。

金梅尔与肖特都认为,夏威夷没有必要一直保持警戒状态。华盛顿方面虽然发来警告,但从未具体表明日军可能会空袭珍珠港,甚至连一丁点暗示都没有。于是,金梅尔负责防备潜艇袭击,肖特负责防备间谍破坏。日本驻檀香山总领事馆从两天前便开始焚烧文件,虽有报告传来,两人都未特别留意。而斯塔克颇为得意的那份陆、海两军联防计划,事实上并未在 12 月 6 日晚实施,官兵依然享受着正常和平时期的休假权。

次日一早将只有例行巡逻与有限的空中警戒,保护珍珠港的防空火炮也只配备有少量人员。停泊港内的 94 艘军舰上,除当值人员外,绝大多数乘员都已准备就寝。这只是另一个波澜不惊的热带之夜。

FBI 特工坚持不懈地追查那名无辜牙医,却始终没有去怀疑总领事馆里那名叫"森村正"的下级官员。那天晚上,海军间谍吉川猛夫在领事馆工作到深夜,终于把最后一份报告完成。数小时前,吉川曾给东京发去电报称,据调查,战列舰没有配备防鱼雷网,珍珠港附近也并未升起防空气球。

---

① 无钥轩,夏威夷著名酒店哈利库拉尼(Halekulani)的餐厅。也有同名侦探小说及电影,描绘夏威夷风光。——译者注

……甚至也很难想象敌人实际上有所防备。退一步讲,即便敌人确实升起防空气球,那覆盖范围将包括珍珠港附近海域上空,以及希卡姆、福特、埃瓦附近机场跑道上空,其防御力度亦必相当有限。本人认为,在很大程度上,对上述地区发起突然袭击的成功率依然可观。

此时,吉川坐在桌旁,把刚刚观察到的军舰泊港情况记录在纸上:战列舰9艘、轻型巡洋舰3艘、潜艇母舰3艘、驱逐舰17艘;另有4艘轻型巡洋舰与2艘驱逐舰停靠在码头;重型巡洋舰与航母已驶离港口,看起来"舰队并未派出空中侦察"。

吉川按铃叫来无线电室的密码员,把消息交给他,然后来到领事馆庭院散步。远处的珍珠港在明亮的雾霭中若隐若现,但他听不到巡逻飞机的声音。于是,吉川选择回去睡觉。

预计将于12月14日抵达洛杉矶的客船"龙田丸"号,此时的位置差不多在夏威夷附近。然而,客船却突然偏离航线,没有向乘客作出任何解释便掉头返航。奥村一秘即将从加藤记者手中赢得那一美元。

此时,马尼拉是12月7日傍晚,刚刚度过晴朗而酷热的白天。这里的气氛比华盛顿与夏威夷都要紧张,因为菲律宾随时可能成为一线战场,而克拉克机场上空又再次发现不明飞机。

夜晚,在马尼拉大酒店里,第二十七轰炸大队正为刘易斯·H.布里尔顿少将召开盛大的欢迎会,他是麦克阿瑟新近建立起来的远东航空队司令。在很长一段时间里,许多参加者依旧对晚会印象十分深刻,认为这是"明斯基式娱乐①,非常棒"。而主宾布里尔顿考虑的却尽是战争及航空力量不足的悲哀现实。席间,哈特海军上将的参谋长说起:"两军交火,也就是几天甚至几个小时之内的事情。"很快,麦克阿瑟的参谋长又带来

---

① 明斯基式娱乐,指美国人明斯基四兄弟于20世纪初期创造的一种表演形式,以脱衣舞等带有淫秽色彩的表演为主要卖点。1937年,纽约州政府禁止这类演出,明斯基式娱乐遂走向衰落。——译者注

消息称,陆军认为随时可能开战。

布里尔顿给自己的参谋长打电话,指示所有机场进入战斗戒备状态。值得庆幸的是,大量空中增援力量正在路上。一支运输船队预计 1 月 4 日便可抵达,船上载有 52 架俯冲轰炸机、2 个炮兵团,以及大量急需的弹药物资。除运输船队外,数日之内还会有 30 架"空中堡垒"抵达,那样布里尔顿赢弱的空中力量便可扩充一倍,其中 12 架已从加利福尼亚起飞,预计黎明后不久将在珍珠港旁边的希卡姆机场降落。

距离马尼拉西北 50 英里的克拉克机场,16 架"空中堡垒"排成一列,整装待发。开阔的机场,被几棵树木与一片齐腰高的白茅丛围绕着,处处是障壁、散兵坑与堑壕。东北边,以诺亚方舟最后停泊地命名的阿拉亚特山突兀地矗立在平原上,借着月光看去,实有几分奇异,不似尘世之物。

附近的一座兵营里,弗兰克·特拉梅尔参谋军士正在试图通过业余无线电台与住在加利福尼亚州圣贝纳迪诺的妻子诺尔玛取得联系。奇怪的是,那天晚上怎么也发不出消息,唯一能够联系到的城市是新加坡,而部队禁止与新加坡私自通信。

面积 220 平方英里的岛国新加坡位于菲律宾西南约 1600 英里处,两者之间的距离及方位都与从纽约到新奥尔良相似。该城是盟军防御体系的基石,一旦失守,马来亚必将不保,就连坐拥丰富石油、锡及橡胶资源的荷属东印度,也不得不拱手让人。

那天夜里,新加坡的天空被交叉的探照灯光映得通明。15 英寸口径巨炮对着海面,防备着海上袭击。这座花二十年共耗资 6000 万英镑建造的巨型海军基地中,停泊着两艘强力军舰——"反击"号与"威尔士亲王"号,它们深为枢密院议长原嘉道所忌惮。

马来亚司令部刚刚将代号为"奖券"的警报发布出去,英军、澳军及印军官兵便整装完毕。众人相信新加坡是一座坚不可摧的堡垒,因而无不感到成竹在胸。

新加坡北偏东北约 1650 英里,是大英帝国在东南亚地区的另一座堡垒——香港。香港也是一座小岛,从中国大陆南端乘坐轮渡,仅需几分钟便能到达。11319名官兵驻守该岛,严阵以待。

午夜时分,开阔的港口陷入沉寂,只有一些大小帆船、戎克船与舢板还像往常一样零星散布在水面上。早在前一天夜里,要各军官和商船乘员立即归船的通知便传遍各个酒吧与舞厅。对香港而言,日本舰队出现在暹罗湾只意味着一件事情:要出大乱子了。不过香港与新加坡一样准备充分,有信心应对挑战。

从华盛顿到香港,人们都明白日本很有可能在几小时内发动攻击。不过在另外许多地方,"严阵以待"依然只停留在口头,很少有人在实际行动上为残酷的战争做好准备。至于日本早已为从珍珠港到新加坡的战争制定好周密详尽的计划这点,更是无人知晓了。

周末的东京明亮、温暖,令人心旷神怡。然而,在奥托·托利舒斯看来,这是一种"不祥的平静",每一个日本人"似乎都在等待着什么"。那天,托利舒斯大部分时间都坐在打字机前,为《纽约时报》撰写一篇有关格鲁大使的文章。文中写道:如今日本已从西方学得一切战争知识,当年的"攘夷"呼声又将复苏。

　　……而这将导致的,便是那个长久以来的预言:白种人与黄种人之间,具体来讲,是日本与美国之间,将会爆发战争。就眼下而言,战争有一触即发的可能性,至于是否会变为残酷的现实,要看东京与华盛顿作何决定。

托利舒斯把文稿通读一遍,虽感觉语气有些重,却也不打算修改,直接让信使发给格鲁大使最后过目。

那个星期日,日方高层所担心的不是战争一触即发,而是秘密行动会暴露的可能性。接近正午时分,东京方面得到消息称,穿过暹罗湾前往马来半岛的船队被一架英军水上飞机发现。数分钟后,另一封电报传来称,一架陆军战斗机已将英机击坠。那么,那架水上飞机是否有时间将情报通过无线电发送回去?①

　　罗斯福以个人身份表达和平愿望的那封书信,在7日中午送达东京。然而,根据最近指示,这封信将被自动扣留10小时。前一天,陆军参谋本部户村盛雄中佐给友人白尾干城——白尾是运输通信省官员,负责电报审阅——打去电话,指示一切来自国外的电报都加以推迟,交替着一天推迟10小时,下一天推迟5小时。而罗斯福信件抵达的星期日,恰好要推迟10小时。

　　格鲁大使从旧金山每日新闻广播中早早得知该消息,却直到夜里10点半才收到电报,电报上盖着的"**三重加急**"印章完全没有作用。格鲁自然大动肝火,于0时15分拿着解码完毕的电报来到外相官邸,告诉东乡,罗斯福有一封致天皇的私人信函,并大声朗读出来。

　　东乡答应"会加以研究",且会"禀奏陛下"。他在格鲁离开后立即给宫内大臣松平恒雄打去电话,询问深夜打扰天皇是否合适。松平表示,总统来信属于政治事务,而非礼节事务,因此要请木户作出判断。东乡从位于赤坂的家中与木户通话,木户认为,面对此种情况,"即便是三更半夜"天皇也会起床,并答应自己也立即入宫。

　　东乡乘车赶往首相官邸。东条首先问,信函里是否有作出让步,在得到否定答案后,便说:"那总归是于事无补,您觉得呢?"却也并不反对禀呈信件。两人共同拟出一份答复,算是委婉的拒绝。准备离开时,东乡半开玩笑地说道:"深更半夜打扰到好几位大人,真有点不好意思。"

　　"电文这么晚才到,其实是件好事。"东条也许是在不合时宜地卖弄"妙语","若是早一两天到,事情倒更麻烦了。"

　　东乡抵达宫城,木户已等在那里。"没什么用吧?"得知信件内容后,木户问道,"东条什么看法?"

　　"与您意见相同。"

---

① 那天还有另一件事。一名退役海军大将在《日本时报与广告报》周六晚间版发表文章吹嘘道,美国海军当局"竟一派胡言,号称日本不可能将活动范围扩展至夏威夷,且这类行动必将以失败告终"。日本高层读到此文,想必也会吓出一身冷汗。

5

大约在格鲁收到罗斯福电报的同时,克莱默少校正在海军部办公室里阅读日方发给赫尔的通告的第十四部分,亦即正式中断谈判的电文。此时是华盛顿时间 12 月 7 日上午 8 时。

克莱默把十四个部分凑在一起,装入文件袋,再次送给各高层官员,而当他于 10 时 20 分回到办公室时,发现桌上摆着另一份电报,标有"紧急——极其重要"的字样。那是东乡发给野村的指示,命令大使于下午 1 时将包含全部十四个部分的文件交给赫尔。

在把最新那份电报装入文件袋的同时,克莱默计算时差,发现华盛顿时间下午 1 时正是夏威夷时间早上 7 时 30 分。他在珍珠港待过两年,知道周日的 7 时 30 分,水兵正在吃早饭,港口内很是平静。怀着满心忧虑,克莱默穿过海军部的大曲廊,前往斯塔克上将办公室。

马萨诸塞大道的日本使馆内,情况已接近混乱。前一日夜里,密码员在饯别会上开怀畅饮,午夜之前回到使馆,把前十三个部分解码完毕,接着便坐等第十四个部分。时间一分一秒地过去,直到黎明时分,第十四个部分也没见踪影。密码员失去耐心,便回家休息,只留下值班人员。约一小时后,一批电报到达,其中便有东京发来的第十四个部分,由麦凯电报局与美国无线电公司同时发来,还用英文清晰标注着**极其重要**。

值班人员打电话通知密码员,但当密码员赶回时岗位时,已是接近上午 10 时,且因睡眠不足而怨声连连。与此同时,一秘奥村坐在打字机前吃力地敲击键盘,希望打出一份誊清稿,却由于打字技术业余,奋力工作两个小时,依然远远未能完成任务。

直到 10 时 30 分,这份指示电报才解码完毕,野村得知自己需要在下午 1 时将全部十四个部分递交给赫尔,而第十四部分虽然在上午 7 时送达,却尚未解码完毕。野村连忙致电赫尔办公室,要求在下午 1 点进行会面,却只得到一声道歉,原来国务卿已有午餐会的安排。"事关重大。"野村忙道,假如赫尔确无时间,那副国务卿也可以。电话那边顿了顿,最终表示可以与赫尔见面。

野村放下话筒数分钟后,奥村终于把前十三个部分打印成11页文稿,却发现修正痕迹太多,无法作为日本官方外交文件,于是只能从头再来一遍。新一轮的工作得到一名资历尚浅的译员的帮助,尽管两人在打字方面都是外行,奥村还是确信能够在下午1时的会面之前打完全部文件。

野村给赫尔办公室打电话时,年轻的克莱默少校走进斯塔克办公室。斯塔克刚在庭院与温室悠哉游哉地散了一圈步,此时正全神贯注地在看第十四部分电文。克莱默在办公室外间等待时,对一名同事指出,"下午1点"对夏威夷而言或许具有重要意义。

读完冗长的十四个部分的全文后,斯塔克又拿起那份"下午1时"的指示电报。"长官,您看是否应该电话通知金梅尔将军?"一名情报人员建议道。斯塔克拿起话筒,却想到自己于11月27日发出的"战争警告"足以让众人保持警惕,且珍珠港遇袭之可能性在各地中似为最低,于是便说:这电话还是拨给白宫为好。然而,总统电话正处于占线状态。

陆军方面,布拉顿上校读到第十四部分也不为所动,而在拿到"下午1时"的电报时,仅仅扫了一眼,便"狂奔"至上司办公室,因为他确信那是"日军打算进攻某些美军设施"之证明。此时,迈尔斯、马歇尔都在家中。布拉顿不顾程序,直接给马歇尔位于波托马克河对岸的住所打去电话,接电话的是勤务兵阿奎尔中士,称总参谋长刚刚出门,参加例行的周日骑马活动。

这天,马歇尔与往常一样在6时30分起床,然后悠闲地与妻子共进早餐,这是一星期以来两人第一次团聚。自从两次病倒后,马歇尔就选择与妻子过一种宁静甚至可以说隐居般的生活。"不能再发火了,太伤元气,身体受不住。"前不久,马歇尔曾对妻子说道,"我得保持头脑清醒。"

马歇尔并不知道总统前一晚收到的那份相当于"宣战"的信息,此时只是纵马朝着一片政府实验农场驰去,这里将来会成为五角大楼的建筑地址。通常,骑马活动只持续一小时左右,这天却稍微延长了些。待马歇尔回家,从焦急的阿奎尔那里获知消息时,已是10时25分。布拉顿终于接到总参谋长的电话,可他在解释"最关键信息"时却过于谨慎,以至于马歇尔未能意识到事情的紧迫性,而是选择先去冲澡,再命人前往河对岸的军需大厦,把自己停在那里的豪车开来,直到11点出头才坐到办公桌前,仔细阅读这些电报。与布拉顿相同,马歇尔对全部十四个部分并无太大反应,却对"下午1时"的电报感到震惊,连忙拿出一张黄色便笺纸,写下发给太平洋地区各部队司令的电报内容:

> 日本拟于东部标准时间今日下午1点递交照会,且已下令立即销毁密码机。该照会等同于最后通牒。
> 此一时间所指意义为何尚不得知,惟请务必保持警惕。

马歇尔给斯塔克打去电话:"把递交照会的时间通给太平洋地区各舰队司令,如何?"

"我们给过的警告已经不少了。再送一条新消息,恐怕只会让他们心生困惑。"

马歇尔扣下话筒不久,斯塔克又打来电话。

"乔治,"斯塔克的声音有些焦虑,"日本大使于下午1时约见赫尔,这时间可能真有点蹊跷。你说的有道理,海军也准备向太平洋地区发出警告。"斯塔克提议使用海军的通信设施,并表示紧急情况下,海军设施速度很快。

"谢了,'贝蒂',我感觉陆军的通信已经足够快了。"

"那,乔治,你能让各级陆军把消息转给海军吗?"

马歇尔答应下来,在便笺上添上一句转达海军,并将其标记为**"最高优先级——机密"**,命人将其送往电报中心,依次发送给巴拿马运河、菲律宾、夏威夷与旧金山。他对时间很是在意,三番五次派部下去问还需多久电报才能送到,负责电报收发的主管军官爱德华·弗伦奇上校给出的答复令人放心:"已经在处理,三四十分钟内可送达。"马歇尔根本没有考虑过使用加密电话,因为电话相比于电报更容易遭到窃听,这样日方便会发觉他们"牢不可破的"密码已然遭到破解。

华盛顿时间刚过正午12时,旧金山、巴拿马运河及菲律宾当地部队司令成功收到警告电报。然而,夏威夷却由于天气关系未能收到。当然,海军也有一条线路,但出于某种原因,弗伦奇上校没有选择海军那"很快"的设施,而是将电报交给与檀香山并无直连线路的西部联合公司,甚至没有在上面标注**"紧急"**字样。

在风光秀丽的柱岛附近海面,联合舰队处于待命状态,准备在必要时从内海启航,援助机动部队。山本已发出最终命令,其内容与东乡大将在对马海峡的那道命令完全一致。

"长门"号上笼罩着一种不失冷静的警惕氛围。早先对前往马来半岛的舰队暴露行迹的担心,看来属于杞人忧天。一如往日,山本与渡边安次中佐对坐而弈,在将棋棋盘上全神贯注,赢下五局中的三局。两人洗过澡,返回参谋室,之后山本回到司令长官舱室,写下一首和歌——一种由31个音节组成的短诗:

> 男儿誓为君干盾,敢惜浮名与此身。

事实上,当时接近珍珠港的日本海军不止机动部队,另有一支是潜艇部队,共分为三股力量。第一股是11艘潜艇,沿大圆航线汇聚在瓦胡岛,4艘在岛屿东北,7艘在瓦胡岛与莫洛凯岛之间的海峡。第二股是9艘潜艇,从马绍尔群岛出发,其中7艘在瓦胡岛以南,另外2艘在茂宜岛附近,以观察在拉海纳究竟是否存在美军舰队。

第三股是5艘潜艇,属于特别攻击队,此时正趁着夜色浮出水面,自西南方向悄悄逼近珍珠港。5艘潜艇各自背负着1艘小型双人潜艇,这种小型艇长79英尺,能以20节的极高航速在水下行驶,其任务是自航道潜入,停在战列舰附近,待空袭开始便浮出水面,发射鱼雷攻击就近的大型敌舰。起初,山本选择撤销该方案,因为潜艇乘员显然凶多吉少,直到得到部下保证称一定会尽一切努力营救乘员,山本才最终同意。

当地时间12月6日晚11时前不久,母艇在距离珍珠港约8海里处停下,开始吃力地放下小型潜艇。母艇士兵站在甲板上,能够望见岸边明亮的灯光,甚至还能看到怀基基海滩上的霓虹灯,听到海面上传来的隐隐约约的爵士乐声。数分钟后,四艘小型潜艇出发,第五艘的陀螺罗盘发生故障,无法修复,但两名乘员坚持执行任务,仍然爬进小艇。母艇下潜,松开固定夹,小型潜艇便缓缓驶向珍珠港。

机动部队朝着距离珍珠港200海里的出击点,以24节航速全速行进。官兵各就各位,炮手准备好朝视野范围内一切物体开火。飞行员与水兵在夏威夷时间12月7日凌晨3时30分便被叫醒,写好遗书,把指甲屑与剪断的头发放在柜子里留给家人,换上干净的兜裆布,系上"千人针"腰带①。这天的早餐异常丰盛,有红豆饭和鲷,鲷是一种日本人在节庆时食用的鱼类。

舰只摇晃剧烈,甚至出现海浪涌上航母甲板的情况。考虑到天气情况,舰队下令,鱼雷轰炸机将不参加第一波攻击,要等到天色完全亮起,在第二波攻击中出动。鱼雷轰炸机飞行员抱怨道,他们已经过艰苦训练,波涛汹涌不再是障碍,哪怕在黎明前的黑暗中也可以出击。舰队依然不肯改变决定。

尽管派出的监视潜艇发回确切消息,联合舰队也传来报告称,除航母外,美军太平洋舰队都在珍珠港内,南云依然对拉海纳的情况放心不下,命令侦察机最后再飞一趟。机动部队中的骨干力量——两艘重型巡洋舰"筑摩"号与"利根"号距离珍珠港只有150海里。天亮前一小时,两舰各自将两艘水上飞机发射至微风之中:其中两架飞往拉海纳,两架飞往珍珠港。飞机的任务是在发动袭击的半小时前抵达目的地,通过无线电回报当地的云层、风速、风向情况,当然最重要的是回报太平洋舰队的真实位置。

---

① 一种祈求好运的束腹带。出征兵士的母亲、妻子或姐妹会站在街角,请过往路人在腰带上刺一针,直到集齐1000针,意味着腰带包含着1000人对好运与胜利的祈愿。

机动部队往西约 6600 海里处，一支大型舰队正分作三股逼近马来半岛。主力是 14 艘舰船，驶往星若拉。其左侧 3 艘舰船驶往北大年，再往左侧，3 艘运输舰驶往哥打巴鲁。各舰首先要抵达目的地，然后于东京时间午夜时分，停泊在距离城市不远的海面上。那天本有月光，却被云层笼罩，对入侵者而言无疑是幸运的。船体摇晃幅度甚轻，一切情况都利于轻松登陆。然后，凌晨 1 时 15 分，运输舰的护航舰朝海岸发起炮击，这便是登陆信号。

此时是夏威夷时间凌晨 5 时 45 分，太平洋战争在误算之中拉开帷幕。早在机动部队出发之前，源田与海军军令部的三代中佐商讨决定，将袭击珍珠港的时间定在黎明之前。然而，许多飞行员不满该决定，认为在漆黑环境下起飞过于危险，因此源田在机动部队出发前最后一刻，将第一波袭击的时间推迟两小时。直到机动部队离开单冠湾数日后，三代才获知此事，然而此时再改变时间安排，很难保证传达到全体部队，因此三代打算自行承担责任，选择保持沉默，甚至没有报告伊藤中将对马来半岛的攻击或将提前成为第一枪。"我选择把命运交给上天决定。"

于是，对哥打巴鲁海岸的炮击，将东方与西方、白种人与黄种人拖入一场崭新的战争，此时距离第一批炸弹落在夏威夷，还有 2 小时 15 分钟。问题在于，英军是否能够及时将日军的袭击告知珍珠港方面？

在马来半岛打响战争第一枪时，机动部队刚刚驶过出击点，距离珍珠港北部已不足 200 海里。第一道曙光显现在东方天际，飞行员与机组人员进入机舱，引擎轰鸣震耳。数片云彩飘扬在天空之中。滔天巨浪之中，军舰已倾斜达 12 度，最严重时达 15 度。若在平日，倾斜超 5 度便可令演习取消，不过此时已是箭在弦上，断无不发之理。

草鹿少将命令"赤城"号升起 Z 旗，与东乡在对马海战中升起的那面一模一样。自日俄战争以来，Z 旗已成为海军一种普遍的战术信号，草鹿相信机动部队的每名官兵都理解该旗的象征意义。不过，包括源田在内的多名参谋看到 Z 旗升起，一致表示反对，认为这有造成混乱的风险。草鹿很不情愿地撤销命令，下令升起一面与东乡信号相似的旗帜。

"加贺"号官兵看到Z旗升起时,无不欢欣鼓舞,也高高升起自己的旗帜。这意味着此战将成为又一场对马海战!紧接着,不知为何,"赤城"号的Z旗降落下来,一部分官兵的热情也随之冷却。

在6艘航母的甲板上,参加第一波攻击的飞机排列齐整:43架战斗机打头,接着是49架高空轰炸机、51架俯冲轰炸机,最后是40架鱼雷轰炸机——最后一刻,舰队还是决定让鱼雷轰炸机在黎明前的黑暗中冒险起飞。

率领"加贺"号战斗机群的是业余画家志贺淑雄大尉,他急不可待,希望第一个飞上天空,便挥手将一名地勤人员叫来,让他按照自己的指示取走轮挡,而不要像平时那样看旗手的信号。

在"加贺"号舰桥上,飞行长佐多直大向舰长报告道:"各机准备就绪。"舰长调整方向,让舰首正面迎风。一面红底白圈的三角旗悬挂在"赤城"号半桅处,表示"准备升空"。佐多从"加贺"号上紧紧注视着旗帜升到桅顶,当它下降时,佐多需要发出手势,示意"加贺"号也降下自己的航空旗。

志贺大尉并不关心"加贺"号本身的航空旗,而是目不转睛地望着"赤城"号,见其旗帜落下,便大喊一声"取走轮挡",随即冲出跑道。"加贺"号舰长探出窗户,期待看到飞行员通常的敬礼致意,然而志贺一心只想着抢先升空,根本顾不上行礼。他驾驶着"零式"①战斗机飞出甲板,迅速下落至离海面15英尺的高度,接着左转、爬升,却失望地发现"赤城"号的第一名战斗机驾驶员板谷茂少佐已在天上,比他仅仅快出数秒。原来,板谷也没有等待旗手的信号。志贺在拐弯时放慢速度,等待他的中队跟上,然后与负责指挥全体战斗机的板谷一起行动。战斗机群保持着松散队形,如同一群飞燕,向南疾飞而去。

接着升空的是三菱中型高空轰炸机。升空飞离"苍龙"号的第一架飞机里坐着中队长阿部平次郎。与美军的惯例相反,中队长担任的角色不

---

① 其名得自其正式服役的1940年,即皇纪纪元2600年,海军以该年的末两位数字为这款飞机命名。

是飞行员,而是领航员兼投弹手。阿部担心航母颠簸,回首望向昏暗的天空,看队员是否跟上。很快,中队各级便在战斗机身后摆出精准的Ⅴ字队形,阿部便放下心来。随后,爱知社产"九九式"俯冲轰炸机也升上天空,加入到阿部等人的队列中来。

升空最危险者当属中岛社产"九七式"鱼雷轰炸机。在天色昏暗之时将鱼雷机投入第一波袭击,无疑是一场赌博。中队长松村平太大尉率先飞离"飞龙"号,他刚冲出甲板,便如陷入黑色深坑一般。飞机奋力爬升至500英尺,很快便被吞没在浓密的云层之中。松村连忙冲出,向左飞去,与部下汇合后,便遇到从"苍龙"号起飞的鱼雷轰炸机,一道升至13000英尺的高空,跟在从"赤城""加贺"两舰飞出的飞机身后。全部起飞行动花费时间不到15分钟,乃是最快纪录。坠毁飞机只有一架"零式"战斗机。

前方,志贺转头回望,只见一支凌乱而庞大的飞机部队跟在身后,这是志贺头一次见到那么多飞机。起飞半小时后,一轮巨大的红日从左边升起;农民出身的年轻鱼雷轰炸机飞行员森拾三第一次从空中观看日出,朝霞映衬之下,前方飞机像是蚀刻在红光之中的黑色剪影,这景象太过浪漫,以至于森无法相信自己正投身于一场关乎日本命运的战役。而在松村大尉看来,日出是一种神圣的象征,标志着破晓而出的"崭新世纪"。

此时是夏威夷时间早晨6时30分,珍珠港入口打开防鱼雷网,迎接靶舰"心宿二"号进入。入口之外,驱逐舰"华德"号上,年轻的舰长威廉·奥特布里奇上尉刚刚起床,戴上眼镜,穿上一件和服,就着熹微晨光,从左舷舷窗注视着"心宿二"号。"心宿二"号正把一只救生筏拖入珍珠港,奥特布里奇却注意到,筏子后边还跟着一样奇怪物件,看上去很像潜艇的指挥塔。"全员各就各位!"奥特布里奇喊道。此时"心宿二"号也发来信号:"右舷后方1500码,发现一艘小型潜艇!"

"华德"号朝潜艇驶去,在距离只有100码时展开炮击。一号炮台没有射中,但三号炮台成功命中指挥塔。小型潜艇开始下沉,众水兵欢呼雀跃,奥特布里奇却喊道:"丢深水炸弹!""华德"号鸣笛四声,四枚深水炸弹依次投下。

6时51分,奥特布里奇向第十四海军军区发出消息:我舰于海域防卫行动中向敌潜艇投放深水炸弹。消息发出后,奥特布里奇总觉得语气不够强烈,便发出第二条:我舰于海域防卫行动中遭遇敌潜艇,已进行炮击并投放深水炸弹。

由于电文解码延误,奥特布里奇的第二条消息直到7时12分才传到金梅尔的参谋长约翰·B.厄尔上校手中。数分钟后,厄尔找到克劳德·C.布洛克将军,将军读过后问道:"你怎么看?"

厄尔对消息的真实性存疑。"船员看错的案例为数不少,不可莽撞行事。"

过去几个月里,类似的警报有过十多条,但没有一条准确。因此,布洛克理解厄尔的意思,并命令道:"让'华德'号仔细核实。"

几乎同时,陆军也收到一份警报,同样没能得到重视。7时6分,在瓦胡岛最北端的奥帕纳雷达站里,刚从陆军航空兵团调至第五一五防空警报通信队的小乔治·埃利奥特二等兵发现雷达上出现一大片光点,便叫来二等兵约瑟夫·洛卡德。后者操纵雷达经验丰富,却也从未见过如此大范围的反应,看上去像是两条主脉冲。起初,洛卡德以为是机器发生故障,经过检查,也只得同意埃利奥特的意见——确实有大批飞机正在逼近。

此时,埃利奥特已在描绘板上完成定位:东3度,北137海里。兴奋的埃利奥特提议把消息汇报给沙夫特堡情报中心,洛卡德起初不同意,最终还是允许埃利奥特去打电话。情报中心的接线员只能找到一个名叫克米特·泰勒的飞行员,此外再无值班人员在场。泰勒听说光点越来越大,而飞机群距离瓦胡岛只有90海里时,只抛下一句"别担心",便扣下电话。泰勒坚信,这些只是本土飞来的"空中堡垒",或是从航母上起飞的友机。

华盛顿时间12时30分,野村如坐针毡,还有三十分钟他就要与赫尔会面了。第十四部分刚刚解码完毕,已交给烦躁的奥村打字,而奥村与那名同样能力不足的助手,还没有忙完前十三个部分。雪上加霜的是,大使馆又收到两条"更正"电报:一条要求修改一处用词,另一条则称在传输中有一整句话丢失;前一条意味着要重打一页,后一条则意味着要重打两页。

时间一分一秒地过去,野村一而再,再而三跑到门口,恳求奥村二人快点完成,而压力却造成更多的失误。显然,野村与来栖面见赫尔的时间,至少要推迟一个小时。

从"利根"号起飞的一架水上飞机已来到拉海纳上空,从"筑摩"号起飞的另一架水上飞机几乎就在珍珠港上空。然而,地面上无人注意到这两架飞机的存在。上午 7 时 35 分,拉海纳上空的飞机使用明码回报机动部队,甚至没有受到监听:

拉海纳不见敌舰队 0305

很快,机动部队又收到另一则消息:

敌舰队位于珍珠港。

在草鹿看来,这"消息带来无上的喜悦"。紧随其后的是第三份电报:瓦胡岛上空存在云层,珍珠港上空则"晴空湛然"。

东乡抵达宫城时,满天星斗光辉灿烂,预示着美好的一天。天皇迅速召见东乡,这大约正是野村与来栖准备去见赫尔的时间。天皇读过罗斯福来信及外务省草拟的答复,批示可按答复发出。从天皇的表情中,东乡读出一种"友爱天下万民的感情"。

步出坂下门,宫城广场寂静无声,空无一人。东乡坐在车里,思绪飘向大洋彼方,城市里的声响只剩车轮碾过石砾的声音。再过几分钟,世界历史便要迎来关键性的一日。

第三部
万岁

第八章　　"视死如归"

第九章　　"我们眼前的艰难岁月"

第十章　　"胜机虚无缥缈，败局近在眼前"

第十一章　"对他们施以仁慈就是延长战争"

第十二章　"无愧于心"

第十三章　转折

第八章 "视死如归"

1

上午 7 时 48 分,第一批"零式"战斗机逼近位于瓦胡岛北端的卡胡库角。视线受云层遮挡,"加贺"号舰载战斗机队领队志贺淑雄大尉只能勉强辨认出下方的小块海角与白色浪涛。很快,志贺看到渊田所乘的高空指挥轰炸机露面,便专心等待蓝色信号弹——战斗机未配备无线电通信,攻击指令只能通过信号弹传达。而轰炸机上的官兵,则将广播拨到檀香山本地电台,里面传出一首触动心弦的日语歌曲。

珍珠港东西两侧山岭绵延,其峰峦积云环绕;而山岭中央谷地坐落着的巨型海军基地,却又是另一番景象。透过稀疏的云层,明媚的阳光斜洒下来,将甘蔗地映出一片深绿,珍珠港海域则泛起灿烂的蓝光。那片海域被原住民称为"威墨米"(Wai Momi),意为"珍珠之海"。海港上空有数架民航机缓缓盘旋,没有一架军用机的身影。为防止破坏活动,整个瓦胡岛基地的陆军飞机都停在希卡姆、贝洛斯及惠勒机场,机翼之间紧紧相连;海军陆战队飞机也这样停在埃瓦机场。西南方向数英里外执行巡逻任务的 7 架海军 PBY 水上飞机,是附近空域仅有的美军飞机。

防空守备同样门户大开。珍珠港内舰载的 780 门高射炮,四分之三无人操作;陆军 31 座防空炮台中,也只有 4 座就位。然而就是这 4 座炮台，此时手边也无弹药可用。由于"易于碎裂及染尘"，炮弹在演习结束后就被运回军械库中保存。

抵达卡胡库角上空后，渊田的飞机转而绕瓦胡岛西岸朝珍珠港飞行，以获取良好位置记录战果。上午7时49分整，渊田用莫尔斯电码向机动舰队回报："To……To……To……"该暗号为日语"突击"一词的首音节，意为"展开第一波攻击"。接近目标时，渊田面临一项战术决断：若他判断美军全无防备，则鱼雷机须直接冲向舰列；若美军有所防备，则须由战斗机先行击溃敌方拦截机。相传珍珠港是鲨鱼女神卡亚胡巴贺的宫殿，此时便如一幅巨型立体地图在渊田眼前铺展开来。没有一架战斗机升空迎敌，也见不到蘑菇云般的防空炮火，一切都如渊田所料，顺利得令人难以置信。

7时53分，渊田用无线电向南云回报："TORA，TORA，TORA！"该重复密文意思为"老虎"，代表"我军奇袭成功"。接着，渊田发射一枚蓝色信号弹，向战斗机队示意奇袭效果达成。然而，距离最近的战斗机中队队长机没能摇摆机翼作出回应，于是渊田再次发射一枚。此时，后方稍远处的志贺误认为是双发信号，该信号代表奇袭失败，战斗机应直接冲向希卡姆机场上空，消灭敌方拦截机。于是志贺迅速冲过科拉科拉山口，并用右手打手势，示意后续战斗机组成攻击队形。率领51架俯冲轰炸机的高桥赫一少佐同样未能正确理解渊田之意图，迅速掉转方向，前去对保护珍珠港的高射炮展开轰炸。

而另一边，鱼雷轰炸机正朝目标笔直飞去。指挥官村田重治少佐并未误解第二发信号弹的意图，用无线电指示40架鱼雷轰炸机按计划行动。当村田发现情况混乱时，大批鱼雷轰炸机已组成攻击阵形，于是他决定继续袭击舰列。

隶属"苍龙"号航母的众鱼雷机随志贺的战斗机群穿过科拉科拉山口，选择直接横越岛屿。森大尉远远望见山坡上的狭长堑壕，不觉心中一凛：原来敌人有所防备！一冲出山口，他便以130节的速度向惠勒机场的兵营与飞机库展开俯冲。一眼扫去，他发现跑道上整整齐齐排列着大量飞机，数量约有200架之多。惊慌之下，他粗略估算：瓦胡岛至少有五座机场,那么敌机便有 1000 架。① 机枪手开始朝停泊的飞机扫射——这或许是当天早上的第一阵枪响——而后森大尉便朝珍珠港飞去。

此时,檀香山的一位名叫罗亚尔·维托塞克的律师及其十七岁的儿子马丁,正驾驶一架"埃隆卡"家用飞机在岛屿上空盘旋,突然发现两架日军战机朝自己逼近。那无疑是志贺麾下战斗机。维托塞克想将情况汇报给当局,便俯冲至两机下方,朝自己的机场飞去,同时内心暗自祈祷日军没有注意到他这架小小的家用飞机。此时,志贺正以之字形路线朝珍珠港飞去,眼前的风景使他联想到日式箱庭。美军军舰以白色为底,略带蓝色,与暗灰色的日军军舰大不相同。"何等美景,和平二字尽在其中!"志贺心里想着,驾驶飞机迅速掠过珍珠港,来到目标——希卡姆机场上空。空中没有一架敌机,甚至看不出有飞机准备起飞的迹象。看来敌人终究是毫无防备!志贺四下望去,鱼雷轰炸机哪里去了?进攻的时刻到了。

正在此时,一架俯冲轰炸机朝福特岛呼啸而下,投下一枚炸弹,而后迅速升空。一座飞机库顿时升起滚滚浓烟。烟雾正好遮住舰列,等鱼雷轰炸机来就看不清了,志贺暗自恼火,那架"地狱俯冲者"②是疯了吗?一队鱼雷轰炸机终于从西边缓缓飞来。"怎么回事?太慢了。"志贺心想,"小孩上学也没这么慢。"舰队停泊在福特岛东南侧,七艘巨大的战列舰排成两列,五艘在里,两艘在外。一队鱼雷轰炸机逼近目标,像"蜻蜓排卵"一般放下鱼雷,而后划出一道弧线,离开战场。短暂的寂静过后,震耳欲聋的爆炸声骤然响起。"俄克拉荷马"号战列舰剧烈地抖动着。紧接着,另外两枚鱼雷击中舰侧,舰身发生约 30 度的倾斜。

第二波鱼雷轰炸机来自"苍龙"号航母,由松村大尉率领。光辉夺目的朝阳之下,首先跃入松村眼帘的是珍珠港内林立的天线杆。作战计划成功。"快找航母!"松村通过传声管指示侦察员,接着降至 150 英尺高,下方是一片随风摆动的甘蔗。"地狱俯冲者"正穿过浓烟,朝福特岛冲去。

---

① 在森大尉看来,"所有飞机看着都像战斗机。"当时瓦胡岛上各型号陆军飞机共有 231 架,其中 88 架正在维修。

② 日本海军飞行员对克拉克·盖博主演的美国电影《地狱俯冲者》(*Hell Divers*)印象颇深,因此用该词称呼俯冲轰炸机。

"蠢货！"松村嘟囔道。让俯冲机那么一弄，主要目标反倒找不到了。而在福特岛西北侧，六架飞机正在朝一架看似航母的巨型舰船集火攻击。"真他妈的，"松村再次骂道，"到底是谁这么蠢！"出发之前，松村就嘱咐过部下不用管那艘船。它只是一艘靶舰——舰龄33年的"犹他"号，甲板上铺着木板。

松村在海面上盘旋一圈，然后飞回希卡姆机场上空500英尺处，朝舰列发起攻击。其攻击路线与"加贺"号、"赤城"号的鱼雷轰炸机群有所交叉，松村望见几架飞机被敌军炮火击中后依然朝目标撞去。穿梭在冲天水柱之间，松村心想，自己若中弹，也会作出同样的选择。下降至不足100英尺高，松村开始攻击外排的一艘战列舰。那是"西弗吉尼亚"号。通常情况下，鱼雷仅由飞行员一人发射；但今天，为确保万无一失，大多数领航员兼投弹手也会按下发射按钮。"准备，"松村朝传声管喊道，"放！"随着鱼雷射出，松村猛地拉起操纵杆，并向领航员喊话："鱼雷是直行否？"他担心鱼雷会钻进泥里。

松村推动油门杆，没有按常规左转，而是向右爬升，并不时回头观测鱼雷的行进状况。在漂满油层的水面上，松村发现一些美军水兵，他们看起来就像在糨糊中挣扎。他将飞机进一步倾斜，终于看到"西弗吉尼亚号"喷出一股水柱。

过去数个月的艰苦训练，为的正是这一刻。"拍照！"松村对领航员喊道，谁知领航员误听成"开火"，转而命令机枪手射击。松村又问："照片拍好了吗？"领航员默默地按下快门，拍下一道由其他飞机炸起的水柱。

仍在寻找目标的森大尉径直穿过瓦胡岛，又低空飞越福特岛，却只在福特岛另一端找到一艘巡洋舰，于是划出一道半圆，沿海面朝舰列南端的"加利福尼亚"号飞去。正冲刺时，森猛地发现一道防波堤耸立在前方，连忙将飞机拉起，转而绕"犹他"号盘旋；此时的"犹他"号似乎已被折作两半。接着，森又下降至15英尺高，从另一个角度逼近"加利福尼亚"号。正当森准备左转飞往集合点时，通信员兼机枪手将鱼雷爆炸的画面收入镜头之中。通往集合点的路线被福特岛尽头蹿出的浓烟遮住，森大尉不得已掉头右转；而来自"赤城"号与"加贺"号航母的鱼雷轰炸机正从右边飞来，与森有惊无险地擦身而过，气流将森的飞机震得摇晃不止。敌军子弹"如大黄蜂一般"飞来，击中领航员的坐垫并燃起火焰，还将机枪手的一只手擦伤，所幸没有击中油箱。

高空轰炸机正对内排的战列舰及任何有价值的目标展开轰击。起初，战列舰被烟雾遮挡，日军难以找准位置；但在"苍龙"号五架打头的轰炸机展开第二轮轰炸时，它们便成功地将1760磅的炸弹投在严重倾斜的"俄克拉荷马"号上。飞行中队队长阿部平次郎投下的那颗落在两座炮塔之间，穿入弹药库炸开；阿部将这一瞬间拍摄下来，望着巨大的火舌从舰身的六个大洞中喷出，一股热泪涌出眼眶。

2

在遭遇两架"零式"战斗机15分钟后，维托塞克驾驶"埃隆卡"家用飞机成功着陆，并电话通知陆军及航空兵团的值勤官，称自己目击鬼子出现在瓦胡岛。然而，众人都没把他的话当回事，甚至没有发出警报。

早在几分钟前，即上午7时50分刚过，第一波日军炸弹已落在惠勒机场。第六九六航空军械连的罗伯特·奥弗斯特里特少尉还在木制的双层单身军官宿舍中睡觉，突然被一声巨响惊醒。起初他以为是地震，直到听到有人大喊："看起来像鬼子飞机！""鬼子个屁，"另一人喊，"是海军在演习。"

突然，宿舍的门打开，一名友人探进头来，脸色铁青，嘴唇发抖："应该就是鬼子。"奥弗斯特里特望向窗外，众多橄榄绿的飞机在上空盘旋。一架飞机冲入兵营，掠地而过，他甚至可以看清飞行员与后面的机枪手。机身与两侧机翼涂有火红的太阳。奥弗斯特里特连忙换好衣服，冲出营房，途中撞上几名战斗机飞行员。

"一群王八羔子，老子非得上天弄死他们几个！"哈里·布朗中尉吼道。然而，停机坪上紧密排列的飞机早已陷入火海。"去哈雷瓦。"布朗说道。哈雷瓦是北海岸的一个铺草皮的备用机场，还有几架P-40与P-36停在那里。布朗带着几名战斗机飞行员挤上他的新式福特敞篷车，疾驰而去；乔治·韦尔奇中尉与肯尼斯·泰勒中尉则共乘另一辆车，紧随其后。

炸弹纷纷落下，奥弗斯特里特奋力穿过人群，前往固定营区。战斗机部队指挥官霍华德·戴维森准将与基地指挥官威廉·弗勒德上校正站在门前，穿着睡衣，一脸骇然地望着天空。

"海军在哪里！"弗勒德喊道，"战斗机在哪里！"

"将军！"奥弗斯特里特叫道，"此处危险，不宜久留，敌机机尾有机枪手。"正在这时，戴维森惊恐地发现，自己十岁的双胞胎女儿正在草坪上悠闲地捡拾日机掉落的空弹壳，就像在寻找复活节彩蛋。戴维森先与妻子一道，把孩子保护起来；而后赶往停机坪，打算派出部分飞机升空。然而，那些从烈焰之中幸存的飞机却没有弹药，而存放100万发机枪弹药的军械库也燃起熊熊大火。突然，大型机库爆发出一连串巨响，就像一串串巨型爆竹依次爆炸。

惠勒机场向南15英里是希卡姆机场，两名航空机械师——杰西·盖恩斯与泰德·康韦正朝着停机坪走去。两人起床格外早，因为那天B-17"空中堡垒"预定会从本土飞来，他们很想开开眼界。7点55分，西边突然出现一队飞机，呈V字形飞来。接着阵形散开，康韦说："原来他们还要搞飞行表演啊。"盖恩斯却注意到，排头一架飞机上有什么东西掉落下来。他有点紧张，看那东西像是一个轮子。"轮子？该死！那是鬼子飞机！"康韦喊道。

盖恩斯说："你疯了！"话音未落，一枚炸弹在机场上那些紧密排列的飞机中爆炸。两人开始朝希卡姆酒店奔去，那是一座三层高的军营。盖恩斯发现一堆汽油罐，便躲在后面观察情况，却突然感到屁股被踢了一脚。"没见过像你这么蠢的兵，"一名头发花白的中士吼道，"这些该死的油罐都是满的！"盖恩斯连忙朝停机坪逃去，望着天上落下的炸弹，感觉都是在朝自己砸来，惊恐之下开始连滚带爬，东逃西窜。

夏威夷空军参谋长詹姆士·莫里森上校正在刮胡子，突然听到第一波炸弹落下，便快步冲进办公室，打电话通知肖特将军的参谋长沃尔特·C. 菲利普斯上校，说日军正在袭击珍珠港。

"吉米，你脑袋不够清醒啊，"菲利普斯说，"是喝醉了吗？醒醒吧！"莫里森把话筒举起来，爆炸声传到电话彼端，菲利普斯这才相信——也可以说是惊呆了。"你听我说，"菲利普斯喊道，"我马上给你派一名联络官。"接着，天花板就在莫里斯四周塌落下来。

希卡姆往北两英里，珍珠港内正中央的福特岛海军航空基地也遭到第一枚炸弹轰炸。当时三等军需兵唐纳德·布里格斯正坐在一架还没起飞的PBY上，他还以为是"企业"号航母的飞机失速坠毁，谁知接下来竟一连发生十几次爆炸，四周地面顷刻坍塌。

袭击最开始的几分钟里，海军的卡内奥赫、福特岛机场，陆军的惠勒、贝洛斯、希卡姆机场，还有海军陆战队唯一的埃瓦机场，全部陷入瘫痪。只有约30架陆军航空兵团战斗机成功升空，海军战斗机则一架都没有。

第一枚炸弹落下后不久，珍珠港信号塔通过电话向金梅尔司令部发出警报。三分钟后，海军少将帕特里克·贝林格从福特岛发出广播：

珍珠港遭遇空袭——并非演习。

上午8时，金梅尔向华盛顿方面、海军上将哈特及所有海上舰队发送消息：珍珠港遭遇空袭，并非演习。就在发送消息的当口，熊熊大火、滚滚黑烟已在珍珠港升起。

离舰列不远处，"拉马波"号油轮的水手长马特·格拉夫跌跌撞撞爬下扶梯，大喊道："鬼子在炸珍珠港！"此人平素爱开玩笑，众人只是看着他，无人相信。"真的，没开玩笑。"格拉夫说。有人奚落道："别闹，回你甲板上蹲着去！"文书军士耶曼·C.O.莱因斯爬上甲板，打算去船尾看看，谁知一记沉闷的爆炸声传来；莱因斯抬头一看，一架飞机正在朝着七艘战列舰中的第一艘——"加利福尼亚"号俯冲。

"加利福尼亚"号北边是两艘并排的战列舰，其中"马里兰"号位于靠近福特岛的内侧，鱼雷无法直接命中；外侧的"俄克拉荷马"号保护着"马里兰"号，一分钟内连中四枚鱼雷。眼见船身向左舷倾斜，船上的高级军官杰西·肯沃西中校下令全员弃舰，聚拢到右舷逃生。"俄克拉荷马"号无可避免地沉没,只有右舷的螺旋桨露在水面上。400多名官兵被活生生地困在舱内,海水迅速涌入。舰列再往北,是"田纳西"号与"西弗吉尼亚"号。与"马里兰"号相仿,"田纳西"号在内侧,鱼雷无法命中。而在"西弗吉尼亚"号的指挥塔上,舰长默文·本尼恩因剧痛而蜷缩成一团。一枚穿甲弹刚刚击中旁边的"田纳西"号,极有可能是那时飞出的一块碎片,穿入舰长的腹部。领航员T. T.贝蒂少校为舰长解开衣领,叫人把随舰军医带来。本尼恩知道自己大限已至,唯一挂念的只是"西弗吉尼亚"号的反击情况。很快,火苗便蹿上舰桥。

再往北则是"亚利桑那"号与维修舰"维斯塔尔"号。"亚利桑那"号未被鱼雷击中,然而紧接着,高空轰炸机发现目标,投下五枚炸弹,其中一枚击穿艏楼,落入燃料存储区,引发大火。不巧的是,该处违规贮有约1600磅黑火药,那是爆炸物中最危险的一种。火药遇到炸弹陡然爆炸,又将前弹药库中的数百吨无烟炸药引爆。

"亚利桑那"号像是一座喷发的火山。在那些附近船上的人看来,这艘排水量达32600吨的巨舰似乎是从海面上飞了起来,裂作两半。短短九分钟,两段舰身便陷入淤泥之中,熊熊烈火与滚滚黑烟盘旋在船骸四周。很难相信1500名乘员之中有人会幸免于难。前方是舰列中最后一艘战舰"内华达"号,该舰左舷舰首遭受一枚鱼雷攻击,后甲板被一枚炸弹命中,舰首沉入海中数英尺。

各舰官兵纷纷跳入水中,试图朝不远处的福特岛游去。然而,水面漂着一层油,有些地方甚至厚达六英寸。最后,油遇火而燃,将水中大多数人吞噬殆尽。

在福特岛的另一侧,日军鱼雷轰炸机还在袭击珍珠港内最无足轻重的舰船之一——老旧的靶舰"犹他"号。上午8点12分,"犹他"号在海水中翻滚,只剩下龙骨露出水面。福特岛上有人听见船体内部还传来微弱的敲击声。

整个海港内只有一艘船还在航行,驱逐舰"赫尔姆"号以27节的速度在水道疾驶,直奔海港入口及相对安全的开阔水域而去。数小时前,入口的防雷网曾为"康多尔"号打开,不知为何此时仍未关闭。那艘陀螺罗经发生故障的日军小型潜艇试图从该入口闯入，以追击一艘战列舰。为确定方位，潜艇指挥官酒卷和男少尉下令浮出水面，看到前方升起黑色烟柱，便对副官喊道："空袭成功啦！真厉害啊！瞧那黑烟，敌舰上全是火。咱们也得加把劲啊！"

8时15分，酒卷发现"赫尔姆"号正在驶出港口，但他没有开火，因为潜艇只有两发鱼雷，必须留着对付更大的目标。潜艇潜入水中，再次盲目地找寻海港的入口，不料却撞在礁石上。酒卷立刻下令后退，重新向前开进，谁知此番竟冲到礁石上方，潜艇的指挥塔露出水面。一阵爆炸声响起，小潜艇剧烈摇晃，酒卷的脑袋遭到撞击，短暂地陷入昏迷；意识恢复后，只见小舱内到处是白烟，晕眩呕吐感阵阵袭来。酒卷操作潜艇后退，谁知竟是纹丝不动。酒卷在狭窄的舱内匍匐前进，强忍疼痛，将艇首的11磅压舱物转移到艇尾，好不容易才感到潜艇有了动静。

"赫尔姆"号继续朝小型潜艇射击。突然，潜艇从珊瑚礁上滑落，重新消失在海中。"赫尔姆"号发出无线电信号："鬼子小型潜艇企图潜入港内。"

在海港内福特岛西部水域，另一艘小型潜艇徐徐浮上水面。8时30分，美军发现该潜艇，便招呼数艘友舰一同开火。潜艇将两发鱼雷发射出去，一枚击中码头，另一枚在海岸爆炸。"莫纳汉"号驱逐舰随即朝潜艇碾压过去，并在其下潜的位置接连投下数枚深水炸弹。

希卡姆上空8000英尺处，战斗机飞行员志贺率领"零式"战斗机中队正在缓缓巡航，守株待兔准备歼灭升空敌机。然而，视野中只有一架黄色美军飞机在机场以东不远处的海面上航行。志贺选择不予理会。片刻之后，六架大型四引擎飞机飞来，显然是打算在希卡姆降落。

来者是从加利福尼亚飞来的十二架"空中堡垒"中的第一组。看到高空飞行的"零式"战斗机，中队长杜鲁门·兰登少校还以为是陆军航空兵团前来迎接，不料接着就发现闪烁的机枪，对讲机里传来喊叫："该死，是鬼子！"六架"空中堡垒"立刻散开，一架朝北飞向贝洛斯机场，其余五架匆忙赶往希卡姆；那五架之中有四架安全着陆，另一架在降落时被地面部队击中，机身炸作两半。

志贺率部下排成一列，朝地面上那一长列飞机展开低空扫射，接着掠地飞往海面以躲避高射炮，最后猛然掉头再次突袭。出乎志贺意料的是，一轮扫射过后，没有一架美军飞机起火；若换作日军飞机，不会有一架幸免。对希卡姆展开三轮扫射后，志贺决定袭击福特岛；见岛上浓烟弥漫，又转而率部飞往西南方向的巴伯斯角附近，对海军陆战队机场发动袭击，使该处大部分美军飞机葬送在火海之中。

鱼雷轰炸机已撤离珍珠港。袭击"加利福尼亚"号后，森大尉被高射炮击退，偏离航线，竟来到檀香山上空。该处为非军事区，禁止投掷炸弹，森选择离开此地，朝集合点飞去。就在珍珠港入口附近，领航员说道："森大尉，我们后面跟着一架飞机，模样挺怪的。"森回头一看，发现一架黄色小型双翼机跟在后面。"把它吓跑就行。"通信员兼机枪手得到森的指示，便射出一轮子弹，以示警告。

袭击"西弗吉尼亚号"后，松村大尉也朝南边飞去，刚好看到"赫尔姆"号驱逐舰朝酒卷的小型潜艇开火，便打算消灭敌舰，却猛然想起鱼雷已用尽了。接着，松村又发现一架大型客机（实际上是一架"空中堡垒"），便冲过去，想让机枪手将其击落。谁知那飞机速度太快，最终松村只得放弃追逐，转而命令通信员兼机枪手向航母回报战情。通信员怯生生地答道："我把天线给弄断了，无法回报。"

只有一架飞机仍在珍珠港上空盘旋，那是渊田在评估战果。美军舰列已遭到致命打击，尚未沉没的战列舰也冒着火焰。

此时，第二波日机正从东边逼近瓦胡岛，其中有俯冲轰炸机80架、高空轰炸机54架、战斗机36架。上午8时55分，岛崎重和少佐发出进攻信号，170架飞机掠过檀香山东侧的群山，朝舰列及一号干船坞飞去。该船坞中停泊着第八艘战列舰——"宾夕法尼亚"号。

日军的主要目标之一"内华达"号正试图从燃烧着的"亚利桑那"号旁边缓缓驶过，炮手用身体挡住弹药堆，使其免受热浪带来的高温。"内华达"号身中一枚鱼雷，仍在奋力朝倾覆的"俄克拉荷马"号驶去；那艘船舷侧还站着几名幸存者，见"内华达"号成功驶入开阔水域，无不齐声欢呼。然而，日军飞机已计算好射程，并迅速朝该舰投掷炸弹，共有六枚击中。

舰桥与前部构造燃起大火,"内华达"号连忙转向港口,凭借两艘拖船的帮助,搁浅在停泊着"宾夕法尼亚"号的干船坞附近。

在东南方向,第二组"空中堡垒"正接近怀基基海滩,中队长理查德·卡迈克尔上尉正在给副驾驶员指点当地景色。发现前方飞机时,卡迈克尔本以为是海军在演习,直到看见希卡姆机场冒出火焰及浓烟,才明白那是空袭,于是立刻联系指挥塔,请求降落。

"由西往东着陆,"戈登·布莱克少校发出指示,"千万小心,机场正遭受空袭。"

卡迈克尔刚放下机轮,港内防空火力便纷纷开炮。上尉无奈放弃着陆,调头向北,打算前往惠勒,谁知惠勒机场同样遭受重创,于是又转而前往哈雷瓦。哈雷瓦机场的跑道只有1200英尺长,巨型的"空中堡垒"停止滑行时,已到了跑道尽头。该中队的六架飞机全部安全着陆:两架在哈雷瓦,一架在卡胡库高尔夫球场,另外三架在希卡姆。第一架在希卡姆着陆的"空中堡垒"里走下两名穿戴整洁的机长,突然听到有人喊:"装填弹药,准备起飞!"两名机长结结巴巴地回答称,现在无法升空作战,机枪还泡在防锈油里,清理需要数个小时。

第二波空袭到来时,惠勒机场还处在第一波空袭的混乱之中。奥弗斯特里特少尉想拿一批步枪及手枪,与基地军需处一名中士争执起来。

"没有书面许可的情况下,我不能为您提供武器。"中士一脸不情愿地说道。附近接二连三地落下炸弹。

"蠢货,已经开战了!"奥弗斯特里特吼道,最终总算拿到枪支。

福特岛上所有海军战斗机不是已被炸毁,便是无法起飞。六名飞行员毫无用武之地,只得躲在棕榈树后,用手枪向敌机开火。

陆军战斗机飞行员则小有战果,共歼灭11架日机,其中7架由惠勒机场的两名中尉——肯尼斯·泰勒与乔治·韦尔奇击落。

相较军方,檀香山民众更加不肯相信战火已蔓延至夏威夷。百姓对那些声响充耳不闻,认为这无非是军演或是怀基基海滩附近的德吕西堡海岸炮台在进行实弹操练。"泰山"系列小说的作者埃德加·赖斯·巴勒斯在纽马鲁酒店与儿子悠闲地共进早餐,然后打算与两名海军军官夫人一起打网球,全然不知战争已在数英里外打响。

在怀基基海滩的公寓里,檀香山《广告报》的地方新闻编辑罗伯特·特朗布尔被一通电话吵醒。先去接电话的是他的妻子琼,回来时脸上半带疑惑,半带戏谑。原来是一位朋友打电话来,说在山上清楚地望见珍珠港似乎在遭受轰炸,他看得"很真切",问特朗布尔从报社那边是否得到什么消息。

"又是一场演习罢了。"特朗布尔刚把话筒扣下,接着又接到主编雷·科尔的电话,称珍珠港遇袭,让他立即赶去报社。特朗布尔依然不信,挂掉电话后拨给城里一位消息最为灵通的记者,对方却说:"你老板醉得不轻啊。"

直到KGMB电台的韦伯利·爱德华兹播报道:"本岛遇袭!重复一遍,本岛遇袭!消息属实!"特朗布尔才真正相信,并赶往报社对有关日裔居民破坏活动的大量报告进行核查(实际上全属一派胡言):有的说,甘蔗田里割出一片箭状空地,箭头指向珍珠港;有的说,某所日裔居民开设的武馆里藏有一台大功率无线电发报机。

特朗布尔又给夏威夷州州长府邸打电话,没想到七十二岁的州长约瑟夫·波因德克斯特亲自接了电话。州长对袭击事件一无所知,但以一种有所怀疑而不失礼貌的态度对细节作出询问。

上午9时45分,烟雾弥漫的港口上空突然安静下来。汽油燃烧的恶臭铺天盖地,"亚利桑那"号、"俄克拉荷马"号、"加利福尼亚"号沉没在泊位上;"西弗吉尼亚"号尚未完全沉没,但舰体正燃着火往下沉;"内华达"号搁浅;另外三艘战列舰——"马里兰"号、"田纳西"号,以及停泊在干船坞内的"宾夕法尼亚"号,分别受到不同程度的损伤。

檀香山市内,日军间谍吉川猛夫吃早餐时,蓦地听见窗户咯咯作响,几幅挂画掉在地上。他跑到后院,抬头望去,发现一架涂有日军标识的飞机。得手了!吉川自言自语道。大量舰船停泊在港内,此次奇袭堪称完美。

吉川拍拍手,快速跑到总领事官邸后门,喊道:"喜多先生!成功了!"

喜多走出门来，说道："刚刚我也在短波电台听到'东风，有雨'①！绝对无误。"该暗号自然是指日美外交关系已走到破裂的边缘。

两人仰望着珍珠港上空的浓密黑烟，紧握着双手，热泪盈眶。最后喜多开口道："终于成功了。森村，你也干得漂亮。"

吉川带着一名文员，把密码室反锁起来，开始在盥洗盆里烧毁密码本。不到十分钟，便听到有人大声敲门呼喊："开门！"来者是联邦调查局人员，因看到烟雾升起而赶来。

六名武装人员把门撞开，冲入房间，对着燃烧的密码本一顿猛踩。"该与青春道'永别'啦。"吉川喃喃说着，走进后院，凝望着珍珠港上空小小的飞机。领事馆其他人员都被扣押在办公室里，却没有人注意到真正的间谍。吉川回到办公室，发现门已上锁，便要求一名联邦调查局人员将自己一并关押起来。

"你是什么人？"

"森村。一名领事馆官员。"

"那就进来。"联邦调查局人员说道。

在檀香山，民众已不再怀疑战争来临。一枚日军炸弹落在市内，另有高射炮流弹前后引发49起爆炸，共造成68名平民丧生。不过，市民并没有恐慌。在袭击最猛烈之时，身穿草裙的夏威夷姑娘照旧来到泛美码头，手臂上套着花环，向乘坐"飞剪"号离去的乘客高喊"阿罗哈"（aloha）。很快就会有人告诉她们，此类传统仪式要停止很久很久了。

---

① 为获取此类"风向"信息，美国海军及陆军情报部门理应全天候监听日本的短波新闻广播。然而此条消息却未被截获。同样漏掉的还有喜多于当日凌晨3时20分通过美国无线电公司收到的一封来自东京的电报，经过解码，其内容是：日本与美、英关系陷入紧张局势。所谓的"风向"暗号的说法至今仍笼罩在谜团之中。通信安全处处长劳伦斯·F.萨福德作证称，在12月4日或5日，他曾收到过一条从日本天气广播中截获的"风向"暗号，该暗号为日本方面之"指示"，意为"与美、英开战，与苏联言和"。萨福德曾把该暗号交给克莱默看过，克莱默也认为该信息确属日本方面之指示，但当作证时他又改口否认，因为从麦克阿瑟对日方的审讯记录来看，日方否认发出过任何指示性信息。日方证词不可尽信，因为他们甚至对"风向"暗号本身都不予承认。海军档案中有关日方指示的电传文件，无论原件还是复本，都没有找到。时至今日，部分对罗斯福政府持批判意见的人士仍然坚称，电传文件乃是遭到刻意销毁，目的是抹去日方曾发出指示的可能性。

3

旗舰"长门"号停泊在柱岛附近。从凌晨2时,亦即计划中奇袭开始的一小时前,山本及众参谋就没合过眼,只是围坐在桌旁,一言不发,时不时起身仔细观察一幅巨型海图。为缓和气氛,餐勤长近江端来茶水糕点。突然,传声管里响起兴奋的喊声:"我军奇袭成功!"那是密报长在电讯室的声音。由于气象条件导致"跳波"(Skip)现象①,密报长接收到渊田的信号:"TORA,TORA,TORA!"

众参谋握手庆贺。经过了长时间的焦虑,此时众人如释重负,欣喜若狂。山本故作镇定,渡边看得出他不过是在强压兴奋的情绪。近江拿出清酒与鱿鱼干,众人频频祝酒,开怀畅饮。每隔几分钟,传声管里便会传来前线飞机发回的捷报,以及美方张皇失措的广播:"所有舰只迅速撤离珍珠港","并非演习","消息属实"。

山本传令联合舰队黎明时分赶赴夏威夷,以便支援机动部队,应对美军来袭。

在东京,海军军令部电讯室收到渊田下令发起攻击的第一条信号。暗号员打电话给作战室称:"'赤城'号指挥官不断发回'To'代码。""To"并不在密码本上,因此暗号员不解其意。此时三代中佐突然开口,说"To"是他很久以前在"加贺"号上担任中队长时创设的密文。"是'冲锋'的意思。好消息。"自从听说进攻马来亚的计划被打乱,三代一直闷闷不乐,至此才真正感到开心。数分钟后,第二条电讯传入——此次的密文在密码本上已有记录:TORA,TORA,TORA。

上午10时整,第一批飞机循路返回航母。由于天气恶化,数架飞机坠毁在颠簸起伏的甲板上。松村的飞机尾钩抓住"飞龙"号的着陆钢索,

---

① 跳波现象,指无线电短波虽无法进行中距离传播,却在特殊气象条件下能够通过反射实现远距离通信。——译者注。

一阵喜悦之情涌上心头。他之前从未想过自己居然还能平安归来。现在他还活着!

约一小时后,渊田也在甲板上降落,他先是受到源田兴高采烈的迎接,而后上到舰桥,向南云及草鹿汇报称,至少击沉敌战列舰两艘,重创四艘。渊田请求两位将军下令再次发起一轮进攻,集中攻击油库,并向两人保证,美军空中力量已遭粉碎,第二轮攻击只需对付防空火力即可。

草鹿沉吟,而他的友人——生性急躁的山口少将已放出信号,指示"苍龙"号、"飞龙"号准备下一轮攻击。"加贺"号舰长在佐多中佐的极力建言下,也提议对美军各设施及油库发起袭击。油库是一个令人垂涎的目标,然而草鹿认为,指挥官要经得住此类目标的诱惑。第二轮攻击,敌军必有防备,无论渊田多么有把握,依然无法避免大量飞机被防空火力击落的风险。更重要的是,此举会使机动部队本身陷入险境。作为帝国海军的核心力量,机动部队不容有失。从一开始,草鹿的打算就是速战速决,而后如疾风般撤离。

"我军应按原计划撤退。"草鹿向南云提议,南云点了点头。

一名参谋建议寻找美军航母的位置,并将之击沉。舰桥上的众人对此意见不一,最终草鹿一锤定音:"停止任何形式的攻击行动。撤退。"①

美国海军部长弗兰克·诺克斯在宪法大道的海军部办公。正午已过去好些时候,诺克斯饥肠辘辘,正准备叫餐时,斯塔克海军上将推门而入,手里握着金梅尔那份"并非演习"的电报。

"不不不,"诺克斯说道,"肯定是搞错了!这绝对指的是菲律宾。"

斯塔克严肃地表示,确实是珍珠港无误。诺克斯立即拿起直通电话拨给白宫。那时是下午1点47分,罗斯福正在总统办公室与哈里·霍普金斯共进午餐。诺克斯将这则紧急的消息念了出来。

"肯定是弄错了。"霍普金斯说道。他坚信"日本不会进攻檀香山"。

---

① 亦有记载称,当时渊田、源田二人反复请求南云再度发起攻击。而在1966年的一次采访中,草鹿中将回忆称,两人仅仅是建议再次发动攻击,而当南云说出"撤退"两字后,讨论便宣告结束,无人继续坚持提议。

罗斯福则认为报告很有可信度，并说："此类出人意料的行径，正符合日本的一贯作风。"接着，总统谈了很多自己为避免战事、安然结束任期而付出的努力，最后低沉地说道："倘若报告属实，那局势便超出我的掌控了。"

下午2时5分，罗斯福打电话给赫尔，沉稳而简洁地将消息传达给对方。赫尔告诉总统，野村、来栖两个大使刚到，正在外交接待室等候。罗斯福建议赫尔接见二人，但不要表现出自己知道珍珠港事件，要以正式而冷静的态度将两人"恭敬地送回去"。与赫尔通话完毕后，罗斯福又打给战争部长亨利·史汀生。部长正在家中用午餐，只听见总统情绪激动地问自己是否知情。

"听说了，"史汀生答道，"刚有电报传来，说日军在朝暹罗湾进军。"

"不不，不是暹罗湾，"罗斯福说道，"是夏威夷！日军正在轰炸夏威夷！"

史汀生扣下话筒，心想：原来如此，确实是个惊天消息。此时他内心最直接的感受是"松了口气，因为危机已然降临，没有人会继续犹豫不决，举国上下都会团结在一起"。

在国务院，赫尔对约瑟夫·包兰亭说道："总统收到一份未经证实的报告，称日本已对珍珠港发动袭击。外面那两个日本大使打什么算盘，我一清二楚。他们要拒绝我方11月26日那份照会，也有可能是来通知日本已经正式宣战。我是真不想见他们。"不过最后，赫尔还是听从罗斯福的建议，接见两个大使。毕竟，那份报告还有"百分之一的可能性"并不属实。

野村从大使馆一路跑来，此时坐在接待室里，气喘吁吁，焦虑万分。他已迟到一个多小时。那份由十四个部分组成的电报里存在少许排印错误，奥村本想从头再打一遍，但野村等不及，一把抓起电报就走，甚至没有仔细阅读过。

下午2时20分，野村与来栖终于受到接见，走进国务卿办公室里。赫尔冷淡地招呼二人，拒绝握手，也没有请二人落座。

曾是海军大将的野村面带歉意地递出照会，说道："本人奉命于下午1时将此照会交予阁下。"

赫尔神情严厉,问道:"为什么是下午1时?"

"原因我并不清楚。"野村如实答道,内心还在困惑,不明白为何他只是迟到一小时而已,老朋友赫尔就如此动怒。

赫尔夺过照会,佯装扫过一遍。此人平时语速缓慢、语气温和,此时却厉声倾泻着怒火:"这么说吧,过去九个月里,我从未口出半句不实之言,这都记录在档;我从政五十年,从未见过如此虚伪诡诈的文件。若不是今天亲眼看到,我决不肯相信世界上竟有一个政府,能如此恬不知耻地歪曲事实!"

野村刚要开口说话,赫尔扬起手,朝门口点了点头,示意两人出去。不知所措的野村朝赫尔走去,说了声"再见",伸出手来。此次国务卿没有拒绝握手,但当两名日本大使低着头转身出门时,赫尔小声嘀咕着一句田纳西方言:"无赖加贱种!"

回到大使馆,奥村告诉二人:"珍珠港已遭我军飞机轰炸!"驻外武官矶田眼含泪水,走上前来悲伤地表示,野村大将付出百般努力,虽然遗憾,但事情"发展到如此田地,亦是天命"。野村此时痛心不已,感受不到任何安慰,更何况这安慰来自一名陆军军官。

在海军部,斯塔克上将已向太平洋地区及巴拿马的全体舰队指挥官发出指示:对日展开无限制空战及潜艇战。与斯塔克相隔几扇门的另一间办公室,诺克斯正在与珍珠港方面通电话,电话彼端是第十四海军军区司令克劳德·C.布洛克上将。布洛克看着窗外描述损害状况:"'俄克拉荷马'号与'亚利桑那'号彻底完了,不过'宾夕法尼亚'号与'田纳西'号只是轻微受损;'加利福尼亚'号打捞起来也不会太费力。万幸的是,海军造船厂和油库没事。"

最先得知袭击消息的美国民众是在收音机旁收听巨人队与道奇队橄榄球比赛的球迷。下午2点26分,WOR电台中断球赛转播,插播第一则珍珠港遭袭的新闻快讯。不过,举行比赛的球场现场并没有宣布消息,选手布鲁克林刚刚达阵拔得头筹。没过多久,场内广播系统呼叫威廉·J.多诺万上校,要求他立刻联系华盛顿方面,此事倒引起一阵骚动。多诺万正是情报协调处处长。

下午3点整，电台在播出纽约爱乐乐团的音乐会之前，又将珍珠港遇袭的消息重播一遍。在华盛顿，航海局局长切斯特·W. 尼米兹海军少将正坐下身来，准备欣赏阿图尔·罗津斯基的音乐会。谁知消息突然传来，尼米兹一跃而起，迅速赶往海军大楼。

数个街区外，同盟通讯社记者加藤万寿男通过出租车的收音机听到了这则新闻。"去他娘的小日本，"司机骂道，"不把那群杂种狠狠弄死，决不算完。"在纽约，WQXR 电台紧急将吉尔伯特编剧、萨利文作曲的歌剧《日本天皇》更换为《皮纳福号军舰》，"以向皇家海军致敬"。波托马克河畔一株多年前日本赠送的樱花树被人砍倒。居住在曼哈顿的大批第二代日裔也深感震怒，纽约东西俱乐部立即向罗斯福发出电报：

> 我等纽约市及周边日裔美国公民与全体美国人民一道，对日本侵略我国之行为表示强烈谴责，并支持为保卫国家而采取的一切措施。

马萨诸塞大道上的日本大使馆外聚集着一批群情激愤的民众。来栖接到费迪南德·迈耶打来的电话。迈耶前不久还担任美国外交官，当初在柏林与来栖相识结交。迈耶表示自己想见见来栖，却没有告诉他，拨打电话乃是多诺万上校授意。多诺万主持的情报机构很快将改组为美国第一个真正的谍报机构——战略情报局。

来栖结结巴巴地对费迪南德打来电话表示感谢，又说大使馆外聚集着暴躁的民众，自己"不愿"给迈耶"添麻烦"。听来栖的语气，迈耶猜测他已"极度绝望，走投无路"。

尽管处于崩溃边缘，但来栖对赫尔依然毫无怨恨，赫尔对他倒是丝毫不掩饰鄙夷之色。来栖认为，老迈的赫尔已为维持和平作出最大的努力，问题在于美日两国都像个孩子，在外交方面谁都不成熟；现如今，两个孩子转而玩起愚蠢的战争游戏。

傍晚，各日本使节被国务卿助理阿道夫·A. 伯利软禁在一家豪华酒店内。野村大将要求配一把武士刀，伯利未予同意。倘若野村自裁，那么美国驻日大使格鲁亦将身陷险境。

当晚8时30分,美国内阁在白宫二楼的红厅召开会议。罗斯福坐在办公桌后,对面是依半圆形围坐的内阁成员。总统郑重宣布,这是内战爆发以来最为严肃的一次内阁会议;而后他列举珍珠港的损失情况,并一字一句地宣读拟于次日在国会发表的公告。

史汀生认为,公告本身富有感染力,但没有谈到日本"过去的不法行径,也没有提及德国"。赫尔也希望提及德国,但罗斯福表示,公告"若简短,则更具感染力……也更容易为听众所接受"。赫尔坚称"无论总统说什么",国会及全国民众都会听进去,但罗斯福没有让步。

史汀生比赫尔更激进,会议结束后,他走到罗斯福跟前,敦促总统趁民众怒火犹盛之时对德宣战。总统没有同意,但承诺两天内会将一切公之于众。

将近9时30分,总统将数名国会领袖请进房间。来者有副总统亨利·华莱士,包括艾尔本·巴克利在内的六名参议员,众议院议长萨姆·雷朋和另外两名众议员。罗斯福将夏威夷的情况如实讲出,众人无不瞠目结舌。待总统讲完,参议员汤姆·康纳利问舰队何以被打到"措手不及",其余众人依旧未从震惊中恢复过来。

当晚稍迟时,总统长子兼海军陆战队上尉詹姆斯·罗斯福无意间发现父亲正在翻阅心爱的集邮册,"脸上不带任何表情,十分镇定、平静"。总统没有抬头,只是嘴里念着:"不妙,这可不妙。"

罗斯福夫人也发现丈夫的心态很久以来都没有如此平静。"木已成舟,反倒更能泰然处之,"夫人如此推测,"过去情况一直变化难测,如今明确的挑战摆在眼前。"

4

黎明前一小时,不宣而战的日本匆忙召开内阁会议。会上,海相岛田繁太郎不动声色地汇报珍珠港战果,并提醒与会者,轰炸机飞行员的描述存在夸大其词的可能。内阁仓促草拟出一份宣战诏书,签署并送交枢密院。

日出之际，对战争持反对态度的内大臣木户驱车进宫。木户此时仍处在珍珠港事件带来的震惊之中，面对太阳闭目鞠躬，祈祷并感谢上苍在国家走上孤注一掷的道路时保佑日本。木户衷心希望自己的国家能够取胜。

数个街区之外的NHK（日本广播公司）大楼内，播音员馆野守男将当日第一个新闻节目的稿子核对完毕。上午7时整，馆野压抑着激动的心情，播报道："现在为您播报紧急消息。消息如下：大本营陆海军部于12月8日即本日上午6时联合宣布，本日黎明时分，帝国陆海军于太平洋与美、英军队进入敌对状态。"

广播从成百上千个街头喇叭中传出，路人纷纷驻足，惊讶不已。接着，军乐奏起，许多人开始鼓掌，好像是球赛开幕一般。民众普遍情绪激昂，但也有些年长的市民前往宫门祈求胜利，并无欢欣之情，只是神色肃穆。① 广场上，卖报人喊着"号外"快步疾跑，腰间的铃铛声分外响亮，甚至能传入宫城东厢第三接待室。

在这间宽敞的接待室里，枢密院正在举行会议，围绕着一个无足轻重的问题展开漫长的讨论：为什么宣战书中未提及荷兰。会上还就美英两国的称呼争论许久。一名枢密院顾问认为，"美国"和"英国"两词容易引起混淆，同时也不够礼貌。东乡则认为"美国"指"美利坚合众国"乃是众所周知之事实，坚决不肯作出更改。

中午之前，天皇在宣战诏书上加盖玉玺，正式宣战。在诏书末尾，天皇增添一行文字，就日本不得已与英美开战表示个人的遗憾；又将结束语"以期于国土内外发扬皇道之威光"改为"以期维护帝国之荣光"，使得措

---

① 藏相贺屋担心开战消息引发股市暴跌，于是命秘书迫水久常设法控制局势。迫水就该问题咨询两名财经界人士：一人是证券交易所所长；另一人是证券经纪人协会会长相泽。当时有一支名叫"神道"的股票，由于名字的关系，它已成为股市上的某种象征。两人一致认为，只要大量买进神道，就能抬高开盘价。交易所一开盘，相泽便购入40000股，成功使该股股价比前日收盘价上涨约30钱。然而紧接着，公众听到电台里馆野的播报，各股均呈现整体下跌趋势。谁知没过一小时，交易厅内外传来"号外"，称日军已在太平洋及亚洲战场取得巨大胜利。于是几分钟后，股市又开始回升。

辞更为缓和。

木户侯爵感觉天皇内心毫无波动,但天皇随即坦言道,与英美宣战之决定令他心如刀绞,与英国王室那样的密友为敌更使他无比痛心。木户没有接话。他又能说些什么呢?

广播里,首相东条已在对全国民众发表讲话;此人演说风格冷静,绝无华辞丽藻之修饰。东条表示,西方列强正企图主宰世界,"为歼灭雠寇,建立东亚新秩序,我国须为持久战做好准备……",声称日本与东亚诸国面临生死存亡关头,帝国一亿臣民须当誓死报国,责无旁贷。

接着,广播播放军歌《海行兮》:

> 海行兮,愿葬身水中;
> 山行兮,愿埋骨草下;
> 但为大君,
> 视死如归!

当日下午,首相东条身着骑马服,准备离开官邸,却遭到秘书西浦进大佐阻拦。"您今日岂能乘马?倘若坠马受伤,该怎么办?"东条闻言,不发一语回到官邸。

日方时常担心提前进攻马来亚会对珍珠港袭击造成影响,事实证明纯属多虑。出乎众人意料,伦敦方面并未因此产生警戒心理。更加令人难以置信的是,丘吉尔本人得知珍珠港事件,是在第一轮炸弹落下两个半小时之后,而且还是从广播新闻中获知的消息。当时,丘吉尔正在乡间别墅契克斯庄园与两位留宿的美国宾客共度周末;他们分别是美国《租借法案》的协调员 W. 埃夫里尔·哈里曼与驻英大使约翰·怀南特。晚上 9 时,三人一起收听 BBC 广播,播音员接连报道除远东以外各地的战事,最后提到日本攻击夏威夷,语气没有任何异常。

两名美国宾客听罢,当即坐直腰板。

"广播说得没错,"庄园管家索耶说道,"刚刚我在外面也听说了,日军对美国发动袭击。"

沉默片刻,丘吉尔走向办公室。首相最近曾承诺过,一旦情况有变,将"即刻"对日宣战;因此怀南特以为丘吉尔是要履行承诺,连忙说道:"上帝啊,您可别在广播里宣战哪!"

"那我该怎么做?"

"我先给总统去个电话,核实一下情况。"

电话接通后,怀南特大使对罗斯福说道:"我有一个朋友想跟您谈两句,您一听声音,就知道是谁了。"

丘吉尔接过电话。"总统先生,日本那事到底怎样?"

"就是公布的那样,"罗斯福说,"日本对珍珠港下手。现在咱们在一条船上了。"

"这下倒省了不少事。愿上帝保佑贵国。"丘吉尔难掩狂喜之情。美英两国已正式站入同一阵营。首相想起爱德华·格雷爵士三十年前的一席话:美国是一座巨大的锅炉,"一旦点火,其功率没有极限"。

丘吉尔心满意足,那晚他睡得很香。

5

马来亚战役策划期间,日本军方预估行动完全保密的可能性只有一半,因此为首批登陆的官兵拟订计划,以便在英军舰队切断海上退路的情况下,他们能在登陆地点自谋生路。军方甚至曾考虑为登陆部队提供种子,以应对持久包围的情况,最终考虑到士气问题,未予施行。

早在珍珠港事件之前,日军便已入侵马来半岛,尽管浪高六英尺,行动却十分顺利,当夜便将哥打巴鲁机场收入囊中。然而,在马来半岛以北,泰国境内的两次登陆行动因命令执行不当而陷入阻滞。朝枝繁春少佐奉命于北大年登陆。登陆地点是少佐本人在一次秘密任务中亲自选定的:涨潮时一片皑皑白沙,说明沙质坚实,便于立足。日出前一小时,北大年登陆部队乘汽艇朝海岸驶去,到海水及胸的位置,全副武装的士兵开始跳入水中。然而,当朝枝下到海中,才惊恐地发现脚下尽是淤泥。原来,美丽的白沙并没有延伸到退潮后的水域。部分身负机枪的士兵陷在泥中,最终溺死;余者在水中艰难前行,花费将近三小时才踏上300码外坚实的沙滩,结果刚一上岸,就成为泰军的活靶子。

星若拉的海滩倒很坚实。辻中佐曾想象着乘大巴突破马来亚边境的计划看来要实现了。此前,辻曾派出大曾根少佐伪装成星若拉的领事馆人员,进入市内活动。辻来到海滩时,满心以为大曾根已说服泰军及市内警察勿加干涉,此时该前来迎接登陆部队,谁知少佐并未出现。辻进入城中,对准领事馆大门一顿乱敲,终于把馆内人员吵醒。大腹便便的领事睡眼惺忪地走出来,惊道:"哦,日本陆军的人来啦!"跟在领事身后的,是同样迷迷糊糊的大曾根少佐。原来,少佐急于烧毁密码本,未能解密最后时刻通知确切登陆时间的电文。

辻火冒三丈,命领事驾车将他送往警察局。为避免劝说失败,辻带来一大包现金,足足有10万提卡。来到警察局不远处,一枚子弹飞来,击碎汽车前灯。"别开枪!"辻的译员喊道,"我们是日军,咱们联手去打英军吧!"作为答复,对面又射出一串子弹,对准的似乎正是那位胖领事,他身上的白色西装甚是亮眼,极易成为目标。辻等人开火还击,他异想天开的计划最终落空。

新加坡岛与马来半岛南端隔海相望。岛上民众在凌晨4点炸弹落下时,才知道战争爆发。半小时前,战斗机作战指挥室便收到消息称,距新加坡140英里处出现身份不明的飞机;指挥室随即连番给民防空袭总部拨打电话,却始终无人接听。结果,市内的灯火成为日军定位目标的绝佳帮手。实际上,整个空袭过程中,一直灯火通明,因为掌管总开关钥匙的那人联系不上。

空袭共造成63人死亡,133人受伤。然而,这并未引起新加坡方面的重视。当日,英国远东空军总司令、空军上将罗伯特·布鲁克-波帕姆爵士发布一条命令,使大部分居民放下心来:

> 我们有备无患,警戒线十分完备,早已经受过检验……我们信心十足,防御坚固,武器精良……敌人情况又如何呢?日本穷兵黩武,

在中国战场鏖战四年，早已国力疲敝……信心、决心、进取精神与奉献精神，这些必将激励我们每一个参战的人；而我们的市民，无论是马来人、中国人、印度人还是缅甸人，他们身上那坚忍不拔、处变不惊的东方传统美德，也将成为军人的极大助力，并会为我军最终取得全面胜利作出贡献。

并不是人人都会被漂亮话所安抚。比如美联社特派记者耶茨·麦克丹尼尔就知道：新加坡的主要防空力量是布鲁斯特"水牛式"战斗机，该机型速度缓慢，十分笨重；他还知道马来亚没有一辆坦克；新加坡的固定式炮台几乎全部面朝大海，一旦敌人从马来半岛顺陆路南下，大炮就毫无用武之地；而且马来亚的军队从未受过专门的丛林战训练，部队也不吸纳原住民参与防御，相较日本人，大部分原住民更加憎恨英国人。

接近午时，麦克丹尼尔的好友海军中将杰弗里·莱顿爵士打来电话称："'大拇指'菲利普斯要把两艘主力舰派出去，他亲自指挥。你要不要一起上船？"从语气中，麦克丹尼尔感到莱顿强烈反对这一行动。

"预计出航多久？"麦克丹尼尔对菲利普斯颇为敬佩，这位中将身材矮小，曾踩着箱子以便从舰桥上俯视前方，这滑稽又不失英勇的形象令他印象深刻。

"五六天吧。"莱顿解释称，菲利普斯决定沿马来半岛东岸北上，在两个地点截击尚未完成登陆的日军。

听起来有好戏看了，麦克丹尼尔动心了。不过，美联社在市内只有他一名特派记者，因此麦克丹尼尔最终没有答应。此外，莱顿不加掩饰的反对态度也令他有所顾虑。他甚至回想起《大西洋宪章》签署时，坐在罗斯福总统大腿上的那只黑猫，心中竟平添几分不祥的预感。

下午启航之前，菲利普斯询问 C·W. 普尔福德空军少将，空军能够为海军提供多少援护。普尔福德本是海军出身，很希望帮上忙，但早有消息传来称，马来亚北部的英军机场已被炸毁。最终，普尔福德答应于翌日，即12月9日为菲利普斯派出空军侦察；至于12月10日，他连一架飞机都拨不出。

菲利普斯登上排水量35000吨的"威尔士亲王"号，L. H. 贝尔海军上校注意到将军神色不安。"我说10日要在星若拉上空派遣战斗机援护，"菲利普斯说道，"此事究竟多么重要，我怀疑普尔福德根本不明白。"将军决定再写封信，请普尔福德明确空军究竟能提供何等程度的援助。

黄昏时分，代号为"Z"的舰队驶离开阔的新加坡基地。"威尔士亲王"号打头，"反击"号及其他驱逐舰紧随其后。舰队经过新加坡岛东端樟宜信号站时，菲利普斯收到普尔福德发来的电报：

无法派出战斗机援护，实属遗憾。

"好吧，"菲利普斯说道，"那我们必须自己继续干下去。"两艘大型战舰来到新加坡时曾引起一阵轰动；倘若中途折返，那便太说不过去了。于是，"Z"舰队继续向北航行。

在马尼拉，麦克阿瑟的远东航军队司令刘易斯·布里尔顿少将请求派出"空中堡垒"对北面600英里处的台湾岛展开轰炸。当时是上午7时30分，即夏威夷遭第一波袭击的五个半小时后。

"我先请示将军。"麦克阿瑟的参谋长理查德·K. 萨瑟兰少将说道。过了一会儿，参谋长回复："将军不同意，说不能公然打响第一枪。"布里尔顿想问，难道珍珠港事件还不算公然？萨瑟兰又说，有关台湾岛的侦察情报不足，空袭毫无意义。

而在台湾岛西部，日军第十一航空舰队的官兵同样感到沮丧。大雾笼罩机场，飞机无法按原计划在黎明之前起飞对克拉克机场及附近数个战斗机基地展开轰炸。此时，日军飞行员十分担心来自克拉克机场的"空中堡垒"突然出现，把自家整齐排列在跑道上的飞机一网打尽。

仅有一组日军飞机从台湾岛上的一座陆军机场起飞，对马尼拉以北一些无足轻重的偏远目标展开轰炸。上午9时25分，此类骚扰式空袭的报告传到布里尔顿位于马尼拉市郊尼尔森机场的总部，少将再次给萨瑟兰打去电话，请求轰炸台湾，却依然没有得到批准。直到40分钟后，麦克阿瑟终于改变主意,但为时已晚,布里尔顿只得从头匆匆制订计划。

为避免在机场受到轰炸,布里尔顿麾下的轰炸机一直在阿拉亚特山上空漫无目的地盘旋,直到半小时后才获悉是虚惊一场。于是轰炸机返回克拉克机场加油,战斗机尾随护航。

而在尼尔森机场,来自吕宋岛西北岸各城镇的新警报通过电报及电话纷纷涌入拦截指挥部。其中一则警报提到27架飞机,看上去是战斗机;另一则警报则提到54架重型轰炸机。台湾岛上大雾消散,196架日本海军飞机分作数队,朝吕宋岛而来;其中大部分以克拉克机场为目标。面对自相矛盾的情报,布里尔顿麾下的航空警报军官亚历山大·坎贝尔上校正努力理清头绪:显然,一支部队正逼近马尼拉,另外几支的目标则是克拉克机场。上午11时45分,坎贝尔向克拉克机场发出一封电传,对方没有收到;接着又尝试无线电,仍然没有回音。显然,接线员正在吃午饭。坎贝尔又给克拉克机场拨电话,终于打通;在断断续续的对话中,一名下级军官向坎贝尔保证,会立即将消息转达给基地指挥官或作战军官。

到中午12时10分,吕宋岛上全体战斗机飞行员,无论在空中还是地面,都已做好随时拦截敌机的准备;只有克拉克基地的战斗机飞行员除外。那名下级军官仍未把坎贝尔的警报转达出去,没有一架战斗机升空掩护停在机场内的"空中堡垒"。

中午12时25分,27架三菱新型高空轰炸机轰鸣着从北边20英里处的打拉上空朝着克拉克机场直扑而来。那时,许多地勤人员正漫不经心地离开食堂,走向停机坪;军械员在给未涂迷彩的"空中堡垒"填弹;约瑟夫·穆尔中尉率领的18架P-40B战斗机停在机场边缘,旁边是空燃料桶做成的防护措施,飞行员则懒洋洋地坐在飞机上。

第三十中队的食堂里,机修工与轰炸机机组人员正在收听KMZH电台。唐·贝尔的声音从广播中传出:"下面是一则未经证实的报道——日军正在轰炸克拉克机场。"此言一出,食堂顿时爆发出一阵嬉笑与嘘声。实际上,许多人甚至连珍珠港遇袭都不信,认为那不过是某些"瞎操心"的军官想方设法捏造的消息,以使军民保持戒备。

此时,27架三菱轰炸机上的日军已能够看到大批"空中堡垒"停泊在广阔的平地上,在阳光下熠熠生辉,显得极其扎眼。克拉克以东15英里矗立着阿拉亚特山,就像一座巨型的交通标识。紧随其后飞来的是另外27架轰炸机及在高空盘旋的35架"零式"战斗机。时间是午后12时35分,克拉克机场上的所有飞机就像是待宰的羔羊。

机场外围,隶属第二〇〇海岸炮兵团的新墨西哥州国民警卫队正围在37毫米及3英寸口径的高射炮旁边吃午饭。有人喊道:"海军到啦!"来自卡尔斯巴德的德瓦恩·戴维斯中士一把抓起那台部队出资购买的电影摄影机,开始拍照。

"飞机上为什么丢锡纸啊?"有人问了一句。

"不是锡纸!他妈的是鬼子!"紧接着是一阵轰鸣声,近似货运列车呼啸而过的声音。

机场另一端,第二十追击中队的一名机长叫道:"糟了!敌军空袭!"乔·莫尔中尉听到"空袭"二字,拔腿便向自己的P-40B跑去;另有六名飞行员跟在他身后。莫尔操纵飞机滑行至适当位置,立即起飞,拼命摆动机翼,以最大功率爬升。莫尔身后的六名飞行员只有两人成功升空,另外四人的飞机被炸弹击中。

防空警报响起,但地勤人员似乎被头顶巨大的V形编队吓得动弹不得,直到一串串炸弹落下才回过神来。

国民警卫队操纵高射炮开火,对他们而言这还是第一次实弹射击。他们训练用的通常是扫帚、箱子或木制模型。因此,即便炮弹在远远低于敌机的高度就爆炸了,未能命中,但初涉实弹的体验也足以让警卫队心满意足,甚至有些兴奋。

骤然之间,轰炸停了下来。面对突如其来的寂静,德伍德·布鲁克斯下士脑中一片空白,茫然地朝停机坪走去。战争是一场崭新而残酷的体验,遍地是残缺不全的尸体碎块。他看到一位友人,一个十九岁的波兰青年,不知出于什么缘故,一颗枪弹爆炸把他的身体像气球般吹胀,布鲁克斯甚至感觉那是一副透明的躯体。

生还者从堑壕中挣扎着爬出,像梦游者一般一时间对伤者的呻吟声麻木不仁。建筑燃着火,油库冒着滚滚黑烟,但损毁的"空中堡垒"却只有寥寥数架，实属奇迹。

莫尔中尉与两名同伴正要追击敌人，却惊奇地发现"零式"战斗机比美军战斗机速度更快、机动性更好，爬升速度也相当惊人。美军士兵原本普遍认为，日本造不出优秀的战斗机。实际上，早在1940年秋，美国战争部便收到过"零式"战斗机的精确数据。递交这份数据的是"飞虎队"指挥官——才气纵横、标新立异的克莱尔·陈纳德。他还曾提出一套战术，指导笨重的P-40与敏捷的"零式"战斗机对抗；可惜的是，那些躺在文件袋里的资料无人记起，在此等生死关头亦未能拯救美军飞行员的性命。陈纳德为人太过特立独行，上级对其建议不肯认真看待。

"零式"战斗机势不可当地俯冲下来，开始朝地面停泊的"空中堡垒"及P-40B战斗机扫射。紧接着，又有另外44架"零式"战斗机加入，它们在另一座机场完成任务，正在寻找新目标。曳光弹打在油箱上，停在地面的"空中堡垒"一架接一架惨遭炸毁。毫无预兆地，袭击再次突然停止。浓烟化作黑云，笼罩在机场上空。机场内停泊的全部战斗机、30架中型轰炸机及侦察机皆遭烧毁；"空中堡垒"也只剩下3架。日本海军飞行员只以一次袭击，便成功使麦克阿瑟远东空军瘫痪。同时，日方仅损失7架战斗机，全部轰炸机皆平安返航。

克拉克机场简直是第二个珍珠港。日军欲迅速征服东南亚，原本面临三座大山：太平洋舰队、麦克阿瑟的空军，以及绰号"大拇指"的英国海军上将汤姆·菲利普斯麾下代号"Z"的强兵劲旅。谁承想，短短一日之内，三座大山中的两座便已倾塌。至于菲利普斯的海军，根据日军最新侦察报告，"威尔士亲王"号与"反击"号依然停泊在新加坡港。该港水太浅，常规鱼雷不起作用，且防空火力也十分完备。

不过，倘若能把两艘战舰诱入开阔海域，那便是另一种情形了。

实际上，此时两舰正向北朝着日军舰队驶去。

在珍珠港，18艘舰船已被确认沉没或遭到重创，188架飞机毁坏，159架飞机受损，2403名美军死亡。损失之惨重堪称灾难，而不幸中之万幸是，航母在海上逃过一劫，且敌人的轰炸目标未包括海军船坞的油库及潜水艇坞。此外，绝大多数沉没或受损的舰船经过修理后，还是能够重新投入战场的。日军损失飞机29架，45名飞行员战死；5艘小型潜艇损毁，9名潜艇兵阵亡，被俘1人。被俘者正是酒卷和男少尉，其潜艇在瓦胡岛另一侧搁浅。

黄昏时分，天空下着毛毛细雨，支离破碎的舰队冒着浓烟，四处弥漫着漏油、焦痕与尸体的臭味，令人作呕。整个夏威夷流言四起：八艘日军运输舰绕巴伯斯角转来转去；敌军滑翔机及伞兵降落在卡内奥赫；另外有伞兵降落在福特岛西南的甘蔗园及马诺阿山谷。

甚至海军官方报告也声称：敌军于北岸登陆，身穿蓝色工装，配旭日徽章。到处都有报告说夏威夷埋伏着通敌者、破坏分子，以及间谍。有的在开出租车；有的做服务员；有的假扮成园丁、货郎；有的乘舢板围绕瓦胡岛行驶，为日军指路；有的驾驶送奶车进入机场，将停在地上的美军飞机机尾逐一撞坏；还有的在水源地下毒，真可谓无恶不作。实际上，上述行为皆属臆想，而引导日军行动的真正罪魁祸首吉川猛夫，此时还在以一名领事馆低级官员的身份隐藏着。①

夜色之中，外出行动很危险。因为对那些精神紧张的士兵而言，一点风吹草动都可能成为目标。在惠勒基地，有人听到一名飞行员提到"毒气"，警报便随即响起。而在希卡姆空军基地，一名哨兵发现一个神秘黑影——其实是一名起夜归来的战友——朝自己走来，便连开数枪，引得高射炮也一齐开火，造成更多伤亡。

此前，"企业"号航母派出六架飞机前去搜索南云的航母。与雷达报告的方向相反，六架飞机朝西南搜索，最终无功而返，此时正准备在福特岛降落。珍珠港此次倒是戒备十足，高射炮对六架飞机扫射，战果接近"完美"：六架飞机中，四架被击毁，一架受损严重。

灯火管制的珍珠港市区一片漆黑，唯一的光亮来自海港中燃烧的舰船。倾覆的"俄克拉荷马"号上也闪烁着火光，那是士兵在用乙炔焊炬奋力切割船体，试图营救船体内已濒临窒息的战友。

---

① 直到战后，吉川的真实身份及作战任务才得到披露。

"西弗吉尼亚"号里也有幸存者。该舰沉没时,舱内空气较为充足,此时约有60人依然存活。他们敲击两侧船体,希望引起注意。然而,这都是徒劳。

无论多少年过去,造成珍珠港灾难的原因永远会是争论不休的话题。撇开政治及民族性的因素,答案很简单:美军领导层确信日本无法组建一支独立的航母打击力量(甚至在珍珠港遇袭后,美军依然认定南云舰队出发地是马绍尔群岛),更没想过日本居然会"愚蠢到"攻击珍珠港。当然在这一点上,并不是只有美军这么想。日本海军军令部也认为"Z"计划太过鲁莽。

在更深层次上讲,责任需要每一个美国人来共同承担。"一战"以来,民族主义及种族主义加速经济社会革命,加之东西两半球出现不可避免的力量重组,使得世界从原本稳定的轨道中脱离出来。对于此一事实,美国自上而下都不肯正视,悲剧正由此而引发。

第九章 "我们眼前的艰难岁月"

1

周一早上,经受过史上最惨痛军事灾难的美国民众依然惊魂未定。虽然没出现人心惶惶的局面,也没有什么激进事件,但走在街头巷尾的陌生人之间,会用一种警觉的目光相互打量。国难当头,个人问题变得微不足道。干涉主义者与持孤立主义政策者的争执突然变得毫无意义。

战争部担心日军会派遣航母攻击巴拿马运河的水闸或加利福尼亚沿岸的飞机制造厂。许多政府高官极为惊恐,甚至有人致电白宫,声称西海岸不足以抵御敌军,要求在落基山脉建立防线。

珍珠港事件暂时使美国的太平洋海军瘫痪,也产生一个更为持久的影响。无数电报、信件涌入白宫,承诺会提供全面援助与协作。美国人民永远不会忘记珍珠港这场灾难。

午后不久,参议员、众议员及最高法院众法官列队进入众议院大厅。旁听席人山人海,罗斯福夫人也在其中,感到"郁郁不乐"。当年"一战"时,她曾为丈夫及兄弟提心吊胆;而如今,她又要担心膝下四个都到了参军年龄的儿子。总统夫人身边坐着一位女士,那是上一次大战时的总统伍德罗·威尔逊的遗孀,应罗斯福之邀请而来。

接近下午1时,内阁成员入场。接着,议长萨姆·雷伯恩敲响木槌要求肃静,并宣布:"美利坚合众国总统入场!"由长子詹姆斯搀扶着,罗斯福缓缓走上讲台①,并打开一个黑皮活页笔记本,开始讲话:"昨日,1941年12月7日,这个日子将永远成为国耻之日。美利坚合众国遭到日本帝国海空联军突然的、蓄意的袭击……"

演讲持续数分钟,但频频被掌声打断。最后,罗斯福讲道:"在此,我请求国会宣布,自1941年12月7日星期日,日本对美国无端发动卑鄙袭击之时起,美利坚合众国与日本帝国之间便已自动进入战争状态。"

整个大厅响彻着掌声、欢呼声及反抗的呐喊声。罗斯福合上笔记本,挥挥手臂致意,而后挽起儿子的手臂走下讲台。那是罗斯福就任总统以来,首次代表全体国民说话。无论政治立场如何,全体美国人都发出同一个愤怒的声音。至少此时此刻,人们将党派政治抛诸脑后。美国进入全面战争状态。

2

12月9日下午1时45分,"威尔士亲王"号与"反击"号在云雨笼罩之中北上,进入暹罗湾深处,不料却被日军"伊-56"潜艇发现。潜艇无线电人员打算回报消息,但由于静电干扰严重,对方无法理解电文内容,不论操作员如何一遍又一遍尝试。而在暹罗湾彼岸的西贡,海军第二十二航空队松永贞市少将认定两舰均停泊在港内。两架侦察机刚从新加坡返回,好像是拍到了两艘巨舰中的一艘(其实,那是一个巨大的浮动船坞)。

下午3时,西贡方面终于收到"伊-56"潜艇的清晰报告:两艘大型军舰与四艘驱逐舰正在普洛康德尔岛附近以14节的速度向北行进。潜艇传来的报告似乎比侦察机提供的信息更合乎逻辑,松永随即传令鱼雷轰炸机做好攻击准备。正当航空部队匆忙为鱼雷轰炸机装弹时,一群陆军军官赶来,神色颇为好奇。不知为何,消息已在陆军之中传开:海军要对

---

① 富兰克林·罗斯福患有脊髓灰质炎,生活中必须依靠轮椅行动,但在公众场合通常会借助拐杖等辅助工具或旁人的搀扶行走、站立,因此当时的美国公众普遍不清楚总统的残疾程度。——译者注

两艘英军巨舰动手。在一片充满热情与希望的欢呼声中,飞机接连升空。

30分钟后,坐镇"威尔士亲王"号的菲利普斯上将通告"反击"号及各驱逐舰:

> 为躲避敌军空中侦察,我军正采取迂回路线航行,预计于明日,即周三日出之后,对敌军发动奇袭。如今日军巡洋舰及驱逐舰位于暹罗湾,正是我军出动坚船利炮之大好时机。可以预见,防空火力将会受到一定挑战;为此,我军将迅速消灭一切敌舰,而后在日军空中大部队到来之前迅速向东撤离。故此,目标唯有击沉敌舰。

此后数小时内,"Z"舰队各舰官兵都在凝神静待。谁知9时左右,喇叭里传出命令:舰队已被三架敌机发现,须立即撤回新加坡。众人失望不已,纷纷冷嘲热讽。

事实上,迫使"大拇指"菲利普斯返航的三架飞机并不属于日军,而属于盟军。他们要么是没看到英军舰队,要么是疏忽了没有发信号。在"威尔士亲王"号上,菲利普斯正在阅读留守新加坡的参谋长发来的消息:据报,敌军在关丹登陆。关丹位于马来亚东海岸,位置在哥打巴鲁与新加坡之间。10日凌晨约1时,"Z"舰队改变航向驶往关丹,而实际上该地并无日军登陆。凌晨2时10分,另一艘日军潜艇"伊-58"发现英舰队,便小心翼翼地移动位置,最后朝"反击"号射出六枚鱼雷,结果无一命中。死里逃生的"反击"号对此毫无知觉。

10日黎明时分,菲利普斯在距关丹约100海里处发现一艘可疑的拖船与四艘驳船。上午9时,"威尔士亲王"号、"反击"号在三艘驱逐舰的护卫下,驶向那艘拖船;第四艘驱逐舰"忒涅多斯"号则正返航去加油。

日军早在天亮之前便从西贡派出三队日机,高空轰炸机和鱼雷轰炸机共计96架,侦察机10架。此时,他们已对找到英舰不抱希望,侦察机甚至已在返航路上,谁知恰有其中一架透过云层,发现两艘战列舰、三艘驱逐舰正航行在关丹东南70海里的海面上。15分钟后,即上午10时30分,该侦察机终于联系到鹿屋航空队,该航空队三个中队共27架鱼雷轰炸机随即改变航向。第三中队队长壹岐春记大尉将饥饿与困乏抛诸脑后。此人麾下9架飞机曾在联合舰队大比武中技压群雄。片刻之后,壹岐便从10000英尺的高空中发现1架飞机隐藏在云层之后,外形疑似英军侦察机。敌舰必在附近。

元山航空队也收到同样的消息。第二中队队长高井贞夫大尉通过无线电命令麾下各机掉头朝西北偏北方向前进,第一中队则尾随其后。天空中云层开始堆积,透过云隙偶尔能看见海面。高井双手不听使唤地颤抖起来,甚至感到一阵异样的尿意。他回想起起飞之前,航空队指挥官告诉他的话:"气沉丹田,全身放松。"

在排水量26500吨的"反击"号上,几名炮手在打扑克牌,哥伦比亚广播公司特派记者塞西尔·布朗则在一旁拍摄。军舰曲折前行,布朗发现"威尔士亲王"号就在前方半海里处,便拿起相机拍摄。11时07分,舰上喇叭传出命令:"敌机接近中,全员就位!"布朗抬眼一望,见9架飞机从南边飞来,他在信号桥楼甲板上看得入迷,一动不动。一大片颤抖着落下的炸弹变得越来越大,突然一声闷响,军舰猛烈抖动起来。"救生艇甲板着火!下部着火!"喇叭中传来大喊。

元山航空队的两个中队逼近目标,高井大尉听到指挥官下令:"攻击阵形!"接着便是,"冲!"第一中队轰炸机在前方开始俯冲;高井紧跟其后,却发现空中并无英军战斗机。英舰防空火力几乎将第一中队吞没,却没有一枚炮弹打在高井附近。高井透过望远镜望去,一艘巨舰冒着白色烟柱,看上去极像日军战列舰"金刚"号。高井紧张得血液都要凝固起来,连忙通过传声管呼叫侦察员,侦察员颤抖着答道:"我也觉得像我军的'金刚'号。"

高井下降到1500英尺高,仔细观察那舰,才发现确实不是"金刚"号。为迷惑敌人,高井先钻入云层,改变航向,而后突然冲出来时,距离目标已不足两海里。

"反击"号上号角响起,喇叭中传出吼声:"掩护炮火准备!"高井麾下的9架飞机俯冲而下时,"反击"号上所有大炮一齐开火。"瞧,黄皮杂种来啦。"布朗身边一人喃喃道。鱼雷接二连三地投落,像是长着眼睛般游向舰龄25年的"反击"号;"反击"号尽管笨重,仍然优雅地一一避开。"小鬼子胆量真不小,"一人说道,"打得漂亮,之前真想不到鬼子还有这本事。"

舰桥上,威廉·坦南特舰长刚刚注意到"威尔士亲王"号升起表示"本舰失控"的信号球。他向旗舰询问损害情况,菲利普斯没有回答。事实上,此时"威尔士亲王"号已向左舷倾斜13度,以15节的速度摇摇摆摆地穿行;该舰两个左舷轴都在第一轮空袭时损坏,舵机也已失灵。

坦南特继续发信号报告:"天佑我军,本舰成功躲避19枚鱼雷。"并补充道,虽有1枚炸弹命中,损害仍属可控。然而,菲利普斯依然没有作出回复。为保险起见,坦特南选择亲自向新加坡发出无线电报告:我舰遭敌机持续轰炸。港口收到此消息是在中午12时04分。十一分钟后,新加坡派出6架笨重的布鲁斯特"水牛式"战斗机前往救援。

坦南特再次向菲利普斯发去信号,依然没有得到答复,于是便将"反击"号速度降至20节,朝"威尔士亲王"号驶去,看旗舰是否需要帮助。然而,就在此时,又有9架日军鱼雷轰炸机出现在天际,来势汹汹。

来者是隶属鹿屋、元山之外第三支航空队——美幌航空队的一支中队,队长是一位大尉,名叫高桥胜作。起初,高桥也与高井一样,认为前方舰船乃是友军,直到对方朝自己开火才反应过来。高桥先对准"威尔士亲王"号上的军旗俯冲,却发现该舰正在转向,便转而对付北边约1海里处的"反击"号。中队下降至200英尺的高度,高桥通过"反击"号的尾流估测其速度,然后把面前的简易瞄准装置调整一番。目标长得很,不可能打不中。

飞机距"反击"号还有2500英尺。"准备,"高桥喊道,领航员兼投弹手紧握住发射装置,"放!"领航员拉起操纵杆,飞机低空掠过"反击"号,高桥甚至看得到身穿白色军服的水兵在机枪扫射下四散奔逃。飞机重新爬升时,高桥问道:"投下了吗?"

"没有,长官。"

"再来一次。"高桥转而向右,从"反击"号的另一侧俯冲,然而鱼雷还是没有投下去。高桥坚持不懈地操纵飞机绕着圈子,准备再试第三次,他打算在距离目标1海里处亲自发射；然而，直到飞机掠过"反击"号，高桥与投弹手还是无法投出鱼雷。无功而返的高桥失望至极，不过，其中队至少有一枚鱼雷命中，"反击号"正向左舷倾斜。

壹岐大尉率中队迅速逼近，他急速俯冲，钻出云层，出现在1300英尺的高度。防空速射炮一齐开火，壹岐本能地拉起飞机躲避火力，但他必须更靠近目标，直到飞机从海面上空125英尺处掠过。"反击"号前方是一片火力墙，壹岐只得奋力穿过，在距离军舰1800英尺处猛地拉起投弹杆：鱼雷成功击中侧舷！

当他急速左转时，高射炮猛烈扫射他飞机的机翼。飞机与舰船在某一瞬间平行时，壹岐能够看到一些水兵穿着雨衣平躺在甲板上。突然，壹岐身后的桃井敏光兵曹长驾驶的飞机燃起火焰；一等兵曹田植良和驾驶的飞机爆炸，翻滚着摔落下去。"反击"号舰首接连发生两起爆炸。当壹岐升上高处等待剩余六架飞机汇合时，又有一枚鱼雷命中"反击"号。

"反击"号猛然变向。一枚鱼雷击中右舷，两枚击中左舷。第四枚由壹岐发射，击中尉级军官休息室附近，把舵机炸得粉碎。"反击"号大势已去。"做好弃舰准备，"坦南特舰长通过喇叭冷静地下令，并感谢众人英勇奋战，"上帝与各位同在。"舰身倾斜已达到70度。"各位也快弃船吧。"坦南特对身边军官说道，自己却在舰桥上伫立不动。数名军官不顾坦南特挣扎，硬是将其带离舰桥。

众人排成一队，准备弃舰。一名年轻的水兵推推搡搡，试图插队到前头。旁边一名少尉冷静地劝道："行啦，行啦，在前在后都在同一条路上。"随着进水越来越多，舰首翘起，舰身摇晃不已，仍然留在上部建筑的官兵感到头晕目眩。一名水兵从170英尺高的防御控制塔跳入海中；而另外一人却重重摔在甲板上；第三个人撞向了烟囱。还有一群海军陆战队队员在舰尾附近跳了下去，但被吸入翻卷的螺旋桨里。

12时33分，"反击"号翻了个底朝天。舰尾缓缓下沉，带有一种庄严之感；舰首高高耸起，就像教堂的尖顶，而舰底则露出阴森的红色。壹岐从5000英尺的高空向下望去，简直不敢相信双眼所见：舰首直指天空中的自己，而后彻底消失在视野之中。飞机竟能如此轻易地击沉战舰，壹岐难以置信。"万岁！万岁！"壹岐高举双手，大声喊道。随着双手离开操纵杆，轰炸机猛地下降。

机组人员同样在疯狂欢呼，举杯满饮。下方海面上依稀可见数百个小点，两艘驱逐舰在实施救援行动。在壹岐看来，英军作战英勇，与日本传统的"武士道"精神不谋而合，因此不打算扫射残敌。此时的他尚未意识到：今日放过的敌人，或许明日就会夺走你的性命。

"威尔士亲王"号身中五枚鱼雷，仍在奋力尝试前行。九架日军高空轰炸机袭来，12时44分，炸弹纷纷落下，虽只有一枚命中，仍将这艘35000吨排水量的战列舰炸得摇摇晃晃，接着开始沉没。横梁几乎完全淹入水中，舰长里奇下令全员弃舰，自己却与菲利普斯站在舰桥上，朝离开的官兵挥手示意。"保重！"里奇喊道，"谢谢各位。一路保重。上帝保佑你们。"下午1时19分，号称"皇家海军不沉之舰"的"威尔士亲王"号像一头垂死的河马，笨重地向左舷倾覆，小个子海军上将与里奇舰长也一同消逝了。

从新加坡飞来的那六架笨重的"水牛式"战斗机此时终于抵达，空中早已不见日机踪影。空军上尉 T. A. 维戈斯从空中俯瞰，惊讶地发现成百上千漂浮在海面上的士兵朝自己挥着手，竖起大拇指。

未能成功发射鱼雷的高桥此时正在返航途中，听说"威尔士亲王"号与"反击"号走上末路，他竟有一股难以名状的同情之感涌上心头，英国海军就像自己的兄长。高桥强压情绪，仍止不住泪水夺眶而出，将护目镜打湿。壹岐大尉想到两名战死的战友——桃井与田植，伤心不已。他很确定是自己的鱼雷首先命中了"反击"号，但在汇报时，却说首先命中的是桃井与田植发射的鱼雷。这算是对战友亡魂唯一的慰藉。壹岐中队降落时，一批机修工激动地将各架飞机团团围住，把机组人员拽出来，抛在空中高声庆贺。从战友的闹腾之中摆脱出来后，一名飞行员告诉壹岐："我们俯冲下去准备攻击时，我一点都不想发射鱼雷。那军舰太漂亮了，太漂亮了。"

战报传到东京，同样给海军省带来极大震撼。海军高层难以接受战列舰在开阔海域被飞机击沉的事实，那意味着老一辈的海战理论已然过时。海军航空部队则欢欣不已；他们过去十年一直宣扬的主张至此终于得到证实。日军仅以四架飞机为代价，便将阻碍日本称霸东南亚的第三座——也是最后一座大山成功扳倒。

翌日黎明，壹岐驾机飞过"反击"号及"威尔士亲王"号的沉没点，掠过两舰残骸时，投下几束鲜花。

3

与"Z"舰队决定折返新加坡差不多同一时间，阿道夫·希特勒终于从东线回到柏林，他一直为两件事情忧心忡忡：一是苏联在莫斯科城下发起猛烈反攻；二是太平洋地区传来的消息。他的劲敌斯大林原本怀有东西两面受敌之担忧，如今珍珠港有变，苏联便能调集几乎全部在亚洲的兵力对付德国。数个月来，元首一再催促日本攻打苏联，避免与美国交锋。与此同时，东京方面向驻德大使大岛浩施压，令其向希特勒索要书面保证，一旦太平洋战争打响，德国立即对美国发动攻击，而日方却不肯承诺攻打苏联。

外交部长约阿希姆·冯·里宾特洛甫告知希特勒，大岛将军要求德国立即对美国宣战，同时也提醒道：根据《三国公约》，只有日本在受到直接攻击时，德国才有义务援助日本。

"我国若不与日本统一阵营，那公约在政治上岂不就变成一纸空文，"希特勒说道，"不过，这并不是主要原因。最关键的一点是，美利坚合众国已向我国舰船开火。美国一直是这场战争中的重要因素，他们的行为已经造成了战争状态。"

里宾特洛甫想必摸不着头脑。此前，希特勒坚称要不惜一切代价避免美国卷入欧洲战场，如今却作出一百八十度改变。另外，数个月来，美国海军在大西洋对U型潜艇百般挑衅，元首也表现出异乎寻常的克制。如今突然之间，希特勒似乎欣然接受与美国决裂。或许是苏联战场的失利使得希特勒心生愤懑，希望借日本胜利的东风重回高峰；又或许是他对罗斯福那近乎疯狂的憎恨已逐渐不受控制。无论原因为何，希特勒此举都是头脑发热之下走出的一步昏招,只会帮助罗斯福解决另一个国内问题。如此一来,罗斯福总统不再需要对德宣战,也不会冒受到国内大多数民众反对的风险。珍珠港事件的意外收获,便是让美国上下持续团结下去。

痴心妄想占据着希特勒的脑海。美国是个什么国家呢？"半犹太化,半黑人化","建立在美元之上",此等国家岂有"团结"二字可言。而且,珍珠港事件也可谓发生得正是时候。如今苏联正在反攻,"德意志国民本就在为美国究竟何时参战而惴惴不安。"

当日晚些时候,驻华盛顿代办汉斯·托姆森奉里宾特洛甫之命烧毁密码本及机密文件后,向柏林发去一份评估报告:"预计二十四小时内,美利坚合众国将对德宣战,或者至少断绝外交关系。"

里宾特洛甫知道,希特勒"为保持威信"打算率先宣战,于是提醒托姆森不要与美国国务院有任何往来。"元首这边的希望是,任何情况下,都要避免对方政府抢先一步。"

12月11日,德国国会会议召开。"我们永远先发制人,绝不屈居人后!"希特勒怒吼道,罗斯福与伍德罗·威尔逊一样是个"疯子","此人先是煽动战争,而后歪曲开战原因,一边恬不知耻地披上伪善的基督教外皮,请求上帝见证其所谓义战,一边悄无声息地将人类拖入战争的泥沼……

"如今,终于有一个国家站出来,为真理及正义遭到史无前例的无耻践踏而奋起反抗。对此,想必各位都深感宽慰……可以说,日本政府已与此人交涉多年,如今对其虚伪的愚弄终于忍无可忍。德意志全体人民,以及世界各国所有正义之士,想必都会感到大快人心……

"因此,我已于今日安排驻美代办回国,接下来——"讲话被一阵欢呼声所淹没。

"故此,德意志帝国政府与美利坚合众国之一切外交关系就此断绝。我同时在此宣布,既然罗斯福总统已造成战争之事实,德意志同样认为,自即日起,我国与美利坚合众国进入战争状态。"当日晚些时候,德、意、日签署另一份《三国公约》,表明其"决心不可动摇,在联合作战对抗美、英取得胜利之前，绝不放下武器"，承诺在任何情况下都不会单独媾和。

三日后，在为大岛颁授雄鹰大十字勋章的典礼上，希特勒说："贵国的'宣战'方式十分正确。"将谈判尽量持续下去自然也是合宜之举，不过"如果你发现对方只是在享受搪塞、羞辱、欺侮你的过程，并不希望达成协议，那么你就应该直接动武，没错，往死里打最好，不要把时间浪费在宣战上"。至于"那个无耻小人罗斯福"，日本已经对他展示出"天使般的耐心"。希特勒还引用一句德国谚语："若有恶邻常滋事，亦无圣人可安居。"

大岛摊开一张地图，向希特勒简要介绍整个太平洋地区的战况。"拿下新加坡后，日军必掉头攻打印度，"大岛建议德国与日本同步作战，"日军从东进攻印度之际，若德军能够从西给予其威胁，形势将极为有利。"希特勒不肯作出承诺，但保证会越过高加索，将兵锋推进至伊拉克及伊朗。那里的石油，希特勒很是眼馋。

就在希特勒对美宣战那天，马尼拉方面收到报告称：前一日夜里，盟军在林加延湾获得大捷，日军派出大规模登陆部队，而其运输舰大半被菲律宾陆军第二十一师击沉，湾内及岸边尸体无数。

《生活杂志》的摄影师卡尔·迈登斯赶往林加延湾，却没有发现一具尸体。海滩上只有一些菲律宾士兵懒洋洋地躺在武器旁。一名美军少校乐呵呵地解释称：在阿格诺河口处，夜里出现一艘可疑船只，该区域全体部队掏出武器，上至155毫米口径榴弹炮，下至手枪，以猛烈火力给予迎击。（来者其实只是一艘日军侦察艇，而且还全身而退，并报告称，十一天后展开的主要登陆行动应将地点安排在约30英里外的海湾北端，因为那里几乎没有海岸防御设施。）

麦克阿瑟的首席新闻发言人拉格兰德·A.迪勒少校发表声明，讲述日军登陆受阻详情，媒体记者纷纷将大捷消息发回各自报社及杂志社，迈登斯却一把拉住迪勒："皮克，我刚去过林加延湾，那里并未发生战斗。"

迪勒戳了戳那份公报："上面就是这么写的。"

美国公众读到所谓《林加延湾战役》之报道，深感自豪及欣慰。那个周末的《纽约时报》的通栏头条是："日军丧师吕宋西部"。林加延湾失而复得,大快人心。合众社的报道更是煞有介事:林加延湾海滩激战三日,击沉敌舰154艘,无一敌兵存活登岸,实乃奇迹中之奇迹。

林加延湾公报发布后的次日上午,菲律宾战场另有一份"捷报"传来:小科林·P. 凯利上尉"成功袭击日军战列舰'榛名'号,使其失去作战能力"。凯利驾驶"空中堡垒"来到吕宋岛北海岸附近,机组人员发现一艘大型战列舰,投弹手迈耶·莱文下士掷出三枚600磅炸弹,两枚未命中,一枚似乎击中烟囱,黑烟滚滚而出,机组人员认定该舰已受到致命打击。

在返回克拉克机场途中,凯利遭遇一架"零式"战斗机袭击,其飞行员正是日军王牌坂井三郎。"空中堡垒"燃起大火,凯利命令部下跳伞逃生,自己却与飞机一同卷入爆炸,坠落在阿拉亚特山山脚一条泥土路上。凯利牺牲自己的性命,以保全机组人员,由此成为美国在"二战"中的第一位超级英雄。为表彰他的英勇事迹,部队追授他杰出服役十字勋章。凯利受之无愧,但他并未击沉"榛名"号。那时该舰还位于1500英里外的暹罗湾,菲律宾附近没有一艘战列舰,甚至没有任何舰船遭到击沉或受到重创。故事以讹传讹,出现更多添油加醋的描述。其中最为通行的一个版本,许多年后仍为美国人津津乐道:凯利驾机冲入"榛名"号烟囱,成为太平洋战争中首个采取自杀式袭击的飞行员,并由此荣获荣誉勋章(实则没有)。

与此同时,美国公众阅读到美联社驻马尼拉记者克拉克·李发回的报道,沉浸在盲目的自信之中。李是一名颇有能力的记者,但此次只不过是囫囵吞枣地重复美国士兵告诉他的那些话,对日军作战能力及装备质量进行嘲讽:"日本陆军由一群十五到十八岁的毛头小子组成,军容不整,训练不足,背着小口径步枪,被背水一战的绝望感驱使着来到前线。"日军0.25口径步枪与机枪子弹甚至不存在杀伤力。"鬼子根本不懂陆战,"李援引一名骑兵上校的原话,"敌人原本被我军打得屁滚尿流,后来派出坦克和飞机,这才稍占上风。等我军坦克、飞机一到,还不是要把他们赶回海上去。这群小查理①——没错,我们都叫他们小查理——枪法差劲得

---

① 小查理(Charlies),美军在"二战"中对日军士兵的蔑称。该词出自20世纪30年代风靡一时的"陈查理"系列侦探小说,陈查理是一个虚构的华裔侦探。——译者注

很,大概5000发子弹才能命中一个人吧。"

麦克阿瑟本人则很清楚,这些都是无稽之谈。1905年,他研究过美国军事观察家所写的关于日俄战争的大量报告,其中一份来自约翰·J.潘兴将军:"一支军队若要取得胜利,爱国、节制,对正统权威与生俱来的服从及尊重,都是重要因素。而在此基础上,再加以强健的体魄,对自然及运动的热爱,现代化组织管理,武器装备及精心安排的军事训练,便能打造一支强兵劲旅。而上述所有要素,在日军身上都有体现。"

一名观察家指出,日军伤员"即便身负重伤,依然异常活跃。那些头部、颈部、身体、手臂及腿部中弹的士兵到处奔走腾跃,有些情况下甚至欢欣鼓舞,对伤势毫不在意。日军展现出异乎寻常的生命力,与我在西班牙战争及菲律宾叛乱中所见的美军士兵相比,其负伤后所受的精神创伤显然轻微得多"。

与兵棋推演一样干脆利落,日军总体作战规划的第一阶段正在稳步推进。马来亚短暂的混乱局面很快得到控制,山下将军步步为营,挥师南下,兵锋直指新加坡。而在北方遥远的中国大陆,最后一批印度、苏格兰、加拿大的部队穿越狭窄的海湾,撤退至香港岛。残兵败将拥入岛内引起一阵恐慌,此事证明英军已濒临绝境。

太平洋上,隶属美国的关岛在短暂的抵抗之后沦陷。交火共造成美军及关岛本地士兵17人阵亡,日军阵亡1人。而在檀香山2000英里以外的威克岛上,美军殊死抵抗。12月11日上午,梶冈定道海军少将派出1艘轻型巡洋舰、6艘驱逐舰、2艘运输舰及560名受过陆战训练的水兵组成"威克岛进袭部队"展开强攻登陆,驻守威克岛的美海军陆战队少校詹姆斯·德弗罗率领小股部队将其击退。机动部队原本准备返回日本,此时为梶冈提供海面支援。12月23日清晨,梶冈重新组织起830名士兵,发动第二次突击。

海滩上,德弗罗手下仅有250名海军陆战队队员和100名平民志愿兵,弹药也所剩无几。驻守部队拼死抵抗,直至弹尽。8时30分,德弗罗无奈走出千疮百孔的指挥所,手持一面由白布与拖把柄制成的白旗,向日军投降。一名自称参加过1939年旧金山博览会的日军军官递上一根烟。

当日下午，梶冈少将身着一尘不染的白色军服，佩着勋章与军刀，登上并正式占领这座面积2.5平方英里的珊瑚岛，将其更名为"大鸟岛"。

珍珠港英雄凯旋，庆功典礼上，华丽的褒奖之词不绝于耳。山本却十分冷静，告诫部下切勿骄矜："前途未卜，战事尚多。"

南云中将奉命回到东京，携两轮奇袭的指挥官渊田美津雄与岛崎重和一道进宫面圣。宫内省已事先汇总出天皇的一系列提问，草鹿则将回答一字一句地写下，以防南云一时口误冒出家乡会津的方言。觐见仪式起初一切顺利，谁知天皇突然即兴发问，身材矮小、生性直率的将军南云便恢复平日的用语，称呼美军诸将"彼奴"（那小子）、"此奴"（这小子），急得旁边两名军官汗出如浆。天皇听得津津有味，原本十五分钟的觐见时间又延长三十分钟。天皇问渊田是否曾袭击医务船只，是否曾击落民用飞机及训练机。渊田极度紧张之下忘记通过侍从回话，而是直接回答称没有攻击任何非战斗人员。面圣失态使渊田感到无比煎熬，甚至比在这场突袭中沐浴枪林弹雨更加煎熬。

美、英两国与苏联联手对抗希特勒，然而此时，罗斯福与丘吉尔都迫切需要地球彼端的斯大林提供援助。12月中旬，英国外交大臣安东尼·艾登在莫斯科委婉地问斯大林：苏联是否会与同盟国一道向日本宣战。斯大林解释称，情势所迫，远东部队已撤回阻挡希特勒，重新部署至少需要四个月时间。在远东兵力恢复之前，苏联无法对日宣战，也不能挑衅日本。也有另外一种可能：不等苏联动手，日本主动前来袭击。斯大林认为那样再好不过，一切都会迎刃而解。毕竟在千里之外的东方重新开辟一片战场，很难得到民众的支持。

对待空袭问题，斯大林持有一种奇特的想法：若无德军帮助，日军不可能空袭成功。据一份秘密报告称，为协助日本，德国共派遣出1500架飞机及数百名飞行员。

"日军表现出的空战技术，确实出乎我方意料。"艾登委婉地表示。

"我军曾与日军在空中交战，也常年在中国战场观察过他们，得出这样一个结论：这些敌人并不是纯日本人。我认为，部分日军飞行员在德国受过训练，其余的飞行员根本就是德国人。"

"那您认为，这些飞机是怎么到日本的？"

"大概是从南美过去的吧。"

原本预定派往苏联前线的10个飞行中队不得不转而赶赴新加坡，艾登对此表示歉意。

"我完全理解，毫无异议。"斯大林说道。

"此事实属遗憾之至。"

"局势有变嘛，我理解贵国的处境。我们也有过艰难时期。"

"十分感谢您的理解，"艾登说道，"待时局好转，我们非常乐意助贵国一臂之力。"

斯大林也为他无法在远东提供帮助而道歉："如今我们实在无能为力，到明年春天，一切准备妥当，届时再提供援助。"

艾登希望再争取一下，得到一个更明确的承诺，便拿马来亚形势日益恶化作为话题。

"如果苏联对日宣战，"斯大林回答道，"我们就不得不投入一场陆海空全线交锋的真正的战争，这与比利时、波兰对日宣战不可相提并论。因此，开战之前我们必须对相关战力进行仔细评估，而如今这一准备尚未完成……我国更希望日本先发制人，而且我认为此种可能性不低——当然，不是现在，要等一段时间。如果德国方面感到巨大压力，它很有可能会催促日本发动进攻。若真如此，日本来袭预计就是明年年中的事情。"

艾登不想放弃。"我担心的是，日本会采取逐个击破的战略，在进攻苏联之前先想方设法击垮我国。"

"大不列颠并不是孤军奋战，中国、荷属东印度和美利坚合众国都是盟友。"

"目前的主要战场在马来亚，盟友帮不上什么忙，"艾登表示，接下来的六个月是最为艰难的时期，"我们必须，也必将坚持下去，但局势确实棘手。"不过，英国并不打算为增援马来亚而中止利比亚战役。"在匀出力量增援之前，远东只能靠自己了。"

"我认为贵国的决断十分合理。意大利是轴心国中最薄弱的一环,打垮该国,整个轴心国就会崩溃。"斯大林又忍不住补充道,1939年那会儿英国若是进攻意大利,如今"岂有他们在地中海呼风唤雨的份儿"。

当晚,斯大林设宴彻夜款待来宾。数名将领酩酊大醉,颇具个性的国防人民委员谢苗·铁木辛哥元帅更是烂醉如泥。斯大林有些尴尬,便问艾登:"贵国将领也醉酒吗?"

"他们不太有机会醉酒。"艾登巧妙地答道。

丘吉尔乘"约克公爵"号离开切萨皮克湾已有一天,艾登发来电报,汇报与斯大林的会谈"在友好的气氛中结束"。此时丘吉尔正在赶赴英美两国首次战时会议——"阿卡迪亚"会议。阿卡迪亚本是希腊地名,该地民众知足常乐,以拥有田园牧歌式的纯真而闻名,故成为世人心中世外桃源的象征。不过,会议主旨却是商定对抗轴心国的最佳手段,从最开始就名不副实。

丘吉尔及英方各参谋长希望主导会议方向。12月22日晚,一行人抵达华盛顿时,便已制定出一套详细方案:头号强敌乃是德国,击败德国乃是取胜关键,意大利及日本自然随之崩溃。"故此,经过深思熟虑,我国认为,A-B(美-英)战略应秉持以下首要原则,只当其他战区关乎生死存亡之利益遭到威胁时,才从对德战场抽调最低限度的必需兵力予以援助。"

然而,在次日下午召开的第一轮会议上,英方发现,美国人显然不可能只是洗耳恭听,举手赞成。美方明确表示,对德战争只有正面进攻才能取胜,英国那套机动包围的战略根本不痛不痒。英美两国之冲突可以如此理解:一个资源原本有限,经过两年多的战争更是疲敝不堪;另一个初临战场,坐拥近乎无限的资源与人力。在美国看来,战争就像一场体育竞赛,赢下之后要面临什么,极少有人去设想;而成熟老练的英国则把战争看作政策的延续,可以灵活调整,也会出现意想不到的转折。英国将领中对美国最为友好的约翰·迪尔爵士也认为,美国"丝毫不理解战争究竟意味着什么,其军队也毫无准备,着实令人咋舌"。

4

丘吉尔抵达华盛顿那天,一支由85艘运输舰组成的日军大规模攻击部队逼近菲律宾。美军潜艇"黄貂鱼"号及时发现敌情,迅速报告麦克阿瑟将军。麦克阿瑟原本以为日军会在林加延湾南端登陆,早将大部分炮兵部署在那里;而日军则通过《林加延湾战役》这则报道摸清美军配置,决定让第十四军在北面数英里处的海岸登陆。

第十四军司令官本间雅晴将军是个业余剧作家,一向反对走战争道路。此人与英军前前后后相处过八年,其中包括1918年随英国远征军前往法国战场,对西方颇为了解,也心怀敬意。南京陷落后,本间公开表示:"必须立即停止战争,否则必将后患无穷。"并向武藤将军吐露:东条来做陆相,不会有什么好结果。

运输舰上,绝大多数第十四军的官兵并不知道自己身处何方。五天前,部队在台湾及澎湖列岛秘密登船,即使那些知晓此行目的地是菲律宾的军官得到的指示也极其含糊。12月22日凌晨2时,第十四军43110名士兵中的第一批先遣队开始转乘登陆艇。滔天巨浪险些将登陆艇掀翻,两个步兵营及一个山地炮兵营足足花费两个半小时才登艇完毕。四十七分钟后,第一艘登陆艇终于在阿戈奥镇附近靠岸,不过其后有多艘登陆艇倾覆在惊涛骇浪之中。至于在海滩上,日军没有遇到任何抵抗。

上午10时,先遣队全部登陆完毕。只有一个菲律宾营顽强迎击,但日军成功把守住滩头阵地。傍晚时分,全部步兵及半数坦克登岸,沿三号公路往南向马尼拉行进。

在马尼拉,麦克阿瑟将军如坐针毡地等待着林加延湾的消息,并通过无线电联系马歇尔,建议派遣航母搭载驱逐机,前来菲律宾地区助战。麦克阿瑟问:该计划是否可行?马歇尔回复:海军认为无可行性,但有一批飞机已运送至澳大利亚布里斯班港。麦克阿瑟只能寄希望于它们了。

黎明时,布里尔顿将军仅剩的4架"空中堡垒"对林加延湾的日军护航队展开攻击,投下一批100磅重的炸弹,随后便掉头向南,前往澳大利亚。本间则朝马尼拉稳步推进,于午后对封锁主干道的菲律宾守军发起攻击。守军是一批受训不过十星期的新兵,连如何使用手中那过时的恩菲尔德步枪都不清楚,结局自然是四散溃逃,将支援炮兵暴露在敌军眼前。吕宋北部军的乔纳森·M.("皮包骨")温莱特致电麦克阿瑟,请求撤退至阿格诺河后方。

麦克阿瑟心心念念的作战方案乃是将敌人阻挡在海岸之外;然而,此时空中部队丧失殆尽,海军支援遥遥无期,战局迫使麦克阿瑟正视"橙色战争计划—3"。该计划由他的前任们制订:假如无力阻止日军登陆吕宋岛,美-菲部队可撤至与马尼拉隔海相望的巴丹半岛,在那儿坚守半年左右,直到海军派来增援。麦克阿瑟认为该计划充满失败主义色彩,原已将其束之高阁。然而,此时他已别无选择,只得召集全体参谋,下令"执行'橙—3'计划"。

事实上,局势之险峻超出麦克阿瑟的预料。次日一早,麦克阿瑟发现他的部队已陷入巨大的钳形包夹之中。夜里,24艘日军运输舰在马尼拉东南直线距离60英里处的拉蒙湾登陆,第十六师团近10000人兵分三路,向马尼拉进发。上午10时,吕宋南部军接到麦克阿瑟命令,两个师撤至巴丹。吕宋岛南部的战斗,在打响之前已宣告结束。麦克阿瑟无奈宣布,总指挥部将于当夜转移至科雷希多岛。

在附近的马斯曼大楼里,哈特海军上将告诉第十六海军军区司令弗朗西斯·洛克威尔少将,他要将指挥部向南转移至婆罗洲,以便与作战舰队协同作战。剩余的海军部队则由洛克威尔指挥。两人讲话的声音淹没在飞机轰鸣、炸弹爆裂的巨响之中。两人可以看到整个港口大火蔓延,水泥与石头化为粉尘,与地面升起的黑色烟柱一道,笼罩着整个帕西格河区域。

在马拉卡南宫内,曼努埃尔·奎松总统正在规劝执行秘书豪尔赫·巴尔加斯及何塞·劳雷尔为人民福祉作出前无古人的牺牲。"两位留下来,负责协调与日军的关系。"而奎松本人,则会与副总统塞尔吉奥·奥斯米纳一道,跟随麦克阿瑟前往科雷希多岛。

四人发誓绝不把总统的指示泄露出去,但劳雷尔担心此举有通敌卖国之嫌,不愿从命,甚至精神崩溃,请求总统将自己也带去科雷希多岛。身患肺结核,时日无多的奎松坚决表示,留下来是劳雷尔的职责。"总要有人留下,保护人民免遭日军毒手。"

此时,街道上已挤得水泄不通,其中有军车,也有征调而来的当地公交,里面载满士兵及补给品。所有车辆都朝北驶去,赶往海湾彼岸的巴丹。夜幕降临,麦克阿瑟及其大半参谋乘"唐·埃斯特班"号轮船驶入水湾,朝着不足30英里远的科雷希多岛驶去。那晚天气宜人,明月当空,远东军指挥部的一行人穿着长袖衬衫,望着远处卡维特军港的油库跳动的火光。对美国人来说,如此一个平安夜确实足够奇特。

向北700英里,另一座岛屿堡垒——香港也即将失守。这座面积仅32平方英里的多山小岛,大半已落入日军之手。英军则被一分为二,最终防线正在崩溃。弹药所剩无几,淡水储备也只够再支撑一两天。英军在大陆战场的表现不尽如人意,而在香港岛却奋勇抵抗,其中香港义勇防卫军的1759名志愿兵居功甚伟。该部队由当地英国人、欧亚混血儿、中国人及葡萄牙人等组成,曾被正规军嘲笑为"少爷兵",然而事实证明,其作战能力不下于甚至胜过其他大部分部队。

到圣诞节那天上午,孤守在岛屿南端地势狭窄的赤柱半岛上的防御部队终于被打垮,猖獗的日军开始屠杀伤员,强奸中、英护士。首府维多利亚城的主力军也接近溃败。上午9时,日军释放两名俘虏——一位退役英军少校与一名平民——让两人给驻香港英军司令C. M. 莫德庇少将传话:负隅顽抗毫无意义,日军承诺停火三小时,等待英军作出最后抉择。

莫德庇拖延至下午3时15分,最终无奈下令投降。英国在中国领土上的统治耻辱地收场。尽管英军投降,日军在那个圣诞夜里仍未停止暴行。

菲律宾的圣诞节同样黯淡。上午,麦克阿瑟在科雷希多岛上的新指挥部里,就不断恶化的战局跟属下进行研讨。该岛形如蝌蚪,坐落在马尼拉湾入海口,北距巴丹半岛南端约3英里。就地理位置而言,控制科雷希多岛便意味着控制马尼拉湾，它就像一根卡在喉咙里的骨头。岛屿拥有火力强大的海岸炮、迫击炮及高射炮；马林塔山内开凿了错综复杂的隧道系统，医院、指挥部、商店及仓库都由此得到庇护。

马尼拉市通往北部的三号公路已是水泄不通，路上有装载155毫米口径炮的牵引车，有运输舰炮的卡车、公交车、轿车、马车，甚至牛车。马尼拉以北30英里处是卡隆比特，只要在宽阔的邦板牙河的两座桥上安设两颗炸弹，整个撤军计划便会泡汤。

两座大桥往北10英里是圣费尔南多镇，大部队预定在此左转前往巴丹半岛。谁知在镇上，一批车队正运送温莱特主力部队南下，交通顿时拥堵不堪。鉴于圣费尔南多通往巴丹的道路十分狭窄，中午之前车队只能退回镇上。

巴丹半岛本身也一片混乱。大量难民如惊弓之鸟般抢在本间部队到来之前撤离，此时或步行，或乘坐牛车及老式轿车拥入巴丹。零星部队抵达时，找不到路标或标志，只得四处徘徊。"橙－3"计划规划的堑壕及防御工事只存在于图纸上。按照计划，军方应先疏散巴丹地区居民，但显然，有人已忘记下达命令了。居民惊讶地望着无数卡车、轿车、炮车呼啸而过，拥入各县城及村庄，扬起大量尘土，撒落在居住的竹屋上面。

"橙－3"计划要求提供六个月的军粮储备，然而实际上的储备连一个月都不够。更多物资正通过水路、铁路及公路运来，然而，巴丹距离被日军封锁还剩几小时呢？唯一的希望是温莱特的部队能够拖延住敌军南下的脚步，再坚持两周，为巴丹的部队挖掘防御工事、吕宋南部军通过马尼拉撤往半岛争取时间。但这希望只能说是虚无缥缈。接着，官方报告传来，称巴丹与日军之间最后一道强有力的天然屏障——阿格诺河防线已遭敌军渗透。那批训练不足、筋疲力尽的部队不太可能长时间拖住日军，就连能否坚持到新年都是未知之数。

圣诞节当天清晨，一艘飞艇在夏威夷降落，机上乘客正是接替金梅尔的太平洋舰队新任指挥官——切斯特·尼米兹海军上将。他一头白发，但看上去精神饱满，蓝色的双目似乎能够洞察一切。他一直希望能指挥海军。

很快,尼米兹就发现自己的担忧已成现实:珍珠港官兵情绪极度悲观,士气跌至谷底。珍珠港事件之后,有些高级将领一夜白头,甚至有部分参谋陷入焦虑状态,正遵医嘱服用镇静药。尼米兹将旧参谋班子召集起来,安抚道:"人员安排一概不变,我完全信任各位的能力。过程虽然艰辛,但结局必然光明。"

在海军学院的毕业班纪念册上,对尼米兹的描述是"性格开朗,对未来充满信心"。他处变不惊的气质的确极具感染力,不过尼米兹也明白,要彻底恢复元气,所需时间必然不会太短。至少还要几个月,太平洋舰队才能发起行之有效的反击。

同样是那天上午,沉没的战列舰——"西弗吉尼亚"号内最后数名幸存者,躺在 A-111 储藏室的下部搁板上,失去了呼吸。舱壁上挂着一本日历,从 12 月 7 日到 12 月 23 日,每个格子都标着一个"×"。

5

30000 名民众聚集在白宫南草坪上,参加传统的圣诞树点灯仪式。"今年的圣诞节异乎往日,"温斯顿·丘吉尔站在白宫南门廊上,感慨万千地向民众致辞,一旁是罗斯福总统,"世界已陷入一场生死搏斗之中,各国运用着科学所能设计的骇人武器相互屠杀……战火席卷于天地之间,将骚乱散播至每一个家庭。但至少今晚,愿每户人家、每一颗仁慈的心灵,都享有灵魂的宁静……让孩子拥有一晚的欢声笑语,让圣诞老人的礼物使他们绽放笑颜,让我等成年人暂且与他们共同分享那无尽的快乐——而后重新出发,去面对那重任如山、岁月艰难。孩子拥有继承前人遗产的权利,生活在自由而公正的世界里;我们则决心通过自己的勇气与牺牲,去捍卫那些权利。"

讲话结束后,丘吉尔告诉自己的私人医生莫兰勋爵,自己在仪式中感到心悸,希望医生测测脉搏。"激动人心的时刻来临了,"丘吉尔兴奋得有些吐字不清,"战争进入崭新的阶段,苏联转败为胜,日本横插一脚,美国骑虎难下。"

圣诞节当日早上,罗斯福带客人前往教堂,并说:"让温斯顿与循道宗信徒一起唱唱赞美诗是有好处的。"丘吉尔唱的是一首自己此前未曾耳闻的歌曲《哦,小镇伯利恒》。礼拜结束后,首相花费数个小时准备翌晨在美国国会的演讲稿。听众会以何种心情面对英国首相呢?有些人对英国很不友好。

而到真正演说时,丘吉尔单凭开场白便将全场听众的注意力俘获。"诸位邀我前来美利坚合众国参议院,在两院各位议员面前发表演讲,实在不胜荣幸。我不禁想,假如我的父亲是美国人,母亲是英国人,而不是反过来的话,我可能凭自己的本事就站在这里了。"谈到日本时,丘吉尔吼道:"日本把我们当成什么人?"台下顿时沸腾起来。丘吉尔抬高嗓音压过喧嚣之声,满怀深情地谈起摆在两国眼前的课题,"谁又有未卜先知、预测未来的能力呢?但我仍要宣布我有坚定不移的希望,有不容亵渎的信仰。未来的日子里,希望英美两国人民为自身之安全,为世人之福祉,秉承浩然正气与热爱和平之心,昂首挺胸,并肩前行。"

台下响起一阵自发的、毫无保留的掌声。

不过,美国军方高层却有另一种情绪。众将领刚刚获悉,前一天夜里,生性冲动的罗斯福总统亲自摇着轮椅前往丘吉尔房间进行临时会谈,并答应假如菲律宾供应线遭到切断,会考虑把原本承诺给麦克阿瑟的援军转而拨给英国。美军众将怒不可遏,前去找史汀生主持公道。史汀生闻言"火冒三丈",当场打电话给霍普金斯称,倘若总统继续罔顾现实,一意孤行,那就只能请总统另觅一位战争部长。罗斯福连忙否认曾"提出任何类似的建议",并发誓自己从未考虑过抽走给麦克阿瑟的补给。

当天下午,"阿卡迪亚"会议第一轮全体会议在紧张不安的氛围中召开。罗斯福主动站出来给英方当头一棒,称现有的资源并没有得到有效利用。各参谋长是否讨论过在远东建立联合指挥部的可能性?总统是在附和马歇尔将军的提议。前一天,马歇尔曾告诉英美两军参谋长:"必须由一个人来指挥整个战区——包括陆、海、空三军在内。"

丘吉尔对此强烈反对。如果战线像"一战"时那样连续,联合指挥自然是个好主意。而如今在远东,盟军之间有时相距千里。"局势决定,远东必须坚守某些特殊的战略要地,具体该怎么守,还属当地指挥官最为清楚,"丘吉尔说道,"难题在于资源运输到当地时应当如何运用,而这一问题,只能通过相关政府解决。"

英国供应大臣比弗布鲁克勋爵给霍普金斯递去一张字条:

> 您可在丘吉尔身上下些功夫。首相思想开明,正在广采众议。您去与他商讨一番最好。

受到鼓励后,霍普金斯私下告诉丘吉尔:"总统的建议,您别急着拒绝。不妨先听听我们属意何人。"美方属意的是阿奇博尔德·韦维尔将军。

次日晚上,英军各参谋长来到丘吉尔处,表示大体上准备接受联合指挥,并建议挑选一名美国军官领导ABDA(美、英、荷、澳)联军司令部。丘吉尔没想到各参谋长竟不像自己那样,为美方属意的人选是韦维尔而感到高兴。各参谋长认为,远东局势败局难免,罗斯福挑选英军将领纯属阴谋,为的是让韦维尔背黑锅。① 这指挥官还是让美国人自己去做吧。

丘吉尔并不认同众人的态度。他既不相信罗斯福"会搞栽赃嫁祸的把戏",也不愿意把新加坡的命运交给美国人。想想澳大利亚人会是什么态度!前不久,澳总理约翰·柯廷在一篇文章中表示:"澳大利亚不受与英国之传统联系或血脉亲缘之束缚,视美国为最可靠之盟友。"

丘吉尔越说越生气,感觉各参谋长的疑神疑鬼是对罗斯福的一种侮辱——毕竟罗斯福提议之姿态实属友善而慷慨。丘吉尔拒绝接受各参谋长的意见,最后众人不欢而散。英军各参谋长感觉自己的地位越发无足轻重,无法压制住那些彬彬有礼却占尽上风的后生晚辈。

具有讽刺意味的是,此次唇枪舌剑催生出整个"二战"中最具建设性

---

① 韦维尔本人在接到任命通知时,冷嘲热讽道:"势不得已之时,也有让男人带孩子的情况;但我这次是要带双胞胎啊。"

的重大事件之一,即重申先前决定,建立一个联合指挥系统——联合参谋长委员会;其总部设立在"西方民主世界"的新首都华盛顿。此一非凡成就由马歇尔发起,罗斯福推动,而最终成为可能却是由于温斯顿·丘吉尔从善如流。他没有因各参谋长的反对与疑心而动摇,致力于巩固英语民族的团结,并实现其"阿卡迪亚"之行的目标:确定希特勒为主要敌人,并使众人认识到,太平洋战争眼下必然是一场持久战。

元旦那天上午,罗斯福的心思从军事转向全球政治,拿着一份二十六国联合宣言草案,坐轮椅来到丘吉尔的房间。草案称,"为在本国及世界各国保卫生命、自由、独立及宗教自由,维护人权及正义",二十六国将携手与轴心国作战,对抗"企图征服世界的野蛮、残暴势力"。据霍普金斯描述,罗斯福进入房间时,丘吉尔从淋浴间赤身裸体地冲出来;罗斯福颇感抱歉,准备退出房间,丘吉尔却说:"大不列颠首相在美利坚合众国总统面前可是毫无隐瞒。"(丘吉尔本人的说法则是:"我怎么可能一丝不挂地接待总统呢?至少得围一条浴巾吧。")

总统手中的那份草案,正是日后联合国的雏形。两人就草案达成一致意见,并在当日晚些时候与苏联大使马克西姆·李维诺夫、中国外交部长宋子文一同签署。

"阿卡迪亚"会议又持续两周,取得不少成果。然而,英方代表离开时,有人仍愤愤不平。"美方自行其是,仗要怎么打,得看华盛顿脸色了,"莫兰勋爵在日记中写道,"不过,美国与我国打交道,将来若一直采取粗鲁强加的态度,可不是明智之举。此次决定我国国民已相当不满,他们最多答应尝试一个月吧。"

丘吉尔回国时却是满心欢喜,会议上对联合产量的最终预估值让他欣喜若狂:1942 年制造坦克 4.5 万辆、飞机 4.3 万架,1943 年制造坦克 7.5 万辆、飞机 10 万架。"首相被数字蒙蔽住双眼了。"莫兰评论道。

几乎在"阿卡迪亚"会议作出各项决议的同一时间,情报便已传入日本间谍耳中。那名遭到革职的前美军少校"萨顿",在法拉格特广场陆海军俱乐部从几位友人处得到信息,并将其透露给身处墨西哥城的日军间谍头目和智海军中佐。"萨顿"的情报显示,美国已改变初衷,不再意图对日本发动全面战争；盟军希望在尽量拖住日本的同时，先集中力量击败希特勒。甚至连通过潜艇群及大型轰炸机群协同攻击以击败日本的最终方案细节，也存在于情报之中。轰炸机将从中国起飞袭击九州岛，潜艇则切断通往日本本土的所有航线。

这确实是个大情报，其重要程度不下于佐尔格的任何一条情报。和智中佐通过两条渠道将其传回日本：一是通过当地一名德国间谍，此人几乎每晚都用密文向柏林发送报告；二是用普通航空邮件寄往中立国阿根廷的一名驻布宜诺斯艾利斯海军武官。（和智用2000美元从另一名德国间谍处购得隐形墨水，用于书写信件。）

"萨顿"少校辛勤收集到的情报，通过两条渠道最终都成功送达东京。然而，海军省被近日频传之捷报冲昏头脑，只是粗略一看，便将其束之高阁。

第十章 "胜机虚无缥缈，败局近在眼前"

1

东京一如既往地庆祝元旦，那是日本人最喜爱的节日。人们还清债务，排起望不到头的长龙拥入明治神宫，为祈求好运，在午夜钟声敲响后往功德箱里投掷钱币，并购买底部沉重的红色的达摩吉祥娃娃。战争并未冲淡节日的欢乐气氛，反而孕育出一种期许的情绪：下一次大捷何时到来？

陆军军务局长武藤将军前往外务省拜访东乡茂德。几杯屠苏酒下肚，武藤说："民众沉醉在胜利的喜悦之中，绝非善事。"战争未来的走向必然艰难，"因此您应以尽快结束战争为主要方针。"而结束战争的第一步，便是换掉首相东条。告别东乡后，武藤又找到冈田海军大将，将同样的话重新讲述一遍。冈田也曾出任首相，且长期以来反对军事侵略。

菲律宾战场上的日军则通过两面夹击马尼拉的方式来庆祝元旦。本间率部南下，距马尼拉只有17英里，前方敌军的抵抗已不值一提；另一支北上的部队由于大量公路和铁路桥梁遭到炸毁，在距马尼拉约40英里处放慢脚步，不过守军的抵抗同样微乎其微。本间令部队停下整顿，打理军容。他认为，蓬头垢面的士兵不会昂首前行，更可能奸淫掳掠。

市内商店门窗紧闭。码头区附近，《生活杂志》的卡尔·迈登斯亲眼目睹仓库被洗劫一空——从汽车到电影胶卷,统统被收入囊中。回到海景酒店,妻子拿出《生活杂志》总部发来的电报。总部希望迈登斯"再提供一篇第一人称视角的目击者报道;不过,本星期社里更希望有一篇美军主动出击的报道"。

妻子把拟好的答复给丈夫看:十分遗憾,该要求无法满足。

潘达坎油田及全部陆海军设施都在燃烧,整个马尼拉似乎笼罩在硝烟之中。5时45分,安部孝一少将率第四十八师团的三个大队从北进入马尼拉。道路两旁的菲律宾民众面带愠色,默然望着队伍入城;少数获释的日本战俘则发出欢呼之声。

从酒店窗户里,迈登斯看到街道对面高级专员弗朗西斯·B.塞尔府邸前的草坪上,日军的三个中队正在整队,有水兵,也有陆军。日军降下美国国旗,旗帜落在地面上时,三发礼炮响起。一名水兵把星条旗踩在脚下,将旭日旗系上。新旗帜缓缓升起时,乐队激昂地奏响日本国歌《君之代》:

  我皇御统传千代
  一直传到八千代
  直到小石变巨岩
  直到巨岩长青苔

在马尼拉湾彼岸的巴丹半岛上,麦克阿瑟大军拥入,准备背水一战。然而,在本间及其麾下的大多数参谋看来,麦克阿瑟此举与溃逃无异。与身处西贡、东京的上级长官一样,本间认定马尼拉才是全面取胜的关键。即便真让麦克阿瑟在科雷希多岛及半岛尖端苟延残喘数周,那菲律宾战役也已结束。

身处西贡的寺内寿一大将下令,抽调第四十八师团加入进攻爪哇岛的部队。鉴于日军在菲律宾及马来亚取得意料之外的大捷,寺内决定将入侵爪哇的时间提前一个月。

胜利的取得虽然轻而易举,但本间依然心神不定:扫荡残敌并非易事,王牌师团若调走,剩余部队的负担必将加重。本间请求让第四十八师团再留一个月,寺内没有批准。

其时,第四十八师团正位于巴丹前线,接替它的是从台湾岛调来的第六十五"夏"旅团。该旅团是一支7500人的占领军,多数士兵年纪较大,对前线作战任务毫无准备,也缺乏装备。突如其来的任务使旅团长奈良晃中将颇感不安。奈良曾旅居美国多年,毕业于本宁堡步兵学校,也是柯立芝总统之子在阿默斯特学院的同班同学。

1月5日夜,身材敦实、已届中年的奈良步行赶往前线,身后跟着步履沉重的第六十五旅团,队伍一直拖到林加延湾中段。由于美军工兵共炸毁184座桥梁,日军行程已被拖延数日。

热带地区夜色很美,赤素馨花散发着带有异国情调的芬芳。望着萤火虫环绕在灌木丛旁,奈良想到了圣诞树,而他身后的部队正在艰苦跋涉,又哪里有心思欣赏热带美景。

他们向挤满大约1.5万名美军及6.5万名菲军的巴丹靠近。菲军之中,有1万人是职业化的精锐部队;余者则训练不足、装备低劣,实属乌合之众。接下来,麦克阿瑟就要凭借如此一支部队,以及勉强够10万部队吃30天的不相匹配的粮,坚守巴丹六个月。美军唯一的优势在于地利。巴丹半岛宽15英里、长30英里,几乎完全被两座死火山占据,一座在南,一座在北,两者之间是茂密的丛林。道路只有两条:一条是半环形公路,沿东海岸平坦多沼泽的主干道延伸,绕过半岛尖端之后,在西侧延伸至西海岸三分之二的位置;另一条则在两座火山之间,是一条鹅卵石路,横穿巴丹半岛。

麦克阿瑟打算在半岛连接处以南约10英里,从马尼拉湾起,横穿北部火山,建立第一道防线。死火山经过上千年的风化作用,形成四座锯齿状山峰,东部山峰海拔最高,堪称绝壁,叫作纳蒂布山。

至1月9日上午,麦克阿瑟各部已就位。尽管口粮已减半,部队依旧士气高昂。众将士已厌倦连日的撤退,纷纷渴望一战。麦克阿瑟将战线一分为二,左边(西线)交给温莱特将军。温莱特部自林加延湾撤退以来受到重创,此时无法立刻投入战斗。显然,日军一定会先沿东海岸公路向右侧发起进攻,而右侧防线交由乔治·帕克少将率 25000 名士兵把守。帕克此前从南部撤至巴丹时,部队状态相对保持得较好。

他的右翼是东海岸,地势平坦、多沼泽,从海岸线往内陆约两英里尽是鱼塘及稻田;再往西五英里,则是地势渐升的丘陵,大片甘蔗及竹林生长其间,尽头处地势陡升,纳蒂布山耸然矗立。防线左翼直抵纳蒂布山脚下,因为如此一座峭壁绝崖,沟壑纵横,丛林密布,绝非人力所能翻越。

这就是"阿布凯防线",因该地甘蔗园工人的棚屋而得名。菲军急于证明自己不会辜负麦克阿瑟的信任:之前的屈辱溃败不代表菲律宾士兵的真实能力。至于美军军事顾问,则并不持乐观态度。不过,阿布凯防线至少有一个优势:进攻的军队难以撤退。换句话说,只能在战胜与战死之间二选一。

防线以北数英里,奈良率部与王牌部队第四十八师团完成交接,装备匮乏的士兵刚刚就位。在陆军学校,奈良曾告诫学生,若无准确地图,绝对不可发起进攻。而如今,他手头只有一张公路图及几幅大比例尺地图。第十四军也没有给出任何具体指示,只是命令奈良在第十六师团两个炮兵联队及第九步兵联队的协助下,"列纵队沿公路追击敌军"。

他得到保证,巴丹半岛上敌军的残兵败将不超过 25000 人,一旦两军交火,对方必将迅速撤至半岛尖端的马里韦莱斯镇,稍作喘息之后,便会渡海逃往科雷希多岛。奈良请求继续侦察敌情,然而上级只是下令立刻进攻。奈良只有一天时间仓促制订一个非常简单的计划:今井武夫大佐率第一四一步兵联队沿海岸公路径直南下。他的一位信得过的老友武智渐大佐则率第九步兵联队向西,沿纳蒂布山山麓行进,绕过天险绝壁,最终折回公路包围敌军。

长达一小时的炮击结束后,今井沿高速公路南下,武智则钻入丛林之中。今井行进尚不足 100 码,突然,前方道路爆发出雷鸣般的阵阵巨响。那是帕克的炮兵。显然,所谓美军一触即溃的说法纯属臆造。

菲军同样奋勇作战,对被炮火轰散的日军发起强攻,在 48 小时内消灭掉三分之二的今井联队。于是,奈良被迫安排一支后备部队,将今井残部换下。不过,奈良的困境才刚刚开始。按预定计划,武智此时应该已经

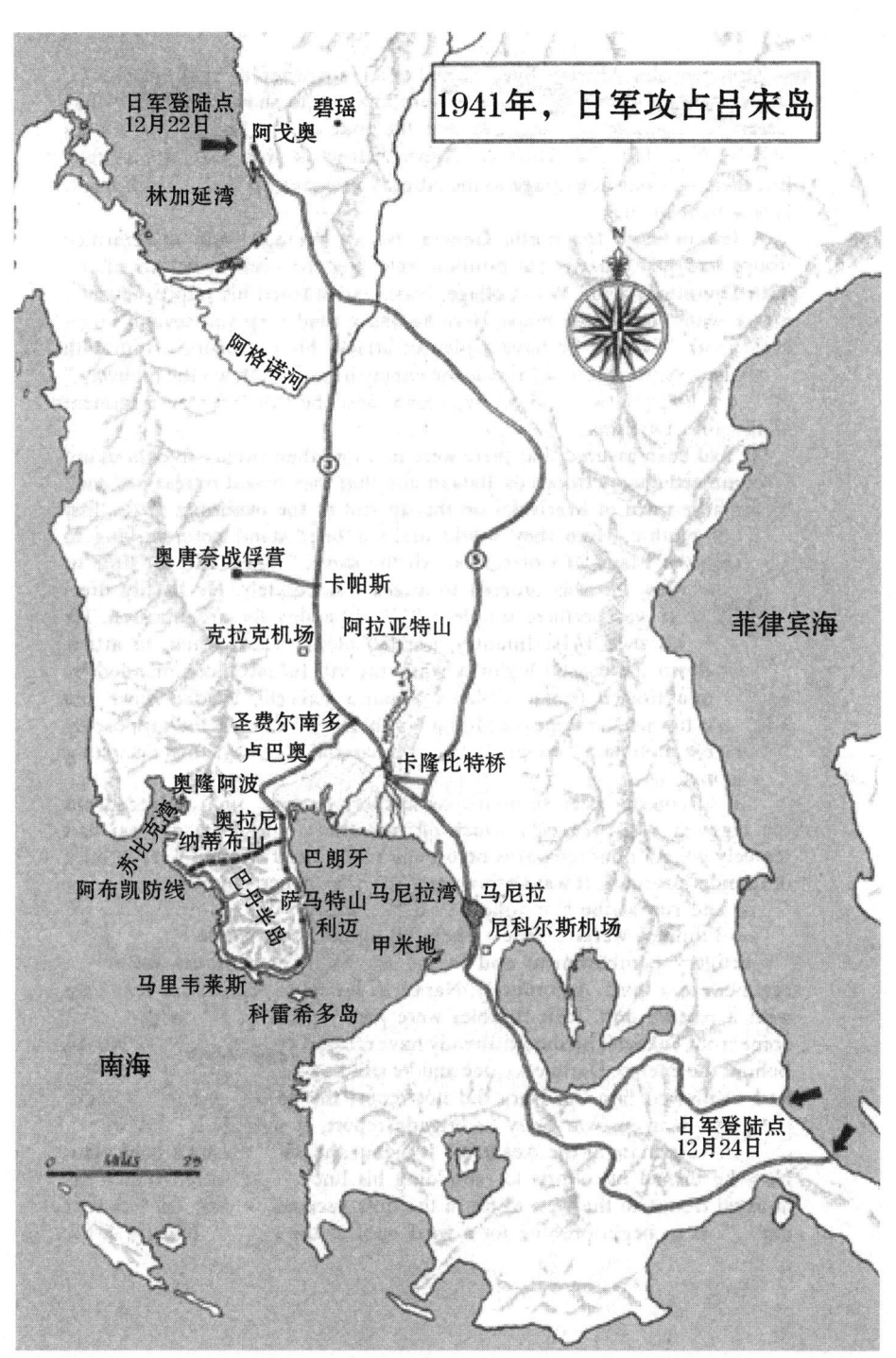

本书所使用地图均系原书中地图。

越过纳蒂布山,出现在敌军后方。然而直到夜幕降临,第九步兵联队依然毫无音信。武智迷失在丛林之中。奈良没有将此事报告本间,甚至没有在战争日记或旅团报告中记载下来。因为奈良希望维护旧时同窗的声誉。如此一来,奈良大胆的作战计划便以失败告终,只得把重心转为重建战线:今井率精疲力竭的部队转移到西边,填补因武智失踪而留出的空缺,同时探查阿布凯防线的薄弱环节。

1月13日,即奈良部队向阿布凯防线发起攻击的同一天,奎松通过麦克阿瑟给罗斯福发出一封电报,指责美国未履行承诺援助菲律宾,并敦促罗斯福立刻倾尽国力对抗日本。他又附上一封短笺给麦克阿瑟,愤慨之情跃然纸上:

……华盛顿方面是否已经作出判断,认为对最终战局而言,菲律宾战线并不重要?因此,是否在近些日子,至少在守军弹尽粮绝之前,不会有任何援军前来?如果实情真是如此,我希望有知情权,因为我对菲律宾国民负有责任……

如果说,菲律宾人民流血牺牲无关大局,那么我要自己考虑决定,我国人民是否该继续为此丧命。华盛顿方面似乎完全没有意识到,菲律宾人民处于何等境地;也没有意识到,在安全与福祉完全遭到忽略的菲律宾人民心中,究竟存在何种感情……

麦克阿瑟原本便能够理解菲律宾之处境,他更希望奎松的信能刺激马歇尔。不过另一方面,为鼓舞巴丹将士的士气,麦克阿瑟本人也需要讲一些违心话:

大量部队及飞机正从美国本土赶来菲律宾……我军退无可退。巴丹半岛上,我军数量超过日军,物资充足,只要决心固守,必将战胜敌军……

本人在此呼吁:巴丹半岛众官兵务必坚守岗位,将来犯之敌一击退。为得救,此乃唯一之途。战,则必胜;退,则必亡。

此番表态并不能使巴丹半岛上的大多数美军信服,不过菲律宾士兵倒是备受鼓舞。为证明自己拥有在星条旗之下作战的资格,1月16日上午,菲陆军第五十一师发起一次坚决的反攻。然而,由于求胜心切,其中一个团远远地冲在前头,将两翼部队抛在身后。

菲军形成的突出部对日军威胁有限,却使自己身处险境。今井大佐判断机不可失,当即率部进攻突出部的东端。正在此时,武智大佐与失踪的第九联队突然从纳蒂布山坡上的丛林中蹿出,直接冲向突出部的西侧。菲军两面受敌,力不能当,于中午时分溃败。于是,阿布凯防线出现一道两英里长的口子。

傍晚时分,满面疲态、衣衫褴褛、饥肠辘辘的武智向奈良说明自己在纳蒂布山丛林之中迷路的原委。奈良深感同情,令其率部退为预备队。武智干净利落地敬礼,没有停下补给或休息,立即带队出发——他并不是北上与预备队汇合,而是南下重新攀登纳蒂布山。武智误以为,退为预备队是奈良对自己迷路的惩罚,决心再次挑战。

而在巴丹半岛另一边,从纳蒂布山一直延伸到中国南海这一段根本无法跨越,本间难以发起有效进攻。次日下午,木村直树少将率5000名日军来到温莱特阵地对面,发现美军防线只延伸至纳蒂布山西面二英里处的西岚迦南山西坡半山腰,便打算做成武智在另一边未做成之事。木村派中西宽少佐率700名士兵悄悄绕过温莱特右翼,而后急速西进,于1月21日黎明时分抵达中国南海边,使温莱特前线部队彻底孤立。

半岛东部,阿布凯防线濒临崩溃。该地地形丘壑纵横、丛林茂密,被派去填补防线空当的部队难以动弹,甚至没有抵达阵地。把守防线的官兵也已疲惫不堪,白天持续作战,夜晚又要面对敌军渗透骚扰,骚扰者有时用鞭炮恐吓,有时通过扩音器嘲讽。

萨瑟兰将军来到巴丹,大体巡视一番后,向麦克阿瑟建议立即撤退,在横贯半岛的那道鹅卵石道路后方建立防线。麦克阿瑟下令次日入夜后全面撤退。1月24日晚7时,大量卡车及兵员开始从阿布凯防线后撤。至午夜时分,通往后方的山道挤得满满当当。车辆里满载着面露疲色的菲律宾士兵，身穿蓝布军服，头戴椰壳帽。指挥车里的军官形容憔悴，军服破烂不堪，此外还有大量步行人员。没有宪兵维持秩序，各部队相互走散，混乱不堪。军官也无能为力，只是命令士兵及车辆尽量向南移动，并祈祷敌军不要轰炸此地。

天将亮时，少数在前线断后部队开始蛙跳式后撤①。他们连续九天没有洗脸刮须，此时饥肠辘辘，面无表情，活像一具具行尸走肉。撤退行动一直持续到次日才结束。从黎明到黄昏，日军飞机肆无忌惮地扫射、轰炸山道及沿海公路。突然，武智大佐率领饥肠辘辘的士兵不知从何处冲出，撤退顿时变为溃败。武智完成不可能完成之任务，成功率部翻越纳蒂布山。

至1月26日，美-菲部队的新防线终于布置完毕。该防线位于两座死火山的山谷之间，就在鹅卵石公路后方，从马尼拉湾一直延伸到中国南海，各段之间通过巧妙的通信网络及丛林中开辟的补给小道相连。新防线分成两段，依旧是温莱特指挥西段，帕克指挥东段。士兵们在散兵坑及防空洞内休整，感谢上帝保佑自己从惨烈的阿布凯撤退中幸存下来。在菲律宾师服役的亨利·G. 李中尉在阵地上创作出一首以阿布凯撤退为主题的诗歌：

> 巴丹仍在……又是一日
> 任饥肠辘辘，伤痕累累，烈日炎炎
> 任身躯渐衰无力，撤退步履维艰
> 任胜机虚无缥缈，败局近在眼前……

日军同样不堪再战。奈良"夏"旅团伤亡超过2000人。不少士兵不仅精疲力竭，而且首次体会到战斗的恐怖。

---

① 蛙跳式战术（leap-frogging），军事战术之一。该战术通常将部队分为至少两组，一组开火压制敌军时，另一组朝目标地点移动并寻找掩护；到达掩护地点后，角色交替。与后来麦克阿瑟指挥盟军进逼日本本土时采用的"蛙跳战术"不同。——译者注。

当战斗再度打响时，情况要比阿布凯防线更为混乱。此处丛林密布，一支由1000名日军组成的部队悄悄穿过防线，守军一连三天都未发现，最终经过约三周的殊死搏斗才将其歼灭。此外，日军还企图从海上包抄温莱特，通过驳船将部队送往防线后方地形崎岖的西海岸，然后驱车赶往南边港口马里韦莱斯，切断来自科雷希多岛的补给。接下来两星期内，日军前后五次尝试登陆，最后一批渗透部队直到2月8日才被歼灭。8日当天，本间在圣费尔南多制糖中心改造而成的指挥部中召开重要会议。天气闷热，气温高达95华氏度。本间内心感到极度煎熬：巴丹战事中，日军减员已有7000人之多，另有10000名士兵身患疟疾、脚气及痢疾。他两度请求增援，皆遭到拒绝。

日军在巴丹半岛上的兵力只有三个大队。本间的参谋长前田正实中将警告说，麦克阿瑟若发现此事便会选择突围。高级作战军官中山源夫大佐力主继续发动猛攻，"不过，主攻方向应该放在东海岸，而非西海岸"。

前田的计划是只对巴丹进行封锁，同时攻占菲律宾群岛其余部分。"届时麦克阿瑟将军的士兵弹尽粮绝，自会投降。"

前田的主张很有道理，但对本间而言，这不是速战速决的方案，东京方面断然不会批准如此丢脸的策略。本间称，必须发动一场更强有力的新攻势。为此，他只能含羞忍辱，忍气吞声地向上级请求重兵增援。他潸然泪下。正当众参谋准备离开时，一封电报交到本间手上。那是东条在表示不悦之情：除菲律宾外，各处都掀起胜利的浪潮。本间脸上浮现出痛苦的神色，突然一头抢在桌子上；众参谋连忙将昏迷的司令官抬进隔壁房间。

在科雷希多岛上，广播里传出罗斯福的声音，称数千架飞机很快将赶赴欧洲战场。奎松坐在轮椅里，怒色满面地听着，最后忍无可忍，指着陆地上燃起的硝烟，愤愤不平地说道："30年来，我为国民鞠躬尽瘁。现如今，民众为了一个无力保护他们的国家，使家园遭到焚毁，生命遭到践踏。Por Dios y todos los santos！（以上帝和圣徒的名义起誓！）美国总是偏袒英国，偏袒欧洲，到底算怎么回事？一大批飞机运给欧洲，无耻之徒！自己女儿在里屋惨遭强奸,美国却在为远房表弟的命运痛心疾首。"

奎松把麦克阿瑟找来,说道:"我继续留在科雷希多岛,或许也没什么意义。倒不如去马尼拉,进日本人的监狱。"麦克阿瑟认为,此举会被外界误解为屈膝投降。"外界怎么看,我不在乎。"奎松怒气未消,但同意再作考虑。

当晚,一名年轻的菲军少尉绑着一袋乒乓球当救生圈,奇迹般地爬上科雷希多岛一片岩石嶙峋的海滩。此人名叫安东尼奥·阿基诺,是菲律宾甘蔗大王、国民议会议长本尼诺·阿基诺之长子,从巴丹游泳来到科雷希多岛,告知奎松前线的美、菲官兵之间的敌对情绪日益强烈。"我们认为,菲、美两军士兵在口粮方面应当平等,"阿基诺对总统说道,"菲军士兵只有鲑鱼与沙丁鱼可吃,30名士兵每天分食一罐,还要分两顿吃。"

奎松勃然大怒,召集内阁成员,表示自己要征求罗斯福同意,发表一份宣言,要求美国立即给予菲律宾绝对独立权。然后,他要解散军队,宣布菲律宾中立。如此一来,美日两国都只能撤出菲律宾。

副总统塞尔吉奥·奥斯米纳竭力指出,此举将在华盛顿引发严重后果,但奎松怒气正盛。一阵剧烈的咳嗽之后,他安静了下来。为安抚总统,奥斯梅纳勉强答应发电报给罗斯福。与往常一样,电报须经麦克阿瑟之手发出。麦克阿瑟不仅没有阻拦,甚至还附上一份自己的报告,详述对战局的悲观评估,对奎松所言表示支持。原来,麦克阿瑟一直怀疑华盛顿方面,尤其是马歇尔故意针对自己,并为此耿耿于怀。①"我等濒临失败边缘,乃是不容否认之事实。"报告中写道,奎松的计划"有可能提供一条最佳解决方案,帮助军队摆脱即将到来的悲惨末日"。麦克阿瑟是在拿自己的军事生涯做赌注,但他不后悔。奎松的计划可谓孤注一掷,却也有可

---

① 麦克阿瑟的部下十分拥戴长官,批评国内官僚时尤为直言不讳。与他们的长官一样,驻菲美军众军官也认为,自己遭到遗弃主要是由于乔治·马歇尔从中作梗。当初麦克阿瑟担任总参谋长时,没有将马歇尔提拔为将官,众人怀疑,对此马歇尔一直怀恨在心。而马歇尔身边之人则坚称,将军为人不偏不倚,不会因个人恩怨影响军事判断。马歇尔同样了解并热爱菲律宾(当初马歇尔还是一名年轻中尉,曾在科雷希多岛附近的三个小岛上竖起"禁止入内"的标示牌),但他始终深信,美国在太平洋地区投入过多力量,会正中希特勒之下怀。

能刺激到华盛顿方面,迫使其采取行动。

电文送至华盛顿,马歇尔发现麦克阿瑟"支持奎松之立场带有明确的倾向性",大感惊诧。而罗斯福在对马歇尔、史汀生下达指示时,态度十分明确:"我们绝不允许。"此前,总参谋长时常对罗斯福的领导能力心存怀疑,此时见总统如此果决,马歇尔终于相信罗斯福的确是一位"伟人"。

洞察力过人的罗斯福并不期望奎松与麦克阿瑟会同意"阿卡迪亚"会议上关于首先击败希特勒的决策。他必须想方设法让两人相信,政府正在竭尽所能,将一切可能的资源送往西南太平洋。至3月中旬为止,将有7.9万部队被派往太平洋前线,人数几乎是派往欧洲的四倍;大多数可用的飞机也会飞往东方。①

至关重要的一点是,必须让奎松明白,盟军面临两条战线。敌人在北大西洋已击沉美国舰船约20万吨,而且隆美尔兵锋正盛,誓要将英军打退到亚历山大港。罗斯福必须找到正确的措辞,把上述事实告诉奎松,同时又不能流露出一丝威胁或者指责的迹象。

罗斯福的做法极其高明。回信一方面表示,美国绝不会同意奎松的提议;另一方面又承诺,无论奎松作出何种选择,美国都不会放弃菲律宾:

> 只要美国的星条旗还在菲律宾大地上飘扬……我军定会誓死守卫。无论发生什么事,现驻菲美军决不会放弃努力,必将坚持下去,直到在菲律宾外集结的增援部队重返菲律宾,将侵略者彻底驱逐,不留一兵一卒。

奎松读罢,内心深受感动,并暗自对上帝起誓:只要自己一息尚存,他永远都会与美国站在同一阵线,无论自己或菲律宾人民将为此承担何等后果。

至于给麦克阿瑟的回信,罗斯福的意思便直白得多:

---

① 显而易见,罗斯福希望尽一切可能援助麦克阿瑟。1941年12月30日,海军部长诺克斯收到过总统的一份备忘录:"我希望海军作战计划能够探索一切可能性解救菲律宾。此举确有极大风险,但实现该目标十分重要。"

……抵抗日军侵略直至最后，乃是我国不可逃避的一项责任，在菲律宾问题上，该项责任之重要性超过其他一切义务……本人要求你迅速组织防御力量，在情况允许的范围内，在人力所能维持的时间内，尽可能有效地反抗。

麦克阿瑟终于明白：菲律宾已遭到彻彻底底的遗弃，自己在此死守的价值不过是充当一个象征，向世界展示美军将会抵抗到底。麦克阿瑟回信说，自己会在巴丹半岛、科雷希多岛奋战至最后，让美国人民永远铭记那两处的名字。

本人绝无丝毫屈服之意，也绝不允许麾下的菲律宾士兵有投降之念头……部队之中也从未出现过一丝动摇。

这话有些夸张，但与数星期前的状况相比，至少更具真实性。巴丹士兵食不果腹，衣衫褴褛，饱受痢疾和疟疾折磨，却依然充满信心，斗志昂扬，成功拖住日军的脚步。当初在林加延湾仓皇逃窜的菲律宾新兵，如今已成长得坚强而可靠。

2

在马来半岛上，日军无情地朝大英帝国在亚洲的基石——新加坡岛挺进。1月7日，在"阿卡迪亚"会议后临危受命的韦维尔将军从爪哇岛万隆的指挥部飞抵新加坡进行短暂视察。前一天夜里，15辆日军坦克冲破第十一印度师防线，通过战略要地仕林河大桥，此时距离新加坡直线距离不到250英里。整个马来亚没有一辆盟军坦克与之抗衡，因为英方专家曾断定，装甲部队不适合进行丛林战。

韦维尔乘车北上，发现整个第三军陷入混乱，第十一印度师则彻底溃散，于是下令部队全线撤退近150英里至柔佛州。戈登·贝内特少将及其澳军部队,将在那里作最后的反抗。

韦维尔返回新加坡检查北侧防御工事,但他什么都没看到,甚至连一份针对地面攻击的详细作战方案也没有。更令韦维尔震惊的是,岛上几乎全部大炮都面朝南边大海,无法掉头轰击自北边陆地入侵的日军。

韦维尔向丘吉尔报告,新加坡谈何固若金汤,事实上几乎毫不设防。丘吉尔闻言目瞪口呆,自责不该对"新加坡要塞"过度信任,并匆忙通知各参谋长:

> 韦维尔16日的电报着实让我大吃一惊……我丝毫没有想到……新加坡要塞除掉一条半英里到一英里宽的壮观城壕,竟没有半点防御能够抵抗来自北面的进攻。如不能起到堡垒的作用,我们建造那岛屿要塞有什么意义?……当初讨论西南太平洋防卫问题时,你们没有一位向我指明此事,是何道理?此事实属不该,因为……我曾反复提及,面对敌军大举围攻,我军不能依靠克拉地峡,只能依靠新加坡岛……
>
> 必须不惜一切代价维持新加坡防御,另外,守军亦必须为整座岛屿殊死奋战,直至岛上最后一支部队、最后一处据点沦陷。
>
> 总之,新加坡城必须发挥其堡垒作用,坚守至死。决不考虑投降。

从最开始,马来亚的英军就在敌人的火速进军下顾此失彼。日军兵力不足英军一半,却从不停下来巩固阵地、重整部队,或等待补给,只顾骑着自行车,乘坐着英军遗弃的大量汽车、卡车,马不停蹄地沿主干道南下。凡遇桥梁损毁,士兵便举着自行车涉水而过,或通过工兵肩抗的原木架桥渡河。①

日军如此势不可当,超出双方预料。一名被俘的英军工兵军官告诉

---

① 起初,由于天气酷热,车胎频频爆裂,导致日军推进受阻。不过很快,日军便学会只靠轮圈在铺好的公路上骑行。轮圈发出的咔啦咔啦的声音很像坦克开过,到了夜晚,守军——尤其是对各类装甲车辆都怀有恐惧的印度士兵——便会高喊"坦克!",朝后方溃退。

辻中佐,自己原本预计马来亚北部的防御工事至少能支撑三个月。"日军在中国作战四年,都没有打败中国军队,所以我们判断日军实力不过尔尔。"

辻中佐时常亲赴前线提出建议,鞭策部队前进。沿半岛南下时,有一次,辻在半途遇到一处障碍,便急不可耐地主张正面强攻,致电陆军指挥部要求增援及炮击。指挥部否决其提议,并指示进行侧翼攻击。侧翼攻击最终奏效,然而辻却在半夜气急败坏地冲进指挥部,破口大骂,将众人纷纷吵醒。"还在打仗呢!都睡什么睡!"辻咆哮着闯进山下将军的参谋长铃木宗作中将的卧室。铃木与往常一样,彬彬有礼地朝辻打招呼,却越发刺激到对方。"我从前线回来报告,你却穿睡衣迎接,这算什么意思!"

辻的怒火听上去颇有道理,与之前数位将军一样,铃木也被吓住了,昏昏沉沉地换上军装,佩好军刀。"我是作战参谋长,负责统筹全军作战计划,"辻继续怒吼道,"我提出意见,是基于前线实际情况。你给予否决,那就是对我不再信任了!"辻大吼大叫,将这番谴责翻来覆去地重复到天亮,最后嗵嗵地大步走了,写下一份辞呈交给山下。

暴脾气的辻中佐把自己反锁在房间内,不吃不喝。一星期后,他又出现了。山下与铃木都对其举动置若罔闻,辻也全然当作无事发生,重新回到岗位,傲慢而冷酷地发挥着自己的"聪明才干"。

山下本人其实也承担着不小的精神压力。他出生在一个普通乡村医生家庭,原本并无参军谋前程的打算。"父亲建议我入伍,"山下回忆道,"因为我身体健壮。至于我去世的母亲,她也没有执意反对,因为她认为我肯定没有希望通过竞争激烈的考核。"山下身材壮硕、脖颈粗大、脑袋浑圆,外表看似木讷,内心却充满愤恨。1929 年宇垣将军裁减数个陆军师团时,山下曾表示支持,但他也认为,自己晋升陆军中将正是被此事耽搁了。对身处西贡及东京的上级长官,山下也怀有近乎妄想的猜疑:寺内大将刻意阻拦空军支援,东条打算在打下新加坡后暗杀自己。"整个日本,没有一个高层可以信得过。真是罪过。"山下在日记中写道,"天杀的寺内在西贡高枕无忧,锦衣玉食,还下棋取乐。"

1 月 23 日,为顺利攻陷新加坡岛,寺内的参谋长从西贡带来一袋资料。山下的被迫害妄想症达到最高潮,他把资料撕毁,并在日记中吐露道:"如果一件事有两种解决办法,南方军无疑会选中错误的那种。"

与此同时,山下的部队有条不紊地持续突破死板被动的英军防线。显而易见,连贝内特的澳军也无法阻挡来敌,于是盟军在马来亚全面撤退。至1月31日午夜,绝大部分英军都已通过连接半岛的30英尺宽的长堤,进入新加坡岛。拂晓时分,《百名风笛手》①的曲调传来,那是阿盖尔兵团的一个营,仅剩下90名士兵,他们迈着矫健的步伐走上大堤。殿后的是该营营长,最后一名撤离马来亚的军人。

爆破小队在大堤上安置炸药,上午8时,响起了沉闷的爆炸声,烟尘慢慢散开,岛上部队看到大堤裂开一道大口子,海水汹涌而入。新加坡守军满心以为已将敌军隔绝在外,却不知那道口子里的海水,退潮时只有4英尺深。

新加坡岛东西长26英里,南北宽14英里,面积足有曼哈顿10倍之大。大部分人口集中于南部城区,除几处分散的小镇及定居点外,岛上其余地带以橡胶园与丛林为主。总司令A.E. 白思华中将身材高瘦,两颗门牙有些像兔子一样突出。此人才干与人望兼具,不过也有人嫌其魄力不足,无法将麾下英、印、澳各部队有效团结起来。

保卫岛屿有两种方案:一是固守海岸;二是放弃海岸,派大批预备役部队在内地对抗敌军。虽然海岸线长达70余英里,守卫起来颇有难度,不过白思华依然选择在海岸迎击敌人。形势似乎对他有利。情报显示,日军此次攻势预计发动6万人,而白思华手中一共有8.5万兵力。当然,其中1.5万人是非战斗人员,其他作战人员中还有许多训练不足,装备匮乏。不过日军倘若硬闯柔佛海峡,结局也必然是伤亡惨重。

事实上,白思华需要面对的日军只有3万,而日方情报部门与英方同样不靠谱,他们告知负责制订入侵计划的辻,称守军只有3万。辻通宵不寐,拟出一条声东击西之计:先由近卫师团佯攻长堤以左,吸引英军注意。

---

① 《百名风笛手》(The Hundred Pipers),一首苏格兰歌曲,创作于19世纪中期。文中演奏该曲调的阿盖尔兵团,全称"阿盖尔郡及萨瑟兰郡高地兵团",正是一支苏格兰部队。——译者注

次日夜里,由第五师团和第十八师团朝长堤以右发动主攻。为保密,日军要将离海峡12英里内全部居民疏散,两个主攻师团须悄悄进入阵地,不得生火。

次日早上,山下在一座橡胶园里召集各师团长及高级军官共40人,涨红着脸宣读攻击命令,并给每人的水壶盖里斟菊正宗(庆功酒),举行传统的祝酒仪式:"誓破贼房,埋骨何恨!"

山下将指挥部设在"绿宫"。该建筑由柔佛苏丹建造,位于一座俯瞰长堤的山丘上,红砖绿瓦,顶部建有五层高的观景塔,十分引人注目。指挥室设在观景塔顶的一个房间内,从巨大的窗口望去,新加坡北海岸全景尽收眼底。山下的指挥室位置极为危险,但他推断如此蛮勇的选择恰恰能够出乎英军之预料。此外,山下也相信,轰炸一座如此精美华丽的建筑,有违英军的原则。

接下来的数日里,日军通过火车与3000辆卡车调运火炮、弹药及补给物资。在夜色的掩护下,数百艘折叠船和登陆艇隐藏在距海岸线约一英里处的灌木丛中。

2月7日晚,近卫师团开始佯攻。在一阵巨大的骚乱之中,20艘日军"大发"登陆艇将400名士兵和两门山地炮运至海峡内的一座小岛,这里能够远眺实里达海军基地和樟宜堡垒。8日拂晓,炮火开始轰击樟宜要塞。不出所料,英军迅速在长堤增防。日落后,第五师团和第十八师团的官兵将船只扛在肩上,行进到一英里开外的柔佛海峡。他们靠近海岸时,日军440门大炮集中火力,首先轰击海军基地的巨型油库,以防英军将油倒入海中点燃。接下来,又将目标转为长堤下方的掩体、战壕及铁丝网,日军准备在此地登陆。

10时30分,第一波登陆部队约4000人分乘300艘折叠船、登陆艇与浮舟,在轰鸣的炮火的掩护下靠近新加坡岛西北海岸。该处由2500名澳军把守。

透过指挥室的玻璃窗望去,山下及众参谋看不清楚具体战况,只觉整个新加坡岛都笼罩在火焰与爆炸之中。10分钟后,蓝色信号弹从岛上升起,第五师团顺利登陆。

第一拨登陆部队对林厝港路尽头的海滩发起进攻，澳军第二十四机枪营开火猛烈还击。其余登陆艇则在附近的红树林沼泽地登陆，此地防御力量十分薄弱。澳军寡不敌众，虽整夜奋力抵抗，却无法阻止日军。凌晨，大量坦克登陆，与步兵组成混合部队向内陆挺进。拂晓时分，日军在岛上已有15000名步兵与数支炮兵部队。

从"绿宫"的观景塔上，山下望见部队穿过橡胶林，冲向登加空军基地。先头部队距新加坡城直线距离已不到10英里。当日傍晚，山下率参谋人员离开指挥部，乘一条由三艘船拼接而成的筏子渡过柔佛海峡。

在爪哇岛上，ABDA联军总司令韦维尔将军决定亲自视察四面楚歌的新加坡岛。尽管制空权已落入日军之手，韦维尔还是于第二天成功抵达。在白思华的指挥部的走廊里，参谋人员能够清楚地听到房间内愤怒的吼声。韦维尔呵斥白思华放任日军如此轻易地建立起桥头堡，同时，他更是毫不客气地责骂贝内特，让这个澳军指挥官带着他那批"混蛋澳洲佬滚出去"。

韦维尔下令立刻发起反攻。尽管反攻失败，韦维尔还是于当天发布一道命令，该命令很有可能来自丘吉尔的授意：

> 我军在新加坡岛上的兵力无疑远超日军。此战只许胜，不许败。英军善战之美名，正与大英帝国的命运一道，面临着严峻的挑战。美军在巴丹半岛上条件更为艰苦，依旧死战不退。苏军正给德军精锐部队以迎头痛击。就连扛着旧式装备的中国军队，也与日军周旋四年半之久。若将我们引以为豪的新加坡堡垒拱手让出，我们有何颜面以对世人？
>
> 我们决计不惜部队和平民，亦不可对任何形式的软弱表现出怜悯。诸将与高级军官须亲率部队，必要时与士兵一同赴死。
>
> 投降不在考虑范围之内，莫要存有此类念头。各官兵须与敌军短兵相接，奋战到底……大英帝国拥有优秀的战斗精神，希望诸位能够通过不屈不挠的战斗，向世人证明这精神尚存，我们有能力以此捍卫帝国。

发完命令，韦维尔飞回爪哇岛，却在黑夜中不慎从码头跌落，摔断背部两根小骨头。在医院里，韦维尔向丘吉尔发去电报：

> 新加坡战役战况不佳……部分部队士气低迷，没有一支部队之士气达到预期……鄙人正竭所能，鼓舞部队进攻，激励官兵乐观，但就目前而言，此等努力尚称不上奏效。绝对命令已下达：绝不考虑投降，全体官兵必须奋战到底。

日出时分，包括岛上具有战略意义的制高点武吉知马山（锡山）在内，新加坡岛近半数区域已落入日军之手。日军先头部队正朝位于新加坡城边缘的赛马场逼近。不过，英军的抵抗也随之愈加顽强，尤其是炮火轰击效果显著。辻颇感焦虑：英军弹药似乎用之不竭，而日军已面临弹药告罄的危险。此外，情报部门称英军人数为3万，此时看来属于严重低估，其真实兵力至少多出一倍。

接近正午时分，一架侦察机在市郊投下一支系有红白飘带的卷轴，里面是一封色厉内荏的劝降书，落款是山下中将，但起草者是杉田一次中佐。其文辞灵感来源于江户时代"四十七浪人"事件中的一封劝告文书：

> 基于武士道精神，吾等奉上此书，劝贵军投降。贵军秉持大不列颠传统精神，困守孤城新加坡，奋勇作战，吾等谨在此致以真诚敬意……然而，事已至此，新加坡大势已定。城中尚有成千上万平民，继续负隅顽抗，徒劳无益，亦将使之陷于战火之中，招致更进一步的苦痛与恐怖。同时，此事对贵军之声誉亦无积极影响。

既已接受"奋战到底"指示的白思华，甚至没有给出复信。尽管空中炸弹落下，城内炮弹轰鸣，新加坡市民却并未恐慌，依旧去国泰大厦电影院排队观看《费城故事》。莱佛士酒店里，众多参谋军官推杯换盏，发些牢骚，消磨时间。不知什么人用粉笔在墙上涂鸦："英格兰归英国人；澳洲归澳大利亚人；至于马来亚，谁他妈想要就归谁。"

残兵败将沿主干道朝城内涌来。一个名叫大卫·詹姆斯的情报军官拦住一队印度士兵，问其指挥官为什么往回跑。那指挥官说，一名澳军军官让他"赶紧滚，鬼子正在翻山越岭"。詹姆斯说，你们正应该去把日军找出来，而不是比谁脚力更快。"话是这么说，不过您想想，人家都让你滚蛋啦，真的还需要待下去吗？"指挥官说罢，便带着部下一路小跑逃开了。

即便是曾在马来亚顽强抗敌的澳军，此时也已失去斗志。几支澳军残部推开阻挡败军进城的宪兵。"我说伙计，什么马来亚、新加坡，统统见鬼去吧，"一人说道，"海军、空军弃咱们于不顾，连这儿的土著佬都不为这个鬼地方打仗，老子打个什么劲？"

意识到全线崩溃的白思华在城市前方设置下一道严密的弧形防线。然而，到13日，星期五，岛上每一位将领都已清楚，新加坡大势已去。白思华向韦维尔请求允许立即投降，得到的回复却是"必要之时，当以房屋为据点展开巷战，尽最大可能拖延敌军脚步，造成尽可能严重的伤害"。白思华又报告称，大部分水库落入日军之手，饮用水所剩无几。韦维尔回复：

> 你们英勇抗战有其意义。务必以最大毅力继续坚守。

具有讽刺意味的是，日军上下开始对新加坡战况渐感不安。"但愿新加坡不会成为第二个巴丹。"联合舰队参谋长宇垣缠将军在日记中写道。身在新加坡岛上的朝枝少佐预言，倘若英军再坚持一周，"失败的就是我军"。每门野战炮最多只剩下100发炮弹，重炮弹药则更少。上级已有人施压，令山下停止进攻甚至撤回马来半岛。山下只是下令继续攻击。

2月15日上午，白思华召集各区指挥官举行会议，称汽油、野战炮和波佛斯40毫米口径高射炮弹药皆将告罄，饮用水再过24小时也将耗尽，并表示自己准备于下午4点向日军要求停火。韦维尔的许可在天黑之前传来，告知白思华，在局势明显无力回天之时，可以选择投降：

……无论结局如何，对于将军及新加坡全体部队数日以来之奋战，本人深表谢意。

山下正在武吉知马山附近的高地上，望见新加坡城的坎宁堡上仍然飘扬着英国国旗。单单攻下坎宁堡所在的山头，就需要一个星期，至于突破最后防线，更不知需要多久了。正在这时，前线电话响起。一名前线指挥官报告称，英军打出休战旗帜。

杉田一次中佐乘车前去与英军代表会面。他刚在一次摩托车事故中受伤，颈部还打着石膏。"如果贵军有意投降，"杉田用日语说道，"我军可以接受休战。贵军是否愿意投降？"

英军译员是西里尔·H. D. 怀尔德上尉，此人是纽卡斯尔主教之子，生得长身碧目。"我军愿意投降。"怀尔德说道。杉田请怀尔德回去，把白思华及其参谋带来此地。4时45分，双方人员再次会面，分乘两辆汽车前往武吉知马村附近的福特工厂。杉田坐在白思华旁边，忍着颈部疼痛转过头，用结结巴巴的英语说道："贵军与我军交战两个多月，终于要结束了。我对英军的抵抗表示敬意。"白思华低声客气几句，瘦长的面庞涨得通红，双眼布满血丝。

投降者一行在工厂前方下车。在日军人员看来，虽然举白旗的是白思华本人，但英军依然显得很傲慢。杂乱无章的大型工厂里，一群吵吵嚷嚷的记者、摄影师以及电影新闻片摄影师将众人团团围住。五分钟后，即7时整，山下到场。40余人挤在一间小屋子里，场面越发混乱起来。数日前，杉田曾用英文打出一份投降条款，但英军投降太过突然，山下还没来得及过目。"皇军只接受投降，其余皆不作考虑。"山下说道，心里盘算着，千万不能让白思华发现日军人数远逊于英军。

"恐怕晚上10时半之前我方无法给出最后答复。"白思华答道。此一答复并不意味着白思华有继续作战的打算，他只是想在签署相关投降文件之前先弄清楚具体细节。

然而，山下却将此番表态理解为拖延时间。他必须趁敌军尚未意识到日军人数处于劣势之前，迅速敲定投降条款。假如战局被拖入巷战，后果将不堪设想。① "你只要回答,到底接不接受我们的条件就行了,"山下的回答很简单,"赶紧谈拢,不然我军准备重新进攻。"窗户外的新加坡火光映天。

杉田发现日方译员无法准确传达意思,担心因言语误解而使谈判破裂,于是亲自出马担任翻译。不过杉田的英语讲得也不是很好,加之怀尔德日语水平蹩脚,白思华又不肯当场投降,前言不搭后语的争论使场面越发僵持。

最后,山下不耐烦地说道:"若不投降,我军便按原计划今夜发动进攻。"

白思华大惊失色:"日军难道不能留在原地不动?明早5时半我们可以继续谈判。"

"荒唐!"山下刻意发怒,掩盖内心的不安,"我希望今晚停火,同时提醒你,没有争论的余地。"

这不是白思华想要的具有绅士风度的投降仪式。"今晚8时30分,两军停止交火,"白思华咕哝着说,"双方都留在原地不动,可以吗?"

山下同意了,双方于当晚8时30分停止一切交火行为,英军只可保留1000名武装士兵维持市内治安。见白思华态度含糊,心下生疑的山下继续说道:"我方提出的条件,你已经答应,但你还没有明确表示究竟是否投降。"白思华说不出话,只是清了清嗓子,点点头。这是英国军事史上最惨痛的一次失败,也是白思华一生中最痛苦的时刻。

山下怒火中烧,告诉杉田让英方作出最简明的答复。结果杉田与怀尔德两名译员一来一去,又讲个没完。山下如坐针毡,不断看表,最后冲杉田摇摇手指,说道:"没必要讲那么多,问题很简单,答复也很简单。"接着转向白思华,厉声道:"我们想听到的是'行'还是'不行'!是降还是战!"

"行,"白思华虚弱地说道,"我接受。"然后他停了停又说:"还有一个

---

① 新加坡之役结束后,山下称:"当时我认为,假如要打巷战,我军必败无疑。"并表示自己在新加坡采取的策略是"虚声恫吓,一次成功的虚声恫吓"。

请求：日军是否会保护妇孺和英国平民？"

"我们会注意的。请在停战协议上签字吧。"

晚上7时50分，白思华在协议上签下名字。四十分钟后，激烈的战斗声如约戛然而止。"狮城"新加坡，这座举世闻名的要塞，就此落入日本之手。这前后七十天里，山下军在马来半岛纵军南下，以伤亡9824人的代价推进650英里，直至占领新加坡。英方伤亡略少于日军，投降人数却超过13万。

通过这一有史以来最辉煌的陆战胜利，日本再次戏剧性地向"亚细亚人"证明，黄种人能够击败白种人。而在本土，政府不无得意地宣布，会给每家每户配发啤酒两瓶、红豆一包、清酒三合。十三岁以下的儿童还会得到一盒甜点，里面装的是焦糖、糕饼和各色糖果。

《朝日新闻》在报道新加坡大捷时的大标题是："大东亚战争大局已定"。帝国大本营报道部部长大平秀雄大佐在接受采访时讲道："短短三天内攻克新加坡岛，此等殊勋伟业，非皇军不可成就。日本正是太阳，为世界带来和平之光；沐浴阳光者，自然茁壮成长；抗拒阳光者，唯有烈焰焚身。帝国3000年辉煌历史，美英两国实应念兹。本人在此郑重宣布，皇军攻克新加坡，战争整体局势已然确定。最终之胜利，必将属于大日本帝国。"

首相东条对内阁说，缅甸和菲律宾可保持独立，但香港与马来亚必须保留作为保卫"大东亚共荣圈"之重要据点。"大东亚战争之目标，"东条称，"源于皇国肇国立基之崇高理想，俾使大东亚各国各民族各得其所，以日本为核心，秉持道义，确立共存共荣之全新秩序。"

3

爪哇岛处于近乎隔绝之状态，已持续一个月。岛屿之西，日军新近派出一支登陆部队，配合伞兵对苏门答腊岛发起进攻；岛屿之东，另一支入侵船队刚刚在充满异国情调的巴厘岛附近抛锚。

ABDA联军司令部设在爪哇岛中部山区城市万隆，总司令阿奇博尔德·韦维尔准确判断出，日军接下来的目标正是战略要地爪哇岛。两支大规模进攻部队正在巡洋舰、驱逐舰的保护之下朝该岛进发。美国海军上将哈特,即 ABDA 联军海军司令认为,荷属东印度根本守不住。但身材矮胖、头顶光秃的荷兰海军司令 C. E. L. 赫尔弗里希中将仍然认为,可以在海上迎战并击败敌军。荷军击沉的日军舰船吨位,已超过美军飞机、舰船、潜艇击沉成果之和。

事实上,珍珠港事件发生以来美军第一次采取海上攻势,正是受赫尔弗里希的激励。1 月 24 日,四艘"一战"时期的四烟囱驱逐舰悄悄驶入婆罗洲与西里伯斯之间的望加锡海峡,击沉三艘日军运输舰。此战干净利落,表现出非凡勇气,有力地证明赫尔弗里希所言不虚。此时,这位荷兰海军司令坚持着自己的主张:迎击日军的地点是在海上,而不是在爪哇岛海滩。

美军不愿参与海面作战一事,不仅令赫尔弗里希想不通,而且也颇令日军困惑。从菲律宾南下,日军遭到的抵抗微乎其微,轻松占据整个婆罗洲及西里伯斯群岛,并在新几内亚建立起稳固的立足点。一旦征服爪哇岛,那么蕴藏在东南亚的宝藏——石油、锡和钨矿便可全部收入囊中。

日军逼近韦维尔将军所在的爪哇岛,将军对所受的威胁作出评估,明显不同于对当初守卫新加坡时所面临的问题的估计。2 月 22 时,韦维尔电告丘吉尔:

> ABDA 联军的防线恐已崩坏,爪哇岛之防御或难长久坚持……继续向爪哇投入资源也无济于事,此时我军真正面临的问题,是决定什么应当挽救……依敝人之见,司令部之存续亦无甚意义……至于敝人自身,依旧与此前别无二致,始终希望奋战于阁下指示之地,献上尽善尽美之战果。此次作战失利,致使阁下与总统先生蒙羞,实属敝人力有未逮。若以他人挂帅,形势或不至此……荷兰将士钢浇铁铸,敝人实不忍遗其于此。若蒙阁下首肯,敝人愿驻留爪哇,与荷军并肩奋战。
>
> 谨祝阁下诸事顺遂。此固危急存亡之秋,惟阁下一身豪气,必得擎天只手,化险为夷。

盟军的空中防御力量几乎无法提供有效抵抗。英国空军的飞机所剩无几，乃是在马来亚战败后的残部；荷军也只剩下寥寥数架破旧的飞机；美军派往爪哇的111架飞机，此时只剩下23架重型轰炸机与少数几架战斗机。

三日后，韦维尔将荷属东印度最终防御权交给荷兰总督，自己离开爪哇岛。此时，面对日军两支正在逼近的进攻部队，能够保护爪哇的就只剩下赫尔弗里希的舰队。这位荷军将领已不再抱有拦住日军的希望，一心只顾在爪哇海上尽可能地杀伤敌兵。

2月26日拂晓时分，两支日军进攻部队已分别逼近目的地。西路的五十六艘运输船由一艘航母、三艘轻型巡洋舰、两小队驱逐舰护卫，并由四艘重型巡洋舰掩护，距离爪哇岛西端约250英里。东路的四十艘运输船由一艘巡洋舰、七艘驱逐舰护卫，距离爪哇岛东端不足200英里。附近另有一支援护舰队，由两艘重型巡洋舰、一艘轻型巡洋舰及七艘驱逐舰组成。这十八艘军舰由高木武雄少将指挥，此人颇具才干，性格慎微。

接近正午时分，两架盟军飞机侦察到日军东路部队。赫尔弗里希此前便已从哈特手中接过ABDA联军海军指挥权，当即通过无线电命同属荷兰海军的卡雷尔·W.F.M.多尔曼少将率领由15艘军舰组成的主力舰队，于日落后出港进攻。数小时后，赫尔弗里希获悉西路亦存在一支日军，便派遣另一支较小的舰队尽其所能前往迎击。该舰队由轻型巡洋舰"霍巴特"号、两艘老旧巡洋舰和另外两艘同样老旧的驱逐舰组成。

晚上6时30分，多尔曼的舰队驶离泗水，于紫色的晚霞中向北驶入爪哇海。此一景象固然振奋人心，但舰队毕竟是东拼西凑而成，四国海军作战之原则、理念、技术都大不相同，实际上相当于四支相互割裂的特遣舰队。在服役于美军重型巡洋舰"休斯敦"号上的一名年轻中尉看来，盟军舰队就像从未打过一场练习赛的11名全明星，硬生生被拉到一起要与圣母大学队①比赛。

---

① 圣母大学队，全称圣母大学爱尔兰战士美式足球队，在美式足球的大学球队中拥有首屈一指的实力。——译者注

多尔曼沿着海岸搜索整整一夜，却是徒劳无功，于是在黎明时分选择折返。下午2时30分左右，舰队刚刚驶入泗水港，又接到命令，要求前往泗水以北90海里处，迎击敌军。

各国舰队之间尚未建立统一的战术信号代码，因此多尔曼只能将赫尔弗里希的命令通过无线电、旗语和信号灯用未加密英文发出：跟随我，敌人在90海里外。

舰队迅速掉头，再次起航。各舰官兵无不斗志昂扬。打头的是三艘英军驱逐舰，并驾前驱，跟在后面的是轻型巡洋舰"德鲁伊特"号，随后鱼贯而行的四艘巡洋舰依次是英军著名的重型巡洋舰"埃克塞特"号，曾四度搭载富兰克林·罗斯福出海的巡洋舰"休斯敦"号，澳军轻型巡洋舰"珀斯"号，以及荷军轻型巡洋舰"爪哇"号，舰队左边是第二纵队，由两艘荷军驱逐舰领头，后面跟着四艘老旧的美军驱逐舰。此时的多尔曼就像个盲人，因为舰队没有侦察机随同，它们昨晚都留在岸上了。

3架日军水上侦察机发现ABDA联军舰队的位置，并将其报告给高木。高木命东路的运输舰掉头退避，各军舰进入战斗位置。尽管多尔曼的舰队多出一艘轻型巡洋舰，但高木麾下的驱逐舰几乎多出一倍，因而在舰船总数上占据上风——18艘对15艘。

海面天朗气清。不少日军官兵甚至感觉自己能够嗅到附近爪哇岛飘来的香气。士兵身穿白色工作服，头戴钢盔，集合在神龛前，把白布条紧紧缠上额头。军官则身着笔挺的白军装，头戴遮阳帽，争相望向海面寻找敌舰。自对马海战以来，日本海军还没有打过一场大海战。

下午4时，巡洋舰"神通"号首先发现联军舰船桅杆出现在东南17英里的海平线上。接着，重型巡洋舰"羽黑"号、"那智"号也观测到"德鲁伊特"号那高耸的桅杆。"德鲁伊特"号渐渐驶近，它高大而古怪的上层建筑看上去像是某种骇人的史前怪兽。

在"那智"号上，对于是否接战，高木与参谋长长泽浩大佐①尚未拿定

---

① 长泽浩（1900—1967），日本海军军官。此人于1942年11月方才晋升海军大佐，文中所述时刻，他的军衔仍是中佐。——译者注

主意。毕竟,舰队主要任务还是保护运输队。然而,高木还是下令朝敌舰逼近。距离28000码时,长泽请求开火,高木点头准许。4时15分,"那智"号和"羽黑"号两舰的8英寸口径炮发出轰鸣之声。一分钟后,联军两艘巡洋舰也开火还击。然而,此番炮战并非势均力敌:联军只有12门炮,高木则有20门。

日舰逼近速度极快,眼见就要横穿经过联军舰队前方,亦即完成俗称的"抢占T字头"。这是一种经典的海战战术,日军抢到T字头位置,便能够将舰侧的火力尽情轰击到联军舰队身上;而联军只能用舰首炮进行反击。多尔曼也识破敌人企图,将纵队航向朝左转20度,避开日舰。

日军舰队同样转向。很快,日军舰队、联军舰队与爪哇岛北海岸之间形成几乎平行的三道线,多尔曼舰队夹在中间,两舰队皆朝西行驶。10分钟后,长泽提醒高木进攻时机已到。"开始行动。"身为潜艇战专家的高木下令道。在距离敌舰16000码时,日军驱逐舰射出鱼雷。此种鱼雷属于新型设计,最大射程达到惊人的30000码。此外,新型鱼雷采用的氧气推进系统不会留下明显的气泡痕迹。

多尔曼并未意识到鱼雷来袭,直到海面上突然蹿起数条水柱。原来,鱼雷出现故障,未触及目标便已爆炸。联军见鱼雷出现,恐慌情绪渐长。既然有鱼雷,那附近必有一批虎视眈眈的潜艇。

望见水柱升起,同样心生慌乱的还有长泽大佐。长泽一心以为,那是敌人从附近的巴韦安岛引爆了此片海域的水雷,于是忙劝高木停止前进,称继续向前无异于自杀。于是,日舰取消逼近敌舰至6000码内的命令,多尔曼获得稍许喘息之机。然而,下午5时,"羽黑"号射出的一枚炮弹打穿了"埃克塞特"号的高射炮台,在锅炉室里爆炸。这艘巨大的巡洋舰的航速顿时减半,舰体开始倾斜。舰长立刻下令急速左转,以防跟在后面的"休斯敦"号减速不及,发生追尾。

"德鲁伊特"号看到身后发生混乱后,也同样左转。与此同时,另一批鱼雷向联军舰队袭来。5时15分,荷军驱逐舰"科顿艾尔"号身中一枚鱼雷,像一把折叠刀般裂作两半。多尔曼示意"各舰听令,跟随我",掉头朝东南方向驶去。另一艘驱逐舰"伊莱克特拉"号也惨遭击沉,但受到重创的"埃克塞特"号在烟雾与混乱中成功脱逃。

此时,多尔曼只能依靠"休斯敦"号的 6 门 8 英寸口径炮与高木的 20 门炮进行缠斗。在烟雾的掩蔽下,多尔曼将重新调整残余舰船的战斗队列,不料"休斯敦"号很快身中两枚炮弹——所幸两枚都是哑弹。多尔曼指挥舰队沿逆时针方向绕弯避开日舰,但"那智"号和"羽黑"号两舰迅速逼近,一队驱逐舰也随之而来。

多尔曼示意四艘美军驱逐舰施放烟幕,美军驱逐舰指挥官 T. H. 宾福德听从命令并执行,接着独自从 10000 码外朝"那智"号和"羽黑"号两舰发射鱼雷。此次勇猛果敢的进攻击虽未击中日舰,却迫使高木向北暂时撤退。日本海军将领普遍偏爱夜战,高木打算等到天黑再行动。

尽管损失惨重,多尔曼却拒绝后退,反而在没有侦察机的情况下四处盲目寻找日军运输船。晚 9 时,多尔曼的旗舰驶至浅水处并向右转舵,与爪哇岛海岸平行行驶,其他巡洋舰与两艘英军驱逐舰——"遭遇"号和"朱庇特"号紧随其后。25 分钟后,队列末尾突然响起爆炸声,"朱庇特"号燃起熊熊烈火,它很有可能是撞上了荷军布置的水雷。

怀着不安的情绪,其余舰船冲向黑暗的海域。起初四下无事,直到 9 时 50 分,一枚伞投照明弹从上空飘落,照亮了联军舰队。原来,高木的一架侦察机早已偷偷盯上了舰队。很快,又有六枚照明弹落下,在舰队上空闪闪发光,看上去活像六个幽灵。

接近 11 时,"那智"号的瞭望员从舰桥上的特制夜视望远镜中发现了联军舰队,高木便循踪而来。"德鲁伊特"号上也有船员在左舷发现两艘日舰,却在报告时不慎将其航向弄反。"德鲁伊特"号旋即开火,"珀斯"号、"休斯敦"号、"爪哇"号也加入并构建起火力网。照明弹升上天空,将夜幕映得如同白昼。

短暂交锋之后,战场重归沉寂。在突如其来的黑暗中,联军舰队没有注意到,"那智"号和"羽黑"号正从身后悄悄摸近。待到距离 10000 码时,长泽请示高木发射鱼雷,高木予以准许。约 11 时 20 分,两舰发射 12 枚鱼雷,其中"那智"号 8 枚、"羽黑"号 4 枚。多尔曼的舰队继续前进,丝毫没有注意到来袭的鱼雷。数分钟后,"德鲁伊特"号突然响起震耳欲聋的爆炸声,舰上官兵都觉得莫名其妙。随着火焰在甲板上蔓延,燃烧的军舰射出数支火箭,那是舰上的信号弹贮藏库被烈火点燃了。

4分钟后,另一场剧烈爆炸发生在"休斯敦"号后方。荷兰巡洋舰"爪哇"号燃起熊熊烈火。很快,舰首翘起,舰体几乎与海面垂直,数百船员如蚂蚁一般坠入黑暗的海水之中。接着,伴随着海水吞没火焰时的咝咝声,"德鲁伊特"号也消失于海面。多尔曼与366名官兵一道随舰殉命。他最后的命令之一,是任何幸存者的生死"任凭敌人发落"。接替多尔曼指挥舰队的"珀斯"号舰长迅速作出决定向东南行驶,"休斯敦"号紧随其后。

自1916年日德兰海战以来规模最大的海战——爪哇海战役就这样结束了。即使是白天,高木也能够重创联军舰队,更何况在夜间,受过专门训练的日本海军更非多尔曼的舰队所能匹敌。高木舰队的损伤微乎其微,多尔曼则失去三艘驱逐舰、两艘轻型巡洋舰,以及自己的生命。

黎明时分,幸存的十艘联军军舰分别驶抵巴达维亚(此处不久便更名为"雅加达")或泗水。四艘美舰得到上级批准,准备撤往澳大利亚,于下午5时从停泊着的"埃克塞特"号身旁悄悄驶过,趁着昏暗的夜色顺利通过狭窄的巴里海峡。

当夜,"珀斯"号和"休斯敦"号也从巴达维亚出发,试图穿过不足14英里宽的巽他海峡撤离,谁知却在全速行进时遇上一支日军舰队:重型巡洋舰四艘、轻型巡洋舰三艘、驱逐舰约十艘,以及航母"龙骧"号。它们是在为西路进攻部队的五十六艘运输舰保驾护航,这些运输舰刚刚停泊在爪哇岛西端的万丹湾。

"珀斯"号奋力迎战。然而,接近午夜时分,一枚炮弹从右舷吃水线附近的地方射入,将海员食堂炸毁。接着右舷前锅炉室附近又遭鱼雷命中。"珀斯"号迅速动弹不得,随着炮弹、鱼雷接二连三命中要害,它最终倾覆,沉入海中。

接下来轮到了"休斯敦"号。它已遭鱼雷命中,此时正成为巡洋舰"三隈"号炮击的目标。0时15分,日舰一轮齐射命中"休斯敦"号后部轮机舱,舱内船员全部被烫死。蒸汽从甲板上的窟窿中喷出,航速开始下降。

正当弃舰号角响起时,一枚 5 英寸炮弹突然在舰桥上爆炸,舰长当场殒命。

"休斯敦"号失去行动能力,渐渐侧倒向水面,炮管以诡异的角度竖起,星条旗仍在不屈地迎风飘扬。0 时 45 分,一阵震动后,"休斯敦"号消失在众人视野之中。

"休斯敦"号的 1000 名船员与"珀斯"号的 680 名船员中,幸存的不足半数,其中又有不少人被漂满油的大海吞没。日军也有伤亡,但伤害并非来自"休斯敦"号或"珀斯"号。原来,"三隈"号巡洋舰朝"休斯敦"号发射的 8 枚鱼雷打偏,恰巧命中拥挤在万丹湾里的友方运输船群。包括第十六军司令今村均所乘的"龙城丸"号在内,4 艘运输船沉入海底。众官兵跳入温暖的海水之中,今村与副官都没有穿救生衣,只能把住几块木头漂浮。上岸后,副官发现司令满脸油污,坐在一堆竹竿上,便上前说道:"恭喜长官登陆成功。"①

日军在万丹湾处的海岸登陆,爪哇岛的联军终于分崩离析。在万隆,一名英国海军上将对赫尔弗里希表示:"我国海军部曾有指示,倘若抵抗无望,须将隶属于陛下的宝贵舰船撤出爪哇。根据敌人判断,时候已至。"

"将军现在仍受本人指挥,这点您可还记得?"赫尔弗里反诘道。

"当然记得。只是事关重大,敌人也只能将自身职责摆在第一位。"

美国海军少将 W. A. 格拉斯福德内心也支持那位英军将领的看法,不过还是对赫尔弗里希表示,自己受其指挥:"无论您下达何种命令,敌人皆当立即执行。"

然而,此时也不再存在什么有意义的命令。赫尔弗里希深深地叹了口气:"美军舰船开往澳大利亚吧。"他向格拉斯福德致以深深的谢意。至于那位英军将领,赫尔弗里希表示不再干涉他的决定。

英军的最后几艘军舰——"埃克塞特"号和两艘驱逐舰正驶向西北,

---

① 就鱼雷误炸友军运输舰,致使今村将军落水一事,第五驱逐舰战队的由川周吉中佐奉长官之命前去道歉。今村的参谋长却劝由川勿要声张,因为今村以为袭击自己的乃是美军"休斯敦"号的鱼雷。"就把功劳记在美军账上吧。"直至今日,交战双方的官方记录上,击沉运输舰的依然是"休斯敦"号。

意图摸黑通过巽他海峡逃跑。然而上午9时35分,高木发现了它们,并在"龙骧"号的俯冲轰炸机的协助下,将三舰全部击沉。

午夜过后不久,最后一架美军飞机离开即将沦陷的爪哇岛,机上载有35名乘客。黎明时分,一架水上飞机摇摇晃晃地从万隆附近的一个湖上升空,飞往锡兰。机上乘客正是赫尔弗里希将军。将军感觉自己就像一名缺乏经验的少尉。

日军陆上部队从两侧对巴达维亚及万隆展开包围,如入无人之境。联军各自为战,处于混乱状态。荷军司令深知当地土著对荷兰殖民者十分敌视,游击战是不可能开展的。3月8日,他命令全军弃械投降。爪哇岛上向外界发布的最后一条消息来自万隆某民用广播电台。"电台关门啦,"他写道,"别了,愿时局好转,你我再会。女王陛下万岁!"

步新加坡之后尘,爪哇也宣告沦陷。尽管遭受惨痛失败,各国之间亦产生激烈的纷争,他们互相指责,但美、英、荷、澳四国军队至少在一场英勇却无望的海战之中,展现出暂时的团结一致。此时,日本帝国崭新的版图里仅剩下两枚钉子——巴丹半岛与科雷希多岛。

第十一章 "对他们施以仁慈就是延长战争"

1

巴丹半岛并无激烈战事。守军一直在巡逻,试图加强那道横贯半岛的防线。食物成为头号问题,前线部队的士兵只能领取平日里三分之一份的口粮。试图从外面冲破日军海上封锁向科雷希多岛及巴丹运输物资的努力,多以失败告终。草料同样不足,温莱特挥泪下令将全部战马及骡子屠宰,包括将军本人的爱驹——曾在比赛中斩获大奖的约瑟夫·康拉德。

到2月中旬,染病率急剧上升。巴丹已沦为世界上疟疾最为肆虐的地区之一,而奎宁却几乎耗尽。由于饥饿和痢疾,士兵身体虚弱,仅在3月的第一周里就有500多人患疟疾入院。医生担心流行病随时可能爆发。尽管依然有人在谈论什么"一英里长"的运输船队满载着补给及增援即将抵达,但身居一线的战地记者弗兰克·休利特的一首诗歌也在美、菲官兵之中不胫而走:

我们是巴丹困兽:
没有妈妈,没有爸爸,没有山姆大叔;
没有姑母,没有伯父,没有外甥,没有侄女;

没有药品,没有长枪短炮,没有火力武装;
我们处境如何,无人放在心上。

3月10日,温莱特应麦克阿瑟急召前赴科雷希多岛,并从萨瑟兰口中得知,麦克阿瑟将于次日夜里乘鱼雷艇前往菲律宾最南端的棉兰老岛,而后再转乘一架"空中堡垒"去往澳大利亚。萨瑟兰同时表示,麦克阿瑟走后,吕宋岛上的全体部队都交予温莱特指挥,"如果你不反对,琼斯将军会加升一颗星,接管你的第一军"。

麦克阿瑟从马林塔隧道东端一座灰色小房子里走出来,对温莱特说道:"我曾三番五次抗议撤离的命令,只因无效,这才无奈离开,希望你能让每一名士兵都了解实情。"麦克阿瑟表示,自己起初打算违抗华盛顿方面的直接命令,率领部下坚守到底,然而众顾问纷纷建言,称去往澳大利亚可以为被困的官兵做更多事。

"放心吧,道格拉斯。"温莱特说道。

"一旦抵达澳大利亚,我会尽可能搞到更多的物资,尽快赶回来。"

"祝你平安抵达。"

"然后平安归来。"麦克阿瑟拿出一盒雪茄、两罐剃须膏送给温莱特。"再见,乔纳森。"两人握手告别,"等回来时,如果你还在巴丹,我就升你为中将。"

次日,即3月11日晚8时左右,须髯虬曲的上尉约翰·巴尔克利指挥一艘PT-41鱼雷艇离开"岩岛",艇上有麦克阿瑟夫妇及其四岁的儿子亚瑟,还有萨瑟兰将军及其他数名军官。麦克阿瑟摘下那顶大家都很熟悉的元帅帽,高举着与码头上的一小群人告别。

经过三十五个小时的紧张航行,巴尔克利指挥PT-41鱼雷艇成功穿过日军控制海域,于13日黎明时分在棉兰老岛北海岸的德尔蒙特菠萝工厂附近登岸。下船时,麦克阿瑟脸色苍白,眼圈发黑,告诉巴尔克利,自己会为全体船员申请银星勋章。"各位把我从死亡深渊打捞出来,这恩情我绝不敢忘。"

在大片菠萝丛中开辟出的一条跑道上,停着一架从澳大利亚飞来的、老旧的B-17。麦克阿瑟见只有一架破旧的飞机来接自己,大为光火,命令谁都不准登机。直到3月16日夜,军方才另外派来三架崭新的"空中堡垒"。10时出头,麦克阿瑟一行登机启程,不论军衔,每人只准携带35磅行李。①

次日上午,"空中堡垒"安全飞抵位于达尔文港以南35英里的巴彻勒机场,跑道上的众人焦急地等待着麦克阿瑟。"这一趟很危险哪,"麦克阿瑟说道,"不过话说回来,战争总是与危险相伴。是胜是负,是生是死,都在瞬息之间。"

"瞬息之间"的险情果然再度出现。麦克阿瑟的飞机刚刚起飞,空中便出现两架敌军战斗机。所幸麦克阿瑟运气尚佳,三小时后还是成功在澳大利亚中部的爱丽斯泉降落。记者围上前来,要求将军发表声明。麦克阿瑟拿过一个用过的信封,在背面草草写下几行:

合众国总统令我突破日军封锁,从科雷希多岛前来澳大利亚。此举之目的,就我个人之理解,乃是组织美军展开对日反攻;其主要目标,在于解救菲律宾。

我现在突破重重封锁,但我还会回去。

巴丹战局胶着,东条本就悒悒不乐,此时听闻麦克阿瑟突围逃脱,更是愤怒不已。东条不再相信本间能够在无增援的条件下迅速取胜,但又不想与陆军参谋总长杉山直接交涉,于是派遣秘书西浦进大佐去转达他对巴丹局势的担忧。

西浦找到作战课长服部卓四郎大佐商量此事。两人是总角之交,也是军校同窗。经过一番研究,服部认为,巴丹防御体系中看似最为稳固的

---

① 帮助麦克阿瑟抬床垫的一名士兵说那垫子很重,随即便有好事者编造谣言,称那床垫里塞满金比索。次日,又有几名士兵对天发誓称,自己看到各种各样的箱子,甚至还有一台大冰箱被搬上将军的飞机。荒诞无稽的传闻很快成了非议麦克阿瑟的话题,至今仍未止息。在接受采访的十余人中,只有一人仍然坚称自己帮忙搬运过冰箱及塞满金比索的垫子,余者皆称麦克阿瑟一家按照规定,并未携带超过35磅的行李。

萨马特山实际上却是最为薄弱的一环。这是一座海拔1920英尺的崎岖山丘，就在美军防线中心地带后方。服部打算在萨马特山前方2.5英里的区域集中展开空袭及炮击，然后指挥步兵大举压上，发动总攻。

服部没费多少唇舌，就说服参谋总长杉山批准这个计划。接下来，服部在盘算如何进行巧妙的诱导，让第十四军的将官认为该计划是他们自己的想法，不然会伤到他们的面子。其实服部纯属多虑，计划一摆到第十四军桌上，本间就明白这是解决长久以来困扰他的问题的一条妙计。

温莱特在科雷希多岛建立起新司令部。美国战争部已晋升他为中将，令其指挥在菲律宾的全体部队。此一决定事先并未向麦克阿瑟征求意见，或许是华盛顿方面知道麦克阿瑟必然不肯同意。麦克阿瑟希望在澳大利亚掌控菲律宾群岛全局，而且他私下认为，以资历论，温莱特还不足以担当总司令。温莱特上任后电告华盛顿方面称，倘若4月15日前没有新补给，届时部队"不免会饿得向敌军屈服"。麦克阿瑟闻讯，反应十分激烈，并给马歇尔拍去一封简洁的电报：

敌人既已离开菲律宾，节俭物资之毅力渐趋消退，此亦理所当然。

在巴丹的菲军士兵看来，麦克阿瑟依然是世上一等一的伟人。重回菲律宾是将军本人许下的诺言，是解救菲律宾的保证。然而，半岛上越来越多的美军官兵却认为自己遭到麦克阿瑟抛弃，军中甚至流传开一首配以《共和国战歌》曲调的讽刺歌谣：

道格道格惟谨慎，不怯懦，不慌张；
精心呵护那富兰克林赏赐的肩章；
巴丹找不见四星上将，正如找不见食物；
只留下部队饥肠辘辘。

4月2日是圣周五①前夕,也是日本传说中的第一位天皇——神武天皇诞辰之前一日。夜幕降临时,日军集结5万兵力,其中包括来自本土的1.5万生力军,准备发起全面进攻。在他们身后,150门重炮、榴弹炮与迫击炮已准备好发动战役打响以来最为猛烈的炮击。这些火炮,大多是从香港运至此地。

"我军4支作战部队已就位,10面旗帜在绵延25公里的前线迎风飘扬,遥相呼应,"本间将军在当晚的阵中日记写道,"火炮同样充足……此次攻势断无失败之理。"据本间估计,取胜需要一个月左右的时间。

本间的对手是7.8万美、菲部队,但其中只有2.7万属于"有战斗力"的人员。即便在那2.7万人之中,还有四分之三因疟疾而虚弱不堪。一早,天朗气清。上午10时,炮击开始。炮火十分密集,就好像前一枚炮弹尚未炸开,后一枚炮弹已经射来。菲军从未见识过此等毁灭性的炮击,而那些参加过"一战"的美军老兵则回想起当年德军最为猛烈的炮火。

日军第二十二航空战队的轰炸机未受到任何阻拦,保持着完整队形,来到萨马特山前方2.5英里处上空。炸弹倾泻而下,竹丛冒起火焰。起初,一些士兵对竹子燃烧并不在意,甚至去借火点烟,然而火势迅速蔓延,将干燥如炭的灌木丛点燃,四周顿时化作火炉。美、菲官兵从散兵坑跳出,撤回第二道防线。此处的树木已被炸秃,地表一片荒凉。众人本以为总算来到安全地带,谁知大火随风席卷而来,蔓延至远处茂密的丛林之中。大火将众人团团围住,数百人被活活烧死,幸存者有如发狂的野兽,拼命逃往后方,散播恐慌。

下午3时,在浓烟与烈火的掩护下,日军步兵及坦克向南滚滚推进,如入无人之境,不到一小时便冲开一道三英里长的缺口。负责守卫巴丹东半部的菲律宾第二军的军长乔治·帕克将军,直到黄昏时分才获悉日军动向,便命令仅有600人的预备队前去填补缺口,却为时已晚。到次日黄昏,奈良中将的部队已将萨马特山西侧扫荡一空,另一支从上海调来的生力军则在这座岩石嶙峋的山丘的另一边形成包围圈。

---

① 圣周五,指复活节前的星期五,是纪念"耶稣受难"的节日。——译者注

4月5日是复活节,黎明时分,天气十分炎热。大量美、菲士兵还在萨马特山的战壕中做晨祷时,炮弹呼啸着从头顶落下。轰炸结束后,日军开始登山强攻。午后不久,山顶便插上旭日旗。不出服部所料,夺下该山,便能够威胁到整个巴丹防御系统。帕克孤注一掷,下令反攻,却以失败告终。到次日中午,第二军左翼宣告瓦解,再无部队能够阻止奈良的部队长驱直入,直至巴丹半岛尽头。

右翼防线仍在坚持。萨马特山以东,克利福德·布卢梅尔准将本欲率领第三十一师发动反攻,谁知左翼防线瓦解,自己也只得后撤。早在珍珠港事件之前,布卢梅尔便以暴脾气闻名,手下军官无不望之生畏。此时,在没有得到指示的情况下,布卢梅尔沿圣维森特河建立起一道新防线,并举着加兰德步枪,连威胁带辱骂,把士气低迷的残兵败将驱赶上新的阵地。

服部大佐站在萨马特山高处,观察着自己在东京时拟订的计划正逐渐成为现实,甚至还超出预期。西侧不远处,奈良的部队冲垮了七零八落的美军,以怒涛之势推进。东侧,从上海调来的部队已对布卢梅尔匆忙建立起的防线发起进攻。到夜幕降临时,布卢梅尔那道岌岌可危的防线已成为本间彻底打垮守军的唯一阻碍。拂晓时分,布卢梅尔在巡察时遇到一队朝后方开去的卡车。"圣维森特防线崩溃了!"排头车上一名美军士兵喊道。

如此布卢梅尔也无力阻止溃退了,他从没想过美军也会如此仓皇奔逃。很快,菲军大批部队朝此处拥来,布卢梅尔举着枪令他们在步道两边列队,谁知一枚炮弹突然在道路上炸开,接着大量炮弹纷纷落下。菲军士兵肝胆俱裂,推搡着从将军身边冲过,朝南逃去。布卢梅尔怒不可遏,打算逮住几个逃兵。但他们挣脱了,一溜烟儿逃走了。

2

温莱特晋升后,吕宋岛全体部队的指挥权被交给小爱德华·P. 金少将。此人是炮兵出身,性格低调,举止斯文,讲求理性,作风踏实,是一名极富才干的军人。不论对方军衔高低,金一概待之以礼,就连下达命令时也十分平静,不慌不忙,给人的感觉更像一位教授。4月7日,就在布卢梅尔防线崩溃后数小时,金接到从科雷希多岛打来的一个电话。温莱特指出,巴丹半岛西部的守军还算得上完好无损,为何不将其调往东侧,朝马尼拉湾方向发起进攻,将本间军拦腰截断?

西侧防线的部队的确坚守其位,但金清楚地知道,他们的体力已不支持他们发动进攻。尽管如此,金还是勉强答应下来,并致电菲律宾第一军新任军长阿尔伯特·琼斯少将。琼斯为人心直口快,且不像金那样容易说服,当即指出任何形式的攻击都毫无意义。于是,金、琼斯、温莱特进行三方通话,琼斯直言不讳地讲出意见,温莱特则颇为恼火,只说将决定权交予金,而后便挂掉电话。金先让琼斯将部队分四阶段后撤,而后派参谋长阿诺德·J. 芬克准将前往科雷希多岛,向温莱特报告半岛的部队随时可能投降。

面容憔悴的温莱特深知部队在半岛深受折磨,但远在澳大利亚的麦克阿瑟却持续对他施压。不久前,麦克阿瑟还发电报称"无论处于何种境地,出于何种缘由,都坚决反对投降",部队可在食粮告罄时"准备对敌发动总攻"。

对于芬克关于投降的说法,温莱特只能选择充耳不闻,只是慢条斯理地说道:"芬克将军,请回去转告金将军,我的命令是,不准投降,发动进攻。"

"将军,巴丹前线的状况,发动攻击的结局会如何,"芬克眼噙泪水,"您应该都清楚得很。"

"是,我清楚得很。"

翌日午后,今井武夫大佐在南部火山群的一座山峰利迈山山顶竖起一面大旗,他从那里可以看到日军正不断拥入巴丹东部。日落后,今井再次登上山顶,发现巴丹半岛南端不时放出闪光,应是敌军正在炸毁装备及弹药。再远处,科雷希多岛蝌蚪形的轮廓依稀可见。偶尔会有猛烈的炮火从山间喷出，那是守军在试图阻止日军从东海岸公路推进。

日军兵锋之下，美、菲部队仓皇逃命，从各处丛林钻出，或沿步道，或沿崎岖的山谷，或沿海岸公路，逃往半岛尖端。场面一片混乱，这些筋疲力尽的人被恐惧驱使着一味奔逃。

在半岛南端的小镇马里韦莱斯，几艘小艇停在岸边，准备将最后一批避难者运往科雷希多岛，其他船只则被拖入海湾凿沉。大量残兵败将逃至此地，却只能眼睁睁地望着那少数幸运儿离开码头：他们会登上科雷希多岛，与那些远离战场之人一道高枕无忧，口渴饮淡水，饥饿吃罐头，还有温柔的护士陪伴；他们可以安然端坐在马林塔隧道里，等待一英里长的船队将他们接走；他们会成为英雄，而埋骨巴丹之人则会因投降而含辱蒙羞。

突然之间，天摇地动。那是一场地震，而在部分心惊胆战之人看来，却像是世界末日来临。

4月8日晚11时30分，科雷希多岛上，心烦意乱的温莱特从马林塔隧道打电话给金，令他派遣琼斯的第一军朝北进攻。金把命令转达给琼斯，琼斯依旧直言不讳地说："什么进攻命令，都是荒唐话，不可能的。"

金也清楚此言在理，继续战斗只是白白让士兵丧命，于是告诉琼斯忘记进攻的命令吧。午夜时分，金召集参谋长和作战参谋开会，三人一致认为，局势已无力回天。麦克阿瑟的命令是战斗至最后一刻，温莱特不敢违背，然而金却决定独自扛起重担。此举乃是违抗军令，金也十分清楚，即便有朝一日自己能够回到美国，也难逃军事法庭之审判。不过，78000名军人的性命重于他的个人荣誉。"我决定投降，交出巴丹，"金说道，"温莱特将军对此一无所知，因为我不想让他承担责任。"

约凌晨2时，金将军接到琼斯来电。两人还未开始讲话，突然一声巨响，指挥部的房顶被掀掉了，瓦砾四散。天空放出妖异的光芒。接着又是一阵爆炸声，火光将天空映得通红。

"说大声点，"琼斯喊道，"内德，到底怎么回事？"

"弹药库被炸毁了。"金镇定地答道。

"见鬼,我这边一直能感觉到地面摇晃,一定是地震。"

"有件事不好开口,但我还是要告诉你,霍纳斯,我已决定明天早晨6时投降。"金命令琼斯销毁全部火炮及机枪,沿防线竖起白旗。

"嗯,那也是没办法的事情。"琼斯答道。

直到四小时后,温莱特才通过马林塔隧道内值夜的军官获悉投降一事。"赶紧让金撤销命令!"温莱特将军喊道,然而为时已晚。"岂有此理!岂有此理!"温莱特喃喃自语。他最终平复焦躁的心情,给麦克阿瑟发去一封电报:

> 今晨6点,金将军……未经敝人准许,擅自向日军指挥官打出白旗。敝人闻讯后,立刻否决该命令,并作出指示,决不投降。然而,敝人获知此事已迟一步,撤销不及,投降行为已成事实。

上午9点,身材敦实的金将军穿上最后一套干净的军服,乘吉普车驶往前线,同行的还有阿基里·蒂斯代尔与韦德·科思伦两名少校。日军军官引导一行人前往位于拉茂的实验农场,途中,金想起南北战争时,李将军在阿波玛托克斯向格兰特将军投降也是在4月9日。金甚至想起投降仪式前李所说的话:"事已至此,也只有去见格兰特将军了。其实我宁可死上一千回,也不愿意见他。"

一辆闪闪发亮的黑色凯迪拉克驶到此处,车上之人正是本间麾下高级作战参谋中山源夫大佐。中山通过译员,问来者可是温莱特将军。

"不,我是金将军,巴丹半岛部队总司令。"

中山大感不解,让金把温莱特找来,并表示只有温莱特出面,日军才可能接受投降。金表示,自己也无法联系到温莱特将军:"我军已称不上作战部队,希望停止进一步的流血牺牲。"

"皇军只接受无条件投降。"

"战俘待遇方面,不会有问题吧?"

"皇军不是蛮族军队。你是否同意无条件投降?"

金点点头。投降需要交出武器,金表示自己的军刀留在马尼拉,便把手枪放在桌上。

垂头丧气的美、菲士兵一组组聚在一起,有人因屈辱而流下泪水,但也有许多人流泪,是因为从苦难中解脱出来。众人不安地等待着征服者到来。

陆军航空队上尉马克·沃尔菲尔德原本在俯冲轰炸机上服役,自1月份以来转为步兵。此时,他发现第一批日军正在搬运一门山地炮,士兵面带笑容,语气温和。他便松了口气,心想日军也没那么坏得过分。不料,接着又出现一群日军步兵,铁青着脸,一走到他跟前便开始搜刮财物,毛毯、手表、珠宝、剃须刀、餐具、食物,甚至连牙刷都不放过。一名日军士兵从沃尔菲尔德身上搜出20发0.45口径的手枪子弹,便吼叫着用枪托猛击其头部。沃尔菲尔德听到身后一人低声道:"基督保佑,坚持住啊。"接着,那人又发现杰克·塞韦尔中校手上戴有一枚金戒指,便伸手索要。"这是我的婚戒。"塞韦尔把手往后缩。那名日军士兵猛地取下枪管上的刺刀,朝塞韦尔走来。沃尔菲尔德连忙上前,拦在中间,打算往戒指上吐口水,好把它退下来。中校也一并尝试,但两人都口干舌燥,吐不出口水来。最后,沃尔菲尔德从自己头上沾了些血涂在中校手指上,终于将戒指成功取下。

另外一名日军新兵也抢到一枚戒指,谁知正好被路过的军官看到。那军官发现戒指上刻有圣母大学徽章,便一耳光扇在那新兵脸上,把戒指归还给失主,问道:"你是哪年毕业的?"

"1935年。"

"我是1935年从南加州大学毕业的。"那名日军军官脸上浮现出遐想的神情。

温莱特心头的重负略有减轻,因为罗斯福发来一则电报:

我深切地认识到,你们在艰苦卓绝的战斗之中所面临的巨大困难。除非政府提供的军粮物资及时送达,否则凭借战力消耗严重的部队,显然不存在大规模反击之可能。由于你们无法掌控当前的局面,本人决定修正此前发布的命令……本人意图如下:关于巴丹守备部队今后前途的决定,都交予将军作出最为适宜之判断……我认为,保证将军拥有彻底的行动自由,明确将军所作出的一切权宜之举皆为本人完全信赖,实属妥切且必要的。

而在澳大利亚,麦克阿瑟正在审阅一份即将见报的书面声明:"巴丹部队的战士深知希望渺茫,依旧殊死奋战,最终求仁得仁,英勇就义。没有一支部队能够以如此微弱之力量,成就如此耀眼之功勋。而其最后一刻所面临的苦痛,更是史无前例的艰难考验。英雄殒殁,母亲垂泣。对于各位母亲,我只能奉上一言,拿撒勒的耶稣的牺牲与荣光已降临在各位的儿子身上,父必将他们带上天国。"

3

本间原本估计敌军投降人数约为2.5万,便将转移战俘一事交予野战输送指挥官河根良贤少将处理。河根拟定出一份计划,在总攻击开始的10天前就将它提交给本间。计划分为两个阶段。第一阶段由高津利光大佐负责,先将战俘带到巴丹半岛中部的巴朗牙。从最远端的马里韦莱斯算起,到巴朗牙也不过19英里,在日军看来属于一日行军的距离,因此没有配备任何运输工具和粮食,战俘完全可以拿自己剩下的口粮充饥。至于第二阶段,即从巴朗牙转移至战俘营的路程,将由河根亲自负责。部队最多只能匀出200辆卡车,但足够将战俘从巴朗牙运到33英里外的圣费尔南多。到圣费尔南多后,战俘会转乘货运列车,前往位于克拉克机场以北不远处的卡帕斯村,然后他们从卡帕斯步行8英里到"新家"——奥唐奈战俘营。

河根解释称,会给战俘配给与日军相同的口粮,在巴朗牙与圣费尔南多正在建立野战医院,沿途每隔数英里就会设立医疗站、急救站及"休息处"。

本间批准了这个计划。然而,可悲的是,该计划建立在错误的估计之上。温莱特的部队早已在饥饿与疟疾的折磨下虚弱不堪,而且战俘人数也不是 2.5 万,而是 7.6 万。

在马里韦莱斯,俘虏每 300 人分作一组,开始上路。有的队伍没有日军卫兵押送,另外一些队伍有卫兵,但最多也不超过 4 名。通往北方的道路曲折,沟渠里堆满烧毁的卡车、坏掉的自行炮架和步枪。俘虏拖着沉重的脚步,经过金将军指挥部原址,来到通往第二医院的小路。此时,医院露天病房正传播谣言,称日军将释放所有菲律宾战俘。外科主任在各病房之间奔走,告诉菲律宾伤患那是谣言。然而,日军守卫显然急于摆脱责任,便怂恿菲律宾伤患跟上俘虏队伍。在一种普遍的歇斯底里的驱动下,约 5000 名菲军伤患争先恐后地踏上尘土飞扬的小路。截肢伤员折树枝作拐杖,拖着散开的绷带,蹒跚前行。走了还不到一英里,当歇斯底里消散时,道旁的沟渠之中已经躺满了尸体和濒死的人。

从马里韦莱斯出发的俘虏队伍沿巴丹海岸北上。左边是高耸的巴丹山脉,与往常一样,云雾缭绕。右边是马尼拉湾的万顷碧波。若在往日,此处必是一片郁郁葱葱的热带美景:遍地都是香蕉树,椰子树弯曲,有着优雅的弧度,棕榈树伸出手指般的长叶,随风摇曳。而此时,它已不复美丽。数个月来美军繁忙的运输给树叶蒙上一层厚厚的粉尘。为进攻科雷希多岛滚滚南下的大批日军榴弹炮、坦克、运输弹药及补给的卡车,以及装载着奇形怪状小艇的拖车驶上道路,一眼望不到头,沿途扬起呛人的尘土,笼罩着整条道路。卡车上的日军步兵对行进中的战俘发出嗤笑声,也有人用长竹竿打掉战俘的头盔或帽子。偶尔会有一名日军军人阻止此类玩笑,并向战俘道歉。有一次,一名日军军官朝队伍跑来,与一名美军坦克军官拥抱在一起。原来,两人曾是加州大学洛杉矶分校的同学。

日军的态度并无定数。或许前一车的士兵还会分享饮用水,后一车的士兵则用高尔夫球杆狠狠敲打战俘脑袋。不过,行进中的俘虏渐渐清楚地认识到:越往北走,情况越糟。

第一日的暴行属于自发行为,往后却并非如此。数日前,辻中佐从新加坡抵达马尼拉。新加坡5000名华裔因"支持"英国殖民主义的罪名惨遭屠杀,背后正是辻的主意。本间的参谋里也有几名军官对辻颇为钦佩。辻背着本间挑唆那几人,称皇军正在进行的是一场种族战争,因此菲律宾岛上全部俘虏都应被处决。美军该死,是因为他们搞白人殖民主义;菲军该死,是因为他们背叛亚洲同胞。

征服利迈山的今井大佐接到来自某师团参谋的电话:"把俘虏都杀掉,主动投降的也杀。"

"您这命令我可不能听。"今井拒绝从命,并要求出具书面文件。

师团参谋表示此乃"大本营命令",必须服从。[①] 今井依然坚称,若无书面文件,断然不肯从命,说罢便将电话扣下。今井深感此命令有违武士道精神,愤慨之余,反而指示他的参谋释放全部俘虏,并告诉俘虏逃离巴丹的最佳路线。

众参谋目不转睛看着长官。今井喝令部下执行命令,别"像个木头人杵在那里"。眼见1000余名被放走的俘虏走入丛林,今井在内心说服自己称,皇军将领绝不会下达如此惨无人道之命令。不过,假如真有其事,那他就只能谎称是俘虏越狱。

另外一支新近抵达的守备部队的司令官生田寅雄少将也从邻近一个师团参谋口中得到一道类似的处决俘虏的命令。与今井一样,生田及其参谋长神保信彦中佐都不相信命令来自大本营。那名师团参谋称自己的师团已开始处决行动,建议生田照办。生田坚决表示,没有书面文件绝不肯采取行动。

自马里韦莱斯走出的俘虏即使在休息时也吃尽苦头。闷热的夜晚,战俘拥挤在一起,连翻身都困难。强忍着耳边嗡嗡作响的蚊虫,马克·沃尔菲尔德上尉还是入睡了,谁知却被身后一名俘虏一阵阵的蹬腿给踢醒。上尉嘟囔着让他安分点,谁知原本就臭气熏天的环境中竟传出一股越来越重的恶臭。沃尔菲尔德睁眼一看,原来自己脸上罩着一块肮脏的破布,

---

[①] 本间至死都不知道有过这道命令,他的参谋长也是直到战后才获知此事。

便跳起身来,就着明亮的热带月光看去,才发现那布乃是身后那名俘虏的裤子,上面沾满粪便与血迹。"臭他妈的王八羔子!"沃尔菲尔德将裤子扔到那人脸上,吼道,"爬起来!"谁知那人竟一动不动。沃尔菲尔德将他拖到一条狭窄的过道上。原来,那已是一具尸体了。

突然,日军看守出现,将沃尔菲尔德狠狠踹翻在地。沃尔菲尔德几次三番刚要爬起,又被踹倒。每当他跌倒在其他俘虏身上时,众人便叫骂着将他推回日军那边。沃尔菲尔德好不容易站稳脚跟,举手表示投降,并指着那具美军尸体,打手势请求日军允许自己把它拖回"病号位"。然而,此时的沃尔菲尔德已虚弱无力,连那具骨瘦如柴的尸体也抱不起来。日军看守与其他俘虏都不肯帮忙,最后,沃尔菲尔德只得抓住死者两腋,连拖带拽将它弄了出去。

得到看守准许后,沃尔菲尔德前往小溪将身上洗净,而后爬回自己的位置,将事情始末告诉身边的战俘。沃尔菲尔德说,一名美军战友因大便失禁而死,自己却辱骂他,事后想想觉得十分难受。他不知道以后将如何面对自己,只觉得愧疚感会永远挥之不去。最后,沃尔菲尔德警告同伴不要发出声音,以免日军宪兵又来找他们麻烦。

4

河根将军原本估计战俘走到巴朗牙只需要一日时间,谁知部分俘虏走了三天尚未抵达。越走下去,日军押送人员就越恼火,行为自然也就越来越残暴。在城镇与城镇之间的漫长跋涉中,烈日当空,没有任何遮阳之物。尘土黏在俘虏大汗淋漓的身体上,刺痛他们的眼睛,甚至把他们湿漉漉的胡须染成脏灰色。巴朗牙附近的丛林唯余一片死寂。起伏的小山丘上,圣周五那场毁灭性的炮击将盎然绿意夺走,只留下烧作焦炭的残余树墩。接近市郊时,战俘队伍本能地冲向清凉的塔利赛河,也许有半数战俘尝到河水,余者则被无情地赶回道路。

到4月11日天明,巴朗牙市内已挤满彷徨无定的战俘与厉声怒喝的看守。俘虏从两个方向不断拥入巴朗牙,一股来自马里韦莱斯,另一股是西面来的琼斯的部队。显然,俘房的实际人数远超估计。日军原本打算给战俘开第一餐,结果人数失去控制,无法平均分配:部分战俘有米、盐和水,但更多的战俘一无所获。

按照原计划,河根打算从巴朗牙开始,用卡车将全体战俘运往圣费尔南多。然而此时很明显,至少半数俘房只能继续步行。于是,历史上第一次,大批美国将军徒步走向战俘营。

琼斯将军领着他的人路过一座化为焦土的村庄,断壁残垣仍然散发着淡淡的、刺鼻的气味。左边是满目疮痍的阿布凯防线,远处则是巍峨的纳蒂布山。他们一行抵达巴朗牙以北8英里的奥拉尼时,已是下半夜。日军把他们赶进一片围有铁丝网的稻田,里面臭气熏天,遍地是爬满蛆虫的粪便。琼斯感觉,此处简直是第二个安德森维尔①。

夜间是另一场噩梦。闷热的空气中,蚊群凶猛地扑来。要上厕所得向日军哀求一个小时。所谓厕所,不过是几处挖的露天大坑,倘若有人滑进去,便非得有旁人冒险救助才行。若是在里面失去知觉,那就注定要溺死在粪水之中。清晨时分,马克·沃尔菲尔德发现一个粪坑里漂浮着几具尸体,便朝一名守卫打手势,表示自己愿意把它们拖出来,另外也有几名美军战俘表示愿意帮忙。谁承想,那名守卫竟叫来两名同伴,将沃尔菲尔德抓住,似乎要把他扔进粪池。所幸,他们最终只是将沃尔菲尔德扔在地上,加以拳脚棍棒而已。沃尔菲尔德连忙爬起身来,不顾身上沾着秽物,跟跟跄跄地回到自己的位置。

在邻近的一块田地里,一名日军军官大声下令,部下的士兵纷纷击掌三下,模仿拂晓时分雄鸡翅膀扇动之声,高声向天照大神祈祷。日军给战俘吃菲律宾粥,这是一种类似于米糊的食物。众人无不吃得一干二净。下一站是卢巴奥,距此地16英里,但在热带地区的炎炎烈日之下,这段路程感觉似乎长了一倍。至于日军对待俘房之态度,依然要看运气。有的看守允许战俘隔一段时间就在树荫下休息一会,从路旁自流井里喝点水。

---

① 安德森维尔监狱,位于美国佐治亚州,为南北战争期间南方军所设战俘营,因虐待北方战俘而臭名昭著。——译者注

有的看守则会把百姓摆在路边的水罐一脚踢倒，命令俘虏在烈日下蹲伏着"休息"一小时。

尸体横七竖八地倒在沟渠中，在暴晒中肿胀成异样的形状。乌鸦把尸体啄得皮开肉绽，硕大的绿头蝇爬在每一道裂开的伤口上。艾伦·斯托厄尔中校发现数十具遭到斩首的尸体，一路数到第27具后，自言自语道："不行，数不下去了。"之后便不再回头，双眼直视前方，继续前进。

此前曾游泳前往科雷希多岛面见奎松总统的年轻菲军少尉安东尼奥·阿基诺一路上既没有休息，也没有喝水。自从来到巴丹半岛，他已暴瘦50磅，双腿却肿胀得厉害。他前面的一名美军战俘摔倒在地，一名看守不断踹他的肋部。那名战俘挣扎着想爬起来，向日军看守伸手哀求。不料看守竟拿起刺刀，将刀尖抵在战俘颈部，一刀结果了他的性命，拔出刺刀后，还朝尸身补上一刀。阿基诺等人只是默默望着，无能为力。

后边队伍里，生性好勇斗狠的布卢梅尔将军正与史蒂文斯准将并肩而行。一辆卡车经过时，一名日军士兵探出身子，用竹棍狠狠打向史蒂文斯的头。布卢梅尔扶住惊呆的史蒂文斯，两人跌跌撞撞地朝沟渠走去。一名日军士兵走来，拿手枪对准布卢梅尔，示意他走开。但布卢梅尔不予理睬，想扶昏昏沉沉的史蒂文斯站起身来。然而史蒂文斯站立不住，布卢梅尔只好拖着他前往一处稻田中央。另一名日军士兵怀疑两人意图逃跑，举着刺刀冲来，看到史蒂文斯满头鲜血，便没有理他，只逼着布卢梅尔回到公路。史蒂文斯爬入一堆灌木丛中，一动不动望着队伍渐渐远去。他知道，若不是布卢梅尔挺身而出，此时自己可能早已伏尸路旁。不过史蒂文斯并没有得到太长喘息的时间，很快他便被另一支日军发现，重新遭到俘虏。

在往北数英里的一处休息站，罗伊·卡斯尔伯里下士看到两名菲律宾平民在地面上挖了一个坑，打算将一名昏迷不醒的美军上尉放入坑里。不料上尉突然清醒过来，便拼命挣扎想爬出他的坟墓。一名日军看守命令两名菲律宾平民用铁锹殴打上尉，两人起初拒绝，但在步枪威胁下，脸上露出痛苦的表情，把上尉打回坑里，最后盖上泥土。卡斯尔伯里满心恐怖地看着土里面伸出的一只手，手指虚弱地颤动着，绝望地在坟墓上方乱抓。

队伍终于离开巴丹半岛,向东朝卢巴奥走去。道路一线笔直,没有东西遮蔽无情的阳光。部分战俘无法忍受口渴,冒着生命危险奔向附近的甘蔗田,用甘蔗的一点点汁水解渴。那些胆小的,只能跟在后面争先恐后地去捡同伴扔下的嚼过的甘蔗渣。战俘脱水严重,大多数人无法排尿。少数能够排尿的人排尿时也痛苦难忍,就像有一块滚烫的烙铁按在尿道上面,即便如此,他们还是感到一阵难以言喻的解脱。

卢巴奥市拥有 30000 人口,夹道两旁站满眼含泪水的菲律宾民众。他们试图向战俘投掷食物,有水煮蛋、用香蕉叶包裹的炸鸡和墨西哥粗糖(一种棕黑的硬糖块)。残暴的看守用枪托将人群驱散。不时会有一位老妇,悄悄从队伍中拽过一名蹒跚的战俘,藏在自己的长裙之下。

在城镇尽头,有一座白铁皮盖顶的建筑,这原本是座碾米厂。日军将数千名战俘驱赶入内,挤不下的便聚在外边。厂房内外都只有一个水龙头。此处,暴行更是家常便饭,俘虏稍有不服便会遭到军刀劈砍,也有无缘无故便被殴打致死的情况。

最后一段路程通往铁路中心圣费尔南多,路不长,约 9 英里,而其严酷程度则最甚。饱受卡车及坦克碾压的柏油路面在烈日下融化,对那些赤足上路、脚底已磨出泡的俘虏而言,就像踏在滚烫的煤块上。在脱水与饥饿的折磨下,即便是最后 1 英里,他们也感觉永远走不到尽头。抵达市郊,跟跟跄跄的美、菲战俘从两列卡车的缝隙之中穿过,车上的日军士兵挥舞着枪托朝下殴打他们,活像一场夹道笞刑①。吕宋岛上的各地民众拥入城市,希望找到自己的亲人,看着形容枯槁的战俘拖着沉重的脚步走过,许多民众呜咽着,流下泪水。

在圣费尔南多,河根的计划终于在某种程度上起效了:战俘分到饭团,有水喝,也得到了一些治疗。日军把战俘关押在各临时场所:制陶场、"蓝月亮"舞厅、空地、老旧工厂、教学楼、操场,以及火车站附近的圆形大

---

① 夹道笞刑,西方传统体罚形式之一。体罚者面对面排成两列,手持棍棒等工具,受罚者从中间经过,遭受打击。——译者注

斗鸡场。

阿基诺中尉所属的队伍被关在一家老旧醋厂内,中尉筋疲力尽,倒在草垫上足足睡了14个小时才被叫醒。日军把阿基诺带到兵营内,在那里等待他的是他的父亲老阿基诺与一名日军大佐。父子两人紧紧抱在一起。

"令尊阿基诺先生是日本的好朋友。"操着一口英国腔的日军大佐是宪兵队长,他表示小阿基诺可以回家了。中尉不肯弃部下于不顾,要求提高全体战俘的口粮及药品供应。

"令尊说得果然不错。"太田说道,"阿基诺先生早就料到,您不会接受释放。对你们所受的遭遇,我表示抱歉。请原谅。"

等到父子俩单独在一起时,老阿基诺才告诉儿子,自己和劳雷尔假装对日军表现出合作态度,乃是出于奎松总统的命令。他的初步任务是与日军协商,要求早日释放全部菲军战俘。

"尽快,爸爸,大家正像苍蝇一样死去。"

日军将战俘赶入棚车之中,车厢类似"一战"时期法国的"40与8"型货车①,每节都塞了100多人。染有痢疾的战俘有的无法控制排泄,有的则把呕吐物吐在战友身上。前往北边的卡帕斯需要三小时车程,车厢里的臭气简直令人无法忍受。有些人已经断气,却依然被挤得保持着站姿。每到一站停车,一些较为友善的日军士兵便会把车门打开,让战俘喘口气,此时新鲜空气无异于灵药仙丹。菲律宾民众见车门打开,便会递上瓶装水、番茄、香蕉、米饭、鸡蛋、咖啡与甘蔗等食物。美军之前对菲律宾人颇为鄙夷,此时开始欣赏他们的勇气与仁爱。

棚车抵达卡帕斯,战俘下车。步行通往奥唐奈战俘营的道路长约8英里,没有树荫,尘土飞扬。不过对战俘而言,空旷的路总要比拥挤的棚车强太多。队伍终于抵达奥唐奈战俘营,此处由分散在一大片平原上的

---

① "40与8"型货车,最早出现于19世纪70年代的法国,两次世界大战期间常被用作军事运输车辆。"40与8"指的是运载能力,能够运载40人或8匹马。——译者注

一些摇摇欲坠的建筑物组成。看守押送众人穿过营地大门，大门两侧是架有机枪的塔楼。登上一座小丘后，战俘来到一座悬挂着太阳旗的建筑物前，顶着炎炎烈日坐在地上。一小时后，战俘营长官才带着一名翻译出现，恶狠狠地向俘虏宣布他最恨美国，即使要花上100年，日本人也要狠揍美国人。

"上尉他说，你们不算投降的战俘，"译员对埃德·戴斯上尉那组人说，"只能被当作囚犯看待。他说，你们的举止不像军人，你们没有纪律。他讲话的时候，你们都没有立正。长官说，他要让你们好好学学规矩。"

第一批俘虏进入奥唐奈战俘营的两天后，马尼拉的《论坛报》刊登了巴丹行军的照片，以及一则日军授意的报道：

> 巴丹部队于4月9日投降，随即从半岛防线途经圣费尔南多、邦板牙，被转移至集中营。此次行进之旅，实在让人悲伤。因此，有关行进全程之种种细节，本报尽量避免记述。
>
> 因此，公众不会从这种费解的说法中得到错误的印象。不过，有一点可以明确承认：以赢取战争胜利为最终目标的日本皇军，此时正不遗余力地收容着这50000名曾经的敌人，给予食物，施以救助。这超出人们的预料。
>
> 当然，尽管日军秉持人道主义，给予优待，亦难免会有战俘过度虚弱，无法抵达终点。那么我等唯一能做的，便是谴责美军最高司令部，直到饥饿与疾病把大多数官兵折磨到如此境地，才肯选择投降。

本间的全部心思都放在攻打科雷希多岛上面，直到两个月后才获知，美、菲官兵死在行军过程中的人数甚至超过死在巴丹战场上的人数。所有战俘中，成功抵达奥唐奈战俘营的只有54000人。确切的死亡人数无法统计，因为有部分战俘在途中逃脱，下落不明。不过，行军途中有7000至10000人死于疟疾、饥饿、殴打或处决，其中有2330人是美国人。

绝大多数幸存者都认为，巴丹行军是一场精心计划、残酷执行的屠杀行动。但事实上,这种种残忍的行径并没有遵照任何计划。从巴朗牙到圣费尔南多的路上,有些幸运的战俘乘坐卡车,基本没有遭受痛苦。步行的战俘当中,也有些人能够填饱肚子,未曾遭受任何虐待。然而,一英里后面的其他同伴却饿死,或被残忍的日军殴打并杀死。

在日本军队之中,残暴行为是家常便饭。他们将上级的掌掴、殴打视为正常的处罚,反过来,他们也会对下级拳打脚踢。当俘虏听不懂命令,或因太过虚弱而无法执行命令时,日军士兵便会诉诸暴力,甚至升级为杀戮。再者,日军士兵的辞典中没有"投降"二字。他们会死战到底,倘若在受伤或昏迷时被俘,那便是一生之耻。在亲人、乡里心中,被俘之人就相当于死亡,他的名字也会从户口册上划去。配发给日军士兵的手册中写道:"切须谨记,沦为阶下之囚,非但玷污皇军荣耀,亦使门楣无光,父母蒙羞。最后一枚子弹,须始终为自己保留。"

这样的训练与教育背景是导致暴行的重要原因之一,不过巴丹事件中,更多的屠杀直接来源于辻中佐那道独断专行的口头命令。拒不从命之人无疑不止生田将军和今井大佐两人,不过其他人还是全部或部分地选择服从。不加怀疑地迅速执行命令,乃是他们自幼养成的习惯。日本人普遍认为马首是瞻易,一马当先难。尤其是军人,在生活各个方面都是"服从"的奴隶。举例来说,有规定士兵接受检阅时,阴茎必须垂向左侧,日本军人对此全盘接受,从未提出过半句疑问。

号召要对白人和他们的有色人种帮凶实施复仇之人,也绝不止辻中佐一个人。4月24日,《日本时报与广告报》发表文章,公开附和辻中佐严惩战俘之要求:

> ……他们的所作所为纯属徒劳无功,这点他们(盟军)也心知肚明,却依然将一切能够利用的生命牺牲掉,只保全自己的皮囊,而后投降。……
>
> 每一场战役,他们皆表现出极端之自私。因此,我们切不可将其视作普通战俘。天道不可违,他们的失败是罪有应得。
>
> 对他们施以仁慈便是延长战争。他们素以"横行无忌"为座右

铭,在战场上不择手段。以眼还眼,以牙还牙。讨伐邪魔外道,皇军师出有名。铲奸除恶,何须犹疑。

此类狂热信念所纵容的暴行,将不可避免地聚焦于对盟军的仇恨与报复。

第十二章 "无愧于心"

1

太平洋战场捷报频传。不过,意料之外的"辉煌战果"带给日本最高统帅部的不是团结,而是分歧。最初的战争计划要求日军在东南亚攫取原材料;而那些征服得来的土地,将被强化成为战略基地网络,以支持海军进行长期作战,最终通过强大的基地网,迫使美国接受某种形式的和平。如今,陆军依然认为,上述计划才是唯一明智的。然而,海军在连战连捷之后士气大振,不愿继续充当此类束手束脚的防御型角色,而是希望对澳大利亚、夏威夷及印度发动攻势。若对上述地域发动进攻,必将爆发大型海战,届时再如爪哇海之役那般,将敌军消灭殆尽。至此,在征服整个东南亚的过程中,海军损失舰船只有25000吨,沉没军舰之中最大的不过是一艘驱逐舰。

海军开始向陆军施压,提出一系列与原计划相去甚远的方案。其中之一,是要在印度洋歼灭英军舰队,与德军会师海上。另一项针对美国的提案更加野心勃勃——切断美澳之间的供应线,诱使美海军出击,展开一场求之不得的争夺太平洋制海权的大决战。

海军军令部的富冈定俊大佐制订了一项大胆的作战计划,要求陆军派出五个师团入侵澳大利亚。在一次联席作战会议上,陆军参谋本部的服部卓四郎大佐对该计划表示不屑。澳大利亚的面积比日军所占领的中国领土还大出一倍，征服该国必须在动用联合舰队主力的基础上，再投入12个步兵师团。而光是运输12个师团，就需要总排水量150万吨的舰船。富冈建议调遣关东军，该部队此时正在苏联边境执行守备任务。服部却表示，在与西方的长期斗争中，一兵一卒都弥足珍贵，攻打澳大利亚本质上不过是一种牵制行动，不值得投入如此大规模的人力。见富冈拒绝退让，服部拿起一杯茶。"我国的军事力量就像这杯茶，"服部说罢，将茶泼在地上，"你也清楚，就只有这么多。如果计划通过，我就立刻辞职。"

3月7日的一场联席会议上，陆军与海军之间的分歧进一步公开化。参谋次长田边盛武将军重申服部之主张：陆军的主要目标是建立"足以经受长期战争的政治和军事体系"；在某些地域展开压制性作战是可行的，但前提是规模适中。此后，应迫使敌人在远离其基地之地域作战，为日军创造有利条件。上述战略构想，在珍珠港事件之前无人提出异议，如今临时变更，恐将酿成大祸。

海军则坚称，第一要务乃是迫使敌军始终采取守势，若不如此，才将酿成大祸。海军军务局长冈敬纯将军表示，为发动反攻，敌军或将"积极动员澳大利亚和夏威夷地区的部队"，海军应摧毁上述地区全部的重要基地，并将敌海上力量一扫而空。

悬而未决的议题在陆军和海军集会所中再一次引发激烈争论，有时甚至到了要动武的地步。直到两星期后，双方才达成妥协：海军放弃入侵澳大利亚；陆军则同意某些风险较小的计划，比如对莫尔斯比港展开两栖登陆作战。该港位于世界第二大岛屿——新几内亚岛东岸，在澳大利亚北面400英里。

服部与富冈进行非正式会谈，进一步协调意见。富冈愿意放弃与希特勒会师印度洋的计划，服部则同意攻占澳大利亚东北岸附近三处群岛——萨摩亚、斐济与新喀里多尼亚，以最小代价切断澳、美之间的供应线。

3月13日，首相东条率海军军令部总长和陆军参谋总长入宫面圣，向天皇提交陆海军联合报告，并说明新的战争政策："短期内击败美、英两国十分困难,以迫使两国投降的方式结束战争亦不存在可能性。开战以来,我军战果累累,屡创辉煌,已取得一系列政治与军事优势。为进一步扩大上述优势,则须利用当下之军事形势,建立起足以经受长期战争的政治及军事体系。为迫使美、英两国持续处于守势,我国须在国力允许之前提下采取一切可能的措施。与此相关之一切具体方针决策,皆将通过充分研讨,而后上奏陛下,以候圣裁。"

妥协方案来之不易,双方一致表示赞成,只有海军中那位最有影响力之人——山本五十六不以为然。出于赌徒本能,山本力主再次大胆袭击美国领土——中途岛。中途岛是一座由两个小型岛屿组成的环礁,位于珍珠港西北接近1300海里处。山本认为,只要拿下该岛,便能保护日本本土免受美国太平洋舰队的突然袭击。

山本深知有关中途岛的计划在海军军令部中鲜有支持者,于是派遣他最好的棋友渡边安次中佐前往东京游说。渡边找到富冈大佐与航空作战军官三代一就中佐陈述利害,两人皆不为所动。即便打下中途岛,补给问题姑且不谈,若美军发起反攻,又将如何应对?何况也没有太多好处。反观澳大利亚附近的三个岛屿群,若占领它们,定能诱使美军舰队前往所罗门群岛附近的海域进行决战,而这里有利于日军获取补给。

争论最后的解决并非通过论理,而是靠着威胁。渡边带着山本的计划书去见了富冈与三代的上司——福留繁将军。三代依旧坚持己见,渡边便出去给山本打电话,回来时则带着山本的最后通牒:要么攻打中途岛,要么山本本人辞职。"既然如此,"军令部总长永野作出裁决,"那让山本去试试也无妨。"

这是4月5日的事情。十一天以后,对中途岛和阿留申群岛发动进攻的命令下达了。富冈与三代"恼羞成怒",却也毫无办法,只得闭口不言。不过,东京方面无视山本再三要求,始终不肯给出行动具体日期。海军军令部认为没有必要操之过急,直到一位名叫杜立特的美国人的出现。

2

珍珠港事件过后不久,罗斯福总统曾表示,希望尽快对日本本土展开轰炸,对那场"卑鄙的"偷袭作出报复。然而日本距美国实在太远,总统的想法不过是一厢情愿。直到有一天,海军上将欧内斯特·金麾下一名作战参谋突发奇想:陆军远程轰炸机或许可以从航母甲板上起飞。金将军与陆军航空部队对此都颇感兴趣。3月初,24组航空兵聚集在佛罗里达州的埃格林机场,练习驾驶经过改装后的B-25轰炸机从500英尺长的跑道上起飞。他们的指挥官便是詹姆斯·杜立特中校。此人既是航空学家,又是一名数次打破飞行速度纪录的勇敢的飞行员,曾创下多项"第一":第一个实现12小时飞行横穿美国,第一个完成不可能完成的飞行动作——外筋斗,第一个做到盲降。

4月1日,经过筛选,确定执行任务的16组航空兵在加利福尼亚州的阿拉米达航空站登上航母"大黄蜂"号,其余8组向他们投去羡慕的目光。次日早饭后,杜立特把众人召集在空荡荡的食堂,说道:"各位当中,有的还不知道任务内容,不用继续猜测啦,我们要去轰炸日本。"16架飞机中,有13架飞往东京,每架投下4枚炸弹;另外3架分别轰炸名古屋、大阪和神户。"海军会把我们送到尽可能近的位置,然后我们从甲板上起飞。"轰炸完毕后,飞机不会返回航母,而是飞过日本国土,前往中国的小型机场着陆。杜立特问是否有人打算退出,无人。

接近正午,在一艘重型巡洋舰、一艘轻型巡洋舰、四艘驱逐舰与一艘给油舰的护送下,"大黄蜂"号载着轰炸机,在成千上万的民众围观下,驶过金门大桥,前去执行秘密任务。

4月8日,威廉·哈尔西将军——记者称其为"蛮牛",朋友们则叫他"比尔"——乘"企业"号航母,在两艘重型巡洋舰、四艘驱逐舰和一艘给油舰的护送下离开珍珠港,准备与"大黄蜂"号一行会合,共同前往轰炸机起飞的地点。

美军两支舰队出动一事,日本的联合舰队直到两日后,才从截获的美舰与珍珠港之间的往来电报中获知。日军推测,若美舰持续西进,那目的便是轰炸东京。舰载机航程有限,美军舰船必须驶到离东京400海里以内的海面,飞机才能起飞,而日军侦察网覆盖至距海岸700海里处,因此,日军拥有充足的时间在美机起飞之前施以打击。评估十分准确,只有一点疏漏——美军航母上的不是普通舰载机,它们预定在距东京500海里处起飞。

4月13日,这两支美军舰队会合,组成一支庞大的舰队——第十六特遣舰队,径直向东京驶去。杜立特一行原本对保密性极有信心,不料却在三天后听到东京电台播出的一则宣传性广播:"英国路透社有消息称,东京遭到美军三架轰炸机空袭,着实可笑之至。敌轰炸机绝无可能飞至离东京500海里内。帝国国民毫不理会此类愚蠢流言,正在融融春色之中笑看樱花盛开。"

次日,飞行员前往飞行甲板,参加一项特别仪式。马克·A.米切尔舰长交予杜立特五枚勋章。原来,这是日本曾经授予美国人的勋章,飞行员纷纷要求将它们系在炸弹上,还给日本。众人将勋章系在一枚炸弹上,然后用粉笔写下一些嘲讽的话:"我不是要火烧世界,只是要火烧东京!""够惊喜吧,祝你开心!"

杜立特宣布次日起飞,众人这才结束喧闹。第十六特遣舰队将比原计划提前一日抵达起飞点。这也是最后一次传令会。杜立特将带头起飞,预定在傍晚抵达东京。"你们晚我两到三个小时出发,可以把我轰炸的火光当成信标。"

最后还有一个之前从未被提及的问题:假如在日本境内迫降,该怎么办?这需要每位飞行员自行决定,而杜立特表示不愿被俘。"我会先让乘员逃生,然后找个最划算的目标,全速俯冲过去。我今年四十六岁,活够本啦。"

次日凌晨3时,舰队距东京还有700多海里,任务赖以成功的基础——隐秘性直接受到威胁。"企业"号雷达监测到两艘敌舰出现在左舷舰首方向12海里外。数分钟后,海平线上出现一星闪光。第十六特遣舰队改变航向,各舰都响起"总动员"的警报,全体乘员无不心怀忐忑。半小时后,解除警报响起,舰队继续向西航行,仿佛无事发生。

舰船在恶劣天气中颠簸起伏。日出之前,三架侦察轰炸机从"企业"号起飞,对前方200海里海域展开侦察。透过灰蒙蒙的阴云,一名飞行员发现一艘小型巡逻艇,随即返回"企业"号上空,投下一个小包,里面装有一条手写消息：

> 敌海面舰只。北纬36-04，东经153-10，方位276°，距离42海里。料想敌已发觉我舰。

为慎重起见，哈尔西命令全体舰只左转。不到一小时，"大黄蜂"号的瞭望员也发现一艘小型巡逻艇。那是"日东丸23"号，此时它已在用明码发报：敌航母出现在离东京700海里外海域。随后，美舰又在6海里外发现一艘巡逻艇。哈尔西命令击沉两艇，并发出信号通知"大黄蜂"号：

> 轰炸机出动。祝杜立特与各位勇士一路顺风。上帝保佑。

在"大黄蜂"号的舰桥上，杜立特与米切尔紧紧握手，而后迅速奔下梯子，来到舱内喊道："来，弟兄们，出发啦。"汽笛啸叫，扩音器发出指示："陆军飞行员，迅速登机！"

突如其来的变动对任务成功以及自身生还将产生何等重大的影响，只有飞行员最为清楚。航空部队的计划十分周密，甚至精确到最后一加仑汽油。此时飞行距离增加150海里，加之敌军有所防备，夜袭不再现实，情况已不容乐观，但各机乘员依旧奋勇当先。一名替补飞行员愿意出150美元，希望代替一名准备登机的飞行员出战，却遭到拒绝。

著名电影导演约翰·福特①中校及其摄影组展开拍摄时，牵引车正将双尾翼轰炸机牵引至起动位置。排头一架正是杜立特的飞机，它面前的跑道只有467英尺长。每架飞机主油箱都灌得满满当当，额外加了10罐5加仑的备用汽油。

杜立特将引擎开到最大，有些飞行员担心地听着轰鸣声，生怕引擎烧坏。整备人员抽出阻挡机轮的挡板，飞机向前滑行，左侧机轮顺着甲板左

---

① 约翰·福特(1894—1973)，美国电影导演，军人，四度获奥斯卡最佳导演奖。福特亲历过两次世界大战，"二战"时曾为美国海军拍摄《中途岛战役》等纪录片。——译者注

舷绘出的白线滚动。迎着强风，B-25轰炸机笨拙地向前摆动，襟翼向下，左翼已伸出航母的左舷侧。

其余飞行员紧张地看着，不知杜立特能否利用强风顺利升空。假如连杜立特都做不到，那他们也肯定不行。B-25开始加速，在部分飞行员看来，那加速慢得有些折磨人。突然，海浪汹涌袭来，杜立特抓住航母舰首抬高的瞬间，拉起B-25猛地升空，前方的甲板只剩下短短数码。那时是上午7时20分。

飞机盘旋着低空掠过"大黄蜂"号，径直朝东京飞去。舰上官兵不由得发出阵阵欢呼。其余轰炸机依次沉重地从甲板滑过，围观者每次都"捏着一把冷汗"。飞机顺利升空，直到最后一架飞机缓慢滑向起跑线。突然，一个名叫罗伯特·W.沃尔的舱面人员失足，被前一架飞机的气浪吹得如蓬草般撞在最后一架飞机的左螺旋桨上，以致他的左臂被绞断，所幸身体被甩在一旁。

飞行员感觉有震动，回头张望，发现沃尔躺在甲板上，慌张之下，他没有把操纵杆拉到"中立位"，而是拉到"收起"。① 飞机吃力地滑出甲板尽头，又猛地往下一跌，消失在众人视野之内。舰上众人原本以为飞机已经坠海，当看到它在海浪上掠过，接着便费力地爬升，转身追向其他飞机时，他们才松了口气。此时是上午8时20分。

东京的海军军令部意识到空袭将至，不过根据"日东丸-23"号给出的敌舰位置，他们同样确信，美军轰炸机最快也要到次日抵达。全部可用之飞机皆进入战备状态，共计战斗机90架、轰炸机115架。近藤信竹海军中将收到命令，立即率重型巡洋舰6艘、驱逐舰10艘从横须贺海军基地出发，前往阻击美舰。

上午9时45分，一架巡逻机发回报告称，距本土约600海里处发现敌双引擎轰炸机一架，正向西飞行。日军对此报告不予采信：美军航母并未搭载双引擎轰炸机，空袭最快也要等到次日早上，因为只有那时敌军航

---

① 飞机起飞时，尤其是在地形狭窄的情况下，将襟翼调整为"中立位"，能够有效提高升力，有助于顺利起飞。若将襟翼调整为"收起"，则会增大机翼与空气的接触面积，从而提升阻力，有助于降落而不利于起飞。——译者注

母才能开到离海岸300海里以内。

巧合的是,就在最后数架飞机离开"大黄蜂"号之时,东京恰好开始举行一场防空演习。此次演习气氛松懈,甚至没有拉响警报。防空警报员通知市民躲入防空洞,市民非但不听,反而大摇大摆地围观消防员摆弄消防装备。到中午时,演习结束,大部分防空气球被降下,三架战斗机在东京上空慵懒地盘旋。那是一个晴朗暖和的星期六,街道很快又熙熙攘攘,到处可见购物和玩耍之人。

数分钟后,杜立特飞抵日本海岸,向北偏离预定航线80海里,便折向左方。飞机后部,领航员卡尔·怀尔德开始观察有无战斗机拦截,却发现只有几架教练机在上下翻腾。飞机经过乡村上空,地上之人谁也没有在意;而当飞机低空掠过一座兵营时,怀尔德能够看清一批军官的军刀在阳光之下闪闪发亮。

此时,日军中的"头号人物"正乘坐一架美制客机准备降落,其航线正与来袭美机之航线交叉。那天上午,东条首相虽已获悉美军特遣舰队逼近海岸,却依然按行程乘坐飞机去视察水户航空学校,因为军方已确保此行并无危险。客机接近机场时,一架双引擎飞机出现在右侧。东条的秘书西浦大佐发现来者"模样古怪",他等飞机靠近后看清了飞行员的面孔,才猛然意识到——是美军飞机!然而轰炸机未发一枪,只是一掠而过。

中午12时30分整,杜立特抵达目标上空。弗雷德·布里梅使用"马克·吐温"轰炸瞄准器投下第一枚炸弹。"马克·吐温"瞄准器造价仅为20美分,低空轰炸时,其准确度更胜声名远播的"诺顿"瞄准器。飞机接连飞过市区上空,投掷炸弹,未遇到战斗机或高射炮的有效抵抗。飞行员爱德华·约克上尉发现机上汽油不足,不够飞入中国腹地,便转而飞向西北,冒着被拘留的风险前往符拉迪沃斯托克。为缓解紧张情绪,副驾驶打趣说:"我敢打赌,在一个周六的中午,咱哥儿五个先是驾驶B-25轰炸东京,然后穿越日本本土,绝对是历史第一啦。"

除靠近着弹区的居民外,东京市民都认为美军的空袭只是防空演习逼真的高潮。JOAK电台在第一次爆炸时突然中断广播,也未能报道真相。校园里的孩童与繁华大街上的路人纷纷朝经过的飞机挥手致意,因为当时美机上红、白、蓝三色的圆形标志与"一战"时协约国阵营所用的标志相似,日本民众误将它认作日军飞机上的旭日标志。没有一架飞机被击中。

美机飞过宫城,但没有掷下炸弹。各机乘员曾拿纸牌抽签,看由谁去逛一逛日本天皇的老家。不过,杜立特已下严令:宫城与医院、学校一样,都属于非轰炸区域。

陆海军集会所里,富冈大佐与服部大佐一起进餐,两人对中途岛作战计划依旧持反对意见。炸弹爆裂声突然响起,富冈惊呼:"来得好哇!"原来,富冈认为轰炸机来自敌军航母,而航母距离本土已如此之近,海军正好借助地利在本土水域与之展开决战。

那位最渴望攻打中途岛的将军,从未设想过这种可能性。相反,山本海军大将对美机突袭首都深感羞愧,将追击美军之任务交予参谋长宇垣缠,自己则闭门不出。参勤长近江兵治郎从未见过长官如此面色苍白,精神颓丧。

宇垣将军无法确定敌舰队的具体位置,当晚在日记中写道:"须查明敌机型号和数量,以强化应对措施,防止敌军再度来袭。无论如何,今日算是敌军棋高一着。"宇垣无法判断美特遣舰队究竟是已掉头撤离,还是正在筹划下一次空袭。

哈尔西早就返航驶向珍珠港,毕竟没有更多的轰炸机要起飞。约克上尉驾驶的那架飞机安全降落在符拉迪沃斯托克,乘员五人遭到苏联人扣留。其余十五架轰炸机飞至中国境内,降落在日占区。三人在跳伞或迫降时失事丧生;八人被俘并被带往东京受审[①];包括杜立特在内的其余四人顺利着陆,各自寻路前往国民政府的控制区。

巴丹沦陷后,美军士气一落千丈,杜立特此次壮举无疑是一次鼓舞,同时又像一份承诺:美国不会袖手旁观。消息传遍各战场及战俘营,盟军士兵与战俘都重新燃起希望。美国各报刊不吝以最显眼的头条报道此

---

① 日军审讯被俘飞行员究竟自何处起飞,却是越审越糊涂。(有人说是阿留申群岛,有人说是一艘无人听闻的特殊航母,有人说是太平洋上一个没有标在地图上的神秘岛屿。)宇垣无奈,下令无论如何务必"解开敌军空袭之谜"。据宇垣在日记中所写,飞行员最终"被迫招供",将空袭之大部分真相供出。然而那时,哈尔西已在返回珍珠港的半途之中了。

事。《洛杉矶时报》得意扬扬地宣布:"杜立特办到了!"罗斯福为此番空袭添上戏剧性的一笔,宣称轰炸机是从香格里拉①起飞,更使得美国民众喜不自胜。

从表面上讲,空袭并未造成恐慌,但对世世代代深信皇国安稳无虞的日本民族而言,无疑是一场心理冲击。报纸称空袭"彻底失败",却将杜立特等人描绘成恶魔,称其"以掩人耳目之手段实施一场反人道的、无差别的狂轰滥炸",其"残忍行径"通过对平民及非战斗人员的无情扫射表现得淋漓尽致。为证明东京防空措施有效,日军特地从中国战场偷偷运来B-25的一片机翼与一根起落架管,在靖国神社临时大祭上展出,一株盛开的银杏树上则炫耀般地挂着一顶降落伞。

单就有形的破坏而言,此次空袭算不上成功。不过,敌军空袭一事本身却使得最高统帅部紧张过度。四支战斗机航空队被指派保卫本土,应对假想中的敌军袭击。同时,"中国派遣军"则奉命暂停其他作战行动,集中力量摧毁浙江一带的敌空军基地。

更为深远的影响是,海军内部终于统一意见,无人继续反对攻打中途岛。闭门一日的山本出来后,再度要求迅速执行进袭中途岛的计划。此次空袭,美军轰炸机极有可能正是从中途岛起飞,若短期内不能拿下该岛,便只得从各战区抽调力量,以加强本土的海空巡逻。打算采取拖延战术破坏中途岛计划的人,此时也不再阻挠。于是,在 4 月 20 日的陆海军联席会议上,海军军令部总长永野提议,入侵萨摩亚、斐济与新喀里多尼亚以切断澳大利亚生命线之计划暂缓,以便尽快对中途岛发起进攻。陆军依然认为此举风险过大,但由于永野公开支持山本,也只得悻悻作罢。如今不是两军相互仇视的时候,况且,无论陆军怎么说,海军也绝不可能放弃中途岛计划。

---

① 香格里拉,虚构地名,最早见于英国小说家詹姆斯·希尔顿 1933 年创作的小说《消失的地平线》。小说描述香格里拉位于西藏地区,是一个富有东方神秘色彩的理想乡。随着作品流行,"香格里拉"亦成为世外桃源的代名词。罗斯福面对媒体采访,以"香格里拉"戏答之,传为美谈。——译者注

3

本间将军麾下的火炮朝科雷希多岛猛烈开火,似乎要将整座岛屿轰成无人区。尽管守军的士气仍然高昂,但长久坚守住这个小岛的希望显然渺茫。军中流行的一首歌曲名叫《我在等待永不入港的船只》。① 许多官兵的头盔上用粉笔写着一个"V"字,有人挖苦道,这到底意味着"胜利",还是"牺牲"。②

4月29日,即裕仁天皇诞辰那天,日军火力达到最高峰。两个弹药库发生爆炸,引发山岩崩落。野火四下蔓延,难以控制,烟雾弥漫,尘土飞扬,笼罩着整座岛屿。4月30日与5月1日两天,炮火依旧不见停歇,其目标主要是吉尔里和威依两座炮台,巴丹前往科雷希多岛的路线正被两座炮台的火力覆盖。5月2日那天上午,吉尔里炮台还完好无损。然而就在中午,突然一声震天巨响,科雷希多岛上大地摇撼。吉尔里炮台被炸毁了,八门十吨重的迫击炮的炮管如火柴棒似的被抛入空中,其中一根远远地落在150码开外一座弹痕满布的高尔夫球场上。

如此一来,面对日军登陆,海岸防卫部队已成为科雷希多岛最后的依靠。巴丹沦陷时,科雷希多岛的海岸防卫部队有4000人。经过连日轰炸,有效作战力量只剩下3000出头。其中约1300人隶属海军陆战队第四团,训练有素。余者能力参差不齐,既有菲军的航空兵与炮兵,也有从巴丹脱逃而出的美军士兵。

生活在迂回曲折的马林塔隧道外,固然是九死一生,却至少还有新鲜的空气、充足的阳光。隧道内部的10000名官兵,虽然安全,却被无法忍受的紧张感折磨着,人们称这种紧张感为"隧道病"。灰尘与泥土四散飞扬,呛得众人呼吸困难;医院里死者的尸臭弥漫在每一个角落。遭受空袭时,通风机被迫关闭,空气很快变得秽浊,闷热得使人难以忍受。此外,还

---

① 《我在等待永不入港的船只》,阿贝·奥尔曼作曲、杰克·耶伦作词,是一首创作于1919年的流行歌曲。——译者注

② 英语中,"胜利"(Victory)与"牺牲者"(Victim)的首字母都是"V"。——译者注

有巨大的黑色苍蝇、蟑螂等各种各样的昆虫出没。隧道里住久了，人的脾气便急躁起来，些许小事也能吵得天翻地覆。

5月3日，温莱特收到消息称，科雷希多岛的淡水供给严重不足。于是，他便给麦克阿瑟发去电报：

> 局势正迅速趋于绝望。

次日，16000枚炮弹落在科雷希多岛上。防守海岸的士兵心惊胆战，蜷缩在很浅的散兵坑里，对那些"隧道耗子"滋生出强烈的仇恨。然而，马林塔隧道里的人也不好受，接连不断的爆炸声将许多人逼得近乎精神崩溃。温莱特将军坐在那间刷白的小屋里，给马歇尔写了一份战局的评估报告：

> 依本人判断，敌军随时能够对科雷希多岛展开攻击。
> 至于攻击能否得逞，完全取决于海岸防卫是否坚固。考虑到当前我军士气，阻止敌军登陆行动之成功率恐不足一半。以上即本人按照要求，秉持极其坦率且诚恳之态度所作出的推断。

本间又一次未能及时完成计划。日军本应在两星期前攻克科雷希多岛，谁料巴丹南部河谷地带疟疾蔓延，攻势只得推迟。好在奎宁片从日本本土空运而来，疟疾最终得到遏制。

5月4日晚，焦虑的本间望着2000名官兵和数辆坦克乘上登陆艇缓缓离开港口拉茂，在夜色笼罩下朝科雷希多岛进发。双方兵力悬殊，令人心惊：要塞守军的人数至少是登陆部队的七倍。登陆部队分作两拨，拟于科雷希多岛蝌蚪形尾部的北岸登陆，而后朝西推进，直逼马林塔山，并于该地等待于次日夜里到达的另一支部队的增援。然而，由于潮汐与洋流并不稳定，这支小型登陆部队在黑暗之中已偏离航线一英里。第一拨刚刚靠近岸边，便遭到两门75毫米口径炮的猛轰。美军在此处部署两门炮，正是为了应对此类意外情况。炮击渐趋猛烈，登陆艇接连倾覆，大量日军士兵太早跳海，却被身上近百磅重的装备拖入海底。整支登陆部队，幸存者不足三分之一。佐藤源八大佐率领剩下的众人，朝马林塔隧道东口行进。

午夜时分，一名海军陆战队传令兵奔入隧道，报告称：鬼子已经登陆，人数约 600 名。接下来的三小时里，温莱特心神不宁。接着传来消息，距离隧道仅一英里的一座海军陆战队防空炮台落入敌军之手。没过几分钟，温莱特又收到一封罗斯福发来的电报，电报盛赞岛屿守军"是鲜活的象征，象征我国战争之目标，也是生动的证明，证明我国终将胜利"。

天将亮时，岛屿守军的最后一支预备队——500 名未经训练的水兵离开隧道，朝前线匍匐前进。海军陆战队指挥部的官兵及勤务连也加入他们，对敌军发起突袭。日军此时正在等待坦克与飞机支援，遭遇奇袭大惊失色，被迫向两翼后撤。然而，上午 10 时，坦克的隆隆声传来，那声音在美军士兵听来甚是不祥。

温莱特听说毫无反坦克装备的美军正遭到日军坦克袭击，脑海中闪过一幕骇人的情景：一辆坦克冲进隧道，朝着伤员及护士疯狂开火。

"我们撑不了太久。"温莱特对参谋们说道。10 时 15 分，温莱特命令路易斯·C. 毕比准将广播事先准备好的投降消息。"告诉小鬼子，"将军哽咽道，"中午就停火。"

温莱特希望将自己的投降范围局限于马尼拉湾的四座小岛，于是通过电报将除科雷希多岛及三座邻近岛屿之外的菲律宾全体部队的指挥权交给南部诸岛的指挥官威廉·F. 夏普少将。

岛上守军正在销毁大炮，焚烧密码本，砸坏无线电设备，温莱特则向罗斯福发出最后一封电报：

> 今日，敝人须为马尼拉湾设防诸岛签订投降条款，谨在此向总统先生禀报。此举实有撕心裂肺之痛，敝人悲不自胜，却无愧于心……人类之忍耐力自有其极限，我军将士超越此一极限，为时已久。既知救援无望，敝人认为，为无益之流血牺牲画上终止符，乃是敝人对祖

国、对英勇作战的全体官兵所应尽之责任。

倘蒙总统先生不弃,尚请布告合众国国民,但云敝人及全体官兵并未背离美利坚及其军队之优良传统,人事已尽。

愿上帝保佑,指引总统先生及美利坚,为最终胜利努力奋斗。

对此战之结局,确有深深遗恨。对将士之英勇,自豪一如从前。

心怀两种情感,敝人前去与日军司令会面。匆匆不具。

美军枪炮陷入沉寂。两小时后,温莱特带领五名军官,乘一辆雪佛兰轿车朝东驶去。车子停在丹佛山山麓,众人下车,经过尸体与濒死的伤兵,走上山去。他们在山顶附近遇到了一伙日本人,其中一名中尉傲慢地表示:投降必须包括整个菲律宾群岛上所有的美、菲部队。

"带我去见你们长官,"温莱特说道,"细节条款没法跟你谈。"

此前曾接受金将军投降的中山源夫大佐走上前来。温莱特表示,向日军投降的只有马尼拉湾四座岛屿。中山闻言大怒,回答说本间曾下达过明确指示,只有美军同意全体部队投降,才能把温莱特带往巴丹举行投降仪式。

直到此时,本间也从未想过,科雷希多岛竟会投降。有报告称,前一夜的登陆行动共损失31艘登陆艇,剩下的21艘登陆艇无法支持第二拨登陆。本间知道这又将是一场耻辱性失败。谁知一名参谋突然冲进来,报告科雷希多岛上扬起白旗。本间长舒一口气,通过无线电指示中山,别管之前的命令,立即把温莱特带到巴丹。

下午4时,温莱特拄着拐杖,佝偻着瘦削的身躯,迈着沉重的脚步,再次踏上巴丹的土地——小镇卡博卡本。两辆轿车停下,温莱特被带到一间刷成蓝色的小房子里,房子四周是茂密的红树林。美方一行在露天门廊处等待着。纵目远望,马尼拉湾对岸,科雷希多岛上依然有炮弹在爆炸。显然,在日军看来,战斗尚未结束。日本人拿来冷水给温莱特一行饮用,又让众人排队,供记者拍照。

下午5时,一辆凯迪拉克轿车在房子外停下,胸部胖鼓鼓的本间将军身着橄榄色军服,精神抖擞地下车走来,欢迎道:"舟车劳顿,辛苦各位了。"

温莱特谢过本间，众人围着露天门廊上的一张长桌坐下来。温莱特将一份已签署好的投降书交给本间，里面写明自己代表马尼拉湾四座岛屿——科雷希多、休斯、德拉姆与弗兰克——向日军投降。本间懂一些英语，但他希望旁边参谋也了解过程，便令译员大声朗读出来。本间脸色铁青，表示自己只接受菲律宾群岛全体部队之投降。

"米沙鄢群岛和棉兰老岛的部队已不在我管辖范围内，"温莱特解释道，"他们现在归夏普将军指挥。夏普将军则直接从属于麦克阿瑟的最高司令部。"

本间感觉温莱特是在戏耍自己，脸涨得通红，命令译员告诉温莱特：日军曾截获一则来自华盛顿方面的消息，上面确认菲律宾群岛全体部队总司令正是温莱特。

见温莱特一口咬定自己无权指挥夏普，本间最终耐心尽失，双拳猛捶桌面，问他的新任参谋长："和知，你看该当如何？"和知鹰二少将认定温莱特必是在扯谎。"那就没得谈了，继续打下去便是。"本间语气坚决，转而又压住性子，对温莱特说，他只与对等地位的将领，即菲律宾群岛全体部队总司令进行谈判。"既然你没有最高指挥权，我也没必要待下去了。"说罢，便要起身。

温莱特的一名下属惊呼道："且慢！"美方一行迅速商议。最后，面色苍白的温莱特转向本间，艰难地开口说道："菲律宾没有必要继续流淌无益的鲜血，鉴于此，我会承担起菲律宾全体美军的指挥权。至于战后遭到严厉谴责，我已有心理准备了。"

盛怒未消的本间不肯接受美方态度的陡转，他怀疑温莱特并无诚意，只是生硬地让美方返回科雷希多岛，再考虑一番："倘若你们准备好了投降，便去找岛上的日军联队长，此人会把你带到马尼拉来见我。今天的会议到此结束吧，告辞。"说罢，本间微微点头示意，向他的凯迪拉克走去。

心烦意乱的温莱特把含在嘴里的香烟都嚼碎了。"你们现在要我们怎么做？"温莱特向中山问道。

"我们这就把你们送回科雷希多岛，然后你们爱怎么做，就怎么做。"

此番唇枪舌剑始终是通过水平拙劣的译员进行的。在场众人谁也无法完全理解对方的准确意图——只有一位名叫宇野一麿的新闻记者除外。此人在美国犹他州长大，英日双语都极为纯熟，由于同情美方的困境，便对中山解释道，温莱特已同意代表菲律宾全境对日投降。

中山稍稍平静下来一点，表示自己会陪同温莱特一道返回科雷希多岛，并说："明天一大早，把新的投降书准备好，保证与其他驻菲美军部队协商一致，再去见本间将军。"

温莱特见科雷希多岛上处处燃起营火，猜测是日军增援部队已经登陆。中山将他带到马林塔山，介绍给岛上的日军指挥官佐藤源八大佐。日军已攻占隧道，并将除医院外其余区域清空。接下来，佐藤大佐将对岛屿的主要部分——"岛屿北部"发起进攻。温莱特明白，若不立即无条件投降，科雷希多岛上的官兵都难逃屠戮。于是他只得根据本间早先提出的全部要求，就着微弱的灯光起草投降书并签字。他感觉筋疲力尽。

时间已是午夜，温莱特被日军带到马林塔隧道的西入口，从一群神情严肃的美、菲官兵身边走过。有些官兵伸出手来与将军握手，也有人拍着他的肩膀说道："将军，没关系，您尽力了。"

温莱特的眼中已满是泪水。

对温莱特而言，耻辱远远没有结束。次日上午，他将作战参谋小杰西·T. 特雷威克上校叫到办公室，告诉他：日军会用飞机送他去棉兰老岛，这样他可以亲自向夏普将军递交一封说明情况的信件：

> ……因此，你应该照办，应该——重复一遍——应该带领米沙鄢群岛、棉兰老岛的全体部队向相应的日军军官投降。请理解，作出此一决定非本人所能掌控……

此外，温莱特还授权特雷威克，在夏普拒绝服从命令的情况下，可以将其逮捕。将军的精神崩溃了，说道："杰西，命令的执行全靠你了。"

午后，温莱特与五名军官乘上日军登陆艇，被带往巴丹半岛的拉茂。

几人在拉茂等待两小时,然后吃上了两日以来的第一顿饭——米饭和浑身是刺的鱼。天黑之后,一行人转乘汽车,踏上前往马尼拉的苦闷之旅。夜里约11时,温莱特等人抵达KZRH广播电台,政宣部队一个名叫加纳久道的中尉前来接待。此人曾在纽约和新泽西读书,待温莱特颇为客气,还给一行人拿来水果。

讲稿日军已提前备好,以温莱特交给夏普的信件为基础,日方又篡改了部分文字。温莱特念起来很吃力,于是加纳以更口语化的英语把它又改写一遍。接近午夜时分,面色蜡黄、形销骨立的温莱特坐在一张小圆桌前,压抑着感情,用沙哑的声音对准麦克风讲话。他直接对夏普将军讲话,指示其率领全体部队投降:"这封信的全文内容,请你通过无线电向麦克阿瑟将军转述。若特雷威克上校带来其他指示,请一并转述。在此,请允许本人特别强调:千万不可抗命。倘若不能彻底、忠实地执行上述命令,必将招致更为惨痛的后果。"所谓更为惨痛的后果,便是日军继续实施作战行动。念到此处,温莱特声音哽咽。"在确认命令得到忠实执行之后,菲律宾群岛的日军总司令便会下令停火。"将军一阵咳嗽,片刻沉默,而后说道,"考虑到各方面情况,以及——"

又是一次更长的停顿,温莱特似乎已无法继续讲话。菲律宾播音员马塞拉·维克托·扬突然插话,宣布播放结束。此时是5月8日0时20分。

加纳把心力交瘁的温莱特及随行军官带到自己的办公室,斟上几杯威士忌;美军军官则安慰着心理遭受极大打击的长官。

菲律宾群岛上所有的美国人和菲律宾人都听到了这次广播。讲话者果真是温莱特?假如是温莱特,那么他脑门上是否有手枪指着?夏普将军左右为难:自己上午刚刚收到温莱特那封移交指挥权的电报,此时对方又要将指挥权收回。困惑之下,夏普向麦克阿瑟请求指示。麦克阿瑟先电告华盛顿方面,称"对温莱特广播所述内容,本人拒不相信",而后于清晨4时45分向夏普发出复电:

> 温莱特将军发出的命令无效。若有可能，请将部队分作小股，展开游击战。当然，事态紧急，根据情势需要，你有权作出任何决定。尽量与我保持联络。你是一位作战有勇有谋的指挥官，本人素来以你的功绩为傲。①

麦克阿瑟的答复并不能使夏普安心，也没有澄清形势，但他毕竟将决定权交予夏普，而夏普决定等温莱特的使者抵达后，再作决定。两日后，经过一番艰难跋涉，特雷威克终于来了。夏普读完温莱特的信件，判断情况已别无选择，便立即传令各岛屿指挥官"立即停止与日军交火"，以避免进一步流血，而后电告麦克阿瑟：局势所迫，实不得已。

在华盛顿，马歇尔将军正在阅读麦克阿瑟的电报：

> 顷接夏普少将来报，称温莱特将军于7日和8日之交夜晚的两次广播中宣布自己重新掌握菲律宾全域部队之指挥权，并命令全军投降，甚至就投降细节作出详尽指示。我认为，温莱特疑似陷入暂时性精神失常状态，恐授敌以可乘之机。

然而，若要阻止菲律宾全境投降，恐怕为时已晚。

至于征服者，他们也并没有获胜的情绪。菲律宾战役花费时间太长，本间知道陆军参谋本部对他很是不满。此外，南方军总司令、伯爵寺内寿一大将发现本间宽大对待菲律宾平民，大为光火。本间命令部队勿将菲律宾人视作敌人，要对其习俗、传统及宗教表示尊重。此外，烧杀、掳掠、强奸行为一律禁止。对于此类举措，本间为自己的申辩是谨遵陛下圣谕，要教化东南亚。

---

① 后来，马歇尔希望为温莱特申请荣誉勋章，却遭到麦克阿瑟阻拦，理由是温莱特之表现不配获如此殊荣，对那些贡献更大之人也不够公平。直到战后，温莱特才从杜鲁门总统手中获该勋章。与此类似之事件不止一起，因此那些尚在人世的温莱特亲信，至今仍对麦克阿瑟心存怨恚，但又有人戏称那些亲信为"温莱特推销员"。

本间下令禁止一本描绘美国对菲律宾剥削行径的小册子,此事令寺内最为恼火。本间直陈道,罔顾事实不可取,"美国对菲律宾的统治可谓仁慈,我国必须做得更好,更为开明才是"。

见本间无意变更宽柔政策,寺内便下定决心,要从西贡司令部向东京方面参他一本。此外,第十四军内部有一批人数不多却颇具影响力的军官,受到辻中佐的影响,对本间心怀愤恨,不时盗用本间名义,暗中下达一些与开明政策背道而驰的命令,以此作为对他的报复。

直到温莱特投降的两日后,本间才发觉部下之中存在此类行为。那天,米沙鄢群岛驻军司令川口清健少将闯入本间办公室,其两撇10英寸长的德皇式胡须因愤怒高高翘起。原来,菲律宾首席大法官何塞·阿巴德·桑托斯遭到处决,命令正是来自本间司令部。川口指责此举实属荒唐,并诘问本间理由。早在4月份,巴丹陷落当晚,日军便在内格罗斯岛俘虏了桑托斯父子,将两人押解至设在宿务的川口司令部。鉴于桑托斯愿意同日军合作,川口通过电报向马尼拉方面提议,让此人在劳雷尔的"吉斯林"政府①中谋一个职位。谁知司令部竟传来答复:此人罪大恶极,立即处决。

川口认为,此举乃是对武士道精神与天皇圣意之公然背叛。在川口的办公室里,还有一名姓犬冢的参谋,此人从马尼拉来,坚持要将桑托斯的儿子也一并处决。川口盛怒之下,将犬冢轰出办公室,而后给自己的旧友——第十四军军政官林义秀少将写信,力陈赦免桑托斯父子的理由。两个星期后,马尼拉又有消息传来,命川口将桑托斯父子押解至棉兰老岛,交予达沃驻军司令立即处决。川口勃然大怒,将电报撕得粉碎。

为确保川口执行命令,犬冢再度前来施加压力。无奈之下,川口只得将桑托斯父子召来,坦言自己曾尽最大努力挽救两人性命,但如今只得以第十四军的名义处决老桑托斯。"本人定保令郎性命无虞,还请安心。"川口说道。

---

① 维德孔·吉斯林(1887—1945),"二战"时期纳粹德国在挪威扶植的傀儡。从此,"吉斯林"就成为卖国贼的代名词。——译者注

桑托斯表示，自己从未有过反日行为。"将军待我父子二人甚善，在此深表谢意，也祝贵国繁荣昌盛。"小桑托斯在一旁接连为父亲求情，老桑托斯则劝阻儿子莫要再使将军为难。"待你见到母亲，把我的爱意转达给她。为父不久于人世啦。切记走正道，为菲律宾效力。"老桑托斯被带到附近一座椰子林里，拒绝蒙上双眼，他刚在胸前画出一个十字，随即便倒在行刑队枪声之中。

从川口那里听闻桑托斯已被处决，本间也目瞪口呆。桑托斯对日本持友好态度，本间对此人颇为敬重。川口最初那份要求宽大处理的报告，本间还有印象，当时也已经批准，并交给林义盘关照处理。"事情竟演变至此，本人深表遗憾。"羞愧难当的本间对川口说道。

次日，川口遇到了林，怒斥道："枉我与你同窗一场，想不到竟做出此等下三滥之事。"

受到本间训斥的林只得支吾其词，却也为自己辩解道："处决桑托斯一事，其实是大本营坚持要求的。"

"你所谓的'大本营'，究竟是指谁？"

"是辻。"

对那些死心塌地追随辻，意图采取报复性措施的军官而言，本间的斥责无足轻重。数星期后，菲律宾前众议院议长曼努埃尔·罗哈斯将军于棉兰老岛被俘，当地驻军司令生田寅雄随即收到马尼拉方面命令："秘密、立即"处决罗哈斯。此道命令以本间的名义发出，由林及另外三名参谋盖章。

当初在巴丹，生田曾拒绝在没有书面命令的情况下处决战俘，此次尽管有书面命令，生田发现自己依然下不去手，便将这一烫手山芋交给参谋长神保信彦中佐。神保已谢顶，戴着眼镜，蓄着一撮东条式的小胡子。作为一名天主教徒，在把罗哈斯与另一名高级俘虏——一名省长——押往刑场时，神保也备受煎熬。前往刑场的路足有一个小时，途经一片片大麻地与椰子林。那名省长不断哀求饶命，说自己只是文官，不是军人，且向来配合日军工作，不应与罗哈斯将军一并对待。见那省长声嘶力竭，罗哈斯便拍拍他肩膀，指着路旁那一簇簇雅致的白花说道："但看这茉莉花，岂非美景？"茉莉正是菲律宾的国花。

神保不顾后果决定挽救罗哈斯的性命，认为这是高尚的武士道精神。他将两名俘虏留在一座小镇上，派人看守，自己则返回达沃，决心无论如何也要劝服生田将军不执行处决命令。

神保的想法正合生田心意，经过商议，两人决定以协助恢复治安为由保下罗哈斯，当然，暂时还得先把罗哈斯隐藏起来。然而，纸包不住火，很快，马尼拉方面便派来一名军官，称要将"独断专行"的神保送交军事法庭制裁。

神保飞往马尼拉，希望亲自面见本间，谁知本间恰巧不在，于是他只好去找参谋长和知将军。和知清楚长官曾为桑托斯之事大发雷霆，因此不信本间会下令处决罗哈斯。

神保拿出命令原件。和知无权撤销以本间名义发布的命令，但他另外下达一则命令：处决暂时延期。和知让神保稍等，自己进入林的办公室，见林正与四名参谋开会，便怒吼道："处决罗哈斯将军那道命令，是不是你们几个搞出来的？"林等矢口否认，且称此举违反本间将军的明确指示，倒是和知参谋长，怎会问出如此没头没脑的问题。

"神保中佐，进来！"和知喊道。

见神保拿出处决命令，几名参谋纷纷怒目而视，却又不得不承认自己"未加细虑"便盖上印章。尴尬带来短暂的沉寂，突然，林转向神保，吼道："你小子可把我们害惨啦！"

夜里，和知来到神保下榻的马尼拉酒店，告知神保，本间对他的主动行为十分满意，已下令撤销对罗哈斯的处决，且准备将事情始末连同神保在其中的表现，都上奏天皇。①

罗哈斯逃过一劫。然而，此事的发生进一步表明，本间对下属管束不

---

① 战后，罗哈斯成为菲律宾共和国第一任总统。1946年8月，罗哈斯获悉他的救命恩人仍在华北作为战犯等待审判，便给蒋介石寄去一封私人信件，请求赦免神保。次年，神保获释回到日本，现住东京。作为黎刹（何塞·黎刹医生）骑士团东京协会副会长，神保被授权使用"信彦爵士"之称号。

足,这再度动摇了他那本已岌岌可危的职业生涯。在战场上,本间未能势如破竹,实现东京方面的期望;和平时期,他又不顾寺内告诫,将菲律宾民众视作朋友而非敌人,执意采取宽柔政策,甚至无视参谋劝阻,下令释放俘虏营中全部菲军士兵。

后来,本间被解除了司令官的职务,奉命回日本,且未按军司令官归国之惯例入宫面圣,以半不名誉的方式被迫退伍。①

---

① 战后,本间作为战犯遭到处决,审判者正是其手下败将麦克阿瑟。本间的首席辩护律师小约翰·H. 斯基恩称:"审判极不符合常规,仿佛所有人都提前知晓审判结果,且不存在任何置疑之余地。"辩方其他成员也曾签署一封联名信,为本间申诉鸣冤。美国最高法院副大法官弗兰克·墨菲对判决提出抗议,"美利坚合众国之荣誉及其对未来之展望,如今都摇摇欲坠。"墨菲写道:"审判要进行下去,要么,继续维护宪法之崇高精神及气氛;要么,扒掉一切正义的伪装,堕落至崇尚复仇,以血洗血的黑暗年代……战争会使一个国家在狂热的推动下抛弃人性尊严的中心要旨与正当的法律程序,但那个国家,绝不能因此而被消灭。"

第十三章 转折

1

至四月底,"仙人参谋"黑岛龟人大佐已将山本的初步想法转化为复杂的作战计划。根据计划,战场从阿留申群岛一直延伸到日本以东2300海里的中途岛,近200艘舰船需紧密合作。表面上看,行动目标是攻占中途岛及阿留申群岛西部,毕竟这些岛屿是日本设想的新的外围圈——北起基斯卡岛,中途经过中途岛与威克岛,南至距澳大利亚仅300海里的莫尔斯比港——中的关键立足点。若在此三处岛屿上建起侦察机基地,任何试图突破帝国内部防御的敌方特遣队都将无处藏身。但实际上,对山本而言,攻占中途岛并非第一要务,此举仅是一枚诱饵,目的在于引诱尼米兹舰队残部离开珍珠港,将之一网打尽。日本近来在东南亚地区打下了一片新领地,而美军一直试图驱逐日军。山本的真正目标一旦实现,那就意味着美方的如意算盘化为泡影,至少也是大大推迟。

联合舰队的旗舰此前刚刚完工下水,排水量63000吨,并以日本的古称命名为"大和"号。将要参战的各指挥官都被召集至该舰上,其中包括南云将军的参谋长草鹿龙之介。山本亲自总结近期战况:过去五个月里,南云机动部队摧毁珍珠港,重创达尔文港,在科伦坡附近击沉两艘英国重型巡洋舰,并在锡兰的亭可马里附近击沉航母"竞技神"号等舰只,已方无一损失。然而，草鹿对此颇有疑义，并表示，尽管此前一切顺利，再次展开大规模行动仍属鲁莽之举。自突袭珍珠港后，机动部队已航行50000海里，舰只需要修理，船员也需要休息——有些船员疲惫至极，甚至在幻觉中看到鬼魂。山本无视其异议，下令加紧作战准备。

与此同时，另一项名为"MO"行动的重要计划也开始实施，旨在攻占珊瑚海上的莫尔斯比港。日军此举一旦得手，新几内亚其余地区自然唾手可得，日军也能够对澳大利亚本土形成威胁。所罗门群岛中的瓜达尔卡纳尔岛以北约20海里有一座岛屿叫图拉吉，作为"MO"行动之序幕，日军派出一支部队攻陷该岛，并开始在那里建造水上飞机基地。次日，即5月4日，莫尔斯比港进攻部队驶离拉包尔。拉包尔位于俾斯麦群岛中的新不列颠岛北端，自1月以来便成为日军在南太平洋作战的集结中转区。14艘运输舰由1艘轻型巡洋舰、6艘驱逐舰护航，并由轻型航母"祥凤"号、4艘重型巡洋舰及1艘驱逐舰作掩护。

然而，日方舰队密码已被美军的解码人员破译，对日军绝大部分安排了然于胸的尼米兹海军上将派出2艘航母、6艘重型巡洋舰、2艘轻型巡洋舰与11艘驱逐舰组成第十七特遣舰队，委任弗兰克·杰克·弗莱彻海军少将指挥，下令截击敌军。

特遣舰队驶至澳大利亚东北部的珊瑚海海域时，日军登陆图拉吉的消息传来，弗莱彻立即从旗舰"约克城"号发动99架飞机对图拉吉展开空袭。为应对这一意外威胁，在爪哇海战役中取胜的高木武雄海军中将率"瑞鹤"号、"翔鹤"号2艘重型航母及2艘重型巡洋舰、6艘驱逐舰，驶离布干维尔，向南进发。

两军相遇，高木先发制人。5月7日早晨，一名日军侦察机飞行员发现给油舰"尼奥绍"号与一艘驱逐舰，却由于兴奋过头，误报为一艘航母与一艘巡洋舰。日军随即派出两波高空轰炸机与36架俯冲轰炸机，将驱逐舰击沉，只留下给油舰无助地漂流。而在高木集中火力攻击那两艘小目标时，来自"约克城"号与"列克星敦"号的93架飞机发现轻型航母"祥凤"号，并通过炸弹及鱼雷展开猛烈攻击。约160海里外，航母上的美军战友围绕在无线电旁，紧张地等待结果，却由于静电干扰很难听清楚情况。突然,一个清晰有力的声音从无线电中传来,那是侦察轰炸机中队长罗伯特·迪克森中校:"抓伤一艘平顶船!迪克森回报航母,抓伤一艘平顶船!"①开战至今已过去五个月,美军终于击沉一艘驱逐舰级以上的日军舰艇。

在拉包尔,"MO"行动的总指挥官井上成美中将用无线电通知运输船掉头返航,等待美军舰队离开后再作行动。当日下午能见度下降,狂风大作,无法顺利进行空中观测。直到午夜时分,日美两支舰队都未有接触。

实际上,高木早在下午便从一艘重型巡洋舰上给指挥两艘航母的原忠一少将发出信号:是否能够发动夜袭?原从"瑞鹤"号上发回信号称,他正准备派出27架飞机。飞机在黄昏前起飞,最终一无所获,反倒在返航途中遭到弗莱彻的战斗机群的袭击,9架战斗机被击毁,余者四散而逃,在黑暗中设法返回母舰。一组6架日机好不容易找到一艘航母,飞行员降低高度,准备与其他飞机会合,共同着舰。谁知第一架日机放下降落钩朝甲板飞去时,迎面而来的竟是一阵炮火,将飞机拦腰炸断。那艘航母原来是"约克城"号。

惨败之后,高木决定暂时向北撒退,又在数小时后以26节的速度朝美军航母方向折回。5月8日日出之前,高木派出27架侦察机搜索敌踪。海战史上首次航母大战即将打响。弗莱彻的舰队配有雷达,但其航母协同作战尚不到一周;高木没有雷达,但他的2艘航母作为一个分队共同行动已有六个多月。弗莱彻共有122架飞机,高木仅少1架。双方作战力量相差无几,而高木因为有浓云掩护稍占优势。

尽管如此,率先采取行动者仍是弗莱彻。8时15分,美军一名侦察机飞行员发现日军突击舰队踪迹,便在上空盘旋,清点舰只数目,用无线电回报:

---

① 迪克森此番回报后来成为名言,"平顶船"也作为航母之俗称广为人知。另外,此处击沉的航母是"祥凤"号。——译者注

航母两艘、重型巡洋舰四艘、驱逐舰多艘。航向120度，航速20节。方位约为东北175海里。

弗莱彻下令两艘航母发动空袭。上午11时许，"约克城"号的39架舰载机在重型巡洋舰与驱逐舰的掩护下，对"翔鹤"号发起袭击。"瑞鹤"号位于10海里外，在一阵狂风暴雨中藏住身影。"翔鹤"号虽成功避开鱼雷，却被俯冲轰炸机投下的两枚炸弹直接击中，引发火灾。在另一波攻势中，"列克星敦"号的24架舰载机飞来，发现敌航母。"翔鹤"号又被一枚炸弹命中，幸而控制住火势，得以逃脱，驶上返航之路。

与此同时，日军也发现美舰之所在。70架飞机集中火力对弗莱彻的两艘航母展开轰炸。一枚炸弹穿透"约克城"号的飞行甲板，但舰上官兵巧妙地将火势控制住。"列克星敦"号没有那么幸运，左舷被两颗鱼雷击中，另有数枚小型炸弹落在主甲板前部与烟囱结构上。

在这次空袭中，双方都有损失。正午时分，战斗宣告结束，双方舰船未有直接交火，甚至未曾照面，这在海战史上尚属首次。从战损来看，胜利者似乎是弗莱彻：美军击沉一艘轻型航母、一艘驱逐舰及三艘小型舰只，自己则损失一艘驱逐舰、一艘给油舰。然而，身受重创的"列克星敦"号很快发生两次爆炸，舰身摇晃不止，火势蔓延，不可遏制。5时后不久，航母部队指挥官奥布里·菲奇少将从舰桥俯下身来，朝"列克星敦"号的舰长弗雷德里克·C.谢尔曼上校喊道："好了，特德，让大家弃舰吧。"

众官兵在飞行甲板上摆好鞋子，平静地从两侧翻身下舰，毫无慌乱，好像这就像是一场演习。一组士兵离开甲板，下往舰上的服务商店，用头盔装满冰激凌，回到甲板上一边排队，一边大饱口福。排在最后的是谢尔曼舰长，他顺着救生索下舰时心想：假如自己弃舰逃生后，火又熄灭，自己岂不是会被当作傻瓜？他还是沿绳索往下爬。全舰官兵刚一撤离，"菲尔普斯"号驱逐舰发射的四枚鱼雷便打入航母右舷。舰体震颤不止，蒸汽喷泻如云。

"沉了，沉了，"附近巡洋舰上的一名军官望着这一情景说道，"她没翻，就那么昂首挺胸地沉下去。亲爱的老'列克'，直到最后一刻都不失为一位贵妇人。"

随着"列克星敦"号的沉没,虽然珊瑚海战役的战术胜利归高木所有,但更重要的战略胜利仍属于弗莱彻。井上将军不得不推迟进攻莫尔斯比港的行动,如此一来,弗莱彻的主要任务就算完成。自珍珠港事件以来,日军入侵计划首度遭受挫败。

高木不肯善罢甘休,打算发动夜战,却发现自己的驱逐舰燃料不足,无奈愤愤不平地折返拉包尔。然而,身处遥远的北方本土的山本不肯放过机会,通过拉包尔命令高木,无视燃料问题坚决追击。高木领命,再次掉转航向,却发现为时已晚,弗莱彻早已了无踪影。

战后,双方都宣称自己获胜。《纽约时报》5月9日的报道称:

> 太平洋激烈海战,日军溃败,有17至22艘日舰沉没或受到重创,盟军舰队追击逃窜残敌。

《日本时报与广告报》称敌军惊慌失措,消息来源于布宜诺斯艾利斯的一名记者,他写道:"珊瑚海战役之巨大挫败所带来的影响难以描述。美国军火商中普遍存在狂热状态。"

希特勒闻讯,喜不自胜。"此次大败之后,美国军舰不会再敢与日本舰队对抗。敢于接受日本海军挑战的美国军舰,将面临的唯有失败。"

2

日媒的报道准确地反映出大本营内部的狂喜之情。在大本营看来,"列克星敦"号与"约克城"号均被击沉,意味着美军在太平洋的力量已遭到毁灭性打击。那些曾经认为中途岛行动过于危险,从而持反对意见者,也因此次"大捷"而转变看法。夺取珊瑚海战役胜果的是联合舰队中经验最为不足的第五航空战队,如果是身经百战的第一和第二航空战队出马,美军岂有一丝胜算?数日之后,"瑞鹤"号、"翔鹤"号返回日本。"劣等"的美军飞行员对日舰造成的损失,似乎并不如报道中那般轻微。两艘航母被迫退出中途岛作战行动。"瑞鹤"号需要补充大量飞机与飞行员,"翔鹤"号需要一个月时间来修复。

然而,极度的乐观情绪早已席卷整个联合舰队,没有什么能够将其削减半分。就连不久前持悲观态度的草鹿也开始相信,机动部队有能力"将美国佬打得屁滚尿流"。结果,保密工作松懈了。与当初筹备偷袭珍珠港时不同,透露中途岛行动进入最后阶段的来往电报几乎不加掩饰,参谋人员也在餐厅与茶馆公然讨论行动内容。

5月25日晚,"大和"号停泊在濑户内海的柱岛附近,山本在舰上大设宴会,邀请数百名军官参加,南云与草鹿也在其中。宴间,后厨端上一道全烧鲷鱼,餐勤长近卫兵治郎发现厨师犯下大错:调料使用的不是盐,而是味噌(一种咸豆酱)。在日语中,"把味噌撒在食物上"是一句俗语,意指"把事情弄得一团糟"。① 近江责骂了厨师一顿,自己也被山本的副官严厉呵斥。山本本人对此则毫不在意,只是一杯又一杯地满饮加热的清酒,敬天皇,敬大捷。

翌日,在最后一场军情汇报会议上,草鹿问道:"倘若发现美军舰队,应当先攻击舰队本身,还是先攻占中途岛?"奇怪的是,此前没有任何人提出过这个问题。为迎接战事,特地理发并更换新假牙的宇垣缠将军转向南云,表示此事当由南云定夺,"你在前线,能对局势作出更为准确的判断"。

草鹿认为,此次行动内容错综复杂,涉及单位众多,只有纵览全局的联合舰队才能作出正确判断,因而拒绝承担此一重任。此外,"赤城"号桅杆很矮,也没有拦截敌军信息的设备,而山本的旗舰桅杆很高,相关设备也是最新型。然而,宇垣表示这些都无关紧要,因为计划之成败皆取决于奇袭,原本就不能使用无线电。

"赤城"号舰内弥漫着自信的气氛,许多飞行员把私人物品,甚至是大量啤酒、清酒搬到舰上。然而,当初朝"俄克拉荷马"号投下炸弹的阿部平

---

① 该俗语指的是"ミソをつける",从字面上讲并非"把味噌撒在食物上",而是单纯的"撒味噌"。江户时代,日本人习惯通过撒味噌以治疗烧伤,其时工匠制物多用火,技艺不纯者往往不慎烧伤,久而久之便以"撒味噌"指代"丢脸、失败"。——译者注

次郎大尉却怀着截然不同的心态,并建议源田实中佐取消行动。原来,就在不久之前,阿部收到一名在中国的友人的来信,祝他在"M"袭击行动中一帆风顺。阿部称,中途岛计划似乎已是路人皆知,联合舰队恐成瓮中之鳖。源田则表示,其他部队皆已出动,木已成舟,无法变更。

5月27日清晨6时,由1艘轻型巡洋舰、11艘驱逐舰、2艘战列舰(其中一艘是相传已被科林·凯利击沉的"榛名"号)及4艘航母组成的南云机动部队排为一列,缓缓驶出濑户内海,朝丰后水道而去。联合舰队其余舰艇的官兵则高声欢呼,为之壮行。次日,计划入侵阿留申群岛的舰队也从九州北端的基地出发。按照计划,该舰队将于6月3日,亦即奇袭中途岛的前一日,从2艘轻型航母派出飞机,对荷兰港展开轰炸,以便将尼米兹的注意力吸引至北方。此外,在万里之外的南洋,10余艘运输舰载着5000名士兵,在1艘轻型巡洋舰、1艘给油舰及4艘重型巡洋舰的掩护下,从马里亚纳群岛中的塞班岛出发,朝中途岛前进。

5月29日清晨,联合舰队的其余舰船也依次驶离濑户内海。首先是近藤信竹中将所率领的中途岛进攻部队,接着是山本的旗舰"大和"号及其率领的34艘舰船组成的主力部队,共计11艘战列舰、8艘航母、23艘巡洋舰、65艘驱逐舰及近90艘辅助舰艇,浩浩荡荡,破浪东行,去参与人类有史以来最具野心的海军行动。此次行动所需的石油将超过和平时期海军一年的总消耗量。

与此前一样,日军行动能否成功,取决于保密工作的严谨程度。然而此时,尼米兹对敌人筹备大规模进攻一事了如指掌,这与珊瑚海战役时如出一辙。这一切要归功于尼米兹麾下作战情报部门,该部门由约瑟夫·约翰·罗奇福特少校领导,成员约120人,沉没的"加利福尼亚"号的乐队全员也在其中(音乐家与此类工作总是绝配)。海军船坞有一处无窗的地下室,那里配以拱门、铁栅栏及日夜轮班的警卫。联合舰队所发出的加密情报,九成皆被美军截获,情报人员便不眠不休地在地下室里进行破解。其中与中途岛行动相关的零散情报,从某种意义上说可谓是日本海军送上门的礼物。按原计划,日方预定于5月1日更改主密码,那样罗奇福特及其部下便要重新破译,才能够继续获取情报。然而,由于事务匆忙,日军并未更改密码。此外,日本海军的情报专家也乐观地认为,美军没有能力将之破译。

5月20日,山本发出一道极为冗长的命令。美军截获了它,从而将有关入侵行动之各种零散信息串联起来。尽管有百分之十五的信息丢失了,但该行动规模之巨大已是显而易见。唯一值得怀疑的是攻击目标,日军仅简单地以"AF"称呼它。罗奇福特坚信"AF"指的是中途岛,而华盛顿方面的专家则认定是瓦胡岛。

尼米兹支持罗奇福特的意见,并亲自飞往中途岛,以确定需要增添多少装备、增派多少兵员来阻止一场大规模的海陆协同攻击。调查之后,尼米兹将全部能腾出来的飞机派往中途岛,扩大驻军至2000人,设立三个弧形潜艇巡逻区,并加设额外的防空炮台。为确定"AF"具体所指,尼米兹指示中途岛发出一则假消息,明确抱怨岛上蒸馏设备发生故障。不出所料,日军中计。两日后,美军截获日军发给东京的电报:"AF"淡水储备不足。

攻击目标既已确定,尼米兹便下定决心,要与日军正面交锋。此时,尼米兹只有8艘巡洋舰、17艘驱逐舰与2艘航母,第三艘航母"约克城"号在珊瑚海战役受到重创,尚在驶往珍珠港途中,预计修理需要90日。尽管敌众我寡,日军又占以逸待劳之先机,尼米兹依旧毫不动摇。

尼米兹把麾下两名指挥官叫来,一个是弗莱彻,另一个是雷蒙德·A. 斯普鲁恩斯少将——他在最后关头接替了正遭皮肤病折磨的哈尔西。尼米兹命二人连续发动空袭,"采取强大的消耗性攻势最大限度地对敌军造成伤害"。作战时,要"遵守风险计算原则之约束。该原则可以理解为:在敌人占据优势时,如果暴露自己的力量不能给敌人造成更大的损失,就不要暴露自己的力量"。

南云的4艘航母离开濑户内海次日,斯普鲁恩斯坐上航母"企业"号,其他还有"大黄蜂"号、6艘巡洋舰及11艘驱逐舰组成第十六特遣舰队,驶出珍珠港。两日后,弗莱彻乘"约克城"号,率2艘巡洋舰、6艘驱逐舰跟随着出发了。在1400名工人几乎超越人类极限的努力下,预计耗时三个月的修复工作仅仅两日便告完成。

同一日，位于南云后方600海里处的山本收到三条令人不安的消息。其一：日军无法对珍珠港展开空中侦察，因为侦察机从马绍尔群岛的夸贾林环礁出发，中途须接受潜水艇补给燃料，而在预计补给的位置上，恰巧停留有1艘美军水上飞机的后勤舰。其二：日军原定通过7艘潜艇，在瓦胡岛与中途岛之间构筑警戒线，以拦截美军航母驶往机动部队。出于某些原因，潜艇无法及时就位。① 其三：也是最让山本不安的消息，中途岛附近海域的一艘巡逻潜艇传回报告称，该岛似处于高度戒备状态，空中巡逻密集，建筑起重机随处可见，大概是在扩建防御工事。山本打算把该情报转给最需要它的人——南云，然而作战参谋黑岛大佐却坚持保持无线电静默。

6月1日，浓雾大作，未有雷达辅助的机动部队冒雾前行。次日，雾气越发浓密，南云与草鹿从"赤城"号的舰桥上眺望四周，忧心忡忡。浓雾固然能够保护日舰不被敌人发现，但同时也会增加己方各舰相撞的风险。除此之外，草鹿还在担心那个双重战术任务：一要在6月4日攻击中途岛，为6日的登陆行动做准备；二要找到并摧毁尼米兹舰队。鱼与熊掌如何兼得？袭击尼米兹舰队需要行动自由、严格保密，而一旦轰炸中途岛，机动性与秘密性便都不复存在，正应了那句俗语："逐二兔者，不得一兔。"

当着南云的面，草鹿将该问题抛给各参谋人员。大石保大佐给出的答复最为简明："联合舰队的作战命令指出，消灭敌军乃第一位，配合登陆行动乃第二位。不过，中途岛上的空中力量还是需要按计划予以压制，否则两日后的登陆行动必遭顽强抵抗，整体作战计划也将被打乱。"

南云希望弄清敌军舰队的具体位置，大石则坦率承认，其位置无人知晓。"不过，即便尼米兹舰队察觉到我军行动，决定前来迎战，此时他们离基地必不会太远，距我军当然也不会太近。"由此，大石建议按预定计划，首先对中途岛展开攻势。众人一致表示同意。

---

① 1967年，参与中途岛行动的巡洋舰"筑摩"号的舰长古村启藏少将（参战之时军衔为大佐）透露，当初由于命令中的一个印刷错误，潜艇最终被派往错误的地点。联合舰队对此过错极力隐瞒，但战斗结束后不久，古村便从山本麾下一名参谋处得知事情始末。

当日，日军舰队终于更新密码，珍珠港地下室里的情报人员暂时无法破译最新消息，但尼米兹并不在意，情报已经足够。次日上午，中途岛收到第一份观察报告，表明敌军入侵已迫在眉睫。发回报告者是杰克·里德少尉，此人驾驶"卡特琳娜"水上飞机从中途岛出发巡逻，突然在前方30海里处发现一群军舰的身影，就像"后院游泳池里漂浮着的舰艇模型"。"你看到了吗？"里德问副驾驶员哈德曼。哈德曼接过望远镜。"看到了，千真万确！"

里德迅速向中途岛基地发回报告：发现敌主力舰队。

实际上，里德观察到的只是运输船队。与此同时，运输船队也发现了"卡特琳娜"水上飞机，并将消息立即报告给山本。"赤城"号也截收到消息，但南云不以为意，毕竟被发现的并不是机动部队。然而，"大和"号舰桥上的众人却不像南云那般平静。山本与众参谋都没有料想到，他们还未对中途岛发起第一轮空袭，运输船队就已经暴露。

夜幕降临，日军舰队迅速从西北方向朝中途岛集结，预计黎明时分抵达距离中途岛200海里的行动起点。弗莱彻与斯普鲁恩斯此时则位于岛屿东北偏东300海里外，两支特遣舰队的总指挥官弗莱彻正确地判断出，里德所侦察到的不过是运输舰，但这也足以说明日军航母就在后面不远处。当晚7时50分，弗莱彻下令舰队驶向西南，他坚信明日将是"美国海军史上最为重要的一日"。按照预计，舰队将于日出时分抵达中途岛以北，此处将是对机动部队发动攻击之最佳地点。这是了不起的推断：届时美军航母距离机动部队将仅有100海里左右。

斯普鲁恩斯通过目视信号通知部下称，敌军或有四至五艘航母，规模将超过我军，此战之胜利"对我国至关重要"。不知何故，一则小道消息在美军各艘舰艇上不胫而走：日军密码已被破译，美军正在布下陷阱。在各军官休息室与餐厅里，无不洋溢着振奋的情绪。

3

6月4日凌晨2时45分，"赤城"号喇叭响起，各机组人员翻身下床。

整艘舰上洋溢着欢欣喜悦的气氛，仿佛战斗已经获胜。起初，舰队决定让带队偷袭珍珠港的渊田美津雄中佐率领此次中途岛空袭，谁知出海的第一夜，渊田便罹患阑尾炎，只得躺在病室休养。旁边床位上躺着的是他的身患重度感冒的朋友源田中佐，双眼布满血丝，像是在发烧。不过，源田仍然强撑着病躯，穿着睡衣来到舰桥，为迟到而向南云道歉，并保证自己身体已康复，足以亲自负责作战。南云亲切地搂着源田的肩膀，舰桥上众人无不欢欣鼓舞地看着他们。而在甲板下面，机组人员正在吃早餐——米饭、味噌汤、板栗、清酒，皆是日本人出征之际的传统餐点。

此时，4艘航母位于中途岛西北240海里处，正迎风全速航行。源田下令全体官兵为第一轮袭击做好准备。凌晨4时30分，草鹿下令行动开始，病中耐不住寂寞的渊田突然跌跌撞撞地爬上甲板，想要亲眼见证友永丈市大尉带领其他人去战斗。友永在"飞龙"号服役，此时接替渊田负责指挥中途岛空袭。航空军官挥动着绿灯，第一架"零式"战斗机掠过灯火通明的飞行甲板，冲上漆黑的天空。甲板上爆发出一阵自发的欢呼声，在晨风中飘荡。接着，另外8架"零式"战斗机接连起飞，18架俯冲轰炸机紧随其后。

不到一刻钟，4艘航母的飞行甲板便空空如也，108架飞机升空，而在舰上的众人只能辨认出空中一长串红蓝相间的灯光，在朝着中途岛移动。与此同时，源田还令7架侦察机朝东与东南方向前去搜索美军航母，其中5架顺利起飞，而重型巡洋舰"利根"号上的1架侦察机因弹射器故障，未能按时出发。草鹿认为侦察力度仍属不足，但没有开口说什么。因为这是源田表演的舞台（不管什么事情，南云对源田的建议几乎是全盘接受。部分爱说风凉话之人甚至将机动部队称为"源田舰队"），且敌军航母也不存在出现于该海域之可能。短短48个小时，不足以让美军从珍珠港驶至中途岛。不过，为谨慎起见，草鹿依然安排36架鱼雷轰炸机留在"赤城"号及"加贺"号的飞行甲板上待命。

事实上，美军舰队不只位置比日军所估计的更近，而且即将发现日军航母。凌晨5时25分，霍华德·阿迪上尉驾驶一架"卡特琳娜"水上飞机自中途岛起飞，从机动部队附近的云层中冲出，只见下方舰艇云集。阿迪不无惊叹地望着,"就像看着地球上最壮观的一场戏拉开帷幕"。发现敌航母。阿迪发回无线电报告。他驾驶笨重的"卡特琳娜"水上飞机飞到云层后方,绕了一圈,从舰队尾部来到正上空,观察到有航母两艘、战列舰数艘。

阿迪的报告表明,日军机动部队的位置已暴露,但弗莱彻决定等待更为精确的消息,便使用无线电对斯普鲁恩斯下令:

> 朝西南方向进发,一旦发现敌航母踪迹,立即展开攻击。飞机返航后,我部亦将跟进。

中途岛上,雷达于凌晨5时50分左右监测到第一波来袭日机。空袭警报瞬间拉响,美军飞机匆忙起飞。6架海军的"复仇者"鱼雷轰炸机与4架同样装备鱼雷的陆军的"劫掠者"轰炸机朝北飞向日军航母。25名海军陆战队飞行员则驾驶着老旧的布鲁斯特"水牛式"战斗机与格鲁曼"野猫式"战斗机朝西北方向升空。战斗机很快便遭遇敌军,展开激战,然而那25架飞机无论从数量还是性能上讲,都远非"零式"战斗机的对手。日军击落15架美机,轻松扫除障碍,顺利抵达目的地上空。俯冲轰炸机冒着猛烈的高射炮火急速猛降,将建筑物、油罐及水上飞机机库接连炸毁。此时,在一座发电站高处,曾拍摄杜立特起飞情景的导演约翰·福特正架着摄影机,记录着发生的一切。一枚炸弹落在附近,弹片刺入其肩部。福特爬起身来,重新对焦摄像机,继续捕捉着战场画面。

在这20分钟里,轰炸中途岛的日机可谓肆无忌惮。当最后一架飞机飞走时,中途岛两座岛屿已化为一片浓烟四起的火海。然而,在战场上空待了很久的友永大尉却很清楚,日军并未摧毁美军的作战能力。敌军简易机场依旧有飞机(俯冲轰炸机)不断起飞,朝机动部队飞去。上午7时,友永通过无线电报告:有必要展开第二轮轰炸。

一个多小时以来,南云的旗舰"赤城"号始终处于惊恐不安的状态。该舰已然发现阿迪那架"卡特琳娜"水上飞机,且雾气也逐渐散去,舰队位置暴露无遗,那么受到中途岛方面之空袭也是预料之中。上午7时10

分,前方一艘驱逐舰悬挂起信号旗:"视野范围内发现敌机。"

来自中途岛的4架"劫掠者"轰炸机与6架"复仇者"轰炸机载着鱼雷,朝机动部队直冲而来。为掩护航母,"零式"战斗机急剧俯冲,将3架美机击落。日军驱逐舰、巡洋舰及"雾岛"号战列舰的高射炮火密集发射,又击落2架美机。然而,有3架美机突破防线,拉近与"赤城"号的距离,发射了鱼雷。"赤城"号急速转舵,有惊无险,鱼雷从旁掠过。美军此番空袭,加上友永发来的报告,促使南云下令对中途岛展开第二轮轰炸。对机动部队而言,相较于此后遭遇美军舰队之可能性,眼下中途岛的轰炸机对其更具威胁。

事实上,真正作出决断的并不是南云,而是参谋长草鹿。与珍珠港那时一样,草鹿才是真正意义上的指挥官。每次采取行动之前,草鹿必要请示南云,但南云从未提出否定意见。最新的决定是让"赤城"号及其姊妹舰"加贺"号上的鱼雷机卸下鱼雷,重新装载炸弹。当两舰飞机从飞行甲板下降至机库时,舰上乱作一团。上午7时28分,混乱尚未停歇,"利根"号的一架侦察机便传来消息:中途岛以北240海里处出现"10艘舰船,显然是敌军无误"。"赤城"号舰桥上的气氛顿时凝固起来——美军舰队就在东边200海里外!

这是自珍珠港事件以来,日本首次在战斗中运气不佳。假如"利根"号的弹射器并未出现故障,那架侦察机便能够提前30分钟起飞,赶在飞机改装炸弹之前发现美军舰队,那样,携带鱼雷的飞机此时就可能正朝"企业"号、"大黄蜂"号及"约克城"号飞去了。而现在,当机组人员忙着停止改装炸弹,重新装载鱼雷时,战机早已贻误。

上午7时47分,草鹿命令"利根"号上起飞飞机的侦察员报告敌舰型号,还未等收到回复,远处便出现16架敌机。来者是美国海军陆战队的俯冲轰炸机,在空袭警报响起后数分钟内便离开中途岛,绕过友永飞机之拦截,前来轰炸航母。指挥官洛夫顿·亨德森少校命令发起下滑轰炸[1],

---

[1] 下滑轰炸,轰炸机的攻击方式之一。与俯冲轰炸相比,下滑轰炸对飞行员要求更低,但更容易遭到地面火力攻击。——译者注

因为飞行员缺乏俯冲轰炸的经验。他们朝轻型航母"飞龙"号冲来,草鹿看到舰身周围升起一片烟幕,水柱冲天而起。半数美机遭"零式"战斗机击毁,其余各机临危不乱,依旧保持正确飞行轨迹,投下炸弹,返回中途岛。不过,此番轰炸并未对"飞龙"号造成损伤。

上午8时9分,日军终于收到一条好消息:"利根"号的侦察机传来报告称,敌舰队仅有"巡洋舰5艘、驱逐舰5艘"。不过,南云等人并没有时间庆贺,15架"空中堡垒"正从20000英尺的高空朝机动部队投下炸弹。这些"空中堡垒"早在日出之前就从中途岛出发,目的本是轰炸运输船队,却意外发现航母。B-17的机组人员看到炸弹落在急速转弯的航母中间,便发回无线电报告称他们已投中四弹,实际上那纯属误报,一颗炸弹也没有命中。

鱼雷轰炸、下滑轰炸、俯冲轰炸、高空轰炸,美军多种多样的攻击方式使草鹿印象深刻,他甚至觉得美国人就像传说中三头六臂的恶魔大黑天。然而,10分钟后,草鹿便得悉另一则更加危险的消息。"利根"号的侦察机发回无线电报告:

敌舰队后方疑有航母。

草鹿认为报告内容属实,其他参谋则持怀疑态度。如果敌军真有航母,为什么不早早发动攻击?中途岛连续派出的三波轰炸机,都未能对舰队造成损伤,这证明敌军不足为惧。

上午8点30分,正当友永率领的第一批飞机从中途岛归来之时,"利根"号侦察机又发回一份报告:发现敌舰两艘,疑为巡洋舰。显然,美军舰队的规模很庞大,其中至少有一艘航母。草鹿希望发起攻击,却又有些犹豫:轰炸机出动,必要有战斗机护航,然而战斗机此时正在航母上空盘旋,以防备来敌,而且燃料即将耗尽。此外,友永的飞机自中途岛轰炸任务中归来,他们若不能成功降落,海军将损失数十名顶尖飞行员,也会为此后的作战行动带来隐患。

草鹿转向南云,建议推迟对美军航母之攻击行动,而后向源田征求意见。源田焦急地望着友永的机群在航母上空盘旋着,许多飞机只剩余最后几加仑燃料。与众多飞行员私交甚笃的源田建议道:"属下认为,我们所有的飞机首先得降落,补充燃料。"

"赤城"号和"加贺"号上的飞机再度从甲板降至机库,为战斗机及从中途岛归来的筋疲力尽的攻击者让出跑道。最后一架飞机降落时,时间已是上午9时18分。机动部队将航速提至30节,航向从东南陡然转为北-东北,朝美军舰队所在之大致方向驶去。

日军4艘航母上的全体人员都狂热地投身于工作,为36架俯冲轰炸机、54架鱼雷轰炸机及为他们护航的战斗机进行整备。日本海军多年来梦寐以求的太平洋决战,即将正式打响。

4

弗莱彻的命令是让第十六特遣舰队一旦确定敌方航母的位置,便即刻发动攻击。斯普鲁恩斯原本打算让"企业"号和"大黄蜂"号继续行进至距离目标100海里时再行攻击。然而,当中途岛遭受空袭之消息传来时,参谋长迈尔斯·布朗宁上校敦促斯普鲁恩斯提早攻击,或许可以趁日军补给燃料之际,打他们一个猝不及防。

斯普鲁恩斯勤奋好学、聪颖过人,且行事稳重,只在确信值得冒险时才会勇往直前。在性格方面,此人与其前任指挥官截然相反:哈尔西热情奔放,性烈如火,斯普鲁恩斯则为人低调,不愿在媒体上抛头露面。(在安纳波利斯海军学院的毕业纪念册上,斯普鲁恩斯得到的评价是"羞涩的小伙子,头脑清醒,待人真诚,秉性纯良,若非职责所需,绝不会伤害他人或破坏他物"。)即便在"企业"号的官兵看来,这位生性喜静、独来独往的长官身上也充满谜团:有时他会没完没了地在甲板上来回踱步锻炼身体,有时会躲在舱室内一连数小时埋头研究海图。

拉长作战距离意味着额外的风险,若在平时,斯普鲁恩斯不会采纳此建议。然而,此次行动极有可能打日本人一个措手不及,有冒险一试的价值。于是,斯普鲁恩斯作出两项重要决定:一是采纳布朗宁的建议;二是下令除巡逻机外，全部作战飞机皆参与此次袭击。上午7时2分，67架俯冲轰炸机、20架战斗机和29架鱼雷轰炸机从航母升空，所携带的燃料勉强能够支持返航。机不可失，过度谨慎有害无益。

弗莱彻位于斯普鲁恩斯后方约15海里处，一个半小时过去了，他并未派出任何一架飞机。当17架俯冲轰炸机、6架战斗机及12架鱼雷轰炸机从"约克城"号的甲板上升空时，已是上午9时6分。

十二分钟后，南云突然将航向改为北-东北。此举意在躲避美军来自中途岛的第二轮攻击，却也无意中避开了以他为目标的151架美军舰载机。

南云转向的几分钟后，"大黄蜂"号的俯冲轰炸机和战斗机抵达原定截击日本航母的位置，却扑了个空。领队斯坦诺普·林中校往右手边看去，只见云层重重（南云舰队就在云层下方的海面），便掉头转向东南，朝中途岛飞去，与机动部队错开。

但分别来自三艘航母的三队鱼雷轰炸机却直奔目标而去。最早抵达机动部队上空的是来自"大黄蜂"号的15架道格拉斯公司制造的"毁灭者"鱼雷轰炸机，它们没有战斗机护航。领队约翰·沃尔德伦少校凭直觉判断日军会转向东行，因此并未跟随林中校前往中途岛。此人有部分印第安苏族人血统，满脸沟壑，方下巴。前一日夜里，在给妻子的家书中，沃尔德伦写道："假如我没回来，希望你和女儿们能够了解，我们中队作战是为实现海战的最高目标——击沉敌舰。"而在另一封写给部下的信件末尾，他写道："就算只剩下最后一架飞机，也要勇敢冲刺，坚决攻击。"

沃尔德伦倾斜飞机，向东持续飞行数分钟，突然发现日军4艘航母出现在8海里外的海面上，正呈箱形阵形行进。25至30架"零式"战斗机从高空朝"毁灭者"鱼雷轰炸机俯冲，机关炮猛烈开火。沃尔德伦不加理会，只是摆动双翼，朝一艘航母全速冲去，各队员紧随其后。一架飞机中弹，像被猎枪射中的小鸟一般，翻滚着坠落。

"掉下去的是'零式'吗？"后座的沃尔德伦高声问道。机枪声太过嘈杂，机枪手兼无线电员霍勒斯·多布斯未能听到。事实上，刚刚坠落的是一架"毁灭者"。很快，又有一架美机坠落。沃尔德伦只管朝航母冲刺，当攻击者逼近航母时，只见一片看似无害的黑色烟幕升起，如同一面墙，明亮的曳光弹一串串飞来。随着又一架"毁灭者"坠落，沃尔德伦的飞机左油箱也中弹起火。绰号"得州佬"的乔治·盖伊少尉位于编队尾部，此时他看到燃烧的飞机掠过海面，沃尔德伦站起来试图跳机逃生，不料一道海浪打在起落架上，沃尔德伦与多布斯就此殒命。

"毁灭者"鱼雷轰炸机一架又一架地坠入海中，只剩下盖伊与另外两架友机。又是两声爆炸，整个中队只剩下盖伊一个人了。此时，盖伊回想起沃尔德伦关于"最后一架飞机"的指示："勇敢冲刺，坚决攻击。"

"我中弹了！"飞机上的无线电员鲍勃·亨廷顿喊道。盖伊转过头来，发现亨廷顿已耷拉着脑袋。紧接着，一枚子弹射入盖伊右臂。日军航母就在他眼前向右转，盖伊也将飞机向右摆动，射出前端涂白的鱼雷，然后翻身而起，从航母舰首上方10英尺处掠过。正当他准备爬升时，飞机却被"零式"战斗机打得千疮百孔，无力地坠入海中。盖伊伸手去拉舱盖，但舱盖却卡住了。他又用力拉了拉，没有用。海水正迅速涌入，盖伊情急之下猛地用力，终于将舱盖打开，挣扎着爬出机舱。浮出水面后，盖伊感觉听到一声爆炸，想必是自己的那枚"捣蛋鬼"命中敌舰了！实际上，沃尔德伦中队发射的所有鱼雷皆未命中，盖伊那枚更是偏差甚远。

数分钟后，来自"企业"号与"约克城"号的鱼雷轰炸机也发现了南云。"企业"号的14架道格拉斯"毁灭者"同样在没有战斗机掩护的情况下朝航母发起攻击。10架遭到击毁，剩余4架勉强射出鱼雷。接着，"约克城"号的12架鱼雷轰炸机在战斗机护航下来到战场，6架战斗机遭前来迎击的日机击坠，但鱼雷轰炸机成功射出5枚鱼雷。

一架美军飞机朝"赤城"号的舰桥直冲而来，飞机在草鹿头顶数英尺处呼啸而过，最后一头扎入海中。草鹿慌忙弯腰躲闪，同时也很是震惊，美军士兵与日本武士同样坚定与果敢，他在心中为那名美军士兵默祷。

此轮空袭之中，美军共发射9枚鱼雷，无一命中。如此一来，剩余的空袭力量只剩下俯冲轰炸机，而他们似乎根本找不到日军舰队。"大黄蜂"号的俯冲轰炸机已飞往中途岛，而"约克城"号的17架飞机在马克斯韦尔·莱斯利少校指挥下，来到目标的东南方，偏离数海里。

"企业"号的37架俯冲轰炸机由克拉伦斯·W.麦克拉斯基少校率领,比莱斯利早出发一个多小时。当机动部队掉转航向时,麦克拉斯基与其他人一样错过目标,继续向中途岛飞去,但什么都没发现,又转而北上。

上午9时55分,麦克拉斯基发现一艘转东北方向行驶的日军驱逐舰在海面留下的白色航迹,他觉得该舰可能要与机动部队会合,便跟了上去。突然,无线电里传来布朗宁上校兴奋的声音:"快打!快打!"

"收到,"麦克拉斯基答道,"一旦发现那些杂种,我就立即攻击。"然而,在继续飞行了二十分钟后,麦克拉斯基依然没有发现敌舰。燃料即将见底,他决定最多再搜索一分钟。这时是上午10时20分。

最终,日军装好鱼雷的全部轰炸机重新升上飞行甲板,护航战斗机也补油完毕。四艘航母转向迎风,各飞机做好起飞准备。如果一切顺利,飞机将会在十五分钟内全部升空。

此时,麦克拉斯基少校的37架道格拉斯公司制造的"无畏式"俯冲轰炸机从西南方向出现。除自己的中队外,麦克拉斯基还指挥着威尔默·厄尔·加拉赫上尉与理查德·H.贝斯特上尉的两支中队。见两艘航母正掉头转到迎风方向,准备出动飞机,麦克拉斯基命令贝斯特对体形较小的"赤城"号发起攻击。

"厄尔,你跟我往下冲。"麦克拉斯基命令加拉赫与自己一道,率队朝"加贺"号冲去。

加拉赫瞄准飞行甲板上一个直径约50英尺的血红旭日标志。珍珠港事件当日,被炸得支离破碎的"亚利桑那"号在海面上闷燃的一幕,让加拉赫下定决心,他一定要收拾一艘日军航母。加拉赫来到约1800英尺的高度,投下炸弹,而后拉起飞机以极陡的角度攀升,然后在空中任意飞行。虽然加拉赫自己也不忘教导飞行员,观看命中情况乃是大忌,但他此时目不转睛地盯着他投下的炸弹。炸弹渐渐逼近目标,片刻之后,在飞行甲板后部炸开。瞬间,一个激动的念头回响在加拉赫脑海中:"'亚利桑那'号,我没忘记你!"

"加贺"号的船员惊愕地抬起头来,望着"无畏式"轰炸机从阳光中钻了出来。起初,炸弹贴着舰身两侧落入海中,好像"加贺"号受到魔法庇佑,炸弹无法命中。然而,紧接着,四枚炸弹便接二连三地击中飞行甲板的后部、前部及中部。"加贺"号瞬间燃起大火。

在旗舰上的草鹿只顾望着"加贺"号走上末路,震惊之下,甚至没能注意到自己也是俯冲轰炸机的靶子。突然,一阵怪异的呼啸声响起,草鹿抬头一看,只见三枚炸弹一枚接一枚,朝着他笔直落下,像是串在一根电线上。三枚炸弹在跑道上准备升空的飞机中炸开,发出一阵巨响,舰身猛烈颤抖,如同地震一般。舰体中部的升降机被炸得扭曲成一团,飞机七仰八翻,燃起大火。装载的炸弹及鱼雷接连炸裂,灭火员东奔西跑,手忙脚乱。大火蔓延至甲板上随意堆放着的燃料与弹药,再度引发爆炸。大块甲板碎片飞入空中,舰桥猛烈摇晃,像是暴风雨中的一座树顶巢屋。

火焰舔舐着舰桥的玻璃窗。"赤城"号也在劫难逃。一片嘈杂声中,草鹿朝南云喊道:"长官,我们必须转移至另一艘舰上去了!"草鹿指出"赤城"号已无法行驶,通信系统也已失灵。

南云执意不肯离舰,只是一遍又一遍地重复:"还好,都还好。"

数千加仑的燃料燃着烈火流向下层甲板,将储存在机库中的鱼雷引爆。火光如同巨大的喷灯,从舰身两侧喷薄而出。见南云坚决拒绝离开罗盘处,舰长青木泰二郎大佐喊道,"赤城"号将由他自己一人负责,"长官与众参谋留在此处,亦于战局无补,还请速速转移!"

见南云充耳不闻,草鹿便斥责他说,长官并非一舰之长,而是整支机动部队之司令官。南云最终点了点头,却似乎为时已晚——舰桥已被烈火包围。"打碎窗户!"草鹿对年轻的副官喊道。副官打碎玻璃,朝窗外放下两根绳索,一直到离舰桥 45 英尺的甲板上。草鹿先将南云推出去,自己紧随其后。南云身材矮小,行动敏捷,顺利沿绳索滑行而下,而草鹿体格壮硕,难以控制下滑的速度,双手被绳子磨得火辣辣的,最终摔落在地,一时间晕眩过去。清醒过来,草鹿发现自己左脚鞋子丢了,双手磨破了,两个脚踝严重扭伤,但并不感到疼痛。被高温点燃的机枪子弹在舰桥上飞来飞去。草鹿在火焰之中蹒跚着寻找生路,突然听到远处参谋人员催促的喊声,便穿过滚烫的甲板,循着声音而去。

麦克拉斯基发现机动部队后不久,"约克城"号的17架俯冲轰炸机的领队莱斯利也看见海平面上升起黑烟,便朝西北方向飞去,透过云层,他发现"飞龙"号与"苍龙"号。莱斯利拍拍脑袋朝部下示意,接着便朝"苍龙"号急速俯冲而去。

不到30分钟,"苍龙"号便化为火海。上午10时45分,舰长柳本柳作大佐下令全员弃舰,他自己却拒绝离开。曾在海军相扑比赛中勇拔头筹的阿倍兵曹长爬上舰桥,请求柳本离舰:"属下受全舰官兵所托,前来把您带到安全的地方去。"柳本只是扭过头去,手握军刀,从容不迫地唱起国歌《君之代》。

短短数分钟内,54架美军飞机就使3艘日军航母受了致命伤,机动部队的航母只剩下"飞龙"号。最后一线希望落在山口多闻少将身上。山口早年曾在普林斯顿大学读书,此前不久还曾与南云切磋过相扑。上午10时40分,6架战斗机与18架俯冲轰炸机从"飞龙"号起飞,前去搜索敌军航母,若不是莱斯利的轰炸机无意中成了他们的向导,他们本来无法找到弗莱彻的旗舰——"约克城"号。美军战斗机升空迎敌,但还是有6架日本飞机穿过阻截,投下炸弹,其中3枚洞穿了"约克城"号。该舰仍留有珊瑚海战役残存的伤痕,此时两个锅炉被毁,舰身起火,于12时30分便动弹不得。然而,不出一个小时,舰艇损管队便将火势控制住,航母重新航行。此时,来自"飞龙"号的第二波攻击飞机距"约克城"号只有40海里。10架中岛制鱼雷轰炸机在6架战斗机护航下来到"约克城"号上空,战斗机负责与前来拦截的美机缠斗,鱼雷轰炸机则趁机钻进战斗机组织起的防线下方,顶着猛烈的防空火力,朝航母射出2枚鱼雷。"约克城"号严重受损,至下午3时,舰身倾斜得很厉害,舰长埃利奥特·巴克马斯特下令弃舰。

如此一来,美军便只剩下两艘航母,都由斯普鲁恩斯指挥。下午3时30分,斯普鲁恩斯命令俯冲轰炸机展开第二轮轰炸。麦克拉斯基在先前的战斗中负伤,轰炸行动由加拉赫带队,24架俯冲轰炸机在没有战斗机掩护的情况下朝"飞龙"号驶去。此时,弗莱彻已转移至重型巡洋舰"阿斯托里亚"号,斯普鲁恩斯用无线电请求进一步指示。弗莱彻只是回答"并无指示"。自此，战斗便由斯普鲁恩斯掌控。

5

上午 10 时 30 分，"赤城"号着火的消息传至战场以西 400 海里外的"大和"号上，山本表现得似乎并不那么担忧。20 分钟后，无线电室送来南云的完整报告：

> 因遭受敌军舰载飞机及陆基飞机攻击，"加贺"号、"苍龙"号、"赤城"号燃起大火。计划以"飞龙"号迎战敌军航母，现暂时北撤以重整兵力。

山本依然显得很镇定，若无其事地与参谋渡边下起将棋。续报传来，他也只是不置可否地说道："哦。"直到收到第一封电报的九十分钟后，山本终于下令运输舰队后撤。前一日对荷兰港发起佯攻的两艘轻型航母继续前行，开往中途岛，协助南云。自己率强大的主力部队全速东进；原本负责护卫运输舰的近藤中将亦率领着一支强大的舰队，航母"瑞凤"号也在其中，此时从南部掉头北上。三支令人生畏的舰队从不同方向朝中途岛聚拢，决战仍未结束。

对"约克城"号展开第二轮轰炸的"飞龙"号的飞机归来，据幸存飞行员报告，他们已重创两艘美军航母。山口下令发起第三轮轰炸，不料未等第一架飞机被送到起飞位置，瞭望员便喊道："敌军的俯冲轰炸机！"在西南方，一长串的飞机如长蛇一般从夕阳映照的天际冲出。"飞龙"号的官兵心惊胆战地抬头望着这一幕可怕的情景，只见加拉赫的 24 架俯冲轰炸机猛扑过来，四枚炸弹接连命中舰桥附近，火势迅速在飞机之间蔓延开来，甲板很快化为一片火海。

"瞧，小杂种烧起来啦。"加拉赫对着无线电低声说道。

南云与草鹿登上了新的旗舰——轻型巡洋舰"长良"号。尽管四艘航母都燃起大火,无力继续作战,草鹿仍打算继续攻击。脚踝受伤,站立不稳的草鹿让一名水兵把自己背上舰桥,力谏南云利用驱逐舰、巡洋舰及战列舰发动夜战。

"接下来就看我的了。"海面作战正是南云的强项。曾经强大的机动部队,此时以其残部展开对美军的追击。

斯普鲁恩斯猜到了日军的意图,他虽生性谨慎,现在却也怀有接受挑战的冲动。然而,根据尼米兹的"风险计算"指示来判断,如若迎敌,风险过大。日军将领正希望展开海面决战,其船员也素以夜战为能事。于是,斯普鲁恩斯决定避其锋芒,下令舰队朝东返航。

中途岛的西北海域成了一片燃烧的坟场。幸存者在附近的驱逐舰上痛苦地望着笨重的"苍龙"号倾倒下去,最终于晚上7时13分彻底消失在他们视野之中。海水吞没火焰,发出刺耳的嗞嗞声。舰长柳本大佐将自己捆在舰桥上,与被困的或已死亡的共718名日本军人一道随"苍龙"号沉入海底。水下传来一记沉闷的爆炸声,周围舰艇感到震动。而在南面40海里处,已化为一堆火团的"加贺"号也在两声爆炸之中,与800名船员一同葬身大海。

南云在漆黑的海面上搜寻了数小时,未能发现美军踪迹,最终只得放弃夜战。他召集参谋,下令舰队撤往西北。曾为珍珠港袭击出谋划策的大石大佐此时已陷入歇斯底里,跑到医务室找到草鹿,激动地道:"仗是我们提出要打的,现在一败涂地,就该由我们负责。我们应该集体切腹!"他同时补充道,全体参谋都赞同该意见,希望草鹿转告南云。

"一群蠢货!"草鹿喝道,"把赞同意见的那些蠢材都给我叫到参谋室来。"他穿着白色病号服,命人将自己抬下走廊,将众参谋一顿臭骂。"没出息的货色。打赢一仗,就雀跃欢呼;局势不利,就扬言切腹!你们的行为就像一群撒泼的娘们儿。"草鹿告诫众人,战争来日方长,今后严禁"此类闹剧"。

草鹿命人将自己抬到南云舱室,他问身材矮小的司令官:"长官,莫非您也在考虑自尽?"接着便晓之以大义,称南云仍须为天皇尽忠,为国家尽责。南云承认自己能够理解草鹿的看法,但他不确定作为"一个舰队之司令官",这些是否行得通。草鹿闻言,越发激动,南云渐渐软了下来,保证自己不会意气用事,并用自己的口头禅说道:"别担心。"

在"大和"号上,山本麾下众参谋绞尽脑汁,希望找出办法重创敌军,以弥补四艘航母之损失。鉴于斯普鲁恩斯全然不上钩,有人甚至提出不切实际的极端方案,比如黑岛大佐建议,派出全部战列舰,炮击中途岛。

宇垣参谋长对此嗤之以鼻,只用"愚蠢"二字评价这种方案。不等战列舰抵达炮击位置,便会被敌机及潜艇击沉。况且,在阿留申群岛的部队南下与他们汇合之前,不应再次发动空袭。"即便各位提出的意见均不可行,即便我等必须吞下此次战败之苦果,那也并不意味着战争已无希望。联合舰队还有八艘航母,不必如此心灰意冷。战场如棋局,愚者才会自暴自弃,将自己逼入绝境。"

"此次失败,我们该如何向陛下谢罪?"一名参谋问道。

始终缄口不言的山本突然说道:"真正有必要向陛下谢罪的,只有我山本一人。"他指示渡边草拟命令,让近藤及南云撤退。渡边此时百感交集,哽咽难言,只得坐下来硬着头皮将命令拟出,措辞上尽量避免使用"撤退"二字。

机动部队的残部开始返航,而"飞龙"号、"赤城"号二舰上的火势已失控,正在疯狂肆虐。"赤城"号的舰长请求把该舰凿沉,山本麾下大多数参谋连呼不可。宇垣斥责众人是"老妪之见",黑岛则指出,"赤城"号若落入美军之手,会被"拖到旧金山展览"。山本泪水盈眶,但仍平静地下令:"让驱逐舰向'赤城'号发射鱼雷。"多年之前,山本曾在"赤城"号上担任舰长。

生性务实的宇垣走了出去,他在日记中写道:"绝不能把感情与理智混为一谈。"宇垣更为关心的是:在中途岛一线中,美军究竟为何能够提前获得警告。一种可能,是美军潜艇侦察到行进途中的南云舰队;另一种可能,是阿留申群岛的舰队被苏联军舰发现。倘若两者都不是,那么便是舰队密码已遭到破译。

"飞龙"号的舰长加来止男大佐无须电告联合舰队请求允许自沉。曾在"飞龙"号上指挥这两艘轻型航母的山口将军负责了这件事,他命驱逐舰"风云"号将燃烧着的"飞龙"号击沉。6月5日凌晨2时30分,山口将船员召集至甲板,对800名幸存的水兵表示,"飞龙""苍龙"两舰沉没,由他一人负责。"本人将与舰共存亡。诸君立即弃舰,今后继续为天皇陛下效忠。"全员面朝皇居方向,由山口打头,齐呼三声"天皇陛下万岁"。

山口将绝命书交给他的高级参谋伊藤清六中佐,收信人则是他在相扑场上的劲敌——南云。信中内容也极符合山口本人之性格,他疾呼"愿帝国海军更为精强,以期复仇雪辱"。众参谋以水代酒,满饮一杯,各自无言。山口将自己的黑色海军帽交给伊藤,请他转交给山口夫人。而后他转过身,对与其共生死的加来舰长说道:"入水之际,共赏明月当空,如何?"

近藤的舰队也未能安然撤离。"最上"号、"三隈"号两艘巡洋舰由于夜间相撞,远远落在撤退的众舰后边,最终于6月6日清晨被斯普鲁恩斯的机群追上。"三隈"号沉没,"最上"号虽身中六弹,却艰难逃脱。

同在6月6日,"伊-168"潜艇艇长田边弥八少佐从司令塔观测到残破不堪的"约克城"号,便悄悄潜到护卫驱逐舰下方,朝"约克城"号发射两枚鱼雷,朝驱逐舰"哈曼"号发射一枚鱼雷。"哈曼"号仅四分钟便沉入海中,经历过海战史上头两场航母大战的"约克城"号却挣扎很久,直到次日拂晓时分才带着迎风飘扬的战旗沉没。这是中途岛战役中日军唯一一次真正的胜利,只是来得太晚,已无关大局。

对损失四艘航母与海军航空队人才的日本而言,击沉"约克城"号与"哈曼"号算是一点小小的补偿。有史以来最大规模的海战之一——中途岛海战至此终于宣告结束,其结果是,美军牢牢地控制住太平洋海域。战役之结局受到多重因素之影响:比如日军过度自信,密码被一些人在地下室破译,沃尔德伦、麦克拉斯基及加拉赫等战士的勇敢决定。当然还有运气,运气在每一场战事中都或多或少发挥作用。中途岛一役,日军时运不济。"利根"号的侦察机晚起飞半小时,便导致灾难性的后果。在战争中,有时需要谨小慎微,有时又需要勇猛果敢。山本本人对此战之构想太过草率,其麾下诸将实际作战时却又束手束脚。另一方面,斯普鲁恩斯在该勇猛时不畏缩——及早发动攻击，派出全部能够动用的飞机；该谨慎时不鲁莽——拒绝接受南云发起夜战的挑战。当然，斯普鲁恩斯能够得到那些机会，也要多亏千里之外的另一名将领慧眼独具。早在战斗打响之前，尼米兹就已运筹帷幄，料敌机先。

"海军坏大事了。"在一场招待德、意两国大使馆人员的宴会上，参谋次长田边盛武中将悄声告诉东条。

"中途岛？"素来寡言的东条问道。

"正是。海军在中途岛损失四艘航母。"

东条忍不住评论道，谁叫海军不听陆军劝告，非要打那一仗。接着他又说："切不可走漏风声。要绝对保密。"

次日，东条入宫面圣，却对中途岛之役只字未提。① 后来，在一次大本营的限制性会议上，东条建议公布阿留申作战计划，以转移众人对海军惨败的注意力。于是，原本开往中途岛支援南云的舰队奉命折返北上，并于6月7日兵不血刃地拿下阿图、基斯卡两座岛屿。两岛面积虽小，却颇具战略意义。

在美国，中途岛之战已家喻户晓，民众把这一战视作太平洋战争的转折点来庆祝。6月6日，尼米兹在公报中宣称（虽然就公报中这些经过推敲的说法，有人批评他言之尚早）：

> 珍珠港这笔血债，我们已部分讨回。当然，只有彻底击垮日军海上作战力量，复仇才算真正结束。不过，在这方向，我们已取得实质性进展。即便我在此宣布，复仇之路已走到"中途"，那也并不为过。

---

① 通常来讲，天皇并非不清楚其武装部队之作战状况。事实上，他的侍从武官有一条24小时的"热线"直通大本营。即使大本营在深夜收到重要的消息，也能够迅速通报给宫中。可以肯定地讲，日军战况之于天皇，就如美军战况之于罗斯福、英军战况之于丘吉尔一样清晰准确，希特勒对德军战况的了解便远不如上述三人。中途岛失利一事之所以暂时未报告天皇，或许是由于大本营过度震惊，希望先确认战情细节，再上达天听。

美军之所以能够取得胜利,其核心就在于破译了日本舰队的密码。然而,6月7日,《芝加哥论坛报》险些将此事透露出去。报道称,早在作战行动开始前好几天,日军投入中途岛的军事力量便已被美国海军人士摸得一清二楚。在了解到"大批日军军舰先是离开基地,而后迅速集结起来"后,海军猜测"其目标可能是荷兰港与中途岛"。

这篇报道由战地记者斯坦利·约翰斯顿从太平洋发回,只是没有署名而已。报道接着详细描述日军构成的情况,甚至准确点出日军机动部队四艘航母及支援中途岛登陆部队的四艘轻型巡洋舰之名称。美国海军方面担心报道如此精确,会让日方意识到密码已被破译。

事实上,海军的担心纯属多余。日本海军确信自己的密码不可能遭到破译,而是将中途岛大败的原因归结为过度自信。草鹿认为责任主要在自己,他本应该让源田派出更多的侦察机。6月9日那天,他身着冬服,裹着竹席,叫人把他放入一艘小艇,驶至"大和"号旁边,又让人把他像一件包裹一样提起来,放在甲板上。草鹿亲自向山本及众参谋报告战况,并要求海军(它有时会发表假战报)向国民公布真相,毕竟这是一场举国上下的战争。

其余众人退下后,草鹿单独对山本说,"机动部队"应负全责。"假如长官需要某人站出来切腹谢罪,卑职愿担此任。"同时又说,自己也真心希望继续出任南云的参谋长,指挥一支新航母舰队,为中途岛之役复仇。"望长官加以考虑。"

"我有数。"声音嘶哑的山本没有怪罪草鹿,他感到胃痛难当,便上床休息。主治医师的诊断结果是"蛔虫病"。参勤长近江则确信,6月4日的惨剧才是主要病因。

在日本,东条关于隐瞒失败的"保密"指示得到忠实贯彻,军方甚至将被击毁舰船上的幸存者隔离起来。上自高级官员,下至普通百姓,无人知晓中途岛海战之真相。6月10日,大本营宣布"经此一役,太平洋海域控制权终落入我军之手"。为庆祝大捷,东京市民欢欣鼓舞,举着彩旗,提灯游行。

有一个日本人认为没有什么理由庆祝,他便是酒卷和男海军少尉——操控小型潜艇偷袭珍珠港的唯一生还者,很长一段时间内他也是唯一的日军战俘。酒卷此时被关押在田纳西州的一座战俘营里,他相信自己从美国报纸上读到了关于中途岛的报道。此前,酒卷在被转移至田纳西州的漫长旅途中目睹了无数工厂与无边无际的田野。酒卷终于明白:渺小的日本还没有意识到美国的全部实力。中途岛战役只不过是日本征服之梦破灭的开端。

第四部
死亡之岛

第十四章 "小本经营"行动

第十五章 绿色地狱

第十六章 "卑职罪该万死"

第十七章 终局

第十四章 "小本经营"行动

1

三十七岁的西野源身材瘦小,约五英尺高,给人一种纤弱又敏感的印象。这些都是事实,不过,作为《每日新闻》记者,西野已在中国度过数个月的艰苦日子,对错综复杂的战情进行了报道。珍珠港事件发生后几个月,西野接受指派,转而前往南方战场。临行前,最让他担心的不是自己的性命,而是他携带的价值2.5万美元的报道经费。他所在的"地方新闻"编辑部一个同事祝西野一路顺风,并给他一个能带来好运的护身符,说道:"可别丢了小命。"

西野率领一个由8名新闻记者组成的团队,前往棉兰老岛南部的主要港口达沃。直到众人抵达达沃的一星期后,亦即6月7日,西野才得知记者团的任务乃是随第十七军前往新喀里多尼亚。(这是试图孤立澳大利亚的作战计划之一部分。)然而,西野一行最终也未能抵达目的地:三日后,官方宣布中途岛大捷,整个日本帝国陷入狂热。众军官在酒店举办即兴庆祝会,西野等人受邀参加。席间恰好发生一场剧烈的地震,却并不能浇灭众人的热情,甚至有一名年轻军官开玩笑称,震中是在旧金山,整个美国都崩溃了。

读过关于中途岛战役的新闻报道后,西野心中生出一团拭之不去的疑云:所有报道无不含糊其词。离开庆祝晚会,西野上楼回到房间,打开短波收音机,慢慢调频,直到里面传出施特劳斯的圆舞曲。接着,一个女播音员报出旧金山广播电台的名号,并宣布美军在一场海战之中取得大捷。乍听之下,报道与美方媒体日常宣传无异,而令西野没想到的是,女播音员满怀信心地列举出参加中途岛战役的日军各部队番号,并点明了那四艘遭到击沉的航母的名字。

如此一来,西野不得不相信山本惨败的事实。觥筹交错的欢笑之声从楼下传来,西野想到那些幼稚天真的年轻军官竟在为一场虚假的胜利庆贺,不由得涌起一股怜悯之情。他想把电台里的消息告诉众人,却又明白这绝不可行。结局必是没人会相信他,他自己还会被宪兵队打入大牢。

西野的怀疑在两个月后得到证实。《每日新闻》的记者团终于随第十七军出发,但目的地不再是新喀里多尼亚,而是所罗门群岛中一个甚至未在日军地图中予以标注的岛屿——岛名的日语发音是"嘎达鲁卡纳鲁"。

在英语中,该岛被称作瓜达尔卡纳尔。美军会对如此一座偏僻岛屿产生兴趣,乃是源于一场关于陆、海两军究竟哪个军种应在太平洋战场拥有主导权的激烈辩论。早在3月份,参谋长联席会议决定设立两个各自独立的司令部:包括菲律宾、中国南海、暹罗湾、荷属东印度群岛的大部分地区、澳大利亚及所罗门群岛在内的西南太平洋战场划归墨尔本司令部的道格拉斯·麦克阿瑟管辖。太平洋其他地区,包括马绍尔群岛、卡罗林群岛及马里亚纳群岛则由珍珠港司令部的尼米兹海军上将控制。与东京方面陆军和海军的矛盾近似,此次决议从一开始便划分指挥权,将力量打散,并引发双方冲突。

麦克阿瑟再三警告称,日军绝大部分力量都集中在西南太平洋战场,他必须得到比尼米兹更多的兵员及物资,否则必将酿成大祸。之后不久便是中途岛战役,麦克阿瑟将此次战役视作快速取胜的机会,便给华盛顿方面发去一份颇为乐观的作战计划:在数星期内攻占新爱尔兰和新不列颠群岛,"迫使敌军退守特鲁克基地"。除了他自己的三个步兵师外,麦克阿瑟还需要"一个训练有素、装备精良且擅长两栖作战的师,以及一支包含两艘航空母舰的特遣舰队"。

陆军参谋长马歇尔将军对该计划颇有兴趣,便给海军参谋长欧内斯特·金将军写信,请求他立刻借给麦克阿瑟数支海军陆战队部队和两到三艘航母。谁知信还没送出,马歇尔先收到金的一封信,信中几句话就否决了麦克阿瑟的计划。原来,海军也在考虑针对同样的目标展开行动,而该行动"主要属于海战及两栖作战的性质,由驻扎在澳大利亚的部队负责支援与跟进"。换言之,行动将由海军负责,麦克阿瑟只能从旁协助。

麦克阿瑟自然无法容忍。战事发生在他管辖的区域,那么最高指挥官应该、也只应该是他。海军也同意只由一人指挥战役,但这个人不能是陆军将领;所罗门群岛海域向来不太平,若由"旱鸭子"指挥,恐将使宝贵的航空母舰陷入险境。

马歇尔支持麦克阿瑟,与金争执不下。最后,忍无可忍的金提醒马歇尔说,此次攻势势在必行,"即使得不到西南太平洋的陆军支援"。马歇尔冲动之下,很想以牙还牙反唇相讥,但最终决定还是等冷静下来后再作答复。

麦克阿瑟却无法冷静,在盛怒之下向华盛顿方面发出电报:

> 纵观全局,显而易见,海军企图独揽太平洋战区全部战役之指挥权,使陆军居于附属地位,陆军部队则受海军或海军陆战队军官支配和指挥……

麦克阿瑟指责称,海军为实现"独揽国防大权"制订出一套规模庞大的计划,上述举措皆是该计划的一部分。这一事实是他在担任参谋长时"偶然"发现的。

> ……动用陆军部队守卫海军控制下的太平洋各岛屿。如此一来,海军陆战队便解放出来,成为一支专属于海军、且随时可用的陆军部队。凭借这些最现成的执行进攻计划的部队,海军实现各项计划也有了真正基础。

马歇尔在感情上支持麦克阿瑟，但他同时也明白，陆、海军各退一步，彼此公平妥协，才是最佳解决方案。于是，马歇尔请求与金会面，两人心平气和地坐了下来。金将军生性粗鲁，不苟言笑，但为人还算老到，同样有意作出一些让步。马歇尔发现，在许多方面，金比麦克阿瑟更容易打交道。麦克阿瑟"对一切事情都极度敏感"，并且"认为无论大小诸事，他人总是别有用心"。①

在会谈数日之后，马歇尔与金制订了一份总体计划，将攻势分为三个相互独立的部分，以实现最终目标——攻占新不列颠—新几内亚地区。1号行动由尼米兹指挥，目标是在8月1日前后对所罗门群岛中的一个小岛图拉吉展开攻击，该岛位于瓜达尔卡纳尔岛以北20海里，日军在此建有水上飞机基地。麦克阿瑟负责2号、3号行动，目标是攻占所罗门群岛的其余各岛、新几内亚西北海岸，以及新不列颠群岛上的重要基地——拉包尔。

前不久，托布鲁克遭到隆美尔攻陷，这已使华盛顿颇有大难临头之感。而在7月2日，即参谋长联席会议批准上述太平洋行动的同一天，又传来两则惊人的消息：克里米亚半岛的港口城市塞瓦斯托波尔沦陷；而在北非战场上，英国第八集团军被迫撤至亚历山大港。假如苏联战场上的德军突破高加索，与隆美尔会师，盟军当如何应对？一旦如此，那更加灾难性的德日会师也只是时间问题。此外，同盟国在大西洋不断损失商船，单是6月份，沉没商船的总排水量就高达62.7万吨，且势头有增无减。

马歇尔心想，"黑暗时刻"来临了。

只有太平洋战区才使盟军还有理由保持乐观。希望全部集中在攻占图拉吉岛的计划上，该岛于5月份落入日军手中。直到此时，计划制订者还没有特别关注瓜达尔卡纳尔岛。尼米兹任命罗伯特·L.戈姆利海军中将负责1号行动，而戈姆利于7月7日在墨尔本与麦克阿瑟商议时才

---

① 这段评论引自战后马歇尔将军与他的官方传记作者福里斯特·波格的一次交流。"在同中国战场的陈纳德与西南太平洋的麦克阿瑟接触过后，"马歇尔自嘲道，"我想必成了各种性情的混合体。"

首次获悉有攻击该岛的可能性。当时尼米兹发来电报称,日军正在瓜达尔卡纳尔岛建造小型机场,建议戈姆利将该岛与图拉吉岛一并攻下。

麦克阿瑟与戈姆利原则上表示同意,但都反对立即执行1号行动。因为能够动用的部队只有一个两栖师,航运力量不足,飞机缺乏到危及行动本身的程度。此外,运输两栖师的航母将不得不在瓜达尔卡纳尔—图拉吉海域长时间停留,该海域远远超出盟军陆基飞机的保护范围,必将任由日军陆基飞机狂轰滥炸。麦克阿瑟与戈姆利分别提出意见,但参谋长联席会议不予理会,下令按原计划展开攻势。联席会议认为,美军只有迅速采取行动,才能扩大中途岛大捷之战果,掌握太平洋战场之主动权。他们为该行动定下一个具有象征意义的代号:"瞭望塔"。

瓜达尔卡纳尔岛是日军最南端的前哨基地,其存在意义不过是为日军在所罗门群岛海域采取的任何海军行动提供支持而已。该岛位于南纬10度,是个宁静的地方,长92英里,宽33英里,面积约是美国长岛的两倍。从空中俯瞰,山脉郁郁葱葱,海岸丛林密布,珊瑚礁五彩缤纷,恰似一座热带天堂。而实际上,该岛是一座失乐园,有一系列形成鲜明对比的景观:荒丘奇峰,丛林茂密呈暗绿色,还有白凤头鹦鹉、凶猛的白蚁、八哥及传播疟疾的蚊子;有时倾盆大雨冷彻刺骨,有时酷热难当的平原上尘土飞扬。遍地是香蕉、酸橙与木瓜,到处是鳄鱼、巨蜥、毒蘑菇、毒蜘蛛、水蛭与蝎子。小说家杰克·伦敦曾说:"假如我是国王,给敌人最严酷的惩罚就是把他们流放到所罗门群岛。"

一道蜿蜒参差的死火山山脉贯穿全岛,高8000英尺,呈蓝绿色,就像是岛屿的脊梁骨。唯一可能展开军事行动的是沿着北部海岸起伏的丘陵与平原之间的狭长地带,但这里同样难以行军:山岭上密布着锋利如刃的野草,河流交错。

1576年底,一个名叫唐·阿尔瓦罗·德·门达尼亚的西班牙年轻人从秘鲁启航,前去寻找传说中所罗门王的宝藏。在航行11周后,门达尼亚发现了一片青翠色的岛屿,并将之命名为所罗门群岛。不过,岛上并没有什么黄金,而去那里又十分困难,因此在之后的数个世纪里始终人迹罕至。

群岛上的土著是美拉尼西亚人,头发鬈曲,肤色似炭。他们不太在意来客,宁愿在血腥的内战之中猎取人头,而不是消灭那些白皮肤入侵者。至于传教士的布道,他们倒是很有礼貌地聆听。直到1896年,群岛上才爆发东西方的首次重大对抗。当时,维也纳地理学会出资组织起一支"信天翁远征队",他们在瓜达尔卡纳尔岛登陆,穿过平原及山麓,来到海拔约1500米的塔图夫山。当地土著一再警告称,该山乃是神灵之峰,倘若有人将其"征服",岛上全部民众都将死于非命。然而远征队的18名奥地利人置若罔闻,依旧打算攀登。队长奥地利著名地质学家海因里希·福奥隆·冯·诺夫贝克回答说,远征队不远千里来到此地,目的就是攀登塔图夫山,不可能就此放弃。次日一早,奥地利远征队吃早饭时,一大群土著悄无声息地将他们包围。出于对将死之人的怜悯,土著等到他们吃完早饭才发起进攻。奥地利远征队拼死抵抗,以死亡六人的代价将土著击退,其中包括悍不畏死的队长诺夫贝克。瓜达尔卡纳尔的第一次战斗就此告终。

珍珠港事件爆发时,所罗门群岛是澳大利亚的托管地。首府图拉吉只有一家小旅馆、一个电报局、一条商店街,以及几栋供官员居住的简易平房。而临近的瓜达尔卡纳尔岛的文明程度还不及此处,只有几片天主教教区、数座椰子种植园和一个"伯恩斯-菲尔普"①贸易站。沿着北海岸有一条小径穿过种植园,而内陆的羊肠小道只有土著涉足,罕有白人敢于与他们同行。

地方官员马丁·克莱门斯正是那少数白人之一。他早年在剑桥大学读书时,曾是颇有名气的运动员,后来投身于维持土著居民之间的和平——那些土著时不时会恢复野蛮的习俗。日军入侵后不久,克莱门斯便与另外四人潜伏在瓜达尔卡纳尔岛的几个不同地点,担任澳大利亚皇家海军的海岸观察员,将日军运输舰及飞机的动向通过无线电报告给澳海军情报局。与所罗门群岛、俾斯麦群岛上的其他大多数海岸观察员一样,他们也是在当地长期生活的种植园主或公务员。华盛顿方面收到日

---

① 伯恩斯-菲尔普,澳大利亚人詹姆斯·伯恩斯与罗伯特·菲尔普于1883年创立的公司,主要在新几内亚周边岛屿经营船运、旅游及种植等业务。——译者注

军在岛上集结的警报,正要归功于这些人的英勇之举。他们持续严密监视敌人,回报称:岛上有2230名日本人,大部分是劳工与工兵,他们在北部海岸为海军建造的简易机场即将竣工。

由于过度自信,日本海军在中途岛尝到苦果,但这并没有削弱他们的信心。海军高层预计,盟军不会在近几个月内在太平洋地区发起反攻。与高层不同,就职于东京海军情报中心的伊藤春树海军少佐并未被虚假的安全感蒙蔽双眼。7月下旬,伊藤的部下截收到西南太平洋盟军使用的两个新的呼叫暗号。两个电台都使用总司令部的频率(4205千赫兹),并直接与珍珠港通信,因此伊藤推断,两者当中的任何一个都有可能是敌军新成立的特遣舰队的司令部。8月1日,无线电测向仪检测出一个电台位于新喀里多尼亚的努美阿,另一个则在墨尔本附近。伊藤猜想,位于努美阿的是戈姆利指挥部的电台,另一个应该是英军或澳军的基地,并由此得出结论:盟军即将对所罗门群岛或新几内亚发动攻势。伊藤等人连忙向特鲁克与拉包尔发出紧急警告,但两地驻军都置若罔闻。

2

"瞭望塔"行动名义上的指挥官是戈姆利,但将军远在努美阿,无法进行战术指挥,因此他将指挥权交给曾经历过珊瑚海和中途岛两次海战的弗兰克·杰克·弗莱彻海军中将。由于兵力不足,准备仓促,弗莱彻及那些受命参与此次进攻的将领都对"瞭望塔"行动缺乏积极性。该行动也由此多出一个别号——"小本经营"行动。

7月26日,弗莱彻将参与此次远征行动的各部队的指挥官召集到旗舰"萨拉托加"号上开会,该舰现位于斐济群岛以南400海里的南太平洋海面上。开场之前有段小插曲:一名将军登舰时,被不慎从垃圾卸槽倾倒下来的牛奶泼了一身。会议在军官餐厅举行。与会者之一是亚历山大·A.("阿奇")范德格里夫特海军少将,他是个红脸汉子,将指挥17000名海军陆战队战士去攻占图拉吉和瓜达尔卡纳尔岛,此时发现弗莱彻"对即将采取的行动知之甚少,兴致不高",看上去有些"紧张而疲倦"。弗莱公开对"瞭望塔"行动成功的可能性表示怀疑，而当听说范德格里夫特的部队仅登陆瓜达尔卡纳尔岛便要花费五天时间时，他更是灰心丧气。与会诸将之中，只有弗莱彻一人经历过日机破坏性的轰炸。（他在珊瑚海战役中损失"列克星敦"号，在中途岛战役中损失"约克城"号。）听说要把他的三艘航母（除此三艘外，盟军在太平洋只剩下一艘重型航母）暴露在如此危险的海域，弗莱彻感到不寒而栗，他说道："诸位，为减少敌陆基飞机轰炸之风险，从（最初）登陆起计，航母在该海域停留时长不能超过48小时。"

范德格里夫特强压怒火，表示空中掩护至少要持续五天，而且五天也绝算不上安全。言辞与金一样犀利、个性也与金一样暴躁的两栖部队指挥官里奇蒙德·凯利·特纳海军少将亦持同样意见。而弗莱彻唯一担心的是美军航母在太平洋战场覆灭，他最终决定：在登陆日后再多停留三天，不再接受异议。

离开"萨拉托加"号时，范德格里夫特依然怒火未消。此后不久，盟军在斐济群岛展开登陆演习，效果不尽如人意。范德格里夫特更加沮丧，心想此战必败无疑，灰心之余只能安慰自己："自古以来也有一种说法，排练越失败，演出越成功。"

8月6日黄昏时分，特纳将军的两栖部队自南逼近所罗门群岛。4艘运输舰与4艘驱逐舰驶往小岛图拉吉，另外15艘运输舰与货运舰则在8艘巡洋舰（其中3艘为澳军军舰）和1支驱逐舰屏护舰队的护卫下驶往瓜达尔卡纳尔岛。空中支援力量潜伏在南边100海里处的海面上：航空母舰3艘、战列舰1艘、重型巡洋舰5艘、驱逐舰16艘、给油舰3艘。轰炸机及战斗机预计于黎明时分从航母起飞。

蒙蒙薄雾之中，由82艘舰船组成的进攻舰队以12节航速朝北行进。运输舰上，机械师检查登陆艇引擎，水手长的助手们则检查辘绳及吊艇架。空气极度潮湿，即便没干什么活，水手们也汗流浃背。灯火管制的命令已下达，寝舱里众官兵和衣躺在铺位上，他们打牌、看书，或是写家信。食堂里挤满海军陆战队士兵，有的在听留声机，有的在看战友跳吉特巴舞。在"美国军团"号上,即将率领第一批部队登上瓜达尔卡纳尔岛的勒罗伊·P. 亨特上校为部下表演独角戏。此人经历过"一战",受过勋,负过伤,中过毒气,此时清了清嗓子,给歌曲《我想要一个姑娘,就像嫁给老爷子的那个姑娘一样》伴唱起来。

特纳的旗舰"麦考利"号是一艘运输舰,人称"古怪麦克"。范德格里夫特将军此刻站在该舰的栏杆旁,望着前方茫茫夜幕。尽管前景"黯淡",将军的心态却还不错。他感觉此战或许就像威灵顿对滑铁卢战役的评价,"实属胜负难料"①。部队规模有限,也不清楚敌军强度。范德格里夫特离开栏杆,摸黑回到闷热的小船舱,继续把家书写完:

> 明日拂晓时分,我们将展开登陆作战,这也是我军首次发起大规模反攻。计划已经制订好了,上帝保佑我们的判断无误……总之,人事已尽,但愿这努力已经足够。

午夜时分,即将参加美国开战以来首次登陆作战的众官兵都已上床休息,有的已然入眠,有的还在酝酿睡意。两小时后,哨兵望见远处有座形似金字塔的黑影。那是萨沃岛,一座位于瓜达尔卡纳尔岛西端以北不远处的小火山岛。此时雾已散去,两栖部队所乘的舰船仍然未被发现,悄悄潜入平静的水域。2时40分,旗舰收到消息称,前方13海里便是瓜达尔卡纳尔岛西北端的埃斯佩兰斯海角。运输舰兵分两路,以图拉吉为目标的队伍绕过萨沃岛,继续向北行驶,开往瓜达尔卡纳尔岛的其余舰船则急速右转,驶入埃斯佩兰斯海角与萨沃岛之间的海峡。哨兵望着波澜不惊的海面,只觉得"毛骨悚然"。对远航数周的船员而言,陆上吹来的微风通常给人以一种亲切感,而此时它却带着沼泽与丛林的恶臭。

凌晨3时,"麦考利"号响起起床号。范德格里夫特吃过早餐,在东方初现鱼肚白时来到甲板上,却没有发现日军踪迹,不禁怀疑:莫不是中了

---

① 威灵顿公爵认为滑铁卢战役中,反法联军实属险胜,称此战是"一生中最为胜负难料的一役"(the nearest-run thing you ever saw in your life)。——译者注

敌人之计。两支船队分别朝目标行进：图拉吉岛上的目标叫作"蓝滩"，瓜达尔卡纳尔岛上的目标叫作"红滩"。后者位于岛屿北岸中心点附近，距离即将竣工的日军机场仅有三英里。

约6时15分，三艘巡洋舰和四艘驱逐舰齐声开火。记者理查德·特里加斯基斯站在"美国军团"号的舰桥上，望着"炮弹划过天空，好似红色铅笔画出的弧线"，朝瓜达尔卡纳尔岛飞去。两分钟后，在轰鸣的炮火声中，特里加斯基斯分辨出远处的另一阵炮击。那是一艘巡洋舰与两艘驱逐舰在朝图拉吉开火。

无论是"红滩"还是"蓝滩"，此时都没有任何动静。日本人显然被打了个措手不及。30分钟内，运输舰全部就位。三艘航母派出的俯冲轰炸机和战斗机出现在海岸上空，开始朝海滩及轰炸目标区域扫射，只遭遇了日军零星的防空火力。

"登陆部队行动！"扩音器里传出命令。

运输舰上，海军陆战队在出口处排好队。那些原本爱吵闹的官兵此时都沉默无言，只有少数几个还在开玩笑，也有一些人用寻常的口气说道："好哇，终于来了。"36英尺型的登陆艇是用人力放下至水面，45英尺和56英尺型的货物运输艇则用吊杆放下水。海军陆战队官兵身着绿色粗布服，背着枪，臀部挂着饭盒，背着沉重的背包——包里是防蚊头网、个人纪念品等各类杂物——从晃晃悠悠地悬挂在舰体两侧的登陆网爬下去。

海军陆战队官兵蜂拥登上图拉吉岛，却未发现任何敌影，好像岛屿上根本无人居住。8时15分，指挥官发出信号："登陆成功，未遇抵抗。"一小时后，第一艘登陆艇也抵达瓜达尔卡纳尔岛的"红滩"，众官兵纵身跃入温暖的海水中。他们原以为会面对猛烈的迎击火力，却发现无论是在穿过光秃秃的沙滩时，还是在冲入岛内的丛林时，都没有遇到日军的一枪一弹。

从"麦考利"号上，范德格里夫特望着奥斯汀山，该山高1500英尺，位于机场后方。曾经有一个种植园经理称它是"一座小丘，距海岸仅数英里"，而此时在范德格里夫特看来，这山好似胡德山①一般雄伟，距海岸也

---

① 胡德山，美国俄勒冈州的最高峰，海拔3429米。——译者注

远不止数英里。是不是所有情报都如此不精确？至于岛上的官兵，阻碍他们的只有湿热的天气与一座热带雨林而已。前方没有侦察兵，两翼不设掩护，部队只是大汗淋漓地盲目前进。幸运的是，登陆前的炮火已将绝大多数日军驱赶入山，部队没有遇到敌人。

早在第一枚炮弹落下之前，坐镇拉包尔的日军将领便已收到消息。图拉吉岛的报务员曾发出电报："大量敌舰进入海峡，数量、型号皆不详，企图不明。"很明显，这是一次骚扰性质的袭击。但第二十五航空战队的司令官山田定义少将还是选择派出远程侦察机。谁知侦察报告尚未传回来，图拉吉又传来消息——也是最后一条消息："敌军势大。誓死保卫我军哨所。愿胜利长久。"

山田少将召集麾下各中队指挥官，下令取消原定攻击新几内亚的计划，将全部能够起飞的中型轰炸机、俯冲轰炸机及战斗机立即派往瓜达尔卡纳尔岛地区。战斗机队长中岛正表示反对。瓜达尔卡纳尔岛位于东南方向600海里外，航程过远。勉强执行该任务，飞机至少会折损半数，只有最富经验的飞行员才有希望生还。在与山田激烈争辩之后，中岛最后同意派出18架战斗机。

中岛告诫他的飞行员，此次飞行乃是历史上飞行距离最长的战斗机作战行动。"切记严守命令，重中之重是小心行事，节约燃料。"战斗机飞行员坐在"零式"战斗机里等待，直到27架双引擎轰炸机发出轰鸣，冲出跑道。中岛向部下发出信号，自己则操控小型战斗机沿一条狭窄的跑道滑行，跑道上覆盖着一层从后方活火山飘来的尘土与火山灰。有时，火山猛烈喷发，将岩石抛向空中，威胁到机场的飞机。不过今天，火山口里只升起一股烟雾。

在飞往瓜达尔卡纳尔岛途中，轰炸机部队低空掠过布干维尔岛。岛上一位名叫梅森的种植园主抬头一数，随即用紧急通信才会使用的"X"频率电告澳大利亚方面：27架轰炸机，飞往东南方向。该电报被许多电台接收到，其中莫尔斯比港电台将其转发至澳大利亚的汤斯维尔，汤斯维尔又将电报转发至位于珍珠港的强功率跨洋电台。数分钟内，瓜达尔卡纳尔岛与图拉吉岛海域的全部美国军舰都进入戒备状态。

当日军轰炸机接近目标时，战斗机也随后赶上。至今已击坠56架飞机——其中包括小科林·凯利驾驶的"空中堡垒"——的日军飞行员坂井三郎抬眼望见至少有70艘敌舰集结在海滩附近，景象可谓骇人。轰炸机转弯准备投弹。突然之间，6架美军战斗机出现在高空的阳光中。坂井从未见过这种型号的飞机，其体形较其他美军战斗机大。根据之前的报道推测，坂井判断这是美军部署在该地区的"野猫式"战斗机，由格鲁曼公司制造。

这些"野猫式"舰载战斗机朝萨沃岛附近的日军轰炸机猛冲而去，而日军轰炸机此时正在瞄准敌舰投弹。坂井望着炸弹落在美舰周围，却只是激起一道道毫无破坏力的水柱，内心很是沮丧：从4英里高空去瞄准轰炸移动中的敌舰，原本就是愚蠢的决定！为什么不装备鱼雷？

格鲁曼"野猫式"战斗机将日军轰炸机冲散，却被"零式"战斗机击退。坂井对美军飞行员缺乏进攻意识感到疑惑——接着，他发现一架"野猫式"战斗机在与三架"零式"战斗机周旋，且不落下风。他十分震惊。每当被"零式"战斗机咬住时，美军飞行员便将短胖的"野猫式"战斗机急速翻转，绕到"零式"战斗机身后。坂井从未见过这种空战技术，朝那架"野猫式"战斗机射出一串子弹。"野猫式"战斗机迅速翻滚，一个急转弯，朝着坂井爬升。坂井快速翻滚飞行，美机紧追不放。经过连番周旋，坂井终于又一次咬住这架"野猫式"战斗机，向它倾泻了五六百发子弹。

"野猫式"战斗机既未炸裂，也未起火。它怎么还能停留在空中？美军从哪里弄来的如此优秀的战斗机与飞行员？他打开驾驶舱窗户，盯着他的对手，那人是个肤色白皙的壮汉。坂井朝对手打出一个挑衅手势，意思是"有种就来呀"！尽管对方处于有利位置，却没有发动攻击，想必是飞行员已身负重伤。坂井对敌人英勇顽强的精神怀有敬意，不情愿地将20毫米口径炮对准"野猫式"战斗机。敌机爆炸，坂井看到那名飞行员打开降落伞，缓缓朝陆地飘去。

日军此番轰炸并未伤及美舰，各运输舰重新驶往海滩，准备卸下装备补给。不过，不到一小时，日军展开第二轮轰炸，迫使运输舰再次散开。

两轮轰炸下来,美军的损失不过是把己方的登陆行动延长数个小时而已。日机若将同样数量的炸弹投在岸上,极有可能炸毁大部分补给物资,并威胁到登陆部队本身。

而在拉包尔,第十七军司令官百武晴吉中将并未把美军此次登陆放在心上。在百武看来,主要目标依然是新几内亚,他的注意力仍集中在如何越过欧文斯坦利山脉及攻占莫尔斯比港的计划上,美军登陆不过是佯攻,不值得他分拨一兵一卒去应对。海军中将三川军一则持不同看法。此人担任前不久刚组建的第八舰队司令官,最近才抵达拉包尔。第八舰队肩负双重使命:既要带头向南展开新攻势,又要保护所罗门群岛免受盟军一切反攻。初步报告显示,美军此次登陆无疑是一次大规模进攻。但三川很清楚,与陆军争论无济于事。若要立即采取行动,只能依靠海军自己。于是,三川想方设法召集起410名水兵,命令他们带上少量步枪及数挺机枪,立即搭乘运输舰"明阳丸"号前往瓜达尔卡纳尔岛。接着,他又通过无线电联系东京的海军军令部,请求批准他次日晚间对美军运输舰发动海面攻击。

海军军令部总长永野认为,若要发起海面打击,必先突破具有压倒性优势的美舰包围网,三川此举或许太过莽撞,于是他将这一请示转交予联合舰队决定。山本深知三川绝非暴虎冯河之人,当即复电称:"祝贵舰队旗开得胜。"

三川此人举止温文尔雅,言谈轻声细语,却是一位真正的武士。他拒绝留在拉包尔远程指挥,而是在当日下午登上重型巡洋舰"鸟海"号,命令另外7艘军舰——重型巡洋舰4艘、轻型巡洋舰2艘、驱逐舰1艘——排列成纵队跟随他穿过圣乔治海峡向南驶去。

此片海域的海图绘制得十分粗糙,仅有的几幅地图,也都很不可靠。为避免耻辱的搁浅,三川与导航参谋花费大量时间推敲海图,最终决定先在美舰载机航程之外的布干维尔岛以北潜伏,至次日接近黄昏时,再率领8艘军舰穿过所罗门群岛那条危险的航道(美军戏称它为"狭缝")。假如运气好,日舰便能藏身于昏暗的暮色之中,躲过盟军侦察机的搜索。此举自然存在风险,但若不冒险,便没有任何可能及时抵达瓜岛。一切都指望此次突袭。

三川未能如愿。埋伏在圣乔治海峡口的美军潜艇"S-38"险些与三川舰队撞个满怀。由于浪头太大,加之距离过近,"S-38"并未发射鱼雷。曾经历过失败的爪哇海战的艇长 H.F. 芒森海军少校立即发回无线电报告:

圣乔治角以西 8 海里,驱逐舰两艘、不明舰种三艘高速行进中,航向 140。

3

至登陆当日黄昏时分,共有 11000 名美海军陆战队官兵登上瓜达尔卡纳尔岛,无一伤亡。补给物资及弹药堆满海滩。次日下午,美军拨出一个营朝机场推进,途中未遇阻碍,最后发现有 3600 英尺长的简易机场竣工在即,却已被日军遗弃。日军驻防部队逃入岛屿腹地,残羹剩饭还留在桌子上,既没有破坏任何设施,也没有炸毁物资与跑道。日军留下了成堆的物资军械:步枪、机枪、卡车、蒸汽压路机、水泥搅拌机、弹药、汽油、柴油、两个雷达示波器,以及大量大米、茶叶、啤酒和清酒。附近有两座大型发电机厂、一座机械修理厂、一座配置精良的为鱼雷制造空气压缩机的工厂,以及一座制冰厂。美军很快给制冰厂挂了个新招牌:东条制冰厂,如今改天换日。

黎明时分,三川舰队抵达布干维尔岛,并派出 4 架侦察机,同时将舰队散开以欺骗盟军的侦察机。10 时 20 分,一架澳军"哈德逊"轰炸机开始在"鸟海"号上空盘旋,三川立即改变航向,假装要返回拉包尔。谁知接下来又飞来一架"哈德逊"轰炸机,三川决定铤而走险,将军舰重新组成纵队,朝那条穿过所罗门群岛的狭窄航道驶去。很快,其中一架侦察机发回报告:在萨沃岛附近发现敌运输舰 18 艘、巡洋舰 6 艘、驱逐舰 19 艘、战列舰1艘。三川判断敌舰已兵分两路:主力部队守卫瓜达尔卡纳尔岛的运输舰,其余则在图拉吉岛附近守卫。美舰与日舰的数量比为26∶8,但三川认为,在两支美军舰队会合之前歼灭其中一支并非不可能。最大的问题是美军航母,它们究竟躲在哪里?

此时,指挥两栖部队的特纳将军对三川舰队还一无所知。"S-38"潜艇虽发回报告,但描述过于模糊。澳军侦察机飞行员则认为该情报重要性不高,不值得打破无线电静默。那天的大部分时间里,特纳都在忙着处理日军轰炸引发的两起事件:一是驱逐舰"贾维斯"号遭鱼雷击中,二是运输舰"乔治·F. 埃利奥特"号中弹起火。两起事件都是以造成混乱为主,实际损失并不大。

下午晚些时候,在美海军陆战队正着手占领瓜岛机场之时,三川的舰队终于驶入所罗门群岛航道,在美不胜收的碧蓝海面上驶往东南方向,直奔瓜达尔卡纳尔岛。日舰应在午夜前后接近敌舰,作战计划也必须简单明了,因为这8艘军舰此前从未编为一个整队开展过训练或航行。下午4时40分,"鸟海"号通过闪光发出命令:"我等将从萨沃岛以南出发,对停泊在瓜达尔卡纳尔岛前方之敌舰主力部队发射鱼雷,然后转而驶往图拉吉岛前方区域,通过炮击及发射鱼雷攻击敌舰。任务结束后,从萨沃岛以北撤出。"识别信号是在舰桥两侧悬挂白布。

越接近瓜岛,三川舰队暴露的风险也就越高,而在狭窄的航道里,一旦遭到轰炸也没有多少空间躲避。黑夜降临前,每一分钟都漫长如年。就在夕阳将落之际,"鸟海"号的哨兵突然喊道:"右舷前方发现桅杆!"舰上顿时警笛长鸣,铃声大作,众官兵争先恐后奔向战斗位置,掉转炮口对准右舷方向,却发现那是友军——水上飞机母舰"秋津洲"号正驶往右侧的大型岛屿新乔治亚岛。

任何一名海军人员都能看得出"狭缝"是贯通瓜达尔卡纳尔岛与拉包尔之间的便捷通道,战略意义重大。特纳将军自然也不例外,他早已派出一架"卡特琳娜"水上飞机前往该航道上游地区巡逻,那里正是三川舰队黎明时分航行过的海域。只是特纳并不知道,那架"卡特琳娜"水上飞机根本没有起飞。夜幕降临时,旗舰电报室的通信员交给特纳一份电报副

本,发信方是弗莱彻,收信方是身在努美阿的戈姆利中将:

> 战斗机数量由99减至78。敌军在该地区部署了大量鱼雷机和轰炸机,鉴于此,下官建议立即撤出全部航母。另,燃料即将告竭,望立即派出给油舰。

特纳火冒三丈。没有航母支援,他的舰队就相当于在日军面前"光着屁股"。在失去舰载飞机保护的情况下,特纳不能冒再一次遭到敌军空袭致命打击的风险,他必须在黎明之前撤离。他命令范德格里夫特将军和巡洋舰-驱逐舰掩护部队司令 V. A. C. 克拉奇利海军少将立刻向停泊在瓜达尔卡纳尔岛附近海域的旗舰"麦考利"号报到。克拉奇利是英军将领,曾在日德兰海战中荣获维多利亚十字勋章,生着一脸红须,为人颇为热情友善。他已将军舰分为三个掩护小组,部署在运输舰及货运舰周围。南队由三艘巡洋舰、两艘驱逐舰组成,位于萨沃岛与埃斯佩兰斯海角之间。北队军舰的数量与南队相同,负责守卫萨沃岛与图拉吉岛之间的航线。东队由两艘轻型巡洋舰与两艘驱逐舰组成,也已在东部就位。

当时没有具体的作战计划,性格随和的克拉奇利只是命令北队独自行动,大体上配合由他亲自指挥的南队作战。收到特纳要求报到的紧急召唤后,克拉奇利发信号给"芝加哥"号巡洋舰的舰长,令他临时指挥南队,自己则乘旗舰"澳大利亚"号沿着漆黑一片的瓜达尔卡纳尔岛海岸向南行驶,去寻找"麦考利"号,毕竟巡洋舰要比小艇快得多。

在掩护部队之中,无人料想到一场海面战斗即将爆发,各舰依旧处在二级戒备状态。"芝加哥"号的舰长霍华德·D. 博德上校认为,自己上头还有"澳大利亚"号的姊妹舰"堪培拉"号,南队临时指挥的重任还轮不到自己。而北队指挥官——重型巡洋舰"文森斯"号的舰长弗雷德里克·L. 里夫科尔上校现在已成为守卫"狭缝"的南北两支队伍的最高级别的军官,但没有人想到通知他。

"澳大利亚"号在黑暗之中摸索前进,花去近两个小时才找到"麦考利"号。克拉奇利登舰,与特纳讨论那名发现三川舰队的澳军侦察机飞行员发回的电报。电报最终被耽搁了八个小时之久，内容又极具误导性：电报称日军舰队由三艘巡洋舰、三艘驱逐舰、两艘水上飞机母舰或炮艇组成。特纳与克拉奇利一致认为，关键信息是"水上飞机母舰"，预示日军将在清晨发动空袭。毕竟只有三艘巡洋舰，海面夜袭是不现实的。此外，特纳那天早晨下令派出的那架"卡特琳娜"飞机同样没有发回任何报告。

范德格里夫特将军乘着小艇，在一片灯火管制的军舰中间寻找"麦考利"号，直到夜里11点多才加入会议。夜晚空气闷热，乌云密布，令人感到压抑。范德格里夫特感觉特纳与克拉奇利"好像随时会晕过去"，而将军本人也因在瓜达尔卡纳尔岛过分操劳而精疲力竭。

三人喝着咖啡，特纳把弗莱彻的电报拿出来，另外两人同样勃然大怒，称弗莱彻"早就扬言要溜，甚至比原先定下的时间还提前了12个小时"。特纳认为运输舰应当在日出后不久尽快撤出，并就此询问范德格里夫特的意见。

"我军在瓜达尔卡纳尔岛进展顺利。"范德格里夫特说道，但他对大量物资已在图拉吉岛卸下一事表示怀疑，希望亲自去检查一下。

"我就知道你想去一趟，"特纳透过镜片盯着范德格里夫特，"我这边正好有一艘扫雷艇，你乘它去吧。"

克拉奇利提出自己乘驳船返回旗舰时，可以顺便把范德格里夫特送上扫雷艇。范德格里夫特谢绝他的好意，但克拉奇利仍然坚持："你的任务比我要紧得多。"

两人登上驳船时，还没到午夜。左侧萨沃岛附近陡降暴雨，南北两支掩护部队之间仿佛拉起一道雨幕。右侧"乔治·F. 埃利奥特"号运输舰仍在燃烧，红色光芒隐约可见。克拉奇利内心明白撤走运输舰对岛上的海军陆战队官兵意味着什么，但在范德格里夫特下船时，他只是握手说道："范德格里夫特，我也不知道是否该指责特纳的做法。"

三川的舰队以26节的速度驶向萨沃岛，舰身后留下一道粼粼的轨迹。打头的是旗舰"鸟海"号。接着是四艘重型巡洋舰、两艘轻型巡洋舰，每艘军舰相互间隔1300码，唯一的那艘驱逐舰负责殿后。各舰的甲板被清理干净，以备作战。易燃物被抛入海中，深水炸弹及其他非必需装备则搬到下层。各舰舰长将三川最后的指示传达给部下："发扬帝国海军夜战传统,以期必胜。全员应冷静沉着,各尽其责。"三川平素以纳尔逊勋爵为榜样,此番指示也颇有效仿之意①。

三川最担心的是敌军航母。从大量截获而来的高频无线电通信来看,比如"红六呼叫红色基地"和"绿二呼叫绿色基地",他判断盟军航母一定就在附近。不过,他仍有机会再在白天穿过所罗门群岛的航道撤回。

前方夜色之中,克拉奇利麾下的巡洋舰掩护部队正在萨沃岛附近海域缓缓航行,执行着单调的巡逻任务。连续48小时的戒备状态使得哨兵疲惫难当,所有巡洋舰的舰长也已进入梦乡。

三川看到萨沃岛上的火山突起在海面上。舰桥上的人都保持着沉默。时间一分一秒地慢慢过去了。日本海军没有美军的雷达,全靠一双从夜战训练出来的锐利肉眼。突然,"鸟海"号右舷的观察哨发现一个模糊的船影。哨兵喊道:"右舷30度,船只逼近!"来者是美军驱逐舰"布卢"号,该舰与东北方6海里处的驱逐舰"拉尔夫·塔尔博特"号组成预警系统,这在美军中称为"警戒哨"。奇怪的是,两舰皆未从声呐与雷达中发现日舰纵队正在逼近。

"准备战斗,"为避开敌军耳目,三川下令道,"左舵,减速至22节。"

日军舰队悄然转向,右舷炮口对准"布卢"号,准备开火。"布卢"号浑然不知,只是掉转舰首,以12节的航速缓缓朝"拉尔夫·塔尔博特"号驶去。后者也同样掉头,两艘警戒驱逐舰相向而过,为迎面而来的敌军留出一道宽阔的口子。

三川能够如此顺利地插入两栖部队之腹部,也是盟军一连串失误所致。日舰三次暴露,盟军三次都没有注意到:"狭缝"上空巡逻的B-17根本没有发现敌踪;特纳安排的侦察机也没有起飞;两艘警戒驱逐舰几乎与三川舰队擦身而过,但哨兵、雷达操作员与声呐操作员都未发出警报。这或许是由于无人关注显示屏上的信号,也或许是由于众人都将三川舰队误

---

① 1805年,特拉法尔加战役开始前,纳尔逊通过旗语发出信号:"英格兰期盼各人恪尽其责。"(England expects that every man will do his duty.)——译者注

认作友军。此外,三川在天黑后派出侦察的三架水上飞机中有一架在午夜之前也曾被发现,"拉尔夫·塔尔博特"号报告此事,却同样将其误认作友机。情况很像珍珠港事件前夕,没有一个人意识到敌军的魔爪已近在眼前。

"鸟海"号转移至萨沃岛以南,依然未被发现。哨兵发现左舷前方出现一艘巡洋舰,但一分钟内并未发生任何异状,该消息纯属误报。接着,左舷哨兵又望见一个模糊的舰影,像是一艘驱逐舰在从容不迫地朝西驶去。那是白天空袭中遭鱼雷击中的驱逐舰"贾维斯"号,此时正准备驶回澳大利亚修理。运气绝佳的三川同样没被"贾维斯"号发现,日舰最终成功隐入雨幕之中。

"鸟海"号将闪光信号灯罩住,控制光线亮度,只让日军舰队看清:"准备发射鱼雷。"就着正在熊熊燃烧的"乔治·F. 埃利奥特"号的火光,左舷观察哨发现10海里外出现一艘军舰。"巡洋舰,左舷7度!"凌晨1时36分,右舷观察哨喊道:"巡洋舰三艘,右舷9度,朝右移动!"实际上,那三艘是克拉奇利南队的核心力量——重型巡洋舰"堪培拉"号、"芝加哥"号,以及驱逐舰"帕特森"号。

"攻击开始。"三川沉着地下令,命令被传达到鱼雷发射组。随着三川的第二道命令——"各舰出击"下达,一连串射程11海里、载有1000磅炸药的远程鱼雷,以49节的速度朝"堪培拉"号与"芝加哥"号奔去。

此时,两艘重型巡洋舰正朝西北方向缓缓行驶,两侧由驱逐舰护卫。右舷处是"巴格利"号,左舷处是"帕特森"号。凌晨1时43分,"帕特森"号终于发现远处数艘军舰,连忙发出无线电警报:警告——警告——陌生军舰进入港口!

警告为时已晚。在盟军军舰后方,挂在降落伞上的照明弹纷纷在夜空中炸开,把各舰照得如射击场中的靶子一样明显。投放照明弹的正是三川派出的那三架被盟军误当作"友军"的水上飞机。

在"堪培拉"号的舰桥上,一名哨兵提醒一名军官注意前方暴雨之中的模糊舰影。那是一艘陌生的军舰,开始吐出火舌。正当这两个澳大利亚人本能地退缩时,两枚鱼雷击中"堪培拉"号舰首,炮弹从上空落下,将舰长与枪炮长杀死。很快，"堪培拉"号的主炮失去开火能力，舰身开始倾斜，在海面上动弹不得。大火沿着舷梯燃烧起来，甲板上的油毡助长火势，大火蔓延至舱壁的油漆上，又将军官起居室里的家具点燃。众官兵拼命把汽油与弹药抛入海中，但为时已晚。在接二连三的爆炸后，"堪培拉"号最终报废。

"堪培拉"号两侧的护卫驱逐舰盲目展开反击。然而，"帕特森"号很快就被探照灯捕捉到，迅速中弹，失去战斗力。"巴格利"号则朝敌舰冲去，调整位置准备发射鱼雷，却发现没有底火。

见"堪培拉"号已沦为人间炼狱，三川舰队便转而瞄准"芝加哥"号。该舰指挥官正是南队临时指挥官博德上校。上校从梦中惊醒，刚踏上舰桥，一枚鱼雷便命中舰首。"芝加哥"号被炸开一个直径16英尺的大洞，此外还挨了一枚炮弹，不过它仍在寻找目标，并发现西边有一艘舰影，便紧追上去。那是三川唯一的一艘驱逐舰，"芝加哥"号不知不觉间被带离主战场。更糟糕的是，博德还未向北队发出警告。

特纳将军身处"麦考利"号，望见炮火的闪光，听到隆隆巨响，才意识到战斗已然爆发。令特纳感到揪心的是，瓜达尔卡纳尔岛与图拉吉岛上的海军陆战队官兵，以及孤立无援的运输舰上的众水兵，如今已命悬一线。运输舰的装甲十分薄弱，此时已拉起锚，在黑暗的海面上团团打转。

其时，克拉奇利将军还在远离战场的"澳大利亚"号上，给七艘驱逐舰发出命令：若七舰尚未与日舰接战，则前往指定位置与"澳大利亚"号汇合。然而，混乱之中，命令遭到误解，四艘驱逐舰随即脱离战斗。

三川只花费六分钟便将南队解决，自己则毫发无损，于是下令各舰沿逆时针方向继续绕萨沃岛行驶，寻找新的目标。三艘重型巡洋舰紧紧跟在旗舰"鸟海"号身后，而第四艘巡洋舰"古鹰"号因为落后太远，误转右舷，后方两舰受到误导，也跟随"古鹰"号驶往错误的方向。此举使得三川舰队一分为二，却阴差阳错地使三川的舰队获得了极佳的战术位置：三川七艘巡洋舰，如今四艘位于北队以西，三艘位于北队以东，恰好将美军三艘重型巡洋舰和两艘驱逐舰包围起来。而那五艘美舰，尚未收到博德上校的任何警告。

凌晨1时48分,重型巡洋舰"阿斯托利亚"号的观察哨发现有鱼雷逼近。那些鱼雷来自"鸟海"号,与美舰擦身而过。舰长威廉·格林曼被警报声惊醒,奔上舰桥,想看看到底是谁拉响了警报,主炮又为什么在开火。原来,格林曼全然没想到敌袭之可能,认为一定是友舰之间擦枪走火,"停止射击。别太紧张,莫要急躁。"然而,当他发现"文森斯"号巡洋舰周围溅起水花,便迅速改变主意,大声下令"开始射击",并让舰只稍微向左舷转弯。"别管是不是友军,先打,不能让它继续开火了!"

"鸟海"号朝"阿斯托利亚"号发起一轮又一轮齐射,炸毁二号炮塔,塔内炮手尽数战死。"阿斯托利亚"号甲板起火,消防管全部破裂,停在原地动弹不得。

附近的重型巡洋舰"昆西"号由于一架侦察机与油库中弹而燃起大火,成为一个极好的目标,遭到日舰交叉火力猛烈打击。"被他们包夹住了,"舰长S. N. 穆尔通过电话给炮手下令,"朝死里开火!"然而,敌军炮火势大,穆尔独木难支,只得命令信号兵将军舰搁浅在左舷4海里外的萨沃岛上。不料一枚炮弹炸在舰桥上,一众官兵几乎同时殒命,尸体像玩偶一样飞向空中。穆尔身负致命伤,倒在舵前,他挣扎着试图爬起,最终呻吟着倒下。舰身急速向左舷倾斜,舰首开始下沉。

北队指挥官、"文森斯"号舰长里夫科尔此时仍未意识到战斗已打响。午夜之前,"拉尔夫·塔尔博特"号曾报告发现一架飞机,但里夫科尔与其余众人一样,认为那不过是友机,随后便上床休息去了。至于炮声,里夫科尔推测,或许是某些日军小规模舰队试图绕过南队,被发现后遭到轰击。而对于舰桥上感觉到的两次水下爆炸,以及远处舰炮的闪光,里夫科尔则作出另一种错误的猜测:南队正在朝敌机开火。

凌晨1时50分,探照灯打在北队三艘巡洋舰身上。里夫科尔并未紧张,只是颇感不悦,用无线电要求南队把灯熄掉。接着,500码外的海面上升起数道水柱,仿佛是给自己的答复。直到此时,里夫科尔才意识到战斗已然打响。"文森斯"号的8英寸口径炮展开射击,在一轮齐射中命中日舰"衣笠"号。不料船尾一架侦察机突然起火,就像"昆西"号一样,"文森斯"号也沦为敌舰的绝佳目标。里夫科尔下令作之字形行进以躲避致命一击,但还是有两到三枚鱼雷在左舷锅炉房爆炸。蒸汽压力持续下降,谁知又有一枚鱼雷击中一号锅炉房,"文森斯"号顿时失去动力,只得在原地打转。炮弹接连在甲板上爆炸,影片储藏柜与探照灯平台燃起大火。正当里夫科尔考虑弃舰逃生之时,日舰探照灯突然全部熄灭,炮击也戛然而止——正如开始时一样突兀。时间是凌晨2时15分。

三川发出信号:"全舰撤退。"左右两侧熊熊燃烧着的美舰残骸,让三川回想起箱根湖上的水灯节。其实,三川很想掉头,对盟军运输舰发起攻击,不过旗舰"鸟海"号也身中三枚炮弹,各舰之间又过于分散,重整战斗阵形至少需要一个小时。假如硬要击沉运输舰,那撤离之时天早已大亮,在返回拉包尔的漫漫长路上,势必会受到美军舰载机的连番打击。三川回忆起离开本土时,永野海军大将叮嘱自己的话:"日本海军不比美国海军,损失一艘舰船,要好多年才能补上。"同时,三川也想起驻扎拉包尔的第十七军谈及美国陆军时的轻蔑态度,他们口口声声称其不堪一击。既然运输舰上都是羸弱的敌人,那就犯不上拿宝贵的海军舰队去冒险。于是,三川下令返回拉包尔。

三川对舰载机的担忧合情合理,但事实上纯属多虑。弗莱彻已经驶离所罗门群岛,此时距离他得到戈姆利批准完全撤离,只有不到一个小时。

美国海军在三川手上,蒙受海上作战时最屈辱的一次失败。"昆西"号驶入"狭缝"后不久便沉入海底。一刻钟后,"文森斯"号同样宣告沉没。在冰冷暴雨之中,"阿斯托利亚"号与"堪培拉"号熊熊燃烧,最后相继葬身海底。此片海域后来被称为"铁底海峡"。

黎明时分,萨沃岛周边海域漂浮着油层,举目尽是军舰残骸,奄奄一息的水兵紧紧抱住海面的漂浮物。此次大败比爪哇海失利更为惨烈:美军四艘新式重型巡洋舰遭到击沉,1023人阵亡,709人负伤,日军却一舰未损。尽管三川没有袭击运输舰,但经此一役,包括运输舰、货船及扫雷艇在内的盟军大小船只,全部仓皇逃往努美阿。海军陆战队官兵被遗弃在瓜达尔卡纳尔岛和图拉吉岛上,弹药匮乏,粮食也只能维持一个多月。

美国海军方面就萨沃岛惨败展开多番争议,每每提及,便觉愤恨不已,羞愧难当。官方调查后没有对任何人作出惩处,但里夫科尔舰长却近乎精神失常,就像那名古舟子①一样,逢人便喋喋不休,称多亏"文森斯"号一炮击中"鸟海"号海图室,才保住运输舰免遭大难。博德舰长则自杀身亡。

---

① 古舟子,英国诗人柯勒律治叙事长诗《古舟子咏》(*The Rime of the Ancient Mariner*)之主人公,由于射杀一只信天翁而导致同乘船员纷纷遇难,自己幸而生还却愧疚难当,遇人便讲述此段经历。——译者注

第十五章 绿色地狱

1

尽管萨沃岛大捷使得美军占领瓜达尔卡纳尔岛之举不再有意义,但瓜岛陷落本身依然让日本海军恼火不已。强忍着耻辱,海军非正式地询问陆军参谋本部作战参谋,是否同意扫荡岛上美军。对方询问此次行动需要多少部队。海军回答,不需要太多。美军进攻瓜岛不过是一场2000名左右海军陆战队官兵的小规模行动,敌人一年之内不可能通过所罗门群岛发动大规模反攻。

陆军作战参谋同意将计划上报给东条。周末之前,陆军参谋本部便电告身在拉包尔的百武将军,令其派遣6000人扫荡瓜达尔卡纳尔岛,这其中包括海军特别陆战队500人,川口支队3500人,原定攻占中途岛、此时已返回关岛的一木支队2000人。

川口支队的指挥官,正是那个蓄着髭须,试图拯救菲律宾首席大法官桑托斯却未果的川口清健将军。此时,川口身在帕劳群岛中的小岛科罗尔,那里位于棉兰老岛以东约600海里。当收到调动至所罗门群岛的命令时,他便本能地意识到美军的进攻事关重大。他拿出一张所罗门群岛地图,指着一个小点,对《每日新闻》记者西野说道:"我们的新目的地在这儿,嘎达鲁卡纳鲁。你可能觉得小小一岛掀不起什么大风浪,确实,惊心动魄的大战不会有,但我敢说此战的重要性非比寻常。"川口严肃地预言,该岛将成为太平洋争夺战的焦点。"你若要继续随军同行,就等于把性命交在我手里了。也很有可能,我们都会战死沙场。"西野表示不会退缩,两人握了握手。

两天后,即8月15日晚,川口指示各队长给士兵预支三个月军饷,因为"此次任务至关重要",许多人可能阵亡,"让弟兄们往家里多寄点钱,剩下的好吃好喝一顿,在菲律宾尽情度过最后一夜。"

日出后不久,在通宵庆祝后的欢欣氛围中,川口支队3500名士兵登上两艘万吨排水量级别的运输舰。热带阳光炽烈如火,"佐渡丸"号甲板滚烫,西野穿着胶底运动鞋也站不住脚,便下到船舱处。他看着士兵鱼贯拥入宽敞的船舱,挤在铺位上。风扇吹出的也是热风,于是,他又重新回到甲板。阵雨刚过,甲板上冒着丝丝水汽。

正准备起锚时,岸边突然跑来一条大黑狗,一跃上船,东奔西跑,最终找到自己的主人——一个名叫上野的年轻中尉。"得啦,是我的错。"中尉一脸歉意地对狗说道。原来,上野在前一日晚上,将这狗送给了别人。

一连三天三夜,两艘运输舰以16节速度朝东南方向驶往拉包尔。众官兵闲来无事,便在甲板上活动,有人唱着军歌慢跑,有人休息,也有人做体操。炎热的天气并未削减日军的士气,晚餐时温热的啤酒更让官兵情绪高涨。众人夸口道,美军根本不足为惧,只要夜战,一打一个准。日军的训练手册上写道:"西方人目空一切,却胆小如鼠,缺乏阳刚之气,十分不习惯在雨中、雾中或黑暗中作战,他们认为不应该在夜晚作战杀敌,夜晚只适合跳舞。彼之弱点,正是我之绝佳机会。"众人津津有味地回忆当初征服婆罗洲时是如何的摧枯拉朽,一名年轻人说道:"当时一轮炮火下去,岛上连片完整的叶子都找不见。这个'达卡鲁纳鲁',我也得让它寸草不生!"

"什么'达卡鲁纳鲁',那叫'嘎达鲁卡纳鲁',"一名军曹纠正道,"至少把名字记住,行不行?"

此时,六艘日军驱逐舰停靠在瓜达尔卡纳尔岛北岸的塔伊乌角,该地西距简易机场仅 25 英里。小艇从船上降下,一木支队第一梯队 915 名官兵在一木清直大佐率领下,于 8 月 19 日 0 时之前成功登陆。与美国海军陆战队当初登岛时一样,他们没有遭遇一枪一弹的抵抗。

一木电告拉包尔:入侵成功。拉包尔方面给出的命令是原地待命,等第二梯队于一周内前来会合,再一同去夺回那座在 7 月份便接近竣工的简易机场。然而,由于过分自信,一木并未从命,而是只留下 125 人把守海滩,自己率余部沿海岸发起进攻。

美国海军陆战队指挥官通过那六艘驱逐舰之航迹大致能够推断一木的部队已经上岸,只是证据不够确凿。不过,结合日军于机场以西登陆(那是日本海军特别陆战队的 500 人,始终未能在战斗中发挥重大作用)的报告,范德格里夫特将军相信敌人正在筹划一场大规模反攻,于是朝岛屿东、西、东南三方向派出侦察队,同时命令一个名叫乌查的军士长(此人是土著,也是澳大利亚海岸观察处的马丁·克莱门斯手下的侦察员)先向南巡逻,然后绕至北部海岸。

罗圈腿乌查带领手下只用一天多一点的时间,便抵达北部海岸。8 月 20 日,乌查发现一木支队。(一木此时距离机场不足 10 英里,最近一封发往拉包尔的电报中,语气十分乐观:全无敌影,如入无人之境。)为获取更多情报,乌查继续匍匐向前,不料被日军发现,并带到一木面前。衣服被剥掉时,一小面作为纪念品的星条旗从缠腰布里掉落出来。见乌查拒绝开口,日军便将他绑在树上,用枪托死命殴打他面部,直至血肉模糊,却只是得到摇头的答复。日军大怒,对准其胸口扎下两刀,乌查还是一言不发。最后,一名士兵举起刺刀,刺入乌查的喉咙。

然而,乌查顽强地活了下来。黄昏时分,一木率 790 人离开海滩后,乌查咬断绳索,凭借惊人的毅力爬回海军陆战队驻地,气喘吁吁地回报称,日军正在接近美军外围,"可能有 250 人,也可能有 500 人。"说罢,他便昏迷过去。良久,乌查醒来,又补充一句:"我什么都没说。"

距离简易机场一英里稍多点的地方,有一条流速极缓的小河,名叫伊鲁河——美海军陆战队误将其认作泰纳鲁河——是一道天然防线。该河东岸有一座椰林,一木正在林中整顿队伍,他确信对岸必有海军陆战队。

在伊鲁河口,一木发现一道宽约45码的狭窄沙堤,拦住几乎静止的碧绿河水,形成一座连通两岸的天然桥梁。

一木满心以为奇袭天衣无缝,谁知美军在乌查提供的情报之外,还得到一名海军陆战队巡逻兵缴获的日军地图,也早已在对岸布下天罗地网。凌晨1时30分左右,一木下令进攻。迫击炮弹朝美军阵地飞去,机关枪朝对岸丛林猛烈开火,数百名日军士兵从椰林中拥出,高举着上好刺刀的步枪,山呼"万岁",朝沙堤冲去,边跑边任意开火,并投掷手榴弹。

迎接日军的是一连串步枪子弹,接着是潮水般的机枪扫射,将挥舞着军刀冲锋在前的日军军官一一击毙。榴霰弹从37毫米口径炮中射出,又消灭数十名日军。在强大的美军火力面前,只有极少数日军冲过伊鲁河,而那些活下来的日军都被迫逃回椰林。

范德格里夫特派遣伦纳德·克雷斯韦尔中校率一个预备营从南部发起反攻。日出时分,克雷斯韦尔已顺利渡河,沿河东岸纵兵直下,于下午2时接近椰林,成功切断一木退路。

然而,日军不会选择投降。伤员尖声呼叫,美军闻声前去救援,反而惨死在手榴弹或狙击枪下。海军陆战队面临的是一场前所未闻的战争,一场不需要怜悯之心的战争。因此,范德格里夫特决定派出一支轻型坦克小队以终结此战。

黄昏前后,五辆美军坦克压过沙堤上成堆的日军尸体,朝椰林冲去。37毫米口径炮射出榴霰弹,击毙狙击手,直接撞倒棕榈树,将走投无路的日军统统碾死。履带沾满血肉,这些坦克酷似一台台"绞肉机"。榊原中尉与一名士兵跳入海中,头部没入水里,只把鼻孔偷偷露出水面,方才逃脱。

日落时分,椰林中只剩下极少数日军,聚集在身负重伤的一木身边。一木握住满是鲜血的联队军旗,下令"把旗烧掉"。此时一辆美军坦克恰好驶来,旗手连忙洒上汽油,点燃火柴,将浸透了一木鲜血的旗帜付之一炬。坦克朝日军碾压过来,一木在履带压到自己身上之前,迅速拔出军刀,切腹自尽。

在海军陆战队的榴弹炮及榴霰弹的打击下,椰林内遍地是日军尸体。

坦克履带将尸体碾成肉酱,留下一道道行进过的踪迹。死亡笼罩着整片椰林。美军以35人阵亡、75人负伤的代价击毙近800名日军。天黑之后,榊原中尉与那名士兵才敢爬出海面,沿海岸逃回到那守卫物资的125名战友中去。

直到此时,身处东京的陆军和海军高层才开始一致认真看待瓜岛上美军的威胁。山本大将表示,海军愿意全力支持陆军,夺回该岛。在山本看来,联合舰队依旧需要将美海军引入一场决定性海战,瓜岛无疑是中途岛之后的另一个机会。

一木剩余的部队与500名受过陆战步兵训练的水手分乘四艘低速行进的运输舰,本已朝瓜达尔卡纳尔岛开去,却突然接到返航的命令,与瓜岛支援舰队会合。该舰队为山本匆忙集结而成,正朝南驶向所罗门群岛:六艘潜艇打头;总司令近藤中将率六艘巡洋舰和一艘水上飞机母舰紧随其后;再后面是新组建的机动部队,依旧由南云指挥,但大型航母只剩下"翔鹤"号、"瑞鹤"号两艘,由两艘战列舰、三艘重型巡洋舰护航;与之同行的还有一支牵制部队,由轻型航母"龙骧"号、一艘重型巡洋舰和两艘驱逐舰组成,其目的是在最佳时期出动,引诱美军航母露头。

日军大规模水面部队南下的消息,很快便传到美军耳中。戈姆利将军别无选择,只得正面应对此一全新威胁,命令弗莱彻指挥第六十一特遣舰队前往迎战。该部队由三艘大型航空母舰("企业"号、"萨拉托加"号、"黄蜂"号),七艘巡洋舰和十八艘驱逐舰组成。8月23日拂晓时分,弗莱彻抵达瓜达尔卡纳尔岛以东150海里的海面,此处乃是抵挡日舰攻势之绝佳位置。数小时后,一架美军巡逻机发现由一艘轻型巡洋舰与五艘驱逐舰护航的四艘日军运输舰,便发回电报称,日舰正开往瓜达尔卡纳尔岛。这些舰船由田中赖三少将指挥,此人胆大心细、诡计多端,一直朝南行驶直到下午1点,而后突然掉转航向,将运输舰开至美军空袭范围以外。五小时后,近藤大部队抵达田中以东40海里的海面,依样画葫芦掉头而行,同样未被美军发现。

弗莱彻受到田中此举误导,认为未来数日内不会爆发大规模战斗,便让"黄蜂"号及其护卫舰只驶往南边补充燃料。此一错误决定,使得弗莱彻在开战之前便损失掉三分之一的战力。

8月24日黎明前,日军牵制部队突然掉头南进,以引诱美第六十一特遣舰队。接着,日军其他舰只也纷纷掉头,潜伏在美军视野之外,等待弗莱彻上钩。上午9时5分,一架美军巡逻机在第六十一特遣舰队西北280海里处发现由一艘小型航母与三艘护卫舰组成的牵制部队。两个半小时后,弗莱彻得到报告称,该部队距离美舰已不足250海里,正当他犹疑不决之际,下午1时30分,雷达屏幕显示敌机正朝瓜岛飞去。弗莱彻终于下定决心。

来者是从"龙骧"号航母起飞的15架战斗机与6架轰炸机,目标是新近竣工的瓜达尔卡纳尔岛机场(美军将其命名为"亨德森机场",以纪念在中途岛海战牺牲的洛夫顿·亨德森少校)。美军有大量飞机以该机场为基地,其中包括海军陆战队两个飞行中队的19架"野猫式"战斗机与12架"无畏式"俯冲轰炸机,以及一个陆军飞行中队的14架P-400战斗机。

弗莱彻迅速下令,不到十五分钟,30架俯冲轰炸机与8架鱼雷轰炸机从"萨拉托加"号升空。两小时后,"无畏式"轰炸机发现"龙骧"号,便从14000英尺的高空向它俯冲投弹。攻击过程中,6架道格拉斯公司生产的"破坏者"也加入战局,从200英尺的低空掠过,投下鱼雷。小型航母"龙骧"号身中至少4枚炸弹与1枚鱼雷,向右舷倾斜20度,最终动弹不得。

"龙骧"号虽然难逃一劫,但其主要使命已然完成:它转移了弗莱彻的攻击,使"萨拉托加"号与"企业"号暴露在机动部队面前。51架"野猫式"战斗机试图掩护两艘航母,最终却未能阻挡住25架"九九式"俯冲轰炸机突破这道防护网。下午5时14分,一枚炸弹穿透"企业"号的五层甲板,在军士长卧舱附近爆炸。另外两枚带有瞬发引信的炸弹则将飞行甲板炸毁。待大火得到控制时,牺牲人数已达76名。"企业"号被迫返回珍珠港接受大规模维修。

手头只剩下一艘航母的弗莱彻无心夜战,明智地决定南撤。南云一直追到晚上8时30分,最终放弃。所罗门群岛东部海域爆发的战役就此宣告结束,与珊瑚海之战类似,从表面上看双方胜负未分:日军损失一艘

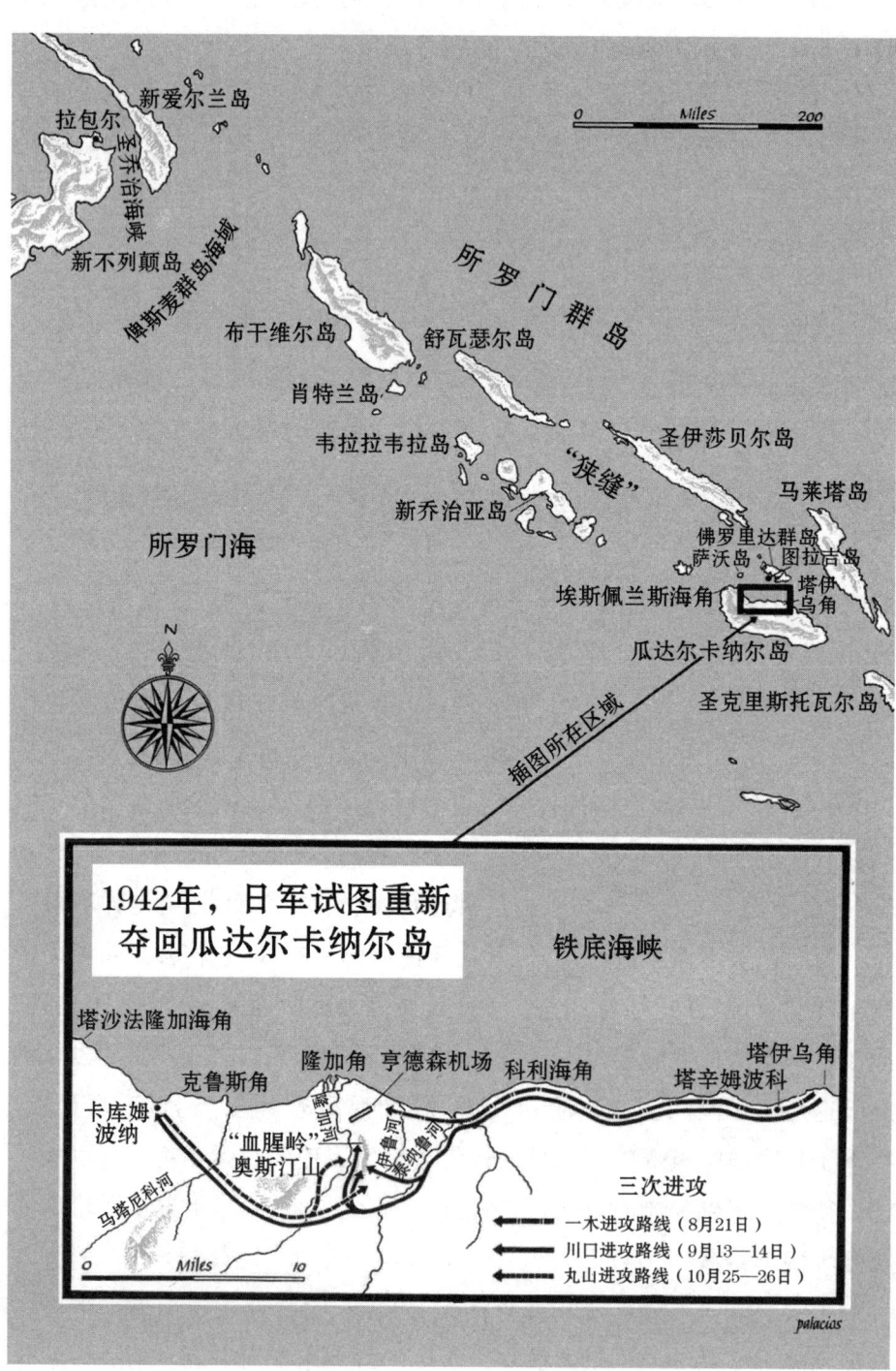

小型航母,弗莱彻的"企业"号两个月内无法重返战场。然而,更重要的是,南云在此战中损失70架飞机,弗莱彻则只损失17架。日军承受不起损失这么多经验丰富的机组人员。如珊瑚海战役一样,日军又一次认为美军惨败。生还的飞行员回报称,共击沉或重创三艘航母、一艘战列舰、五艘重型巡洋舰、四艘驱逐舰。三艘航母之中还包括"大黄蜂"号(事实上,该舰根本没有参战);杜立特偷袭东京的耻辱已获洗刷。

瓜岛支援部队已然撤退,田中却依旧固执地沿所罗门航道南下。运输舰抵达瓜岛最快也要在天亮之后,田中也明白其中风险极高,为尽可能降低风险,他派遣五艘驱逐舰先行一步,对亨德森机场上的飞机展开炮击。整整一夜,五舰沿北海岸持续朝机场开火,而后离开与南下的运输舰会合。

次日上午9时35分,R.C.曼格拉姆中校率八架海军陆战队俯冲轰炸机从亨德森机场起飞,打算寻找日军航母,却意外发现田中的运输舰及护航舰,便朝田中的旗舰——轻型巡洋舰"神通"号,还有运输舰"金龙丸"号猛冲下去。"神通"号中弹,勉强逃脱,只得留下被抛弃的"金龙丸"号在海面上熊熊燃烧。驱逐舰"睦月"号试图营救落水官兵,谁知又遇上来自新赫布里底群岛的圣埃斯皮里图岛的八架B-17"空中堡垒"。"睦月"号舰长烟野健二少佐对"空中堡垒"的高空轰炸视而不见,一心扑在营救行动上,于是成为B-17眼中的活靶子。随着三枚炸弹命中,烟野只得弃舰,泅水逃生。游到安全地带后,烟野气喘吁吁地说道:"想不到B-17也有打中目标的时候。"

田中依旧不打算放弃,下令继续朝瓜岛前进,打算趁白天让1500名增援官兵登陆。直到拉包尔方面传来电报,令其立即返回肖特兰。肖特兰是布干维尔岛外围的一座小岛,是通往瓜达尔卡纳尔岛的跳板,美军称之为"东京特快"。

8月29日上午,田中与川口将军会面时,他对惨烈的战斗仍然记忆犹新。川口原定将指挥支队的3500名士兵对亨德森机场展开第二轮进攻,他取道拉包尔而来,此时刚好抵达肖特兰,希望田中提供驳船,以使部队尽快抵达瓜达尔卡纳尔岛。田中并不排斥提供船只,但坚持要求他们乘驱逐舰登岛。川口提出异议称,一木支队之所以惨遭歼灭,正是因为搭乘驱逐舰,无法携带足够的装备及口粮。争论持续到次日,田中基于亲身经历据理力争,终于将川口说服。黄昏时分,川口在运输舰的食堂召集部下,宣布转乘驱逐舰前往瓜岛。然而,联队长冈明之助大佐认为此举风险过高:"敝人认为不如乘摩托艇,可以避人耳目地在各岛之间转移。"

闷热的食堂里,川口与冈明之助就"耗子快车"(驱逐舰)与"蚂蚁速运"(摩托艇)孰优孰劣唇枪舌剑地展开争论,最终以川口的妥协结束。"这样,我亲率主力部队,乘驱逐舰奔赴塔伊乌角。冈大佐率指挥部人员和第一大队乘摩托艇前往瓜岛西北端。"川口在一幅大型地图上画出两个红色标记:一个是塔伊乌角(当初一木登陆之地点),川口本人率2400名士兵于该处上岸;另一个是机场以西约10英里的卡库姆波纳,由冈明之助率1100名士兵于此登陆。两人打算从东西两处出发,同时向腹地挺进,在亨德森机场后方会合,联手发动进攻。

川口将军踏上一个装苹果酒的空箱子,说道:"诸位,在我看来,我军力量正来自信仰。勇者恒胜,从不会怀疑胜利的可能性。距离战场还有足足300海里,途中很有可能受到袭击。"两天前,先遣部队曾受到袭击,但依然乘驱逐舰在塔伊乌角成功登陆。"但我们难道不是百炼之师?本人在此起誓,诸位为我见证:此战必歼灭敌军!挺进瓜岛!"

"挺进瓜岛!"

"我等誓将血战到底!"一名军官高声呼喊,举杯祝酒。

记者西野随川口走上甲板。士兵与下级军官正一个个纵身跃入碧绿色的海水中,游回各自舰上。

"小伙子们还有得练呢,西野先生。"川口说着,发现一名年轻中尉正叼着香烟,倚在栏杆上,衣服穿戴得整整齐齐。"中尉,怎么回事?"川口喝道,"为什么不一起游回去?"

中尉连忙把香烟扔进海里,站出立正军姿,嘟嘟囔囔地找着借口。"部队里总是有些懒骨头,"川口说着,一把将中尉推下栏杆,"打起仗来可不管你会不会游泳,掉进海里就得浮起来。"

午夜时分,川口支队全员都已改乘驱逐舰或摩托艇,西野则与川口一起登上驱逐舰"海风"号。两人在将军卧舱坐定,见没有旁人,川口透露道,美军在岛上的工事坚固,补给也源源不断。"每每想到这里,我就觉得,凭我们这样一支小部队,要夺回机场似乎是天方夜谭。一木支队的覆灭,难道不是前车之鉴?大本营太不把瓜岛上的海军陆战队放在眼里,总觉得皇军一上岸,美军就会当场投降。"川口讲着讲着,突然反应过来有所失言,连忙道,"这些问题,不该由我们在这儿讨论。"

一阵凉风吹过,西野从睡梦中醒来。时间是 8 月 31 日上午 8 时 25 分,出发军号响起,八艘修长的驱逐舰两两并排,以 26 节的航速朝东南方向驶去。船舱深处传来螺旋桨的轰鸣,热气令人窒息,西野只好来到甲板上,却险些被强烈的海风吹倒。天色阴沉,对于驶入危险航道的日军舰队而言是一个好消息。海浪随着狂风扑上甲板,西野无奈,重新返回舱内,正好听见一名军官告诉士兵,抵达瓜岛的时间应该是在午夜前数小时。一名士官检查士兵的救生衣,高兴地说道:"不用担心空袭啦。"

整个白天充满紧张的情绪,水兵连番请求陆军官兵为瓜岛上惨遭敌军算计的战友报仇。陆军保证"把扬基佬一网打尽"。晚餐后,水兵拿来啤酒、苹果酒、烟草与糖果。一名醉醺醺的水兵喊道:"海上我们负责,岛上你们负责,行不?祝旗开得胜!"说罢,便与周围的陆军士兵一一握手。

一名陆军士兵拿出 1 包皱巴巴的"金鸢"香烟①,交给一名水兵,说道:"日后若能活着相见,就抽根烟庆祝吧。"另外两人则交换剪下的指甲。"如果我战死,请把指甲交给我儿子,他才两岁。"陆军士兵说道。"这是我母亲的姓名、地址。"水兵说道。

黑暗之中,八艘驱逐舰上下颠簸,全速前进。身后的海面上聚集着无数萤火虫,航迹仿佛是一场无穷无尽的烟花秀。陆地的黑影悄然出现在半海里外,那是塔伊乌角。汽艇、小型快艇、划艇纷纷被放下,众官兵悄无声息地转移到小艇上,舰炮则对准岸上成排的椰子树。西野跳入一艘小

---

① 金鸢,日本著名香烟品牌,本名"金蝙蝠"。"二战"期间,由于此类来源于欧美文字的名称皆被划归为"敌性用语",故改名为"金鸢",取自传说中神武天皇东征之故事。——译者注

艇,身边只有士兵搭船的轻轻的脚步声,除此之外一片寂静。小艇在沙滩上搁浅,西野笨拙地从船侧翻出,海浪裹挟着萤火虫的光芒,将他推向岸上。西野原本以为椰子树与棕榈树丛中会射出炮火,但只有战友登岸与海浪翻涌的声音传入耳中。

西野晃晃悠悠走到干燥的沙滩上,看了看表:东京时间9时01分,瓜岛要晚一个小时。萤火虫环绕在他的腰部以下,整片长滩上发光的人群形成一条舞动着的荧光长龙。那场景如梦似幻,西野不禁看得出神。

"太漂亮了。"身边一人感叹道。

西野正朝丛林走去,突然听到一个声音问道:"你是哪支部队的?"西野驻足一看那个黑影,原来是一名日军士兵,身上军装已破烂不堪。接着又有几个身影从丛林中闪出,就如鬼魅一般。原来,他们是一木支队第一梯队的幸存者。

"可算见到自己人了,"那名形容憔悴的士兵说道,"先把身上那些鬼虫子扑掉,敌人在天上能看得到。"接着又焦急地指着地面,声音颤抖地说:"在沙滩上留下脚印等于是自杀,每天都有美军飞机来轰炸。"一木残部的数人拿来棕榈叶,熟练地扫掉地上的脚印,边扫边退回丛林,向西野鞠过躬,而后消失在林中。

川口向驱逐舰敬礼告别,率众进入丛林。为避免在黑夜中失去方向,每个人只得把手搭在前面一人的肩上。队伍来到一条小河旁,河上架着一棵倒下的树木当桥。西野看不见河水,但从流水声判断它肯定很深。双脚踏上湿滑的树干时,西野吓得失魂落魄。一旦失足摔下去怎么办?身上的背包可有70磅重,肯定会把自己拖入河底。西野不由得默数起包里的物品:一台摄像机、两架照相机、各项摄影器材、衣物、食品,以及五本书——一本汉诗选、一本所罗门群岛地理书籍、两本法国诗集,以及一本英文版的《大地》。

默数清点完毕,西野正好也过了河,突然一脚踩上什么东西,软得像是海绵垫子。巨大的雨滴穿过密集如雨伞般的树叶,很快便演变为一场阵雨。小径遍地是荆棘密布的藤蔓与盘根错节的巨木,川口等人行军困难,便停下脚步,蜷卧在地上,试图在大雨之中入睡。西野冷得发抖。蚊子蜂拥而至,狠狠叮食其鲜血,感觉就像在轮番给他打针。

天还未亮,众人便被唤醒,继续在丛林中摸索,最后绕回海岸。黎明时分,部队来到塔辛姆波科,该地位于塔伊乌角以西三英里的海滩附近,乃是一座荒村。众人在村里吃到登上瓜达尔卡纳尔岛后的第一餐。餐食由海军准备,装在每名士兵的饭盒里。日军的饭盒是一种金属制有盖餐具,大小与形状都近似双筒望远镜盒。众官兵没想到饭菜竟如此丰盛——白米饭、整条干鱼、鱼肉酱、熟牛肉——纷纷把饭盒高举到前额,鞠躬以示感谢。

早餐还没吃完,上野中尉登船时带来的那条大黑狗突然狂吠起来。"敌机来袭!"中尉惊呼一声,卧倒在地。远处传来沉闷的引擎声,顷刻间,十余架飞机低空掠过,震得树叶沙沙作响,径直朝塔伊乌角飞去。

整个上午,从亨德森机场起飞的P-400飞机、"野猫式"战斗机与俯冲轰炸机持续沿海岸搜索,但大黑狗的吠叫每次都能提前预警。美军未能发现目标,便开始狂轰滥炸。西野躲在一根巨木后面,曳光弹在身后成排落下,他不由得联想到缝纫机的针迹。炸弹飞落的呼啸声传来,接连而来的爆炸撼动着大地,树枝与泥土纷纷落在他身上。十余名日军在轰炸中身亡。

当夜,西野睡在村里一间废弃小屋里,突然被一阵喊声吵醒:"警备中队,集合!"一个人影探进小屋,说道:"各位记者,快去总部报到。"西野与其余五名记者连忙穿过漆黑的丛林,朝海滩方向跑去。过于焦急的西野一路上多番撞在树上,最终抵达川口的指挥所。该指挥所设在一处俯瞰海面的沙丘后面,海浪的隆隆声中夹杂着引擎声,遥遥可闻。

"准备开火!"

从沙丘边缘望去,西野看到一艘登陆艇的轮廓,出现在不足100英尺外的海面上。想到自己没戴钢盔,西野很担心自己没来得及交第一篇报道就丧命沙场。

"开火!"

子弹打在登陆艇两侧,然而无人还击。海上传来日语的喊叫声:"胳膊!我中弹了!"

"停止开火!"沙丘后面的一名军官喊道,"是友军!"

"喂!"沙滩上传来招呼声。原来,登陆艇上的是一木支队第二梯队,他们来此是为与川口会合,共同攻击亨德森机场。方才的一连串射击共造成两人死亡、八人受伤。而更糟糕的是,枪声将美军吸引过来。数分钟内,照明弹将丛林照得通明,飞机开始对村庄与海滩展开扫射与轰炸。一名年轻士兵痛苦地喊道:"我受伤了!肩膀好疼!"见那士兵疼得表情扭曲,西野从旁拿起一条毛巾,为他包扎伤口。"您别笑话我啊,"年轻士兵说道,"接下来还有仗要打,真正的痛苦还在后面,对吧。"

尽管阵地已被美军发现,川口依旧拒绝后撤,而是继续等待冈大佐在亨德森机场以西登陆的消息。此时,川口有些后悔当初不该动摇立场,让冈乘"蚂蚁速运"出发。在冈大佐杳无音信的日子里,范德格里夫特每天都派出飞机前来扫射与轰炸。有一天西野数着空袭次数,竟有71次之多。整片村庄地区化为焦土,遍地是弹坑与闷烧着的树干。日军不敢生火,只能靠水果与生米充饥。

9月4日凌晨3时,冈大佐的消息终于传来:他正乘摩托艇"接近"瓜岛。川口不敢打破无线电静默,便命令一个名叫中山的中尉带领三名士兵,绕过机场后方,前去寻找冈大佐,转达两面夹攻之详细计划。川口表示,此项任务极其危险,但此战之成败取决于是否能够抓住完美时机。中山得到一个沙丁鱼罐头,那是川口离开帕劳时唯一携带的私人食品。

侦察兵出发两日后,即9月6日黄昏时分,川口留下300名士兵与数门大炮守卫补给物资,自己率包含一木支队第二梯队1000人在内的3100名士兵,沿海岸出发。川口打算先赶往亨德森机场以东10英里的科利海角,而后向南进入丛林,绕到机场后方发动攻击。

舰只距离部队行进的海岸很近,川口甚至听得到船上绞车的声音。夜里,海面上传来隐隐约约的英语交谈声,川口下令全员就地卧倒。西野抬头向海面张望,发现一队船影出现在月色之下,似乎由一艘巡洋舰打头,五艘驱逐舰与五艘运输舰在后。随着各舰朝亨德森机场驶来,西野渐渐看得清甲板上水手的身影。那是西野第一次亲眼见到敌人。

川口猜测,那些舰船是要将海军陆战队官兵送上海滩,以对村庄发起突袭。此时不可能分散兵力,川口只能祈祷那300名守卫部队自求多福。

实际上,川口发现的并不是登陆部队,而是由两艘运输舰与一艘护卫舰组成的运输船队,从努美阿来到瓜岛运送补给。美国海军陆战队在塔辛姆波科附近登陆其实是在翌日夜里,地点就在村庄以北。留驻村庄的守卫部队仅进行象征性的抵抗,击毙美军两名后,便消失在丛林之中。海军陆战队返航时,带着缴获而来的文件与川口的军礼服。一名海军陆战队员指着军服评论道:"这狗杂种,看来是想在悉尼扮个社会名流。"

此时,冈明之助刚刚在亨德森机场以西30英里处登陆。行程延误的原因是空袭与狂风暴雨。所罗门海峡的航程堪称悲惨,一星期内,冈明之助的1100名士兵折损650人,剩余450人也弹尽粮绝,不再具有作战能力。

在对冈明之助部队的伤亡一无所知的情况下,9月8日,川口在科利海角附近召集手下军官,发布最后的作战指示。蒙蒙细雨之中,西野站在川口身旁,做着笔记。部队将继续西进,抵达泰纳鲁河后,溯流南上约2英里,在此地兵分二路:炮兵与一木支队的大部队士兵就地过河,径直向西,前往机场以东约1.5英里处;主力部队则继续南行数英里,沿弧形绕到机场以南。与此同时,冈明之助则率1100人前往机场以西布阵。攻击时间拟定为9月13日晚9时前几分钟,首先由东部炮兵展开轰击,营造主攻方向为东侧之假象。与此同时,海军亦从海上发动炮击。9时整,川口与冈明之助分别从南面与西面发起进攻。

"打下机场,靠的正是出其不意。"川口脱离笔记,抬头望着笔挺立在雨中、默不作声的众军官,雨水从八字胡边缘滴落。"诸位想必也清楚,美军最近获得大量兵员及物资补给,作战能力或已在我军之上。尤其是其空军,威力不可小觑。而挡在我军面前的不止敌人本身,还有行军途中的困难地形。显然,此战之艰难程度绝非往昔可比,你我战后重逢之可能性也微乎其微。养兵千日用兵一时,誓为天皇陛下捐躯!"

"是!"众军官异口同声喊道。

雨势渐渐减弱。突然有人喊道:"飞机!"众人正要疏散,却听到一阵近似嘲讽的"咯咯"声,抬头一看,竟是一只鹦鹉,正在笨拙地振翅飞行。

连日以来，鹦鹉已学会说两个日语单词："喂，上等兵!"看来，它已学会一个新词。

与众军官一样，川口也笑出声来，随即拿出一小瓶威士忌。"各位，咱们先饮一杯，算是壮行。"说着便往每名军官的水壶盖里倒入几滴酒，又转向西野："西野兄也请。"

沉闷的爆炸声从远方传来，西野以为那定是美军的火炮。数日以来，此类炮击声昼夜不停。但其实，那是日军轰炸机在空袭亨德森机场；夜间的爆炸则是来自海军军舰的炮击。

"祝支队武运昌隆!"川口说道，"干杯!"

众军官各自返回部队，一支小队开始焚烧重要文件，川口指着油印地图上敌军的阵地，对西野说道："别管陆军大学课堂上怎么讲，实战中通过夜袭攻破敌阵乃是难上加难。"接着他压低声音："日俄战争中有那么几个战例，但都是小规模行动。假如我们在瓜岛打赢这一仗，这必将成为世界军事史上的奇迹。"

部队朝腹地进发，深入那片似乎无法踏足的丛林，一路翻山越岭，在黑暗的热带森林中穿梭。由于是夜间行军，众人难免被树根绊倒，或是掉进坑里。有人发现一种发磷光的苔藓，大家便拿它来涂在前一人的背部。沼泽地带散发着腐烂植物的恶臭，遍地潜藏着危险，部队花费数个小时才走完几百码的路程。体能上的困难暂且不论，时刻担心美军伏击也构成一种精神上的压力。

几名助手早就把相机及各种补给品扔在半路，西野却什么都不肯丢，亦步亦趋地跟在长腿的川口将军身后，一丝不苟地将川口的一言一行记录下来。

饮用河水使部队中很快便爆发痢疾，半数以上士兵同时还染上疟疾。维持生命的食物只有少量鱼干、饼干及糖块。大米还有很多，但无人敢生火起炊。9月10日，队伍抵达泰纳鲁河，炮兵与一木支队的大部分人员于此径直朝亨德森机场进发。川口及主力部队则继续南进，打算自后方包抄机场。

一星期以来，中山中尉带领三名部下——安部伍长、稻永兵长与森田上等兵——一直都赶在川口前面,试图与冈明之助取得联系。四人饥肠辘辘,精疲力竭,军装残破不堪,身上也被割开深深的伤口。原来,四人遇到一名土著带着一群猛犬,他们用军刀与刺刀进行了一番血战才将其击退,之后又在一条山间小溪涉水行进数英里,却发现水越走越深,最终只能折返而回。

川口兵分两路的那天,四人听到引擎发动的隆隆声。他们意识到机场就在附近,便转而西进。每经过一处开阔地带,四人都希望能遇上冈明之助,却始终没见到半个人影。黄昏时分,饥饿终于战胜忍耐,中山把最后的食物——川口赠送的那罐沙丁鱼打开,分而食之。鱼肉刚一入口,就好像融化开来。四人抓住藤蔓吮吸汁液,躺下入眠。次日一早,一条深蓝色的大河挡住几人去路。(这是蜿蜒曲折的隆加河,其下游一英里处流经亨德森机场。)四人沿着河岸,涉水朝海岸方向走去,在午后来到一座小荒丘。中山登上小丘,发现山坡对面有一群美军士兵正围着炊火,席地而坐,煎炸肉类的声响与香气令人垂涎三尺。这是美国海军陆战队西侧防线的核心地带。

四名侦察兵绕过美军,来到一片开阔地带。此处原本是林地,树木皆已被轰炸破坏。四人发现十几个散兵坑,里面空无一人,只剩下一箱箱被遗弃的弹药与罐头口粮。中山心想,美军过的是什么神仙日子!四人狼吞虎咽饱餐一顿,好像"重获新生"一般。突然,一人不小心放出屁来。

"终于找回活人的感觉啦!"中山说道。

"扬基佬,吃我一屁!"那人趾高气扬地说。

过河之后,四人继续西行,穿过一片茂密的丛林,来到另一片开阔地带。毒辣辣的阳光炫人眼目。

"喂!"

四人一惊,连忙转身,发现是一名裸着上身的日军水兵,端着步枪,直直地盯着他们。四人上前抱住水兵,用拳头轻轻捶打他以示亲切。水兵的双眼闪闪发亮,大得异常。他连声感谢:"见到你们,真是久旱逢甘霖啊。"此人原属驻守机场的部队,自美军登岛以来,他们一餐未进,只靠浆果度日。浆果虽然味道甜美,但入口即化,毫无饱腹之感。部队里每天至少有一人饿死,临死前全无怨言,只是"舔舐手掌",为了最后尝尝盐味。讲到伤心处,那水兵扑通跪倒,痛哭流涕道:"弟兄们,为我们报一箭之仇。"

四名侦察兵沿丛林朝西继续跋涉,两日后终于抵达距机场七英里的马塔尼科河。此时已是9月13日上午,计划中发动总攻的日子。四人也不清楚究竟来不来得及找到冈大佐,他们转而朝北,沿河而下,最终在下午2时50分发现一支部队正在渡河。这些士兵身材矮小,正是冈大佐的队伍。

中山拼着最后一口气,把川口的作战计划讲出,刚一说完便瘫倒在冈大佐脚下,气若游丝地说,自己已准备好战死沙场。

"黄泉路上你不会孤单。"冈说罢,看了看表,距离计划中的攻击时间只有六个小时了,于是打破登陆以来始终保持的无线电静默,通知川口自己正在向东行进。

川口早在前一天夜里就已抵达出击点——亨德森机场以南三英里的一座小山。在茂密丛林的掩护下,部队对装备进行最后检查。川口召集各中队长、小队长展开最后动员,表示部队必须趁夜突破美军防线,夺回机场。"弟兄们须奋勇杀敌,日出之前消灭敌军。为天皇献身,就在明日!"当初在拉包尔时,情报显示亨德森机场由5000名美军把守。此时自己手下有2100人,加上冈大佐的1100人,以及一木支队和炮兵的1000余人。假如一切顺利,并非没有打赢的可能。

2

13日天亮后不久,范德格里夫特将军检查了遭到日本海军轰击后亨德森机场的损失情况,对作战参谋说:"要尽全力把守机场,等到实在守不下去,就把剩余部队带到山上,打游击战。"尽管手头有19000人,范德格里夫特仍有寡不敌众之感。报告称,日军为数众多,多支分遣队已从机场东西两侧登陆,正在筹划夹击。同时,两个星期以来,几乎每个夜里,海军陆战队的阵地都会遭受日舰肆无忌惮的轰击,美军称那些袭击为"东京特快",恐慌情绪日益上涨。范德格里夫特的空中力量微乎其微,且几乎每日都要与日本轰炸机作战,损失惨重。至于新的飞机与机组人员何时能补充进来,将军本人也不清楚。

至少有一件事,范德格里夫特明白得很:一段时间内,自己指望不上海军的支援。前不久,特纳少将乘飞机来岛,带来戈姆利的口信:舰船、飞机、补给物资皆告短缺,海军无法进一步支援瓜达尔卡纳尔岛的作战行动。

整条防线上的海军陆战队得到命令:坚守阵地,加固铁丝网,先睡上一觉。敌人的攻击随时可能到来。

黄昏时分,川口的2100名士兵悄悄下山,朝机场进发。部队在新月的幽光中穿过草地,停下脚步,准备进攻。西野感觉有人握住自己的手,定睛一看,发现是上等兵林。自打从帕劳出发以来,两人便结为挚友。林大学毕业刚三个月便应召入伍,本已订婚,却接到命令,甚至来不及向未婚妻告别。"我可能活不过今晚,"林说道,"本来一直想着,战争结束回去和她成婚,现在不敢奢望了。地址写在这儿,如果我战死,你能给……我母亲写封信吗?"

西野握住林的手,加以宽慰,并表示,如果自己身亡,也希望林写封信寄给自己的妻子。众人悄声行动,将背包堆在一处。带有干净内衣的士兵换掉旧内衣,为的是整洁干净地赴死。军官相互把白襻①挂在肩上,以便士兵在黑夜中能跟上他们。一位姓仓挂的中尉更有妙招:此人在婆罗洲时,曾为妻子买下一大瓶娇兰②,此时他把香水洒在自己身上,说道:"跟着香味走!"

直到此时,川口才获悉,在部队与机场之间,存在一道自北向南、蜿蜒盘踞的山岭,它形成了天然屏障。绕道而行已来不及,川口下令从正面与两侧发起强攻,占领制高点。

西野手握笔记本,紧跟在川口后边,身上挂着一架伊斯曼8毫米胶片摄影机与两架照相机,看上去颇像墨西哥土匪胸前的子弹带。突然,有人脚滑摔了一跤,发出轻微的金属碰撞声。远处随即传来一声枪响。

---

① 白襻,日本服饰中斜挂在肩上的白色布条,两肩各一,在背部呈叉形十字。多在夜袭时作区别敌我之用。——译者注

② 娇兰,法国著名香水品牌,创立于1828年。——译者注

众人保持寂静，继续行军，一根树枝折断，又引来两声枪响。日军对敌人的反应速度感到诧异。一名军官偶然发现一根电线，便示意众人噤声，自己趴在地上一番摸索，终于发现一个形似麦克风的黑色小物件，想必是某种窃听设备。那名姓林的上等兵也发现三个类似的设备，便小跑到川口将军面前，敬礼立正，开口道："阁下先生！"

川口不禁笑出声来，向林解释道，称呼将官用"阁下"，称呼佐官用"先生"，"只叫我'川口阁下'就可以了。"

"可我觉得不加'先生'就太失礼了！"

部队小心翼翼地穿过茂密的灌木丛，来到山岭南端。川口不得不在此兵分两路。在丛林地带行军时，西野有一条鞋带断掉了，此时正在弯腰整理，有人突然撞在自己身上。

"山。"西野低声说。

"河。"对方答以暗号。

前方灌木丛中传出一声嘶喊，接着是一枚手榴弹爆炸。闪光之中，西野发现一名美军士兵，随即便有一个较为矮小的身影举着刺刀冲出，将那名美军士兵击杀。短暂的死寂之后，又有一枚手榴弹爆炸，接着是一声惨叫。西野闻到娇兰的香气，连忙跟上前去。

"有鬼子！在前面，五个人！"突然几名美军喊道，随后又沉寂无声。

距离晚9时只有数分钟时，一连串猛烈的爆炸声终于将寂静打破。那是川口布置的炮兵部队在吸引美军注意力。几乎同一时刻，遥远的北边传来隆隆炮响，接着是重型炮弹震耳欲聋的炸裂声。那是日舰又一次在轰炸亨德森机场。

9时整，"冲啊"的呼喊声沿战线响起，黑暗之中的日军军官背着诡异的十字白襻，率领2100名士兵朝山岭顶端冲锋而去。

负责把守此道蜿蜒山岭的是梅里特（"红麦克"）。埃德森指挥的海军陆战队，兵力约为日军的三分之二。突袭营①负责保卫中路及右翼，左翼

---

① 海军陆战队突袭者（Marine Raiders），"二战"期间美国海军陆战队特别设立的精锐部队，先后共设四个独立的"突袭营"，同时也是今日美军特种部队之前身。此处埃德森率领的是第一营。——译者注

则由哈里·托格森上尉指挥的伞兵部队把守。托格森此人身材魁梧,凶猛好斗,曾在图拉吉战役中用炸药袭击一个山洞,最后把裤子炸飞一大半。

随着红色信号弹升入天空,日军迫击炮接连开火,夜空仿佛布满烟花。照明弹挂在降落伞上,在美军头顶纷纷炸开,晃得海军陆战队官兵睁不开眼。左翼防线上,伞兵部队听到下方传来有节奏的枪托撞击声,日军一遍遍地重复着口号:"美国海军陆战队,明日黄泉去排队!"往下望去,黑暗之中,大量人影朝山岭蜂拥而上。

伞兵部队中打前阵的一个连几乎就要被包围,指挥官贾斯廷·杜里埃上尉下令释放烟幕弹。滚滚浓烟之中,美军发现爆炸的火光,有人大喊一声:"毒气!"整个连一片混乱,迅速从已然暴露的阵地撤出。该连的撤退,使得威廉·J.麦肯农少校率领的另一个连失去侧翼的掩护。不过,麦肯农很清楚,必须不惜一切代价守住山岭,否则机场必将沦陷,于是下令部队缓缓后退,左右散开。

托格森正沿山岭左翼游走,通过鼓励加斥骂的方式重新集结部队,他怒吼某些士兵的名字,令他们继续开火。见数名士兵正在退缩,托格森一顿拳脚,将他们赶回阵地。如此一来,整条战线重新向前推进。

在轻机枪稀疏火力的掩护下,日军冲锋迎战。麦肯农指挥三挺机枪开火,像打保龄球一般将敌人一个个撂倒。日军随即发起第二次冲锋,同样被美军击退。麦肯农心想,敌人攻势就像倾盆暴雨,一阵又一阵。

在山岭顶端,埃德森上校正与手下一名上尉通话,突然一个声音插进来:"埃德森上校,此处一切顺利,特此致谢。"显然,说话的不是海军陆战队官兵,而是已在某处拉起窃听线路的日军。如此一来,右翼突袭营便处于孤立无援的境地,必须迅速后撤。指挥部与前线的通话线路已被切断,埃德森只能派一名士官前去传令。炮火连天的战场上回荡着上校公牛般的吼声:"告诉他们,'红麦克'同意后撤!"

山岭的整个一端似乎已被日军团团围住。埃德森握着电话,趴在地上指挥作战。海军陆战队队员争先恐后地回撤,埃德森顺手揪过来两个从他身边跑过的士兵,吼道:"小鬼子有种,你们倒没有!"接着,他拿起话筒，望着滚滚而来的尘土，朝炮兵喊话："打得再近点儿，再近点儿！"

日军此轮冲锋以失败告终，但不到半小时，便又卷土重来。此次日军先释放烟幕弹，并用英语高喊："毒气袭击！陆战队去死！"浓烟与混乱之中，埃德森再也无法与手下各军官保持联系，只得下令寡不敌众的部下放弃战斗，撤退至距亨德森机场仅有半英里的山岭北段。

日军踩着尸体盲目冲锋。美军扫射的机枪、接连不断的手榴弹与迫击炮弹减缓了日军的速度，却无法彻底阻止他们。国生少佐①率领一个大队的余部朝山岭一侧冲去，途中发现一堆海军陆战队遗弃的口粮，他们便停下脚步，狼吞虎咽地消灭了火腿、香肠与牛肉。国生点起一根美国香烟，猛吸几口，命令部下继续冲锋，朝前方的高射炮阵地前进。"都跟着我冲，冲在最前面的那个永远是我！"说罢，他把钢盔往脑后一推，高举军刀，喊道，"突击！"

大队陷入美军交叉火力之中。待冲上一座炮台时，国生身后只剩少数几名步兵，以及一队手持竹矛作为武器的炮兵。他本人也面部负伤，血染军服，依旧高呼"万岁"，朝另一门高射炮冲去。尽管身中一弹，他仍挣扎着跳上炮台，举起军刀。突然一枚手榴弹在跟前炸开，国生颓然倒地，口中喃喃道："冲锋！冲锋！"

美军105毫米口径榴弹炮炮弹沿整座山岭接连飞来，有些发射距离仅有1600码，在狂热冲锋的日军队伍之中爆炸，产生极具毁灭性的伤害。凌晨2时30分，埃德森拿起话筒，告知范德格里夫特："能守下去。"

天亮之后，众人发现战场俨然是一座屠宰场。从那天起，该山岭得到一个新的名字："血腥岭"。600具日军尸体横七竖八地倒在地上，美海军陆战队则阵亡40人。惊魂未定的守军庆幸自己还活着，并讲述关于敌人的故事：有的日军伤员高声呼救，看到一名美军士兵接近，便将提前藏好的手榴弹引爆；有的日军战俘指着自己的腹部，连声请求美军给他一把刀。

---

① 原文为 Captain（陆军上尉/大尉），有误。此人全名国生勇吉，此时军衔为少佐，他代替战死的山田丰少佐接任川口支队第一大队大队长。——译者注

幸存日军展开自杀式袭击。范德格里夫特正坐在指挥所前阅读电报,猛一抬头,发现三名日军高呼"万岁",其中一名军官还挥舞着军刀,朝自己直冲而来。枪声响起,三人应声倒在范德格里夫特脚下。

日军拖着数百名伤员,缓缓撤往奥斯汀山,重新组织队伍。川口大略点了点数,有效战力只剩下800人。现实完全没有按照计划走:易守难攻的天然屏障、海军陆战队的顽强抵抗,都是超出事前预料的状况。此外,还有一个极其重要的因素:冈大佐自始至终没有参战。

直到当天下午,西北方传来交火声,川口才知道冈的具体位置。然而,枪声很快消失,显然是美军防守火力过于强大,冈无法突破。如此一来,第二次进攻还未开始,就已注定失败。不过,川口依然决定以死相搏,去挽回失败。部队再度朝亨德森机场挺进,并在两小时后抵达山岭之下,展开包围行动。

随着川口一声令下,黑夜之中,800名官兵大步向前。然而,该地区早已被美海军陆战队锁定,猛烈的炮火将日军打得寸步难行。日军之劣势较前一日晚上更甚。机枪子弹在丛林中穿梭,地面如地震般摇晃不止。树木东倒西歪,炽热的弹片在空中呼啸。开弓没有回头箭,川口只得下令继续朝机场前进,却抵挡不住美军的强大火力,最终进退两难,被压在原地动弹不得。整整一夜,部队匍匐在地。日出时分,日军最后几挺机枪孤零零地开火还击,而在一连串迫击炮弹的回击后,一切都归于沉寂。

"娘啊!"一名士兵发出哀鸣声。另一名年轻士兵用一只手抓住西野的腿,想要点水喝,另一条手臂已不见,鲜血从断臂处喷涌而出。西野摇了摇水壶,没有一滴水,只好将尚且湿润的壶嘴贴到那士兵干裂的嘴唇上。士兵吞咽几下,虚弱地笑笑,就死去了。

火辣辣的阳光射在脸上,西野双眼被烤得发烫,勉强睁开时,眼前的一切都看不真切。原先的丛林已成一片荒地,仅存的几根树干突兀地立着,像是希腊神殿里的断柱残垣。西野见联络员吉野晃晃悠悠地站起身来,声嘶力竭地喊道:"赶紧趴下,蠢货!"一枚迫击炮弹在几码外炸开,吉野连忙卧倒在西野旁边。西野捂住双眼双耳,却感到一阵恶寒,那是疟疾在发作。为探寻日军位置,美军持续开火,炮弹接连炸裂,好似要将大地掀翻一般。西野感觉自己的身体一次又一次缓缓升空,慢慢落下,就像电影中的慢动作。困意突然袭来,战胜意志,西野的脑袋不受控制地倒在一堆树叶上,整个身体像是陷入一个未知的世界,那感觉分不清是入睡还是永眠。一张张面孔浮现在脑海:首先是"地方新闻"编辑部同事本田,然后是悲不自胜的妻子,接着是一群朋友。最奇怪的是,魏尔伦与弗朗索瓦·维庸①也出现在其中。远处传来的轰鸣,在西野听来像是汹涌的涛声,他感到身体又一次缓缓浮起,他摸了摸前胸口袋,贝壳念珠还在,临行前本田叮嘱"别丢小命"时送的那个护身符也在。眼睛渐渐看得清楚,西野发现部队距离机场跑道的尽头只有不到半英里,可谓功亏一篑。仿佛身在梦中,西野朝后方爬去。

3

"血腥岭"一役虽以美军取胜而告终,但范德格里夫特的部队在痢疾、真菌感染与疟疾的折磨下,全无胜利者风范。而更为严峻的情况是,瓜达尔卡纳尔岛上的海军陆战队并没有意识到太平洋地区真正的危机。"小本经营"行动开始时,美军投入三艘重型航母。其中"企业"号在东所罗门群岛海战中受到重创,被迫返回珍珠港大修。而在一星期后,日军潜艇"伊-26"发射一枚鱼雷,命中"萨拉托加"号,造成包括弗莱彻将军在内的12人受伤。该舰若想要重返战场,至少需要数个月的维修时间。

如此一来,航母中便只剩下"黄蜂"号,另外还有一艘"大黄蜂"号,后者由于来得太迟,并未赶上东所罗门群岛海战。"血腥岭"一战次日,两艘日军潜艇"伊-15"和"伊-19"悄悄溜过保卫两艘航母的驱逐舰群,抵达发射鱼雷的位置。那天艳阳高照,风和日丽,海面上刮着20节的信风。由于26架舰载机准备起飞,另有11架执勤归来的巡逻机准备降落,"黄蜂"

---

① 保尔·魏尔伦(1844—1896)、弗朗索瓦·维庸(1431—1474),两人都是法国诗人。——译者注

号开始减速。谁知速度刚慢下来,观察哨便惊慌失措地发出警报:有鱼雷正"从垂直方向快速、笔直"而来。那是"伊-19"发射的鱼雷。舰长福雷斯特·谢尔曼下令右转,但躲避不及,右舷遭两枚鱼雷命中。"黄蜂"号舰身在爆炸中震颤,而后开始大幅度倾斜。

5海里外,"伊-15"发射的鱼雷也直奔"大黄蜂"号而去,未有一枚命中。然而,接近下午3时,一枚鱼雷击中战列舰"北卡罗来纳"号,在吃水线以下炸开一个18英尺宽、32英尺长的大洞。两分钟后,另一枚鱼雷击中驱逐舰"奥布赖恩"号。而此时,"黄蜂"号上的火势已失控,随着一声巨响,航母剧烈震动。3时20分,谢尔曼被迫弃舰逃生。如此一来,瓜达尔卡纳尔岛的海军陆战队所能够指望的海军支援,就只剩下一艘战列舰与一艘航母了。

在俯瞰"血腥岭"的山坡上,军服已残破不堪的川口面对着战场,低头合掌为阵亡官兵祈祷。事到如今,他的任务只有把余部安全带回海岸而已。川口判断向西的路程最近,便率队走上当初侦察兵寻找冈大佐所走过的那条道路①。次日,伤员之中已有数百人无力行走,担架兵也已筋疲力尽,便把数十名伤员抛弃在途中。溃败之中无军纪,众人或15人一组、或20人一伙,各按自己的速度后撤。西野的左臂已失去知觉,身体也在疟疾的折磨下虚弱不堪,却也只能背着沉甸甸的50000日元纸币,跟在奥斯汀山山坡上衣衫褴褛的队伍后面,在一望无际的丛林中穿行。除却青草、苔藓与偶尔得见的槟榔果,路上再无其他果腹之物。西野见到数十具满身血污的日军尸体,他们双臂大多都呈张开状,好像是要抓住什么东西。

到第六天,士官只得用细软的枝条抽打年轻的士兵,才能驱赶他们行进。西野疲惫至极,步履维艰,好在中午之前,他们终于走到丛林的尽头。部队进入一片棕榈林,前方便是无边无际的茫茫碧海。此地是克鲁斯角,位于机场以西七英里。

---

① 一木支队有超过半数的士兵则走相反方向,沿原路返回海岸。

"看啊,是大海!"一名士兵高声呼喊,衣服也不及脱,一路奔入海中。众人纷纷掬起海水饮用,西野连忙劝阻,谁知一名年轻士兵喊道:"死也不能渴死!"西野也打算尝尝,刚一入口便吐了出来。他又捡起几枚小石子,舔舐上面的盐分,却发现尝起来竟有点甜。于是他又捡起一把石子,将它们带回树林。

部队在林中度过一个慵懒的下午,饮用椰汁,食用椰肉,谈论那场战斗的种种。"我们大和男儿有大和魂,那些扬基佬是不是也有自己的精神?13号晚上,进攻炮台的时候,一个美国兵朝我扑过来,我当场给他一刺刀,那家伙嗷嗷惨叫,但还是在死前发射出一颗红色信号弹。很快迫击炮炮弹就落下来,整个队伍只有我逃过一劫,其他战友都给炸死了。"

短暂的寂静过后,另一名士兵喃喃道:"这就是扬基精神吧。"

"是啊。"

"他们也热爱祖国,爱国的不是只有我们。"

此时,瓜达尔卡纳尔岛在日军之中获得一个新的名字——"饿岛"。日语中,"饿"字读音为 Ga,正好是 Gadarukanaru 的第一个音节。即便是在撤往海岸的残酷行军过程中,也有一句话总能引来众人的嘲笑声:"天可以塌陷,瓜达尔卡纳尔岛也不可被攻陷。"据说这是在美军登陆之前,驻守该岛的日海军指挥官曾说过的一句话。

至于美军方面,9月18日,也就是"血腥岭"一役结束四天后,海军陆战队第七团4200名士兵增援瓜岛,并带来卡车、重型工程设备、弹药与各类补给。自被海军遗弃在岛上以来,范德格里夫特一直心神不安,直到此时才感觉局势处于掌控之中。供他调遣的兵力达23000人,此外还有一支虽持续折损却愈战愈勇的空中部队。

然而,美军高层并不具备同样的信心。次日,《纽约时报》军事记者汉森·鲍德温告知范德格里夫特,华盛顿方面对瓜达尔卡纳尔岛的局势极为担心,设在努美阿的戈姆利司令部更是对此寝食难安。

范德格里夫特深感恼火,表示自己"对此类态度既无法理解,也不能忍受"。美军攻占瓜岛,显然已"让日军措手不及",而根据截获的电文,

"日军最高级别的指挥人员亦在某些场合陷入大规模混乱"。

"那么您的意思是,将该岛作为桥头堡,继续把守下去?"鲍德温问道,"您是准备留在岛上吗?"

"当然,为什么不?"

川口决定将《每日新闻》的众记者送回拉包尔。西野提出留下,但川口心意已决:"你们走后,我部将继续奋勇作战。希望有一天,能够在这个岛上再度欢迎诸位。"

西野紧紧握住川口的手。那手已骨瘦如柴,因发烧而烫得出奇。

乘驱逐舰抵达肖特兰岛后,西野转乘运输舰"大福丸"号,不期遇到一位旧友——那须弓雄少将,此人是第二师团"步兵团"的指挥官[1]。直到西野自报家门,那须才认出是他。

"哎呀,是你呀西野,你好像病得很厉害?"那须问道,"刚从嘎达鲁卡纳鲁回来?"将军把椅子挪得更近了。原来,第二师团的目的地正是瓜达尔卡纳尔岛,那须很想打听到第一手消息。见西野颇为犹豫,那须说道:"我正好想听听外行人的看法。"

于是,西野将川口支队的遭遇如实道出,包括美军连续不断的空袭、海军陆战队设置的电子警报装置、美军无穷无尽的食品与弹药供应,以及他们那股出人意料的坚强斗志。

"那很不妙啊,你觉得怎么应对为好?"将军问道。

"个人认为,事态既已至此,继续朝岛上零零散散派兵,只会被敌军逐一消灭。这种做法只会导致最坏的结果,将军您怎么看?"见那须兴趣盎然,西野也下定决心,讲出肺腑之言,"这话若是给别人听去,我怕是逃不掉牢狱之灾。"军队不给日军士兵配备应有的装备与补给,却要求他们献出生命。"弟兄们临死之前,最后的希望是看到飞机上的旭日旗。他们说,不吃不喝也能打仗靠的是精神,那股精神士兵不是没有,但只凭精神

---

[1] 珍珠港事件之前,日本陆军一个师团下辖两个步兵旅团,每个步兵旅团下辖两个步兵联队。珍珠港事件后,一个师团下辖一个步兵团,步兵团下辖三个步兵联队。

也无济于事。"

"你说得很有道理,"那须说道,"但遗憾的是,军队的飞机与军舰数量有限,不足以实现你的想法。"

为夺取亨德森机场,日军高层已筹划新一轮进攻,其先头部队正是那须指挥的步兵团。身处拉包尔的百武晴吉将军已决定亲赴瓜达尔卡纳尔岛,直接指挥战役。第十七军的炮兵部队,包括野战炮、100毫米口径炮和150毫米口径榴弹炮也将随军行动。

为协调作战,海陆两军在第十七军司令部连续召开联席会议。列席的观察员中,有一人正是人称"作战之神"的辻中佐。为查明瓜达尔卡纳尔岛的真实情况,辻主动说服上级把自己派到南方。

围绕第二师团究竟该以何种方式前往瓜岛一事,海陆两军争论不休。辻则只是旁听,一言未发。海军坚持同往常一样,用"耗子快车"或"蚂蚁速运"运送师团。百武则认为不够保险,应保持第二师团为一个整体,用大型船队运输,辅以强力军舰护航。海军斩钉截铁地表示这没有可能,除了"耗子"和"蚂蚁",海军无法提供任何运输工具。"没有就是没有,巧妇难为无米之炊。"

此外,海军拒绝投入宝贵的海面部队参与护航。百武按捺不住,不管三七二十一,怒道:"海军没那个能耐护送第二师团,是吧?没关系,陆军自己乘运输舰去,不需要什么护航。第十七军司令部亲自打头阵!"

辻很清楚,倘若百武真把这气头上的计划付诸实施,恐将难逃全军覆没的命运。于是他作出决定,放弃观察员的身份,私下与百武会面,主动提出飞往特鲁克,直接向山本将军转达百武的意见。

战列舰"大和"号停泊在特鲁克的大型港内。辻找上门时,山本正坐在舱室的地板上,全神贯注地写毛笔字——那或许是给某位崇拜者抄录的一首诗歌,也或许是写给某个小学生的一幅标语。在旁人看来,山本那矮壮敦实的躯体好像随时会把军服撑开。

听辻讲述瓜岛情况时,山本一言不发,不时点点头。辻在描述中,渲染了之前派往瓜岛的支队的惨烈情状:补给遭切断已一月有余,为维持生命,官兵每日里挖草根、刮苔藓、摘树芽,喝海水。个个饿得很瘦。援军若要登岛,必须保证完整无损、物资充足,否则只会重蹈覆辙。"敌人请求派出一支强大舰队,为陆军护航。若海军没有可能做成此事,百武司令便决心亲自指挥运输舰,并不吝在夺岛战役中奋战殉身。"

山本缓缓开口,承认陆军在瓜岛愈加艰辛,确属海军失误所致,并郑重表示:"此事由我山本五十六亲自负责,保证按陆军要求提供护航舰船。若有必要,'大和'号亦可出动。不过只有一点——请让百武兄看在我区区薄面上,别乘运输舰,改乘安全性更高的驱逐舰。岛上战事,还需他坐镇指挥。"

泪水划过山本平静的脸庞。辻也流下两行清泪,甚至产生一种冲动的想法:若能在山本麾下做个参谋,死亦何憾?

在日本陆军中,许多军官做不到像山本那样正视瓜达尔卡纳尔岛上的现实。西野乘运输舰,刚从肖特兰抵达拉包尔,打算亲口向第十七军司令部汇报情况,不料却被带到副官室,一个姓福永的中佐问道:"岛上情况如何?"

福永此人态度倨傲,体态肥胖油腻,显然饱食终日,与瓜达尔卡纳尔岛上那些骨瘦如柴的战士形成鲜明对比。西野强忍住厌恶感,说道:"岛上弟兄们如今全凭战斗精神维持生存,但已支撑不了多久。还请向岛上提供粮食,越多越……"

"你是在批评军方?"福永诘问道。

"哪里是批评。"西野解释道,他只是将瓜达尔卡纳尔岛上的情况如实汇报。正说着,一阵晕眩感袭来,西野连忙扶住副官室办公桌,以防立足不稳摔倒在地。

"这儿可是热带,"中佐又是话里带刺,"你脸色那么苍白,是怎么回事?"

"我一直在丛林里,没见过光。"

"你就是缺乏精神力量!"

"恰恰是因为我精神力量足够强大,才能从地狱般的瓜岛活着出来。

您自己去一趟，就什么都明白了。"西野意识到与傻瓜多费唇舌也是无益，扭头便走。

"多吃点番茄，包治百病！"西野刚要出门，福永诅咒般的声音从身后传来，"给你一句劝，死了回国那条心吧。你现在和间谍一个待遇，军方绝不会放你回去。"

第十六章　"卑职罪该万死"

1

在辻中佐离开"大和"号前，山本便已将口头保证形成书面文件：联合舰队将护送第二师团于塔沙法隆加海角登陆，战列舰将于陆军登陆前夕对亨德森机场发动炮击。深谋远虑的山本将瓜岛视作另一个与美军展开决战的机会，这也正是日本军方高层朝思暮想之事。只待百武对机场发动总攻并取得一定进展，联合舰队便迫使美海军接受海面决战，彻底消灭美军在所罗门群岛海域的作战力量，这也意味着美军在太平洋地区的霸权地位初步终结。

辻返回拉包尔，立即与百武麾下高级参谋小沼治夫大佐会面，共同拟订进攻亨德森机场的最终方案。小沼之父经营一家小型丝织厂，而他本人则是典型的科班出身军人：陆军幼年学校、陆军士官学校、陆军大学。美军占领瓜岛时，小沼已在陆军参谋本部担任战略战术课课长①（尽管他连该岛的名字也从未听说过），直到9月才正式参与作战。小沼给出的结论是：消灭岛上美军，需要一整个师团的兵力，加上重炮、坦克，以及大量

---

① 陆军参谋本部战略战术课，旧日本陆军于1936年新设之部门，隶属第四部，课长多兼任战史课课长，小沼亦是如此。——译者注

弹药、补给。然而，要把上述装备物资运往瓜达尔卡纳尔岛，必须得到陆军航空队之全力支持。海军飞行员只接受过掩护军舰的训练，不懂如何掩护运输舰。

作战课长服部卓四郎认识到小沼主张的合理性，但并未予以采纳。倘若将陆军航空队大量飞机调离"满洲"地区，关东军恐难抵挡苏联袭击。小沼的意见虽然被否决，他本人却被选为百武的作战参谋。起初，小沼拒绝接受该职务，因为他对夺回瓜达尔卡纳尔岛的可能性表示怀疑——一木与川口殷鉴不远，同时他也不相信海军能够派出足够强大的护航舰队。

促使小沼改变主意的因素有二：一是部门长官苦口婆心地劝说，二是辻中佐主动提出愿意担当非正式顾问的角色。小沼与辻是陆军大学同窗，相交甚笃。且全军上下无人不知辻为人极有手腕，大小困难皆能迎刃而解。有鉴于此，小沼虽不情愿，也只好勉强赴任。

来到拉包尔，小沼发现头号问题不在海军身上，而在陆军自身。不知是不是体弱多病导致斗志涣散，第十七军参谋长二见秋三郎少将认定收复瓜达尔卡纳尔岛绝无可能。每每召开作战会议时，甚至在与海军的联席会议上，二见总是一遍又一遍地重复："千万不要去尝试夺回瓜岛，绝对没有胜算！"

小沼绕过百武，直接致电陆军参谋本部，要求更换一位参谋长。当晚，二见便接到停职命令。不过，指挥问题依旧存在：一批血气方刚的参谋主张把作战失利的川口将军遣送回东京，以防他就大本营的决策乱发牢骚，对即将登岛的部队产生消极影响。而在小沼印象中，川口此人有勇有谋，于是决定将他唤回拉包尔，亲自审讯。衣衫褴褛的川口来到拉包尔，讲述其支队在岛上的悲惨经历。小沼判断川口之言句句属实，便向百武提议，在下一次攻势中仍拨给川口一支部队指挥。毕竟瓜岛之战况与地形，还属川口最为熟知。

在增援部队与物资补给抵达后，范德格里夫特终于建立起一道完整的外围防御网。它尽可能地沿丘陵和山岭展开，其中布满散兵坑与机枪阵地。整条前线的双层堑壕阵地全部以铁丝网团团围住。

麾下兵力超过19000人的范德格里夫特打算一雪前耻,反守为攻,主动对集结在西边的日军发起小规模攻势。9月23日,美军派出一个营前往西南方,抵达奥斯汀山山坡后,又沿马塔尼科河东岸绕回海岸,后面紧跟着另一个营。出乎意料的是,两支部队并未遭遇任何阻碍,抵达河口时,还有第三个营沿海岸而来,三支部队轻松汇合。

次日,即9月27日,海军陆战队试图渡河,不料遭到敌军火力压制。纷飞炮火之中,部队发出电报,向联合部队指挥官埃德森上校汇报情况。由于是匆忙写就,电文错误百出,埃德森误以为部队已成功渡过马塔尼科河,于是派出第四个营,于克鲁斯角展开两栖登陆,以堵截敌军退路。该营在登陆时一切顺利,但在推进350码后,两翼遭到敌军突袭,最终力不能敌,只得朝海滩且战且退,顶着日军的猛烈炮火撤上一艘驱逐舰。共有60名美军士兵在此战中阵亡。

亨德森机场东西两侧,零零散散的日军加起来不超过5000人,其中大多数食不果腹,尚有力气扛枪作战者恐不及半数,却誓死作困兽之斗。在马塔尼科河吃过苦头后,范德格里夫特认识到敌人远比想象中强大。而在萨沃岛海战中败退,并将陆战队遗弃在岛上的海军却不以为然。特纳将军给范德格里夫特写信称,如今正是追击残敌的大好时机,"相信将军能够把握战机,追歼穷寇。"

范德格里夫特颇感恼火,回电称,侦察结果表明,"10月1日前后之月相适宜展开登陆作战,预计届时将有新一批日军登陆,对我部发动猛攻"。接着他又补充道,有鉴于此,大规模出击恐使海军陆战队陷于险境。最令范德格里夫特愤懑的是,特纳根本没有意识到,日军只是暂时蛰伏,以为下一次攻势积蓄力量。

两日后,尼米兹将军飞抵范德格里夫特的指挥部,耐心听取意见。范德格里夫特表示,海军陆战队的主要任务乃是守卫亨德森机场。尼米兹从情感上表示支持,但未作出明确表态。当晚,尼米兹举着酒杯说道:"有这么一件事,范德格里夫特,战争结束以后,军方打算制定一套崭新的《海军条例》。你没事儿可以琢磨琢磨,我也想知道有什么内容必须要改革。"

"我现在就可以给您举出一条,千万别写什么'舰船搁浅,甚于死罪'

之类的规定。这边很多指挥官丝毫不敢冒险,把宝贝船只看得比什么都重。"

尼米兹只是笑笑,没有答话。但从其神情中,范德格里夫特感觉到,尼米兹了解瓜达尔卡纳尔岛面临的问题,并且会派出更多的陆、海、空增援部队。尼米兹的到访无疑是一种鼓舞,范德格里夫特决定再发动一次有限规模的进攻,以袭扰敌军。此次,他派出海军陆战队整整一个团沿海岸西进,逼近马塔尼科河河口。另外三个营则深入内陆,穿过约一英里的丛林,于上游秘密渡河,对日军形成夹击之势。

该团抵达马塔尼科河东岸,大张旗鼓展开渡河准备。人员四处走动,沸反盈天,两栖牵引车在队伍后方隆隆地行驶。暗度陈仓之计果然奏效,10月9日上午,三个营掩人耳目地顺利渡河,接着右转朝海岸挺进,将日军困在马塔尼科河西岸。数以吨计的炮弹倾泻在日军阵地上,部分士兵企图翻越山岭逃生,却在开阔地带遭到自动武器扫射,纷纷毙命。根据海军陆战队战报,马塔尼科河沿岸共歼敌700余人(几乎占岛上日军有效战力的三分之一),美军阵亡人数则只有65名。

山本没有违背诺言。当天午夜,第二师团与第十七军司令部乘运输舰安全抵达塔沙法隆加海角,百武将军在川口、小沼和辻的陪同下涉水上岸,与其同行的还有第十七军炮兵部队司令住吉正少将。

部队将一袋袋大米等补给物资抬上海岸,灌木丛中突然出现一群衣衫褴褛、蓬头垢面的人影,他们怯生生地靠近,身上的破布条早已没有军服的样子,活像一群行尸走肉。其中一人对辻说道,他们是一木支队和川口支队的残部,前来帮助卸运物资。

川口带领百武一行,沿海滩朝第十七军的新司令部走去,新司令部设在马塔尼科河以西约五英里处的一条小河附近。10月10日黎明时分,一行人抵达目的地。吃早饭时,传来报告称,前一天晚上卸下的大米,大部分已被那些志愿搬运的残兵游勇偷走。"皇军男儿忠勇为先,如今沦落至此,罪责实在我身,"百武说道,"粮食不必找了。希望他们填饱肚子,洗心革面,继续奋勇作战。"

在司令部附近的海岸上,"血腥岭"一役的幸存者步履蹒跚地走出丛林。他们一个个肋骨突出,发色蜡黄,牙齿松动,眉毛、睫毛与头发一样,一触即落。接近三个星期,无人排过便。由于身体严重缺盐,海水尝起来也有甜味。水入胃肠,带来便意,然而疲弱至极的身体已无法完成排泄行为。众人只得用手指相互帮助。污秽排泄出后带来的解脱感,实非笔墨所能形容。

听闻马塔尼科河一役日军大败之详细报告,加上目睹岛上残部的悲惨现状,百武深感痛心,电告拉包尔称:瓜岛形势严峻,远超预期。并要求立即派出更多增援部队,调遣物资补给。

马塔尼科河失利带来的另一个影响是,小沼与辻不得不放弃原定作战方案,转而拟订一个新计划,并于大概10天后执行。根据新计划,部队不再渡过马塔尼科河并沿海岸东进,而是绕到亨德森机场后方,发动夜袭。第二师团钻入奥斯汀山后方丛林时,住吉少将指挥炮兵从马塔尼科河西岸轰击美军阵地,以吸引注意力。行动前数小时,一个步兵联队将从马塔尼科河发起佯攻,分散美军兵力。行动时间一到,第二师团师团长丸山政男中将便兵分两路,从南面发动进攻:其中左翼为主力部队,由在肖特兰从西野口中最早获悉瓜岛情况的那须弓雄指挥,沿"血腥岭"与隆加河之间的走廊地带前进;川口则率领右翼部队,向东突破山岭,其作战路线与先前几乎一致。对于两名参谋制订的新计划,川口感到十分不安,但作为败军之将的处境又不容许他辩称地形崎岖难行、不宜发动进攻云云。此外,以奇兵从两翼进行突袭,本身也是极为合理的战术。

此战成功与否取决于两个因素:一是火炮与弹药能否及时运达;二是那条起自奥斯汀山后方,沿隆加河向北直抵机场正南方的半圆形小径是否能够及时开通完毕。对日军而言,幸而开路工作早在一个月前就已开始,此时接近竣工。小径穿过15英里的丛林地带,林中树木极其浓密,人在其中寸步难行,只得蹲伏或匍匐前进。陆军工兵没有电动工具,只凭一身力气砍伐巨木,斫断粗如手臂的坚韧藤蔓。伐断的树木堆在小径两侧,灌木与树桩被连根拔起,沼泽地上架起木桥,草地铺上伪装网。粗壮的藤蔓用以连接宽达100英尺的沟壑,较细的则充当攀爬陡坡时的抓手。

日军以师团长之姓氏命名该条小径，称之为"丸山步道"。丸山外表温和，但内心果决。面对重重困难，丸山不抱幻想，而是清楚地认识到此项任务对日方的重大意义。在部队开往瓜达尔卡纳尔岛之前，丸山曾对师团官兵训话："诸位所面临的，乃是日美两国之决战。帝国兴衰，在此一役。夺回诸岛之前，切勿妄想生还归乡。"

百武紧急求援的要求得到初步回应：一支由两艘小型海上飞机母舰与六艘驱逐舰组成的小型运输舰队，载着四门大型榴弹炮、两门野战炮、一门高射炮、各类弹药补给与728名士兵，于10月11日全速冲过所罗门群岛海峡，赶往瓜达尔卡纳尔岛。

一架美军B-17飞机侦察到日军舰队动向。黄昏时分，美军派出一支由两艘轻型巡洋舰、两艘重型巡洋舰及五艘驱逐舰组成的特遣舰队，意图在敌舰抵达瓜岛之前进行阻截。该舰队从瓜岛以南不足100海里的藏身处出发，在"一战"老兵诺曼·斯科特少将的指挥下，以29节的速度一路飞驰。与此前的美军舰队不同，斯科特对夜战准备充足，甚至对夜战怀有渴望。一连数星期，各舰官兵从日落起执勤，一直坚守到黎明。然而，斯科特并不知道，在日军那支小型舰队身后，还潜伏着三艘重型巡洋舰与两艘驱逐舰：那是由五藤存知少将指挥的一支特殊炮击战队。

夜空阴沉晦暗，新月黯淡无光。晚10时30分不到，海面上微风徐徐，斯科特自西南方向接近埃斯佩兰斯海角，巡洋舰排为纵队，两侧各有一艘驱逐舰。按计划，舰队应于此处右转，逼近敌舰，并占据有利位置，以便在敌运输舰队停靠岛屿北岸卸货之时予以炮击。于是，斯科特发出信号，令各舰列为一线纵队，准备战斗。

就在西北方向40海里外，五藤的三艘巡洋舰列为纵队，由旗舰"青叶"号打头，左右各一艘驱逐舰护航，朝萨沃岛驶去。运输舰队就在其前方，距埃斯佩兰斯海角不远，正沿海岸驶往塔沙法隆加海角，准备将宝贵的物资运至岛上。

约晚11时，斯科特麾下的飞机发现日军运输舰队的这八艘舰船，却误报为"大型舰一艘、小型舰两艘"。斯科特颇感困惑，三艘军舰究竟是敌是友？倘若是运输物资的敌舰，那数量对不上，其余军舰又在何处？于是，斯科特决定亲自前去搜索，下令各舰左转，于萨沃岛以西 6 海里处绕岛航行。实际上，配备新型 SG 搜索雷达的轻型巡洋舰"海伦娜"号此时已发现五藤纵队，但舰长吉尔伯特·C. 胡佛上校决定先探明确切情况，再向斯科特汇报。另一方面，旗舰"旧金山"号并未配备 SG 雷达，斯科特无从得知五藤正朝自己驶来。11 时 30 分，斯科特抵达萨沃岛北端，下令纵队原路返航。两分钟后，九艘舰只以 20 节航速朝西南方向驶回，并在萨沃岛与埃斯佩兰斯海角之间的海峡巡游警戒。10 分钟后，胡佛上校终于向斯科特发出信号：西北方向 6 海里处出现敌舰，正迅速逼近我舰。

接着，轻型巡洋舰"博伊斯"号也发来报告，称发现"五个鬼怪"。斯科特越发摸不着头脑："鬼怪"一词通常是指所属不明的飞机。到头来，还是"旧金山"号上的旧式雷达确定五藤旗舰位于 5000 码外。此时斯科特尚不能确定来者究竟是敌是友，但胡佛已得到观察哨报告称"军舰肉眼可见"，于是便拿起无线电通话机，请求许可开火。斯科特简洁地回答"Roger"，意思是"收到"。谁知胡佛偏偏将"Roger"理解为暗号中的意思，即"开始射击"。阴差阳错之下，在午夜前不久，"海伦娜"号对五藤展开炮击。

日舰根本没有配备雷达，自然被打得措手不及。随着其他美舰纷纷开炮，五藤怀疑是友军运输舰队在黑暗中误将自己错当成美舰，随即命令纵队右转。不料就在此时，一连串炮弹落在旗舰"青叶"号上，从船头一直炸到船尾。五藤被其中一枚炸翻在甲板上，受了致命伤。

而在另一边，斯科特与五藤一样，也怀疑是友军在自相残杀。第一炮打响后仅一分钟，他便连忙下令停火。四分钟后，斯科特终于弄清前方舰队确属日军无疑，当即下令突击。这是美军首次在黑夜的海面向日军发起真正的挑战，双方打得异常胶着，相互迎面猛轰，毫不畏缩。约 0 时 20 分，交火终于停歇，埃斯佩兰斯海角与萨沃岛之间的海面上遍布着燃烧的舰船。"青叶"号虽身中 40 弹，仍载着奄奄一息的五藤从"狭缝"撤出战场。巡洋舰"古鹰"号与驱逐舰"吹雪"号则沉入海底。

美军特遣舰队也遭受一定损失。"博伊斯"号燃起大火，弹药库随时可能爆炸,好在海水从一处弹孔中涌入,将弹药库淹没。斯科特麾下各舰之中,真正受到致命伤的只有一艘——驱逐舰"邓肯"号,该舰火势已超出控制。日军首次在素以为能事的夜战中吃了败仗,美军兴高采烈,算是为萨沃岛海战一雪前耻。然而,就像在萨沃岛海战中,胜利者三川将军未能阻止美军登陆,埃斯佩兰斯海角之役同样也未对日军运输舰队造成打击。双方激战正酣之际,日军运输舰队早已将百武将军翘首以盼的大炮、弹药与增援部队运送上岸。

不过,运输补给是一场拉锯战。次日,即10月13日,轮到美军的回合。尽管遭到两次空袭,美国海军依然将"美利坚师"①的2852名官兵,连同16台英制布伦机枪运载车②、12门37毫米口径炮、弹药、卡车及成堆的食粮运往瓜岛,成功在隆加角卸下。如此一来,范德格里夫特便拥有23088名士兵把守防线,而其物资储备,以日军的标准来看,也丰富得令人难以置信。

然而,范德格里夫特没有时间沾沾自喜。中午,24架日军飞机从30000英尺的高空精准地对亨德森机场展开轰炸。海军建设工兵队还未来得及清理干净瓦砾,又有15架轰炸机飞来,对着跑道一阵狂轰滥炸。战斗工兵队又连忙赶回,填平弹坑。突然,传来一声异样的尖啸,接着主跑道上发生爆炸。原来,住吉已将第一门150毫米口径榴弹炮运至马塔尼科河,开始炮击机场。该炮射程极远,命中率又极高,被海军陆战队官兵戏称为"手枪皮特"③。

那一天里,日军的袭扰并没有就此结束。黄昏时分,"金刚"号和"榛

---

① 美利坚师,1942年5月24日,美军为保卫南太平洋,在新喀里多尼亚特别组建的一支部队,不设数字番号,"美利坚师"是"美利坚-新喀里多尼亚师"之简称。"二战"结束后,更名为"第23步兵师"。——译者注

② 布伦机枪运载车,又称通用运载车,是英国研发的一种轻型履带式装甲车,"二战"期间多用于侦察、运输等。由于主武器通常配备布伦轻机枪,故被官兵称为布伦机枪运载车。——译者注

③ 手枪皮特,美国传奇牛仔弗兰克·伊顿(1860—1958)之昵称。此人素以枪法神准而闻名。——译者注

名"号两艘战列舰率六艘驱逐舰驶往瓜岛,企图凭借火力强大的36厘米口径的舰炮①将亨德森机场夷为平地。日舰共携带炮弹900余发,其中大多是全新的"零式"穿甲弹,一部分是"三式"燃烧弹。

接近午夜0时,日军步兵在岸上点燃汽油桶,时速18节的八艘日舰以火光为向,悄然逼近瓜达尔卡纳尔岛。"金刚"号打头,"榛名"号跟在后边,两舰相隔约1000码。16门舰炮全部对准南面。10月14日1时过后不久,日舰射出燃烧弹,"金刚"号舰长小柳富次大佐朝右舷方向望去,旋即发现岛上燃起一片火海,正是亨德森机场!小柳下令发射新式穿甲弹,震耳欲聋的爆炸声接连响起,岛上的燃料库、弹药库纷纷升起火柱。海军陆战队官兵或躲进散兵坑,或无助地蹲伏在防空洞里,这是他们有生以来最为可怖的一次经历。半小时后,炮击停止,作战参谋对深受震撼的范德格里夫特说道:"不知道您现在作何感想,至少我觉得,空中轰炸、陆上炮击,都要好受得多。"

范德格里夫特点点头。"我也……"他的话音被一声巨响打断。爆炸的冲击波将防空洞内的众人纷纷震倒在地。原来,"金刚"号与"榛名"号正沿岸而行准备返航时,又重新发射了一轮炮弹。

没有任何飞机或军舰出击迎战日军。从图拉吉倒是开来四艘鱼雷艇,朝日舰直冲而去,发射鱼雷,用机枪扫射。此举足称英勇,但四艇最终还是被驱逐舰击退,鱼雷也擦身而过,未能命中战列舰。

炮击前后共持续一个半小时,共有814枚穿甲弹、104枚燃烧弹倾泻在瓜达尔卡纳尔岛。由于弹药见底,日军被迫停火。"金刚"号与"榛名"号掉转航向,以29节的时速从萨沃岛与图拉吉之间的海域北上溜走。

轰炸过后,亨德森机场面目全非。衣物与各式装备的碎片飘挂在电话线上。共41人死亡,大量人员受伤。范德格里夫特麾下那支原本便规模不大的"仙人掌"航空部队("仙人掌"是瓜达尔卡纳尔岛的代号)此时更是元气大伤。航空汽油余量无几,尚能升空的只剩下35架战斗机与7架俯冲轰炸机。陆军飞行员望着近乎焦土的机场,不清楚还有没有机会驾

---

① 舰炮炮管口径略大于14英寸。

驶 P-400 战机与"空中眼镜蛇"飞上天空。"机场能不能守住，谁也说不准，"一名海军陆战队上校对众飞行员说道，"但可以确定的是，日军有一支由驱逐舰、巡洋舰与运兵船组成的特遣舰队，正朝瓜岛而来。我们剩下的汽油，还够升空揍他们一次。"上校令各飞行员装填炸弹，准备起飞迎击。"等油耗尽，就只能靠地面部队了。届时各位航空部队官兵都会被编入步兵队。祝作战顺利，再会。"

美军基地中前一日的欢声笑语，此时已烟消云散，整座岛屿笼罩着大难临头的情绪。夜间炮击对心理造成的打击，更甚于对肉体的伤害。黑夜之中那连绵的爆炸声与大地的强烈起伏，形成一种原始恐惧，将在海军陆战队官兵心中盘踞一生。

那名上校所说的日军特遣舰队确实存在。14日，6艘新式大型高速运输舰，载有4000名士兵、14辆坦克、12门150毫米口径榴弹炮及各类补给物资，在驱逐舰与战斗机的护卫下，沿"狭缝"朝瓜岛南下而来。

"仙人掌"航空部队想方设法派出11架飞机，拼尽全力拦截日舰，却也只给一艘驱逐舰带来轻微损伤。午夜时分，日军运输舰将物资卸在塔沙法隆加海角。重型巡洋舰"鸟海"号和"衣笠"号也来到瓜岛，沿北岸来回游弋，8英寸口径炮朝岸上开火。两舰舰长原本抱着破釜沉舟的决心，一早便告知官兵做好游泳上岸，与岛上步兵合流的准备。谁知美军未能击沉两舰，752枚炮弹发射完毕后，"鸟海"号和"衣笠"号像"金刚"号和"榛名"号一样，毫发无伤地逃脱，驶入"狭缝"。

六艘运输舰中的三艘已卸货完毕，早已安然撤离。而另外三艘的卸货工作，直到拂晓时分仍未完成。范德格里夫特残存的飞机匆忙加油升空投弹。三艘运输舰中弹起火，被迫搁浅。船上大量坦克燃料成为助燃物，引爆无数弹药，但部队、坦克及榴弹炮却成功登岸。如此一来，百武手下有效战力便达到15000人，加上数量充足的火炮，随时可以展开一场新攻势。

范德格里夫特怀疑日军的大部分补给已运送上岸，便电告尼米兹、戈姆利和特纳称，岛上至少有15000名日军，装备补给亦不少：

>……单从数量上讲，我军的确占优，但由于敌对行动旷日持久，我部半数以上官兵已不具备陆上持续作战能力。……鉴于形势，须立即采取以下两项紧急措施：一，占据并掌控"仙人掌"附近海域，以防敌军继续登陆，并阻止敌舰重施过去三日的夜间炮击战术；二，派遣不少于一个师的地面部队增援，以便展开大规模攻势，歼灭"仙人掌"地区敌军。

视察过瓜达尔卡纳尔岛与努美阿岛后，尼米兹判断，必须将戈姆利撤下，换上一位勇于迎难而上、善于把握战机，而不是消极畏缩的指挥官。10月18日，尼米兹致电哈尔西：

>特命你为南太平洋战区总司令，统揽该地区全体部队指挥权。命令即刻生效。

电报传来时，哈尔西刚乘水上飞机在努美阿港降落不久，他一把拿起电报，翻来覆去读过两遍，惊呼道："好一颗烫手山芋！"哈尔西了解南太平洋的绝望局势，他的心情从惊异渐渐转变为不安。此外，鲍勃·戈姆利是哈尔西多年的好友，两人在海军学院读书时曾效力于同一支橄榄球队。此次戈姆利遭到解任，也让哈尔西深感惋惜。

范德格里夫特接到哈尔西的召唤，乘飞机来到努美阿，回报称，两个多月以来，岛上食粮匮乏、疾病蔓延，轰炸、炮击、"万岁"冲锋更是接连不休，部队"差不多已然垮掉"，迫切需要空中及地面支援。

矮壮敦实的哈尔西挑起灰白眉毛，手指敲着办公桌，若有所思地问道："那么是撤，还是守？"

"守。我能守得住，只要给我比之前更积极的支持。"

特纳将军提出异议称，海军正全力运送补给物资，但护卫舰不足，瓜达尔卡纳尔岛附近也没有能够用以掩护的基地。此外，日军正不断投入潜艇，其进攻性也在日益增强。

哈尔西明白特纳所言不无道理,但瓜达尔卡纳尔岛必须守下去,于是对范德格里夫特说:"你先回去吧。放心,人员物资我有多少,就支援你多少。"

2

在瓜达尔卡纳尔岛上,丸山第二师团的5600名官兵——炮兵、工兵和医疗兵不算在内——已朝奥斯汀山进军,计划于10月21日晚间抵达阵地,发动攻击。出发之前,百武麾下的高级参谋小沼大佐把辻拉到一旁说,自己本想亲自指挥战斗,谁知接到命令要留在第十七军司令部,临时负责参谋长事务。"你能替我去吗?"小沼问道。辻本就希望亲赴前线。此外,与小沼的友情也让他甘愿这么做。

丸山将军带着指南针与一幅粗糙的地图,率领部队走上小径。第一天的行军路线以椰林与荒芜的山岭为主,尚属轻松。入夜后众人就地露宿,感觉像是在郊游野营。而到午夜时分,天降暴雨,众官兵举着巨大的伞状叶子遮雨,却仍然浑身湿透,瑟瑟发抖,勉强挤在一起取暖。

次日,长长的队伍钻入漆黑茂密的丛林之中。头发斑白的丸山拄着白色手杖,走在最前面。跟在他身边的是额上缠着白布的那须少将,那须此时身患疟疾,依然迈着坚定的脚步,没有一句丧气话。休息时,那须把辻叫到跟前,说道:"分你点儿好东西,可惜就剩下一勺啦。"就像古时候日本人随身携带印笼一样,那须腰间也挂有一个香烟罐。辻从那须手中接过小罐,发现里面是大约一勺白糖,便将一半倒入掌心,另一半交给副官,两人分而食之,只觉得那糖甜得无与伦比。

随着丸山步道越走越窄,部队只能排为一列纵队,蜿蜒地沿着丘陵、河流、溪水缓慢而费劲地向前推进,远远看去就像一条巨虫。每名士兵除自己的背包外,还要携带部分野战炮零件、一枚炮弹或其他装备。生火起炊风险太大,因此全体官兵,从丸山师团长到普通士兵,都只能吃半份米饭。峭壁挡住去路,众人便用绳索攀登,轻型野战装备与机关枪也只凭双手拉上悬崖。而到第三天,除却那些身强力壮的人外,大部分士兵都无力继续搬运武器装备，只得将一挺又一挺枪炮丢弃在小径两旁。

眼见按原定日期抵达已不可能，丸山便向第十七军司令部发出电报，表示进攻时间不得不推迟一日。谁知 10 月 22 日，部队依然未能抵达进攻地点，计划只得再度推迟二十四小时。直到那天下午，丸山才终于绕过奥斯汀山，并将第二师团分作两路：师团司令部与那须步兵团一道，继续沿小径直奔亨德森机场。川口则率领三个步兵大队、三个机枪-迫击炮大队，转而朝东南方向挺进。

川口率领右翼部队正要出发，恰好遇到辻中佐。在辻看来，川口不过是个牢骚满腹的败军之将，又是所谓的"自由派"，与本间一样希望帮助被俘的菲律宾领导人逃脱应得的报应——死刑。然而，川口却不知道辻对自己怀有敌意，打招呼道："终于找到你啦。"接着便说出自己的疑虑：小沼的作战计划没有可行性，那须左翼发动攻击处的地形确实不错，但自己率领的右翼部队需要途经的地段，正是 9 月份支队惨败的那块战场。山岭一带地形崎岖，实在不适宜正面进攻。

"海军的航拍照片，你看过了吗？"照片拍摄于不久之前，川口认为，只要看过照片便能发现，美军已对外围防御进行过大幅度加强与扩展。"照片表明，正面突击毫无胜算。我希望率右翼部队绕到山岭后方，从敌军东侧发起攻击。"川口曾亲自考察过该地段，了解到此地位于亨德森机场东南端，只有一片开阔的小丘与稀疏的树林，便于行军。那须左翼按原计划推进即可，两支部队便能够形成名副其实的夹击之势。

"用不着看照片，"辻答道，"这块地形我熟得很。您的提案非常中肯。"川口希望面见丸山，禀报该提案，辻却信誓旦旦地表示大可不必："丸山阁下那边，我去说一声便是。祝您一路顺风。"接着便与川口握手："哈哈，这仗打得真是越来越有趣了，您说是不是？"说完，他便放声大笑。然而，川口很快便会发现，老奸巨猾的辻中佐在丸山面前，对这次谈话的内容只字未提。

10 月 23 日上午，丸山仍未就位，只得第三次推迟，下令将总攻时间定在次日 0 时，并发表誓师演说，训勉全体官兵"誓死奋战，以报皇恩"。

川口率部走在绕往敌后的新路线上。他收到总攻时间确定的消息，是在当日下午3时前后，其时距离攻击地点还有至少一日半的脚程。由于情况紧急，川口使用有线电话联系师团，表示无法及时就位。丸山却只是简短地答复称，总攻不能继续推迟。川口这才意识到，自己与辻前一日达成的口头协议，师团长其实一无所知。川口只能强行压住对辻的怒火，说道："那这样吧，我派一色少佐率先头的第三大队进行夜袭。"

丸山怒发冲冠，厉声喝令川口必须严格执行命令，说罢将话筒重重扣下。传言皆称川口畏敌怯战，果然不假。丸山又重新给川口打电话，生硬地说："川口少将，立即前来师部报道。"他打算把右翼部队交给东海林俊成大佐指挥。

给第十七军司令部打电话报告此事的，正是辻中佐。"川口拒绝进军，师团长已将其解职。"辻并未透露细节。

为准备佯攻，住吉把全部重炮和弹药从马塔尼科河以西数英里处运至阵地，全程皆由人力完成。然而，总攻第三次推迟的消息并没有传达到住吉处①。炮兵部队提早一天，于23日黄昏时分便发起佯攻。

一阵炮火猛轰过后，住吉派出九辆坦克冲上沙堤，为步兵开路。谁知美军反击火力异常猛烈，只有一辆勉强冲到河对岸，却不慎掉入海中，在挣扎之中被75毫米口径反坦克炮炸为碎片。此战共有600名日军步兵丧生。

日军声东击西之计彻底落空，反倒引得美军加倍警觉。24日下午，美军发现大量敌军在亨德森机场后方出没：首先是一支纵队穿行于奥斯汀山山麓；然后又有人注意到，一名日军军官正通过望远镜观察"血腥岭"；最后是侦察狙击分队的一名海军陆战队员报告称，山岭以南两英里处的丛林中升起"大量炊烟"。

辻与小沼原本的预计无误，范德格里夫特最初的确没有料想到日军会从该方向发动大规模进攻。不过此时，丸山的行踪已然暴露。从隐秘性角度讲，此次行动比不上川口支队9月份那场夜袭。负责防守的海军

---

① 战后，丸山与百武就住吉未得到通知一事相互指责。百武认为，将第三次推迟通知住吉，本就是丸山自己的责任。丸山则声称，是百武错误估计行军速度，从而命令住吉于23日直接发动攻击。

陆战队上校名叫刘易斯·普勒，此人生得身材矮小，胸如球鸽①，人称"挺胸王"，曾在海地与尼加拉瓜的"香蕉战争"中身经百战。在对机场南线各阵地进行亲自检查后，普勒命令部下继续挖深战壕，填高沙袋，并在倒刺铁丝网上挂满弹片等金属碎片，这样，它们在敌人夜袭时会发出声响。为开辟射击视野，士兵以刺刀作镰刀，将七英尺高的杂草割去。瞭望哨则布置在一座荒丘顶部。海军陆战队在普勒的指挥下，已做好万全准备。

随着那须率左翼部队就位，丸山误认为自己也同样万事俱备。实际上，接替川口的东海林大佐离开丸山步道后，在陡峭的峡谷与茂密的丛林面前寸步难行，此时尚未将主力队伍带到出击地点。

夜里 11 时，斗大的雨滴像油粒般落下，雨速渐快，雨势渐强，转眼间便形成一道水墙。丸山带领麾下参谋，与辻一道爬上一座崩塌的小山，来到一小块平坦的岩面上。众参谋紧紧将丸山围在中央，帮他取暖。0 时刚过，右侧传来轻型武器的射击声。随着枪声越来越密，丸山等人心里直打鼓：东海林部究竟是突破成功，还是惨遭击退？

最终，负责与东海林部联络的作战参谋松本打来电话报告称："右翼部队对机场发起攻击。夜袭成功！"

"万岁！"丸山情不自禁地高呼。

左侧也传来零星的步枪声与低沉的机枪声，那是那须部队在开火。然而，迫击炮与重炮的轰鸣声很快压住枪声，美军显然在还击！美军反应过于迅速，火力也异常猛烈，辻开始担心事有不谐。包括丸山在内的其余众人也被辻的焦虑情绪所感染，呆坐在一旁，身体僵直。

电话铃声再度响起，又是松本。"右翼部队报告有误，其实他们尚未抵达机场，只是穿过一片开阔地，误将它当作机场。"东海林主力队伍尚未抵达出击位置，先头部队势单力薄，又被迫匆忙出击，此时已被美军压制。

左翼炮声越来越响。接连一个小时，那须部队音信全无。辻产生一种"不祥的预感"，感到彻骨"恶寒"。

---

① 球鸽（pouter-pigeon），又称凸胸鸽、宝德鸽，一种原产于欧洲的鸽子，因胸部极端凸圆而得名。"挺胸王"之绰号，本是形容普勒指挥作战时咄咄逼人，总将胸膛高高挺起。后来则演变为传闻，称普勒胸腔曾负伤，植有一块钢板，故而胸部显得异常凸出。——译者注

那须部队首次冲锋遇上海军陆战队轻武器、自动武器与大炮的混合火力的猛烈迎击,被迫退去。身患疟疾的那须疲弱已极,但他更希望埋骨疆场,而不是死于病魔。第二十九联队①重新集结,朝新的方向发起第二轮冲锋,依旧未能突破普勒部队。面对"美利坚师"匆忙加固的防御工事,那须一次又一次发起突击,势头却一次弱过一次。

此时,万念俱灰的川口正在后方丛林之中穿行,找寻丸山师团的指挥部。隆隆炮声自右边传来,雨水从头顶哗哗流下,川口倒向一棵大树,颓然坐定。前程一片灰暗,活着又有什么意义?川口发现树根拔起后留下的坑洞,便将身体蜷缩在里面,不知不觉打起盹来,全然不顾自己是否会被大雨冲走。

至日出时分,那须部队已折损半数。其中第二师团的王牌部队——第二十九联队近乎全灭,联队长失踪,联队旗下落不明。

消息传至师团,丸山只是喃喃答道:"知道了。"参谋建议撤退,丸山非但不听,更是拿起话筒,命令那须指挥师团最后的预备队,于次日晚间再度发起总攻。

通常来讲,一名指挥官在遭受惨败之后,会要求更多的时间来准备下一次大规模攻击。然而那须却答道:"请允许我今晚就发起进攻!"声音里充满狂热。那须并未说明理由,只是态度坚决。丸山相信一线指挥官的判断,也只好同意。

体温已超过 40 摄氏度(104 华氏度)的那须令人给自己再打上一剂退烧针,并向上苍祈愿再活一晚,将最后一仗打完。

瓜达尔卡纳尔岛的联络官发给山本的第一条消息是"万岁",意为"已攻占机场"。山本随即电令近藤中将率部——其中包括南云指挥的机动部队——南下,迫使美舰出港迎战。同时出发的还有一支小型舰队,仅由八艘驱逐舰与轻型巡洋舰"由良"号组成,该舰队的任务是在白天朝机场

---

① 那须为第二师团步兵团团长,辖该师全部三个联队——第四、第十六、第二十九联队。——译者注

发动炮击，为丸山进攻机场提供支援。

瓜岛传来的第二则消息称，机场附近的战斗仍在持续。山本及众参谋并未动摇决心。然而，清晨6时23分，第三则消息传来，称亨德森机场仍在美军掌控之下。山本考虑到机场的威胁性，犹豫过后，命令近藤按兵不动。于是，强大的近藤舰队便在瓜达尔卡纳尔岛东北300海里处游弋。

然而，"由良"号所在地舰队却对情况一无所知，继续沿海峡南下。待舰队司令获悉陆军并未真正夺下机场时，亨德森机场起飞的轰炸机已飞至头顶。一枚炸弹落入"由良"号的中央锅炉房，将其中乘员全部炸死。"由良"号朝北缓缓撤去，却继续遭到大量轰炸，最终成为一具残骸。舰长佐藤四郎大佐用绳索将自己绑缚在舰桥上，传令部下弃舰逃生。

山本准确无误地作出判断：只要日军航母朝南开进，美军必将出港迎击。此时，第十六特遣舰队司令托马斯·金凯德已接到哈尔西从努美阿发出的命令，率其麾下2艘航空母舰——"企业"号（该舰在珍珠港经过日夜抢修后已重新投入战斗）与"大黄蜂"号——9艘巡洋舰和24艘驱逐舰驶往瓜达尔卡纳尔岛以东约400海里的圣克鲁斯群岛附近，以阻止任何日军航母开往瓜岛。

10月25日下午，美军巡逻飞机在距第十六特遣舰队360海里处发现两支日军舰群，规模十分庞大。金凯德从旗舰"企业"号派出一架侦察机，接着又派出一队攻击机，却不料侦察飞机中的一架PBY早已被日军机动部队发现。南云名义上受近藤领导，实际上却能够独立行动。此时他未向近藤请示，便下令机动部队北转，避免与美舰冲突。

然而，山本早已暗下决心，无论机场争夺战成功与否，与美军舰队都必有一战。南云此番仓促后撤，暴露出海军内部关于如何使用机动部队的分歧。数星期来，山本虽未下达明确命令，却始终在向南云施压，希望机动部队南下与美军航母交战。而另一方面，南云麾下的参谋长草鹿少将每次都劝阻长官，称暴虎冯河只会重蹈中途岛战役之覆辙。

当天下午晚些时候，山本决定迫使南云采取行动，他在电报中刻意选用侮辱性字眼，"敦促"南云"奋力"一搏。草鹿接到传令，来到舰桥下一间小型作战室里，发现南云心烦意乱。南云表示，山本刚刚发来电报，自己不能视而不见，希望草鹿支持自己发动进攻。

"我此前确实与您意见相左，但最终如何，还是要由司令官您来作出决断。"草鹿答道，"指挥战役之人毕竟是您，您若果真决定南下，我自将服从指示。"同时，草鹿也提醒南云，美军舰队位置尚不清楚，而机动部队的动向不可能逃得过从圣埃斯皮里图出发的B-17的侦察。"无论如何，既然长官心意已决，便要切记一点，先下手为强，后下手遭殃。"

日暮时分，草鹿回到舰桥，命令由三艘航母、一艘重型巡洋舰、八艘驱逐舰组成的航空母舰进攻舰队掉头向南，与之同行的还有由两艘战列舰、四艘巡洋舰、七艘驱逐舰组成的前卫部队①。两支舰队以20节的航速朝敌舰驶去。

此时，金凯德将军（据1908年《安纳波利斯年鉴》描述，此人"有爱尔兰血统，双眸漆黑，脸颊红润，喜好喧闹打斗"）也沿之字形航线朝机动部队驶来。双方将领都未料想到，日美两支航母部队距离竟如此之近。

在瓜达尔卡纳尔岛上，那须指挥部队仓促就位，准备发起进攻。左侧是那须本部的预备队——第十六联队和第二十九联队残部；右侧是丸山派来的预备队。入夜之后，虚弱不堪的那须以军刀为手杖，率先展开第一次突击，好不容易蹒跚着穿过倒刺铁丝网，不料黑夜之中，一阵步枪齐射，其中一枚子弹射入那须胸膛。美军全线使用自动武器迎击，不到数分钟，日军中队长以下军官非死即伤。士兵继续冲锋向前，遭到击退便重新集结，发起下一次冲锋。"美利坚师"与海军陆战队同样寸步不让，双方稍作休整时也不忘相互叫阵。一名日军士兵用英语喊道："为天皇陛下献身！"海军陆战队回道："为埃莉诺②献身！"叫阵很快演变为谩骂。"美利坚师"

---

① 此战之中，日军海上力量分为三部分：近藤信竹中将所率前进部队（Advance Force）、南云忠一中将所率机动部队（Task Force）、阿部弘毅少将所率机动部队前卫部队（Vanguard Group）。三者名义上的总指挥官是资历更深的近藤，而作战主力实为南云所率机动部队。在近藤默许下，南云拥有接近全部的自主行动权。——译者注

② 埃莉诺·罗斯福，美国总统富兰克林·罗斯福之妻。——译者注

一名士兵骂道:"东条吃屎!"日军顿了顿,回骂道:"贝比·鲁斯①吃屎!"

战斗持续至午夜时分,攻势遭到粉碎的日军残部踩着战友的尸体溃退。那须发动攻击的两日以来,日军丧生及身负致命伤者达3000人之多。丛林疮痍满目,好似被一场火焰风暴连根拔起。奄奄一息的那须躺在担架上回到司令部,用尽力气向丸山伸出一只手,还没来得及开口讲话,就此毙命。

3

10月26日0时过后不久,南云与草鹿站在航母"翔鹤"号的舰桥上,焦急地注视着敌军动向。2时20分,一名通信军官报告称,附近发现敌机一架,疑似B-17。草鹿所言不虚,美军果然先一步发现日舰。南云面"如铁石",默然望着漆黑的天空,连续二十分钟一动不动。突然,两声爆炸接连响起,旗舰周围升起两根巨型水柱。②

南云看向草鹿,说道:"都让你说中了。传令各舰,全速返航。"

草鹿强压怒火,命令舵手以24节速度掉头北上,同时派出24架侦察机向南四散侦察,以防再一次遭到追击,就像中途岛那次一样。

日军舰队行踪暴露,至于如何处置,全看身处努美阿的哈尔西如何决断。显然,驶往瓜达尔卡纳尔岛的是一支强大的敌军,力量强于金凯德的第十六特遣舰队,至少在航母力量上是如此。日出之前,哈尔西作出太平洋战场上绝大多数美军官兵希望的决定,电令各作战舰只指挥官:攻击。重复一遍,攻击。美利坚合众国海军终于反守为攻。

金凯德朝机动部队驶去,刚派出飞机侦察,便被草鹿的一架侦察机发现。该机在天空盘旋已久,发现美舰后回报:"航母1艘、余舰15艘,正转向驶往西北。"数星期以来,草鹿始终秉持避战原则,而如今敌人只在250

---

① 贝比·鲁斯,美国著名棒球选手。——译者注
② 发动此次攻击者并非B-17,而是两架携带鱼雷及炸弹的笨重PBY飞机。

海里之外，草鹿也不再犹豫，当即下令第一波攻击队升空。

上午7时，从机动部队的三艘航空母舰——"翔鹤"号、"瑞鹤"号以及体形较小的"瑞凤"号上，18架鱼雷轰炸机、22架俯冲轰炸机、27架战斗机飞上天空。最后几架还没离开甲板，草鹿就下令第二波攻击队迅速跟上。草鹿为人平素处变不惊，然而此时面临与美舰决战，中途岛失利的一幕幕不断涌上心头，催生一种焦躁难安的情绪。从舰桥上，草鹿不断催促舱面军官动作迅速，又在望远镜中发现"瑞鹤"号的动作更为缓慢，气得直跺脚，命令旗手打出旗语："何以延误？"

草鹿在舰桥上来回踱步，等到第二波攻击队的12架鱼雷轰炸机、20架俯冲轰炸机、16架战斗机全部升上天空，便从窗户探头大喊，命令冲洗甲板，以备敌军袭击。实际上，草鹿已将战斗机全部派出，并未留下一架来保护三艘航母。但在一心求战的狂热情绪之中，他对这些并不在意。"任你有千般本事，"草鹿自言自语道，"有种就来啊！"

美军第一波攻击队约在日军出动第一波攻击机30分钟后起飞。至8时15分，空中共有美军俯冲轰炸机、鱼雷轰炸机和战斗机73架，朝机动部队飞去。途中，日机与美机擦身而过，彼此能够发现对方，却并未打破阵形，只是各自继续朝目标飞去。然而，交战的诱惑实在过大，10余架日军战斗机很快便掉头，追上自"企业"号起飞的19架飞机。一番混战之后，日军以3架战斗机为代价，击坠美军"野猫式"战斗机与鱼雷轰炸机各3架。

待雷达信息核实完毕时，日军第一拨俯冲轰炸机距离美舰已不足50海里。全体战斗机都在等待旗舰发号施令，然而金凯德此前只有战列舰与巡洋舰的作战经验，对航母作战并不熟悉，略作犹疑后才传令"野猫式"战斗机升空截击。未待"野猫式"战斗机升至指定高度，日机已对"大黄蜂"号展开攻击。"企业"号则还在10海里外，隐蔽在局部的大雨中。上午9时10分，"九九式"轰炸机朝"大黄蜂号"俯冲而下，一枚炸弹命中飞行甲板附近，另外两枚虽未命中，亦对舰体造成损伤。战斗中，日军飞行中队队长故意驾机朝"大黄蜂"号烟囱俯冲，在撞击后反弹坠落在飞行甲板上，机上所携两枚炸弹随即爆炸。

"中岛制"鱼雷轰炸机此时已降低高度，两枚鱼雷命中机炉舱，爆炸的冲击波将整艘航母撼动。"大黄蜂"号稍作挣扎，最终失去行动能力，无助地在海面上动弹不得。此时，又有一批"九九式"轰炸机飞来，朝着冒烟的航母肆无忌惮地倾泻炸弹。不到10分钟，日机返航，留下燃起熊熊烈火的"大黄蜂"号，倾斜八度，停在海上。

"大黄蜂"号自己的"无畏式"俯冲轰炸机此时正在袭击日军巡洋舰"筑摩"号，某种程度上算是为航母报了仇。正在护卫南云航母的"筑摩"号的舰桥被炸弹命中，舰长古村启藏大佐正站在罗盘仪右侧，顿时被爆炸冲击波掀翻在地，待到跟跟跄跄站起身时，只发现自己耳膜破裂，脑内轰鸣不已，舰桥上其余官兵几无生还。他连忙通过传声管下令改变航向。突然，又一枚炸弹命中舰桥，古村大喊："卸掉鱼雷！"一名乘员打手势示意，众人连忙将鱼雷推入海中。就在鱼雷全部卸掉后不久，一枚炸弹命中空无一物的鱼雷室，砰然炸裂。

另一批"无畏式"轰炸机则盯上南云的旗舰"翔鹤"号，冒着猛烈的高射炮火，排成一列纵队朝目标俯冲而去。第一枚1000磅炸弹命中时，草鹿感到舰身在颤抖。随着爆炸声接连响起，草鹿已无暇计算次数，只是望着飞行甲板燃起熊熊烈火：中途岛的悲剧会重演吗？担忧之下，草鹿通过传声管询问机炉舱情况，舱内官兵回复一切正常："报告长官，最高航速可提至32节。"航行虽无异状，通信系统却受到破坏，于是草鹿决定将指挥部转移至一艘驱逐舰上。他下令舵手掉头驶出危险区，"瑞凤"号紧随其后。此时，"瑞凤"号的飞行甲板上已被炸开一个直径50英尺的大洞，失去作战能力。那是美军飞行员斯托克顿·斯特朗中尉与查尔斯·欧文少尉驾驶两架侦察机路过时，大胆攻击造成的损伤。

数百海里外，日军俯冲轰炸机和鱼雷轰炸机共43架，朝金凯德飞来。俯冲轰炸机先行一步，美舰雷达在55海里外便已侦测到敌机动向，但金凯德又一次犹疑不决，迟迟不肯命令"企业"号上的战斗机升空迎敌，以致"九九式"轰炸机一路畅通无阻，顺利朝"企业"号俯冲下去。眼见太平洋上最后一艘美军航母也要重蹈"大黄蜂"号覆辙，所幸"企业"号及其护卫舰只——尤其是战列舰"南达科他"号与巡洋舰"圣胡安"号——高射炮火力足够集中且准确,最终只有两枚炸弹命中航母。另有一枚炸弹在舰身附近爆裂,将主涡轮机轴承破坏。好在全舰上下奋力抢救,数分钟内,便控制住火势,调整好涡轮机,并将弹洞修补完毕。待日军鱼雷机抵达时,庞大的航空母舰已恢复充足的机动性,能够躲避日机的各式攻击。

  近藤前进部队中唯一一艘航母"隼鹰"号也派出一支攻击队,由17架俯冲轰炸机组成,12架战斗机负责护卫,此时距离金凯德已不足100海里。战斗机指挥官正是那位业余画家志贺淑雄大尉,此人在珍珠港袭击中表现突出。太阳几乎直射头顶,志贺放眼望去,只见碧波之上,白浪滚滚。11时20分,志贺发现一艘巨大航母正"衔骨"①前行,看起来并未丧失战斗能力,甲板上却空空荡荡。很快,便有两架战斗机从航母升空而起。(此时还有更多的"野猫式"战斗机,隐藏在上方滚动的云层之内。)

  部队出击之前,志贺满心想的都是"给我们留点儿战功",而此时,焦虑的情绪已压过期待:难不成,机动部队第一波攻击队尚未取得战果便已遭全歼?轰炸机列好阵形,准备俯冲,战斗机则从旁掩护。理想情况是一架护卫一架,而实际情况是轰炸机多、战斗机少,志贺便表示自己同时掩护先头两架——对战斗机飞行员而言,这是最令人反感的任务。在从"隼鹰"号出发之前,志贺就告诫那些经验不足的年轻飞行员,一定要紧紧跟随轰炸机,绝不可一味与敌机缠斗。"谨记命令,切勿分离!"然而,当志贺来到轰炸机指挥官山口正夫中尉机身后展开掩护时,已有数架"零式"战斗机受到云层中的"野猫式"战斗机引诱,擅自离队。此时令他们折返已来不及,志贺只好把注意力集中在掩护山口上面。山口正冒着猛烈的高射火力朝"企业"号俯冲,并在9000英尺高处放下襟翼以减速。"零式"战斗机并无襟翼,为防止身位超出轰炸机,志贺只得全力拉起操纵杆,紧急后翻。飞机旋转时,身体紧贴住靠背的志贺险些失去知觉,连忙环顾四周,看附近是否存在敌机,后一架轰炸机的俯冲路线又是否被自己挡住。

  高射炮火自四面八方袭来,志贺接二连三翻筋斗,逐步降低高度。第

---

① 船首激起的浪花常被比作"衔骨"。船只高速航行时,海水被一分为二,船首两侧会形成一道弧形的白浪,从远处看去就像一条快活奔跑着的狗,嘴里衔着一根骨头。——译者注

三个筋斗之后,志贺向四周望去,发现山口已不见踪影。这意味着掩护任务已完成,于是志贺转而寻找敌战斗机,恰好前方出现两架,外形粗短,想来正是传闻中的格鲁曼"野猫式"战斗机!军中早有传言,称该机种火力惊人,坚不可摧。见"零式"战斗机逼近,两架"野猫式"战斗机分头散开。志贺紧紧咬住先头那架的尾部,却发现那"野猫式"战斗机并不躲闪,正待开火时,另一架"野猫式"战斗机陡地从身后扑来。战友何以接连遭"野猫式"战斗机击坠,谜团终于解开。志贺一而再、再而三地试图捉住其中一架,而另一架总是能够迅速冲来,扰乱攻击。

山口攻击队投下的炸弹无一命中"企业"号。不过,先前救下航母的两艘护卫舰在对空迎击时与"企业"号距离太近,不幸中弹。一枚炸在战列舰"南达科他"号的一号炮塔。另一枚则穿透巡洋舰"圣胡安"号的甲板,在接近舰底处爆炸。

"隼鹰"号派出的十五架飞机组成第二波攻击队,抵达战场时,恰好发现残破的"大黄蜂"号在巡洋舰"北安普敦"号的拖曳下行进。六架"中岛制"鱼雷轰炸机立即掠过海面,朝航母飞去。"北安普敦"号舰长下令切断拖链,以防自己也被鱼雷击沉。如此一来,"大黄蜂"号便沦为海面上的活靶子,同时也没有战斗机掩护。然而,日军飞行员战死比率过高,补充而来的新兵作战能力显然不足:面对静止目标,六枚鱼雷中五枚打歪,只有最后一枚命中右舷。随着一道怪异的绿光闪过,咝咝声响起,接着是沉闷的隆隆声。右舷处甲板"好似裂开一般",燃油喷涌而出,乘员接连滑入海中。右舷倾斜至14度时,后机轮舱开始进水,舰长传令全员,准备弃舰。此时,六架同样是中岛公司研制的高空轰炸机呈完美的V字形编队飞来。美军抛下绳索逃生之时,一枚炸弹击中飞行甲板。

此时,志贺已率战斗机返回"隼鹰"号,并报告称,部队离开时,美军航母仍"富有战力",建议再度发起空袭。一名作战参谋询问志贺,是否有把握在黑暗之中返航。

"能不能返航不重要,"志贺心想,自己本应在珍珠港捐躯,侥幸生还至今,不过是向上苍借来的寿命,"绝不能就此放过航母。如有可能,恳请发出归航信号。"在航母指挥官中,厌恶发出归航信号者不在少数,因为这有可能暴露舰只位置。"实在不发信号,我也能通过别的方式回来。届时请您多加小心。"这话里面半是玩笑,半是威胁。

第一波攻击队的俯冲轰炸机飞行员中,生还者只有一名年轻军官。此人名叫加藤舜孝,圆胖的脸蛋上稚气未消。第一波攻击是他首次上阵。当被志贺叫醒,听说又要发动攻击时,他顿时吓得面无血色。"这是去为你的队长报仇,"志贺说道,"战争就是如此。"

加藤闻言,便从铺上坐起。"出发吧。"

志贺召集起五名俯冲轰炸机驾驶员,又从部下中挑出五名有希望在黑暗中返航的战斗机驾驶员,开始训话。"这是最后一次袭击了,"志贺对轰炸机驾驶员说道,"山口教给你们的东西,都给我牢牢记住。逼近目标,近到不能再近时,再投下炸弹。"接着他又对自己手下的战斗机飞行员说道:"你们几个,都靠我近一点。哪个再敢飞远,我就直接把他打下来。"

由志贺带队,11架飞机离舰升空。落日余晖中,志贺观察到海面上似乎有什么东西。几分钟后,他从云层的间隙中,发现数艘军舰,其中一艘正是航母。然而,这艘航母其实是"大黄蜂"号,早已在海面上坐以待毙。加藤率俯冲轰炸机朝目标迅速冲刺,志贺此次没有跟丢轰炸机,一直看着炸弹坠入机库甲板。而当志贺斜过机身,从航母上空掠过时,他惊讶地发现,飞行甲板上几乎看不到人影。这艘航母只是个空壳罢了。

接下来的问题是如何返航。像母鸡唤雏那样,志贺将各机聚集起来,在逐渐黯淡的天空中朝来时方向飞去。至于舰长是否肯发归航信号,志贺也不确定,只能先把收音机调到相应频率。起初,没有任何声音,接着便传出欢迎的哔哔声。"隼鹰"号正在发射信号!

志贺与部下吃晚饭时,气氛异常沉闷。餐桌周围空着大量椅子,餐盘里的食物也没有人吃。从那天的战果来看,他们算是凯旋,但没有一名官兵春风满面,自吹自擂。

接到航空部队传来的报告,近藤颇受鼓舞,下令前进部队与前卫部队全体出动,找寻敌舰发动夜战。两艘完好无损的航母"瑞鹤"号和"隼鹰"号也将紧随其后,以便在必要之时再次发动空袭。发现熊熊燃烧的"大黄蜂"号的是前卫部队。美军护卫驱逐舰朝该舰发出九枚鱼雷,却只是加剧其火势,未能成功击沉。见日军到来,驱逐舰迅速撤离,将"大黄蜂"号遗弃在原地。日军也发射四枚鱼雷。于是,10月27日凌晨1时35分,首度轰炸东京的那批飞机曾搭乘的航空母舰沉入海底。其余美舰消失在搜索范围之外。圣克鲁斯群岛海战就此拉下帷幕。

日出前一小时,南云及众参谋将指挥部转移至"瑞鹤"号。根据飞行员及各舰乘员报告,南云与草鹿估算,至少击沉两艘巡洋舰、一艘驱逐舰、一艘战列舰和三艘航空母舰。如此一来,日本海军算是一雪中途岛之耻,也终于掌控了瓜达尔卡纳尔岛周围的制海权。

山本更是对此战评价甚高。参谋长宇垣将军则向东京方面发去电报,称击沉敌航母四艘、战列舰三艘。山本回味着在美国海军日①那天取得的重大胜利,难以入眠,来到月光之下的"大和"号甲板上,来回踱步。回到船舱,他更是写下三行诗句:

> 战云散入今秋夜,生魄清辉洗暑烦。
> 且自惘然独望月,彼方将士亦英魂。
> 舟舰岂无埋骨地,碧波万顷尽寒光。

日军未损失一艘舰船,拿下一场决定性的战术胜利。然而,美军却赢得宝贵的时间,打退日军两栖进攻,将其夺回亨德森机场的企图粉碎。此外,日军共有69架飞机未能归舰。归舰飞机之中,又有23架在紧急着陆时坠毁。对日本来讲,补充同等数量的飞机及机组人员,至少需要数个月时间。

而在东京方面,此次胜利受到极度重视,天皇甚至亲赐手诏,表彰联合舰队"奋勇作战",并预言所罗门群岛局势将"越发严峻"。将手诏交给军令部总长永野时,天皇说道:"朕有些许个人愿望,添加在诏书的后半部分,即提及瓜达尔卡纳尔岛苦战的那部分。该岛是日美两军激战之地,亦

---

① 美国海军日,每年10月27日为美国海军及水兵致敬的节日,首次庆祝于1922年。时人认为10月27日是美国海军诞生之日,而在20世纪70年代,历史学家确定其真实诞生日是10月13日。尽管官方作出更正,民间仍普遍将10月27日视为海军日。——译者注

是帝国海军重要堡垒。希望我军能够尽快收复该岛。"

然而,此时山本与宇垣已私下得出结论:夺回瓜达尔卡纳尔岛难于登天。陆军一连三次尝试皆告失败,美军守备力量又在日益加强,第四次进攻怎么可能成功?

在瓜达尔卡纳尔岛上,百武的参谋长小沼大佐也不得不承认同样的现实。小沼希望丸山师团已告覆灭的事实不要被美军发现,否则美军便会主动出击,将岛上日军全部歼灭。

辻中佐带着关于第二师团的第一手消息,正沿丸山步道返回,却在途中发现大队长源倒在路旁,下半身浸泡在鲜血之中。"坚持住,"辻说道,"我很快就叫人来接你。"

"我从前天起,就没吃过东西了。"源气若游丝地说道。

辻拿出自己的饭盒,夹起两筷子米饭,喂给源吃。源则有气无力地指了指躺在旁边的一群士兵。辻将米饭逐一喂给士兵,众人纷纷张开嘴,就像一群待哺的麻雀。

辻花费五天时间,才走到位于海岸附近的第十七军司令部。下令往前线运输大米后,辻向身处东京的参谋总长杉山发去一封电报:

> 第二师团连日以来奋勇作战,官兵于殊死猛攻中折损过半,遂至失利。对此,卑职当负全部责任。该师团作战失利,实由卑职低估敌军战力,拟订计划有误,且不知变通,一意孤行所致。

辻在电报中表示自己"罪该万死",并请求与第十七军共同留守瓜达尔卡纳尔岛。11月3日,复电传来:

> 辻参谋转调第十七军之申请,不予批准。请返东京,汇报战情。

接近黄昏时,此前在马塔尼科河为住吉少将之佯攻提供支持的杉田一次中佐(新加坡投降时,此人曾任山下将军之译员)步履蹒跚地来到第十七军司令部。他面色苍白,双目发亮,身上的制服早已没有军装的样子。杉田报告称,把守河东岸大部分战线的步兵第四联队已遭美军突破,"联队长准备高举旗帜,率残部 150 人发起决死突击,我也打算与之同行。"

"别冲动,杉田,"辻说道,"千万别再搞突击了。把联队旗竖在林中,士兵在周围掘壕自守便是,美军不敢主动出击。而且在丛林里也不怕敌人炮击轰炸。再坚持一两天,就可以了。"增援部队已在登陆。杉田拄着一根竹棍,一瘸一拐地走回马塔尼科河。

增援部队包括第三十八师团的先头部队,与之共同来到岛上的是辻的另一位好友——服部卓四郎大佐。自东京而来的服部身着一套崭新的军服,看上去神采奕奕,举手投足透露着一贯的自信。辻心想,只要服部还活着,就没有什么值得担心的。两人热情地握手。

次日,川口以耻辱的方式离开瓜达尔卡纳尔岛,他"实有断肠之痛"。此时在川口心里,同胞辻政信要比非我族类的敌人更加可憎。

第十七章 终局

1

11月9日晚间,第三十八师团师团长佐野忠义中将和司令部人员抵达塔沙法隆加海角,与先头部队汇合。他们乘五艘驱逐舰,顺利穿过所罗门群岛海峡。而此时肖特兰岛上还有第三十八师团主力及其他增援百武的部队,共约12000人,补给品约10000吨。军方打算只派出一支船队,将其一口气运往瓜岛。该船队由11艘运输舰与一些货运舰组成,12艘驱逐舰护航。船队前方由一支2艘战列舰、1艘轻型巡洋舰、14艘驱逐舰组成的挺身攻击队开路,其任务是对亨德森机场展开炮击压制,阻止其飞机升空,保证运输船队安全登陆瓜达尔卡纳尔岛。

11月12日上午,阿部弘毅中将[①]率挺身攻击队朝瓜达尔卡纳尔岛进发,接近黄昏时分抵达萨沃岛以北100海里处。早在数小时前,美军便已意识到阿部之存在,并推测其来意:要么是炮击亨德森机场,要么是袭击瓜岛附近海面上停泊着的美军运输船队——该船队载有6000名士兵、105毫米和115毫米口径榴弹炮、各式弹药及口粮。黄昏,6000名士兵全

---

① 阿部即上一章南太平洋海战中"机动部队前卫部队"的指挥官,指挥前卫部队时仍为海军少将,11月1日刚刚晋升中将。——译者注

部登岸,运输舰与货运舰还有三分之二物资未及卸货,不敢久留,只得迅速南撤。

运输船队在第六十七特遣舰队第四支队的护航下驶往公海。护航舰队由丹尼尔·J.卡拉汉少将指挥,此人是一位虔诚的教徒,平素沉默寡言。护送运输船队安全抵达努美阿后,卡拉汉掉头北上,沿瓜达尔卡纳尔岛北海岸驶往萨沃岛,以拦截阿部舰队。卡拉汉麾下仅有两艘重型巡洋舰、三艘轻型巡洋舰及八艘驱逐舰,火力远逊于阿部,然而美军在该地区再无其他海军力量,拦截任务只能由卡拉汉独力完成。

卡拉汉刚刚从海军学院的同学诺曼·斯科特手中接下指挥权①,仍然沿用斯科特在埃斯佩兰斯海角海战中采用的战术,将各舰排为一列纵队,八艘驱逐舰中四艘在前、四艘在后。瓜岛附近海域暗藏危险,一列纵队易于航行。或许是出于念旧之情,卡拉汉本人坚持乘坐重型巡洋舰"旧金山"号,不顾该舰搜索雷达运作不佳。卡拉汉曾担任该舰舰长,乘员极为爱戴他,直到此时仍称他为"丹叔"——当然,不是当面称呼。

阿部将军没有设想过夜战的情况。毕竟美军在该海域并无战列舰,而巡洋舰也不敢前来挑战。以"比睿"号为首的两艘战列舰打头,六艘驱逐舰和一艘轻型巡洋舰掩护,驱逐舰护卫两翼以防鱼雷袭击,挺身攻击队顺利绕过圣伊莎贝尔岛南端,一路南下驶往萨沃岛。

萨沃岛西北海面狂风大作,暴雨如注。阿部却认为此天气正有利于舰队免受敌军空中、海面及潜艇攻击,因此拒绝降低航速。然而,眼见暴风雨全无减弱之势,又得悉瓜达尔卡纳尔岛的天气同样糟糕,阿部也只得下令各舰掉转180度,航速降至12节。半小时后,雨停了,尽管此时报告已传来,称卡拉汉舰队出现在铁底海峡某处,阿部仍然决定继续朝萨沃岛进军,传令各舰重新掉转航向。

午夜过后,萨沃岛微小的锥形影子出现在前方,瓜达尔卡纳尔岛上群山影影绰绰,遥遥可见。岛上的地面观察员通过无线电报告称,隆加角附

---

① 当日卡拉汉率第67特遣舰队第4支队,斯科特率第62特遣舰队第4支队,从两处分别前来瓜岛海域,以TG 62.4并入TG 67.4的形式汇合,总指挥官由卡拉汉担任。文中所述TG 67.4舰只构成,乃是汇合后之情况。——译者注

近未发现敌舰踪影。于是阿部决定展开炮击,命令两艘战列舰全部主炮都换为薄壳三式燃烧弹。

美舰发现阿部的确切位置,是在凌晨1时24分——日期已来到11月13日,星期五。"海伦娜"号发现日舰呈马蹄形队形,护卫着两艘主力舰,便通过舰间通话向"旧金山"号报告:"发现敌舰。接触方位312至310,距离27000码至32000码。"为抢占T字头,卡拉汉下令纵队掉转航向,朝正北驶去。

五分钟、十分钟过去,随着两军舰队迅速接近,卡拉汉心急如焚,不断通过通信装置询问最新消息。雷达并没有帮上忙:1时41分,打头一艘驱逐舰"库欣"号瞭望哨突然发现,两艘日军驱逐舰从黑暗之中陡然蹿出。为避免相撞,"库欣"号猛地左转,不想却给身后各舰带来剧烈的连锁反应。

巡洋舰"亚特兰大"号同样急转弯,后面"旧金山"号上的卡拉汉问道:"你在搞什么?"

"规避我方驱逐舰。"巡洋舰舰长答道。

日舰舰桥上同样乱作一团。发现敌舰后,阿部传令"比睿"号与"雾岛"号的炮手将燃烧弹换为穿甲弹。除另有任务在身的官兵,"比睿"号上全体乘员一齐出动,争先恐后地将三式弹卸下,堆放在甲板上。黑暗笼罩着混乱的军舰,每一分钟都无比漫长。敌舰只须一发炮弹命中燃烧弹堆,"比睿"号便立即会化作一支巨型火炬。

又过去四分钟,1时49分,"比睿"号的探照灯刺破黑暗,打在前方约5000码处的"亚特兰大"号的舰桥上。美舰迅速作出反应,在"比睿"号面前打起十余根水柱。"比睿"号不甘示弱,以14英寸口径炮齐射还击。重达1吨的炮弹打在"亚特兰大"号上,击毁舰桥,将以斯科特将军为首的众人全部炸死,只有一名参谋生还。

直到此时,卡拉汉才下令:"奇数舰向右舷开火,偶数舰向左舷开火。"然而,美日双方各舰早已乱斗作一团,只管朝进入视野的目标开火。日军一艘驱逐发射一组鱼雷,正中"亚特兰大"号,几乎把它炸得飞离海面。该舰勉强稳住舰体,但也无力再战,只得脱离战斗序列。

两支舰队近距离乱战,打得难解难分,堪称太平洋战争爆发以来最为混乱的一场海战。

"停止开火误伤友舰!"随着卡拉汉下令,美舰炮击暂时停止。"雾岛号"则与另外至少四艘日舰一道,朝美军旗舰"旧金山"号发射巨型炮弹。

"瞄准大家伙射击!"卡拉汉对全体舰只下令,"先打大家伙!"

一枚炮弹命中"旧金山"号的舰桥,舰长身负致命伤,其余在场众人皆被炸死,只有布鲁斯·麦坎德利斯少校幸免于难。胴体、四肢、装备四散在甲板上,吓得少校魂飞魄散。海水从上甲板倾泻而下,警报器发出悲鸣。趁着一片混乱,麦坎德利斯成功指挥残破的"旧金山"号撤出战场,朝瓜达尔卡纳尔岛驶去。

凌晨2时,阿部的旗舰"比睿"号已身中50弹,只得转向左舷,在"雾岛"号陪同下向北驶去。海战持续时间不到半个小时,却给铁底海峡留下一片熊熊燃烧的舰船残骸。"亚特兰大"号与两艘驱逐舰正在沉没,脱离战场的美舰之中,只有一艘未受损伤。而日军方面,一艘驱逐舰沉没,另一艘无力航行,静静漂流在海面。"比睿"号航速大幅度下降,无望在日出之前逃离美机航程之外。

卡拉汉正面突入敌舰之中的选择,使得亨德森机场免遭毁灭性的打击,却也付出数百条生命的代价——其中包括斯科特将军,也包括卡拉汉自己。

旭日初升,瓜达尔卡纳尔岛附近海域上,七艘残破的军舰——美舰五艘、日舰两艘——清晰可见,有的在无助地燃烧,有的在孤零零地漂流。"波特兰"号,由于船体已被炸弯,正在海面上打转。美军的苦难并未就此结束。五艘幸存的美舰撤离战斗海域,朝新赫布里底群岛驶去途中,"旧金山"号被日军潜艇"伊-26"号发现,时间是上午接近11时。潜艇迅速射出一组鱼雷,虽未命中残破的"旧金山"号,却有一枚鱼雷擦过舰身,命中另一艘美舰"朱诺"号的左舷。麦坎德利斯在"旧金山"号上望去,只见"朱诺"号猛然炸裂,就像"火山喷发出愤怒的岩浆"。庞大的棕色云团腾空而起,接着是一声霹雳巨响。待浓烟消散后,巡洋舰"朱诺"号竟已消失得无影无踪。真可怕。

此时，这支残存的美军舰队由"海伦娜"号上的吉尔伯特·胡佛上校指挥，因为在幸存军官之中，他的级别最高。胡佛担心，假如停下来营救"朱诺"号乘员，其余各舰也有遭到击沉的可能。于是，四艘行动自如的军舰慌忙驶走，连救生艇或筏子也没有留下。"朱诺"号几乎全员遇难，死亡人数约700名，其中包括著名的沙利文五兄弟。①

行动迟缓的"比睿"号同样难逃厄运。自天亮以来，它已多次击退美军飞机的空袭，直到被一枚炸弹击毁操舵装置。此后数小时，"比睿"号无助地在海面上打转，受到从亨德森机场飞来的"空中堡垒"及鱼雷轰炸机的连番打击，最终被两枚鱼雷击沉。乘员转移至驱逐舰后不久，"比睿"号的舰尾开始下沉，很快便消失在众人视野之中。

对山本而言，损失一艘战列舰无疑是一个沉重打击，但这并不足以动摇他护卫11艘运输舰登陆瓜岛的坚决意志。日军铁下心来，要让亨德森机场暂时停止运作。当晚，又一列恐怖的"东京快车"驶来：巡洋舰及驱逐舰沿"狭缝"全速南下，对机场持续轰炸37分钟。对海军陆战队队员来讲，这确实是一次可怕的经历。但美军只损失18架飞机，跑道略加修复，次日上午又能重新投入使用。

11艘运输舰在12艘驱逐舰护卫下驶往瓜岛，此时已行半程。驱逐舰指挥官正是那位令人望而生畏的田中赖三少将，此人不顾船队已于上午8时30分被"企业"号的两架俯冲轰炸机发现，命令各舰沿狭窄海域继续南下。三小时后，美海军陆战队与海军飞机共37架自亨德森机场而来，重创两艘运输舰。田中依旧拒绝撤退：若得不到增援部队与补给物资，百武必死无疑。驱逐舰放出烟幕，掩护着运输舰继续按之字形路线南下。美机轰炸持续了整个白天，来自圣埃斯皮里图的"空中堡垒"与"企业"号上的舰载轰炸机和战斗机也加入到空袭行列。见数艘运输舰已无挽救可能，田中下令驱逐舰接收其部队，掉头返回肖特兰，其余舰只则继续航行。太阳落山之前，已有六艘运输舰沉没，一艘失去行动能力，剩余四艘在四艘驱逐舰护卫下，潜入暮色之中，朝瓜达尔卡纳尔岛驶去。

---

① 此役过后，美国海军不再将同一家庭的成员安排在同一艘军舰上。

山本令近藤中将亲率战列舰"雾岛"号、两艘重型巡洋舰、两艘轻型巡洋舰及一队驱逐舰,沿所罗门群岛海峡南下进击。近藤其人颇有能力,舰队火力亦十分充足,亨德森机场此番似乎在劫难逃。

然而,日军的对手是战列舰。此时,由两艘战列舰与四艘驱逐舰组成的第六十四特遣舰队已从金凯德航母舰队中分离出来,赶赴瓜岛海域援救机场。此前哈尔西不愿让"企业"号(美军在太平洋上最后一艘具备作战能力的航母)在白天失去掩护,若非如此,第六十四特遣舰队本可以更早一些出发。

整个白天,第六十四特遣舰队一直潜伏在瓜达尔卡纳尔岛西南约100海里处。太阳刚落,随着绰号"清人"的威利斯·A. 李少将①一声令下,四艘驱逐舰在前,两艘战列舰——"华盛顿"号与"南达科他"号在后,一路北上,驶过埃斯佩兰斯海角与萨沃岛。晚10时52分,纵队转向右舷行驶。"华盛顿"号的雷达发现一艘军舰正沿"狭缝"南下,这正是近藤舰队打头的一艘轻型巡洋舰"川内"号。

李下令各舰开火是在晚11时16分。"川内"号急忙后撤,其余日舰却坚决进攻,并在11时35分之前,将四艘美军驱逐舰打得失去作战能力,其中两艘正在沉没。"南达科他"号供电系统发生故障,无法行动。"雾岛"号及另外两艘重型巡洋舰抓住良机,猛烈开火,却没有注意到"华盛顿"号正在8000码外。它朝"雾岛"号射出75枚16英寸炮弹。身中9枚16英寸炮弹及大量5英寸炮弹后,"雾岛"号的上层建筑迅速起火,舰身不断打转,失去控制。舰长放缓航速,试图通过发动机转向,却未能奏效。

0时25分,近藤从重型巡洋舰"爱宕"号上下令撤退。美军在李将军的指挥下,成功保卫亨德森机场免受轰炸,同时实现一次战术打击。近藤却认为自己才是胜利者,释放烟幕撤往北方,将"雾岛"号与一艘无法行动的驱逐舰留在原地。"雾岛"号舰长无奈,最终决定凿舰自沉,将乘员转移

---

① 威利斯·李在海军学院就读期间,由于热爱远东文化,且姓氏读音近似华人姓氏,故而被同学昵称作"清人"。——译者注

至一艘返回救援的驱逐舰上，下令打开金斯顿阀①。又一艘战列舰沉没在萨沃岛西北。

北边数海里外，田中对战斗过程密切关注，且已派出三艘驱逐舰前往支援近藤。此时，田中决定让最后一艘驱逐舰与四艘运输舰驶往塔沙法隆加海角。要在日出之前让部队登陆完毕，单凭登陆艇绝对来不及，因此田中向拉包尔发报，请求允许运输舰直接冲上海岸。拉包尔未予许可，但近藤表示批准。毕竟耽搁太久，四艘大型运输舰驶上塔沙法隆加海角海岸时，天空已渐渐露出鱼肚白。

几乎就在日舰上陆的同时，八架海军陆战队俯冲轰炸机自亨德森机场飞来，在乔·塞勒少校指挥下躲过八架水上"零式"战斗机②，朝运输舰投下炸弹，命中三枚。紧随其后的是一批海军陆战队"无畏式"战斗机及海军鱼雷轰炸机。正午过后，战斗已演变为一场血腥屠杀，殷红的海面上漂着支离破碎的尸块，有些美军飞行员望上一眼，便忍不住呕吐起来。

日军从肖特兰派出的12000人的增援部队与10000吨补给物资，绝大多数都沉入海底，成功上岸的只有4000名惊魂未定的士兵与5吨物资。为争夺瓜达尔卡纳尔岛，美日海军连续三日血战，终以日军惨败宣告结束：沉没舰只总排水量高达77609吨，包括2艘战列舰、1艘重型巡洋舰、3艘驱逐舰，以及田中的11艘运输舰。至此，百武发动最后大反攻的希望彻底破灭。

范德格里夫特自登岛以来，无时无刻不为海军畏敌避战烦心不已，此时听闻大捷，欣喜若狂，在给哈尔西的电报中首次毫无保留地对海军大加赞赏：

---

① 金斯顿阀，英国工程师约翰·金斯顿发明的一种船舶用阀门，目的在于控制海水进入水箱，以作压舱、灭火或自沉之用。——译者注

② 太平洋战争中期以前，日本海军以"零式"水上观测机（零观）充当水上战斗机之用；后由中岛公司以"零式"为母型进行改造，研发出"二式"水上战斗机，并于1942年7月起投入使用。不过，"二式"的出现并未完全取代"零观"之地位，文中此处提及的"水上'零式'"疑指"零观"。——译者注

敌军显然受到毁灭性打击。海军陆战队感谢昨夜金凯德出兵相助,李奋勇杀敌,也感谢我部飞行员对敌军施以无情打击。在此,我部向顽强作战的友军表示赞赏,更要对斯科特、卡拉汉及其舰队官兵致以崇高敬意:他们以大无畏之精神,挑战看似无望之战局,英勇挫败敌军第一击,为此战之胜利奠定基础。"仙人掌"全体官兵高举弹痕累累的钢盔,以最为深沉的情怀致敬英雄。

罗斯福总统同样欢欣鼓舞。短短数日之内捷报频传:盟军于北非登陆成功;蒙哥马利于阿拉曼击败隆美尔;苏军于斯大林格勒英勇挫败德军攻势;瓜达尔卡纳尔岛之胜利。"过去两星期,捷报不绝于耳。"罗斯福在接受《纽约先驱论坛报》记者采访时说道,"看来,战争的转折点终于要到了。"

东京方面,陆军参谋本部依然决心夺回瓜达尔卡纳尔岛,并对相关部队进行大规模重新部署:百武的第十七军只负责所罗门群岛,新几内亚群岛东部相关战事则由第十八军接管,两处作战行动皆由今村均中将指挥。今村曾在极短时间内攻陷爪哇,并以最低限度的武力在荷属东印度群岛全境迅速建立起秩序,在陆军之中可谓德高望重。而另一方面,陆军参谋本部部分高层人士对其温和手段屡加批评,甚至一度对他的军事生涯产生影响。

当初占领荷属东印度群岛后,今村所做的第一件事便是将该地区最具影响力的革命领袖——艾哈迈德·苏加诺①从狱中释放。苏加诺随人来到今村官邸,那是一座造型优美的建筑,不久前还是荷兰总督的居所。"我知道,你不是那种唯命是从的人,"今村说道,"所以我不下命令,甚至不提建议,只是向你作出保证,只要印度尼西亚人学习日语,那么一定可

---

① 爪哇人绝大多数并无姓氏,仅有一个单名。苏加诺只在西方文献中被称作"艾哈迈德·苏加诺",其来由存在歧说:一说是西方记者采访时,希望得到一个姓名俱全的称呼,苏加诺便让他们使用"艾哈迈德";一说是印度尼西亚外交官为获得穆斯林国家支持,故而给领袖安排一个阿拉伯名。——译者注

以在帝国管理下,生活得更加幸福。至于再进一步的事情,要看日本政府的判断。比如独立问题,我就没法给你保证。"

除推广日语外,今村还成立一个由15名印尼人与5名日本人组成的委员会,倾听民意,广开言路。如此一种"自由主义作风",自然有人看不过眼,便向今村的顶头上司——身处西贡的寺内大将告状,寺内则将此事上报东京。于是,东京派陆军省的武藤章、富永恭次两名将军前往巴达维亚展开调查。今村据理力争,捍卫自己的政策:"此间一切举措,皆是奉陛下旨意行事。若二位发现新政府未奏其功,大可将敝人罢免。先请视察成果,再作决断不迟。"经过一番视察,武藤与富永颇受触动,最终在调查报告中,建议首相东条和陆军参谋总长杉山允许今村自由行事。

此时,今村面临的任务是指挥一个由第十七军与第十八军组成的方面军,这是任何一个日军将领都不愿接下的烫手山芋。返回东京,今村入宫面圣,就在鞠躬准备退下时,天皇开口道:"今村!朕听闻瓜达尔卡纳尔岛上的官兵受尽折磨,还请火速前往营救,能早一日,便早一日。"今村抬起头,看到两行清泪从天皇那喜怒不形于色的脸上流下。

今村来到陆军参谋本部,得知自己的任务是与山本大将协力合作,加强对所罗门群岛的空袭,为瓜岛部队提供增援,最后发动联合攻势,收复亨德森机场与图拉吉。

11月22日,今村抵达新不列颠群岛上的拉包尔,并给身处瓜达尔卡纳尔的百武发报,称自己会在一个月内派出两个新锐师团登岛增援,要求百武将岛上情况如实、完整、"不加隐瞒"地予以汇报。

百武刚在马塔尼科河边损失1000名官兵,复电称,一个月来,部队全靠草根与清水维持生命:

> ……平均每天有100人饿死,数字有增无减。待两个增援师团抵达,不知岛上还有几人存活。

陆军参谋本部事先并未将瓜岛情况告知今村。不过,既然今村本人已在天皇面前放出豪言壮语,誓要夺回瓜岛,便也算是与陆军参谋本部上了同一条船。此时,今村唯一能做到的,只是在电报中对瓜岛官兵表示同情,赞赏其勇气"足以惊天地泣鬼神",请求岛上部队协助自己夺回岛屿,"以安圣心"。

此时,坚持要将瓜岛战役打到底的,只剩下陆军参谋本部。面对陆军参谋本部对兵员、物资,尤其是排水量总计达 37 万吨的船舶的要求,陆军省只得对局势重新作出评估,并表示,目前国家的主要目标是增强国力与战争潜力,军方如继续征用船舶,只会减少民用船只数量,从而削弱国力。倘若如此,这比丢掉瓜岛更为糟糕。

陆军参谋本部表示,既要让今村设立新司令部,又不肯派船只运送部队,实属滑天下之大稽,最终只会害得今村断送前程。

上述争论,大部分都被见证者种村佐孝大佐记录在其私人著述《大本营机密日志》①11 月 18 日一节中。种村写道:"今日之事给人一种感觉,好似日本已来到兴衰存亡的节点上。"现在自然还是一片沉寂,但一旦踏出脚步,便是狂风骤雨。"陆军参谋本部是否有把握取胜?倘若没有,那么克服目前困境,最善之策又当如何?局势错综复杂,大本营须当慎之又慎。是进是退,其中实有千般考量!当然,无人能有必胜之信心……而大本营为虚荣所惑,欲迫使我军在瓜达尔卡纳尔岛与敌展开殊死决战。若我军在该岛败北,那么太平洋战争本身亦不再具有胜算。"

陆军内部就船舶问题的争论依然悬而未决,海军却提出一项运输物资的临时方案:用绳索拴起一串铁桶,挂在驱逐舰舷缘上,里面装有医疗物资及基础食粮,但并不装满,使其恰好能够在海上浮起。抵达瓜岛后,驱逐舰将绳索切断,随即转身离去,由岛上派出汽艇或会游泳的士兵,抓住绳索的浮标端,将铁桶拖曳上海岸。

11 月 29 日夜,此项方案首次付诸实践。田中将军以"长波"号为旗舰,率八艘驱逐舰列为纵队,以 24 节航速沿所罗门群岛海峡南下疾驱。

---

① 种村在太平洋战争期间担任陆军参谋本部战争指导班班长,负责编写官方记录《大本营陆军部战争指导班机密战争日志》。然而,在此官方日志之外,种村又从个人立场出发,同时撰写《大本营机密日志》,于 1952 年整理出版。——译者注

除首尾两艘承担护航任务外，其余六艘驱逐舰都挂有200至240个铁桶。接近晚11时，纵队自萨沃岛西边驶过，左转开往塔沙法隆加海角。接近目标时，六艘挂有铁桶的驱逐舰离开队伍，准备卸桶。海面像是一块黑色玻璃，风平浪静。

其中一艘驱逐舰在方位100度发现舰只，便向田中发出信号："发现敌驱逐舰七艘。"于是田中下令停止卸货，准备迎击。

来者是卡尔顿·H.赖特少将指挥的由11艘舰艇组成的编队：巡洋舰5艘列为纵队，左右各有3艘驱逐舰护航。旗舰"明尼阿波利斯"号已通过雷达探知到敌舰存在，但赖特犹豫不决，不肯立即派出前卫驱逐舰发动攻击。10分钟后，驱逐舰"弗莱彻"号的雷达确定日舰位置在左前方7000码外，舰长威廉·M.科尔中校请求许可发射鱼雷，赖特又一次举棋不定，理由是敌舰距离过远。科尔花费整整四分钟才说服赖特，并于11时20分射出10枚鱼雷。接着，赖特下令巡洋舰展开炮击。"开火！你没听错，就是开火！"接到赖特在无线通话中的命令，各巡洋舰纷纷用5英寸、6英寸和8英寸口径的大炮开火，当即将敌军先头驱逐舰"长波"号打成筛子。美舰持续炮击，最终将该舰打到爆炸。

"明尼阿波利斯"号上欢声未落，便有两枚日军鱼雷袭来，正中舰身。第三枚命中"新奥尔良"号左舷，引爆两处弹药库，将舰身前半部炸得粉碎。几乎同时，另一枚鱼雷击中"潘萨科拉"号的左舷主桅杆下方，海水自后部机舱涌入。

"北安普敦"号见三艘友舰受创，连忙躲避以防相撞，不料被日舰"亲潮"号发射的两枚鱼雷击中，引起剧烈爆炸。附近"檀香山"号舰桥上的众人望见这一幕，不禁流下泪来。"北安普敦"号向左舷急剧倾斜，后部燃起熊熊大火，被迫停下来阻止海水涌入，最终依然无力回天，自船尾部分开始，渐渐沉入海中。

日舰同样撤出战场。在持续半小时的海战中，田中以弱击强，在没有配备雷达的情况下，以一艘驱逐舰为代价，击沉美巡洋舰一艘，重创三艘。然而，出色的战果并不意味着任务成功：因饥饿而徘徊在生死线上的瓜岛日军，没有收到一只铁桶。

两日后，田中故技重施，并抓住盟军空袭不力之机会，成功指挥七艘挂有铁桶的驱逐舰完整无损地驶至塔沙法隆加海角，将全部1500只铁桶顺利放入海中。不过，最终拖到海滩上的只有300余桶。数日后，田中第三次尝试，不料遇到飞机和鱼雷艇的强力阻击，舰队被迫返航。

此时的瓜达尔卡纳尔岛上，百武部队面临的真正敌人乃是饥饿与疟疾。一旦正面交火，不须三五天，美军便可将日军全部消灭。为应对美国海军陆战队与陆军的联合攻势，小沼大佐被迫改变战术，下令士兵挖掘散兵坑固守，即便美军攻占阵地也不得撤离。此举使得每个散兵坑都成为一座小型堡垒，防线如游击战一般化整为零，强行突破势必伤亡惨重。小沼把全部赌注压在一件事上：美军不肯承受此等伤亡。

至于那些因过度饥饿、疾病缠身而无力作战的日军士兵，则挤在海滩上，嗅着四周弥漫的腐尸的臭气，眼睁睁地看着大群绿头苍蝇叮在自己身上，却无力驱赶。日军之中流传着一张生命倒计时表：

尚能站立者——三十日

尚能坐起者——二十日

小便无法起身者——三日

无力言语者——两日

无力眨眼者——翌日日出之前

2

那个因瓜岛作战不利而自认"罪该万死"的辻中佐，此时已回到东京，献上解救瓜达尔卡纳尔岛的新方案，那就是将作战课的井本熊男中佐派往岛上，接替自己指导接下来的攻势。

影响力一如既往的辻成功说服陆军参谋本部。12月初，井本便离开东京。尽管井本并未拒绝任务，但他内心对上级的决定并不认同，而是认为应从瓜达尔卡纳尔岛撤军。途径特鲁克时，井本略作停留，向联合舰队报到——参谋长宇垣是井本于陆大求学时的教官。"如今局势十分困难,"宇垣说道,"唯一值得你我挂怀之事,是此时应当做些什么,而不是由谁出面来做。"

只有熟悉海军那语带机锋的交流方式,才能够理解宇垣的弦外之音:如今解决之策,唯有从瓜达尔卡纳尔岛撤军。"您的意思我明白。"心领神会的井本推测,参谋长宇垣的意见自然代表着司令官山本的态度,于是便飞往拉包尔。事实证明,井本的推断完全正确。

在今村的司令部里,井本发现众参谋对陆军参谋本部之决断极为不满。"东京那帮人怕是脑子不正常!"在一次为瓜岛攻夺战制定细节的兵棋推演中,今村麾下一名参谋脱口而出道,"下一次攻势多少会有胜利的希望——您说句实在的,这话您信吗?"

井本并不作回应,而是先操作兵棋推演。他必须先证明再次进攻徒劳无益,然后再表明自己的保留意见。果不其然,推演结果证实众人之忧虑:几乎没有一艘运输舰能够顺利登岛。

陆军省与陆军参谋本部在东京市谷台共用一座建筑,此时在那建筑的走廊里,瓜岛撤军的风言风语已然流传开来。第一个公然提出该方案的是东条首相的顾问——陆军省军务局长佐藤贤了少将。陆军参谋本部坚决要求追加62万吨船舶吨位,使得佐藤颇感忧虑。他向东条提议称应"放弃收复瓜达尔卡纳尔岛之念头"。

"你的意思是撤军?"东条一针见血地问道。

"实属别无选择。就算现在撤军,恐怕也为时已晚。日久天长,只会丧失太平洋战争之胜机。"佐藤认为,在制空、制海权完全落入敌手的情况下,瓜岛根本守不住,"一直拖下去,不过是白白损耗运输工具罢了。"

东条听佐藤把话讲完,心里却想着天皇亲自下旨收复瓜岛,深感左右为难。此外,东条一直信奉陆军参谋本部独立于政府之外的原则,尽管此时疑虑重重,他也不愿干涉军方。"退一步讲,即便我们有意支援,也不能按陆军参谋本部要求的数量给他。"东条最后说道,"不然的话,咱们钢材年产400万吨的指标就得削去一半,仗也就打不下去了。"在传统忠君思想的影响下,东条难以作出抉择,只是铁青着脸问佐藤,压低船舶数量,是否能够迫使陆军参谋本部主动提出撤军。

"立刻提出倒是不可能。"佐藤答道,但转念一想,在船舶数量上的确可以做些文章,不觉喜上眉梢,并向东条提议称,撤退一事暂且按下不表,只是告诉陆军参谋本部,陆军的船舶配额就剩下那么多。东条面无表情,点了点头。

在接下来的那场内阁会议上,在东条的强力干预下,拨给海陆两军船舶共计29万吨吨位的议案得以通过,东条同时承诺此后若有可能,尽量再行追加。这却也让陆军省与陆军参谋本部之间无休无止的争论演化为一场危机。佐藤据理力争,为东条辩白;而让陆军参谋本部最为恼火的是,佐藤话里有话,暗示瓜达尔卡达尔岛的相关行动必须"中止"。

碍于陆军参谋本部的压力,东条于12月5日晚召开内阁特别会议,对增加船舶数量的要求重新加以考量。会议最终决定,拨给陆海军的船舶吨位再追加95000吨。考虑到追加幅度微小,部下建议佐藤亲自向陆军参谋本部说明情况,但佐藤认为时间已过晚上10点,次日一早再登门也不迟。谁知刚一进屋,电话便响起:参谋次长田边盛武中将要求佐藤立即赶往次长官邸,就内阁决议作出解释。

在田边官邸大门口,佐藤便听见屋内传来愤怒的吼声。声音很有辨识度,那正是性烈如火的参谋本部第一部部长田中新一中将。佐藤一进屋子,七八名陆军参谋本部的军官便围上前来。

"混账!"酒气熏天的田中吼道。

见佐藤转身欲去,田中伸手打算拔刀,虽遭数名同僚阻拦,最终仍奋力挣脱,朝佐藤扑去,一拳击中其面部。佐藤回身还击,两名将军打成一团。田中"趁着酒兴",粗豪之气更胜平日,旁边数名陆军参谋本部的军官亦为其呐喊助威。佐藤无奈,只得跳出战圈,夺门而去,将满屋的敌意抛在身后。面对战斗,这是佐藤第一次选择逃避。

佐藤离开后,性情急躁的田中依然怒火难消。当时已过午夜,他闯入东条的副手、陆军省次官木村兵太郎家中,横加指责,疾呼诉求。木村为人性格稳重,只是连声道歉,称"实属敝人力有未逮"云云,最终劝服田中回家。次日一早,田中已酒醒,却依然不肯罢休,又找到内阁企划院总裁铃木贞一中将，滋事寻衅。如此一番无理取闹，反让东条横下心来，指示佐藤告知陆军参谋本部，内阁决议是多少，陆军就只能拿多少，"就算天塌下来"也不会变更。

陆军参谋本部明白，东条此番最后通牒，意味着瓜达尔卡纳尔岛的作战行动终将中止。于是，各部长召开紧急会议，随后未受邀请便集体乘车赶往首相官邸。在接待室里，杉山将《大本营机密日志》的作者种村大佐拉到一旁，低声道："要是再吵架，你就把他（田中）拉出来。"

田中被带入一间和室时，佐藤与另外两名与会者已在地板上坐好。仇人相见，分外眼红，两人四目相对，气氛渐趋尴尬。接近0时，东条身着和服走入房间，也在榻榻米上坐定。田中请求东条对陆军参谋本部之要求再加考量，东条只是冷淡平静地回绝。两人持续争论半个小时，声音越来越大，最终田中怒火难遏，吼道："这仗你到底还想不想打？再这么下去就没得打了！蠢货！"

"休得无礼！"东条的脸色变得更加难看，房间内鸦雀无声。很快，种村从接待室赶来，一把扯住田中的臂膀："总长有令，请随我来。"

田中因侮辱上级受到正式惩戒处分并被解职。不过，在当时的日本，无理取闹往往有其成效。暂时屈服于田中那粗野而暴力的诉求方式，次日晚间，东条勉强同意为陆军参谋本部再度追加船舶吨位。

3

亨德森机场正西600海里处恰是世界第二大岛屿——新几内亚岛的东端。该岛东西宽约1500英里，从地图上看模样古怪，像是一只无毛火鸡。如此一座地形崎岖、民风剽悍的岛屿，之所以成为日军与盟军必争之地，完全出于其独特的战略地位：它先前是为日军侵略澳大利亚作跳板，此时则成为盟军攻占新不列颠群岛及其重要港口拉包尔之中转站。

新几内亚岛东部乃是一块名叫巴布亚的半岛，形状像是一根指向瓜达尔卡纳尔岛的粗短手指。此前，美-澳军队共30000人在罗伯特·艾克尔伯格中将的指挥下，从半岛南岸港口莫尔斯比一路奋战，朝海角对岸的布纳村攻去。

"鲍勃,你如果拿不下布纳,"麦克阿瑟早就叮嘱过罗伯特,"就和参谋长一起,都别回来了。"

盟军别无他路,只得翻越令人生畏的欧文斯坦利山脉,在与瓜岛同样艰苦的条件下,历经同样残酷的战斗,以大量伤亡为代价,终于将布纳村攻下。不过,接下来仍有数不尽的苦难在等待着盟军。与瓜岛战事一样,日军不甘失败。美-澳军队每推进一码,都要付出沉重的代价。

至于大本营方面,此时,他们的注意力依然集中在危机迫在眉睫的瓜达尔卡纳尔岛。运输物资之困难日益加剧,事实证明铁桶方案并不可行,日军只能通过卸掉鱼雷、枪炮及弹药的潜艇,或是飞机空投,向岛上运输极少量的药品与食粮。

海军打算放弃瓜达尔卡纳尔岛,山本先在高层之中放出口风,给众人以心理准备,即他支持立即弃岛。至于陆军方面,陆军参谋本部虽在公开场合依然坚称绝不放弃该岛,私下却在议论如何撤退才能够保全颜面。毕竟,陆军曾在御前夸下海口,誓要在瓜岛取得胜利。

12月23日,百武将军发来电报,进一步强调局势之危急:

> 部队食粮告罄,亦无侦察兵可用。抵挡敌军攻势已不可能。第十七军但求全体冲锋,战死敌阵,岂可困守掩体,化为饿殍。

为解决此一现实问题,圣诞节那日,陆海两军高层于宫城正式召开紧急会议。至此,核心议题不再是撤军的必要性,而是陆海军双方,应由哪一方冒着风险出面,正式提出撤军请求,从而将失败的责任揽到自己肩上。海军代表是军令部永野总长、伊藤次长、福留中将和富冈大佐。陆军代表则是参谋总长杉山和辻中佐。

军令部第一部部长福留主张撤军,却又犹豫不定,于是提议道:"我们先来一场海陆军联合兵棋推演,然后再作决定,怎么样?"

辻中佐勃然大怒。对瓜岛那些在饥饿中命悬一线的官兵而言,拖延一日意味着什么,整座会议室里数辻最为清楚。辻挥舞双臂,厉声疾呼称,研判总体战局以应对紧急状况,乃是海军之职责,"衮衮诸公谈战局了如指掌,作决定却畏畏缩缩,留在位上还有何用？我时不时搭乘驱逐舰,大规模空袭也遇上过几次,凡见到海军指挥官,他们无不众口一词,'真希望东京饭店（海军军令部）和大和酒店（联合舰队）的那些长官老爷来我们舰上逛一逛,看看我们是什么处境,不然他们怎么能理解前线官兵！'"

富冈支持辻的撤军意见,但听到此番发言,深感海军受到侮辱,当即跳起身来:"你什么意思？你想说驱逐舰指挥官都是胆小鬼？赶紧给我收回这些话！"

"你去过前线吗？"辻反唇相讥,"就比如今天,前线都发生些什么事,你清楚吗？"

富冈曾不止一次请求出海,此时闻言越发恼怒,作势便要朝辻扑去。福留连忙将其拦下,对辻说道:"事实确实如此,辻君,你多包涵。"

辻之所言或许不虚,但那并不能说服永野放弃兵棋演习。至于演习结果,只是又一次证实了一个众所周知的结论：能够完好无损地运抵瓜岛的增援部队及补给物资只有不到四分之一。双方继续唇枪舌剑,相互推卸责任。陆军表示,弹尽粮绝怎么可能打出胜仗。"你们先把陆军送上岸,武器粮食统统不给,然后再切断供应线。这叫什么,这叫名副其实的上屋抽梯。"

海军则不无嘲讽地问道,今日增援,明日供应,要何年何月才算到头。陆军也不甘示弱,当即答复称,拿到敌军一半的物资,仗就能打赢,"到目前为止别说一半,顶多只拿到百分之一"。

双方针锋相对,争议未成定局。12月29日,真田穰一郎大佐自拉包尔返回东京,带来一份报告。在所罗门群岛,真田曾与大量陆海军军官——包括井本及今村麾下的作战参谋——会面,几乎所有人都表示支持该报告。报告指出：务必尽快将全体部队自瓜达尔卡纳尔岛撤出,夺回该岛"唯有依靠奇迹","切不可因急于收复瓜达尔卡纳尔岛,从而因循旧途,去打一场不仅帷幄将帅（第十七军）缺乏信心、一线军官亦无把握的战役",进而对未来之战事造成影响。

真田带回的报告成功化解了陆海两军的纠纷，杉山似乎"如释重负"，永野也再无异议，同意尽可能于1月底之前，派出驱逐舰将百武部队自瓜岛撤出。

年末的最后一日，御前会议召开，杉山、永野两总长为天皇说明相关事态，并正式上奏，希望从瓜达尔卡纳尔岛和新几内亚岛的布纳村撤军。天皇看向永野，面无表情地指出，美军之所以取胜，所恃似乎是空中力量。接着他提出一个令人难堪的问题：为什么美军不到数日便能建造起一座空军基地，日军却要花一个月左右？"此事难道没有改进之余地？"

"臣不胜惶惧之至。"永野毕恭毕敬地承认，建造基地，美军用的是机械，日军只能靠人力。

不难看出，天皇对永野的答复很不满意，并在接下来的两小时里不断探询失败之原因，使得两名总长如坐针毡。最终，天皇将本就尖锐的声调进一步抬高，说道："既然如此，陆海两军便依方才所说，尽力而为。"如此一来，瓜达尔卡纳尔岛与布纳两处的撤军计划，就算彻底敲定。①

当夜，宇垣将军在"大和"号上写下1942年的最后一篇日记：

……战事之初，真可谓摧枯拉朽！中途岛一役后，竟又如此坎坷萧条！

遥想当初，皇军的宏图在于攻陷夏威夷、斐济、萨摩亚、新喀里多尼亚，并将印度收入囊中，摧毁英国远东舰队，只今竟成南柯一梦。至于莫尔斯比港、瓜达尔卡纳尔岛两处攻势，亦以失利告终。此际回首，感慨万端。自古戎事多变故，不遂人愿实属常情。只是心中千般

---

① 与大众的普遍印象相反，天皇对战事持有浓厚兴趣。1943年1月9日，天皇在杉山觐见时说道："布纳失陷，着实令人遗憾，不过官兵作战之表现，亦属英勇。听闻敌军派出坦克约10辆，难道我军未在该地区配备坦克？此外，莱城情况如何？……整个缅甸地区的防空部队情况有所改善，朕心甚慰。"数周后，杉山面圣回禀称，未能成功向莱城地区运送增援部队。天皇赐座以示恩宠，而后问道："将军当时何不临机应变，转而登陆马当（一座港口，位于莱城东北）？此战失利，自须承认。不过，前事不忘，后事之师，此役之于未来战事，未必不是一则教训。还望将军多加努力，以慰朕心。空中支援须强化，道路建设关乎部队安全通行，亦须挂心。稳扎稳打，牢固立足。作战计划务求万无一失，以免莱城与萨拉马瓦步瓜达尔卡纳尔岛之后尘。"

遗恨,终竟难消。官兵殊死奋战之佳话,在此实难枚举。

谨此向英勇作战之全体官兵致以诚挚谢意,并向光荣捐躯、以身殉国之将士致以沉痛哀悼。

日军虽是战败者,却在瓜达尔卡纳尔岛和新几内亚岛上的胜利者心中留下不可磨灭的印象。绰号"快活"的美国陆军航空兵司令 H. H. 阿诺德收到西南太平洋盟军空军司令乔治·C. 肯尼中将发回的报告称:美国国内人士,包括战争部官员在内,对西南太平洋的战事都没有概念。

……尽管如此,对鬼子的本事还是低估了。胜利本身不是问题,问题是取胜过程中必须付出的时间、精力、鲜血及金钱,可能会超出所有人的想象。假如一个不小心,让那些天杀的鬼子占住地盘,搞起资源开发,那就更难对付了。

且来看看布纳。此等规模的战事,今后还有成百上千场。两个月来,该地日军始终处于绝境,从头到尾他们都是在以寡击众。经过我军轮番轰炸及扫射,日军守备部队所剩无几,空中支援根本不存在,海军支援也无法突破我军空中封锁线。无数日军士兵曾在海岸眼睁睁地望着数英里外运输舰上的大量同胞葬身鱼腹。他们的粮食从未充裕,子弹更要省着打,此类补给都是通过潜艇和小舟从莱城趁夜南下运来,有一次甚至是用降落伞空投下来的。这情形用朝不保夕来形容,都毫不夸张。而天皇呢,命令他们坚守该岛。你猜怎么着,还真给他们守住了!至于士气方面——他们至少还有谩骂叫阵的士气:"怎么了,扬基佬?没胆了?敢不敢进来拼个你死我活?"有一次,我军包围住几名日军狙击手,喊话劝降,结果他们回道:"狗杂种,有种的就自己过来捉老子啊!"

……或许在大众的认知里,只要德国垮台,日本也会"一触即溃"。抱有此类想法之人,实在应该醒悟:要击败日本,我们必须迸发出爱国情怀、坚韧意志、英勇品德,甚至是某种十字军精神或宗教狂热。业余队伍淘汰不掉小鬼子,我们只有努力成为专业队伍。此外,与上一次大战不同,这一回,没有什么风平浪静的战线让部队慢慢适应。从对阵表来看,根本没有喘息之机。每一场比赛的对手,都是圣母大学队!

4

1943年1月13日下午,10艘驱逐舰装载着补给物资,驶离肖特兰前往瓜达尔卡纳尔岛。舰上搭乘有1000名官兵,井本中佐也在其中。此时,井本已与今村的参谋人员及数名海军军官匆忙制订出瓜岛撤军计划——即所谓的"KE"行动①,正准备前往岛上向百武传达命令,并以参谋身份开展协助工作。

在埃斯佩兰斯海角附近登陆后,最先映入井本眼帘的是一具尸体。在通往第十七军司令部的海滩上,更是尸横遍野。午夜时分,井本终于抵达百武设在塔沙法隆加海角附近的营地——几顶帐篷、数个临时挖掘的掩蔽所。

井本冒着冰冷的雨水,在营地中穿行,终于在一处漏水的帐篷里,发现小沼治夫大佐与另外几名参谋躺在椰子树叶铺成的床上,上面挂着蚊帐。众人全都躺卧着,只有杉之尾三夫少佐就着烛光在刮胡须。杉之尾曾与井本在同一联队服役,见老友来访,便热情地打招呼,半开玩笑道:"我本来打算明日赴死呢。"

"英勇之志,殊可嘉奖。"井本同样回之以玩笑。

小沼带井本前往隔壁帐篷,与接替二见担任第十七军参谋长的宫崎周一少将见面。井本正襟危坐,对宫崎说道:"今村将军令第十七军撤离瓜达尔卡纳尔岛,敝人此来特为转达。"

---

① KE行动,日文原名"ケ号作戦",由四字熟语"卷土重来"首个音节"ケ"而来。——译者注

"此般损兵折将，哪里还有脸面回去！"小沼插嘴道。此前命令官兵单人死守散兵坑者，正是小沼。

宫崎同样怒不可遏。"战局已然如此，岂有撤退二字可言！我等绝非有意抗命，只是命令并不可行。为帝国陆军捍卫传统，树立典范，此时唯有决死突击，捐躯疆场。"

井本据理力陈，但两名冲动的军官充耳不闻。小沼提出撤退或不具备可行性：前线士兵已与敌军纠缠作一团，要等他们千辛万苦撤至海岸登船，恐怕只会害得整艘驱逐舰沉没。"撤退无法实现。把我等留在岛上便是！"

井本无奈，只得拿出杀手锏，将今村签署的命令书摊开在二人面前。"此道撤军命令，乃是方面军司令基于天皇陛下旨意发出的，你们可理解其中分量？"两人自然无权反对。

宫崎终于冷静下来，说道："没错，此事关系重大，非我二人所能左右，须请军司令官定夺。"

百武将军的帐篷倚靠在一棵大树的根部。日出时分，井本随人来到帐篷，发现百武跪坐在一张毯子上，面前摆着一个充当桌子的饼干箱，正在冥想。见客人来访，百武睁开双眼，无言地望着井本解释来意，而后又重新闭目，平静地说道："接受此道命令，实有锥心之痛。我还需要一点时间，来巩固决心。"

一阵爆炸声打破清晨的寂静，那是美军在进行日常轰炸。接近中午时，百武将井本叫至帐篷。

"谨此接受命令。"将军语气十分严肃，"不过任务执行起来，难度很大，我也无法确定是否能够成功。尽人事，听天命吧。"

小沼主动前往一线传达命令，因为他很明白，前线将士不愿将战友的尸体抛弃在岛上，故而会比司令部的人员更加抗拒撤退。第二、第三十八两师团师团长决定从命，但不敢如实宣称撤出该岛，只是对部下说这是一次战略性后撤。

1月23日夜，最前线的部队开始悄悄撤离散兵坑，通过第二道防线，退往埃斯佩兰斯海角。按照计划，海军会往该处派出船队，在一星期内将岛上部队分三批撤出。令人难以置信的是,此时坐拥50000兵力的美军,并未选择追击。次日夜里,下一批日军部队依样画葫芦撤军,美军依然按兵不动。最后,断后部队也一步步后撤,美军始终未向前推进。一周以来,日军只有小股侦察兵故布疑阵,与敌军保持火力接触。到1月31日,第三十八师团余部已全部撤至埃斯佩兰斯海角。按照计划:次日,亦即2月1日夜里,19艘驱逐舰将驶至1000码外的海面。百武部队携登陆艇藏身于椰林中,见蓝色闪光信号,便开始行动。

2月1日黄昏时分,美军仍未意识到日军已悄然撤离。美军虽已收到一支日本驱逐舰舰队沿"狭缝"全速南下的消息,却认为这不过是又一次物资运输,于是派出飞机阻截。傍晚6时20分,日舰在开往瓜岛途中,遭遇由17架"野猫式"战斗机护航的24架美军轰炸机。30架战斗机升空迎击,最终击退美机,一艘驱逐舰受创。

在埃斯佩兰斯海角,官兵将登陆艇从掩体中搬出,列队登艇。井本口袋里装有一封百武写给今村将军的信件,此时望见夜色如画,暗自祈愿能在海晏河清之时欣赏此般美景。数艘美军鱼雷巡逻艇朝海滩疾速驶来,然而夜色太暗,驾驶员并未注意到异常,按原路返回。日军望着海面,感到每分每秒都是煎熬。晚上10时已过,莫非第一批撤退计划已然推迟?突然,黑暗之中,萨沃岛方向闪烁起蓝色信号灯光。

驱逐舰分为两组:4艘在四周谨慎巡逻;另外14艘继续向前,在距海岸750码的海面停留,全部引擎熄火,但并不下锚。该小型舰队司令官名叫小柳富次,因指挥"金刚"号轰击亨德森机场有功,前不久晋升为少将。此时,小柳在旗舰舰桥上来回踱步,焦急地望着登陆艇在黑暗中露出身影。倘若美军飞机投下炸弹,即便没有炸毁舰只,也足以造成大量伤亡。

突然,一艘驱逐舰上响起炮声,接着是一道亮光。一艘美军鱼雷艇中弹。正当日军提心吊胆,不知是否暴露踪迹之时,又有数艘鱼雷艇驶来。驱逐舰展开炮击,击沉鱼雷艇两艘,逼退余者。而令日军感到疑惑的是,直到全体官兵登舰完毕,亨德森机场也没有派来飞机。半个多小时,5424名官兵便顺利登上驱逐舰,一个个形容枯槁、目光阴郁,面无表情地相互凝视，心中屈辱万分：先是作战失败，而后又被迫落荒而逃。战死的战友被遗弃在岛上，再也无法魂归故里。

"仙人掌"航空部队始终没有动静，驱逐舰在黑夜中扬长而去，留下美军部队在岛上万分警戒。早在去年12月初，范德格里夫特便已离开瓜岛，新任指挥官乃是陆军少将亚历山大·M. 帕奇，他唯恐日军再次获得增援，更是对新一轮攻势百般防备，百武在岛上的少量后卫部队的炮火，也让帕奇的三个师严阵以待。

2月4日下午，19艘驱逐舰组成第二拨营救队，再次沿所罗门群岛海峡驶下，运回岛上部队4977人，一艘驱逐舰受损。第二拨营救行动如此顺利，小柳将军认为很大程度上属于"天佑"，同时担心第三拨，也就是最后一次营救行动会以悲剧收场。2月7日上午9时30分，第三拨18艘驱逐舰离开肖特兰；小柳为求稳妥，安排其中10艘承担护航任务。航行途中，又有一艘驱逐舰受损，只得用另一艘将它拖曳返港。如此一来，用于运输的驱逐舰就只剩下6艘，其中4艘驶往瓜达尔卡纳尔岛，余者驶往附近的拉塞尔岛①。

瓜岛岸上，第三拨等待救援的部队之中，有百武将军及其司令部人员，还有一批费尽千辛万苦撤至登陆地点的伤病官兵。上等兵铃木正是一木支队为数不多的幸存者之一，此时已无力攀登绳梯，在两名水兵的托举下勉强爬上驱逐舰。坐在甲板上，铃木感到无比安心，好像已踏上祖国的土地，却又想起数百名躺在海滩上的战友——奄奄一息，无力行动，手里只有一枚手榴弹，用于最后关头自绝性命。船上分发的餐食是掺有青豆的饭团，铃木无力咀嚼，只得大口大口吞咽饭团，并发誓要把子孙后代送入海军——当上水兵，这辈子就不愁伙食啦。

---

① 行动开始前，日军担心意图遭美军识破，故于1月28日派遣立岩新策大尉率陆海军混编部队500余人（立岩支队），登陆瓜岛以西约50公里处的拉塞尔群岛，以备驱逐舰撤离行动失败时，先用小型舟艇将瓜岛部队转移至拉塞尔群岛，再作打算。结果，三拨行动都异常顺利，立岩支队未派上用场，在第三拨行动中登驱逐舰成功撤离。——译者注

返回肖特兰的航路漫漫,却没有一架美军飞机来袭。① 第三拨行动共撤出 2639 名官兵,三拨行动合计营救超过 13000 人,但这仍不能令日军感到宽慰:瓜达尔卡纳尔岛上,死亡者加上此时留在岛上等待死亡降临的伤兵,共有 25000 人之多。(美军共 1592 人死亡,其中海军陆战队 1042 人,陆军 550 人。)在支援瓜岛的多次运输行动中,日军损失大量舰只。尽管帝国海军也击沉相当数量的美军军舰,但日军损失的船舶更加难以得到补充。

在马尼拉一所医院里,川口正在养病,渐渐从疟疾和营养不良中恢复过来。一名骨瘦如柴的矮小男子来到他床前,川口好不容易才认出是记者西野。两人紧紧握手,四目相对,感慨万千。川口坦言,自己从瓜达尔卡纳尔返回拉包尔后,便一直被视作庸才、懦夫,军事生涯算是彻底结束。而一切的罪魁祸首,就是辻中佐。

"阁下的心情,我比任何人都能体会。"西野说道,"瓜达尔卡纳尔岛上的真相,总有一天会大白于天下,那时世人就会认识到,对的是您。"

川口声泪俱下,怒斥辻给瓜岛之战带来失败。"我们输掉的是战役,日本输掉的是战争。"说着,枕头已被泪水打湿。

西野握住川口虚弱的手,拿出一盒寿司——一种由白米、生鱼片及其他美味食材混合而成的食物。"望阁下多加保重,早日康复。"

出于礼貌,川口拿起一个放入口中,脸上顿时浮现出笑容,惊呼道:"喔!好吃极了!"

---

① 据海军少佐伊藤春树(此人就是那个曾提醒长官美军将入侵所罗门群岛,却未被理会的通信士官)称,美机未对第三拨救援舰队发动袭击,这并非奇迹,而是受到伊藤本人发出的假消息的误导。2 月 8 日凌晨 4 时,伊藤自拉包尔使用美军呼号,伪装一架"卡特琳娜"水上飞机发出无线电通信:"亨德森,亨德森,紧急通信。1 号侦察机呼叫。"亨德森机场答话时,伊藤"报告"称发现一支日本特遣舰队,由 2 艘航母、2 艘战列舰及 10 艘驱逐舰组成。很快,伊藤部下通信兵便监听到,假消息由亨德森机场转发给努美阿及珍珠港。伊藤由此得出结论,美机被引诱至虚假目标,故而未对返航驱逐舰队造成损害。然而,美国海军历史学家却对伊藤的说法不以为然,并指出在美方文献记录中,没有任何证据能够证实这一说法。

日本帝国衰亡史

［美］约翰·托兰——著
方宏进 何中夏 吴越——译

THE RISING SUN
The Decline and Fall of the Japanese Empire,
1936—1945

第五部
大军集结

第十八章　鼠辈与好汉

第十九章　向马里亚纳群岛进发

第二十章　"七生报国"

第十八章　鼠辈与好汉

1

1943年是羊年，但对于同盟国而言，这一年则是协商之年。卡萨布兰卡、开罗、魁北克及德黑兰都曾在这一年举办同盟国商谈会议。早在艰难胶着的瓜达尔卡纳尔岛战役结束前，罗斯福和丘吉尔就打算在卡萨布兰卡面见盟友斯大林。卡萨布兰卡是这一重大历史会晤的最佳选址，其名字本身就与神秘、密谋密不可分。然而，"三巨头"的首次历史性会晤却遗憾推迟。斯大林满腹狐疑，礼貌回绝，称其忙于反击希特勒军团，分身乏术。

不过美国国内，其特勤处特工也极力阻挠罗斯福出席。特勤处认为总统现身遍布德国间谍及破坏者的战区，直面纷飞战火，是极不明智的。但对这位美国总统而言，危险本身肯定就是一大诱惑。他此前常常谈及自己十分享受逃离华盛顿无聊政治的时光，就算区区几天也好。

罗斯福和丘吉尔两人下榻在安法酒店——一栋距离市中心四英里的现代建筑。酒店矗立在山丘之上，周围是一座座热带花园和一幢幢奢华的私家别墅。酒店景致堪称人间天堂。地中海特有的湛蓝天空下，九重葛与秋海棠一齐盛放。酒店区筑以铁丝网，并设宪兵守卫。安保小组在花园巡逻潜伏，原先的摩洛哥侍应也大都替换成美军及英军士兵。

1月13日，美国军事领导人——参谋长联席会议成员——在安法酒店进行初步讨论。在过去的两个月中，大战双方皆取得了几项出人意料的胜利。若要重新制定全球战略，为欧洲及远东的胜利确立长远的计划，现在正是最好的时机。英方认为应在太平洋地区进行有限的战争；盟军只有在希特勒溃败之际，方能倾注全力于远东。而美军参谋长们经由性格直接而尖锐的海军上将金勉力劝导，感到英军低估了日军实力，决定在太平洋及缅甸同时采取防御及进攻行动。

美方在第二天与英方进行了会面。一开始，金将军便先发制人。他指出，目前派驻太平洋地区的盟军部队仅有百分之十五，力量如此单薄，势必会让日军有机会巩固其初步胜利。

英军总参谋长艾伦·布鲁克爵士毫不含蓄地以其惯有的傲慢和不耐烦回应，断定日军现在必然处于防御状态。当时，西方社会十分流行一种观点，即盟军很可能在年底前获得大战的胜利——不过若盟军不得不将军队和物资转移到如缅甸等地，这种情况就不可能了。

金反驳，他认为日本仍不可小觑，若缅甸战役未能进逼日军，蒋介石将有可能退出战争。也许夺取菲律宾需等希特勒大败之时，但如今盟军迅速控制特鲁克岛和马里亚纳群岛却是十分必要的。

金将军语气强硬的讲话收效甚微。英方来到卡萨布兰卡，打定了主意要用自己的方法来办事，为达此目的也精心准备了必要的措施。几海里开外，停靠着英军一艘排水量6000吨的客轮，上面设有参谋部和通信中心。客轮上还建有技术机制，"以提供任何可能需要的数量计算"。

私底下，金敦促其同胞坚定立场。在1月17日联合参谋长委员会会议的一次讨论上，马歇尔威胁英方，如果太平洋地区不能派驻百分之三十的盟军，"美国将不得不遗憾地退出欧洲战场"。英方因此有几分动摇，故而提议1943年在远东地区开展有限军事行动，直至占领拉包尔及缅甸，以此作为退让妥协。

金坚决不放弃对马里亚纳群岛的控制。群岛上已驻有足够数量的部队,足以应对一战。若是让驻军终日在岛上无所事事,那就是浪费人力。再说,此次军事行动也并不会消耗本应用于欧洲战场的有生力量。

英方反应冷淡。若是在太平洋地区发动的军事行动会削弱盟军对德国的攻击,那还是不要为好。金将军的回应更是冷若冰霜。太平洋地区的进攻何时何地进行,完全由美国自己决定。

毋庸置疑,金将军这番说辞表明,美国人更看重太平洋。珍珠港、巴丹及瓜达尔卡纳尔岛这些名字,比罗马、巴黎、柏林更易唤起美国人的感情。有鉴于这份国家自豪感(和耻辱感),英方必须作出合乎情理的让步。

布鲁克因此心情郁结。他担心英方的任何提议终究起不了什么作用,仍然"无法劝金不要过多投入太平洋战场"。欧洲战场"不过是令他分神的一桩麻烦事,干扰他继续进行太平洋战争"。午餐时,他灰心地对约翰·迪尔爵士讲道:"没办法了。我们永远都无法同美方达成一致。"

迪尔是个就事论事的人,自从1941年圣诞节起,他常在布鲁克和美方之间扮演调解人的角色。那时,他接受任命,成为联合参谋长委员会英方驻华盛顿代表。"你们在大多数问题上都取得了一致,"他安抚布鲁克道,"现在只要解决剩下的问题就好了。"

"我不会退让一分一毫的。"布鲁克回答道。

"你自然会让步的,"迪尔微笑着劝诱道,"你总得同他们签订个协定,你明白的。要不然整桩事还得上报给首相和总统。你晓得他们会怎么把事情搅得一团糟。"

夜晚,美英双方策划人员拟定了协议,极其笼统地概述了同盟国于1943年的军事目标,布鲁克和金对这份协议都颇感满意。协议称,太平洋地区的军事行动将以向日本不断施压为目标继续进行(这部分取悦了金),但同时又规定,太平洋地区的军事行动不能过度消耗欧洲战场的军事力量(此处取悦了布鲁克),而是否过度消耗则由美国参谋长联席会议决定。哈里·霍普金斯读此协议后,写信给迪尔说:"我认为这是一份十分出彩的文书,还是个绝好的计划——我现在心里舒服多了。"

丘吉尔和罗斯福也都不加质疑地接受了该协议。丘吉尔对联合参谋长委员会大加赞赏，他说："在我所知道的盟军会议里，没有一次像如今这个会议一样，持久、专业地考察了本次世界大战下全球军事、军备生产及经济图景。"

然而，美英双方迥乎不同之处只不过被彼此的退让妥协所掩盖。这份协议只是"彻骨之伤敷以绷带则缓"。

卡萨布兰卡会议的最后一天，在非洲骄阳下，英国首相和美国总统面对一众新闻记者，泛泛谈着世界大战的进程。紧接着，未见任何铺垫地，罗斯福直截了当地发布了一则公告："要消灭德国、意大利及日本的军事力量，"他从容不迫、若有所思地说，"即意味着德国、意大利及日本的无条件投降。"

除了丘吉尔，这则公告对在场众人来说都不啻平地响雷。在昨天的私人午餐会上，罗斯福已在其面前说过这样的话。参加午餐会的还有霍普金斯及埃利奥特·罗斯福。丘吉尔听完罗斯福的公告，皱了皱眉，接着便展露微笑道："很好！这样我就能瞧瞧戈培尔及其党羽是如何惊声尖叫的了。"①

不过不久之后，事实便证明，希特勒和东条英机借此获得了绝佳的宣传材料，煽动人民顽抗到底。此外，同盟国阵营也深受其扰，尤其是军方。比如威廉·莱希上将就推断，在当前形势下，盟军不得不击溃敌方，外交手段已遭弃用，同盟国开始走上无限战争的曲折道路。

2

在太平洋，今村均将军在瓜达尔卡纳尔岛战役后决定暂停反击，加固莱城的守备，并将增加 6400 名士兵。莱城即如今新几内亚首府。这座小

---

① 丘吉尔后来在给罗伯特·舍伍德的信中写道，他直到新闻发布会才听说罗斯福使用了这个短语，他自己也不会说这些话。不过后来他承认，在议会的一则声明中曾经提到过这个词："可能是在非正式的谈话中用到的，我觉得应该是在吃饭的时候。"

镇具有重要的战略意义,位于布纳以西约150英里的北海岸,对防御拉包尔至关重要。2月最后一天的午夜,8艘运输舰和8艘驱逐舰组成舰队,在海军少将木村昌福的带领下,驶出拉包尔,逆时针绕过新不列颠岛,即将进入被称为俾斯麦海的海域。第二天下午,当日本军舰只还在汹涌的波涛中艰难前行时,一架B-24轰炸机发现其踪影。接下去的一天,这支舰队再次被发现,并遭到29架重型轰炸机攻击。一艘运输舰被击沉,两艘起火,但舰队仍继续航行。

然而,位于新几内亚的美国第五航空队(前同盟国航空队),早已比日军所知的更为强大。207架轰炸机与127架战斗机已在该地区准备好应战,乔治·肯尼中将也已彻底部署好了他的轰炸机,用来对水面舰队进行彻底的攻击。B-25轰炸机一律拆除了前端的部分,改装上了8挺点50机枪,以便在200英尺的低空进行扫射。此外,飞行员还能在紧贴海平面的高度,在即将触及目标前丢下炸弹。炸弹会直接击中舰只或是跳入舰只侧面,上面配备了五秒延迟引爆装置,可以让攻击者在爆炸之前撤离到安全距离之外。肯尼正等待着合适的时机进行跳弹轰炸,而木村的舰队正给他们提供了绝佳的出手机会。

3月3日上午10时,18架B-17"空中堡垒"和20架中型轰炸机从7000英尺的高空对舰队进行了常规轰炸。随后,18架澳大利亚的"英俊战士"轰炸机进行了机枪扫射。然而木村并未被此吓到。再接着,12架B-25轰炸机从距离海浪几码的高度掠过。当B-25前头的机枪扫射甲板上拥挤的部队时,日本舰队的舰队长认为这些是鱼雷轰炸机,于是命令舰队掉转方向。最后一分钟,炸弹从桅杆顶坠落,其中17枚炸弹都击中了目标,几乎占了总数量的一半。

又有12架以上的飞机从低空飞来。这些是轻型轰炸机,他们没有安装鱼雷,而是使炸弹"蹦跳"着打向目标,并用飞机前部的机枪一边扫射甲板,一边穿越此区域。炸弹的命中率更高了,20投里命中了11投。而且在开始的几分钟内,每艘舰只都被击中,一些沉没了,一些被严重损坏。一艘驱逐舰没入水中,另外三艘也无法行动。

攻击行动持续到了下午。损坏的舰只已结束其使命,而跳上皮筏与救生艇的幸存者们也被无情扫射。攻击者没有心情和他们打一场绅士的战争。他们已经从澳大利亚人那里听说了太多用刺刀刺死俘虏的故事,那些牌子上写着:"他们在长久的折磨中死去。"①

这一惨败,加上被美国潜艇击沉的四艘货船和一艘给油舰,成功粉碎了今村想要通过护航队增派援军到新几内亚的意图。想把这个岛变成第二个瓜达尔卡纳尔岛,他根本付不起这个代价。

盟军已经在向莱城行进了,他们可以从那里穿过新几内亚和新不列颠岛之间的海峡,袭击拉包尔。麦克阿瑟那雄心勃勃的计划还需要额外的1800架飞机和5个师的兵力才能实现。

他提出的要求需要经过优先级的重估,且每一个太平洋指挥部的代表都被传召至华盛顿参加太平洋军事会议。这将不可避免地促使军事策略的辩论继续进行。麦克阿瑟宣称卡萨布兰卡协议中的轰炸进攻违反了德国的第一优先级,而陆军航空队并不支持他的说辞。海军则积极请求夺取拉包尔并派遣"足够的兵力",使日本处于守势。

要获得全体一致同意的结果是不可能的,因此这个问题就被提交到了参谋长联席会议。辩论在此重新进行。不出所料,金将军支持太平洋地区,而阿诺德上将的代表则拒绝放弃空袭德国。他们都含糊地使用了卡萨布兰卡协议中的决定来支持自己的观点。然而总要达成和解,所以最终大家同意限制向拉包尔派遣军力,但同时也为"终极占领俾斯麦群岛"做好准备。

麦克阿瑟也佯装镇定地接受了这一折中办法,打发手下进行"马车轮"行动。这一行动极为复杂,需要将它分为十三个彼此分割的阶段,逐个击破。该行动将在6月中旬开始,于12月以海陆联军袭击拉包尔作为结束。

---

① 海军上将莫里森写道:"这是一项艰巨的任务,但是既然日本士兵不投降,这也算是一种军事需要,而且在岸边的游泳距离之内,他们被禁止登陆与加入莱城驻军……几百人游上了岸,当地人有的是时间追寻他们,就像旧时猎头的日子一样。"从这场屠杀中活下来的日本士兵仍然憎恨美国的说法,这些说法严厉斥责日本的飞行员射击已跳伞的美国飞行员,而将美国人猛烈扫射无助的日本人视为"军事需要"。在他们眼中,这两种情况都属于"军事需要"。

新几内亚也是日本大本营内部争论的焦点。陆军希望能有效地防守住这个地方，因为这将为他们大举进攻提供一个绝妙的机会。对于海军来说，所罗门群岛则更为重要。该群岛拥有的空军基地比新几内亚更多，而且如果布干维尔岛丢了的话，拉包尔以及特鲁克岛（联合舰队司令部所在地）将会陷入危机。陆军坚持认为新几内亚更为重要，如果丢了这个地方，菲律宾群岛和爪哇岛都将被隔绝。从战略上而言，海军的意见更合乎逻辑，事实已证明派遣护航队去新几内亚的费用十分高昂，然而更善于应对局面的陆军最终获得优势。3月25日，山本和今村分别收到了直接命令，将优先级赋予新几内亚。

对于美国人和日本人来说，这不是战斗的时刻，而是一个计划与准备的时机。在战争平息之时，双方都加强了自己的基地并增设了援军。虽然日本帝国海军输掉了辩论，但却指定山本给予敌方第一波打击。他的任务是摧毁盟军在整个地区的海上与空中力量，他还设计出"一号"作战计划，首先将目标锁定所罗门群岛，然后是新几内亚。

四月伊始，山本和宇垣缠、黑岛、渡边等几个手下亲自出马，发动攻击。4月7日，瓜达尔卡纳尔岛被袭击，空中兵力的强度达到珍珠港之后的最大数量——224架战斗机和轰炸机。飞行员一如既往地热情地带着报告返回，同样一如既往的是，他们造成的损坏也并不多。只有1艘驱逐舰和2艘小军舰沉没，7架海军陆战队战斗机被击落。

随后，山本将注意力转向了新几内亚，并于四天之内在奥鲁湾、莫尔斯比港和米尔恩湾发动了三场大型进攻。飞行员报告说，击落175架敌机，击沉1艘巡洋舰、2艘驱逐舰、25艘运输舰。事实上盟军损失的飞机不超过5架，另有1艘运输舰和1艘商船沉没，1艘商船搁浅。然而这些报告让山本相信，"一号"作战计划的目标已经达到了。

在返回特鲁克岛前，山本又计划了防卫所罗门群岛的一日视察之旅。他的第一站便是巴拉莱岛，这是位于布干维尔岛南部的一个小岛。他将短暂地拜访这个小岛上的部队，该部队隶属于丸山，正在从之前瓜达尔卡纳尔岛战争的折磨中恢复元气。山本希望亲自前往，对他们付出的牺牲表示感谢。

今村对这次访问有些顾虑，他将自己在布干维尔岛上从美国战斗机的轰炸下死里逃生的经历告诉了山本，但山本依然不顾劝告，坚持出行。即使是第十一航空舰队的指挥官也无法劝阻他。渡边手写了日程安排表，亲自递交至第八舰队司令部。他本想让通信员传递信息，但一名通信官员告诉他，只能用无线电进行传送。渡边提出质疑，因为这样一来，美国人就有可能得到这个信息，还可能将之破译。通信官员仍然不同意："这部密码刚刚在4月1日生效，不会被美方破译。"

渡边的担忧成真了。信息发出之后不久，位于珍珠港的战争情报总部就将它截获。这些身处地下室的人曾帮助赢得中途岛战役的胜利，这时他们又在大多数夜晚辛劳工作，破译密码。终于，4月14日黎明，美方得到了一个破译的日文纯文本文件。海军陆战队语言官员阿尔瓦·拉斯韦尔中校及其属下填补了文档的空缺，识别出了密码符号中的地名。例如"RR"代表"拉包尔"，"RXZ"则指"巴拉莱岛"。

早上8时2分，舰队情报部门官员爱德华·莱顿向尼米兹上将确认说："是我们的老朋友山本。"莱顿边说边递过信息。上将阅读后获悉，山本将在4月18日早上6时乘坐一架由六架战斗机护航的中型轰炸机离开拉包尔，并将于早上8时到达巴拉莱岛。上将抬头，露出一抹笑容："我们要不要试试抓住他？"

"他在日本人中出类拔萃。"莱顿回答道，年轻军官和新入伍的军人都将山本视作偶像，"你是知道日本人的心理的，要是我们刺杀了山本，此事必将震惊整个日本。"

"我唯一担心的是，他们会不会找到一名更有效率的舰队司令。"山本位居所有海军司令之上，是日本舰队的门面担当，尼米兹最后说，"这归海军上将哈尔西管，要是有办法的话，他总会找到的。好吧，我们来试试。"

尼米兹写了一封信给哈尔西，授权他"启动初步计划"。任务由海军部长弗兰克·诺克斯和总统批准。4月15日，尼米兹将最终批复经由无线电发送给哈尔西，附文："祝你好运，捕猎愉快。"

4月18日，星期日，黎明时分的天气清爽而湿润。两年前的这一天，发生了杜立特轰炸东京事件。山本已经有条不紊地准备完毕。在副官们的劝说下,他穿上绿色军装,而非显眼的白色军服。他走到他的"三菱"轰炸机前,先转向拉包尔海军指挥官——草鹿任一中将(南云忠一的参谋长的堂兄),递给他两幅卷轴,由他交给第八舰队的新任司令。卷轴里写的是明治天皇的诗作,由山本抄录。

舰队司令的飞机在东京时间早上6时准时离开拉包尔。和山本同行的是他的秘书、舰队军医和航空官员。随着飞机的轰鸣,"三菱"轰炸机载着参谋长宇垣缠和几名其他官员起飞。渡边看着两架飞机消失于天际,暗暗为自己没有参与其中而感到些许失望。

两架轰炸机在5000英尺的高空向南飞行,距离近得宇垣缠都害怕机翼会撞在一起。六架"零式"战斗机在头顶上盘旋护航。这趟旅行愉快而平淡。不久之后,布干维尔岛便出现在他们视野左侧,飞机开始下降,以备着陆在卡西里机场。

16架P-38"闪电"战斗机正从南边的亨德森机场飞来,从2000英尺的高空向布干维尔岛接近。指挥官约翰·W. 米切尔看了一眼手表,9时34分(比东京时间晚了一小时)。他们已在海面上飞行了600多海里,由罗盘和空速指示器来引导前行,机翼上绑着额外的油箱。而令人难以置信的是,他们在正确的时间到达了这个拦截点。如果一切顺利,山本的飞机将在一分钟之内出现西面3海里处的位置。此时他们视野内还没有飞机的影子。

"身份不明飞机,11点钟方向。"米切尔的一名飞行员打破了无线电静默,低声说道,"在高处。"

米切尔数了一下,有八架敌机,其中两架是轰炸机。本来应该只有一架轰炸机的。那么己方杀手组的四架"闪电"战斗机是否能击落两架轰炸机呢?组长小托马斯·乔治·兰菲尔上尉也在计算日本飞机的数量。它们看起来就像防空炮弹爆裂开的火花。上校启用了内部燃料,将之倒入备用油箱。日本人毫无防备地前来。离海岸线还有两海里,兰菲尔注意到,"零式"战斗机上丢下了银色外壳的油箱。果然,伏击队被发现了,两架日本轰炸机开始俯冲向丛林。

"零式"战斗机猛地向兰菲尔冲去。

"别管'零式'了，汤姆，"米切尔从高空中向下喊道，"撞向轰炸机。拿下轰炸机，他妈的！"

宇垣的飞机勉强飞掠过丛林。"发生什么事了？"他问。机长正在走廊上努力使自己站稳。

"我觉得可能有些操作上的失误。"机长回答道。

宇垣抬起头向上看，发现了上面乱作一团的"零式"和"闪电"。山本呢？另一架轰炸机突然甩开它们，消失了。

兰菲尔的两架飞机已经损坏，其中一架的飞行员无法释放机腹的油箱，而他的僚机驾驶员则必须和他待在一起。现在只能全靠兰菲尔和他自己的僚机驾驶员——雷克斯·T.巴伯——来将那两架轰炸机打下来了。兰菲尔努力甩开三架"零式"，冲向轰炸机背部。他瞥了一眼下面的轰炸机，一头扎下去，射出一串长而平稳的子弹。"三菱"轰炸机的右侧引擎和机翼当即着火。

巴伯靠近另一架"三菱"，向其开火，他看到轰炸机因中弹而不停地震颤。他继续向飞机开枪扫射，机尾顶部已经破裂。巴伯冲上前去，回头看了一眼，确认自己看见"丛林中迸裂出散落的碎片"。巴伯和兰菲尔都确信他们已经击落第一架轰炸机，即山本所在的那架。

宇垣看见司令官的飞机坠毁在丛林里。"看，山本的飞机！"他震惊地指着一团向上的黑烟，"完蛋了！"他自己的飞机也因被击中右翼而摇摇晃晃地向海面冲去。飞行员急忙向后拉控制杆，但也阻挡不了飞机的急速下降。"三菱"轰炸机倾斜着落入水中。

"今天就是我宇垣的末日了！"被海水吞没时，宇垣缠这样对自己说。他并未在黑暗中挣扎，像在梦中一般，他看见上面有光，感觉自己浮上水面喘气。一侧机翼在燃烧，其他所有东西都不见了。他现在距离海岸线200码开外，用蛙泳游向岸边。最后，他精疲力竭，总算靠近一只浮箱，但却抓不紧，他这才发现自己的右臂断了。他用左手抓紧箱子，想方设法到了岸边。

第一架回到亨德森机场的"闪电"战斗机在空中翻滚，地面上的人便明白，山本的座机已被成功击落。一封电报立即被送至哈尔西处：

日本魔王出局。美军少校约翰·米切尔带领 P-38 于早上 9 时 30 分到达卡西里机场，击落两架由"零式"战斗机列队护航的轰炸机，又一架为试飞时击落。三架"零式"战斗机被击落，总计战果为六架敌机。一架 P-38 未能返航。4 月 18 日似乎是个属于我们的日子。

哈尔西在次日早上的例会中读到了这条消息。特纳上将为此"拍手称快"。"等等，凯利，"哈尔西说，"这有什么好的？我倒希望领着那群混蛋去宾夕法尼亚大道，将他们拴上铁链，你们其他所有人都跟在后面踢他们的屁股，这才是最好的！"他命令通讯社先不要发布这条新闻，因为这可能会让日本知道他们的密码已被破解。①

渡边还沉浸在失败的悲伤中不知所措，只得监督着完成了山本的火葬事宜。他将山本的骨灰放进一个垫有木瓜叶的小木盒中。在特鲁克岛，他悲伤地登上"武藏"号护送骨灰回国。5 月 21 日，这艘超级战列舰抵达东京湾，一名广播员哽咽着向全国播报，山本"在一架战斗机中英勇牺牲"。

他的骨灰被分成两份，分别被放入两个骨灰瓮中，以进行两场不同的仪式。一场在长冈，即山本的出生地，另一场被用于国葬。国葬在 6 月 5 日举行，这个日子正好也是日本"军神"东乡平八郎大将的葬礼纪念日。上百万市民整齐地站在东京的街道上观看出殡队列。渡边带着这名前棋友的剑，走在摆放骨灰盒的弹药箱正后方。骨灰被埋葬在日比谷公园。

山本的继任者古贺峰一大将说："世间只有一位山本，任何人都不能替代他。"

对于日本民众来说，山本这位"最伟大的战争英雄"悲剧性的死亡是他们"无法承受的打击"。而且，紧接着的消息报告说，美国已经重新夺取了阿留申群岛中的阿图岛。宣传人员试图将 2351 名日本人在阴沉的阿

---

① 日本通信官员从未相信他们的密码已经被破解了。在战争结束之时，他们还信誓旦旦地确信那是"无法破解的"。

拉斯加岛屿上死亡的情形描绘为"我国战斗精神的一针巨大兴奋剂"一般的励志史诗。

但天皇却陷入了深深的痛苦中。"以后请务必留意，要有成功的万分把握再启动计划。"他对参谋总长杉山元说道。随后，他在侍从武官长莲沼蕃将军面前将自己的想法和盘托出："他们（参谋总长和军令部总长）本应预见到这样的事态会升级。但是恰恰相反，在敌人5月12日登陆后，他们花了一周的时间才准备好应对方法。他们曾提及什么'浓雾'之类的东西，但他们早就应该知道有雾……海军和陆军真的相互坦诚吗？好像一方提出不可能完成的要求时，另一方总会不负责任地满口答应。不管双方就什么事情达成一致，最后都得成功。如果他们做不到，那一开始就许下承诺反而更糟。如果海军和陆军之间有摩擦，我们就不可能赢得战争。在计划行动时，他们必须相互坦诚……如果我们继续以这样的姿态部署行动，那只会增长敌人的斗志，就像瓜达尔卡纳尔岛战役一样。中立国家会动摇，中国会受到鼓舞，这将对'大东亚共荣圈'各国造成严重的后果。我们就没有别的方法应对美国军队，打败他们了吗？……杉山之前说过，海军决战会'终结'这场战争，但这是不可能的。"

阿图岛的失败也引起了大本营高级海军官员的公开批判。"我们本应重创阿图岛，然后撤兵，"海军中将大西泷治郎对其平民朋友儿玉誉士夫说道，"但我们愚蠢地看中了这个地方，向这里倾注了太多资源和不必要的人力，最终无法脱身。其实南部也有很多类似的岛屿。"

儿玉认为，日本的策略"过于在意表面成绩"。

大西也同意这种看法："就在陆军和海军因为各种琐碎之事而吵嘴的时候，航空本部和舰队司令部双方也争执不休。不论我们有多少次指出增强空中力量的绝对必要性，舰队司令部仍坚持其'舰队第一'的陈旧观念，只愿意在这一点上从宏观角度看待整体局面。在最终的分析中，除非海军自己回头，本该改革的东西就不会改革。但那个时候已经太晚了。"

大西的怨恨超越了战争的一般进程。他觉得舰队司令部及其过时的"舰队第一"的观点无视了航空部队这一更为重要的需求。当然，他自己的观点也是狭隘的，但至少反映了两个独立部门之间的对抗，即文官和军方之间的对抗。

缓慢而又巨大的生产力下降使情况恶化。战争中物资的亏损无法弥补,即使是陆军和海军的最小需求也无法被满足。这不仅是因为各占领区的指挥官无法开发当地的自然资源,更是因为日本商船有限和美国对那些长驱北上的船只实施毁灭性的潜水艇袭击,即便生产出物资,也只有小部分能送达本土。

严重缺乏原材料的情况在层层控制下变得更加严重。在另一边的美国,经济动员正在加速进行。因战争的刺激,日本的生产量上升了四分之一,美国则上升了三分之二,但日本的制造业生产效率却只有美国的百分之三十五。更重要的是,日本的国内生产总值(使用1940年的数据100作为基础指标)从1943年初仅仅提升了百分之二,而美国已增加了百分之三十六,并且,这是一次各方面都计划完备的扩展。而日本却未能实现多样化,他们的军需品生产量猛增——却是以牺牲非军事用品的代价换来的。珍珠港事件前的十年就有了这样规模的生产力发展,以致于日本领导层认为,他们无须大幅扩张就足以应对一场大仗。

面对现况,他们努力提升总体水平。几个月之内,国内生产总值就有所上升。总生产量有了大幅增加,军需用品的产量也提升得比以往都快。前景有望,但这一切会不会太晚了?

舰船仍是最关键的问题。精确分配的预算因阿图岛的失利和基斯卡岛附近岛屿的撤军而被打乱。① 这两座阿留申群岛上的桥头堡丢了,千岛群岛就得加强防卫。这些都需要从南部一些被围困的地区中转调大量舰船。

6月,联络会议开始研究这一紧急情况。他们认为,就算国力会遭受损失,千岛群岛也必须作为一个要塞来防守。这意味着钢铁产量必须削减25万吨,铝产量削减6000吨,煤产量削减65万吨。

---

① 当美国人用3.5万人左右的兵力袭击基斯卡岛时,他们仅仅找到了三只杂种狗。受此启发,军队里出现了一首民谣《基斯卡岛的故事》,其中包含如下歌词:
我们花了三天才知晓,
除了狗什么都没有。

"我们正面临一个严重的危机。"种村大佐当晚在日记中写道。陆军和海军之间为争夺战略物资引发的削弱彼此的斗争加剧了这个危机。海军大将丰田副武将陆军称作"马粪"。他公开宣称,比起一个陆军军人,他宁愿将自己的女儿嫁给一个乞丐。

几天之后,6月30日,所罗门群岛有了新情况,关于航运的争论突然变得黯然失色。哈尔西上将的两栖部队已采取蛙跳战术开进"狭缝",直逼新乔治亚岛,这是所罗门群岛的中心。日本驻军很警惕,即将到达的援兵将使兵力达到5000人,但守军无法击退上岸的陆军和海军陆战队部队。用不了几周,岛屿就会被美军占领。这样美国人和战略化的布干维尔岛之间就相距不远了。

日本天皇召见了首相。东条英机抛下被陛下的"严重关切"震惊的观众,派人去请来那个他常常依赖其意见的人——佐藤贤了将军。东条面露不悦地说:"问问参谋本部的人准备在哪里阻止敌人。"

"我们永远也得不到答案,"佐藤回答说,"陆军和海军都不可能想出阻止他们的计划。"东条沉默不语,但却难掩苦恼的神情。

"宫城里发生了什么?"佐藤又问。

"天皇对此非常担忧。"东条小声咕哝道,然后又陷入了沉默。

"天皇到底说了什么?"佐藤刨根问底。

首相突然从之前无精打采的样子中恢复过来,挺直身子说道:"实话告诉你,天皇说:'你总是说皇军是无敌的,但是每当敌人登陆时,你就输掉了战争。你从来没能击退敌人的登陆。你就不能在某个地方成功一次吗?这场战争的结局到底会怎样呢?'"[①]他耸了耸肩,仿佛也不太在乎刚

[①] 在接下来的几个星期里,天皇多次表示不满。8月5日,日军在新几内亚和所罗门群岛遭受一系列惨败,天皇训斥陆军参谋总长道:"我们不能再一点一点地退回来了。持续的挫折不仅对敌人,也将对第三国产生巨大的影响。你什么时候才打算开始决战?""到处都是问题,"杉山回答说,"我很抱歉。"

三天后,海军又成为天皇陛下不满的对象。"海军在做什么啊?"他问莲沼,"我们的人就没有什么办法可以攻击敌人吗?他们正一点一点被打回来,渐渐失去信心。海军就不能以某种方式在某个地方给予敌人沉重的打击吗?"

才说的那些,"反正他就这样说了一些话。"

然而佐藤坚持认为,天皇会对首相说出这些话,一定已经得出结论,觉得自己不会从俩总长那里得到直接答复:"这可能是他最终问你这个问题的原因。如果是这样的话,我重申,这件事情非常严重。他一定是对军方失去了信心。"

东条表示异议,他认为佐藤理解得过头了:"我所说的并不是天皇的原话。他没有表示出对军方失去信心。另一方面,我承认天皇非常不安。我会和杉山谈话,你去和作战课长谈,然后我们必须想出一些措施。这件事非常紧急。先不论这是天皇的命令,我们自己就必须遵循一个明确的战略计划,明确表示我们可以阻止敌方反攻,还有哪里应该是我们的最后一道防线。"

佐藤同意了,还紧急劝诫:"我们在做所有这些事情时,还必须时刻牢记我们的政治策略。"

日本政治目标的中心方针仍然是"大东亚共荣圈"——就算日本在生产力的比拼中失败,它也会赢得亚洲大陆大部分地区的宣传战。这是一个设想亚洲在日本的领导下本着"普遍性的兄弟精神"而统一的政策,每个国家都由天皇分配以"适当的位置";日本认为这将带来和平与繁荣。"大东亚共荣圈"于1938年11月由第一届近卫政府提出,已经诱使了数百万的亚洲人在战争中相互合作,与西方对抗。

它是由"理想主义者"创造的,他们想让亚洲人免于被白人剥削。与许多梦想一样,它也被现实主义者所接管和利用。首先是那些将东南亚丰富的自然资源看作解除经济弊病良方的人;他们认为,日本在西方贸易屈辱的统治下不能维持现代国家的地位。军国主义者也在政策中看到了他们最迫切的需求——战争原料,并成为该政策最"热切"的拥护者。这个从"理想主义"逐渐转化成机会主义的政策,如今已经发展成为两者的结合。"大东亚共荣圈"的毁坏是由军国主义者和民族主义支持者导致的,它所呼唤的泛亚主义对群众仍存在一定影响。

殖民主义与其伴随的剥削已经让亚洲改变了过去。但到20世纪初,它的历史作用已经实现,殖民主义本身也受到兴起的民族主义的挑战。美国总统伍德罗·威尔逊在第一次世界大战后提出的各民族自决的理想主义要求似乎同样适用于亚洲人。但承诺的民主从未到过东方,殖民地仍然是殖民地;西方有两个自由的标准,一个是自己的标准,一个是苏伊士以东的标准。由于年复一年,西方主人们(特别是英国人)只能进行拼凑式的改革,东西方之间的鸿沟更大了。

除中国外,这个应该已经成熟到能进行革命的亚洲大陆仍然处于休眠状态;每个国家的革命者都在等待别人先发动起义。这些人在面对英国和法国时,取得了戏剧性的外交和军事胜利。在整个亚洲,工人紧握的拳头正与法西斯主义相斗争。

英国因希望在对抗轴心国的战争中赢得亚洲人的支持而遭到嘲笑。1940年,曾在剑桥大学受教育并成为缅甸总理的巴莫博士警告他的议会,不要忘记英国在第一次世界大战中的"理想主义"战争目标。"怀着同样的道德热情,它宣称在与德国斗争时也在捍卫更小的国家,也将使世界对民主来说更安全……它绝对没有领土野心……但结果如何?当战斗和叫喊结束后,其中一方获得胜利时又发生了什么?大英帝国因战争而增加了大约150万平方英里的新领土。自决主义的结局会如何?当我一如既往鲁莽地在特别委员会敲定缅甸宪法,向他们提出民族自决的时候,英国的代表觉得很好笑。"但这种煽动性的言论并没有使英国人觉得好笑,巴莫也因此入狱。

第二年,丘吉尔和罗斯福签署的《大西洋宪章》再次为一些亚洲的政治领导人带来了一丝希望,使他们认为西方终于摆脱了双重的自由标准。它不是宣称"人人有权选择在何种政府形式下生活"吗?然而,丘吉尔很快就明确指出,《大西洋宪章》并不适用于英国的殖民地。换言之,它只适用于白人民族。

因此,广泛接受日本泛亚信念的时机已经成熟了。自19世纪中叶以来,日本自身的发展一直不断提醒着亚洲人,他们可以获得自由。1905年,海军大将东乡平八郎对战俄国舰队时的大胜标志着亚洲开始脱离西方统治,并赋予了东方人自豪感。1942年,新加坡的沦陷戏剧性地证明了白人并不是无敌的。亚洲人对英国全线撤退的情形感到无比兴奋,且亚洲有部分地区积极地准备与"胜利者"结盟。

当然,一个耀眼的例外就是中国,在那里,数十万日本军队仍然身陷一场令人沮丧、无休止的战斗。大多数日本人不明白为什么蒋介石会继续战斗。他被丘吉尔和罗斯福当作工具来利用这一点不是很明显吗?① 但也有一些自由派的日本人一直反对日本占领中国。其中之一就是驻南京傀儡政府的大使重光葵。他认为,"大东亚共荣圈"的成功取决于中国问题的公正解决。日本怎么能在像对待殖民地一样对待中国的大部分地区时,还呼吁殖民主义的终结?他们应该废除与南京签订的不平等条约,并无限制地向其提供经济援助。

作为首相,完全支持对华战争的军国主义者东条从不同的角度看待这个问题,并听取了重光的提议。一些陆军领导人顽固抵抗,但到1943年初,东条已经说服了他们,从中国获取原材料最好的办法是采用重光的计划。将位于苏州、汉口、杭州和天津的日本租界归还南京政府的安排已经作出,新的条约也已谈判签订。重光被召回东京,成为了新的外相,他还在议会中一再敦促东亚的所有地区摆脱军事占领,获得政治自由:"对日本而言,这意味着建立'睦邻'政策和国际关系的改善。"

重光开启了这一改革的新篇章,而领导它的则是东条。他向议会宣布,缅甸将在年底前被承认为独立国家。3月,缅甸代表团被邀请到东京,由巴莫博士带领,他在英国人撤离缅甸之前逃离了监狱。缅甸人受到了热烈的欢迎,巴莫则淹没在四面八方的爱国情绪中。日本是"整个亚洲冲突的中心"。东条、杉山、岛田和重光都被巴莫视为"爆炸的亚洲时代

---

① 一般的日本人在"大东亚共荣圈"中只看到了"理想主义",在《日本时报与广告报》举办的比赛中胜出的口号有:
"日本的行动拼写出的是美丽建筑,敌人的行动拼写出的是自我毁灭。"
"我们坚强奋斗,我们友好合作。"
"向前拼搏,直到亚洲成为自己的亚洲。"
"东方的自由之中是西方的和平。"

中,'大东亚共荣圈'观念所包含的活跃勇敢的新亚洲意识"的真正产物。此外,巴莫认为,东条在给予被占领国独立的决定中,表现出"令人吃惊的远见卓识",且"积极规划政治远景"。

3

在美国,"大东亚共荣圈"几乎被各界嘲笑为粗暴的宣传,但作家赛珍珠却试图警告她的美国同胞,泛亚主义精神确实根深蒂固。珍珠港事件几天后,她写信给罗斯福夫人说:"所有的东方人都非常深刻地认识到,白人或许是他们共同的敌人,而且最终的分析表明,他们这些人中,即使是目前敌对的中国人和日本人,也可能会因为肤色而团结起来,共同对付白人。他们现在还没有到这样的地步,但在他们心底,始终存在着这样的可能性。东方人,即使是现在与我们结盟的人,也暗中观察着我们对待不同种族的人的行为,如果他们害怕不能长久地被视为和我们完全平等的人,那么他们只会在暂时的目的达成后与我们反目成仇,因为白人种族在历史上对他们有侵略行为,至少从他们的角度来看,我们也是历史上的剥削者。"

她警告说,有色人种潜在的团结"正在世界上发展壮大,因为这些政治上觉醒的亚洲人民了解自己,而且除非我们非常聪明和谨慎,否则这种觉醒的结果对我们来说是灾难性的……我们白人绝大部分是无知的,或者忽略了这样一个事实,根据种族和肤色,在所有这些斗争中,可能会产生一个全新的阵营。但是亚洲人民永远不会忘记这种可能性,他们所做的一切将会因为这一新阵营进行必要的保留。我惊恐地发现,即使在我们许多有色美国人的心中,也存在着这样的保留,尽管他们自然而然并且愿意忠于我国,但由于美国的种族偏见的顽固性,以及他们自己的经验和这里的日本人的宣传,他们相信从白人那里是没有希望获得公平的,在有办法打破种族偏见的枷锁之前,有色人种必须团结起来征服白人"。① 赛珍珠在《纽约时报》的文章中公开表达了她的担忧,该刊物在中途岛战役前一周出版。

……主要是因为日本的关系,第二次世界大战呈现出了一种新型而危险的维度。虽然我们也许不愿意知道这一点,但是我们可能已经开始了人与人之间最漫长的战争,即东西方之间的战争,这意味着一场白人及白人世界与有色人种及其世界之间的战争……

在印度,它(种族问题)是一个火烧眉毛的问题,它的火焰每小时都会蹿得更高;在缅甸,它就像一场肆意的火灾;在爪哇岛也是;还有在菲律宾和中国也是这样。

如今东西方之间的主要障碍是,白人不愿放弃自己的优越性,有色人种则不再愿意容忍自己的劣等性……白人落后有色人种一个世纪。白人仍然在思考殖民地和殖民地政府,而有色人种知道殖民地和殖民主义是不合时宜的。无论白人是否明白,殖民主义的生活方式已经结束了,剩下的一切就是挣脱蛹壳。今天的亚洲已经不是殖民地,而且亚洲决心再也不会成为殖民地。

……总之,如果白人现在没有通过发现"所有的人真正生而自由平等"来拯救自己的话,他或许根本无法自救。因为有色人种会坚定

---

① 自相矛盾的是,在日本,白色的皮肤很早以前就成为了女性美的标志。有一个古老的谚语叫"一白遮百丑"。早在明治时期,作家就开始表达他们对西方人白皮肤的羡慕之情,而在20世纪20年代,日本人最喜爱的电影明星是克拉拉·鲍、葛洛丽亚·斯旺森和葛丽泰·嘉宝。这一喜好在谷崎润一郎的小说《痴人之爱》中也有所体现。小说中,作者将一个日本女孩娜奥米和一个苏联女人作比较:

后者的肤色……是如此特别的白色,她有着几乎像幽灵一般的白色皮肤之美,浅紫色的血管如同大理石纹一样隐约可见。与这种皮肤相比,娜奥米那缺乏透明度和光泽的皮肤,看起来可就相当沉闷了。

当日本在与白人的斗争中宣称自己是"有色人种国家的捍卫者"时,这种对白皙皮肤和西方特征的喜好的表达就必须禁止了。但事实是,日本人认为自己不是"黄色人种"。女人更喜欢将她们皮肤的颜色称作是小麦色(现在也是这样),而将较浅的皮肤颜色称作白色。在传统中,白色始终是美好的色彩,例如,歌舞伎剧院的英雄总是化着令人眼花缭乱的白色妆容,这种流行标志类似于美国电影中正派牛仔总是戴着白帽子。

不移地坚持人类的平等和自由……

不幸的是，赛珍珠的预言文章在华盛顿几乎没有掀起什么波澜。没有人反对亚洲人对美国人有肤色偏见的指控。恰恰相反，政府故意虐待具有日本血统的美国公民，则加强了这些指控。在珍珠港事件之后，恐慌蔓延至西海岸，所有日本裔，不论是不是美国公民，都被要求立即撤离至内地。

"我不认为这是明智的做法，"美国西部防卫司令部司令约翰·L.德威特将军在电话里对宪兵司令说，"美国公民毕竟是美国的公民。虽然他们不一定都是忠于美国的，但我认为我们可以把不忠者从忠诚的人中除去，并在必要时把他们锁起来。"

战争部长亨利·史汀生同意这样的说法。但随着每次日本的胜利，西海岸的骚乱愈演愈烈。在加利福尼亚州，美国地方检察官厄尔·沃伦警告说，除非日裔美国人及时撤离，否则可能会重演珍珠港事件。俄勒冈州州长查尔斯·斯普拉格连线美国司法部长，要求"采取更彻底的行动，保护美国免受可能的外来事件（特别是居住在沿海的日本人引发的事件）的影响"。西雅图市长厄尔·米利金宣布，该市估计有8000名日本人，"其中7900人可能没问题，但另外100人可能会烧毁这个城镇，允许日本飞机进来，带来摧毁珍珠港的东西"。

日益高涨的反日情绪也绝不局限于太平洋沿岸。在全国民意调查中，百分之四十一的人认为"日本人永远都想打仗，让自己尽可能强大"；百分之二十一的人认为德国人生来就有军国主义的思想。因此，像罗斯福这样一个完美的政治家会听从这些声音也是可以理解的，因为这是一个选举年，而罗斯福反对埃德加·胡佛的建议，并命令战争部门执行日裔美国人的大规模撤离行动。最高法院支持该行动的合法性。起初，他们打算在内地安顿日裔美国人，但这些地区的居民强烈抗议，认为应该把"囚犯"送进政府收容所。

一个迁移德国和意大利外侨的类似的计划引起了抗议，因此，政府取消了此类行动，并解释说，这将影响到国家经济结构，削弱这些民族的公民的士气。但是没有人为那些身为美国公民且通常被称为"外国人"的日裔美国人说话,因为他们的肤色和白人不同。几乎有11万忠实的美国人被迫廉价卖掉自己的房子,离开自己的家,其唯一的罪行就是他们的血统。他们被拘留在沿海处装有倒钩铁丝网的"安置中心",那里只比集中营好那么一点,许多人甚至被没收了存款。①

战时情报局局长埃尔默·戴维斯正式向总统抗议:

>……日本对菲律宾、缅甸等地的宣传坚持认为,这是一场种族战争。只有当我们的行为允许我们说实话的时候,我们才能通过反宣传来有效地打击这种事情。而且,作为深深相信自己奋斗之事的公民,我们无法解决对日裔美国人持续的公开的误解,并对此感到不安;主管当局,包括海军情报人员表示,百分之八十五的日裔美国人完全忠于这个国家,辨认这些好人也是完全做得到的。

但戴维斯的警告并不比赛珍珠的言论受到更多的重视。华盛顿依然对疏散日裔美国人给亚洲人民造成的影响视若无睹,也没有考虑过战后的问题。亚洲只是一个战场,即使面对英国持续不断的阻力,这个战场的重要性仍然在参谋长联席会议中得到了更多的重视。1943年5月8日,

---

① 在战争歇斯底里的压力下,这些行动或许也是可以理解的,但政府的战后态度很难与民主相称。对失去土地和大部分个人财产的人们来说,他们没有任何过错,却几乎没有得到赔偿。损失估计为4亿美元,但只有4000万美元是以赔款方式支付的——从10美分到1美元的硬币都有。

对横滨正金银行加利福尼亚分行中约4000名储户处理一事尤其令人感到可耻。政府把该银行的全部资产都作为"敌方财产",从而冻结了这些存款人毕生的所有储蓄。外侨资产管理局直到1957年才决定,以每1美元退2美分的比率退还这笔钱。这真是一笔吝啬的款项,只有1600个存款人申请退款。这些人因低赔偿率向法院提起上诉,法院最终命令外侨资产管理局支付他们其余的储蓄。另有2400名储户要求退还资金,但被告知他们已经失去了所有权,因为他们放弃接受原本百分之二的出价。直到1966年10月24日,珍珠港事件过去将近25年后,最高法院终于同意受理他们的上诉。1967年4月10日,法院驳回了该项决定,并将案件送还到哥伦比亚特区联邦巡回上诉法院"进一步依照该意见进行审理程序"。最后,1969年8月1日,案件依照存款人的利益,以"大致按战前利率且无利息"的方式以解决。

丘吉尔致电斯大林：

> 我正途经大西洋，将去华盛顿促进解决西西里岛事件后欧洲的剥削问题，并在那里进一步处理印度洋和对抗日本的问题。

他正准备参加另一场会议，这是一场单独与美国人召开的会议，他私下里将它命名为"三叉戟"。三天后，他的船抵达斯塔滕岛。第二天下午2时30分，他在白宫与罗斯福和两国军事领导人会面。他说，英国人带着"坚持卡萨布兰卡会议的决定"来参加"三叉戟"会议。非洲的战役几近结束，西西里岛的进攻即将来临。接下来该怎么做？他认为，第一个目标应该是战胜意大利。这样做"会给德国人民带来孤单的寒意，但或许也是他们黎明的开始"。此外，这将大大改变巴尔干地区的局势，允许大量英国战舰和航空母舰调动至孟加拉湾或太平洋。

他说，现在也是"研究打败日本的长远计划"的时候了。假设德国在1944年被击败，英国人承诺"将集中精力在1945年应对与日本的大战"。不管怎样，解决远东战争的最佳办法就是让苏联介入。

罗斯福回答说，日本有总计100万吨位的舰船已被送入海底，如果继续下去，敌方的行动范围将受到很大的限制。但是，为了保持这一毁灭性的海军攻势，美国有必要在中国设立空军基地。他警告说，中国可能会垮掉，除非立即对中国进行更多的援助。

九天来，与会者努力谈判，希望能达成协议。双方军事参谋每天举行多达四次会议；对于重要的战争问题，足足举行了六次全体会议，丘吉尔和罗斯福均出席了会议。

但是，不太有耐心的布鲁克对仔细谨慎的金不断"寻找一切可能的漏洞，把力量转移到太平洋"的做法感到越来越恼火。在5月21日的联合参谋长委员会会议上，二人爆发了争吵。金坚持认为，对日本的"持续压力"不仅应该得到维持，还应该增强。他想要在一年内从中国基地发动空中打击，再加上进攻缅甸的行动，夺取马绍尔和吉尔伯特群岛、新几内亚和所罗门-俾斯麦群岛。

英国人非常愤慨。他们同样拒绝为跨越英吉利海峡进攻欧洲确定日期。然而,美国人占了上风,在最后一次会议上,罗斯福和丘吉尔双双批准于1944年5月1日进行海峡反攻,并对日本施加"不间断的压力",还附加了一个保全面子的条文,即联合参谋长委员会应该"在采取行动之前"审查行动。

然而,有关战区优先级的分歧很难消除。在不到三个月的时间内,罗斯福和丘吉尔在魁北克的弗兰特纳克酒店再次会面。美国人再一次强调在缅甸发动大规模进攻,而丘吉尔又一次试图通过提出对苏门答腊岛发动辅助攻击来回避这一问题。罗斯福没有转移话题,认为这样的袭击反而远离日本,他们应该把所有的资源都集中在滇缅公路上,这是去东京最短的路线。

辩论并未解决问题,于是联合参谋长委员会成员回到自己的会议室,但仍相互争吵。那些在走廊外面等候的人被里面突然传来的手枪声吓呆了。

"我的上帝,现在他们都开始开枪了!"有人喊道。

其实这只是一个戏剧性的实验。蒙巴顿勋爵热衷于用一种叫作"派克瑞特"的新型冰块来建造浮动机场,他开枪射击一块普通的冰块,将冰块打碎;又开枪射击另一块派克瑞特冰块,子弹飞了出去,擦破了金的裤子。

蒙巴顿在倡导派克瑞特方面没有成功,但他的军事能力得到了认可,他被任命为包括缅甸区域在内的东南亚战区最高总司令。

4

这个现在由蒙巴顿负责的国家即将被日本授予独立地位。人们匆忙制定宪法,宪法中同时包含民主主义和极权主义的理论。它宣布缅甸将是一个完全独立的主权国家,其所有权力来源于人民,同时声称它将受到"拥有君主地位和权力的国家元首"的统治。新国家的官方口号也是来自希特勒的启发,"一个血统,一个声音,一位领袖。"

7月初,巴莫博士——很显然,国家选择的肯定是他——在新加坡见到了东条。日本首相带来了自认为会让巴莫高兴的消息:日本人正在将位于缅甸东部边界的掸邦的大部分土地移交给新国家。然而,其中还有两个地区将交给泰国。

巴莫的心里五味杂陈:"缅甸人和掸邦人都不会对这种肢解掸邦及其人民的行为感到高兴。"东条表示很抱歉,但是日本已经答应了泰国,将这两个地区作为结盟的代价。

"但我们也是和你站在一起的,"巴莫说,"我们也有我们的要求。"

东条试图让此事不了了之,开玩笑地答应"用另一种方式偿还缅甸"。巴莫立即咄咄逼人,控诉了日军在缅甸傲慢和时常武断的行为。

东条去新加坡还有另外一个原因:与印度激进的不服从运动的领导人苏巴斯·钱德拉·鲍斯进行交涉。这人和甘地、尼赫鲁毫无相同之处,他认为单靠武力就能带领印度走向自由。鲍斯是一个身材高大的人——他比东条和巴莫高出一个头,是一名充满激情的革命家,有魅力,口才好。他到新加坡招募了在马来战役中投降的数千名印度兵。他们已赞成他的远征——认为这是摆脱英国的自由之战——并接受他担任东亚印度独立联盟的领导人。

在一次群众性的会议上,他以饱满的热情对新兵们说:"当法国在1939年向德国宣战并开始战争时,德国士兵只有一句口号,'到巴黎去,到巴黎去!'当日本的士兵在1941年12月出发时,口中也只有一句口号,'到新加坡去,到新加坡去!'同志们,你们的战斗口号应该是,'到德里去,到德里去!'"

东条在8月1日兑现了关于缅甸独立的承诺。上午10时,陆军大将河边正三下令日本军政府撤离。这是一个明亮的早晨,偶尔有零星小雨,仰光上下洋溢着节日的氛围。一小时二十分钟后,在总理府,缅甸被宣布已成为独立主权国家,巴莫博士担任国家元首。当天下午,巴莫用缅甸语对美国和英国宣战。不过,他告诫他的人民,比起欢呼和庆祝,自由还有更多的意义。"许多人都是抹着眼泪见证这个解放之日的,他们几乎一生都在盼望这一天,"他说,"但是我们知道,我们不仅有梦想,还有现实……现在我们脱离了这场战争而独立,我们还必须在这场战争中保卫独立……缅甸绝对处在战争的前线……显然,我们必须采取前线政策。"

10月14日,菲律宾宣布独立。一周后,以钱德拉·鲍斯为首的自由印度临时政府成立。西方没有看到这些事件的意义。虽然这些新政府是日本控制的傀儡政权,但是通过它们,数百万的亚洲人第一次瞥见摆脱了白人的自由。当中国的汪伪政府、泰国、伪满洲国、菲律宾和缅甸的代表团在11月初派代表前往东京参加"大东亚会议"时,他们的热情达到了高峰。① 钱德拉·鲍斯作为观察员也出席了会议。

"我们聚在一起,"巴莫写道,"不是作为独立的民族,而是作为包含所有这些民族的一个历史家族的成员。"菲律宾总统何塞·劳雷尔曾被奎松总统秘密指示假装和日本人合作,现在却发现泛亚主义是无法阻止的。"十亿东方人,十亿大东亚人,"他在首次会议前夕的正式招待会上说,"他们怎么能被统治呢?更别说其中大部分人被英国和美国统治!"

11月5日,议事堂会议室的严肃气氛盖过了与会者的热情。桌子摆成方马蹄铁形,上面覆盖着蓝色的羊毛桌布,侧面有三棵矮树。作为会议主席,东条与其代表团坐在方马蹄铁形桌子的首席座位上。他的右边坐着缅甸、伪满洲国和汪伪政府代表,左边坐着泰国、菲律宾和印度代表。

东条简明扼要地说:"大东亚国家在各方面都有着不可分割的关系,这是一个无可争辩的事实。我坚信,在这样的情况下,确保大东亚的稳定,共同建立繁荣昌盛的新秩序,是东亚各国共同的使命。"

头号傀儡政权南京汪伪政府的首脑汪精卫宣称:"在大东亚战争中,我们想要取得胜利;在建设大东亚方面,我们希望共同繁荣。东亚各国都应该爱国、爱邻国、爱东亚。我们给'中国'立下的口号是'复兴中华、保卫东亚'。"

泰国的旺·威泰耶康亲王接着发言,其次是伪满洲国总理张景惠,然

---

① 印度尼西亚政治领袖苏加诺没有被邀请。佐藤贤了称,由于日本的战争力依赖印度尼西亚的原材料,东条反对在当时给予印度尼西亚独立,而且印度尼西亚也没有"做好处理所有财富的准备"。

后是劳雷尔。劳雷尔的声音和话语显然表露出了这名菲律宾人的情绪:"团结在一起,成为一个紧密而坚实的组织,希望不再有任何力量能够阻止或拖延十亿东方人获得自由、不受限制的权利和塑造自己命运的机会。拥有无限智慧的上帝不会抛弃日本,不会抛弃大东亚的人民。上帝,将会降临人间,与我们同哭,以我们各国人民的英勇为荣,让我们解放自己,使我们的孩子及其后代自由、快乐、繁荣、昌盛。"

巴莫最后一个发言。他热切地说:"能出席这样一个场合,我根本无法夸张地形容自己的感觉,在缅甸的几年来,我做着我的亚洲梦。我的亚洲血液一直在呼吁其他亚洲人。不论在沉睡时还是清醒时,我都听到了亚洲呼唤她孩子们的声音。

"今天……我听到亚洲的声音再次呼唤着我,但这一次不是在梦里……我聆听了这个桌子上所有的演讲,这些演讲,值得纪念、动人心魄。我可能是夸张了,如果真是这样的话,你们必须原谅我——我似乎听到,他们的声音和把孩子聚集到自己身边的亚洲的声音一样。这是对我们亚洲血液的召唤。这不是我们要用头脑思考的时候,而是我们要用亚洲血液思考的时候。这种思考把我从缅甸带到了日本……

"就在几年前,亚洲人似乎还生活在另一个世界上,甚至生活在不同的世界中,彼此分离、疏远,互不了解,甚至也不在乎去了解。作为一个家园,亚洲在几年前并不存在。亚洲当时不是一体的,而是由许多个部分组成的,数量和敌人一样多,大多如同影子一般跟随着这个或那个敌国。

"在过去,现在看来似乎是很久以前的事情了,亚洲人民要在这里见面,像我们现在这样,是不可思议的。但是,不可能的事情发生了。它以一种超越我们最大胆的幻想的方式发生了……

"我想说,今天的会议是一次伟大的象征行动。正如主席先生所言,我们正是以正义、平等、互利的基础,坚持着使自己和他人共同生存的伟大原则,创造一个新的世界。不管从哪个角度来看,东亚本身就是一个世界……我们亚洲人长期以来一直忽略了这个事实,为此付出了很大的代价,结果亚洲人失去了亚洲。现在我们再次拥有了亚洲,重新夺回了这个真理并为之采取行动。亚洲人肯定会使亚洲恢复活力。这个简单的真理就包含了亚洲的全部命运。

"我们再次发现自己是亚洲人,发现了自己的亚洲血液,这亚洲血液将救赎我们,并使亚洲归还我们。因此,让我们前进到路的尽头,让十亿东亚人步入一个新的世界,在那里,东亚人将永远自由、繁荣,并将最终找到他们永远的家园。"

这几个小时对东条来说是他生涯中最满意的时刻。他巧妙地操控着整个会议议程,朝各个代表微笑。他看到的不仅仅是一个军事联盟,他也被泛亚精神所吸引了,但这却使他军队中的同僚们心烦意乱。

第二天下午,钱德拉·鲍斯的发言使最后一次会议达到了高潮:"我不认为在旭日之国召开这个会议是偶然的。这不是世界第一次转向东方寻求光明和指引。曾有人尝试创造世界新秩序,也有人正在尝试,但都失败了……

"对于印度来说,除了反对英帝国主义的毫不妥协的斗争之路,已经没有别的道路了。即使其他国家有可能考虑与英国妥协,但至少对于印度人民来说,这是不可能的。与英国的妥协意味着与奴隶制妥协,我们决心不再与奴隶制妥协。"

由于被自己的言辞所感动,鲍斯一度无法继续演讲。观众一动不动地等待着,直到这个印度领导人恢复常态:"但是我们必须要为自由付出代价……我不知道我们国家的军队中有多少人会在即将到来的战争中存活下去,但这不会影响我们的结局。无论我们个人是生是死,无论我们是否在战争中幸存,无论我们是否看到印度获得或没有获得自由,重要的是印度将要取得自由的事实。"

《日本时报》的记者乡敏将这次会议称为"振奋人心的亲兄弟团圆"以及世界历史上最重大的集会之一:

> 在这里,我觉得所有人都是我的兄弟,这不仅仅是比喻意义上的,而是说我们都是同一个亚洲母亲的儿子。日本人、中国人、泰国人、"满洲"人、菲律宾人、缅甸人、印度人都是亚洲人,所以我们都是兄弟。

和巴莫一样，他相信，无论西方人私下对他多么礼貌，他们永远不会真正了解成为亚洲人的感觉：

> 我也觉得只有亚洲人才可以真正理解并有效地为亚洲人的福利而工作，而且我也渴望有一天，所有亚洲人都能够抛开西方入侵者在我们之间建立起来的人为障碍，携手为亚洲的共同福祉而努力。星期六看到会议情况时，我觉得这一天终于来了，血缘关系终于胜过了一切。当长久失去联系的兄弟们再次相见时，我们必将振兴我们亚洲大家庭的命运。
>
> 正如我所指出的那样，所有发言者都用显而易见的真诚和热情来强调这种统一的意识，他们都以压倒性的力量显现出这样的意识，这种信念牢牢植根在我身上，这种团结永远不会被破坏。无论战争的结局如何，无论未来会有什么问题，无论未来的世界组织最终采取什么样的形式，大会所凝结的血盟兄弟的意识永远不会消失。亚洲的一体性是一个如此基本、如此重要、如此自然的事实，因此，一旦人们获得了这个意识，就不会再失去。

与会者一致通过的《大东亚共同宣言》呼吁亚洲以正义和尊重彼此的独立、主权和传统为基础，共同创造繁荣与幸福；在互惠的基础上努力加快经济发展，并抛弃所有的种族歧视。①

这是"太平洋版本的《大西洋宪章》"，来到东京的人可能是傀儡，但是即使生来被奴役，他们现在也已经"自由"了，并首次共同宣布要为亚洲建立一个"勇敢的新世界"。

---

① 东条的顾问佐藤贤了起草了最初的宣言，将他所想的都写了出来。草案的批评者认为，他对种族偏见的强硬声明可能会产生事与愿违的结果，但是佐藤认为，虽然日本有时候在军事占领的政策方面是不公平的，但是却从未实行过种族歧视："这就是现实，为什么还在犹豫是否使用这篇文章呢？"

在国际联盟中，日本人曾经试图在支持"国家平等原则"的决议中插入一段关于种族平等的内容，但英国不同意，当时的国联主席、美国总统伍德罗·威尔逊裁定称，不该"因为我们之中某些人的严重异议"而制定规则。但其实只有英美投票反对这项决议。

5

两周后,亚洲最大国家的领导人蒋介石在开罗会见了罗斯福和丘吉尔,希望能确定使亚洲成为一个完全不同的大陆。丘吉尔对蒋介石的出现并不欢迎,觉得这会增加罗斯福对远东的兴趣。

事实上,中国问题是会议的第一项议程,而不是丘吉尔和布鲁克所希望的最后一项。但是,以前从没有见过蒋介石的丘吉尔对蒋委员长的"平静、保守和能干的性格"印象深刻。然而首相还是不能严肃地将中国看作一个强国,反而对罗斯福给予蒋介石的注意感到愤怒。"对总统来说,中国意味着4亿即将踏入明日世界的人民,"丘吉尔的私人医生莫兰爵士在他的日记中写道,"但是温斯顿只考虑到他们的肤色。当他谈到印度或中国时,你便会想起他是一个维多利亚时代的人。"

中国代表团怀着愉悦的心情离开了开罗。因为尽管丘吉尔反对,罗斯福还是承诺在几个月内对孟加拉湾发动两栖攻击,此外还给人留下了他将大力支持蒋委员长的印象。

三个盟友不仅在中国的军事优先权方面,而且也对亚洲的政治未来持有不同意见。每个人都因为不同的原因各自作战。丘吉尔没有想过要使大英帝国解体;蒋介石主要是想消灭共产党,让自己成为国家的唯一领导人;罗斯福则一心想尽快让日本投降。

罗斯福已经意识到,亚洲经过战争不可能没有变化,但是他却没有认识到一些美国人——如赛珍珠和温德尔·威尔基——所提出的劝诫:亚洲决心摆脱西方人的统治,解放自己。

11月27日,丘吉尔和罗斯福先后离开开罗。关于远东的争议仍待解决,而两位领导人则将飞往德黑兰会见约瑟夫·斯大林。丘吉尔首相焦虑不安,他乘着车缓缓经过伊朗首都的街道,有人开始靠近他的车。他想,这种时候,带着手枪或炸弹的刺客很轻易就能找到合适的时机对他下手,但最终他还是安全地进入了英国使馆,这是一座破旧不堪的建筑,坐落在精致的苏联大使馆旁边。他如释重负般松了一口气。

经历了开罗令人压抑的高温之后,位于里海南边的德黑兰让人感觉更为凉爽。农村荒凉阴沉、尘土飞扬,历经千年都没有变化的泥屋点缀其中;虽然德黑兰本身是一片荒芜之地中的绿洲,却被许多与会者视为一座新式而又无趣的人造城市。

第二天是星期天,一早,苏联政府警告罗斯福,轴心国特务可能躲在城市中企图暗杀他,并表示要将他的总部转移到自己使馆的一座建筑物中。他们在这里举行会议,不会因穿过街道来回行动而遇到危险。哈里·霍普金斯和埃夫里尔·哈里曼与丘吉尔的参谋长黑斯廷斯·伊斯梅将军讨论了这个问题,尽管他们认为这可能是苏联人的一个伎俩,但都建议罗斯福采取行动。① 一支警戒森严的车队离开了美国公使馆,紧随其后的是一辆搭载总统、霍普金斯和莱希上将的汽车。司机是一名特勤人员,采取了迂回的方式行车,但开车速度太快了,结果比诱导车辆更早到达苏联大使馆。这对罗斯福来说反而是一种娱乐消遣,十五分钟后斯大林来找他时,他仍心情舒畅。这是他们的第一次会议。"我很高兴见到你,"罗斯福通过他的翻译查尔斯·波伦说道,"我很早就想与你见面了。"

斯大林也通过他的翻译巴甫洛夫为自己没能及早会见总统而道歉,说这是他的错,但他一直忙于处理军事问题,所以没有时间。他又矮又瘦,但因为穿着剪裁成方形的宽松上衣,所以显得比实际上更为矮壮。见到他那变了色的牙齿、长着麻子的脸和黄色的眼睛,乔治·凯南想到"一只苍老而身经百战的老虎"。

他们谈到蒋介石和缅甸的进攻。斯大林没怎么考虑中国士兵或他们

---

① 曾经有人计划在德黑兰暗杀"三巨头"。该计划是在希特勒和希姆莱的帮助下,由希特勒最喜欢的突击队员纳粹党卫军少校奥托·斯科尔兹内设计的。最近,他曾救出了被监禁的墨索里尼。但是,斯科尔兹内并没有从驻扎在德黑兰的唯一一名特务那里得到什么具体的信息,于是他报告上级说,暗杀或绑架行动是不可能成功的。根据拉斯洛·哈瓦斯撰写的《希特勒暗杀三巨头的阴谋》一书(1969年出版),六名德国人先后用降落伞降落到伊朗,但在执行任务之前被杀害,这主要是双重间谍恩斯特·梅瑟和一个爱冒险的美国人彼得·弗格森努力的结果。1970年,斯科尔兹内写道,他从未听说过这一行动。"我真的对这一行动是否存在表示怀疑。"他补充道。

的领导;罗斯福说,印度支那、缅甸、马来亚和东印度人民的自治急需良好的教育。他吹嘘美国在帮助菲律宾人争取自由方面取得的良好记录,并神神秘秘地补充说,印度是丘吉尔的痛处,并提醒斯大林不要提及这一点。

几分钟之后,"三巨头"在初次全体会议上第一次见面。罗斯福提出让斯大林"说几句开场白"。

"不了,"巴甫洛夫翻译说,"他宁愿当听众。"

罗斯福欢迎苏联成为"家庭圈子的新成员","三巨头"会议将是一个友好、坦诚的会议,三国的合作将会世世代代延续。丘吉尔的口译员A. H. 柏西回忆说:"他(罗斯福)向桌子周围的人微笑,看起来非常像一个友善、富有的叔叔正拜访他的穷亲戚。"

丘吉尔首相那天感冒发烧,喉咙痛得几乎不能说话,但是他的口才依然一如往昔。他说,桌子周围的这些人"或许代表了人类历史上从未有过的、世界大国的最大集合",而在他们手中,"战争也许会缩短,几乎一定能获得胜利,并且会驱散任何怀疑的阴影,掌握着人类的福祉和命运"。

罗斯福再次转向斯大林,并表示,后者作为东道主一定得说几句话才行。斯大林简短地与巴甫洛夫协商了一下。巴甫洛夫站起来,看着他的笔记,说道:"我很高兴能欢迎所有在场的人来到这里。我认为,历史将证明,我们拥有的这个机会,以及我们的人民所投入的力量,可以在我们潜在合作范围内充分发挥作用。"巴甫洛夫犹豫了一下,然后又有些尴尬地加了一句:"斯大林元帅说,'现在,让我们言归正传吧!'"

罗斯福回顾了太平洋的战争。为了斯大林,他将最激动人心的通知留到最后宣布:诺曼底登陆,代号"霸王"行动,已经定于1944年5月1日执行。

斯大林回答说:"我们苏维埃很高兴看到你们在太平洋地区取得成功。很遗憾,我们没有能力帮助你们,因为我们在东线需要太多的部队,目前无法对日本发动任何进攻。"但是,一旦德国被击败,援兵就能被派往西伯利亚东部。"那时,"他说,"我们在共同阵线上作战,就一定能赢。"这是苏联第一次承诺加入对日战争。

会议在 7 时 20 分结束——他们已经在大型圆桌上讨论了三小时二十分钟了——苏联人向与会者供应了茶和蛋糕。美国人因斯大林安静、谦逊的举止而打消了疑虑,但英国人没有。莱希上将之前仅仅把斯大林看作一个强盗领袖,现在爽快地承认是他错了,斯大林显然是个聪明的人,他的方法很直接、讨人喜欢,而且想得周到,只是偶尔有些粗鲁的坦率;另一方面,伊斯梅将军仍然觉得他"极度无情,毫无人情味",同时也庆幸自己"既不是他的敌人,也不依赖他的友谊"。

"这个会议才刚开始就要结束了,"布鲁克对莫兰爵士说,"斯大林能摆布总统。"丘吉尔也是这么想的,一副郁郁不乐的样子。当莫兰问到是否有什么问题的时候,他坦然地回答说:"一堆地方出了问题。"

那天晚餐时,"三巨头"谈到了很多事情:法国、波兰、德国、希特勒,还有无条件投降。斯大林询问在卡萨布兰卡会议上发表的含糊的声明是否正确——不明确的话,反而会让德国人民团结一致:"然而在我看来,拟定具体条款——无论多么苛刻的条款——并告诉德国人民,这是他们必须接受的条件,会加快德国投降的步伐。"

第二天午餐后,斯大林再次呼吁罗斯福行动。罗斯福给了他几份备忘录,其中之一是要求在西伯利亚为 1000 架美国重型轰炸机建造基地,另一项是建议在与日本的战争中进一步加强初步合作。斯大林答应考虑这些请求,并且草草地结束了话题。

那天下午的全体会议集中讨论了"霸王"行动。丘吉尔反对斯大林,罗斯福做中间人调解,说话时烟嘴还咬在牙间,经常插话,即使是无关紧要的话。布鲁克想,会议真是从头到尾都糟透了。听完过去两天的争论后,他觉得自己"仿佛走进了精神病院或养老院"。

越过巨大的会议桌,斯大林盯着丘吉尔,想向首相提一个非常直接的问题:"你是真的相信'霸王'行动,还是以此为托词,想让我们感觉好一点?"

回答是典型的丘吉尔式的。"如果之前'霸王'行动所述的条件到时候得以成立,那么我们将严格履行我们每个人的责任,穿过海峡去和德国人对抗。"伴随着这句抑扬顿挫的话语,会议结束了。

那天晚上,东道主斯大林在晚餐时无情地取笑了丘吉尔。一开始,首相还没有意识到他被嘲弄了。"我们必须杀五万个德国人。"斯大林严肃地说。丘吉尔往后推了一下他的椅子,站起来说:"我不会加入任何冷血的屠杀,而在战场上就是另一回事了。"

"五万人必须被枪毙!"斯大林重复了一遍。

丘吉尔的脸一下子涨得通红:"我宁愿现在被带到花园里挨一枪,也不会让这样不光彩的行为玷污我自己和我祖国的荣誉!"

罗斯福试图安抚丘吉尔的情绪。"我想提出一个折中的办法,"他开玩笑似的说,"不杀五万,就只枪毙四万九千人吧?"

丘吉尔跺着脚出了房间,斯大林忙跟在后面说只是开个玩笑,这才把丘吉尔劝回到桌前,但他仍有些怀疑。斯大林咧嘴笑着,又开始逗他。"你是亲德派,"他说,"魔鬼是共产主义者,而我的朋友上帝是保守派。"这一次,丘吉尔心平气和地接受了他的说辞,而且在晚上结束之前,斯大林还把手臂搭在丘吉尔的肩膀上,就好像两人是革命同志一样。

午夜时分,莫兰爵士前往丘吉尔的房间,看看他是否需要服务,发现首相正与安东尼·艾登谈论战后的世界。"到时候可能会有一场更血腥的战争,"他闭着眼睛,用一种疲惫的声音说道,"但我不会在那里了,我将沉沉入睡,我想睡上十亿年那么久。"他点了一支雪茄,说他已经告诉斯大林,英国不想要新的领土。"他相当在意这一点。你看,如果我们拿了一些东西,苏联就有话可说了。当我问苏联想要什么时,斯大林说,'到时候我们会说话的。'"

丘吉尔的脉搏数达到了100,莫兰警告他,这是他喝的"所有东西"造成的结果。"很快就会下降的。"丘吉尔高兴地说。但一会儿之后,他却又变得比以往任何时候都更加沮丧。他盯着莫兰说:"我相信人类可能会毁灭自己,抹掉一切文明。欧洲将会变成荒芜之地,我可能要为此负责。"这种状态持续了几分钟,然后他突然问道:"你认为我的体力能维持到战争结束吗?有时候我觉得我快要耗尽了。"

经过一夜的休息后,"三巨头"又恢复了第一天时那种平等的关系。午餐时,罗斯福主动提出,苏联可以使用大连不冻港,斯大林对此显然兴高采烈。晚饭时，丘吉尔表现得就像前一天晚上没有发生任何事一样。然而，斯大林却感到不安。他先疑神疑鬼地嗅嗅鸡尾酒，又询问坐在他左边的翻译柏西，这酒是由什么做成的。柏西的解释"并没有消除他的疑惑"，斯大林只要了纯威士忌。不错，他说，但普通伏特加会更好。他别扭地坐在椅子的边缘，面对排列在他面前的刀叉耷拉着脑袋。"该用哪个呢？这是个问题，"他对柏西说道，"你得告诉我要用什么餐具，还有什么时候可以开始吃饭。我真不习惯你们的风俗。"

丘吉尔伤感地宣布，这是他的六十九岁寿辰的聚会，按照苏联的习俗，任何人都随时可以提出敬酒。他自己先开始对国王敬酒，然后夸大地赞美了他的两位同志。他称赞罗斯福致力于帮助弱小和需要保护的人，还在1933年防止革命的爆发，并宣称斯大林元帅应得到"斯大林大帝"的称号。

当时，服务员正端上"波斯灯笼"，这是一个巨大的冰激凌布丁，放在一块冰块上面，透出一缕烛光。结果斯大林的回答转移了他的注意力，他心不在焉，把盘子端斜了，布丁从冰上滑落到了巴甫洛夫的头上。冰激凌顺着他的头发和脸颊流下来，一直滴到他的鞋子上。沉着的翻译继续工作，没有省略一个字："斯大林先生说，红军是值得苏联人民期待的……"

斯大林突然转而讽刺起英军总参谋长。"布鲁克将军，"他直视着他说道，"对红军并不是很友好，他一直批评我们。让他来莫斯科吧，我会告诉他，苏联人并不是坏家伙。这会让我们成为朋友。"

布鲁克起身，也凝视着斯大林的眼睛："我很惊讶，你竟然觉得有必要对我提出完全没有根据的指控。将来，你会记得今天早上我们正在讨论掩护计划的时候，丘吉尔先生说过，'在战争中，真理一定会与谎言同在'。你还会记得你自己告诉过我们，在你所有的伟大进攻中，你的真正意图总是对外界有所隐瞒。你告诉我们，你所有假冒的坦克和飞机一直聚集在那些会即刻引发人民兴趣的战线上，而你的真实意图则被完全保密的斗篷所掩盖。所以，元帅，你被假坦克和假飞机误导了，你没有看到我对红军的真正的友谊，也没有看到我对所有成员的真正的同志之情。"

斯大林的表情仍然让人捉摸不定。他转向丘吉尔说："我喜欢那个人。他说的倒是真的。我之后得和他谈谈。"

这又是一个令人紧张的时刻,但很快就过去了,接下来是一连串的敬酒。莱希很是无聊,但是金将军饶有趣味地看着斯大林从椅子旁站起来,在桌子旁边小跑着与大家碰杯。晚饭后,斯大林逗留不回,好像不愿意结束这个夜晚。丘吉尔靠近他,同样喜笑颜开地说:"英国正在变得更加粉红。"

斯大林回答说:"这是健康的标志。我想称丘吉尔先生为我的朋友。"

"叫我温斯顿吧。我私下里叫你乔。"

"不,我就想称呼你为'我的朋友'。请允许我把你称为我的好朋友。"

丘吉尔这样说道:"为无产阶级群众干杯!"

"为保守党干杯。"斯大林说。

对于苏联人来说,德黑兰会议基本上是成功的,因为他们已经得到了最想要的东西——确定了开辟第二战场的具体日期。罗斯福和斯大林的第一次会晤也似乎表明,他们未来将会有更密切的合作。虽然罗斯福发现,斯大林元帅比他想象的更强硬,但他还是"能接近的"。当二人分开时,罗斯福说:"我们带着希望和决心来到这里,离开这里时,我们还是朋友——不论是精神上,还是目标上。"①

丘吉尔对在德黑兰达成的军事解决方案感到"很满意",但布鲁克却不然。"有一件事很清楚,"他在日记中写道,"你们越聚集起更多的解决战争问题的政客,达成结果的时刻就越会推迟!"

一轮又一轮的会议还没有结束。美国人和英国人回到开罗解决自己的主要问题——是集中几乎所有的人力物力到"霸王"行动上,还是发动

---

① 六个月后,罗斯福告诉作家埃德加·斯诺,他竭尽全力向斯大林展示美国的友好和他本人的良好意图。"事实上,我在德黑兰做成的最大的一件事,就是让斯大林看到我自己在此处的一些问题。我告诉他,'你知道,我有着你根本不会有的麻烦。你根本不必担心连任之类的事情。'……我也告诉了他一些有关我们的新闻,以及该如何对这些新闻作出解释。'别怒气冲冲的,'我说,'每当麦考密克上校或赫斯特对你开玩笑的时候,他们并不代表我或我的政府,他们也不代表大多数人。'他似乎很高兴听到那些话。"

罗斯福曾对蒋介石所承诺的强大进攻？

以金和莱希为首的一派认为，他们不应放弃对中国人的承诺。如果中国退出战争怎么办？这将使成千上万的日军去和麦克阿瑟、尼米兹战斗。英国人反驳说，德黑兰会议已经改变了一切。斯大林承诺，一旦德国被打败，他们将加入对日本的攻击，这使得中国对于最后的胜利而言就不那么重要了。

12月5日下午，经过两天没有结果的讨论，僵局被戏剧性地打破了。罗斯福向丘吉尔发出了一则简洁的私人信息：海盗已落马。这是指对双方争论的焦点孟加拉湾的行动。丘吉尔大喜过望，他打电话给伊斯梅，暗示说："支配精神的人，比打下城市的人更伟大。"

一封由罗斯福和霍普金斯起草、经丘吉尔批准的信件被送至蒋介石手中：

> 与斯大林的会议让我们团结一致于春末对欧洲采取大规模行动，力争在1944年夏末之前结束与德国的战争。这些行动意味着我们需要大量重型登陆艇，以至于无法向孟加拉湾派遣足够的兵力用于两栖作战以及同时发动"泰山"行动（缅甸行动）以确保成功……

1943年临近尾声，谈话的时间也不多了。下一个决定将由战场上的军人，而非会议桌边的人来作出。

第十九章 向马里亚纳群岛进发

1

瓜达尔卡纳尔岛战役之后,世界的目光都集中在了欧洲,那里的军事行动正加快步伐。随着攻克西西里岛、意大利的消耗战的进行,以及陆军元帅彼得罗·巴多格里奥的投降,盟军统治了地中海。每天晚上,德国都被英国轰炸机空袭,而白天又被美国第八航空队轰炸。鲁尔区几乎被毁,汉堡则被火焰吞没。

在苏联,希特勒的第六集团军已经在斯大林格勒被彻底消灭。这是史上最惨烈的军事失败之一,在美国对盟国的《租借法案》和英国的援助下,红军已经开始向西冲击。到1943年10月之前,红军重新夺回了约30万平方英里的土地,包括哈尔科夫、斯摩棱斯克和奥雷尔,正在接近基辅那扇有着悠久历史的城门。

在世界另一边,"马车轮"行动——麦克阿瑟和哈尔西在拉包尔双管齐下发起的行动——开始稳步而缓慢地进行着。这些都是消耗战,虽然日本人在每一个阶段都顽强抵抗,但他们的供给非常有限,航运和空中支援也很少,以至于无法阻挡势不可当的盟军大潮。

8月中旬,哈尔西的两栖部队已经肃清了新乔治亚岛的日军。日军在那里的防守消耗了大量飞机、舰艇和军队,但也使大本营总算是采取了佐藤贤了等人敦促了几个月的行动——下令停止对所罗门群岛作进一步援助。每个岛屿的守备部队必须最大限度地阻止美国人，拖延的时间越长越好，然后经由驳船和驱逐舰撤离。面对这种因绝望而产生的战术，哈尔西无情地继续长驱直入——进军至韦拉拉韦拉岛、舒瓦瑟尔岛，最终往布干维尔岛继续进发——11月的第一天，有14000名海军陆战队队员在那里登陆。这是到拉包尔之前的最后一站。

麦克阿瑟在新几内亚的进展较之前更为缓慢。他沿东海岸行进，并调查了萨拉莫阿和莱城两地的守备部队，发现日军只派来了750名援兵并且收到"不准撤退"的命令，于是他发动了一次海陆空三路攻击。当澳大利亚和美国的步兵向萨拉莫阿方向行进时，另一支两栖部队在莱城沿海地区登陆，还有1700名伞兵在麦克阿瑟的亲自视察下降落到西部。伞兵和两栖部队会合到了一起。他们在11天内攻下了莱城，使萨拉莫阿孤立无援。至此，麦克阿瑟终于能够跨过丹皮尔海峡，并对新不列颠和拉包尔发动袭击。

"马车轮"行动正在进行中，但其花费的时间已经超过预期，并对11月底在开罗作出的决定施加了新的压力。这项决定为：对日本的主要攻击应通过中太平洋的小岛屿进行。但该决定因英国和美国对优先项的分歧而晦涩不明。它要求盟军经由吉尔伯特群岛和马绍尔群岛一直到加罗林群岛，然后直逼日本岛屿——尼米兹将军将担任指挥。

麦克阿瑟被告知，拉包尔将被设为孤立地区，不会被夺取，而他通过新几内亚和菲律宾群岛前往东京的旅程也将按计划进行，但其优先级被降低了。然而，他是不会接受降级成为次要角色的。麦克阿瑟抗议说，中路在海军力量和航运方面"既费时又费力"，而他的路线则能"获得陆基飞机极为重要的支援，并能立即切断日本向南延伸至其占领地区的防线"。

参谋长联席会议立场坚定，不愿更改命令——经由中部太平洋的道路较短，而且更易使日本与其南部占领区分离。如此一来可以避免投入大量部队在新几内亚和菲律宾群岛打旷日持久的土地战。关键性的战斗就会在环礁岛和小岛屿上进行，日本人一定会用有限的空中和地面的力量来保护这些地方；另一方面，美国海军在舰载航空力量方面具有优势，很容易就能支援登陆。

在珍珠港西南约2000英里，随着美军在吉尔伯特群岛的两处同时登陆，尼米兹的行动已经开始。11月20日早上，即罗斯福和丘吉尔在开罗会见蒋介石的两天前，第二十七师的美国兵在海军一阵猛烈的炮击后，涉水登上马金岛的海滩。那里只有不到800名守军，其中大多数是劳工部队，但是被老兵以第一次世界大战时的战斗方式训练出来的美军花了四天时间才消灭那些守军，有66人战死。

与此同时，在南部105海里的地方，第二海军陆战师的人员开始从塔拉瓦岛附近的海面登上登陆艇和两栖牵引车。队员们相互开着玩笑，吹嘘一番来给彼此打气。"我本来应该加入童子军的。"一个士兵说道。"我就想在死掉的日本人脸上吐唾沫，"另一个年龄不大、约莫才高中毕业的年轻人说，"我要掰开他的嘴，让他吞下去！"

他们面临的是比马金岛上的陆军更困难的任务。塔拉瓦环礁岛上有将近5000名守军，其中一半以上是训练有素的战斗部队：除了菅井武雄指挥的1497名佐世保第七特别陆战队士兵，还有第三基地特别防御队，这是一支由1122人组成的海军陆战队。环礁岛屿指挥官海军少将柴崎惠次声称，就算有百万大军，用100年也无法夺下塔拉瓦岛。他发出指令："守卫所有关键地区直至最后一人，在岸边就把敌人全部消灭。"

日军的防守以位于环礁岛西南角的贝蒂奥岛为中心，这个小岛比摩纳哥小几英亩，形状像一只鸟，长长的码头似鸟腿，整个岛屿被一片宽大的珊瑚礁保护着。着陆点将在码头的两边，海军陆战队必须冲过由椰树木头和珊瑚做成的四英尺高的海堤，海堤后面是构筑完备的枪炮掩体和战壕。

黎明时分，贝蒂奥岛的日本部队开始向渐渐逼近的舰队开火。美国人用总量3000吨的炮弹进行回击。两个半小时后，整个岛屿都被火焰笼罩，似乎没有人能在轰炸中幸存下来。《时代周刊》的记者罗伯特·谢罗德看到一艘坦克登陆舰旁边有一枚炮弹爆炸开来，另一枚恰好在自己这艘军舰的舰尾爆炸，激起一根水柱。"我的上帝啊，太不准了！"谢罗德一边大声喊道,一边想象着美国驱逐舰内发射出的炮弹,"那些孩子还需要一点练习。""你不会认为这是我们自己打的吧?"一名海军陆战队少校反驳他道。

当前三批攻击部队开始向岸上冲击时,日本人已经冲出他们建造的海堤掩体。他们稳定的步枪和机枪火力减慢了海军陆战队队员的步伐,战死和濒临死亡的士兵横七竖八地躺在沙滩上,无法在这枪林弹雨中被拖走。中型坦克排的指挥官拒绝从躺在那儿的人身上压过去,命令他的部队回到海里,绕道而行。四辆坦克没入凹坑中,驾驶人员被困在里面;另外两辆一下子就成为 40 毫米口径火炮攻击的目标。

午后不久,5000 名海军陆战队队员上了岸,但巨大的人员伤亡使他们显得有些混乱,极易受到夜袭。柴崎一半的部队都在黄昏之前被消灭,他的通信被海军炮火所阻断。因此,夜间几乎没有日本人渗入美国人的防线。第二天下午,又有两个营成功登陆,海军陆战队队员取得了岛屿上大部队区域的控制权。柴崎少将在他钢筋水泥的指挥所内被打死,他的继任者于 11 月 22 日向东京发送无线电:"我们的武器已被破坏,从现在开始,每个人都在准备最后一战……日本万岁!"

美军又花了四天时间才完全攻占整个环礁岛。将近 5000 名守军几乎全都阵亡了,只有 17 名日军和 129 名朝鲜劳工被俘。超过 1000 名美军死于几英亩的珊瑚岛,但占领该岛和马金岛则标志着尼米兹朝东京迈进的第一大步。

前方即是马绍尔群岛,它由 32 个岛屿群和 867 个珊瑚礁组成,覆盖了 40 多万平方英里的海域。美军原本的计划是同时夺取其中三个最具战略意义的环礁岛,但是海军陆战队少将霍兰·史密斯在经历了日军在塔拉瓦岛的抵抗之后认为这太危险了。进攻行动总司令斯普鲁恩斯将军也同意这一看法。然后尼米兹提出了一个令史密斯和斯普鲁恩斯都惊叹不已的激进的想法:使用"蛙跳战术"跳过前两个环礁岛,直接攻击第三个岛屿,即马绍尔群岛中最重要的夸贾林环礁。它是世界上最大的珊瑚环礁岛,大约 100 个小岛组成了一个 66 英里长、20 英里宽的大型潟湖。

斯普鲁恩斯和史密斯担心,直接袭击夸贾林环礁会使他们遭到来自附近日本基地的空袭,但尼米兹坚持自己的想法。1944年2月1日,夸贾林环礁中的主岛屿遭到了太平洋战争中最集中的炮击。来自海军舰艇和部署在附近岛屿的野战炮的36000枚炮弹落下,轰隆声震动着整个环礁。炮弹弹道上空,成队的"解放者式"轰炸机释放炸弹,将这里变成屠宰场。这场战争的破坏性是如此巨大,一名观察员报道说:"整个岛屿看起来好像被抬起到20000英尺的高空然后再丢下来一样。"

美军直接进攻马绍尔群岛的中心位置,这完全出乎日军意料。环礁上有8500人,但大多数是后方梯队的人员。只有2200人受过战斗训练,他们没有反装甲的防御。沮丧的军官只会用剑击打炮塔,而他们的手下也只会把手榴弹丢在坦克的两边等待爆炸。他们相信美国人有秘密武器,那是一种可以在黑暗中探测出金属的装置;只要有人离开他的藏身之处就会被杀。有传言说,在黄昏之后要脱掉头盔、丢下刺刀才能保住性命,但他们还是死了;所谓秘密武器其实就是美军集中而稳定的火力。对于日本人来说,这是一场毫无希望的战斗,但是他们几乎一直战斗到最后一个人,就像塔拉瓦岛的战役一样。一个星期之前,环礁岛还是守备森严的,而现在,美国人以战死373名士兵的代价夺下了该岛。

经历了夸贾林的胜利,尼米兹没有听从其指挥官的建议,在夺取马绍尔群岛之后,他再次提出了另一项大胆的行动:跨越1200多海里,跳过加罗林群岛,直接到达马里亚纳群岛。他预备将这些岛屿作为一个基地,使用新型的B-29"超级空中堡垒"轰炸机轰炸日本本土。

他的提案于1月在珍珠港举行的陆海军联席会议上受到了各方的攻击。麦克阿瑟认为,这将进一步削弱他在日本的进攻,他的代表理查德·萨瑟兰少将强烈要求将所有的资源集中起来,而非投入在西南太平洋地区。乔治·肯尼中将赞同萨瑟兰的观点,认为以马里亚纳群岛为基础、用B-29轰炸日本的想法"只不过是哗众取宠"。甚至海军代表也持反对意见。海军少将托马斯·金凯德宣称:"任何关于以马里亚纳群岛为基地的谈话都会让我感到扫兴。"

尼米兹的提议被否决了,讨论的焦点再次转移到了麦克阿瑟进军东京的路线问题上。但是在华盛顿,珍珠港会议的讨论结果却激怒了海军上将欧内斯特·金,他对此感到"愤怒而沮丧"。他在给尼米兹的信中写道:"你想沿着新几内亚海岸,通过哈马黑拉岛和棉兰老岛,再向上经过菲律宾群岛前往吕宋岛,由翼侧卷击日本人,而不是想去清理中太平洋通往菲律宾的线路,这是非常荒谬的。而且这也不符合参谋长联席会议的决定。"

2月初,萨瑟兰抵达华盛顿去鼓吹麦克阿瑟的提议。在没有任何事实依据的情况下,他告诉参谋长联席会议说,尼米兹的计划"相对较弱且进展缓慢"。如果资源充足,麦克阿瑟也许在12月份就能到达棉兰老岛。

金将军已经无意将更多的海军部队投入西南太平洋战区。他话里带着些讽刺,认为麦克阿瑟"显然不接受"开罗会议的决定,"并希望沿着单一轴线前进。我不认为这是改变我们商定策略的有利时机"。

为了避免将战略性的争论变为私人的争论,马歇尔将军建议联合战略调查委员会再次研究这个问题,并报告经由哪条路线进军日本更合适。委员会几乎立刻回复:应优先考虑中太平洋路线,"同时,西南太平洋地区的行动将对此展开合作与支持。"

如果不是老对手马歇尔对委员会的结论也不满意,麦克阿瑟这个角色的作用将永远被削弱。经过一个月的讨论,参谋长联席会议终于提出了一个在中太平洋与西南太平洋战略思想之间的折中办法。3月12日,他们向尼米兹和麦克阿瑟分别发出了一项指令,命令前者在6月15日之前占领马里亚纳群岛,而后者则需要在五个月后在太平洋舰队的支援下进攻棉兰老岛。

2

美军新一轮的攻击迫使日本大本营重新部署防御。陆军和海军拼命争夺以飞机生产为中心的拨款、战略物资和工厂,因为两方都觉得胜利的关键在于空中。他们一致同意平均分配下一年生产的4.5万架飞机。但是一个月后,亦即1944年1月初,海军要求的不仅限于当初说好的配给量了,他们将要求增加到了2.6万架。

海军的理由让人信服,所以东条也默许了。"这么大的问题,在这么短的时间内解决是根本不可能的。"他的朋友兼顾问佐藤贤了抗议道。直到这时候,大本营还想依靠海军在海上赢得对美国的决战,但现在这个梦想已经破灭了。从此以后,陆军必须发挥主要作用,位于挺进的美军和日本之间的一些小岛即将成为"永不沉没的航空母舰",即未来陆上战役的基地。因此,大多数飞机必须加入陆军参战。

东条意识到,他的第一个决定其实是为了和海军维持和睦才作出的。显然,佐藤是对的,于是东条让他通知海军优先权的变化。然而那一头,海军拒绝接受这一修改过的决定。2月10日,在宫城里举行的两军参谋长及其顾问的联席会议上,海军与他们进行了公开的较量。永野大将认为,与敌人的关键性战役仍将在海上进行。而已晋升为陆军元帅的参谋总长杉山元反驳他说:"如果我们把你要的飞机全部给你,这场战役能保证改变战争形势吗?"

永野大怒:"我当然不能保证每一件事情!如果我们把你要的所有飞机都给你,你能保证翻盘吗?"

海军中将冈敬纯建议大家都休息一下,他们这才停下来去喝茶,虽然两边都平静了下来,但问题仍未解决,直到佐藤想出了一个虽然有些不切实际,但还是很巧妙的解决办法:集中生产战斗机,而不生产轰炸机。这样的话,还可以另外制造5000架飞机,可用来平均分配的总数量就达到了5万架,和海军2.6万架飞机的要求只差1000架。为弥补这一不足,佐藤提出愿给他们提供3500吨铝。海军接受了这一办法。

这场争论的风暴算是过去了,但日渐严峻的军事问题并未解决。美美正穿过中太平洋,仍在继续前进。2月17日,尼米兹的两栖部队从夸贾林环礁绕过了四个有日本空军基地的环礁一下子跃进至马绍尔群岛西端的埃尼威托克环礁岛。这一天加上次日,美国的舰载飞机也袭击了加罗林群岛中的特鲁克岛,摧毁了地面上的70架飞机,击沉了2艘辅助巡洋舰、1艘驱逐舰、1艘飞机运输舰、2艘潜艇补给舰,以及23艘商船——总计达20万吨位的航运力量。

接踵而至的灾难促使佐藤主动向东条提出了更多意见："我们应该撤回菲律宾群岛，在那里放手一搏，进行决战。"

"这是参谋本部的意见吗？"东条严肃地问道。

"不，这是我的个人意见。"

"那你有没有咨询参谋本部？"

"这正是问题的关键，参谋本部肯定会反对这样一个计划。但我坚信我们应该直接压倒军方。"首先要做的就是放弃加罗林群岛和马里亚纳群岛，退到菲律宾。

东条涨红了脸："去年在御前会议上，我们已经将马里亚纳群岛和加罗林群岛作为我们的最后一道防线了！你的意思是六个月后的今天，我们应该连一场战斗都不打就放弃它们吗？"

而佐藤仍坚持自己的意见。这个地区只有七个机场，美军很容易在大举进攻之前就摧毁这些机场，但在菲律宾，有数以千计的岛屿可以作为基地："这应该是战争的最后一个战场，因为如果这场战斗失败了，我们就再也无法进行下一场战斗了。这就是为什么我们应该把所有的力量都集中在最后的战争上——然后展开和平攻势。"这里"和平"的意思是接受任何能让日本保持名誉的条件并解决问题。

东条打断了他："别再提什么'和平攻势'之类的话了，如果你我开始说起'和'或'和平'的话，我们整个军队的士气就会一落千丈。"

对佐藤来说，首相的体恤是一种鼓励。他离开了东条的办公室，但他之前的建议却导致了意想不到的后果。当天晚些时候，东条建议参谋总长杉山元辞职。东条对此解释说，在这种"危急的情况"下，最好由他自己来兼任陆相和参谋总长。

杉山抗议说："这违反了我们长久以来的传统。一个人不应同时负责政治和军事决策。"他还指出，斯大林格勒的灾难就是希特勒集权的结果。

"希特勒只是一个士兵，"东条说，"而我是一名将军。"他向杉山元帅保证，他会像对待政治事务一样用心对待军事事务："你不用担心我对哪一边付出得更多。"

"说得容易，但是当一个人同时肩负两个工作，却被二者之间的利益冲突所牵连的时候,谁知道他会更加重视哪一方呢?"此外,这件事也将为未来树立一个危险的先例。

"在这样一场前所未有的大战中,我们必须采取一切可以采取的措施,即使这意味着破例。"

杉山开始失去耐心:"如果你这么做,陆军的秩序就无法维持了!"

"不会的,"东条紧抿着嘴唇,"如果有人抱怨,我们会撤他的职。绝不容许有反对意见。"

第二天,2月21日,东条解除了杉山陆军参谋总长的职务,自己坐上了这个位置;他也将海军军令部总长永野撤职,换上了海相岛田繁太郎。至此,全国四个最重要的军事职位集中在了两个人身上。

佐藤冲进东条的办公室,大喊:"总理阁下,您的决策真了不起!"此时东条已经戴上了参谋总长的穗带。自从成为首相以来,他发现大本营的独立是日本军事逆转的"一大因素"。他对佐藤的反应显然很高兴,微微一笑。"如果一些年轻的军官对此造成任何干扰,"他严肃地说,"我绝不会让他们好过。""下克上"是绝对无法容忍的。"请帮我留意他们。"

在接下来的几个小时里,佐藤专心致志地研究菲律宾群岛的决战计划。东条突然来了电话,打断了他的工作。东条以新任参谋总长的身份对他简短地说道:"我一定要捍卫马里亚纳群岛和加罗林群岛。"

东条的独断专行强化了他的权力,他和佐藤将此看作是对军方专制权力的遏制,但在其他人看来却是向军事独裁迈进的危险一步。天皇的弟弟秩父宫雍仁亲王根本不认为一个人可以同时成为首相、陆相和参谋总长。像杉山一样,他也去问东条:"当参谋本部和陆军省对战争问题有分歧时,你会怎么办?"东条以书面形式愤怒地回答道:"现阶段,在我们面前最重要的事情是利用我们所有的国家资源取得胜利。所以等到战争结束,我会感谢您和我讨论个人事务的……对于目前的行动,招致许多批评和反对是很正常的,因为这是一个前所未有的措施。让我们把它留给未来的历史学家,让他们来决定这一方式的对错。事实上,大本营与政府的合作正在顺利进行,根本没有任何问题。我的良知永远不会允许我违背日本根本特性上的基本原则。如果您对此还有任何问题,我很乐意回答。

如果我觉得自己不再忠于天皇了,我会真诚地道歉,然后在御前切腹。"①

"重臣"和秩父宫雍仁亲王一样,对此感到担忧。此外,在他们看来,东条的领导应对日本的困境负责。他们都希望东条离任,其中有两个人,近卫文麿公爵和海军大将冈田,更是觉得东条的替代者必须是一个能够立即向盟军提出和平建议的人。近卫试图拉拢木户幸一来支持和平事业。但木户回复了一封私信说,他对此深表同情但无法帮忙。他个人认为,利用他对皇帝的影响力是非常轻率的。

甚至军方也有人为和平而奔走,但他们都是出于不同的原因。其中最重要的一个人是海军少将高木惣吉,他是一个杰出的情报专家,曾听命于岛田大将,深入研究最高机密档案中反映出来的日本在战争中所犯的错误。他分析了空中力量和海军的损失,最后得出结论,认为日本必然无法赢得战争。太平洋地区崩溃的程度令他极为震惊,他认为解决问题的唯一方法就是将东条撤职,然后立即寻求和平,无论后果如何。

高木担心如果将这些信息提交给岛田,自己的生命将会受到威胁——于是报告就被搁置了。他曾秘密会见前海相米内光政以及海军中将井上成美,将自己的发现告知他们,两人都主张和平。他们鼓励高木将自己的发现告诉冈田大将和其他一些具有行动力的人,但几周过去了,东条仍然在职。高木失去了耐心,召集了六名信得过的海军人员——一些中佐和大佐——并说服他们,除非他们暗杀东条,否则日本将无法生存下去。但应该怎样暗杀呢?他们暗中向右翼组织(暗杀专家)打听方法。根据他们的建议和对东条日常生活的私人调查,高木得出结论,一场"意外车祸"可以确保对如此重要目标的暗杀获得成功。暗杀者将坐在三辆车中,对东条的车队进行拦截。一辆车会撞到东条的车,使之停下;另外两

---

① 在前一年的国会上,东条否认他的政权是独裁专政:"人们经常把这称为独裁政府,但我想把事情说清楚……这个叫东条的人不过仅仅是一个谦卑的个体,就和你一样。唯一的区别是我被赋予总理大臣的职责。在这个方面,我和你是不同的。只有当我受到天皇陛下的照耀时,我才能够发光;如果没有这样的照耀,我就和路边的卵石没什么两样。这是因为我承蒙陛下的信任,而且还因为我坐在现在的位置上。这使我与那些被称为独裁者的欧洲统治者完全不同。"

辆车将停靠在路边,然后车里的人用自动左轮手枪杀掉首相。同谋者将全都穿着制服。暗杀成功后,除高木留下承担所有的责任外,其他人将乘坐海军的飞机逃往台湾。①

讽刺的是,东条本人也已经开始寻求和平了。1942年2月12日,他被召唤到宫城,天皇(在木户的敦促下)指示他"不要错过任何机会来结束战争"。东条叫人把德国大使欧根·奥特将军找来,让他承诺,除了里宾特洛甫和希特勒之外不会把今天听到的消息透露给任何人,然后东条提议德国和日本秘密地向同盟国提出和平的建议;如果希特勒能派来一架远程轰炸机,他愿意亲自代表日本帝国飞往柏林。然而,柏林的答复虽然礼貌,但却冷淡。希特勒不能冒载着东条的飞机在德国坠毁的危险答应他。

东条对于德国缺乏热情感到沮丧,但他仍然愿意朝着该方向继续努力,尽管他对于如何实现和平的想法很天真。那年夏末,来栖大使从美国回来(驻美国华盛顿的日本外交官是拿格鲁及其下属交换回来的),东条在迎接来栖的聚会上把他拉到一边,当着杉山的面说道:"请安排早日结束战争。"来栖对首相"简单的头脑"吃了一惊,回答说:"战争这种事,发动容易结束难。"

---

① 由50名航空技术专家组成的精英集团的另一次暗杀计划已经失败了。这些年轻人参与了陆军飞机的研发和生产。就在珍珠港事件之前,他们向东条发出呼吁,将战争推迟20年,直到日本准备好适应大战的时候再发动战争。东条在一次私人会议中听取了他们的观点,并承诺给他们20年来建立空军。

因此,当战争来临时,他们认为东条本人应该对此负责。在6个月内,他们对战争问题的担忧被技术上的问题所证实:例如,机床开始失去精准度,飞机设计的缺陷需要数年时间才能得到纠正。在瓜达尔卡纳尔岛战役中,东条告诉这些技术专家,去设计一些无须使用汽油的飞机,并建议他们使用"像空气一样的东西"。他们一开始没意识到东条是认真的,还开怀大笑了一番,然后一致承诺致力于一项和平方案。他们带着自己的要求去见近卫文麿公爵,后来又去找了东条本人。后者的斥责激得15个最为桀骜不驯的人发誓要暗杀他。一天晚上,他们的领导人佐藤浩中尉,喝了太多的日本米酒,和他们的指挥官吵了一架,于是脱口而出:"像东条这样的人就应该被杀掉!"日本宪兵队调查了这个小组,但唯一被处罚的人是佐藤,他因醉酒而被判处一周的监禁。然而,那些主犯都被送到了前线。

日本舰队和商船的损失与高木的秘密报告所述的一样惨重。大部分的损失都是源于美国潜水艇无处不在的攻击，而帝国海军却没有作出什么举动来对抗这种对日本补给线的严重威胁。

海军毫无防备的状态是日本长期以来的传统与不愿参与防御战的思想的综合结果。在英国海军官员的帮助下，帝国海军得以建立，他们使用的一切都照搬了英国人，以至于江田岛海军兵学校就是达特茅斯学院的翻版。砖头是从英国带来的，纳尔逊爵士的头发被珍藏在纪念堂里。类似的模仿一直延伸到厨房，整个海军每天都要吃一顿配有刀、叉和勺子的西餐。在战斗中，日本舰长按照英国的传统，与下沉的军舰一起沉入水中。更重要的是，日本人继承了英国不对商业船只发动攻击的传统，认为他们的潜艇是为了支持舰队、与敌方战舰进行战斗而设计的，而不是为了去攻击毫无防御力的船只。但这样的政策只有在敌人也采取同样政策的时候才能取得成功。然而德国人却不然，当他们的潜艇在"一战"中对英国商船进行了毁灭性的袭击时，英国人被迫建立了一个有效的反潜部队，对此进行报复反击。

但是日本人没有这种设施。他们仍然使用过时的、超大型的潜艇来专门对抗敌舰，几乎忽略了反潜战；对于刚刚开始自己职业生涯的年轻官员来说，这种潜艇几乎没有吸引力，因为他们想要更加神气的工作。截至1941年秋天，海军军令部只有两名专职人员被指派进行"后线防御"，包括布雷、防空和反潜战。这种职务被认为是不重要和不值得做的。

一名军官负责保护绵延600英里的本州岛沿海一带，再加上从东京湾到硫黄岛的所有航运，却只被授予一个略带贬损意味的头衔——"训练参谋"。此外，当敌对行动爆发时，日本人也没有组织商船编入运输队的规定。在这样的情况下，大多数船长都还是想要独自航行，但是在不到六个月的时间内，美国潜艇就已经袭击了太多单独的商船，以至日本人不得不成立了第一运输护航舰队，总部设在台湾。这一紧急部队主要由超龄的海军后备军官组成，只有8艘驱逐舰，但却需要保护极其广阔的地域。联合舰队不愿拨出更多的舰只，他们对那些厌恶执行单调运输任务的驱逐舰指挥官的同情已经耗尽。

珍珠港事件过去一年之后，美国潜艇已经击沉了139艘货船，吨位总计达56万吨。最终，大本营意识到，战争正在疏忽中渐渐走向失败。国内需要更多的汽油、铝土等重要的生产资料。而在前线，指挥官不停地发电请求更多的食物、弹药和增援。但是没有足够的商船能够满足任何一方的需求，而且每周都有更多的商船损失。不过，直到1943年3月，第二运输护航舰队才组织起来，总部设在塞班岛。两支护航舰队的总力量仍然弱得可怜——只有16艘驱逐舰、5艘海防护卫舰和5艘鱼雷艇。

这些临时的应急措施在任何情况下都没有发挥出效果，但与此同时，美国已显著完善了其潜艇性能，制造出了改进型的潜艇，并配备了训练有素的艇员；重新设计过的鱼雷取代了早期有缺陷的鱼雷——之前的偶尔会绕圈行进，而且经常无法引爆。因此，整个9月，日本的损失创下总共172082吨位的纪录。他们早已和采取重要措施的机会失之交臂，直到11月中旬，海上护卫总司令部才成立。总司令官海军大将及川古志郎得到了四艘护航航空母舰和第九〇一海军航空队。不幸的是，四艘大型舰船都需要大修，而且飞行员也没有接受过反潜战术的训练。护航队继续任意前行，每艘护航舰的指挥官都以自己认为合适的方式行事。等到11月份，日本损失的总量上升到了265068吨位，但政府仍然反对采用成熟的护航舰队系统。前方指挥官迫切需要物资，而两至五艘舰艇组成的小舰队可以更快地到达那里。然而，这些小舰队也仍然很容易被攻击，直到1944年的头两个月，日方依然损失严重。

已经没有别的选择了。"大"护航舰队系统（和盟军在大西洋的70艘护航舰相比，日本只有20艘商船）终于在3月初投入运作。起初它们似乎创造了奇迹。第一个月，损失大幅下降。但是，大本营的欢呼雀跃并没有持续多长时间。美国海军也正准备实施一个新系统，并召回了许多潜艇进行培训。它们很快就将被派出去发动"狼群"袭击。

3

海军大将东乡在对马岛取得的史诗性胜利为未来的日本海军将领们

留下了一笔不值得让人羡慕的遗产：决战的概念，亦即所有问题都将在一场战役中一并解决。与前任不同，联合舰队的新司令官海军大将古贺峰一，行事冷静而保守，是一名按逻辑行事的高效且稳健的军官。然而，他也痴迷于改变战争形势的梦想。作为一个讲求实际的人，他当然也意识到成功的机会很小，但这是日本最后的希望。3月8日，他发布了他的战斗计划，将之命名为"Z"行动。一旦行进中的美军舰队通过马里亚纳群岛、帕劳群岛或新几内亚进入菲律宾海域，联合舰队将全力出动。他以高效、有条不紊的方式，集中日本的大部分海上力量，并在临近月底时下令，将其司令部从驻扎在帕劳群岛的主力舰"武藏"号转移到菲律宾。

"让我们一起出发，一起捐躯。"在飞往南方之前，古贺向参谋长福留繁中将说道。他又补充道，山本已经"在合适的时间"死了，他"对此很羡慕"。3月最后一天的9时，他们分别乘坐两架四引擎的川西造水上飞机，向西飞行3个小时前往棉兰老岛。但在到达菲律宾之前，他们遇到了一场风暴，古贺的飞机不见了。古贺大将的命运至今仍是一个谜（如阿梅莉亚·埃尔哈特的命运一样）。① 一年之内，联合舰队就在前往前线的途中失去了两名指挥官。

为了避开暴风雨，福留的飞机右转向北，飞向马尼拉，但是强劲的逆风继续阻碍飞机前行。等到凌晨2时，燃油几乎都耗尽了。飞行员向福留报告准备紧急着陆。在月光下，海军中将看到左侧有一个狭长的岛屿，看起来好像是宿务岛。在他们下降之时，月亮突然从视线里消失了，海面在黑暗中无法看清。飞行员迷失了方向，失去了对飞机的控制。福留自己也是一位飞行专家，想摸索着继续前进，他手里还抓着一个公文包，里面装有"Z"行动及其密码系统的详细副本。他越过飞行员，向后猛拉控制杆，试图使笨重的飞机冲向海中。但他拉得太猛，川西造水上飞机熄火了，它侧着机身掉下来，重重地坠入大海。

---

① 有关古贺死亡的事件曾有几种说法，其中一个称他受到了伏击，就像山本遭遇的一样：美国海军的飞机击落了他的飞机，垂死的古贺被一艘美国潜艇救起。但是并没有找到类似伏击或者打捞起古贺的飞机之类的美国记录，它也可能在某个岛屿上坠毁，但似乎更有可能是在海上因遭遇风暴而坠毁。

福留感觉到海水吞没了他。他平静地接受了死亡——不管怎样,战争已经失败了——但随后,他却浮出了水面,一手本能地抓着公文包。海面被火光照亮。他和其余十个人都得以从飞机的残骸中脱身,但由于公文包太重,福留无法浮在海面上。他紧紧抓住一块坐垫,开始向宿务岛朦胧的海岸线游去。一小时接一小时地过去,他逆着强劲的水流前进。黎明时分,只剩他孤身一人了。其他人一定已经遥遥领先。在远处,福留看出一个高烟囱的剪影。他立即认出那是位于宿务市以南仅6英里的浅野水泥厂,是菲律宾中部的日军司令部。即使岛上到处是游击队,这也是相当安全的地方。

他疲倦地在水中又游了一个小时,就在接近耐力极限时,他看到几艘渔船向他驶来。他犹豫了。他们是游击队吗?他得冒被俘的危险,还不能让公文包被夺走。当他被第一艘渔船拉上去时,他们中的一个渔民——他们之前看到了火光,所以赶了过来——看到了缓慢下沉的公文包,在它消失之前把它捞了上来。

福留中将和其中八个人一起被带到巴卢;另外两人则逃到了宿务市的日军司令部。俘虏被交给了距离最近的一支游击队,在那里,他们告诉在东京帝国大学就读了一年的马塞利诺·埃雷迪亚诺上尉,这些俘虏只是些不太重要的日本参谋,当时正在对该地区进行例行检查。然而,埃雷迪亚诺注意到,所有俘虏都对其中一个人(福留)相当顺从。也许他是个高级将领?此外,公文包中带有红色"最高机密"标记的文件也显而易见。他让一名送信员将这个消息送到宿务岛游击队的指挥官詹姆斯·库欣中校手中,此人是一个美国矿业工程师,有一半爱尔兰人和一半墨西哥人的血统,以前是拳击手,嗜酒如命,也是一个顽童般的个人主义者。他本想和自己的菲律宾妻子及孩子一起在山里享受生活,坐等战争过去,但是宿务岛的人说服他留下,因为只有他一人能够调和岛上各个游击队之间的争吵。

库欣立即用ATR4A发报机向麦克阿瑟发去了无线电报,说他们俘虏了包括一名高级军官在内的九个日本人,附带"一整套"重要文件,其中一些看起来像一个密码系统。这个消息被送到了温德尔·费尔蒂希上校手中,他是一名工程官员,在棉兰老岛上担任所有游击队的指挥官,他将无线电报转发给了澳大利亚。电报在那里引起"巨大骚动",海军提出要尽快调出一艘正在执行作战任务的潜艇开往宿务岛以西的内格罗斯岛,去把俘虏和文件都带来。

福留在坠机中伤到了腿部,在押送过程中不得不躺在担架上。他们花了一个多星期的时间,到达了宿务市以西10英里图帕斯的库欣在山中的隐蔽处,此时,福留在埃雷迪亚诺的不断追问下,终于"承认"自己是古贺大将,还可以说些英文。

福留被送到库欣那里后不久,宿务市的日本军队得到了两名逃跑俘虏的警报,对图帕斯发动了袭击。他们的指挥官大西正登中佐威胁要烧毁村庄,并对平民进行掠夺性的报复行动,除非他们将俘虏迅速归还。库欣撤退到山里,并向麦克阿瑟发送无线电报说,他可以把这些文件送到内格罗斯岛,但不能保证可以成功运送"古贺"大将和其他俘虏。

麦克阿瑟回复说:必须不惜任何代价留住敌军俘虏。

这是一个不可能完成的命令。库欣只有25个手下,而大西的部队离他们越来越近。他派两个送信人把文件送到内格罗斯岛,但告诉麦克阿瑟,他将不得不释放"古贺",以避免日军继续进行报复行动。暴怒的麦克阿瑟立即解除了库欣的指挥官职务,并将他降为二等兵。

但"二等兵"库欣还是继续指挥,并立即与大西进行谈判。他要求"古贺"写一张便笺,命令大西中佐停止采取进一步的惩罚行动,以此换取自己和其他人的自由。福留用古贺的名字签了名。便条由一个平民送到大西手中,又带回了中佐遵守这一提议的书面承诺。福留再次躺上担架。库欣亲切地握住他的手;现在他们是朋友了,甚至连库欣那条凶猛的獒犬也和福留成为了朋友——它在别的日本人面前毛发直竖,却允许福留抚摸它。虽然这只是一个瞬间,但在这样一场无情的战争中,这个瞬间却是独一无二的。由佩德罗·比利亚雷尔中尉率领的一个不带武装的排护送俘虏沿着山路走下,并将他们释放。

福留的公文包通过潜艇送达麦克阿瑟处。公文包的内容是战争期间从敌方缴获的最有价值的文件之一,但是当麦克阿瑟返回菲律宾时,詹姆斯·库欣却失宠了,还受到了更为严厉的惩罚。①

横须贺海军基地的前任指挥官海军大将丰田副武,接替了古贺的职位。他有才华,一丝不苟、说话刻薄,不止一个下属被他搞得精神上受不了。此外,自战争开始以来,他一直待在陆上,所以必须为他挑选一个具有丰富海上经验的最高级别的参谋长。南云忠一的前任参谋长草鹿龙之介显然是这一职位的不二选择,他现在位于拉包尔,在其堂兄草鹿任一手下任职。在离开拉包尔之前,人们为他举办了一个饯别会——"晚宴"上摆出了两罐鳗鱼罐头、混着豆酱的两片烤茄子、野菜汤和大麦煮米饭。今村将军还贡献了六瓶清酒。

要离开拉包尔只有一种方法——坐飞机——还要冒着山本和古贺那般的危险。美国人的战斗机几乎一刻不停地在上空巡逻。为了安全起见,草鹿的飞机在夜晚起飞。人们敬上最后一杯酒,为此欢呼——这次他们喝的是尊尼获加黑方威士忌。4时,轰炸机在港口低空掠过,尾部喷出长长的烟雾以掩盖火光。黎明时分,他们害怕被发现的恐惧得到了证实。一架敌方战斗机和他们擦身而过,近得连草鹿都可以看清飞行员。但不可思议的是,美国人继续前进——并没有向丰田大将的新任参谋长开火。

草鹿的飞机在特鲁克岛降落加油,之后继续飞往塞班岛。在这里,草鹿与南云得以重聚,南云在中途岛战役和瓜岛战役之后被降职去指挥一支小型区域性舰队。经历过拉包尔严厉的管理体系后,草鹿对这样一个战略性岛屿的薄弱防御感到极其震惊,并提出应当采取更多的防御措施。

---

① 在盟军情报局局长考特尼·惠特尼将军的极大努力下,库欣恢复了原职。战后,他获得了大量的现金奖励,以表彰他为胜利作出的贡献。这些钱原本应该足够他在岛上度过一生了,但他把钱全花在一系列从太平洋到加利福尼亚的庆祝活动上,几个月就花完了。二十年后,他在菲律宾去世。他的一生都受到曾与他并肩作战的军人的爱戴,但他也一直是个根深蒂固的个人主义者。

宿务岛上一直流传着一种说法,岛上的人坚持认为古贺是被库欣所救,后来在马尼拉自杀。宿务岛上的日本司令大西中佐也相信他救起的是古贺,随后古贺便切腹自杀了。

福留中将曾说起他的一些囚禁生活,但不愿详谈。有关这个事件的大部分信息都来自库欣和他的战友。

第二天早上，草鹿起飞前往硫黄岛，在那里加油期间，他检查了这个小火山岛。这个小岛防御工事完备，但没有足够的机枪和火炮。草鹿答应会给岛上的指挥官——和智恒藏，也就是珍珠港事件之前在墨西哥城活动的间谍和海军武官——增加武器，并祝和智打一场好仗。

到达东京城外的联合舰队陆上司令部时，草鹿目前的首要问题是再次确定下一次重大战役的地点和方式。像他的前任一样，草鹿脑海中充满了决战的想法，因此，他的行动计划也不可避免地和古贺设计的行动相似。3月期间，海军已经彻底重组，现在的主力军，即海军中将小泽治三郎的第一机动舰队，停泊在新加坡附近的林加群岛，他们已经靠近燃料补给站，但离关键性的菲律宾地区还很远。草鹿想起了一句古老的中国谚语："强弩之末，势不能穿鲁缟。"如此一来，就有必要让机动舰队以"三级跳"的方式前进。第一跳，跳至菲律宾群岛最南端岛屿之一的塔威塔威岛；第二跳，跃至菲律宾群岛的中心区域；第三跳，则跳到帕劳群岛或塞班岛。草鹿的计划被人亲手送至还在横须贺的丰田手中。最终该计划被批准，代号为"A"行动。

草鹿想起了塞班岛上被忽视的防御工作，由于该岛的实力对于"A"行动至关重要，所以他追责了相应的陆军官员。东条对草鹿的固执感到恼火，给他写信道："我以个人名义保证，塞班岛的防守是极其严密的！"送信人是个陆军大佐，他补充说，陆军希望美国人在塞班岛登陆，这样他们就会在那里将美军尽数清除。

截至4月底，"A"行动的技术细节问题已经解决。几天后，丰田大将发布了一般性的指令。"决定性"的战区将会是帕劳群岛，如果美国人直奔马里亚纳群岛，日军就不得不想出办法把他们向南边"引诱"（以节省机动舰队的燃料，同时更靠近陆上航空基地），然后"全力创造有利机会，展开决战"。敌方的大部分军队将"在日军一整天的大肆攻击中遭到袭击和毁灭"。但一开始，第一航空舰队的540架陆基海军飞机就将摧毁"至少三分之一的敌方特遣舰队中的航空母舰"。

5月10日，草鹿的"三级跳"计划开始实施了；小泽的机动舰队则从林加群岛出发，前往塔威塔威岛。

4

美国人的下一个目标是塞班岛这个马里亚纳群岛中最具战略意义的岛屿,尼米兹将会指挥战斗。与此同时,麦克阿瑟已经向他的目标迈进了一大步。他的目标是菲律宾。他从新几内亚东部一直跳到岛屿西北角的一个重要海港地区荷兰迪亚,发动了一次雄心勃勃的两栖作战行动,使岛上 11000 名守军大感意外。盟军舰炮的咆哮打败了大部分的日本部队——其中百分之九十是后勤部队,52000 名进攻的士兵在清理该地区时根本没遇上什么麻烦。麦克阿瑟以极小的代价获得了一个极好的海空和后勤基地。在机动舰队离开林加群岛一周后,麦克阿瑟又朝着东京方向迈进了一步——这次是向西 120 海里直抵萨尔米地区,那里有两个不错的机场,还有一个正在建设中。该地区共有 14000 名日本人,但作战部队的人数只占不到一半,和荷兰迪亚的同伴一样,他们在被攻击的时候也毫无防备,几乎没有进行抵抗——第一天只有 2 名美国人战死。于是,麦克阿瑟又得到了另一个宝贵的基地。

他的下一个目标是西部的一个小岛比亚克,这个小岛在战略上位于新几内亚最大海湾的出口处,长 45 英里,宽 20 英里,有三条耐用的飞机跑道,日本人认为这里重要到需要 10000 人的军队来防守。5 月 20 日,美军对比亚克开始了为期一周的轰炸,但这并没有让日本司令官警觉到有人即将袭击他们,而且第四十一师在这个岛上登陆时,几乎没有遇到抵抗。第一波美国士兵曾在错误的地方上了岸,但到了中午,他们已经建立起了一个强大的滩头阵地。

在联合舰队的新旗舰"大淀"号上,丰田的参谋对于美国人"突然"在比亚克登陆感到非常震惊;此时正值对马海战三十九周年纪念日之际。然而,草鹿认为这正好是一个机会。"如果我们把它夺回来,"他说,"就能把太平洋舰队引到足够接近的位置,这样我们就可以在帕劳群岛附近进行决战。"他的推理几乎动摇了每个人的想法;然而,情报官中岛亲孝中佐认为,麦克阿瑟在比亚克登陆还是次要的,而太平洋舰队全力支持的主攻目标应指向塞班岛。但最终草鹿占了上风,几乎是在一夜之间,他们就制订了一个仓促的计划——"浑作战",以增援比亚克岛。

中岛自然是正确的。6月15日,即将在塞班岛登陆的三个美军师已经在夏威夷完成了艰苦的训练和协同登陆演习;一支由110艘海军运输舰组成的舰队,连同一个"自由轮"分队,将会航行3200海里,把他们连同其他7000人的作战部队和守备部队运送至登陆地区。

马里亚纳群岛是一串热带火山岛链,在1521年由麦哲伦发现。他对本地船只和船上的绳索印象深刻,将之命名为"三角帆群岛",但那些没那么有诗意的船员则称之为"盗贼群岛"。17世纪,他们正式将此地更名为奥地利的马里亚纳,以此纪念西班牙国王费利佩四世的遗孀,但年复一年,西班牙的影响力逐渐减弱。在美西战争期间,美国控制了其中最大的岛屿——关岛。几个月后,在1899年,饱受折磨的西班牙人将其在加罗林群岛、马绍尔群岛和马里亚纳群岛所占领的岛屿以约400万美元的价格卖给了德国。美国本来也可以拥有这些岛屿,但麦金莱政府认为它们不值那么多钱。

在第一次世界大战期间,日本人占领了以上所有的岛屿,由于日本是战胜国之一,后来国际联盟便将这些岛屿委托给日本管理。在1935年,日本在塞班岛南端修建了阿斯利托机场,稍后又在西海岸修建了一个水上飞机基地,在北端建造了一条战斗机跑道。一些美国人指责日本违反《国际联盟公约》,把这个岛屿作为陆军和海军基地,但那时岛上只有少量的部队。①

---

① 这些美国人的怀疑产生了一系列耸人听闻的故事,其中就包括阿梅莉亚·埃尔哈特的最后一次飞行。埃尔哈特小姐和她的领航员佛莱德·努南于1937年7月的一个早上从新几内亚的莱城乘坐双引擎"洛克希德"飞机起飞,随后失踪。战后,有传言坚持认为,二人故意偏离轨道,对塞班岛的军事设施进行侦察,然后在水上飞机基地附近坠毁。据推测,他们先是被监禁,然后死于受伤或被处决。塞班岛上的一名警察托尼·贝纳文特帮助两名美国官员调查了这起案件。他们采访了约十五名男女(后来被贝纳文特先生描述为"可靠证人"),他们将埃尔哈特和努南指认为1937年夏天看到过的"两名美国囚犯",其中有一个人说,他注意到在水上飞机基地附近的一辆日本摩托车的边斗上有两个被蒙上眼睛的白种人,他们的相貌类似埃尔哈特和努南。一个日本人告诉他,这两个人是他们在近海处抓获的美国间谍。

然而,阿梅莉亚·埃尔哈特的命运究竟如何,并没有留下确凿的证据,日本的官方资料也没有对该问题作任何证明。

所有的本地儿童——他们都是查莫罗族人——被要求至少上六年的日本学校。日本人还鼓励当地最聪明的男孩们去一所专门的农业培训学校学习。甘蔗是主要的农作物,在南海开发株式公社的经营下,其产量逐年增加。到珍珠港事件发生时,塞班岛已成为小东京;岛上的3万多人中,查莫罗族人不到4000人。该岛有着曼哈顿那样的长度,但其宽度是曼哈顿的两倍以上。岛中央1554英尺的塔波查山和北端的马皮山之间形成了一条锯齿状的山脊,那里有数千个洞穴,矗立着许多小山峰和悬崖。这个崎岖的地方,再加上覆盖这个85平方英里的岛屿百分之七十面积的甘蔗地,使得该岛非常适合进行防御性战争。

在战争的头两年间,塞班岛只不过是一个补给点和中继基地。即使在塔拉瓦环礁和夸贾林环礁被攻占之后,这里的守备部队仍然只不过是一支象征性的军队,除了建造一些分散的碉堡之外,日军几乎没有建造任何防御设施,但这个岛屿已经成了尼米兹的下一个目标。

1944年2月23日上午,尼米兹的舰基轰炸机袭击了该岛的机场。当地的居民听到高射炮的声响,但是日本飞机呢?他们每天飞得这么低,数量又这么多,使得学校几乎无法进行教学活动。来自塞班岛、天宁岛和关岛的74架日本飞机的确在空中飞行,但无法阻止敌机摧毁他们在地面上的101架飞机。他们也确实设法击落了6架美军飞机,但自己的74架飞机中只有7架安全返回了基地。

在塞班岛,平静的生活已经永远消失了。学校和工厂被迫关闭,当地居民要去建造防空洞,并帮忙再建一个机场。随着一天天的工作,他们又重新打起了精神,恢复了信心。但上面的命令下来,要求将老人、妇女和孩子撤回日本。3月3日,"米国丸"号载着1700名乘客起航,乘客大多是南海开发株式会社高级职员的家属或有影响力的公民。但它并没有成功回家,起航三天后,鱼雷就将船击沉了。前往马里亚纳群岛的运兵船也遭到了鱼雷袭击,幸存者抵达了塞班岛,灰心丧气,身上都没了武器,只感觉到厄运降临。

为了遏制美国在中太平洋地区继续取得胜利,大本营重组了该地区的整个指挥系统,并派遣南云中将到塞班岛指挥一个新建的中太平洋方面舰队。理论上,南云是该地区海陆两军所有部队的最高指挥官,但是东京方面的指示却模糊不清,所以他实际上有名无实。

5月下旬,围绕塞班岛的防卫工作成了重中之重,第四十三师团分两个梯队从日本出发。第一个梯队安全抵达,但是第二个载有7000多名士兵的护航编队遭受了一系列的潜艇袭击,七艘运输舰被击沉了五艘,剩下两艘的甲板上挤满了幸存者,船只继续航行。最终只有大约5500人到达了塞班岛,他们都是些伤势较重的伤员,很少人有装备或武器。这个师团内部已溃不成军,参谋官平栎孝少佐报告说,他们得花六个月的时间恢复,之后才能参与防御战。

他们也没有构筑任何防御阵地。从塞班岛的司令部指挥马里亚纳群岛上所有地面部队的第三十一军司令官小畑英良中将正式向南云中将提出警告。"具体来说,"他写道,"除非部队得到水泥、钢筋、倒钩铁丝网、木材等在这些岛屿上无法获得的材料的供给,否则无论有多少士兵,都修不了任何防御工事,只能抱着双臂坐在地上什么也不干,这种情况着实让人难以忍受。"但这样的状况不会得到改善,因为数以千计的建筑材料已经在运输中沉入水中,也不会有更多的材料运来。

与此同时,岛上31629名守军(25469名陆军和6160名海军)也没有更多时间了。一支共有535艘军舰的大型美国舰队正向塞班岛聚拢。它们运载着127571名士兵,其中三分之二是海军陆战队队员。6月7日,他们在海上获悉了另一场强有力的袭击。一艘满载海军陆战队队员的船只上的扩音器传出这样的消息:"对法国的进攻已经开始。广播完毕。"随后是一片寂静。"感谢上帝!"最后有人这样说道。

"诺曼底登陆日"就这么过去了,日本上下几乎没有注意此事。联合舰队专注于"浑作战"。第一次增援比亚克的企图失败了,驱逐舰和运输舰持续遭到空袭。六艘驱逐舰已经开始进行第二次尝试。6月8日近中午时,其中一艘又被轰炸机击沉,其余五艘在午夜遭遇一艘美国驱逐舰后,仓皇向北折回。

机动舰队司令小泽将军不是那么容易就能被吓到的。他向联合舰队发送无线电说,比亚克的机场非常有价值,一定不能丢掉,同时提醒他的上司，再次尝试重新夺回比亚克岛"可能会让美国舰队进入预定的决战区域，这样我们就能够发起'A'行动"。草鹿不需要被敦促——毕竟这是他自己的计划——他立即说服丰田让小泽利用更多的兵力作最后的努力。有了六艘轻型巡洋舰、六艘驱逐舰、两艘巨型战舰（"武藏"号和"大和"号），"浑作战"所配备的力量更强大了。6月10日下午，这一支令人生畏的舰队离开塔威塔威岛，向南行进。

当日本的注意力还集中在比亚克上的时候，美国人正接近他们的首要目标——塞班岛，这个距离比亚克岛东北方向1300多海里的岛屿。6月11日中午，他们派遣了208架战斗机和8架鱼雷轰炸机，对天宁岛和塞班岛进行攻击。他们不顾日军命中率极低的高射炮火，掠过两个岛屿，不断进行轰炸与扫射。这两个岛屿之间只隔着一条狭窄的海峡，顿时双双化成一片火海。在塞班岛，100多架日军飞机熊熊燃烧，火焰扫荡过岛上最大的城镇加拉潘上方山坡上4英尺高的热带野草。

"浑作战"的整个目标瞬间崩塌了。马里亚纳群岛成了主要的目标。联合舰队暂时搁置了"浑作战"，并命令该行动的指挥官在塞班岛以西的水域与小泽会合。

在两军会合之前，也就是登陆前两天的6月13日，七艘美国战列舰和十一艘驱逐舰已开始轮番炮轰塞班岛和天宁岛。一整天下来，他们耗尽了15000枚直径16英寸和5英寸的炮弹，但炮兵对于轰击岸上目标的经验有限，不知道应该在瞄准具体目标时进行缓慢而耐心的调整，因此并没有造成很大的军事破坏。黎明前，又一组更有经验的火力支援部队加入了他们——其中包括八艘战列舰、六艘重型巡洋舰和五艘轻型巡洋舰。这一次，他们瞄准目标不慌不忙，精确命中。

在加拉潘，有一名叫三浦静子的年轻志愿者护士，她是一个圆脸上洋溢着快活笑容的野丫头。第一枚炮弹落地时，她惊慌失措地透过急救站的窗户向外望去。晨曦中，美国人又开始轰击这个城镇了。随着炮弹落下得越来越近，她开始帮忙将早些时候的伤员转移到防空洞中。天亮之后，敌方的飞机又来了，舰队也布下了更为猛烈的火力网。这一天是6月14日，静子安静地想着，我已经在这世上活了十八年了，我的死期已到。

一枚炮弹击中了防空洞,把她震倒在地。急救站在炮火中灰飞烟灭。她看到一块红色的金属——是弹片——她好奇地用手摸了摸,好烫!飞机在头上低空盘旋,但没有人朝它们开火了。加拉潘已经淹没在火海中。热浪非常强烈,几乎无法呼吸,她开始穿过满是碎石和尸体的街道。

近海处,两队由 96 人组成的水中爆破小组正在大胆探索加拉潘以南的珊瑚礁。他们没有发现任何障碍,但他们的出现使第四十三师团师团长斋藤义次中将确信美军即将入侵,而且他们将从西海岸开始。于是他集中力量以应对攻击,转移了炮兵,并在西海岸设立了新指挥部。斋藤天生不适合领导作战部队。他墨守成规、毫无个性,是骑兵出身,以前是采购军马的。现在他坐上了塞班岛防御的核心位置,可见这个岛屿在东京眼中是多么不重要。

塞班岛上的许多其他部队的成员都是一些从海难中救起来的人,他们组织不力、缺乏领导、没有武器。南云忠一中将是这个无序的防御力量名义上的领导,但他总是把工作推给第三十一军的小畑将军——他去帕劳群岛考察访问了,而他的参谋长井桁敬治少将的级别又低于斋藤。

这使岛上的战术命令权落到了倒霉的斋藤头上。他的脑袋里全是一些到目前为止曾在美军每次入侵时起支配作用并最终耗尽日军防御力量的思想。东京已经下令,正如往常一样,日军应主要在海滩上防守塞班岛,而不需构建纵深防御。

运输舰和坦克登陆舰已载着海军陆战队第二师和第四师靠近塞班岛西海岸,并将在第二天早上,即 6 月 15 日,到达登陆位置。在岛上,他们将遇到各种敌人。一支作战队伍的军医警告说:除了鲨鱼、梭鱼、海蛇、剃刀般锋利的珊瑚、毒鱼和大蛤外,他们会发现岸上还有更糟糕的东西——麻风病、斑疹伤寒、丝虫病、伤寒、痢疾,还有蛇和巨型蜥蜴。

"先生,"一个二等兵冒冒失失地问道,"那为什么我们不让日本人继续占领这个小岛呢?"

一名来自加州大学洛杉矶分校的毕业生提出了更不祥的警告,她是一名日本裔的美国女孩,战争爆发时一直在日本探望生病的阿姨。美国人给她取了个昵称叫"东京玫瑰"。她刚刚在广播中出现时,给自己取名为"安"(Ann),是"播音员"(announcer)的前三个英文字母,现在称自己是"孤儿安妮,你最爱的敌人"。

"我有一些好东西分享给你们听,"她广播道,"这是刚刚从美国传来的。你们最好在还能享受的时候好好听听,因为明天早上6时,你们就要去攻打塞班岛了……我们已经为你们准备好了。所以,趁现在你们还活着的时候,让我们一起聆听吧……"

黑暗笼罩着的舰船越来越靠近塞班岛了,头顶上的天空被燃烧的建筑物、草地和树林染成了红色。甲板上的海军陆战队队员几乎无法透过清晨的阴霾看清塔波查山的巨大轮廓。随着天色慢慢变亮,这个岛屿——一片模糊的紫色地块——看起来像是"一个从海面上冒出的巨大怪物"。查兰卡诺阿的轮廓已经清晰可见了,这两个师将在以该小镇为中心四英里长的海岸阵线登陆。往北五英里就是加拉潘,一支牵制部队将会假装在那里登陆。

战列舰、巡洋舰和驱逐舰在5时30分左右开始最后的炮击。蜷缩在海滩和斜坡上掩体里的守军经历着严酷的考验,但已准备好战斗至死。一个士兵在他的日记里写下最后一段话:"我们准备好'莫洛托夫鸡尾酒'①和手榴弹,正在等待着战斗的降临,一旦命令下达,我们将不顾一切地手握刀剑,列队向敌军冲去。我唯一担忧的就是在我们死后,日本会有什么样的结局。"

十二分钟后,联合远征军指挥官海军中将里奇蒙德·凯利·特纳发布命令:"登陆部队开始上岸。"扬声器里响起了牧师最后的祈祷和祝福声。在《时代周刊》记者罗伯特·谢罗德的船上,坎宁安牧师正对大家说着:"……你们中的大多数人会回来,但也有些人会去见创造你的上帝。"一名叫汤普金斯的中校转向谢罗德,说道:"赶紧来个消灭这种思想的部门吧!"

绞车将小船缓慢放下;舱口已清理干净。7时,炮击停止了,34艘坦

---

① 莫洛托夫鸡尾酒,一种土制燃烧瓶的别称。——编者注

克登陆舰开至离岸边2海里处的出发线。庞大舰船的大型前舱门缓缓打开,满载海军陆战队队员的两栖牵引车从里面开了出来,开始像大甲虫一样在海面上打转。155架飞机中的第一批已经开始轰炸查兰卡诺阿地区,以压制海滩上的守军。半个小时之后,飞机返航,整个海岸线都烟雾弥漫。这次轰炸在谢罗德看来"令人毛骨悚然",但他在笔记本上写道:"我担心这些战争的烟雾和噪音并不意味着日本人全都被消灭了。"

8时后不久,719辆两栖牵引车载着8个营的海军陆战队队员开始前进,由炮艇和两栖坦克在前面开路。军官们分发着口香糖,并警告士兵们,万一他们得游泳,就一定要做好丢掉身上沉重的弹药带的准备。

这支摆开有4英里宽的舰队开至离岸800码以内,然后一阵阵迫击炮弹和火炮弹如雨点般降临到进攻者身上。18辆两栖坦克像螃蟹一样爬过珊瑚礁障碍……在他们的后面,几辆牵引车沉没了,但其余的越过礁石,进入了浅蓝绿色的潟湖中。数十架飞机低空扫射着海滩,而军舰则最后一次用5英寸口径的火炮攻击着岸上的守军。这是极其壮观的景象,也是有组织的一片混乱。

登陆计划是有独创性的。坦克爬上海滩,掩护着把军队一直运送到高地的两栖车。8时44分,第一波攻击袭向海滩,在短短20分钟内,8000余名海军陆战队队员成功登陆。很快,情况就很清楚了:所有猛烈的轰炸并没有打垮日本人。在海滩和山脊之间,无数的机枪和迫击炮开始猛烈地还击,一直持续到这些火力点被粉碎时才停止。炮击持续的时候,命中率极高,迫使大多数两栖牵引车不得不在海滩边缘就将海军陆战队队员放下。而穿越火力网的部队则遇到了另一种障碍:他们有的被困在沙滩上,有的陷在弹坑中,没有力气爬出来。

海军陆战队最终还是设法慢慢地进入了查兰卡诺阿。这个地方不像他们想象的那样由竹子和纸制成,而是由一层或两层混凝土结构组成的综合体,覆盖着盛开的九重葛。每个结构都是一个小堡垒。在城镇中心,他们穿过一个棒球场内场及看台,旁边有一座佛寺。

南云中将在加拉潘后方斜坡上一个30英尺高的瞭望台中观察着战况。他呆呆地站在那儿,看着有压倒性数量的敌方舰船,然后一下子转向野田(他在山本在世时担任其文书)指出,至少有4艘在珍珠港沉没的战列舰现又重新投入战斗了。从南云中将的语气中能够听出,他对此既钦佩又担忧。

不远处,斋藤中将的参谋们正在山洞边的临时司令部进行一场户外会议,美国的一颗流弹突然落下。当烟雾消散时,斋藤依然坐着,毫发无伤,他头脑里一片空白,什么话都说不出,他的军刀插在两腿间的地上。而坐在两边参加会议的人则横七竖八地躺在地上。一半的参谋都被炸死了。

不管怎样,他仍然对战斗本身持乐观态度(尽管海军陆战队接连不断地登陆——白天登陆了20000人——但死伤2000人,而且只成功保住一半的滩头阵地),并向东京广播:

> 黑夜过后,我部将发动一场夜袭,有望一举彻底击溃敌军。

然而,那些不得不计划夜袭的人却没那么有信心。由于师团兵力的分散以及伤亡的增加,他们只有36辆坦克和1000个步兵可以用来"一击歼敌"。

这个计划从一开始就出错了。斋藤原本要去查兰卡诺阿的一座小山上亲自为袭击部队送行,但部队赶往集合点的行动吸引了美军,美军用命中率极高的炮火把斋藤的参谋打散了。坦克等了斋藤一个小时又一个小时,斋藤却在混乱和黑暗中走失了。午夜之后,有人说他在甘蔗地里被火烧死了。平栉少佐刚刚从公关官员升职为步兵指挥官,结果又被撤了职,然后奉命去寻找斋藤的尸体,而另外一名军官则负责这次袭击。平栉坐上第一辆坦克,却在刚刚离开不到半英里时就被一枚炮弹击中,坦克瘫痪不前。剩下的坦克轰隆隆地下山,根本不等步兵就冲向前去。在山底,坦克颠簸着开进了镇子东边的沼泽,大多数都陷入了泥泞。这时步兵才气喘吁吁地总算追上了好不容易才从泥潭里出来的坦克。军官们高举军刀,草率地领导军队向前冲锋。日本人冲向海军陆战队的阵地,美军则用5英寸口径炮和密集的机枪及步枪火力来阻止他们。日军一而再,再而三地重组和冲锋。该场战斗有近 700 名日军死亡,而美军防线完好无损。

试图去寻找斋藤尸体的平栉少佐差点也丢了性命。在穿越甘蔗地的时候,燃烧的炮弹将这块地方变成了一片地狱,他全靠军刀才救了自己一命。他把军刀当作镰刀使用,劈开了一条生路,最终安全地走出甘蔗地。黎明前一小时,他到达了师团司令部。洞穴外面坐着一个人,孤零零地垂着头。那是斋藤将军!"您没事吧,师团长?"平栉问道。斋藤抬起头,但什么话也没说。

前几天从着火的镇上逃出来的护士三浦静子与其他平民一起蜷缩在俯瞰加拉潘的一个洞穴中。一名士兵探进头来说,越来越多的美国人开始在加拉潘下方登陆,而位于城镇附近的坦克部队正出动阻止他们。静子爬到外面。她的哥哥在其中的一辆坦克里。而下面,加拉潘仍然湮没在熊熊火焰中。透过烟雾弥漫的晨曦,她看到一艘船(那是一艘坦克登陆舰)正驶向城镇南面的珊瑚礁。

"开始了!"一名士兵喊道。船艇——两栖牵引车——正驶离母舰。她看着这些奇怪的船艇越过礁石,几乎深深地着了迷。愤怒的火焰在岸边的树林中闪烁着。坦克从加拉潘出发,开始朝海滩行进。

"哥哥!"静子不禁喊道。

一个士兵警告她说:"姑娘,快回到洞穴里安全的地方去。"

她没理会他,从一群人中间挤了出去,以便更清楚地看到坦克。坦克在码头上。伴随着树林中传来的机枪和步枪的响声,坦克的炮火声也一同响起。一些美军的小艇掉转身回去。两艘白色的医疗船刚靠近珊瑚礁,其中一艘就瞬间起火了。

在远离珊瑚礁的大型军舰上,火光闪烁着。然后传来一连串遥远的轰隆声,声音还没消散,又被加拉潘传来的惊天动地的爆炸声所淹没。空气因爆炸产生的气浪而颤抖起来。敌人的飞机猛烈地向海滩扫射,树林里的射击停止了。更多的登陆艇正在向珊瑚礁方向蜂拥而来。它们就在那儿停了下来。静子看到一个个小人从艇里跳出来,将枪支高举过头顶,蹚过宽阔的潟湖,朝码头区域走过来。十五分钟后,他们爬上码头,脸似

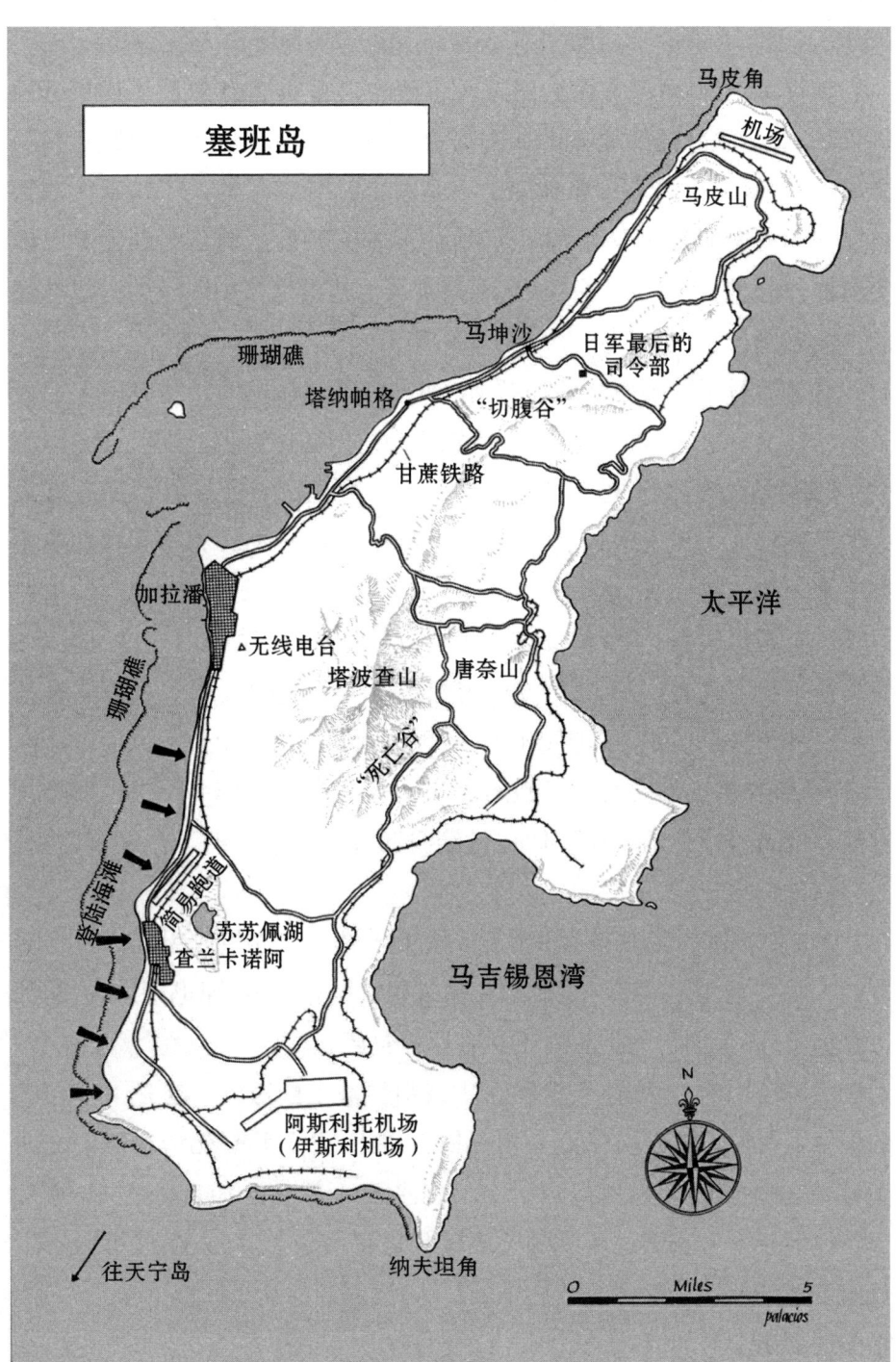

乎都被烟火熏黑了。坦克哑火了。她的哥哥和其他所有的坦克兵一定都战死了。

越过海面,她可以在南边看到天宁岛的轮廓,那是她最后一次见到她的母亲、父亲和妹妹的地方。那个岛也被攻占了吗?她和她的姐姐在一个星期前撤离了加拉潘,那么她是不是家中唯一幸存的人了?她无法让自己回到安全的洞穴中,只是茫然地注视着下方发生的死亡和毁灭。她突然振作起来,作出了一个决定:在岛上另一边的唐奈山附近的野战总医院里做志愿护士。

她最后看了一眼燃烧的加拉潘。小艇聚集在码头周围,美国人已经开始向岛上推进。"哥哥,再见了。"她说完这一句,然后毅然爬上山脊。

"嘿,那女的,你是想去哪儿啊?"一名士兵在洞口喊住她,"那儿有敌人的飞机!"他用步枪指着空中,但是她匆匆忙忙往前走,根本无视那些俯冲下来的战斗机。

一旦越过山脊,战争仿佛变得很遥远。她穿过了一排等着发放压缩饼干的平民。这时,一个年轻女子突然走出队伍,抱住了她——那是她的姐姐。静子告诉姐姐,哥哥战死了,而自己则要去唐奈山。

"笨蛋!"她的姐夫听到了她的话,愤慨不已,"你不能一个人去那个只有男人的地方!你的父母把你托付给我照顾。要是你出了什么事,我怎么去向他们交代?"

"如果你家里的其他人都死了,"她大声喊道,"你想成为唯一一个活着的人吗?"这些傻瓜没有看到加拉潘被毁灭的样子,在那里,尸体被胡乱丢在街上,而他们仍然幻想着士兵会保护自己。

太阳落山时,她到达了坐落在唐奈山斜坡上的医院。这是一个空旷的地区,一排排伤员躺在地上,相互挨得很近,静子几乎无法在他们之间走过。这里恶臭熏天,使得她根本没有注意到有一名中年大尉——那是个外科医生——正透过厚厚的圆眼镜片打量着她。"女人在这里做不了任何事情,"他训斥道,"而且这里是军队,我们不能让平民留下来,在天黑之前回到山上去吧。"

她告诉他,她的父母和妹妹都死了,又亲眼看到她的哥哥在加拉潘的战斗中牺牲。大尉大步走开,但静子跟在他身后恳求让她留下。他停下来跟另一名医生——一个年轻的中尉——说着什么,仍然不理她。最后,他总算对她打了个手势。"好吧,"他严肃地说,"从现在开始,你是一名护士了。"他给了她红十字臂章,中尉则给她戴上个头盔。"但这里是军队,你记住不准私自行动。"大尉说。这里的所有伤员只有十一个人照顾——三名医生,七名卫生兵,还有她。"在任何时候都要遵守指挥官的命令。在这里会发生许多痛苦和悲伤的事情。不要放弃,尽你最大的努力。"她低头看着自己的臂章,显露出自豪的神情。中尉捕捉到她的神色,轻声笑了起来。"她很年轻,我怕她会感情用事。"

她的第一个任务就是给小型医疗队举手电筒,医疗队需要去迅速救治一长列的病人。一名卫生兵拔了一下一个伤员背部的弹片,那人呻吟了一声,便晕了过去。"他们晕过去了反而更容易处理。"卫生兵一边告诉她,一边再次拔了一下弹片,但没有成功。大尉,即主治外科医生,走了过来,用手术刀切了一个口子。卫生兵第三次尝试拔出弹片。静子的手抖了一下,光线照偏了。外科医生说"拿稳一点",随即拔出一块又红又黑的弹片,像拳头一样大。外科医生给患者注射后,静子的冷汗顺着手臂滴了下来。卫生兵含了一口水,喷在那人的脸上。

下一名患者是左脚受伤。外科医生递给她一把剪刀。"剪开他的裤子。"他说。她往下一看,发现一条被血浸透的绷带贴在伤口上,好像粘在了一起。她拽起裤子,担心要是她拉得太重,那伤员可能会尖叫起来。

"不要犹豫,护士,"外科医生冷静地说,"如果你害怕伤口,因为可怜他们而不想弄痛伤员的话,你就毫无用处。来,在这里。"伤员咬紧牙关。在外科医生平稳有力的拉扯下,绷带解开了,她看到碎裂的骨头。鲜血涌了出来。

外科医生检查了伤口。"这脚现在已经没用了,我们应该切掉它。"他用剪刀戳了一下伤员的脚,"你有感觉吗?"

"没有。"

"我就知道是这样。"他转向静子,"护士,把肉剪开——别犹豫。"

虽然觉得很恶心,静子还是开始剪开松松垮垮的肉。每剪一下,士兵就颤抖一下，额头上渗出沾满油污的汗水。最后，她总算完成了任务。一直不耐烦地在旁边看着的外科医生转向一个同事。"我们要做手术吗？"他想知道还剩下多少麻醉剂，于是问了卫生兵。只有三盒了。"那我们晚点再给他做手术。"外科医生决定道，"护士，把伤口盖上，用之前的绷带。"她用原先那条满是血迹的绷带包好伤口之后，伤员就被抬到了一边。

"这一次，护士，由你自己来完成整件事。"外科医生说。她仅剩的一点自信都没了，暗暗希望能遇上一个受轻伤的人。一会儿工夫，一名新的伤员被抬了进来，抬担架的人对她微笑了一下。她咬紧牙关，把绷带解开来，让外科医生进行检查。次数多了，她感觉每次都比上一次要容易上手。她牵挂着之前那个脚部受伤的小兵，终于鼓起勇气提醒外科医生，应该可以做手术了。

"我完全把这事儿给忘了。"医生说着，命令人把伤员带到"手术台"——光是这个词本身就让静子心跳加速。担架放在两个箱子上，一名卫生员拿出一个装满手术器械的盘子。首先，他们对患者进行了背部注射。麻醉药一旦起效，外科医生就熟练地用明晃晃的手术刀将骨头周围的肉切掉。卫生员开始用小锯子锯骨头，骨头周围散落了一圈白色的粉末状物质。病人在痛苦中呻吟起来。

"振作一下！马上就结束了。"拿着手电筒的卫生兵鼓励他。

过了一会儿——但静子感觉像过了一个小时——骨头被切断了，外科医生开始修剪周围的肉。刹那间，一股红色的鲜血从断肢处喷出。医生用钳子钳住血管，但是它又滑掉了，在晃动的光线下，医生无法找到血管。而静子能够清楚地看到血管，于是她立即上前一步说："医生，我能找到它。"

医生把钳子递给她，未发一言。她快速地钳住血管。外科医生接过钳子，静子便用大麻纱线将血管紧紧捆住。

"好了。"外科医生说。他像一个老练的裁缝一样缝了几针，盖上一些纱布，用绷带包好伤口，又为伤员注射了一针。

"非常感谢您。"士兵用耳语一样微弱的声音说道。

那天,海军陆战队除了巩固前线、为全面攻占岛屿做准备外,并没有什么其他行动。大多数炮兵部队已经上岸,第二十七师正在登陆。斋藤将军仍然觉得,在坦克和海军特别陆战队的帮助下,他们有希望让美国人重新退回海中。他的第一个目标是在加拉潘郊区的塞班岛广播站附近集中攻击敌军。这次袭击原定于黄昏开始,但下达的命令并不清晰,通信很差,地形困难和复杂的问题也很难解决。直到十个小时后,25辆坦克和500名士兵才从山谷中鱼贯而出,前往广播站。

海军陆战队听到装甲部队发出的吱嘎声,产生了警觉,要求照明。军舰在空中发射照明弹,将进攻者逮了个正着,由大炮、迫击炮、火箭筒、步枪和机枪组合而成的火力猛烈攻击。坦克爆炸起火,映照出周围部队的轮廓。不到一小时,大部分坦克都被摧毁或抛弃,只有步兵不断战斗,直到黎明,但也无济于事。美国人还在自己的阵地上,丝毫没有撤退,他们永远不会被赶到海里了。

东京并未重视反攻的失败。陆军参谋本部以天皇的名义向第三十一军发送了电报:

> 由于大日本帝国的命运取决于你们的行动,请鼓舞官兵的精神,并且继续不断地消灭敌人,以减轻天皇的忧虑。

井桁答复道:

> 陛下的御信已收到,皇恩浩荡,感激涕零。我们甘愿牺牲一万人来成为太平洋的堡垒,愿能以此报答陛下的厚爱。

日本人再一次承诺,要在一场毫无意义的战争中奋战到底。

天亮后,静子可以看到,医院周围被岩石嶙峋的小山峰包围着,就像一个没有防空设施保护的体育场。至少1000名伤员躺在地上。小山谷里回荡着持续不断但又克制着的痛苦呻吟。如果有地狱的话,这里就是了吧,她想。

两个助手帮她抬着一大桶水,让她可以给一排排躺着的伤员发放水。她把杯子放在一名一动不动的伍长唇边。他看起来像死了一样。另一名伤员摇了摇他。"吉田,这是水!你多想喝水啊。吉田!这是从日本来的护士!"这个伍长慢慢睁开眼睛,双手摸索着她。她紧紧地握住他那没有力气的手,说:"军人,我给你带来了水,快喝吧。"他喃喃地在说些什么。"他在想家。"他的朋友解释道。"家"这个字使她喉咙一紧,但随后她想起了关于不能感情用事的警告。

她扶着另一个人坐起来。他身上什么都没穿,只裹着一条缠腰带,一直用手捂着自己的脸。他的左眼全黑了,"像乒乓球一样大",眼球上布满了蠕动的蛆虫,另一只眼睛则已经被蛆虫吃空了。她的手颤抖着。"军人,让我来给你治疗吧。"她说着,用钳子一条一条挑出蛆,放进罐子里,而士兵一直一言不发。"我哥哥之前是陆军军人,"她说,"他是个开坦克的。6月4日,他来到塞班岛,16日那天,他在加拉潘附近的战斗中牺牲了。所以我在这里每看到一个军人,都会把他当作是我的哥哥。"

"这就是你来这里的原因吗?"他用喑哑的嗓音说道。她向士兵解释为什么自己成了一名护士。泪水从他可怕的左眼中流出,他说:"谢谢你。"

她开始谈论她的家人。他痛苦地从他缠腰带里摸出一张沾着血迹的照片,上面是一个穿着和服的女人。

"她是你的妻子吗?"这个人——他的名字叫筱田,是个中尉——点了点头:"她还很年轻。"

他告诉她,新婚后的第三天,他就加入了军队:"当我负伤的时候,我脑子里想的全是我的妻子,我要为了她而活下去,但我可能就要死了……"

静子说不出话来。她继续挑出蛆虫,除了那些顽固地贴在眼球中间的虫子外,她把所有的都挑出来了。为了杀死那些蛆虫,她把两块纱布浸泡在红药水中,然后盖在他的眼睛上。她又用绷带包好之后告诉他,自己一会儿就回来:"援军肯定就快来了,你一定要撑到那时候,因为你的妻子在等着你回家。"

第二天,即 6 月 18 日,海军陆战队队员已经在唐奈山下把塞班岛切成了两半。静子为那士兵找来一套军装。她为他换了眼睛上的绷带,但发现红药水没起什么作用。纱布上爬满了活蛆。他请她在他死后将照片寄回给他的妻子。

"你不会死的,我一定会治好你,而且我听说援军就在来的路上了,然后你就可以回家。振作起来!"为了转换话题,她谈到了她的哥哥和姐妹。姐妹中只有她像个男孩一样顽皮,母亲总是告诉她:"静子,你该表现得像一个女人。"她告诉筱田,有人等他回家是多么幸运,医生和卫生兵正尽一切努力救治像他这样的人。

一个活泼的声音传来:"护士,你真的很棒。"她抬起头,看到一个长着娃娃脸的少尉。他的右臂被吊了起来,身上还有其他负伤的地方,但他精神很好。"振作起来!"他对沮丧的同伴说,"你情绪这么低落,怎么能称自己为士兵呢?援军会及时到达的!"突然之间,他的眼睛闪闪发亮,好像在梦中呓语:"在北海道我有一个和你一样大的妹妹。在过去的两天里,我一直很欣赏你,我也想知道我妹妹现在在做什么。"

第二十章 "七生报国"

1

美国在塞班岛登陆的消息传来，海军大将丰田副武快速作出反应。他向小泽中将发送电报，要求"在马里亚纳群岛地区攻击敌人并歼灭其舰队"。五分钟后，丰田发出了第二封电报，重复了东乡平八郎在对马海峡说过的那句名言：

  皇国兴废在此一战，各员奋发努力。

机动舰队越来越接近马里亚纳群岛，小泽和他的参谋制订了战斗计划。小泽中将是个身材高大、结实粗壮的人。他冷静而谨慎，经过深思熟虑之后才会行动。他受过鱼雷战的训练，一直在钻研航空母舰的战术。他相信，即使航空母舰的数量是美国的一半，他还是可以击败他们。他的飞机有更长的攻击距离，能够袭击300海里以外的目标，这一攻击距离超过美国飞机近100海里。他还可以利用关岛作为基地，在某种穿梭战中对飞机进行燃料补给和重新装弹。因此，他可以在攻击时远离敌人的攻击范围；此外，他将得到驻扎在马里亚纳群岛的500架飞机的支持，加上他自己的473架飞机，他差不多可以拥有和斯普鲁恩斯一样多的飞机了。

但计划也只能基于他们已有的信息才是可行的,小泽不知道的是,大部分的陆基飞机已经被到处袭击的美国飞行员驾驶的"地狱猫"战斗机所摧毁。① 这种战斗机在爬升和俯冲方面都超越"零式"战斗机,而且全副武装。飞行员的背后有厚重装甲保护,前方有一个厚厚的防弹防风罩。"我非常喜欢这架飞机,"一名海军飞行员说,"如果它能做饭的话,我会和它结婚的!"

飞行员本身比他们的前辈做了更充分的准备。每个人都经历了至少两年的训练,总计飞行时长超过 300 个小时;而他们的对手则是那些在珍珠港事件和中途岛战役中战斗过的人的薄弱的翻版,这些日本飞行员最多只训练了六个月,许多人只有几个小时的飞行记录。他们被要求驾驶经过略微改进的珍珠港事件时的"零式"战斗机,但现在这种飞机也早已过时了。

6 月 18 日下午,小泽的一架侦察机发现了塞班岛西部的"敌方力量,包括不明数量的航空母舰"。另有一架侦察机在距离该处 40 海里的地方也报告发现了"数量不明的航空母舰,另外还有 10 艘舰船"。

这是斯普鲁恩斯强大的部队,即第五十八特遣舰队,海军中将马克·米切尔是其指挥官,他曾在杜立特空袭和中途岛战役中担任"大黄蜂"号的舰长。他个子很小,沉默寡言、沉着老练。在通常情况下,他都会坐在舰桥后部的一把面向舰尾的钢制扶手椅上,秃脑袋上戴着一顶渔夫戴的那种鸭舌帽。他有一个强大的舰队,规模几乎是机动舰队的两倍:7 艘大型航空母舰、8 艘轻型航空母舰、7 艘战列舰、8 艘重型巡洋舰、13 艘轻型

---

① 1942 年 6 月 4 日,一架由海军兵曹古贺忠义驾驶的"零式"战斗机在阿留申群岛中人迹罕至的阿库坦岛上强行降落。一颗敌方的机枪子弹打断了压力指示器导线。它的轮子陷在冻原里,飞机翻转过来,折断了古贺的脖子。一个月后,这架几乎保持原样的"零式"战斗机被发现,美国的工程师又设计了一种新型战斗机——F6F"地狱猫"战斗机——来对抗"零式"战斗机。

一个耐人寻味而令人遗憾的事实是,那时距离克莱尔·陈纳德上校向战争部提供"零式"战斗机的完整细节,并提出让 P-40 具有更好的操作性以对抗迅捷的日本飞机的建议已经过去两年了——所有的文件在归档之后就被遗忘。在此期间,许多美国飞行员的生命原本能够得救——后来"地狱猫"战斗机显示出具有超越"零式"战斗机的优越性正说明了这一点。

巡洋舰和69艘驱逐舰。

距离米切尔最近的3艘日本航空母舰的司令官海军少将大林末雄忍不住想立刻展开攻击。空战的基本原则就是先下手为强。在通知小泽后，他下令立刻袭击。

小泽却要求将所有舰船撤回，准备好进行第二天早上的大规模空战，但电报送达的时候，已经有一些飞机出动了。大林只能召回他的飞机。"让我们明天大干一场吧。"他对参谋说。但私下里，他还是担心这样一个"黄金时机"不会再出现了。

米切尔仍然没有得到机动舰队正在接近的警告。斯普鲁恩斯告诫他不要贸然出击搜寻敌人——第五十八特遣舰队的主要任务是"掩护"塞班岛——但是当测向仪检测到小泽就在这个地区时，他告诉他的参谋长阿利·伯克上校："这场该死的战斗可能会持续好长一段时间，但是我觉得我们可以赢得胜利。"他还在午夜之前通过无线电话请求"在凌晨1时30分向西航行，以便在5时开始应对敌人"的许可。

和米切尔一样，斯普鲁恩斯也想摧毁小泽的航空母舰，但受到明确命令的约束，他得去"夺取、占领和守卫塞班岛、天宁岛和关岛"。因此，一旦米切尔被诱离马里亚纳群岛，这场"赌博"的风险就太大了；此外，他还记得，东乡大将是怎样在对马海峡等待俄罗斯帝国舰队来到他身边的（"我们面临的是同样的情况"），他回答说："变更航向的提议似乎不可取……现在仍然可能有其他（敌方）舰队来终止我们的行动，这种可能性不容忽视。"

6月19日4时50分，小泽再次派出了侦察飞机，但是那天早晨是多云、狂风的天气，直到7时30分，侦察员才终于在塞班岛西南海面探测到第五十八特遣舰队。在旗舰——新服役的33000吨排水量、800英尺长的"大凤"号航空母舰——舰桥上的人毫不怀疑这将是帝国海军历史性的一天，也许是又一场对马海战。在第一批71架飞机起飞之前，飞行队长向舰桥报告，发誓要一雪中途岛战役的耻辱。

二十六分钟后，第二批128架飞机从甲板上升空。一名俯冲轰炸机飞行员小松咲雄准尉注意到,有一枚鱼雷(它来自美国"大青花鱼"号潜水艇)径直向"大凤"号游去。他毫不犹豫地把操纵杆先摇向一边,再往前一推,使他的轰炸机以一道弧线向行进中的鱼雷以自杀式袭击的方式俯冲下去。他的飞机在离航空母舰 100 码的地方最终拦截住鱼雷。一声雷鸣般的巨响,小泽和他的参谋在舰桥上目睹飞机和鱼雷同归于尽。随后,他们又看到了另一条"鱼"的踪迹。这艘大型航空母舰开始转弯,但第二枚鱼雷击中其右舷,损坏程度似乎很轻微。单次的打击能对一艘"不沉"的军舰造成什么损失呢?

联合舰队的旗舰"大淀"号正从横须贺港起锚。正在舰桥上的海军中将草鹿对这一天的战事并不像小泽那样有信心。他对机动舰队的远程攻击持保留态度,觉得这就像是一个拳击手把拳头伸得太远了。但他渐渐受到周围乐观情绪的感染——参谋告诉小泽,他们有百分之八十的可能会赢得胜利。他甚至开始叫他的侍从为之后的庆祝活动准备好清酒杯,但最终决定还是不要高兴得太早,等到第一批飞机与敌人交战后再说。两个小时过去了,没有报告传来。舰桥上的人的信心慢慢变成不安,然后变成怀疑。最后,电报终于来了:"大凤"号已经"有些损坏"。丰田一句话也不说,但参谋人员互相交换了担忧的眼神。草鹿不安地预感到,更糟的消息还在后头。

10 时,美军的雷达捕捉到了小泽的第一批飞机。米切尔亲自通过无线电发出"嘿,乡巴佬!"的警报——这是让所有"地狱猫"战斗机回到各自航空母舰上准备战斗的信号。当袭击者距米切尔的旗舰,亦即新造的"列克星敦"号不到 72 海里时,战斗机开始从飞行甲板上起飞。第一个看到敌人的是海军少校 C. W. 布鲁尔。他立马驾驶着飞机朝敌人冲去,后面紧跟着的是他的 11 个部下。他击落了一架日军的轰炸机,又打断了另一架轰炸机的机翼,然后甩掉了一架"零式"战斗机并击中它,不一会儿又击落了另一架。

目前,其他航空母舰派来的"地狱猫"战斗机也加入了战斗。他们凶狠地闯入迎面而来的日军机群,至少把 25 架飞机打得翻滚着落入海中。日方其余的飞机向着航空母舰的方向急冲——但遇到了第二批"地狱猫"。又有16架飞机被击落。一架日军飞机穿过了防线,企图袭击"南达科他"号战列舰。

在第二批战斗机距离目标还有60海里时,从"埃塞克斯"号出发的12架"地狱猫"战斗机扫荡过来,席卷了他们。来自其他航空母舰的战斗机也迅速包围过来,几分钟不到就击落了近70架飞机。小泽的第三批47架飞机收到了错误的坐标,结果只有12架飞机及时转向,到达了交战区,其中7架飞机被击落。第四批的84架飞机也被误导了方向,6架飞机最终抵达了美军航母所在的位置,但并没有给对方造成什么损害。主力机群则在对美军航母进行徒劳无获的搜寻后,丢弃了他们的炸弹,直接前往关岛。当他们最终接近奥罗特机场时,27架"地狱猫"战斗机从潜伏中猛冲过来,攻击并摧毁了30架飞机——那些已降落的飞机遭受了极其严重的损伤,已经无法修复。在几个小时之内,小泽在击落15架飞机的同时失去了自己的346架飞机。日本的海军航空力量已经被严重削弱,并且是永久性的。

虽然美国没有向机动舰队投掷过一枚炸弹或发射过一枚鱼雷,但机动舰队同样遭到了毁灭性的打击。在中午之前,"棘鳍"号潜水艇的艇长赫尔曼·J.凯斯勒透过潜望镜看到了一幅"美好得不真实"的景象:"翔鹤"号——参加过珍珠港、珊瑚岛和圣克鲁斯一系列战役的老将——正在收回飞机。但凯斯勒无法看清楚上面挂着的是哪国的国旗——它可能是美国的航母。他又看了一眼:该死的!是一面太阳旗,该死的大太阳。他开近潜艇,在距离1000码时发射了6枚鱼雷,3枚击中了目标,在航母内引发了一系列爆炸。火焰吞没了航空母舰。当舰首下沉时,海水通过一号升降口倒灌入机库。刚过3时,航母就完全沉没了。

"大凤"号在战斗开始的时候就受到来自"大青花鱼"号的一枚鱼雷的袭击,自身不经意间便成了一颗漂浮的炸弹;一名损害管制官已下令打开所有通风管道,因为据说这样可以清除汽油烟雾。事实却恰恰相反,他的这一指令使蒸汽渗透入航母内。"翔鹤"号下沉了半个小时后,一阵惊天动地的爆炸将"大凤"号撕裂。高级参谋大前敏一大佐在舰桥上看到,装甲飞行甲板突然"像富士山喷发一样"炸开了花,位于机库层的舰体发生爆炸,航空母舰开始迅速下沉。

小泽想留在舰上。他谁的话都不听,直到多年来一直是他亲密下属的大前说:"战斗还在继续,你应该留下指挥战斗,取得最后的胜利。"小泽默默地跟着他的高级参谋爬上小汽艇。他们转移到一艘巡洋舰上。15分钟之后,又传来了一声雷鸣般的爆炸。"大凤"号的左舷急剧倾斜,舰尾没入海水,沉了下去。

在"大淀"号上的联合舰队指挥部看来,"A"计划无疑已经失败了。参谋开始争论,是否应该命令机动舰队立即撤退。草鹿认为这个决定不应该留给小泽来作。从他在中途岛战役的切身体验来看,他知道一个指挥官从失败的战斗中主动提出撤退是多么困难。于是在获得丰田的批准后,他亲自发出了撤退的命令。

小泽已经在夜色的掩护下向西北方向撤离并补给燃料,以便在第二天早上重新投入战斗。他的对手米切尔收回自己的飞机,经斯普鲁恩斯同意后,带着他四支航母舰队中的三支舰队追击机动舰队。但是他弄错了方向,朝西南方向驶去。直到第二天下午3时40分,侦察飞机终于在大约275海里开外锁定了小泽的位置。虽然几个小时之后黄昏就会降临,但米切尔决定放手一搏:目标勉强在他飞机的攻击范围内,而且他们必须在当天夜幕降临后才能开始进攻,最后,他们还得试着在黑暗中找到返航的路。他让第五十八特遣舰队改为逆风而行,并派出了216架飞机。太阳即将落下,袭击者看到了敌人的6艘给油舰。有几架飞机脱离编队向舰船俯冲,击沉了其中两艘,其余的飞机奉命集中攻击航空母舰,飞向西北方。

机动舰队上方的云彩在夕阳中熠熠生辉。小泽成功地将75架飞机升入空中,而这些飞机在高射炮火的帮助下,击落了20架美军飞机,但其他飞机则突破了日军的防御网。轰炸机击中了小泽的新旗舰"瑞鹤"号("翔鹤"号的姊妹舰)、轻型航空母舰"千代田"号、1艘战列舰,以及1艘巡洋舰,但没有造成严重的破坏。

随后,从"贝劳伍德"号航母上起飞的四架鱼雷轰炸机从云层中跳了出来,低空扫过另一艘日军航空母舰"飞鹰"号上方。四架鱼雷轰炸机由乔治·布朗中尉领导,他曾经发誓,无论如何都要击中一艘航空母舰。后来他的飞机着火了,但仍不屈不挠地冲进来,投下鱼雷。

在"飞鹰"号舰尾的机枪处,兵曹长押田光听到"鱼雷来了!"的喊声,便立即开始计数。数到12的时候,他知道鱼雷没有击中目标,放下了心。但一声爆炸让"飞鹰"号震动起来。原来是押田数得太快了。

又一枚鱼雷击中了航空母舰。火焰从甲板上蔓延开来,所有地方都断了电。航母完全失灵,死气沉沉地泡在水中,开始向左舷倾斜。弃舰的命令已经下达。押田和其他十二个人在舰尾都没有听到任何消息,所以拒绝在没有明确命令的情况下离开"飞鹰"号。舰体已开始快速下沉。水淹到了押田的机枪位置上,他和他的同伴一起走向围栏。

"等等!"他们的上级,一名年轻的海军少尉拔出军刀威胁,"唱《海行兮》!"他们匆匆忙忙地唱完这首传统歌曲,但是少尉继续用他的军刀来制止他们立即逃命。"现在唱《军舰进行曲》!"他又下令。那些吓坏的人一直唱着歌,直到水没过了他们的膝盖才唱完,然后忙不迭地一窝蜂似的绕过军官,翻过栏杆。

押田回过头来。火焰已经从航空母舰上喷射出来。在红色的眩光中,少尉靠在舰尾的栏杆上,手中握着剑,依然在唱歌。巨型舰首高高翘起时,少尉整个人消失了。押田不得不拼命游泳,避免被漩涡吸进去。"船要沉下去了!"有人喊道。押田转过身,"飞鹰"号就像一个巨人的手指一样竖了起来。它"可怕地叹息着",消失在视野中。押田感觉到它好像在说:"这就是结局。"

返航的漫长路程对米切尔的飞行员来说已经变成了一场噩梦。飞行员一个接一个地报告说燃料已经耗尽。"趁我还剩点燃料,我先走了,再见。"一个飞行员喊道。"人呢?我迷航了。"另一人在无线电中说。派遣这些人其实是一个大胆的决定,而米切尔现在又作了一个更大胆的决定。他命令打开他所在的航空母舰上的灯,尽管这会使他们成为埋伏着的潜艇的显眼的目标。"这样能可靠地指引落在后面的飞行员,"罗伯特·温斯顿少校回忆道,"他们真是张大嘴鲁莽地叫着让日本人来找我们。无线电中随即爆发出一阵自发的欢呼声。让周围那些日本人都见鬼去吧,我们可不会牺牲自己的飞行员。"对美国人来说,幸运的是,该海域没有敌方的潜艇,所有返航的飞行员除了 38 人以外,其余全部都得救了。

战斗结束了。官方将这次战斗正式命名为"菲律宾海海战",但对于在那里战斗过的美国人来说,这是"马里亚纳射火鸡大赛",这个名字起源于"列克星敦"号的指挥官保罗·布伊。他们击沉了 3 艘大型航空母舰,摧毁了小泽百分之九十二的舰载飞机和百分之七十二的水上飞机,以及 50 架关岛的飞机,总数达到 475 架左右——这是以牺牲 2 艘给油舰和 130 架飞机的代价获得的,其中有 80 架飞机坠入附近海域或者在降落时坠毁。但是,这场胜利却遭到战斗的策划者的刻薄批评,说他们没有更积极地追赶小泽。战役中 4 艘航空母舰的指挥官海军上将 J. J. ("黑猩猩")克拉克,指责雷蒙德·斯普鲁恩斯错过了"百年难逢的机会"。领导其他 4 艘航空母舰的海军上将 A. E. 蒙哥马利在官方报告中说,结局"令所有人都感到失望"。在珍珠港的海军航空司令部内,普遍的抱怨是:"这就是让一个不是飞行员的人来指挥航空母舰的结果。"

斯普鲁恩斯并没有找理由。继续追击小泽的航空母舰也许是"更好、更令人满意"的行为,但他是按照尼米兹的要求做的——保护塞班岛——从此改变了太平洋战争的进程。①

这场战役后的那个夜晚,小泽口授了一封辞职信交给丰田大将,但被联合舰队的总司令拒绝了,丰田甚至都没去读信。"这次的战败,我应比小泽中将负更多的责任,"他说,"所以我不会接受他的辞呈。"

海军中将宇垣缠又写了一首俳句,来纪念这一刻:

  战事虽结

---

① 美军占领塞班岛后不久,当海军上将金在阿斯利托机场着陆时,他的第一个举措就是向斯普鲁恩斯保证,无论其他人怎么说,第五舰队在菲律宾海战役中所做的是完全正确的。尤其是当他想起日本人在濑户内海上的另一支舰队已准备好突袭许多尚未卸货的运输船和补给舰的时候,他更是觉得斯普鲁恩斯所做之事是正确的。

雨季之阴郁天空
仍笼罩我们。

2

海上的惨败宣判了塞班岛守军的命运。在"翔鹤"号和"大凤"号沉没的那一天,塞班岛上的美军司令霍兰·史密斯将军已准备好对该岛进行终极进攻。他的手下已经伤亡惨重,这尤其是源于夜间迫击炮的袭击。海军陆战队上尉约翰·A.马格鲁德看到卫生兵把尸体抬到一辆卡车上,便走上前去,想看看里面有没有他认识的人。他认出了一个年轻的金发小伙子,想起他刚到前线时曾是多么精力旺盛。一本黄皮的平装书从他裤子的后口袋里露出来——《我们的心年轻快乐》。

6月22日,美军两支海军陆战队开始向北发动攻势,陆军第二十七师则扫荡被分割在南部的其余日军。然而,海军陆战队的战线拉得太长,因此史密斯命令第二十七师接管中部区域。第二天早上,部队开始从树木繁茂的山谷中往塔波查山以东行进。这是一个狭窄的峡谷,不到1000码宽,斋藤师团第一三六联队的残部占据着悬崖峭壁和满是蜂窝状洞穴的整个山峰,能够轻而易举地向下窥察。由拉尔夫·史密斯少将指挥的美军部队小心谨慎地向前行进,而霍兰·史密斯已经开始恼火了——他的绰号就是"疯嚎者"。他对岛上的陆军高级军官桑德福特·贾曼少将抱怨说"如果这不是陆军部队,而且可能会掀起或多或少带有政治性质的公众舆论",他会将拉尔夫·史密斯撤职。他相信,第二十七师的指挥官大部分"来源于一个被称为'第七团'的绅士俱乐部,类似传统上纽约的富人圈,其本身是个有价值的团体,在一年一度的舞会、庆祝酒会和井然有序的夏令营上都享有无可比拟的声誉"。

拉尔夫·史密斯承认,他的部队"没有全力以赴",而且他对"团级指挥官们在当天的所作所为一点都不满意"。他答应了贾曼"会亲自留意敦促部队前进"。但即使史密斯在第二天早上亲临前线,陆军部队也没有在如今被称为"死亡谷"的峡谷中推进多少。

"疯嚎者"和里奇蒙德·特纳中将（绰号"可怕的特纳"）两人商议过后，在"印第安纳波利斯"号上会见了斯普鲁恩斯。"拉尔夫·史密斯看起来缺乏好斗的精神，"霍兰·史密斯说，"他的部队正在减缓我们的进程，他应该被撤职。"他建议贾曼暂时接管第二十七师，直至任命另一名指挥官为止，斯普鲁恩斯同意了。①

然而，指挥官虽有变换，但效果和以前并没有明显的不同，沿"死亡谷"的进军仍然很慢。右翼的海军陆战队也陷入僵局，但是左翼的海军陆战队第二师则开进至塔波查山顶。塞班岛上其他的山地向北延伸出去，好像一些安静的怪兽。

这些崎岖的地形是横在美军和胜利之间的一道坎。6月25日傍晚，日军前线部队中尚能作战的人已经不足1200个，他们还剩三辆坦克。第三十一军的井桁将军不得不向他在关岛的指挥官发送无线电报，说塞班岛已经守不住了：

---

① 甚至在战斗平息之前，太平洋地区所有陆军部队的指挥官罗伯特·C. 理查森中将就指派了一个全军委员会来调查此案。委员会得出结论说，霍兰·史密斯有权解除拉尔夫·史密斯的职务，但是霍兰·史密斯"没有充分了解第二十七步兵师所在区域的状况"，所以将拉尔夫·史密斯撤职"根据事实来看是不合理的"。

在华盛顿，马歇尔的副手托马斯·T. 汉迪少将虽然承认批评美军在"死亡谷"缺乏进攻性具有一定的合理性，但又报告说，由于其对陆军的个人偏见，"霍兰·史密斯是否适合担任该军队的指挥仍是一个有待商榷的问题"；他还认为"海军陆战队和陆军之间在塞班岛上的嫌隙"已经达到了危险的程度，"在我看来，把两个史密斯都从太平洋地区调离才是可取的做法"。

战斗结束数日后，理查森火上加油，因为他既没有和尼米兹商议，也没有经过霍兰·史密斯的批准，就飞往塞班岛，给陆军部队发放勋章。据报道，他还告诉霍兰·史密斯："我想让你知道，你不能用你一贯的方式逼迫陆军。"不仅霍兰·史密斯感到愤怒，斯普鲁恩斯和特纳也是如此，他们拼命向尼米兹抱怨理查森"高调且不合常规的行为"。

这两方之间的冲突延伸至新闻界。赫斯特报业旗下的《旧金山观察家报》指控海军陆战队在塞班岛等地的伤亡人员过多，远远超过麦克阿瑟手下的伤亡人数，并得出结论，"太平洋地区的最高指挥权当然应该合理而有效地授予"麦克阿瑟。亨利·卢斯的两份有影响力的杂志——《时代周刊》和《生活》——对此加以反击，为霍兰·史密斯进行了有力的辩护。《时代周刊》声称："当战地指挥官因为担心军种之间的竞争而犹豫是否应该撤除下属的职务，那么战斗就会失败，也将有无辜的生命牺牲。"

塞班岛的战争目前已是单方面的战争了,敌人的炮火力量巨大,他们已夺下海空控制权。在白天,即使是部署部队也极其困难;在夜晚,敌人可以通过照明弹来使我们的行动暴露。再者,我们的通信正在遭到破坏,联络变得越来越困难。由于我们严重缺乏武器和装备,各种行动和指挥都遇到极大的阻碍。此外,我们还受到肆无忌惮地低空飞行的飞机的威胁,而且敌方海军和炮兵的交叉火力从各个方位向我们猛攻。结果是,即使我们把部队撤出前线并将其调到后方,他们的战斗力还是一天比一天下降。还有,敌人用炸弹和大炮向我们进行集中而猛烈的攻击,步步紧逼,我们一后撤,他们就集中火力轰击,所以无论我们往哪个方向走,都立刻会被炮火包围。

但日军不会投降。

……我们将保卫阵地,同敌人奋战到底,除非有其他命令,每个士兵必须要防守自己的地盘。

斋藤将军发回东京的报告则更加充满情感:

……请向天皇陛下致以深深的歉意,我们已经无能为力了……在我们无法获得制空权的地方,已没有胜利的希望,但我们仍期待空中增援的到来……愿陛下圣体安康,我等全体高呼"万岁!"。

3

对于东条来说,塞班岛的沦陷是政治和军事的双重失败——直接威胁到他的首相职务。随着战争局势的恶化,他的声望已大大降低。来自各方的批评虽然大部分比较隐晦,但接连不断。秩父宫雍仁亲王称他为"东条天皇"。一些海军办公室里的标牌上写着:"杀死东条和岛田!我们的帝国联合舰队现在软弱无能。立即准备重新组建内阁，我们才能寻求和平。"在陆军知识分子中，他被称为"上等兵"（军阶比一等兵高一级），他的政府被贴上了"上等兵政府"的标签。

陆军参谋本部战争指导班刚刚调查得出的结果，给这类辱骂提供了依据。负责人松谷诚大佐报告说，经过他本人、种村大佐和另一个姓桥本的少佐的详尽研究，"现在扭转日本不利的战争局面已经没有希望。现如今，德国与日本的状况大致相同，并且日渐恶化。现在是我们结束战争的时候了"。

松谷将他的报告提交给参谋本部两个有影响力的人物。第一个承认结论是正确的，但禁止松谷将它发表出来；第二个同样对此表示赞赏，但不允许大佐向首相陈述他的提案。但松谷没有被吓到，还是把他的调查结果交给了东条。大佐原以为东条会有很激烈的反应，但他只是静静听着，然而，他那"别扭"的表情却和他礼貌的态度大相径庭。在不到一个星期的时间内，直言不讳的松谷就被调到了中国。①

塞班岛上，斋藤听从第三十一军的命令，再一次搬迁司令部，这次他将总部搬到了塔波查山以北一英里的小洞穴中。6月28日，所有军事领导人——南云、斋藤、井桁——共同召开了参谋长联席会议。井桁负责主持会议。除了前公关官员平栉少佐之外，斋藤的参谋都没有提出什么建议。他们无精打采地蹲在地上，一两个人还想打盹儿。当井桁向大家简述如何在岛上剩下三分之一的部分建立防线的时候，斋藤和南云只是沉默地坐着。按井桁的说法，他们的防线会从西部的塔纳帕格一直到另一侧东海岸。

---

① 在中国，松谷取代了比他更直言不讳的辻政信大佐，后者刚刚坐船去了缅甸。（辻政信关于瓜达尔卡纳尔的直率观点毫无疑问地使他在东京成为了不受欢迎的人物。）松谷完全不相信自己面见东条和突然调任之间有任何联系。他两年前曾在中国担任过职务，工作称职。

另一方面，曾对该争议报告有过帮助并取代松谷诚成为班长的种村大佐于1944年7月3日在他的《大本营机密日记》中写道："他的调任原因尚不明晰。不过，据信他最近在外界为结束战争而进行的一些活动不知怎么传到了他上司的耳朵里，激怒了他们。"

与会人员几乎没有反应。斋藤疲惫地说,这个建议听起来"很好"。一名海军中佐代表南云说:"我们想把它留给陆军解决。"现在的问题是怎么执行。部队分散在塞班岛的北半部,那里几乎没有通信设施。他们选了些身体健壮的人来联系所有部队。平栉少佐去唐奈山集合第一三六联队的残余部队。他在那个地区能够找到的仅剩的士兵都在野战医院。他呼喊该联队的士兵,但没有一个归队。于是他向斋藤回报说,他找不到部队来防御这条最后防线的东段。

井桁一言未发。

静子已经没有任何时间概念了。有一天,在她例行看望筱田中尉时,一名躺在附近的同伴开始责备她:"为什么你昨晚没来看他?可怜的筱田中尉昨晚呼唤了你一晚上,他一个小时前就死了。"

她蹲在筱田的尸体旁边。他的脸上已经一条蛆都没有了,看起来"苍白而漂亮",她拾起了他圆脸妻子的照片。

"你听不见他喊你吗?"另一名士兵用指责的语气说道。她无法回答。其实一整个晚上,她都听到持续不断叫喊"护士"的声音,但这些叫喊听起来就像知了唱歌一样,她不可能次次都回应。

然而——她本应该识别出筱田那紧迫的声音的。她向一名卫生兵报告了他的死亡,卫生兵说:"可怜的家伙,他身上长了这么多蛆,所以其他病人都踢他,直到他给自己找了这个角落。"

她的日常生活已经汇集了各种恐怖的景象:野外的旱厕中爬满了蛆虫;腐烂的尸体在晚上发出可怕的磷光;病人可怜的呻吟和哭泣;各种空袭;头顶上呼啸而过的炮弹。在赤条条的男人面前,她不得不忘记自己是一个女人;在她用外科锯子给手脚截肢,然后缝上烂肉的时候,她不得不忘记自己是一个人。他们已经没有更多的麻醉剂来做手术了,病人会一直尖叫直到晕倒。那些幸运的人能够一直保持昏迷直到手术结束。

在过去的几个月中,近卫文麿公爵已经成为许多军方和文官领导人——包括参谋本部的酒井镐次将军和海军的冈田大将——的同谋,他们被战争进程和东条政府扰得心神不宁。酒井将军去近卫在郊区的家中进行了秘密访问。"为确保安全",将军穿的是便衣,"如果东条知道我要告诉你什么,我相信他一定会报复的。"他警告道。他其实是想告诉近卫,战争应该尽快结束。"德国仍然具有防御力量,当敌方必须在东方和西方同时战斗的时候,我们就应该利用这一形势进行和平谈判。等到德国被打败了,我们就没有优势了。"东条不可能去进行这样的和平谈判,因此必须组建新的内阁。

酒井是陆军中少数的开明派之一,近卫想知道,陆军领导人"是否有可能被说服奉行这一政策"。

"目前他们不会公开表态,但他们都有和我一样的想法。"酒井答复道。松谷的报告是被秘密传阅的,许多陆军领导人都希望天皇能看到这个报告。

那么,之后呢?近卫想知道接下去会怎样。在这件事上,天皇会如何向东条提起这件事呢?

"陛下应该会说:'尽管我们陆军和海军作出了一切努力,敌人还是成功登上了塞班岛。你怎么看待未来的行动,东条?'然后,陛下还应该询问他们将如何满足陆军和海军关于弹药、飞机、舰船和石油的需求,询问如何保护人民免遭空袭,还有应该怎样抵挡敌方的进攻。"酒井承认,东条可以通过几种方式来回答这些问题——但他希望他们能够迫使东条"立即辞职"。

4

6月30日,美军终于突破了"死亡谷"(海军陆战队第四师司令哈里·施密特少将评论道,"没有人做过比这更艰难的工作"),三个师的阵线终于连接成一体。

唐奈山的野战医院收到了一个"死亡游戏"的命令。卫生兵开始分发手榴弹,每八人一枚。主治医生——那个大尉——在黄昏时爬到高处喊道"这是司令部的命令",野战医院需要转移到西海岸的一个村庄里,那个地方在塔纳帕格上方一英里处,距离塞班岛北端四英里。广阔的场地上一片静默。"所有能走动的病人都要跟着我走。但让我非常遗憾的是,我必须放弃你们之中不能走路的战友。请你们像日本士兵一样光荣就义。"

静子对大尉说:"我要和我的伤员一起留下来自杀!"

"你要和我们一起走,"他说,"这是命令。"

所有的士兵都挤在她身边,想和她说"再见",即使是那些不能走路的人,也爬到她附近。无须问他们要说些什么话了,他们目前只有一个话题——家。每个人都想告诉她一些关于自己家人的事情。她一遍又一遍地向士兵们保证,如果她能回到日本,一定告诉他们的家人这里发生的事情。

忽然,她注意到一个下巴被打掉的人。他一边淌着口水,一边用尽全力在地上的灰尘中潦草地写下"千叶"和"武田"几个词。"我明白了,"她说,"你来自千叶县,你的名字是武田。"

大尉开始带领静子等医护人员,连同 300 名伤员一起离开。身后,声音此起彼伏地传来:"谢谢你,护士!""再见了,护士!""指挥官……军曹……护士……感谢你们的仁慈与好意。"

他们走到场地尽头的时候,静子听到一个声音喊道:"再见,母亲!"然后传来了一声巨响——手榴弹的爆炸声。她蹲在地上,随着一枚接一枚手榴弹的迅速爆炸而蜷缩成一团。

美国人向岛屿北部的推进,虽然刚开始时非常费劲,但现在几乎已经所向披靡。正如一名海军陆战队队员所说,这已成为了一场"猎兔之战",这种持续不断的压力阻碍了日本人在整个岛上建立最后的防线。截至 7 月 5 日,他们已经被赶到了塞班岛北部的一小块地区。

日军司令部现在位于面向西海岸的山脊上,距离新的野战医院只有几百码。山洞俯视着一个峡谷,这个峡谷已经有了"地狱谷"之称。那天下午,平栉少佐离开山洞去视察前线,然而前线已经不存在了。这些人早已在美国人到来之前就自行撤退。听完平栉的报告,大家一片沉默,简直难以置信。最后,井桁将军说:"明天早上,我们将开始集合该地区所有剩余部队,进行最后的攻击。让我们结束这场战斗吧。"

那天晚上,司令部成员吃完了最后的食物——一罐蟹肉和一个小饭团。在日本时,贺阳宫亲王曾给了平栉两支香烟留作纪念,平栉把它们保留了下来。这会儿,香烟在人群中一个接一个地传递,大家一直把烟抽到短得拿不住为止。平栉问井桁和斋藤是否会参加最后的攻击,在漫长的撤退中几乎没有说过话的南云中将回答说:"我们三人都会自杀。"

平栉还想知道,那几千个与陆海军士兵共享山洞的平民该怎么处置。"平民和军队之间已经没有区别了,"斋藤回答说,"比起被俘虏,他们最好拿起竹矛,一起作战。① 把命令写出来。"

斋藤的命令被油印了 300 份,但在分发之前,从北部几英里的海军通信站所在洞穴来了一个信使。东京命令守军继续防御以"争取时间",还保证会派来增援。

海军参谋人员接受了这一命令,但陆军不愿放弃最后的出击。"箭已离弦。"一名陆军士兵说。另一名士兵则指责海军胆小懦弱。海军则说,现在没有时间骂来骂去,是陆军不服从大本营的直接命令。

南云、井桁和斋藤没有参与一直持续到晚上的争论。7月6日凌晨,炮击和轰炸又开始了,洞口的一个哨兵报告说,一辆敌方的坦克正在上面的悬崖边"窥视"。

一直在悄悄与南云和井桁商议的斋藤向平栉招手示意。他说他们三人已经决定在10时自杀:"请原谅我们先行离去。"

"你们打算就在这里自杀吗?"

"是的,就在这里。"

平栉说,在附近一个较小的洞穴里秘密地进行自杀会比较好。于是

---

① 日本政府将英美人描述为"魔鬼"的宣传是广泛而有效的。一名观察家在他的日记中指出:"有一天,我和一队志愿兵一起搭火车。他们的领导人发表讲话说:'丘吉尔和罗斯福发布了他们所谓的《大西洋宪章》,同意杀死所有的日本人。他们发表声明说会杀死所有的男人和女人。我们才不会让他们杀掉我们!'似乎民百姓都相信敌人将要切掉日本人的睾丸,让他生不了孩子,或者把他们送到与世隔绝的岛上去。"

少佐走出去准备新的洞穴，斋藤则大声读出他给所有陆军的永别词：

……战友们纷纷倒下。尽管饱尝失败的苦楚，但我们誓必"七生报国"。

……无论是进攻还是留在这里，唯有死亡相伴。然而，死亡中蕴含着新生。我们必须利用这个机会来赞颂真正的帝国男儿气概。我将与那些仍然留下来的人一起前进，给予美国魔鬼再一次的打击，并将我的尸骨留在塞班岛，作为守卫太平洋的堡垒。

正如《战阵训》中所说："我绝不蒙受被生俘之耻"，以及"我将拿出灵魂之忠勇，按永生之原则从容就义"。

在这里，我与你们一起，为天皇的永生和国家的福祉而祈祷，我将出发寻找敌人。

请跟随我的脚步吧。

随后，平栉带领三名指挥官来到新的洞穴。"你们要用什么方法自杀？"他问。

"我们将先进行切腹，"斋藤说，"但是切腹至死需要的时间太长了，所以，我们打算让三名军官分别站在身后，对我们的后脑开枪。"斋藤选择了平栉站在身后。南云请求让一名海军军官帮忙；井桁则没有任何要求。

平栉返回主山洞，要求海军派出一人"帮助南云中将自杀"，没有人回应。最后，一名年轻的陆军副官说："让我来吧。"另一名陆军副官自愿射杀井桁，于是三人一起返回自杀洞穴。

三个身穿卡其色军装的指挥官盘腿坐在洞口附近，身材较小的南云坐在中间。平栉转过头去找水来供指挥官洗脸的时候，听到一名海军军官叫喊着，说他的小组正在单独朝北行进。平栉上前去阻止他们。后面突然传来三声尖锐的枪响。他转过身，三名指挥官已经倒在地上了。尸体后面站着两个年轻的副官，他们手中的枪还在冒烟。原来指挥官们等得不耐烦，就先走一步了。

平栉现在能做的就是烧掉三名指挥官的尸体和军旗。他召集了一些人来帮忙,但是其他军官阻止了他——焚烧产生的烟雾会把敌人吸引过来。平栉同意等到午夜之后,在发起最后一次攻击之前再焚烧。过去几天的折磨终于结束了。他瘫倒在洞穴的地面上,沉沉睡去。

他醒来的时候,天已经黑了。士兵和水手都胡乱穿着破旧的军服,配上步枪、军刀和竹矛,在洞外集合。他们随意分为若干组。在月光下,军官们开始驱使他们摸向海滩。沿着山脊,士兵们下到狭窄的沿海平原。等到0时,他们将各自冲向美军在塔纳帕格附近的阵地。在平栉看来,士兵们就像是"即将被领去屠宰的无精打采的羊群",而军官则像是"地狱之门的向导"。在离开之前,他命令两个士兵烧了军旗和三名指挥官的尸体,然后默默地带领他的小组,一共十几个人,沿着陡坡往下走。

3000多个日本人——包括像静子的姐夫那样的平民——出现在了沿海平原。他们在斜坡后面丢下了数以千计的日本米酒和啤酒的空瓶。①

平栉和他带领的人于7月7日凌晨4时到达海滩。他脱去衣服,跳入温暖的海水中开始洗澡。他全神贯注地盯着珊瑚礁,幽影般的一线礁石在月光下发着微光。头顶上,一朵厚厚的云让他想起了一位日本母亲,她穿着缝制的和服,背着一个婴儿。随着云朵散开,他望着明亮的天空,联想到他的母亲、妻子和朋友的身影。他抖了一下身子,摆脱了脑海中的幻想,回到岸边穿上衣服。洗干净身子让他感觉很好。他已经准备好走向死亡了。

远处传来"哇!哇!"的叫喊声——那是日本人的战斗口号。山脊里传来步枪射击的声音。这是发动攻击的信号!他手下的人没有等他,就仓促地从海滩朝着塔纳帕格过去了。他一手拿着枪(一个弹夹六发子弹的大正枪),一手握着军刀,跟在他们后面。突然,他被一阵爆炸的烟雾团团围住,感觉自己好像正飘向一大团熊熊燃烧的火焰。我死了,平栉在失去意识前心想。

---

① 二十五年后,这些瓶子仍然堆在山脊上。

在塔纳帕格，霍兰·史密斯警告第二十七师，黎明前，海岸处会出现日军"高喊着'万岁'的总攻"。① 日军拥入塔纳帕格，为首的六个人高举起一面红色的大旗，像是露天戏剧表演中的先锋队。后面跟着的是战斗部队，再后面——那是最令人难以置信的场景——是数以百计的人，有头上缠着绷带的，有拄着拐杖的，有几乎没有任何武装的，还有跛着脚蹒跚步行的。

他们跨过了甘蔗铁路的狭窄轨道，绕过海滩，组成人潮，冲向美军第一〇五步兵团的第一营和第二营。这一场景让第二营指挥官爱德华·麦卡锡少校想起了"旧时西部电影中人马乱窜"的场面，日本人"不停地往前，没有停下过脚步。如果你打死一个，马上又有五个人补上他的位置"。他们朝着美军"径直碾过去"。

第一营的指挥官威廉·J. 奥布莱恩中校是一个爱尔兰人，他双手各拿一支手枪站立着，为他的部下树立了榜样。他在战争中受了重伤，但仍坚持一直开枪，直到弹夹打空为止，然后操着一挺 0.5 英寸口径的机枪扫射敌人，最终战死。日军如巨浪一般向美军的两个营席卷过来（这两个营曾被指责在"死亡谷"推进得太慢），营中士兵死伤超过 650 人。

在他们的右边，另一组袭击者穿过一个蜿蜒的峡谷——该峡谷很快有了"切腹谷"之称——然后攻击了第三营，但是第三营占据的位置太好，就在谷地上方，日军无法将他们驱逐。

曾经侍奉过山本和南云直至他们去世的野田就在海滩上进攻美军的大部队中。到处都充满着尖叫和狂乱，这根本就不是军事的队形。突然，野田觉得好像有人用棒球棍猛打了一下他的臀部——但不觉得痛。他摇摇晃晃，试图继续移动，但却倒下了——原来他被机枪弹打中了。美军的尸体横七竖八地躺在地上。② 野田拿起了一个美国兵的水壶，大口大口地喝起了水。他试图挣扎着站起来，但他的右脚上的鞋就像灌了铅一样重，让他抬不起来。

---

① 日军其实从来没有在冲锋中喊过"万岁"。

② 谢罗德在几个小时后检查了现场，"整块地方看起来就是一片死尸、恶臭的内脏和脑浆的混合物。"

他无法向前弯腰解开鞋子,于是找到了一把美国刺刀,又从一个死了的日本人手中扳下一根棍子。他把刺刀绑在棍子上,费劲地去割他的鞋带,总算把鞋子给脱掉了。但他仍然站不起来,觉得一定是裤腿被扯住了。他又把裤腿切断,但还是和之前一样无助。

他躺回到沙滩上,放弃了想站起来的努力。现在是死的时候了,他告诉自己。在黎明的光亮中,他在沙滩上看到一摊血——让他惊讶的是,这是他自己的血。几码之外,四名受伤的日本兵仰面躺在地上,正在平静地抽烟,就好像他们躺在日本的一个海滩上一样。

"我们就要死了。"其中一人漫不经心地说着,向野田丢了一根香烟。野田在沙滩上伸了个懒腰,抓起烟抽起来,脑子里一片空白。给了他香烟的士兵叫了他一声,他这才回过神来。"嘿,海军同志,"他说,"我们去赴死了。你也一起吗?"

野田举起手榴弹说:"我也有一枚手榴弹。"

"请原谅,我们要在你之前走了。"

野田将身子缩成一团,以躲避手榴弹片,又闭上眼睛。爆炸声响起,他抬起头,看到四具尸体横陈着。被手榴弹炸死太可怕了,他想,随即被自己身上流下的血所吸引。他想用止血带,但又改变了主意——还是自己流血至死更好。

他越来越虚弱:我还只有二十七岁,为什么要死在这里?无论我活着还是死去,都不会给日本带来胜利。他开始回忆起过去的事情——他上学的时候,抓泥鳅的经历等等。然后他就昏了过去。接着,他听到了一只鸟的啁啾声。周围的景致已全部被毁了,这里没有棕榈树,也没有灌木丛,只有尸体和丑陋的沙坑。如果没有树的话,怎么可能会有鸟呢?发生了什么事?

有人用一种奇怪的语言在轻声低语。他感觉到被人踢了一下。他呻吟起来,两名海军陆战队的医务兵把他抬到担架上。他又看到医疗人员在踢其他的尸体,美国人和日本人的都踢。在再次昏过去之前,他暗自庆幸:如果我没有被那只鸟唤醒,我就死了。

在前方的塔纳帕格,麦卡锡少校以及他剩余的军官和士兵终于设法在村庄内部建立起一道环形防线。整个早上，他们在一场逐屋争夺的恶战中被日军慢慢打退，直到一个排的中型坦克伴随着隆隆的声音开来。其他增援部队也陆续到达。等到下午晚些时候，日军只有零星的几个小队还坚持着。最后一次攻击已经结束。

海上的一艘白色的医务船上，平栉睁开左眼。他所能看到的只有一面干净的白墙。我还活着！我获得了第二次生命！他赤身裸体，盖着一块毯子。他花了好些时间才意识到自己的左手被铐在床上，头部和肩膀都受伤了。他太疲惫了，以至于后来才意识到，作为一名军官，他在最后一次袭击中幸免于难是多么耻辱的事情。他现在所能想到的只有：我还活着！我还活着！

在"地狱谷"的新野战医院，静子一整夜都蜷缩在她的掩体里。在黎明的光亮中，她注意到山地上有部队在行动。灌木丛中露出了黑色的面孔——他们是美军黑人士兵。惊恐中，她以为他们是从斜坡上下来的大猩猩。所以那个荒诞的传言是真实的！美国人让大猩猩来战斗。

在她周围，伤员纷纷从他们的掩体里出来，转身向北，朝着宫城的方向深深鞠躬。突然，扩音器里传出奇怪而喧闹的音乐声——她以前从来没有听到过这样的噪音。狂野而令人不安的节奏在整个山谷里回荡（这其实是美国爵士乐）。这一不真实的场面冲垮了她自杀的决心。

主治医生命令她挥舞白色的手帕投降。她犹豫了；美国人可能会强奸她。"赶紧自己保命吧！"医生的助手，就是那个中尉也敦促她。当她在掩体的边缘呆站着一动不动时，黑人抛出手榴弹，大声喊叫着向前冲过来。静子只看到了他们的牙齿和眼睛。主治医生用手枪抵住喉咙，扣动了扳机；中尉用刀砍了三下自己的脖子，倒向静子。温暖的血液流到她的脚上。她拿起一颗手榴弹，觉得周身冰冷。"现在我要死了。"她想喊"妈妈"，但喊不出来。她拉出安全栓，将手榴弹砸在岩石上来引爆它，然后自己扑在手榴弹上。

静子听到有人说话的声音，但听不懂说的是什么。她小心翼翼地睁开眼睛，发现自己在一间房子里。她试图起身，但一个年轻的美国军官用日语说:"你受伤了——不要动。"

静子不敢相信敌人竟然会说日本话。可为什么她没死?她想喝水,但那个年轻的上尉告诉她,这里没有水。他从一个罐子里倒了一些东西。她试着喝了一点,但又吐了出来。这是番茄汁,她受不了这味道。他命令她喝完,这次她乖乖地喝了。吓到她的不是死亡,而是美国人。她问"地狱谷"的人都怎么样了。

"除了你以外,全都死了。"一名翻译官回答说。他告诉她,他曾在日本的一所大学学习,希望能帮助她的同胞。"我们在战争中也仍然相信人道主义。"他向她保证,许多日本平民都活了下来,现在待在查兰卡诺阿附近的一个战俘营。她根本不相信他——每个人都知道,美国魔鬼会用坦克把日本俘虏撕成两半。她脱口而出,说她害怕美国人,尤其是黑人。

他笑了:"救你的就是黑人。"

她恳求上尉,让她和自己的同胞共赴死亡,上尉获准用卡车将她带到查兰卡诺阿。当他们在明亮的星光下,沿着海岸行驶在公路上时,他告诉她,海里有许多平民的尸体,问她想不想看看。然后,他命令停车,在两个黑人士兵的帮助下,他们把她带到一个悬崖边。往下看去,漂浮的尸体全聚在岸边。一个女人身上还绑着两个孩子。

这名年轻的军官几乎自言自语地问道:"为什么日本人会这样自杀呢?"泪水顺着他的脸颊流下来。

刚过午夜,他们进入查兰卡诺阿。令她惊讶的是,电灯把这里照得透亮,到处都支起了帐篷。这是一个完全不一样的世界。上尉告诉她,这是为日本人提供的营地,但她知道这是一个诡计——她一定会在这里被枪杀。后来她又看到日本孩子们抓着"帐篷城"四周的铁丝网。虽然上尉劝说她应该回到医院,她还是坚持要下车。"你在那里有熟人?是这样吗?"

"我的妈妈在里面!"她撒谎道。

她被抬下卡车。她坚持要自己步行,摇摇晃晃地走进大门,直到摔倒。许多双手友好地把她扶了起来。她终于回到了自己人身边。

7月9日下午4时15分,特纳中将宣布,美军已正式占领塞班岛,并将注意力转向邻近的天宁岛和关岛。曾经悲观地预测过"1948年在金门大桥"的海军陆战队队员现在则开始说"1945年活着回家"了。塞班岛战役已经结束,但仍然有一个艰巨而危险的工作,就是扫除几千个仍躲在山洞里的日军散兵游勇。"这意味着,"一名海军陆战队队员讽刺地评论说,"如果你现在中枪了,那你就是从自己的后方被打了。"

美军在岛屿北端面临一个虽然不同但同样困难的任务。成千上万的平民正聚集在一起进行大规模自杀行动而不肯投降。翻译官和被俘的日本人正用公共广播系统恳求马皮角的人们不要自杀。那里有个超过100英尺高的悬崖,下面是遍布岩石的浅滩。广播说,战斗已经结束,等待他们的是安全和食物。广播还高声念出已经投降的人的名字。但还是有人把他们的孩子从悬崖上扔下去;还有背着婴儿的母亲跳入波涛汹涌的海浪中。

漂浮的尸体太多了,"海军小艇要是不碾过他们就无法把握航向"。扫雷艇"首领"号上的埃默里·克利夫斯上尉看到一具裸体女尸,她在分娩时溺水而亡,"婴儿的头部已来到了这个世界,但这就是他的全部了"。附近,"一个四五岁的小男孩淹死了,他的手臂紧紧地绕在一个日本士兵的脖子上。这两具尸体在波涛中互相猛烈地撞击着"。

岛上其他地方的家庭日复一日地躲避着新的征服者。奥山一家人——父亲、母亲和四个孩子——发现了一个洞穴。7月17日上午,他们在一块俯瞰崎岖的东北海岸的大岩石平台上晒太阳时,附近洞穴里的一名士兵喊道"敌人来了",一边指向他们上方的悬崖顶部。十四岁的大女儿奥山凉子朝那四五个穿着迷彩服的红脸大个子美国人看了一眼。他们看起来和小个子的日本兵一点都不一样。

日本人拿起步枪开火,美国人则开始丢手榴弹。奥山一家躲在一个凹陷处,把手榴弹一颗颗踢出去,但是手榴弹还是不断落下,父亲——他是一名裁缝——于是将他的家人带到悬崖底部的另一个洞穴中。在洞内,他们发现了一名军曹,一名筋疲力尽的《朝日新闻》记者,还有一个被遗弃的新生婴儿。婴儿不停地哭闹,奥山夫人过去把孩子抱了起来。随着美国人的声音越来越近,枪声也越来越密集,婴儿开始尖叫起来。"让孩子安静下来，"军曹低声说，"不管用什么方法！"

奥山夫人三十四岁，是一名充满魅力的女士，她试着照顾宝宝，但是孩子仍一直哭个不停。绝望之中，她把衣襟捂在婴儿的嘴上，总算堵住了吵闹声。婴儿死了。机枪的声音在洞穴中激起猛烈的回声，美国人的说话声就在外面。军曹递给奥山一颗手榴弹，自己也拿起一颗。

凉子望着她父亲，和他告别。他点点头，面色苍白而紧张。军曹将他的手榴弹的安全栓拉出，奥山也和他一样拉出。"我们会一起去一个更好的地方。"母亲告诉最小的孩子——四岁的义忠。义忠笑了起来，就好像他们在玩一场游戏。军曹和奥山二人同时把手榴弹砸向脚下的岩石。随着引线咝咝作响，凉子快速地动着脑筋：我会成为佛吗？人真的有灵魂吗？真的会有另外一个世界吗？她感觉到洞穴在震动——爆炸的气浪把她甩在了岩壁上。天旋地转中，她听到弟弟发出了一声微弱的呻吟，然后她就晕过去了。

她不知道自己失去意识有多久。一开始，她看到了一片模糊发亮的红色，随着眼神的聚焦，她才意识到，这是坐在她前面的军曹被炸开的腹部，军曹双腿交叉，仿佛睡着了一般。巨大的伤口非常清晰，这让她想起了生物课上的人体模型，所有的器官都在原来的位置上，"很好看"。

她自己的身上都是血肉。她惊骇万分地动了动自己的双臂和双腿——一点都不痛。她扭了扭身子，也不觉得很痛。她九岁弟弟的衬衫被炸烂了，手榴弹的碎片飞入了他裸露的胸前，留下烧伤的黑色斑点。他死了。她的父亲、小义忠，还有她六岁的妹妹也都死了。她身上的肉是从她妹妹的头部炸出来的，妹妹露出的头骨的颜色和质地好像透明的蜡烛。凉子有一种恐怖的孤独感。她是这里唯一活着的人。然后她感到有什么东西在触碰她的左肩。

"妈妈，你还活着！"

"我快死了。"母亲平静地答复道，她的腿被炸得粉碎。凉子从旁边的一块布上撕下了一条来做绷带。

"这行不通的，"奥山夫人微弱地说，"我就要死了。你用这种东西止不住血。"

"但已经没有血流出来了!"

"血都流光了。"奥山夫人说。她盯着家人们的尸体。"我很高兴他们死得很干脆,"她转向凉子说,"只有你活着。"

"夫人!夫人!"那是《朝日新闻》的记者在说话。他痛苦的声音微弱得让人几乎听不见。母亲和女儿惊讶地发现还有别人幸存了下来。记者说:"夫人,请杀了我吧。"

"我也快死了,"奥山夫人告诉他,"我的腿没了,我甚至都动不了。我帮不了你。"

他慢慢地抬头往上看,然后,痛苦地扭动着身子,把头朝着一块尖突的岩石撞去。他呻吟着一次又一次撞击,最终死去。

"我死后,你一定不能留在这里。"奥山夫人对她的女儿说。黑夜降临,她必须动身出发。"你一定要以坚强的意志长久地活下去,走正确的道路。"凉子上中学时,母亲也曾经写下过同样的话。

奥山夫人痛苦地从她的腰间解下一个风吕敷包袱——里面装满了钱——她把这个包袱紧紧地绑在女儿身上。"很快,我就会死去。我的视线已经越来越模糊了。我想躺下来,你能帮一下我吗?"她脸上一直带着微笑。凉子第一次意识到她的母亲是多么温柔,她以前怎么会怕母亲呢?

"我快要听不见声音了。把你的手给我,"她抓住凉子的手,"我再也说不了话了。"她微弱地说。

"妈妈,别死!"

奥山夫人微笑着点了点头。她的嘴唇在动,但没有发出声音。她死了。

近22000名日本平民——每三人中就有两人——无辜死去了。整个守军——至少有30000人——几乎全部阵亡。

对于胜利者来说,这场战役是太平洋地区到那时为止付出代价最大的战役。在塞班岛登陆的71000名美军里,有14111人在行动中战死、受伤或失踪,是瓜达尔卡纳尔岛战役伤亡人数的两倍以上,但保护日本本土的主要堡垒已经被占领，且敌方的舰载打击力量也已经瘫痪。更重要的是，塞班岛南部的低地为美国人提供了第一个基地，用以向日本帝国的心脏——东京——发动大规模的"B-29"轰炸机空袭。

第六部
决战

第二十一章 "不让任何人丧失勇气"

第二十二章 莱特湾之战

第二十三章 断颈岭之战

第二十四章 溃败

第二十一章 "不让任何人丧失勇气"

1

现代日本的领导人从来没有在自己身上集中过这么大的权力。在世人看来,东条的地位似乎不可动摇,但实际上他的统治已经处于崩溃的边缘。自从中途岛战役以来,大本营拒绝承认美国的力量日益增长①,以及日本的实力日益减弱。随着美国加强了潜艇作战,日本的航运损失继续增加。在太平洋北部,阿留申群岛上的前哨阵地已经被放弃了;在太平洋南部,所罗门群岛和新几内亚亦已被攻占;而在太平洋中部地区,日本的防卫线——马绍尔群岛、吉尔伯特群岛,还有马里亚纳群岛——已经全线崩溃。

在日本国内,生产水平依然得以保持,但这是以人民非同寻常的牺牲作为代价的。不仅有许多民营企业被转为军工制品的生产商,更多妇女进入工业,还有青少年也不得不加入了劳动。课堂时间缩短到最低,校舍也被改建成军事仓库。

日本建立了一周七天的工作日制度,"废除"了民众极其珍视的星期天休息日。火车已经拥挤到令一些婴儿窒息的程度;超过100公里的行

---

① 截至1944年夏末,美国在太平洋地区的舰队加上护航舰母舰群大约有100支。

程需要警察的许可才能出行；餐车和卧铺全都取消了。以前只有火车晚点，人们才会愤怒发火，现在这成了屡见不鲜的事情，他们打破车窗，进出火车，偷走座椅套。各种类型的消费品都大大减少。食物定量配给，衣服在溢价贩卖，棺材得重复使用，家里供暖的煤气和木炭均少之又少；报纸的规模也缩小了，下午版都暂停刊印；大约有一万个娱乐场所——包括艺伎馆——都停止营业。简而言之，日本的生活变得了无生气而又艰难至极。"东京的生活变成了什么样子啊！"喜剧演员古川绿波在他的日记里哀叹，"啊，活着再也没有什么意思了！"

这些极端的紧缩措施——加上人们怀疑日本放弃领土的情况（这在塞班岛陷落之时达到顶峰）比官方公报所展示的更为严重——助长了不安的情绪，它们都指向作为战争和权力象征的东条。

最令人愤慨的谣言开始广为流传，并被人接受：东条正在用从南方占领区所得的烟草、威士忌和其他战利品贿赂宫内省成员、宫内侍从、"重臣"和枢密院官员。他甚至用汽车来贿赂天皇的兄弟——秩父宫和高松宫。①

东条还受到嘲笑——当然是背着他的——因为他让妻子公开演讲和广播，积极努力支持继续进行战争。人们送了她一个外号叫"东美龄"，这是蒋介石夫人的名字"宋美龄"在日语中的翻版。在塞班岛的战争失败后，东条夫人接到无数个匿名电话，问她的丈夫是否已经自杀。

有些人不愿意让首相本人轻易自杀。除了曾经计划用机枪伏击东条的高木惣吉少将之外，陆军内部的反叛力量也在寻找暗杀东条的契机。最近从中国调回大本营的津野田少佐——与东亚联盟东京分会会长牛岛辰熊一起——计划在东条的车上投掷一枚特制的氢氰酸炸弹，时机就在

---

① 这些传言根本没有根据，但人们抱怨也是有一定理由的。东条的确滥用权力，利用宪兵队控制持不同政见者。例如近卫，就受到严密的监视，许多公民被判入狱，有些人还因为支持基督教或煽动政治反对派而被拷打致死。一名公开表明身份的纳粹分子——中野正刚——在发表反对东条的演讲后被捕。获释后不久，他就在谜一般的情况下切腹自杀了，人们普遍认为是宪兵队的特务"说服"他自杀的。

这类看法非常真实，也引起了广泛的愤怒情绪，但镇压的程度被夸大了。

东条的汽车在祝田桥附近的宫城广场减速拐弯那一刻。暗杀时间已经确定：7月的第三个星期。但是这个阴谋被共谋者的一个朋友无意中泄露给了天皇的幼弟三笠宫崇仁亲王。三笠宫并不同意这样的行为（"这样的行动相当于谋反"），还将此计划通知了大本营的一名成员。牛岛和津野田则被宪兵队逮捕，并被判处死刑，但他们的死刑也像先前的多起案例一样被缓期执行。

面对越来越多的不满，东条向推荐他做首相并在过去几个月的危机中一直给予他正式支持的人——内大臣——寻求建议。出乎他意料的是，所得到的建议令他极其失望。木户幸一终于从塞班岛的丢失中振作起来，批评了东条最近集中权力的做法：东条本人兼任内阁的两个最高职位，岛田也有双重职位（海相兼海军军令部部长，其他海军人员视他为给东条拎公文包的人）。"每个人都对此感到不安，"木户说，"天皇本人非常生气。"

东条心绪很不安宁，一言不发地离开了，但是在当天晚些时候又回到了木户这里。他表示愿意重新改组内阁，但不愿交出自己的职务。木户冷静地应对了这一折中办法，但在东条看来却充满敌意。东条猛地站起身，大声说道："今天跟你谈话根本没有意义！"

他大步走出木户办公室，猛地摔上门，但到达自己的官邸时，他已经清醒了过来。之后，东条告诉佐藤说："如果木户的态度是这样，那就意味着天皇对我已经丧失了信心。所以我放弃重组内阁的想法；反之，我会辞职。"

"现在是战争最关键的时刻，辞职是不可能的！"佐藤大声说。他所要做的就是让米内大将取代岛田，这样可以安抚海军以及近卫那样的自由派。

但是东条觉得，岛田如此忠实地支持他，解除他的职务太过分了。佐藤引用了中国的一句古话"大义灭亲"，说："无论多么痛苦，你都必须'杀掉'岛田。你对岛田的责任是你自己的私事。你发动了这场战争，就不能中途不管。"

这也是东条内心深处的想法。他召来岛田，让他辞去海相的职务。

岛田表现得极为理解。"我辞职的话倒可以减轻自己肩上的重担，"他说，"但你作为留任的人，必须继续承担重大的责任。"他祝愿东条在即将到来的斗争中"打一场好战"，两人握手时，一向克制的东条竟失声痛哭。

第二天，7月17日，岛田提交了辞呈，但与佐藤的预测相反，自由派并未就此满足。木户也一样不满。在近卫的敦促下，他答应说，虽然重大的政治问题不在他的职责范围内，但他还是会向天皇报告"重臣"关于东条的一致意见。

近卫兴奋地乘车前往平沼男爵的家，在那里他发现另外两名"重臣"，若槻礼次郎男爵和海军大将冈田也在。他把木户令人惊喜的提议告诉他们。"现在我总算明白木户一直在努力做什么了。"冈田说。

6时半，所有"重臣"都到齐了。密谋正在进行之中。经过几个月没什么效果的私底下的抱怨后，他们现在是带着明确目的来会面的。"我想请大家注意，即使东条重新组建内阁，"若槻警告说，"国民也不会支持的。"

米内透露，他刚刚被"诚挚"邀请加入内阁，接替岛田的职务。他已经拒绝了，但是他完全可以预料到东条会以个人名义再次发出邀请。如果再次失败，东条就会去请求天皇的支持，"即使他采取了最后一步，我也不会接受邀请"。

不是所有的"重臣"都想要东条辞职。阿部信行将军指责说："只谈论打倒内阁是不负责任的行为。我们该如何认定接下来的内阁会比之前的更好？"

"无论内阁是否被推翻，也无论下一届内阁是强是弱，这些都不是重点。"平沼打断道。国家已经陷入了危机，因此必须要更换内阁——尽快更换。

"如果要问我，我是不会加入内阁的。"曾在"二二六"事件发生后领导内阁的外交官广田说。

最终，他们制定了一个除了阿部之外所有人都满意的决议。决议写道：

> 帝国面对当前之巨大问题如欲生存下去，国民的思想和心灵必须被注入新的生命，全国人民必须同心协力。部分地重组内阁将无济于事，必须组建一个强大的新内阁，并坚定不移地前进。

阿部在考虑是不是不该告诉东条会议的结果，得到的回答是一致的——不告诉。这个决议由人亲手带到了木户家中。内大臣承诺第二天早上将其呈交给天皇。

东条首相正在他的办公室和佐藤贤了思索米内拒绝加入内阁的原因。佐藤认为，问题出在代表东条的中间人身上。"你的真实意图还没有让米内知道，"他说，"让我代你直接去说吧。"

为避开新闻记者的注意，佐藤换上便衣，到达了米内的住所，途中没有被认出来。女仆说主人不在，他推开她直接进了房子，结果在会客室睡着了。一个小时之后，当米内从"重臣"会议回来时，佐藤醒了过来。

佐藤试图打动米内。他说，在战争之中，拯救内阁是至关重要的；若米内接受进入内阁，就可以实现这一点。东条唯一的愿望就是改变战争的形势，"我能够明白你为什么反对他的内阁，但这只是个人意见。在这个最关键的时刻，我恳求你与东条内阁合作，一起解决我们的问题"。

"我不是政治方面的专家，"米内挖苦地一笑，"你可以从我自己的内阁看出这一点。我是海军大将，不是政治家。而且我想以一名大将的身份入土。如果你们想任用我，就让我成为海相的顾问吧。"

听米内的语气，佐藤显然说服不了他，于是他回到东条的办公室。他尝试过，但是失败了，现在他的最终建议将否定他以前说过的一切。凌晨2时，东条仍然穿着衬衫在工作，香烟从不离手，烟雾袅袅升起，一直在头顶的灯罩处缭绕。东条抬起头，向天花板望去。

"请辞职吧。"佐藤说。

东条深深地叹了一口气。"我会在早上去觐见天皇，"他说，"请你写下我递交辞呈的原因。"

佐藤坐下来开始动笔时，心里明白，战争已经结束了，泪水一滴一滴地落在了纸上。

7月18日上午,东条——面容憔悴、双目无神——用疲惫的声音告诉他的内阁,因为塞班岛的失守,他决定辞职。他犹豫了这么久,只是因为日本的"巴多格里奥"团体。① 他又尖刻地补充说,日本失败的责任必须由"重臣"和其他逼迫他辞职的人来承担。他的肩膀低垂着。这是那年最热的一天。"我必须要求大家全体辞职。"他说。

每个人都在写辞呈,气氛非常尴尬。讽刺的是,刚好是在四年前的这一天,东条被选为陆相。

东条面无表情地将辞呈交给了木户。内大臣询问他想要谁来接替他的职位。"我不会说我想要谁,"东条讽刺地回答,"我以为'重臣'已经决定了人选。"然后他沿着长廊走到天皇的办公室,以首相的名义作最后的报告。

"重臣"尚未选出东条的继任者,但也差不多了。由木户出面统领,他们在下午的这个时间会集在宫城的西室。侍从长和枢密院议长原嘉道也出席了会议。

一直支持东条的阿部大将希望海军——以米内为代表——来组建新的内阁。

"我的确曾经参政,"米内说,"我也可以试着再一次担任海相,但我不能成为总理大臣。"军人受的是"片面的教育",这使他们不适合这样的角色,"政治应该留给政界人士。"

近卫很赞赏米内的"理想主义",但他们必须从实际的角度来考虑这个问题。"如果没有陆军的参与,如今的政治就无法继续下去"。

木户和近卫早已私下达成共识,要在皇族参与之前先组建一个临时内阁。木户反驳说:"加强本土防御,以及本土陆军和宪兵队力量的增强,迫使我们选择了陆军的人。"若槻和米内都默认了。米内刚才还警告选择军人的危险;现在他却提议由一年前被授予"元帅"的寺内寿一伯爵来

---

① 他指的是彼得罗·巴多格里奥元帅的政府,该政府在去年夏天率领意大利向同盟国无条件投降。

组阁。

近卫表示愿意接受寺内,但是他强调了两点:"首先,东条为什么会下台?当然,一部分原因是人们谈论了许多对他不利的事情,还有一部分原因是陆军干预了政治和经济生活的方方面面,这和海军完全不同。"他们必须停止这样的行为。"其次,现在的国家似乎正在向左派革命倾斜。所有的事情都指向这个方向。战争失败是一件可怕的事情,但革命更加可怕。一旦被击败,我们也许会在适当的时候恢复过来,但是左派革命会对国体造成破坏。"他想知道寺内是否可以控制持有不同政见的人。

"他完全可以,"木户说,"但由于他在前线,离这里很远,我们很难把他召回。最好还是选择别人。"

米内又提名了一名军人,即关东军总司令梅津美治郎大将,他刚刚被召回来代替东条担任参谋总长。

"刚上任不久就把他换掉是不妥的。"木户反对道,他私下里认为梅津是一个很糟的选择。

近卫提议了一名海军军人,即年迈的铃木贯太郎,该人曾在"二二六"事件中死里逃生。"我在枢密院曾与他共事过,"原嘉道说,"我很了解他。他绝不会接受这个提议。"平沼推荐"中国派遣军"总司令——陆军元帅畑俊六,但得到的反应不冷不热。

米内再次提名了一名将军,名叫小矶国昭:"他人不错,有能力、有勇气。他曾在我内阁中任职,我很了解他。"

"他和陆军的关系怎么样?"木户问道。

"我觉得不差,"阿部回答,"他和东条不一样。"

"他是一流的人物,笃信宗教,非常虔诚。"平沼评论道。

"我不反对,"若槻说,"虽然我不了解他。"

冈田认为他们的选择太仓促了,近卫也支持他的看法。这使争论变得冗长而又无法得出结果,最后他们被迫建议天皇从三名陆军军人——寺内、畑和小矶——中选择一人。已经晚上8时了,他们已争论了四个小时,把选择权交给了天皇陛下,他们都感到一阵轻松。

木户立即向天皇报告,并建议天皇在选择之前询问陆军寺内是否可以就职。答复是东条送回的,他刚好在宫城处理他的继任者梅津的事情。东条建议不要在如此关键的时刻解除寺内的职务。那就只剩下畑和小矶了,天皇在考虑了木户的陈述之后,选择了后者。

晚上,近卫公爵开始担心小矶了。小矶能控制左翼分子同时让自己独立于陆军吗？或许他们应该选出两个首相,一个来自陆军,一个来自海军,例如小矶和米内的组合就不错；而且由于米内自己推荐了小矶,他们显然能够友好相处。

第二天,他与平沼男爵就此事进行了讨论,平沼认为这是一个很好的想法。更重要的是,内大臣也这么认为。但是米内依然不愿担任首相一职。由于他拒绝了东条加入内阁的邀请,现在接受一个更加显赫的职位更是"不合适的"。但为什么不拒绝海相的职务呢？他回答:"我有信心担任这个职务。我可以大言不惭地说,我可以证明自己是最好的海相。"

近卫高兴得就好像米内接受了双首相的职务一般。有米内加入内阁,再加上木户和天皇的大力支持,这和双首相也差不多了。

第二天下午,小矶刚从朝鲜回到日本,就被直接带到了表御座所旁的等候室内。他有一个绰号叫"朝鲜之虎",这一外号更多是因为他的外貌而非军事实力,因为他有斜视,眼睛像猫一样,鼻子扁平,嘴唇很薄。他喜欢喝酒聚会,也愉快地容忍了别人给他取的另一个外号——"日本的秃头冠军"。他知道自己很有可能被任命为首相,在口袋里放了一份要担任内阁职务的自己在朝鲜的亲信的名单,但是他的期望在米内进门的瞬间就落空了。他还没来得及向米内提问,木户就出现了,带领二人去见天皇。谁应该走在前面呢？小矶问道。木户回答说:"小矶。"但天皇对二人一视同仁,说他们应该共同合作组建新内阁,并警告他们不要和苏联发生冲突。

米内与小矶一样困惑。当谒见结束时,米内问木户谁才是首相。"当然是小矶。"内大臣说。

这谈话太奇怪了！小矶想。他转向米内:"你要担任什么职务？

海相?"

米内回答说:"海相是我唯一能担任的职务。"

东条被迫辞职使他妻子松了一口气,至少现在不用每天担心遭到暗杀了。(巧合的是,东条的盟友阿道夫·希特勒刚刚从一场炸弹爆炸中死里逃生。)她的推测是正确的。例如,高木少将取消了枪杀东条的计划,东条现在加入了受人尊敬但纯粹起着咨询作用的"重臣"行列。

2

虽然麦克阿瑟将军已经定下了进攻菲律宾的预定日期——先初步在棉兰老岛登陆,建立机场,三个星期之后,在莱特岛进行大规模登陆——但6月中旬,参谋长联席会议建议他可以绕过包括吕宋岛在内的菲律宾其他岛屿,然后从莱特岛一跃到台湾。实际上,这将使麦克阿瑟无法扮演"菲律宾解放者"这一宝贵角色,因此他的回答也表达了他的愤慨:

> ……菲律宾是美国的管辖地,在那里,我们孤立无援的部队曾被敌人消灭。实际上,所有1700万菲律宾人对美国都是忠诚的,他们正经历着最严重的物质匮乏和苦难,这一切都是因为我们不能支持或救助他们。解放他们是我们伟大的国家义务。
>
> 更何况,如果美国故意绕过菲律宾,将我们的俘虏、国民和忠诚的菲律宾人置于敌人手中,从一开始就不愿付出任何努力来挽救他们的话,我们将会招致严重的心理反应,就好像我们承认日本大肆宣扬我们抛弃了菲律宾人、不愿派出美国人去拯救他们是真实的;我们会引来菲律宾人公开的敌意;我们国家的声誉可能会在远东地区的人们心中急剧下降,这反过来会长久地对美国产生不利影响……

马歇尔的回复有力地强调了"不能让个人感情和菲律宾的政治"掩盖了主要目标,即赢得战争。他断言,"绕过"绝对不是"放弃的同义词"。然而,麦克阿瑟却得到了直接与总统一起研究该问题的机会。五个星期后，罗斯福、麦克阿瑟和尼米兹三人在夏威夷举行了一场史无前例的会议。马歇尔、阿诺德和金没有被邀请。这似乎向金表明，总统在与民主党人在芝加哥举行全国代表大会时，"希望强调他作为陆海军总司令的角色"。

在被提名第四次连任总统的第二天，罗斯福和他的随行人员在圣迭戈登上了重型巡洋舰"巴尔的摩"号。7月26日下午早些时候，这艘主桅杆上飘扬着总统旗的巡洋舰驶过了钻石头山。麦克阿瑟刚刚从布里斯班经过长途飞行后落地，在码头会见了总统。因为没时间换衣服，将军仍穿着他的冬季制服。

"道格拉斯，"与麦克阿瑟有将近四十年友谊的老朋友莱希上将责怪道，"你来这里见我们，为什么不穿合适的衣服？"

"唉，你没去过我来的那个地方，那儿的空中冷得很。"

总统一行经过长长的士兵队列和欢呼的人群，到达了会议现场，这是怀基基海滩上一所富丽堂皇的私人住宅。在这里，他们不再需要讨论人员和物资分配的优先权，也不用讨论战争是否会成功的问题，因为不管面对什么，他们都会胜利。晚饭后，罗斯福在太平洋地图上指着棉兰老岛说："道格拉斯，我们从这里往哪里走？"

"莱特岛，总统先生，然后去吕宋岛！"麦克阿瑟详细阐述了在攻入台湾之前夺取吕宋岛的优势。尼米兹没有发表评论。

第二天早上，正式会谈在一个大型客厅里举行，客厅的墙壁上挂满作战地图。麦克阿瑟用一根长竹竿指点示意，再次敦促占领吕宋岛。这次，尼米兹用他自己的计划予以反击，他也用一根竹竿作为辅助，表示应该直接攻打台湾。罗斯福向后靠在他的轮椅上，似乎在有滋有味地听着地理课。他巧妙地缩小了分歧点，但他的调解并不是必需的。尼米兹是一位很好的倾听者，他最终接受了麦克阿瑟的论点——对国家荣誉与战略来说，在进军台湾之前解放整个菲律宾是极其重要的。

午餐后，麦克阿瑟向罗斯福保证，他和尼米兹之间不会有摩擦。"我们观点一致，总统先生，"他说，"我们非常了解彼此。"后来，当他的飞机即将起飞前往布里斯班时，他对一名助手得意扬扬地说："我们成功了！"

当美国人正制定攻入莱特岛的复杂战略时——进攻日期已确定为12月20日——东京的大本营正试图猜测他们的意图。《陆海军尔后之作战指导大纲》设想了在四个地区的作战行动:菲律宾、台湾与冲绳、日本本土岛屿,以及北部的千岛群岛。虽然这个大纲被赋予了一个乐观的名称——"捷号作战",但实际上是一个绝望的产物,是一系列最后拼死的防守。很明显,菲律宾是美国的下一个目标——"捷一号作战"——并且,大家一致认为菲律宾应该成为陆上和海上最后决战的地点。

问题是在哪里以及如何应对这一挑战,并迫使这种对抗变成真正的决定性战役。这是一个地理问题。菲律宾群岛拥有将近7100个岛屿,距离亚洲大陆约500海里,位于台湾以南230海里。它从棉兰老岛向北部延伸1150英里,经米沙鄢群岛——包括宿务岛和莱特岛在内的中部群岛——到最大也是最重要的吕宋岛。只有11个岛屿的面积大于1000平方英里,其中棉兰老岛和吕宋岛面积占群岛陆地总面积的三分之二以上。然而从战略上讲,莱特岛——面积只有棉兰老岛的十三分之一——也同样重要。它处于群岛的心脏地区,其宽敞的海湾极易招致从海上而来的进攻。

南方军的作战参谋想在美国人最先登陆的地方反击——可能会在南部的某个地方——在他们有机会建立基地之前就发动攻击。但是他的提议被陆军参谋本部否决了。因为他们无法准确预测敌人首先攻击的地方。相较于将部队分散在一些南部的岛屿上,不如把大部分部队集中在吕宋岛上,那里有最好的道路,最容易防守。

征服菲律宾要求海陆联合作战,其规模对美国来说是空前的。麦克阿瑟将领导部队攻击,但他要求尼米兹全力支持。削弱日本的航空力量是海军的任务。第一次攻击于9月6日由海军中将马克·米切尔的第三十八特遣舰队实施。三天来,他的轰炸机袭击了棉兰老岛东部550海里的帕劳群岛。随后,他在9月9日和10日将攻击目标转移到了棉兰老岛本身。

这些空袭刺激了日本为保卫菲律宾而做好准备。在马尼拉,寺内元帅的南方军负责防守从新几内亚到缅甸的广大地区，他和东京方面一样相信，陆基飞机可以在大部分敌方护航队上岸之前将它们击沉。但当地的地面部队指挥官第十四方面军总司令陆军中将黑田重德认为，虽然这个想法很好，但是你不能"单单依靠想法就取胜。语言并不会让美国军舰沉没，而且当你比较双方的飞机时，这点就会更明显"。日本的航空力量是微不足道的，战斗必须在陆地上才能打赢。

日本甚至对于怎么打这种仗都有分歧。之前应对所有的进攻时都是以"在滩头将敌军歼灭"作为标准作战程序的。但对这一策略的反对意见正越来越多。沙滩上的防守已经证明无法对付美国军舰的炮轰以及随后坚决的登陆，于是大本营命令寺内在纵深地区组织抵抗。

该命令被下达给负责防守棉兰老岛和米沙鄢群岛的军官——铃木宗作中将，他曾在马来亚被辻中佐粗暴地从床上叫醒。① 他负责指挥第三十五军，该部队相当于美国一个军团，司令部设在宿务市。他的同僚们将他描述为一个温和的人，称他"义薄云天，身直似竹"。

铃木不仅担忧美国的进攻可能会比他在东京和马尼拉的长官所预计的要早一些（他告诉参谋长，美军预计会在10月1日左右登陆），而且还正确地预测敌人将集中精力攻击莱特岛。他将第三十师团部署在棉兰老岛北部，以便军队能够迅速转移到莱特岛，但随即发生的事情让他对自己的预言产生怀疑。9月10日，一则来自海军监视部队的消息说，敌人在棉兰老岛南海岸的达沃附近登陆。两个小时之后，来了另一份报告：

美国海军陆战队的两栖坦克已在达沃对面小岛的南端登陆。

---

① "这是石原-辻的派系——'下克上'的化身，"铃木将军在离开马来亚后对他的同僚堀江芳孝少佐说道，"这个派系使得日本陆军沦落到今天这种可悲的局面。在马来亚，辻的言论和行为常常傲慢无礼，再加上对中国商人的不人道行为，所以我建议山下将军严惩辻，然后将其撤职，但他佯作不知。我告诉你，只要他们（辻、石原这类人）继续在陆军中发挥影响，只会导致毁灭。消灭这些毒虫是眼下最重要的事情。"

铃木立即将第三十师团转移到棉兰老岛南部,并向马尼拉发出警告。第四航空军开始将飞机从新几内亚运往菲律宾,而联合舰队则向部队发出警报,要求部署"捷一号作战"。但是没有敌人登陆。原来,在俯瞰海湾的小山上观察的士兵错误地将波涛汹涌的海浪当成了登陆艇。

"把这次意外当作一个教训吧。"铃木告诉他的参谋。他相信,下一次他们不会如此鲁莽行事。

两天后,米切尔又重新开始攻击,这场攻击将最终横扫菲律宾,一直打到冲绳岛。四十八小时内,他们向米沙鄢群岛发动了 2400 架次飞机的袭击。他们造成的破坏极其巨大,而美军的伤亡又如此之低,以至于第三舰队(现在还包括原属于斯普鲁恩斯的第五舰队的大多数舰只)的指挥官哈尔西上将自问为什么不提前进攻莱特岛。他坐在"新泽西"号战列舰舰桥上的一个角落"反复思考"。提前进攻这种事其实与他无关,如果他这么做了,也许会"打乱计划,可能还会打乱罗斯福先生和丘吉尔先生的计划",但也可能"将战争缩短几个月"。

哈尔西召来他的参谋长绰号"米克"的罗伯特·卡尼和他的秘书哈罗德·斯塔森,对他们说:"我准备冒个险。现在快向太平洋舰队总司令部发个急电。"电报中建议取消对雅浦岛、莫罗泰岛和棉兰老岛的初步行动,并"尽早"拿下莱特岛。尼米兹将该电报转发到魁北克——罗斯福和丘吉尔正又一次在那里开会。哈尔西的大胆建议引起了他们的兴趣,但他们需要麦克阿瑟的支持。

麦克阿瑟正乘坐"纳什维尔"号前往莫罗泰岛,该岛屿位于新几内亚和棉兰老岛之间的东印度群岛,是他前往菲律宾的倒数第二步。"纳什维尔"号正处在无线电静默期间,因此需要麦克阿瑟的总参谋长——留在新几内亚的萨瑟兰将军——作出决定。他知道他的长官会希望早日解放菲律宾,所以他以麦克阿瑟的名义复电魁北克说,可以在 10 月 20 日——即提前两个月——进攻莱特岛。

9 月 15 日,麦克阿瑟的部队在莫罗泰岛登陆,而哈尔西则在帕劳群岛中的贝里琉岛遭遇顽强抵抗。① 六天之后，米切尔继续以毁灭性攻势猛攻菲律宾。他大胆地将自己的航空母舰开到距离吕宋岛东部40海里以内的海域，对马尼拉地区发动了四次空袭。克拉克机场和尼科尔斯机场的跑道被整个掀翻，200多架飞机被毁，马尼拉湾的舰船也遭到蹂躏。美国只损失了15架飞机，而日本没有一架飞机能够突破第三十八特遣舰队的防护火力网。

3

目前，即使在东京也能很明显地看出，美国攻入菲律宾已是迫在眉睫。黑田将军曾经现实地预言说，日本的陆基飞机无法挫败美国的海上力量，但他却因"在高尔夫、阅读和个人事务上花费的时间比执行公务更多"这种似是而非的理由，而被撤去司令官的职务。

接替他担任群岛所有地面部队司令官的是一位在战争早期获得胜利

---

① 日本下定决心要守住贝里琉岛。据统计，平均要用1589发轻重武器弹药才能杀死一名日本士兵。而美军伤亡非常惨重，在一个月的苦战中，有1121名海军陆战队队员战死。

海军陆战队与自己的海军和陆军也有相当程度的不和。在登陆之前，在记者汤姆·利所乘的运输舰上，海军陆战队士兵把一则启事留在该舰军官室中的公告板上：

感谢信

致美国军舰"反击"号上的官兵：

1. 在这里，我们非常高兴地向船上的所有成员表示衷心的感谢，感谢他们在航行期间对海军陆战队队员的友善和体贴。

2. 我们非战斗人员意识到，是勇敢和坚定的船员正在赢下太平洋地区的战争。你们的海军甚至跑到距离日本岛屿不到10海里的地方，冒着牺牲宝贵生命的危险而战斗。哦，你们是多么勇敢！哦，我们的痔疮都在为你们流血。

3. 由于你们在这次航行中的行为，我们衷心祝愿：

  a. 美国军舰"反击"号在所有部队登陆后立即收获一枚日军的鱼雷。

  b. 美国军舰"反击"号上的船员都被困在"橙滩三号"地区，已便上船的海军陆战队队员能以某种方式报答这段旅程中船员和军官对我们的亲密友谊。

4. 总而言之，我们海军陆战队希望对你们这些最亲爱的海军成员说："去你妈的，你们这些狗杂种！"

美国军舰"反击"号上的海军陆战队

的英雄之一、新加坡的征服者山下奉文大将。在马来亚战役之后，山下被调往"满洲"训练部队，不能在东京停留。据大本营说，这是为了防止苏联人获悉他的新职务，但山下与东条不和已久，他确信这只是让他脱离公众视野的借口。

南下之路上，山下的作战参谋朝枝繁春少佐和他的长官一样急切地渴望行动。山下告诉他，他担心菲律宾的战役"将成为另一场凑川之战"——一场指挥官从一开始就知道没有胜算的战斗。但是他在新参谋面前藏起了这种悲观情绪，然后在10月6日抵达马尼拉附近的麦金利堡第十四方面军司令部时告诉他们，日本的命运取决于这场战斗的结果。每个军官都应抱着"重大的责任感"坚持战斗，决心取胜，"如果我们都记得这点，日本军队最终必然会赢得胜利"。

不到2万名士兵的第十六师团驻防在麦克阿瑟的目标莱特岛上。该部队于1941年平安夜在吕宋岛的东海岸登陆，并在参加夺取马尼拉的战斗之后，又在巴丹半岛激战。但是，目前部队中的大部分士兵，包括其司令官牧野四郎中将，都是从未参加过战斗的替补人员。在日本陆军中，他们的名声很差：这些人大多是从京都-大阪地区征召入伍的人，"做生意比打仗厉害。"

莱特岛像个楔子般插进两个较大的岛屿之间，东北方向是萨马岛，南部为棉兰老岛。它的形状类似一颗臼齿，根部指向棉兰老岛。东海岸有一处肥沃的平原，沿着莱特湾伸展35英里。宽敞的沙滩上没有珊瑚礁保护，使之成为进行登陆行动的完美场所。但往内陆几英里，麦克阿瑟的士兵将不得不穿过一片沼泽地、溪流和稻田的混合地带，在雨季时只有走大路才能通过那里，而现在已经是雨季了。岛上的其余部分是山区，树木茂盛，同样难以进攻或防御。岛上有一小队一小队的游击队出没，常常相互冲突，也时常和日本人交火。他们对于麦克阿瑟的主要价值就是能通过无线电来提供牧野将军防守的可靠信息。

岛上有将近100万人，除了3076名中国人，以及少量欧洲人、美国人和日本人之外，全部都是性情温和的米沙鄢人，他们以农业和渔业为生。岛上的主要作物有水稻、甘蔗、玉米和椰子。

在荷兰迪亚，以及位于新几内亚北部 200 海里处的阿德默勒尔蒂群岛之中的马努斯岛，一支庞大的舰队——包括战列舰、巡洋舰、小型航空母舰、驱逐舰、运输舰、油轮、两栖船、扫雷艇、救援拖船，和浮动干船坞——正准备向莱特岛进发。船上有水手 5 万人，运输舰和两栖船运载了麦克阿瑟第六军团的士兵 16.5 万人。攻击莱特岛将是太平洋地区规模最大的行动。麦克阿瑟、尼米兹和海外轰炸机指挥官的所有力量将首次联合作战。

米切尔还是很担心舰队的安全通行，为完成护航，他将在菲律宾海和中国东海之间来回巡航。已经几乎完全消灭日本在菲律宾的航空力量的第三十八特遣舰队首先向北行进 1000 海里，到达冲绳岛——这是被日本人视为本土的一部分的岛屿。10 月 10 日，米切尔的 1396 架飞机摧毁了 100 架敌军飞机和大量航船，其中包括四艘货船、一艘潜艇母舰，以及十多艘鱼雷艇。

第二天，米切尔转回南方轰炸吕宋岛北部。然后他再次掉转航向，在 10 月 12 日日出之前，从他的四个航母群中派出战斗机攻击台湾岛。在那里，他遇到了第一次猛烈抵抗。第六基地航空部队司令官福留繁中将派出 230 架战斗机伏击美军。虽然他手下的许多年轻飞行员只从电影中学过战斗技术，①但在人数上和敌人至少达到 3 比 2。

福留从他的指挥所看到远处的敌方飞机扫过他的机场。高空中，一些微小的斑点——"零式"拦截机——开始向美军俯冲。看到爆炸的闪光和一道道长弧形的烟雾，福留兴奋得拍起了手："做得好！做得好！大功告成！"但美军继续以完美的阵形来袭——原来被击落的飞机是他自己的。他的战斗机一直像"许多鸡蛋砸在不屈不挠的敌机群所筑成的石墙上"。

福留在第一次迎击中就失去了三分之一的拦截机，剩下的都在第二

---

① 东宝株式会社在世田谷区建了一个湖，里面摆满了 6 英尺长的美国战舰模型。在一座塔的顶上，电影摄影机从各种角度拍摄了"舰只"，模拟出不同的速度。日军用播放这些电影来代替作战训练，以节省燃料。

次迎击中被消灭,没有飞机可以进行第三次战斗了。而美国人在第二天早上再次袭击,他们没有遇到任何抵抗,相比前一天对日军的航空设施破坏更甚。日军在黄昏时进行了报复。专门为夜间袭击而设计的30多架轰炸机向第三十八特遣舰队扑去。飞机在海浪上方掠过,以避免雷达侦测。三架俯冲轰炸机躲过拦截机,并向"富兰克林"号航空母舰丢下炸弹。两颗炸弹没有击中目标,但第三颗炸弹在甲板边缘的升降机处爆炸。左舷区域起了火,但很快就被扑灭了。"堪培拉"号重型巡洋舰(为纪念在萨沃岛海战中沉没的澳大利亚巡洋舰而得名)却没有那么幸运。一颗鱼雷击中它的侧面,撕开一个巨大的洞口。海水涌了进来,它在距离台湾岛90海里处停了下来,再也无法投入战斗。

位于旗舰"新泽西"号上的哈尔西正面临着一个艰难的抉择。他是应该放弃"堪培拉"号,还是应该冒险让另一艘军舰试图以4节的航速将它拖行1300海里到加罗林群岛的乌利西环礁?哈尔西以其一贯的处事方式命令另外一艘巡洋舰将"堪培拉"号拖回。为了转移日本人的注意力,他对台湾展开了第三次且是计划外的袭击。早晨,米切尔派出3批飞机轰炸台湾的机场,同时,109架陆军航空队的巨型B-29型轰炸机从中国内陆起飞,轰炸了高雄地区。到黄昏,已有500多架日本飞机在三天的空战中被摧毁。

但幸存的日本飞行员(他们对战斗的看法仅仅来自东宝株式会社的电影中湖泊里的模型)却报告说,这是日本海军历史上最大的胜利。当哈尔西的舰队撤离去攻击其他地方时,海军大将丰田——他恰好在台湾进行视察——认定这一行动是美军战败的标志。他命令福留派遣所有的轰炸机去追赶第三舰队的"残余部队"。第二天,10月15日,福留发动了三次袭击。一组飞机发现了敌人,但被击退。次日下午,一组由107架飞机组成的机群赶上了撤退的美国人。只有3架穿过美军战斗机掩护网,1架用鱼雷击中了"休斯敦"号轻型巡洋舰。6500多吨海水涌入舰中,它似乎注定要和前一艘在爪哇岛沉没的"休斯敦"号遭遇同样的命运,但损害控制部一直在维修漏洞,和"堪培拉"号一样,它也被拖了回去。

从冲绳岛横扫到吕宋岛的哈尔西一艘军舰都没损失。他诙谐地向尼米兹发报说:"第三舰队沉没和损坏的船只已被抢救,并高速向敌方撤退。"其时,他正向南方前进,去支援即将到来的袭击莱特岛行动。

在日本,无论是联合舰队还是大本营,都没有任何理由质疑返航飞行员对重大胜利的报告。10月16日的正式公报宣布,在台湾战役中,11艘敌方航空母舰、2艘战列舰、3艘巡洋舰,以及1艘驱逐舰或轻型巡洋舰已经沉没,击毁的舰只数量几乎与击沉的相同。另外,还有112架敌方飞机被击落。公报也承认312架日本飞机尚未"返回",但是对于摧毁第三舰队而言,这代价已经很小了。天皇要求在日比谷公园举行庆祝活动。

南方,台风在菲律宾肆虐,但在10月17日黎明,风暴已渐渐消退。在大风大浪的海上,美军的一个攻击小组——2艘轻型巡洋舰、4艘驱逐舰和8艘运输舰——跟随3艘扫雷艇进入了莱特湾。其中一艘巡洋舰"丹佛"号向一个位于海湾口的小岛——苏卢安岛——持续炮击了20分钟。随后,第六突击步兵营在倾盆大雨中乘运输舰登陆,无人抵抗。突击队员在灯塔里寻找布雷图,但没有找到。他们消灭了32名日本驻军中的大部分士兵,但一个监视哨已发出了无线电警报。警报内容过分夸大了美军攻击队的规模(报告说,"2艘战列舰、2艘改装的航空母舰和6艘驱逐舰"停泊在岛屿附近),以至于他们的存在引发了日军的高度警戒。仍在台湾的丰田大将向栗田健男中将发信,让他带领强大的第一游击舰队从新加坡出发,然后下令让小泽的机动舰队驶出内海(该舰队在菲律宾海战败后已重新组建),开往菲律宾。他还指示潜艇前往莱特地区攻击美舰。随后,他便乘飞机去往日本,这样一旦"决战"开始,他就能身处联合舰队司令部进行指挥。

负责守卫米沙鄢的人则认为,苏卢安岛发出的警报又是一个虚假报告。在宿务,铃木宗作将军想起了当棉兰老岛的白浪被报告成登陆艇时所引发的恐慌。既然美国海军遭受了比珍珠港事件更大的失败,敌人还怎么可能发动进攻?他在马尼拉的上司对此也同样怀疑。侦察机飞行员报告说,透过云层和雨水,在莱特湾什么也没发现。

在莱特岛上,只有牧野将军担心这是一场真正的进攻,不顾参谋的意见,命令展开警戒。参谋们认为,在莱特湾口出现的美国军舰只是被台风吹到南面的台湾战役的残余部队。

10月18日拂晓,天气晴朗,突击队员在登陆苏卢安岛旁边的另一个小岛——霍蒙洪岛——时没有遇到任何困难。(大概就在这时,牧野的一名参谋官正好飞过海湾,但隔着云雾什么也没看到)。岛上没有日本人,没有防御工事。突击队没有遇到任何抵抗("我们带着这么多该死的子弹来到这儿,却一个鬼子也没遇到!")就完成了他们的任务:竖起导航灯来引导舰队。往南15海里处,其他突击队员在迪纳加特岛蜂拥上岸。这是一个更大的岛屿,守卫着海湾的下游。这也是一个没有人影的岛屿。他们在岛屿末端一个叫"荒凉角"的地方设置了第二个导航灯。舰队将从这两个岛屿之间进入海湾。

中午前,莱特湾的入口处已确保安全。两个小时之后,"宾夕法尼亚"号战列舰以及两艘巡洋舰和几艘驱逐舰,开始沿着海湾轰击莱特岛。随后,登陆艇载着水下工作小组去侦察海滩的情况。日军沿着岸边一排排整齐的椰子树挖出了战壕,并向他们开火,击沉了一艘小艇。其他队员无视猛烈的子弹,继续侦察,不久就带回来了一个好消息:岸边没有地雷和障碍物。

牧野的通信设备本来就不足,现在几乎完全被风暴所扰乱,而他自己却不知道这一点。刚刚飞过海湾的军官报告说没有发现什么异常,这让他放了心。他向铃木报告说,早些时候在海湾出现的美国军舰可能只是在躲避台风。

在日本,联合舰队并没有这样盲目自满。就在中午之前,丰田大将下令执行"捷一号作战",他的参谋在联席会议上首次向陆军透露了全面战役的详尽计划;海军将派出所有可动用的舰艇攻击莱特湾的美军登陆部队。这种"孤注一掷"的态度使佐藤贤了感到很难过。如果海军失败了,陆军在决战中又有什么机会呢?佐藤指出,"联合舰队不仅属于海军,而且属于国家"。它的毁灭——他用了"自我毁灭"这个词语——将会使本土敞开,让敌人入侵。"只有舰队还存在着,才能使敌人小心翼翼,"他以哽咽的声音说,"所以,诸位,要谨慎。"

"我很庆幸能够知道，"作战课长海军少将中泽说，"你们陆军如此重视联合舰队。"他的话语很真诚。他恳求能"死得其所"。菲律宾将是最后的机会。"请让联合舰队有机会绽放死亡之花，"他的声音颤抖着，"这是海军最真诚的请求。"

佐藤忍不住淌下眼泪，也无法再争论。他得体地表示同意。那天下午，天皇向"捷一号作战"寄予了祝福。

菲律宾南部，分散摆开在数千平方海里海面上的舰队——420艘运输舰和157艘军舰——正在朝莱特湾稳步行进。先锋部队是支援和炮击部队的战列舰、巡洋舰和驱逐舰。10月19日拂晓，他们驶进海湾，开始炮击登陆海滩。与此同时，舰载飞机正攻击着米沙鄢群岛的各个空军基地。他们几乎完全摧毁了该地区剩余的日军航空力量。

庞大舰队上场前所需的准备工作终于完成。当天晚上11时，舰队在莱特湾以东17海里处汇集，慢慢地朝着迪纳加特岛和霍蒙洪岛上的导航灯所指示的湾口行驶。公共广播系统中播放着新教和天主教的祈祷，不止一个人有不祥的预感，好像他们正在听自己的临终祈祷。前方隐约传来驱逐舰向登陆地发射炮弹的沉闷的炮声。

还有11个小时，美国士兵们就将猛攻海滩，这会儿，他们试图在闷热的船舱里休息一下。睡不着的人躺在铺位上默数着漫长的时间，或者登上甲板去呼吸新鲜空气。这些军舰在平稳驶过海湾口时速度很慢，看起来几乎没有移动。没什么人说话，每个人都沉浸在自己的想法和恐惧中。左边出现了一团不祥的影子，那是迪纳加特岛，整座岛屿都隐藏在黑暗中，除了尖端的"荒凉角"，白色的灯塔在那儿持续地闪闪发光。

突然，一名士兵翻身落入了海中。广播响起"后方各舰注意寻找"的声音。在这湍急的、闪闪发光的水流中，救援似乎是无望的，但20分钟后，舰队末尾的一艘小艇发现了这个士兵，赶紧将他拖上船。

10月20日，第一缕晨光刚照到大地——麦克阿瑟把这天称为"A日"，因为在公众看来，"D日"（诺曼底登陆日）指的是1944年6月6日——莱特岛的轮廓已经朦胧可见。太阳在舰队后方升起，照亮了头顶的天空。几分钟之内,天气就热得让人难受。一瞬间,三艘战列舰开火,打破了寂静。一缕缕灰色的烟雾在杜拉格附近的"紫滩"和"黄滩"处升起。十二分钟后,空中出现了一架日本侦察机。高射炮弹在飞机周围爆炸,但小飞机却毫发无损地飞走了。

大约 7 时,另外三艘战列舰也加入了炮击,它们的目标是北部的"白滩"和"红滩",位置正好在首府塔克洛班下方。一小时内,运输舰平稳地驶过水平如镜的海面,开到离岸 7 海里的位置。战列舰停火,让巡洋舰、驱逐舰和炮艇移动到更近的位置进行炮击。随着数千枚火箭弹同时从小炮艇上发射出去,持续的隆隆炮火声突然被可怕的"嗖嗖"声盖过。几秒钟后,远处爆发出一声雷鸣般的巨响。整个海岸线变成了"一片耀眼的火海"。烟雾散开后,运输舰上的人们惊讶得不敢相信自己的眼睛——那曾经生长着茂密丛林的地方,现在已经是"寸草不生、杂乱无章、乌烟瘴气、一片废墟"。

9 时 45 分——"H 时"前十五分钟——那些像赛马一样已各就各位的登陆艇,排出 12 海里宽的阵形向海滩前进。在北部,第一骑兵师在"白滩"上岸冲阵。神枪手用卡宾枪和加兰德步枪消灭了躲在棕榈树上的狙击手。他们炸毁了混凝土碉堡,第一骑兵师冲上了沿海公路。在左方,第二十四步兵师也得以轻松登陆。该师的两名士兵——其中一名是菲律宾人——在"红滩"上插下了美国和菲律宾的国旗,但他们遇到了日军坚决的反抗,花了几个小时才到达公路。南边更远处,第九十六步兵师在"橙滩"和"蓝滩"安全上岸。幸运的是,部署在卡特蒙山以控制该地区的大部分日军火炮都被海军炮击所摧毁。他们向内陆推进了近一英里,被沼泽和日军零星的抵抗减缓了行进的步伐。在他们左侧的最南端——"紫滩"和"黄滩"——曾在阿图岛和夸贾林环礁参加战斗的第七步兵师遇到了最顽强的反抗,但他们还是在中午拿下了杜拉格。

麦克阿瑟从"纳什维尔"号巡洋舰的舰桥上专心观看登陆过程,直到午餐时间才返回。在下午 2 时前,他再次出现在甲板上,身穿新的卡其色制服,戴着太阳镜和元帅帽。他爬上运载军官和新闻记者的驳船。驳船将前往"约翰兰"号运输舰,菲律宾总统塞尔吉奥·奥斯米纳(自三个月前奎松去世时成为菲律宾总统)与卡洛斯·罗慕洛将军在那里等待着他。罗慕洛已经两年没有见到麦克阿瑟了,他急切地爬下绳梯。

"卡洛斯,我的好小伙子!"麦克阿瑟喊道,"我们到家了!"

奥斯米纳对麦克阿瑟的亲切问候掩藏了他真实的感受。罗斯福总统曾向他发出个人请求,劝说他返回菲律宾,如此一来,他便处于麦克阿瑟将军的阴影之下。但这一刻,兴奋的心情压倒了私人恩怨,他们立刻交谈起来,反复地说着"我们到了"这句话。麦克阿瑟拍了一下萨瑟兰的膝盖,"不论你信不信,"他笑着说,"我们回来了。"

驳船在塔克洛班以南约五英里处的"红滩"靠岸。船头的斜板放下后,麦克阿瑟踏入齐膝深的水中。他身后跟着奥斯米纳、乔治·肯尼和其他几个人。体形瘦小的罗慕洛穿着新鞋,还不太跟得上麦克阿瑟的大步伐。

海岸被四艘损坏的登陆艇堵住了,其中一艘还燃烧着,偶尔也能听到机枪和步枪的响声。麦克阿瑟叼着玉米芯烟斗,后裤袋里插着一把他父亲的老式左轮手枪。他到一片棕榈树林中寻找第二十四师司令弗雷德里克·欧文少将。"这就是我梦寐以求的事情。"罗慕洛听到麦克阿瑟自言自语地说道。

俯卧的士兵正在集中火力攻击前方某处。"嘿,快看,那是麦克阿瑟将军。"一个士兵说道。

他的同伴甚至连头也没抬。"哦是吗?我想埃莉诺·罗斯福也跟他在一起吧。"

与欧文将军进行了简短的谈话之后,麦克阿瑟回到了他的一行人中。他向奥斯米纳打了个手势,把手搭在他的肩上。"总统先生,回家是什么感觉?"他问。他们坐在一棵倒下的树上,"一旦我们拿下塔克洛班,我就把政府交给你。这可能要比我们计划的来得更早一些,事情进展得很顺利。"

"我已经准备好,随时都可以,将军。"

一名通信兵手持麦克风凑过来,打断了他们的谈话。"自由之声"广播又恢复了。麦克阿瑟开始讲话,声音充满感情,双手颤抖。空中飘落着零星的雨点。"菲律宾的人民，我已经回来了。感谢上帝的仁慈，我们再次在菲律宾的土地上站了起来……在我身边的是你们的总统塞尔吉奥·奥斯米纳，他是伟大的爱国者曼努埃尔·奎松当之无愧的继任者，和他站在一起的是他的内阁成员。"

在讲话的背景音中，卡车吵闹地碾过沙滩，飞机在头顶呼啸。远处偶尔传来海上军舰炮击内陆的轰隆声。麦克阿瑟将军提高嗓门，呼吁人们以巴丹和科雷希多岛上的精神与他团结在一起："随着战线的向前推进，你们将会被卷入作战区。起来战斗吧……为了你们的家庭，战斗吧！为了你们的后代，战斗吧！以你们神圣牺牲者的名义，战斗吧！别让任何人丧失勇气。让所有臂膀都穿上钢铁战衣。神圣的上帝指引了道路，让我们跟随上帝之名，夺取正义胜利的圣杯！"

奥斯米纳接过麦克风。解放菲律宾群岛将是美国人和菲律宾人的共同事业，于是他呼吁民众合作："美国承诺，我国经历战争的蹂躏之后，将得到重建和恢复。我们已经采取措施来达到该目的。等到恢复正常状况后，法律和秩序将得到全面重建，宪政的民主进程也将恢复。"

罗慕洛也称赞了美国人："你们必须继续对他们保持信心，不能让美国失望。"

麦克阿瑟心情愉悦地漫步在潮湿的树丛中，和士兵交谈，直到一名军官指着附近的树木紧张地说："将军，那边有狙击手。"麦克阿瑟似乎没有听到。他在一根木头上坐了下来，凝视着远处他发誓要解放的土地。

北部几英里处，第一骑兵师的士兵已经到达了塔克洛班的郊区。他们挖掘战壕，布好迫击炮和机枪以防夜袭。可并没有日军夜袭，相反，他们被获得解放的菲律宾人的热情所感染。菲律宾人成群结队地经过哨兵面前，其中有老人，还有怀抱婴儿的年轻母亲。《纽约客》的记者罗伯特·沙普伦看到一位脸上满是皱纹的老妇站在那里，将双臂伸向美国士兵，脸上浮现出快乐的微笑。她似乎正身处梦中，惊喜得不敢相信自己是清醒的。

美国人在菲律宾群岛的中心位置建立了坚固的滩头堡，还运来了超过10万吨的货物，付出的代价却非常之低——只战死了49名士兵。罗斯福向麦克阿瑟发电表示祝贺："国家非常感谢你所做的一切,整个国家都为你和你的部下的成功反击而祈祷。"

美军的损失一直很少,因为日军防御体系已被三天的炮击破坏了。日军的前沿阵地被摧毁,炮击和扫射削弱了他们的队伍,日军已经开始退却,常常毫无指挥地四散逃跑。只有极少数部队还和师团司令部保持联系。那天晚上,第二十二炮兵联队的近藤大佐指责第一大队的指挥官未得到命令就撤退。大队长辩解说几乎整个大队都非死即伤,而且火炮都被摧毁,但近藤拒绝接受这一借口。"你怎么没死呢?"他愤怒地命令幸存者在他们的阵地上战斗到最后一刻。

牧野将军完全不知道关于战斗进展的任何细节。在美军进攻的前夕,他匆忙撤离了位于塔克洛班的司令部,当美国人登陆时,他正退往内陆,还没能够向他的上司报告他所知道的那一点点消息。

在麦金利堡,山下正试图评估从莱特岛发来的零星情报。10时刚过,他的新任参谋长武藤章中将就从苏门答腊岛到了这里——他曾被东条"流放"到苏门答腊。武藤没带任何行李,穿着一件肮脏的制服——在机场的一次轰炸中,他为了逃命,跳进了泥泞的沟渠。

山下告诉他美国的进攻行动。他回答:"非常有意思,不过莱特岛在哪里?"刚刚从东京飞来的杉田一次大佐(山下在新加坡时的译员)加入了他们的谈话,给二人带来了令人不安的消息:大本营命令第十四方面军在莱特岛进行决战。

第二天,10月21日,麦克阿瑟的四个师继续向前推进,几乎没有遇到阻力。杜拉格的机场被占领;塔克洛班的大部分地区已经被解放了,人们计划于第二天早上举行一场特别的城镇集会,以欢迎胜利者,同时为菲律宾民政部门招募本地劳工。菲律宾平民无视郊区偶尔传来的炮火声,挤满了集市。省委员会成员萨图利诺·冈萨雷斯说:"为了保命,我们必须服从日本人的命令。"他虽然对着观众在说话,但他的话是说给美国人听的——因为他用的是英语。"但是,你们知道我们的感情毫无疑问是向着谁的。现在,我请你们考虑一下日本人到来之前美国政府的政策,以及这些政策与日本政府的政策相比较怎么样。这样,你们就会对著名的美国民主方式有所了解。"

下一位发言者举起了一罐 K 种口粮。人们立刻会意,用英语欢呼道:"美国人万岁!可爱的美国人!"

一名美国上校告诉人们,菲律宾是属于菲律宾人自己的:"你们的联邦政府将由你们自己的总统奥斯米纳组建。我们想看到你们拥有足够的食物和衣服。我们希望你们能耐心一些,我们需要劳动力,你们付出的劳动将获得报酬,以菲律宾的钞票支付,这样你们就能买米和我们即将带来的其他产品了。但是,我向上帝发誓,你们都是以自由人的身份来做这些事的!"

《纽约客》的记者沙普伦怀疑观众是否完全理解了上校所说的一切,但是他们的热情如此之高,下一位发言人,莱特岛的前省长甚至保证会为美国人工作"一年 365 天,而且不求回报"。

上校表示反对,说话声却被"亲爱的美国人!我们会工作,我们会工作"的呼喊声所淹没。

在西北方向 340 英里外的马尼拉,山下正试图最后一次劝说寺内元帅向东京抗议让莱特岛成为菲律宾陆上决战地点的命令。增援部队怎么能突破美国在海岛周围布置的空中和潜艇封锁呢?而且,在足够的部队和物资到达莱特岛之前,战斗已经结束了。莱特岛是麦克阿瑟的主要目标吗?也许这只是在全面进攻吕宋岛之前的佯攻。

但他的劝说根本无济于事,寺内坚信,即将到来的海空反攻将消灭莱特湾的敌方舰队。寺内(武藤描述他"有高昂和乐观的精神")命令第十四方面军"全歼莱特岛上的敌人"。山下不情愿地将命令传达给铃木,并答应向莱特岛派遣大量步兵增援。海军的支援预计将"在 10 月 24 日或 25 日"到达。

在莱特岛,牧野被迫将其第十六师团分成南北两股守卫军。他在命令中使用了咄咄逼人的措辞,但私下里,他仍希望他的军队在援军到来之前不要崩溃。

到了第二天，塔克洛班地区对进攻者来说已经足够安全，盟军领导人可以在此公开露面。下午早些时候，一支菲律宾铜管乐队乘坐武器运载卡车在塔克洛班的街道上吹打着漫游；喇叭没完没了地反复广播麦克阿瑟和奥斯米纳即将到来并将举行庆典的消息。在乐队的带领下，人们组成了一支临时的游行队伍。到了3时，一大群人已聚集在政府大楼的台阶周围。

麦克阿瑟一行分乘两艘鱼雷快艇，在旧码头下船，将军带头前往政府大楼。在大厦前的台阶上，麦克阿瑟正式宣布成立以奥斯米纳总统为首的菲律宾国民政府，并答应解放菲律宾群岛的其余岛屿。这是一次短暂而不动感情的演讲，但参加庆典的人们每听到一句话就欢呼一次。

乐手吹响了军号，美国国旗和菲律宾国旗同时升起。麦克阿瑟庄严地与奥斯米纳及罗慕洛握手。"我和我的参谋人员现将告辞了。"他说完便开始回身走向码头。

第二十二章　莱特湾之战

1

日本机动舰队和第一游击舰队——联合舰队的残部——正从北面和西面接近菲律宾。海军中将小泽治三郎指挥机动舰队，其航空力量已在马里亚纳群岛被粉碎，其余的飞机在台湾岛的三天空战中也没有起到什么作用。尽管如此，舰队拥有"瑞鹤"号大型航母，"瑞凤"号、"千岁"号和"千代田"号轻型航母，以及改装成航空战舰的战列舰"伊势"号和"日向"号，整体声势仍令人畏惧。然而，它只是一支外强中干的战斗部队。6艘舰上一共只有116架飞机。

从新加坡过来的第一游击舰队由海军中将栗田健男指挥。他出生于一个学者之家——他的父亲编纂了一部杰出的日本史——但他却是一个实干派。他曾在5艘驱逐舰上当过舰长，指挥了2支鱼雷战队，然后又指挥过巡洋舰部队。他曾护送要在中途岛登陆的部队，在参加瓜达尔卡纳尔岛海域的战斗后（包括率领"金刚"号和"榛名"号炮击亨德森机场），他及时接手了第二舰队，并参加了菲律宾海战。他的新舰队严格说来是一支水面舰艇部队，但其火力确实厉害。舰队拥有世界上最大、最可怕的2艘战列舰"武藏"号和"大和"号，还有5艘旧的但仍然可用的战列舰，其中包括"榛名"号（这艘舰经常被报告已经沉没），还有它的姊妹舰"金刚"号。

其他还有11艘重型巡洋舰、2艘轻型巡洋舰,以及19艘驱逐舰。第一游击舰队能比任何海上舰队发射更多炮弹。

10月20日,当美国人在莱特岛登陆时,舰队抵达婆罗洲的文莱。第二天早上,栗田收到命令,要在10月25日黎明进入莱特湾,并摧毁敌方的两栖舰船。联合舰队提议进行双管齐下的攻击:一队将通过米沙鄢群岛的狭窄水域,穿过圣贝纳迪诺海峡进入太平洋,然后向南经过萨马岛,从东部进入莱特湾;另一队将通过棉兰老岛和莱特岛之间狭窄的苏里高海峡,从南部冲入海湾。

在前往战场的漫长路途中,这两支舰队很容易就会被美国的潜艇、水面部队和飞机发现并伏击。但栗田和他的参谋愿意承受这些风险,他们所反对的是任务本身。他们渴望能在与航空母舰的战斗中阵亡,但是为什么要为了已经卸货的运输舰而用陛下最好的战舰去冒险呢?联合舰队对这些反对意见表示同情,但仍坚持原来的做法。现在,任何替代方案都为时已晚。但是如果敌军的航母进入他们的攻击范围内,栗田则有权与之交战。

最终,栗田决定令舰队中的大部穿过圣贝纳迪诺海峡,以便尽可能地使其超出敌方飞机的搜索范围。海军中将西村祥治将率领有两艘旧战列舰和四艘驱逐舰的分遣队,走南部更短的路线。这两支舰队都将在25日黎明进入莱特湾,对敌方运输舰及其掩护力量进行合击。

栗田已做好了至少损失一半舰只的准备,但是他的许多低级军官公开地抗议了这种不可预见的风险,以至他打破惯常的沉默,在旗舰"爱宕"号重型巡洋舰的甲板上对各长官及其参谋发表讲话。他告诉他们,战争形势比他们所知道的要危急得多:"当我们的国家灭亡时,舰队却还保持原样,这难道不是一种耻辱吗?我相信大本营给了我们一个光荣的机会。你们必须记住,奇迹是存在的。谁敢说我们的舰队没有机会在决战中扭转局势?"

栗田的话沉着而有力,部下们报以"万岁"的呼喊声。

10月22日早晨8时,第一游击舰队的主体部队从文莱出击,开始向北行驶,跟随其后的是阵容较小的西村分遣队,他们在婆罗洲的顶端东转，朝莱特湾的南入口苏里高海峡行进。主体部队保持18节的航速，以之字行航线继续向东北方向沿一条通道摸黑绕过狭长的巴拉望岛的西海岸，该通道位于海图上未标明的礁石（确切地说是"险滩"）和岛屿本身之间，有25海里宽。在礁石附近的急流中，两艘美国的警戒潜艇——"飞鱼"号和"鲦鱼"号——正在水面并肩巡逻。午夜0点16分，"飞鱼"号的瞭望塔报告："雷达捕捉目标，131度，30000码——目标不确定——可能是雨云。"

是雨云就见鬼了！艇长大卫·麦克林托克想道，那是日本人的舰队。

雷达操作员的报告证实了他的猜测，于是他通过扩音器将信息转播给了"鲦鱼"号艇长布莱登·克拉格特。"让我们把他们干掉。"克拉格特回复说。然后两艘潜艇以"飞鱼"号打头，疾速追赶。

早晨4时50分，他们接近日军，"飞鱼"号的所有人员都已进入战斗岗位。5时10分，它掉转航向，隐匿在水下。通过潜望镜，在拂晓的微弱光线中，麦克林托克在远处发现了一片灰色的影子。一列日本舰队正笔直向他驶来！他向东南部望去，又看到几海里外的另一列战列舰、巡洋舰和驱逐舰。

迎面向他驶来的灰色舰影越来越大。5时25分，麦克林托克辨认出领头的重型巡洋舰正劈出巨大的海浪。这景象美不胜收，麦克林托克希望这就是旗舰。所有的发射管都已准备就绪，当日本舰队突然向西转弯时，他们距离只有不到1000码，目标刚好处在一个完美的角度。"发射！"麦克林托克命令道。一艘巡洋舰上的探照灯发出信号。它是不是检测到了六枚鱼雷？不，它仍然保持着航向。麦克林托克开始瞄准下一艘巡洋舰。

他发射的第一批鱼雷正奔向旗舰"爱宕"号。舰桥上，栗田和他的参谋长海军少将小柳富次，突然感觉到舰身四次巨大的震动。巡洋舰开始下沉。在向一艘驱逐舰发出信号后，栗田和他的参谋赶紧游向那里。

在"鲦鱼"号上，克拉格特通过潜望镜观察着日军的状况。"我的老天爷，"他大声喊道，"那里看起来就像7月4日（独立日）的场景一样！一艘正在下沉，另一艘着了火。日本人到处开火。好一场演出！全体待命——他们来了!"他研究了朝他开来的两艘日舰。"让他们过去——这些只是巡洋舰。"后面是一个更大的目标,他将其错当成了"金刚"级战列舰。"一次发射,二次发射,三次发射,四次发射,五次发射,六次发射。"克拉格特命令道,"下潜,厄尔。让我们赶紧离开这个鬼地方!"

他们听到鱼雷撞击目标的砰砰声,然后传来"好像玻璃纸在耳朵旁边弄皱的声音"。"摩耶"号重型巡洋舰正在解体。

栗田在到达菲律宾中部的危险海域之前就失去了两艘重型巡洋舰,第三艘"高雄"号的情况也很糟糕,不得不返回婆罗洲。此外,他的航线已被发现,但他们什么也做不了,只能继续前行。中午,他收到了联合舰队的电报,电报里告诉他的是他比其他任何人都要了解的事情:

> 敌人很可能知道我们已经集中力量……敌方将很可能采取以下行动:(A)在圣贝纳迪诺海峡和苏里高海峡集合大量潜艇。(B)明早之后利用大型飞机和特遣舰队,计划袭击我们的水面舰艇部队。(C)在敌方运输舰队所在的圣贝纳迪诺海峡和塔克洛班以东的区域内,计划集中水面力量进行决战……
>
> 至于我方的行动:(A)执行我们的原始计划……

2

黎明时分——其实已经是 10 月 24 日了——栗田登上了一艘新旗舰,亦即巨大的"大和"号。他的舰队排成了两个相隔 7 海里的圆形阵。"大和"号和它的姊妹舰"武藏"号是第一组的中心,"金刚"号位于第二组的中心。"大和"号的甲板上矗立着一座宝塔般的巨型舰桥。舰桥的顶部附近就是栗田的指挥部。正下方的作战室里,他的参谋们正试图理解缓慢而至的信息碎片。第一游击舰队经过民都洛岛的南端,继续往上驶入锡布延海。航程中最危险的部分——于白天在众多岛屿之间从一段严格规定的航线中通过——不仅限制了军事机动性,而且给敌方潜艇提供了

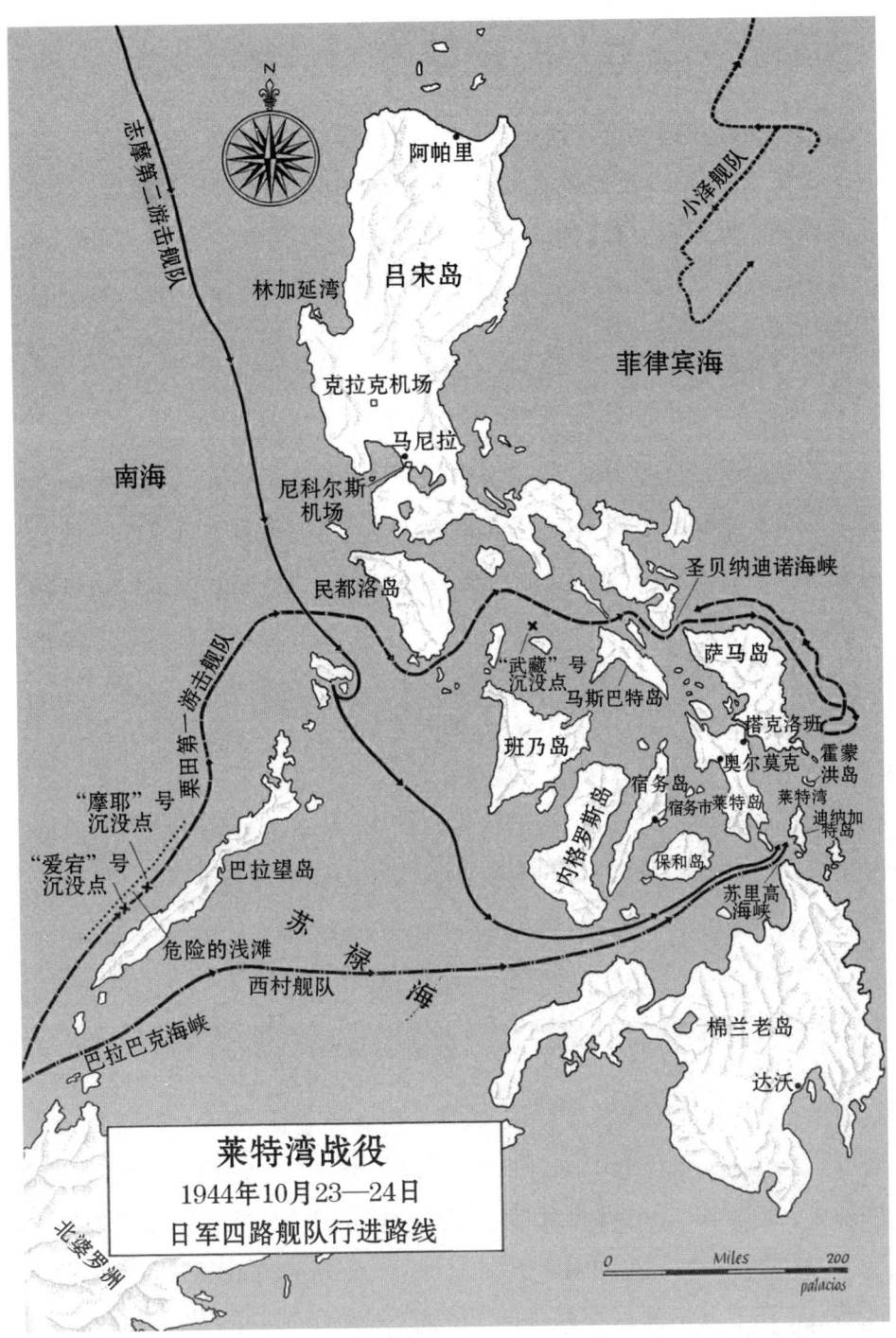

绝佳的伏击机会。但是没有其他路径可以到达通往菲律宾海的门户——圣贝纳迪诺海峡了。栗田对日军在台湾岛上空的空战使美国航母力量陷入瘫痪的报告产生了怀疑，但他不知道的是，菲律宾的日本航空力量本身几乎已经被哈尔西完全歼灭了，无法给予他哪怕一点微弱的支持。

上午8时刚过，栗田再次被敌方发现——这次是被一架美国侦察飞机发现的。他向马尼拉发电请求战斗机保护，但能派出的"零式"战斗机不过10多架，而且没有一架能够到达第一游击舰队的位置。所有其他可用的陆基飞机——一共180架——都被派去攻击哈尔西的第三舰队了，该舰队被部署在从吕宋岛中部到莱特岛的菲律宾海域。来自米切尔第三十八特遣舰队的"地狱猫"战斗机击毁了几乎所有的日军飞机，但是有一架轰炸机却突破了火力网，投下一颗550磅的炸弹，击中了"普林斯顿"号轻型航母。燃烧的机库甲板上，鱼雷开始发生连环爆炸。几个小时内，船员们奋力想拯救这艘船，但是火势已经无法控制，它已逃不过沉没的命运。

发现锡布延海上栗田的舰队后，海军上将哈尔西以其一贯的个性亲自指挥战斗。8点37分，他绕过米切尔，并通过TBS（船间通话）向其特遣舰队中的三名指挥官下达了直接命令："攻击！重复一遍：攻击！祝你们好运！"不到两小时，这次袭击的先锋部队——从"无畏"号和"卡伯特"号出发的12架战斗机以及同等数量的俯冲轰炸机和鱼雷轰炸机——就发现了栗田。

"武藏"号上，二等兵曹细谷四郎正小心翼翼地站在附属于第二舰桥的露天信号台里，该处差不多位于巨大的岛状上层建筑的中间。他是信号员的主管，但在战斗中，他除了观察几乎无事可做。他带着一种焦虑和敬畏相交织的情感，看着美国人突破了舰队喷射出的巨大的防空火力墙——每艘战舰至少有125门25毫米口径炮，巡洋舰则有90门。这就像在看一场表演——直到敌机开始直奔他和"大和"号。就在前边和左边，六根巨大的水柱在"大和"号周围升起。这艘巨型战舰被遮住了，有报告说它正在下沉。细谷不相信——它像"武藏"号一样，是不会沉没的。他不安地凝视着落下的水幕，直到看到它再次出现，仿佛正在演习一般。

突然间,一根200多英尺高的水柱在细谷面前直冲而上,将下面甲板上的人淋得湿透。"武藏"号震动了两次——一次是炸弹袭击,一次是鱼雷袭击,他所在的信号台也跟着摇晃了起来,让他感到恶心。但像它的姊妹舰一样,它仍然平稳地航行着,仿佛没有发生任何事情,这恰好证明了它确实是坚不可摧的。"武藏"号基本上和"大和"号一样,但"武藏"号有更好的构造,设置了长官住舱,配得上它的外号——"宫殿"。它曾经是山本的旗舰,然后是古贺的旗舰,船员们带着些愤懑,不理解为什么栗田在日本海军的决战中没有选择登上这艘舰。

中午,第二轮袭击开始了,24架鱼雷轰炸机猛冲向这两艘超级战舰。"武藏"号吃了3枚鱼雷,但仍然继续沿其航线行驶,所有的损害都得到了控制。

在尚未中弹的"大和"号上,栗田于下午1时15分再次向他的上司小泽中将,以及马尼拉发出空中支援请求:

> 我们正遭到敌方舰载飞机的反复打击。请求你们立即与敌军接触并攻击敌军。

十五分钟后,天际隐约可见29架飞机(这些飞机来自"列克星敦"号和"埃塞克斯"号)。对于栗田来说,向"武藏"号汇拢的敌机看起来好像有实际数量的两倍之多。

在"武藏"号的第二舰桥上,首席枪炮官越野正在通过话筒向舰长猪口敏平少将请求使用世界上最大的18.1英寸口径的主炮,并发射一种叫作"三式弹"的特种榴霰弹。猪口的回答是:"不许使用。"十几轮的"三式弹"射击可能会损坏大炮内膛,他想留着这大炮到莱特湾的海战中使用。

美军飞机越来越有攻击性。俯冲轰炸机猛冲而下,伴随着战斗机扫射甲板。没有击中目标的炸弹激起水花,包围了整艘舰。然后四颗炸弹在很短时间内连续地击中了"武藏"号。碎片"像钢铁爆米花般"溅射到舰桥上。空气中充满了火药的烟雾。又一枚鱼雷撕开了舰体。

最后,"武藏"号很明显已受损,它远远落后于"大和"号几海里。但负责损害控制的加藤健吉大佐仍然非常有信心,认为没有必要亲自向舰长报告。然而,受伤的军舰却影响了第一游击舰队的行进。栗田命令舰队减速到22节,以便"武藏"号可以跟上,然后又发送了一次支援请求:

> 第一游击舰队在锡布延海陷入激战。敌军的空袭预计会增强。请求陆基航空队和机动部队立刻攻击预计将出现在拉蒙湾的敌方航母部队。

"武藏"号越来越脆弱了,于是首席枪炮官越野再次呼吁在主炮中使用"三式弹"。猪口少将认为,这艘军舰倾斜着,开炮会不安全,但是副舰长支持越野的想法,猪口只好让步。

当巨大的炮管——这也是"武藏"号存在的理由——慢慢向东方瞄准时,兴奋的情绪在舰上蔓延开来。来自"企业"号和"富兰克林"号的65架飞机出现在远处。九门大炮咆哮着,这是它们第一次向敌方开火。军舰上方,炮声震耳欲聋;而在甲板下,舰身摇动,就好像被几枚鱼雷同时击中。栗田满怀期望地盯着逼近的飞机,但没有一架落入海中。飞机简单地散开队形,继续向前飞来。

现在,只有六门大炮还在开火。前炮塔已经哑火,其中一门炮被炮弹卡住,另外两门无法抬高到45度以上。俯冲轰炸机和鱼雷轰炸机拥向"武藏"号。细谷从他的信号台上惊恐地看着三枚鱼雷排成一列,先后射入军舰左舷。然后,一颗炸弹在宝塔状的指挥塔中爆炸。细谷被震倒在地,但他头顶上的舰桥上的所有人几乎都死了(猪口碰巧在桅杆顶部的观察台中)。又有七枚鱼雷在波涛汹涌的海水中像跳跃的海豚一样打入已经支离破碎的左舷。

军舰似乎已经无人指挥了,直到传声筒中终于传来命令:"第一舰桥,全部阵亡。舰长将从第二舰桥上指挥。"这是猪口的声音,他还安然无恙地在观察台。接着发生了五次爆炸,一次就在头顶上方。从观察台传来的声音很微弱:"舰长已受伤。副舰长,请指挥。"

"武藏"号明显地向左倾斜,而在第二舰桥上的副舰长加藤下令用压舱水使舰身保持平衡。然后,他向信号台探出身,交给细谷一条信息,让他发送给正迅速拉开距离的"大和"号。

电力已经中断,细谷不得不使用旗语:"'武藏'号只能以15节的速度巡航。左舷倾斜约15度。一颗炸弹击中第一舰桥,所有人员牺牲。5颗炸弹和12枚鱼雷命中舰身。舰长还活着。"

但"武藏"号所受的磨难还未结束。下午3时20分,"无畏"号、"卡伯特"号和"埃塞克斯"号的飞机,再加上"富兰克林"号和"企业"号还未离去的飞机再次发动了袭击。栗田的舰队继续布置防空火力网,但却无法阻止美国人向着"武藏"号发起杀戮。当他们结束攻击时,它几乎无法动弹,甲板上覆盖着海水。战后可怕的寂静被甲板上的一声"万岁"打破。

"喊什么'万岁'?"加藤从第二舰桥上大喊。

"敌方舰队被摧毁了!"一名水手回喊道。

"谁告诉你的?"

"首席枪炮官越野。"

加藤转身回到舰桥上。越野似乎只是想鼓舞士气。尽管军舰已经被17颗炸弹和19枚鱼雷击中,但故事在整个船上流传,船员的战斗精神仍然高昂。然而,加藤自己却郁郁不乐。他报告从观察台下来的、左臂缠着绷带的猪口说,军舰"再也无法抵御另一次袭击"。细谷用旗语向渐行渐远的栗田发出了另一则信息:"速度6节,尚能作战。损伤严重。我们该怎么办?"

"武藏"号被命令在两艘驱逐舰的掩护下离开战区。自从离开婆罗洲以来,第一游击舰队失去了一艘战列舰、四艘重型巡洋舰("妙高"号刚因两根轴受损而返回),以及两艘驱逐舰。但是栗田的其他舰队继续朝着通往圣贝纳迪诺海峡的狭窄海面行进。然而,就在下午4时之前,栗田改变了主意。天还足够亮,美军完全可以再发动几次空袭,在前方的海峡中是躲不过袭击的。他们会成为瓮中之鳖。栗田掉转航向,向联合舰队发了一则冗长的电报解释:

……如果我们在此情况下仍然按照原计划行进,我们将成为敌方砧板上的鱼肉，任人宰割，成功的机会几近为零。因此，我们最好暂时撤退至敌方攻击范围之外，直至友方（陆基）飞机能够向敌方力量进行决定胜负的一击。

栗田向西航行了一小时，但没有看到美国飞机出现。受此鼓舞，即使没有收到对他请求陆基飞机支援的回复，他还是决定冒险前往圣贝纳迪诺海峡。5时15分，第一游击舰队再次掉转航向，在马斯巴特岛和布里亚斯群岛之间小心翼翼地列队行进。

在"武藏"号上，想要通过紧急抽水来平衡舰身的尝试失败了。舰首已被淹没，只能以几节的速度爬行。舰上的士兵将一切可移动的东西都转移到右舷舰尾，但左舷还是越来越倾斜。细谷使用紧急电池供电的信号灯通知栗田，"武藏"号已经进水过多。他收到的答复是：

> 命令"武藏"号全速前进或后退，在最近的岛屿边搁浅，使之成为陆上炮台。

猪口试图遵从命令，但这艘倾斜、下沉的军舰只能原地打转。他叫细谷发射信号，让两艘护航的驱逐舰帮助转移伤员，但没有一艘作出反应。

"他们为什么不来呢？"副舰长加藤恼怒而暴躁地捆了一下细谷的脑袋，"再试一次。"

细谷一次又一次地发出消息，但始终没有收到回应。"武藏"号已经倾斜了20度以上。随着天空渐暗，猪口命令所有的人到甲板上集合。主管通信员的海军少尉下山福次郎和他手下的30名士兵一同从甲板下出现，他们全部穿着非常干净的制服。他们被眼前的大屠杀吓破了胆：被炸得粉碎的、残缺不全的尸体躺在甲板上。下山的属下将汽油倒在数百本厚实的密码簿上，点燃了火。但它们烧得太慢。最终，下山将烧得焦黑的本子装在帆布袋里，绑上机枪加重分量，扔出舰外。

在昏暗的光线下，猪口在小笔记本上写下他的遗嘱。他写道，如此坚定不移地相信巨舰和大炮是他的错，并请求天皇和国家原谅他犯的错误。

他召集高级军官和几名士官到第二舰桥上,把笔记本递给加藤。"把它交给联合舰队的司令。"他说。

加藤请求与军舰一起沉没。"傻瓜!"猪口低声道,"我的责任是如此之大,即使死亡也无法弥补,我必须和军舰同生共死,但副舰长要负责舰上人员的安全,并让他们登上第二艘乃至第三艘'武藏'号,来一雪今日战斗之耻。"他把自己的军刀交给一个年轻的海军少尉。"感谢你的工作。信号员!"细谷向前踏出一步,以为是让他去发信息,但舰长递给他一个公文包,里面装有一些钱和七块"虎屋"羊羹,"感谢你的工作。请竭尽所能直到最后一刻。"

他给加藤的最后命令是保存好天皇的肖像,降下国旗,并让所有人员在舰尾集合点名。大约晚上 7 时 15 分,细谷监督着将军旗从桅杆降下,同时,一名水手用小号演奏了国歌。巨大的军旗——一个橙色的太阳,周围发出 16 道白色和 16 道红色的光芒——被恭敬地系在一个志愿者的腰部,他是一个游泳好手。

当细谷一行在舰尾加入其他士兵的队伍时,"武藏"号忽然剧烈倾斜,弹药箱和空弹壳哗啦啦地在甲板上滚动。

"所有船员,弃舰,"加藤喊道,"你们都要靠自己了!"

在高高翘起的右舷,下山少尉紧紧抓着绳索栏杆,把最后一袋密码本推入海中。舰身突然向左舷一斜,他旁边的那个人抱住了他,然后另一个人紧紧抓住第二个人,后面的人抓住前一个人,直到组成了一条十人的人链。承受着这么多人的重量,绳索被拉断了,所有人都跌到了舱口。第二条人链摔到他们身上,下山头晕目眩,放弃了求生。"天皇陛下万岁!"他大声喊道,把剩下的一切交给了命运。还没弄清是怎么回事,他就发现自己已经落水,身边连救生圈也没有。

助理主计员高桥清是一名年轻的少尉,他用一只手抓住栏杆,另一只手抓着鞋子和绑腿。他能看到水里有一些人,犹豫着要不要也跳下去。军舰开始向一侧翻转。他听到一阵隆隆声,看到一大堆木料滚落下去。他把鞋子和绑腿整齐地放在甲板上,就好像他稍后还会回来取似的,然后跳过栏杆,爬上军舰暴露的底部,向龙骨跑去。当"武藏"号继续翻滚时,他全力奔跑以保持平衡，仿佛在踩踏车。最后，他终于跑到龙骨，从另一边往下望。这里离海面很高，但是他很会游泳。于是他纵身一跃，跳离舰身，在落入水中的时候失去了意识。

细谷也赤脚跑在船底锋利的藤壶上，试图跟上船翻转的速度。他光着的脚被划破流血了，但他感觉不到疼痛。忽然，他遇到一个裂开的黑洞。泛着泡沫的海水，将游泳的人吸回到舰体内。"这是鱼雷孔！跟我来！"他向其他人大声喊道，爬下陡峭的舰身，随即向舰首跑去。他滑倒在舰底的藤壶上，完全没意识到自己的手臂和腿都被割破了。他拼命走到舰首的尽头处，那里刚被水淹没。他没有寻找别的出路，只是继续走进水中。

安全掉出舰外的下山本已放弃希望，此时挣扎着把头保持在水面之上。在听到大海将军舰吸入水中的可怕声音时，在理想条件下也不太会游泳的他顿时感到惊慌失措。他胡乱拍打着水面，看到舰身正往他身上倒。忽然之间，他被卷入逆流之中，不一会儿又被弹出了水面。他正泡在一片巨大的浮油中间，被呛得半死，刚吐出海水，却又喝了一大口油。他死命抓住一块木头，不停作呕。

高桥则是个游泳好手，他从舰身上跳下，在深水中恢复了知觉。一束光线在他头上亮起——但距离太远，无法触及。突然之间，一个腾起的漩涡把他托了起来。他大口喘着气，拼命从逆流中游出来。游到远处，他转身往回看。"武藏"号竖了起来，舰尾直立在空中。恍惚中，他想，这艘舰竟直直地站起来了！他感到水下的爆炸传来一阵震动，战列舰便消失在了视野之外。突然什么都没有了，异常寂静的水中，一个人都看不到。"我是唯一的幸存者。"他在黏稠的油中奋力挣扎，不时抓住漂浮的残骸。然后，恍如在梦中一般，他听到远处传来歌声，于是急切地向那声音游去。

细谷也看到"武藏"号竖了起来，夕阳的余晖映照出一个黑色剪影。四五个人挤在不断升高的舰尾末端。当巨舰没入水中时，他们抓得更紧了。细谷感到自己被吸了回去。一阵巨大的轰隆声中，他飞到高空。他低头往下看时，觉得自己的生命似乎都停止了——就好像这是发生在别人身上的事情似的——他看到下方的水面上有一个大洞。他被大洞吸进去又吐出来。在掉回海中之前,他本能地把身子缩成一团,然后又一次被卷入湍急的水流中。在水中,他仍然像胎儿般蜷缩着身子,任由海水卷来卷去,根本没想到要呼吸。最后,他终于意识到自己的状况,拼命刨水往上游。回到水面上,他贪婪地呼吸着美妙的空气。

月光照亮了黑暗的大海。海上没有声音。细谷以为自己是唯一的幸存者。忽然有人从后面抓住他。细谷游泳技术不好,便故意沉了下去。抓住他的手放开了,他再浮出水面时,又是独身一人。然后他的四周开始露出一颗颗脑袋。他加入了那群人中——其中一人是副舰长加藤——他们开始搜寻任何漂浮的东西。差不多有一英尺厚的热油包裹着他们,使他们的脸变得黑乎乎的,只留下苍白肿胀的嘴唇和闪亮的眼睛。细谷和加藤紧紧抓住同一个盒子漂了一个小时。副舰长开始打起了瞌睡,细谷赶紧把他推醒。有人开玩笑说他打高级军官。他们唱起了国歌、《军舰进行曲》,最后又唱起《上海姑娘》那种流行歌曲。过了近四个小时,探照灯扫过了这片区域,护航的驱逐舰发现了他们,开始捞起幸存者。然而,有一个人却拒绝被救起。那是首席枪炮官越野,他转身游走,消失在黑暗中。

3

在距离吕宋岛北部300多海里的菲律宾海上,小泽的机动舰队正向南行驶。舰队本该加入栗田和西村的队伍,和他们联合攻击莱特湾,但在奔赴战场的途中,他想到了一种更为有效的方式去使用他的四艘航母和两艘航空战舰,但他怀疑自己仅有的116架飞机可能无法造成严重的破坏。然而,机动舰队的亮相非常引人注目,也许他可以借此把哈尔西强大的航母力量诱离莱特海域,让栗田得以安全地通过圣贝纳迪诺海峡。小泽将他的意图电告了联合舰队。

问题在于如何让哈尔西得知他的出现又不引起怀疑。所以就在栗田正要进入锡布延海,也就是"武藏"号遭遇第一次袭击之前,小泽派出76架飞机攻击了"埃塞克斯"号、"列克星敦"号和"普林斯顿"号。这是一批近 30 种型号的飞机的大杂烩,但是当他们起飞时,Z 字旗冉冉升起。日本在战争中两次升起过 Z 字旗——一次是珍珠港事件,一次是中途岛战役。进攻者回报说击中了两艘航空母舰并已飞越吕宋岛,但他们根本没有造成任何破坏,而且首要的任务也以失败告终。哈尔西认为,袭击"普林斯顿"号的是一部分陆基飞机,所以没有上钩。因此,小泽被迫派他的两艘战列舰——"伊势"号和"日向"号——以及另五艘军舰到更南边的地方作为诱饵。

终于,美国侦察飞机发现了这支部队,正如小泽希望的那样,他的主力部队在下午 4 时 30 分被美军"发现"。他向栗田发电说,敌方的航母力量可能会被吸引到北部与他交锋,从而使圣贝纳迪诺海峡无人守卫。不知什么原因,栗田始终没有收到该消息。

正如小泽所料,这次哈尔西中了他的计谋。哈尔西知道栗田的舰队正在驶向菲律宾海的入口,但是认为该舰队已经严重受损,"只能打了就跑"。不管怎样,海军中将金凯德在莱特湾附近集结的第七舰队已经足以打垮栗田的部队,那么为什么要像猫蹲在耗子洞口一样在圣贝纳迪诺海峡附近等待敌人先攻击呢?哈尔西的主要目标是小泽的航空母舰。如果将其摧毁,则他们未来的行动就"不用担心来自海上的威胁了"。此外,他不想像斯普鲁恩斯在菲律宾海战中那样让日本的最后一支航母舰队逃跑;他不愿被指责缺乏攻击性。[1]

就在晚上 8 时前,哈尔西指着地图上 300 海里外小泽的位置,告诉他的参谋长罗伯特·卡尼:"我们要去的就是那里。爱尔兰佬,向北航行。"一整天,哈尔西既亲自指挥第三十八特遣舰队,又担任整个第三舰队的司令。事实上,他让马克·米切尔几乎无事可做。

海军少将卡尼发文命令米切尔三组可调用的航母小组北上。(另有第四组是从给乌利西环礁的再次补给中召回的航母群,但还在东边几百海里外。)其中两名指挥官被突如其来的命令弄得手足无措。海军少将

---

[1] 之后,哈尔西告诉作家西奥多·泰勒:"我真希望在莱特湾的时候,斯普鲁恩斯和米切尔一起战斗;在菲律宾海的时候,我和米切尔一起战斗。"

G. F. 博根接到报告称,圣贝纳迪诺海峡长期不亮的日本航行灯又重新亮起了,立刻警惕起来。他亲自将这一令人不安的情报转发给哈尔西的一名参谋,但那参谋不耐烦地回答说:"是的是的,我们收到了这个信息。"遭到冷淡对待后,博根决定不提议由他和海军中将 W. A. 李及他们自己的部队留下一起守卫海峡。

绰号"清"的李中将本人对小泽有所怀疑,并警告哈尔西说,日本航母舰队可能是诱骗他们到北方的诱饵,他收到的答复是一句简单的"知道了"。稍后,博根也警告第三舰队,他确定栗田正通过海峡前来,也得到了同样的答复。

在"列克星敦"号上,马克·米切尔把哈尔西发给他的三个特遣组的最新命令解读为他已被解除第三十八特遣舰队司令的职务。"现在由哈尔西上将指挥了。"他告诉他的参谋长阿利·伯克,然后就上床睡觉去了。

海军准将伯克不愿就这样任由事情发展下去。"我们最好弄清楚那支舰队在哪里。"他说。消息很快传来,栗田的舰队"仍然舰行在海上,正向圣贝纳迪诺海峡开来"。重要的是叫醒米切尔,让他敦促哈尔西留下两支特遣舰队来制止栗田。"哈尔西海军上将收到这个报告了吗?"米切尔问。当他得到肯定的答案时,又说:"如果他想要我的建议,他会自己来问的。"说完,他翻过身去,继续睡觉。

哈尔西并没有完全忽视栗田可能在当晚通过圣贝纳迪诺海峡的警告。他已经发出了一条信息,说将由 4 艘战列舰、20 艘巡洋舰和驱逐舰"组成第三十四特遣舰队",如果栗田出现,李将军将率领该舰队与之交战。哈尔西打算把这条信息"只作为一个警告而已",但它却被金凯德误认为是一道命令——那时,他在莱特湾的旗舰"沃萨奇"号偶然截获了这个信息。金凯德确信哈尔西已经"制订计划去守卫圣贝纳迪诺海峡",就不再担心栗田了。他的注意力转移到了别的方向。一支较小的日本部队——西村舰队——正从南面向他驶来,他们可能会试图在黑暗的掩护下穿过苏里高海峡,去追踪在莱特湾集结的军舰。

尽管栗田的舰队早被发现并遭受严重的损失,但是扰乱麦克阿瑟袭击莱特湾的计划进展得比联合舰队所期望的更好。小泽已经成功地将哈尔西引向北方，使圣贝纳迪诺海峡两岸无人看守，而莱特湾的美国舰队指挥官也变得麻痹大意。栗田部队携带的火力仍然超出其他现存的任何日本舰队，而且在南面，西村的舰队正完好无损地如期前往苏里高海峡。

然而栗田却无法到达会合地点了，空袭拖延了他半天时间。他在旗舰"山城"号上发电给西村，一切行动按计划进行，但他自己要到上午11时才能到达莱特湾。西村泰然地接受了这一消息。像栗田一样，他是个沉默寡言的人，也是一个从未在海军省任职、一直航行在海上的海军中将。他决心不惜任何代价突破苏里高海峡，并且希望死得有意义。（他唯一的儿子西村祯治曾在江田岛海军兵学校以第一名的成绩毕业，已在菲律宾阵亡。）

领头负责侦察的是重型巡洋舰"最上"号以及三艘驱逐舰；后面跟着两艘老式战列舰"扶桑"号和"山城"号，还有驱逐舰"时雨"号。就在晚上11时前，"时雨"号发现了三艘鱼雷快艇。根据西村的命令，它转向它们，击中了其中两艘。西村通过无线电告诉栗田：消灭敌方鱼雷快艇，正按计划推进。

西村的舰队并不是开往苏里高海峡进行决战的唯一一支日本舰队。在他身后30海里，第二游击舰队驶来，该部队由海军中将志摩清英指挥。虽然有着气派的称号，但这是一支孤军，仅由两艘重型巡洋舰、一艘轻型巡洋舰和四艘驱逐舰组成。最初，它被训练成为小泽的先头部队，但后来被随意划归在司令部设在马尼拉的西南方面舰队名下，并被分配了护航任务。志摩拒绝了这一命令——无法参加即将到来的战斗是耻辱的——他向联合舰队的抗议让他得以重新作战。这次，他加入了栗田一行，前去袭击莱特湾。从北部穿过中国南海到达菲律宾时，他仍然不知道自己将扮演什么角色。离开林加延湾，他收到了西南方面舰队司令的简要命令——"冲入莱特湾"，但又没有行动细节。不过，稍后，栗田的消息到了，电报中简要概述了联合攻击计划。志摩自行决定跟随西村到苏里高海峡。他们两支力量有限的部队集合到一起会更有效。

西村知道了志摩的决定，但是别的什么也不知道。两名中将共同战斗，他们听从的是不同的指挥，两人甚至从来都没有互相交流过。西村正处于无线电静默中。各自行动的他们需要点运气才能联合起来。当西村临近海峡时，鱼雷快艇再次袭来，但所有鱼雷都未击中目标。海军中将终于发电说，他将在凌晨1时30分穿过帕纳翁岛和棉兰老岛之间的狭窄航道——苏里高海峡的南入口。

> 发现几艘鱼雷快艇，但除此之外的其他敌方状况不详。

西村的舰队仍然完好无损，他按计划穿过10海里宽的入口，驶入了苏里高海峡。他的目标——大量聚集的敌方运输舰——只在其北面50海里的位置。

领头的是两艘驱逐舰，旗舰"山城"号在后面1海里处，两侧是"时雨"号和另一艘驱逐舰。在600码外殿后的是"扶桑"号和"最上"号。又有三艘鱼雷艇从黑暗中冲出来，向驱逐舰发射鱼雷，但西村依然有着好运气。所有鱼雷都偏离了目标。这一次，一艘鱼雷艇被摧毁。

月已落下，平静无风。海峡"像墓地一样安静"，甲板上温暖宜人，下面却很热。1521年3月16日，麦哲伦曾从另一个方向驶过这块看起来平滑如镜但却极其危险的海域。黑暗中偶尔划过几道闪电，仿佛是不祥的警告。

就在前面，金凯德强大的第七舰队在黑暗的掩护下，正怀着忧虑和期待的心情等待着。没有人确切地知道汇聚过来的日本舰队有多强大。在巡洋舰"纳什维尔"号上，麦克阿瑟将军拒绝了舰长让他下舰的请求。"我从来没有见过海军交战，这是我这一辈子难得一见的机会。你准备好了就进入战场吧。"金凯德请将军到他的旗舰——一艘运输舰上去，但麦克阿瑟斩钉截铁地回答说："从战斗舰转移到非战斗舰？不可能！"金凯德不得不一直让"纳什维尔"号远离战斗。

这次行动的战术指挥是海军少将杰西·奥尔登多夫，为了阻止西村和志摩的小规模会合，他派出了6艘战列舰、4艘重型巡洋舰、4艘轻型巡洋舰和28艘驱逐舰。奥尔登多夫是一个活泼开朗的人，他的鱼雷快艇未击中目标的报告并没有惹他生气,因为它们主要是用来观察的。日本人很快就要面对驱逐舰,然后又将面对巡洋舰和战列舰的大炮。在10月25日凌晨2时40分,一艘负责警戒的驱逐舰发电:黄鼠狼,184度,18海里。

西村舰队正以单纵队战斗队形前进。打头的是4艘驱逐舰,然后是2艘战列舰"山城"号和"扶桑"号,以及重型巡洋舰"最上"号。十五分钟后,"时雨"号驱逐舰上的一处观察哨看到了前方4海里处的三艘军舰。旗舰发射信号弹,照出了7艘敌方驱逐舰。它们快速逼近,凌晨3时刚过就发射了27枚鱼雷,一枚击中了"扶桑"号,它向右舷急转。5英寸直径的炮弹落在美军驱逐舰周围,但又一队美舰加入了战斗,他们赶来发动又一波进攻。

3时20分,"时雨"号的舰长西野繁看见前方出现"像白昼一样亮"的磷光。"时雨"号和其他三艘驱逐舰猛地向一侧倾斜,但它们躲得太晚了。西野听到一连串迅猛的爆炸声。随着一阵咝咝声,前方的驱逐舰像一个"巨大的红热铁块没入水中",另一艘军舰只能无助地随波漂流,第三艘则跛行离场。

一枚鱼雷击中了更重要的目标——"山城"号。西野听到旗舰传来镇静而清楚的声音:"我们的军舰被鱼雷击中。所有军舰,攻击!"在西野的视野中,他看到大约1.5海里之外的"山城"号似乎没有损坏。他退回来想加入其他舰只进行编队进攻,但一艘军舰也没找到。大家出什么事了?

西村中将不知道他的舰队的损坏程度,从他的旗舰上向栗田和志摩发电:

> 第二份紧急战报。敌方鱼雷艇和驱逐舰出现在苏里高海峡北部入口两侧。我方有两艘驱逐舰被鱼雷击中,随波漂流。"山城"号遭遇一枚鱼雷袭击,但不会影响战斗。

八分钟后,即凌晨3时38分,后方出现了闪光,接着是一阵可怕的轰隆声。9海里外,受损的"扶桑"号被炸成了两半。两段都漂浮在海上,燃起熊熊火焰。二十分钟后,随着又一声巨响,漂流着的驱逐舰"满潮"号也在海上四分五裂。

但西村没有就此放弃。带着剩下的三艘军舰——"山城"号、"最上"号和"时雨"号,他继续向莱特湾北上,进入了第七舰队火炮的水平射击范围。奥尔登多夫已经抓住了迎面而来的敌人。他已经抢占T字头,就像纳尔逊在特拉法加战役和东乡在对马海战中所做的那样,只不过在那两场战役中,双方的力量更对等。3时51分,巡洋舰开火,六艘战列舰——除了一艘外,其余均在珍珠港遭袭时被击伤或击沉——也跟着开火。此时炮火交织成的火力网是美国驱逐舰指挥官所见过的"最美丽的景象"。炫目的炮弹弧线在他们头顶划过,仿佛是"一辆辆灯火通明的列车持续不断地越过山丘"。

虽然"最上"号和"山城"号被一次又一次的攻击打得往后退,但他们仍然不停还击。重型巡洋舰"最上"号在早晨4时01分发射鱼雷,很快就被围上来的驱逐舰的炮弹所淹没。军舰着火受损,只得向南撤退。"山城"号也从头到尾都着了火。4时09分,不知何故,猛烈的炮火突然停了下来。(奥尔登多夫收到消息说,他在攻击自己的驱逐舰。)趁这个空当,"山城"号也掉转了航线,跟在"最上"号后面开始向南行驶,但旗舰却完蛋了。不到十分钟,军舰就翻了,带着西村和几乎所有船员沉入了海底。

装甲薄弱的"时雨"号还在海面上。一枚炮弹撕裂了它的舰尾,但其他数百枚却没有命中,在它两侧掀起了几乎没有降下去过的水墙。西野被震耳欲聋的战斗声和使所有精密仪器都毁坏的刺耳的冲击波震得麻木,他看到一艘着了火的大军舰往他左侧驶来。它看起来像一大块又红又热的铁块:一定是"扶桑"号。他命令转右舵行驶,但没有反应。他让驱逐舰停下来修理。

在南面,当美军的第一批鱼雷发射向西村的舰队时,志摩的第二游击舰队以28节的速度进入了苏里高海峡。随即,志摩的纵队遭到鱼雷快艇的攻击,打坏了"阿武隈"号轻型巡洋舰,因损坏太过严重,只得弃舰。其余六舰继续向北前进。他们被一阵突如其来的飑包围,但仍盲目地以同样的速度继续穿过海峡。凌晨3时25分,飑平息了,志摩没有收到西村的"第二份紧急战报",并不知道西村的旗舰和两艘驱逐舰都已被鱼雷袭击,命令第二游击舰队组成战斗队形,由旗舰"那智"号领头,后面跟着另一艘重型巡洋舰"足柄"号和四艘驱逐舰。雨断断续续地下着,能见度很差,但志摩却要求舰队加速。"那智"号舰桥上的所有人都紧张地望着前方。突然,前方迸发出耀眼的火光,几乎照亮了整个海峡。有一艘重要的军舰爆炸了,志摩希望那是美舰。

那是"扶桑"号。

志摩通过无线电话鼓励西村说:"我们已经到达战场了。"他的纵队几乎仍在全速前进。在前方,两艘军舰(其实是"扶桑"号的两段)像"钢铁厂的火焰"一样炽烈燃烧。志摩推测,西村的舰队已被摧毁。第二游击舰队驶过燃烧舰体的左侧,紧贴海岸以避开火焰。

通过固定式望远镜,志摩看见有驱逐舰在烟幕中进进出出。他自己的舰队接近另一艘驱逐舰的右舷,那艘军舰死气沉沉地停在水中——桅杆上挂着日本旗。它发出一个蓝色信号:"我是驱逐舰'时雨'号。方向舵损坏,正在修理中。"

"那智"号冲进浓烟中。远处传来大炮沉闷而缓慢的轰击声。西村的残存部队一定仍在前面战斗。纵队刚从烟幕中钻出,却又遇到另一片烟幕。右边是一艘着火的大军舰,但志摩看不出是美国的还是日本的。那是"最上"号。志摩的雷达检测到北方约6海里处又有一支敌方舰队。"所有舰队,攻击!"他用无线电话下令道。

鱼雷参谋森幸吉中佐提议让两艘重型巡洋舰也从左舷发射鱼雷。志摩批准了,于是"那智"号跟在"足柄"号后面,在只有看见敌人才能射击的驱逐舰笔直向前冲刺时,急剧右转。"最上"号就在左侧,它似乎已废弃在水中。"那智"号发射了八枚鱼雷,然后移动,躲在"最上"号的火光之后。但是,当靠近它时,志摩惊奇地发现,"最上"号的舰首动了起来,以差不多8节的速度撞来。"打右满舵!"他喊道。但是燃烧的"最上"号直奔"那智"号,然后传来一阵刺耳的碰撞声。

"这里是'最上'号!"有人从舰桥上通过扩音器喊话道,"舰长和副舰长已阵亡。现在由枪炮官负责指挥。方向舵被摧毁,只能由引擎来操纵转向。抱歉。"

两舰好像锁在一起似的慢慢漂移,然后"那智"号小心翼翼地向左转,才使两舰分开,"最上"号继续向南行驶。"那智"号船首的左舷已经被撞掉一部分,机械师报告说,最高速度将降低到 20 节。志摩还是想跟上他的驱逐舰继续攻击。"敌人一定在前方张开怀抱等着我们,"森中佐抗议道,"西村的力量几乎完全被毁了。很明显,第二游击舰队会落入敌人的圈套。我们随时都可能死。"而且,他们甚至还不知道栗田在做什么,"不管怎样,现在往前走是不明智的。"

还有两个小时的黑夜可以掩护他们撤退。志摩的当务之急是集结西村和自己的残余部队。溃逃的舰队再次在海峡南部入口处遭到鱼雷快艇的骚扰。虽然他们击退了这些不断出现的小艇,但是后方,两艘轻型巡洋舰和三艘驱逐舰组成的追击部队击沉了瘫痪的"朝云"号驱逐舰。海面追击到此为止,但是志摩还没有驶出美军飞机的攻击范围。一波"复仇者"飞机发现了掉队的"最上"号;轮机舱中了一颗炸弹,迫使日本人只得弃舰。(现在西村的舰队只剩下了"时雨"号)。一小时不到,志摩看到第二波"复仇者"飞机出现在天际。在无线电通信室,出生在檀香山的海军中尉龟田调整到敌方的广播频道,开始用英语广播道:"你好'查理一号',你好'查理一号'。日本舰载飞机正在攻击我们。放弃你们的当前任务,立刻回到基地。"

在舰桥上,志摩看到迎面而来的飞机突然转身往北飞了回去。①

4

几乎在西村舰队准备突入苏里高海峡的同时,栗田进入了北面 200 海里外的圣贝纳迪诺海峡。这条通道比苏里高海峡还要狭窄,由于强劲的水流速度达到 8 节,就算在白天,单艘舰船也难以航行。而栗田得带领由 22 艘军舰组成的一列 10 海里长的纵队,穿过黑暗中的航道——所有

---

① 美国方面没有证实此次事件。这是志摩中将讲述的。

航行灯都已关闭。

随着舰队进入菲律宾海,栗田预计会遭遇潜艇和规模不小的水面部队的袭击。视野中没有出现舰只。为了防止被发现,当他们沿萨马岛东海岸往南驶向莱特湾时,他让舰队按夜间侦察编队排列。

早上6时27分,太阳在阴沉的天空中升起,日军接到命令,舰队重组队形,以"大和"号为中心排出圆形阵。云低悬着,偶有阵阵雨点扫过舰队,水面波浪起伏。在"熊野"号巡洋舰高高的观察塔上,海军大尉平山繁夫在他的战斗岗位上打起了盹儿。像第一游击舰队中的其他人一样,他几乎72小时没有合过眼。他使劲揉揉眼睛,继续观察海平面。一架敌机从东边出现,它看起来像是一架舰载鱼雷轰炸机。这飞机笔直地飞过来是想干什么?

它的飞行员是一名叫作詹森的海军少尉,正在进行反潜巡逻,他和平山一样惊讶。他以下滑轰炸的方式开始向巡洋舰俯冲下来。

与此同时,"大和"号的观察员在东南方向20海里的海平面上看到四根"桅杆",很快就确定那是航空母舰的上层建筑。神助我也!小柳心想。这是一个值得他们发射大炮的目标。年轻的军官们欢呼雀跃,脸颊因泪水闪闪发光。

它一定是米切尔四个强大的航母组之一。除了攻击之外,日军别无选择,栗田也不想要别的选择。他唯一希望的是:这支特遣舰队是孤立的。他向其包围过去,把航线略微调整到110度,并向联合舰队发电:

> 天赐良机,我们正在英勇攻击敌方航母。我们的第一个目标是破坏飞行甲板,然后是整支特遣舰队。

其实,米切尔的大型航母正在遥远的北部——由哈尔西指挥——追击引诱他的小泽,而日本人看到的其实是第七舰队的附属部队之一——"塔菲三"小队,它的职责是为莱特岛的两栖船舶提供空中掩护。它由海军少将克利夫顿·A.F.斯普拉格指挥,包括三艘驱逐舰、四艘护航驱逐舰,以及六艘护航航空母舰(外号为"航母宝宝"或"吉普"),每艘航母搭载的飞机不超过28架,以最高19节的速度航行。斯普拉格被抓了个正着,实属意料之外,他的雷达刚刚才侦测到敌人。

早晨6时58分,"大和"号的主炮开始咆哮。这些大得惊人的炮弹足有3220磅,日军第一次将它们从70英尺长的炮筒中射向敌方水面目标。其他舰只也加入了战斗。船员雄心勃勃,终于可以攻击了,他们的枪炮交织成雷鸣般响亮的合唱。敌方驱逐舰试图用烟幕掩护航空母舰,但仍然可以看到小型飞机从飞行甲板上"像蜜蜂一样"纷纷起飞。栗田命令发动总攻。所有军舰拆散了队形,以最大速度包围上去,追击成了无组织的争夺战。

斯普拉格的航空母舰向东缓慢移动,匆忙地让战斗机和装备炸弹的"复仇者"轰炸机起飞。迎面而来的敌舰发射出的炮弹落得越来越近,溅起粉色、绿色、红色、黄色和紫色的水柱——这些炮弹上装填了各种染料以便甄别。在斯普拉格看来,这些爆炸"有一种可怕的美"。7时01分,他发明电请求援助。在南部有两支类似的"航母宝宝"部队——"塔菲一"和"塔菲二"。"别慌,"仅在30海里外的"塔菲二"指挥官喊道,"记住,我们是你们的后盾。别太兴奋,也别鲁莽行事!"

但这些安慰毫无意义。斯普拉格知道,他的军舰无法"再承受哪怕五分钟刚才那种大口径炮的轰击了"。就在那时,"塔菲三"被一阵飑吞没。这段短暂的喘息足以让斯普拉格作出一个艰难的决定:他不会分散自己的力量,而要"将敌人引到别人可以猛击他们的地方"。他往南奔向"塔菲二"及其飞机,然后在7时16分命令他的三艘驱逐舰——"霍埃尔"号、"赫尔曼"号和"约翰斯顿"号——进行反攻。也许它们的牺牲可以赢得一点时间。"约翰斯顿"号(舰长是切罗基人,名叫欧内斯特·E.埃文斯)驶到离"熊野"号不到10000码的地方,并发射了10枚鱼雷,一枚击中了这艘重型巡洋舰,使其航速减至20节并退出了战斗。但是"约翰斯顿"号也因它的勇敢而付出了代价,它的舰身遭到一串14英寸和6英寸直径的三连发炮弹重击。一名幸存的高级军官回忆道:"当时就好像一只小狗被一辆卡车撞了。"它依然保持着漂浮的状态,但甲板和舰桥上遍布死尸。

"霍埃尔"号位于两个敌方纵队的攻击范围内:左侧有战列舰,右侧有巡洋舰。舰长里昂·S. 金伯格中校向较大那支舰队驶去。染绿的海水淋在"霍埃尔"号上。一颗炮弹砸进舰桥，但是驱逐舰仍不断前进，在距离9000码处向领头的战列舰发射了一组鱼雷。金伯格又将他的军舰转向巡洋舰，但是炮弹打掉了主引擎，并使转向舵卡住。他仍然可以通过一个引擎来操纵，于是设法将驱逐舰侧身对着巡洋舰纵队。早上7时35分，他将剩下的五枚鱼雷对准巡洋舰"羽黑"号发射出去。

在浓密的烟幕中，第三艘驱逐舰——"赫尔曼"号——几乎撞上了一艘友方护航驱逐舰，又差点撞到"霍埃尔"号。"赫尔曼"号转向北方，在向"羽黑"号发射七枚鱼雷的同时，又在左边看到一艘战列舰。那是"金刚"号，它开始集中火力攻击"赫尔曼"号。"羽黑"号也在避开鱼雷后向"赫尔曼"号开火。另外还有两艘日本战列舰也在对驱逐舰进行攻击，但"赫尔曼"号比《圣经》中的大卫更英勇，竟还在向二海里开外的另一艘战列舰"榛名"号发动攻势。它对着"榛名"号连珠炮似的发射五英寸直径的炮弹，在发射完最后三枚鱼雷后，于8时03分跑掉了——除了被弹片击中之外，没有吃到任何炮弹，真是个奇迹。

但残损的"霍埃尔"号却被"金刚"号和几艘重型巡洋舰夹击。至少在被攻击40次之后，"霍埃尔"号仍然继续往敌人身上发射了约500枚炮弹，然后才被打掉剩下的引擎。8时30分，它停了下来，向左舷倾斜，弹药库也着了火。直至那时，金伯格才下令弃舰。

斯普拉格的6艘"吉普"航母以圆形阵从飑中出现。北面10海里处是日军的战舰，东北方向更近一点的位置上还有4艘敌方巡洋舰。这些军舰向"冈比亚湾"号和"加里宁湾"号猛烈开火，看似笨拙的小航母设法逃过了每一颗炮弹。然而，"加里宁湾"号却无法躲避战列舰的弹幕，被击中了15次。尽管如此，损害控制小组在齐腰深的油和水中抢修，让它持续战斗。

"冈比亚湾"号上的士兵一边用5英寸口径单炮反击，一边迂回前进，将近半个小时频频躲过攻击，但最后，一颗炮弹击中了飞行甲板。随后一连串炮弹落入航母左舷附近的水中，其中一颗击中了吃水线下的舰身，海水涌入轮机舱。"冈比亚湾"号降速至11节,脱离了队伍。

早上8时30分,已经受到重创的驱逐舰"约翰斯顿"号舰长埃文斯看到了重型巡洋舰"筑摩"号正带着杀气驶来。"开始向巡洋舰开火,哈根,"他对枪炮官说,"把它的火力从'冈比亚湾'号引开。"

"约翰斯顿"号以17节的速度艰难航行到距"筑摩"号6000码的范围内,使它中弹5颗,但是"筑摩"号无视了该驱逐舰。"赫尔曼"号仍然完好无损,加入了袭击,并迫使"筑摩"号把一些炮火从"冈比亚湾"号转移开去,但为时已晚。"冈比亚湾"号于早上8时45分开始沉没。

此时,埃文斯把"约翰斯顿"号转向轻型巡洋舰"矢矧"号和四艘驱逐舰,它们正向剩下的航空母舰聚焦火力。埃文斯向正移动到合适位置准备朝航母发射鱼雷的"矢矧"号逼近,并用"约翰斯顿"号上的5英寸口径的火炮进行扰乱式射击——12发命中——致使"矢矧"号轻型巡洋舰被迫过早地发射了鱼雷。它身后随行的驱逐舰也纷纷效仿。鱼雷无一击中航空母舰,但日本人却喜气洋洋地报告说:"目击三艘敌方航空母舰和一艘巡洋舰被黑色的烟幕包围着,并相继下沉。"

曾经逼迫敌人过早发动袭击的埃文斯在舰桥上昂首阔步,大喊道:"现在一切尽在我的掌控之中!"但日本人有自己的报复方式。巡洋舰和驱逐舰向"约翰斯顿"号包围过去。舰员们予以反击,直到它死气沉沉地漂在水上,埃文斯不得不勉强下令弃舰。在全舰327名舰员中,只有141人被救起来。切罗基族舰长埃文斯并未生还。

斯普拉格的驱逐舰群在四艘同样具有攻击性的护航驱逐舰的帮助下,挫败了栗田的水面攻击,此时"塔菲二"和"塔菲三"的航空母舰的飞机也反复攻击第一游击舰队。三艘重型巡洋舰——"铃谷"号、"筑摩"号和"鸟海"号均遭到持续轰炸,只能被迫撤退。

栗田不知道他的先头部队已如此受挫。"大和"号的最后两架侦察机被击落,无线电话也失灵了。此外,从远处透过的烟幕看去,似乎先头部队根本就不知道敌人到哪儿去了。"我们停止追击吧,"小柳建议道,"还有莱特湾要进攻。"栗田同意了。上午9时11分,电报传来:汇合,我向北行进,速度20节。

9时25分,在"范肖湾"号的舰桥上,斯普拉格听到一个通信兵大喊:"该死的,兄弟们,他们正在逃跑!"这次水面战斗——第二次世界大战的最后一场海战——结束了。"塔菲三"不仅经受住了最大口径火炮的轰击以及大规模的鱼雷袭击,更对占据优势的日军舰队造成了重创。在一个多小时的时间里,周遭一直很安静。然后,10时50分,"全体戒备"的警报再次在五艘幸存的"吉普"航母上响起。九架敌机正从低空逼近,由于它们飞得太低,雷达也没有探测到。当美机试图拦截时,他们已爬上了几千英尺高。五架"零式"战斗机将炸弹挂在它们的机翼上,然后从各种飞机的包围中突破,向"吉普"俯冲。飞机由一名新婚的海军少佐关行夫率领。一架"零式"战斗机向"基昆湾"号的舰桥冲去,机枪闪烁着火花。旁观者原以为它会停下;相反,它冲向左舷的狭小通道处,爆炸后跌入海里。另外两架则直冲向"范肖湾"号,显然也是要撞它,在最后一刻才爆炸解体。最后两架因"怀特普莱恩斯"号喷射出的猛烈炮火而偏离航道,其中一架冒着浓烟右转,向"圣洛"号倾斜,仿佛打算着陆,但是飞行员使飞机一个翻转,砰的一下撞到飞行甲板上。火焰在机库甲板上蔓延,引发了舰内一连串剧烈的爆炸。历经追击战而毫发无伤的"圣洛"号就此沉没。

"圣洛"号的幸存者给日本飞行员起了个绰号叫"魔鬼俯冲者"。他是一名"神风"特攻队队员。这次自杀式袭击的想法是最近在陆军和海军飞行员团体中自发出现的,在此之前已进行过几次单独的尝试。① 但是,直到海军中将大西泷治郎到达吕宋岛——就在美军登陆莱特岛前——指挥第五基地航空部队,并获悉他只有不到100架飞机可用时,"神风"特攻队

---

① 历史上,一位蒙古皇帝曾派一支舰队起航入侵日本。看似日本将被轻易征服,但一阵台风驱散了蒙古舰队。日本人坚信那场台风是神召唤来的,于是将其取名为"神风"。

第一名海军"神风"特攻队队员是海军少将有马正文。在台湾岛海战期间,他于10月15日从克拉克机场起飞,本想将他的轰炸机撞向一艘航空母舰,但在撞到美军舰船之前就被击落了。但是第一次真正的"神风"攻击在一个月前就已发生。9月12日晚上,内格罗斯岛上的第三十一战斗机中队的一组陆军飞行员擅自决定在第二天早上发动自杀式袭击。两人被选中执行任务——小佐井武中尉和另一名军曹。杉山达丸大尉曾是50名密谋行刺东条的航空专家中的一员,由他负责维护工作。他将100公斤的炸弹装在两架战斗机上。黎明前一小时,两名飞行员起飞,决心要撞毁航空母舰。他们再也没有回来。很明显,他们像有马一样,在接近目标之前就被打了下来,因为当天并没有敌方飞机撞击美国军舰的记录。

才正式成立。

"在我看来，"他对手下的指挥官说，"只有一种方式能把我们的微薄之力发挥到最大效果，那就是组织自杀式攻击单位，由配备250公斤炸弹的'零式'战斗机组成，俯冲撞击敌方航空母舰。"

大西的提议被传达给了飞行员。"在灯光昏暗的房间里，他们的眼睛闪着狂热的光，"一名叫玉井的指挥官说，"每个人都觉得这是为最近在马里亚纳群岛、帕劳群岛和雅浦岛牺牲的战友报仇的机会。他们的情感是一种年轻人心中自然燃烧的热情。"

大西的"神风"特攻队是专门为支持栗田袭击莱特湾而成立的。当天早些时候，第一次袭击已经发动。6架自杀式飞机和4架护航飞机于6时30分从棉兰老岛起飞，向北飞行。当"塔菲三"击退栗田时，特攻飞机遇到了"塔菲一"。一架"零式"战斗机撞上"桑提"号，另一架则撞击了"苏万尼"号，但这两艘"吉普"航母很快又回到了战场。然而，所有看到日本人带着这种宿命论想法俯冲下来的人，至今仍被当时的经历所震撼。这正预示着今后的事件。

5

栗田花了差不多两小时才集结起他溃散的部队——三天内军舰数从32艘减少到了15艘——并再次组成圆形编队向南驶往莱特湾。自从离开文莱，中将和他的大部分参谋都没有睡过觉，一直纯粹靠意志力保持警觉。小柳于前一天被一枚弹片打中大腿，即使依靠手杖也很难在舰桥处走动。

栗田比以往更加确信，他刚才遇到的就是哈尔西的航母舰队之一（小泽自始至终没有能够把已将哈尔西引诱到北方的信息送达第一游击舰队）。此外，还有一份报告被截获（可能是从一架陆基飞机中发出的），报告指出，一支敌方航母舰队在莱特湾入口以北113海里处。那些会是哈尔西剩余的特遣舰队吗？不管怎样，栗田是得不到本应从南面袭击莱特湾的西村舰队的支援了，"时雨"号驱逐舰上的西野曾发无线电说，他的军舰是海上仅剩的一艘。

大约上午11时40分,一个观察哨报告称,发现一艘敌方战列舰和几艘驱逐舰出现在天际。栗田下令追击,但什么也没找到,也许那个哨兵只是被幻觉迷惑了。接着他们截获了一则电报,其内容大意是金凯德的部分舰队正从莱特湾出击,似乎大部分运输舰已经逃走了。即使是那些留下来的船只,也要花上五天时间才能把货物卸完。

如果栗田直接冲进莱特湾的狭窄海域去击沉运输舰,他自己的舰队将任由敌方的陆基飞机和舰载飞机摆布。第一游击舰队可能会被清除——他们又能得到什么呢?只不过几艘空载的运输舰而已。栗田觉得这样做是荒谬的,因而他决定——小柳及其他参谋一致同意——转向北方,在日本陆基飞机的支援下攻击不到100海里之外的敌方特遣舰队。①

舰桥上的所有人都为此兴奋不已。过去几天的严酷折磨让他们精疲力竭、灰心丧气,如今这些都被抛到九霄云外,就好像他们是第一次出征一样。

12时35分,栗田下令舰队掉转航向:"与正以5度行驶、距离苏卢安灯塔113海里的敌方特遣舰队进行决战。"

---

① "毁灭敌方航母是我无法摆脱的概念,而且我也成了这种想法的牺牲品,"战后,栗田在一次特殊的访谈中对作家伊藤正德说,"现在想来,我当时的判断似乎并不合理。在那个时候,决定好像是对的,但我太疲惫了。这个决定应该被称为'精疲力竭之下的判断'。我在那时并没有感觉到累,但其实一直处于巨大的压力之下,三天三夜没有合眼,身心俱疲。"

栗田中将拒绝为本书接受采访,但准许小柳代表他讲话。"我现在也觉得,当时我们本应该进入莱特湾,"小柳说,"栗田中将也这么认为。那时候我们觉得自己做的是最正确的事情,但现在,头脑冷静下来,我才意识到,当时我们一心沉迷于追击敌方特遣舰队,就因为我们拿到了那份报告——而且后来还证明这是假的——以为附近有敌方航母舰队,我们本不该追击他们。"

如果栗田继续前往莱特湾,他将首先遇到金凯德的第七舰队,然后将在狭窄的海域内遭到一系列空袭。莱特湾内有大量舰船——包括23艘坦克登陆舰和28艘自由轮——但如果把它们全部击沉了呢?就像栗田猜的那样,大多数补给已经上岸,现在岸上有足够军队使用一个月的储备物资。麦克阿瑟声称,损失这些船只将使得整个进攻行动"处于危险之中"。大多数飞机跑道要用的着陆钢垫还在船上,如果没有这些,他可能将暂时失去在当地的空中优势。而且,海军轰击美国陆军或许会造成短暂的混乱。尽管如此,麦克阿瑟的进攻也不一定会推迟一个星期以上。

消息传遍整支舰队,每艘军舰上都爆发出"万岁"的呐喊。第一游击舰队就此向北前进,发动决战。

6

他的袭击对象——第三十八特遣舰队——其时正远在北方追击小泽。那天早晨,三架美国侦察机发现了机动舰队。8时,180架俯冲轰炸机、战斗机和鱼雷轰炸机就包围了"千岁"号和"瑞凤"号。只有少量日本战斗机前来拦截。小泽剩下的飞机都被派去菲律宾了,为的是要保全它们。两艘轻型航空母舰被炸弹击中,"千岁"号开始下沉。随后,一颗炸弹在"秋月"号驱逐舰的前轮机舱爆炸,一枚鱼雷击中了旗舰"瑞鹤"号。

没有战斗机能反抗美军的第二波攻击。36架飞机穿过猛烈的高射炮火朝第四艘航空母舰"千代田"号聚拢。炸弹在它的甲板上爆炸,航母着火,向左舷急剧倾斜。小泽的旗舰仍然能够以20节的速度航行,但方向舵已损坏,通信也中断了。在菲律宾海战中被人从受伤的"大凤"号上拖走的小泽,这次却心甘情愿地放弃了"瑞鹤"号。这与荣誉无关。他已达到自己的目的,也给了栗田去摧毁莱特湾内的两栖船舶的机会。

前一天,哈尔西的专断行动让留在莱特湾的金凯德极为担忧。他试着去证实自己的印象,即紧急战线——由李将军指挥的、新成立的第三十四特遣舰队——已在圣贝纳迪诺海峡前构建,但两个半小时过去了,他什么回复都没收到。当哈尔西的答复总算送达时,他震惊了——第三十四特遣舰队已和航空母舰一起去和小泽交战了!

这时,栗田的舰队已在炮轰"塔菲三"小队,金凯德的回复是一则支援请求:莱特湾急需战列舰,请立即支援。

哈尔西的回应表达了他的不快。保护第七舰队并不是他的职责,他当时正在执行更重要的任务,将要去袭击敌方的主力航母部队。他能做的最多就是命令还在东面几百海里外的米切尔的第四特遣组,让他们赶赴莱特湾。

与此同时，金凯德（他曾说过"我这一生都得和自己的脾气作斗争"）又向哈尔西发送了一条讯息，详细描述了敌方看起来一定能摧毁"塔菲三"的强大力量：……请求李将军全速出击掩护莱特湾；请求航母立即展开攻击。

这两个要求激怒了哈尔西。他已经做了所能做的一切，而且正深陷自己的战斗之中。二十二分钟后，哈尔西又收到了金凯德的一则电报：

……请求立即进行空袭；请求重型军舰支援；我的老战舰（曾轰击过西村）弹药不足。

这是一个"新要求，太让人吃惊了"，哈尔西觉得难以接受。金凯德为什么不早点通知他呢？哈尔西回复说他"仍在与敌方航母交战"，而且已经派第四特遣组的五艘航空母舰和四艘重型巡洋舰支援金凯德。

又过了半个多小时，金凯德发来另一则绝望的讯息，这封电报甚至都没加密：

李在哪里？把李派来！

在珍珠港，尼米兹正密切关注着"塔菲三"所受到的考验。和金凯德一样，他也以为第三十四特遣舰队在前一天夜晚就被派去守卫圣贝纳迪诺海峡。现在，他也问哈尔西那支幽灵般的特遣舰队到底在哪里。一位海军通信少尉在电报头尾都加了些赘语，以迷惑敌方解码器：

火鸡跑向水中 GG 美军太平洋舰队总司令部……×第三十四特遣舰队在哪里[重复]RR 全世界都想知道

急电在金凯德发来明电后没多久便被送到了哈尔西的旗舰"新泽西"号上。打字员伯顿·戈尔茨坦看出"火鸡跑向水中"是赘语，将之省略，但"全世界都想知道"这句，虽然有"RR"在中间隔开，但听起来感觉像是真的,所以觉得它应该属于信息文本的一部分。他的长官(一位中尉)也这么觉得,于是信息就这样被送到了舰桥。

看到"全世界都想知道",哈尔西大怒("好像被打了一记耳光"),把帽子摔在甲板上。卡尼抓住他的手臂说:"停下!你到底怎么了?打起精神来!"

哈尔西气得头顶冒烟,把急电给他看。切斯特·尼米兹怎么可能发"这种侮辱人的话语"?他命令米切尔的一个航母小组掉头向南,其他两组继续袭击小泽。

下午1时10分,200多架飞机开始发动第三波攻击,"瑞鹤"号和"瑞凤"号起了火。后者以全速驶离,"瑞鹤"号则缓缓倾倒下去,直至飞行甲板被水淹没。米切尔的第四波攻击和第二波攻击一样,是小规模的,集中火力攻击"伊势"号和"瑞凤"号。经过改造的坚固战舰"伊势"号得以逃脱,但"瑞凤"号受到致命一击,沉入海底。

这是小泽的航母舰群的末日。三艘航母已沉入海底,第四艘"千代田"号也在水面上死气沉沉地漂着。虽然小泽将哈尔西引向北方,但莱特湾内的舰船仍完好无损。他的牺牲徒劳无功。

在栗田决定离开莱特湾的十分钟之后,他就被来自"塔菲三"的70架战斗机和"复仇者"轰炸机袭击了。"利根"号和"长门"号均被炸弹击中,但舰队继续搜寻敌方航母。接着又来了两次空袭(来自米切尔的仍在远处的第四特遣组共147架次飞机),都没有造成损害,但是栗田比以往更加确信,他的目标就在附近。他整整搜寻了一个下午,但什么也没发现,也没有获得小泽的任何消息。晚上6时,他已驶回圣贝纳迪诺海峡,在那里巡逻,联合舰队指示其若有夜战,他应加入战斗。

但第一游击舰队快没燃料了,加上没有关于敌方航母的报告,栗田只得勉强下令撤退。晚上9时25分,这一曾经叱咤风云的舰队驶过圣贝纳迪诺海峡黑暗而危险的海域。

日军孤注一掷地计划想要摧毁莱特湾的舰船,如今却以灾难性的损失告终:他们共损失了4艘航空母舰、3艘战列舰、6艘重型巡洋舰、3艘轻型巡洋舰,以及 10 艘驱逐舰。大约 30 万吨位的作战舰艇沉没,占珍珠港事件以来日军所有损失的四分之一以上。至此,日本海军除了在保卫本土方面还能起点微弱作用外,再也无法有什么大作为了。

第二十三章 断颈岭之战

1

栗田在10月25日那天的战败实际上意味着菲律宾已陷入孤立无援的困境。但负责镇守中部诸岛的铃木宗作却从未像现在这般自信。那天,没有一架美国飞机飞临他司令部所在的宿务岛,这说明敌军的空中力量已在台湾岛上空被歼灭。中午时分,有关栗田在萨马岛附近海域战斗的乐观消息陆续传来,据说他们击沉了一些美国航空母舰,"大和"号和其他战列舰正在袭击莱特湾。

"友近将军,"他对自己的参谋长说,"我们快要走上舞台中心了。没有比这更大的荣誉或特权了。我们甚至不需要他们正派给我们的全部支援。"有两支部队正从吕宋岛前来:第一师团将在莱特岛西岸的奥尔莫克登陆;第二十六师团则在北部的港口卡里加拉登陆。这两支部队将会合并成一支,并在十天内夺回塔克洛班。

铃木对于这一点深信不疑。他关心的是,麦克阿瑟可能会尽力只让他在当地的部队投降,就像温莱特在科雷希多岛陷落后的做法一样:"我们必须要求麦克阿瑟的所有部队投降,包括莱特岛、新几内亚和其他地方的部队。"

铃木所谓的"空中优势"并没有维持多久。当晚,莱特岛简易机场所需的钢垫已经从船上卸了下来,但第二天的工作却被空袭和大雨所阻挠。黄昏,各机场都变成了泥潭。27日晚,工兵奋战了一整夜,在天亮前铺完了塔克洛班机场的最后部分,及时地迎来了第五航空队的P-38飞机。除了1架飞机坠毁外,其余33架飞机都安全着陆。

在美军第七师持续的猛攻下,日军撤离沿海平原,一直撤退至达加米。牧野将军命令第十六师团的后卫部队守城,主力部队则退到绵延整座岛屿的山脉的山脚下。

美军第二十四师也在北面稳步向西推进。他们的目标是哈罗。和达加米一样,哈罗也位于山脚下。由于遭到顽强抵抗,再加上河流的因素,第一批美军于10月29日才攻入市区,并占领了通向卡里加拉的12英尺宽的由碎石子铺就的二号公路。

差劲的通信状况继续让铃木伤透脑筋。只有零星的有关美军向北推进的消息。然而,他还不了解海上的惨败。那天下午,山下将军的作战参谋朝枝繁春从马尼拉飞到宿务,带来了好消息:第一师团将比原计划提前几天登陆奥尔莫克,一同登陆的还有第二十六师团的一个大队。

朝枝并没有就铃木所面临的境况等相关的事情上提醒他。铃木是个有能力的人,但太过老实和天真。如果他认为自己能胜利,他打仗就会更卖力。因此,朝枝答应铃木继续增援,但他自己知道,援军永远不会被派出;即使他派出援军,由于美军压倒性的空中优势,部队也不可能完整无损地抵达目的地。铃木没有赢的机会,为什么还不告诉他真相而给他增加负担呢?不是有句话说得好,"盲人不怕蛇"吗?

11月1日上午,第一师团的11000人冒着倾盆大雨,乘坐由六艘驱逐舰和四艘海岸防卫舰护航的四艘大型运输舰从马尼拉出发。第一师团也被称作"玉"师团,是1874年成立的一支精锐部队,参加过中日甲午战争和日俄战争。那年夏天,这支部队从关东军中分离出来,预备承担起抗击美军的任务。该部队从伪满洲国北部乘火车到上海,作为紧急部队在上海接受训练。

在前往莱特岛的途中,各中队长向部下解释了摆在面前的任务。八寻峰敏中尉在"高津丸"号上对小队长们说,大批美军已在莱特岛登陆,其中有一个师正向卡里加拉行进。"玉"师团的任务是阻止他们,"我们早就在为这一天做准备。拿出我们所受训练和技能的时候到了。"

太阳刚落山,引擎声就停止了。下锚了,挤在卧铺上的士兵们听见铁链的擦碰声。他们已经抵达莱特岛的奥尔莫克。士兵们听从高声的命令,穿着肮脏的军装,带着满身的虱子跳下卧铺,顺着铁制的陡梯爬上甲板,离开令人窒息的和满是汗臭的船舱。

八寻手下的一名分队长神子清伍长疯狂地呼吸着新鲜的热带空气,他的头顶是明亮的星空,大海也风平浪静。他曾经是一名小学教师,珍珠港事件后不久,他便应征入伍。他喜欢士兵之间的战友情谊,喜欢这种互相依靠的情感。和"玉"师团的其他人一样,他热烈地盼望着能在战斗中表现自己,为日本和天皇履行自己的职责。

隔着海面传来了可怕但又令人兴奋的枪炮声。为了记住这个时刻,神子借着星光看了看表:7 时 30 分。运输舰两侧放下了绳梯,士兵们背着重达 90 磅的装备笨拙地翻过栏杆。下方的手电筒信号一闪,神子随即笨重地跳到一艘微微摇晃的小船上。他仰面倒在船上,这才终于理解他们被指示卸下沉重弹药带的原因。

友近在岸上焦虑地观察着登陆情况。他比铃木更早到达莱特岛,然后就接到一份令人惊讶的报告称,牧野的第十六师团几乎全军覆没。他走上前去迎接"玉"师团师团长片冈董中将及其下属。"第一师团,"他对他们说,"要以最快的速度沿奥尔莫克—利蒙—卡里加拉道路(即二号公路)前进,在卡里加拉东南地区集合,并准备进攻。"

曾是骑兵军官的片冈预计会有意外出现。如果他们抵达卡里加拉之前就在利蒙附近的山区遭到攻击怎么办?

"继续向卡里加拉行进,"友近答道,这种可能性是荒谬的,"没什么好担心的。"

"是这样吗?"片冈说道,但毫无讽刺之意。他没有再提出什么问题。

八寻的中队在一片椰子树丛中稍事休息,等待他们所在的第五十七联队的其余士兵上岸。他们开始挖有 4.5 英尺深的"章鱼洞穴"。这种地下掩体的底部呈横侧过来的铲斗形，遇到轰炸时可以容纳一个人蜷缩其中。从剖面看，"章鱼洞穴"就像是圣诞节用来装礼物的袜子。

汗水使他们睁不开眼睛，衬衫都贴在后背上，但这里温暖的空气比"满洲"凛冽的寒风要让人好受些。东方的天空绽放出粉红的朝霞，仿佛充满异国情调的旅行海报上那种看起来不真实的黎明景致。战争似乎很遥远。紧接着，远处传来了嗡嗡声。有人喊了一声："隐蔽！"大家立刻跳进洞穴里。嗡嗡声成了咆哮声。轰炸机摆出可怖的队形，接连而至，即使被高射炮的团团黑烟包围，它们似乎仍是不可战胜的。

部队还在下船，物资还在卸载，飞机（从莫罗泰岛飞来的B-24轰炸机）就开始向运输舰投弹。多架"零式"战斗机突然出现在轰炸机上方，但轰炸机仍镇定自若地继续飞行。三架"零式"同时着火，像彗星一样朝地面坠落。不久，第二批轰炸机紧接而来，银色的机翼在阳光下闪闪发亮。

一连串炸弹朝运输舰"能登丸"号落下，构成一条巨大的抛物线。一颗炸弹掉进烟囱里，接着是一声闷响，随后又是一连串沉闷的爆炸声。舰船上的汽笛不断地哀鸣着。步兵第五十七联队联队长宫内良夫大佐无助地注视着那艘他和他的士兵刚刚离开的运输舰。他跪在沙滩上祈祷，然后起身，茫然地朝码头走去。他的卡车、马匹和大部分武器弹药仍在那艘燃着烈火的船上。友近将军告诉这名怅然若失的大佐尽快集合部队前往卡里加拉。他要跟上几小时前出发的一支小型先遣部队。师团长片冈将军已经率领两支小队上了二号公路。现在，宫内在一名副官的陪同下开始徒步向北，使自己重新冷静下来。

他的联队直到午夜之后才离开奥尔莫克。他们在狭窄的公路上夜行数英里——与他们的联队长不一样，他们渴望战斗。他们不理解"能登丸"号沉没的重要含义。

在黎明的熹微中——那天是11月3日——今田义男少佐率领的先遣部队向卡里加拉行进，意外遭遇来自相反方向的美军第二十四师。短暂的交战后，今田撤退到了二号公路以南的山上。

片冈将军及其两支小队在抵达利蒙以北的高地时就知道了这场小规模战斗。利蒙是一个由几十间聂帕棕榈小屋构成的村庄，二号公路在此处沿着崎岖的山丘蜿蜒而上,向右绕过高耸的山脊,然后再向下延伸到海岸线和卡里加拉。片冈命令今田少佐攻击前进中的美军,会有一支反坦克大队前去支援他。随后,将军又传消息让宫内大佐立刻调一门小野战炮过去。

这个命令对宫内来说毫无意义,但他仍把野战炮装上卡车,自己也爬上车去指挥行动。当卡车在颠簸的土路上隆隆行驶时,他在思索一门小小的火炮究竟有什么用。到了利蒙,他礼貌地听片冈解释如何在卡里加拉附近阻止敌人的前进。小炮要用于封锁在山脊处急转弯的公路。

宫内的第五十七联队散乱地沿着狭窄的道路朝利蒙所在的北面走了一整天,其间受到了美机的轰炸和低空扫射。超过200人被打死,还有几十人在猛烈的热浪中中暑,就算天黑了也几乎没有怎么缓解。9时左右,这些人精疲力竭地倒在公路两旁。他们受到了蚊子的袭击,睡着前没有捂住脸的人醒来时,眼睛肿得几乎睁不开了。他们重新开始行军——这一次是在黑压压的乌云底下——但他们迫切求战的心情却丝毫没有减弱。神子所在的大队是最先到达利蒙的,其指挥官佐藤大尉受宫内的命令,占据了村子北面靠近野战炮炮位的阵地。

在山脉的另一边,美第六军团司令沃尔特·克鲁格中将认为,他的先头部队第二十四师正面临着被包围和歼灭的危险。他从空中观察得知,日军大部队正向利蒙方向行进,他担心敌人也会在第二十四师后方的卡里加拉登陆一支庞大的两栖部队。克鲁格的反应很谨慎,他没有向前推进,也没有拿下具有战略意义的山脊,而是突破了防守不严的山体屏障。他命令第二十四师停下来,准备与跟在后面的第一骑兵师合作,抵御可能发生的海上入侵。

黄昏时分,宫内的联队开始沿着蜿蜒的道路向山脊的峰顶进发。一个诡异的白色身影走了过来,原来是一个从莱特湾一路被赶回来的第十六师团的幸存者,浑身缠着绷带。他默默经过大部队。他的身后还跟着更多步行的伤员,他们或互相搀扶着,或拄着棍子,一瘸一拐地走着。牧野师团被歼灭的消息在队伍中传开了。

前面就是二号公路的最高点，公路在此处向东急转。右边嶙峋的山上长满了齐肩高的茅草。这是一个天然的堡垒。数不清的山嘴朝着东北面的大海和西南面的莱特河谷分岔开去。陡峭的山脊之间是茂密的树林。

行军到此为止。士兵们小声地传递指示，要扔掉所有不必要的物品。他们各自把压缩饼干和五枚手榴弹塞进自己的小军用背包，然后把背包堆在路边。神子所在的中队奉命带头，他的分队在中队的前头——这让他成为了"玉"师团的先锋，他自豪地想。

天空豁然开朗。伴随着阳光而来的是令人难耐的炎热。硝烟弥漫。战场一定就在附近，但山脊上却静悄悄的。一声枪响，之后又恢复寂静。此时，神子听到了鸟叫声。这名曾经的小学教师的心跳得更快了。他感到胸闷。他转向同伴，他们的眼睛都在闪闪发光。他们已经为战斗准备了三年，和他一样满怀期待。一声令下，他们离开公路，爬上山脊。

另一边，美军也正在逼近山顶。克鲁格已命令第二十四师对其进行侦察。两天后将发起对南面的总攻。

神子拨开灌木丛，开始向山顶攀登。他身后有人喊道："神子分队长，方向错了！"说话的是小队的军曹。一枚手榴弹爆炸了。军曹踉踉跄跄地捂着大腿。神子被碎石砸了一身。一个士兵呻吟着："我中弹了！"神子眼前一黑，被那人绊倒了。他强迫自己镇定下来，渐渐恢复了视力。泥土如喷泉般从地上迸射开来。美军抛过山顶的手榴弹就像是一筐筐打翻的苹果，顺着山坡滚落。神子向军曹蠕动，伸手摸了摸。他感觉到了温热的、黏稠的血液。

正在思考该怎么办的时候，他听到了迫击炮沉闷的砰砰声和机枪的嗒嗒声。子弹从灌木丛中呼啸而过，射入士兵们的身体，引发惊恐和痛苦的叫声。第一分队还没打一枪就要被消灭了！神子十分惶恐，终于强迫自己喊出"开火"的命令。枪响了。神子看了看表。现在正好是昭和十九年11月5日10时整。这也许是他在人世的最后一刻。

神子一发接着一发盲目地射击着。他停下来装弹，把头探出灌木丛窥视。突然，他感到猛烈的一震，然后是一道刺眼的闪光和一片黑暗。泥土和沙子浇在他身上,但他并没有受伤。根据训练手册,同一门炮的炮弹从来不会落在同一个点,于是他便跳入了一个刚被炸出来的弹坑。

又有两个轻机枪组的同伴跳了进来。他们架好武器,正准备射击,迫击炮弹就开始在附近落下。机枪手小仓喊道:"分队长,这里危险!"说完就带着枪慌忙爬出了洞。

整个分队横向移动,在腐烂的棕榈树根之间拼命挖着"章鱼洞穴"掩体。迫击炮停止了攻击。神子用刺刀挑着钢盔举了起来,子弹像冰雹般朝钢盔射来,把钢盔打得"风铃般叮当作响"。他再一次卧倒,但山顶上的射击停止了。他不知道为什么美军在把他们压制住之后又选择撤退。

神子让他的手下抓紧机会吃干粮。他们虽然有压缩饼干,但没有水。他命令一名腿上有轻伤的士兵向中队长八寻中尉报告情况,然后自己匍匐下山侦察。另外两个分队遭遇迫击炮和机枪围攻,只有三个人活了下来。如果没有小仓,他自己的那个分队也会被消灭。

黄昏时分,他把剩下的五名士兵召集起来,告诉大家,守山头的人只有他们几个了。他命令他们从死去的同伴身上收集弹药、武器和补给。午夜时分,他们已经做好了迎接黎明时分必将到来的进攻的准备,但他们已经口渴难耐。神子回忆起在山顶附近的某处看到过椰子树。他脱掉除了腰布以外的所有衣服,把毛巾绑在头上,悄悄地爬上了山头。在月光下,他找到了一棵椰子树,开始爬上去。

"分队长!"声音虽轻,却把他吓了一跳,他差点没抓稳。"快下来,否则会被打中的!"原来跟在他身后的是小仓。但神子依然继续往上爬,直到爬到一串椰子前。他摘下一个,重重地扔了下去。他本以为会有一阵枪林弹雨,但什么也没发生。他又丢下去十个。他们一起把椰子运回队里。神子在椰子上方开了个口,然后把椰汁分给大家。这让他想起了一种软饮。

夜里,他们加入了第四分队,小队长箱田准尉亲自带队。他比神子小一岁,模样像个小学生。他为自己的迟到表示抱歉。神子在天亮前叫醒了自己分队的队员。他惊讶地发现,尽管损失惨重,自己还是像前一天那样迫切地渴望战斗。他侦察了这片区域。100英尺的下方就是蜿蜒的二

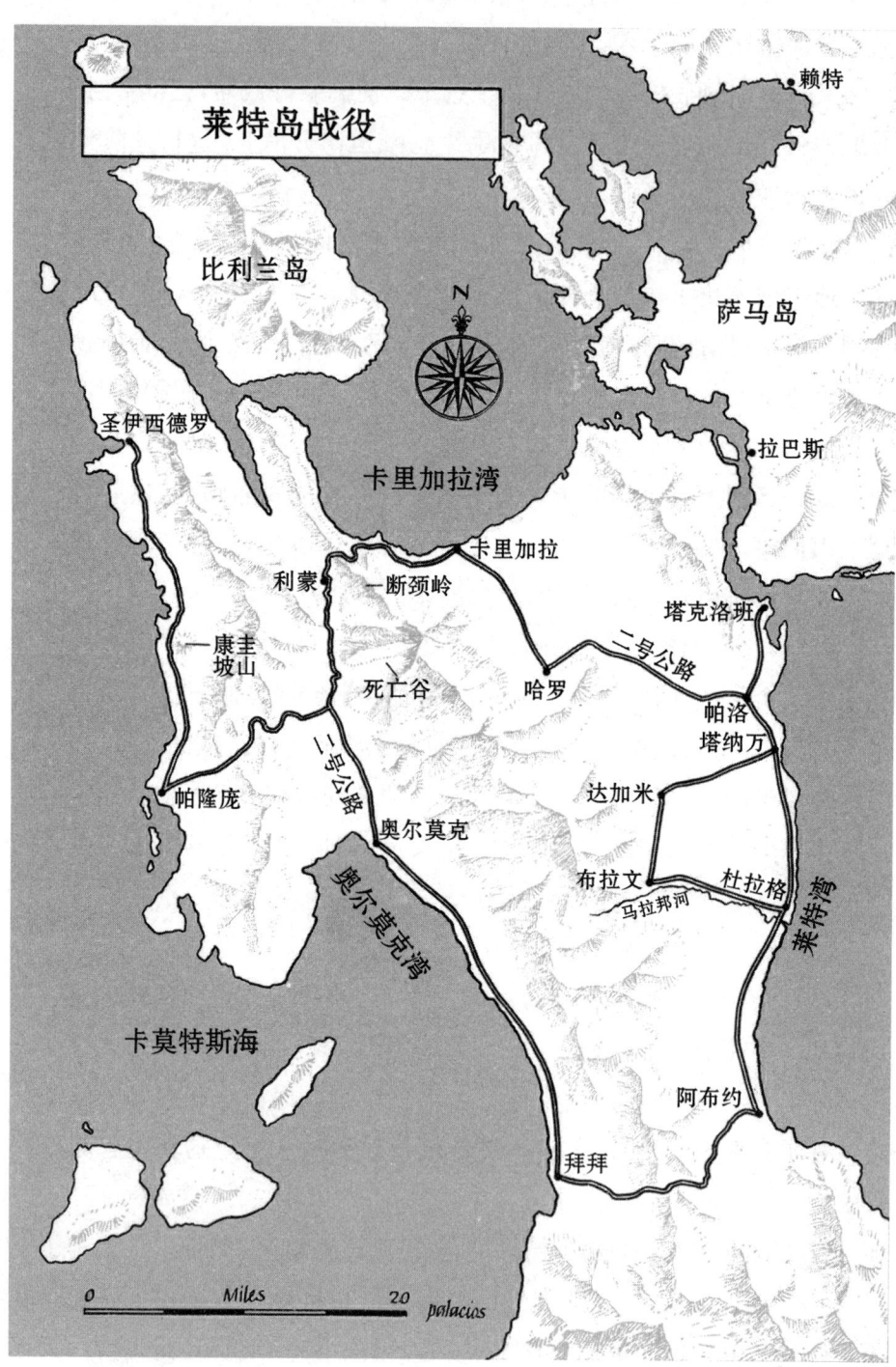

号公路。山顶就立在他们上方,他猜想从那里可以看到卡里加拉湾。现在有 19 个人站在山脉东南山嘴处的那座具有战略意义的山丘上。

9 时,他听到远处有人用英语发出命令。子弹沿着掩体射入地面。小仓的眼睛瞪得"像盘子那么大",着了魔一样,开始用机枪扫射。火力暂停了片刻,神子喊着部下的名字:"青木!清水!大塚!石井!"被喊到名字的每个人都在各自的掩体内应声答道:"到!""如果他们足够接近,就扔手榴弹。"神子对他们发出指示。

敌人又恢复了射击,这一次,重机枪声变得更响了。"分队长!"是旁边掩体里的青木,"灌木丛着火了!"浓烟卷过山坡,烧焦的白茅草噼啪作响。"分队长!"还是青木在说,"敌人来了!"

在烟雾的掩护下,美军(第二十四师第二十一步兵团三营一连)冲过山脊,正步步逼近。"第三分队,"神子喊道,"上刺刀,准备手榴弹!"他听见上刺刀的咔嚓声,一边固定好自己的刺刀,一边准备好手榴弹。

"冲啊!"娃娃脸的箱田尖声大喊道。

神子正准备把命令下达给自己的分队,但这并没有意义。冲锋之前总该先有某种火力掩护。他冲动地喊道:"第三分队,稳住!"敌人仍被燃烧的灌木丛阻挡着。"目标,右斜方!"神子喊道,"开火!"

小仓把他的机枪转到右边。

"冲啊!"又是箱田,他催促着第四分队冒着猛烈的火力突击。箱田倒下了,他手下的新军曹也被敌人击中。"你来指挥。"他对神子喊道。美军几乎就到了他们跟前。一切都结束了。神子绝望地喊道:"把所有能用的东西都用上!"

突然,头顶的天空被一声呼啸劈开,紧接着,化作前方山坡上的一声爆炸。两边的步兵都愣住了,停止了射击。又一发大炮弹落在了神子前方正在挺进的美军之中。第三发炮弹呼啸着飞来,落在美军的重机枪阵地。这三发炮弹都来自日军唯一一门刚刚拖入阵地的大炮。

神子跳了起来,喊道:"那是我们的大炮!"

几挺美军机枪又恢复了射击。第四发炮弹爆炸了。前方一片寂静。这一回,美军的机枪沉默了。

左边的掩体没有发出枪声,神子爬过去一探究竟。石井弯着腰,垂着头。"怎么了?"神子问着,摘下石井的头盔。石井睁着眼睛,但前额中间有个豆子大小的洞,他的后脑勺就像一个迸裂开来的石榴。

神子气得咬牙切齿。石井是他最好的朋友——一个大学生,浑身充满志气与热情。他感到背部发热,随即转身。火借着风力一路顺着山坡蔓延。受伤的箱田呢?神子开始搜寻,要把他从烈火中救出来,但他只找到一条军官皮带、一把军刀和一把手枪。他是不是已经被美军俘虏了?机枪声迫使他抓起箱田的东西,翻滚回自己的掩体里。

青木对他喊道:"敌人正在接近!"青木正要扔手榴弹,却被神子制止了;敌人还离得太远。神子带着自己的手榴弹向前爬去,小仓跟着他。他蹲下身子,准备站起来投弹——并牺牲。又是一发炮弹——这次是刚进入阵地的四门炮组成的炮组发射的——在头顶呼啸而过,在斜坡上爆炸。

"打中了!直接击中!"有人兴奋地喊着,"五六个都被炸了!"

然后,他又听到了另一个声音——是中队长八寻的声音!中队的主力已经到了。神子一跃而起,用一只手的手背擦去眼泪,另一只手将手榴弹敲向自己的头盔,激活后用尽全力往山坡上扔去。他的部下也纷纷照做。五次连续的爆炸声响起。

"冲啊!"神子大喊道,感到似乎没有什么能够阻挡他。他端着刺刀,穿过硝烟弥漫的战场朝美军重机枪阵地疾步前进,身后是他的分队。到处都是焦黑肿胀的美军尸体,有一具尸体似乎还流着黄色的油脂。神子和跟着他的八个士兵冲进美军机枪阵地。机枪手们已经被炸得四分五裂,腰带上的子弹像鞭炮一样噼啪作响。子弹的爆炸会不时引爆手榴弹。神子挺身站立着,仿佛脚下生了根。在这所有杀戮中,他发现自己还活着。他仿佛正从梦中走出来,现实再度席卷了他。他蹲下身,再次朝山顶冲去。他冲上山顶,卡里加拉湾美得令人窒息的景色尽收眼底。美军在山脊另一侧争先恐后地逃走,从山顶飞来的子弹不时地打翻几个倒霉的身影。

一支小队在十几发炮弹的帮助下就击溃了敌人顽强的进攻,给联队到达前线争取了时间,把山脊变成了一个由掩体、战壕和炮台组成的堡垒。

神子想起了日本战国时代的武士是怎样割下敌人首级的,于是伸手去拿一个美军军官的头盔。头盔的内衬浸透了鲜血。他犹豫不决——一个现代人拿战利品合适吗?但他向中队长报告时,手里还拿着那个头盔。八寻的脸上全是尘土和火药,黑乎乎的,一条胳膊用绷带吊着。他充满稚气地笑了笑。"非常感谢你们经受这么大的困难。"他对神子说。

他们的大队长佐藤大尉叫人拿来了功劳簿,在第一页上记录着。这对于一名步兵来说是难以想象的荣誉,是"梦之花"。通常只有飞行员和水兵才会得到正式嘉奖。佐藤对美军的头盔表示好奇。神子对头盔内有血表示抱歉,但大队长却把它戴上了,还晃了晃脑袋,"这个很轻,不错",能找到没有弹孔的吗?

"我肯定能找到一个。"神子自告奋勇。

"如果你找到了,我就戴。"

八寻拿起一支美国卡宾枪,笑了笑说:"这也很轻,我可能以后就用它了。"

当天晚上,神子接替箱田,被任命为小队长。他无法入睡,总是想到前线战友们还未收殓的遗体。在黑暗中,他听见有人说:"为什么美国人是面朝上死的?"另外一个人回答说:"日本人很有礼貌,死了也会把私处藏起来。"两人都笑了起来。

天快亮时,神子和另外两名小队长奉命前往中队长的掩体汇报。八寻告诉他们,大队的其他人在赶赴前线的途中遭到伏击,几乎全军覆没。于是他们占领的山丘(为纪念部队,佐藤把这里改名为"八寻岭")又成了先锋——而且孤立无援。"援军肯定会来。等师团主力部队到达,要消灭敌人就容易了。在此之前,我们一定要坚守到底。我希望各小队长都尽力做到最好,不管部下的状况如何,都要下定决心。"

被击退的美军在第一骑兵师的支援下重新向悬崖——这座悬崖已经有了一个外号,叫"断颈岭"——发起攻击。这一次,他们把战线拉得更宽,但仍集中攻击神子所在中队80人坚守的山头。他们得到命令不准开枪,直到美军离他们只有75码时,八寻大喊道:"开火!"

步枪和机枪齐射,"如同保龄球一样"把美军打倒在地。但美军猛烈的攻势只是暂时被遏制住了。神子暗暗佩服美军在战友的尸体上前进的能力,以及他们像扔棒球一样扔手榴弹的本事。防线上的杀戮比前一天更为惨烈。神子怀疑面对敌人如此的决心和火力,"八寻岭"是否还能守住。他对自己的单发三八式步枪感到烦躁,尽管它的精度很高,但每打一枪,就得把五颗子弹的弹夹推下去。他让小仓把机枪朝着美军行进缓慢的右方集中射击,这样也许能让他们惊慌失措。他身后的战友扔出的手榴弹飞过他的头顶,向敌人飞去。美军动摇了,有一两个人掉头回去,其余的人也跟着慌忙跑下山。

八寻中队又守住了,但只有25人活了下来,他们轮流退到二号公路另一侧的小溪边,用凉水洗了洗脸,灌满了水壶,吃了压缩饼干。神子想,这就是"虚无"的快乐。

美军夺取"断颈岭"失败的消息立刻产生了反响。第二十四步兵师和第一骑兵师所属的第十军的司令富兰克林·C. 赛伯特少将中午时来到前线,不等通过指挥系统,就立即解除了一名团长的职务,并让自己的情报官威廉·J. 维尔贝克上校接任。

维尔贝克很快就证明自己是一个比一般实战部队军官更具进攻性的参谋。才刚上任,他就派了一个连从侧面进攻山脊,但被击退了。维尔贝克不甘心,命令第二营和附属的L连于第二天早晨大举进攻山脊。

11月8日黎明时分,天空灰蒙蒙的。紧接着,天空急剧变暗,台风裹挟着雨点席卷了整片山岭。棕榈树像弓一样弯曲,有的被折断了,有的被连根拔起。茅草像波涛汹涌的大海般起伏。即便如此,维尔贝克的进攻还是如期展开。进攻以炮击开场,大炮的轰鸣声和风雨雷电声争相怒吼。步兵们在暴雨中出动,在泥泞的山坡上艰难前行。他们的地图不精确,一些部队花了几个小时才进入阵地。

然而,迫击炮已经瞄准了山岭的顶部,所产生的效果是毁灭性的。八寻只好命令中队撤回到公路附近原先挖的"章鱼洞穴"掩体内,在那里进行最后的抵抗。士兵们一路滑下来,爬进洞穴,这些洞内的积水已经很深了,但还是能让他们躲避头顶呼啸而过的迫击炮弹。

雾气笼罩着山坡,10 码以外什么也看不见。神子等待着,全身都湿透了,惨不忍睹。他一边等,一边重新思考着关于敌人的事。第一,敌人并不是懦夫;第二,敌人能把手榴弹扔得比日本人远一倍;第三,也是最重要的一点,敌人似乎总能得到休息。神子的分队却总是疲惫不堪,这可能是因为连续作战得不到喘息,也可能是因为缺少食物。

因为没有迫击炮弹越过山脊射向逼近的美军,八寻于是命令部下朝大雾弥漫的山顶集中射击。这招果然有效,火力的展示让敌人望而却步,不敢越过山顶。守军重拾信心,但他们的安全感是短暂的。他们听到后方传来可怕的碾压声和撞击声。一辆美军坦克已经驶过二号公路的拐弯处,溅起阵阵泥浆,它的炮管射出一颗颗炮弹。他们被包围了!

两名士兵背着沉重的背包下了山,冲锋陷阵般往公路上跑。掩体内的日军转身看着他们,仿佛在露天剧场里看戏一样,直到听见山顶附近有人用英语喊叫为止。"用手榴弹!"神子一边喊,一边爬上山,身后跟着那支已没剩多少人的小队。他们把手榴弹丢过山顶,然后又跑回去拿更多的手榴弹。他们三次爬上山坡。敌人消失在视野中,他们又回到了洞里。

但就像往常那样,美军又杀回来了。神子听到有什么东西在他的掩体边缘咝咝作响。一颗敌人的手榴弹从山上滚了下来,被帐篷的桩子挂住了。他看了看小仓,两人都耸了耸肩。这下完了。但那颗手榴弹"咝"地响了一阵之后熄灭了。其他手榴弹则飞越了地洞后才爆炸。

上方的山顶上,有个美军士兵把枪对准了神子。神子缩进掩体内,然后突然站起来开枪,那名美军士兵应声倒地。但神子太过兴奋,又朝他连开三枪。一支步枪枪管抬了起来,然后又像潜望镜一样地消失了。那是另一名美军士兵试图营救倒下的战友。神子奔上山顶,也朝他开了一枪,然后又冲回自己的洞里。

旁边掩体内的上等兵斋藤才二也模仿神子跃出洞外,并往山顶上开了枪。但他没有退回来,而是消失在了另一边。斋藤为何要这样无谓地去送死?神子想不明白。接着,斋藤像匣子里跳起的玩偶一样突然出现。他一边跳进神子的掩体内,一边咒骂着:"我恨死他了,我一定要把他的头踢下来!"斋藤这个性格温和、不抽烟也不喝酒的小伙子难不成疯了吗?这不就是神子曾在书中读到过的战争狂热吗?然而,他自己不是也差点做了同样的事吗?

在后方,那辆美军坦克——一辆中型坦克——在后面的公路上自由行驶,用机枪和大炮射击着掩体。两个身背炸药包的士兵从沟里跳出来,把炸药扔到坦克的履带下。当他们跳回安全地带时,炸药发出沉闷的爆炸声,坦克颤抖了一下。然后,它费力地掉过头去,绕过公路拐弯处撤退了。

没有了坦克,美军动摇了,他们再次放弃了"八寻岭"。日军毫不迟疑地爬上了泥泞的山坡,重新占领了山顶一带的阵地。这一次,神子没有感到胜利的喜悦。把撤退作为战术的敌军会一次又一次地反扑回来。八寻中队的残部还剩多少力量可以阻挡他们呢?

位于神子右边几百码的另一座山上,野口义夫军曹的小队和神子的小队一样,在山顶受到了迫击炮的致命轰击,伤亡惨重。他还剩下两挺7.7毫米口径的机枪——他自己一挺,旁边掩体里一挺——但子弹已经不多了。

野口蜷缩在齐腰深的水里,全身麻木。他听到一声痛苦的呼喊,另一个机枪手正有气无力地朝他爬来。野口把他拖进掩体。他的右大腿"像蜂窝一样",往外淌着血。他脸色惨白,精疲力竭。这个爬行的士兵把敌人的机枪火力吸引了过来。野口掩体周围的茅草都被扫射得齐平。他小心翼翼地观察着两边的状况。没有任何动静。很明显,他是自己小队里的最后一人了。他是一个能吃苦耐劳又有经验的军人,农家出身,1938年志愿参军。他是绝对不可能投降的。他把手枪对准自己的太阳穴,扣动扳机。但枪被泥土卡住了。

在不到 25 码的地方,身着绿色军装的美军正顺着他们的掩体一路走下来。每到一个洞口,他们就停下来,端好步枪,另有两人用机枪扫射洞内的死伤者。枪声越来越近,野口再次把手枪对准自己的头部。还是卡壳。几码以外,枪声不断。野口知道,下一个就会轮到自己。一根棕榈树枝被迫击炮轰到了他的洞口边。他敏捷地用棍子把棕榈树枝拉过来盖住洞口。他紧贴着洞的后部,水浸到了他的下巴处。他叉开双腿,把那名机枪手的尸体拉到自己前面。

头顶传来一阵响动。一支亮晃晃的枪筒从树叶间探了出来。他想,他们的武器保养得可真好。他用中指堵住耳朵,并祈祷子弹不会打中他。他感觉到了一连串震耳欲聋的枪声带来的震动。几十发子弹把他双腿间的水面搅得天翻地覆。洞的另一侧坍塌了。泥浆开始涌出,覆盖了他脖子以下的位置。他闭上双眼。那根棕榈树枝被打成两段,掉到了他的头上。

声音渐渐远离,从下一个洞那里传来一阵枪声。野口被吓得几乎无法思考,也感觉不到身上的疼痛。他仔细地抹掉脸上的泥土,睁开眼睛。洞里的水被染红了,但这都是他的"人肉盾牌"的血。

终于,枪声停止了。美军在干什么?他无比小心地把死去的同伴推到一边,往外张望。他本以为美军是在挖散兵坑,但出乎他意料的是,他们正在建造某种他从没见过的工事——浅浅的、长方形的岩石堡垒,上面盖着帆布。

野口在血水中蜷缩了好几个小时,在天完全黑下来之前不敢轻举妄动。终于,他痛苦地站了起来。周围都是这些奇怪的、低矮的掩蔽所,每个都从里面透出昏暗的灯光。野口听到美国士兵在里面吃饭的声音,有说有笑。诱人的香烟烟雾从这些舒适的小建筑里面飘出来。什么样的士兵会在战场中央点灯呢?

灯开始陆续熄灭。快到半夜时,又下起了雨。野口从自己的洞里爬出来,一边避开每个他看得见的美军哨兵,一边匍匐前进。他来到一道似乎是围住美军营地的铁丝网前。这会不会是某种警报装置?他从铁丝网下面爬出去,没有碰到它,然后又沿着一个陡坡下去。他双腿没有力气,不听使唤,不得不抓住藤蔓以免摔倒。他在坡底发现了一条小溪,便像狗一样趴着喝水。除了雨水之外,这是他几天来第一次喝到水。在昏暗中,他隐隐约约地看到几十具尸体——是战友,手拿水壶,他们是在找水时被打死的。天这么黑,又下着雨,野口无法确定自己身在何处。大队的指挥所应该在200码外,他爬了1英里多,却还没有找到它。他精疲力竭,蜷缩在一片灌木丛后面，睡着了。

一阵声响把他惊醒了。他透过灌木丛，看到美国士兵正在吃早餐。原来昨天夜里，他是绕着山丘在爬，最终还是爬回了原地。两个美国士兵径直朝他走来。他把头往里缩，希望他们不会发现躲在灌木丛里的他。然后，他感到有一股液体浇在了他的头盔上——原来其中一名美国士兵在朝他撒尿。当他抬起头来时，那个士兵正边系裤子，边追着已经开拔的战友跑去。

然而，"断颈岭"的大部分区域仍在日军手中。那天早上，在先用重炮猛轰过后，第二十四师的两个营在大雨中重新展开进攻，却被日军一支新到的大队击退了。大雨给美军和敌人带来了同样的困难。他们的补给线——二号公路——已成为一片沼泽，工兵们正一车车地运来沉重的砾石铺路以便部队顺利通行。美国士兵已经得了"浸渍足"病——和欧洲战场上的"战壕脚"病相似：皮肤剥落，长出了疮。

日军也被无休止的大雨折磨着。他们试图用挖战壕的铲子把水从掩体里舀出来，但却无济于事。神子想到，美军的背包是防水的，便决定找一个来当水桶。他爬到山另一侧的敌军阵地，找到了一具美军尸体——与通常一样，面朝上躺着，嘴巴大张——并拿走了他的背包。他和小仓把洞里的水舀出来，然后把背包递给下一个掩体里的人。他们浑身又湿又冷，于是把防毒面具上的橡胶管割断，把它们点燃来取暖。这气味令人作呕，但总算有点热气。

神子在暗沉沉的黎明中醒来——这天是11月10日。试图算出自己的死期是荒谬的，但他仍然在计算着。他始终没有感到害怕。"没法子。"他说。"没法子"是中国人经常说的一句话，意思是"这就是命"。现在，除了享受生命直到最后一刻以外，已经没有什么别的能做的了。

美军炮击了他们上方的山顶，此时雨越来越大了。由于地面不断震动，掩体两侧开始塌方。这让神子想起了1923年那场令他无法忘记的可怕的大地震。炮击停止了。

"第一小队，占据山脊阵地！"神子边喊边冲上山。山顶遍布了大量弹坑，已认不出来了。在山顶上，他们看到另一侧已爬至半山腰的美国士兵,人数多得似乎数都数不清(他们是第一骑兵师的两个整营),而八寻的中队却只剩下少量的兵力来进行阻击。他拼命地示意部下回到下方相对安全的掩体里去。他一边快速跑过八寻的掩体,一边大喊。在他跳进自己的掩体的瞬间,子弹就顺着山坡扫射过来,手榴弹紧随其后落入他们的阵地。右边传来用英语叫喊的声音。难道第二小队也已经被击退了吗?

斋藤大喊:"没子弹了!""我也是!"另一个人回应道。有人扔给他们几个弹夹,想把剩余的弹药分给他们,但没有用。在愤怒和挫败感的驱使下,神子从他的掩体里跳了出来,身后跟着三个人。他几乎冲到了山顶,然后朝山顶扔出一颗手榴弹。由于一时冲动——也许是为了吓唬敌人——他用英语喊道:"冲啊! 冲啊!"

结果令人震惊。一个美国士兵端着刺刀冲过山顶,正好冲到了神子面前。两人瞠目结舌地互相对看,谁也没有开枪。然后,那个美国士兵突然意识到刚才冲锋的命令来自敌方,便立即从山顶又退了回去。

"全中队,tenshin!"这是八寻的助手的声音。"tenshin"的字面意思是"转身前进",是"撤退"的一种委婉的说法。八寻自己又重复了几遍,然后仿佛是为了表示歉意一般地喊道:"我们之后会前进的!"

靠近神子那支小队的第二小队的士兵从来没有听闻过这个词——这是最近为了现实地适应战局变化才创造出来的新词——但是,指挥官的紧急命令迫使他们从掩体里出来,准备发动最后的攻击。

"Tenshin! Tenshin!"八寻手握美国卡宾枪跑出自己的掩体,让他们回来。

神子知道这个词,但没想到会在战场上听到。他眼睁睁地看着美军集中火力向已经暴露的第二小队射击,愣住了。八寻用卡宾枪胡乱射击。一个美国士兵倒下了。八寻又打倒了另一个美国士兵,然而自己也被打倒在地。神子帮忙把他拖进一个弹坑里。鲜血从他的喉咙里喷涌而出。"中队长!"神子哀声叫道。他们把一个水壶送到八寻的嘴边,他咽了一大口,随即头往一侧耷拉了下去。

现在,八寻中队里仅剩的几人的命运就掌握在神子的手中了。撤退是耻辱的。在他们多年的训练中,这是被禁止的。反正他们都是要死的,应该尽可能带走更多的敌人。"把你们剩下的手榴弹都扔出去！"他大喊一声，然后带着5个人冲向山顶。突如其来的进攻令美军措手不及。他们在雨点般的手榴弹袭击中节节败退。"我们只要有一挺机枪就可以取胜！"神子这样想。这个希望如此荒唐，将他拉回现实。他正在带领他的部下走向毫无意义的死亡。"跟我来！"他大喊一声，然后闪身回到山下，带着第二小队的少数几名幸存者和他自己的部下返回二号公路。他跳进路边的沟渠，回头看了看，只见山顶出现了头戴钢盔的美军。

沟里有11个人，神子带着他们沿着公路——就是不久前他带领整个"玉"师团前进的那条路——朝奥尔莫克走去。但是，撤退的耻辱感依旧折磨着他。八寻曾下令让他们后撤，然而这次后撤完全是他的责任——而且他还抛弃了指挥官的尸体。他把自己的生命看得比荣誉更重要，每后撤一步，这种想法就更折磨着他。然后他开始感到要反抗这种想法：为什么要无谓地死去？这不会有助于国家。

他开始感到"心里轻松下来"，但这种轻松感却被一颗手榴弹的爆炸声粉碎了。手榴弹是从二号公路的西面，或者说是从山谷里扔过来的。没有人受伤。他们奔跑起来。在如此崎岖的地方，敌人怎么会这么快就从侧翼包抄他们？或许他们连重新加入主力部队的可能性都没有了。

沿着公路走了几百码，他们来到了一处涵洞，下面有一条小溪。"没法子。"神子提醒自己，唯有尽力而为，不要为将来担忧。他们还活着。他们脱掉肮脏的军衣，解开绑腿，裸露的双腿像豆腐一样白得可怕。他们在溪水里洗衣服，互相取笑和推搡着，好像又回到了"满洲"，然后便毫不顾忌地只围了一条腰布就躺在地上，不一会儿就都睡着了。

一阵断断续续的不祥之声把他们惊醒。神子跳了起来。他看见他们上方的山顶处有美军在操纵机枪。他一把抓起步枪，而其他人匆忙抓起衣服拔腿就跑。神子打完了最后一个弹夹里的子弹后也跟了上去。几发迫击炮弹追着他们，在触碰到他们头上的树叶时就爆炸了。他们在树林深处停了下来，穿上设法抢出来的衣服，绕回了公路。

神子到联队的补给站报到，年轻的主管军官祝贺他们大队所取得的"伟大胜利"。神子注视着他。当第三大队在山岭上渐渐被消灭时，他们日复一日地等待着大量增援。难道联队里没有人知道前线的情况吗?

2

在马尼拉,山下将军至少是知道铃木的部队在山上遭到了顽强抵抗。他下令将主攻方向从卡里加拉转移,而铃木应该在利蒙下方离开二号公路,转向东面,从陆路直接穿过岛屿向塔克洛班进攻。这是一个草率的命令。山下依然怀疑在莱特岛进行决战是否明智。把吕宋岛战役急需的人力物力消耗掉是愚蠢的。除此之外,他有理由相信,铃木在莱特岛的情况也不太妙。美国的海空力量**真的**在台湾岛和莱特岛被严重打击了吗?

不过,寺内元帅对这些论调仍不以为然。"我们已经听取了第十四方面军的意见,"他说,"但莱特岛行动将继续进行。"

"我完全理解你的打算,"山下答道,"我一定执行命令,确保成功。"

寺内的自信部分来源于他刚刚相对轻松地使13000人登陆(其中12000人来自第二十六师团)奥尔莫克。此外,另一支载有10000名士兵的运输舰队在4艘驱逐舰、1艘扫雷舰、1艘猎潜艇的护卫下,在另外3艘驱逐舰的掩护下,正在向莱特岛靠近。

第二天一早——11月11日——运输舰队拐入奥尔莫克湾。但就在此时,山下对美国海空力量已被消灭这一消息的怀疑立刻得到了证实。美军第三十八特遣舰队的近200架舰载飞机在缓慢行进的日军运输舰队到达港口前就将其捕获。第一轮轰炸美军集中攻击了6艘运输舰,它们一次又一次地被击中。第二轮攻击瞄准了驱逐舰。紧接着又展开了第三轮攻击,轰炸了燃烧的舰船,对那些在水中挣扎的士兵进行扫射。这场屠杀十分可怕。美军以损失9架飞机的代价,将所有运输舰和4艘驱逐舰击沉。舰船上的10000名士兵——几乎一整个师团——只有少数几个人游过血染的海面,生还上岸。

这场灾难没有改变寺内的主意,至少表面上是这样,但它使山下更加坚信莱特岛的战役将是一项失败的事业。与此同时,他又接到寺内的命令,让他振作起来继续作战。他在11月15日发给铃木的电报中表达了他的保留意见。这则电报几乎预言要放弃莱特岛：

> 第三十五军将全力歼灭莱特岛上的敌军，其最低目标是阻止敌人使用航空基地……如果再发生部队无法被运抵的情况，吕宋岛将成为菲律宾诸岛未来行动的主要战场。

铃木感到困惑，这是可以理解的。这是不是意味着翻过山脉朝塔克洛班发起主攻的命令被取消了？他知道必须守住那道山脉，否则美军就会沿着二号公路向奥尔莫克大举南下。于是，他命令片冈进行反击。这样就能守住山脉的阵线，而且还能转移美军的注意力，使他们不会察觉日军将越过山头进行作战。

美军的坦克几乎能随心所欲地在这条蜿蜒曲折的公路上行驶。步兵从三面包围上来。经过激烈的白刃战，除了东南端的几处山崖仍由"玉"师团第五十七联队的后卫部队守着，山脉的其余部分都已被美军占领。其余士兵连夜向南撤退，疲惫不堪的他们只能靠前一个人背上的萤火虫发出的微光指引，才不会走散。这些士兵却在铃木的命令下又掉转方向去重夺刚刚放弃了的阵地。

神子发现自己又回到了山上——这次是在南端。他和青木作为补充兵员被派往安田中队，这支队伍正守卫着一个与"八寻岭"差不多大小的山顶。安田龙透中尉是个温和的人。"我很高兴你们能够安全抵达，"他紧咬着嘴唇说道，"我们的中队已经减员到不到原来的四分之一，所以，你们两位的到来让我们感觉好像有百万雄师在我方。"神子被安排去领导第三分队，"我们刚刚挖好了掩体，他们还没有攻击我们，但他们很快就会来。我们很高兴你们能和我们一起战死。"

天还没亮，神子就被鸟叫声吵醒了。有那么一瞬间，他以为自己回到了千叶的山林间。透过茂密的树叶，他看到了一些红色的东西。是什么艳丽的热带花吗？不，那是一只可以在动物园供人观赏的羽翼丰满的大鸟。但它也是食物。他爬到指挥官的掩体前，小声地说要把这只鸟打下来吃。安田中尉摇摇头；枪声会暴露他们的位置。敌人也可能会开枪。

那只鸟扇动着那巨大且不美观的翅膀,吵闹着飞了起来,就像是一架满载的运输机,立刻引来了断断续续的迫击炮的轰炸。

安田中队一整天都默默地在洞里蜷缩着。他们的食物配给是八个人吃一个饭团。天黑之后,安田和他的三个分队长蹑手蹑脚地爬上山顶。另一侧的半山腰处,一群美国士兵正在露天吃饭,好像是在野餐。中尉建议派两个人去把他们干掉。饥饿比恐惧更令他们难耐。三个分队长点头表示同意。

两名二等兵被派去执行这项自杀式任务,整个晚上,全中队都在焦急地等待着。有一次,他们听到了手榴弹的爆炸声和机枪射击声,便确信自己的战友已经被打死了。但天亮时,两人回来了,带着满满的战利品跳进安田的掩体,像小学生一样兴奋。原来他们在黑暗中伏击了美军的机枪阵地,把能找到的东西都抢了回来。他们的战利品有几罐香烟和几箱与他们的武器并不匹配的弹药。

青木点燃了一支美国香烟。"啊,我已经忘记烟草的味道了,"他猛吸了一口后说,"我都快晕过去了。"

那天,神子在扩大自己的掩体时抓到了一条蜥蜴。剥了皮后,它是淡粉色的。这让他想起了以前在家附近的海里捕到的牛尾鱼。青木用匕首把它剁碎,放在饭盒里煮到发白。神子觉得它尝起来混杂着鱼和鸡的味道。吃完后,他觉得干劲十足,就像被注射了肾上腺素一样。

中午,安田命令神子的分队登上右方100码之外的一个具有战略价值的小丘,去替换守卫那里的分队。这个小丘控制了这片地区,并不断受到袭击,一旦失陷,就会危及整个联队的阵地。整个下午,第三分队都使敌人无法接近,但第二天早上,美军已逼近到可以投掷手榴弹的距离。但在进攻最激烈的时候,手榴弹的攻击莫名其妙地停止了。

周围太安静了,神子能听到鸟叫声。接着,一种像是喷灯一样的奇怪声音传来。一股浓浓的黑烟在他面前升腾。"火焰喷射器!"他大喊着。他开始尽可能地把手榴弹扔得更远更快。最终,火焰熄灭了。他精疲力尽地趴在后面,对美军的撤退感到疑惑。一枚炮弹落在前面几码处,但没有爆炸,它深深地扎进了地下。神子以为这是个哑弹,直到眼前的地面像火山一样爆发。这是他所经历过的最可怕的事情,像1923年的地震一样给了他极大的冲击。他转向青木,脸色惨白:"他们在使用某种新式武器。"(其实是延时引信。)大地接二连三地发出隆隆的声响,抛起成吨的泥土。左侧,两人躲藏在掩体内,此时那里已化作平地,只有三条腿突出在地面。神子手臂上一阵热辣辣的感觉,脚上也是。这些都是小伤,是他在整整七天的自杀式战斗中唯一受的伤。尽管他发出抗议,但还是被送到了后方。

他所在的联队已不足400人,在美军无情的压力下已经解体。11月23日,美军第三十二师一二八步兵团突破山地障碍,进入利蒙。"断颈岭"之战结束了,后续只有一些零星的抵抗。两天后,片冈将军命令"玉"师团的残余部队在利蒙以南的二号公路附近集结。

神子和青木沿着公路蹒跚地往南走去,他们来到了一个充满死亡恶臭的峡谷。数千具肿胀腐烂的尸体遍布公路和公路两旁的沟渠。乍一看,这些尸体就像是被蛇——实际上是防毒面具的橡皮管子——咬死的一样。这里就是"死亡谷"。在这里,美军炮兵以致命的精准度攻击了正在开赴前线的日军。

他们进入了公路东边的丛林。每到一条小溪边,他们就发现一群群伤员像尸体一样躺在那里,他们的求生意志已经荡然无存。神子和青木继续前进,却被自杀的念头所纠缠。他们遇到了以平野军曹为首的另外七名掉队者,并得知,美军像一个楔子般打入"断颈岭"下方,几乎挺进到了二号公路。他们必须穿过敌人的防线才能与师团会合。饥饿驱使他们突袭了遇到的第一个美军阵地。他们抢了美军的口粮跑了,被美军的步枪火力追赶。这么点吃的居然有这么大的作用!神子边想着,边吃完了一块巧克力。他们可以忍受肉体的伤痛,但缺乏食物会消磨他们的意志。如果我们能吃得和美国人一样多,我们还是会杀到山顶的,他想。战场上的胜败根本上就取决于补给。日本怎么可能战胜这样一个富有的强敌?

他们发现了美军空投补给的降落伞,却差点被一队扛着箱子的黑人士兵发现。神子刚举起他的步枪,平野就摇着头制止了他。又有一队黑人士兵走了过来。

"他们真黑呀!"神子小声嘀咕道。他以前从没见过黑人。

"我们都是人,但我不懂他们为什么这么不一样。"

"我在想,他们是不是像美国人一样思考?"

"他们也是美国人。"平野说。

他们努力翻过一座山,在寒雨中强行行进了一夜;次日早晨,他们接近了敌人前线正后方的二号公路。神子让其他人停了下来。他向他们保证,他们一定会突围的。他们有食物,而且日本兵在白刃战中是不会被打败的,"如果你不幸中弹,那就像个男人一样自杀吧。"

他们开始朝着公路走去。

第二十四章　溃败

1

在莱特岛上,有组织的抵抗已经到了接近崩溃的地步,但身在马尼拉的山下还指示铃木将他剩余的作战力量集中起来对美军机场进行决死攻击("WA"行动)。这些新近建立的基地对整个菲律宾、日本本土,以及南方——爪哇、马来亚、苏门答腊和婆罗洲——之间的补给线都是一种威胁。

岛上有三支主要部队。"玉"师团已经损失了超过四分之三的兵力,最多只能拖慢美军在二号公路前行的速度。牧野的第十六师团在被迫撤离沿海平原后已经变得四分五裂,一些部队在达加米以西的山地里坚守,其余的部队则分散在内地深处,以寻找食物为主要任务。他们一直靠昆虫、蜗牛、青蛙、蜥蜴、蜈蚣、树根、草,以及自己被汗水浸透的皮带生存。

第三支部队,即第二十六师团,将不得不作为"WA"行动的主力部队。除了为保卫奥尔莫克而分出去的一个大队之外,该师团已经翻过利蒙以南的山脉,向莱特湾发起总攻。铃木命令他们继续朝着东南方向移动,并和第十六师团的残部以及从吕宋岛飞来的伞兵一起,在12月6日拂晓时分攻击杜拉格以西10英里的具有战略意义的村落布拉文附近的三个机场。

这个草率而就的计划从一开始就打了折扣。首先,第二十六师团的人发现很难遵循马尼拉方面制定的时间表;铃木要求推迟两天,但遭到拒绝。其次,行动本身也因通信中断而受到影响。

12月3日,气象观测员预测会出现恶劣天气,于是铃木接到命令,要推迟一天进攻。但这一消息始终没有传到第十六师团的幸存者那里。他们按原计划于12月6日天亮后出现在布拉文以北约一英里处的机场。他们现在总共只有300人,由于有逃兵,他们微薄的兵力进一步减弱。他们遇到了一群在露宿的美国工兵,并开始用刺刀攻击他们。这些美国工兵之中的大多数人从来没有向敌人开过枪,除了其中一个炊事员杀死了5名试图从伙房偷食物的日本兵之外,其他人都逃走了。突袭者守着机场的一部分有几小时之久,但由于没有支援,他们被赶回了北面的树林里,他们在那里挖了工事,咒骂着没有露面的伞兵。

这700名伞兵来自白井恒宏中佐指挥的第三伞兵联队,此时他们还在吕宋岛,准备登上双引擎运输机。第一批26架运输机载有365名伞兵,于下午三四点钟起飞。他们在战斗机的护卫下编组向南飞去。他们继续朝莱特岛以西飞去以躲避侦察,然后从该岛南部绕回至莱特湾。当他们在杜拉格南面急转向西,沿着马拉邦河向内地的布拉文方向前进时,太阳已经落山了。

他们遭遇了猛烈的高射炮火,4架飞机被摧毁,其他飞机降低到750英尺的高度。6时40分,开始跳伞。他们原本应该在北机场集中,但由于天黑,只有白井中佐等60人在目标处降落。主力则降落于布拉文以东1.5英里处的圣巴勃罗简易机场。他们一边冲锋,一边用英语拼命喊着:"喂,你们的机枪在哪里?""投降吧!一切反抗都是无效的!"美国士兵都被吓傻了,眼睁睁地看着日本人烧毁停在那里的飞机并点燃汽油和弹药库。

在北机场,白井的兵力薄弱,无法发挥作用。他和仍躲在树林里的第十六师团的步兵一起等待着第二批伞兵的到来。然而,第二批伞兵不会出现了。恶劣的天气再次向莱特岛袭来。第二十六师团也不会出现了。只有一个大队进入布劳安的攻击范围内,这些疲惫不堪的人被美军第十一空降师的一个营拦截并击退了。

不过,圣巴勃罗的伞兵已经发现了自己降落在错误的地点。在破坏了那个战场之后,他们又在黎明时分向西北方出击,与白井会合。现在,白井已有了一支约500人的数量可观的部队,他重新进行了部署。到上午10时左右,他们已经占领了整个简易机场,他顽强的部下对美军四个营进行了三天的抵抗,最终寡不敌众,少数幸存者逃进了山里。

当白井在黎明时分对布拉文的简易机场发动攻击时,一支由驱逐运输舰组成的队伍载着美军整整一个师(第七十七师),出人意料地在奥尔莫克湾出现。"WA"行动的冒险不仅失败了,而且使铃木最精锐的部队——第二十六师团——撤离了这一地区,该地区此刻正是麦克阿瑟下一次攻击的目标。

6时40分左右,12艘美军驱逐舰开始轰炸奥尔莫克下方四英里处的海滩。登陆艇从驱逐运输舰上驶出。7时过后不久,"纽约专用"号载运的第一批部队没有遭到任何抵抗就成功登陆了。那天是数字"7"的幸运日——南面的第七师已经从一条据说是无法通行的山路穿过了岛屿中部,正沿着海岸线北上朝奥尔莫克进发。这些步兵的对手只有从第二十六师团抽调出来用以守卫城市的一个大队。

铃木并没有在海滩上设置任何障碍物——他认为,隔着狭窄的卡莫特斯海,西海岸受到日本在宿务的海军基地的保护——现在被包围了。日军对这种情况几乎无能为力。铃木命令第二十六师团和第十六师团的残部向后转,在奥尔莫克与他会合。山下迅速派出已经安排好的前往莱特岛的舰队,还下令将第四伞兵联队的500名伞兵派往奥尔莫克上方8英里处靠近二号公路的一个机场。但他们直到12月8日黎明时分方才抵达,还降落在了偏离目的地以北约5英里的丛林中。

神子清伍长的队伍刚从美军的防线打到二号公路,就遇到了这些伞兵中的六人。这些伞兵都很年轻,装备精良,迫切希望战斗。神子警告他们,他们会遇到以一敌十的状况。一个年轻士兵大声喊道:"我的目标是在死之前杀死十个敌人!"随即脸红起来。

他的天真让神子感到震惊。大本营有什么权力派出这样的孩子去执行敢死任务？过去几周的所有挫折和怀疑让他作出了一个如果在"八寻岭"就是大逆不道的决定：他要逃到另外一个岛上去。为什么要毫无意义地死去？他允许自己去想日本，想它美丽的山川河流。他将和几个值得信赖的同伴一起去西海岸，偷一艘当地人的船。也许他们能逃到婆罗洲去。轰隆隆的雷鸣声从奥尔莫克的方向传来，听上去像是敌人的炮声。美军怎么这么快就到了那里？

安德鲁·D. 布鲁斯少将的第七十七师正沿着西海岸向奥尔莫克稳步推进，遭遇了由主管运输的三井大佐指挥的一支装备简陋的杂牌后勤队伍。这支队伍驻扎在城外下方几英里的高地上，三井希望能坚持到第二十六师团回来。其他增援部队正从海上赶来。12月9日，第三十师团的一个大队在帕隆庞登陆，帕隆庞是构成奥尔莫克湾的狭小半岛西侧的一个港口，离奥尔莫克只有15英里的直线距离，但要走35英里的蜿蜒山路，布鲁斯的人已经到达市郊了。

第二天早上，美军突破了三井大佐的防线，进入了奥尔莫克。此处只剩下一片冒烟的碎石和燃烧的建筑物。一团黑烟笼罩着这个地区。当天下午，布鲁斯将军向军司令约翰·R. 霍奇报告胜利的消息，提醒他第五航空队司令的承诺：

> ……怀特赫德将军答应过攻下奥尔莫克后要用来请客的那箱威士忌在什么地方？我不喝酒，但我的副师长和各个团的团长们要……

几个小时后，布鲁斯又发去一封电报，提到第七师正沿西海岸公路北上。

两个"7"进入奥尔莫克。"7"来了，"11"来了。

仍有两支日本舰队正前往奥尔莫克湾,其中一支载有第八师团的3000名官兵和900吨弹药与补给。第二天早上,当5艘运输舰、3艘驱逐舰和2艘猎潜艇在约30架战斗机的护卫下接近莱特岛西海岸时,他们遭到了美海军陆战队"海盗式"战斗机群的袭击,3艘运输舰被击沉,其余舰艇试图救起幸存者,转而朝帕隆庞进发,但仍有700人被淹死。逃亡的舰艇还没进港,就又有另一艘运输舰被美海军陆战队和陆军的飞机击沉。

最后一支护航队——由2艘驱逐舰和2艘运输舰组成——载有伊藤少佐率领的一支400人的海军守备队,以及9辆两栖坦克和20门迫击炮。它躲过了美军的侦察,在午夜后数小时完好无损地接近奥尔莫克。这时,它被美军驱逐舰"科格兰"号发现,其中一艘驱逐舰被击沉。运输舰则继续前进;其中一艘停在已经被占领的城市附近,试图要让部队上岸。第一艘驳船几乎被岸上发射过来的炮弹笼罩了。"不要开火!"日本人大声喊道,他们并没有意识到这座城市已经落入敌手。

另一艘运输舰幸运地逃过一劫,驶向海湾的另一边,在那里卸下了铃木将得到的最后一批增援和补给。考虑到派往莱特岛的所有舰只中有近百分之八十被击沉,仍有45000名士兵安全上岸是非常了不起的。然而,由于总共只有不到10000吨物资得以保存下来,他们的战斗力大大被削弱了。

2

虽然莱特岛尚未完全失守,吕宋岛也正在为决战加强防御,但是大本营却下令加快准备将菲律宾境内的盟军战俘撤回日本本土。在那里,他们可以成为劳工,也可能被用作人质。

长期以来,日本人一直公开谴责同盟国虐待日军战俘,同时又夸奖他们自己的行为。在杜立特的三名飞行员(迪安·霍尔马克上尉、威廉·法罗上尉和哈罗德·施帕茨中士)被处决——他们受到了酷刑,还受到了强制性的审判——的仅仅几星期后,《日本时报》就谴责英国人对德国战俘的非人道对待:

……不用说,到现在为止,日本政府都从人道主义出发,始终尊重国际法中关于战争行为的诸原则,并竭尽所能采取一切措施,优待日本政府拘押的许多英国战俘。

据说,美国战俘"在各战俘营中过着愉快的生活"。

在吕宋岛的甲万那端,几个"巴丹死亡行军"的幸存者保存着私密的笔记本,如果这些笔记本被泄露,可能意味着他们会被立即处决。军医詹姆斯·吉莱斯比上校描绘了一支刚进入战俘营的新队伍:

……沿着公路缓缓前行,一群战俘走来了。他们浑身脏兮兮的,蓬头垢面,衣衫褴褛,半裸着身子,面色苍白,身形臃肿,毫无生气。他们摇摇晃晃、跌跌撞撞,有的步履蹒跚,有的失去平衡躺在了地上,却被负责押送的士兵催促着站起来。很多负责押送的士兵的情况也只比俘虏稍微好那么一点。他们的四肢怪异地肿大了一倍,面无表情——丧失了生命力,苍老得令人难以置信。他们赤脚走在石子路上,用残破的麻袋遮羞,有的人则赤身裸体,眼睛充血,嘴唇干裂,全身都沾满了秽物。他们就这样来到了……"路的尽头"。这些原本强壮、年轻和机敏的美国人,来自第三十一步兵团、航空部队和高炮部队。这的的确确是最凄惨的景象,但愿我永远不会再看见。

这些囚犯被迫吃猫、狗、小老鼠和垃圾来维持生命。到现在,他们平均瘦了 55 磅。在甲万那端的第一年,约 6500 人中有 2644 人死于疟疾、痢疾、白喉和其他疾病。上尉塞缪尔·M. 布鲁姆医生认为,他们的死亡"完全归因于日本人的忽视,是蓄意的饥饿政策和不进行医疗援助的结果"。

另一位秘密日记的记录者罗伊·L. 博丁少校是一名牙医,曾参加过巴丹战役。在麦克阿瑟登陆莱特岛的前一天,他开始写日记。他永远都不会忘记那一天,他所在的队伍被卡车转移到马尼拉的比利比德监狱,他们在那里得知自己要被分批送往日本。他们对在敌国可能受到的虐待感

到害怕,但马尼拉地区遭轰炸以及期待已久的麦克阿瑟登陆的消息又使他们感到振奋。① 10月28日,博丁在日记中写道:

> 麦克阿瑟登陆的消息以及发生的轰炸,让我们产生了希望,觉得日本人无法把我们弄出这里。
>
> 他们每天都散布流言说我们两三天后就会出发,但一直在推迟。
>
> 我们希望并不断地祈祷他们做不到。这真是让人"苦苦煎熬"。

博丁的希望始终没有实现。12月12日,所有战俘都接受了草率的体检。食物略有改善,他们还领到了肥皂和卫生纸——这的确是他们即将离开的迹象。"如果麦克阿瑟就在附近,却让我们离开这里,我们真的会疯的。"博丁写道。

第二天早上,他和另外1618名战俘沿着奎松大街走出城墙环绕的市区。菲律宾人站在两侧人行道上观看这支令人悲伤的队伍,许多人偷偷地比出V字手势。黎刹公园里全是仓促搭建起来的的营房,但博丁小时候住过的格兰卢纳区(他的父亲曾是一名陆军牙医)却没有变化。当他们走近码头区时,他看见了新近被美军轰炸过的情形,海湾内至少有40艘废弃的舰船。

战俘们开始排队在七号码头登上战前为旅游业而造的排水量15000吨的豪华游轮"鸭绿丸"号。② 曾在巴丹半岛的十几次丛林战中幸存下来

---

① 在邻近的圣托马斯大学战俘营,这则消息来自一份地下新闻简报,上面写着:"莱特岛总比没有好。"

② 七个星期前,一艘满载着1805名菲律宾盟军战俘的排水量5000吨的货轮在中国南海被鱼雷击中(可能是美军"鲨鱼二号"潜艇所为)。5名美国士兵生还,其中包括卡尔文·格雷夫中士和唐纳德·迈耶下士。他们经历了一系列不可思议的巧合才得以生还:在船的残骸上熬了一整夜之后,他们发现了一艘救生船,里面有一小桶淡水;在固定船舵时,他们发现了一个小隔间,里面有一罐密封的压缩饼干;旁边漂浮着一个箱子,里面正好装着滑轮和索具,正好和他们的船相匹配;最后,几小时前有个人找到的一根杆子竟然正好是这条船上的桅杆。就在他们准备升帆的时候,一艘日本驱逐舰逼近至离他们100码以内,但不知为何没有对他们开枪就开走了。即便如此,如果不继续走运,他们大概也无法安全抵达中国。经过两天的航行,他们被路过船只上的中国渔民救起,并在中国沿海唯一一处蒋介石控制的地区上岸。

的阿德里安努斯·J. 范·奥斯滕少校怀着严肃又觉得好笑的心情，注视着麦克阿瑟那辆闪闪发光的帕卡德汽车被吊在货网里，靠在货舱的一侧，挡泥板被撞碎了。柯蒂斯·比彻中校是一名海军陆战队军官，他回忆起1929年从中国执行完任务回国时曾路过这个码头。此时，他和另外700余名战俘一起被赶进了地牢般的前舱——以前这个舱里运送的是马匹。几分钟之后，空气就变得又闷又热，他们的制服都被汗水浸透。

博丁那批人——300名陆海军医务人员和平民——挤在中舱，在甲板下三层的位置。天黑之后，八桶米饭和几盘鱼被送了下来。轮船开动了，它绕过巴丹，驶入苏比克湾，然后继续向北前进。突然，有警告称前方有危险，于是它掉头回来，停泊在奥隆阿波下方的保护水域。黑暗中，战俘们弯腰坐在船舱里，心剧烈跳动着。博丁想，要么在日本再熬几年，要么是被潜艇或飞机攻击葬身海底。

700余人挤在前舱的状况原本已经令人难以忍受，还只有一个小舱口用来通风。几只桶被扔在舱内，用来装他们的排泄物。这些桶很快就满了，尿液和粪便溢了出来，散发着恶臭。黑暗中，有人惊叫道："啊，我的天哪！"原来有人往他的水壶里撒了尿，他把它喝了下去。比彻中校想起《加尔各答的黑洞》，当初读这本书的时候没什么印象，现在他知道了这是多么可怕。叹息和呻吟声被一声不像是人发出来的惨叫声压倒，在范·奥斯滕少校听来就像是火鸡的叫声。突然，这声音在附近再次响起，他旁边的人开始胡言乱语。借着照进舱室的星光，范·奥斯滕可以看到他旁边的那个人正渐渐失去意识。他浮肿发白的舌头从嘴唇间耷拉出来晃动着。他的眼睛直直地瞪着，却好像看不见东西。他一头倒在地上，死了。

后舱的600名战俘也身处同样的"地狱"。他们吃的是极少量的米饭和鱼肉，但没有水——他们中的大多数人在穿过炎热的大街时都不假思索地把水壶里的水喝光了。他们开始拿饭盒当扇子扇风，但并没有什么作用。他们在火炉般的船舱里脱光衣服，在黑暗中叫喊着要水喝，但看守们并没有理会他们，看守们自己的战友也是待在同样的船舱里来到菲律宾的，虽然没这么挤。战俘们费力的叫喊慢慢耗尽了空气中的氧气。其中一个人窒息了，他以不可思议的克制力悄无声息地倒在了地上，其他人则大口喘气,在一番剧烈的挣扎后倒了下去。有十多个人口渴到极点,疯了般割破同伴的喉咙和手腕吸血。恐慌使船舱变成了疯人院。在参加过巴丹战役的弗吉尔·麦科勒姆少校看来,这是"可以想象到的最可怕的经历,而且很可能是史无前例的"。当黎明的微光透过舱门时,几十具尸体直挺挺地躺在那里——有的是窒息而死,有的则是被杀害的。

上面传来了激动的叫喊声。高射炮的响声传来,玻璃碎片雨点般从舱口掉落下来。炸弹猛烈地轰击这艘船,机枪子弹打在甲板上,发出嗒嗒的声响。位于后舱的战俘们爬上梯子,个个惊恐万分,生怕被困在舱内出不去。守卫们朝他们开枪,把他们赶了回去。轰炸机每半小时轰炸一次。

为了躲避从舱门飞来的流弹,位于中舱的博丁少校和他的两个朋友——约翰·赫金斯上尉和鲍勃·纳尔逊少校——一起挤进了一个小储藏室。这里虽然令人窒息,但能保护他们——就是说,除非炸弹或鱼雷直接击中这里,否则就是安全的。博丁是一名天主教徒,在死亡临头的此刻,不断地祈祷着。他数着念珠,把他所知道的祈祷文重复念了一遍又一遍。在弹片和子弹砸击铁板震耳欲聋的声响中,他听见赫金斯一遍又一遍地念着:"耶稣拯救我们!"挤在这个小房间里,他们发现自己无法在空袭的间隙保持清醒。每当新的袭击开始,他们就从睡梦中惊醒,昏昏欲睡地喃喃自语,开始又一次祈祷。

前舱的战俘们又面临着一个恐怖的夜晚。有人叫喊着:"安静!""不要慌张!"但当温度达到华氏110度时,骚乱再次出现。这是比彻中校一生中"最糟糕、最野蛮的时刻"。他周围的人都像疯了一样。他们在黑暗中互相碰撞,滑倒在粪便中;病人被踩踏;人们互相殴打。人们像牲畜一样跪在地上,喝着露天排水管里的污水。

在后舱,麦科勒姆少校强行挤到边上,舔了舔凝结在船体钢板上的水珠。混乱的情况比第一天晚上更严重。"许多人丧失了理智,"一名上校后来在他的正式报告中写道,"他们在黑暗中拿着刀爬来爬去,企图杀人饮血,或者拿着盛满尿液的水壶在黑暗中挥舞。舱内非常拥挤,每个人都紧紧挨着彼此,要活动就只能从别人的头上和身上越过去。"

凌晨4时左右,一名翻译向中舱内的战俘宣布,他们将在黎明时分上岸，可以带上裤子、衬衫、水壶和饭盒——如果想要鞋子，就得自己带上。人们尽可能地把更多东西往口袋里塞，在黑暗中从背包里摸出最宝贝的东西。博丁把妻子的念珠挂在脖子上，垂在自己那串上面，然后把鞋吊在肩膀上。在最后一刻，他想起自己的笔记本，便把它塞进了衬衫里面。他非常遗憾无法拿上他的牙科器械，他曾带着这些器械经历了巴丹半岛的战斗、"死亡行军"并去过数个战俘营。

天亮后不久，第一批 25 人——包括 5 名伤员——开始爬上梯子。几分钟后，翻译又回来叫另一批的 25 人。当他们爬上梯子时，翻译疯狂地挥手示意他们回去："很多飞机！很多飞机！"

一颗炸弹命中"鸭绿丸"号的尾部，弹片射入后舱。甲板上的船体结构坍塌，堵住了舱口的通道，把尖叫着的人压在了底下。火焰席卷船只残骸。超过 100 名被困的战俘死亡，150 人生命垂危。

在前舱，最强壮的人爬上 40 英尺高的梯子，打开舱盖。在附近，他们发现了几袋粗糖，于是朝下面的人扔了几袋。范·奥斯滕狼吞虎咽地吃了一把糖。仿佛奇迹一般，他感觉自己充满了能量，登上了梯子的顶端，片刻之前，他还觉得自己无法做到这一点。在甲板上，死于机枪扫射和炸弹轰炸的日本兵被装在稻草编织成的米袋里，五个五个叠起来，排成一长排。范·奥斯滕从船的一边跳了出去。清凉的水让他精神为之一振，向岸边游去。在蜷缩了两天两夜之后，这样一动突然让他拉了肚子。

一名守卫人员对着博丁一行人呵斥道："都回你们的窝里去，麻利点！"到了上面，博丁看到约四分之一英里外的海滩——奥隆阿波。数百个已经在水里的日本人和美国人都挣扎着上岸。有人向那些站在栏杆边犹豫不决的人大喊说船要沉了。博丁把一块 4 英尺见方的木板扔到水面上，然后跳了下去。中途，他回头看了一眼，那艘豪华轮船看上去像是一堆废铁。四架美军飞机低飞过来，其中一架俯冲下来，好像要进行扫射，但水里的人拼命挥手，那架飞机机翼一晃便飞走了。博丁决定游回去帮助其他人。他注意到一条悬着的绳梯，冲动之下便开始爬上去拿扔在甲板上的衣服。他没有意识到自己有多虚弱。他把自己的衬衫、一顶旧的菲律宾式帽子和一双鞋捆在了一起，然后绑在一个 3 英寸的弹壳上扔到

第二十四章 溃败

海里，自己再次跳了下去。

1300 名幸存的战俘被赶到一个四周筑着围栏的网球场，他们挤在烈日照射下的水泥地上。

3

那天早晨，12 月 15 日，麦克阿瑟朝吕宋岛迈进一大步。7 时 30 分，他的两个团级战斗组在吕宋岛南部几英里处的民都洛岛登陆，没有遭到任何抵抗，下午晚些时候，他们已经向内陆推进了七英里。

山下将军无意在民都洛岛的防御上浪费兵力——该岛驻军只有 1000 人——也不打算再向莱特岛派遣援军。12 月 22 日，他通过电报的形式告知宿务的铃木司令部自己的决定：

> 请重新部署部队，在你选择的区域打一场持久战。请选择诸如内格罗斯岛的巴哥洛这类极其适宜于自我维持的区域。本消息将解除你之前被分配的任务。

铃木本人则在三天后才接到这封电报，但他已经命令第三十五军的残部在帕隆庞附近集结。

除了铃木之外，对放弃莱特岛最感到痛心的也许是首相小矶国昭。11 月 8 日，他曾公开许诺，他的政府会在莱特岛取得胜利。在一次面向全国的广播讲话中，他将莱特岛的战役与 1582 年那场决定将由谁来统治日本的"天王山之战"相提并论。事实上，小矶保证，如果日本在莱特岛获胜，就能赢得这场战争。他得知放弃莱特岛的决定时正处于一个非常尴尬的时刻——当时他正在去觐见天皇的路上。天皇一见到小矶就立刻问他，首相在将莱特岛战役比作天王山之战后，现在将要如何向国民解释莱特岛的失陷。小矶感到惊慌失措，喃喃地说他会尽最大努力挽救局面，但他知道，只有出现某种奇迹才能拯救他的内阁。

铃木在帕隆庞地区集结部队的命令在圣诞节早上被布鲁斯将军的部

队的突然行动挫败,这迫使铃木和他的参谋沿着莱特岛西海岸向圣伊西德罗附近的山区逃走。在美军第七十七师的一个加强营驾驶两栖牵引车和机械化登陆艇从海上接近港口前,日军撤离了帕隆庞。登陆前,该地区遭到了位于内陆 12 英里处的 155 毫米口径大炮和炮艇的轰击。7 时 20 分,美军第一批队伍上岸,没有遭到任何抵抗,并在中午时分占领了帕隆庞。布鲁斯将军通过无线电报告军司令:

> 第七十七步兵师在圣诞节对莱特岛战役所作的贡献是占领了敌军最后一个主要港口帕隆庞。值此上帝之子诞生之日,我们都要感谢万能的上帝。

下午,麦克阿瑟宣布,莱特岛战役"除了小规模的扫尾行动外"已经结束。他把这最后一个阶段的任务交给第八集团军,以便克鲁格的第六集团军能够为攻击吕宋岛做准备。

圣诞之夜,神子清和三名同伴抵达了距离铃木的临时司令部几英里处的海滩。随着帕隆庞的炮火声渐渐平息,他们听到了与战场情景并不协调的"人间和平,善待彼此"的赞歌声,那是美国士兵在山上唱圣诞颂歌。

神子和他的战友们遭遇一拨拨游击队,穿过几乎无法通行的地带,包括流沙、沼泽和陡峭的峡谷,一路杀到海边(青木和平野军曹已经和"大部队"走散了,这个"大部队"有时多达 50 人)。他们逃离这座小岛的决心不止一次地发生动摇。就在几小时前,他们因为想到要开小差而良心不安,还丢下了一名伤员,开始沿海滩向帕隆庞进发,去帮助守卫这座城市。他们在途中被一名撤退的日军军官拦住,该军官命令他们掉转方向跟随他的部队。当神子一行人接近被他们丢下的战友户顷藏身的椰林时,他们放慢脚步落在后面,决心再次逃跑。

在黑暗中,他们找到了一条小船,用帐篷做成帆。他们把步枪、饭盒、椰子等东西装上船,然后爬了进去。

"户顷怎么办?"有人小声问道。

曾当过渔民的中村是他们依靠的航行向导,他警告说,五个人太多了,但神子反对丢下伤员。一个声音打断了他们小声的争论。"队长,我留在这里。"户顷坐在几码外的沙滩上,"这对我来说是最好的选择。"

"队长,我也留下。"中村从船里跳出来。紧接着,又有一个人跟了出来。

神子疲惫地把船尾拖到沙滩上,和其他人默默地与户顷坐在一起。最后,户顷表示非常抱歉给大家带来这么多麻烦,然后便一瘸一拐地走了。

"这条船哪怕是对我们四个人来说也太小了,"中村嘀咕道,"我们坐这东西到不了别的岛。"

"你一开始就知道!"神子喊道,"你说你想死在陆地上,不想死在海上!死在哪里并不重要,问题是哪种办法让人最有把握活下来。"

其他人仍然在沙滩上紧挨着围坐一圈,注视着在海浪中翻腾的细长小船。

传来一声枪响。是户顷。"真是遗憾。"有人说道。"这样总比淹死好。"另一个人说道。

这把神子逼到了极限。他从背包里抓出一颗手榴弹。"我们跟上户顷!"他喊道,"我们活不到明天了。所以,照你说的那样,我们就死在陆地上吧。我们生在一起,死也在一起!大家把头凑过来!"他激活手榴弹。四秒钟后就会爆炸。

中村猛地向后一歪,喊道:"我走!"

神子在手榴弹爆炸前最后一刻把它向肩后一扔。他跳了起来,说:"好了,我们走吧!"

小船在月色下缓缓驶离小港。在岸上还很不情愿的中村,此时完全变成了另一个人。他熟练地驾驶着船只朝宿务岛前进。突然间,月光被挡住了,有什么冰凉的东西打着他的脸颊。是雨。不祥的乌云在天空翻滚涌动。中村抬起头看了看,然后说道:"我们回去吧。"

"我们在海上,中村,而且已经决定去死,"神子说,"所以还是继续前进吧。"

脆弱的小船在海中漂来荡去。中村面色凝重地紧紧抓着舵柄,其他人则用饭盒往外舀水。一个暗影伴随着怒吼声在他们面前出现——这一定是把第三十五军司令部迁往宿务岛的快艇。他们边喊边挥手,但那艘快艇迅速开了过去。那是一艘美军鱼雷快艇。

拂晓之前,雨停了,太阳从平静的海面上升起。四周都是光秃秃的岩石组成的小岛。南边,从晨光中隐约浮现出一个大岛的轮廓。那一定是宿务岛——他们的第一个目的地。中村改变了航向。借着身后的风力,小船如同一辆最快速度的自行车般划过水面。

神子开始唱起他最喜欢的一首歌,这首歌是他曾教过学生的:

> 从一座遥远的我不知其名的小岛上,
> 漂来一颗椰子。
> 远离你故乡岛屿的海岸,
> 你在海浪中颠簸了多少个日月?
>
> 我怀念远方的潮汐,
> 不知何时才能回到故乡。

4

铃木将军选择将他残部的10000多人集中到一座位于西海岸帕隆庞和圣伊西德罗之间的康圭坡山上。此山高约1200英尺,山上崎岖不平、森林茂密,东坡和西坡满是岩石,是一个天然堡垒。每天都有第一师团和第六十八旅团的掉队士兵筋疲力尽地赶到这里,但第十六师团和第二十六师团的残部却被牵制在二号公路附近。

就算这些人中的很多人能够脱身,他们也无意到达铃木所在的位置。和神子一样,他们不可避免地会想,在这种情况下,死在莱特岛上是毫无意义的。在奥尔莫克北部二号公路和西海岸之间的山区，福荣真平中将正擅自计划率领他所剩无几的第一〇二师团逃离这座岛屿——这个师团在莱特岛战役中并没有发挥多大的作用。他手下早就有50人坐船离开了。

12月29日晚，铃木收到了一个多星期以来福荣发出的第一封电报：第一〇二师团正向海岸进军，将乘小船前往宿务岛。这一行动在铃木的经验中是史无前例的，他好不容易被参谋们劝住，没有立刻把福荣提交军事法庭进行审判。他命令第一〇二师团留在原地，福荣本人则带上他的参谋长立即到司令部报告。

但即使是这个直接的命令也被无视了。福荣的回答——由他的参谋长和田大佐起草——和最初当逃兵的决定一样令人气愤："我们感谢陆军付出的努力，但目前我们正忙于为撤退做准备。因此，师团长及参谋长无法到军司令部报告。"

新年前夕，福荣竟厚颜无耻地要求铃木为他的不服从行动提供便利："所有准备用于撤退的船只都在30日晚被美军飞机击毁了，耽误了出发时间。你们能否派一艘装甲船协助师团长出发？"福荣和他的手下，就像神子一样，设法乘小船渡过了卡莫特斯海。到了宿务岛，福荣将军便被铃木解除了指挥权。他接受了铃木的指示，留在了宿务岛，没有别的地方可去。

在莱特岛，日军在康圭坡山正为长期被围困在此做准备。他们从当地农民那里购买了大量粮食，再加上蕨菜、青草和野菠菜。盐是从海水里提取出来的。就莱特岛而言，铃木的计划是尽可能多地牵制住敌军，但他也开始怀疑这种牺牲是否有用。实事求是地说，他又能指望康圭坡山坚持多久呢？一次猛烈的攻击就会把它攻下。每天都有近100人饿死，这对帝国有什么帮助呢？何况，山下早就批准他撤离。

对一个武士来说，这是一个令人痛心的决定。就在一周前，他根本想不到自己会作出这样一个决定。"玉"师团是第一批离开的。1945年1月12日晚，片冈将军及其司令部人员分成三支队伍出发，天亮后不久就安全抵达宿务岛。在接下去的一个星期，精锐部队"玉"师团仅剩的743

人带着4挺重机枪、11挺轻机枪和5个掷弹筒抵达宿务岛。但随着罗伯特·艾克尔伯格中将的第八集团军逼近铃木，继续撤退几乎不太可能了。

除了16个星期沉闷的清理工作外，战斗已经结束了。前来保卫莱特岛的7万名日军对抗25万装备精良的美军，战斗情况可想而知。他们打伤美军12000人，杀死了3500人，但只有约5000名日军——每14人中有1人——生还。对美国人而言，这是一场具有决定性意义的战斗。他们摧毁了日本整整一个军，并永久性地削弱了日本剩余的航空部队和舰队。除了两个岛屿要塞——硫黄岛和冲绳岛——之外，日本本土已经在敌人面前暴露无遗。

第七部
苦尽甘来

第二十五章　"天赐良机"

第二十六章　"就像地狱熄火之后"

第二十七章　江户之花

第二十八章　最后一次出击

第二十九章　铁台风

第三十章　　散兵游勇

第二十五章 "天赐良机"

1

中国与缅甸领土上的战争正在进行。此处战事对参战各方——不止双方——及受困于动荡乱局的数亿平民而言,是一场晦暗的惨剧。数方势力在广阔的土地上交战,无论从意识形态还是地理而言,这都是一场噩梦。

1942年初,英军以耻辱性的形式被逐出缅甸,后虽试图卷土重来,却收效甚微。而到1944年底,缅甸日军在贪得无厌的野心驱使下,走入灭亡之途。作为英帝国主义之基座的印度此时已摇摇欲坠。日军梦想依靠钱德拉·鲍斯所率的印度国民军的支持,将这一基座颠覆。缅甸边境以西50英里有一座名叫英帕尔的城市,堪称战略重镇,也是日军计划中的第一块踏脚石。攻占该市,不仅意味着打开通往印度的门户,更具有不可估量的宣传价值。

数月以来,奉命在缅甸采取守势的日军高层不断请求入侵印度,钱德拉·鲍斯也在发声,最终成功说服东京方面。1944年初,大本营下令第十五军向"印度东北部英帕尔附近之重要地区"投入兵力。第十五军司令官牟田口廉也中将认为,欲深入印度腹地展开一系列战役,第一步正是要攻占英帕尔。牟田口之所以产生如此看法,原因在于与之对垒的英军准将奥德·查尔斯·温盖特,此人被视为救国英雄式的人物,率领钦迪特①支队以非正统的作战方式持续对在缅日军发动袭扰。牟田口早先并不支持入侵印度,是温盖特的袭扰使其改变心意:既然一名英军将领能率部队穿越深山老林,那么自己也能做到,而且规模要庞大得多。然而,要翻越如此险恶的地形,对于一支经受特殊训练的游击队与一整支军队,在难度上不可相提并论。

牟田口麾下的作战参谋片仓衷大佐意识到,日军面临的障碍不仅仅是湍急的河川与险峻的山脉,在粮食、弹药及医疗用品短缺的现状下,第十五军根本没有充足的后勤准备来应对如此一场漫长而艰巨的战役。当年在"二二六"事件中,片仓因与叛军对峙而颈部中弹,但其直言不讳的性子并未扭改,此时依然力谏长官。然而,牟田口不肯采纳意见,拒绝变更计划。

1944年3月8日,日军三个加强师团与鲍斯印度国民军的一个师,共计15.5万人渡过钦敦江,跨越国境线上的群山。鲍斯的士兵踏入印度领土,便跪下来亲吻故土,高呼"印度万岁!印度万岁!"。按照计划,鲍斯师与日第三十一师团先朝科希马推进,该市在英帕尔以北80英里处,位于英军补给线上。鲍斯师在该处直接掉头南下,进军英帕尔。第三十一师团则先打下科希马,再随后赶上。另外两个日军师团则直扑英帕尔而去。

英国印度军第十四军军长威廉·J. 斯利姆中将堪称远东最为精通地面作战的将领,此人已预测到牟田口将进攻英帕尔(也许还有一个旅团去攻打科希马),因此"胸有成竹地"坐等战斗打响。斯利姆的计划是等日军推进至英帕尔平原边缘,在日军"朝我军严阵以待的阵地发动攻击"时,发动全力反击,将其一举歼灭。

斯利姆后来写道,当他得知日军进攻科希马的兵力足有两个师团时,"心顿时凉了半截"。如此一来,不仅科希马这座重要的驻军城市将陷入危险之中,其西北约30英里处的迪马布尔也将受到威胁——该市是英国

---

① 钦迪特(Chindit)是Chinthe发音不准确的读法,后者是缅甸语中的"狮子"一词。

印度军在此处唯一的补给基地与铁路终点站。斯利姆下令立即增援。"那时我努力纠正错误,通过铁路与飞机火速调遣援军,但我心里很清楚,一切都要看首先与日军交战的那批部队。如果他们能够坚持到援军抵达,那接下来没什么好怕的。倘若坚持不到,那就离惨败不远了。"斯利姆最担心日军绕过科希马,取道铁路,因此他在科希马山上紧急设立一道防线,封锁前往迪马布尔的道路。所用的部队是从当地治安部队中"拼凑"出的一批士兵,以及500名尚处于康复期的伤员。

然而,日第三十一师团师团长佐藤幸德中将并未选择绕行,而是下令全体部队攻击科希马。守军虽被逼退至一座山丘上,仍然顽强抵抗。印度国民军在此与第三十一师团分道扬镳,独自向南朝英帕尔而去。另外两个日军师团已在英帕尔市西、南两处陡坡上构筑起强大的土木地堡体系,只待鲍斯师来到,便发起联合进攻。

4月18日,印度国民军报告了一个令人难以置信的消息:通往英帕尔的道路守备薄弱,先头部队距离该市"只有一箭之遥"。眼见胜利在望,鲍斯准备好大量新货币以供发行,不料竟美梦破灭:佐藤认为科希马守军的抵抗程度超出预计,拒绝第三十一师团跟进南下英帕尔,甚至还独断下令部队做好返回缅甸的准备。原来,佐藤曾得到过口头许诺(此类许诺不能按字面意思去理解),倘若4月中旬粮食与弹药补给仍未送达,第三十一师团可以撤退。

鲍斯怒不可遏。没有佐藤部队开路,印度国民军不可能突破至英帕尔。鲍斯认定此举纯属第十五军之阴谋,意在阻挠印度人在本国国土上取得第一场重大胜利,并公开指责日军。牟田口对佐藤也大为光火(并解除其指挥权),但无论怎样解释,都无法让鲍斯满意。

英帕尔城外的日军准备自行攻击,并要求鲍斯在天皇诞辰那天发表广播演说,将英帕尔作为献给天皇的寿礼。鲍斯深感屈辱,态度陡变:除非由印度国民军担任先锋,否则反对一切对印度的入侵行动。鲍斯的理由是,印度军队出面可以在全国范围内引发起义,而日本侵略者只会为渊驱鱼,让无数印度民众投靠英国一边。

鲍斯与日军的争吵给斯利姆将军带来双重优势:既在敌人内部造成

分裂，又为援军通过铁路及空运赶往英帕尔地区争取大量时间。日军从六条道路朝英帕尔集中，但守军得到强力的空中支援，六路皆未能突破。消耗战一周又一周地持续下去，胜负难分。日军两名师团长都不认为尚存能强攻下英帕尔的希望，其中一人甚至擅自决定撤军。

陆军参谋次长秦彦三郎在杉田大佐等参谋人员的陪同下来到前线视察，回到东京向东条汇报时，他们给出悲观的结论："英帕尔行动成功之可能性甚微。"

首相将矛头对准秦，称其发言带有失败主义色彩。原本，东条是打算通过此次"U"行动①的胜利，将公众的注意力从太平洋马绍尔群岛的惨重损失中转移开去。在极度的挫败感中，东条有些失去理智，冷嘲热讽甚至波及了坐在秦对面的天皇之弟——三笠宫亲王。房间内气氛尴尬至极，秦则一言不发。"如果我是秦，"种村大佐在其非官方日记中写道，"我就把参谋肩章摘下来，上去拳脚见真章。"

6月5日，牟田口与其上级长官——缅甸方面军司令官河边正三将军会面。此时，牟田口已在无奈之下将三名师团长全部解除职务（一人作战无能，一人身染疾病，一人违抗军令），此举在日本陆军史上可谓闻所未闻。面对长官，"'U'行动应当中止"这句话已来到牟田口嘴边，他却无论如何也讲不出来。"当时我希望，"牟田口后来回忆道，"河边阁下能从沉默中察觉我的真意。"

河边并没有那么敏锐。"苏巴斯·钱德拉·鲍斯的命运实际上与我休戚与共，"在回忆录中，河边写道，"因此，我必须尽一切可能全力协助牟田口。当时我一直如此劝说自己。"

两人会面的次日，英军终于夺回科希马。为夺回该市，英军历经64日苦战，其激烈程度在某种程度上可谓第二次世界大战之最。通往英帕尔的道路仍由日本人和印度人混成的部队占据，但英军仅在两周之内便成功突破，并赶往英帕尔支援苦战已久的友军。

---

① "U"行动，英帕尔战役在日本陆军中之代号（ウ号作戦）。与瓜达尔卡纳尔岛撤退时的"KE"行动不同，此处的U并无任何指代，只是按五十音序排列而来。——译者注

雨季的到来使得牟田口越发陷入困境。无休无止的暴雨将返回缅甸的丛林小径冲毁。三个师团中只有一个携有充足食粮，另外两个师团的官兵只能靠野草、土豆、蜗牛、蜥蜴、蛇，甚至猴子果腹，手边能抓到什么，就吃什么。

牟田口仍不敢直接请求撤军，只是给河边发出一封信件，其弦外之音已呼之欲出："倘若中止行动，我军转为守势，最善之策莫过于将部队撤至钦敦江右岸高地，通过茂叻西北的高地，至铁定地区。"

河边复信要求第十五军"精诚"为先，鼓勇作战，看似毫不妥协。而实际上，他的高级参谋已在赶赴马尼拉的途中，去请求寺内元帅下令中止行动。寺内表示批准，但命令传达至牟田口处，已是7月9日。四日后，日军开始朝钦敦江撤退。部队在倾盆大雨之中，翻山越岭，长途跋涉，官兵为争抢食物而大打出手，数以千计的伤病兵员掉队，拉开手榴弹自绝性命。小径已化为泥浆，一旦脚滑摔落进去，顿时便淹没半个身子，待到费尽力气挣扎着爬出来，鞋子已不在脚上了。轻机枪、步枪、钢盔、防毒面具，一切无用之物都被抛在路旁。幸存者全靠求生欲支撑着，拄着临时拐杖蹒跚而行。一天行军坚持下来，官兵挤在一起打算睡一觉，却被暴雨打得难以入眠。积水不断上涨，有些人因虚弱而无力抬头，最终淹死。渡过目的地钦敦江时，又有数百人在汹涌的江水之中丢掉性命。

此次"U"行动中，共有6.5万人丧生，是瓜达尔卡纳尔岛死亡人数的2.5倍，约等于在莱特岛死亡的人数。牟田口及其麾下参谋长、高级参谋皆被撤职，河边及其参谋长也未幸免。司令部改组及第十五军之覆灭为全体驻缅日军蒙上一层阴影，到年底时，日本在缅甸的统治便来到崩溃的边缘。

2

多方势力在中国大地上鏖战，盘根错节的局势令参战各方都感到深陷泥沼。日军虽在华东攻占大片土地，却发现漫长的战争带来的只有痛苦,找不到什么最终的解决方案。接连攻陷重要城市,对日军而言正如沙上筑屋,无济于事。一旦日军推进,汪伪政府便无力巩固局面。

中国战场上的分歧不断。美军在华重要军事领袖有二:一是驻华部队总司令,绰号"酸醋乔"的约瑟夫·W.史迪威中将;二是陆军第十四航空队司令,绰号"老皮脸"的陈纳德将军,该航空队是在美籍志愿大队"飞虎队"的基础上发展而来。两人之争执大多集中在蒋介石所采取的政策上。谑称蒋为"花生米"的史迪威在给华盛顿的一系列电报中,以责备的语气指出,国民党浪费美国对华援助,此举堪称犯罪。此外,"花生米"一心想要节省下兵员物资,用于战后与毛泽东对抗,因此对日作战时绝不肯放开手脚。

很大程度上,史迪威所言不虚。自第二次开罗会议以来,蒋介石认为罗斯福在丘吉尔影响下,出卖国民党切身利益,因此选择消极抗日。在某些地区,国军与日军达成实际停火状态已有两年多。例如,日本飞机从湖北某座空军基地上空飞过,国军拒绝射击,一名军官竟为此事辩护说,一旦部下朝飞机开火,"定会惹怒鬼子,届时回来报复,轰炸城市,又要造成巨大伤亡。"另一名国军军官表示,中国"没有必要对日采取攻势,毕竟美国很快就会包围日本,鬼子自然会不战而退,如今置之不理即可,相安无事最好"。

史迪威的愤慨自然不无道理,但他没能意识到,即便是消极抗日的国军,其作出的贡献实际也超出《租借法案》的援助。若无国军把日军牵制在中国战场,麦克阿瑟与尼米兹或许要额外应对接近100万敌人。因此,蒋对史迪威的态度大为光火,且怀疑史迪威受到美共宣传蛊惑,给蒋本人贴上法西斯分子标签。"他(史迪威)误信中共部队可以服从他的指挥。"蒋介石写道,"他向我要求把国军和共军同等装备起来,将共军开出边区作战,同时也将晋、陕两省被共军牵制而防备其叛乱的国军,开出作战。……史迪威将军后来对我的争执,完全是共党及其同路人所一手造成的。中美两国军队在中缅战场上的合作,几乎因此而完全破坏。"①

---

① 此段引文取自蒋介石本人所著《苏俄在中国》(1956),此处为蒋氏原文。——译者注

蒋介石对史迪威的评价，陈纳德不仅赞同，同时还尖锐地指出，史迪威在缅甸战场刻意表演身先士卒，动辄端着步枪冲入丛林，数个星期不见踪影，纯属浪费时间。此时，两位美军司令的关系已僵到拒绝当面交流。"酸醋乔"素来主张地面作战，对陈纳德以空战为主的观点嗤之以鼻。数个月来，两人一直为第十四航空队的补给问题争执不休。愤愤不平的陈纳德亲自给罗斯福写信，称此前有关物资的承诺迟迟未能兑现，言辞间充满不满。无论如何，陈纳德麾下的B-24轰炸机及战斗机对日军海上运输和通信线路发起的轰炸卓有成效，乃是中国战场上的亮点。

罗斯福与史迪威一样，更为关注缅甸战场，且对国民党颇不耐烦——只是程度较轻。1944年初，总统曾敦促蒋介石与史迪威渡过怒江，对驻缅日军发动一场大型攻势。蒋自然更在意中国领土上的日军，对入缅作战的优先性表示质疑，此一表态使得罗斯福更为强硬，双方一时僵持不下。直到牟田口突然越过印缅边境进攻英帕尔，罗斯福才下定决心结束这场争论。4月3日，罗斯福在给蒋介石的电报中，绵里藏针地表示，若不久之将来国军不肯沿滇缅公路南下作战，美方便会切断《租借法案》援助：

> ……在我看来，时机已然成熟，贵方可遣第七十一军火速推进，进攻腾冲—龙陵地区。在萨尔温江（即怒江）抵抗你的只有一个徒有虚名的日军师团。贵军西进必定马到成功。
>
> 在过去一年里，美军持续装备并训练驻印军（滇西诸师），为的正是抓住此等良机。若在共同作战中无法派上用场，那么我军费尽千辛万苦提供航空设备及训练教员，便不再有其意义……

蒋介石未对电报作出正式答复，但不出两星期，国民政府军政部长兼军事委员会参谋总长何应钦将军便批准出兵，渡过怒江发起进攻。此时兼任国民革命军空军参谋长的陈纳德提醒蒋介石，中国本身面临着更大的威胁，位于国民政府战时首都重庆东南的美军空军基地极有可能遭受日军袭击。"有鉴于此，必须告知阁下，"陈纳德写道，"除VLR（B-29）项目外,中国战区的联合航空力量或无力抵御可以预见的日军空袭。为指定地区的中国地面部队提供空中支援之任务,更没有可能完成。为使空军胜任上述任务,须采取有力措施,为之提供充分物资,补充足量兵员。日军威胁似在眉睫之间,相应措施当刻不容缓。"

陈纳德也给史迪威发出类似警告,史迪威却答复称,中缅印战区之中,以英帕尔之威胁为优先,因此陈纳德的第十四航空队只能接受补给上的削减,其行动"束手束脚也在所难免"。陈纳德大怒不已。早在一星期前,他便在给史迪威的信件中指出,中国乃是未来对日军事行动的重要堡垒,此时正处于危险之中:

……日本国力已近耗竭,粮食征收与新兵训练难以顺利进行,他们此后的战略安排必将更为审慎。纵观其目前处境,不难推论,日军必须做好放弃漫长战线的准备,以加强内圈防线之守备。此举之前提,在于设法击垮中国战场侧翼之盟军基地,并保护上述内圈防线之核心——台湾岛。如今,我军以B-29轰炸台湾及日本列岛之计划被提上日程,将给日本带去极大恐慌。因此对日军而言,击垮我军基地之紧迫性着实难以估量……

与此同时,陈纳德也亲自向罗斯福发出呼吁——华东即将遭受攻击,防守极为困难:

希望总统先生能够明白,我所担心的并不是结果。我知道中国军队必会殊死抵抗,而我军也会尽最大努力提供空中支援,助其战胜日本。然而,由于我军将资源集中于缅甸战场,几乎未能给国军提供任何补强。同样,第十四航空队也只能受限于小规模行动。倘若能够再强大一些,我就不必如此愁闷。如今人员、装备、补给一应短缺,希望总统先生能够明白,接下来的战斗将异常艰苦。

我曾与一些老谋深算的中方高层往来,他们无不认为,但凡日军在中国领土上有任何一点得逞,都会引起新一轮的物价暴涨,甚至引发政治动荡,对中国之抗战力量产生不可避免的消极影响。此事令我尤为忧心。在那些具有影响力的中方人士之中,我注意到颓丧情绪正在蔓延开来。

陈纳德对日军战略的预估十分准确。东京方面已下令"中国派遣军"司令官出兵攻占华东地区各机场及三条重要铁路,行动代号为"一号作战"。该行动分为两个阶段。第一阶段,击溃长江以北、黄河以南地区之间的中国军队,"尤其是国军",确保平汉铁路安全;第二阶段,出动11个师团与8个预备师团渡过长江,直驱西南。先在湖南省攻陷长沙、衡阳,再挥师广西,打下桂林、柳州及南宁。倘若占领南宁,第十四航空队的两座重要基地便会失去作用。

在"一号作战"开始之前,日军首先进行大幅度宣传,旨在离间中国与西方盟友的关系,打击国军士气。日军散布大量小册子,宣称日本的敌人只是英美军队,不是国军,战争的目标是建立一个崭新的中国;中国老百姓只要不抵抗,就是朋友。此外,日军内部下达严格命令,禁止烧杀掳掠、奸淫妇女,教育士兵"以友善与尊重的态度对待当地居民"。甚至还发布一首新的行军歌曲:

> 一草一木不忍摧残,仁义之师浩荡入湖南。
> 白云悠悠溪流汨汨,皇军男儿慨然忆故土。
> 敝屣而行步履蹒跚,洒热血捍卫密林群山。
> 大不列颠亚美利坚,誓与白皮鬼不共戴天。

4月17日夜,"一号作战"正式展开,日军第三十七师团渡过黄河。那一天也是牟田口进攻科希马的日子,奇怪的是两处行动之间没有任何协调合作。就在17日,陈纳德收到史迪威的指示称,第一要务是保卫位于成都的B-29的机场,为实现该任务,"对日军航运之轰炸和对国军地面部队之支援皆可放缓"。陈纳德则希望调动全部飞机抵抗来犯日军,于是电告史迪威称,保卫成都并不是最紧迫的问题,因为成都还在重庆以西。

鉴于华东情势极度紧张,史迪威也只得批准陈纳德动用原定保卫成都的P-47战斗机,并命令第三八〇轰炸大队的B-24为第十四航空队运送燃料。

然而,增强空中支援未能延缓日军脚步。该地区的国军疏于战阵已达四年之久,战斗力下降。陈纳德认为此番失利是史迪威一贯的政策下可以预料的结果,便在报告中称,由于"航空物资供应不足与对日军进攻计划之预测未被采信",作战很不顺利。

史迪威怀疑陈纳德是打算参自己一本,于是拟出一份言辞尖刻的长篇报告,对两人长久以来的矛盾加以辨析①:

> 陈纳德当初向蒋委员长保证,称空中力量能够解决问题,只要第十四航空队得到支援,就能够有效阻止日军入侵。现如今,陈纳德意识到自己夸下海口,无法实现,便想找个台阶下,宣称只要再拨一点物资,第十四航空队就能打胜仗。当然,物资是不可能给的。陈纳德是在想方设法逃避自己招摇撞骗的后果,同时把责任推卸给那些身具先见之明并力图亡羊补牢之人。

> 陈纳德没能破坏日军补给线,也没有将任何一支日军打退。相反,正如我当初所预言的那样,我军的种种准备只是引得日军作出反应。而这一反应,陈纳德如今也承认,即便一切空中支援予取予求,地面部队也没有能力应对。

5月中旬,国军72000人入缅作战。不过,史迪威对蒋介石的不满并未减弱,最终将难题抛给马歇尔:

> 为进攻日本本土,我军不得不通过中国大陆。欲壑难填的蒋介石看准这一点,从我国不断榨取资源。只有在被逼无奈的情况下,蒋

---

① 该报告发现于史迪威档案中,作为附件,添附于一份日期为1944年5月4日的电报之下。

才肯为我国提供帮助。当然,有时我们会指责称,工作开展不顺是国民政府中某一个部门从中作梗,但最终责任还是应该由委员长本人来承担。只要蒋之为人确如他平日所标榜的那样,他就必须站出来承担责任。……

因此,就对华政策而言,我国似应抛弃幻想,坚持条件交换原则。若不然,不如减少在华投入,将规模控制在力所能及的航空力量上即可。当然,减少投入的后果是,蒋介石可以光明正大地逃避抗日义务,与鬼子陆军作战的负担最终还是要落在美国肩上。至少在我看来,美日陆军之决战必在亚洲大陆上展开。倘若您另有看法,认为能够通过其他方式击败日本,那么上善之策莫过于控制对华军事支援,只留下航空运输司令部与阁下判断合宜之航空力量……

此后任务当有变更,还是一如往常?恳乞决断。

史迪威也没想到,马歇尔竟真的另有看法。华盛顿方面的答复正式确定下一项酝酿已久的政策,即此后在中国与东南亚战场采取的行动,要看其对中太平洋及西南太平洋战场的贡献程度而定。

……倘若能够避免在亚洲大陆进行大规模战役而击败日本,那自然是最佳选择。其后,亚洲战场上对日地面作战应以扫荡战性质为主……

如此一来,中国的主要作用便是成为一座供B-29"超级空中堡垒"轰炸日本本土的空军基地。B-29的设想源于1939年,那时英国本土面临沦陷危险,美国担心在欧洲失去轰炸德国的空军基地,便着手研发一种能够长途飞行的轰炸机。长99英尺,高约28英尺,翼展超过141英尺的B-29堪称怪物,令B-17相形见绌。同时,它造型优美,以铆钉连接,能够携带4吨炸弹,在38000英尺的高空以超过350英里的时速飞行3500英里。从一开始,工程师就很为发动机的问题头痛。一架样机甚至在空中起火坠毁,机组人员无一生还。直到1943年夏季,第一架准备量产的样机才真正问世——事实上,那架样机也同样充满"隐患"。

美军选定轰炸日本的最终基地是马里亚纳群岛,不过,此时群岛还在日军手中,航空部队的计划制订者决定先从中国出击。后勤供应任务十分艰巨,所有燃料及物资都只能从印度翻越"驼峰"——喜马拉雅山脉,空运至成都四个尚在建设之中的机场。此外,成都距东京往返足有4000英里,B-29无法携带足量炸弹。

离开印度之前,军方先为B-29安排了一场作战试验。该任务虽航程较短,却突出暴露该新型轰炸机在实战操作时存在不少困难。1944年6月5日,98架"超级空中堡垒"轰炸曼谷,1架升空途中坠毁,14架中途发生故障折返,还有数架未抵达目标,其余各机飞抵曼谷上空时,早已散乱不成队形。返航时,2架飞机中途坠毁,2架坠入孟加拉湾,42架降落在错误的基地。然而,军方对此次任务给出的评价是"行动顺利",B-29已为轰炸日本做好准备。

6月15日,92架"超级空中堡垒"启程飞往成都,预计在当地加油补给,而后直飞日本。顺利抵达成都的只有79架,而当日下午从成都升空的只有68架,更有1架起飞时坠毁,4架因机械故障中途返航。中国时间午夜前不久①,第一架B-29飞抵目标——位于九州的八幡制铁所。日方防空火力猛烈,还有数架战斗机升空迎击,不过这些B-29中只有6架轻微受损。轰炸本身的结果算不上成功,只有1枚炸弹命中制铁所,但其对日本民众的影响却不可磨灭——战火终于燃烧到日本本土。

在华东,日军已兵临长沙城下,并于三日后攻陷该城。重庆政府大为震骇,军政部下令处决数名前线指挥官。日军既定长沙,便派出第一一六师团与第六十八师团朝南边100英里处的衡阳挺进。6月26日,日军占据衡阳附近一座机场,并于两日后开始攻城。与日军的预计相反,衡阳守将第十军军长方先觉少将不仅没有迅速投降,反而誓死抵抗。此举使得日军大为狼狈,同时也出乎美军意料。陈纳德派出战斗机与轰炸机对日

---

① 民国时期,中国存在五个时区。抗战期间为统一人心,一概使用重庆所在的陇蜀时区,亦即东7区。不过,八幡空袭在日方(东9区)记载中开始于16日0时38分,那么此处的"午夜前不久"似乎仍以东8区为标准。——译者注

军补给车队冒险展开夜袭；方先觉以此为支援，一日又一日击退来犯日军。

日军粮食及弹药不足，不到两星期便自行退去。按日军原计划，衡阳后的下一个目标是桂林。此时的桂林街头，百姓欢庆胜利，整整持续一个星期。商人带着象牙、玉石、丝绸与漆器，如潮水般涌向桂林基地，前去犒劳美军飞行员。

然而，日军迅速纠集起40000生力军，卷土重来。方将军继续死守，但蒋介石不再予以支援。出于某种原因，蒋对方的上级——薛岳元帅产生不信任感，于是下令不论中国人还是美国人，都停止向围城衡阳继续运输补给。

陈纳德只得向老对头史迪威发电报求援，请求向衡阳空运枪支弹药。史迪威司令部给出一道不置可否的答复，称该提议会得到"最为妥善之处理"，却不采取任何行动。陈纳德再次请求500吨物资援助，此次得到明确回应：

> 鉴于薛岳部所处位置及其任务，综合考虑迅速变化之局势、国军滥用已有装备及不当投入部队等因素，空运500吨轻型武器及弹药之提案实属浪费资源。美军全部努力应继续以空中力量的形式体现。

数周之后，衡阳沦陷。陈纳德第十四航空队继续袭击日军补给线，将日军进攻桂林的进程推迟一个月之久。

此时，中国在战争中起到的作用已被削弱，但好在尚未崩溃。否则，日本便能抽调出82万大军投入其他战场。有鉴于此，罗斯福派遣一名私人代表前往重庆，意图将包括共产党在内的中国一切武装力量团结起来，继续抗战。总统选中的是一位名叫帕特里克·J.赫尔利的文官，并晋升他为少将。此人热心且平易近人，早年在赫伯特·胡佛政府中担任战争部长，此时是一位成功的公司法律顾问。赫尔利之前也曾奉命出使苏联和中东执行战时外交任务，取得良好成果，由此颇受罗斯福信任。

赫尔利取道苏联前往中国。在莫斯科,苏联外交人民委员莫洛托夫告诉他,苏联希望与国民政府交个朋友。外交委员的说辞是:1936年,蒋介石落入"少帅"之手,正是他莫洛托夫出面,才促成蒋获释。如今中国内部产生分歧,蒋介石怎么能归咎于苏联呢?况且,美国应设法帮助中国人民改善经济,把毛与蒋的军队统一起来。

赫尔利看待事物一向单纯,竟把莫洛托夫此番发言囫囵吞下。抵达重庆后,赫尔利对蒋委员长说道,"不必担心中共受苏联控制"。

蒋介石读过毛泽东的文章和讲话,深知这番言论全不可信。此外,与马歇尔长期以来的要求类似,赫尔利也劝说蒋把中国全部的武装力量交给史迪威指挥,但蒋不为所动。9月25日,蒋委员长向赫尔利递交一份备忘录称,近来之经历清楚地表明,史迪威将军"不适宜担任该新设之司令一职。新司令部责任重大,须承担种种复杂而微妙的职责。盟军顺利合作,所必须者自然是相互信任、彼此尊重;而史迪威将军刚到中国,便表现出一种对上述特质漠然视之的态度。……去年10月,我原本打算要求美方召其回国。当时史迪威将军郑重承诺,今后将绝对服从本人指挥,决不再使我失望,于是我便撤回要求。遗憾的是,史迪威将军之郑重承诺,始终没有兑现……"蒋保证,只要撤掉史迪威,换来一位符合条件的继任者,他自会支持。

史迪威则致电马歇尔,表示备忘录纯属一派胡言,蒋"全然无意推行真正的民主改革,也不打算与共产党结成统一战线"。

马歇尔将史迪威的自辩电报转呈罗斯福。在罗斯福于10月5日发往重庆的电报中,明显可以看出总统对蒋委员长已不抱幻想:

> ……自本人当初提出建议至今,中国地面战场形势已发生巨大变化。如今本人倾向认为,美国政府不应承担委派一名美军将领指挥中国全体地面部队之责任……

蒋介石则反过来将华东惨败归咎于史迪威——自然也是在间接针对

罗斯福。在给赫尔利的另一份备忘录中,蒋介石指责称,惨败之起因乃是史迪威执意要在缅北地区发动进攻:

> ……于是,本人之担忧竟成事实:日寇不肯放过良机,在中国战场先后对豫、湘两省发起攻势。由于缅甸战役,我军无法拿出装备精良、训练有素的增援部队派往上述战区……日寇此次华东攻势中所发动之部队,与史迪威将军于缅北所对抗之部队相比,数量足有六倍之多。而缅北战役大小胜利相叠,亦不足以弥补中国战场失利之恶果。然而,史迪威将军对华东战局之结果漠不关心,甚至在战事最为紧要之际,亦不肯调拨按《租借法案》业已抵滇之弹药储备,以投入华东战场……
>
> 简而言之,我军攻下密支那[缅甸],而代价却是丢掉几乎整个华东。就此方面而言,史迪威将军实有不可推卸之责任……

至于美方拒绝委派将领指挥中国武装力量一事,针对罗斯福总统那份有些盛气凌人的电报,蒋介石提出异议:

> 本人丝毫不怀疑,但使总统先生委派一名适任之美军将领以接替史迪威将军,我等必能携手并进,扭转时局,为最终胜利作出重大贡献。

赫尔利原本希望能够居中调停,而到此时,也明白蒋、史二人和解已无可能。解决之策唯有史迪威离开中国。在给总统的电报中,赫尔利称:

> ……以我之见,此番纷争之中,总统先生倘若袒护史迪威,则将失去蒋介石,并极有可能连带失去整个中国。

史迪威与赫尔利轮番向华盛顿提出两相抵牾的建议,使得中缅印战区的命运整整一星期悬而未决。10月18日(麦克阿瑟登陆莱特岛的两天前),罗斯福终于致电蒋介石称,美方会将史迪威召回,但不会委任一名美军将领指挥中国军队。总统承诺派遣阿尔伯特·C. 魏德迈少将担任蒋介石的新参谋长,指挥全部驻华美军。

随着史迪威的离去,平易近人的赫尔利便把全部精力投入到毛蒋联合这个中国特有的难题上。对蒋介石,赫尔利的称呼是"石先生"。11月7日,不顾蒋之劝告,赫尔利乘飞机抵达延安,已有人在此地宣扬其主张。共产党发言人对每位来访的美国官员及记者保证,中国需要的是一个基于民主原则的联合政府。来到延安的赫尔利蓄着小胡子,胸前佩满勋章,一头整齐的白发与挺拔的身材给围观者留下深刻的印象。在毛泽东、周恩来及其助手面前,嗓音浑厚的赫尔利就与国民党可能达成的五点协议侃侃而谈。共产党人对其异于外交官的行为举止颇感惊诧,但仍然频频点头,报以微笑。当晚,共产党人为赫尔利设宴洗尘。席间,在遥祝斯大林、罗斯福、丘吉尔三杯酒后,赫尔利突然站起身来,模仿印第安人发出狂野的战吼声,令行事稳重的宴会主人大吃一惊。约翰·K. 埃默生及其他外交事务专家连忙解释称,这是美国一种古老的习俗,意在对所有人表示良好祝愿。

无论共产党人如何打算,他们最终确实接受赫尔利草拟之声明,只作出些许修改。五点协议呼吁中国所有军事力量统一起来,"以便迅速击败日本与重建中国";重庆政府"应改组为包含所有抗日党派和无党派政治人物的代表的联合国民政府,并颁布及实行用以改革军事、政治、经济、文化的新民主政策";联合政权将拥护孙中山的原则,成立"民有、民享、民治之政府";该政府将"确立正义、思想自由、出版自由、言论自由、集会结社自由,向政府请求平反冤抑的权利,人身自由与居住自由"。任何一个推崇美国《独立宣言》之人,都不会对协议内容提出异议——包括其中从罗斯福总统那里借来的两个短语:免于恐惧的自由,免于匮乏的自由。①

此时被共产党人称作"小胡子"的赫尔利与周恩来一同飞往重庆,满

---

① 本段引号内文字皆属《中国国民政府、中国国民党与中国共产党协定》(又称《延安协定草案》)原文,译文采自中共中央文献研究室中央档案馆编《建党以来重要文献选编》(第21册)。——译者注

心以为任务已经完成。《协定》体现出"纯良"而高尚的情操,又有什么人会表示反对呢?莫洛托夫所言果然不虚,中国红色阵营的构成并不全是纯粹的共产党人;秉持威权主义的苏共,绝不会支持此类开明的政策。

重庆方面看到此份文件,只是嗤之以鼻,甚至给赫尔利起了一个新绰号,"二号空谈家"。宋子文深知妹夫蒋介石的为人,闻讯更是对赫尔利说道:"你上了共产党的当。国民政府不可能答应这些要求。"赫尔利向蒋介石提出美国政府的保证,即联合政府成立后,确保他总统及委员长的地位。蒋依然拒绝,并表示,协议一旦签订,必将导致联合政府由共产党控制,中国民众则会认为国民党已全面失败。

10月31日,史迪威之继任者魏德迈将军走马上任。此时,太平洋战场形势已发生改变:美军在莱特岛附近海域取得大胜,斯大林也有望在击败德国的三个月后派遣60个师对抗日本。不过,国军持续抗日仍具有重大战略价值,他们毕竟能够牵制住大量日军。魏德迈在给马歇尔的电报中称,中国战场形势正在恶化,桂林及其机场陷落在即,云南省省会昆明无疑会成为日军下一个目标。

日军的指挥系统也发生些许变动。9月,冈村宁次大将接任"中国派遣军"总司令一职。尽管统辖范围变大,冈村依然留在第六方面军,亲自指挥"一号作战"。不过,该方面军的目标并不如魏德迈所担心的那般野心勃勃。东京方面无意西进攻打重庆,占据更多中国领土对日方已不再具有吸引力,真正重要的目标是华东地区空军基地。只要占领这些基地,太平洋上最后几个前哨站和日本本土便不会受到远距离空袭。

桂林与柳州最终沦陷。陈纳德的B-25与战斗机也参与了抵抗。为抵挡来犯日军,陈纳德不惜费尽心思,将B-29项目中的物资转移。陈纳德对B-29项目不屑一顾,嘲笑它为"轰炸机狂热分子"企图证明杜黑的无护卫高空轰炸理论的最后机会。从B-29的轰炸成果来看,陈纳德所下的论断似乎不错,这确属一项"浮夸而愚蠢的主张"。在八幡制铁所那次无关痛痒的空袭之后,B-29又对九州展开四次轰炸,也将伪满洲国及苏门答腊岛的巨港纳入目标之中,结果无一理想。

美军派柯蒂斯·李梅少将接任驻华空军B-29轰炸机的指挥官。此人勇猛果敢,足智多谋,曾率第三轰炸机师在德国上空立下赫赫战功,不过自接手中国战场以来,他还没有什么突出表现。李梅发现自己面临的是一个"无法想象的烂摊子"与一批"有史以来毛病最多的飞机",于是组织起一个新维修系统,并设法教授机组人员编队轰炸,就像B-17在欧洲战场轰炸时那样。尽管付出许多心血,B-29在对伪满洲国、台湾、仰光、新加坡及日本九州的一系列空袭行动中战果实在有限,李梅本人也不得不承认"超级空中堡垒"还没有"在战争中引起太大轰动"。①

3

在马里亚纳群岛,B-29空袭计划也面临着重重阻碍。热带暴雨严重影响塞班岛运输情况,以至于1944年10月12日,绰号"负鼠"的海伍德·汉塞尔准将驾驶第一架B-29——"太平洋先驱者乔丁-乔西"抵达塞班岛时,工兵部队尚未修建好伊斯利(原阿斯利托)机场的第一条8500英尺长的跑道。

据一位目击者回忆,那架巨大的轰炸机缓缓停止滑行时,"给人带来一种战栗感,好像电流贯穿全身。"《简报》这份服务于太平洋地区陆军航空队人事部门的杂志报道:"'乔丁-乔西'抵达的那天,人们似乎忘掉了战争……第一架B-29从5000英里外飞来,一路上引起轰动,人们纷纷前来眺望,投去惊羡的目光。"

数日后,绰号"罗茜"的埃米特·奥唐奈准将来到塞班岛,建立第七十三轰炸机联队司令部。当初在节节败退的菲律宾战场上,奥唐奈曾是一名B-17飞行员。一番集中训练之后,B-29对特鲁克及硫黄岛——飞往东京半途中的一座小火山岛——展开六次轰炸。空袭东京的准备工作就此

---

① 美国战略轰炸调查团后来得出结论称:驻华B-29轰炸机发动的空袭行动"所取得之成果与投入之资源并不相称,当时莫如将航空汽油及补给拨给第十四航空队,助其更为有效地展开战术行动及航运业务"。至于B-29投下的800吨炸弹,"量既不足,精度亦差,不足以产生显著效果"。

完成。

计划本身并不是秘密。11月17日上午,大量汽车聚集在伊斯利机场,24名战地记者及众多摄影记者、新闻片摄影师架起设备。奥唐奈刚一爬上B-29,数十盏闪光灯便接连闪亮起来。不过,由于连日降雨,出击日期最终调整为11月24日早晨。

24日清晨6时15分,奥唐奈驾驶该行动中的第一架B-29——"无畏多蒂"沿着长长的跑道滑行,引擎发出隆隆声。沥青跑道对B-29而言长度稍显不足,前端还加有一小段珊瑚礁作为延展。机轮碾过珊瑚礁,银色飞机在最后一刻仰起头,掠过海面,缓缓转向,飞往东京。出发时,"无畏多蒂"身后跟着110架B-29。但在途中,17架被迫返航。他们的目标是武藏野的中岛飞机引擎工厂,位于宫城西北10英里,然而目标上空被云层笼罩,几乎无法观测到目标。在时速120节的顺风助力下,这些无护卫高空轰炸机以445英里的时速呼啸而过,从27000至32000英尺的高空投下炸弹。命中工厂的只有48枚炸弹,其中还包括3枚哑弹,造成轻微损失;其余炸弹则在码头及闹市区炸开。100余架各式战斗机升空阻截"超级空中堡垒",击坠1架——严格来讲不算击坠,而是1架受损的"零式"战斗机撞向其尾部,同归于尽。

三日后,第七十三轰炸机联队再度派出62架B-29,不过此次中岛工厂彻底被云层遮掩,轰炸机只得转而袭击第二目标。尽管两度空袭都算不上成功,却给日本民众和大本营带来一种震慑。毕竟重要工厂不可能总有云层保护,而他们面对B-29又拿不出有效反制措施。在美军潜艇及飞机对航运的持续袭击中,日本重工业的基础已遭破坏:炼油厂缺乏原油,钢铁厂缺乏焦炭和矿石,兵工厂缺乏钢铁和铝。要维持国家经济命脉,就必须找出办法对付B-29。

超级战列舰"信浓"号乃是"大和"号与"武藏"号的姊妹舰,此前海军已将其改造为世界上最大的航空母舰,以作为整个日本荣耀与希望的象征。排水量高达68000吨的"信浓"号下水只是不久前,大量海军造船厂的工人还没来得及下船,联合舰队便紧急令其从东京湾转移至濑户内海避险。11月28日下午,在三艘驱逐舰的护航下,配有20万马力涡轮机的"信浓"号载着未经训练的乘员，匆匆向南驶去。

改造工程是在"信浓"号的基础结构上，增设装甲飞行甲板、上部建筑、机库及若干仓库，使得该舰成为一艘具备远航能力的大型航母。吃水线周围环绕着一道8英寸厚的主装甲带，吃水线下巨大的舰体装甲能够极大程度地减轻鱼雷带来的损伤。经历过"大凤"号的教训后，通风系统作出调整，不会再将致命的烟雾吸入。舰内抛弃木质结构，采用特殊防火漆，还装有完全创新的泡沫灭火系统，进一步降低火灾危险。为抵御空袭，全舰共装备16门5英寸口径高角炮、140挺24毫米口径高射机枪及10余个多管火箭发射器。

理论上，"信浓"号是有史以来最坚不可摧的航空母舰。但在一些海军技术人员看来，它不过是个构思不周、施工仓促的巨型怪物，既不是战列舰，也算不上航母。

在东京以南100海里处，美军潜艇"射水鱼"号正在搜寻攻击目标。该艇的首要任务是停留在指定海域，以备B-29乘员不幸落水时，对他们施以营救。不过，当天原定的空袭行动已被取消，"射水鱼"号便可以自由行动，而艇长约瑟夫·F.恩赖特认为，东京湾附近最有可能猎到大家伙。晚8时48分，雷达监测到北边出现舰只。恩赖特通过望远镜看去，只见9海里外有一个矮长舰影，看上去像是一艘油轮。"射水鱼"号驶向目标，打算从右舷对其发起水面攻击，谁知接近时一看，才发现那是一艘航母，还有三艘军舰护航。恩赖特决定抄到航母前方，从水下发起攻击，于是下令改变航向，四个十六缸大型引擎全开，以最大速度前进。

"信浓"号的航速与"射水鱼"号相同，皆是18节。但其航线为之字形，整体速度便要慢一些，使得潜艇缓缓赶上。然而，午夜时分，航母突然加速，"射水鱼"号渐渐落在后边。凌晨3时左右，潜艇眼见已追不上，谁知航母猛地掉头，竟朝"射水鱼"号直冲而来。恩赖特静待数分钟进行观察，确定"信浓"号确属返航无误，便下令全员撤离舰桥，拉响下潜警报。"射水鱼"号很快便隐没于海浪之下。

"升起潜望镜！"恩赖特命令道，并抓住把手，死死盯住前方。航母终于出现在视线内。"看到啦。"恩赖特说道，并让部下报告目标距离。

"550码。"绰号"波波"的副艇长博布津斯基几乎立刻回答道。

"左舷全舵,左转至0-9-0。"恩赖特下令,并问距离接触还有多长时间。

"还有两分钟就到。"

恩赖特转动潜望镜,正观察周围情况,突然喊道:"降下潜望镜!护航舰经过上方海面!"一艘驱逐舰驶过时,潜望镜刚好降下,避免了相撞。接着,潜艇按射击控制计算器指示的方位再次升起潜望镜——恰好是完美角度。凌晨3时17分,恩赖特下令:"发射!"6枚鱼雷以8秒为间隔,对准1400码外航母正横处,"势头猛烈、方向笔直、毫无异状"地逐一飞去。

前两枚鱼雷命中目标,恩赖特观察到后,便转动潜望镜寻找驱逐舰,恰好发现它们正朝"射水鱼"号扑来,连忙下令:"下潜!"

继上述2枚之后,又有2枚鱼雷命中航母。"信浓"号的瞭望员无助地望着鱼雷撕裂舰身,舰长阿部俊雄却泰然自若,只是命令航母以18节的航速继续前进。在阿部看来,与"信浓"号设计基本相同的"武藏"号在沉没之前,足足中了19枚鱼雷和多枚炸弹,4枚鱼雷根本无关痛痒。

"武藏"号当初确实承受过更大伤害,但那要归功于乘员经验丰富,才能做到延长生命。"信浓"号上青涩的损管队面临惊涛骇浪,根本无力阻止进水,更别说还有一些房舱并未安装水密门。阿部没有选择让航母搁浅或入港,而是维持原有航向和航速整夜行驶。至日出时分,就连对"信浓"号最有信心之人,也不得不承认该舰大限已至。阿部放缓速度,却为时已晚。11月29日上午10时18分,航母急剧倾斜,阿部下令弃舰。半小时后,伴随着一声巨响,"信浓"号在从未发射过一枚炮弹、升空过一架飞机的情况下,带着阿部和500名官兵一道沉入海底。

接下来那周里,日本又遇上自然界的老对头——地震。本州岛名古屋地区一大段铁路路基被毁,大量兵工厂陷入瘫痪,丰桥一座精密仪器工厂也化为废墟。与此同时,美军空袭的效率也在加强。12月,从塞班岛对名古屋三菱飞机引擎工厂发起的三次B-29轰炸,命中率之高迫使工厂将设备转入地下。

4

1945年1月9日,"超级空中堡垒"第六次轰炸东京,也是第六次无功而返。就在同一天,克鲁格将军率第六集团军攻入吕宋岛,其上岸地点正是三年多以前本间登陆的林加延湾海滩。日军对此知情,却基本未作抵抗。至夜幕降临时,美军已能明显看出山下将军无意与登陆部队正面对抗。情报部和作战部的军官有些担心那是诱敌深入之计,不过事实证明,接下来的1月10日也无事发生。至傍晚时分,先头部队已向纵深挺进8英里。不到一周时间,右翼第十四军推进30英里,损失30人。左翼第一军付出220人伤亡的代价,进展同样顺利。

16日夜,山下终于动员一个师团发起反击,其目的在于争取时间以将人员和物资撤至该岛北部。日军打算放弃中部平原及马尼拉湾地区,固守地势险要的吕宋岛北部山区,展开一场消耗战,远非官方反复提及的所谓"决战"。

日本国内宣传所描述的情况则是,皇军将敌人诱入吕宋岛深处,展开决战。不过,现实局势自然无法完全无视。1月21日,小矶首相罕见地向国会承认:"太平洋战场战局虽不容乐观,但敌军各战线的补给线路亦相应拉长,暴露于兵锋之下,对我军而言未必不是天赐良机。"如今正是我一亿同胞奋起之时,步武特攻队勇士,深入生产领域,发扬必胜精神。"

尽管已有两艘战俘船沉没,大本营仍一意孤行,执意要把菲律宾的战俘运回日本本土。博丁医生、麦科勒姆少校及其他从"鸭绿丸"号上死里逃生的战俘再次被押上船只,赶往日本。圣诞节刚过,战俘便分为两批离开林加延湾:1000人乘坐大型货轮"江之浦丸"号,另一批包括博丁在内的236人乘坐小型货轮"巴西丸"号。

麦科勒姆少校在"江之浦丸"号上,船只在抵达第一处中转站——台湾高雄之前,已有16人在拥挤不堪的囚舱中丧生。两艘船在港内停留数日。战俘当初从"鸭绿丸"号泅水逃生时,穿的是破烂的夏季军装。也有一些人是赤身裸体上岸,从日军那里领到薄棉衣裤。此时天气入冬,蔽体之物已不能御寒。一星期的苦难在战俘的感觉中无比漫长，最终，日军将"巴西丸"号的战俘转移至"江之浦丸"号上。

麦科勒姆、博丁与另外700余人挤在一间后舱里。该舱宽70英尺，长90英尺，一侧中央伸出去一座阳台，战俘便将伤病员隔离在此。大小便从阳台掉落至下面的人身上。食物匮乏，饮用水更是近乎没有，死亡数迅速上升，达到每日10余人。

1月9日，也就是克鲁格将军登陆林加延湾那天，众战俘听到美军轰炸机低空掠过的咆哮声，接着便是一阵震耳欲聋的爆炸，船体为之一震。弹片射入舱内，博丁只觉眼前金星直冒，连忙蹲低身子，他左臂负伤，有种火辣辣的感觉。至少15人在爆炸中丧生，受伤者数十人。

海军陆战队中校比彻被关押在前舱，正用匙子吃米饭时，突然弹片啸叫着从他身边飞过，打入一旁的支柱内，沉重的木制舱盖和钢制舱梁便接二连三地砸在战俘身上。一片"筛子似的"小孔瞬间出现在舱壁上，就像神迹显灵一般。比彻头昏眼花，晃了晃身子，没有任何感觉。第一次世界大战的从军经历告诉比彻，人在中弹的一瞬间并不会感到疼痛。然而他怎么会没有中弹呢？比彻抬眼望去，遍地尸体，仅一个角落便堆满横七竖八的残骸，地板上鲜血淋漓。

惨剧难以通过笔墨描述。舱内500人中，半数以上被当场炸死。伤者既无药品，也无绷带，只能发出凄厉的惨叫请求帮助，甲板上却毫无回应。黑暗之中，惊恐与狂躁支配着幸存者。舱内有八名校级军官，一条钢梁砸下，当场压死三人。"范，我们都是贱命一条，"一名军官对范·奥斯滕少校说道，"但鲍勃·罗伯茨太可惜了。他还有许多未竟之事，实在不该死在这里。"

两日以来，食物与水极度匮乏，医疗援助更是毫无踪影。战俘生活在人间地狱之中，那经历定使他们永生难忘。《神曲·地狱篇》描绘的场景竟在现实中上演，腐臭的船舱内，一个个幽灵般的人影在尸体堆成的小丘中穿梭徘徊。不时可见有人坐在死尸上，拿着零星的食物往嘴里塞。最后，日军终于派出一小队医务人员下到舱内，却只治疗轻伤，对重伤伤员不管不问，任凭他们如"蝼蚁一般死去"。船上一共约有500具尸体，日军将其抬走,用驳船运至岸上火化。

1月13日下午,日军将战俘转移至"巴西丸"号上,并于次日凌晨启航。随后的两个星期,对麦科勒姆而言似乎是"无尽的恐怖"。运气好的时候,每四名战俘可分到一盒米饭,每六名战俘分到一碗水。通常一整天的食物配额仅勉强能够维持生命。随着船只渐渐北上,气温越来越低,战俘面临的处境也越发凄惨。为相互取暖,众人盖上草垫,面对背紧贴着侧躺作一排,"后面的人抱住前面的人,相互补充热量,以求生存。"当姿势维持太久,身体发麻时,有人会大喊"翻身",众人便一齐转向另一侧。有时身边那人并不翻身,因为他已是一具尸体。

雪花从敞开的舱口飘落,许多挺过弹片、痢疾与饥饿的战俘最终却活活冻死。有时,生命可以从看守手中购买,比如一枚西点军校的纪念戒指可以换一个空米袋作为毯子。不过,死亡仍是司空见惯。每天清晨,看守一喊"把死人抬出来",通常便会清点出30多具尸体。死尸的样貌相差无几:双唇翻开,牙齿显露,肋骨凸出,双眼凹陷,四肢细如水管,看上去就像骇人的解剖模型。

有时,战俘会在求生的原始欲望驱动下,将过度虚弱或病重的伤员身上的垫子抢走。有时,一撮食物残渣也会引得众人大打出手,恰如一群争食的疯狗。幸有少数军官及三名随军教士以身作则,才将混乱平息下来。最终,三名神职人员为拯救同行者,油尽灯枯而亡:一位是路德宗牧师;一位是新教牧师,名叫内格尔;还有一位是天主教神父,名叫卡明斯。

饮用水不足是最难以忍受的痛苦。有时一天只有一匙,有时一滴也没有。博丁与另外几人甚至在夜间溜出船舱,前往甲板去偷发动机气缸里的冷凝水。此事记录在其1月24日的日记之中:

……好不容易装了半壶,喝了几口,代价是被枪托打了三下。如果是我独自前去,不会有事,因为甲板漆黑一片,伸手不见五指,看守也缩在一间小屋里。都怪同行那几个人,硬是把看守的注意力引到我身上。只要能喝到水,就算看守开枪,我也觉得不亏。上午晚些时候,我想去肮脏的甲板上弄点雪,结果挨了一顿拳打脚踢……昨夜死去的人没那么多。肠子舒缓点了,自周五以来第一次通便。不过最近脂肪流失太快,括约肌已不起作用,明明是干便也控制不住。内衣外衣都脏得无法形容。今天上午雪很大,气温接近0度。祈祷吧,希望这样的日子是最后一天。我们需要保暖,需要饮食,需要清洁,太需要了……

而在三天后的日记里,他写道:

……昨夜是最冷的一夜。现在是上午,没饭没水。下午会有一点点饭。昨夜整宿都是折磨。脂肪流失导致失禁,裤子脏了两次,程度不算特别严重。卡明斯神父去世,科瓦尔斯基也走了。关押在储物柜的那组战俘里,只剩下我一个还活着。昨夜约40人死亡,未埋。希望早日结束……

博丁不断梦到瀑布、泉水与柠檬汁,中途被严寒冻醒,再睡不着,便躺着胡思乱想:不管是水上住宅、拖车小屋,还是普通平房,以后得有个房子,还得养上几只火鸡和鸭子。

1月29日晚,"巴西丸"号在九州岛门司港靠岸。日军对战俘进行体检,说是体检,不过是往肛门里塞一根温度计。日出时分,雨雪交加,战俘冒着凛凛寒风,在甲板上列队,准备领取一套冬装——鞋子、毛裤、棉袄、袜子以及棉质长内衣。排在前面的战俘能够领取全套,当然也要付出代价:他们在刺骨寒风之中脱光衣服,忍受着甲板上冰冷的雪水从脚背流过,笨手笨脚地换装,动作稍慢,便会遭到看守的棍棒毒打。

博丁站在队伍末端,排到他时,看守将旧鞋收走,却不给他新鞋——冬装已不足了。当他搀扶着一名虚弱的同伴下船时,看守朝两人喷洒"来苏尔"消毒。博丁光着脚,与众人穿过潮湿的雪地,被押到码头附近一间空荡荡的仓库,里面没有任何取暖设施。在仓库,博丁用一把损坏的野战餐刀换得一双旧鞋,然后从窗外的一个桶里打满一壶水。两年半以来,博丁第一次吃到一份像样的饭菜：一杯蒸饭、数匙腌鱼、一只大龙虾、几块腌萝卜、一块辣味食物，以及一种尝起来像菠萝的水果。

冰冷的仓库里又有 6 人死去。当初乘坐"鸭绿江丸"号离开马尼拉的 1619 人中只剩下 450 人，其中还有 100 余人奄奄一息。幸存者确实获得一顿美餐，也不再担心饮用水，但终极问题仍未得到解决：接下来又将如何？

5

雅尔塔是克里米亚半岛的一处海滨度假胜地，同盟国准备在此地召开会议。会议所聚焦的正是博丁心中那个终极问题，只是角度更为宏观——"三巨头"不仅要决定欧洲，还要决定远东未来的面貌。1 月 23 日，就在罗斯福从华盛顿启程之前，参谋长联席会议正式提出建议称，欲维护美国利益，促使苏联对日作战这点至关重要。马歇尔与麦克阿瑟一致认为，有 70 万精锐的关东军驻扎在伪满洲国，倘若没有苏联相助，势必要牺牲数十万美军。① 也有少数海军情报专家，比如埃利斯·扎卡里亚斯上校及其部下，敏锐地推测出：关东军的王牌部队早已调往莱特岛等战事吃紧之地域，这支关东军基本已徒有其表。不过，高层对该意见并未加以重视。

三日后，英外交大臣安东尼·艾登从莫斯科给丘吉尔发出电报称，苏联很有可能提出政治要求，以作为进攻伪满洲国之筹码：

---

① 战后，麦克阿瑟于 1955 年 3 月 23 日指责说，雅尔塔会议没有征求过他的意见，且表示，当初会议若征询他的意见，他"必会极力反对让苏联在太平洋战争最末期参与其中"。不过，1945 年 2 月，麦克阿瑟之发言给三名军官留下的印象，却与其后来所称截然相反。乔治·林肯准将在与麦克阿瑟交谈后提出的报告中指出："关于全盘计划，麦克阿瑟将军认为，在美军对日本本土发动进攻之前，必须先使尽可能多的日军师团被牵制在亚洲大陆上。"小保罗·L. 弗里曼上校则记录道："他强调，除非苏军预先承诺在伪满洲国采取行动，否则我军绝不能入侵日本本土。"新任海军部长詹姆斯·V. 福雷斯特尔在日记中写道："麦克阿瑟表示，他觉得我军应保留力量用于日本本土，用于关东平原。但这一切的前提，是苏联承诺进攻伪满洲国以牵制日军大量兵力。"

……1905年的《朴次茅斯和约》将库页岛南部割让给日本，会上苏联或将提出收复领土，此事当无甚争议。至于割让千岛群岛之相关主张，或许美方会更为审慎斟酌。最棘手的问题依然是伪满洲国和朝鲜。苏方究竟会提出何种要求，此时还不得而知，但中、美及其他各国都必将会密切关注其要求是否符合《开罗宣言》，对此，我国也负有责任。可能出现的情况是：若要满足苏联之要求，则代价是与中国不断产生摩擦，而中方或将得到美国支持，并期待我国之支持。

无论如何，会议必将暗流涌动，国际纠纷潜藏其中。因此，就现阶段来讲，似当避免对苏联作出任何类似承诺或鼓励。

雅尔塔会议于2月4日正式开幕。首要议题自然是战后欧洲。全体会议气氛十分热烈，各方时常争得面红耳赤，而罗斯福则再次在丘吉尔与斯大林之间扮演调停人。英方认为罗斯福有些自封仲裁人的意思，颇感不满。少数代表甚至毫不避讳地指出，罗斯福在东欧历史方面可谓惊人的无知。艾登认为，罗斯福希望"向斯大林剖明心迹，表示美国并未'伙同'英国对抗苏联"，而此一愿望导致"英美关系产生某种混乱，反倒对苏联有利"。此外，罗斯福无可否认是一位高明的政治家，对眼前目标洞若观火，但"其长远设想则不是十分明确"。丘吉尔的翻译A. H. 柏西认为，罗斯福看起来精神极度疲惫。"昔日在德黑兰会议上，他举止意气风发，语调铿锵有力，如今竟判若两人。听他讲话，唯觉他萎靡不振……这位性情温和、仁慈善良的美国大叔已成为他往昔的一个影子。"

罗斯福与丘吉尔的关系依然密切，可以说亲如兄弟，同时也掺杂着兄弟之间那些复杂的感情。1940年，英国危如累卵之际，罗斯福冒着断送政治前途的风险，为丘吉尔提供《租借法案》援助。但与此同时，总统也继续向老大哥说教，指出殖民主义之非道德性。某次私下场合，丘吉尔说道："我觉得您是在试图瓦解大英帝国。"此言委实不虚。罗斯福曾教育自己的儿子埃利奥特："殖民体系意味着战争。你去剥削印度、缅甸、爪哇的资源，将其财富一攫而空，却从不给予任何回报，比如教育、体面的生活水平，或者最低限度的健康需求。在那些国家里，同样存在着为和平而打造的某种组织结构,而殖民体系则在它们开始运作之前,便否定了它们的价值。"

2月8日,美方诸参谋长终于将他们关心的问题——太平洋战争提上议程。在当年拉斯普京的遇刺之地——尤苏波夫亲王宫里,美苏双方的参谋长们举行会谈,以解决远东军事问题,尤其是确定苏联一旦对日宣战应采取何种行动。

6英里外,在罗斯福一行下榻的里瓦几亚宫里,总统正与斯大林谨慎地讨论同一议题,在座者有苏联外交人民委员莫洛托夫、美国驻苏大使埃夫里尔·哈里曼及两名翻译人员。里瓦几亚宫是一座意大利文艺复兴风格建筑,为沙皇尼古拉统治时期所建,蜜黄色的灰泥,白色大理石镶边,矗立于150英尺高处俯瞰黑海,远映群山,足称雄壮。

罗斯福表示,美方赞成使用B-29对日本展开密集轰炸,从而避免实际入侵日本本土。斯大林突然打断他的发言,开门见山地说道:"我想讨论一下苏联参与对日战争的政治条件。"

罗斯福早已预备好一套答复:苏联希望得到库页岛南部及千叶群岛,这完全没有问题。至于在远东地区给苏联一个不冻港,是否可以从中方那里租借大连,或使之成为一个自由港?斯大林不置可否,并提出更进一步的要求——伪满洲国铁路之使用权。罗斯福认为此事无伤大雅,便提议可以让中方租给苏联,或成立一个中苏联合委员会共同经营管理。

斯大林颇感满意,话语中却依然带有威胁的意味:"上述条件倘若得不到满足,我和莫洛托夫就很难向苏联人民解释为什么要对日宣战。毕竟苏联人民与日本人并没有什么纠纷。"

"上述问题,我还没来得及与蒋介石元帅交流,"罗斯福说道,"与中方打交道有一件事最棘手,那就是不管说什么,对方总会在24小时内向全世界广播。"

斯大林也同意暂时没有必要知会中方。"不冻港问题嘛,好商量;我不反对将它变为一个国际自由港。"

双方开始毫不遮掩地谈论中国内部问题。罗斯福表示,美国一直在努力保证中国生存下去。"中国会生存下去的。"斯大林笑着说,并表示自已难以理解的是，国共双方为什么不能维持抗日统一战线。

罗斯福回答称，魏德迈与赫尔利在使重庆与延安联合一事上，相较于他们的前任已取得长足进展。在合作破裂的问题上，重庆方面要比共产党人负有更大责任。

焦点转到朝鲜问题上，罗斯福展现出取信于苏方的态度，表示从个人立场来看，他认为没有必要邀请英国来参与托管朝鲜；但假若不请，英方或许会心怀怨恚。

"他们肯定会生气的，"斯大林咧嘴笑道，"搞不好，首相会把我们都宰喽。"出乎众人预料，斯大林欣然表示："我认为，应当邀请英方。"

次日上午11时，联合参谋长团就最终军事报告作出讨论，并达成一致意见：作为战略规划，预计德国战败最早日期为1945年7月1日，最晚日期为1945年12月31日；日本陷落则在德国崩溃后的18个月。

当日下午，罗斯福、斯大林、丘吉尔及其骨干顾问班子聚集在里瓦几亚宫庭院内拍照。当他们回到宴会厅——全体会议召开处，美国新任国务卿小爱德华·斯退丁纽斯便开始宣读当日上午三国外长草拟的联合国领土托管计划。宣读未毕，丘吉尔便怒吼道，自己从未对该计划的只言片语表示过同意。"在你们宣读之前，没有一个人找我征询过意见，没有一个人跟我提起过此事！"他激动之余，连角质眼镜也滑落到鼻尖上，"大英帝国之命脉所存，岂容得下四五十个国家酣睡其侧！大不列颠世传财富何等宝贵，只要我还坐在首相的位子上，就绝不会让出一分一毫！"

次日，2月10日下午，哈里曼大使于尤苏波夫宫会见莫洛托夫，并拿到苏联参与对日战争的政治条件的英译本："外蒙古必须维持现状；日本于1904至1905年间所攫取之领土——主要是库页岛南部、旅顺及大连——必须归还俄国。"此外，斯大林还要求控制伪满洲国铁路和千岛群岛。作为报答，苏联除对日宣战外，还将与蒋介石缔结友好同盟条约。

哈里曼认为，总统"在接受之前，会提出"三项修正案，大连、旅顺应当成为自由港，伪满洲国铁路则应由一个中苏联合委员会共同经营管理；"此外，上述两个问题都与中国息息相关。以我对总统先生的了解，他绝不会抛开蒋委员长擅作决断。"

在里瓦几亚宫，哈里曼把斯大林提出的草案连同自己提出的修正案一并呈交给罗斯福。总统认为哈里曼所作修改确实符合美国最佳利益，于是对修正案予以批准，令他重新提交给莫洛托夫。

自德黑兰会议以来，斯大林与罗斯福便保持着友好关系。然而，当日下午的一起事件为两人之交谊蒙上一层阴影。丘吉尔宣称，英国政府方面"实际上已指示"他不要对公众透露赔偿额度。接着罗斯福也表示，自己也怀有同样的担心，生怕具体数字（斯大林提出的数额是 200 亿美元，苏联会取走半数）会让大量美国公众仅从金钱角度考虑战后赔偿问题。

在斯大林看来，罗斯福是在伙同丘吉尔针对自己，当场便发起脾气。众人从旁圆场，事情很快得到平息，斯大林却为自己大发脾气感到心虚，于是在休息用茶时将哈里曼拉到一边，表示苏方打算在参与对日战争之条件问题上作出妥协。"我完全同意将大连变成一个不受特定国家控制的自由港。但旅顺不同，苏联需要将其打造为海军基地，因此需要租借。"

"您为何不与总统先生立即商讨此事？"哈里曼建议道。很快，斯大林与罗斯福便凑在一起，低声交谈，之前那短暂的裂痕也得到修复。两人就此事意见完全一致，唯一的问题是何时并以何种形式将协议告知蒋介石。罗斯福表示，宋子文如今身在莫斯科，不知斯大林是想与宋会谈呢，还是更希望他——罗斯福——亲自出面，去直接与蒋交涉。

斯大林表示，自己是当事一方，还是由总统出面为好。罗斯福对保密问题极其敏感，便问何时去谈。斯大林答道，待我做好准备，再通知总统先生。斯大林希望在通知蒋介石之前，先在远东地区部署 25 个师。此时恰好丘吉尔走上前来，两人便不再继续讨论。

直到次日早上，丘吉尔才得知该协议。艾登匆匆读过条款，吃惊之余连忙规劝丘吉尔莫要签署。当着斯大林与罗斯福的面，艾登明称该协议是"一项会议的可耻的副产品"。然而，拒绝签署将严重影响英国在东方之威望，因此丘吉尔不理会艾登，挑衅般地在协议上签下名字。

数小时后，雅尔塔会议宣告落幕。在最后一场午宴上，各方代表无不为会议顺利结束而感到如释重负。罗斯福心情颇佳，因为他尤为珍视的《关于被解放的欧洲宣言》，亦即欧洲各国的民族自决的许诺得到承认；而斯大林也书面承诺,将在德国垮台后两到三个月内加入对日战争。①

美方代表隐隐感到某种满足感。对哈里曼大使而言,雅尔塔会议确属一次成功的外交活动。斯大林同意支持蒋介石,并承认国民政府对伪满洲国地区的主权。哈里·霍普金斯则相信,会议乃是一道照亮世界的曙光。和平之路上的第一场胜利已由美国与苏联携手拿下,这证明苏联人同样通情达理且富有远见卓识。

不过,部分英方代表则持审慎的保留态度,尤其是在关于波兰的命运问题上。罗斯福的健康问题确实是一大负面因素,也导致他犯下严重错误。然而无论如何,在斯大林消极应对和丘吉尔半信半疑的情况下,罗斯福只手擎天,促成雅尔塔会议上影响最为深远的成就——成立联合国组织。

斯大林同意对日作战所提出的条件,只有少数人知情。倘若此事传扬出去,英美公众得知罗斯福、丘吉尔承诺"将于日本战败后完全满足"苏联在远东的领土要求,必会掀起一阵反对浪潮。实际上,苏联原本就渴望攻打日本,却还要为此狮子大开口。待到德国垮台,苏联进攻四面楚歌的日本不存在丝毫风险,兵力投入与物资损耗也都微乎其微。比起西方给出的秘密承诺,打下日本所带来的战利品——尤其是占领伪满洲国地区,对苏联的诱惑力要大得多。

---

① 雅尔塔会议落幕的数星期后,罗斯福将美国记者兼作家埃德加·斯诺召至白宫。"此次我与斯大林相处十分融洽,"总统说道,"我感觉我对此人终于算是有所了解,甚至有些喜爱。"斯诺对此持保留意见,但罗斯福以一种"没来由的乐观态度",对斯诺之判断不以为然。总统也承认,苏联显然"会在其占领地区自行其是"。似乎在罗斯福看来,未来的问题可以通过协商妥协的办法解决。他说:"我有一种印象,苏联人如今心满意足,未来一切问题都可以合作解决,两国一定能够友好相处。"

第二十六章 "就像地狱熄火之后"

1

莱特岛登陆行动数周之前,应雷蒙德·斯普鲁恩斯及三名陆军将领之紧急请求,美军参谋长联席会议同意将进攻日本本土的基地由台湾岛改为硫黄岛。其直接受益者自然是航空部队。硫黄岛位于塞班岛以北625海里,东京以南660海里,乃是VLR(B-29)轰炸项目的理想中继基地。"超级空中堡垒"在危急情况下可以在此降落补给;短程P-51"野马式"战斗机也能从该岛升空,护送B-29直至日本。

由于莱特岛的日军负隅顽抗,进攻硫黄岛的日期被迫推迟至2月3日,后再一次推迟至2月19日。整体作战行动交由谈吐柔和的斯普鲁恩斯统一指挥,此人是历经中途岛战役和马里亚纳群岛战役的老将;于瓜岛战役中积累大量作战经验的里奇蒙德·凯利·特纳将军担任联合远征舰队司令。地面作战全部由海军陆战队负责,绰号"疯嚎者"的史密斯将军任远征部队司令。史密斯则挑选哈里·施密特少将指挥实施登陆作战的三个师。预计于行动日展开登陆行动的第四师和第五师,此时已在夏威夷展开艰苦的两栖作战演习,预备部队第三师则在关岛训练。

从海上望去,硫黄岛像是一条半浮半沉的鲸鱼;而从空中望去,硫黄岛则像一块肥美的猪排。岛上最显著的标志是狭窄的南端的一座死火山，山高只有556英尺，却由于看上去像是从海中突拔而起，显得格外雄伟。这就是折钵山——在日文中，"折钵"指的是一种锥形碗。

岛屿长近5英里，宽2.5英里，面积约为曼哈顿的三分之一。尽管这是座死火山，但岛上蒸气弥漫，遍地是沸腾的硫黄坑，反倒像座活火山。海岸峭壁与崎岖的折钵山融为一体，远远望去像是另一座直布罗陀巨岩。不过，当地居民却时时怀有不安，生怕这座岛屿随时会消失在汪洋大海之中。

硫黄岛呈三角形，北宽南窄。北部是一片高地，海拔约350英尺，四周海岸岩石密布，难以通行；而南端折钵山周围则是一片宽阔的海滩，适宜两栖登陆。海军陆战队选中的登陆地点是东侧海滩，看似黑沙的海滩其实是火山灰，材质松软，体重较大的男子一脚踩下去会陷到膝部。海滩与高原地带长年经受风吹日晒，土壤贫瘠，鲜有自然植被；而高原周围的丘壑地带却有一片茂密的丛林。

一连串岛屿从东京湾入口一直延伸至马里亚纳群岛周围300海里处，像是一串松散的项链：自北至南，首先是伊豆群岛，然后是小笠原群岛，最后是火山列岛。火山列岛的三座岛屿亦是南北一线排列，硫黄岛位于正中央。

1830年，2名新英格兰人、1名热那亚人及25名夏威夷人于硫黄岛以北不足200海里处的父岛登陆。二十三年后，佩里准将来到父岛，打算占领该岛并把它作为美军舰艇、邮船的补给站，不过时任总统富兰克林·皮尔斯未予准许。1861年，日本声称该群岛乃小笠原公①于1593年发现，从而将它们纳入领土之中。

1673年，一个名叫戈尔的英国人发现火山列岛，并为硫黄岛命名。1805年，一名俄国探险家也抵达此地，但两人都认为火山列岛不值得开拓为殖民地。直到八十年后，第一批定居者——日本人才登上硫黄岛。

---

① 小笠原贞赖乃是一名生平不详的武士，出身大名家族，后臣服于德川氏为家臣。尽管英文中习惯将非英语国家之高阶贵族头衔统称为"Prince"（比如"俾斯麦侯爵""开平王常遇春"），但贞赖显然并不够格。在小笠原群岛相关日文文献中，多察此人尊称为"小笠原公"；窃疑该称呼早年译至英文时误作Prince of Ogasawara，托兰未加详辨，致使以讹传讹。——译者注

与那一连串岛屿中的其他岛屿一样,日本将硫黄岛置于东京都政府管辖之下,视之为日本国土的一部分。

至20世纪30年代中期,岛上已有约1100名殖民者,他们居住在简陋的日式平房中。主要村落名为元山,位于岛屿正中心偏北的硫黄坑附近。岛上种植蔬菜、谷物及香蕉、菠萝、木瓜、甘蔗等水果,供当地居民购买,而经济支柱则是一家制糖厂与一座硫黄提炼厂。糖厂经营不善,被迫改造为草药加工厂。此外,岛上还有两所小学,七名教员就职其中。一家小旅店,名叫"太平轩"①。一间酒吧,有三名女服务员招待客人。一年有六班渡船从本土来到岛屿,满载着日用品、游客与大小新闻。

这一连串岛屿之中,只有硫黄岛适宜建造机场。不过多年以来,帝国海军对该岛不予重视,只在这里建造了电台与气象站。直到1940年,情况才发生改变:建筑公司"马渊组"开始在折钵山山麓附近建造机场。机场有2条跑道,各长近1英里。翌春,1名海军大尉又率93名士兵前来架设炮台,2000名平民劳工拥入岛上。

大本营注意到硫黄岛及台湾岛,是在1944年初马绍尔群岛遭受攻击之时。曾在墨西哥公使馆担任驻外海军武官辅佐官(真实身份则是间谍)的和智恒藏中佐率5000余名水兵登岛驻守,并在中部高地着手建造第二座机场。5月底,陆军也派来5170名官兵,携有13门大炮与200余挺机枪。海军则拥有14门海岸炮、12门重炮及50挺25毫米口径高射机枪。然而,两个军种之间出现不和。6月,栗林忠道陆军中将抵达该岛,为第一〇九师团设立总部并就任守备部队最高指挥官时,岛上海陆两军已陷入分裂状态。

美军尚未产生登岛念头之前,日军便早有预感。面对五十三岁的栗林忠道,东条叮嘱道:"该岛极为重要,整个陆军甚至国家之气运,都交予将军之手了。"栗林赴任两周后,日军的推测得到了证实。51架美军舰载飞机击落66架前来截击的日机,并对硫黄岛展开狂轰滥炸,其目的仅仅在于消灭岛上的航空力量。

---

① 该旅馆名称实为"太平馆"。——译者注

栗林对此番空袭十分警醒,但在部下面前依然装出从容不迫的态度。"敌军来袭,我等便将其牵制住,"栗林喝着威士忌,对新来赴任的堀江芳孝陆军少佐说道,"然后联合舰队就来打他个灰头土脸。也就是说,我们在岛上的作用,就是大规模的牵制行动。"

堀江身为陆军,对海军的了解却胜过大多数海军军官,甚至曾花费一年时间,研究护航体系的改良工作。"阁下,"堀江说道,"联合舰队早就不复存在了,剩下的只是一些零星的海军力量,已经没有攻击能力。'A'行动之结果,难道阁下未曾耳闻?"说罢,他便描述十天前海军在马里亚纳群岛如何遭遇灭顶之灾。

栗林指责堀江酒后失言。"这岛可是实打实的属东京都管辖!"

"今天我从空中望着硫黄岛,就在想,"堀江却回应道,"最好的办法莫过于令它沉入海底。只要炸药量足够大,并不是做不到。"

"你醉了。"栗林再次说道,语气却不再坚定。次日一早,栗林带着堀江来到折钵山下的海岸,扑倒在黑色沙滩上,好像刚被冲上岸一样。"海滩宽度足够。"栗林指了指附近那座机场,"敌军必会在此登陆,他们别无选择。"接着,将军又逼着曾在中国战场负伤的堀江扮演敌兵,在宽阔的机场上飞奔腾跃,躲避来自将军手杖的"射击",这一跑便是两个小时。军中素有传闻称,栗林对细节过分执着,堀江心想,传言果然不虚,栗林身为中将,行事作风却像个分队长。

然而,栗林却对堀江——至少是对堀江似乎掌握的那些消息兴趣十足,执意邀请他再度共进晚餐。推杯换盏之间,堀江突然谈起中途岛惨败,以及海上护航行动的种种不足。栗林心如乱麻,不想让他继续讲下去,便称他为"活百科全书",希望结束对话。谁知堀江越发起劲,滔滔不绝,当他讲到联合舰队从特鲁克撤至帕劳,而后又退守菲律宾时,栗林已是面无血色。

"6月19日那天(马里亚纳"火鸡狩猎赛"①)是联合舰队的末日,也标

---

① 火鸡狩猎赛是一项美国民间习俗,以霰弹枪射击纸靶,胜者得到火鸡作为奖品。但在19世纪,目标并不是纸靶,而是活的火鸡。1944年6月19日,美军在马里亚纳群岛海域空战中压倒性击败日军,一名美军士兵感叹道:"就像一场传统的猎火鸡大赛。"——译者注

志着日本的灭亡。"堀江眼睛里闪烁着泪光,清了清嗓子,"假如每名士兵死前都能杀敌十人,皇军必能夺得太平洋战争之胜利,扬威世界!"

"唉,"栗林长叹一口气,"我之前根本不知道这些事。"

"就个人而言,我又何惜一死。"堀江说着,拿出一包氰化钾。醉意渐消,两人对坐,默默无言。

栗林认为敌军登陆难以阻止,不如固守纵深地带,于是下令疏散平民,在多孔火山岩中加紧挖掘地下防御工事。至仲夏时节,硫黄岛上已遍布洞穴,隧道纵横交错。大本营继续派出增援,岛上陆军人数增至 7350 人;海军增至 2300 人,①且有一位新司令——市丸利之助海军少将赴任。市丸早年曾是一名出色的飞行员,却在 1926 年一起试飞坠机事件中受伤,落下个跛足的毛病。受到新作战任务的感染,市丸诗兴大发:

> 此身似落英
> 直入枪林弹雨中
> 独向彼世行
> 回望富士八千岁
> 愿吾皇长生

8 月 10 日,为建立应急补给运输体系,调驻父岛的堀江少佐返回硫黄岛,带着两瓶水及若干蔬菜作为伴手礼——硫黄岛上没有泉水。在第一〇九师团总部,栗林悠然地坐在门廊里。尽管在前不久的增援运输途中,28 辆坦克沉入海底,但训练有素的第一四五步兵联队基本安全抵岛,使栗林颇为欣慰。不过,晚餐时,数杯威士忌下肚,栗林便抱怨起来,称参谋班子都是饭桶,不肯支持自己激进的防战计划,"凡事都给我慢半拍,我可是个急性子"。接着,他便问父岛情况如何。

堀江回答称,父岛有许多大龄军官。一名年过六旬的中校曾问过堀

---

① 上文称和智"率 5000 余名水兵登岛驻守",此处却称"海军增至 2300 人",或疑有误。——译者注

江:"横竖都是个死,挖这么多洞有什么意义?"

"日本也走到头啦。"栗林若有所思地说着,又给少佐斟上一杯威士忌。

次日上午,第一〇九师团军官在总部门前举行晨会时,堀江感到颇为尴尬:众人朝宫城行礼结束后,副官开始宣读公报,栗林却打断副官,朝参谋长堀静一大佐大动肝火,斥责其髭须太过浓密。当天上午晚些时候,堀江来到第一〇九师团中规模最大的单位——拥有5000名官兵的第二混成旅团,旅团长大须贺应少将与那位胡须不整的大佐将他拉住,足足抱怨了20分钟。他们说栗林刚愎自用,执意不肯防守海岸,此举意味着将一号机场拱手让人,而只有该机场的跑道长度足以容纳轰炸机起落。

堀江少佐心知肚明,造成意见分歧的主要原因是自己将6月19日海上大败的消息仅透露给栗林,却没有告知其余军官。那些军官仍然信心十足地认为,战斗一旦打响,联合舰队便会前来提供援助。不过,堀江依旧选择缄口不言,因为真相大白总是伴随着危险。

市丸同样反对栗林的防御计划。当天下午,市丸带着三名海军军官,当着堀江的面,与栗林展开唇枪舌剑。第三航空舰队的浦部圣中佐明确表示,自己的发言实际上也是海军军令部的意思:"海军要求在千鸟机场(一号机场)周围建造碉堡,300挺25毫米口径机枪及必要建筑材料皆已筹备完毕。敌军若要登陆,唯一选择只有千鸟附近海滩。因此只要用碉堡进行纵深防御,硫黄岛便坚不可摧。"

抢在栗林前面,堀江答道:"恕我问一句,在塞班岛和关岛的海滩上,我军机枪支撑了多长时间?塔拉瓦滩头碉堡又发挥了多少作用?面对遮天蔽日的舰炮轰击和飞机空袭,正面防御纯属徒劳无益。从塞班岛、关岛及天宁岛的教训来看,最佳防御莫过于从山洞里狙击敌兵。我们必须清楚地认识到,死守海滩绝不可取。"接着,少佐又提到敌军重型舰炮足以摧毁任何碉堡。"待到碉堡被毁,硫黄岛还能坚持多久?"堀江提议,海军筹备的机枪及建筑材料,不如用来加强折钵山及元山地区的防御。

"我同意堀江少佐的意见。"栗林的表态简单干脆。

浦部请栗林三思,然后转而看向堀江,脸上堆出不自然的笑容:"没想到啊,竟然是海军的老朋友堀江少佐站出来反对。"

"假如我从没读过瓜达尔卡纳尔岛、塞班岛及关岛的战报,或许会毫不犹豫地支持海军。现如今,良心迫使我反对各位的计划。"

栗林依然反对在海滩投入防御力量,但他需要海军的合作及物资装备,尤其是炸药、水泥与机枪,于是在次日提出一项折中方案:海军可用半数材料修建滩头碉堡,其余材料交予陆军。浦部中佐欣然同意:"昨日会议上,我已答应会运来建造300座碉堡所需的资材。待我回到东京,便会想尽一切办法,一定要再增加50座碉堡所用的材料。"

栗林召集各部队指挥官,正式宣布战斗计划:未得命令,全体官兵不得朝登陆艇开火,也不得阻止敌军登陆海滩。待敌人向纵深推进500码,机场附近的自动武器及折钵山、元山高地的大炮便一齐开火。大须贺少将与堀大佐依旧持反对意见,但栗林拒不听从:"一旦敌人侵入,全体官兵须以阵地为坟墓,以一当十,奋勇杀敌,死战到底。"

陆军14000人加海军7000人,共21000名守军分作五个区域驻守该岛。其中折钵山由1860人把守,该部队将独立作战,任务是尽可能地拖住敌人脚步。俯瞰海滩的折钵山山坡上,早已挖好大量洞穴。洞口角度经过调整,内部士兵不易为爆炸和火焰喷射器所伤。山体内部也即将竣工:这是一张巨型多层坑道网,墙壁涂灰泥,蒸汽、水、电一应俱全。

岛上其余地带则布满厚壁碉堡,许多碉堡外面还堆有50英尺高的沙袋,以作额外防护。海军的巨型海岸炮以纵射角度对准海滩;高射炮部署位置刁钻,只有垂直落下的炸弹才能将它们摧毁。

岛屿北部,洞穴密布如兔子窝,既有天然的,也有人工挖掘出来的。洞穴内部有许多小室,彼此以地道相连,形成迷宫。顶部设有通风口,以便蒸汽和硫黄烟雾散出。旅团总部设在元山附近一座洞穴内,该洞穴深75英尺,可容纳2000人,出入口足有十数个之多。

第一道防线是一片战壕网络,由火炮、轻机枪以及埋在土里的坦克组成,沿着两座机场之间的高地的南部边缘建立。第二道防线则紧贴着二号机场后侧,穿过元山地区。

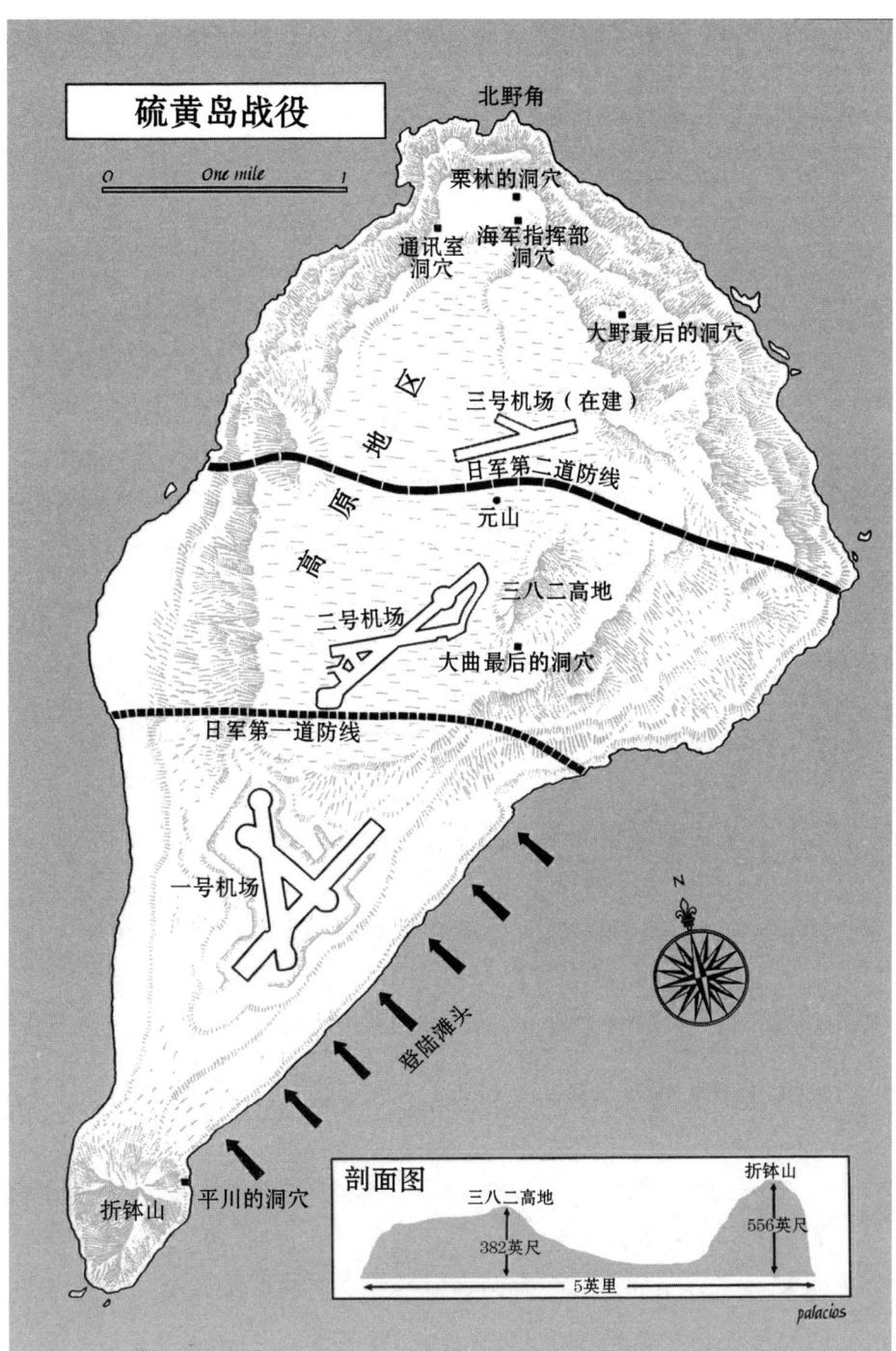

栗林有着定时写家书的习惯。在信里，栗林会抱怨妻子串门过多，责备长女洋子字迹不够工整，且老是写错别字。夫人来信抱怨东京的生活一天比一天困难，栗林则回信表示，硫黄岛上情况更糟：

……唯一的水源只有雨水。每天我有一杯水的配给用以洗脸——其实只是抹抹眼睛，然后藤田中尉（副官）再拿它来洗。藤田洗过后，我还要将它留作上厕所之用。一般情况下，普通士兵甚至连这一杯水也得不到。每日例行的阵地视察结束后，我都幻想着能喝上一杯凉水。到处是苍蝇，蟑螂甚至往人身上爬，肮脏至极。所幸没有发现蛇或其他毒虫。

9月12日，栗林开始让妻子为即将来临的一切做好心理准备：

……恐怕，敌人不日便会登岛。届时，我们也必须迎来自己的命运，就像阿图岛、塞班岛上的战友一样。

部队官兵对"死亡"二字丝毫不陌生。与美利坚合众国作战，而在岛上结束自己的生命，我需要对你说一声抱歉。但我希望能尽全力守卫硫黄岛，能拖一天便是一天，从而推迟敌人对东京的空袭。

唉！自你成为我的妻子，抚育子女三人，年月已久。今后生活想必愈加艰难。你操劳持家，尚须保重身体。子女未来恐多坎坷，尤需母亲多加照拂。

同时，栗林也告诫长女洋子和独子太郎，此后生活恐难如意：

……敌军登陆我岛，只是时间问题。一旦岛屿失守，东京便会迎来日夜不休的空袭。届时，民众会陷入混乱、恐慌，城市会受到严重破坏，失去平日之秩序。那种场面无法用语言形容，长久以来在东京悠闲度日之人甚至无法想象。因此，万一遭遇空袭，最重要的是避免与家人走散，走散就意味着惨死街头。1923年关东大地震时，情况就是如此。一定要以母亲为中心,时刻围绕家人行动。

不管学校规定如何,家人才是第一位。危急关头,校舍安全已顾不得,因此也不必恪守校规。设想一下,你遵从校规,跑去救援学校,结果母亲被炸死,一家人分崩离析,要怎么办?一定要与母亲同生死,共患难。

总之,一旦东京遭到空袭,那就意味着硫黄岛已落入敌手,同时也意味着你们的父亲已经捐躯。换言之,你们一对失怙姐弟,唯一的依靠只剩下母亲。丧父已是人间至痛,若再丧母,岂能承受?从现在起,就要学着适应没有父亲的生活。

不久之后,栗林又给太郎单独寄去一封信件,强调独子的责任:

……乃父性命,正如风中残烛,只可步入塞班岛、天宁岛、关岛指挥官之同样命运,断无苟且偷生之可能。因此,你要成为一家的顶梁柱,支持母亲。你是个在温室里成长起来的孩子,现在也还没长大。当初在东京时,我想方设法给你严酷训练,或许你意识不到,那是真正的父爱,以后你会理解的。

栗林劝儿子刻苦学习,博览群书,别抽烟,少喝酒,在家里多多说笑,活跃气氛。还叮嘱以后写信时,信纸正反两面都要用上,不要留有空格或空行。

至11月底,地下防御工事及约800门大炮组成的火炮阵地已做好战斗准备。二号机场投入使用,往北1英里处的第三条跑道也开始建设。栗林将心直口快的浓须参谋长堀大佐和第二混成旅团旅团长大须贺将军解职,安排两人住入岛上一家地下医院"恢复健康",从而解决陆军内部的意见分歧。

1945年1月21日,栗林在家书中让妻子不必再祈祷他平安归来。他战死硫黄岛已避无可避:

……坟墓在哪已无关紧要。骨灰没有机会运回国，但我的灵魂会留在你与孩子身边。希望你把孩子照顾好，尽可能长久地活下去。

此外，栗林还告诫兄弟，不要让别人拿他去大做宣传：

……墓前摆一块大石，唯刻"陆军中将栗林忠道之墓"寥寥数字即可。诸如报社记者、杂志撰稿人之流，切莫让他们在我之事迹上大做文章……但愿我身死之后，能留清白名声于人间。

2

六个星期以来，硫黄岛每天都遭受着来自马里亚纳群岛的美军B-24轰炸机的轰炸，有时"超级空中堡垒"也参与其中。但最为猛烈的攻击还是来自海上。至2月15日，美军军舰已向岛上发射21926枚炮弹，不过伤亡人数却相对较少，因为守军已转移至地下。16日拂晓时分，6艘战列舰、4艘重型巡洋舰及1艘轻型巡洋舰驶抵折钵山附近海面，驱逐舰及护航舰在前方冲锋开路。而在岛屿以南50海里处，12艘护航航空母舰也派出飞机，执行空中战斗及反潜巡逻任务。

作家约翰·P.马昆德曾凭借小说《已故的乔治·阿普利》荣获普利策奖，同时还塑造出元先生这一著名东方侦探形象。此时，马昆德作为特派记者随军同行，他写道，看到硫黄岛时，一眼便可"认出这是一座日本岛屿，因为它具有一种丝绸画卷上的素雅色彩"。

战列舰与巡洋舰最初的炮击，"是在针对近乎遁形的目标，展开一种缓慢而谨慎的探索，每轮炮击之间有着漫长而沉闷的间隔"。这让马昆德联想到"拳击台上的第一个回合，双方拳手闪避佯攻，以寻找对手破绽。也可以说，敌人像是一头负有轻伤的危险野兽，我军的特遣舰队则是一群猎人，缓缓地朝那困兽逼近，不敢轻举妄动，只是设法观察其余力几何，同时诱惑其主动出击"。

日军整体未予反击,只有少数炮台擅自打出几枚炮弹。不久,天空阴云密布,像是给岛屿披上一件防护斗篷。炮击断断续续直到傍晚,但给日军造成的损失微乎其微。

北边,日本本土也在遭受来自海上的攻击。米切尔率第五十八特遣舰队大胆逼近离日本本土不到60海里的海面,派出飞机,对东京附近数座生产机身及引擎的工厂展开轰炸。次日,即2月17日上午,米切尔的轰炸机将目标转为曾遭B-29轰炸的武藏野工厂,却由于中午之前天气情况恶化,只得折返硫黄岛支援登陆部队。此番突袭成果令美军欢欣鼓舞,尤其是对日军防空力量的打击:据报告,共击落敌机341架,炸毁停在地面的飞机190架,己方损失则只有49架。

在硫黄岛,天气好转,能见度提升。距离海岸750码处,扫雷艇引来岛上零星炮火,重型巡洋舰"彭萨科拉"号便赶去提供支援。日军某一炮台指挥官无法抵挡诱惑,擅自开火,6枚炮弹命中该舰,炸死17人,击伤120人,迫使该舰退出战斗。而在距离海岸1000码一线,驱逐舰赶来援护装备着火箭弹的炮艇,载有潜水员的快艇也穿过该线。

美军从容不迫的态度像是在夸耀军力,日军不由得大受震撼。海面上传来阵阵流行音乐,好像美军来到硫黄岛是一场郊游。美军水兵脖子上挂着毛巾,像游客一般凝望着岛屿。此时,栗林确信登陆行动已经展开,于是在上午10时35分下令数座炮台朝炮艇开火。炮艇发射火箭弹还击,却引来掩藏在折钵山山脚和岛屿北端的火炮的猛轰。数艘炮舰中弹,飞机连忙放烟幕掩护,驱逐舰也打出白磷弹。此时,一直朝岛屿飞驰的快艇在岸边急转弯,约100名潜水员跳入海中。水下和海滩上空空如也,只有一枚地雷,潜水员将其引爆。

在二号机场上,只有两架"零式"战斗机尚可投入战斗,他们装备有60公斤炸弹,隐藏在混凝土护墙之内。两名飞行员得到命令,要驾驶飞机撞击可以接触到的最大级别的军舰。其中一人打起退堂鼓,尽管朋友劝他"早死晚死,都是个死",此人却坚称头痛严重,无法起飞。指挥官转而从另一批飞行员中找寻志愿者,一人主动爬上飞机。伪装物掀开,两架"零式"战斗机巧妙地从掩体滑行至跑道,奋力升上天空,但在掠过折钵山时卷入美军炮火之中,坠入大海。

连续两日的炮击结束后,栗林自认为已挫败登陆,便向东京方面告捷。联合舰队司令长官丰田将军向市丸发来贺电:

> 面对敌军海空火力的猛击,你部冷静判断敌方意图,挫败首度登陆企图,进而沉着应对,等待下一轮登陆攻势,决心誓死守卫硫黄岛。本人闻讯,不胜欣慰。望你部维持高昂士气,击退敌军汹汹来势,固守皇国之外围防线。

持续两日的炮击造成伤亡虽少,却暴露出日军火炮阵地隐蔽的位置及其防御范围。于是在第三天里,美军便有效修正炮击模式,主要目标区域改为海军陆战队即将登陆强攻的东南海滩周围。

18日清晨,乌云密布,小雨时降时歇。上午7时45分,炮火和掩护部队司令发出命令:"逼近海滩,准备开火。"第一轮炮击造成毁灭性打击:照片显示,海滩上半数碉堡和大部分地堡都被连根拔起。

海军陆战队第四师、第五师早在2月15日和16日便乘坦克登陆舰和运输舰离开塞班岛,此时早已抵达硫黄岛,正在领取食物,检查装备、背包和武器。官兵表现一如平日般轻松,没有明显的紧张或焦躁情绪。

"疯嚎者"史密斯是一名卫斯理宗信徒,却佩戴着由教皇授予的圣克里斯多福勋章,此时正在指挥舰"埃尔多拉多"号的舱内阅读《圣经》。数星期前,史密斯曾写信给已晋升为海军陆战队总司令的亚历山大·范德格里夫特中将称,在他看来,攻取硫黄岛这样的要塞不值得部队作出大量牺牲:

> ……我曾在两处不同场合提出,海军火炮支援不足,结果支援确实有所增加,但在我看来依然无法满足要求。或许是我能力有限吧。
>
> 我部已竭尽全力做好战斗准备……胜利本身不是问题,但一想

到可能发生的伤亡情况,我就感到很沉重……希望上帝带来某种奇迹,让整个作战行动全盘取消。

登陆日定于2月19日。凌晨3时30分,海军陆战队队员享用一餐牛排作为早餐。待他们登上甲板,沿着绳网下至登陆船时,天色已亮。透过晨雾望去,硫黄岛像是一座遗世独立的孤岛,折钵山也没入低悬的云层之中,显得尤为不祥。

约翰·马昆德站在舰船的防空瞭望台上,在他看来,硫黄岛"从美学角度来看,丑得无以复加……或者说,具有彻头彻尾的日本特质。岛屿轮廓像是一头海怪,死火山是短小的头部,海滩是脖颈,其余部分,连同灌木丛生的棕色悬崖则是躯干。同时,该岛也具备日式箱庭那种玲珑精致之感。日本庭院最喜欢使用那些饱经风吹雨打和海水冲刷的怪石作为装饰,岛上岩石完全符合这一要求"。

运输舰和登陆艇驶过平静的海面,朝登岸位置前进。上午6时40分,7艘战列舰、4艘重型巡洋舰及4艘轻型巡洋舰展开登陆前的炮击,其猛烈程度在太平洋战争的美军同类海军炮击中无可匹敌。五分钟后,掩护右侧登陆艇的9艘炮艇发射火箭弹轰击元山高地,而掩护中央登陆艇的另一批炮艇,则用迫击炮对折钵山山坡发起猛轰。8时03分,炮击告一段落。120架舰载机向东南海滩、折钵山和一号机场掷下火箭弹、凝固汽油弹及炸弹。飞机来无影去无踪,刚一消失,炮击又重新开始——此次另有10艘驱逐舰加入其中。岛屿看起来在不断翻涌的尘埃和笼罩的烟雾中闪闪发光。接着,又有更多的飞机朝黑色沙滩俯冲而下,倾泻子弹。记者罗伯特·谢罗德从未见过如此"恐怖"的轰炸。"我当然不是头一次目睹轰炸炮击,"谢罗德在笔记本上记录道,"但此情此景仍让我不由得想起一句话——'赶尽杀绝',并对此产生更加深刻的体会。"

日军蜷缩在碉堡、地堡和洞穴里,用手指塞住耳朵,忍受着爆炸的冲击波。官兵从栗林那里得到的最终命令十分明确:

首先,我等须竭尽全力,不惜此身保卫本岛。

> 我等须身携手榴弹,奋勇冲锋,炸毁敌军坦克。
>
> 我等须杀入敌阵,歼灭敌兵。
>
> 我等须弹无虚发,枪枪杀敌。
>
> 我等须以一当十,斩敌十名而后死。
>
> 我等须坚持游击战术,袭扰敌军直至最后一人。

入伍前曾在政府任职的一等兵平川清实躲在折钵山一处洞穴内,他从洞口望向外边,发现敌军庞大的舰队正晃晃悠悠地就位,不禁目瞪口呆,心想:何等秩序井然,何等雄伟壮丽!不过,令平川敬畏的只是装备,而非敌人本身。从军队宣传讲座和分发的小册子中,平川对美军士兵已了如指掌。"美军士兵自称勇士,"一本名为《美国人个人心理学》的小册子写道,"却从不考虑光宗耀祖,也不希望遗惠子孙,毫无光大门楣之意识,只想凭借个人武勇,闯出一番名堂。美利坚民族热爱刺激,亲近危险。甚至据报道称,有不少美国人尝试坐在桶里,从尼亚加拉大瀑布落下……美国人当然怕死,但个人主义的行事作风使其做事不考虑后果,在冒险行为中,他们又会忘却死亡。美国人既是高明的骗子,又被糖衣炮弹所蒙骗,物欲极端强烈。上战场时,支持美军士兵的绝无精神力量,只有物质激励。"

坦克登陆舰装载着前五波登陆部队,进入距离海岸5500码的最终位置。下艉舌门上涂有口号,比如"此时担心为时已晚"等。艉舌门缓缓放下,两栖履带登陆车便一辆辆滑入海中(马昆德对一名士官描述称,"就像全世界的母猫一齐下崽"),乘风破浪朝岛屿驶去。行动开始两小时后,即上午9时2分,第一波两栖履带登陆车69辆,每辆载20人左右,成功爬上海滩,向前推进。车辆推进20码,便被一片阶地挡住去路。阶地颇为陡峭,最高处足有15英尺。履带车碾压着松散如砂糖的黑色火山灰,奋力攀爬,最终也只有数辆登上顶端。余者只能就地停下,卸载士兵。士兵身负沉重装备,刚爬出车辆,便陷入齐踝深的黑沙之中,挣扎着向前行进。然而,日军步枪火力实为稀疏,迫击炮火也零零散散。美军士兵认为,若不是鬼子实力名过其实,便是大规模轰炸已将敌军逐入地下。

然而，当陆战队士兵气喘吁吁地爬上正在坍塌的阶地顶端时，隐蔽在碉堡、地堡和洞穴里的机枪与步枪便一齐开火。迫击炮弹飞过头顶，落在驶往海滩的两栖履带登陆车四周。陆战队士兵摔入海里，试图游泳上岸，却被沉重的背包拽入水下。

初次参加战斗的第五师从海滩左侧拥上，其中，团级编制的第二十八战斗队顽强地朝折钵山挺进，其任务是穿越一道700码宽的狭窄沙地，前往岛屿另一侧，孤立该山并朝山顶冲锋。另有第二十七战斗队则对一号机场南端发起攻击。

右翼，第四师派出两个团协助包抄机场，并打算进而夺取守卫元山高地的山岭。这是随军记者艾伦·R. 马修斯二等兵初上战场。几十分钟前坐在履带登陆车里时，马修斯还从未将"死亡"二字与自己联系起来，他能够想象自己如何为一名友人战死而悲伤，却无法想象朋友为他悲伤。然而，当马修斯匍匐爬上海滩，嘴里机械地嚼着口香糖时，他的头脑一片混乱，他只是不断告诉自己：快跑，快跑，快跑，离开海滩，除非绝对必要，否则不能留在海滩上，因为敌人就在瞄准海滩，会把我打成筛子……离开海滩，跑起来！但他终竟跑不起来，因为沉重装备的压迫，陷入沙中的双脚只能缓缓移动。战斗的巨响只如耳边风，马修斯感到自己被一种力量强迫着回头，看那沙子被炮弹溅起，如涌起一道道黑色喷泉。干燥感在口中蔓延开来，口香糖黏着在舌齿之间。马修斯向前探头，想把口香糖吐掉，却仍残留着一些粘在嘴唇及下巴颏处。周围情景与报纸上描述的攻势完全不同。士兵沉默无言，只是跌跌撞撞地四下奔跑，看上去好像没带武器，甚至没穿军装，没有面孔——就像一场噩梦。突然，马修斯听到一声凄厉而恐怖的号啕："卫—生—兵！啊！卫—生—兵！"听着那惨叫，绝对无法想象一名海军陆战队队员竟会发出那样的喊叫声。此人坐在阶地浅洼处，看上去了无生气，就像一尊雕像。左边，三名士兵诡异地堆叠在一起，想必已经是三具尸体。

失魂落魄的马修斯奋力拖着双腿，沿着陡峭阶地松软的火山灰向上爬去，他双手笨拙地高举着步枪，以防沙子落入枪膛。好不容易爬上顶端，马修斯朝着一处弹坑移动，却一不小心倒在沙中，他无助地心想：我可真是个好靶子！虚脱无力的马修斯再次跌倒,翻身滚入一处弹坑。他本想吞咽唾液,却只能感受到肿胀的舌头摩擦着渴得冒烟的上颚,经过一番干呕,唾液才分泌出来。马修斯打量着四周,从此刻起他便不再是一名新兵——至少他已明白,自己同样会死。

第一批尚能行走的伤兵来到团部设立的急救站。其中一名伤兵下颚被打碎,只剩下几条皮肉吊着,忍痛接受包扎后,却拒绝撤离。他试图讲话却不能,只好跪在火山灰上写字,没想到每写下一笔,周围沙子便填了进去。他最终只能愤愤地搅拌着沙子,任凭急救人员将自己带走。

第一批坦克于9时30分登岸,在松软的火山灰上缓缓前行。少数坦克吃力地爬上阶地,其余则陷入沙中,遭敌军反坦克炮逐一消灭。第四师在朝机场推进途中,遭到无数碉堡和地堡交叉火力阻击,只得用炸药与火焰喷射器去逐一铲除,因此步伐十分缓慢,尤其希望得到这些坦克的支援。

小本杰明·罗塞尔少尉率海军炮火联络队登陆时,已是下午1时。几人背负着无线电通信器材,从战线最右端吃力地朝阶地顶端爬去。罗塞尔的左脚险些被一枚迫击炮弹炸飞,却依然谈笑风生,看着手下士兵给自己包扎止血带。谁知此时,又一枚炮弹飞来,将两名士兵炸死,不少弹片打入罗塞尔右腿。如此一来,除了罗塞尔联络队便只剩下一名士兵,两人紧紧趴在地上。第三枚炮弹打来,在两人正上方炸开,击伤罗塞尔肩部,将那名士兵的右腿炸飞。士兵一言不发,拖着断腿爬下阶地。于是,罗塞尔孤身一人,脑子里想的尽是居住在密歇根州皇家橡树城的双亲。又是一阵迫击炮火,炮弹从海岸线升起,朝阶地落下。罗塞尔感到身子不由自主地被抛起又落下,但他已经不在乎。他想看看时间,瞥向手表时,恰好一块弹片飞来,撕开他的手腕。手表消失不见,取而代之的是一个鲜红的大洞。钉上十字架原来是这种感觉,罗塞尔想。

在海滩上的美军看来,日军炮火算得上猛烈,而实际上,日军炮兵一直在节制地开火,许多炮台甚至还一炮未发。弹药弥足珍贵,一枚都容不得浪费。反坦克小队的小队长在战死前击毁敌军坦克20余辆,栗林在给东京发去的第一份电报中特地表扬此人,并请求将其追授为大尉。除该小队长外，两名反坦克部队指挥官、一名步兵军官和第一四五联队全体官兵都受到栗林的表扬。在报告中，栗林还提到岛上官兵自上而下筹集资金 12 万日元"捐予国库"，不过实际上，这堆纸币早就烧毁在战火之中了。

至黄昏时分，已有 30000 名海军陆战队官兵登陆完毕，伤亡人数为 566 人。部队并未达成首日作战目标，此时挤在一处长 4400 码、最宽处为 1100 码的滩头阵地上，修筑防御工事，以备日军反攻。事实上，栗林对待部队与弹药同样爱惜，并不打算像塞班岛的司令那样发动夜袭。在栗林看来，夜袭是没用的，迫击炮和火炮骚扰才是更为有效的办法。

那天夜里，海军陆战队的弹药堆积点一个接一个地爆炸，日军炮火之精准令人匪夷所思，就好像他们在美军阵地之中安插着观察哨。最终，解开谜团的是一名海军陆战队士兵。此人听到一艘搁浅的日军运输舰内传来轻微的"嘀嘀嗒嗒"声，便与几名战友爬上废弃的军舰，发现里面有一个鬼影般的日军士兵，正在操作无线电发报机。发报员被消灭后，日军炮火准确度明显下降，但毕竟海滩上的美军密集，因此伤亡仍属惨重。此外，从黑暗中发出啸叫的火箭弹也造成无法遏制的混乱。那些火箭弹并非常规武器，而是日本海军航空部队军械部采用某种方法，用 60 公斤和 250 公斤的炸弹改造而成，以电能提供动力，通过木制斜道发射。火箭弹沿 45 度角飞出，在空中划出抛物线，飞至 2000 码外的美军阵地，触地即炸。

"硫黄岛上第一个夜晚，只能用地狱噩梦来形容。"谢罗德写道。日出之后，谢罗德发现黑色沙滩上尸横遍野，尸体之残破程度也超过太平洋其他战场，有的四肢与躯干相距足足有 50 英尺。小雨淅淅沥沥，气温很低。上午 7 时 40 分，海军开始炮击，比登陆日那天要晚一个小时。50 分钟后，海军陆战队发动进攻。左侧，在折钵山山脚下，进军极为困难，尽管有着火炮、半履带车及离岸仅 250 码的驱逐舰的火力支援，到天黑时，第二十八战斗队的推进距离也只有 200 余码。

右侧，第四师突破至一号机场，转而北上，遭遇栗林的第一道主要防线。在整个白天的战斗中，海军陆战队的军犬都在海滩上四处寻觅。其中一条军犬名叫乔治，是个老兵，此次已是第三次参加登陆作战。另有一条猎狐犬，生性活泼，不顾四面八方骇人的爆炸声，衔着一枚手榴弹四处嬉戏,将它滚来滚去,抛上空中,甚至叼到一处散兵坑内,吓得士兵急忙散开。谁知猎狐犬竟跟上前去,任人百般命令也不松口。最终它好不容易将手榴弹放下,而当一名士兵伸手去捡时,顽皮的猎狐犬又将手榴弹咬住。士兵绞尽脑汁:拿食物作为诱饵,它不为所动;抛木条分散它注意力,老把戏却不如新玩具有趣。无奈之下,士兵只得选择不予理睬。几分钟后,猎狐犬便对那枚手榴弹失去兴趣,士兵连忙将它拾回,重新展开与日军的战斗。

入夜之后,"炸弹火箭"再次射入拥挤的美军阵地。轰炸间隙,谢罗德所处弹坑内的几名士兵感到脚下地面传来震动,接着便是一阵奇怪声响,好像"公寓楼下有人在敲打暖气片"。这很有可能是一场微型地震,一名中士却惊呼道:"完蛋啦,鬼子挖到我们脚底下来了!"但没有人发出嘲笑。

3

第三日,即2月21日,海军再次于7时40分发动炮击,海军陆战队于50分钟后发起进攻。此次进攻得到舰载机近距离支援,至下午,第二十八战斗队已炸开坚固的岩石混凝土防御工事,几乎推进至折钵山山脚。北边总攻亦顺利开始,尤其是左翼,地形适宜坦克行动,第五师于此处推进1000码。至于右翼,第四师遭遇崎岖地形和敌军猛烈炮火,推进距离只有500码。

黄昏时分,日军首次从空中展开反击。五架"神风"特攻队飞机从东京附近起飞,突破战斗机警戒网,冲至距离硫黄岛35海里的航母"萨拉托加"号上空。先头两架已中弹起火,仍俯冲而下,掠过海面,撞上航母。另外三架则直接撞上目标,引发爆炸。大火尚未得到控制,空中又出现五架敌机。四架被击落,最后一架却投下一枚炸弹,在飞行甲板上撕开一个直径25英尺的洞。"萨拉托加"号受此重创,只得直接返回本土,接受大规模维修。数海里外,另一架"神风"特攻队飞机与护航航母"俾斯麦海"号相撞。舰体因大火失去控制,于午夜过后几分钟内沉入海底。

当晚,东京广播的《家园与帝国》节目中提到敌军登陆硫黄岛,并一反常态地对敌酋赞赏不已：

> 特纳其人，在美国海军中素有"短吻鳄"之称。① 得此绰号，是由于此人工作性质与短吻鳄习性近似：既在水里，也在陆上。此外，短吻鳄与特纳也拥有共同的天性：只要咬住猎物，就绝不松口。
>
> 斯普鲁恩斯进攻意识过人，特纳则是决断能力出色。两人率领舰队，确实逼近皇国本土，却发现已是骑虎难下，进退维谷。
>
> 无数大和男儿丧身于战火之中，特纳其咎难逃。绝不可放虎归山——当然，此人本就插翅难飞。无数官兵捐躯疆场，为慰藉英灵，我等尚有许多事情要做，让特纳留下性命正是其中之一。

2月22日，冷雨持续不休。海军陆战队收紧"热岩"——折钵山在美军中的代号——包围圈，除西海岸一条400码的延展地带外，整座火山被围得水泄不通。日军指挥官厚地兼彦大佐向栗林发去电报，报告部队伤亡惨重：

> 敌军正以火焰喷射器发起攻击，若继续固守，势必遭到全歼。卑职愿率部冲出阵地，发起决死一击。

自瓜达尔卡纳尔岛战役以来，"万岁"冲锋便主导着日本军事哲学体系。事实上，自杀式袭击最终还是对敌方有利。栗林的答复十分简洁：

> 千鸟（一号机场）迅速落入敌手，已在预料之中。但折钵山短短三日便告失陷，是何道理？

次日上午，海军陆战队再次对已被轰击得面目全非的火山发起进攻，

---

① 特纳将军从未有过"短吻鳄"之绰号，日方的误解显然是来自第五两栖军士兵的肩章标志。

冒着敌军的集中火力，沿着陡峭的山坡缓缓推进。部分守军弹药用尽，便从山坡上推下岩石。美军攻下碉堡及坑道，便匍匐爬入较小的洞穴，嘴里衔着匕首，与敌人展开肉搏战。哈罗德·施里尔中尉奉营长钱德勒·约翰逊中校之命，携带着一面54英寸长、28英寸宽的星条旗，率领40名部下逼近山顶，准备把国旗"插上山顶"。上午约10时15分，施里尔等人来到满是日军尸体的火山口边缘，另一侧有一小撮敌军突然开火，一时间将他们压制。在这场小规模遭遇战中，一名海军陆战队队员发现一根长管，他们便将旗帜系在一端。10时20分，施里尔中尉与另外五名士兵——其中包括一名叫路易斯·查洛的印第安人——将星条旗竖起。一位《皮领》杂志①的摄影师拍下这一幕，但当他要求海军陆战队队员摆出姿势时，十六岁的一等兵詹姆斯·罗伯逊不屑一顾地予以拒绝："海军陆战队可不是好莱坞演员！"两名日军士兵从洞里冲出，一个握住手榴弹，另一个拔出军刀。罗伯逊将持刀那人击毙，另一人朝记者掷出手榴弹。记者抱住摄像机纵身跃入火山口，翻滚50英尺后，相机摔得粉碎，所幸胶卷完好无损。

从山下的海滩向上望去，尽管几乎看不见这面小小的国旗，但散兵坑里依然欢声雷动，士兵兴奋地彼此推搡，泪水夺眶而出。在汽笛与喇叭声中，自弗兰克·诺克斯去世后继任海军部长的詹姆斯·福雷斯特尔恰好与"疯嚎者"史密斯一同上岸。"霍兰，"福雷斯特尔严肃地说，"折钵山顶升起的那面旗帜，意味着海军陆战队将名垂青史500年。"

此前下令升旗的约翰逊中校转身对副官说道："有个狗杂种想要那面国旗，但他不会得手。"②于是指示部下把那面小旗取下来，另换一面。正午时分，海军陆战队队员从登陆艇上取来一面更大的旗帜，绑在管子上。当初曾在贝里琉岛和关岛为美联社拍摄美军登陆情况的摄影师乔·罗森塔尔来迟一步，未能赶上第一次升旗，此时则在手忙脚乱地堆叠垫脚石，调整身体平衡，以便取得适宜的拍摄角度。突然，肥胖的罗森塔尔发现六

---

① 《皮领》刊物，美国海军陆战队内部刊物。"皮领"乃是指代英美海军陆战队的俚语，源自其制服颈部的皮革材料。——译者注

② 此处托兰记述略为跳跃，或难理解。实际情况是，海军高官福雷斯特尔深受触动，提出想要山上那面旗帜留作纪念；陆战队军官约翰逊不想给，于是才有接下来的表现。——译者注

名士兵正要竖起旗杆,便连忙按下快门。其他摄影师建议他多拍摄几张,于是照片便多出各种版本:一名士兵在飘扬的国旗下立正,然后是三名士兵立正。摄影师甚至还说服二十名士兵,在旗帜下挥舞着步枪欢呼。在罗森塔尔看来,只有欢呼的那张才值得使用昂贵的有线传真,便将胶卷送往关岛处理。

北部战线的海军陆战队队员原本并未注意到旗帜,指挥官通过指示登陆行动的扩音器宣布:"折钵山攻下来啦!海军陆战队第五师在山顶升起国旗,干得漂亮,弟兄们!"筋疲力尽的士兵暂时停下作战,转身望向山顶飘扬的旗帜。扩音器继续说道:"只要再推进2630码,就可以攻下整座岛屿。"

"只要,"一名士兵喃喃道,"好一个'只要'……"

那天下午,哈里·施密特将军来到岛上,准备指挥登陆部队——海军陆战队的三个整编师,也是海军陆战队在统一指挥下的最大规模的部队——统一作战。施密特会见第四师和第五师师长,他们达成一致意见:由此前登陆完毕的预备师,亦即第三师沿中路直接北上,进攻二号机场。第五师和第四师则分别从左右两路展开推进。谢罗德问,此次战役还需要多长时间。"从明天算起,还要五天,"施密特答道,"上星期我就说过,此战需要十天时间,现在我仍未改变看法。"

日军的第一道防线宣告崩溃,但有不止25支渗透突击队不顾栗林命令,冲进海军陆战队阵地发起自杀式冲锋,结局自然是惨遭全歼。尽管防线本身失守,位于其后方——硫黄岛中心的二号机场却依然戒备森严,碉堡和隐蔽炮台足有数百个,两日来面对军舰、飞机、大炮和坦克的轮番轰击,基本未有动摇。如今,任务落到预备师步兵——第二十一团的两个营肩上。2月24日,星期六,第三营营长告诉部下:"今天必须夺下机场。"上午9时30分,在猛烈炮火的掩护下,两个营朝着看似坚不可摧的阵地发起猛攻。这是自当年皮克特将军在葛底斯堡一役以来最为英勇果敢的冲锋之一。陆战队队员举着手榴弹与刺刀朝碉堡冲去。枪口被火山灰堵塞时,便使用枪托、镐头,甚至是挖掘工具与敌人肉搏。

日军第一四五联队的残部死战不退,双方展开血战,伤亡极其惨烈。

不到数分钟,海军陆战队一个连便损失四名军官。不过,两个营最终还是攻入机场。远处,岛屿地形从火山沙丘变为"一片岩山,荒凉贫瘠,峭壁林立,沟壑纵横"。随军记者阿尔文·约瑟菲中士不由得联想到"美国西部的'恶地',或如某人所说的那样——就像地狱熄火之后"。一队疯狂的日军冲下一处山岭,暂时将陆战队击退。但很快,美军便重整旗鼓,再次冲向山岭。双方用刺刀与手榴弹血战一个半小时,战斗结束后,美军已成功占据全岛的三分之一。

到周日夜里,海军陆战队已从日军手中夺取机场的大部分,并向元山村落节节推进。栗林向东京方面发去电报称,经过一星期激战,前线部队平均伤亡半数,大部分机枪和六成大炮遭到摧毁。

罗森塔尔在折钵山山头拍下的第一张照片——也就是第二次升旗时慌忙拍摄的那张,成为太平洋战争中最为著名的照片。照片及时送达美国本土,刊登在周日的各大报刊上,荣登头版,连《纽约时报》也不例外。这张照片的戏剧性构图令人难忘,将英雄主义、苦难与功绩融入一幅画面之中。①

星期一,海军陆战队自登陆以来,首次在晴朗天气下作战。然而,到正午时分,不可避免的雨再次落下,三个师攻势进展缓慢。第四师的先头部队好不容易抵达元山右侧的三八二高地,却被敌军的火箭弹和迫击炮弹逼退。次日一早,第四师的五个营齐头并进,继续发起残酷的肉搏战,使得该师单日的伤亡人数达到792人之多。

---

① 照片中的六位海军陆战队队员,三位后来战死在硫黄岛,其余三人则被送回美国本土,以协助刺激第七次战争债券发售计划。其中一位名叫艾拉·海耶斯的印第安裔士兵,无法适应这种宣传。"此人作战悍勇实属罕见,却绝不适合巡回演出,"一路陪同三人的陆军上士凯斯·比奇写道,"在公众面前,他便会感到羞涩难当,极不自在。海耶斯之所以选择酗酒,正是为从那种心神不定的感觉中逃脱出来。假如没有巡回演出,海耶斯绝不会沦为酒鬼。假如有下一场战争要打,我希望敌人是巡回演出……演出间隙那几分钟的私人时间里,我们时常扪心自问,站在那混蛋舞台上,搞些杂耍,去游说一群大发战争财的肥猪去对一件确定无疑的事情投资,到底是图个什么……"不过,巡演途中,海耶斯也曾在一次演讲中发表肺腑之言,那是在美国印第安人全国大会上,海耶斯眼含泪水,告诉同胞战争并不全是坏事:"白人会因此更加理解印第安人,世界也会变得越发美好。"1955年,海耶斯因酗酒离世。

在整条战线上,海军陆战队可谓伤亡惨重,士气却依然高昂。在洞穴内与散兵坑外,随处张贴着诙谐的标语:

折钵山不动产公司
海景壮丽
凉风宜人
每夜免费看烟花!

招聘厨师启事
一元旅馆
鉴于经营者更迭
(有望)不日开张招待美军

注意:
该散兵坑为个人所有,非受联邦住房管理局之援助而建。建筑目的非为宜居,纯属偷工减料之作。

早在塞班岛战役期间,美国陆军与海军陆战队就曾爆发争执,而此时随着伤亡数字持续增加,争执再度浮出水面。2月27日,赫斯特集团旗下报刊《旧金山观察家报》头版社论指出,存在"确切证据表明一项令人心惊肉跳的事实,为进攻该岛已付出惨重之代价,美军或许承受不起",美军"在推进至日本核心领土之前,恐将先被拖垮"。社论接着赞誉麦克阿瑟,称他为美国最为天纵英才、战功卓著的战略大师:

此人定下之一切目标,尽数达成。
此人面对日军,料事如神,制敌机先。
此人爱惜部下性命,不仅是为保存实力,迎接日后硬仗,以期击败日本,更是要待干戈止息之后,让官兵归来故土,一家团圆。
在太平洋战争中,拥有麦克阿瑟那样一位战略大师,实属我合众国之幸。

何不进一步对他委以重任？具体来说，何不把太平洋战争最高指挥权交予此人？既能赢下重要战役，又不无端牺牲士兵，此人之军事才华确属罕见，何不最大限度地加以利用？

次日，旧金山另一家报纸《旧金山纪事报》刊文为海军陆战队辩护：

收复菲律宾，依旧是一项出色的行动，展现出海军陆战队过人的力量，对我国公众亦是极大的鼓舞。我等当为此次任务感到自豪。

作战行动各有其类别，对应方针自然也存在不同，为此而对海军陆战队恶意中伤，甚至拈出麦克阿瑟将军，将两种类别迥异的作战行动心怀叵测地加以对比，其真意实为挑拨离间。暗示海军陆战队在硫黄岛伤亡惨重、推进缓慢，而将此归咎于海军陆战队及海军领导层指挥不力，其企图实为蒙蔽国民。

本报无意就各战区战斗部队之各自优势展开争论。不过，若海军陆战队或其他战线上的任何部队，被国内一批幸灾乐祸之人指指点点，那本报也不愿保持沉默。

战争部也在设法控制各战线伤亡情况，马歇尔办公室给出的方案最具争议：使用毒气。早先该办公室已向欧洲战区提出过该建议，此时又向尼米兹将军提议。其时，毒气储量已为数不少，尼米兹确实考虑过在硫黄岛投入使用，但最后得出的结论是："美利坚合众国不应首先违反《日内瓦公约》。"①

---

① 1944年6月下旬，美战略情报局官员斯坦利·P.洛弗尔奉命前往珍珠港，与尼米兹商讨使用毒气的相关事宜。而当洛弗尔回到华盛顿后，却发现白宫已将该提议否决。"此前一切认可意见全部作废——总司令富兰克林·D.罗斯福。"出乎意料的是，伦敦方面也表示反对。起初曾建议使用毒气对付某些目标的英方人士，此时却坚决反对用毒气来对付德国——因为他们害怕希特勒的报复。正文中引用的那句"结论"是尼米兹将军在他去世前不久的一次访谈中说的。访谈结束时，将军悲戚地说道："为此，陆战队不知牺牲了多少优秀战士。"

施密特将军当初称十天内结束战斗显然是过于乐观。日军仍然占据着岛上大部分区域。到第十天午后不久,第三师突破栗林第二道防线,朝着已成为一片瓦砾的元山村拥去。右侧,第四师将三八二高地几乎围得水泄不通,却仍然额外用了两天时间才将它彻底攻下。

3月3日星期六上午,第一架美机降落在落满泥土的一号机场跑道上。海军工兵在战斗过程中加紧修复跑道,并将其延长至3000英尺。来者是海军C-47医务飞机,自马里亚纳群岛起飞,满载着医疗用品和信件。在炮弹的爆炸声中,一名海军陆战队队员发现一名女子,连忙吼道:"这儿可不是你待的地方!"该女子是路透社记者芭芭拉·芬奇。陆战队队员将她推入帐篷,而后转移至一辆吉普车底下,最后推回飞机上。飞机笨拙地滑出跑道,飞回塞班岛。第二次降落的是一架柯蒂斯R5C飞机,载有2.5吨迫击炮弹药。

战斗仍在激烈进行,但至少,占领硫黄岛的主要目标之一已然实现。星期日那天,一架名叫"黛娜·梅特"的B-29出现在岛屿上空。该机执行轰炸东京任务后返航,途中燃料用尽,切换辅助油箱的阀门又失灵,正处于极度危急的状况。飞行员弗雷德·马洛中尉两次尝试着陆均失败,第三次才成功操纵巨型飞机降落。跑道上尘土漫天,一根电线杆被机翼刮倒,飞机一直滑到跑道尽头才停下。阀门故障修复后,飞机又启程前往塞班岛,11名机组人员向海军陆战队表示衷心祝福。(仅六个星期后,这11名机组人员中便有10名离世,其中也包括马洛,他们部分是在川崎上空战死,部分是在天宁岛升空时坠机身亡。)斯普鲁恩斯将军则站在"印第安纳波利斯"号的后甲板上望着这一幕,感到心满意足——自己执意要求攻占硫黄岛,此事证明有其意义。

那天上午,栗林通过架设在父岛的电台给际军参谋次长发去电报,电文冗长,缺乏核心主题,似乎是害怕不会再有下一封,故而把内容杂乱地糅合其中:

> ……我部正尽一切努力,力图消灭敌军,然火炮、坦克损失大半,军官伤亡三分之二,今后战斗恐有困难之处。司令部及通信中心现

已暴露于敌军前线,我部与东京方面或将失去联络。当然,部分据点尚可顽强固守,拖延数日。即便据点覆灭,我部亦希望幸存者战斗到底……未能成功保卫本岛,我部深感遗憾。

卑职栗林深知,敌军必取道本岛入侵本土……想见兵燹荼毒皇国,卑职不胜愧惧之至。唯有一事聊以自慰,面对敌军大量坦克,我部官兵浴血鏖战,不顾力量悬殊,誓死不让寸土。敌轰炸火力之凶猛,实出笔墨形容之外,官兵英勇就义,全无怨言。

生死大关临头,卑职心无旁骛,但祈皇国必胜,神土安泰。今后战局陡变,联络或将断绝,谨在此向上级长官及有志同侪致歉,本岛陷落敌手,实属本人力有未逮。

接着,栗林追溯光辉历史——蒙古大军攻占壹岐岛和对马岛,却在九州海岸铩羽而归。

……卑职深信皇国万世昌盛,纵使化为魂魄,亦将袭扰雠寇,永护皇土。

此前诸电报中,我部之战报及评述甚多,望多加考查。未来若有助于修订作战方案、改进训练计划,则为我部之幸……

回首平生,实感上级长官、有志同侪援助良多。最后,容本人再次表示感谢。

另,我部与海军合作良好,直至最后一刻。

栗林忠道　绝笔

日军抵抗之顽强程度超出美军预计,不过,栗林麾下各部队并不能保持协调。为应对美军喷火坦克,部分日军采用极端战术:志愿者将炸药捆在背上,埋伏在美军必经之路,成为活的诡雷。接替大须贺担任第二混成旅团旅团长的千田贞季少将认为败局已定,于是向栗林发出信号,请求允许"万岁"冲锋。栗林大怒,命令千田坚守阵地:离开洞穴只会加速岛屿陷落。然而,曾在伪满洲国与苏军交过手的千田,远比大须贺更为桀骜难驯。3月8日晚,千田将麾下军官召集至旅团总部,这是一处闷热的洞穴,散发着硫黄味,像是一座迷宫。在120华氏度的酷热之中,千田宣读总攻命令:次日下午6时,先以榴弹炮、火箭弹和迫击炮发起轰击,而后从南面朝折钵山发动猛攻,海军则从两翼提供火力支援。"本人将身先士卒,绝不会落于人后。"众军官以水作酒,分而饮之,以示接受命令。千田谢过众人。

海军警备队总部位于一英里外,是以口信的形式收到命令,结果出现偏差,总攻时间被误传为当夜——自珍珠港事件以来,每个月的8日都具有特殊意义。于是,海军各部队凑集近1500名士兵,带着竹矛、步枪、手榴弹与数挺轻机枪,悄悄朝出发线摸去。

大曲觉海军中尉是之前的火箭部队的指挥官,该部队在战斗初期曾给美军造成惨重伤亡。此时,他离开75英尺深的洞穴,奉命率领140名士兵前往二号机场与三号机场之间的海军公墓,与其他部队会合。由于途中不时受到迫击炮和大炮火力袭扰,加之地形不熟,频繁迷路,大曲抵达目的地时,队伍只剩下15人。公墓处在山谷,地面多沙,晦暗无光。会合后的1000多名士兵挤在其中,一片混乱。午夜时分,这批乌合之众向南冲锋,准备突入美军第四师前线阵地。按原计划,夜袭部队要小心翼翼地通过遍布弹坑的地带,谁知这些士兵毫无纪律,竟高呼"万岁",惊动美军。瞬间,刺眼的照明弹升入天空,将夜袭部队照得一清二楚。迫击炮弹纷纷落下,泥土与灰烬一阵阵向上喷射。此次袭击中,日军至少有800人阵亡。

大曲负责的地段遭到机枪火力压制,部队连着一个小时躲在弹坑里或岩石后,等待时机准备偷偷溜回洞穴。不过,大曲本人却不肯放弃,他集结起数百人,去寻找一名陆军军官为自己带路。最终,大曲在一处山洞内找到陆军第二十六坦克联队总部,谁知联队官兵听闻总攻一事,纷纷表示一头雾水。大曲以为陆军是想临阵脱逃,一阵血气上涌,便争吵起来,险些与一名陆军大尉大打出手。联队副官是一名少佐,出来解释称,千田的命令已被栗林撤销,不会再发起总攻了。

该联队联队长西竹一中佐也出面劝阻。此人是华族出身,拥有男爵爵位，同时也是日本最著名的骑手，曾在1932年洛杉矶奥运会上，骑爱马"天王星"勇夺个人场地障碍赛金牌。西请大曲留下作为联队的补充力量，但大曲不相信总攻撤销一事，心里想的尽是海军战友夺回折钵山，自己却未能参战的场景。西中佐已是身心俱疲，仍然耐住性子说道："如果想求死，那随时都可以。美军阵地就在50米开外。"

大曲愤愤退去，待到将部队集合起来时，却发现参加总攻确实为时已晚，只得垂头丧气地回到洞穴，将部队交给西指挥。不过，大曲本人执意不肯困守山洞，而是自愿去当人体炸弹，在敌军坦克履带之下终结生命。西答应大曲，再过几日就轮到他。

次日下午，海军陆战队第三师的一支巡逻队抵达硫黄岛东北端。士兵用海水洗脸，赤脚在海中嬉闹。作为将日军一切为二的证据，部队带回一瓶海水，送到施密特将军处，瓶身写着："非饮用水，仅供检阅。"从施密特的立场上讲，战斗已经结束。登陆部队通知海军称，已不再需要舰载机提供支援。至于特纳将军，此时已在返回关岛的途中了。

尽管总攻计划遭到栗林撤销，首倡之人千田却仍不肯罢休。夜里，千田将附近所有部队集结起来，双手各持一枚手榴弹，头上缠着一条旭日标志白布，带头发起冲锋。不出栗林所料，此次攻击毫无作用，包括千田在内，部队近乎覆灭。

至3月11日，日军已被迫退守两块狭窄地域：一是岛屿东北端，二是西北海岸。栗林将军与海军少将市丸固守西北海岸一处深洞，却无法阻止残部持续发动自杀式袭击。不远处的坦克联队山洞里，大曲等待着夜幕降临，准备执行最后一次任务。午夜时分，大曲背上一箱炸药，离开洞穴，来到一处美军坦克必经的溪谷，爬入五名死者垒成的腐臭尸堆中，用血将自己的军装及面部涂污，再扯出尸体的内脏盖在自己身上。大曲心里不禁想道：明天又是谁来扯出我的内脏呢？

整整一个白天，阳光毒辣，大曲藏在尸堆里，汗流浃背地等待着敌军坦克。令人作呕的尸臭引来巨大的绿头蝇，如秃鹰般在头顶盘旋。为什么不能死个痛快？一幕幕童年场景涌上心头，叛逆的思想将寻死的愿望冲淡。他一路成长而来,经受教育与训练,难道就是为了做人体炸弹？大曲及其同辈,是为适应战争而培养起来的一代人,从内心相信为天皇献身是一件美好而光荣的行为。那么躺在尸堆里,扯出尸体的内脏盖在身上,算得上美好吗？大曲曾视"四十七浪人"为楷模,认为他们展现出的正是大和男儿固有之品性。然而,假如视死如归真是天性,军队又为什么要千方百计宣传灌输,鼓动官兵在战斗中主动寻死呢？

天黑之后,大曲爬回山洞,打算洗净身子,却怎么也洗不掉尸体的恶臭。在使命感的召唤下,大曲回到战场,又在尸堆中度过一天,思考着身为日本人的生存意义。美军坦克依然没有出现。日落后,再次回到洞穴的大曲已打破大部分幻想,至少有一点他已想通：自己绝不会再去做人体炸弹了。

在岛上另一块孤立阵地里,大野利彦海军少尉及其部下在美军的追击中疲于奔命。此人曾指挥一处防空炮台,手下有54人,此时却只剩5人。从某些方面讲,大野不像典型的日本军官,倒像一名刚从候补军官学校毕业的年轻的美国军官。此人身高六英尺,身材颀长,前不久刚从大学毕业,腼腆且温文尔雅,似乎不适宜率队作战。然而,连日以来的战火已将其锤炼为一名成熟的指挥官。他与士兵一起,从炮口钻入一个出入口全被堵死的碉堡,并在11英尺见方的碉堡里发现一顿盛宴——两箱压缩饼干和糖果,三大袋砂糖,一个10加仑的容器,里面装有半满的淡水。不过,大野等人已顾不得吃喝,倒在水泥地上便酣睡起来。

睡梦之中,大野听到一阵声音,便从炮眼向外望去,猛地看见一顶海军陆战队头盔。正待他要拔出手枪之时,头盔却消失不见,取而代之的是咝咝声——一枚手榴弹落在水泥地上。一名部下纵身一跃,扑到大野身前,在手榴弹爆炸前一瞬间盖上一条毯子。手榴弹朝上空爆炸,无人受伤,但大野有些神志恍惚,一时间没有注意到,美军正把一束炸药棒塞入炮眼。待发现时,大野一把抓起闷烧的毯子,塞入炮眼,把它往外推,接着向后一跳,身子紧贴住墙,高喊一声让部下小心。众人用拇指塞住耳朵,中指堵住鼻孔,无名指与小指捂住嘴巴。大野头脑中浮现出妻子与母亲的模样,心中对自己说道："天皇陛下万岁！献身就在今朝……"一瞬间,碉堡好似腾空飞起三尺，大野感到身体像是受到某种超自然力量的挤压，他听见自己的惨叫声："啊啊啊啊！"

碉堡内浓烟四起。"都没事吧？"大野问道。部下纷纷应声，只有一个姓北形的士兵没有动静。顶部通风口被炸出一个洞，射入的光线正好打在北形身上，大野发现他头部在流血，沙子洒落在皮肤上。正当北形呻吟之时，突然有一个身影遮住朦胧的亮光：美军陆战队队员正在往里探视。大野连忙用手捂住北形的嘴，直到身影退去，外面传来一声"撤吧"，危险才算暂时过去。

4

3月14日，一小队海军陆战队官兵围绕一处烧毁的日军地堡立正站定，一名上校代表尼米兹将军宣读公告：

> ……合众国部队在本人指挥下，已占领包括本岛在内的火山列岛各岛屿。日本帝国政府于上述诸岛之一切权力皆告终止。本人以军事总督的身份奉命全权管辖上述诸岛，具体职权则由隶属于本人之指挥官代为行使……

三名士兵爬上地堡顶端，把国旗拴在一根80英尺长的高杆上。随着号兵奏响《升旗曲》，国旗缓缓升起。礼毕，无人窃窃私语。"疯嚎者"史密斯眼含泪水，对副官说道："这是最艰苦的一仗。"过去二十四天里，七名陆战队队员为保护战友，扑倒在手榴弹上，由此获授荣誉勋章。"在硫黄岛的美军之中，"尼米兹后来写道，"超乎寻常的勇气成为一种普遍的美德。"

距此不远的地下深处，日军也在举行仪式。栗林下令焚毁第一四五联队队旗，以免落入敌军之手。两日后，第一四五联队和第二混成旅团皆不复存在。下午5时35分，栗林向东京方面再次发出一封自认为是绝笔的电报：

战局濒临尾声。

自敌军登陆以来,我部官兵奋勇作战之姿,诚可谓惊天地,泣鬼神。陆海空一切物质条件,敌军皆占尽优势,我部近乎赤手空拳,与敌多番激战,实为卑职欣慰之事。

然我部官兵相继牺牲,竟致皇土一隅陷落敌手,卑职诚惶诚恐,愧怍难当。

如今弹尽水涸,拟组织全体官兵发动总攻。念及皇恩浩荡,万死不悔。

若不能夺回本岛,皇国必永无宁日。只愿化为魂魄,待皇军重来之日,再为先锋。

唯祈皇国必胜,神土安泰。谨以此报诀别……

电报末尾,栗林附上三首和歌:

矢尽弹亦绝 悲哉未报国恩重 竟与世间别
吾魂岂衰腐 誓为君王讨雠寇 七生亦执殳
一事萦思绪 岛屿荒草蔓生时 皇国之前路

17日,栗林似乎终于做好总攻准备,最后一道命令也很简洁:

1. 战局面临最后关头。
2. 我部于今夜发动总攻,时间为1945年3月18日0时1分。
3. ……全体官兵誓死奋战,不可吝惜生命。
4. 本人将始终冲锋在前,绝不落于诸位之后。

当日白天,海军在司令部洞穴内将全部电码本和机密文件付之一炬。黄昏之前,市丸将尚能战斗的部下——至多60人左右——集中在地下65码的一处大洞里,他发表讲话:"诸位克服重重困难,恪尽职守,与物质条件远胜于我部之敌军作战,奋斗至今。本岛失陷,意味着扬基佬之军靴很快便会踏上祖国大地。不过,身为武士,诸位不必急于求死。且鼓足精神,以杀敌为己任,以期'七生报国'。感谢诸位。"

市丸麾下高级参谋间濑武治中佐上前一步,高声朗读市丸写给罗斯福总统的一封信,信里驳斥罗斯福污蔑日本"乃黄祸,嗜血成性,实属军阀之温床"等说法,直称发动战争者并非日本,而是美国。"以阁下之行径观之,白人——尤以英美人为甚——正以牺牲有色人种为代价,垄断世界之利益……美国繁荣已久,足称昌盛,为何偏要压榨东洋,将其民族自由运动扼杀于萌芽?我等之所求,不过是要你将取自东洋者,还归东洋而已。"接着,市丸表示,苏联以实现全世界社会主义化为主要目标,而罗斯福竟一边批评希特勒的纲领,一边与苏联合作,实在令人难以理解。① "假如要以暴力决定世界之统治者,那么战争便会无休无止,普世之和平与幸福永远不会到来。请牢记,阁下之前辈威尔逊总统,也是在其权力顶峰招来失败。"

通信官将信件插在缠腹带里,其英文译本则交给赤田邦雄少佐保管。②

晚上 11 时 30 分,市丸将军把近百名伤员留在洞里,亲率那 60 名官兵离开山洞。他们刚出洞口,便遭到美军大炮、迫击炮和机关枪的猛烈射击。

几乎同一时间,栗林也率领近 500 名部下离开洞穴,其中大多数人手无寸铁。栗林并不打算发起自杀式冲锋,只不过是想将队伍带到北边一个更为安全的洞穴中去。天快亮时,冲锋失败的海军残部的 10 余人加入栗林的队伍,其中也包括市丸将军。

西中佐从未接到过总攻命令,也不知道所谓的总攻并没有取得任何成果。在西看来,战斗尚未结束。北边有一块巨岩,俯瞰海滩,海军陆战

---

① 市丸此封《与罗斯福书》之英文版,乃是日军自行翻译,与日文原版存在龃龉之处。正文所述希特勒、苏联一段,其意不明,与下文"战争便会无休无止"云云更不相属。日文原版作:"纵使盟军善战,最终击败希特勒,战后又如何与以斯大林为首之苏俄共处?"于意为佳。即谓:纵使消灭德日,美苏日后也必为争霸而战,世界之和平永远不会到来。——译者注

② 美军后来发现该信件之英文版,如今保存在安纳波利斯美国海军学院博物馆内。

队一处阵地就设在其附近。次日夜里,西握着曾在奥运会上使用过的马鞭,胸前口袋装着一绺"天王星"的鬃毛,率部前去攻打该阵地。巨岩底下,西、大曲及200名士兵遭到猛烈的火力压制。天一亮,手榴弹便如骤雨般袭来。大曲在爆炸声中听到西大喊一声"集合",便与40名士兵朝西之所在爬去。西表示攻打该阵地无异于捅马蜂窝,决定在海滩一带寻找洞穴躲避。

堀江少佐在父岛上,自栗林转移至新山洞那晚便与硫黄岛失去联系。然而五天以后,即3月23日上午,电报又纷至沓来。硫黄岛上的报务员似乎是把几天来积攒的电报一并发来。堀江读着,不禁哽咽。栗林谈起战斗情景:敌军(通过扩音器)发起劝降,日军则回以嘲笑;尽管连续五天无粮无水,部队仍继续战斗。

……但我部战斗精神依然高昂。
誓将战斗到底。

接着,电报机陷入沉寂。堀江明白,这一定是栗林的最后一封电报。谁知近20分钟后,日落之前,机器又嘀嘀嗒嗒响了起来。这才是真正的最后一封,甚至没有加密:

父岛全体官兵,来生再会。

战斗整体宣告结束。唯一的波澜是三天后,约350名日本陆海军官兵从岛屿西北端一处乱石峡谷中冲出,半裸着身子,像穴居人一样发起"万岁"冲锋,这其中还有40名"拔刀队"(持刀作战之人)队员。队伍疯狂突进,见人便杀,最终突入一处陆军航空部队与海军工兵驻扎的营地。营地士兵陡遭突袭,应变不及,好在一个被仓促召集而来的海军陆战队工兵营前来支援,经过整个白天激烈的白刃战,他们才杀死三分之二来敌,驱散余者。

次日,3月27日清晨,在转移时受伤的栗林将军带着一名参谋中根兼次大佐来到洞口。栗林面北朝向宫城，恭敬地跪地三叩首，而后用刀刺入自己腹部，垂下了头；中根举起军刀，朝将军颈部砍去。在一名军曹的帮助下，中根将栗林埋葬，爬回洞内，将经过告知参谋长高石正大佐和市丸将军，而后又与高石一起回到切腹地点，开枪自尽。

当晚接近 11 时，市丸带着 10 名部下走出洞外。一阵机枪子弹飞来，将市丸与身后两名军官击倒在地。

硫黄岛一役，美军海军陆战队阵亡 4554 人，海军阵亡 363 人。若考虑到战役持续时间和整体参战规模，此战可谓是美军在第二次世界大战中最为惨烈的一役。日方 21000 名守军中，生还者只有 3000 余人，其中 216 名被俘，余者则如困兽般蜷缩在弥漫着硫黄气味的闷热山洞里，在饥饿、口渴、绝望与茫然中备受煎熬。除极少数人外，等待他们的只有死亡。

第二十七章　江户之花

1

约在珍珠港事件前一年,日本政府为有效管理粮食配给和防空计划,在百姓中设立"邻组",每一邻组由十余户人家组成。至战争末期,日本传统家庭结构已在该制度影响下发生剧变,艰苦的生活使得民众更加相信,远亲不如近邻。无论出身,人人都必须参加集体防空演习,演习搬运水桶、担架、木材及沙包。如此一种民主精神也延伸至食物及其他必需品配给等方面,以衣物为例:女性穿着的乃是劳作裤(一种宽松的便裤),男性则统一穿着卡其色的"国民服"。儿童自然而然地接受分享一切的观念,成人则认识到只有合作互助,才能生存下去。

1944年底,在美军日益猛烈的轰炸下,"人人平等"的口号产生出新的含义。夜间空袭往往针对住宅区,带来的恐惧非日间空袭可比。当时民间流行把"超级空中堡垒"称为"蜜蜂"。一次,三岛-濑尾澄江夫人①前往乡下采购食材,竟大胆地驻足仰望"蜜蜂"自天际逼近。"东方天空中,隐隐约约地出现一架又一架B-29……尾气拖成长长的白烟,以整齐的队

---

① 此人本名濑尾澄江,曾于美国卫斯理学院留学,与诗人冰心有过交往。1932年与学者三岛一结婚,冠夫姓改称三岛澄江。正文引用内容出自此人以英文撰写的书籍《通衢》(The Broader Way)。——译者注

形翱翔于碧蓝晴空之中……像珍珠色的鱼成群在星海之间穿行。"不过,这种美学遐想也只能持续到这些美丽的鱼儿产卵为止。"燃烧弹如雨点般洒向大地,激起隆隆之声,有如远洋巨浪敲击着鼓点;重型炸弹伴随着致命的爆裂声,仿佛要扎入地球深处。每一波飞机都在重复如此过程。而在我们看来,每一波轰炸,美机都会携带新型的炸弹,它们的爆炸声听起来总与前一次不同。在新一轮的空袭中,陌生的声响无疑会加剧恐怖与慌张。"

那年冬天异常寒冷,有些房屋水管冻裂,数个月得不到修复,居民苦不堪言。小说家高见顺在日记中写道,有些家庭"由于楼上厕所管道爆裂,水从天花板滴下,人们在家也只得打伞。气温低时,甚至可以在屋内滑冰"。

恐惧催生新的迷信:食用同红豆一起煮的大葱馅饭团,可以保证不会被炸弹击中。更有效的妙招是早餐只吃大葱,那样空袭中的各种武器都无法伤你分毫。不过,这护身法很快便又添上一条:必须广而告之,就好像遵循连锁信的原理才能起效。另一则故事同样展现出当时的迷信风气:有一次,一枚炸弹在一对夫妇身旁爆炸,而他们竟奇迹般地大难不死,他们发现附近有两条死金鱼,便认为是金鱼做了替死鬼,将它们供奉在家中佛龛里。此事很快不胫而走,百姓争相抢购金鱼,而当时购入活金鱼并非易事,于是便有商人灵机一动,大量生产陶瓷金鱼并以高价出售。

美军的空袭行动,尽管对日本本土民众生活带来剧变,却并未达成其首要目标——摧毁一切生产设施。3月6日,柯蒂斯·李梅在与他的公关军官圣克莱尔·麦克尔韦中校交谈时抱怨道:"我们这支队伍,宣传造势上一点没落下,但就是拿不出什么轰炸成果。"六个星期前,接任马里亚纳群岛B-29行动指挥官时,李梅为离开中国而感到欣喜不已,因为中国领土上的供应问题始终无法得到解决。而当真正立足于群岛展开行动后,李梅却苦恼地发现,空袭依然不够顺利,战果寥寥无几。战略轰炸计划主要依靠高爆炸药,当初对付工业设施集中的德国城市时,确有立竿见影之效,而日本工业有三分之二都分散在家庭作坊,或是只有30人乃至不足30人的小工厂里,即便屡遭美军轰炸,生产进度依旧没有耽误太多。

李梅制订出一项激进的计划:卸下飞机上的大部分武器以提升炸弹装载量,于夜间发动低空空袭,朝大范围易燃区域投掷燃烧弹。两日后,李梅未与华盛顿方面商议,独断下令B-29出击。次日,即3月9日上午,各飞行员在任务简报中听说当夜行动乃是5000至8000英尺的低空轰炸,当场闹翻了天,而当简报讲到将除尾炮之外的武器全部卸除时,全员却陷入沉默。众人明白,这无异于自杀。

下午5时36分,第一架B-29轰炸机从关岛北机场的跑道滑行升上闷热的天空。五十秒后,第二架飞机腾空而起,余者逐一跟上。一架飞机的机轮刹车出现故障,使得滑行速度无法提升,机轮与地面摩擦产生火花,点燃制动器液压油,将机轮熔化,并烧毁起落架。飞机腹部擦地滑行,火星四溅,最终冲出跑道,一头撞在珊瑚礁上,骇人的爆炸声在空中回荡。

晚6时15分,从天宁岛和塞班岛起飞的B-29轰炸机与之会合,333架"超级空中堡垒"组成一支庞大的飞行队伍,朝北飞去。前方,一片漆黑的地平线上突然迸发出爆炸的火光:那是硫黄岛上,日将千田贞季率领第二混成旅团及海军各残部,正准备发起徒劳无益的总攻。这些巨型轰炸机在低空气流中颠簸行进,而在接近东京时,天气有所好转。机组人员穿上笨重的防弹衣,戴上沉重的钢盔,像身披重甲的骑士一样注视着前方,紧紧盯住领航机不时闪烁的白光。

在关岛基地里,李梅将军在房内踱步,陷入沉思。倘若此次空袭能够取得预期成果,那么李梅就会立即下令,对日本各地展开一系列类似空袭。如此一来,战争进程便能够缩短。此类空袭确实会造成史无前例的平民伤亡,但在李梅看来,摧毁日本工业势在必行。如若不然,要结束战争便只能入侵日本本土,而这将导致50万甚至100万美军牺牲。

东京上空新月黯淡,但借着闪耀星光,领航机还是于午夜时分找到目标,并准备好用装满凝固汽油的M47式炸弹标记出东京的核心地带。该地带是一片12平方英里的闹市区,原本算得上整个东方最热闹的欢乐街,此时大部分商店与剧院都闭门歇业,早已不复当初车水马龙的景象。但在如此一座不眠不休的城中城里,仍活跃着75万收入微薄的工人,他们挤在数以千计的家庭作坊中辛勤劳作。

从东京还叫江户的时代起，大量木制建筑始终无法摆脱大火的摧残。频繁的火灾甚至成为城市生活不可分割的一部分，被赋予了一个充满诗意的名称——"江户之花"。尽管随着时代的进步，东京也建立起现代化消防体系，火灾却依然难以防范。1923年大地震后，大火几乎席卷全市。第二次、第三次大火则分别发生于1925年、1932年。

此时，东京全市各处共有8100名训练有素的消防队员、1117件消防器材，以及灭火用水的储备。不过，要覆盖这个213平方英里的巨大都会，如此一支消防力量仍显不足，更何况是在战时。闹市区最为脆弱，鳞次栉比的建筑物之间很少留有消防通道，市政府曾承诺在一两年内解决这一问题。

3月9日午夜时分，空袭警报响彻夜空，接着数十个警报器一齐长鸣。不过，东京居民对空袭已见怪不怪，习惯性地认为，此次轰炸与之前的一样，不会造成太多实质性的破坏。东京广播电台称，敌机仍在首都东北50英里处的铫子港上空盘旋，眼下没有危险。

领航机以超过300英里的时速朝东京上空紧逼而来，疏于防备的城市依然毫无警觉。0时15分，最前方的两架飞机交叉飞过目标上空，同时投下一串炸弹；M47式燃烧弹在距离地面100英尺高处分裂开来，化作一根根2英尺长的凝固汽油棒。它们在空中相互碰撞，熊熊燃烧，凝胶状的火种四下溅落。很快，大火便呈X形在闹市区中燃烧。又有10余架领航机朝着目标扑来，投下大量汽油弹。紧随其后的是3个飞行编队组成的主力部队，阵形并不统一，但秩序井然，从4900至9200英尺不等的高度发起袭击。探照灯疯狂地射向空中，高射炮纷纷开火，却毫无成效。没有一架战斗机升空迎敌。

在强风的吹拂下，大火迅速蔓延开来。轰炸机随即朝居民区散开，掷下数以千计的燃烧弹。火势越发猛烈，像是要将一切吞噬殆尽。巨大的火球在建筑物之间腾跃，犹如一场火焰风暴，卷起的炽热浪潮竟超过1800华氏度。

飞机铺天盖地而来，民众抬头望去，只觉是一群巨龙，竟一时吓得动弹不得。在探照灯照射下，飞机呈绿色，而在地面火光映射下，又是殷红色。在文京区一处能够俯瞰大火中心的住宅区内，十七岁的昭和医大学生高桥进望着成串的炸弹在东京帝国大学上空爆裂，不久后这类炸弹便以"莫洛托夫面包篮"这个绰号在日本流传开来。空袭警报响起时，高桥没有跟随家人躲进防空洞，而是留在家中继续准备第二天的考试。暗红色的天空中，冒着火焰的残骸四处散落，其中一块恰好落在高桥家屋顶。高桥连忙拿起"灭火拍"——一根顶端捆有大量破布条的长棍，上房一阵扑打。突然，隔壁房屋砗的一声爆裂，燃起熊熊大火，看上去像是一个煤气泄漏的烤炉。高桥连忙跑回屋内，抱起三本考试用得到的参考书，然后便冲去佛龛寻找祖宗牌位。牌位已不在佛龛里，高桥心想必是母亲提前一步收走，于是便抓起一尊金银佛像，又挑出一件最值钱的古玩——象牙雕像，冲到屋外，还习惯性地把门锁好。高桥把佛像古玩埋在家里的防空洞内（里面空无一人，家人已逃离），然后前往街道，却发现右边的一切都在燃烧，便跑到左边一条干道上。一辆消防车停在道边，面对四周熊熊燃烧的建筑物，无能为力——水已用尽了。

唯一的逃生路径是神田川上的桥梁，通过它们抵达对岸，但途中又有一道火墙拦阻。大群民众挤在街道上，呆呆地望着大火，如同遭到催眠的傀儡一般。烧焦的树木与电话线杆横七竖八地倒落在马路对面，远远看上去像是一地火柴棍。消防队员大声喊：不冲上桥，就只有死路一条！一根根树干倒在地上，像是巨大壁炉里燃烧着的原木。年轻的高桥一马当先，纵身跃起，其余人则排成一列，紧随其后。火光刺目，浓烟扑鼻，高桥拼尽最后一点力气向前冲刺，最终体力不支倒在地上。从地上抬头望去，透过滚滚浓烟，高桥看到人们拥挤着蹲在那座混凝土桥梁上。他安全了。

高桥的逃生之路其实只在火场边缘，而在距 X 形大火中心不足两英里处，人们面临的情况更为险恶。关村一家看到东京站附近起火时，连忙把四个孩子用带兜帽的防火斗篷罩起来，跟随人群朝隅田川的一条支流跑去。经过烈火的焚烧，瓦砾变得很脆，就像黑雪般飘落，关村夫人不由得想起 1923 年大地震后的火灾，那时她只有十二岁。头顶炸弹"如一串串香蕉般"炸开，但关村夫人感受到的不是恐惧，而是新鲜。

关村等人推推搡搡地挤过桥梁，躲避着追逐着人群的"火兽"。一阵强风袭来，卷起地面的小石子，击打在众人脸上。一行人连忙转过脸，背对着强风，慢慢远离烈火。着火的油桶如火箭般从河边一家电缆工厂的屋顶飞过，在100英尺高的空中炸裂，化作一团团火球，地上众人无不看得目瞪口呆。

东京市中心炽热如太阳。滚滚浓烟升腾而起，烟雾下方则被火光映为橙色。无数民众蜷缩在木制防空洞内瑟瑟发抖，其结局自然是被活活烧死。不过，更多民众选择孤注一掷，尝试逃生。有些人逃到浅草寺，而那座雄伟的佛教大庙最终成为他们的坟场。也有人像关村一家那样，沿着蜿蜒曲折的隅田川逃跑，逃上那11座钢铁桥梁。过桥在短时间内的确是明智的逃生路线，但很快，火焰便冲过河对岸，有些人来晚一步，最终葬身火海。

"红色光芒从东南方向的地平线升起，很快便涂满整个天空，"三岛夫人描绘道，"当时我们位于城市的另一端，同样能够看到那怪异的淡红色光芒洒在地面上，甚至将人们惊慌的面孔映得通明，连深深的皱纹也看得一清二楚。大火熊熊燃烧，似乎整整一夜未曾止息。"

空中的B-29轰炸机也受到巨大热浪的冲击，其中一些飞机足足被顶起数千英尺。高空有一架飞机搭载着李梅的参谋长托马斯·鲍尔斯准将，来回巡弋。鲍尔斯将大火拍摄下来，并回报李梅称，东京已化为地狱。最后一批投下炸弹的机组人员甚至能够嗅到人肉烧焦的气味，有些人当场呕吐起来。在欧洲执行轰炸任务时，他们从空中看下去没有太大感觉，而在此处，映入眼帘的是催人作呕的现实。

日出之后，年轻的高桥从地势较高的东京医科齿科大学俯瞰着仍闷燃着的东京市区。首都中心地带已化为废墟，还矗立在原地的，只剩下石像、水泥柱、墙壁、钢架。电话线杆稀稀落落，像是熄灭的细长蜡烛一样，尖端冒着烟。高桥心想，东京已经完蛋了。

关村夫人背着孩子，试图回去把埋在地下的财物取回来。桥上尽是逃生失败之人的残骸，就连河流本身也蒸发得几乎干涸，河道被肿胀的尸体与遗弃的杂物塞得满满当当。河流对岸，地面散发着热气，烤得阳春三月热似初夏。关村夫人生命中最为熟悉的街道已消失不见,唯一还能辨认出的只有那家电缆工厂,但它也已经扭曲变形,像是一枚熔化的糖块。死尸随处可见:有的赤身裸体,全身焦黑;有的双手合十,似在祈祷;有少数以诡异的姿势直立着,身体微屈,像是准备起跑;还有些只是坐着,如沉思状。甚至有一具尸体,脑袋已缩小到柚子般大小。学校操场上堆起尸山,上面盖着稻草,空气中弥漫着腐臭的气息。

关村夫人好不容易找到已化为废墟的家,却发现地面太烫,无法挖掘,只得四处寻找些可用的杂物。大灾过后,一张纸、一双筷子也很难买到。如果说丢掉一把名贵茶壶是一件惨事,那么丢掉家用杂物则意味着重回茹毛饮血的原始生活。关村夫人最终只找到一个煮饭用的小锅,为防烫手,便用棍子将它挑起来。奇怪的是,面对无数尸体,她却无动于衷,甚至木然地从邻居的遗骸旁走过,一滴眼泪也流不出来。尸体之中,有住在对街的一对母女,平素极爱整洁,此时从头到脚皆是焦炭色,只有眼睛周围留有一丝白圈。医院的紧急蓄水池里,四肢伸张的尸体一层层堆叠其中。关村夫人茫然地从旁走过,突然被一名男子拦住。那男子称,自己是从水池的尸堆中爬出来的。"大家都死了,只有我活着,毫发无伤,真是怪事。"男子的语调没有一丝起伏。

幸存者往尸堆上洒水,用长杆拨弄着,寻找自己的亲友。一名老妪的腰间露出一沓钞票,贴在湿漉漉的尸身上,但无人去取。大量五颜六色的丝绸和服从某家艺伎馆的断垣之中散落而出,关村夫人轻手轻脚地将它们拿起,心想:如此轻薄如蝉翼的材质,想必价值不菲,毁掉实在太可惜了。不远处,瓦砾之中伸出几条人腿,看上去十分不雅。

街头巷尾到处都是死相痛苦的尸体:母亲保护婴孩,却双双化为灰烬;夫妻相拥赴死,被热火熔为一体。活着回来的人则拿起焦炭,在墙上与人行道上潦草地留下讯息,找寻亲人。

东京市内16平方英里的土地被夷为平地。据市政官员统计,死亡人数高达13万,几乎与在德累斯顿大轰炸中死去的人数相等。①

---

① 据日本防卫厅战史室统计,死亡人数为72489人。

次日夜里,李梅派出313架轰炸机,满载凝固汽油弹前往袭击日本第三大城市名古屋。紧随其后的目标则是大阪与神户。不到一星期,日本遭到烧毁的重要工业区的面积达到45平方英里。无疑,李梅采取的新战术能够迅速沉重打击日本,使之失去发动有效战事之能力。不过,燃烧弹摧毁的不仅仅是军事力量,同时也有大量手无寸铁的平民。

战争初期,美国曾由衷地反对在西班牙各城市和中国发生的无差别屠杀平民的事件,而到此时,他们的态度已发生一百八十度转变。欧战爆发之际,罗斯福曾向各交战国发出电报,呼吁各方避免对平民进行"非人道的、野蛮的"轰炸。即便是在珍珠港事件后,美国航空部队高层依然强调日间精准轰炸,意在摧毁指定的军事目标。然而,随着时间的推移,军方发现只摧毁军事目标效果有限。于是,轰炸范围便扩大至维持敌方战争活动的一切人、事、物,必要情况下也包括平民本身。如此一项方针,自然不会公之于众,也没有记录在案,但很明显:不论在前线,还是在后方,若不让敌方全体国民体会到战争的残酷,便没有办法迫使他们投降。

面对如此一种态度之剧变,舆论已表示接受,只是偶尔会爆发一阵道德层面的关切。到1945年,几乎全部美国民众都认为,落在日本与德国土地上的每一枚炸弹,都是两国罪有应得。比如《时代》杂志就称李梅火烧东京乃是"实现长久以来之梦想",证明"只要方法得当,日本城市不过是残秋落叶,可以一把火烧光"。

在美国民众看来,敌人曾偷袭珍珠港,又犯下"巴丹死亡行军"等暴行,因此丝毫不值得同情。尽管数十万平民在轰炸中身首异处、化为焦炭,也极少有人敢于公开站出来,站在人道主义立场上发声。耶稣会周刊《美国》属于这极少数之一,它刊文表示,大规模空袭"恐与上帝之律法,与吾辈事业之崇高精神"并不相称。此外,也有一本题为《死神屠杀》的英文小册子在美国散发,其引言得到28位美国著名教育家和神职人员签署赞同,其中包括哈里·埃默森·福斯迪克与奥斯瓦尔德·加里森·

维拉德①；引言呼吁读者，应在参与"死亡狂欢"时"反躬自省"。不过，美国绝大多数民众，包括大部分神职人员在内，对上述劝诫并不信服。在《纽约时报》读者来信栏里，一名神职人员反驳道："上帝赐予武器，我等唯有使用而已。"在考文垂、鹿特丹、华沙与伦敦属于罪恶的勾当，到汉堡、德累斯顿、大阪与东京却摇身一变，成为英雄主义行为。

2

本土之外，日军最后的抵抗前哨菲律宾与缅甸此时亦是战局吃紧。在吕宋岛上，麦克阿瑟部已收复巴丹与科雷希多岛。在那个蝌蚪状的小型岛屿科雷希多岛上，攻守易势，但双方之相异从守军表现可见一斑：当初，美军刚抵抗十二小时，温莱特便觉得进一步死守毫无意义；而在三年后，日本5000守军以寡敌众，面对来势汹汹的伞兵及两栖部队，鏖战十一日，除20人外，几乎全部阵亡。当然，从战略角度讲，日军坚持十一小时还是十一天，并没有太大区别。

麦克阿瑟乘鱼雷艇登上小岛，伤感地说道："各位，长路漫漫，我还是回来了。"在前哨阵地的废墟上，归来的将军下令升起星条旗："升旗，绝不让敌人再把它降下。"仪式结束后，麦克阿瑟在废墟进行视察，撂下这样一句话："报应不爽。"

与科雷希多岛的情况不同，马尼拉原本并无守军。山下早已将所有部队撤出，只留下少数治安部队。然而，山下前脚刚离开，后脚海军便入驻：岩渊三次海军少将奉长官大河内传七海军中将之命，率16000名水兵重新占领马尼拉，要摧毁全部港口设施及海军仓库。岩渊一入马尼拉，便强令3750名陆军治安部队接受他的指挥，打破山下此前的安排，选择守卫城市抗击美军。到3月4日美军占领该市时，市内遍地瓦砾，无数平民

---

① 前者是一位牧师，后者是一位民权活动家。两人皆是当时的美国名流，具有一定社会影响力。——译者注

丧生，其中许多人是死于日军暴行之下。①

不过，菲律宾战事并没有随着马尼拉的收复而结束。山下手中仍握有17万大军，粮草充足，装备精良。他们大部分固守北部堡垒，受山下本人直接指挥。而在马尼拉东部和东北部山区、克拉克机场附近的三描礼士山脉里，也有大批部队。日军之策略并非长久以来所寻求的"决战"，而是一场消耗战。山下的任务是尽可能地拖住麦克阿瑟，并在此过程中尽量消灭美军士兵。

在圣托马斯大学战俘营里，被日军俘虏的美国军民所遭受的悲惨遭遇使得美军越发义愤填膺，矢志消灭山下部队。甚至有标语激励官兵不要怜悯"黄皮杂种"。即便没有这类激励，许多美军士兵对日本人的态度也会促成暴行。曾周游太平洋的查尔斯·林德伯格在《战时日记》中写道："我军官兵在枪杀日军战俘或是举手投降的日军士兵时，毫无心理波动，对待鬼子不如对待畜生，而且几乎所有人都对此不以为意。我们自称为文明而战，然而，当我越是深入地了解太平洋战争，就越是怀疑我们究竟是否有资格自我标榜文明，甚至会产生疑问，在文明程度方面，我们真的比鬼子强很多吗？"

---

① 与本间将军的情况类似，山下接受审判、被定罪及处决，也是麦克阿瑟的指示。尽管山下曾下令全军撤出马尼拉，仍无法抹去日军最终在该市犯下大量暴行的事实，这在审判中成为不利因素。另一个与本间近似的情况是：审判过程十分仓促。麦克阿瑟从东京发来电报表示，辩护"拖延下去"恐无甚必要，并"敦促"法庭尽快结案。自然而然，审判结果表示有罪，麦克阿瑟本人在对案件的审核过程中，当然也没有发现任何"减刑情节"。"一切司法行为之目的，在于查明事件之全部真相，同时避免遭受手段之局限性或技术之任意性等人为因素的阻碍。本诉讼程序完全依照上述司法目的之基本原则的指导，结论不容置疑。"

然而，最高法院的两名陪审法官对调查结果作出谴责。弗兰克·墨菲表示："以泄愤为目的处决战败国将领，却通过正式法律程序予以掩盖，此举对正义所造成的伤害，远比暴行本身带来的伤害更为历久难消。"威利·拉特利奇则称，此案"从习惯法与宪法传统来看，根本算不上审判"，并引用托马斯·潘恩的名言："凡欲确保自身之自由，必先保护敌人免受压迫；若非如此，便是开创反对自由之先河，终将自食其果。"

杜鲁门总统拒绝将死刑减为无期徒刑。1946年3月23日，山下于马尼拉以南35英里的小镇洛斯巴尼奥斯接受绞刑。山下的遗言则是"愿陛下万寿无疆，皇国荣光永存"。

"我等之所作所为，集不公、伪善与挟私报复于一身。"为山下辩护的首席律师小阿道夫·瑞尔陆军上尉评论道，"我们在战场上将敌人击败，却让敌人在我们心中取得精神的胜利。"

种族歧视之风甚至影响到饱受日军蹂躏的菲律宾平民，美军时常将他们贬称为"菲仔"或"东亚猴子"。

至于缅甸战场，没有打消耗战。英军追击英帕尔战役后的日军残部，越过大山进入缅甸，渡过钦敦江。麦克阿瑟部在林加延湾登陆那天，即1月9日，英军朝曼德勒和缅甸心脏地带发起进攻。日军在英帕尔惨败后元气大伤，无力抵挡英军南进。

巴莫明白败局已定，便把精力投在宣传上，为战后发动武装斗争驱逐英国殖民者做准备。为此，必不可少的举措是让崇尚自由的精神与对英国统治者的仇恨持续存留在缅甸人民心中。为在人民之中动员战争，巴莫建立起一个最高国防委员会，并在对委员会成员的发言中称："我国与英帝国主义经历长期斗争，接下来将是最后一战。先烈曾与殖民者三次斗争，三次失败，其结果便是缅甸人民世世代代沦为英国臣属。如今，在日本的援助下，我等将发起第四次、也是最后一次斗争。只有胜利，别无退路。失败，就意味着永世为奴。"

巴莫成功地在民众心中播下长期敌视英国的种子，却无力阻挡英军前进的步伐。3月9日，英军攻入曼德勒，占领奥博火车站与曼德勒山，然后继续挥师南下，逼近首都仰光。

正如当初看重菲律宾和缅甸一样，日本军方高层无法摆脱这种固有思维，现在，他们把帝国的最后希望寄托在成功守卫本土以南350海里的一处相对较小的岛屿——冲绳岛上。比如富冈将军就认为，只要在冲绳拼尽全力，便能够击败敌军，而此战之胜利有助于日本在谈判桌上赢得六个月的时间，以保证天皇制的延续。

莱特岛与硫黄岛的陷落，使得小矶内阁濒临崩溃边缘。小矶被任命为临时首相，实为有心之人刻意所为，因此从新内阁组建那天起，他便始终没有明确的施政方针。首相之位不可谓不高，但小矶事实上得不到任何派系的真正支持。无论是战争进程，还是暗中进行的求和活动，首相都几乎无法施以影响。与东条不同，小矶并不为军国主义代言，因此时常受到军国主义分子的怀疑。同时，他也不秘密参与主和派那些持续且复杂的活动。

眼见领导层如此无力，天皇不由得对国家前途忧心忡忡，于是召见木户侯爵，建议其召集数名前首相，就日益恶化的战争局势询求意见。非以讨论新首相人选为目的而召集"重臣"，在从前只有一次先例，那就是开战前夕。

木户将"重臣"逐一请入宫内，以免同时进入引起军方猜疑。不过，除近卫之外，余者要么意见含糊不清、考虑不周，要么感情用事，宣称死战到底。近卫的估计虽存在谬误之处，但他还是思路清晰地指明，倘若无法短时间内实现和平，日本将陷入何种政治和军事深渊。近卫将自己的观点总结为一份长达八页的《上奏文》，以毛笔亲手书写，于御前高声朗读。除近卫外，恐难有第二人敢于在天皇面前如此直言不讳。与近卫其他所作所为一样，《上奏文》也充满矛盾：客观分析与主观臆断同在，切实建议与天方夜谭并存。文章开头是充满勇气的表态（"以臣之见，我国败局已定，诚为憾事"），而后则是对共产主义的指控（"有关天皇制之存续，最大之威胁并非来自战败本身，而是共产主义革命"），但这完全是来自近卫本人日益强烈的偏见。接着，为证明日本将受本国共产党人控制的问题，近卫准确地预见到马克思主义必将席卷东欧与朝鲜。而在接下来的一段史论中，根深蒂固的旧思想又一次导致他作出错误的判断："满洲事变""日华事变"和大东亚战争①也是军部激进分子的"有意策划"，而站在军部激进分子背后的则是一群民间右翼极端分子，他们"高举国体之大旗，背地里却在策划共产主义革命"。

许多知识分子年轻时"左"得离奇，随着年岁增长，便逐渐保守起来，近卫也不例外。近卫认为，共产党人的威胁无处不在，而那些鼓吹"一亿玉碎"之人，则是受到"企图陷国家于混乱，从而实现革命之共产主义分子"的蛊惑。此外，部分军部高层领导人亲苏情绪强烈，他们"提倡不惜一切代价，与苏联结盟，也有部分人士主张与毛泽东合作"。

---

① "日华事变"即"七七事变"，"大东亚战争"为日方对第二次世界大战时远东战场与太平洋战场上的各战争之总称。——译者注

尽管指责本身荒唐无稽,但近卫从中得出的结论,却无可辩驳地符合逻辑:只有设法绕过军国主义者("此一等人内心深知全无胜算,但为保全颜面,恐将战斗至死"),才能实现和谈。"此所谓断其根本,枝叶自枯。"不过,当提及如何对付军国主义顽固派时,近卫提出的方法虽值得嘉许,却并不现实:通过政变将之一网打尽,而后直接与美、英谈判。

充满矛盾的《上奏文》对天皇与木户无疑是一种刺激。与其他"重臣"不同,近卫准确指出了问题的核心。诚然,其解决方案不切实际,但经过行事务实的木户之手,最终被改造为一项行之有效的和谈计划。

尽管主和派与主战派都不将小矶首相放在眼里,但小矶首相个人依然希望以一种讨喜的方式结束战争。首相执意认为,欲与美、英体面地进行谈判,关键在于先与蒋介石言和,而对蒋谈判的中间人,小矶选择的乃是缪斌。此人是远东地区臭名昭著的阴谋家,在南京傀儡政府中任职,自称与重庆政府保持着秘密无线电联系。外相重光葵深晓中国形势,明确指出缪斌此人声名狼藉,其所作所为无不出自个人野心。"相信缪斌能够充当调停人,"重光后来写道,"实属天真幼稚,暴露出对中国政治的无知。"

小矶一意孤行,说服陆相杉山元帅派军用飞机将缪斌接至日本。在东京附近的机场上,缪斌对前来接机的首相态度冷淡,坚持要求直接与皇族成员东久迩宫会面,并想由此得到直接谄媚天皇的机会。然而,天皇既不喜欢小矶内阁,也看不上此等阴谋家。最终,缪斌灰头土脸地返回中国,从而使得小矶继续掌权的最后一丝希望烟消云散。至于缪斌,则是遭到蒋介石处决。

第二十七章 江户之花

第二十八章 最后一次出击

1

琉球群岛由一连串的大约140个岛屿组成,从日本本土向台湾方向弯曲排列,像是一条790英里长的尾巴。群岛中央即是守卫日本本土的最后一个重要堡垒——冲绳岛。该岛地形狭长,南北长约60英里,中部附近东西只有2英里宽,腹地平坦,可筑机场,两处深水湾宜作海军基地,实属进攻日本本土的理想中继区。在亚热带气候与"黑潮"(太平洋暖流)和小笠原暖流的影响下,冲绳岛全年湿度很高,降水量大且不规律,有时倾盆大雨连降一日,便赶得上月平均降水量。自5月至11月,每月会有两次台风席卷全岛。

作为东方十字路口,冲绳与日本本土和中国大陆、台湾岛的距离几乎相等,在历史上既受到上述三者之影响,也与南太平洋诸岛渊源颇深。1372年,明朝开国之主将琉球纳为藩属国。两个世纪后,自九州岛而来的日本人劫掠该岛,不过并未禁止当地居民继续向中国纳贡。此一独特的双重臣属现象一直持续到1875年,裕仁天皇的祖父明治天皇派兵入侵,正式吞并琉球群岛,定日语为官方语言,并派出知事取代琉球国王。冲绳虽沦为殖民地,45万民众的生活与数个世纪前相比,却无太大差异,依然是大多聚居于较为宜居的南部地区,从事农业,维持温饱而已。

尽管没有得到充分重视，但到日本与西方国家爆发战争时，冲绳已成为日本的一部分，并作为47个都道府县之一在国会设有代表。从法定意义上讲，冲绳居民属于一等公民，但大多数本土民众并不承认冲绳人的平等地位。冲绳人从祖先那里继承的民俗传统十分复杂：他们一方面自认是日本国民，对天皇之忠心不下于首都民众；另一方面，大部分居民又与中国人一样崇拜祖先。冲绳的"风狮爷"（一种造型怪诞的狮子门神）杂糅着中日两国特点，不过，把尺寸各异、千姿百态、五颜六色的瓷制狮子立在屋顶瓦片上，随时准备对不怀好意的不速之客发起袭击，倒是冲绳岛独有的习俗。

自太平洋战争爆发以来，起初三年，琉球群岛的驻防日军总计不足600人。直到1944年4月1日，第三十二军才被配置于冲绳岛，下辖三个整编师团与一个独立旅团。同年年底，由于三个师团中素称精锐的第九师团被调至台湾，冲绳驻军力量大大削弱，不过依然有充足的兵力：第二十四师团的14000人，来自伪满洲国，其中也包括数千名从冲绳本地征召的士兵；第六十二师团的12000人，主要是步兵，曾在中国大陆作战；第四十四独立混成旅团的5000人。此外，驻军还包括一个由14辆中型坦克与13辆轻型坦克组成的坦克联队，以及各类炮兵部队，配有数量可观的22毫米口径机关炮、75毫米口径山炮、150毫米口径榴弹炮、81毫米口径迫击炮和24门能够发射675磅炮弹的320毫米超口径迫击炮。驻军司令牛岛满中将曾任陆军士官学校校长，为人性格冷静，行事干练。

除上述作战部队之外，牛岛还拥有两个船舶工兵联队、各类勤务部队，以及由狂热效忠天皇的20000名本地民兵组成的冲绳防卫队。

随着第九师团的调离，为最大限度地利用剩余部队，牛岛被迫对防御计划作出调整。他基本可以确定，美军登陆地点将是地势宽广的渡具知海滩，该海滩位于岛屿中央偏南之西侧，因此，牛岛将兵力集中在南部。此外，海军与后勤部队也被大量改组为前线作战单位。有一支海上突袭大队，原计划驾驶小艇发起自杀式袭击，牛岛从中抽调5500人充当步兵。尽管装备粗劣，训练不足，那批士兵还是十分渴望在陆地作战。另外10000名海军官兵则被改组为一支部队，交由一名海军将领指挥。为解放更多后勤官兵参与前线战斗,牛岛动员普通百姓承担支援工作:3900名冲绳岛民作为劳务部队被临时编入第三十二军;600名学生被分配在各指挥部,充当传令兵、勤务员及报务员助手。一群热血澎湃的高中生则在经受训练后,准备参与实际战斗,其中750人被编组为一支"铁血勤皇队",他们将受训深入敌后,开展游击战。

冲绳岛的两大城市——那霸与首里以北地形理想,牛岛便在此建立纵深防线:一系列集中式堡垒面朝北部,横贯岛屿中央;山岭与小丘中密布着无数洞穴、暗堡与炮台,彼此以错综复杂的地道相连;就连那些星罗棋布于乡间,形似中国古代乐器的龟壳墓,也被军方盯上,他们不顾当地耆老反对,强行将它们改造为碉堡。与硫黄岛相似,牛岛的战术也是放任敌军登陆,只在精心准备的阵地上与之交锋。至3月,包括冲绳防卫队在内的10万守军已各自就位:主要防线由两个经验丰富的师团把守;第三个师团①及第四十四独立混成旅团则部署在冲绳南端,以防敌军在此登陆。至于岛屿北半部,只有两个大队,充当象征性防御力量。

牛岛所料不错:美军确实打算朝岛屿南端派遣一支佯攻部队,主力则在渡具知海滩登陆。攻打冲绳岛的行动代号为"冰山",由陆海军联合展开,斯普鲁恩斯将军担任总指挥,全体地面部队则由陆军将领小西蒙·玻利瓦尔·巴克纳率领;两人都曾反对攻打台湾。巴克纳父子两代并称刚勇:老巴克纳为内战期间南方军名将之一,曾从北方军战俘营中逃出;小巴克纳性格坚忍,好走极端——曾在阿留申群岛的冰天雪地中只睡一张单薄床垫,盖一层床单;他时常眯着眼睛,只为训练自己不戴眼镜阅读。小巴克纳麾下的第十军由六个师组成,一半是陆军,一半是海军陆战队,皆有作战经验。陆军在圣埃斯皮里图岛与莱特岛训练和演习,海军陆战队则在瓜达尔卡纳尔岛。将18.3万的攻击部队与74.7万吨物资运往战场绝非易事,必须动用430艘攻击作战运输舰在从西雅图到莱特岛的11个港口分别装载。

---

① 从上文来看,自第九师团调走后,牛岛在冲绳岛上不存在第三个师团。不知作者所指为何。——译者注

美军的初步任务是在3月24日夺下那霸以西15海里处的庆良间列岛。岛上地形多山，但守军只有区区750人，且已四散奔逃至丘陵及洞穴地带。美军无疑能够在日落之前攻下该列岛，使之成为水上飞机基地和舰队的停泊处。

同一日，海军开始对冲绳岛展开有组织的舰炮轰击。一星期后，潜水员沿着渡具知海滩公然地清理障碍，引爆水雷；岸上日军望着，心里又是钦佩又是沮丧，但在上级命令下不敢开枪。3月31日，海军炮击达到最高潮并告一段落，负责预备行动的W. H. P. 布兰迪海军少将宣布，准备工作已"足以支持登陆行动顺利进行"。至此时为止，冲绳岛上共落下27226枚炮弹，其中最小的直径也有5英寸。炮击效果看似毁天灭地，事实上对日军主防线之破坏微乎其微。4月1日，也就是复活节，日出时分，岛上日军又一次被舰炮的轰击声吵醒。西海岸守军从隐蔽处探头一望，不由得心生畏惧：海岸不远处，1300艘舰艇密布如云。

美军把当日命名为"L日"（L代表Love）。上午8时，攻击部队官兵头戴钢盔，乘登陆艇朝海滩前进，坦克登陆舰放下两栖装甲登陆车与两栖牵引车，里面同样满载着士兵及各式装备。两个陆军师与两个海军陆战队师在上午的登陆过程中，几乎没有受到任何阻碍。罗伯特·谢罗德写道："着实令人难以置信。"第七师一名步兵登上一座山头时说道："没想到还能活到现在。"不少士兵与他有着同样的感想。至日落后，已有60000余名美军官兵登岸成功，聚集于一处长不足3英里、宽不足1英里的滩头阵地。除瓜达尔卡纳尔岛外，此次登陆是所有大规模登陆作战中损失最为轻微的一次：28人死亡、27人失踪。"行动开始后一个半小时，部队抵达海岸，无人朝我军开枪，甚至连脚都没有湿。"深受陆军喜爱的记者厄尼·派尔在报道中称。看起来，攻下冲绳只如探囊取物。

第十军沿各线迅速出击，在机场周围遇到冲绳防卫队零星抵抗。到次日午夜之前，美军已攻下嘉手纳机场跑道并加以修复，供紧急着陆使用。第三日，海军陆战队转而北上，将冲绳岛拦腰截断，一分为二。陆军则继续南下，突破断断续续的抵抗，进入日军指挥部所在的岛袋村。村里有两个瑟瑟发抖的老头，不断朝美军鞠躬，一人是村长，另一人是村议员喜纳昌盛。喜纳是一名教员,曾在美军入村前说服1300名村民留在村里,而非冒着饿死的风险逃往乡间。

"你们,美国绅士!"喜纳喊道,"我,冲绳基督徒!"

美军满面狐疑,纷纷举枪对准两名冲绳老者。紧张的气氛持续了几分钟后,一位名叫托马斯·比嘉的日裔译员赶来,抓住喜纳的手喊道:"老师!喜纳老师,是我呀,比嘉太郎。上小学时,我是您班上的学生。"

那天,美军兵分南北两路纵深推进,却始终未能发现敌影。海军陆战队第十二团的詹姆斯·布朗中校甚至给师部军需官送去一张便条:"上校,望拨鬼子尸体一具。我部官兵大多未曾目睹鬼子真容。埋葬相关事宜,我部会负责处理。"

2

孤立无援的小矶政权面临垮台。尽管首相本人试图力挽狂澜,却徒劳无功。起初,小矶向天皇提议彻底重组内阁,很快他又表示自己有辞职的打算,弄得天皇摸不着头脑。他也在木户面前提起过改组事宜,木户反应冷淡,无奈之下,小矶只得垂头丧气地再次入宫觐见。天皇观其笨拙的表现,也觉得尴尬,便让小矶"慎重研究"。

天皇是在委婉地建议首相下台,小矶却不肯停止自我推销。在与东久迩宫交谈时,小矶表示,如果再有一次机会,自己便能"将战争打好",还可以兼任陆相。他抱怨道,自己曾多次提出换掉杉山陆相,陆军总是不许,下次面圣要直请圣裁。而当小矶真正入宫提起此事时,天皇依旧不置可否。

事已至此,小矶发现走投无路,一气之下,便在4月4日下午向木户表示,自己准备于次日提出总辞职。选择新任首相正是内大臣最为重要的职责。按照传统,木户需要先召集"重臣"征求意见,然后向天皇提出建议。然而这次情况有所不同,必须马上展开初步调查,以确保选出一位既能为军部接受又能为和谈尽力的首相。

这做法显然有违常规,却得到天皇完全同意。4月5日,在小矶向天皇正式递交辞呈时，木户侯爵分别与四位军方首脑接触，试探口风。木户表示，此时或许需要组建一个"大本营内阁或战争指导内阁"，首相必须是军人，既能处理国务，又能控制大本营。对木户所描述的内阁，参谋总长梅津与陆相杉山都无甚兴趣。梅津表示，冲绳战况的确十分不利，但日本"必须做好战斗到底的准备"。杉山对战局同样悲观，却抱有另一方面的希望：苏联击败德国后，或许会向同盟国提议与日本和谈。军令部总长及川古志郎则对战争的最后走向看不分明：他怀疑冲绳岛一战并不能给战争画上句号，敌人仍会继续发动攻击。

三人的表态向木户表明一个事实：军方最高层私下已认识到，战争无法取胜。至于第四人——海相米内，此人早就秘密支持和谈，木户自然非常清楚这点。米内也推举出一名合适的首相人选：海军大将铃木贯太郎。木户同样认为，前任侍从长铃木确属理想人选，此人是个"大人物"，就连天皇也亲切地称他为"老爷子"。

下午5时，全部"重臣"齐聚宫中，讨论新首相人选；只有若槻男爵因火车晚点，未能赶到。木户与枢密院新议长①也列席其中，而这位新议长恰好是木户心中的首相人选——铃木大将。东条首次以"重臣"身份出席会议，打一开始便毫不掩饰自己咄咄逼人的态度：绝不支持主和派人选。其余"重臣"全部反对东条，但无人公然表露出来。面对军国主义者，不宜打草惊蛇，冒公开冲突的风险。

东条开始发言："小矶在辞呈中提到，无论国家事务方面，还是最高统帅方面，都需要作出修正。此言究竟是何意？"这既是一个问题，也是一种挑衅。

"对此，小矶总理并未加以特别说明。"木户答道。

"战争期间岂能频繁更迭政府，"东条的话语依然充满火药味，"下届内阁必须是最后一届！眼下，国内存在两种思潮，一派认为，为确保国家之未来，必须死战到底；另一派则认为，必须迅速实现和平，即便无条件投降也在所不惜。本人认为，必先解决该问题。"

---

① 前任议长原嘉道已于1944年去世。

"下一届内阁需要考虑的问题非常繁杂。"冈田启介海军大将说道。与铃木一样,冈田也曾在"二二六"事件中死里逃生。(冈田私下里也倾向于铃木当首相。)"举国之力量都会汇聚在新内阁身上,让它肩负着我国之气运,直至最后。是战是和,兹事体大,不能在现在这场会议上拍板决定。"

一时间鸦雀无声,气氛逐渐尴尬。两名文官——平沼与广田试图安抚东条,便虚情假意地表示,战争必须要打到底。接着,"重臣"开始讨论新首相必须具备的条件,却没有点出具体人选。一小时过去,最终还是枢密院议长铃木提议从"重臣"中挑选一人出任:"当内阁总理大臣可不轻松,一般人身体吃不消。吾等之中属近卫公爵最为年富力强,不知公爵意下如何。"

近卫表示谢绝,理由是他此前曾三次组阁,错误众多,力有未逮,舆论对自己亦颇多怀疑。平沼认同近卫所言,并重申战争必须全力推进(为安抚东条),最后提出木户、冈田皆属意的人选——铃木。在座众人大多赞同。

"本人附议。"近卫说道。

此时若槻刚好赶到,上气不接下气地连声道歉,并说道:"甚好,如此人选再合适不过。"

铃木本人固辞不受,并表示他曾对家人保证,不会接受首相一职。"记得之前本人也曾对冈田大将提起过,军人执政,则国必亡。罗马帝国覆灭,德皇狼狈倒台,罗曼诺夫王朝更是令人不胜唏嘘。殷鉴不远,本人实难当此重任。此外,本人听力亦有障碍。"

平沼请求铃木三思:"先生秉性正直,忠贯日月,实为公众信任之人选。"

即便是东条,也找不出什么理由否决铃木。铃木平生嗜读《老子》,全无政治野心;出身军事世家,其弟亦是受人尊重的陆军大将——只有一项至关重要的资格未能满足。东条先是褒赞他一番,而后对铃木提出的军人不应执政这一原则表示质疑。"敌人耐心日益消磨,很有可能铤而走险,试图在本土某处展开登陆。届时,生死存亡皆系于本土防卫,政府与大本营必须合为一体。因此,只有现役军人才有资格出任总理。"东条给出的人选是陆军元帅畑俊六。

"广田,您怎么看?"木户克制着不去驳斥东条。

"从陆军或海军之中确定人选是对的,唯有如此才能实现对军队的控制与领导。"

"冈田大将有何高见?"

冈田属意之人只有铃木,却又不想与东条针锋相对,只得表示:"本人想不到其他人选,没有什么话要讲。"

木户承认,本土沦为战场确属不可避免之事实,但正因如此,新内阁才必须得到全国上下的一致信任。而在这一点上,木户的结论与东条迥异:"窃以为,最佳人选仍属铃木大人。"并将脸转向东条,"我等看待时局,需要一种比您更为广阔的视野。"

东条怒目圆睁,死死盯住木户。在东条看来,自己当初下台正是木户在背后搞的鬼,一直到现在,他心中还压抑着对内大臣的怨恨。"我建议各位谨慎行事,否则,军方恐将不服。如果是这样,新内阁也难免垮台。"

东条本意是加以威胁,不想却激怒木户。"军方不服,这可事态严重。东条大将,您本人是否也有此类想法?"

"不能说没有。"

"从本次会议强烈的仇军情绪来看,届时,或许国民会选择不服军方。"木户寸步不让。

见东条咄咄逼人,冈田也压抑不住怒火,愤怒地大声说道:"如此危急关头,一位曾身受皇恩、贵为总理之人,竟敢说军方不服?"

东条自知失言,只得道歉:"不好意思,容本人收回前言。那番话的意思是,军方会难以接受如此一位人选。"

至此,整个会议风向发生改变,东条受到孤立。

"各位之意见,本人悉已了解。"木户总结陈词,"接下来便是入宫面圣,直陈鄙见,恭请圣裁。"数分钟后,晚 8 时,会议休会,一众"重臣"列队前往附近房间共进晚餐。用餐未毕,木户便请铃木随他回到会议室,说道:"待先生组阁,便需担负一项至关重要的任务。"铃木再次推辞,称自己并不适任，也缺乏信心。

木户不肯退让，并表示，艰难时局之下，不容铃木以军人不问政为由推辞。"不止如此，将军，此次人选也必须是陛下能够绝对信赖之人。"

铃木最终妥协。"若是陛下旨意，老臣自当从命。"他的话音之中听不出任何感情，也没有一丝勉强。晚10时，七十八岁的海军大将弓着背，走进天皇书斋。除了侍从长藤田尚德外，屋内只有天皇本人。天皇只是简单地道："朕特此命卿组阁。"历来任命首相之种种告诫、条款，一概省略不提。

"承蒙陛下错爱，微臣不胜荣幸，只是实难当此大任。关于此事，今日午后之'重臣'会议上臣亦有所表态。"不到一小时，铃木已两次变卦，"微臣不过一介武夫，曾为陛下效死海上，于政治则全然不通，亦无所谓政治观点。明治天皇玉言，微臣至今铭刻于心，军人不得干政。故此，望陛下恕臣无礼，恳请收回成命。"

天皇会心一笑。"爱卿所欲言者，朕心知肚明，亦能够理解卿之处境。如今乃紧要关头，除卿以外，无人可担此重任。委卿以国事，正是出于此一原因。"

铃木缓缓退下。"若蒙陛下恩准，容臣再度思量一番。"事实上，铃木此时已为天皇的诚意所打动，决意接受任命。长达七年的侍从长工作使得铃木能够准确解读天皇的弦外之音：尽早结束战争。①

3

当晚，濑户内海上，第二舰队的超级战列舰"大和"号与其余九艘军舰各自召开告别宴会，气氛十分活跃。舰队司令伊藤整一中将奉联合舰队司令长官丰田大将之命，准备率第二舰队余部出击冲绳，袭击美舰。这显然是一场自杀式行动，丰田通知联合舰队全体指挥官：

---

① 天皇同样能够敏锐把握铃木的内心想法。战后，天皇对木户的秘书官长松平康昌侯爵表示："从任命铃木为内阁总理大臣那一刻起，朕便对其思绪了解得一清二楚，同时也相信铃木能够理解朕之真意。因此，朕当时丝毫不急于表明对和平之期望。"

皇国兴衰，无疑在此一役。本官已组织起一支海上特攻队，拟以壮烈无比之英勇突入敌阵，大振帝国海军之声威，发扬帝国海军之光荣传统，以期流传百代。各部，不论是否属于特攻队，皆须坚定决心，殊死奋战，彻底歼灭敌舰队，为皇国奠定万世不易之基。①

　　在第二水雷战队旗舰——轻型巡洋舰"矢矧"号上，司令官古村启藏少将允许军官尽情狂欢。每艘军舰所带的燃料仅够单程航行使用，众人自知有去无回，反倒少了许多烦恼。歌颂同袍情谊的军歌《同期之樱》响彻舰内，舰长原为一大佐与古村将军抽身退去，在舰上各处漫步。水兵宿舱里，部下在吊床上安然入睡。轮机舱内，一名机械兵曹满身大汗地检查着发电机，对原说："我是来替班的，那哥们儿去喝酒啦。"并表示，他想确保军舰在冲绳海面上不会停电。

　　原感慨万千，借着酒劲，登上甲板，倚靠着一根柱子，无法抑制心底的激动之情，喊道："日本万岁！'矢矧'号万岁！日本万岁！"泪水顺着两颊扑簌而下。

　　联合舰队参谋长草鹿龙之介中将曾历经珍珠港奇袭、中途岛战役，以及瓜达尔卡纳尔岛航母大战，此前便极力反对第二舰队展开自杀式行动；"大和"号本应在本土保卫战中发挥更大作用。然而，联合舰队又偏偏派遣草鹿亲赴濑户内海解释此次任务之意义。4月6日上午，草鹿飞抵第二舰队。（当夜，舰队便会启航，奔赴死地。）伊藤对任务的意义表示理解，只有一点他需要询问清楚："假设舰队在途中便遭受重创，无力继续行进，该当如何？"

　　草鹿无法给出答复。"届时还请自行判断。"两人饮下最后一杯酒。

　　"明白。"伊藤道，"不必为我考虑太多。此次出征亦属自愿，我心如止

---

① 战后，丰田大将表示："军舰不设飞机掩护，其命运如何，我自然十分清楚，也明白胜算微乎其微。但无论如何，那时海军必须尽一切努力援助坚守冲绳的部队。"

水,无怨无悔。"接着便请求草鹿代自己向各上级长官致意。草鹿表示,此役不仅是联合舰队殊死一搏,也是日本最后一线生机。舰队必须在冲绳海面突破美舰封锁,以冲绳岛为后盾作战。"大和"号的舰炮射程足有25英里,能够在突入之前打乱敌舰布局。

众人心底并非没有疑问,只是无人挑明。不过,"大和"号舰长有贺幸作少将①却是求战心切。有贺总是笑嘻嘻的,每当草鹿说到点子上时,便拍拍肚皮以作回应。原大佐则给家人寄去一封家书,说明任务之事:

……此次冲绳出击任务,得以担任舰长,实感责任重大,亦是无上光荣。对此次任务之欣喜与自豪,希望你们也能够切实感受,引以为豪。再会。

各舰将多余的补给物资卸下,并强迫病员及候补军官离舰。下午3时,舰队起锚。阳光透过薄雾,原大佐乘巡洋舰"矢矧"号率四艘驱逐舰先行开路,跟随其后的是"大和"号,另有四艘驱逐舰断后。

10艘军舰缓缓驶出濑户内海之时,冲绳岛海面上,守军正对美舰发起大规模空袭。此时是10次空袭中的第一次:在近四小时里,341架轰炸机展开常规轰炸,355架"神风"特攻队飞机直接撞向美舰。至黄昏时分,美军已有3艘驱逐舰、1艘坦克登陆舰、2艘弹药运载舰遭到击沉,10余艘舰船受到重创。

"大和"号上,伊藤听到的消息则是敌舰有30艘沉没、20艘着火,欣喜万分。草鹿乘坐一架水上飞机,在燃料允许的航程内追随舰队启程,并在被迫折返时向舰队挥手告别。夜里,"矢矧"号上的1000名乘员聚集在甲板上,倾听原大佐宣读丰田大将最后那封激励电报——"国家兴衰在此一役"。一阵"万岁"声过后,原却作出一番个人训示,使大多数乘员深受震撼。"我等此次任务,看似一场自杀式袭击,实际上也确实如此。但需

---

① 此处,托兰原文有误。有贺生前最高军衔为大佐,战死后连晋两级,追授海军中将。——译者注

要强调的是,自杀本身并不是目标,目标只有胜利。各位并不是被驱赶上祭坛的羊群。……一旦本舰失去作战能力或沉没,各位切记,不得犹豫,立刻逃生,保全生命迎接下一场战斗。战争并未结束。各位之职责乃是击败敌军,绝不可无谓轻生!"

原大佐讲罢,甲板上并未爆发"万岁"之声。一名大尉心里直打鼓,忍不住开口道,当初在海军兵学校,教官的教导是与军舰共存亡。原理解官兵心中顾虑,说道:"封建时代,人命贱如草芥,而现在是20世纪。武士道的准则,乃是一种随时坦然赴死的生活理念。"但这并不是说,武士就应该毫无意义地抛弃生命。"我们要想着赢下战争,而不是一心求死。"原呼呼官兵奋起作战,挽救战局,甲板上终于又爆发出由衷的欢呼声,高喊天皇及"矢矧"号万岁。

晚上8时,第二舰队小心翼翼地穿过丰厚水道水雷区,驶入太平洋。伊藤下令舰队以20节的时速沿九州岛海岸南下。(此时,美军两艘潜艇已发现日舰动向。)日出时分,10艘舰船已进入九州岛以南的公海区域,调整为环形编队,"大和"号居中,以Z字形航线蜿蜒南下,朝冲绳进发。随着最后一批护航机返航,九州岛消失在视野里,茫茫洋面上便只剩下孤零零的第二舰队。

上午8时,乌云蔽日,大雨席卷日军舰队。一小时后,驱逐舰"朝霜"号掉队,发出信号称发动机出现故障,会设法修复。很快,"朝霜"号便消失在视野之内。随着乌云渐渐散开,上午11时30分,东方10海里处出现1架美军水上飞机。接着,前方某座岛屿上的观察哨所发来警报称,250架敌机正向南飞去。

仍在指挥第五舰队的斯普鲁恩斯将军联系第五十八特遣舰队司令马克·米切尔,指示让日舰持续南下,以水面部队炮火将之歼灭。然而,米切尔希望借此机会一举证明,其麾下飞行员有能力击沉那艘最为凶猛的海上巨舰。当初在菲律宾群岛海域,海军航空兵自称击沉"武藏"号,但最终也无法确定功劳究竟该归于飞机,还是潜艇。此时,"武藏"号的姊妹舰"大和"号不期而至,"假如确实需要拿出铁证以昭示飞机的优越性,这无疑是一次绝佳机会"。

米切尔指示第五十八特遣舰队第一分队和第二分队飞机升空,而后转身对参谋长说道:"通知斯普鲁恩斯将军,若无特殊指示,我部拟于正午12时整,对以'大和'号为首的日军出击舰群发起攻击。"发给斯普鲁恩斯的电文则写道:"敌人归您,还是归我?"斯普鲁恩斯在电报纸上草草批复:"归你。"

正午过后不久,在"矢矧"号舰桥上,古村将军首先发现敌机踪影,便对原大佐喊道:"飞机来了!"舰队迅速散开队形,乘员迅速各就各位。一阵狂风骤雨将舰队笼罩起来,却也只持续了短短十分钟。"矢矧"号一名瞭望员喊道:"左舷方向发现敌机!"

原看向左舷,发现40余架飞机穿过低矮的浓云,俯冲而下。"大和"号的150门高射炮与高射机枪犹豫片刻,接着,空中开始炸出大团黑烟,曳光弹纵横交错。然而,美机最终突破火力网。两枚炸弹在"大和"号主桅附近炸裂,一枚鱼雷击入左舷。

为躲避猛攻,8500吨排水量的"矢矧"号在大雨之中陡然转向。12时45分,一枚炸弹命中"矢矧"号,军舰正摇晃时,又是一阵剧烈震颤贯穿舰身,原来是左舷吃水线以下遭一枚鱼雷击中。这艘巡洋舰动弹不得,在海上沦为靶子。第二波敌机突然从云端冲出,两枚炸弹分别击中前甲板及舰尾,一枚鱼雷打入右舷舰首。"矢矧"号猛烈抖动,一时之间,原大佐竟感觉军舰似是纸糊而成。

云层之间露出晴空间隙,美机穿过其中,扬长而去。四周突然陷入一种不似人间的死寂。原大佐查看"矢矧"号的受损情况,陷入沮丧之中。古村打算转移至一艘驱逐舰上,继续赶往冲绳,于是朝驱逐舰"矶风"号发出信号,令其前来救援幸存者。"矶风"号缓缓靠近,不料第二波美机突然冲出云层,将其逮个正着,"矢矧"号也遭到一阵机枪猛射。古村拒绝搭乘小艇逃生:死在"矢矧"号上可以接受,死在无名小艇上则万万不能。

数海里外,无数面目全非的尸体堆在"大和"号扭曲的甲板上,有的开膛破肚,有的支离破碎,血液顺着排水口流下。舰身两侧已然变形,航速降至18节,有贺却命其继续驶向冲绳岛。下午1时35分,第三波约150架美机袭来,集中攻击"大和"号受损的左舷。"大和"号倾斜并急转,但第

5、第 6 枚鱼雷命中左舷,又有至少 7 枚以上炸弹落在中央甲板上。机枪子弹"雨点般"打来,击毙半数以上高射炮手。转向舵操作失灵,舰身倾斜至 15 度。

下午 1 时 50 分,水位控制官给舰桥打来电话:"进水量已达极限,为阻止舰身进一步倾斜,唯一的办法是向右舷轮机舱灌水。"这便意味着航速将降至 9 节。尽管如此,纠正倾斜亦迫在眉睫,如此,防空指挥官才有射击的角度,他已就此事请求有半小时之久。副舰长能村次郎大佐踌躇片刻,下令道:"朝轮机舱灌水。"

"大和"号渐渐恢复水平位,然而随着又一枚鱼雷命中左舷,舰身再次倾斜。下午 2 时,第 8 枚鱼雷击中右舷。应急操舵室慌忙打来电话:"水位过高,无法继续操——"话音就此断绝。

"掉转舰首向北!"有贺喊道。日本历来讲究"北枕而死",有贺打算让垂死的"大和"号也遵循此一传统。然而,此时应急操舵室里官兵尽皆溺死,无法掉头转向。随着第四波美机的出现,舰身渐渐朝左翻转,失去控制。舰首临时救护站已被炸毁,另外 3 枚鱼雷打入舰身,倾斜增至 18 度,时速降至 7 节。

巡洋舰"矢矧"号共遭 13 枚炸弹、7 枚鱼雷命中,此时正在迅速下沉,甲板已与海面齐平。原大佐举目四望,驱逐舰不是正在沉没,就是陷入大火。只有两艘看似完好,正围绕着"大和"号迅速移动,施加保护。古村将军感觉海水已漫至双腿,抬腕一看手表,时间是下午 2 时 5 分。正在此时,一股漩涡将他卷入水中。古村明白自己大限已至,却并未失去意识,只是失去时间概念,不知经过多久才重新被抛至海面之上。海面覆盖着一层油,古村泅水而行,看到一名男子满脸漆黑——竟是原大佐。一个浪头打来,原被高高托起,恰好瞥见"大和"号在 6 海里外,敌机如蚊虫一般围绕着它。原望着仍在移动的"大和"号,心想:多美的景象啊!

"大和"号舰桥上,副舰长能村发现警报板上有红灯闪烁,便前去查看是何处发生险情,结果发现 6 盏灯同时亮起——1 号炮塔与至少 5 处弹药库存在连锁爆炸的风险。1170 枚炮弹只打出 3 枚,假如余者爆炸,那么素称"永不沉没"的"大和"号就会从接合处爆裂。一个又一个备用警报装置接连响起不祥的嗡嗡声。有贺喊道："能不能把水灌进弹药库？"那嗓音在能村听来，似乎已"声嘶力竭"。水控指挥所早被炸毁，有贺的想法不可能实现。能村等待着爆炸毁灭一切，心态反而达观起来：罢了，殉舰也相当于武士的切腹。

下午2时15分过后不久，第12枚鱼雷击入"大和"号左舷。在能村看来，这反倒"能够缩短痛苦，带来一种解脱"。若不立即下达弃舰命令，全员都难免遇难。有贺并未下令。能村沿着狭窄的螺旋扶梯爬上第二舰桥，以俯瞰全舰情况。正常情况下，顶层甲板高于海面25英尺，而此时其左舷处甲板已浸在水中。水兵坐在舰首，抽着香烟，吃着压缩饼干，一副若无其事的态度，与战况之紧急对比很不协调，这惹得能村怒火中烧。

冲天水柱自舰身两侧飞溅而起。能村朝上层建筑瞥去一眼，感觉少了某样东西，仔细一想，竟是舰旗！而当他再望去时，才发现岂止舰旗，整个桅杆都已消失不见。天皇、皇后照片尚安在否？遭遇战斗时，照片会被转移至主炮指挥所，那里的装甲最为厚重。能村给炮长打去电话，炮长回答称，他自己与照片都在舱内，已将舱门反锁，以防沉没之后照片随波漂流。

眼见"大和"号倾斜至30多度，能村给有贺打去电话："到此为止吧。"并建议舰长召集全体乘员至甲板集合。接着，有贺便用传声管通知伊藤，已无希望纠正舰身倾斜。

"长官贵为舰队司令官，不可轻弃千金之躯。请随乘员一同离舰，卑职一人留下即可。"说罢，有贺下令全员至甲板集合，然后打电话给尚留在第二舰桥上的能村，嘶哑地说道："副舰长，立即离舰，向联合舰队报告战斗详情。"能村坚决抗议，有贺不予理会，只是说："要留在舰上的是我，你一定要活着回去。"

"舰长！"能村不肯放弃，"容我与您一起留下！"

"副舰长，这是命令。"有贺说罢，便挂掉电话，令一名水兵把自己绑在罗盘仪上。也有水兵互相将对方捆在舰桥的罗经柜上，有贺见状，怒喝道："都干什么呢！年轻人就跳海，赶紧游泳逃生！"

伊藤同样拒绝离舰，与参谋长森下握手后，便勉强平衡着身体，踏着倾斜的甲板朝舰桥走去。众参谋"感慨万千地"望着司令官打开螺旋扶梯的门,消失在视野之中。副官踏前一步,打算跟上去,森下喊道:"混蛋!年轻人寻什么死,活下去,继续为陛下效力!"

下午2时25分,舰体急剧倾斜,最终彻底横翻在水面上。汹涌的海水将"万岁"的喊声淹没,"大和"号侧着身子,像是一条死气沉沉的鲸鱼。枪炮残骸、弹药与尸块被无情地卷入大海,灯光也随之熄灭。水兵在近乎垂直的甲板上挣扎爬行,滑倒在战友的鲜血上。爬至最顶端的幸存者翻过右舷栏杆,在舰身一侧挤作一团。

副舰长能村感到一股巨大的力量袭来,将自己吸入海面之下。透过清澈的海水,能村看到水兵在漩涡中"手舞足蹈",脚下是深邃的无尽碧蓝,头顶亮光渐渐消失。然而,在死亡逐步逼近的同时,意识却莫名清醒,能村感受到自己在痛苦中越陷越深。明亮的红色闪光射穿海水,一阵阵冲击波如攻城锤般撞击着他的身体,仿佛"天崩地裂"一般。突然,弹药在水下炸裂,将能村推上海面。火球画出一道道弧线,从波涛上方飞过。能村仰面浮在水上,心想:"大和"号完了,帝国海军也完了。

驱逐舰"雪风"号上,舰长寺内正道①中佐绝望地望着象征着"日出之国"的"大和"号倾覆,消失于海面之上。此时第二舰队的幸存军官中,军衔最高者是驱逐舰"冬月"号上的吉田正义大佐。寺内给吉田发出信号:"建议继续执行任务。"

吉田的答复是:"搭救幸存官兵,而后再决定行动方针。"

"雪风"号鱼雷长打算放下小艇搭救幸存者,却被寺内制止。"此次任务非比寻常,乃是一场自杀式袭击。"寺内喊道,"就算'大和'号沉没,其余各舰也得继续完成任务。"寺内又给吉田发出信号,请求重新考虑,而后命令水兵搭救幸存者,但只准救起尚有作战能力之人,"伤员一概不管!"②

漂浮在海上的幸存官兵面临双重危险:或是被战友抛弃,或是被美机击毙。美军飞机密布于战斗海域上空,编织起一张杀戮之网。原大佐惊

---

① 原文"Tochigi Terauchi"有误,"正道"读作"Masamichi"。"Tochigi"写作"枥木",疑作者将姓名与籍贯混淆致讹。——译者注

② "大和"号共有3332名乘员,活下来的只有269人。

奇地望着一架美军水上飞机掠过海面,朝着一片染成绿色的水域滑行而去。一名美军飞行员从救生筏里爬出来,钻进飞机。原望着那老鹅一般的飞机从海面升起,心里感到一阵羡慕。

数小时后,接近黄昏时,原大佐、古村将军及"矢矧"号上其余活下来的人才被驱逐舰"初霜"号救起。古村不慌不忙地擦净脸上的油污,换上借来的制服,写下一封准备发往联合舰队的电报:"我部正驶往冲绳。"此时的第二舰队只剩下两艘未受损伤的驱逐舰,另有两艘幸存的驱逐舰已严重受创,正在艰难缓慢地驶回本土。谁知电报尚未发出,联合舰队便将整个冲绳任务全盘取消。"初霜"号掉头返航,古村喃喃道:"我实在是受够了。"当年珍珠港奇袭之时,正是古村从"筑摩"号上派出第一批飞机侦察敌情。而此时,又是古村亲身经历海军最后一次出击,并幸存下来。他见证了太平洋战争中日本海军的兴衰始末。

4

深夜的东京,下届首相的独子铃木一久久未能入眠。当年"二二六"事件中,老铃木死里逃生,实属侥幸(射透胸腔的子弹此时仍嵌在他背部),而新任首相担负的任务,无疑会再度激怒少壮派激进军官。小铃木已不再是孩子,希望挺身而出,保护父亲。次日一早,小铃木便告诉父亲,自己打算辞去农林省的工作,给父亲担任私人秘书。"你还有大好前途,可别把命搭在我这把老骨头上。"然而,铃木一不肯听从父亲的劝阻——一旦日本战败,大好前途又有什么意义。

铃木希望冈田启介海军大将出任新内阁军需大臣,便将他请来家中。冈田闻言,大吃一惊,(冈田自海军退役已有七年,仍为激进派军官暗中憎恨)同时也没想到铃木家竟是一片混乱。铃木身边尽是些外行人,空有一副热心,却连电话都用不好,遑论帮助铃木挑选阁僚。冈田给女婿迫水久常打去电话:"我在铃木大将府上,谈论组阁事宜。"1936年,把时任首相冈田从官邸中救出来的正是此人。为避免铃木不慎招致大祸,在军政两界皆游刃有余的迫水乃是"唯一指望"。短短一小时内,迫水便辞掉大藏省的职务,成为新任内阁书记官长。

铃木最大的底气来自一种自信,即最有资格结束战争之人正是自己。至于具体怎样去做,他还没有明确打算。这类"失败主义"政策自然不能公开,即便他只对内阁公开,结局也难逃被迫下台,甚至是暗杀。此时,铃木只得暂时玩弄"腹艺"(字面意思即"腹部游戏")①,也就是在寻求和平的同时,假意支持战争。近卫见铃木不肯保证"为实现和平而努力",拒绝在新内阁任职。而另一方面,铃木又迅速向杉山元帅承诺,一定会将战争进行到底。在记者面前,铃木表示:"如今,一亿国民皆应化为光荣之后盾,护卫国体,不得为外物所羁。当然,老朽亦当秉轴持钧,立于国民之先。恳请诸位,以勇气与怒火砥砺战斗意志,跨越老朽之枯骨,奋勇争先,以安圣意。"

此时,铃木尚未对任何人透露真意,而其子铃木一却凭借直觉体会到父亲心事,便以书信形式将父亲的真实意图告知数名密友。

4月7日,新内阁正式成立。不过,最为重要的外相一职尚处空缺。阁僚人选基本是由"重臣"和迫水提议决定,唯有外相,铃木在深思熟虑之后,希望请善于策划和平谈判的东乡茂德出任。调查显示,珍珠港事件爆发之前,时任外相的东乡便不支持开战。后来,他又因为反对东条之"独裁及高压政策"而选择辞职。

其时,东乡正在轻井泽乡间度假,此地位于日本阿尔卑斯山脉②附近,乃是外交官最为青睐的避暑胜地。铃木托长野县知事打去电话,转达出任外相的提议。东乡的答复直截了当:只有先与新总理会谈并"达成共识",才能答应出任;除非能够放手工作,否则他不打算继续担任公职。然而,抵达东京后,东乡发现铃木不愿抛开"腹艺",即便与政见相同之人密谈也是如此。"您此番就任,心里必有主见。"东乡用浓重的九州口音说道,"如今处理国务绝非易事,因为战争已经来到最后的阵痛期。"

铃木的回答却让东乡感到失望。"我认为,战争还能拖个两到三年。"

---

① 腹艺(haragei),指不直接通过语言,而通过言外之意处理事情的一种方式。——译者注
② 日本阿尔卑斯,又称"中部山岳",是位于本州岛中部的飞騨山脉、木曾山脉、赤石山脉之总称。名称来自19世纪末一名英国工程师,此人认为上述群山与阿尔卑斯相似。——译者注

于是，东乡拒绝出任外相。"即便我自认为有能力承担起外交重任，只要新总理与我对战争的前景理解不同，便不可能存在有效合作。"

不过，事情并未就此结束。众人普遍将东乡视为主和派人士，轮番给他施加压力。不出二十四小时，便有六名高层人士出面劝他接受外相一职，其中包括两名"重臣"与木户侯爵。冈田大将解释称，铃木的政策"未必一成不变"，东乡可以"协助修正"，其女婿迫水亦表示，初次会谈便谈论早日实现和平，对铃木而言太过冒险。"处在总理位子上，在那种场合下，话若出口，恐难避免不良影响。"

东乡不理解何以如此拐弯抹角。倘若铃木支持他求和的意见，私下会谈里何不明说？假如铃木连自己属意的外相都不信任，在接下来的危急日子里，两人又怎能精诚合作？

内大臣木户则通过秘书官长松平透露：天皇本人希望结束战争。架不住各方齐力邀请，东乡决定再次与铃木会谈。铃木也意识到自己的态度需要更为坦率，于是说道："就战争结果的判断而言，您的意见十分恰当。至于外交方面，您大可放手去做。"

东乡依然不肯答应，坚持要求铃木作出承诺：倘若研究结果表明，战争无法维持三年以上，那么内阁必须支持和谈。此时的铃木卸下一切伪装，全盘接受东乡的条件。不过面对其他人时，新首相则继续玩弄"腹艺"，假装与东条同一阵线，致力战斗到底。

5

美军登陆冲绳岛已过去一周，当两个陆军师朝南挺进时，仍然没有遇到除前哨之外的敌军的抵抗。战况遥遥领先于作战计划。

特纳将军信心十足，于4月8日中午给尼米兹发出电报：

> 我说这话也许是疯了，但看起来，鬼子似乎已放弃战争，或者至少是该地区的战斗。

尼米兹的答复充满讽刺:"疯了"二字之后全部删掉。

美军即将在首里北方遭遇强大的防御体系。岛屿在此处宽仅四英里,石灰岩丘陵连绵起伏,天然洞穴与古墓密布其中,间杂有大量台地、悬崖与山谷。由于山丘多数自东向西连绵分布,因此美军面临的将是首尾相接的天然防线。

当日下午,巴克纳部东翼在敌军持续的火力阻击下停滞不前,西翼则遇到一座山丘,它从海岸向东延伸1000码至五号公路,该公路穿过防线中央,一直通往首里。山丘名叫嘉数高地,两边是小丘,中间呈马鞍状,海拔并不高,地形亦不崎岖,只是长满野草、灌木与小树丛,看上去算不上什么障碍。

事实上,正是这座矮胖而丑陋的山丘,为首里提供了关键性防御。美军于4月9日上午猛攻至顶峰,遇到日军猛烈抵抗。至傍晚时,由于弹药耗尽,加之伤亡惨重,美军只得从顶峰退下。此后两日,美军反复自两侧发起攻击,始终未能奏效,战斗陷入血腥僵局。

牛岛想要的正是这种消耗战,但其部下却难以忍受长期守势,纷纷口出怨言。未能坚持己见的牛岛最终批准于次日,亦即4月12日夜里,派出六个大队发起反击,与另外一场大规模"神风"特攻队攻击互相配合。(隶属第六十二师团的)第二十二联队将从左侧攻击。11日晚,到冲绳赴任尚不足一月的联队长吉田胜中佐召集部下军官,简要说明任务:"尽管道路崎岖不平,你们还是要顶着敌军猛烈炮火,摸黑以'鳗鱼之姿'行进。从头到尾,严格保密。目标地点你们并不熟悉,但抵达后切不可喧哗,要选择在坚实地面挖掘掩体,在天亮之前将它们巧妙伪装起来。"

于是,第二十二联队的士兵背着110磅的沉重背包,冒着大雨,踏着泥泞的道路冲往前线。

次日一早,185架"神风"特攻队飞机在150架战斗机与45架鱼雷轰炸机的掩护下,开始攻击冲绳海域的美军舰只。接着,天边又飞来8架双引擎轰炸机,其腹部悬挂着新式武器——樱花弹。所谓樱花弹,事实上是一种有去无回的滑翔机,依靠三支助推火箭提供动力,看上去像是一枚挂有小型翅膀的鱼雷。飞行员操纵滑翔机,便携带整整一吨三硝基苯酚炸药以超过500节的时速撞向目标。① 美军将此新型自杀武器谑称为"笨弹",但谑称并不能抑制恐惧感在整个美军舰队之中迅速传播。约下午2时45分,一枚樱花弹从母机腹部脱落,击中驱逐舰"曼纳特·L.艾贝尔"号。该舰此前刚被一架"神风"飞机撞中,此时瞬间折作两半,几乎立即沉没。另一艘驱逐舰"斯坦利"号也受到樱花弹攻击。与此同时,"神风"飞机与常规机也击沉大型支援登陆舰(L)-33号,炸伤1艘战列舰、3艘驱逐舰与8艘其他舰船。

地面反攻却没有那么顺利。揭开帷幕的是大炮与迫击炮的集中齐射,午夜时分,随着炮击结束,日军步兵开始渗入美军阵地。然而,在海军照明弹的亮光下,步兵行踪完全暴露,不足一小时,反攻势头便衰弱下去。

---

① 除"神风"飞机与樱花弹外,日军也存在其他自杀式袭击手段,但相对而言都不够成功。例如,微型潜艇曾受到大肆宣传,参与过6次经核实的袭击行动:珍珠港;1942年5月31日,悉尼港;1942年11月23日和12月7日,瓜达尔卡纳尔岛海域;1942年5月31日,马达加斯加海域;1945年1月5日,棉兰老海以西海域。共28名潜艇乘员死亡,造成的损失微乎其微。战时,还有一种名叫"海龙"(Kairyu)的双人潜艇正在投产,航程为250海里,可携带两枚航空型鱼雷。然而,到战争结束时,"海龙"一共生产出230艘,未有一艘投入使用。

另一个典型的失败例子是"回天"(Kaiten),一种"人肉鱼雷",安置在常规潜艇甲板上,在接近目标后放出。一枚早期型号的"回天"曾潜入乌利西环礁潟湖,击沉载有40万加仑航空汽油的给油舰"密西西尼瓦"号。此次成功激发了日军进行改良设计,最终型号的"回天"长54英尺,弹头装有3000磅高爆炸药。研发人员称:一枚"回天"有能力击沉任何一艘水面舰船;一艘潜艇携带四枚"回天",能够潜入美舰停泊地,一举击沉四艘大型舰船。当然,这只是预言与期望。日军对盟军舰只发射的"回天"不下数百枚,真正击沉的只有一艘加拿大商船"胜利"号。护航驱逐舰"安德希尔"号虽中一枚"回天",但却是被友军误射的炮火击沉的。日军则有将近900人在"回天"计划中丧生。

此外,还有一项野心勃勃的计划叫作"飞象行动"(Operation Flying Elephant),结局同样徒劳无功。该计划打算借助喷流,将装有燃烧弹的数千个巨型氢气球升至日本上空33000英尺处,使其以120英里的时速向东飞行,约48小时后抵达华盛顿州、俄勒冈州或蒙大拿州上空——美国西北部森林茂密,有助燃烧。这类气球在海平面高度具有300公斤升力,是由一支裱糊匠、女学生及红灯区女郎组成的工人团队在东京多家电影院及相扑馆内制作而成。气球材质乃是糯米纸,并用魔芋(日式食物寿喜烧的重要材料)加以强化,为此,日本在全国范围内大量征用魔芋。每个气球需要600个纸条糊成球形,生产10000个气球共要动用数百万劳动力。1944年11月1日,千叶、茨城、福岛三县发射场的指挥官奉命"对北美大陆发动攻击",还有一名参谋人员被派往伊势神宫祈求成功。在此后半年里,共有9300个气球升至喷流之中,收效却不尽如人意——仅仅在太平洋海岸西北地区引起数场小型森林火灾。

第二十二联队今井要准尉是一名神主的儿子,此时是他第一次听到大队长喊出"撤退"二字。大队长重复一遍,士兵依然立在原地,好像并不理解"撤退"代表什么意思。今井见状,喊道:"跟我来!"便做进攻状开始小跑。士兵迅速跟上。其余几个小队也跟随着一起撤至后方。

此时,佐治亚州的沃姆斯普林斯还是4月12日。距离沃姆斯普林斯基金会两英里处有一幢木结构别墅,人称"小白宫"。午餐后,罗斯福总统坐在里面,请一位画家给他绘制水彩肖像。下午1时15分,总统双眼紧闭,低声道:"我头疼得厉害。"说罢便昏倒在地,失去意识。

美国医学会前主席詹姆斯·波林医生沿小路赶来,抵达时已是两小时后,发现总统"冷汗直流,面色苍白,呼吸困难",脉搏微弱到难以感知。四分钟后,心跳声彻底消失。波林医生给他注入一剂肾上腺素,总统短暂恢复脉搏,而后便永远停止了心跳。时间是下午3时55分。

纳粹将罗斯福之死视为挽回败局的最后希望。"您的死敌已倒在命运手中,上帝并没有抛弃我们。"戈培尔在给希特勒的电话中兴奋地报告,"上帝两次从凶残的刺客手中将您拯救出来,而在1939年与1944年曾悄然而至的死神,如今却降临到我们的头号敌人身上。真是奇迹!"

另一方面,日本的新领导人并不为此欢欣鼓舞。铃木首相通过广播向美国人民表示"沉痛哀悼",承认"美国取得今日之非凡地位",实属罗斯福之功。① 不过,日本政宣部门却没有放过机会,顺势谎称罗斯福死于极度痛苦之中,甚至把总统生前最后一句"头疼得厉害"篡改为"我错得厉害"。

罗斯福的逝世并未引起日本公众的注意,只有部分社论对此评头论足。"实属天罚,"《每日新闻》写道,"作为美帝国主义之化身,罗斯福在全人类中散布下的罪恶影响罄竹难书。"《朝日新闻》则引用野村大使的话,大使当年曾在华盛顿为和平作出过很大努力,"说来也许可笑,四五天前,我梦见自己身在白宫,走进罗斯福办公室时,发现里面有一口棺材。副官

---

① 日本媒体并未报道铃木的广播,就连铃木一也是在战后才得知此事。

指着棺材告诉我罗斯福就在里面。如今,梦境成真。但无论死去的是谁,美国的战争意志都不会动摇。我等必须下定决心,死战到底。"

消息传至冲绳岛是在13日黎明时分。"注意!注意!全体人员注意!"美军各舰上扬声器响道,"罗斯福总统逝世。重复一遍,合众国总司令罗斯福总统逝世。"部队陷入悲痛,一时间难以置信,特纳将军不得不发表声明,予以证实。悲痛之余,新的疑虑也油然而生。总统去世是否会影响战争进程?新任总统哈里·杜鲁门是否会继续要求日本无条件投降?

冲绳岛上,日军政宣部队根据本土指示,印制大量传单,试图将总统之死与岛上美军之命运联系起来。

> 对罗斯福总统之去世,我军自须表示深切哀悼。随着总统故去,冲绳岛上也上演着一出"美国悲剧"。诸位想必也清楚,贵军航母之百分之七十、战列舰之百分之七十三或受重创,或已沉没;人员伤亡更达15万之多。岂止总统,换作任何一人,听到军队遭受如此灭顶之灾,亦难免忧愤而亡。而那灭顶之灾,不仅为贵国领袖带来致死之忧患,也将使各位沦为岛上遗孤。帝国特攻队会将美舰全部击沉,甚至不剩一艘驱逐舰。不久之将来,诸位自会见证其实现。

一名美国陆军士兵读完传单,抬起头来,望着舰炮声隆隆大作的中城湾,惊奇地叫道:"那鬼子以为炮弹是从哪儿飞来的?"

与戈培尔不同,很少有日本人幻想着罗斯福之死会为战局带来转折。战争爆发头几个月里日军征服的领土此时不是已被收复,便是正在被收复的过程中。最为典型的一处正是菲律宾群岛。山下依旧固守在北部据点,麦克阿瑟却已在棉兰老岛西部立稳脚跟,准备在全岛范围内发起大规模进攻。

铃木宗作将军被迫放弃莱特岛,加入一支撤至宿务的743人的队伍之中。包括第十六师团师团长牧野将军在内的12000人被遗弃在岛上,面临着三条死路:饿毙、自裁、死于敌军之手。铃木抵达宿务首府,却发现美军已在此地登陆，便决定冒险前往棉兰老岛——那里还有两个近乎整编的师团与12000名日本平民。铃木打算将大量军民集中至达沃西北部山区，依靠地利击退敌军，永远坚守下去，并与当地土著通婚，建立起一个自给自足的社会，一个根绝歧视的人间天堂。参谋长友近将军也对该计划热情十足，两人甚至草拟出一部宪法，为那"梦幻国度"暂定下一个名称——铃木王国。

4月10日，二人即将带人登上五艘小船，铃木对友近说道："一旦我死在途中，请务必接替我任第三十五军司令官，实现我二人之大计。"铃木写下一首诗歌，以纪念两人面临的苦难：

> 饿殍不足为效，纵兵入原野中。
> 赴死岂曰难事，我部切勿驻停。
> 此身尚可报国，荣光归于吾躬。

因不时受到风暴袭扰，这支"小舰队"花费整整六天才抵达内格罗斯岛南部。他们在岛上等到天黑，又下到广阔的海面，踏上最后一段漫漫之旅，驶往终点站棉兰老岛。海面无风，恰又遇到涨潮，铃木一行依然坚定决心，奋力划桨，终于赶上主海流。四艘小船都被带入棉兰老海，只有铃木所乘的船只落在后面，至晚10时，已望不见同伴的踪影。铃木等人精疲力竭，无力再与激流搏斗，又漂回内格罗斯岛。次日上午，铃木一行在灯塔附近水域被一架美军飞机发现。

"快跳海！"副官绵野得定中尉大喊一声，纵身跳入海中，铃木却仍留在船内。美机子弹射下，在独木舟四周激起朵朵水花，绵野望见将军手握军刀，身体俯下，似是正在切腹。铃木与其梦幻王国的故事，就此落下帷幕。①

---

① 成功抵达棉兰老岛的只有友近所乘小船，而在他抵达后不久，岛屿全境便尽皆落入麦克阿瑟手中。友近后来对此评论道："以美梦始，以噩梦终。"

第二十九章 铁台风

1

罗斯福去世那天,铃木贯太郎内阁授权组织一支国民义勇队,它由十五岁至五十五岁男子和十七至四十五岁女子组成,以应对本土决战。报界持续就冲绳战事刊登乐观的报道,而冲绳岛一旦陷落,便是义勇队上阵之时。"美军的行动,完全符合我军当初应敌计划的细节,可以说毫厘不差。"一名姓远藤的退役舰队司令表示,"允许敌军入侵冲绳岛,与所谓背水一战存在诸多相似之处。采取这一策略的前提,乃是我军拥有充分自信,有能力以牺牲某一次要部位为代价,将尖刀刺入敌军要害。"

而在冲绳岛上,牛岛的第三十二军已遭受惨重损失。两个星期以来,日军精锐阵亡约 7000 人。尽管首里防线并未陷落,仅有两个大队把守的岛屿北部却尽皆落入美海军陆战队之手,只剩下本部半岛的日军在苦苦支撑。而在 4 月 16 日,经过三日血战,美军攻下八重岳。该山高 1200 英尺,地势险峻,乃是本部半岛的核心地带。攻下八重岳,事实上意味着冲绳北部战役就此完结。

本部半岛以西数英里,有一座椭圆形小岛,长 5 英里,名叫伊江岛。岛上整体地势平坦,只有中心附近矗立着一座 600 英尺高的死火山。日军残部聚集之处正好在火山附近。美军将占领该岛的任务交给陆军。16

日上午8时,舰炮轰击过后,陆军官兵翻越沙丘,直逼主要目标机场而去。然而,接近火山时,美军遭遇无数迷宫般的隧道、掩体、山洞与伪装的散兵坑。日军尽管处于劣势,却在大量平民的自愿援助下,以前所未有的力度给美第七十七师以迎头痛击。

记者厄尼·派尔暂时与冲绳本岛上的陆战队分别,与陆军官兵共赴伊江岛;他对陆军拥有特殊的感情。4月18日,厄尔与一名团长乘车赶往前线,途中遭遇机枪扫射。瘦小体弱的派尔连忙跳车,滚入沟中,而当他抬头张望之时,太阳穴正中一枚子弹,顿时毙命。美军将其尸体埋葬在附近。①

当晚,海军陆战队员在冲绳岛上围坐着,背诵派尔专栏中他们最喜欢的段落。一名下士说道:"那么了不起的人,居然死在一座鸟不拉屎的小岛上,太可惜了。"众人检查派尔留下的铺盖卷,里面只有一件私人物品,是一串彩色贝壳。士兵将它包装好,寄给派尔的遗孀——"那个姑娘"②。

首里防线以北,美军正准备对日军防御体系发起全面攻击。"这块硬骨头不好啃。"第二十四军司令约翰·霍奇少将预测道,"岛屿南端,大概有6.5万到7万鬼子窝在洞里。依我看,只有一码一码地拿炮弹去轰,不然没什么别的办法把他们赶出来。"

海军奉命前来支援。次日清晨5时40分,6艘战列舰、6艘巡洋舰与8艘驱逐舰对准横贯岛屿的、5英里长的日军防线展开轰击。二十分钟后,27个炮兵营共324门炮一齐开火,轰击敌军前沿阵地,而后抬高炮口,将打击目标转移为前线后方500码处。6时30分,炮口重新压低,又对前线轰击了十分钟。整场太平洋战争中,就单次炮击而言,此次火力最为集中,共发射炮弹19000枚。

---

① 直到今天,该地仍竖立着一座纪念碑,上面写道:"1945年4月18日,第七十七步兵师在此地失去一位好友厄尼·派尔。"杜鲁门总统表彰称:"他为美军士兵代言,讲述那些普通美国士兵建立的丰功伟绩。"

② 派尔与其妻杰拉尔丁于1925年结婚后,曾结伴周游美国。在游记专栏中,派尔将妻子称作"与我同行的那个姑娘"。——译者注

炮口再次抬高时，来自两个师的突击部队发起冲锋；第七师在东侧，第九十六师在中央。五十分钟后，第二十七师也加入战斗，从防线西端对嘉数高地展开猛攻。

出人意料的是，面对史无前例的猛烈轰击，日军没有受到太大的损失，而美军三支突击部队却遭到击退，伤亡惨重。尤其是在西段，朝嘉数高地展开冲锋的第二十七师的 22 辆坦克尽数被毁，未能取得有效战果。至黄昏时，第二十四军死伤及失踪数已达 720 人。在接下来的四天里，东西战线战况胶着，两个师推进极其缓慢；中央的第九十六师倒是勉强推进 1000 余码，不料却遇到一段近乎垂直的峭壁，有如一段长城矗立在眼前。这正是首里防线的核心地段——前田高地，险峻的地势使之成为一座名副其实的堡垒。美军迅速就被击退。有人提议从日军防线后方展开两栖登陆，却遭到第十集团军司令巴克纳将军否决：南部海域多暗礁；海滩也不适宜装卸物资；且该地日军势众，纵使建立起滩头阵地，结局也难免是拱手让人。

巴克纳的理由合乎逻辑，却并不符合事实。为加强首里防线，牛岛当时只得把后卫师团调往北部，内心却极度害怕美军从南部海岸登陆。（"一旦如此，结局将是兵败如山倒。"）这支增援部队自夜间出发，至 4 月 25 日晚，大部分已进入阵地，与伤亡惨重的前线守军轮换。日军增援可谓及时，恰好赶上美军再次进攻前田高地。进攻再次失败，第九十六师有一个连勉强登至顶峰，代价却是短短数分钟内伤亡 18 人；另一个连组成人链奋力攀爬，最靠近顶峰的三名关键士兵却被机枪撂倒。

而在此地左面，亦即前田高地东端，一支美军部队登上两座起伏的山丘顶端，将枪口对准 500 余名暴露的日军。与此同时，美军坦克及火焰喷射装甲车出现在五号公路上，恰好绕经高地东端，与步兵形成交叉火力，顺利将那批日军歼灭。

牛岛担心美军会用重兵突破高地东端，包抄至峭壁后方，于是给第六十二师团下达一道简短命令："自本日 13 时许，敌步兵以坦克为先导，朝前田高地南部、东部防段推进。第六十二师团上述防段之各单位……对逼近之敌军发起攻击，务必将之击退。"此外，牛岛还命令第二十四师团调整师团防区界线,协助友邻部队堵住缺口,并"于今晚将主力部队部署于首里东北",不惜一切代价死守前田高地。

4月27日上午,美军步兵、坦克与火焰喷射装甲车再次紧密配合,对前田高地东端日军残余阵地发起进攻,于黄昏前占领两座山头。眼见哨壁东段落于敌手,牛岛命令第二十四师团派出一个联队,立即沿整个高地扫荡敌兵。中部防段交由志村常雄指挥的大队负责,此人是日本陆军中最年轻的大尉之一,部下600人中绝大部分从未经历过战斗——其中一人名叫外间守善,只有19岁,数星期前还是冲绳师范学校的一名学生,此时自愿奔赴前线。

当晚,北上赶赴高地的志村大队进入古都首里,小心翼翼地穿过市区。在一座天主教大教堂对面的街道上,横七竖八地躺着数百具尸体,看上去"就像一堆破烂的布娃娃"。士兵经过此处时,不得不绕开行走。原来,一枚美舰炮弹恰好击中一车弹药,引发如此惨剧。外间看到一堵石墙上沾满人肉碎片,鹅卵石道路上溅满鲜血。出城后,队伍分作两列,沿泥泞的道路继续北上,途中遇到炮击,只得进入田间散开。休息时,众人打开菠萝罐头,每名士兵分得一片,在战死之前"最后一饱口福"。

直至午夜过后,大队才抵达出击线。志村命令两个中队发起攻击时,时间已接近凌晨3时。几乎与此同时,美军迫击炮弹飞过高地,在日军之中炸开。志村命令士兵小心炮火,继续前进。晨光熹微之时,志村部队爬上陡坡,突然发现美军坦克出现在右边五号公路上,恰似一群觅食的猛虎。坦克一齐开火,瞬间便击毙日军100余人。幸存日军慌忙躲进掩蔽物——或是中式坟墓,或是简陋的防空掩体,或是岩石后面。志村与另外七人选择躲藏在坟墓中,直至黑夜降临。

随着太阳下山,美军坦克离去。志村走出坟墓,发现已有三分之一士兵阵亡。然而,联队不肯撤销当晚攻上悬崖的命令,志村只得将白襻绑在背后作为标记,带头沿一条干涸的河床前进。在陡坡半腰处,志村摸索着发现一个经过伪装的洞口,里面蹲着约50名日军士兵,这是贺谷支队的残部,从哨壁上被驱赶下来,此时只剩下几支步枪。志村一进来,众人便高声欢呼,泪流不止。如释重负的贺谷大佐紧紧抱住志村,说道:"接下来

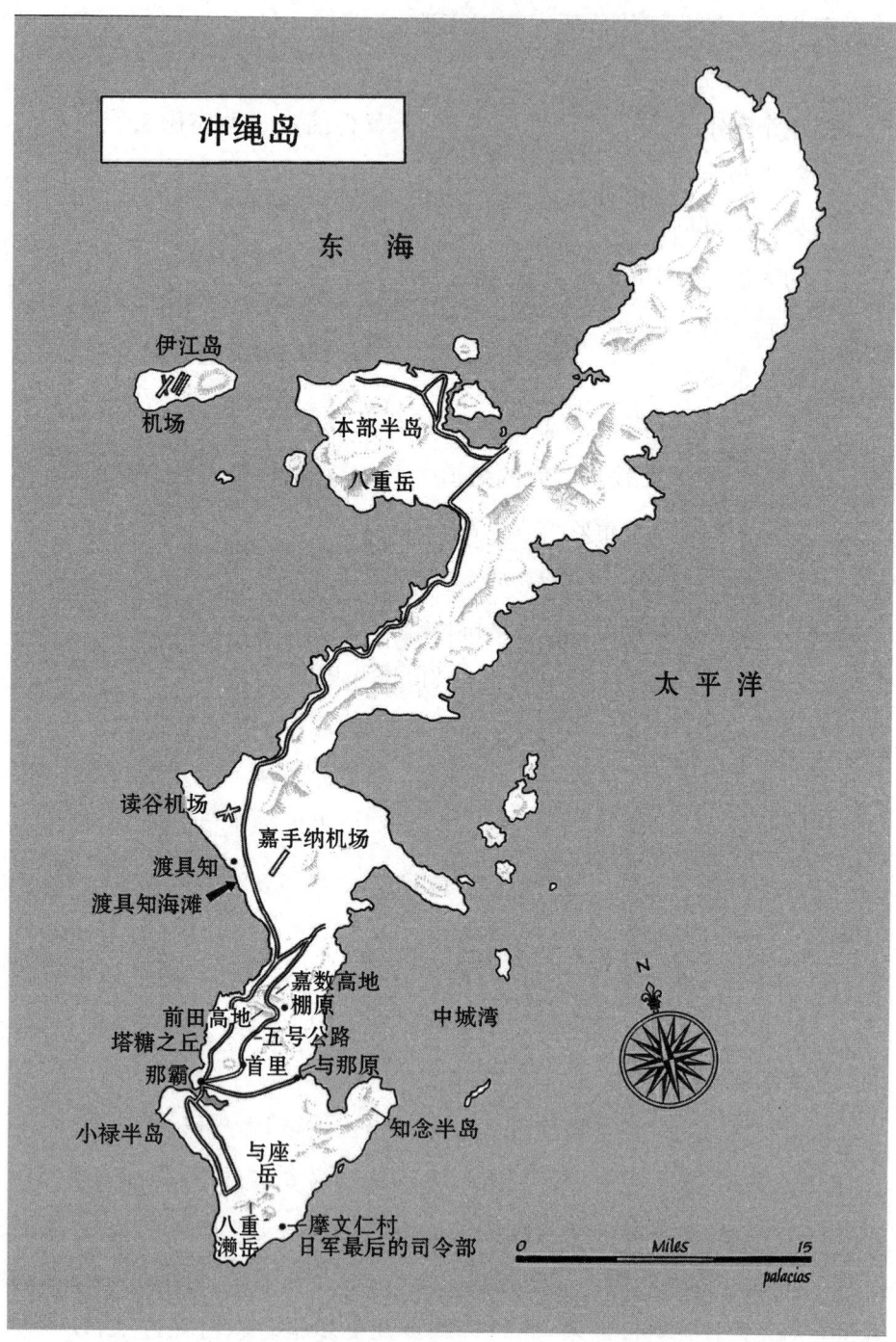

全靠你了。"此时的贺谷既不想讨论战局,也不想谈论敌军部署情况,只是为志村斟满一杯酒。

志村颇感气愤,不肯饮酒,率队离开山洞,前往高地边缘,一直躲避至次日。日出时分,志村大队突然猛掷手榴弹,尖叫着翻身跃出,在轻机枪掩护下,挥舞着明晃晃的刺刀,一拥而上冲至高地顶峰。所谓顶峰,其实只是一块突出的石灰岩,形似城堡的炮楼,美军戏称它为"针岩"。志贺大队在此处歼灭峭壁中央的少量美军,而后分散藏身在岩石后或小洞穴内,形成一条200码长的防线。日军之所以能够迅速取胜,其本身的战斗意志自然是重要原因,同时也是由于美军实力减弱:经过四天的拉锯战,把守此地的美军战斗力只剩下百分之四十左右,有的排甚至只剩下六名官兵。

西海岸附近,战况尽管不如峭壁处那般惨烈,但双方也是两败俱伤。次日,亦即4月30日,海军陆战队第一师赶往前线,与陆军第二十七步兵师换防。在不到两星期的时间里,第二十七师伤亡数已高达2661人。陆战队员正没精打采地走在路上时,突然听到前方传话:"狗崽子过来啦。"①他们连忙挺直腰板,举枪上肩,摆出一副阅兵队伍的架势。不过,陆军士兵(在一名陆战队员看来,那些人"满面污垢,垂头丧气,活像一群僵尸")却对他们视若无睹。一名陆战队员路过时出言讥讽,却被战友制止;谁都不能保证自己不会沦落到此般田地——当然,前提是活下来。

前田高地战线上,陆军换防过后,背起炸药包,用绳索与钩爪攀登峭壁,继续发起攻击。日军则从错综复杂的大小洞穴中窜出,多番挫败美军攻势。志村大队在"针岩"附近坚守阵地,击退美军十余次猛烈冲锋。联队见志村指挥得力,便命他继续扩大攻击范围,要他于当晚夺回右手边一座日军称之为"撒旦之丘"的小山头。志村派出第五中队执行该任务。午夜过后不久,中队抵达山顶,发出信号弹示意。然而,山顶地表尽是岩石,无法挖掘掩体。天亮之后,美军火力迅速将其包围,无处藏身的第五中队

---

① "二战"期间,美国陆军步兵常被谑称为"狗脸"(Dog-face),海军陆战队对此称呼加以改变,称之为"狗崽子"(Doggies)。——译者注

遭到全歼。

美军登陆冲绳已一月有余，17万军队在岛上拓宽并修缮道路，以供大量登岛车辆通行；此外，美军还建立补给站，部署高射炮，并在海陆军各设施之间架设电话；冲绳岛俨然已被打造为一个"小美利坚"。

尽管接受着蔑视美国的教育，但日军官兵对美军讲求理性的作战方式印象深刻。服装耐用、弹药充足、食粮丰富的美军在面对战争时，似乎是抱着冒险的心态，甚至连士兵身上的文身也吸引着日军。

首里城是一座历史悠久的建筑，约一个世纪前，琉球国王曾在此地隆重款待佩里准将。在城池残骸下100英尺的一座山洞里，牛岛麾下的参谋长长勇中将正在大声吵嚷，要求再次发动全面反攻。此人生性喧闹，烟瘾酒瘾异于常人，其军事生涯与辻一样，走的是一条"下克上"的道路。1931年，他曾参加"锦旗革命"，失败后被调往伪满洲国。1938年，又是他玩弄手段，使得日苏两军在张鼓峰发生的边境战争拖延了很久。作为长官，他性情暴虐，手下勤务兵、副官及大小军官常被耳光教训。此时，作为参谋长的他正在牛岛面前口沫横飞，手中挥着长烟嘴，好像舞刀弄剑一般。

牛岛彬彬有礼地听着参谋长面红耳赤的发言，甚至不时显露出顺从的态度，让周围军官感到很不自在，长勇本人倒没有什么感觉——他之所以表现得如此暴躁好斗，只是因为之前一个小时里都在喝酒。牛岛最终给出保留意见，众军官纷纷表示不服，只有作战参谋八原博通大佐表示支持。八原博通平素不苟言笑，军中人称"铁面参谋"，此时面对叫嚣着要决战的长勇，也是众参谋之中唯一未被吓倒而敢于据理力争之人。"如今敌众我寡，力量悬殊，主动出击无异于以卵击石，只是将失败的结局提前而已。"八原继续分析道，敌人已在制高点建立阵地，与其迎难直上，不如继续维持当前战术。八原认为：全军覆灭的结局不可避免，但只要牵制得当，便能为大本营争取宝贵时间。而发起反攻，充其量只能给敌军带来少量伤亡，代价却是成千上万的皇军白白牺牲。然而，在场众人无法抑制孤注一掷的本性，以第六十二师团师团长为首，各师团长、旅团长纷纷起身，表示龟缩死守委实令人烦闷,愿意遵从长勇参谋长的意见。尽管心怀忧虑,牛岛也只得下令在两天之内展开反攻。

反攻乃是一项规模庞大又错综复杂的计划:先是由"神风"飞机对美舰再次发动大规模袭击,加之战术轰炸机协助,以便陆军北上推进5英里,像楔子一样打入美军阵线;同时炮兵发动猛烈轰击,清扫五号公路,两个联队随即自公路以东发起进攻,第三个联队则从前田高地猛冲而下,在大量坦克支援下,沿公路朝远处高地推进;第四十四混成旅团则尾随北上,行进半英里后左转折向西海岸。为迷惑敌军,他们还计划在美军阵线后方的东、西海岸分别发动两次两栖登陆。

5月3日黄昏时分,日军对美军前线阵地发起猛烈炮击。"神风"飞机同时出动,击沉驱逐舰"利特尔"号、中型登陆舰-195号及其他四艘舰船。午夜过后不久,60架常规轰炸机对第十集团军后方展开轰炸;与此同时,两支登陆部队则乘驳船,分别沿东、西海岸北上。西岸部队偏离原定地点,在一个海军陆战队连的营地附近登陆。该连美军被一阵"万岁"呼声惊醒,迅速以迫击炮、机枪与步枪组成密集火力网,朝敌人发起致命打击。日军几乎被全歼,极少数逃兵也未能躲过美军追杀。唯一的战俘是一只信鸽,美军将它释放,顺便捎上一张纸条,以典型的陆战队员的口吻嘲讽道:"鸽子在此,但爆破工兵无法一并交还,不好意思。"而在东岸,登陆部队在上岸之前便被一支美海军巡逻队发现,照明弹立即点亮海面,日军驳船大半被击沉,数十人侥幸上岸,最终也被歼灭。

日出前一小时,日军炮击达到顶峰,震耳欲聋的隆隆炮声一连持续了30分钟。随着两枚指示进攻的红色信号弹升上天空,日军步兵如潮水般一拥而上。右侧,2000名日军进入一片开阔地带,很快沦为美军大炮的靶子,幸存者不肯放弃冲锋,无奈平地上毫无遮蔽,最终也被逐一撂倒。

中路攻势总体上是成功的,而这凭借的是坦克支援。在美军精准的炮火打击下,日军中型坦克已尽数瘫痪,只有9辆轻型坦克成功跟上先头部队——伊东孝一大尉率领的共600人的大队。伊东趁着天色未明,冲破美军防线,却遭到自动武器压制。9辆轻型坦克试图靠近,却被大炮逐一击中。尽管坦克已指望不上,伊东仍然决定继续进攻,率残部朝第一个目标而去。那是棚原町附近的一座山丘，位于前田高地东北一英里处。

正午之前，第三十二军司令部收到零星报告称，前线部队战果惊人。于是，首里城残骸下的日军便在山洞里欢庆起来。事实上，真正突破美军防线的只有伊东一支部队，他受命于当晚进攻棚原北面的山丘。伊东率队沿五号公路两侧朝目标山丘推进，却遭到美军炮火阻拦。好在坦克部队在夜色掩护下赶来，伊东在装甲部队支援下继续推进。经过一番激烈交火，美军击毁6辆坦克，却未能阻止伊东率队突破防线。短短一英里路程显得无比漫长，伊东抵达棚原町后，在穿越小镇的道路上埋下地雷，又在日出之前在山坡上修筑起一道外围防线。由于密码员已阵亡，伊东只得用明码报告称，大队450人已抵达目的地。上级给出的答复是：原地待命。

到5月5日中午，即便是那位性烈如火的长勇中将，也意识到反攻已然失败，冲绳岛战事不再存有任何希望，败局已定。

伊东依然坚守在棚原以北的那座小丘上，承受着来自四面八方的压力。一天结束时，部队已有100余人丧生于火焰喷射器、迫击炮与手榴弹之下。次日上午，伊东拼死打退美军进攻时，大队已由最初的600人减员至不足150人。正当伊东准备捐躯沙场时，掩体内突然飞进一块石头，包裹石头的纸上写着报务员刚刚收到的上级指示：撤退。伊东将手榴弹留给伤兵，告别之后，把尚能作战的部下召集在山脚下。午夜时分，队伍摸黑南下，但那一英里长的来路已被美军占领，又带来不少伤亡。最终成功突围者，只有包含伊东在内的10余人。

日军动用一切人力物力发动殊死反攻，却被霍奇的第二十四军轻松击溃。这次胜利恰与另一场更为重大的胜利遥相呼应：5月8日正午，每门陆军大炮与海军舰炮齐射三发，庆祝德国投降。

尽管日军在公然冲锋时不堪一击，而当他们钻入隐蔽的防御工事，便会成为最为棘手的强敌。前田高地的战斗俨然化为一场血腥的"占山为王"游戏①，双方轮番占领山头。美军第三〇七步兵团第一营在八天里减

---

① 占山为王（King of the Hill），一种流行于欧美的儿童游戏。最先登上山丘（或类似区域）顶部的玩家为国王，其余玩家则想方设法将国王推下去以取而代之，最终能够留守在顶部者视为获胜。——译者注

员过半,其中8名连长在短短36小时内连续阵亡。

日军伤亡更为惨重。那名年轻大尉志村率领的驻守山头阵地的600人此时只剩下不足150人,且大多身负重伤。撤退命令虽已下达,志村却不肯从命,坚持要在部下阵亡之处与之共死。联队坚持命他后撤,第二十四师团一名参谋以私人名义发出一封暗文,劝他"另寻战场,死得其所"。志村将撤退命令传达下去,其本人则决定留下来打游击。"去留全凭自愿,留下的弟兄与我并肩作战,在山头上坚持到最后一人。"一部分士兵转入地下,其余部队撤出,前田高地最终落入美军之手。

攻下前田高地后,美军攻势逐渐辐射至全岛。海军陆战队两个整编师(第三两栖军)成功掌控西侧:距离首里不足一英里处,有一块高地名叫"塔糖之丘",是为整个防线的西段要害,第六师经过一番苦战将其拿下;通往首里中心有一条狭窄的岩石通道,叫作大名溪谷①,自瓜岛战役以来便马不停蹄四处作战的第一师正沿此路推进。而在更远处的东侧,直到海岸,第二十四军的三个师缓缓推进,将"巧克力丘""平顶丘"等首里以东的山头逐一拿下。至21日黄昏,首里城已被三面包围。然而,日落之后,暴雨陡降,战斗随之告一段落。大量降水使得大名溪谷化为泥潭,坦克与两栖登陆车在其中动弹不得。整条前线上,山坡掩体逐渐被大雨冲毁,地势较低的散兵坑像是漏水的小船,士兵不住地往外舀水。大量食物无法运上前线;在连续不休的暴雨之中,无人能够入眠;尸体无法掩埋,只得任其腐烂。

尽管暴雨带来一段喘息的时间,牛岛依然决定放弃首里。为保卫首里,守军浴血奋战,伤亡数字接近60000;在敌军海陆炮击、飞机轰炸以及步兵和坦克的无情打击下,第三十二军的核心力量——第六十二师团、第二十四师团及第四十四独立混成旅团溃不成军。牛岛坚持撤退,否决一切继续固守的意见。将军给出的理由是:越是想要死守首里,冲绳岛便会

---

① "大名"二字在此地名中本读作"Ona",美军方面始终称呼为"Wana",具体原因不明。——译者注

越快陷落。

2

在经济杂志《实业之日本》的五月号这一期上,海军少将栗原悦藏写道:

> 有些人提倡"以我之皮,取彼之肉;以我之肉,取彼之骨",在我看来,此等战术过于精明,不足为效。本人倒是倾向于"以我之骨,取彼之骨"。凡为我大日本国民者,人人皆可做到。这也正是我军采取的特攻队战术,以将国民骨子里的强劲韧性激发出来。①

自莱特湾战役以来,日军尝试对美舰使用"神风"战术,而到冲绳岛战役时,"神风"战术已成为常规防御手段。从复活节登陆至此时,针对集聚在冲绳岛周围的数百艘美军舰船,日军共发起过六次大规模"神风"特攻,动用飞机1500余架,其中数百架飞机冲破密集的高射火力网,与目标相撞,引发爆炸,击沉美军舰艇20艘,重创约25艘。这些数据固然令人心惊肉跳,却并未讲述双方阵营中那些有关死亡、恐惧与"英雄主义"的真实故事。当你站在一艘军舰上,眼睁睁地看着一架敌机奋不顾身地冲撞而来,驾驶员誓死与你粉身碎骨,共赴黄泉,这种感觉用毛骨悚然形容并不为过。

为配合牛岛主力撤出首里,日军于5月25日发起第七次"神风"特攻。特攻开始之前,先由一支自杀式破坏小队分乘5架双引擎轰炸机,对

---

① 日本俗语"以我之肉,取彼之骨"(肉を切らせて骨を断つ),原本来自剑道,指不惜自己受伤,只要能给对方造成更大伤害,便算得上成功。后被海军发展为"以我之皮,取彼之肉;以我之肉,取彼之骨",尤指不畏伤亡,逼近敌舰展开集中炮火攻击的战术手段,与之相对的则是依靠射程展开远距离炮战,这种战术"明哲保身",让人鄙夷。此处,栗原否定长久以来的海军传统,提出更为激进的"以我之骨,取彼之骨",体现出战争末期日本军国主义分子之丧心病狂。——译者注

冲绳岛中部的读谷机场发动攻击。其中4架遭到击坠,剩下的那架飞机以机腹擦地着陆,敢死队员蜂拥而出,在跑道上四散开来,朝停着的飞机投掷手榴弹及燃烧弹。美军看得目瞪口呆,不敢相信竟有人如此疯狂。该小队被歼灭前,给美军造成重大损失:7架飞机被毁,26架飞机受损,两座油库爆炸,70000加仑汽油付之一炬。

海面上空,"神风"飞机也朝运输舰停泊处猛冲而来。在接下来的12小时里,176架飞机撞向目标,击沉中型登陆舰-135号与护航驱逐舰"贝茨"号,另有4艘舰船遭受重创,被迫自沉、废弃或退役。

在美军官兵看来,日军飞行员狂热的赴死行径令人不寒而栗,但"这种与西方哲学格格不入的景象,具有催眠般的吸引力"。海军中将C. R.布朗评论道,"望着一架架'神风'飞机俯冲而下,我们仿佛被一种超然的恐惧感支配着,误以为在这可怕的景象面前,自己只是一名观察者,而非当事人。这一刻,我们脑海中只有一个忘我的念头,那就是绞尽脑汁地去揣测,天上那个人究竟在想什么。"美军对特攻队产生一种近乎病态的"着迷",以至于出现大量无稽谣言:飞行员参加"神风"特攻时,就像僧侣一样身穿连帽长袍;飞行员服用某种药物以参战;飞行员是被锁在驾驶舱内的;飞行员是一批精锐部队,从少年时期便接受自杀训练。事实上,这些飞行员只是普通的日本青年,自愿参加特攻队,追求死得其所。日本军方给官兵灌输一种观念:相较于美国,日本生产力落后,战争本就不对等,而克服这种不对等的最佳办法,莫过于特攻——只需一人一机,便能够给一艘航母或战列舰造成损伤,甚至有可能将其击沉,拉1000名敌人在海底陪葬。

二十二岁的青木保宪①海军少尉出生于东京,历来对"一机一舰"的口号深信不疑。早年,青木因热爱大自然,考入台湾一所农林学院。征兵时,他又因感受到"其魅力"而加入海军,学会驾驶飞机。至1945年初,青木已在四国岛上的高知海军航空队担任教官。征集特攻队志愿者时,航

---

① 根据作者原文,此人姓名为青木保宪,作者也曾三次采访此人。然而,根据日方资料,此人名叫青木武。——译者注

空队每位飞行员,不论教官或学员,都要在纸上签名;志愿参加者在名字上画圈,不愿参加者画三角。征集行动并无强制性,几名飞行员毫不犹豫地画下三角形。青木心想:一群懦夫,打到最后谁不是个死,倒不如死在飞机里,保不齐还能拉一艘敌舰垫背。

训练内容是在离水面30英尺的高度低空飞行,而后朝一座控制塔爬升并开火。志愿者驾驶的是一种笨重缓慢的双座教练机——"白菊"。青木也坐在里面,担任指挥官的同时兼任领航员。在青木看来,领航员没有必要存在,但副驾驶座上若不坐一名军官,飞行员很可能忍不住掉转机头。

几个星期一晃而过。对志愿者而言,训练时太过全神贯注,而执行任务又是未来之事,所以一切都显得不太现实。然而,当训练一结束,青木便意识到死期已开始倒计时。部队根据任务要求,对飞机加以改造,使得一种必死的感觉也进一步增强。机舱内添加了副油箱,两侧机翼各装上一枚250公斤的炸弹。青木检查着自己的飞机,不由得想:我就要驾驶着这架飞机,踏上不归之路了。

5月25日,青木等人被调往九州岛鹿屋基地,这里是飞往冲绳岛前的最后一站。死期将至的念头让青木感到不知所措,而看到战友泰然自若的表现,又不禁使他生出几分自卑。黄昏时,青木看见一队"神风"飞机朝冲绳岛方向飞去,想到下一队便轮到自己,颇感颓丧。营地设在一处小学里,青木回去时,惊讶地发现六名飞行员——这六人本是刚刚飞走的那一队"神风"飞机的驾驶员——事到临头突然变卦,拒绝出击。青木感到内心的羞耻感有所缓解:至少,自己绝不会如此贪生怕死。

次日中午,青木躺在草地上,看着战友将自己那队飞机牵引至跑道上,为出击任务做准备。突然,炸弹落在周围地面——这是美军在轰炸鹿屋基地。青木一动不动,内心只是在想:炸死便炸死了,来世能过太平日子便是。然而,当轰炸结束,青木漫步回到兵营时,之前贱如草芥的生命,此刻却变得弥足珍贵。似乎多活一天,甚至多活一小时、一分钟、一秒钟,也堪称无价。一只苍蝇以滑稽的姿态飞过,青木驻足看着,大声说道:"你还能活下去,多么幸运!"晚饭后,出击队伍聚在一起,听取次日行动的简报。每架飞机都可以自由选择飞行高度与航线。多数飞行员选择向东或向西的迂回路线,青木却建议直奔冲绳岛,同机驾驶员是个十七岁的少年,名叫横山,欣然表示同意。

众人早早就寝。青木在黎明前醒来,心态平静而沉着:状态很好!这天是5月27日,青木发现自己活在世上的最后一天是个艳阳高照的天气,感到格外神清气爽、劲头十足。指甲屑与头发已给家人留好,而在分别寄给父母与四名弟弟妹妹的明信片里,青木写道:"神土日本永不灭。"并祈祷在彻底战败之后,日本能够存续下来。

当天下午晚些时候,部队为出击队员准备一顿仪式性的晚餐,一名行政军官前来祝酒。青木一饮而尽,却发现身边众人都只抿一小口。一名新闻片摄影师请年轻的特攻队员摆好姿势,他们戴上有"旭日"标志的皮制飞行帽,有少数几名队员把一字巾绑在飞行帽上,众人互相挽住胳膊,纵声高唱《同期之樱》。

在最终检查时,一名大佐发现青木面色红得异常,便停下来询问:"可是身体不适?"青木解释称,不过是酒精反应。"若是身体不适,"大佐关切地说道,"你可以留下来,下一批再去。"

"不,没关系,长官。"

15架飞机的30名乘员登上卡车,后边跟着一群送行的战友。抵达机场后,众人换上印有巨大旭日标志的救生衣,看上去很不协调。青木口袋里空空如也,只有一张全家福,以及两枚保佑任务成功的木制护身符。

日落之前,一名海军少将主持告别仪式。少将讲话时,青木注意到旁边有一群参谋在如此场合下竟毫不庄重,甚至有说有笑,心中暗自愤慨。总教官郑重祝愿他们行动成功:"冲绳岛上有座观察台,它可以确认各位任务的结果。"接着又说道:"今夜满月当空,照拂各位上路,必不孤单。且在泉下稍候,本人亦将追随而去。"30名乘员明白总教官也想与他们一同赴死,顿时放声大哭,涕泗横流:在世间的最后一刻,他们因为教官的讲话而感觉自己变得不再平庸,特攻队员对此感激涕零。

15架飞机滑行就位,跑道旁一年轻战友挥舞着手帕、帽子与旗帜。

在发动机的轰鸣声中，青木听到有人大喊："青木！青木！"转头一看，发现是上次出击时临阵变卦的一名飞行员，哭哭啼啼地赶来挥手告别。青木感觉那人像是个追着飞机送行的姑娘，感到又尴尬又好气，但最终也只是开玩笑道："跟上，一起来啊！"说罢，老旧的教练机便加速飞离地面，追赶着天际缓缓消失的夕阳。"真是绝景！"青木感叹道。

在3000英尺高空，飞机几乎直接朝南飞向冲绳岛以西60海里处的鸟岛，然后将左转直冲美军运输舰停泊处而去。前方是一架绕行走上迂回航线的友机；下方有一盏绿灯，标识着佐多岬——这是来自本土的最后一丝光亮，青木目不转睛地望着它，直到它彻底消失在视野之中。青木俯视着一座小岛，炊烟袅袅升起，他不由得想：该是一位家庭主妇在给家人烧晚饭吧。你们可以活下去，而我却要赴死。

飞机遭遇云层，横山只得将高度降至2200英尺，不料该高度气流湍急，又被迫降至1000英尺。飞行过程单调而乏味，青木看向手表，发现已是夜里11时30分，飞机并未按预计时间抵达鸟岛——如此一来，午夜0时发起特攻的计划也无法按时进行。青木打手势示意继续前进，又在五分钟后命令横山转向东面，降低高度。为干扰雷达，青木撒下锡箔，然后拉动开关，使炸弹上的推进器旋转起来，进入一触即爆的活跃状态。头顶云层散去，青木看到月亮倒映在海中。突然，一道闪电袭来，又是一道闪电，青木意识到这是敌舰在朝自己射击。横山把笨重的教练机拉回到300英尺的高度，青木奋力找寻敌舰所在，在大概不超过一海里的地方，愤怒的高射炮火闪得他睁不开眼。飞机抵达舰船上空还需要一分钟，高射炮却打得越来越准。

"从右边突破！"青木对横山下令。

一条条带状火光闪闪发亮，试图网住飞机。曳光弹！接着是引擎声，一架看似格鲁曼"野猫"的飞机一闪而过。青木心想：坏了！机上连支手枪都没有，毫无还手之力。假如横山掉头后撤，只会让飞机更加成为活靶子。青木拉开舱顶盖，站起身来，四处张望，发现格鲁曼飞机已不见踪影，便命令横山重新朝冲绳岛驶去。几乎就在同时，二人便发现前方有一艘驱逐舰正在慢悠悠地向南巡航。"俯冲！"青木喊道。横山受训时，为避免与友机相撞,只训练过逆时针俯冲,此时的情况要求顺时针俯冲,这是横山从未做过的操作。

飞机从舰尾逼近驱逐舰,舰上一炮未发。青木依然立直身体,双臂交叉伏在舱盖上,下巴抵在胳膊上,死死盯着驱逐舰,平静地等待爆炸解脱一切。距离如此接近,即便舰上开火也为时已晚。青木感到死而无憾。

隆隆声响之中,老旧的教练机朝着驱逐舰猛冲而去,青木与横山默不作声,直到飞机撞入水中,发出哗啦一声。青木发现自己仍在舱内,并未丧命——这是由于双重巧合:未与驱逐舰相撞,是因为横山在训练中从未尝试过攻击移动目标;那么炸弹没有爆炸又是什么原因呢?

"分队长,请到这边来!"飞机正在下沉,横山站在机顶。在飞机头被海浪吞没前,青木爬出座舱,给原本以为派不上用场的救生衣充好气。一片漆黑之中,只有他们二人,周围没有舰船,也没有飞机。

"我们该怎么办?"横山问道。

青木已将生命抛弃过一次,此时只觉得活着索然无味,不知如何回答横山的问题。日出时分,他们远远辨认出带状的土地的轮廓,想来那必是冲绳岛。在青木的提议下,二人朝岛屿游去,却被一艘敌军驱逐舰截断去路。他们躺在水面上,相互挽着胳膊,一动不动,看上去像是两具浮尸。驱逐舰靠近时,二人双目紧闭,嘴巴张开,不料船上飞来一根抓钩,正好钩住横山裤腿。青木大喊:"踢腿,甩开它!"横山却甩不开,最终像一条被捉到的鱼一样被拖向驱逐舰。青木没有松开挽住的胳膊,也被拖到船边,他抓住悬挂在船舷上的绳索,攀爬上去。如此一来,他便成了战俘,不过以后还有越狱或自杀的机会。

"您怎么能爬上去呢!"横山惊叫道,不敢相信眼前的情景。

他们登上甲板后,美军拿出香烟与面包,二人拒不接受。横山愤恨地瞪着青木。后来,他们被转移至一艘更大的军舰上。眼见越狱无望,青木尝试咬舌自尽,并让横山观察模仿。他先把舌头伸出,然后用拳头接连猛击自己的下颚;疼痛感确实强烈,但血没流多少。后来青木又找到一根粗绳,设法勒死自己,却在昏迷时被一名警卫发现。事已至此,青木得出结论,活下去是无可逃避的宿命,并成为一名模范战俘。①

3

在青木坐上自杀式飞机的前一天夜里,牛岛率司令部连同第六十二师团、第二十七坦克联队的余部撤离首里,只留下少量部队佯装抵抗。对撤退部队,尤其是对步行的伤员而言,暴雨既是掩护,也是考验。撤出前线之后,伤员无法得到药品,也没有食物与水。一群前不久还在师范学校读书的本地人,此时作为护士与部队共同撤退,照顾着那些尚能站立的伤兵,分作小组在暴雨之中行进。伤兵身上捆着绳子,以防在黑暗之中迷失方向。

撤退行动已过去 24 小时,美军依旧没有发现他们。之后,炮兵部队与海军支援舰才开始用炮火封锁各条道路及交叉路口。次日,亦即 5 月 27 日,巴克纳将军给第三军、第二十四军发出新指示:

> 有迹象表明,敌军或撤至新防御阵地,同时威胁其侧翼之我军部队或有遭到反攻之虞。须立即、坚决地施以强大压力,探察其意图,打乱其阵脚;切不可,再重复一遍,切不可仅作象征性袭扰,以使敌军安稳立足。

美军派出战斗巡逻队沿整条首里防线展开侦察,但日军用以掩护撤退的炮火依旧猛烈,以致巡逻队回报称,敌人并无撤退迹象。第十集团军情报部门赞同该意见,并表示:"目前看来,日军认为坚守首里以北防线乃是最佳选择……今后,我们极有可能需要对首里阵地逐步展开围攻。"

陆军的提议是围攻,海军陆战队却耐不住性子,第一师于 5 月 29 日朝首里高地发起进攻,发现敌军守备薄弱。部队朝首里城遗址长驱直入,

---

① 青木返回日本时已是 1946 年。他的叔父是一名中将,欣喜地前去迎接青木,并对他表示谅解。直到此时,青木才为自己活着而感到高兴。"这是我的第二次人生,"青木后来说道,"如今每一刻都弥足珍贵。"

尽管此处防御更为严密,但日军的疑兵之计终究暴露。当晚,第十集团军情报参谋重新评估形势,确信"首里防线仅是空壳,主力部队已撤至别处"。

连绵不休的大雨形成一道屏障,将牛岛及其大部分部队挡在身后。此时,新司令部已在首里城以南9英里处一座悬崖边的洞穴里建立起来,从这里能俯瞰冲绳岛崎岖嶙峋的海岸。对冲绳居民而言,军队撤出是一场灾难。出于恐慌,成群结队的平民跟在部队后边向南逃窜,却死在炮击与轰炸之下,泥泞的道路上尸体不计其数。

5月31日,海军陆战队与陆军小心谨慎地自两侧进入古都首里。在迫击炮、1000磅重的炸弹及将近200轮海陆炮火的轰击下,首里已化为废墟,只有两座建筑残存下来:一座是混凝土结构的师范学校,另一座是卫理宗教堂。闷烧着的乱石瓦砾底下,埋着大量平民的尸体与四散的生活用品,刺鼻的浓烟中混杂着腐臭味。

动用万人劳力,耗时八年建造而成的首里古城,在海军炮火的打击下已不似原形。高墙崇墉轰然崩摧,看上去就像一堆倒塌的玩具积木。只有两口大钟尽管身中炮弹,勉强还能辨认。钟上铭文写道:

> ……有美斯镛,声高且宏。
> 伽蓝珍器,兴寐是从……
> 扣之得节,晨昏分明。
> 闻而有觉,勤以劳躬。
> 孽海回舟,身体力行。
> 梵音远震,洞彻众生。
> 除涤业障,输感天诚。

巴克纳将军听闻敌人放弃坚守防线,不由得心花怒放。"撤出首里防线,算是牛岛的一着臭棋。"当晚,巴克纳对参谋人员说道,"大局已定,今后不过收拾残局而已。当然,这不是说接下来不会再有硬仗,而是说日军没有能力再构筑新的防线了。"

出人意料的是,牛岛却在首里南方3英里处找到一座天然屏障。那是一段横贯岛屿南端大部分地区的珊瑚礁峭壁,酷似一堵巨墙。其核心地带则是两座毗邻的山丘——与座岳与八重濑岳①。该地与前田高地相比,更为挺拔,地形地势更为险峻,且背靠大海,正适合日军殊死抵抗。

6月1日,美军逼近日军新防线。部队踩着齐踝深的泥坑,艰难地缓慢前进。厚厚的云层覆盖着从这道可怕的屏障向下延绅出去的低地。东西两翼,美军纵兵直入两处半岛。东边,知念半岛守卫寥寥;而在西边,在那霸正南凸出的小禄半岛上,有2000名水兵据守。事实上,早在美军抵达之前,守军已奉牛岛之命,销毁大部分装备及重型武器,南撤离开半岛,前往新防线以南,准备在当地洞穴之中设防,却不料洞穴大多已被当地平民占据。陆军遇到此类状况,通常会驱逐平民;而那2000名水兵却选择返回半岛,面对海军陆战队凶猛的两栖作战及地面攻势,以轻武器奋力抵抗。

6月5日,大雨终于停歇,地面却依然泥泞。通往与座-八重濑高地的道路化为一片沼泽,美军坦克毫无用武之地。直到6月10日,第九十六师才对八重濑岳——此时美国陆军称之为"大苹果"——发起攻击。经过两天的集中炮击与激烈的近战,一个团终于在"大苹果"北坡建立起数块稳固的阵地。

牛岛几乎没有大炮可用以阻击敌人;加上通信不畅,步兵增援也没能及时抵达。美军赶在日军能组织有效反攻之前,顺利巩固每一块新占领的阵地。至6月13日午夜,日军高地防线的整个东段已开始崩溃。

小禄半岛上,日军水兵顽强抵抗海军陆战队第六师,最终也难逃覆灭,但美军也在惨烈战斗中付出伤亡1608人的代价。6月15日,陆战队员在地下的司令部内发现六具尸体,躺卧在高台上,四肢张开,喉咙被割断,身下草垫血迹斑斑。这六人之中,五人是参谋,另一人是2000名水兵的指挥官,大田实海军少将。

---

① 与前文提到的"大名溪谷"类似,此处两地名与座岳(Yuzadake)与八重濑岳(Yaejudake)在作者原文中亦不按日语发音标记。——译者注

新防线上的战斗被割裂为一连串惨烈的洞穴争夺战,日军的阵亡数字达到每日近 1000 人。当晚,第七师团第二十七联队联队长金山均大佐①站在指挥所洞穴内一座小平台上,底下是联队各军官、士官。金山称,师团预计于拂晓时分发动总攻,但他无法从命:联队只剩下不足 100 人,其他联队想必也损失殆尽,再无可能展开有组织的战斗。

金山把汽油浇在联队旗上,点燃火柴,望着旗帜熊熊燃烧,说道:"三个月来,各位拼死作战,个中辛苦难以用语言总结。本人深表感激,同时宣布联队解散。愿各位自谋生路,希望返回本土者也可尝试突围。我将负起责任,埋骨此地,各位不必与我一同上路。"

众人闻言,一时不知所措,纷纷表示不愿自谋生路。金山拔出匕首,凝视众人,再次告诫部下不可"随他而去"。金山一声不吭,毅然决然地遵照既定的切腹方式在腹部剖开口子。鲜血涌了出来,他垂下脑袋。副官佐藤大尉高举军刀,猛然挥落,金山登时身首异处。随后,佐藤也开枪自尽。另有一位叫安达的中尉也拔出手枪,在扣下扳机之前,喊道:"天皇陛下万岁!"

4

战斗已演变为一场残酷的狩猎:美军用手榴弹、炸药包与火焰喷射器,追逐着那些躲藏在地下的"猎物"。至 6 月 27 日,牛岛的第三十二军已彻底崩溃,幸存士兵不再将军纪放在眼里——若在数日之前,这些暴行着实令人难以想象:他们违抗上级命令;在洞穴内打架斗殴,争抢食物与饮用水;杀害平民,奸淫妇女。

牛岛的司令部设在靠近岛屿尖端的峭壁顶部。洞穴既深且长,一端出口临海,脚下 200 多英尺便是海面;另一端出口俯瞰着摩文仁村,敌人正朝该村逼近。牛岛漠然地等待着最后的时刻到来,却收到一封巴克纳

---

① 金山实为第二十四师团第八十九联队联队长。第七师团第二十七联队战争末期始终在北海道一带活动。——译者注

空投至防线后方的劝降书：

> 足下善于用兵，作战英勇，步兵战术尤为我部所尊敬……足下与我同为陆军将领，步兵战术浸润已久，非但理论精通，亦多实战经历……彻底摧毁本岛日军之抵抗，所需不过数日而已。想来足下与我，皆已心知肚明……

读罢劝降书，牛岛只是淡然一笑，长勇却难以自制地爆发出哄笑之声——堂堂武士，岂会考虑投降。急剧恶化的战局在长勇身上催生出一些变化，让旁人看着很是心慌。平日里，牛岛大多躺在行军床上若有所思，或是读书，或是写诗；长勇却像一头槛中猛兽，在洞内来回踱步，时常紧握住军刀，好像发现敌人踪影一般。

牛岛依然保持冷静，并对担任勤务兵的本地青年学生格外关心，甚至会像慈父那样抚摸他们的脑袋，询问家庭情况。同时，逆境也磨砺着牛岛的幽默感。一次，长野站在摩文仁村那端出口处，迎风小解，牛岛笑道："你还是快点为好，你那活儿太大，敌人可打不偏。"

6月18日中午，牛岛的对手西蒙·玻利瓦尔·巴克纳步行前往远处，观察一支新到的海军陆战队投入战斗的情况。观察持续有一个小时，谁知当他走下观察哨时，头顶恰好炸开一枚日军炮弹，一枚弹片打碎了珊瑚丛——说巧不巧，一片锯齿状珊瑚径直扎入巴克纳胸膛，并在十分钟后夺走其性命。

山洞里，牛岛写下最后一道命令，要求部下"为皇国大业战斗到底，誓死效忠陛下"，但他并不鼓励自杀式冲锋，只是指示第三十二军残部伪装成平民，渗入敌后，与岛屿北部的小股游击队会合。入夜之后，第一批伪装者试图摸黑突围，却被各式照明弹照得无所遁形，一部分士兵当场被击毙，余者被迫退回洞中。

次日正午，牛岛所在山洞北口发生爆炸，那是美军坦克逼近摩文仁村，正对准村庄南部山丘上方的洞口开火。其时，牛岛正在洞内理发。理发师名叫比嘉仁才,是冲绳本地人,曾在新几内亚岛服役,后因病返回那霸。正当比嘉收拾理发工具时,长勇来到牛岛面前,说道:"阁下,非常感谢。"牛岛问所谢何事,长勇答道:"我本以为阁下不会接受我的建议,请允许我率众反攻。"

"那就顺其自然吧。"牛岛道,"我一向觉得,让下属自行决断未尝不是好事。"

"假如计划没通过,我甚至想过当众切腹。"长勇粗着嗓子说道,"没想到您只是微笑,允许我放手一搏没有让我多花费心思。所以,趁我们上路之前,我想跟您道声谢。"

岛屿南端,数百座洞穴如蜂巢般密布,里面无论军民,都在死亡边缘徘徊。牛岛司令部以西两英里处,一群实习护士与数十名平民正在洞中避难,她们原本在医院工作,解散后流落至此。年仅十七岁的山城信子正在拼命抢救她的妹妹良子。良子也是护士,此时已奄奄一息。洞里无粮无水,信子也不敢出到洞外。众护士已在军队命令下辗转待过无数个山洞。18日晚上,士兵又带来命令,要求她们离开,去南边寻找"更为安全的避难所"。

众护士满腹怨气,却也只得拖着疲惫的身躯,爬上通往洞口的梯子。突然,上方传来一句喊声:"敌军来袭!"话音未落,便被一阵枪声打断。蓝色火花沿梯子洒下。毒气!随着刺鼻的烟雾涌入,洞内众人无不感到窒息,也睁不开眼睛,只有张开双臂试图抓到梯子。信子感到喉咙处似有什么异物,疯狂地哭喊着妹妹的名字。信子想,如果有地狱,大概就是这种情形吧。突然,手榴弹发出雷鸣般的响声,接着便是一片沉寂。

"既然都难逃一死,"洞内传来一名男子平静的声音,"我们来齐唱一首《海行兮》吧。"正当众人准备吟唱那首他们最喜爱的歌曲时,信子突然昏迷过去。待苏醒时,她体会到一种难以言喻的轻快感觉;此前她从睡梦中醒来时,从未有过如此美妙的体验。信子挣扎着想要爬起身,却发现身体无比沉重。耳边传来人们的呻吟声;她也一定受伤了。直到左大腿与颈部开始抽痛,她才发现自己已被弹片击中。

心里挂念着妹妹的安危,信子再一次挣扎着想要爬起来,强行维持清醒,抵御着强烈的入睡的欲望;她知道一旦自己屈服于睡意,就会死去。信子像胎儿那样缩起双腿,然后翻身跪在地上,从地上的尸体堆中穿梭爬行,逐一辨认死者面容。爬到梯子底端时,信子抬头望去,只见洞口立着一名美军士兵,背后是一片湛蓝天空,看上去很不真实。她忍住咳嗽,转身爬回黑暗之中,强忍痛苦继续搜索,最终在洞穴深处找到妹妹的尸体。

劝降广播从陆上的坦克与海边巡航的舰船里传来,其效果较塞班岛、硫黄岛战役时要好上许多。大量平民和不少士兵放弃了地下藏身处。天黑之前,共有4000名本地平民与800名士兵前来投降。士兵走出地洞时,按照广播指示,浑身上下只穿一条兜裆布。其中一人手持军刀,走到美第七步兵师阵线前,立正敬礼,将军刀交给阿尔文·汉纳中士;另一名士兵带着两本袖珍词典,一本《英日词典》、一本《日英辞典》,翻阅一会儿后激动地说道:"我,被打败的,悲惨的,耻辱的,堕落的。"

6月21日晚,牛岛给大本营发出诀别电报时,长勇也在写自己的绝命书,希望有人能将它亲手送回故土。"各类战略、战术、奇招尝试已尽,将士奋勇作战,无奈敌人在物质层面上占据绝大优势,最终未能取得成效。"并补充道,自己将"不带遗憾、恐惧、羞愧及内疚",告别人世。

两名将领分别做完最后的工作,准备坦然赴死。素来不苟言笑的八原大佐请求牛岛允许自己随他而去,牛岛语气温和,却态度坚定地表示拒绝:"你需要活下去,把冲绳岛之战的真相流传后世。身为长官,我命令你忍一时之辱。"

6月22日,日出后不久,牛岛找来比嘉,希望按传统进行临终理发。此时的牛岛依然具有幽默感,在理发师把自己转来转去时,开玩笑道:"我就是一台旋转的人形机器。"正午时分,美军已攻入洞穴北部。数小时后,牛岛打开洞内最后一份食物——一个菠萝罐头,分享给恰好路过之人,无论是军人还是平民。

傍晚,在一片肃穆气氛中,牛岛与长勇并排跪坐。长勇垂下脑袋以露出颈部,剑道五段高手坂口大尉挥下军刀,却因为右手有伤,握持不紧,刀刃未能深入颈骨。军曹藤田九州①夺过刀,白光一闪,人头落地。

"冲绳民众一定会恨我吧。"牛岛遗憾地说着,露出腹部,默默剖开。随着他身首异处,七名参谋也举起手枪集体自尽。

同一日,在嘉手纳机场附近的美军第十集团军司令部里,军乐队奏起《星光灿烂的旗帜》。集团军、两个军及各师代表在旁立正,观看仪仗队升起星条旗。美军正式占领冲绳岛。

不过,此时岛上仍有成千上万的日本军民在东躲西藏,对他们而言,苦难远未结束。十三岁的金城茂从家人藏身的山洞中爬出来,第一次近距离瞥见敌人——他们光着上身,像动物一样长着毛——顿时感到万念俱灰。虽然敌人传单上声称绝不杀俘,但金城并不信,而且认为俘虏会被割掉鼻子与耳朵。回到洞里,金城与家人紧紧围坐在一起,不料外边有人拿手榴弹敲打岩石激活后,把它掷入洞内,爆炸声在金城听来好似世界末日。金城听到妹妹的喃喃自语声很快变为死前的呻吟。

"我还没死,"洞里一人哀求道,"再扔一颗吧!"

于是,狭窄的山洞里炸开第二颗手榴弹,人肉飞溅,打在金城身上。仍有几人还活着,但不再要求对方扔第三颗。有人提议割腕自杀,却无人真正实行。整整一晚,幸存者只是死气沉沉地躺在洞内。次日一早,外边有人用英语喊道:"出来!"几乎同时,一个罐子滚入洞内,喷出白烟。美军一共掷入三颗催泪弹,浓烟呛得金城喘不过气,只得拖着血流不止的双腿,匍匐着爬到洞外,并感觉自己被一名敌兵扛到背上。抵达真壁村后,敌兵(一名海军陆战队员)将金城放下来,打开一个蛤蜊罐头。罐头上虽然贴着日本商标,金城却认定里面有毒,拒绝食用。敌兵吐出几句英语,砍下两根竹竿让金城当拐杖。少年一瘸一拐地走向收容所,心里想:什么时候来屠杀我们?

西北一英里处,有一座构造复杂的多层洞穴。一个多星期以来,美军不断投入烟幕弹,试图荡清藏身其中的敌军残部。洞内至少有300名士

---

① "九州"(kyushu)不似普通日本男子名,从前文"寺内栃木"来看,此处亦有可能是人名与籍贯混淆。——译者注

兵与800名平民,其中一位海军士官名叫宫城嗣吉,即便在空手道之乡冲绳,他也算得上是一位空手道大师;其妻名叫贝蒂,是一名夏威夷女子。当初在小禄半岛,大田将军自尽后,宫城侥幸逃出,并幸运地与妻子重逢。此时,贝蒂已被呛得失去意识,宫城也感到呼吸困难,只得背着妻子,踏入齐臀高的淤泥,朝洞穴深处走去。

深处的淤泥愈发稀薄,渐渐化作泥水,很快便没到宫城肩部,并刺激贝蒂醒来。宫城发现脚踩不到底,便把照明用的蜡烛交给妻子举高,自己咬住她连衣裙的领口,泅水前进。每游上几码,宫城便想放下双脚略作歇息,却总是陷入烂泥之中,只得疯狂挥舞着手臂,奋力把头部保持在水面之上。这场噩梦似乎没完没了,直到宫城终于踩到坚实的地面,疲惫不堪的肌肉才得以稍作放松。夫妇二人奋力爬上岸,竟感到凉风习习,这说明洞口一定离此不远。前方传来亮光——原来是烛光,六名平民围绕着蜡烛坐在一起。

经过这番折磨,宫城夫妇下定决心:与其在黑暗中闷死,不如死在阳光下。二人走近出口,听见洞外有美国人在讲话。贝蒂大喊:"有人吗?"并说自己是夏威夷人,与哥哥一起被困在洞里。

"出来吧!"洞外一人回话喊道,"你们得救啦。"

二人从洞口探出身子,向上望去,才发现外边是一个深约20英尺的垂直大坑,坑口架着一圈步枪。美军抛下绳索,10余名陆战队员顺着绳子滑下。宫城夫妇非但没有被杀,反而被迅速拉上地面,受到意想不到的亲切对待。美军士兵爽朗地笑着,把军用K种口粮、饮用水与香烟塞给他们;一名尉官与宫城握手,陆战队员则上前与二人拥抱,行贴面礼。接着,士兵搬来一桶桶汽油,摆在洞口。宫城连忙阻止,激动地打着手势解释道,一旦点燃汽油,烧死的不仅是上层坑道的士兵,下层坑道的平民也难以幸免。他自告奋勇要回到洞内,带出平民。换上一身崭新的陆战队工作服后,宫城下到坑内,突破手持枪支的日军守卫,奋力冲到洞穴内部,劝说800名平民全部出洞向美军投降。

在岛屿南端一处荆棘丛生的海岸上,师范学校的教官仲宗根政善率领13名学生护士,准备于当夜集体自尽。此前,以手榴弹自杀的平民已不下数千人,其动机中混有两种情绪:既希望像一名真正的日本人一样死去,也有对敌人的恐惧。13名女孩围坐成一圈,高唱《永别》,这是一首由师范学校青年音乐教师谱写的歌曲,曲调悠扬。仲宗根心潮起伏,悄悄抽身离去,独自整理思绪。望着树叶上凝结的露水,在清辉映照之下散发出美丽而神秘的光芒,仲宗根心想,自经于沟渎,又有什么意义呢。

接近天亮时,仲宗根发现身着绿色军服的美国士兵正在悄悄逼近他们。来者正是"盎格鲁-撒克逊恶鬼",可这又有什么可怕的呢?这些女孩与自己又为何非要自杀呢?仲宗根急忙赶回学生身边,发现她们紧紧挤作一个小圈,准备在中间引爆手榴弹。

"仲宗根老师,现在自杀可以吗?"一名女孩握着手榴弹问道。正是她,从一开始便极力主张自尽。

仲宗根让她们再等一等,内心却在希望美军快点到来。两个年纪最小的女孩呜咽着呼唤母亲,众人便允许她们离开小圈。那个持手榴弹的女孩又问是不是可以开始,仲宗根依然让她再等等,自己则朝海滩走去,招呼敌军。一名陆军士兵拿出纸张,写下"食物、水"。仲宗根把那名陆军士兵带到女孩那里,费尽唇舌告诉众人,美军士兵不会以任何方式伤害她们。此时,更多美军士兵渐渐围拢过来,虽有教官劝说,可女孩们还是对"洋魔鬼"充满恐惧心理。一名美军士兵一手夹着步枪,另一只手抱住一名婴儿,反复安慰道:"别哭,乖乖。"众女孩见状,方才放下心来,纷纷离开那个小圈,只有那个拿手榴弹的女孩还留在原地。仲宗根一把夺走手榴弹,不料那女孩竟转身飞奔,冲至岸边,一头扎进海中。美军士兵将她拽上来,发现女孩被珊瑚割伤,身上鲜血淋漓,仍在奋力挣扎。仲宗根以为自己是唯一一个投降的冲绳居民,为压抑内心的耻辱感,他不断劝说自己:至少我让学生们活了下来。

仲宗根当然不是唯一一个投降的人。此后的一星期里,至少有3000名士兵及劳工,在宫城等其他日本人的呼吁下,向美军投降。他们一次又一次自愿返回地下深处,去拯救自己的同胞。负隅顽抗之人,结局则是困守洞内,被火焰喷射器与爆破炸药消灭。在那一星期里,美军共歼灭日军9000人。

7月2日，冲绳岛战役正式宣告结束。战事持续接近三个月，陆军、海军及海军陆战队战死及失踪官兵共计12520人，这是美军在太平洋战争中伤亡最为惨重的一场战役。

日军损失11万人。此外，平民伤亡数也前所未有，约75000名无辜平民，包括妇女和儿童，受到两军对垒波及，白白死去。日本最后一场能够在本土之外展开的重大战役以失败告终。

第三十章 散兵游勇

1

尽管本土受到威胁,帝国摇摇欲坠,数百万日本军队依然占据着大片地区;拉包尔堡垒长期屹立不倒,在中国广大领土上也盘踞着大批日军。而在缅甸、菲律宾,以及"跳岛战术"所途经的太平洋诸岛屿上,部队死伤殆尽,只有极少数人侥幸逃回本土。那些既未切腹也未在自杀式冲锋中死去的残兵被遗弃在那里,只得强忍着疾病与饥饿,凭借着求生意志,日复一日地挣扎下去。

以教师身份入伍的神子清伍长正是其中一人。自从乘坐小船逃离莱特岛以来,神子多次与被俘或死亡的危险擦肩而过,终于在 4 月份抵达宿务岛以西的一个大岛屿——内格罗斯岛。神子原本打算转经此处前往婆罗洲寻求新生活,谁知还未来得及起航,便被某支陆军部队收编,被迫前去参加防御,抵挡新近登陆的美军。神子并不打算放弃梦想,想方设法让自己晋升为军曹,并说服另外六人一同逃亡。4 月 30 日,神子率六人进入深山老林,朝西南海岸而去。然而,山路似乎永无尽头。一个月来,果腹之物只有蜗牛与螃蟹;身体遭毒虫蜇伤,也只能涂抹尿液以消肿;夜里入睡,水蛭会钻入眼球吸血,他们便忍耐着疼痛,等待水蛭吸饱喝足,浑身肿胀如黑色弹珠坠落在地时,再将它一口吃掉——丛林之中,没有一样东西可堪浪费。

觅食的念头死死纠缠着他们。他们想起一则故事：某支部队在处决菲律宾战俘后，其炊事员拿尸体做成汤给士兵喝。"吃人肉这事儿吧，一旦去想，确实很恶心，"一人评论道，"但只要不知道那是人肉，就会吃得很香。"

"真饿到那时候，"一个名叫矢吹的新兵说道，"人什么都能吃下去。"其他人问矢吹是否吃过人肉，"没有。我之前是在北海道一家火葬场工作，一旦习惯后，一个人很快就会失去那种自己是在处理人的身体的感觉。对死尸反应很大的那种人，也吃不来这碗饭。有一次，一个当地人偷偷摸摸找来，想让我把烧过的人脑给他"。其他人问要人脑何用，"听那人说，包治百病"。

神子听在耳中，不觉脊背发凉。矢吹莫不是打算吃掉间山？间山是个身患肺结核的新兵，骨瘦如柴，连绑腿都绑不紧。一天晚上，神子无意中听到矢吹小声说道："反正他也快死了。"一觉醒来，便发现矢吹与间山的树叶"床铺"上空无一人。神子在一条小溪边找到他们：间山在溪水中洗完澡，正在擦身，整个身子瘦得就像具骷髅；矢吹则屈身躲在一块岩石后，手里握着一把明晃晃的尖刀，盯着间山，眼神就像猎人在注视着猎物。神子大喝一声，其他人闻风赶来。矢吹眼中闪烁着异样的光芒，把刀丢在地上，喊道："放过我吧！"神子冲上去便是一顿猛揍，直到拳头磨破皮才肯罢休。矢吹全无反抗，最后跌倒在地，满脸鲜血。

他们重新出发。路上，矢吹仍在为自己开脱，辩解称，间山结核病重，甚至无力自杀："我若杀他，算不得谋杀，只是助他早日解脱。"并补充道，"让尸体腐烂在山里，有什么意义？间山死后，如果知道是自己的身体把战友从饥饿中拯救出来，那他在天之灵也会感到欣慰。"

夜里，神子梦到自己前去参加葬礼，那是个春暖花开的季节，云雀在空中飞舞。"是土葬呢，还是火葬？"一个身穿丧服的年轻人问道。那人是他们的同伴之一臼井，面色苍白，颇有诗人气质。

"火化的话，就让我来吧。"身着工作服的男子说道。那是矢吹。

"火葬太危险，会被敌人发现。"村长警告道。那是另一名同伴，中尾。

一名中年妇人带着几个年轻姑娘,说道:"开始准备饭菜吧。"并端上一碗汤,尝起来有些像萨摩汤(一种加入猪肉及蔬菜的大豆汤)。"好香啊。"那妇人说道。

"哪能不香?"一名年轻姑娘说道,"里面放的可是间山的肉。"

"真的吗? 是间山的肉吗?"另一个姑娘问道,并欢快地笑起来,"好鲜美啊!"

梦境十分真实,一切都那么欢快。次日清晨,神子醒来,感觉这是登上内格罗斯岛以来心情最为愉悦的一天。起初,神子并不知道愉悦的原因,直到他依稀回忆起那场美梦,意识到自己在梦中吃掉间山,可这种幸福感并未消失。他没有感到恶心,甚至没有一丝愧疚。在接下来几天里,神子走在路上,发现自己竟不由自主地念叨着:"我要吃间山,我要吃间山。"

众人又翻过一座山,在山脚遇到河流阻路,决定涉水而行。其时水位高涨,间山身体虚弱,被湍流冲走,拼尽力气才攀住一块岩石。同伴将他救起,继续前行,发现一名已经发疯的日军士兵躲在 10 名战友的尸体旁。远处是几个空无一人的美军散兵坑,里面堆满遗弃的装备。他们换上美军军服、军靴,又找到一箱 K 种口粮,这可谓是"神赐"。此外,他们还发现四种不同品牌的香烟——骆驼牌、好彩牌、契斯特菲尔德牌,以及菲利普·莫里斯牌。神子心想,这是他们"重获人类身份"的证明。

行进不足一英里,他们抵达一处村落,却遭到游击队伏击。自年初以来,萨尔瓦多·阿布赛德中校率领菲军 14000 人,已将岛上三分之二的土地纳入控制之中。神子等人逃至河边,眼见无路可走,只得跳入水中。间山在湍急的水流中无力地挣扎着,最终被河水吞没。其余几人被冲至下游,爬上对岸,登上一座陡峭的山坡。他们身后约有 300 名游击队员,呈扇形展开追击。谁知接近山顶,又是死路一条。一队菲军士兵骑着水牛,举着冲锋枪,吼叫着从另一处山头冲来。一阵扫射之后,三名日军残兵应声而倒,其中两人不愿死在敌人手中,便恳求神子给个痛快——唯一一支步枪在神子手中。

"我先给你们报仇,再跟你们一块儿死!"神子蹲在一棵倒下的树木后面,拿出三颗手榴弹,打算掷出两颗,留下一颗自杀。那两名求死之人中,姓中岛的一人恳求立即开枪,神子便大声答应。中岛倒在草丛深处,为让神子看到自己,便吃力地坐起身子,用一根手指点了点自己的额头。神子瞄准额头,闭上眼睛,扣动扳机。

水牛发出震地之声,朝山顶冲来。神子脑海中尽是绝望的念头:我马上就要死掉,二十四岁……从未碰过女人……神子清就要消失于人世……母亲,恕孩儿不孝。

"没打中!"那是中岛的声音,"再开一枪!"神子一时之间愣住,还未来得及开第二枪,游击队员已翻身下牛,朝中岛一拥而去。

神子头顶是一片灌木丛,游击队员在灌木丛上方搜索着,向下边的同伴喊道:又发现一个!一名头戴巴拿马帽的壮汉乃是队长,左手提着上了刺刀的步枪,大踏步走上前来。

神子原本在神游中与母亲告别,此时猛地站起身来,拔枪对准那壮汉。壮汉一惊,连忙把枪换到右手。一瞬之间,神子心中在犹豫——此人就在自己面前,陡遇险境,表情如此无助——手指却扣下扳机。游击队长的衬衫上立时出现一块鲜红的血渍。队长摇摇晃晃,一头栽倒。

四周顿时一片寂静。神子四下张望,菲军士兵已不见踪影。(据中尾称,他当时躲在草丛中,看到那个菲军壮汉身后还跟着三名士兵,与壮汉一同倒地,显然是神子一发子弹齐毙四人。其余游击队员"眼见异状",大惊失色,四散而逃。)神子做梦也没想到竟能死里逃生,连忙收起草地上的子弹与三颗手榴弹,跃过灌木丛。身后传来噼噼啪啪的枪响,子弹嗖嗖飞过,好似发怒的蜜蜂。神子抱着步枪,平安爬上山顶,发现一条深沟,便毫不犹豫地纵身跃下。他跌入沟中,如皮球一般反弹而起,但仍紧紧抓住步枪不放。迷迷糊糊之中,神子望见几个菲军士兵从上面探出脑袋,好奇地张望,便连忙转移位置,躲到倒地的树干后面。一名菲军士兵顺着一根粗藤滑下,却在半途放弃,又爬了回去。

神子体力耗尽,睡着了,待醒来时,已是明月当空。他从沟中攀爬而出,四下望去,只见山坡空空荡荡,全无人影。随后,他又发现一片洋葱地,便一连吃下十几个洋葱,然后又睡着了。

神子走在一条公路上,由于极度疲劳加上疟疾发作,脑海中已一片混乱,只是凭感觉认为这条路通向海岸,直到精疲力竭,昏倒在地。轰鸣的卡车引擎声传来,神子睁开眼,发现这些美军车辆正朝相反方向驶去。如此一来,他便确定自己是在朝海岸前进,下一站则是婆罗洲。然而此时,神子已不再记得日期,甚至虚弱到无法迈开步子。于是,一个模糊的计划在头脑中成形:用手榴弹袭击美军过路卡车,夺取 K 种口粮,甚至还练习用脚趾扣动步枪扳机以自杀。不过,路上不再有卡车经过,神子再次沉沉睡去。

朦胧之中,神子听到好像有人在很远的地方说话:"是个日本兵,断气了。"他想伸手抓枪,却动弹不得,头部抽痛得厉害,五感渐趋模糊。神子明白,自己撑不下去了,只是喃喃道:"母亲,永别了。"片刻之后(其实是数日之后),神子看见头顶星光闪耀,听到了嘈杂的交谈声,一个身着军装的男子在说话——说的应该是日语,但周边环绕着类似蝗虫发出的嗡鸣声,神子听不清楚究竟是什么内容。随着时间一点点过去,神子终于意识到,蝗虫声仅仅存在于他的脑海,群星其实是帐篷顶上小洞里射入的阳光。帐篷是美军的,那讲话之人也是美军士兵——自己已是俘虏,婆罗洲永远无法抵达。①

2

若将人数平摊至面积来算,太平洋诸岛岛屿上,要数硫黄岛上的散兵游勇最为密集。3月中旬,美军正式宣布占领硫黄岛时,海军陆战队预计洞穴内残存的日本军民数量不足 300 人,而实际情况则是有 3000 人左

---

① 神子与中尾成功存活下来,令人难以置信的是,间山也没有丧命。1965 年,神子出版《莱特岛生还记》(*I Did Not Die on Leyte*)一书,此后不久便在东京街头偶遇间山。听到神子说起七人小队里还有一名生还者时,间山惊得险些没站住脚。同时,间山表示自己从未担心过会被神子吃掉,"毕竟你是教书育人的嘛"。

右。日军残兵在入夜后爬出，寻找食物或更为安全的洞穴，却发现岛屿已发生天翻地覆的变化：7000名海军工兵铺设起20英里的道路，筑造大量房屋，建起防波堤与码头，甚至把元山村落附近的中央高地夷为平地，修起一条长10000英尺的跑道——这也是太平洋战场上最长的跑道。觅食之人在夜间擦肩而过，并不开口交谈。然而，每当新月升起之时（这也是日本人伤怀的时刻），众人便暗自思念起故乡、家人与食物，当然还有那个终极问题——如何赴死，是切腹，还是自杀式冲锋。

逃离硫黄岛事实上是不可能的，但总有少数人敢于尝试，当初在碉堡爆炸中死里逃生的青年海军少尉大野，便是其中一人。他此时仍未放弃想做商人或外交官的梦想。至4月2日那天，大野已利用电话机听筒上的磁石，将一根蜡针磁化，做成一个简易指南针。此外，他还准备制作木筏，与另外四人一起搜集到足够多的材料——18英尺长的木板、空水桶，还有一顶美军小型帐篷。帐篷一分为二，一半作为帆，一半撕成长条作为绳索。几人费尽力气将材料埋在沙滩里，以便在第一个没有月光的夜里迅速完成组装。按照预计，筏子会以6节航速北上航行，于12小时后赶上黑潮，借此回到日本近海。

第一个漆黑的夜晚终于到来，五人带上食物与水，匆匆赶往沙滩，着手组装木筏。竖起桅杆，张起船帆，他们原本预计两小时便可完成看似简单的组装工作，谁知竟持续至午夜。五人中负责导航的北潟曾是一名北海道渔民，见时间太迟，且浪头越来越大，便拒绝出海，不过在大野拔刀相逼下，最终也只得屈服。

五人乘着笨重的木筏进入海上，拼命蹬腿划水。6英尺高的浪头一阵阵涌来，间隔时间很久。筏子离岸30码时，一个巨浪迎头打来，待大野回过神来，木筏上只剩下他孤身一人。绝望之中，大野奋力控制着木筏，却被下一个巨浪卷入海中，昏迷过去。苏醒时，大野发现自己躺在沙滩上，北潟用一种近乎责备的眼神盯着自己。出海同伴中，一人躺在木筏残骸上，头骨碎裂。逃离岛屿的希望破灭，生还的四人将尸体埋入沙滩，消沉地回到洞穴。

在折钵山总部所在的山洞里,战役中幸存的最后22名士兵死守洞穴。不管是火焰喷射器,还是燃烧汽油,都无法将他们驱逐出洞。最终起效的办法,是用软管将海水灌入洞内。22人排成一列,逐个钻出洞口,排在倒数第二位的一等兵平川清实半截身子还没探出,洞口便塌陷下来。平川在沙里拼命挣扎,双脚却被最后一人紧紧抓住,好在战友从上面拉住了他,方才脱离危险。当平川双手刨地,打算把最后一人也救出时,却发现其他人早已消失在海滩上。平川耐心地等到日出,只有5名战友返回。原来,那20人在逃亡过程中遭到敌人伏击。此时,4人重新钻入地下,平川与另外一人决定留在地上,呼吸新鲜空气,用手榴弹结束这噩梦般的境遇。

朝霞一抹,万顷碧波,晨露晶莹,草叶婆娑。这一切十分美丽。平川二人捡起一个被某个美国陆军士兵——此时,陆军刚刚接替海军陆战队在此驻防——丢下的烟头,用美国火柴点燃,蹲在一块岩石后面轮流享用起来。不足20码外,美军士兵正从帐篷里出来洗漱,发现岩石后面飘出烟雾,便示意他们出来。平川与战友一动不动,只想等美军士兵靠近,就算只来一个也好,那样便能用手榴弹同归于尽。

几名美军士兵小心翼翼地靠近,朝岩石旁边抛去两支点燃的香烟。平川一个多月以来从未见过整支香烟,便捡起一支来。谁知美军又抛来两包。他们自知死期将至,不顾一切地猛抽起来。接着是两个苹果滚落至岩石下,平川拿起来便是一顿狼吞虎咽,却由于烟抽得太急头晕目眩,已无法尝出味道。

一名美军士兵拿着两个啤酒瓶,朝他们慢慢走来。平川心想,这该是最后一餐啦,便伸手去抓手榴弹。美军士兵在15英尺外停住,放下酒瓶,打手势示意他们饮用。平川二人发现距离太远,手榴弹炸不死他,便向前挪动,士兵则随之后退。平川举起瓶子,发现里面竟然是水!与在洞穴内为维系生命所喝的带硫黄味的滴水相比,这无异于琼浆玉露。

他们站在那里品尝着水的美味,颇感进退两难。此时,一名身着美军制服的日本军校生跑来,气喘吁吁地告诉二人,硫黄岛全体守军皆已被军方列入阵亡者名单。"死上两次又有什么意义呢?"年轻学生劝道。

平川突然感到，活下去不再是一件虚无缥缈的事情。因为我"已死"，所以现在新生，或许可以算作某种轮回转世。

二人选择投降，洗过澡，换上整洁的工作服，满面狐疑地看着一名美军军医给一名日军伤兵包扎腿部。那军医态度和蔼，全然不顾被鲜血与脓液弄脏衣服。平川心想：日军军医可做不到这样。既然如此，又何必害怕美国人？几个月来，无数官兵徒然死去，幸存者过着不见天日的悲惨生活，究竟都是为了什么？

大野少尉这一方则还未从厄运中摆脱出来。某个晚上，他的两名部下——一个姓山荫，一个姓松户——出去寻找食物和弹药，却一去不返。洞里只剩下大野与北潟二人。他们逐渐失去时间概念，洞中生活像是一成不变的漫长监禁，算得上突发事件的，只有美军巡逻队乱扔手榴弹发出的爆炸声。两个逃亡者所处的洞穴距离海军施工队距离极近，他们甚至能够听到喇叭里传来的爵士乐。有一次，大野听到几名美军士兵在他们头顶闲聊，心想：如果现在北潟放一个屁，那他们必定会被敌人发现。

支撑着二人的还有一个不切实际的希望：5月27日日本海军节那天，联合舰队会从海上发动大规模反攻。偷来的食物还剩下最后一份——一个火腿鸡蛋罐头配果汁酒。那天早上，他们把它全部吃掉以庆祝海军节，并满怀信心地等待着联合舰队到来。但随着暮色降临，二人的精神也颓丧下来。洞内静坐的日子又持续两天，大野与北潟痛下决心，离开山洞，各持三颗手榴弹，打算尽可能多拉一些敌兵陪自己上路。夜幕笼罩下的岛屿像是一片荒原，二人奔走许久，才找到两名闲逛的美军士兵。大野正要拔出保险栓，只见那二人拔腿便逃——原来，那根本不是什么"美军士兵"，而是山荫与松户。

他们垂头丧气地返回洞内，沉沉睡去。一阵咝咝声传来，大野意识到是手榴弹，立时惊醒，抓起一条毯子便去蒙盖，不料尚未盖紧，手榴弹便炸裂开来。大野起初没发现身上有伤，直到看到自己身上的衣服在冒烟，才反应过来这是一枚白磷弹。红色的火星溅在他身上，大野拼命用手扑打，反倒让磷屑嵌入指甲缝,更是疼痛难当,只得把红肿的手指往地上插。一捆炸药包从洞口滚进来,爆炸产生强烈的冲击波,将他们掀翻在地。透过渐渐消散的烟雾,他们发现洞口已被炸开。大野两手分别握着军刀与手榴弹,便欲冲杀出去。北潟连忙拉住他,低声劝道:"别去白白送死。"

引擎轰鸣,齿轮叮当作响,这是推土机的声音。泥土塌陷下来,把大野等人困在黑暗之中。几人连忙爬向紧急出口,于黄昏时分重新爬上地面,身上带着六颗手榴弹。大野抬眼一望,竟有一大片美军帐篷如变戏法般出现在附近。北潟认为,若要发动"像样的"攻击,单凭手榴弹并不够,还需要找到当初战斗时埋下的地雷。然而,五小时后,他们还是两手空空。此时,北潟已彻底放弃攻击,大野却决心在当夜了结一切。"你留下一颗手榴弹自裁便是,"大野说道,"剩下两颗给我。"

北潟不仅拒绝进攻,甚至不肯交出手榴弹。日出之前,趁着晨雾弥漫,大野蜷缩着拿出偷来的牙膏与力士香皂,往身上涂抹,以使自己闻起来像个美国人。大野把三颗手榴弹串在一起,挂在颈上,便朝帐篷周围的倒刺铁丝网爬去。接近营地入口,大野伸手拔刀,却发现腰间只剩下空刀鞘,不禁暗自懊悔:早知如此,他应该像电影里突击队员那样,把刀衔在嘴里才是。

其时晨光熹微,大野确信岗哨看不清来者相貌,而他一身"扬基佬的气味"足以蒙混过关,而到大门时他才发现,根本没有岗哨。大野进入营地,捡起一块石头用以激活手榴弹,朝那顶最大的、四周围有板墙的帐篷走去,发现里面是个食堂。接着,大野爬到另一顶帐篷旁,悄悄掀起一侧帆布,发现里边几英尺开外,一个赤裸上身的男子躺在行军床上,睡眼惺忪地挠着毛茸茸的胸膛。大野拿一颗手榴弹在石头上敲打一下,等待引线燃火的咝咝声,谁知经过数个月的洞穴生活,引线早已受潮失效。第二颗手榴弹的引线倒是短暂燃烧起来,但也很快熄灭。

大野把两颗哑弹与第三颗手榴弹捆在一起,继续敲打石头,却发现依旧毫无反应,竟气得流下泪来。帐篷里没有一件武器,甚至找不到掘壕工具,那人究竟是什么兵种?此时天色渐亮,大野连忙溜进另一顶帐篷,里面没有枪，只有四张行军床，两张上面有人。一名壮汉吹着口哨，大步流星地走进帐篷。大野慌忙躲到一张空床后面，却见那人径直朝自己走来，开始整理床铺。大野认为自己已然暴露，便一不做二不休，猛地站起身来。那壮汉只见眼前蓦地出现一头怪物，不知这是蓬头垢面的美杜莎，还是形销骨立的饿死鬼，当场尖叫着奔出帐篷之外。躺在床上那两人跳起身来，冲上去按住大野，直到那壮汉带来五六名全副武装的士兵。大野自知难逃一死，只想把吓倒敌人的趣事带到天上去讲，便用磕磕绊绊的英语问那壮汉名字。壮汉此时仍惊魂未定，不情愿地嘟囔道："比尔。"周围士兵纵声大笑，其中一人招呼道："来吧。"态度十分自然。大野莫名产生一种结交到新朋友的感觉，转身问比尔："加里·库珀①近来如何？"②

在美军拿出点心与咖啡招待大野所在地的不远处，大曲觉海军中尉正把手枪插入喉中。他曾连续两天充当人肉炸弹，试图炸毁美军坦克，未能成功，这时又一次自杀失败——扳机空响，射不出子弹。大曲很早就告诉部下战降自便，却极少有人真正选择投降。投降意味着家人将永远抬不起头，而自己将成为一名"无籍者"（备受唾弃之人），连姓名也会从村镇户籍中抹除。在法律意义上，他已经死去，若要就职谋生，唯一方法只有隐姓埋名，远走他乡。

即便大曲心里不再抵触投降，但身为军官的他也绝不能这么做，这在战后必然要判死罪。在美军驱逐之下，大曲频繁更换藏身处，此时决定率部下返回一处由海军航空兵占据的洞窟。洞口有士兵把守，既防备美军来袭，也阻止同胞进入。飞行队长是一名海军大尉，与心腹部下霸占着宽敞的洞穴空间与充足的食粮淡水，不希望任何人前来分享。

晚上，大曲率领部下突袭一处入口，成功闯入，并惊动了守卫。洞窟

---

① 加里·库珀（1901—1961），美国著名演员。——译者注
② 1946年11月30日，大野之父收到一个骨灰盒，上面写着大野的姓名。同一天，大野本人结束近一年半的夏威夷囚禁生活，回到家中。父子相见问安时，父亲惊叹道："今天真是个好日子！活生生多出来一个儿子！"

内通道曲折复杂,至少有150名水兵盘踞在此,近两个月来,他们几乎无人见过阳光。众人纷纷上前,好奇地询问大曲地上情况如何。飞行队长采取恐怖统治,制定出一套规则,派遣新兵出去执行突袭任务,却不允许他们回来,以防"暴露洞穴所在"。众人希望大曲帮助自己摆脱这个长官。另外,飞行队长还有一个并未完全成形的计划:偷取一架美军飞机,逃离岛屿。众人认为大曲可以怂恿队长付诸实践。

队长接见大曲一行,口沫横飞地讲述着他的计划。大曲趁势鼓动,以看似真诚的态度打动队长,诱使其率领四名部下出洞前去寻找飞机。队长等人一走,众人便载歌载舞,畅饮清酒与威士忌,尽情欢庆。宴会尚未结束,后方入口传来骚乱声,原来是队长一行发现根本无法接近跑道,吵着要回到洞里。水兵满面怒容,堵在洞口,其中一人大声道:"只有去,没有回,不是你自己定下的规矩吗?"

大曲成为洞中军衔最高之人,便把之前对部下的指示推广到全洞,允许他们各行其是。军纪化为一纸空文,闷热的洞穴内,士兵一丝不挂;军官穿着兜裆布,以保持一定程度的尊严。

没过几天,地洞便被美军发现,众人被手榴弹与烟幕弹驱赶至洞穴最深处。随着敌人攻势渐猛,一批人决定乘木筏逃离岛屿,谁知刚一出洞,便被俘虏。美军将其中几人放回,以劝说同伙投降,又见劝降未能奏效,便重新展开攻击。喇叭里指名道姓地点出大曲:"我想跟你谈一谈,能出来吗?"说话之人是一名与他共事过的军官,大曲充耳不闻。一名美军士兵拿过喇叭,称次日准备水淹洞穴。

众水兵并不相信岛上有那么多水,有人甚至夸下海口:"他淹任他淹,水来咱喝干!"而当海水经过水泵灌入洞穴时,众人无不争先恐后地爬上稍高处的横向坑道。一声巨响传来,火焰随奔流而下,原来是美军把汽油浇在水上,并将之点燃。洞穴中死伤惨重,只有那些躲避至最高处者才存活下来。

次日,一道淡黄色的光束打入烟雾弥漫的洞穴,显然是有人举着手电筒潜入。大曲伸手去摸轻机枪,却发现来者是之前他的一名下属士官,后边跟着两个日本人,都穿美国陆军制服。三人走上前,拿出香烟,表示美军待俘虏不薄,日军投降者众,甚至还有一名少佐。说罢,三人径直出洞,留下同胞自行抉择。众人默默不语,直到一名水兵说道:"我也想出去。"

"想要活命,可以投降。"见大曲发话,众水兵鞠躬谢罪,鱼贯而出。最后,洞里只剩下大曲与他的一个老友——身负重伤的角田少尉①。

"我们怎么办?"大曲问道。

角田神志不清,像疯子一样胡言乱语,只在大曲建议一起自裁时短暂清醒,说道:"我不想死。"

大曲同样不想死,却也不想赤身裸体向敌军投降,于是找出一条棉布,与角田道别后,拿着手枪蹑手蹑脚走出洞穴。五六名美军士兵大大咧咧地笑着,迎上前来,其中一名面相稚嫩的中尉伸出一只手。

"等等,"大曲用日语说道,"我是一名军官,必须先穿好衣服,才能向你致意。"说罢,便彬彬有礼地转过身子,撕下六英尺棉布,熟练地缠在腰间,而后才回身握手。

洗过澡后,大曲先前的镇静烟消云散,竟号啕大哭起来;这是他第一次哭泣。晚餐后,其他俘虏高唱淫秽歌曲,庆祝重获新生,大曲却对聊天与进食都失去兴趣,大声谴责众人,同时内心陷入抑郁。失去生活信念的大曲暗自发誓:次日一早他要回到洞里把角田带出来,然后就自行了断。

然而,大曲没有把紧口风,将自杀计划透露给一名同僚军官,那军官又向美军通风报信,美军便将大曲拘禁起来。与那位"神风"特攻队员青木保宪一样,大曲打算咬舌,用血把自己呛死,未能成功。此后,他又试图徒手勒死自己,却发现每一次尝试都更加软弱无力。数周之后,大曲终于接受了降服之耻。

然而,硫黄岛上仍有成百上千名散兵游勇,既不考虑投降,也不选择切腹,只是继续藏身于小岛的地壳之下,就像遥远星球上幽暗的魂灵。大

---

① 根据大曲觉口述、久山忍撰写、出版于2008年的《英雄なき島——硫黄島戦生き残り元海軍中尉の証言》一书,这名身负重伤的少尉姓氏并非角田(Kakuta),而是菊田(Kikuta)。——译者注

野的两名部下——山荫与松户也在其中。他们是硫黄岛守军中最后的降卒,在岛上一共生存六年之久。①

---

① 他们一直坚持到1951年。山荫还与其时在立川空军基地的一位名叫斯图尔特·格里芬的历史学家——此人后来成为《每日新闻》专栏作者——一同回到硫黄岛,去寻找自己在岛上五年生活中写下的日记。二人找到山荫最后待过的那个洞穴,仔细搜索,却一无所获。格里芬怀疑日记是否真实存在,山荫则坚称并未说谎。当晚,山荫独自出去找寻。次日一早回来时,他灰心丧气,双手鲜血淋漓。

飞机起航之前,格里芬与山荫乘车前往折钵山顶拍照。山荫紧紧盯住山顶地面,小跑起来,而后停住,转过身来,慢慢走回。接着,山荫又朝俯瞰大海的悬崖边大步而去,步伐越来越快,双手举向天空,嘴里大喊着什么,从崖边纵身跃下。格里芬跑到崖边,探头看去,只见下方20码处有一块铺满沙子的岩石突出部,沙上有一处凹痕,好像被什么东西砸过一下,而在视线之外,100码下方另一块岩石突出部上,躺着山荫的尸体。

太平洋上,山荫与松户绝不是最后投降的散兵游勇。在此后六年里,从塞班岛到民都洛岛,都有这类士兵被发现。在关岛,甚至有两名日军士兵在岛屿解放16年后才投降。此外,菲律宾群岛、新几内亚岛及瓜达尔卡纳尔岛都传出过类似报道。

第八部
一亿玉碎

第三十一章　寻求和平

第三十二章　真没有那么值得操心

第三十三章　广岛

第三十四章　……以及长崎

第三十五章　"忍所难忍"

第三十六章　宫城事件

第三十七章　鹤之一声

第三十一章　寻求和平

1

美军登陆冲绳岛之时，纳粹德国也在垂死挣扎。瑞典伯爵福尔克·贝纳多特冒着生命危险往返德国，通过盖世太保首领海因里希·希姆莱筹划欧洲和平事宜；而另一部分瑞典人士，则致力于通过各种渠道结束太平洋战争，其中不乏一些欺骗性手段。

当初小矶首相在位时，外相重光葵曾与瑞典驻日公使维达·巴格接触，建议由瑞典出面调停日美关系。而在新任外相东乡茂德上台后，此事便遭到搁置，因为东乡认为自己能够找到一个比瑞典更有影响力的中间人。

贝纳多特家族另一位成员瑞典国王之侄孙卡尔亲王①也暗中为和平奔走。与之共同行动的是一位名叫埃里克·埃里克松的船舶经纪人，此人与日本素有生意往来。他们力劝日本驻斯德哥尔摩公使馆武官小野寺信少将通过瑞典实现和平。卡尔亲王表示，自己会请求国王"秘密、友好地致函天皇，建议尽快展开和平谈判"。

---

① 尽管与时任瑞典国王的古斯塔夫五世（1858—1950）年龄相差甚大，但是此处提到的卡尔·贝纳多特（1911—2003）仍是国王之侄，而非侄孙。——译者注

卡尔亲王将计划透露给瑞典外交大臣克里斯蒂安·京特，谁知京特竟对此持否定态度，因为计划绕过了正规渠道——驻日公使巴格。京特向日本驻斯德哥尔摩公使提出抗议，不久，小野寺倍将军便收到一封来自东京的命令式电报：

  我国之政策，乃是战斗到底。此间获悉，相关人士正与北欧方面组织和谈。务请彻查，并加回报。

  瑞士方面也有两股力量在谋求和平，与瑞典相比更具实质效果。这两股力量都牵涉到艾伦·W. 杜勒斯，此人是美国战略情报局伯尔尼情报站站长，负责的地域覆盖德国、东南欧以及法国与意大利部分地区。第一股力量由德国人弗里茨·哈克博士发起，此人身上充满谜团，活像间谍小说中走出的人物。哈克对日友好，认为日本发动战争堪称"愚蠢"。第二股力量是日本驻伯尔尼公使馆海军武官藤村义朗中佐，此人与哈克意见相同，也渐渐认识到日本毫无胜算，于是决定不顾个人风险，负起促进和平实现的责任。参与此事的还有两名日方人士，一是大阪商船驻欧代表津山重美，另一是《朝日新闻》驻欧特派记者笠信太郎。
  四人组成一个小团体，与杜勒斯方面的代表进行一系列秘密会晤，并成功在政治上取信于对方。此外，藤村等人有权限使用海军 94 型密码机，可以避开外交渠道与日本海军省直接联系。5 月 3 日，哈克博士接到杜勒斯办公室通知：美国国务院同意与藤村四人展开直接和谈。
  这些自告奋勇的调解人搜肠刮肚，拟出一封电报，发与海相米内光政及新任军令部总长丰田副武大将，称杜勒斯愿意充当调停人，并将他描述为"美国政界风云人物，长期与李普曼、斯特蒂纽斯来往，尤其受到罗斯福总统信任并与总统有直接联系"。描述中，四人混淆了杜勒斯与其兄长约翰·福斯特，不过也准确地指出杜勒斯长期以来"以瑞士为主要活动据点，指导美国在近乎整个欧洲范围内展开政治攻势，尤其值得注意的是，5 月初美国与意大利北部之所以能够实现单独媾和，此人功不可没"。四人要求海军省与军令部"立即作出"指示。

5月8日,亦即德国投降之日,接近午夜时,藤村与津山二人潜入漆黑一片的公使馆大楼,打着手电筒来到三楼密码室。津山先将日期与时间在机器上调整妥当,而后便在键盘上输入日文的罗马字母开始发报,机器会自动加密并将电报发送出去。

接下来八天里,四人又秘密发出六份电报,报告德国投降情况和美英军队打算自欧洲转移至远东的计划,并劝告尽快谋求和平,切勿错失良机。见海军省一连十三天默不作声,密谋者又给米内与丰田发去急电,要求尽快答复第一封电报,因为美方正在"催促"回音。两日之后,复电传来,署名者是海军省军务局长:

> ……与杜勒斯先生谈判之要旨已悉。然有多处迹象表明,此事或属敌方阴谋,尚请谨慎从事。

藤村等人自然不信,并认为该答复纯属搪塞,反过来要求海军省提供"敌方阴谋"的具体证据,同时坚持强调杜勒斯所属的机构乃是直通总统的政府机关,十分可靠。

> 杜勒斯先生及各方人士正期待日本给出真诚答复。退一步讲,即便此事确属敌方阴谋,那也足以避免日本重蹈德国之覆辙,任人宰割——如此又有何不可?为日本争取更为有利之境遇,眼下尚有其他道路否?

海军省未作答复,甚至也不告知是否收到那些一再请求采取行动的电报。但事实上,自瑞士纷至沓来的电报已在海军高层中引发激烈分歧。作战部长、军务局长与高木惣吉少将(此人曾谋划刺杀东条)三人强烈主张接受杜勒斯的提议,自告奋勇愿飞往瑞士展开谈判。军令部总长丰田及其余参谋人员则强烈反对,认为杜勒斯的目的"若不是试探日本的战斗意志,便是打击军队士气"。

见东京方面不作回应,藤村铤而走险,主动提出飞回日本,亲自解释若要使交战双方建立值得信赖的高层接触,杜勒斯之立场何等重要。不过,杜勒斯却担心此举反倒不利于谈判,建议日方派遣一名全权代表前来瑞士,美方将保证航行过程的安全。该提议颇有可行性,藤村将它直接发给米内,语气激烈,近乎指斥。

在多番刺激下,米内终于采取行动,将提议转交给外相东乡。东乡对杜勒斯其人知之甚少,也不知如何是好,便要求米内对提议作进一步研究。于是,米内给伯尔尼方面发出一封电报,字里行间似乎表示支持谈判:

> 来文已悉。相关电报皆已提交外务省,请与外相及所在地各方人员密切合作,妥善处理。

尽管电报措辞含糊,又有将皮球踢给外务省之嫌,而在藤村他们看来,这却是东京方面释放出的首个积极信号。然而,随着时间一天天过去,东乡与米内再无进一步具体指示,他们的热情便也冷淡下来。美方也受到了类似的影响,从日方一再拖延的现状来看,谈判的可能性越来越低:要么是藤村等人人微言轻,无力影响日方高层,要么是东京方面没有兴趣通过杜勒斯展开谈判。事实上,东乡之所以沉默,是碍于海军方面异议太过强烈。丰田大将愈发强烈地认定,美方口蜜腹剑,藤村("不过是个海军中佐")受到蛊惑。此外,日方高层已在考虑开辟一条与此完全不同的谈判路径。

当政府在求和问题上举棋不定之时,日本各大城市正在化为灰烬。李梅旨在摧毁日本本土工业中心的计划此时已达到毁灭性的高峰。名古屋已是一片废墟;东京共有34.2平方英里的区域在四次大规模空袭中焚毁。朋友见面时的寒暄只有简单一句话"你家烧了没",好像其他一切都无关紧要。5月23日下午,562架B-29轰炸机再次来袭,将包括居民区与工业区在内的东京港西侧地带夷为平地。飞行员得到指示要避开宫城,"因为目前天皇还不碍事,日后或有利用价值"。当晚,东京又有5平方英里区域被烧毁。36小时后,502架"超级空中堡垒"对东京的心脏地带展开轰炸,投下3262吨燃烧弹。

燃烧弹引起大火,席卷东京。日出时分,16.8平方英里的土地化为废墟,金融区域、商业中心、政府部门建筑,甚至东京陆军监狱拘留所都未幸免。葬身火海之人不计其数,其中有62名被羁押的盟军飞行员。大火难以控制,蔓延至宫城附近。燃烧的碎片飞过护城河,点燃灌木丛,火势扩散至数座建筑物,其中包括天皇日常居住、办公的明治宫殿。28名宫内侍从殒命;天皇与皇后则躲入地下避难所,安然无恙。为躲避空袭,天皇与皇后此时已将居所转移至距明治宫殿约半英里的御文库(皇家图书馆)。御文库位于御花园内,是一座长列单层建筑,前方竖有一排雄伟的柱子,内部有一条漫长的地道,与地下附属库相连。至于宫城外,皇太后、皇太子及其余皇族住宅尽皆被毁,外务省、首相官邸、海军省、大东亚省所在建筑同样只剩下断壁残垣。

飞速扩张的东京都内,超过半数区域与名古屋一样,化为一片荒凉焦土。东京广播电台经常播放一支小曲,其乐观的调子此时听来尤其不合时宜:

区区空袭,何所畏惧?
万里长空,铁般防御。
无论老少,奋起争先;
心怀荣耀,保卫家园。
敌机若来,我等便战!

空袭期间,"蜜蜂"嗡鸣着肆无忌惮地飞过东京天际,高射炮很早之前便已停止运作,"雷鸣般的爆炸声"震耳欲聋。三岛夫人望着燃烧弹"带着咝咝燃烧声与咯咯碰撞声一束束"落下,家宅燃起大火。由于屋内堆满书籍,火烧得不快。大火熄灭后,三岛夫人拨弄着余烬,发现"残灰层层叠叠,颜色不一——那些宋明时代的汉籍,纸张白皙柔软,雕版印刷精湛,此时化作闪闪发亮的雪白粉末,精细之程度超出想象……现代书籍则灰质甚粗，只呈现深浅间杂之暗灰色"。三岛夫人把白灰用一个破罐子保存起来，家人说这"可能是最干净的牙粉"。

经过四个晚上的空袭后，李梅把目标调整为日本第五大城市——横滨。517架飞机结束轰炸任务时，横滨市区已有八成半区域陷入火海。继东京-横滨地区之后，B-29又对大阪和神户发起集中轰炸，不足两个星期便将两座城市摧毁。随着各大主要城市中有超过100平方英里被夷平，李梅的市区空袭计划的第一阶段宣告完成：200万座建筑灰飞烟灭，约等于受袭城市全部建筑的三分之一，超过1300万人无家可归。

2

早在第二次灾难性火灾降临东京之前，内阁书记官长迫水便在铃木首相的指示下，组织起一个特别调查机构，以判断日本是否尚有余力维持战争，其人员包括来自内阁企划院、外务省、大藏省、军需省及海陆两军的军事和文职专家。

调查结果表明，情况之严峻超出所有人的想象。不论在民生领域还是军事领域，基础原材料不足已全面影响到生产生活。钢铁月产量低于10万吨，较官方估计少三分之二；由于铝及铝土矿缺乏，飞机产量降至原指标的三分之一；燃煤短缺使得军火产量减少一半；船舶产量降至100万吨位；此外，受到燃料匮乏与装卸人力不足的影响，整个运输系统几近瘫痪。迫水提交的报告预测：不出数个星期，城际铁路运输便会被迫切断，钢铁船舶生产将彻底陷入停滞，化学工业也难逃崩溃。

为补充日益减少的石油储备，日方专家想尽办法，决定从松树中提炼航空燃料替代品。① 同时，由于稻米产量降至1905年以来的最低值，民众面临饥荒危险，政府制定出一项计划，打算把橡子制成食物。"全体国民响应号召，同心协力，收集橡子。尤其是学童与被疏散人员，被要求完

---

① 该炼油方案需要动用数百万劳力挖掘松树根，在超过37000个小型蒸馏装置中加工，每个装置每日可产出3至4加仑原油。月原油产量最终达到70000桶，但由于提炼困难，直至战争结束，生产出的航空汽油甚至不足3000桶。

成共计500万石(1石约等于5.2蒲式耳)的最大目标量。"官方每日食物配给不足1500卡路里,仅是日本最低标准的三分之二。即便是这点食物,也不能保证如期获得。城里人日子过得最苦,每逢星期天,便有数不清的人从城市拥入乡间,拿着和服、珠宝、家具等值钱物件,去交换红薯及各类蔬菜水果。

迫水将报告提交给新近组建的"核心内阁"。该"核心内阁"的正式名称叫作"最高战争指导会议",组成人员是首相、外相及四名军方首脑,俗称"六巨头"。报告所反映的严峻情况无可争议。5月12日,米内在"六巨头"会议上提议,请求苏联出面调停——若是在一周之前,敢作如此发言之人或许会被逐出内阁。尽管东乡求和之心切并不下于在座众人,却还是严厉表示,但凡对苏联了解足够深刻,绝不会认为该国肯帮助日本。而铃木却发话称,探探苏联口风,倒也未尝不可。

议和这个禁忌的话题终于得以公开讨论,但"六巨头"中的一名军方人物忧心忡忡地建议,讨论内容对外应严格保密,以免"严重动摇"军心。在一种密谋的气氛中,六人坦率地讨论了由瑞士、瑞典、中国或梵蒂冈出面调解的可能性。而最终结论是:无论通过何种渠道,这必然导致同盟国方面提出无条件投降的要求。陆军参谋总长梅津美治郎大将认为,苏联实力与威望兼具,若能成为中间人,对日本自是再好不过。陆相阿南惟几大将也表示同意:苏联更希望看到日本能在战后强势崛起,从而充当苏联的亚洲领土与美国之间的缓冲带。

不善交际的东乡当场指责二人不切实际:"日本问题想必已在雅尔塔会议上谈及,如今拉拢苏联,希望不大。从该国此前行径观之(不久前,东乡曾对迫水说"苏联不可信"),莫说出面调停,阻止其参战亦属难事。以我之见,不如直接与美国进行停火谈判。"

铃木依然在玩弄"腹艺",出言支持两名将军:"斯大林与西乡①颇为相似,我们只需好言相求,相信他会鼎力相助。"东乡自己便是九州人,却

---

① 西乡是一位出生于九州的武士,被视为英雄人物,曾于1867年与幕府军达成协议,实现江户无血开城。

并未看出斯大林与西乡有何相似之处,但陆军显然只愿意通过苏联展开谈判,东乡也只得同意起草一份备忘录,并于5月14日在"六巨头"会议上提出:

> 应使苏方清楚认识到:苏联之所以能够战胜德国,归功于日本保持中立。帮助日本维持其国际地位亦对苏联有利,因为美国未来或与苏联为敌。

备忘录同时警告称,苏联既已战胜德国,提出的价码极有可能"远超出我们的想象",日本要做好心理准备,放弃旅顺、大连两个港口,还有"南满"铁路及千岛群岛北半段。

东乡原本以为,军方看到苏联有可能要求取得大片土地,便会放弃与之联系,不料"六巨头"会议竟一致通过草案,并指示他启动谈判。东乡认为,若要与莫斯科方面联系,最为便捷的路径莫过于通过广田弘毅;此人曾任首相及外相,与多名苏联外交官有过交往。苏联驻日大使雅科夫·马立克此时暂住在箱根地区的疗养地强罗,距离东京只有两小时车程。广田接受东乡委托,准备前去一探虚实。

此前不久,苏联决定不再延长《苏日中立条约》①,广田此行主要目的便是尝试让苏联改变想法,并出面帮助结束战争。5月25日,东京遭到毁灭性轰炸,广田出行计划遭到耽搁,直到6月3日他才抵达强罗。当晚,广田与其他度假者一样在山村中漫步,假装碰巧在强罗酒店前驻足,然后走进这栋舒适的欧式建筑,与马立克攀谈。

"值得庆幸的是,这场战争之中日苏双方并未交锋。"广田大献殷勤,

---

① 1945年4月5日,苏联政府宣布不再延长《苏日中立条约》,因为与该条约签订之时相比,形势已发生"根本性转变"。《苏联简史》(*A Short History of the U.S.S.R.*)一书称,该条约"于1945年4月5日到期失效",而事实上,终止日期应该是1946年4月13日。根据条约内容,任何一方若无意延长条约,须提前一年告知另一方。由于不知道《雅尔塔协定》中的秘密条款,日方认为,哪怕苏联宣布不再延长条约,他们也还有12个月的宽限期,其间或许还能签订一份新的条约。苏联历史学家不知是无心犯下笔误,还是有意掩盖如下事实——1945年8月8日苏联对日宣战时,条约尚在有效期内。

就苏联战胜希特勒向马立克祝贺,并保证,日本人民真诚希望与苏联及中国建立友好关系。马立克的态度十分戒备,暗示日方部分人士对苏联敌意甚重,不过还是邀请广田次日来酒店共进晚餐。

餐桌上,广田着重强调日本希望与苏联续签《苏日中立条约》:"条约期限将近,日本也在盼望与苏联增进友好关系。正因如此,我们眼下才会着力于寻找合适之手段处理此事。"

马立克回答称,苏联一贯奉行和平政策,之所以不信任日本,一是因为过去双方曾屡次产生摩擦,二是因为日本国内反苏情绪强烈。

广田指出,"理解苏联态度之人越来越多……日本希望找到一条途径,与苏联长期保持和平"。马立克问这是否仅代表广田个人意见,广田答道:"希望您能明白,刚刚那番话不仅表明帝国政府之态度,同时也反映着国民之态度。"

马立克沉思片刻,表示会先考虑几日,再作答复。广田与苏联人往来已久,深知他们天性谨慎,因此大受鼓舞,之后报告东乡称:"交谈气氛友善,苏方反应良好,可期待进一步成果。"

谁知 6 月 6 日上午,这期待便落得一场空。那日的"六巨头"会议上,东乡收到一份大本营编写的《今后应采取的战争指导大纲》,要求官方重申战斗到底的方针:

> 以七生尽忠之信念为感召,加之地利、人和之助,吾等应继续战争,护持国体(国家之本质)①,保卫皇土,以期实现征服之目标。

接着,文件列举出一系列必须采取的具体措施,包括全面准备本土防御、组织国民义勇军。东乡读着一字一句,只觉心惊肉跳。该文件从构思到提交,从未有人与他商议;一旦采纳,国家必亡。可笑的是,文件还将迫水那份向战争泼冷水的报告也附在后边,断章取义地引用其中部分内容,

---

① 与许多日文名词相同,此处托兰也使用罗马音读法,后加括号以注明"国体"(kokutai)意为"国家之本质"(national essence)。事实上,太平洋战争期间,日本的"国体"二字意思等同于"天皇制",所谓"护持国体"也成为战争末期口号之一,即"维护天皇制"。——译者注

目的显然在于强调大本营的立场。

东乡身患恶性贫血已有五年,此时咬着牙站起身来,挥舞着迫水那份报告说:"读过这份文件,本人实在看不出还有什么理由继续战争。以我之见,各位提出的建议草案与具体项目之间根本不存在关联。"东乡把大本营的一切作战理论嘲笑个遍,包括所谓战场越靠近日本,便越有利云云。何况国民饱受苦难,无意继续战争,又该如何?

丰田大将终于失去冷静,叫道:"国民厌战便厌战,日本必须打到最后一兵一卒!"

阿南大将同样暴跳如雷,喊道:"我等若不能尽辅弼之责,不如切腹自裁,以谢陛下!"

讨论又持续一个小时,东乡孤立无援,最终也无力阻止那份战斗到底的决议通过。离开会议室时,东乡走到米内大将面前,埋怨道:"我真是没想到,您竟然没为我讲一句话。"

两日后,亦即6月8日,御前会议召开,最高战争指导会议将决议呈交天皇裁夺。由于明治宫殿焚毁,会议场所转移至宫内省。与会者除天皇外,还有"六巨头"、枢密院议长平沼、军需相、农商相①,以及包括迫水在内的四名书记官。

天皇显然没有预料到会议内容,只是坐在御座上不发一语,"表情肃穆"。只有东乡发表保留意见,其余众人考虑到天皇在场,都选择缄口不言。当会议在拘束的氛围中结束时,铃木请求天皇对新政策简单作出评论,天皇依然沉默。于是首相总结道:"既然无人针对计划提出明确反对,那么我宣布会议结束。"

13名与会者起身行礼,退出会议室。天皇随后出来,木户侯爵见其神色有异,内心不禁作出百般猜测。"事情定下来了。"天皇说道,并拿出一份新政策的复本交给木户。与东乡一样,木户也震惊不已,甚至感觉那位年迈的首相已不再那么值得信赖:即便有东乡支持,铃木恐怕也不会主

---

① 战争期间,商工省大部分职能为军需省所取代。日本政府于1943年废除商工省,将纺织业等非军需行业划归农林省管理,农林省就此改名农商省。战后,商工、农林二省皆恢复原状。——译者注

动谋求和平。身为天皇心腹之臣,传统要求内大臣不得干政。过去,木户曾间接地绕过这条限制的办法,而此时,形势迫使他采取积极行动。

乍看之下,问题很难解决。整个下午直至深夜,木户都在苦思冥想:最理想的情况莫过于由军方出面提倡和平,因为即便其他求和行动再多,若军方反对,终究无济于事。事到如今,解决之道唯有一途,那就是依靠最高权威——天皇。木户决定开诚布公地向天皇陈述利害;非常之时,须行非常之策,说服天皇亲自出面,结束战争。想着想着,他最终沉入梦乡。

次日上午,木户把论点整理在一份题为《收拾时局之对策试案》的文件中,并于下午1时30分谒见天皇,进言道:"当前情势如此,一切谋求和平之举措,可能性皆微乎其微。若幸蒙恩准,臣愿亲自设法为陛下排忧解难。区区浅见,尽在此案之中。"

天皇拿起草案,仔细阅读。开头四段总结时局:生产报告表明,战争很难坚持至年末;加之轰炸破坏严重,食粮极端匮乏等等,这些很容易在全国范围内引发大规模动乱。

    5. 从以上观点来看,在此刻就收拾战局问题果断达成一致,乃是今日我国之最高要求。然而,通过何种方法手段达成此目的,考虑须慎之又慎。

    6. 从敌方所谓和平攻势,即发表的各式文件来看,其主要目的确属打倒我国之所谓军阀,亦即军人集团。

    7. 本人相信,按正常程序,应当先由军方拿出和谈提案,而后政府跟进,展开谈判。然而,就我国之现状来看,事到如今,此等做法可行性几乎为零。此外,若选择伺机行事,反倒恐将贻误良机,遂使我国沦落入德意志之悲惨境地,甚至连最低要求——保障皇室,护持国体亦无法实现。

    8. 我等诚惶诚恐,提出前所未有、却亦是唯一有效之极端举措:请陛下以天下万民为念,痛下决断,通过下述方式终止敌对行动:

    9. 由陛下亲笔致函美国,展开交涉……

    10. 亲笔函中,应援引(1941年12月8日)《宣战诏敕》之宗旨,强调陛下时时顾念和平，然鉴于战争带来之惨重破坏，愿忍所不能忍，同意以合情合理之条件结束战争。和平条款之最低要求如下：

体面媾和（此为不可逾越之底线）。倘若太平洋可按其字面意义确保太平……我国将放弃于各占领地区之占领权和指导权，前提是上述地区国家及人民获得独立。我国将主动撤出上述占领地区之武装力量……

11. 至于限制军备问题，对方或将提出大幅缩减之要求，我国须有心理准备，仅以满足最低国防要求为限。

以上浅见，纯属个人心迹之剖白，仅提出一些基本、重大之问题。

天皇读罢，似乎对此"深感满意"。木户认为，在天皇公开干预之前，最好得到内阁关键人物支持，于是便提出，希望先与首相及其他高层人物就此事展开商议。天皇颔首道："立即去办。"

木户却认为，等待数日再办更为明智。其时议会正在会议期，内阁成员大多忙得不可开交。6月13日是会议的最后一日，上午，木户在铃木赶往议事堂途中将其拦下，将和平计划简要描述一番。铃木答应称，待议会一休会，便回来找木户。

与此同时，木户又找到米内大将。在四位军方首脑之中，木户只信任米内不会将此和平计划泄露出去。米内看过木户的草案，反应一如既往地谨慎。"方案确实很好，"米内克制住自己的热情，说道，"不过，我想知道总理阁下对战争究竟持何种态度。"

木户也怀有同样的疑问。

二人暗自揣测之时，铃木正从座席上站起身来，向各参议员和众议员发表讲话。铃木内心的求和意愿远比木户眼中所见要来得迫切，此时他更是要当众宣示这点。讲话开篇，铃木提到二十七年前他还在指挥训练舰队时，曾在旧金山发表过的一篇演讲。听众原以为老人家又要回忆往事，不料听到的却是意想不到的观点。

"那篇演讲主旨如下：'日本并不好战，它对和平的热爱超过世界上任何一个国家。日美之间没有理由爆发战争,而一旦开战,战争必定会很漫长,结局也会很惨痛。太平洋,顾名思义乃是和平之洋,岂能让军队往来于洋面之上。若这真成为不幸之事实,神罚必将加诸双方。'"①

随着"和平"一词及对和平之向往从政府首脑口中公开讲出,听众爆发的怒火席卷了宽敞的议事堂。尽管讲话最后,铃木告诫应举国一致奋战到底,无条件投降意味着亡国灭种,汹涌的群情也丝毫没有减弱。当首相转身走下讲台时,怒火转而化作轻蔑的嘘声、威胁的手势与"打倒铃木内阁"的呐喊声。内阁书记官长迫水发现一名议员推开人群,挤到自己面前,声泪俱下地说道:"现在我才算理解总理阁下的一片苦心,请坚持下去!"

铃木对这些嘲讽似乎充耳不闻,只是心不在焉地朝听众挥挥手,奋力推开挤上来的人群,按照惯例前往宫内省禀报天皇,而后沿走廊来到木户办公室,将内大臣那份独特的草案从头到尾读过一遍。首相答应竭尽所能促使计划实现,但与米内一样,他也怀有某些顾虑,问道:"不知米内大将作何感想?"

"米内也问过您怎么想。"木户答道。铃木闻言觉得可笑,木户却忧心忡忡:战争期间,如此紧要关头,首相与海相居然互不知晓对方"心里打着什么算盘"。

尽管承诺帮助木户,铃木也没有在公开场合中改变立场。次日一早的记者招待会上,首相发表军国主义言论称:"护持国体,乃是第一目标。但使一亿国民不惜玉碎,实现该目标绝非不可能……德意志大军尚存,却选择投降,我军将士纷纷表示难以理解。就武器与物资数量而言,我军或许略逊一筹。若论枪林弹雨之中,誓死不退之意志,实为我皇军将士所独有。凭借此种强劲之力量,我等誓要万众一心,战斗到底。"

此时,木户召来第三名内阁成员——东乡。外相的支持对计划之实施至关重要。木户没有把书面文件拿出来,只是口头吐露称,最近那次御

---

① 铃木两天前将演讲稿提交至内阁时,有人建议删去"和平之洋"及神罚相关文字,或者改为只有美国才当受神罚。两种意见,铃木都未采纳,并在议会召开前对儿子说,假如把这些都删掉,讲话之意义就不复存在了。首相希望美方能够把讲话理解为对和平的微妙试探。

前会议上作出的决定使得天皇深感不安。东乡表示,自己早在"六巨头"会议上便反对军方提出这种自杀式计划。

"我知道,"木户说道,"关于和平问题,我有一些个人看法,希望您能不吝相助。"接着便暗示东乡,天皇可能会公开发表声明,呼吁和平。

东乡称自己愿竭尽所能,并表示,"假如陛下此时宣布国家应刻不容缓地致力于结束战争",那实在是再好不过,"因为金口玉言乃是助我达成目标的最大推动力"。

木户原本无意把除米内以外的另三名军方首脑牵扯进来,却在一时冲动之下,不小心让陆相阿南得知内情。当时阿南前来内大臣办公室,准备离开时漫不经心地问道:"听说你要辞职,可是实情?"

二人曾经亲密无间:木户担任内大臣秘书官长时,阿南则是天皇的侍从武官。或许正是由于这层关系,才使得木户脱口而出:"我没打算辞职,但我有件心事,你若知道,或许会让我辞职。"

"说来听听?"阿南颇感好奇。

木户把和平计划连带天皇准备在其中扮演的角色和盘托出。他的直觉准确无误,阿南并没有表现出敌意,甚至"原则上同意"木户的路线方针,只是对时机问题表示出很大的异议。阿南认为,议和应该等到"美军登陆本土,且他们在海滩上遭受重大损失之后",那时谈判更为有利。

所谓海滩迎击,指的是集中数千架飞机对登陆敌军展开轰炸,木户对此不屑一顾。"飞机全打没后,再怎么做?"既然举国之力也只能消灭三分之一登陆美军,还不如趁本土遭到入侵之前达成协议。鉴于木户有其自己的情报来源①,阿南承认该战术推论确属事实,最终承诺称,对木户之计划,尽管不会支持,却也不会在"六巨头"会议上"过分强烈地"表示反对。

---

① 其时存在一个小型团体,时常把"六巨头"会议之绝密情报传递给木户及其他主和派人士,其目的在于将"六巨头"改造为一支求和力量。团体组成人员皆是高层人士的左膀右臂,在军政两界极有影响力:总理大臣秘书官松谷诚大佐、外相秘书官加濑俊一、内大臣秘书官长兼辅佐官松平康昌侯爵,以及代表米内的海军猛将高木。四人经常会面,为躲避宪兵队追捕,地点经常变更,最常用的一处是议事堂里某个隐蔽的房间。

犹如"天助",木户无意之间试探出阿南的真心话。此时万事俱备,木户打算与最高战争指导会议正面抗衡,便鼓动天皇于 6 月 22 日召开会议,将"六巨头"召至御文库的地下掩蔽所。"以下内容仅是讨论,并非朕之命令。"天皇简单说道,"上次会议上,最高战争指导会议决定采取新政策,为本土防御做好准备。而如今,朕认为有必要采取一项史无前例的举措,以推进和平之实现。希望诸位立即着手,按朕之意愿处理此事。"梅津、丰田二人之前未从木户那里得知消息,此时不禁惊得目瞪口呆。

天皇问众人是否考虑过和平谈判——其实这是明知故问,东乡已向天皇汇报过情况。铃木艰难地站起身来,承认政府确实考虑过谈判。东乡则把广田与马立克的谈话情况详细禀报。

"什么时候派特使去苏联?"天皇问道,"有希望成功吗?"

东乡估计,假如派出使节,大约会在 7 月中旬前抵达莫斯科,但同时他也提醒道,斯大林一定会迫使日本作出许多让步。

天皇转而看向两位一言不发的陆军代表。阿南恪守承诺,对"挽救时局"的一切尝试不发表反对意见,只是表示担忧:日本若显出急于结束战争的姿态,或将被敌人视为软弱可欺。参谋总长梅津则丝毫不隐瞒他的忧虑:就和平问题发表任何提议都将在国内外产生不可估量的影响,应"万分谨慎以处之"。

"所谓'万分谨慎',是否意味着先对敌人进行一次打击,而后才采取行动?"天皇问道。梅津表示绝无此意,于是天皇说道:"谨慎固然很好,但过分谨慎只会导致错失良机。"

"既然如此,那确实是越早越好。"梅津承认道。

如此一来,日本便朝着和平迈出可见的第一步。

应东乡之要求,6 月 24 日,广田再次拜访马立克。这次,他放弃外交辞令,开门见山地提出,希望苏日双方订立一项新条约,以取代行将作废的《苏日中立条约》。马立克依旧闪烁其词,称《苏日中立条约》尚在有效期,没有必要另立新章。

无奈之下,广田提出日本用橡胶、锡、铅和钨与苏联交换石油。"苏联之陆军与日本之海军，"广田说道，"倘若联合起来，两国纵横世界又有何难！"

可以想见，马立克对此无动于衷：帝国海军的大部已在海底安息。马立克回应称，苏联石油尚不足以满足自身需要，并直截了当地表示，日方若不能拿出"具体方案"，此后恐无必要继续见面。

不到一星期，广田便带着一份书面文件再次拜访马立克：日方承诺允许"满洲"独立，并放弃在苏联海域的特许捕捞权，作为回报，苏方将提供石油并签订互不侵犯条约。马立克依旧不置可否，莫斯科方面指示未到，他也无法答复广田，只是问道，日本与美国、瑞典进行和谈一事是否属实。

"绝无此事！"广田惊呼道，并表示日方开启任何谈判之前，必定要先与苏方协商。

广田坦率的回答基本符合事实：瑞典方面曾两度提议和谈，日本都予以拒绝；藤村在伯尔尼的运作，东京方面同样没有回应。然而，这时另有一项更具影响力的议和大计正在瑞士展开。两名日本银行家在位于巴塞尔的国际清算银行中任职高管，他们分别叫作北村孝治郎与吉村侃。有一次，日本驻瑞士公使馆武官冈本清福中将对二人谈起道："我国意图战斗到底，然而国力已不支持进行持久战。若美方有意议和，我愿意与之谈判。"

二人皆非军方人士，听到一名地位如此敏感的将军口出此言，不由得大吃一惊。此举或能使日本免于彻底覆灭，但要说服国内的军国主义者支持谈判，又谈何容易？

"参谋总长梅津与我私交甚笃，"冈本胸有成竹，"当初诺门坎事件（1938年①日苏在中蒙边境爆发的军事冲突）时，我上头的军司令官正是梅津大将，所以能说上话。"

两名银行家同意去找美方"探探口风"。但谁有足够的威望充当中间人呢？二人思前想后，决定去找佩尔·雅各布松。此人是瑞典裔，在国际清算银行担任董事，以擅长调解国际争端而闻名。与之前担任调停角色

---

① 实为1939年。——译者注

的许多瑞典人一样,雅各布松十分热情,在美方人士之中人缘颇佳,并且能够轻松联系到杜勒斯手下的特工人员。

雅各布松告诉北村与吉村,美方完全尊重日本民众敬重皇室的感情,故而在空袭时小心翼翼,避免轰炸宫城。不过具体到和谈,大前提必须是无条件投降。即便"无条件投降"纯粹落在军事层面,吉村依然表示反对。雅各布松却认为,战争已毫无胜算,与其徒劳地持续作战,不如选择投降。1918年德皇投降,德国便免于被完全占领,甚至得以保留政府。就像现在,如果日本无条件投降,宪法与天皇制就很有可能存续下去。

7月10日,雅各布松转而与美方会谈。此次,美方出面的是杜勒斯的德裔副手——格罗·冯·S. 格韦尼茨,意大利境内全体德军的投降,正是由他策划。格韦尼茨再次强调无条件投降的必要性,但也表示日本有希望保留天皇制。只不过,天皇问题这项条款无法以书面形式写明。只有杜鲁门总统与丘吉尔有权作出书面保证,而这需要数周时间。

"艾伦·杜勒斯能不能谈谈他自己的看法?"雅各布松问道。

"杜勒斯也没有办法,上级不允许。"

"难道您说的每一句话、做的每一件事都得到过上级的允许吗?"

格韦尼茨承认这也未必,"但是,假设艾伦·杜勒斯发表声明,作出承诺,而东京方面又走漏风声,那结局就是,国务院会开除此人,永不任用"。尽管杜勒斯不能发表看法,格韦尼茨还是建议雅各布松在日方面前稍微夸大其词,称自己"与负责投降谈判的美方人士有直接联系",同时又补充道,以他的个人观点,"不应把此事透露给除当时在场者以外的其他任何人,包括其他美国人。假如日方去接触美国使馆武官,只会把事情搞砸,谈判恐怕也无法持续下去。另外,也不能透露给瑞士人"。

如此一来,下一步全看日方如何抉择。这次接触追本溯源是由冈本将军那番话生发而来,谁知此时他却不愿让东京方面参与其中,除非皇室与宪法的命运得到保证。尽管出现种种制约因素,雅各布松却并未灰心——美方刚刚传来消息,数日之后,杜勒斯会在德国亲自与他会面。雅各布松相信自己的口才,足以说服杜勒斯去打消冈本的疑虑。

在这些零零散散的议和进程缓缓推进之时，军国主义分子为保卫本土，也制订出一套完整的自杀式计划——"决号"作战。该计划集聚起1万余架飞机，大多是教练机匆忙改装而成，其中三分之二计划投入九州保卫战，其余则用以击退东京附近登陆的敌军。从塔拉瓦与塞班岛两场战役中，军方总结出惨痛教训，决定动用53个步兵师团与25个旅团，共计235万兵力，在海滩击溃美军。上述作战部队背后，则是近400万海陆两军文职人员、25万特设警备队与2800万民兵。民兵规模之所以如此庞大，是因为《义勇兵役法》在此前议会表决中一致通过，它规定十五岁至六十岁男性及十七岁至四十五岁女性皆有义务服役编入国民义勇队。法案通过时，军方发言人那慷慨激昂的陈辞令人印象深刻；铃木及其内阁成员随后参观配备给义勇队的武器：前装式步枪、削尖的竹竿，以及自封建时期沿用下来的弓箭。

3

日本政府亲自发起的那场谈判，久久未有回音。一星期过去，广田的提议在莫斯科只如石沉大海。天皇首先耐不住性子，于7月7日召见铃木首相，说道："探明苏联真意，切勿错失良机。"为何不能直接请苏联出面调解？为何不能派一名特使，带上天皇亲笔信直赴莫斯科？

天皇心中的特使人选无疑是近卫。7月12日，正于轻井泽别墅避暑的近卫接受召见，来到东京，一身平民穿扮，穿着朴素的卡其色国民服，怀着复杂的心情在御文库等待天皇从地下办公室上来。天皇看上去心绪很不安定，面容苍白，神色疲惫，穿着亦不修边幅。二人免去宫廷礼仪；木户为营造直言无忌的环境，便也退出去，留天皇与近卫单独交谈。天皇问，近卫作为前总理大臣，对战争有何看法？近卫的回答十分直率，这也证明木户的回避起了作用。"国民厌倦战争，无不希望陛下纡尊降贵，站在百姓立场上有所行动，救万民于水火，甚至有人认为陛下难辞其咎。无论如何，必须尽快结束战争。"

天皇吩咐近卫做好准备，出使莫斯科。近卫内心反对依靠苏联调停，但愿意采取任何措施以弥补过去的错误。他提到当初《三国公约》签订时，天皇曾警告这将最终导致日本与英、美开战。"那时，"近卫继续说道，"臣有幸奉陛下之命，无论结局如何，臣皆需与陛下共同承担。如今，若陛下有令——"随着心潮起伏，近卫哽咽起来，"臣愿为陛下效命，万死不辞。"

近卫前脚离开，天皇便传木户进来，心满意足地说道："近卫此次决心颇为坚定。"

当天皇还在试探近卫真意时，驻莫斯科大使佐藤尚武便收到一封电报，通知近卫公爵不日即将抵达：

> 若敌对行动进一步持续，唯有荼毒双方亿万无辜之生灵而已。陛下为此痛心疾首，迫切盼望尽早结束战争。然而，倘若美英两国坚持要求无条件投降，尽管遗憾，我国亦只得全力奋战，绝不屈服，以捍卫荣誉，护持国体。而其结局，自然是导致更多流血牺牲。因此，帝国政府出于对人类福祉之真正关切，希望早日展开谈判，恢复和平。为此，近卫公爵将携陛下亲笔国书前往莫斯科，请苏联政府为行程提供方便。

佐藤曾在圣彼得堡待过九年，又从 1942 年起担任驻莫斯科大使，对苏联人了解十分透彻，深知近卫来访也不会产生什么好结果。他在考虑的是，如太平洋战争早日结束，苏联可能会在哪方面获得利益？之前广田与马立克的谈话没能让莫洛托夫产生兴趣，如今单凭一封国书怎能打动此人？佐藤给克里姆林宫打去电话，约见外交人民委员，对方的答复完全证实佐藤推测无误：莫洛托夫即将启程前往德国参加同盟国会议，分身乏术。于是，佐藤请求与副外交人民委员阿列克谢·洛佐夫斯基会面。

洛佐夫斯基（此人真名叫作 A. S. 德里佐）与马立克一样，对广田持不合作态度。面对佐藤多番要求批准近卫访苏，洛佐夫斯基总是不失礼貌地回避问题，最有诚意的答复也不过是说，过两天再定。

佐藤将情况通过电报汇报给东乡，并尖刻地指出，假如近卫只是来陈述"那些陈词滥调，只讲大话空话，缺乏具体内容"，那他还是留在国内比较好。次日，佐藤继续发出逆耳忠言：

> ……希望苏联支持我国通过谈判方式缔结和约，这点并不现实。归根到底，倘若我国真心期盼结束战争，只有接受无条件投降或近似无条件投降之条款，此外别无选择。

而在德国，雅各布松与艾伦·杜勒斯也在探讨日本投降问题。威斯巴登有一家香槟酒厂，此前曾为希姆莱供应酒品。此时，美国战略情报局已在酒厂内设置情报站，然而这里臭气熏天，杜勒斯与格韦尼茨只好选择在寓所招待雅各布松。寓所是栋灰泥墙二层小楼，舒适宜居。

杜勒斯最为关心的问题是，日方代表是否真心实意。雅各布松表示，日方代表没有问题，且日本国内和平人士也在竭力奔走。杜勒斯依然半信半疑："和谈是否有可能是主战派的计谋，为向日本民众表明美国得理不饶人，从而提振军民士气？"

雅各布松听出杜勒斯话里有话，暗示自己参与了一场骗局，心中颇感恼怒，冷冷地答道，自己虽没有杜勒斯那样的谈判经验，却也素来值得信赖，"1935年至1937年，我甚至说服德·瓦莱拉①与英国谈判"。

室内十分闷热，三人争论数小时，并未解决任何问题。雅各布松认为保留天皇制乃是谈判关键，于是在早餐时再次提出：天皇究竟属于何种存在，端看他本人之行为举止。若天皇与军方一刀两断，表现出和平姿态，某些问题便可以得到解决。届时，美国公众也能够将皇室与军阀区分开来。

杜勒斯表示，他无法保证，甚至无法推断他的政府一定会保留天皇制。然而，假如天皇本人带头促成投降，并从外国领土上撤出日本军队，

---

① 德·瓦莱拉(1882—1975)，爱尔兰革命者，1937年促使爱尔兰自由邦独立成为一个主权国家，更名"爱尔兰"。——译者注

美方也会更倾向于让天皇维持统治。当然,这只是一种个人观点,但来自一个位高权重之人。杜勒斯在送别雅各布松时,更是再次表达诚意,说道:"或许您并没意识到,您肯到这儿来,我等深表感激。"而后,杜勒斯给柏林以西不远处的波茨坦打去电话,杜鲁门总统及其顾问一行刚刚抵达此处,准备与丘吉尔、斯大林共同举行战时的最后一次会议。

第三十二章 真没有那么值得操心

1

1941年,巡洋舰"奥古斯塔"号曾载着罗斯福前往纽芬兰与丘吉尔进行历史性会晤,并颁布《大西洋宪章》。此时,1945年7月15日上午,哈里·S.杜鲁门又乘该舰来到安特卫普,并于中午过后不久登上总统专机"圣牛"号,飞往波茨坦参加这场代号为"终点"的会议。

战争曾迫使资本主义阵营与共产主义阵营结成脆弱的联盟,而随着和平临近,东西方之间潜在的对立也暴露无遗。雅尔塔会议上建立起的合作关系逐渐瓦解。斯大林当初承诺践行《关于被解放的欧洲宣言》,此时却试图在苏联红军解放的东欧地区建立红色政权;而杜勒斯等人此前在意大利北部促成的"反苏"谈判,在斯大林眼中则是西方搞阴谋诡计的确凿证据。

明眼人都看得出,新任总统打算在会议上对付苏联。莫洛托夫早已领教过杜鲁门的直言快语。"雅尔塔会议上达成的全部协议,美国皆准备忠实执行,而我方之唯一要求,便是苏联政府也同样行事。"杜鲁门在华盛顿首次与外交人民委员会面时如此说道,"我只是希望各位明白,一切的前提都是双方共同遵守协议,而非其中一方'自作多情'。"

"我活这么大年纪,还从未有人这么对我说话!"莫洛托夫怒声道。

"不想听别人这么说话,就把协议执行好。"杜鲁门道。

此次会议上,杜鲁门的目标十分明确:在占领区德国确立公正的政治经济原则,践行《关于被解放的欧洲宣言》(尤其是涉及波兰的部分)并解决赔偿问题。上述目标都将列入全体会议议程,然而,结束亚洲战事也需要得到同等的关注,尽管这种关注是非官方的。在杜鲁门看来,"最为紧迫"的问题无法摆上波茨坦的会议桌,而是要靠与斯大林私下会晤才能解决。在马歇尔与麦克阿瑟的请求下,总统将旁敲侧击地暗示苏联尽早加入对日战争,尽管杜鲁门当时已获悉那项国家机密——原子弹很快将在新墨西哥州投入试验。

总统带来一份呼吁日本投降的宣言草案,其发起人乃是外交官约瑟夫·格鲁,后者当初曾致力于阻止战争爆发。东京轰炸引起大火的消息传回国内后,格鲁震惊不已,并于5月29日面见杜鲁门(其时国务卿斯特蒂纽斯正在旧金山参加联合国会议,格鲁担任代理国务卿),请求总统发布公告告知日本:无条件投降并不意味着终结天皇制。格鲁表示,若不加上这个保证,将很难说服日本投降。国务院远东问题专家,如尤金·杜曼、约瑟夫·包兰亭、乔治·布莱克斯利教授,也都支持格鲁的意见。

"我也考虑过,感觉这是个不错的想法。"杜鲁门答复道,并希望格鲁大使在作出最终决定之前,先咨询参谋长联席会议、战争部长及海军部长的意见。

史汀生与福雷斯特尔两部长"闻言欢喜",陆军参谋长马歇尔亦然,只是担心"此时发表公告为时过早"。史汀生认为,公告措辞要取决于原子弹试验成功与否。作为战争部长,史汀生对原子弹使用问题的关注日渐浓厚,并率领一批民间杰出人才——其中包括三名顶尖科学家,建立一个名为"暂定委员会"的机构。释放原子能势必会在政治、军事及科学领域引发各种问题,该机构的目的便在于就各类问题给予总统建议。两日后,委员会召开会议,与会者还有马歇尔将军与一个四人科学顾问小组,史汀生在会上提交结论称:"诸位,我们所肩负之责任,是对某些足以改变文明进程之行动提出建议。可以预见的是,我国很快将掌握一种全新武器,其破坏力堪称空前。如今,战争是头等大事;迅速且成功地结束战争是我们的重大任务。不难设想,新式武器将赋予我国压倒一切的力量,而我们的义务则是竭尽一切智慧,去运用这种力量。眼下对我们而言,首要问题是,从长远眼光来看,新式武器应如何登场。"

负责原子弹设计与测试的物理学家 J. 罗伯特·奥本海默博士估计,一枚原子弹爆炸大约将造成 20000 人死亡。听到这位科学顾问小组成员的估算,史汀生大惊失色,插话道:作战目标在于军事破坏,而非杀害平民。比如,目标城市清单上列有京都,但原子弹不应该在那里投掷,因为京都是文化中心,神社遍布,备受崇敬。史汀生对这座古都的了解纯属偶然:他一位朋友的儿子是东方学专业学生,前不久曾向他详细描绘过京都的绮丽风光。

马歇尔将军认为,为迅速结束战争,拯救美国人的生命,毫无疑问应当使用原子弹,但他并不希望通过自己作为陆军参谋长的地位去影响委员会。在发言中,马歇尔表示,原子弹能不投最好还是不投,因为这会过早地把美国掌握的新力量展示给苏联,不如留在战后更具威慑作用。

休会午餐时,科学顾问小组另一名成员亚瑟·霍利·康普顿博士转向坐在他左手边的史汀生,询问是否能够安排某些非军事示威以震慑日方。几人在餐桌上就这种可能性展开讨论。倘若事先宣布将于日本某个偏僻地区投弹,日军便有可能将携带原子弹的飞机击坠。此外,如果那枚示威用的原子弹哑火,那又当如何?大量环节都有可能发生错误。假如选择在中立地带试验,日方领导人恐怕不会相信其真实性。因此,应尽快"选择一处能够明确展示原子弹破坏力的目标,进行轰炸",且不作提前预警。

暂定委员会的三名科学家——万尼瓦尔·布什、詹姆斯·B. 科南特、卡尔·康普顿表示同意,另一些参与研制原子弹的科学家则感到不安。以诺贝尔物理学奖得主——德裔难民詹姆斯·弗兰克博士为首的七位著名科学家联名向委员会提交报告:

> ……如此一种不加分辨地对人类加以毁灭的新手段,若美国率先使用,便会失去全世界的民心,并加速军备竞赛,这将更不利于战

后达成国际协议以控制这类武器。

若首先选择合适的无人荒野,向世界展示核弹的威力,便能为最终达成协议创造出更为有利的条件……

在位于新墨西哥州的洛斯阿拉莫斯科学实验室里,亚瑟·康普顿、奥本海默及科学顾问小组的另外两名成员——欧内斯特·劳伦斯和恩里科·费米在经过一个周末漫长的苦思冥想后,起草出对弗兰克报告的答复。"6月16日那天,把答复报告提交给暂定委员会时,"康普顿后来回忆道,"我们的心情极为沉重。"

……一部分人主张仅纯粹以原子武器进行技术示威,禁止实际使用,原因是当下使用该武器,将会影响到未来的谈判。另一部分人则强调,将该武器投入直接军事用途能够挽救美国人的生命,同时这种做法也有利于改善未来国际关系,因为人们不会把心思放在根除特殊武器上,而是会更关心如何杜绝战争。

经过思考,我们顾问小组的观点更接近于后一种意见:除直接军事用途外,不考虑任何替代方案。①

在华盛顿,史汀生与助理战争部长约翰·J.麦克洛伊准备参加一场重要会议,除参谋长联席会议的成员外,总统也会出席,会议主题则是决定对日作战方针:是封锁、轰炸迫使它投降,还是在日本本土诸岛展开登陆?对于这两种方针,麦克洛伊都不赞同。数星期以来,他便一直私下与格鲁讨论日本的前景,得出一致结论:应当允许日本体面投降。麦克洛伊曾承诺凭借自身的影响力去劝说部长,此时,他对史汀生说道:"若不去考虑政治上的解决方案,那大概是我们的脑袋有点问题。"海洋、天空都在美国掌控之下,原子弹也握在手中,应当允许日本在宪法基础上保留天皇,

---

① 1967年2月6日,爱德华·泰勒在圣母大学发表演讲时称,他对那时的决定表示悔恨:"另有一种选择是在东京上空安全的高度引爆原子弹,那只会造成窗户震动。人类在技术上的才智足以阻止一场骇人听闻的战争,我们当时有机会证明这一点,却没有把握住。"

至于重要的原材料，虽不能任由日本控制在手，但也可以允许其获取。

麦克洛伊继续说道，应由总统以个人名义致函天皇或铃木政府，概述体面投降的提议，同时威胁日本称，若不投降，那么美国将别无选择，只得投放新式武器——原子弹。按照如此流程，倘若奏效，便能够以不再造成伤亡的形式结束战争；倘若不奏效，那美国也算先礼后兵，迫不得已，日后在道义上也更能立得住身。史汀生听着麦克洛伊详述该方案之形式和实质，极为赞同，并称此举具有政治家风度，届时将在会议上加以提倡。然而，周日晚上，麦克洛伊接到史汀生的电话："杰克，明天我去不成了，你代我出席吧。白宫方面我会提前安排好。"原来，史汀生正遭受着偏头痛的折磨。

6月18日，星期一，接近下午3时30分时，麦克洛伊抵达白宫会议室。总统参谋长莱希海军上将列席，参谋长联席会议成员中，金与马歇尔亲自到场，阿诺德却由艾拉·C.埃克中将代表出席。史汀生最终也拖着病躯前来，神情痛苦，面容疲倦。

杜鲁门总统向列席众人逐个征求意见。陆军参谋长马歇尔第一个发言，坚决表示唯一的选择只有进攻本土诸岛：预计首次登陆作战时间为11月1日，地点为九州岛，动用部队共76.67万人。损失想必会极为惨重，但仅靠空中力量并不足以征服日本。埃克代表陆军航空军发言，证实马歇尔判断无误：空中打击未能使德国屈服。金将军同样支持马歇尔。

令麦克洛伊懊恼的是，史汀生竟点头赞成。当然，史汀生也建议探索某些替代方案："可以确信，日本存在着一批反对当前战争的人士，由于受到当局打压，其意见与影响力尚不能完全展现……我认为，在情况会发展至被迫要与上述人士敌对之前，应当采取措施动员他们，发挥其可能存在的一切影响力。"至于此前向麦克洛伊承诺的劝说总统致函天皇一事，史汀生只字未提。

杜鲁门转向莱希。莱希素来直言无讳，对罗斯福的"卡萨布兰卡方案"大加贬抑："日本必须无条件投降，否则便意味着我国失败云云，恕难苟同。纵使最后没能迫使日本无条件投降，在可预见的将来，我也不认为日本会产生多少威胁。我所担心的是，一味坚持无条件投降导致日本孤注一掷,从而增加我方伤亡。这些伤亡完全可以避免。"

杜鲁门认为,此时便放宽投降条件的要求,美国公众对此还没有心理准备。至于九州岛登陆行动,总统以一种麦克洛伊听来十分勉强的语气说道,"确信参谋长联席会议将推进此事",但若要进攻本州岛,必须先与他商议。此外,最好不要让事态发展到使他除了批准进攻本州,"此外便别无选择"的程度。

随着杜鲁门发言完毕,会议显然结束,众人纷纷起身,准备离席,不料总统示意重新落座,说道:"散会之前,在场各位都需要表明态度。麦克洛伊还一言未发,怎么样,你有什么看法?"

麦克洛伊用眼神征询史汀生的意见,得到点头的答复后,便把对部长说过的那番话重复了一遍,包括那句"若不去考虑政治上的解决方案,那大概是我们的脑袋有点问题"。金将军瞪了麦克洛伊一眼,杜鲁门却听得津津有味。"好,这正是我想考虑的。"总统说道,"讲下去,你认为我们究竟该发出怎样的讯息?"

麦克洛伊把致天皇信函的内容口述一遍,承诺保留天皇制度,同时在结尾处以原子弹相威胁。"原子弹"一词出口,与会众人无不身躯一震,麦克洛伊"感觉到似有一股寒意贯穿众人脊髓"。该武器之存在,在座众人自然都清楚,只是它作为高度机密,很少有人在公开场合谈及。

杜鲁门表示,投放原子弹具有"相当大的可能性",好像这个问题在他此前参加的正式会议上从未被提出过一般。总统要求全体人员留在室内,把原子弹问题摆到台面上来。讨论内容主要集中在两点:一是投弹本身之可行性,二是是否应当事先警告日方。"谁敢保证一定能成功爆炸。"……"假如最后没炸,那就是一场闹剧。"……"假如事先给出警告,最后却无事发生,那会导致什么结果?"尽管围绕着原子弹的不可预测性产生大量争论,但全体成员似乎一致认为:如有必要,投弹是理所当然之举。如此一来,这相当于在没有任何正式声明的情况下,投放原子弹的决策事实上已经被确定下来。杜鲁门告诉麦克洛伊,"进一步考虑信函问题,现阶段不要提及投弹"。

史汀生在会议最后的结论中清醒过来,离开时愈加坚定决心:要让日本意识到投降并非没有现实可能。在格鲁与福雷斯特尔的协助下,史汀生开始归纳整理那些支持在投弹前事先警告的论据。与此同时,麦克洛伊、杜曼与包兰亭也在着手草拟对日宣言,概述投降条件。宣言将由美、英、中三国联合署名发布,其中第十二段包含无条件投降的唯一例外,也是对于日方而言最为重要的一条——保留天皇制之可能性:

> 上述目的达到,并依据日本人民自由表达之意志成立一倾向和平及负责之政府后,同盟国占领军队当即撤退。若如此一政府怀真诚之决心奉行和平政策,足以取信于爱好和平之世界各国,使之相信日本未来绝无可能再度发展出穷兵黩武之军国主义,那么该政府可保留一立宪君主,延续当前皇室之统治。①

7月2日,星期一上午,杜鲁门大体上批准了该公告,新任国务卿詹姆斯·F. 贝尔纳斯却对第十二段最后一句话表示质疑;科德尔·赫尔亦有同感,并向贝尔纳斯建议称,当前文字"绥靖之感过强","必须剥夺天皇及统治阶级的一切特权,使之与其他人在法律面前居于平等地位"。赫尔的看法与舆论相符,不久前的一次盖洛普民意调查显示,约百分之三十三的民众赞同处决裕仁,百分之三十七的人主张对他进行审判,根据结果施以终身监禁或极刑,只有百分之七的人认为应当对他置之不理,或当作傀儡加以利用。

在搭乘"奥古斯塔"号前往波茨坦的途中,总统与贝尔纳斯最终决定删掉第十二段那句引起争议的文字。与此同时,杜鲁门也私下对投掷原子弹的决定作出重新审视。包括丘吉尔在内的同盟国领导人一致认为,原子弹一旦准备好,便应立即投下。从某种意义上讲,杜鲁门没有不做决定的选择。"在我看来,"曼哈顿计划的负责人莱斯利·格罗夫斯将军后来写道,"总统的决定有种无意干涉的感觉——大体而言,是个不破坏现

---

① "当即撤退"之前数语,及本章下文所出现的相关引文,属《波茨坦公告》内容,采用官方译本文字。该段"当即撤退"之后文字,在会议之前遭到删除,并未在《波茨坦公告》中实际出现,因此也不存在官方译文。——译者注

有计划的决定。"不过无论怎样,事情总要有人拍板定音,那人正是总统。此时,杜鲁门满怀信心地承担起重任。说到底,原子弹也只是一件军事武器,制造出来,便唯有使用而已。①

2

会议的实际地点是波茨坦市郊一个树林环绕的小镇。该镇名叫巴贝尔斯贝格,环境宜人,基本没有受到战火波及,它一直作为避暑胜地,也极受德国电影界人士喜爱。在美国驻莫斯科军事代表团团长约翰·迪恩少将看来,它就像那种有幽灵出没的小镇。7月15日,星期日,杜鲁门在一栋灰泥墙面的三层小楼下榻;小楼原属于一个电影制片人,但此人现在在苏联某劳工营中。小楼坐落在格里布尼茨湖滨,有"小白宫"之称,四周树丛环绕,带有一个雅致的花园——只是与房屋一样,疏于打理。附近另有一座同样破败的豪宅,丘吉尔住在那里。斯大林的住所则在一英里外。

会议原定于7月16日星期一召开,却由于斯大林心脏病轻微发作,只得推迟至次日。关于原子弹的最后一项疑问,即能否成功爆炸,16日晚7时30分,在华盛顿方面发给史汀生的电报中得到解答:

> 诊断尚未完成,但上午的手术结果似令人满意,甚至超出预期。为防止流言散布,有必要于当地发布新闻。格罗夫斯医生心情甚佳,明日将返(华盛顿)。如有新情况,我将随时报告。

---

① 1958年,本人在一次采访中向杜鲁门总统提出一个问题:作出如此一项决定,是否属于深思熟虑之后的结果。"哪儿的话,当时心理就像——这样!"总统打个响指,如此答道。

一年后,1959年4月28日,总统在哥伦比亚大学一次专题讨论会上发言称:"投掷原子弹算不上什么'重大决策',这只是一项战争手段。我可以告诉各位,两枚原子弹加起来,致死人数还赶不上在东京投掷的燃烧弹。原子弹不过是正义阵营军火库中又一件强大的武器而已,它为战争画上句点,千百万人的生命因此得到拯救。拿破仑说,胜利永远站在大炮一方。原子弹就像我方的一门大炮。投弹纯属一项军事决策,目的在于结束战争。"

讨论会结束时,一名学生再次穷追不舍。"真没有那么值得操心,"总统解释道,"就好像你也有炮,我也有炮。我的炮更厉害,于是我打赢战争。制造大炮,为的就是发射。原子弹本质上,也只是一件火炮武器罢了。"

原子弹在新墨西哥州阿拉莫戈多成功爆炸。格罗夫斯与副手托马斯·法雷尔准将在10000码外观看爆炸情况。面对巨大的爆炸,法雷尔深受震慑,惊呼道:"战争结束了!""没错,"格罗夫斯说道,"只要给日本投上一两颗,一切都会结束。"

史汀生回电:谨向医生及顾问团队致以最热烈的祝贺。

对杜鲁门总统而言,试爆成功的时机再合适不过。次日中午,(新近获得)大元帅头衔的斯大林来到"小白宫",随行的有莫洛托夫及翻译巴甫洛夫。

斯大林与杜鲁门、贝尔纳斯亲切交谈,很快便引出总统最为关切的话题——太平洋战争。斯大林坦率承认曾收到过日方的调停邀请,但由于日本不准备接受无条件投降,因此未予明确答复。东乡与佐藤的往来电报早被美方截获破译,日方每一个小动作都在杜鲁门与贝尔纳斯的监视之下,不过此时在苏联面前,二人假装从未耳闻。斯大林主动宣布红军准备于8月初发动进攻,唯一的障碍是还有些许细枝末节的问题未与蒋介石梳理清楚,比如大连问题该如何处理。

杜鲁门称,大连应保持作为自由港不变。斯大林再三保证道,若苏方掌控大连,一定不会改变其自由港的属性。午宴时,斯大林兴致颇佳,称赞酒香宜人。恰好,菲律宾侍者正把酒瓶上覆盖的毛巾扯走,"加利福尼亚"商标映入眼帘。这似乎预示着美苏能够在会上顺利合作。

下午5时10分,第一次全体会议于采琪莲霍夫宫举行。宫殿坐落在湖畔,是一座宽敞的两层褐砂石建筑,装饰精美。它当年曾是威廉皇储的居所,不久前被改作军事医院。在迪恩将军看来,采琪莲霍夫宫有些像美国纽波特或格罗斯角的庄园。

会议在宫中的接待大厅举行,厅内悬挂三国国旗,与会者围绕一张很气派的栎木大桌落座。在斯大林的建议下,杜鲁门(在丘吉尔的翻译看来,总统像是一位"外柔内刚的董事长")担任会议主席。最初的议题集中在战后欧洲问题上。会后,丘吉尔回到寓所,对莫兰勋爵吐露会议细节:"斯大林态度很是和蔼,只是嘴巴张得太大。"丘吉尔注意到大元帅改抽雪茄,不知是否是心脏病发作的缘故。"斯大林告诉我,雪茄比普通香烟更有劲。我当场就提醒他,要是你抽着雪茄和我合影,公众肯定以为你是在学我。"莫兰问首相,杜鲁门是否确有才干。"我感觉有。别的先不提,至少他拥有坚定的决心。他不在意地面多么脆弱,只管把双脚稳稳地踩在上面。"为形象表示这点,丘吉尔光着双脚,牢牢地踩住地板。

数小时后,史汀生收到暂定委员会的另一份电报:

> 医生刚刚返回,热情洋溢,信心十足地表示,弟弟与哥哥同样健壮。他眼中的光芒,从此处到高卫(史汀生在长岛的宅邸)都灼然可见;他响亮的哭声,从此处到我的农场都清晰可闻。

解码军官看着这份含糊其词的密语,心想:史汀生七十七岁高龄,居然喜得贵子,不知道会议是否要休会一天以示庆祝。"弟弟"自然指的是前一日在新墨西哥州试爆的钚弹;而"哥哥"指的则是未经试验的枪式铀弹,准备投掷在日本。

原子弹在阿拉莫戈多成功试爆的消息传来,参与制造原子弹的数十位科学家愈发苦恼。利奥·西拉德博士(与弗兰克博士一样,他也是一位自纳粹出逃的科学家)向暂定委员会提交一份请愿书。请愿书由西拉德本人起草,57名芝加哥科学家联合署名,敦促给予日本适当的警告与投降的机会。①

7月18日,星期三,午餐时,杜鲁门就是否要将原子弹告知苏联一事征询丘吉尔的意见。丘吉尔建议,假如杜鲁门"决意告知"苏方,那就应该

---

① 请愿书存在一份初稿,在其中,西拉德的观点更加激进,他呼吁彻底禁用原子弹:"一旦我们把它当作结束战争的工具,日后便很难抵挡住将它投入使用的诱惑……这是人类从大自然中解放出的力量,一个国家若首先将它用于破坏目的,便会被迫承担起责任,打开一扇通往毁灭时代的大门——这毁灭的规模将难以想象。"
西拉德的同事大多不赞同初稿中的意见,理由是,假如不使用原子弹,战争便会拖延下去,流血屠杀便会继续。另有一部分人与西拉德的观点更是截然对立,并提交自己的请愿书予以反驳,其中一份总结道:"简而言之,当我国有条件迅速拿下胜利时,还有必要让国人继续流血吗?没有!哪怕能多挽救少数人的性命,我们也要使用新武器,立即使用!"

解释称，此前一直在等待试爆成功。这是因为斯大林肯定会问：为什么不早点告诉我们？丘吉尔给出的另一个建议是："无条件投降"的说法恐怕不太合适，这或将导致美国付出大量牺牲，最好能够换一种表述，既使同盟国得到"确保未来和平与安全的所有必要条件，同时给日本留存某些军事荣誉之象征，给出国家存续之保证，当然，前提必须是日本遵从征服者按需求提出的一切安全保障措施"。

"珍珠港事件之后，我不认为日本还存在荣誉可言。"杜鲁门反驳道，"总而言之，日本面临着血流漂杵的命运，无法逃避，却并不惧怕，因为相较于我们而言，那些事物对他们没有那么重要罢了。"

当天下午，美苏首脑会面。杜鲁门没有提及原子弹，斯大林却透露一则机密信息。他把天皇密函展示出来，信中请求苏联将近卫公爵当作和平使者来接见。斯大林问，既然苏联"最终"会对日宣战，他是否应该对天皇密函置之不理。

杜鲁门此时却佯装不知，表示斯大林按自己意愿处理即可。斯大林提出由他自己来"安抚"日方，比如告知日本政府，近卫来访的相关信息太过含糊，无法给出具体答复。

于是，佐藤大使在莫斯科等待五天之后，终于从副外交人民委员阿列克谢·洛佐夫斯基那里收到一封机密信件：由于天皇的建议含混不清，近卫公爵的使命亦不明确，对两者之问题，苏联政府自觉皆无法给出明确答复。佐藤在向东京方面汇报时，请求政府在保证天皇在位前提下接受任何和平条款：

> 本人深知上述言论有违政府主张，亦属弥天大罪，之所以斗胆进言，是因为本人认为，必先使政策与上述观点一致，而后方可救我国。

不过，日本国内领导层并没有下定决心迈出这一步，即便真的迈出，美国也不会在天皇问题上作出正式保证。

而在瑞士，雅各布松打开谈判渠道的决心与日俱增。冈本将军不愿相信来自美国的任何非书面保证，雅各布松却以三寸不烂之舌成功打消对方的疑虑:第一次世界大战之后,美国曾违背其书面保证;此时他们拒绝作出书面保证,恰恰是打算信守诺言。这种逻辑似乎符合东方思维,冈本将军答应向东京方面发去电报,"强烈建议"结束战争。

见冈本采取积极行动,艾伦·杜勒斯也飞往波茨坦,向史汀生提交第一手报告,叙述日方的友好姿态。杜勒斯并没指望立即得到答复,事实上也确实没有,不过这毕竟是"及时地通过至少自认为有效的方式,向美国权力高层"指出通过冈本展开谈判的可行性,因此杜勒斯已感到心满意足。然而,此时的美国领导人手握终极武器,已下定决心只接受无条件投降,纵使全日本最具和平倾向的人前来商议,美国也不会再考虑谈判。①

7月21日,史汀生向杜鲁门与贝尔纳斯宣读一份试爆观察者报告,详细描述阿拉莫戈多发生的壮观景象。二人都"极为满意",杜鲁门更是"百倍振奋"。次日一早,史汀生又把报告交给丘吉尔。丘吉尔读罢,同样兴奋不已,探身向前,挥舞着雪茄,以戏剧性的口吻说道:"史汀生,火药算什么?微不足道。电又算什么?岂足挂齿。原子弹才是真正的基督再临,伴随着愤怒之火。"说着,丘吉尔忽然回想起什么,笑道:"怪不得昨天杜鲁门在会上,像是变了个人,对苏联代表指手画脚,俨然一副会议主宰的派头,原来是读过这么一份报告。"丘吉尔的兴奋,不仅仅是由于科学上的重大成就,更是因为从政治上讲,进攻日本本土已不再有必要。"此时,噩梦般的图景烟消云散,"他后来写道,"取而代之的是一幅美丽而光明的画卷——在一次或两次猛烈打击下,战争宣告结束……此外,我们应该也不需要苏联帮忙了。"

---

① 7月18日,《华盛顿邮报》刊登出一封语惊四座的致编辑部信件,署名为"一名观察家"。信中,作者否定政府对待投降问题的强硬立场,并宣称,基于历史先例,美国军事法明确规定,征服或占领不影响战败国之主权。文章建议美国通过正规外交渠道展开谈判,这在华盛顿引起不小的轰动。传媒界有识之士将此解读为官方在投石问路。事实上,私下也确有可靠消息表明,文章作者名叫埃利斯·扎卡里亚斯,是一名见解独到的海军上校,曾负责"Op-16-W"秘密作战情报机构,主要在心理战领域开展工作。作为一名"官方发言人",扎卡里亚斯曾在一段时间内一直通过无线电向日本人保证,"无条件投降"很大程度上属于一个军事术语,并不意味着日本的生活方式遭到终结。不过,该信件的实际执笔人是扎卡里亚斯的一名助手,名叫拉迪斯拉斯·法拉戈。此人自发决定缓和无条件投降方案带来的影响,而扎卡里亚斯得知此番设想后,表示赞同,并在随后的广播中再次向日本人提出劝告。

尽管在丘吉尔与杜鲁门心中,投掷原子弹已属定数,美国三位军方高层依然在争论不休。除道义上的保留意见外,莱希海军上将认为,参与制造原子弹的科学家与各方人士之所以呼吁投弹,是"因为该项目已花费大量资金"。绰号"哈普"的阿诺德将军声称,仅依靠常规轰炸便能够结束战争。与他针锋相对的马歇尔则始终坚持,若要彻底击败日本,只有两种选择:要么投下原子弹,要么发起伤亡惨重的登陆作战。德怀特·艾森豪威尔将军也对马歇尔的结论表示强烈异议,私下对史汀生说,日本已经战败,"完全没有必要"投弹,尤其是这种新武器"不再是拯救美国人生命的强制性选择",一旦使用,难免引起世界舆论谴责,应当尽量避免为上。

7月23日,丘吉尔设宴招待各国代表。祝酒声和交谈声都淹没在皇家空军军乐团的演奏声中。丘吉尔对莱希耳语,俏皮地表示,杜鲁门与斯大林宴会上的古典音乐"无聊到让人想哭",自己是在稍加报复。

杜鲁门总统说,他希望自己在会议上始终表现得公平公正,未来也会努力保持。斯大林立刻站起身来,说道:"真可谓一身正气。"接着便长篇大论地夸赞杜鲁门。金将军把身子靠向莫兰,低声道:"你看,对总统来说,这些场合都陌生得很,但他应付得来。与罗斯福相比,新总统更像典型的美国人。我相信他会干出一番事业,不仅为美国,也是为全世界。"

举杯之际,众人愈多溢美之词,丘吉尔甚至称苏联领袖为"斯大林大帝",斯大林则回应道:"这一杯,预祝咱们在东京再会!"旁人听闻这句话,无不暗自吃惊。甜点过后,斯大林绕着桌子,逐个请宾客在菜单上签名。

从社交角度讲,宴会确实无可挑剔。然而,等到第二天上午,人们对"三巨头"能否继续团结一致重新产生了怀疑。陆军元帅布鲁克(此时已是艾伦·布鲁克勋爵)在日记中忧心忡忡地描述:"有一个事实可谓再明白不过,什么问题都还没有解决!"共同事业将"三巨头"联系在一起的时代过去了。

24日,杜鲁门一早便得到消息:若情况顺利,原子弹将于8月4日至5日准备就绪,且基本可以确定,最晚也不会超过8月10日。午餐前,他审阅了联合参谋部递来的报告。该报告称,为迫使日本尽早投降,应尽快使苏联对日参战。这个结论反映了联合参谋部对一种未经试验的武器持保守态度。然而,国务卿贝尔纳斯并无顾虑,他与丘吉尔一样,只把投弹视作不依靠苏联便结束战争的一种手段,毕竟,苏联参战势必导致战后亚洲问题复杂化。午餐时,贝尔纳斯口若悬河,竟说服杜鲁门将新武器告知斯大林,但必须以一种漫不经心的形式,以防对方意识到其中的全部含意,选择比之前承诺的"8月初"更早地对日宣战,进军伪满洲国。①

当天下午,全体会议休会后,杜鲁门找到斯大林,轻描淡写地提到美国拥有"一种新式武器,破坏力异乎寻常",却没有使用"核"或"原子"这些字眼。斯大林也装作漠不关心,答道,这真是个好消息,希望美国能"好好加以利用,对付日本"。②

与贝尔纳斯一样,丘吉尔也不希望苏联插手亚洲事务。他走到杜鲁门身边,心照不宣地问道:"事情进展如何?"

"他什么都没问。"

不到二十四小时,新任战略航空军司令,绰号"图伊"的卡尔·A. 斯帕茨将军便收到投掷第一枚原子弹的命令:

> 约在 1945 年 8 月 3 日之后,一旦天气条件允许目视轰炸,第二十航空队第五〇九混合飞行大队将对下列目标之一投掷第一颗特制炸弹:广岛、小仓、新潟、长崎。为对爆炸情况进行观测和记录,另有数架观察机将搭载军方及民间科研人员随之同行,并停留于距爆心数英里外之天空……

一日后,重型巡洋舰"印第安纳波利斯"号在马里亚纳群岛的天宁岛外 1000 码的海面上抛锚停泊,无数小船聚拢在军舰周围,各军种高级将

---

① 两小时后,联合参谋部便会听到红军总参谋长阿列克谢·E. 安东诺夫将军宣布:"苏军正在远东集结,预计于 8 月的下半月展开对日作战。具体日期视与中方代表会晤之结果而定,目前会晤尚未结束。"

② 1946 年,伦敦《星期日泰晤士报》驻苏战地记者亚历山大·沃斯问莫洛托夫,在波茨坦会议上,美国是否把原子弹一事透露给苏联。莫洛托夫看上去有些吃惊,沉思片刻,答道:"你的问题不是很好回答,可以说'是',也可以说'否'。美方确实提到过'超级炸弹',一颗'历史上未见其比的'炸弹,但没有人提过'原子'一词。"

领登上甲板,观看那绝密物件卸货的情景。这是第一枚实际使用的原子弹的核心,重数百磅,内部装有提纯铀金属 U-235,外部以铅包裹,看上去不过是个直径约 18 英寸、高约 2 英尺的金属圆筒。轻微的计算失误为这历史性一刻带来一则小插曲:绞盘缆绳差 6 英尺,无法将圆筒放到登陆艇上。旁观众人,无论军衔高低,纷纷嘲笑舰上水兵。好在这项棘手的任务最终完成,随着 U-235 平安上岸,"印第安纳波利斯"号也完成了其庄严使命。①

7 月 25 日,英国反对党工党自开战以来首度对丘吉尔领导的保守党发起挑战。搭乘飞机回国的丘吉尔尽管相信保守党会赢得多数席位,却总难以摆脱不祥的预感。"我梦见自己已走到生命尽头,"首相对莫兰说道,"那梦逼真得很,空房间里摆着一张桌子,我的尸体躺在上面,盖着白床单。我还能看见我赤着的双脚从被套下面伸出来,太真实了。"接着他又补上一句:"或许结局就要来临。"就寝时,丘吉尔还满怀必胜之信心,一觉醒来,却"好像身中利刃,身体感到实打实的疼痛"。突然之间,他意识到自己无法赢得选举,心想:"打造未来的权力不再属于我。长年以来积累的知识与经验,在许多国家建立的威望与人缘,都将烟消云散。"

到 26 日中午,选举形势一目了然,工党党魁克莱门特·艾德礼将出任新首相,取代丘吉尔出席波茨坦会议。午餐会上,丘吉尔夫人说道:"因祸得福也说不定呢。"

"就现阶段来讲,祸我是看出来啦。"

原子弹运至天宁岛,投掷命令也已准备完毕,只欠向日本发出最后通

---

① 差不多四日后,日军潜艇"伊-58"在艇长桥本以行中佐指挥下,朝"印第安纳波利斯"号发射鱼雷,三枚命中。该舰于十二分钟后沉没,舰上没有救生艇,只有几个救生筏。令人难以置信的是,在将近整整四天的时间里,无人发现"印第安纳波利斯"号失踪,因此舰上 1196 名成员中只有 316 人生还。这是美国海军史上最富争议的一场灾难。

牒——《波茨坦公告》①。丘吉尔落选那天,杜鲁门总统给华盛顿方面下达命令,指示战时情报局向日本公开广播《波茨坦公告》内容:若不无条件投降,"日本之本土亦必终归全部残毁"。不过,其中并未提及原子弹,也没有包含那段有关保留天皇制的争议性段落。《波茨坦公告》将日本主权限于本土四个主要岛屿上,同时也允诺"无意奴役日本民族或消灭其国家",并允许日本"维持其经济所必须之工业",亦可获得原材料。此外,一旦新秩序建立,且有确定可信证据表明日本制造战争的力量业已毁灭,占领军便会立即撤退。

中、英两国签署同意,苏联却直到当晚才见到《波茨坦公告》内容。苏方代表自然是既惊且怒,莫洛托夫立即打电话要求推迟数日发布,贝尔纳斯则道歉称,《波茨坦公告》已经发布,并匆忙补充道:"我方认为,鉴于贵国政府尚未对日参战,与苏联磋商该文件并不合适。"

东京时间7月27日清晨,日方广播监听员收到《波茨坦公告》内容。东乡的第一反应是,"这显然不属于无条件投降的强制命令"。或许,盟军知悉天皇本人求和的意愿,故而态度有所缓和。当然,《波茨坦公告》中仍有某些含糊不清之处,不过显而易见的是,日本已有机会与同盟国进行谈判,澄清并要求"修改其中对日本的不利之处,能改一点算一点"。东乡立即禀报天皇,强烈主张"无论在国内还是在国际上,都应极其慎重地对待"最后通牒。他尤其担心的是,假如各国发现日本有意拒绝《波茨坦公告》,会采取何种措施。面禀天皇之后,东乡依次向"六巨头"及内阁全体成员作报告,把已对天皇概述的方针复述一遍。丰田大将反驳道,应立即发布声明,宣称"政府认为《波茨坦公告》内容荒诞无稽,不会予以考虑"。

铃木支持东乡,但所有人都同意的一点是:《波茨坦公告》内容必须见报。军方要求登载《波茨坦公告》的同时,附上官方发布的拒绝声明,铃木则建议对最后通牒不予理会。双方最终达成妥协:允许报界删节发表,但不加评论或批评。

---

① 美国国务院将《波茨坦公告》(7月26日签署的文件,旨在敦促日本无条件投降)与《波茨坦宣言》(盟军关于欧洲问题的政策声明)区分开来,尽管两者通常都被简称为《宣言》。

谁知当天上午,数家报纸竟不顾指示,发表社论,无异于给外务省当头一棒。《每日新闻》社论题为《笑谈》,《朝日新闻》则宣称:"美国、英国与重庆政权之联合宣言不值一提,它会进一步加强我国政府之决心,促使我国坚定不移地继续战争,赢得最终胜利!"

东乡认为,区区报纸主编不可能有胆量违抗政府,必是军方在背后作祟。军方则反唇相讥,并再次要求政府明确拒绝《波茨坦公告》。双方再次达成妥协:由首相宣读一份声明,对盟军条款表示贬低,但不予拒绝。下午4时,铃木在记者招待会上表示:"在我看来,《波茨坦公告》不过是《开罗宣言》之翻版,政府认为其价值不大,唯'默杀'之而已。"日文"默杀"一词,字面意思是"以沉默杀死",但铃木的意思,根据他后来对儿子所言,是打算以之表达英文中的"不予置评",而该短语在日文之中没有对应词汇。至于美方,自然通过词典释义将它理解为:"忽略""以沉默蔑视之"。7月30日,《纽约时报》头条大标题为:**《同盟国发表投降最后通牒,日本正式拒绝》**。

投掷原子弹势在必行,而美方心中的疑问是:在投弹迫使日本迅速投降前,苏联是否会对日宣战?仅数日之前,安东诺夫把苏联入侵时间推迟为"8月的下半月"。此时,鉴于《波茨坦公告》正式发布,莫洛托夫强烈要求美方发出信函,正式邀请苏联对日参战。杜鲁门故意拖延四十八小时,最终还是在7月31日发出一份含糊其词的邀请草案,称"苏联应表明它愿意与眼下同日本交战的其他大国协商合作,以代表国际社会利益发起联合行动,从而维护和平与安全"。

在随函附上的说明性照会中,杜鲁门表示,斯大林与蒋介石达成协议后,美方会发出一份署名的正式副本。该照会之目的,自然是打算将主动行动的责任转移给苏方。"若贵国愿意使用信函,自无不可;若贵国决定以其他任何理由作为行动之依据而发表声明,或出于其他任何原因不愿使用信函,我方亦绝无怨言。全凭贵国按情况判断。"

代号"终点"的会议到此彻底落下帷幕。杜鲁门、艾德礼与斯大林皆在公开场合表示满意,但潜在的却是厌倦与失望的气氛。杜鲁门对苏方动机表示怀疑,私下决意不让苏联"插手管控日本",也不向苏方透露有关原子弹的其他信息,直到就管控与监督达成某种协议。"俄国人有多顽固,你绝对没见识过,"杜鲁门在给他母亲的信中写道,"真希望以后再也不跟俄国人一起出席会议——可惜,只是希望而已。"

杜鲁门对抗斯大林的方式,尤其是拒绝"对方强行要求的赔偿协议",让莱希引以为荣;毕竟,这些协议很有可能"导致世界重蹈'一战'覆辙"。不过,眼见苏联一再反对关于欧洲未来和平的重要提案,莱希"高度怀疑能否通过谈判达成我国政府可以接受的和平条约"。贝尔纳斯对会议结果也不甚满意:斯大林究竟能作出几分让步,取决于苏联能否履行协议中有关苏方之内容;而这次,贝尔纳斯"对他们的承诺没有多少信心"。

多年战火纷飞,"终点"会议本是一次推进秩序与正义的绝佳机会,胜利者却未能把握,反而使战后世界引发新的冲突。

3

在莫斯科,佐藤大使再次尝试说服东京方面相信苏联无意代表日本出面调解:

> ……以本人之见,斯大林认为与日本签署自愿性协议绝无必要。在该问题上,政府的观点与实际情况似存在极大出入。

然而,日本高层无法正视现实,反而沉浸在某种集体愿景之中止步不前,一心认定苏联终究会出手相助。即便是素来务实的木户,也期盼着莫洛托夫与斯大林回到莫斯科后,会就调停一事给出正面答复。东乡继续向佐藤施压:

> ……尚请继续努力,务必想方设法,使苏方欢迎特使访问……就此事而言,一日贻误或致千古悔恨。请立即与莫洛托夫展开会谈……

当日方满怀期望地等待着苏联出面解决问题时,美军等待的则是一个好天气:第一颗原子弹已做好搭机准备,其余原子弹也在运输途中。此时,走投无路的日本竭力寻求和平,美国领导人反而下定决心,通过一件充满争议的武器彻底结束战争,为珍珠港雪耻,报复日本在整个太平洋地区犯下的累累暴行。

8月1日,原子弹在天宁岛上一座装有空调的炸弹仓库内组装完毕,它长10英尺,直径28英寸,除尺寸外,看上去与普通炸弹别无二致。

负责投弹的第五〇九混合飞行大队的训练过程始终保持高度机密,知道任务详情的只有大队长小保罗·W. 蒂贝茨上校一人。大队所在的区域围有铁丝网,架设机枪,就算一名将官也得凭通行证入内。

对比严密的安保措施,第五〇九混合飞行大队似乎无事可做,只是偶尔三架一组升空,朝敌方领土投上一颗炸弹。岛上其他部队常常对此加以讥笑,有匿名好事者讽刺地写道:

  载着秘密,升入天空;无人知晓,来去行踪。
  待到明日,归来营中;任务地点,尽是朦胧。
  战果战绩,休要打听;一旦出口,难逃严惩。
  权威人士,如此声称:五〇九队,赢得战争。

8月5日上午,天气预报显示午夜之后适宜飞行。前一天夜里,海军军械专家威廉·帕森斯上校目睹四架B-29轰炸机在起飞时接连坠毁。此人负责使原子弹进入待引爆状态,于是向秘密计划的负责人托马斯·法雷尔将军报告称,倘若搭载原子弹的飞机起飞失事,整座天宁岛都会灰飞烟灭。

"那也没有办法,只能祈祷别失事吧。"

"也不是没办法,比如让我在飞机离岛后完成最后的组装步骤,就不用担心失事引爆了。"法雷尔问帕森斯他此前是否有过在飞机上紧急装配炸弹的经验。

"没有,不过还有一整天时间可以尝试。"

"去试试看吧。"

原子弹外壳上用彩色蜡笔涂鸦的尽是对天皇的詈辞诟语。当天下午晚些时候,士兵把它从空调仓库搬出,经过阳光炫目的室外,装进B-29轰炸机"艾诺拉·盖"号的炸弹舱里——"艾诺拉·盖"是蒂贝茨上校母亲的名字。黄昏时分,帕森斯爬进闷热的机身,蹲在炸弹旁,接连数小时练习着最后的装配。

"天哪,兄弟,"法雷尔看到帕森斯流血的双手,"戴上我的猪皮手套吧,很薄,不影响手感。"

"那可不敢,我得亲手摸着,心里才踏实。"

晚7时17分,法雷尔给格罗夫斯发去电报:法官(帕森斯)将于起飞后装配炸弹……晚10时过后不久,六名机组人员奉命来到一间长拱形活动房屋听取简报,他们神情肃穆地看着蒂贝茨大步走上讲台。"今夜,我们期待已久,"蒂贝茨说道,"长达数月的训练成果即将接受考验,是成是败很快便见分晓。今夜我们的努力,或许是在书写历史。"(三日之前,上校已告知"艾诺拉·盖"号的机组人员飞机上搭载的物件。)这是一枚新式炸弹,破坏力等同于20000吨TNT炸药。"鉴于炸弹威力巨大,我们采取的战术也与常规轰炸不同。"蒂贝茨详述道:三架气象观察机先行起飞,对三处选定城市上空的天气展开观测,以便在最后时刻能改变目标。一小时后,"艾诺拉·盖"号起飞,共同执行任务的还有两架护航机,它们搭载有科学仪器与摄影设备。三架飞机拟于日出后不久,在硫黄岛上空会合。

在最后的午夜简报会上,部队给每名机组人员分发一副可调节电弧焊护目镜,以保护他们的眼睛免受爆炸强光伤害。路德宗随军牧师威廉·唐尼是个二十七岁的健壮青年;机组人员沉默地低着头,在肃穆静默的氛围中凝听着他的祷告:"……愿主保佑,战争早日结束,和平重返人间。愿今夜升空之人蒙主庇佑,平安归来……"

众人面无表情,列队进入食堂,享用飞行前的餐食,手里的菜单却闪烁着美国大兵幽默的光芒:

看!正品鸡蛋("咋吃好呢?")

燕麦片（"为啥有这玩意儿"）

牛奶（"没得捕鱼，只能挤奶"）

香肠（"真不是猪肉？"）

苹果酱（"还以为是轴承润滑油"）

黄油（"没错，又吃光了"）

咖啡（"像是马桶里流出来的"）

面包（"有人私藏吐司炉"）

凌晨1时37分，三架气象观察机升上夜空。"艾诺拉·盖"号周围聚集着祈祷的官兵，摄影师连番拍照，数十个闪光灯频繁闪烁。有人甚至担心山上的日军游击队发现岛上出现异况，通过无线电回报东京。

"艾诺拉·盖"号与两架护航机滑行至跑道上。获准报道该任务的唯一一名新闻记者乃是《纽约时报》科学版块的主笔威廉·劳伦斯，他此时正在北机场控制塔上，站在法雷尔将军身旁，凝神注视着"艾诺拉·盖"号发出隆隆轰鸣，缓缓滑行。飞机将时速提至180英里，却由于超重，似乎难以离地。旁观众人纷纷想起前一天夜里有四架"超级堡垒"接连坠毁，无不精神紧绷，恨不得能出力把飞机举上天空。

蒂贝茨压低机头以提速，副驾驶罗伯特·A. 刘易斯上尉却认为"已消耗的跑道有点太长了"，便把操纵杆往回拉。终于，在涂有沥青的珊瑚礁跑道只剩最后几码长时，巨型轰炸机腾空而起，升入夜空。

控制塔内，法雷尔将军转身对一名海军军官说道："我从没见过飞机滑过这么长的距离，还以为蒂贝茨升不起来呢。"

此时是8月6日凌晨2时45分。这是一个值得铭记的日子。

第三十三章　广岛

1

"艾诺拉·盖"号爬升至4000英尺的高空,帕森斯上校钻进炸弹舱,小心翼翼地在原子弹尾部安装引信;旁边一人打着手电筒照着炸弹,他是上校的助手莫里斯·杰普森上尉,一名摩门教徒。作业持续约半小时,帕森斯终于说道:"好啦,完成了。"

杰普森从炸弹上取下一个绿色插头,换上红色插头。电路接通,炸弹随时可以投下。蒂贝茨一连二十四小时没合过眼,打算在后舱睡一会儿,却怎么也睡不着。十五分钟后,蒂贝茨顺着30英尺长的狭窄通道爬回前舱,正好碰上尾炮手乔治·R. 卡伦上士。头戴布鲁克林道奇队棒球帽的卡伦问道:"我说,上校,咱们今天这任务,是叫'分裂原子'吗?"

"差不多吧,鲍勃①,八九不离十。"

副驾驶刘易斯见蒂贝茨前来换班,便离开驾驶舱去吃点简餐。他注意到一个黑盒子上闪烁着绿灯,便问帕森斯是什么意思。帕森斯说,绿灯表示炸弹正常,红灯表示出现故障。

曙光之中,疮痍满目的折钵山缓缓浮现在海面之上。时间是凌晨4

---

① 乔治·R. 卡伦的"R"指"罗伯特"(Robert),故而昵称为"鲍勃"。——译者注

时52分，蒂贝茨推动油门杆，"艾诺拉·盖"号在短短数分钟内爬升至9000英尺的高度，两架护航机与之会合。下方硫黄岛的紧急备用基地里，飞行安全官威廉·乌安纳少校正等候着飞机传来消息。蒂贝茨用无线电呼叫道："正直奔目标，老兄。"

蒂贝茨拿起机内对讲装置，告知机组人员坚守岗位，直至轰炸结束。此外，一旦日本领土进入他们视野之内，所有对话便要被录音。"大家注意发言，一字一句都会成为历史。我们携带的是第一颗原子弹。"

大部分机组人员从未听说过"原子"一词，它的发音似乎带有一种彻骨的寒意。

轰炸的首选目标是广岛市，它位于日本第一大岛屿本州岛东南海岸①，是日本第八大都市，基本未受到战火波及。12万平民已疏散至乡间，市内仍留有24.5万人。尽管市内设有第二总军司令部，又是一处用于部队登船开拔的重要军港，但是广岛市民却与德累斯顿市民一样，总是认为自己的城市能够逃过一劫，而其理由，堪称幼稚，甚至荒谬可笑：广岛市民有大量亲友在美国；广岛与京都一样，风光绮丽，美军打算战后定居于此；杜鲁门总统的母亲曾住在广岛附近。两日前，美军从天空撒下72万份传单，警告称，日本若不立即投降，包括广岛在内的各城市便会被毁灭。不过，市民对此未加理会。当地时间上午7时9分（与天宁岛时间相比早一小时），广岛市发现一架美军气象观察机，警报响起，足足长鸣了一分钟。自午夜以来，空袭警报共三次响起，却很少有人进入防空洞避难。这架气象观察机名叫"同花顺"（Straight Flush），机身绘有一幅日军士兵被马桶冲走的漫画。若广岛天气情况良好，蒂贝茨就按"同花顺"的路线前进；若天气不好，便转而前往小仓或长崎。

远远望去，广岛似乎笼罩在一片阴霾之中，而当"同花顺"号抵达投弹点时，投弹观测员肯尼斯·韦中尉通过炸弹瞄准器，能够清楚地看到那座地势平坦的城市被低矮群山环绕。广岛市由太田川三角洲的六个细长岛屿组成，从3200英尺的高空向下望，整座城市像是一只六指之手。码头

---

① 原文有误，当为西南海岸。——译者注

位于南端,伸入美丽的濑户内海。

7时25分,"同花顺"号掉头飞回天宁岛基地,途中遭遇零星高射炮火,但炮弹都在离它很远处炸开。飞行员克劳德·伊瑟利少校①命令报务员发出消息:"低层云量少于十分之三,总计少于十分之三。中层云量少于十分之三,总计少于十分之三。建议:轰炸首选目标。"

"艾诺拉·盖"号升至32000英尺的投弹高度。副驾驶刘易斯应《纽约时报》主笔威廉·劳伦斯请求,在飞行日志上写下:"弟兄们,就快到啦。"

收到伊瑟利传来的气象情报,蒂贝茨转身对绰号"荷兰人"的领航员西奥多·范·柯克上尉说道:"目标广岛。"上午7时50分(他们的手表显示则是8时50分),"超级空中堡垒"抵达四国岛上空,四国岛再往北,便是本州岛滨海城市广岛。机组人员连忙换上防弹衣,关闭雷达与敌友识别装置,飞机则保持自动驾驶。帕森斯朝前舱传话,称指示灯依然是绿色,然后爬到驾驶舱,从蒂贝茨身后朝下望去,在云块之间的巨大空隙之中,一座城市在下方徐徐展开。"就是它了,你说呢?"

"是的。"帕森斯点头道。

上午8时9分,蒂贝茨用机内对讲机宣布:"即将投弹,请把护目镜固定在前额,于倒计时开始时戴好,闪光结束才可摘下。"

任务中唯一的飞行记录便是那本日志,刘易斯在上面写道:"轰炸目标时,我们有短暂的中场休息时间。"

运载各式仪器的"大艺术家"号落在1000码后方。另一架代号为91的护航机则开始盘旋,为拍摄影像找准时间与位置。

"艾诺拉·盖"号的投弹手托马斯·费尔比少校俯下身子,把左眼贴在诺登瞄准器上,一对八字胡左右张开。8时13分30秒,蒂贝茨说道:

---

① 战后,部分"核弹禁用"组织利用了伊瑟利少校,宣称少校是牺牲者,是"美国的德雷福斯";他甚至因对参与轰炸广岛感到愧疚,而遭到政府监禁与迫害。大量书籍与文章凭空涌现,捏造出种种说法(不过,其中至少有一种说法出自伊瑟利本人之口):伊瑟利亲自选定广岛为目标;伊瑟利获授杰出飞行十字勋章;"同花顺"号在广岛上空穿越蘑菇云;广岛轰炸是伊瑟利亲自指挥;伊瑟利参与轰炸长崎。

"该你登场了。"随着这架"超级空中堡垒"在广岛上空 31600 英尺以 285 英里的对地时速向西飞去,瞄准器需要自动驾驶仪进行飞行校正。天空的云块已经散开,太田川七道支流分出的六座岛屿清晰地出现在瞄准镜中——费尔比早已在照片中看过无数遍。十字准线朝着相生桥的中心位置绘缓推移,这是本次投弹的瞄准点。

"瞄好啦。"费尔比说道。距投弹还有 45 秒,他通过对讲机发出倒计时信号。除两名飞行员与费尔比外,机组人员纷纷拉下深色护目镜,因为眼镜会阻碍通过瞄准器观察目标。

上午 8 时 15 分 17 秒,"艾诺拉·盖"号的弹舱门自动打开。投弹由电子设备自动控制,时间是根据投弹手提前输入瞄准器的数据决定的。费尔比的手指也贴在一个电路按钮上,那是一个备用开关,以防自动投弹失效。倒计时音突然结束,费尔比观察到炸弹投下时,最初是细长尾部朝下,接着 180 度翻转,弹头朝下,落向广岛。机身减少 9000 磅负重,陡然上升。蒂贝茨猛地将飞机拉向右方,急转超过 150 度,然后压低机头提升速度。

"大艺术家"号也打开弹舱门,三个包裹落下,并几乎同时打开降落伞。挂在伞下的是三个酷似灭火器的圆筒,那是用于传回数据的信号发射器。

炸弹将于 43 秒后引爆。蒂贝茨命令全体成员"确认戴好护目镜",在倒数至 35 秒时,他也把自己额前的镜片拉下。

无论在天空还是在地面,广岛的一切都非常平静,人们像往常一样,过着日常生活。有些民众观察到三个降落伞飘落,以为那是敌机中弹,机组人员正在逃生,要么就是又在发传单。其中一人回想起,最近那次传单在阳光下洒落时闪闪发光的情景,不禁想:这次美国人又要送来什么漂亮玩意儿?

相生桥(费尔比的目标)以北数百码处,新近入伍的二等兵下山茂懒洋洋地抬起头,透过厚厚的镜片望着一个飘落的降落伞。他身后是一座大型木制建筑,原本是仓库,现在被当作兵营。抵达广岛不过四日的下山感到"无聊到要死",他想回东京,做之前那份制作笔记本的工作。突然之间,天空中迸发出一道粉色光芒,就像宇宙按下快门。

广岛市内,所有的时钟永远停在 8 时 15 分。

原子弹在距离地面 660 码高处爆裂,形成一个直径 110 码的大火球。火球正下方的人没有听到任何声音,后来在闪光的颜色问题上,人们也是众说纷纭:蓝色、粉色、浅红、深棕、黄色、紫色。

火球放射出的热量持续时间不过几分之一秒,其强度(接近 30 万摄氏度)却使爆心投影点半径 1000 码内花岗岩表层都统统熔化。屋顶瓦片软化,由黑色变为橄榄色或棕色。整个市中心的墙壁上铭印着无数人影。万代桥上,10 个人化作轮廓,永久地留在栏杆与柏油桥面上。

片刻之后,一股毁灭性的冲击波湮没一切,只有寥寥几座坚固抗震的建筑得以幸存。费尔比的瞄准精度极高,炸弹距离原定落地点只偏差 300 码多一点。

下山二等兵所处的位置在爆心以北 550 码——若是直接暴露在闪光之下,他势必难逃一死。冲击波将他抛进那座谷仓般的大型仓库里,正好撞在正在塌落的房梁上。下山后背被五根钉子插入,身体悬在空中,双脚离地数英尺,眼镜倒是完好无损。

仓库往北 500 码,中队长狭户尾秀夫大尉刚刚骑马赶回办公室,正脱马靴时,房屋坍塌,将他压住,四周燃起大火。狭户尾想到自己七年来在中国、新加坡、马来西亚和新几内亚辗转作战,尚未捐躯疆场,现在却要被活活烧死,心中涌起无限悲愤,大喊道:"天皇陛下万岁!"火焰袭来之时,压在他身上的瓦砾恰好被人移开,狭户尾挣脱出来,强忍住呕吐的欲望,抬头望去,只见天空呈现出一片怪异的黄色,举目四顾,城市中的一切,包括巍峨的广岛城堡与第二总军司令部,全部消失得无影无踪。出于本能,狭户尾连滚带爬,朝太田川一条主要支流逃去,发现数百名陆军医院的病患与护士挤在河流两岸,神情茫然,他们的头发在爆炸中烧掉,皮肤被灼成深褐色。狭户尾望着,只觉一股恶寒涌上身来。

在爆心另一侧 1000 码处,温品康子夫人被家族经营的酒品商店的瓦砾压住,动弹不得。那时,她脑海中首先想到的是在外边玩耍的四岁女儿——郁子。不知为何,她听见郁子的声音在她耳边说:"妈妈,我怕。"温品夫人对孩子说,她们被压在下面,只能认命等死。可她自己的这番话反而激起她的求生欲,拼命地又挖又抓起来。夫人身材瘦小,只有4英尺6英寸,情急之下,竟最终挣脱出来。她爬到院子里,发现四周尽是房屋残骸,不知为何竟感到一丝愧疚:炸弹找的是"她",却使街区邻居也受到波及。街道上,市民穿着闷烧的破烂衣服,一言不发,面无表情地四处游荡。夫人愣在原地,呆呆地看着,感觉众人好似梦游,又像是佛教地狱中的鬼魂,成群结队来到阳间。突然,她感到身体被人触碰一下,这才清醒过来,握住郁子的手,加入众人的行列。混乱之中,夫人产生幻觉,好像大量飞机仍在天空呼啸盘旋,无休无止地投下炸弹。

爆心以东1400码处,在广岛唯一一座天主教堂的本堂神父宅中,德国神父雨果·拉萨尔听到一架飞机自头顶驶过,便走到窗前,只见空无一物的天空突然放出耀眼的黄光。紧接着,天花板便塌落下来。整座城市笼罩在一片尘埃中,拉萨尔神父在漆黑之中摸索着来到街上,划伤的身体滴着血,与另一位德国神父一起,在瓦砾残骸之中搜寻堂区居民的身影。

往南数去六个街区,十五岁的山冈美智子刚刚离家,准备去电话局上班。她只记得当时"一道镁光"闪过,远处传来母亲的呼喊声:"美智子!"她回应道:"我在这儿呢!"却不知道母亲的声音究竟从何处传来。她的眼前一片漆黑,心想自己必是瞎了!"我女儿被埋在下面了!"美智子听到母亲喊道,接着便是一个男子的声音,说大火沿着街道猛扑而来,劝她速速逃跑。美智子也在里面哀求母亲逃命自保,随后便听到一阵奔跑的脚步声渐渐远去。正当美智子认为自己难逃一死时,一道亮光射入,原来是士兵把水泥墙推开了。借着亮光,美智子看到母亲的手臂被木头刺穿,血流如注。母亲叫美智子迅速逃命,她自己则留下来救援两个还被埋在废墟底下的亲属。

美智子仿佛在噩梦般的世界里走动,经过烧焦的尸体,来到一座坍塌的钢筋混凝土建筑旁。一个婴儿被困在建筑后扭曲的铁栏杆里面,不断号啕大哭。她发现一个认识的姑娘,便喊出声来。

"你是谁?"那个姑娘问道。

"美智子啊。"

"你的鼻子和眉毛都没了。"姑娘盯着美智子,说道。

美智子摸了摸脸,发现面部极度肿胀,以至于鼻子看起来都好像消失了。

在同一片区域,爆炸发生那时,广岛女子商业学校的350名学生身穿蓝色裙裤和夹克,没戴帽子或防火罩,正在一块空地上劳作,打算清理出一片疏散区。约300名姑娘好奇地转头去看闪光,当场毙命。十二岁的松原美代子本能地把脸埋入双臂之中,待恢复知觉时,只见身边是一片超出想象的荒凉景象:人与建筑消失无踪,只有一望无际的瓦砾。美代子身上的裙裤已凭空消失,只剩下缠在腰间的一条白布带正在燃烧。(在闪光下暴露时,凡身着深色衣物的人,必先受到热灼伤,但白色衣料则会把那残忍的闪光反射开去,使身体不会即刻受到伤害。)她抬起右手拍打火苗,却发现手上的皮肤一条条垂悬下来,心中惊骇不已。

那天清晨,富田夫人刚刚生产,正怀着满腔欣喜,与丈夫寅雄一起打量着刚降临于世的女儿博子时,一道强光冲破窗户。富田夫人记得在她失去意识之前曾听到过"嗖"的一记响声,待醒来时,只发现自己躺在地板上,丈夫不知所终,身穿小红裙的博子则在缝纫机上,仍有呼吸,却不哭不闹,极不自然。富田夫人把尿布紧紧裹住自己肿胀的腹部,不顾接生婆叫她尽量不要动的建议,抱起婴儿来到街上。丈夫寅雄在废墟中拼命挖掘,寻找另外两个孩子:大女儿还活着,她的弟弟却不知埋在何处,救援无望。路人大叫称,敌军大量飞机还在赶来的路上。富田一家连忙躲进一条流淌着污水的沟渠之中。

在爆心以南不足半英里,广岛文理科大学主楼完好无损地矗立在废墟之中。主楼上,面对校园的巨大时钟停在8时15分,但与其他时钟不同,这与爆炸无关——早在数日之前,钟就停在这个灾难时刻,仿佛预言一般。

在街对面的红十字医院的木制宿舍里,两名实习护士因病卧床,既没看到爆炸,也没听到巨响,她们最初的感觉是肺部难以呼吸。其中一人名叫佐藤京子,当她从坍塌的房屋中爬出来时,只见外边尘土漫天。一个沉闷的声音传来："佐藤姐！"佐藤循声找去，挖开瓦砾将朋友救了出来。她们打算穿过公路去医院报告，却发现大量人群正在逃离城市，把公路堵得水泄不通。众人半裸身体，鲜血淋漓，却无人表现得歇斯底里，甚至没有流泪。这种非现实的场景，足以使两名姑娘心惊胆寒。

那天早上，红十字医院内科主任重藤文夫本打算前往办公室，却始终未能抵达。那时等待电车的人群列作一条长龙，队伍一直绕过广岛火车站一角，位于爆心以东2000码处，而重藤排在末尾。闪光降临时，他只见眼前数名少女瞬间溶于一片雪白之中，身影依稀难辨。他的第一反应是燃烧弹，连忙趴在人行道上，捂住耳目，却不料一块沉重的石板掉落下来，砸在他背上。阳光被滚滚浓烟遮蔽，黑暗之中，重藤盲目地摸索着，希望在下一波攻击来临之前找到防空洞，同时用手绢捂住口部，以防毒气。

随着一阵东风徐徐吹过，浓烟散去，仿佛曙光初现一般，令人难以置信的一幕呈现出来：车站前的建筑物全部坍塌，化为一片平地；遍地尽是半裸的尸体，仍在闷烧。等待电车的队伍之中，只有重藤一人没有受伤，因为他排在最末尾，受到车站大楼的拐角提供的保护。在赶往医院途中，一道火墙将去路堵得严严实实，重藤只得转身，朝车站后方一片空地跑去，那里原本是陆军演习场。他看到数十名幸存者茫然打转，歇斯底里地哭喊着。为缓解灼烧的痛苦，他们伸展双臂，皮肤卷作长条，悬垂下来。

一名护士见重藤手提黑色皮包，八字胡修剪得整整齐齐，便认定他是医生，跑来请求他帮助两名伤员；那二人是一对夫妇，丈夫也是医生，妻子已昏倒在地上。重藤的第一个念头是：路上到处是走投无路的民众，倘若他们知道我是医生，该当如何？毕竟，拯救所有人并不现实。"先救救内人吧。"那名受伤的医生不顾自己血流不止，如此说道。重藤先为她注射一针樟脑液以治疗休克，接着又补上一剂止血针，重新整理过护士包扎的绷带后，便转而治疗其他伤员。直到药物全部用罄，重藤意识到自己人事已尽，便朝山上逃去。

2

"艾诺拉·盖"号的机组人员看着下方数英里处，一个紫红色的光点眨眼间膨胀为紫色火球，接着又爆裂形成一团不规则的火焰与云团，生出一圈圈烟雾。从紫色云层之中，一根白色烟柱腾空而出，迅速蹿升至10000英尺的高空，绽开为一朵巨大的蘑菇云，汹涌翻腾，一直攀上将近50000英尺的高空。

冲击波袭来，"艾诺拉·盖"号强烈震颤起来。蒂贝茨误以为遭到防空火力攻击，喊道："高射炮！"帕森斯大喊这是冲击波，并补充道："飞机已脱离险境。"副驾驶刘易斯忍不住回头，朝闪光瞥去一眼，尽管他为了方便查看仪表盘，已在爆炸前数秒摘掉了护目镜；费尔比则沉浸在炸弹落下时那长长的弹道中难以自拔，甚至忘记摘下护目镜，他觉得爆炸就好像摄影师的闪光灯在眼前一闪；蒂贝茨摘掉护目镜，查看仪表，接着掉转机头，驶往广岛上空观察结果。

"天哪，这可真够惨的！"通过对讲机，尾炮手卡伦上士惊呼道。

"我的上帝，"刘易斯说道，"我们到底干了什么？"说着，便在日志上写下"我的上帝"。广岛市像是被"撕作碎片"，刘易斯俯瞰着，感觉他们一行人似乎是"公元二十五世纪的勇士巴克·罗杰斯①"。

领航员"荷兰人"范·柯克先是目瞪口呆，接着倍感自豪，最后如释重负。一切都迎来终结。对讲机里传出欢呼声，这意味着战争结束。欢呼过后，机组人员开始想到地面上的人们。

蒂贝茨命令报务员用明码发送电报，称已对首选目标完成目视轰炸，效果良好。帕森斯则发送一封加密电报：

> 结果显而易见，各方面皆取得成功，目测效果较"三位一体"（阿拉莫戈多试爆行动）更优。货物交付后飞机状况正常，正在返回罗马教廷（天宁岛）途中。

几英里外，"大艺术家"号的机舱内，多名科学家聚精会神地观察着爆

---

① 巴克·罗杰斯，美国科幻小说家菲利普·弗朗西斯·诺兰在中篇小说《公元2419年世界末日》（Armageddon 2419 A. D.）中塑造的角色，他本是一名"一战"老兵，后因故陷入长眠，直到2419年方才醒来。——译者注

炸记录仪。来自圣母大学的物理学家伯纳德·瓦尔德曼博士坐在投弹手的位置上，操作着从美国本土带来的特制高速摄影机。他还没来得及测试拍摄效果。炸弹投下后，瓦尔德曼数至40，打开摄影机。飞机掉头离开时，领航员拉塞尔·加肯巴赫上尉也用袖珍相机拍摄下一系列照片。

地面上，在爆心以南两英里处，曾是新闻摄影记者的木村权一正在陆军一处马厩外工作。他突然看到左边闪过一道强烈光芒，瞬间便感到热浪扑面而来。起初，木村还以为是广岛煤气公司的储气罐发生爆炸，但很快便发现储气罐并无异样。凭借直觉，他判断这是某种特殊炸弹袭击，便决定前往附近的仓库去取相机，以便迅速拍照。待木村越过马厩的废墟时，爆炸产生的白色细长烟柱已变为粉色，它的上部开始膨胀，看上去像是一个正在不断膨胀的蘑菇。

来到仓库，木村发现全部窗户都被爆炸震碎，地板上尽是玻璃碎碴，他几乎无法落脚。经过一番小心翼翼的移动，他才拉开抽屉，拿到相机。外边树木倒地，挡住仓库外的道路，木村只得返回马厩处，拍摄下第一组蘑菇云的照片。此时，烟云几乎笼罩了整个天空，"着实令人心惊胆寒"。城西爆发大火，火势迅速蔓延，木村爬上一座工厂的屋顶，把一卷胶卷拍完。① 木村顺利逃生，未曾受伤，不过他从此与妻子阴阳两隔——那天早餐过后，他出门时，让妻子留在家中。

那些在爆心附近的人并没有听到爆炸声。随着距离增加，响声愈渐明显，再远处便是炸裂声。3英里外，那声响似是一道不属于尘世的雷鸣；4英里外，它先像是一声远啸，接着变成刺耳的轰鸣；而在广岛东南12英里的吴市的港口附近，北山忠彦以为是附近的弹药库爆炸；在离岸数海里的海面上，救援队正在打捞陷入海底污泥的四人潜艇"蛟龙"号，只听得一声"天雷般"的巨响，片刻之后，便看到一架B-29轰炸机从广岛方向飞来。

---

① 木村后来在家中自行冲洗了照片。照片虽曝光过度，仍然能够辨识。瓦尔德曼的底片虽然在天宁岛上设备齐全的洗印室内处理，但结果却出现纰漏，未能冲洗成功。设备本应维持在70摄氏度，却由于制冷装置故障，使得胶片过热，从而导致感光乳剂脱落。加肯巴赫上尉用袖珍相机拍摄的照片十分出色。

似是来自宇宙的力量搅动着广岛上空的大气,足足持续有一刻钟。接着,巨大的雨滴倾泻而下。云柱上升过程中携带水分,达到一定高度后,水蒸气便凝结成形,沾上放射性尘埃,形成一阵怪诞,甚至可以说是超自然的"黑雨"。幸存者不由得想到,雨点可能带有某种毒性油污,附着在皮肤上,慢慢杀死他们,无不感到毛骨悚然。雨滴滑过半裸的身体,留下一道道灰色痕迹。许多人开始清醒过来,意识到袭击广岛的乃是某种超乎想象的灾难。富田夫人竭力保护着出生只有两小时的女儿,却无法阻止雨滴打湿博子的身体。自爆炸以来,小婴儿还未曾哭喊过一声。①

致命的大雨化作一阵淡黄色的蒙蒙细雨,朝西北扩散而去。东边火势更为猛烈,却几乎滴雨未降。混乱之中,皮肤病专家兼警防团团长松坂义正试图恢复秩序,他不顾伤痛,披上妻子从坍塌的办公室里抢救出的警防团制服,由儿子搀扶着,高举一根绑着旭日旗的长杆,朝东区警察局走去,后面跟着妻子与三名护士。随着决意救死扶伤的松坂一行出现,市民镇定下来。众人在距离爆心 1200 码的警局前建立起急救站,受到外伤与烧伤的市民便在徒具空壳的警局旁排起长队。

警察署长田边至六的家就在距警局不足半英里处,此时已化为废墟。田边拼命奔向警局,却被爆心区拥出的大量难民(他们看起来"就像是从血泊中爬出来一般")堵住道路。待抵达时,他发现警局大楼已然着火,便立即组织起一个水桶灭火队,赶往附近的"消防池"。火焰吞噬了半座大楼,但松坂一行浑然不顾,继续治疗伤员,并催促众人出城避难。

遍布全城市民家中的炭火盆里面烧着热煤(爆炸发生在主妇正准备早餐之时),将成千上万易燃的零碎物料点燃。足以将大树连根拔起的强劲旋风涌入爆心地区,把无数星火卷为烈焰。风助火势,摧枯拉朽,它们就像来自一个巨大的喷灯:波纹屋顶如纸板般不堪一击,房屋四分五裂,金属桥梁扭曲变形,电线杆着火爆裂。

广岛城附近,四名男子抬着天皇的巨幅肖像,在起火的街道上踉跄前

---

① 除了下落不明的儿子,富田一家都奇迹般地幸存下来,也基本没有出现后遗症。博子被家人昵称为"皮卡子"(小闪光),她长大后健康漂亮,还在当地网球运动中勇夺头筹。一家人在旧宅的废墟之上,重新建起新居。

行。肖像是从化为火海的第二总军通信所抢救而出的,他们打算将它安全转移至城外。原本面无表情的难民看到肖像,纷纷叫喊起来:"是陛下的肖像!"烧伤者和轻伤者或敬礼,或鞠躬;伤势较重者无法起身,便双手合十祈祷。高耸的松树燃烧成巨大的火炬,照着四人穿过缩景园,来到河边,把肖像转移至停泊于此的一条小舟上。岸上等待救援的伤兵挣扎着起身,立正敬礼,望着小舟在漫天火星之中溯流而上,朝安全地域驶去。

他们所属部队的司令藤井爆炸时位于广岛城附近的住所内,立时毙命,而挂在房梁钉子上的二等兵下山,尽管距离爆心更近,却依然活着。为挣脱长钉,下山强忍疼痛,以脑袋用力撞击房顶,像是攻城槌一般;血液从额头不断流下,模糊了他的双眼。随着身体从钉子上脱落,下山摔落下来,激起浓密的尘埃飞舞盘旋,呛得他喘不过气来。他意识到,这是某种无可抗拒的力量,如同复仇巨人的大手,横扫全城。在河边,下山看到数十名伤员发疯般地跳入水中。他们跳河时在想什么?水面上漂着胭脂色的泡沫。是血吗?下山不断提醒自己保持冷静,毕竟灾难算不上新鲜事;他曾经历1923年大地震、杜立特空袭与4月13日东京轰炸,屡次绝处逢生。此时,下山选择沿江逆风而行,将大火抛在身后。

途中,下山遇到一匹孤零零的战马,由于皮肤遭到灼烧,它浑身呈粉红色。它晃晃悠悠地挪动着蹄子跟了他几步,眼神仿佛在乞求着什么。下山望着如此凄凉的一幕,内心极受震撼,只得强迫自己狠心前进。(此后一连许多年,下山无法在梦境中摆脱那匹粉红色的马。)沿岸北上的还有六名士兵,他们虽走在一起,每个人都看起来很孤单,一心只顾念着自己的生存。一批平民——其中几人接近全裸——跟在后面,打算追上士兵。随着身后沉闷的烈焰灼烧之声愈加响亮,士兵加快脚步,把其他人远远甩在后面。

下山往上游方向走了数英里,涉过齐颈高的河水,来到对岸,朝市郊而去,那里尚未遭到原子弹破坏。途中,一个可怕的想法涌上心头:落下的是一颗原子弹,自己很快便会死于后遗症,要在死前赶回去见女儿一面。早在1943年,他的一个内兄曾告诉下山,日本正在研制原子弹。说巧不巧,就在几天前,军营里也出现大量有关此类炸弹的讨论,比如某人发火,旁人便说:"这人就是颗原子弹。"数十名高中女学生躺在道路两旁,灼伤严重,形容恐怖,皮肤像丝带一般,从面部与四肢垂悬下来。见下山路过,她们便伸出双手讨水喝。然而,下山也无能为力。前方,村民正把黄瓜切片,敷在幸存者的灼伤处,伤势过重者,则用蔬菜车运往急救站抢救。

东京收到的第一波消息十分零碎,它们仅粗略表示,一种前所未有的灾难降临广岛。大本营希望了解详细始末,却无法与第二总军通信所取得联系。

木户侯爵立即报告天皇称,广岛已被某种秘密武器夷为平地。"事态至此,投降已不可避免,"天皇表情中透露着苦痛,"必须尽快结束战争。朕本人结局如何无关紧要,绝不能使悲剧再度上演。"不过,君臣二人一致同意,此时并非天皇亲自出面采取行动的最佳时机。

落日余晖之下,火势渐渐消退。遥遥望去,广岛一片平静,就像大战过后,一支大军在平原上搭建起的巨型营地。群星高悬天穹之上,在暮色之中倍显明亮。随着第一批救援人员赶到,难民停止逃往城外。

红十字医院的重藤医生死里逃生,回到市内,奔走于各急救站之间。此时有人声称,饮水对烧伤者有害。重藤闻言,当即宣布,饮水非但无害,且能冲洗掉器官系统因烧伤产生的毒素,并挂起一则告示:补水无碍。红十字医院副院长重藤医生留。

重藤深入满目疮痍的城市,被一堆闷烧的废墟挡住去路。前方看似无路可走,但他惊讶地看到一辆烧炭的大卡车从烟雾中隆隆地驶出来,驾驶室里挤满了人,司机则是生活在郊区的一名酿酒商。车上载着救急食物与清酒,他冲过市内大火,前来给客户供货,却发现客户的酒品商店皆被烧毁。重藤从卡车旁边走过,司机叫道:"这里没有活人!连条狗都没有,要大夫又有啥用?"说罢,便强行把重藤拉上卡车。

重藤下车后,只得借一辆自行车,骑上最后一英里赶往家中。他意外地撞见一名妇人背着孩子在漆黑的道路上徘徊,她一见重藤便放声痛哭。原来,这妇人竟是重藤夫人,她以为丈夫身亡,已在家中佛龛前点上蜡烛。

城外,急救站也无法阻止每小时有数百人死亡。七岁的井浦静子奄奄一息,却并未号啕大哭、怨天尤人,只是不断要求喝水。母亲不顾看护人员劝阻,把水拿给静子,希望她离世时能少一点痛苦。"爸爸(他是一名在太平洋某座岛屿上服役的水兵)离家很远,现在在一个危险的地方。"静子说道,这语气就好像她在幻境之中看到了父亲,"妈妈,你要好好活下去。如果咱俩都死掉,爸爸会很孤单的。"她把亲朋好友的名字念个遍,提到祖父母时,说道:"爷爷奶奶对我真好。"最终,静子连呼数声"爸爸",就此咽气。

当日,广岛市约有 10 万人死于非命。随后因灼伤、创伤以及原子时代的新型疾病——辐射中毒——而死亡之人数,亦约与之相等。①

3

当地时间下午 2 时 58 分,"艾诺拉·盖"号在天宁岛北部机场着陆。机组人员走出机舱,数百名官兵一拥而上,把飞机团团围住。绰号"图伊"的斯帕茨将军大步上前,把一枚杰出飞行十字勋章别在蒂贝茨胸前。蒂贝茨迅速立正,却不小心把烟斗插进了航空服袖口之中,弄得他颇为尴尬。军官俱乐部是一间活动小屋,机组人员在里面喝着掺有波本威士忌的柠檬水,接受上级询问。一名情报军官问领航员范·柯克准确的投弹时间,范·柯克答道:"上午 9 时 15 分 17 秒。"比预定时间晚 17 秒钟。

"那为什么会晚呢?"

众人哄堂大笑。法雷尔将军离开军官俱乐部,给格罗夫斯将军发去第一份完整报告(此前,根据"艾诺拉·盖"号无线电发回的初步讯息,已有一份简报发出):

---

① 据广岛和平纪念资料馆首任馆长长冈省吾教授的统计,广岛原子弹造成的死亡人数不低于 20 万。经过广泛调查研究,庄野直美博士与佐久间博士也证实了该数字。

遇难者中,有 22 人是美国战俘,其中还有数名妇女。1970 年 7 月,前宪兵队准尉柳田博在一家日本报纸上公开此事。爆炸时,柳田负责看守美军战俘,战俘共 23 人;第 23 人是一名年轻士兵,在原子弹下逃过一劫,却被一群愤怒的日本幸存者从瓦砾下拖出来打死。

……日间阳光明亮,闪光炫目程度不及"三位一体"。首先是一个火球,数秒钟后化为紫色云团,火焰翻涌,盘旋而上。飞机恰好在转弯结束时观察到闪光,机组人员一致认为光线极为强烈……

除最远端的码头区域,全市皆为一层深灰色的厚厚尘埃所覆盖,尘埃层与云柱相汇合,狂暴汹涌,其中可见火光点点。据估计,尘埃层直径不小于3英里。一名观察员表示,随着尘柱自谷地升起,渐渐逼近,城镇似被撕作碎片。不过,碍于尘埃影响,建筑物损坏情况无法目测。

法官(帕森斯)及其余观察员认为,此次打击之规模与震慑性,比之TR("三位一体")不遑多让。日方或许会将破坏归因为一颗巨型陨石。

当地时间8月5日午夜前不久,身在华盛顿的格罗夫斯将军收到初步简报。由于时间太晚,他没有叫醒马歇尔将军,而是选择睡在办公室,以便随时接到详细报告。6日凌晨4时15分,报告送达。三个半小时后,战争部长史汀生在长岛的家中接到陆军参谋长马歇尔打来的加密电话,获知情况后,他同意把杜鲁门事先准备好的相关声明发表,当天上午见报。

声明把广岛描述为日本陆军的一个重要基地,并宣称,落在该城市的炸弹是一项革命性的发明,"这是一颗原子弹,蕴藏着宇宙的根本力量,与太阳热能出自同源。那些在远东挑起战火之辈,已受到这种力量的无情打击"。美国打算将日本的工厂、码头及交通线路全部摧毁。"7月26日在波茨坦发布最后通牒,其意图在于使日本人民免遭珍灭。日方领导人面对通牒,毫不犹豫地予以拒绝。如今,若日方继续冥顽不灵,可以预见的是,毁灭之雨必将从天而降,那是地上之人从未见过的场景。"

此时,杜鲁门正在从波茨坦回国途中。陆军上尉富兰克林·格雷厄姆在"奥古斯塔"号巡洋舰的后舱食堂里找到正在用午餐的总统,呈上史汀生发来的简短电报,内称"强力炸弹"已在广岛投下,大获成功。杜鲁门抬头，说道："格雷厄姆上尉，这是有史以来最伟大的事件。"接着又陷入沉默。数分钟后，第二封电报传来，里面援引帕森斯的报告称，结果"干脆利落，各个方面都十分成功"。

杜鲁门读罢，一改第一份简报传来时那种秘而不宣的态度，突然把椅子往后一推，大踏步来到邻桌的贝尔纳斯身边，若有所指地说道："是时候回家了！"说罢，总统拿起餐叉，朝玻璃杯猛地一击。食堂内顿时鸦雀无声，接着，众水兵听着杜鲁门描述那颗新式炸弹，不由得齐声欢呼，一直跟随着总统前往升降口。通过升降口，杜鲁门来到军官卧舱，众军官一脸讶异地听着总统说道："都不必起身，各位，我军刚刚在日本投下一颗炸弹，威力超过20000吨TNT炸药。这可谓是压倒性的胜利。我们赌赢了！"

内阁书记官长迫水半睡半醒地躺在东京自宅的床上，突然接到同盟通讯社打来的电话，被告知杜鲁门的声明。听到"原子弹"一词，迫水陡然清醒过来，在震惊的同时，他也意识到这正是结束战争的"天赐良机"。没有国家能够与原子弹为敌，军方与军火商都不必为战败担负骂名。想到此节，迫水当即给首相拨去电话。

第三十四章 ……以及长崎

1

广岛市内,原子能辐射的隐秘后果于8月7日拂晓时分开始显露出来。广岛文理科大学前地质学家长冈省吾新近应征入伍,却由于担心学校,选择离开队伍,步行数小时回到市内,此时正试图穿过瓦砾返回校园。断垣残壁举目无极,长冈走到爆心附近的护国神社,终于体力不支,摔倒在一个石灯笼下。一阵刺痛感传来,长冈意识到有辐射,顿时一跃而起,却发现石灯笼上印着一个诡异的人形轮廓,其表面已部分熔化。他突然意识到了一个可怕的问题:原子弹!日本必须立即投降。

数十个急救站里,医生也大惑不解:病症十分怪异,甚至有人怀疑敌人是在通过某种酸性毒气散布杆菌性痢疾。部分受害者只有一侧脸颊灼伤;奇怪的是,某些伤患面部竟印有耳、鼻的轮廓。与长冈一样,红十字医院的重藤医生也曾听说过原子能,并猜测伤患受到的是初级辐射。他用一个简易X光指示器检查医院墙壁,却发现指数很低,于是判断留在这里并无危险。

后遗症究竟如何,难以预测。二等兵下山是距离爆心最近的生还者之一。此人原本近视,闪光过后,他透过眼镜愈发看不清东西,便怀疑自己或将失明。谁知摘下眼镜,他才发现自己的视力竟已恢复正常。但他的头发在不断掉落。此外,与大量其他幸存者相同,下山身上也有一些典型症状:先是恶心、呕吐,接着腹泻、发烧。至于其他反应,则出现情况并不规律:有些受害者身上出现鲜艳的斑点,红色、绿中带黄色、黑色、紫色都有,但他们成功存活下来,反倒是那些身上没有明显斑点的人大量暴毙。一名男子手部轻微灼伤,未加理会,谁知竟吐起血来。为缓解疼痛,他把受伤的手浸入水中,却发现"一股蓝色东西从手上冒出来,像是某种烟雾,很是诡异"。

幸存者心中无不充斥着对于未知的恐惧,而这种感觉又因某种含糊的愧疚心与羞耻心而加剧:他们自己之所以能够活下来,是因为没有理会亲友与邻居的哀号,将其抛弃在燃烧的废墟之中。死者临终时的悲鸣始终萦绕在心头,难以磨灭。失去孩子的父母自责不已,失去父母的孩子则认为是自己犯有过错,故而遭到惩罚。日本家庭生活中复杂而亲密的结构,被这场悲剧残忍地打碎。

东京方面,狂热的陆军依然不肯承担投降责任,反倒表示,一座主要城市全盘毁灭未必具有那么重大的意义。东乡外相建议接受《波茨坦公告》,并合乎逻辑地指出,在原子弹影响下,"整体军事形势急剧扭转,军方此时结束战争理由充足"。然而,陆军却认为东乡的建议不值一提。

"完全没有必要,"陆相阿南反驳道,"另外,现在也无法确定这到底是不是原子弹。"杜鲁门口说无凭,这也有可能纯属美军诈术。会议决定立刻派遣核物理学家仁科芳雄博士前往广岛进行实地调查。

仁科博士与陆军参谋本部第二部部长有末精三中将来到立川空军基地,正准备登机时,防空警报又发出尖叫。有末中将指示博士等待警报结束再出发,自己则带领数名部下立即起飞。黄昏前,飞机抵达广岛。饱受燃烧弹摧残的城市,有末见过不少,一般来讲,废墟会保持闷烧,也有临时厨房冒出的炊烟,总之存在人迹。然而,此时飞机下方的城市却像一片死气沉沉的荒漠,没有烟火,目光所及一无所有,甚至连街道也不存在。

飞行员转身喊道:"长官,下面应该就是广岛。接下来怎么做?"

"着陆!"

飞机在港口附近一块草皮上降落。有末走下飞机,发现地上的草叶都呈现出异样的黏土色,并向濑户内海方向倒伏,像是经过一块巨型烙铁的烫压。接机的是一名陆军中佐,左脸严重烧伤,右脸却完好无损,朝长官恭敬敬礼。有末乘汽艇来到船舶司令部,他在士官学校的好友马场英夫中将①在码头迎接。据马场报告,广岛此时已是停电停水状态,两名将军便点上一支蜡烛,坐在露天长木桌旁。马场以手掩面,声泪俱下地讲述女儿在上学途中如何死于爆炸。"不止我女儿一人,成千上万无辜的孩子死于非命。要多么暴虐,多么凶残,才能把这么一颗惨无人道的新式炸弹投下来?"

有末抱住马场,沉默良久,安慰道:"请记住,我们都是军人。"马场为失态而道歉,并告诉有末,"一直有传言"称,美军会把第二颗新式炸弹投在东京。②

大量难民渐渐返回城市,工作队开始收尸,尽一切可能搜集木材,加以火化。焚烧散发的恶臭气息令人作呕,有些像烤沙丁鱼;而反常的是,部分工人反倒对这气味产生出渴望,它竟然能刺激他们的食欲。

次日下午,仁科博士乘机抵达,视察全城后,当即得出结论:能够造成这种破坏的武器,唯有原子弹。博士告知有末将军称,落在广岛的是一种铀弹,与自己准备研制的炸弹近似。那么,炸弹研制工作是否还要继续?

有末没有回答。

对苏联出面斡旋和谈一事,日本始终怀有不切实际的希望,而广岛的毁灭使他们对实现这个希望的迫切程度达到顶峰。东乡电令身在莫斯科的佐藤大使:

---

① 马场英夫(1889—1970)此时军衔仍是少将。——译者注
② 日军担心东京将成为下一颗原子弹攻击的目标,便于次日晚间提审一名在大阪附近坠机被俘的美军战斗机飞行员马库斯·麦克迪尔达中尉,并得到"证实"。审讯官是一名将军,用军刀划破中尉的嘴唇,以斩首相威胁。中尉屈服了,便拖着佛罗里达口音,慢条斯理地描述:原子如何分裂为正负两种粒子,中间以铅作为屏障相分隔,放入一个长 36 英尺、宽 24 英尺的箱子里。待箱子从飞机落下,铅屏障便会熔化,正负离子再次结合,产生巨大爆炸,足以毁灭一整座城市。审判官大感骇怖,忙问下一个目标。麦克迪尔达机敏地答道:"我认为是京都或东京。东京应该就安排在几天之内。"

局势进一步恶化,须尽快澄清苏方态度。请再加努力,立即取得答复。

8月8日下午,佐藤大使请求立即会见莫洛托夫。数个星期来,莫洛托夫始终回避佐藤,此时却答应于晚上8时会面,随后又将时间提前至下午5时,却未加任何解释。5时前几分钟,佐藤强作镇定,迈入迂回曲折的克里姆林宫,在相关人员带领下来到莫洛托夫的书房。按照惯例,大使会先以俄语问候外交人民委员,然而,不待佐藤开口,莫洛托夫便摆摆手,直接说道:"这里有一份以苏联名义给日本国政府的通告,希望转达给您。"

直觉告诉佐藤,这是一份宣战声明。尽管早有心理准备,但直面现实仍着实是一个沉重的打击。莫洛托夫离开办公桌,来到一张长桌一端坐下,并示意佐藤落座另一端。莫洛托夫摆出一贯的表情,开始宣读文件:

在希特勒德国战败投降后,日本是唯一继续坚持战争的强国。

美、英、中三大国于7月26日提出关于日本武装部队无条件投降的要求已遭日本拒绝。因此,日本政府要求苏联调解远东战争之建议已失去一切基础。

鉴于日本拒绝投降,同盟国与苏联政府接洽,提议共同参与反抗日本的侵略战争,以缩短战争时间,减少伤亡人数,为尽快恢复和平作出贡献。

苏联政府为履践其对同盟国之义务,乃接受提议,加入7月26日同盟国之公告。

苏联政府认为,为尽快实现和平,使人民免遭更多牺牲和苦难,并给日本人民以机会,使之不致步德国后尘,拒绝无条件投降后遭受毁灭之危险,上述政策乃是唯一之手段。

鉴于上述情形,苏联政府兹宣告:自8月9日起,苏联将认为其本身已与日本进入战争状态。

佐藤大使强抑冲动,彬彬有礼地表示:互不侵犯条约原本在次年到期,此时打破条约,实属憾事,不知委员是否肯行个方便,允许自己把消息电告政府。莫洛托夫一改平日的冷漠面容,答复称:发送电报完全没有问题,加密也无所谓。同时表示,就个人而言,事态发展至此可谓遗憾。"过去数年来,大使之表现令本人深感欣慰。值得庆幸的是,尽管面临重重困难,我们二人携手合作,仍使两国政府保持良好关系,直至今日。"

"对贵国政府之善意与款待,本人谨表感谢。"佐藤的俄语已磕磕绊绊,"如此艰难时势之下,本人仍得以留在莫斯科,委实有赖于此。与委员先生以敌对之身份分道扬镳,诚为可悲,亦属无奈。无论如何,且让我们握手告别,或许此后不再有机会了。"

他们握手分别。佐藤回到大使馆,发现电话已被切断,无线电设备也被全部没收,最终只得写下一封明码日文电报,派人送到电报局发送。

2

原子弹落在广岛无疑是苏联提前参战的重要原因。不过,早在数个月前,A. M. 华西列夫斯基元帅便指挥 160 万大军朝伪满洲国边境集结。至于其对手——关东军,规模不及苏军一半,装甲部队与反坦克炮也早被调往其他战场,其平均战斗力与战前之精锐部队相比,尚不足百分之三十。

在莫洛托夫向佐藤宣读声明的两小时后,苏联两支集团军从西开入伪满洲国。与此同时,以符拉迪沃斯托克为基地的另一支集团军则从东边攻入。尽管前一日大雨滂沱,导致道路泥泞,河水漫过堤岸,三支苏联大军依然势不可挡,朝齐齐哈尔、洮南与国际化都市哈尔滨挺进并会合。

告别佐藤后不久,莫洛托夫通知美国驻苏大使埃夫里尔·哈里曼称,对日战争将于午夜0时开始。苏联决定兑现承诺:在德国战败三个月后加入太平洋战争。

晚上,斯大林与哈里曼及乔治·凯南交谈时,表现得十分兴奋,并宣布,苏军先头部队已进入伪满洲国境内10至12公里。"事态进展竟如此顺利,谁又能料想得到呢?"言语之间,毫不掩饰欣喜之情。

哈里曼问,原子弹会对日本产生何种影响。斯大林答道,想必敌人正在搜肠刮肚寻找托词,来组建一个能够筹备投降事宜的新政府。哈里曼提醒称,苏联与一个研制出原子弹的国家站在同一阵营,实属幸运。于是,斯大林便友善地讨论起原子能问题。面对盟友在科学上取得的重大成就,斯大林表现得泰然自若,丝毫没有透露自己一日前曾把五位苏联顶尖核物理学家召至克里姆林宫,下令不计一切代价研制出属于苏联的原子弹。计划交由国家安全总委员拉夫连季·P.贝利亚全面负责,此人是全苏联最令人闻风丧胆的人物。

美国上下一致认为,原子弹是把国民从持续四年、代价昂贵的战争中解救出来的手段。这当然可以理解,但也存在极少数人,并不囿于欣喜若狂的大众,展现出更为宽广的视野。莱希海军上将认为,对已然战败且准备投降的敌国民众使用这种武器是非人道之举,美国"采用了在蒙昧时代蛮族当中通行的道德标准"。①

史汀生同样对此表现出高度关切,于当天下午给总统展示一张照片,形象说明广岛遭到"彻底毁灭"的情形,并劝说总统称:必须尽一切努力说服日本尽快投降,而成功与否很大程度上取决于沟通方式。"就算是驯狗,也只是惩罚一番,不会在惩罚之后继续对它整天发火;要获得其好感,就得注意惩罚有度。对待日本也是一样。从天性上讲,日本也是笑脸待人的民族,我们与之打交道,也要采取同样的方式……"

然而,杜鲁门并不打算在《波茨坦公告》的范围以外开出条件。面对广岛的照片,总统并非无动于衷,也意识到"在座众人,包括自己,都对这场毁灭负有重大责任"。不过,眼下必须投掷第二颗原子弹。高层并未召

---

① 在远东国际军事法庭上,与多数派意见并不相同的印度法官拉达宾诺德·巴尔称:"如果说,在战争中对平民的生命与财产进行无差别毁灭仍属非法,那么,与'一战'时德皇及'二战'时纳粹首领所下达之指示相接近的决定便只有投放原子弹。在本案的被告人身上,找不到类似的行为。"不过,该意见基本无人支持。

开会议探讨是否有必要投掷第二颗原子弹,也没有讨论日本是否会因第一颗原子弹或苏联参战而迅速投降。除史汀生外,那些位高权重之人是否在道义上怀有内疚,不得而知;假使确实有,也无人在总统面前表达过——至少没能让总统感受到——意见。杜鲁门准备投下第二颗、第三颗,甚至更多原子弹,只要这意味着拯救美国人的生命。

在关岛,第二次袭击的命令共印刷出32份。如何以及何时使用原子弹的决定权,此时掌握在参谋长联席会议手中。起飞时间定在次日,亦即8月9日清晨,袭击目标有两个选择,都在九州岛上:首选目标是"小仓兵工厂及小仓市",次选目标是"长崎市区"。

在邻近的塞班岛上,战时情报局印刷厂印制出1600万份劝降传单。战争早期的宣传工作毫无效果:表述方式陈腐不堪;图画中的日本男子按女式穿法穿着和服,左襟叠在右襟之上①;盘子两侧各摆一根筷子,类似于西式刀叉。文字本身也有许多可笑的谬误,比如把"言论自由"写作"语言自由",把"欲望之自由"写作"摆脱欲望之自由"。后来,上述错误皆得到纠正。自1945年初以来,美军的传单在日本民众中产生巨大影响,尤其是此时这份劝降传单,对国民士气更是一次沉重的打击:

告日本国民书

本传单为美国所发布,请即刻注意所书内容。②

我国新近研发的原子弹,乃是人类有史以来最具毁灭性的炸弹,一枚的破坏力,相当于2000架B-29巨型轰炸机一并执行任务。此等事实听来令人骇怖,却绝非耸人听闻,望诸位深思熟虑。

于日本使用该种炸弹尚在初步阶段。若诸位心存疑虑,大可打听求证,了解广岛受到一枚原子弹轰炸后,竟是何等情形。

日本军方企图将毫无意义的战争拖延下去,我军使用该种炸弹,

---

① 和服穿着不分男女,皆是左襟叠在右襟之上,日文称之为"右前",即穿衣时,右手所持之半边先穿。——译者注

② 尽管作者在原文中未使用省略号,该传单在"所述内容"与"我国新近"之间仍有三段文字,概述三国宣言及苏联宣战等国际局势。——译者注

正是为摧毁军方所恃的一切资源。而在下一枚炸弹投放之前,我国要求诸位立即向天皇请愿结束战争。我国总统已为诸位概述体面投降的十三条内容。在此正告日本国民,速速接受十三条,着手打造一个愈加良善、爱好和平的新日本。

诸位必须立即采取措施,停止军事抵抗。否则,我国将坚决使用该种炸弹及其他一切先进武器,以最快速度强行结束战争。

立即撤离所在城市!

事实上,早在传单投下之前,日本报刊便已发出警告称,美国在广岛使用"新式"炸弹,威力"不容小觑"。《日本时报》称,敌人似"在尽可能多地有意杀伤无辜百姓,目的在于尽快结束战争"。一篇题为《反人类之道德暴行》的社论透露,新式炸弹具有"前所未有的威力,不仅将一座城市之大部分区域夷为平地,更是杀伤大量居民"。

8月8日下午,广岛任务中的观测机"大艺术家"号的驾驶员,绰号"查克"的查尔斯·斯威尼少校接到命令,他将驾驶另一架飞机投掷第二颗原子弹。与广岛那颗铀弹不同,这颗原子弹是钚弹,呈球形,长10英尺8英寸,直径5英尺,名为"胖子",灵感来自丘吉尔的体形。蒂贝茨上校祝斯威尼及机组人员好运,并称"胖子"将使第一颗原子弹沦为淘汰货。

投掷"胖子"所用的飞机名叫"博克之车"(Bock's Car),该飞机原本的驾驶员小弗雷德里克·博克在此次任务中则转而驾驶"大艺术家"号,运载观测仪器。① 同时,"大艺术家"号还肩负着一项轰炸计划之外的非官方任务:它将携带一封致日本核物理学家嵯峨根辽吉教授的私人书信,附在收集数据的筒状物上,借助降落伞从目标上空投落。书信作者是三名青年科学家:路易斯·阿尔瓦雷茨、菲利普·莫里森和罗伯特·瑟伯

---

① 历史学家也被最后一刻改换飞机的举动所迷惑。官方公报错误地宣称投掷第二颗原子弹的是"大艺术家"号。大多数报道,包括部分目击者的记录也都采纳了这种说法。直到1946年,"大艺术家"号因其历史地位而退役时,人们才发现其编号与运载第二颗原子弹的飞机并不一致。

尔。30年代时,三人曾在加利福尼亚大学辐射实验室与嵯峨根共事。

致:嵯峨根教授

寄自:先生游学美利坚时所结识之三名科学界同道

先生身为核物理学家,名望素重,望运用自身之影响力,说服大本营相信:倘若继续战争,贵国人民将遭受惨痛之后果。我等谨念及此,寄出此封私人信件。

早在数年之前,先生便已明白:倘若国家倾尽全力,不计代价,制造出原子弹并非痴人说梦。您在美国之时,也曾眼见其生产工厂之建立,想来不会怀疑,昼夜开工之成果,最终都将炸落在贵国国土之上。

此前三个星期里,我国在本土某沙漠试爆第一枚原子弹,第二枚炸在广岛,今早又投下第三枚。

望先生与贵国领导人沟通,使之相信上述事实,尽最大努力阻止破坏以及随之而来的生命凋零。倘若一切如旧,结果唯有贵国全部城市悉数湮灭而已。如此美妙的一项科学发现,却以此等用途问世,身为科学家,我等不胜遗憾。然而,可以断言的是,日本若不立即投降,原子弹必将化作愤怒之雨,倾泻而下。①

凌晨3时49分,"博克之车"在长长的跑道上隆隆驶过。与第一颗原子弹不同,"胖子"无法在飞行途中装配,已在起飞之前全部装配完毕。这架B-29轰炸机的地面滑行过程好似无休无止,随着机头抬起,最终升上夜空,缓缓向北飞去。"大艺术家"号与另一架摄影飞机紧随其后。

此次轰炸任务,从最开始便不甚顺利。炸弹舱的油箱内原本装有

---

① 直到战后,嵯峨根教授才读到该信。假如信件及时送达,教授便会组织起一批颇有名望的科学家,联名提出抗议。当时,军方刻意把信件隐瞒下来。轰炸次日,一名曾经师从嵯峨根的海军军官难掩焦虑,称海军扣有一封写给教授的信件,落款是几名美国人。然而,一名陆军军官却指示嵯峨根,倘若听闻海军发现"有关原子弹"信件的流言,一概不得采信,事情纯属子虚乌有。

600加仑备用燃料,然而斯威尼发现切换开关失灵,这意味着"博克之车"的续航能力受到限制,为任务平添隐患。不过,斯威尼决定继续前进。东京时间上午8时9分,比预计时间提早1分钟,前方云块间隙中出现一个小岛。那是九州岛南海岸附近的屋久岛,也是"博克之车"与两架随航机的会合点。

三分钟后,"大艺术家"号从云层中赫然出现。两架B-29在空中盘旋有45分钟,迟迟不见摄影机踪影。"见鬼,"斯威尼对副驾驶说道,"不能再等了。"于是晃动机翼,朝首选目标飞去。小仓是一座位于九州东北海岸的港口城市,气象报告称其晴空一片。谁知抵达后,斯威尼等人才发现,该市被浓烟与薄雾部分遮蔽。投弹手克米特·比汉上尉奉命进行目视投弹,但找不到瞄准点,便喊话给斯威尼:"得再转一圈。"

"飞行员通知全体机组人员,"斯威尼宣布,"不投。重复一遍,不投。"飞机猛地转弯,转一圈后再次飞至城市上空。比汉上尉第二次尝试瞄准,把眼镜贴在诺顿MK15型瞄准器的橡胶目镜上,却只能看到浓烟。"找不到瞄准点。"上尉报告道。

"不投,"斯威尼答复道,"重复一遍,不投。"

飞机再次进入位置,这次是从东边,小仓却依旧隐藏在烟雾之中。飞行机械师报告称燃料"告急",余量仅足以返回硫黄岛。"了解。"斯威尼说道,接着转向弗雷德里克·阿什沃思海军中校,征询他的意见:"您若同意,我们就飞往次选目标。"阿什沃思是随机核武专家,负责维护"胖子"的状态,闻言点了点头,说道:"前往长崎。"斯威尼通知机组人员转向西南。气象观察机此前传来报告称,长崎上空云量只有十分之二。

与旧金山相似,长崎沿着陡峭的山丘建城,就像神话传说中的美丽港口,尤其是此时,秋天来得很早,大量树木染作红褐色和金黄色,灿烂夺目。浦上川自北流下,注入面朝东海的港湾,港湾往内便是城镇中心,也是长崎历史上的核心区域,历经数世纪发展,最终扩张为一座20万人口的城市。扩张的轨迹,乃是自中心出发,沿谷地延展,其中浦上川河谷地带已发展为一片综合工业区,全市百分之九十的劳动力聚集于此。

1571 年,在葡萄牙人的协助下,长崎由一个渔村发展为日本的主要对外贸易港口,烟草、火器与基督教由此传入日本。然而,随着基督信仰广泛传播,幕府便采取残酷手段予以镇压,传教士或丧身殒命,或远走高飞。17 世纪时,37000 名信徒发动起义,反对宗教迫害,困守长崎附近某城,在数艘荷兰舰船的炮火援助下①,与幕府军缠斗三个月之久,最终几乎一个不剩地全部惨遭屠杀。

尽管起义失败,信仰却长久留存。长崎依然是日本欧化程度最高、基督教信仰最深的城市,东西方文化在此汇聚交融。市内建有大量教堂、教会学校以及西式住宅,其中最为著名者,莫过于广受游客喜爱的格洛弗宅邸,传说蝴蝶夫人②正是在此俯瞰长崎港湾。

惊魂未定的风筝师傅森本繁义正在赶回长崎家中的路上。过去数个月里,森本一直在广岛为陆军制作防空风筝。三日前原子弹爆炸时,他正在距爆心不足 900 码处购买刷子,因那家简陋商店的保护而免受闪光伤害。奇迹般生还的森本与三名店员一起搭上一列煤车逃离广岛,前往长崎避难。夜里,四人的话题始终避不开"那颗炸弹",他们甚至怀疑是日本偷袭珍珠港,故而受到某种超自然力量的惩罚。运煤列车爬上陡坡,又急速下行驶进长崎火车站时,森本产生一种强烈的预感:自己回家,炸弹也会跟随而来。为警告妻子,森本赶回他那位于市中心的风筝铺,此时已差不多是上午 11 时。

"博克之车"的运气依然糟糕,接近目标时,天气渐渐变差,长崎上空云量很有可能达到十分之九。斯威尼告知阿什沃思中校,燃料紧张,只够

---

① 文中所述乃江户初期著名起义岛原之乱,围城战役中,荷兰确实派出舰船援护,但接受援助者乃幕府军,而非起义军一方。其时,起义军期待同为天主教信徒的葡萄牙人提供援助,而新教国家荷兰则积极支持幕府,从而在战役结束、锁国政策实施后,独占与日本之贸易权利。——译者注

② 《蝴蝶夫人》是意大利作曲家普契尼于 1904 年创作的歌剧作品,讲述一位美国军官与日本艺伎的悲剧爱情故事,剧中蝴蝶夫人之居所是一座俯瞰长崎港湾的宅邸。格洛弗乃是一名苏格兰军火商,幕末时期居于长崎,娶日本艺伎鹤(Tsuru)为妻。由于格洛弗宅与剧中描述之宅邸近似,鹤又使用"扬羽蝶"家纹,故一部分学者认为,鹤正是蝴蝶夫人之原型。——译者注

盘旋一圈,最好放弃目视投弹,用雷达系统投掷"胖子"。阿什沃思颇感犹豫,心想:根据命令,若无法肉眼定位目标,便应将炸弹丢弃在海洋之中,但这实在太过可惜。于是,中校决定违抗命令,对斯威尼说道:"如果确实无法目视,那就用雷达吧。"

为对城市造成最大限度的破坏,投弹点选择在森本风筝铺附近一处高地上。若原子弹在该处爆炸,便可摧毁城市中心及港口区,还能够波及浦上川河谷地带的工厂群。上午11时,长崎进入雷达范围。投弹手比汉朝斯威尼喊道:"发现目标!看到街道了!"如此一来,目视投弹重新成为可能。从云层缝隙之间,他看见浦上川畔一个室外体育场的椭圆形轮廓。此处在原计划投弹点西北,距离约两英里,不过目视机会稍纵即逝,不容迟疑。比汉把瞄准器十字准线对准体育场,数秒钟后,上午11时01分,飞机陡然上升。

"全部炸弹已投下。"比汉通过对讲机报告,接着便意识到炸弹其实只有一颗,便改口道:"炸弹已投下。"

风筝商森本回到家中,气喘吁吁地告诉妻子,一颗恐怖的炸弹已落在广岛,接下来怕是要轮到长崎。"先是一道巨大蓝色闪光——"正当森本描述爆炸情形时,一道炫目的蓝色闪光倏然出现,打断了他的话。森本连忙打开地板上的活板门,把妻子与年幼的儿子推了进去,自己最后躲入。沉重的板门拉下时,他感受到大地的颤动,就像地震一般。

假若天气状况良好,炸弹便会按预计落在风筝铺头顶,森本一家必定在劫难逃。爆心的实际位置在体育场与浦上川东北数百码处,几乎正好处于三菱重工业兵器制作所与三菱兵器鱼雷工厂之间。

岩永肇次日就满十四岁,此时正在鱼雷工厂附近的浦上川洗澡,望见头顶飞机投下一个黑色物体(装载仪器的筒状物),并张开降落伞,便对一名同伴喊道:"友机来啦!"接着,他兴高采烈地一头扎进水里,而闪光恰好在此时出现。数秒钟后,岩永浮出水面,发现周边一切都看不分明。左肩一阵火辣辣的感觉,泛出异样的黄色,他疑惑地伸手一摸,皮肤便脱落下来。眼见天色黯淡下来,岩永深知大事不妙,拼命游向岸边,正待伸手拿衣服时,两个棒球大小的墨绿色球体飞来,其中一个击中衬衫,破碎开来,将衣物点燃。爬上岸后，水里传来一名同伴的悲鸣："妈妈！"霎时间，巨大的雨滴朝岩永身上打来。

深堀妙子只比岩永大一岁，当时正在一个由大型天然洞穴改造而成的公共防空洞内帮助抽水。被爆炸波掀入泥浆时，她突然想起，一周之前造船厂遭空袭时，有人被活埋至死。恐惧之下，妙子摸索着来到洞口（该洞穴距离爆心不足 200 码），发现眼前已是一片地狱。洞口处，工人尸体浑如焦炭，分不清前胸后背；一个通体漆黑却没有头发的人影从她眼前走过，看不出是男是女，身上只剩下腰间一根燃烧着的衣带。

妙子沿山谷东坡回家找母亲，途中被一名士兵拦下，称此路不通。于是，她便跟着士兵穿过铁轨，来到河边，全然没有注意自己的右脸与右肩已被烧伤。不知为何，妙子心中突然涌现一个念头：住在山上的家人一定安然无恙。

沿坡向上，在浦上监狱附近，距离爆心不足 275 码处，十二岁的东海和子爆炸时正在一处尚未竣工的家庭防空洞休息。在头顶两英尺厚的泥土保护下，和子从致命闪光中逃过一劫，只是身上出现某种难以形容的感觉，并听到一阵类似烤牛排的滋滋声。她爬到外面，见眼前一片黑暗，感到困惑不解，还以为时间已是晚上。触觉与嗅觉皆已失灵，她开始漫无目的地走动。

烟尘消散，和子发现自己来到一道摇摇欲坠的墙壁面前，浦上监狱就只剩下这面墙了。她转身往家中赶去，却发现房屋已化为一片瓦砾，连忙上前救出埋在下面的母亲，又与母亲一起把父亲拉出来。父亲手部的皮肤整片脱落，看上去就像在摘手套。

距爆心约 1500 码处，在山坡顶端附近一个拥有 70 个床位的结核病疗养医院内，秋月辰一郎医生当时正将一根长针插入一名男性患者的肋部。突然，一阵诡异的啸叫声传来，好像一架巨型飞机正轰鸣而下，朝医院冲来。"下床卧倒！"秋月大喊一声，抽出针头，趴在地板上。随着一道白光闪过，瓦砾碎片如雨点般打落。秋月挣扎着站起身来，发现自己毫发无伤，只是空气中充满灰泥粉末，呛得他喘不过气来。

秋月担心二楼和三楼的病患，便与一名护士走上楼梯，发现病人惊魂未定地走了下来，身上只有些皮外伤。从窗户望去，浦上河谷黄烟滚滚，大教堂与职业高中学校大火熊熊。天空呈现出红且黄浊的颜色。出于好奇，秋月离开建筑，来到花园，发现茄子叶与马铃薯都在冒烟。可以确定的是，落在长崎的这颗炸弹与广岛那颗相似。长崎医科大学校长曾亲眼目睹广岛废墟，前一日还在师生大会上激动地描述过那番情形。

河谷底部，小佐佐八郎走进鱼雷工厂，正准备去取金属材料，突然隐约感到异样，回头一看，只见窗户发出彩色光芒，还以为是储气罐发生了爆炸。天花板塌落下来，小佐佐跌倒在地。当他摇摇晃晃地站起身时，全然没注意到头部与腿部的巨大伤口，他踉踉跄跄地朝工厂医务室走去，却发现那里只剩一片废墟。在黄昏一般的阴暗之中，人们无助地四处彷徨。直觉告诉小佐佐应迅速逃离，尝试回家。为防止失血导致进一步虚弱，他解下绑腿，捆在大腿上作为止血带，接着便朝南边的重工业兵器制作所走去。这样就算死在途中，尸体也容易被家人发现，得以安葬。没走多远，双腿便无力支撑，小佐佐只得手足并用，膝行向前。

三菱制作所占地范围甚广，朝火车站方向延展约有一英里。那天早上，十六岁的小幡悦子刚踏上全新的工作岗位：在厂房二楼锉制机器零件。爆炸时，悦子被冲击波撞飞，失去知觉；醒来时，她发现自己悬在房屋残骸之上，离地六英尺。救援人员把她抬上一辆卡车，准备运往东边山坡上的大学附属医院，谁知大火阻路，车辆只得绕道向南，朝车站方向驶去。然而，新道路依然火势凶猛，救援人员指示伤患下车步行。悦子强忍疼痛，爬下卡车。火红的太阳看上去比平日更大。她想蜷缩到卡车底下躲一躲，却无法如愿。天空不巧地降下大雨，雨滴打进火焰里，落在滚烫的地面上，咝咝作响。

空中，两架B-29轰炸机的机组人员看到"一个巨型火球，仿佛从地球内部升起，喷出一层层白色的大烟圈"。记者威廉·劳伦斯坐在"大艺术家"号上，望见一根火柱直冲云霄，升起足有两英里高，它就像"被赋予生命，成为一个新物种，在芸芸众生难以置信的目光之中降临于世"，他匆匆提笔把这些想法记在笔记本上。巨大的蘑菇从火柱顶端翻涌而出，较之火柱本身更为活跃，像是1000个锅炉同时喷发出白色的怒火。数秒钟后,蘑菇云从茎部脱离,取而代之的是一个较小的蘑菇。劳伦斯想,这就像一个被斩首的怪物,又长出一个新的脑袋。

"博克之车"上,尾炮手通过对讲机朝斯威尼喊道:"少校,赶紧离开这个鬼地方吧!"

斯威尼操纵飞机掉头,把那片骇人的景象抛在身后,此时副驾驶阿尔伯里对投弹手喊道:"比汉老兄,你刚才那一下,宰了10万鬼子。"

比汉默不应声。

机组人员渐渐从紧张状态中放松下来,他们脱下笨重的防弹衣,相互祝贺。无线电操作员把斯威尼的第一份报告发回天宁岛:

> 于长崎目视投弹,座标090158z,未有战斗机及高射炮火迎击。投弹结果取得"技术性成功",但从其他相关因素来看,在采取进一步措施前仍须召开会议。目视效果大约等同于广岛。投弹后,飞机出现故障,我等正前往冲绳岛。燃料有限,仅足以飞至冲绳岛。

长崎的受害者并非全是日本人。在三菱重工业兵器制作所,一支由盟军战俘组成的劳工队卷入爆炸,伤亡不少。1英里外的一个战俘营遭到严重破坏,死亡人数未能得到统计。即便是在40英里外的潜龙战俘营,人们也能够感受到震动:在巴丹被俘的外科医生朱利恩·M. 古德曼先是听到沉闷的隆隆声,接着一阵冲击波传来,大地两度颤动。澳籍医生约翰·希金说道:"肯定是大规模舰炮轰击开始啦。"冲击波与震颤持续约五分钟,这阵原因不明的现象过后,战俘发现管理措施发生了变化:日军把战俘聚集到食堂,通知他们以后不必再下矿井采煤。

一架日军水上飞机在10000英尺的高空穿过云层,径直飞往长崎。10分钟前,不远处的佐世保海军航空队基地收到报告称,长崎遭到"大规模轰炸"。军官候补生小松信和是个二十岁的青年,他曾通过短波无线电听到轰炸广岛后杜鲁门发出的公告,意识到长崎很有可能也遭受了原子弹轰炸,于是未经批准,便擅自驾机赶往调查。

飞机冲出云层，迎面而来的是一根巨大的黑色烟柱，顶端是不断膨胀的巨型圆球，颜色千变万化，"好似怪物头颅"。小松飞近些后才发现，各种颜色只是太阳光线造成的错觉。下方什么都看不分明，小松绕着云团盘旋，对同乘的二人喊道："从云里面冲过去吧！"

云团内部像是火炉。小松拉开座舱舱盖，探出戴着手套的手，却感觉好像伸入滚烫的蒸汽中，连忙缩回手臂，猛地关上舱盖，发现手套上覆盖着一层"黏性的尘土"。两名同伴之一的梅田曹长发出惨叫声，呕吐不止。随着窗外越来越暗，热度也越来越高。另一名同伴——军官候补生富村想打开窗户透透气，谁知一阵热风劈头盖脸打来，富村尖叫一声，连忙把窗关紧。很快，飞机重新回到阳光之下，一层灰色尘土覆盖在三人脸上。

小松强忍头痛与恶心，操纵飞机盘旋下降。下方，长崎已化为火海，冒起滚滚浓烟。小松打算减速低飞以拍照，却难耐热浪，只得飞往港湾，准备在港口降落，而后步行进城继续调查。①

3

尽管得到莫洛托夫首肯，佐藤大使那封告知苏联宣战的电报却未能发送至东京。数小时后，苏方自己广播宣战消息。外务省电报室监听到这则消息时是在当日凌晨，那时，"博克之车"距离长崎尚有数百英里。通过苏联展开和谈原本是东乡竭力推行的方针，如此一来，最后一线希望便彻底宣告破灭。就方针本身而言，东乡并未抱什么期待，但对于苏联毫无征兆的突施冷箭，外相依然怒不可遏，像极了珍珠港事件那天的科德尔·赫尔。他把消息亲自带给铃木，怒斥首相没能在前一天召开"六巨头"会议。事实上，东乡不必如此动怒：这次铃木既未辩解，也未玩弄文字，而是简单明了地答复道："让我们来结束战争吧。"当然，前提必须是天皇准许立即投降。首相来到御文库面圣，天皇表示，凡是能够为和平铺路的条件，皆可接受。

---

① 梅田于两年后死于白血病；富村同样因白血病死于1964年；小松则患上贫血症。

铃木得到天皇保证,便召开"六巨头"紧急会议。时间是上午11时整,即"胖子"落在长崎的前一分钟。"基于眼下形势,"铃木开门见山,"我个人得出的结论是,接受《波茨坦公告》,结束战争,除此之外别无选择。不知各位有何高见?"

无人应声。

"沉默算怎么回事?"海相米内问道,"现在必须直抒己见,不然还是讨论不出结果。"

另外三名军方领导人见米内有意参与投降事宜的讨论,颇感愤懑。不过,此时对三人而言,最为揪心的仍是苏联入侵"满洲",此事之震撼程度更胜原子弹轰炸广岛。①

一名军官走进会议室,呈上一份电报:第二颗原子弹已经落下。阿南、梅津与丰田本就为"满洲"之消息心烦意乱,此时听闻祸不单行,更是难以压抑心中愤恨。尽管三人内心明白,投降是唯一出路,却也拒不接受《波茨坦公告》,即便同盟国允许天皇继续统治。仅以保留天皇作为条件还不够,三人坚持要求战犯由日本自行审判、遣散军队由日军军官操办、占领军不得超过某一数量。

东乡保持着最后的耐心,劝三人认清现实:日本已接近崩溃边缘,提出的这些条件,同盟国根本不可能接受,反倒会危及和谈的整体规划。军队要打,那么有希望获胜吗,哪怕一丝希望?阿南陆相无法给出保证,却仍然希望在本土展开一场大规模决战。东乡继续追问,能够阻止敌军登陆吗?

"只要天助我军,就能在侵略者上岸之前将之击退。"梅津答道,"不管怎么说,至少可以保证,我军有能力消灭大部分入侵部队。换句话说,也就是我军有能力对敌人造成极其严重的损伤。"

东乡咄咄逼人:"造成损伤,又能如何?敌人只要决心想打,第一波失

---

① 丰田大将曾于战后表示:"在我看来,在加速日本投降方面,较之两颗原子弹,苏联参与对日作战影响更为深刻。"英国官方历史书籍《对日战争》(*The War Against Japan*)也持这个存在争议的观点:"……原因是,它使得最高战争指导会议的全体成员意识到,议和的最后希望已然破灭,接受同盟国之条款终成定局,唯有时间早晚之别而已。"

败后会来第二波，第二波失败后会来第三波。为今之计，只有谋求和平，并在谈判桌上尽量压低敌方提出之条件而已。"一连争辩三小时，"六巨头"仍未得出定论。铃木宣布散会，并把悬而未决的会议结果告知木户侯爵，同时指出："解决办法唯有恭请陛下圣裁。"

首相的提议十分大胆：天皇权力虽大，却并不具备提出某项政策的职能。不过，木户也清楚地认识到，若要拯救日本，不能墨守成规，非由天皇出面不可，于是毫不犹豫地面圣说明局势。天皇也承认打破惯例确有必要。

与上午的"六巨头"会议一样，下午召开的内阁会议未能取得实质性进展。除米内外，军方将领再次一致反对文职官员。米内则坚决主张，继续战争有百害而无一利。"因此，必须丢开'面子'，尽快投降。此时亟待我等考虑的是如何做才能最完整地保全祖国。"

众将闻言，无不大怒，阿南尤其难掩怒火，说道："敌军入侵日本之际，我军必将使之蒙受重创，挽狂澜于既倒，亦非不可能之事！"此外，陆军前线部队也不会轻易服从遣散命令。"皇军将士绝不肯放下武器，人人心中绝无'投降'二字。没有其他选择，只能继续战争。"

农林省、商工省①、运输通信省、军需省四名文职大臣持有异议：民生凋敝，水稻收成跌至多年以来最低点，国家实在无力再战。

阿南不耐烦地打断道："这点事儿谁不知道？问题不在胜算多少，而是必须战斗到底！"

浦上川河口处，火车站附近的球状储气罐被爆炸波卷上天空，活像一团团大火球，落至地面又再度弹起；油桶则飞得更高。北边，幸存者正设法逃离爆心地带，茫然地走动着。一名面无表情的男子赤身裸体，背着一个男孩，孩子的内脏流在外边。一只毛发全焦的猫，正在舔舐马匹腹部垂下来的肠子。

---

① 如第三十一章注释所述，此时日本并不存在农林、商工二省：农林省改称农商省，商工省之职能则归入军需、农商二省。——译者注

少女西田绿是三菱重工业兵器制作所的电报收发员，在闪光中头发烧尽，此时正穿过体育场正北的大桥铁路桥逃生，浑然不知前进方向正通往毁灭的中心。由于枕木被焚毁，西田只得踩着扭曲的铁轨，勉强保持平衡，小心翼翼地前进。河面上满是浮尸。岸边，一名女子的臀部像气球般炸裂。附近一头黑白花纹的奶牛，身上布满新长出的粉红斑点，在平静地饮水。

走在路上，西田险些跌倒，恰好看到一名同班女孩迎面走过，便出声呼救。那同学见她满面烧痕，当即吓得大哭，不敢上前帮助。西田愤愤地来到东岸，从一个烧焦的裸体男子身边走过，发现那人四肢伸展，如雕像般伫立，早已没有气息。从远处望去，西田看到一捆捆木炭，而当她走近，刚要抬脚踏在上面时，才发现这竟是一堆尸体，面部肿胀浑圆，像是充了气。四周没有建筑物，只剩下平坦的瓦砾堆，仍在闷烧。班上一名男同学从旁走过，直到西田开口，他才反应过来，问道："你真是西田同学吗？"

四周传来阵阵痛苦的呼救声，西田不由自主地走去观望，却又惊慌失措地跑回河边。他们二人沿河岸缓缓南行，终于找到浅处过河。路上，西田看到一对母女坐在烧焦的蒲团上，女儿身体前倾，脑袋浸在水中，已是一具尸体；母亲则面无表情地望着她。为什么不把女儿从水里拉出来呢？西田想不明白，便继续南行，走过重工业兵器制作所，连自己的胶底运动鞋鞋底已被火热的地面烫穿也未发觉。

暮色降临，渐渐遮掩起长崎的恐怖景象。大量幸存者无法离开爆炸区域，他们或是由于受伤，或是丧失意志力。东海和子，也就是那个在距爆心275码的简陋防空洞中捡回一命的女孩，与父母在化为废墟的家宅附近找到一处空荡荡的公共防空洞，三人便蜷缩在里面避难。星星尚未显现于夜空，父亲便断了气；母亲的声音也愈发嘶哑，渐渐几不可闻。"妈妈，你别死！"黑暗之中，和子哀求道。母亲没有回应，她也已撒手人寰。和子等待着，而在漫漫无垠的虚无之中，不会有任何声音。只有我活了下来，和子想。①

---

① 美方估计的死亡人数为3.5万人，长崎市官方的数据则为7.48万人。

第三十五章 "忍所难忍"

1

东京时间9日晚间,内阁继续着毫无结果的争论。作为军方代表人物,阿南看似一如既往地固执己见,迫水却怀疑这是陆相的"腹艺":假如阿南真心希望继续作战,那他大可辞职,如此一来内阁便会解散,新任首相必将对军方俯首帖耳。铃木始终保持谨慎,避免卷入争论,并在快到晚11时的时候宣布休会。显然,单凭内阁本身无法作出决定,只有使出最后一招:请天皇出面定夺。

数分钟后,铃木首相在官邸指示迫水立即安排召开御前会议。为此,首先需要让陆军参谋总长与海军军令部总长签署"花押"。迫水颇有先见之明,之前便说服丰田、梅津两总长签署御前会议申请书,他的理由听上去毫无破绽:此次会议事态紧急,一俟通知下达,便要立即召开,先行签署有利于节省时间。两名大将认为,御前会议召开的前提是内阁会议达成一致意见,先签署倒也无妨,但提交申请书之前必须先来请求他们确认同意。此时,迫水并没有联系两总长,也没有告诉首相说取得花押的流程并不那么规范。

不到一小时,御前会议召开。与会者没有得到充分的解释,心怀疑惑地先后来到御文库。在皎洁的月光下,他们下了车,由一名宫廷侍从引导着,走下一处铺有垫子的陡峻楼梯,穿过长长的隧道,来到御文库附属库,亦即皇室地下防空洞。它建设在一处山坡内部,由六个房间组成,最大一间即是会议室。室内构造简陋,通风不良,闷热难当;天花板以钢梁支撑,墙壁镶有深色木板,整体显得既空荡,又昏暗。

应召前来参加御前会议的除"六巨头"外,还有年迈的枢密院议长平沼男爵,以及其他四名高级官员,其中就包括四处运作的迫水。在休息室等候时,军方高层把愤怒与困惑全部指向迫水。丰田、梅津与两名军方官员杀气腾腾地逼上前来,腰间军刀叮当作响。四人围住迫水,怒斥其言而无信,骗取花押。

迫水无奈,只得继续撒谎:"会议只是讨论,不作任何决定。"军方高层仍不肯罢休,直到侍从前来带领众人进入会议室落座,迫水才得以摆脱他们。会议室内摆放着两张平行的长桌,长桌顶端是一座讲台,台上摆着一张小桌,铺着金边锦缎,小桌后面则是一把椅子与一面六格镀金屏风。

晚11时50分,天皇进入会议室,走到讲台上的椅子旁吃力地坐下,脸上难掩愁容倦色。与会者起身、鞠躬、再坐下,整个过程中避免直视天皇。几个较年长者的咳嗽声,为会议平添不少紧张气氛。在铃木的要求下,迫水开始朗读《波茨坦公告》,却感到其中某些文句着实令人难以开口。

铃木简要回顾"六巨头"会议与内阁会议的争论情况,然后请"六巨头"逐一发言。尽管室内酷热难当,东乡也没有失去冷静,毅然宣称,只要能够保证国体存续,就应该立即接受《波茨坦公告》。海相米内同样克制住感情,语气平静地说道:"我同意东乡外相的意见。"

见米内明确支持投降,陆相阿南暴怒不已,吼道:"本人坚决反对!"除非同盟国允许日本自行遣散军队,自行审判战犯,并限制占领军数量,否则陆军绝不投降。"若上述条件无法得到满足,我等只有继续抵抗,鼓足勇气,背水一战。"阿南脸颊上闪烁着泪光,声嘶力竭地请求在本土展开最终决战,"可以肯定,我军必能给敌人造成重大伤亡。即便最终战败,一亿国民殉身死节,亦必使我日本民族荣光永存!"

光头大将梅津站起身来,厉声道,无数将士为天皇尽忠捐躯,岂能在最后关头无条件投降。

按照规定,下一个发言者本该是丰田大将。铃木不知是年老昏聩,还是别有用心,先问起平沼男爵有何高见。阿南与梅津满腹狐疑地看向平沼:此人素以超国家主义者自居,声名在外,但与其他"重臣"一样,他也很有可能成为"日本的巴多格里奥"①。平沼提出一系列尖锐问题,最后要求军方给出明确答复:继续战争究竟是否可能?

梅津保证,防空措施能够抵御此后的原子弹轰炸。"为日后有所图,军队始终在保存实力,"梅津说道,"期待着总有一天能发起反攻。"

平沼在意细枝末节,似乎并不为豪言壮语打动。他或多或少赞同东乡的意见,却又称,与同盟国谈判应按军方的要求提出条件。接着,平沼转向天皇,粗率无礼地说道:"依祖宗遗训,陛下亦有责任防止国家动乱。万望陛下谨记,而后下达圣断。"说罢,年迈的平沼重新落座。

丰田最后发言,试图重申军方之立场,而结论却模棱两可:"不能断言必将取得最终胜利,但结局想必也不会是彻底失败。"

会议持续两个多小时,众人把此前的论点几乎逐字逐句地颠来倒去。丰田发言完毕,铃木再次缓慢而从容地站起身。迫水心想,首相总算要抛开"腹艺"讲出真心话,谁知铃木的发言更令众人震惊:"一连数小时,我等唇舌费劲,未能得出结论。时局紧迫,但我等之议论绝非徒劳无益。此事确无先例,本人也深感惶恐,只是形势所迫,不得不为。臣斗胆恭请陛下圣裁。"

铃木转向讲台,请求天皇二择其一:或是完全接受《波茨坦公告》;或是按陆军要求,向同盟国提出各项条件。出乎与会者意料,首相竟离开座位,朝天皇走去,惊得众人凝神屏息。

"总理阁下!"阿南喊道。铃木却像全没听见,佝偻着宽阔的肩背,拖着衰朽的身躯来到小讲台下,驻足深深鞠躬。天皇会意地点点头,请铃木落座。铃木年迈耳聋,伸手挡住左耳,以右耳仔细倾听。天皇打个手势,

---

① 彼得罗·巴多格里奥(1871—1956),意大利将领,在"二战"中罪行累累,却由于战争末期主导意大利无条件投降,最终免于沦为战犯。——译者注

示意首相回到座位。

铃木刚一落座,天皇便自行起身,一改平日毫无感情的语调,略带紧张地说道:"国内外形势如此,朕再三思虑,深有感悟,继续战争,乃是将国家民族引入灭亡之途,亦将持续助长世间之流血与暴行。"与会者俯首静听。"哀我黔黎何辜,竟至哀苦若此。恢复世界和平,救国家于水火,唯一之道路唯有结束战争。"说到此处,天皇暂时停住。

戴着白手套的迫水用拇指擦了擦眼镜,顺势抬眼瞥向讲台,只见天皇凝视着天花板,若有所思——如此一幕让迫水热泪盈眶。与会者的坐姿,不再像先前那样挺直腰板,而是俯身向前,甚至有人伸出双臂,上半身趴伏在桌上,旁若无人地抽泣。天皇恢复镇静,继续压抑着情绪讲下去,却又再次中断。迫水内心喊道:"陛下圣意,臣等心领神会,毋须屈尊再言。"

"臣子秉直效忠,鞠躬尽瘁;官兵死战于外,奋不顾身;本土无数国民惨遭空袭,小则资财散尽,大则家破人亡。朕每念及此,未尝不痛心疾首。"天皇继续说道,"皇军将士,忠肝义胆,竟落得缴械投降;股肱之臣,操劳一生,却沦为战争首谋,难逃刑狱。如此种种,朕看在眼中,又何尝可堪忍受。然事至如今,唯有堪所难堪,忍所难忍。忆及当年三国干涉之际(1895年,三国指俄、德、法),皇祖所不甘者,朕如今感同身受,亦只得含羞忍辱,支持按外相所述之条件接受同盟国之公告。"①

天皇发言结束,众人随即起立,由铃木开口道:"陛下宅心仁厚,臣谨遵圣意。"

天皇似欲答话,最终却只是点了点头,缓步离开会议室,好像身上背负着千斤重担。

"既然如此,"铃木说道,"本次会议便依陛下圣断,达成一致决议。"当然,此处的决议不能按西方概念衡量,不过是天皇表达个人意愿而已。然

---

① 1946年1月,天皇在与侍从长藤田谈话时指出,发动战争与结束战争,同是决断,却存在差异。他同时谈及战争对天皇职权的影响:"投降之际,众人('六巨头')展开多次讨论,依然看不到达成一致之希望。那时国家不仅遭受到密集轰炸,还有两颗原子弹落下,战争带来的摧残骤然加剧。最后,铃木在御前会议上给出两种观点,请朕二择其一,那时是朕第一次得以自由表达看法,不必顾忌侵犯到他人之权力及职责……"

而，对一个忠诚的日本人而言，天皇的意愿等同于命令；而会议室里的11人，没有一个不忠诚。会议全程得到详细记录。目睹天皇痛下决断，与会者心如刀绞，逐一签字，同意接受《波茨坦公告》，唯一前提是同盟国承认天皇的合法地位。

唯一没有立即签字的是平沼男爵。一如往常，总好像有什么事困扰着他；他指出"天皇之地位乃神之所授"不属于恰当的措辞，必须以宪法中的精确表述替代，改为"天皇之权力至高无上"。

凌晨2时30分，平沼签字，这次关乎国运的御前会议终于落幕。军方也批准了相当于无条件投降的内容，挫折感与遭到欺骗时的怒火积压在他们心中，天皇在场时尚不好发作，此时便一股脑倾泻在铃木身上。"总理阁下，好一手背信弃义！"军方高官之一吉积正雄陆军中将吼道，"您现在心满意足了？"

阿南把二人劝开。

接下来只剩下最后一道程序，即把决议提交内阁全体成员批准。铃木立即在首相官邸召开内阁会议，阁僚起草照会，声明在"将上述公告理解为不包含任何损害天皇陛下作为最高统治者之君主特权这一内容"的前提下接受《波茨坦公告》。① 照会内容并不对同盟国各成员国作出区分。

长夜漫漫。铃木上楼就寝；迫水直接倒在扶手椅里，沉沉睡去；其余阁僚精疲力竭，穿过东京漆黑而静谧的街道，各自打道回府；只有东乡没有立即离开。在恶性贫血症的折磨下，东乡的疲惫感或许更胜他人。直到天空露出鱼肚白时，外相的汽车才在外务省临时厅舍前停下。念及会上天皇的一言一语，东乡只觉心中一团烈火，便把私人秘书东乡文彦叫来，口述天皇发言，令其记录。文彦是东乡之婿，但在年迈的外相面前，敬畏之心从未因这层亲缘关系而减弱分毫。此时，东乡背诵着天皇的一字一句，文彦发现，平素喜怒不形于色的岳父眼中已满是泪水。

---

① 日方给出的英文表述不够确切，外务次官松本俊一后来表示，这会导致误解。日方的本意是："我国接受《波茨坦公告》，并理解接受公告并不会对皇室之地位造成影响。"

8月10日,黎明时分,东京天气闷热难当。在市之谷高地的大本营陆军部防空洞里,50余名陆军省军官正在等候阿南大将。军界要员齐聚一堂,不免引发种种猜测:陆相集结我等所为何事?是要宣布陆海军合并?是关于原子弹有什么新情况?还是要传达昨夜御前会议的结果?

9时30分,在两名高级军官陪同下,阿南从大楼走下漫长的隧道,大踏步进入防空洞,右手执马鞭,登上小型讲台,在围作半圆形的众多军官面前,平静地宣布:昨夜御前会议决定接受《波茨坦公告》。

数人表示难以置信,喊道:"岂有此理!"阿南举起双手,示意众人安静,说道:"我也没有什么借口好讲,既然陛下希望接受《波茨坦公告》,那也只得如此。"阿南向众人道歉称,他已在会上陈述过陆军提出的最低条件,可惜未被采纳。同时,他表示,此时还不会放弃尝试,但无论结果如何,都希望众军官协助维持陆军内部的秩序,"请各位抑制个人感情,并引导部下情绪"。

一名少佐上前问道:"如此,置军人保家卫国之天职于何处?"

平素性情温和的阿南闻言大怒,把马鞭朝少佐一挥,喝道:"哪个不服,先把我阿南砍倒再说!"

隶属军务局的稻叶正夫中佐向阿南提出一项维持陆军秩序的方案:"无论结束战争与否,我军都必须发布指示继续作战,尤其是要在'满洲'阻击苏军挺进。"

"嗯,你来起草。"阿南说道。

内阁此时面临的问题是,应该向公众透露多少实情。军方认为,天皇之决定不可公之于世,他们担心这会导致日本军民的战斗意志瞬间崩塌,进而引发混乱。最终,军方与政府达成妥协:仅发布一份措辞含糊的声明,使国民为投降做好心理准备。声明由内阁情报局总裁下村海南及其部下起草,吹嘘日军胜利,谴责新式炸弹残忍野蛮,警告称敌人即将入侵本土,只在最后一段暗示公众将面临前所未有的局势:

必须承认,我国眼下面临之形势,或许极度不容乐观。政府正在竭尽全力,坚守本土,捍卫尊严,护持国体。国民亦须克服万难,迎接挑战,保卫我神土之万世一系。

另一方面,在稻叶起草的告全体官兵书中,不仅没有丝毫投降的暗示,反而要求军队将"义战"坚持到底:

> 纵使餐野草、食黄土、宿荒野,全体官兵亦将决心战斗,死中求生。此即大楠公"七生报国"之精神,亦是时宗粉碎元寇铁蹄之际,"莫烦恼""蓦直进前"①之大无畏气魄。

稻叶起草完毕,把布告送给陆相,等待审批之时,两名中佐火急火燎地冲进办公室,其中一人是公关军官,另一人是阿南的内弟竹下正彦。他们带来消息称,内阁准备发布一项声明暗示投降,这必将引起军队混乱,因此必须立即把稻叶草拟之布告广播出去。稻叶把废纸篓翻个底朝天,终于找到那张皱巴巴的原稿。布告毕竟是以陆相的名义,稻叶认为最好还是等待阿南本人审批过后再说,最终却架不住两名中佐力主时间急迫,当场把布告发往各大电台及报社。

各大报社及电台几乎同时收到两则互相矛盾的声明,无不感到左右为难。东乡见状,决定放手一搏。眼下的情况是:阿南的声明一旦播出,同盟国必将认定日本决心继续作战;而将日本投降的意愿传达给同盟国各方的声明则是一份正式照会,需要通过正规外交渠道发出,必然缓慢,而数小时的延误便可能招来第三颗原子弹。此时的最佳措施,是把正式照会以新闻报道的形式直接播出,然而军方新闻审查官很有可能识别出电报内容,直接将之扣留。为避开这层阻挠,外务省决定把日方提议的英文版本以摩尔斯电码秘密传送出去,倘若顺利,就算新闻审查官监听到该信息并翻译出来,那也为时已晚。

同盟通讯社外信部部长长谷川才次接下危险任务,于晚8时将消息

---

① 1281年,元军第二次入侵日本之前,幕府执权北条时宗拜访渡日宋僧无学祖元,祖元手书"莫烦恼"(莫烦恼)三字赠之,并告之以"蓦直去"(蓦直去),意即"以猛烈之势头一往无前",后演变为日本俗语"蓦直进前"。——译者注

通过发报机依次发给美国及欧洲。他紧张地等待着,并祈祷军方不会监听到其内容。

与消息发出几乎同时,东京街头响起一连串手榴弹爆炸声。那是包括稻叶中佐在内的陆军异见者在密谋制造骚乱,企图使城市进入戒严状态——一旦军方控制住东京,那么天皇便有可能回心转意,继续战争。谁承想,东京早已对空袭司空见惯,无人把那小小的爆炸放在眼里。

化为废墟的长崎上空,传单姗姗来迟地飘下,规劝市民疏散撤离。

2

在世界的另一端,时间还是 8 月 10 日清晨。幸运的是,长谷川发出的摩尔斯电码没有受到军方新闻审查官的特别关注;7 时 33 分,美方监听人员收到电报。杜鲁门总统随即把莱希、贝尔纳斯、史汀生与福雷斯特尔召集至办公室,宣读电报内容,并依次询问四人:该信息并非来自官方渠道,是否能够将其视为日本会接受《波茨坦公告》? 假如是,那么是否应该允许天皇继续统治? 数个星期以来,包括哈利·霍普金斯、阿齐博尔德·麦克利什、迪安·艾奇逊在内的众多权威人士持续发声,呼吁废除天皇制。

不过,在场四名顾问之中,有三人反对这种激进意见。仍为病痛折磨的史汀生认为,保留天皇制更符合实际,毕竟日军仍散布在世界各地,为确保他们顺利投降,同盟国需要裕仁提供帮助,"必须打好天皇这张牌,免得硫黄岛、冲绳岛上那番激烈的战争又在中国及荷属群岛多番上演,白白流血牺牲"。莱希表示他"并不同情裕仁那小子",但史汀生说得在理。

然而,贝尔纳斯反对作出让步,因为"无条件投降乃是我方提出,当时的背景是原子弹还没投下,苏联也未参战。如果说,结局不是无条件投降,那么我希望条件将由美国提出,而不是日本"。福雷斯特尔反驳道,"由我方发出正面态度的声明,以确保投降的语言完全符合我方的意图及观点",有利于日方打消疑虑。

史汀生认为,日本既已提出投降,接下来便应尽量减少伤亡,他建议舰载机与马里亚纳群岛基地的B-29的轰炸机暂停对日本各城市的轰炸。同时,美方愈发忧虑原子弹带来的影响,福雷斯特尔表示:"日本人的仇恨必然会聚焦于我国,这点我们必须谨记。"

杜鲁门选择不置可否,一方面决定等待外交渠道传来正式投降提议,另一方面又命令国务卿贝尔纳斯立即起草答复。贝尔纳斯字斟句酌,因为他深知答复不仅代表美国,也是在代表苏联、中国与英国表态。接近正午,他得到消息,正式投降提议刚刚通过瑞士大使馆传来。贝尔纳斯连忙前往白宫,把提议与自己草拟的对日答复一并呈上。杜鲁门于下午2时召开内阁紧急会议,在会上宣读答复草案。在史汀生看来,答复在和平之基调方面很是得体("……该声明措辞睿智且谨慎,其略显委婉的态度更容易为对方所接受")。答复草案称:自投降之日起,天皇与日本政府统治日本之权力须隶属于盟军最高司令部;日本政府之最终形式,将依照日本人民自由表达之意志而确立。内阁成员一致认为,该答复既不损害无条件投降的基本原则,又能够安抚日方,使他们不必忧虑天皇未来的地位。

当然,答复发出之前,首先要征得同盟国各方同意。华盛顿方面将答复通过电报发给驻伦敦、莫斯科与重庆的美国大使,要求三人尽快取得同意。

金将军将电报发送给身处珍珠港的尼米兹,告知和谈相关信息。由于想起在"国耻日"的10天前海军发出的第一则警告,金在电文开头写道:此为和平警报……

对过去36小时内发生的种种,阿南大将愈是回味,愈发对铃木与东乡感到憎恨。8月11日清晨,阿南在自家花园练习弓道,而后乘车前往办公室,在车上向秘书官林三郎大佐抱怨首相的不是。六名心怀不满的军官来到他办公室,其中包括阿南姊妹的丈夫①竹下中佐。讨论之中,阿南心中的怨恨愈加明晰起来:御前会议召开得如此仓促,为什么只有东乡

---

① 作者称竹下是阿南姊妹的丈夫(his sister's husband),有误。竹下实为阿南内弟,阿南之妻绫子乃竹下之姊。——译者注

像是早有准备,在天皇面前侃侃而谈?平沼男爵为什么出席会议?阿南隐隐感到,那场会议幕后有人操纵,目的正是批准投降。

这类怀疑没有确切证据,却激起陆军内异见者的决心,意图再次上演"下克上"。陆军省内,20名异见者秘密聚头,筹划发动政变。竹下在其中军衔最高,警告称政变乃是死罪,并给出具体方案:首先,将那些怂恿天皇求和之徒孤立起来,使之不得面圣;而后谋求陆相阿南支持,请阿南进谏天皇继续战争。理由是,在本土打一场你死我活的大决战,能够给美军造成巨大损失,进而有利于在谈判桌上提出更为优渥的条件。倘若事有不谐,那么便退守山林,通过游击战抗争到底。

密谋团体很是兴奋,决定按计划行事,并谋划动用驻屯东京的军队包围宫城,切断通信线路,占领电台、报社与主要政府部门大楼,然后把那些"日本的巴多格里奥"——比如铃木、东乡与木户——一网打尽。

竹下深信,阿南最终会加入到政变行列,进而把梅津也拉入伙。届时,东京当地两名手握重兵的要员,即近卫第一师团师团长森赳中将与东部军管区司令田中静一大将,也会不得不与他们合作。在陆相与参谋总长的支持下,政变就不会像1936年那一小群失败的低级军官那样仅仅是短暂地占领东京,而会成为陆军领导下的一次军事行动。"为维护国家利益",军人将在陆军最高司令官的指挥下,合法行事。

日本军官团体普遍受到一位学者的深刻影响,此人名叫平泉澄。竹下等人心目中的"合法性"这一理念正是对平泉学说的曲解。1926年,三十一岁的平泉成为东京帝国大学的助理教授,专攻日本史,致力于传承明治先烈之精神。当共产主义思潮席卷校园时,平泉创立"青青塾"①与之抗衡。其学说之内核强调:每个国家各有其传统、历史及道德,其他国家应当对此种差异表示尊重;而日本社会的基础,则是对父母、国家与天皇的彻底忠诚与绝对服从。后来,"青青塾"以神道思想为骨、儒家理论为

---

① "青青塾"之名来自中国古代一名爱国志士,此人在被蒙古入侵者处决前,留下辞世诗歌云:"雪中松柏愈青青。"意为,人在极端恶劣之条件下仍能够保持"青涩",方属至真至纯。(该志士即南宋遗民谢枋得,此人并非被元朝统治者处决,而是被囚禁后绝食而死。——译者注)

肉、武士道精神为血，发展为超国家主义者的摇篮。

平泉身材矮小瘦弱，举止温文尔雅，与他作为历史教授的身份相称。但与此相对的是他在陆军士官学校初执教鞭时的戏剧性表现。那时，平泉佩刀入场，大步跨上讲台，把刀一搁，轻声细语地开始讲课。他既不用手势，也不用面部表情去加强感染力，却显现出一种炽热的真诚，为在场每一位青年军官带来触及灵魂的感动。学生一届接一届，无不如此。平泉讲述的皇道史观与国家学说，使军官心中生发出为天皇、为国家而自我牺牲的决心，那些出发执行"神风"特攻任务的青年也时常把平泉的言论挂在嘴边。

平泉的信徒之中也不乏军方高层。东条担任首相时，时常征求其意见；阿南平生最崇敬者，也是此人。竹下及其政变同谋曾在"青青塾"聆听教诲，深信此时之所作所为正是在践行平泉所宣扬的学说。假若无条件投降，那将置大和魂于何处？国体又何以为恃？因此，违抗天皇有关谋求和平的决定具备完全的正当性，何况该决定本身是一种错误，是天皇在受到错误的影响后作出的不准确判断。面对天皇，他们此时暂时的违抗，恰恰是出自真正的忠诚。

3

各同盟国中，只有苏联对日方提议"持怀疑态度"，因而没有立即同意贝尔纳斯草拟的答复。莫洛托夫认为，该提议既不属于无条件投降，也不够具体，因此红军继续朝伪满洲国进发。

哈里曼执意要求苏联政府尽快作出答复。莫洛托夫表示同意，但同时给出附加条件："苏联政府认为，假如日本政府给出肯定答复，即日本天皇与日本政府皆隶属于盟军最高司令部，那么各同盟国应就能够代表司令部之一名或多名候选人的问题达成协议。"

哈里曼对这项附加条件"严词拒绝"，因为美国政府绝不会同意，何况该条件本身也措辞含糊，不知具体所指。莫洛托夫解释道，意思就是远东盟军最高司令部应由两人组成，一位美国将军，一位苏联将军。

哈里曼态度明确,强烈反对。四年来,太平洋战争的重担始终压在美国肩上,使苏联免遭日本从背后攻击。此时,苏联对日作战不过两天,却要与美国共同掌管最高司令部,这实在说不过去。莫洛托夫反应很激烈,但哈里曼立场坚定,表示会把苏方建议转告华盛顿,但美国必然不肯接受。

哈里曼愤愤不平地回到办公室,接到莫洛托夫的秘书 M. 巴甫洛夫的电话。对方称,外交人民委员与斯大林核对后发现一处误解:本意只是"磋商",并不强求"承认"。哈里曼再次提醒道,华盛顿方面断然不会接受"或多名候选人"这一表述。数分钟后,巴甫洛夫再次打来电话称,斯大林承认表述不够恰当,同意去掉该词,并会以书面形式予以确认。

眼见和平在即,福雷斯特尔与史汀生再次规劝杜鲁门停止一切对日的海、空行动,以彰显人道主义姿态。杜鲁门不予采纳,反而认为应当持续施压,以威慑日本,使之不敢再度提出要求。总统承诺暂不使用原子弹,除非东京方面给出的答复不能令美国满意。在天宁岛,两颗原子弹已准备就绪,投弹日期暂定于 8 月 13 日与 8 月 16 日。斯帕茨将军坦率承认,对已遭受重创的东京继续施以常规轰炸收益不大,最好还是投下一枚原子弹。①

贝尔纳斯的答复经瑞士方面的渠道正式发出,同时,旧金山电台也在通过短波向远东广播,目的在于给日本公众施加宣传效果。11 日午夜刚过,同盟通讯社一处监听台收到同盟国的反建议,之前负责把日方提议秘密发出的长谷川才次连忙通知外务省,并给密友迫水打去电话。迫水从梦中惊醒,急切询问对方怎么答复,长谷川答道:"全文还没有收到,不过看起来不太乐观。"

迫水如坐针毡地等待了足足两个小时,才终于收到英文版照会的完整文本:

---

① 在东京,数日以来一直流传着一则小道消息称,首都将在 8 月 13 日受到原子弹袭击。

日本国政府接受《波茨坦公告》诸条款，同时提出声明，表示"将上述公告理解为不包含任何损害天皇陛下作为最高统治者之君主特权这一内容"。对此，我方立场如下：

自投降之时刻起，天皇及日本政府对国家之统治权将隶属于盟军最高司令，该司令将根据自身判断，采取适当措施，以推进投降条款生效。

为实现《波茨坦公告》诸项规定，天皇必须授权并保证日本政府及大本营签署所必须之投降条款；须对日本陆军、海军及航空部队当局及其所辖之一切武装力量发布命令，使之停止行动，交出武器，无论身在何处；须发布最高司令所可能需要之其他命令，以促进投降条款生效。

投降后，日本政府须立即将战俘及遭拘禁之非军事人员运送至指定安全地点，以便其迅速搭乘同盟国所属之运输工具。

该日本政府之最终形式，将根据《波茨坦公告》，依日本人民自由表达之意愿确立。

同盟国武装力量将驻扎日本，直至《波茨坦公告》所规定之诸项目标实现为止。

文本内容并不像长谷川描述的那样悲观。对日本关于保留天皇的要求，同盟国并未直接拒绝，只是也没有表明天皇之命运最终如何，这可能会为主战派提供借口，导致提议遭到全盘拒绝。外务次官松本匆匆穿过东京街头，找到迫水。松木在读这份照会时，面色渐渐阴沉下来。

对国体问题的阐述本就含糊，又因打字错误而愈发复杂。贝尔纳斯的原文是"日本政府之最终形式"（The ultimate form of government of Japan），监听人员却将其打成"该日本政府之最终形式"（The ultimate form of the Government of Japan）。"政府"一词使用大写字母"G"，其意为何？是专指官僚组成的行政机构，还是把天皇也包含在内？"该"（the）字是不是也有某种特殊含义？松本对此持乐观看法，认为"该政府"并不包含天皇，最好还是把照会全文"囫囵吞枣地接受下来"，以免军国主义者断章取义，把争论无休止拖延下去。松本前往外务省，把建议报告东乡；迫水则与铃木会面。年迈的首相在听过美方答复与迫水的分析后，严肃地说："无论如何，结束战争势在必行。"

在御文库，木户把照会存在的问题向天皇陈述。"这都是细枝末节，"天皇说道，"假如国民不需要天皇，那么同盟国怎么规定都将没有意义。在朕看来，把此事交给国民决定，完全没有问题。"木户见天皇心如止水，顿时感到"当头棒喝"：天皇既对臣民绝对信任，那内大臣还有什么可担忧的呢。

迫水对军方的忧虑不无道理。参谋总长与军令部总长在贝尔纳斯的答复中找到了充分借口以继续战争，他们抢先一步——甚至抢在外相之前面圣，劝说天皇拒绝投降。

天皇表示，二人此时作出结论，为时尚早，同盟国的正式答复尚未收到。"待收到后，另行研究，届时，或许可以对其中存疑各处再作探讨。"天皇如此答复，将他们搪塞过去。

天皇说辞如此，但心中早有主见。两小时后，东乡来到御文库，听到天皇表示同盟国的提议合情合理，应当接受，内心十分欣喜。铃木心情与东乡相仿，却又认为，此时就决定最终接受同盟国条款，略显仓促。保守派——比如平沼男爵，对涉及天皇的那段文字很不放心，更是担忧"国体"问题，于是来到铃木私邸，提出异议。平沼的反对主要针对两点：第一，"天皇及日本政府对国家之统治权将隶属于盟军最高司令"一句中，平沼把"隶属"（subject to）理解为"奴隶化、奴役"（slavery）；第二，政府最终形式由人民确立，这也是平沼所不能容忍的表述：天皇实质上是神，岂能为民众之意志所左右。

当天下午，内阁举行全体会议，就贝尔纳斯的答复展开议论。东乡认为，没有理由不予接受。第二段文字本质上并没有损害天皇的地位；至于第五段，政府形式由日本人民自行确立，他认为"国民之中，绝大多数秉信忠君爱国，想来必然会拥护我国之传统制度"；此外，假如要求修改措辞，很可能让同盟国中那些天皇制的反对者找到借口，进而要求废黜皇室。

阿南将军（不久前，那群持异见的青年军官把阿南堵在办公室里，要求他拒绝美方提议,"阁下若无力拒绝,真应当切腹谢罪!")固执己见,坚决驳斥东乡的主张;平沼男爵站在阿南这一边,内相、法相在平沼的影响下,也表示反对。东乡另有一批支持者,但站出来表态的只有米内大将一人。争论持续一个多小时,没有得出结果,一言未发的首相终于开口——或许是不愿与强大的反对意见正面交锋,铃木说道:"如果要被迫解除武装,那就别无选择,只有继续战争。"

直言不讳的东乡没想到铃木竟会动摇立场,勉强压抑住怒火,想办法拖住局面,以防会议直接得出结论。"鉴于同盟国的正式答复尚未送达,"东乡说道(正是天皇此前言论,外相现学现卖),"最好还是暂缓决定,等送达后再作讨论。"无人表示异议,会议休会。铃木回到私人办公室,东乡从后跟上,痛斥道:如今是何等情势,阁下怎能横生枝节,拿解除武装说事?"我国必须接受目前的答复条款,否则就是眼睁睁地看着和谈破裂。"总理阁下难道不清楚陛下希望结束战争?难道不清楚和谈关系到皇室存亡?"您若继续执迷不悟,那我只有单独上奏!"

东乡回到办公室时,沮丧的心情强于怒火,他甚至对次官松本表示,自己没法继续担任外相,恐怕只能辞职。松本劝东乡不要草率行事,献计道:"同盟国的正式答复,虽说是随时都可能送达,但我们就假装它是明天上午送达的,又有何不可?① 大臣您不妨先回府,今晚好好休息便是。"松本说话时,东乡一直在走神,此时只是点点头,垂头丧气地上车前往宫内省,把铃木的"背叛之举"告知木户侯爵。

木户得知此事,便给铃木办公室打电话,要求会面。电话那头回复称,总理阁下此时不方便接听电话,待手上事情忙完,便会主动前去宫内省。木户坐立不安地看着时间流逝。晚上9时30分,铃木终于来访,一进门便对自命为国体捍卫者的"平沼之流"大加抱怨。

"部分人士对护持国体一事态度激烈,我其实无意贬斥。"木户说道,"我想说的是,外相在对照会作出充分研究后保证,那段争议性文字并不

---

① 就在东乡与松本谈话过后不久,下午6时40分,电报自华盛顿经由伯尔尼转发送达。在松本指示下,电信课课长把送达时间填写为8月13日上午7时40分,然后把电报装进公文筐。

存在对我方之冒犯……现阶段，假如我国拒绝《波茨坦公告》，继续战争，千千万万无辜国民便会在轰炸与饥饿中走上绝路。"见铃木的防守姿态放软，木户继续说道："眼下为实现和平，你、我，可能还有两三位同道，恐怕都难逃暗杀，但这是死得其所。不必迟疑，我们来行动吧，推进接受《波茨坦公告》。"

"行动吧！"铃木突然喊道。

尽管在内阁会议上，阿南立场坚定，始终反对接受同盟国提议，但私下里，他也无法厘清内心的矛盾与怀疑：违背圣意，真的合适吗？与那天下午拥入办公室的异见者一样，阿南也相信，日本若要维护民族尊严，只有继续战争，但一切的前提是得到天皇的准许。或许，天皇之弟三笠宫亲王能够指望得上。想到此节，阿南带上林大佐，乘车前去劝说亲王帮助改变天皇心意。亲王因宫殿毁于空袭，此时住在防空洞内。

来到防空洞内，阿南见三笠宫态度戒备，便觉尴尬。三笠宫表示，当天下午召开过皇族会议，却没有透露全体皇族已一致承诺支持天皇。阿南连忙补充道，那群年轻军官反对投降，头脑顽固，他自己也很是焦急，希望在闹出事端之前加以阻止。

"自'满洲事变'以来，陆军之行动时常不能完全符合陛下心愿，"亲王说道，"如今事态发展至此，还要求继续战争，极不合适。"阿南受到一番训斥，悻悻告退。三笠宫很是诧异，如此一位肩负国家重任的高级将领，竟然罔顾圣意。在大本营陆军部内，这种情绪莫非普遍存在？不久，数名陆军参谋前来拜访，其中一人与三笠宫恰是旧日同窗，他们便在防空洞外的花园里交谈起来。那人听三笠宫讲起阿南前来请求之事，登时高声反问三笠宫，为何不面圣，把陆相意见转呈陛下？三笠宫见对方气势汹汹，甚至感到某种威胁，便也高声反驳。亲王妃在防空洞内听见外面声音近乎争吵，不由得担心起丈夫的安危。

见三笠宫反应如此激烈，那名参谋军官颇感动摇，反过来安抚道：那批军官尽管桀骜不驯，但阿南陆相也能够驾驭得住，陆军在他领导下，依旧会严守军纪，"不必担心发生叛乱"。

午夜过后许久，难以成眠的阿南把秘书叫醒，令其前去拜访陆相最为坚定的盟友——参谋总长梅津，建议由梅津出面，请陆军元帅畑俊六作为陆军高级将领代表，面圣进谏。梅津听林大佐说明来意后，在地板上踱着步，答道："希望阿南阁下不要见怪，我现在同意接受《波茨坦公告》。"

尽管梅津心意陡转，阿南私下里也没有放弃寻找说服天皇的机会。8月13日清晨，木户正在用早餐，只见阿南冒冒失失地"飞奔入"房间，以一种反常的狂乱态度念叨个不停，什么同盟国提出的条件会毁灭大和魂，应该打一场最终决战，最后问道："你能不能再去觐见并请求陛下重新考虑接受照会？"

"恕我难以从命。"木户答道，并指出，阿南认为由国民选择政府将意味着国体之终结，这是一种误解。木户甚至问道："假设说，陛下真的改变心意，宣布8月10日的那份和平提议作废，并发出最后决战公告，那么国际社会将作何感想？"无疑，同盟国会把天皇当作蠢货或是疯子。"我等岂能容忍陛下蒙羞？"

阿南克制住情绪，说道："您的心情我能理解，身处内大臣的立场，维护陛下确实是第一位的。"

"陆军势力强大，辛苦您控制局面了。"木户同情地说道。

阿南强作笑颜："陆军省现在是什么状态，您肯定想不到。"二人握手告别。

上午9时，"六巨头"依然在讨论前一日内阁会议上未能解决的问题。双方正各执一词，会议室突然接到御文库打来的电话。原来，阿南心怀怨气前去拜访木户一事，已传到天皇耳中，此时天皇希望召见梅津、丰田两总长。

天皇告诉二人，和平谈判正在进行，并委婉地暗示，作出决定之前尽量减少流血牺牲。他还问道，谈判期间航空部队有何作战行动。梅津回答称，飞机只有在受到攻击时才开火还击。天皇点点头，表示赞许。

两总长鞠躬退下，重新回到"六巨头"会议。如果说，天皇召见二人的目的是想挽救更多生命，并对会议争论施加影响，那么，这样做未能即刻对"六巨头"的商议产生影响。然而,在下午举行的内阁会议上,风向却发生变化:大部分阁僚表示同意接受《波茨坦公告》;反对派首领阿南大将也在私下以日本人典型的拐弯抹角的方式暗示,他的态度并不像表面上那般斩钉截铁。

在会议进行途中,阿南起身,示意迫水跟随他来到隔壁房间。他给性情暴躁的军务局长吉积正雄将军打去电话,说:"我正在出席内阁会议,各位大臣现在更倾向于你们的意见,大家先不要轻举妄动,等我回去再说。"迫水一头雾水,因为实际情况恰恰相反。阿南眨眼示意,继续说道:"内阁书记官长就在我身边,你们可以直接跟他通话,问问会议进展。"迫水恍然大悟,原来阿南是在玩弄"腹艺",以安抚大本营陆军部里那些心有不服的下属。

阿南打电话,本意是给反对派打一针镇静剂,结果却适得其反。下午3时45分,内阁会议突然中断——通讯员带来一则陆军公报:"皇军收到最新敕令,对美、英、苏、中四国重新发起进攻。"再过15分钟,各大电台及报刊便会将该公报发布出去。

"我也是被蒙在鼓里!"阿南喊道,并立刻给参谋总长梅津打去电话。梅津早先离席,返回大本营陆军部,此时接到电话,同样怒不可遏。一道大本营命令若要签发,必须得到陆相与参谋总长共同批准;既然梅津与阿南对此一无所知,那么必定是参谋次长与陆军次官在背后搞鬼。阿南明确指示吉积将军不得轻举妄动的那通电话,起到的似乎只有反作用。梅津下令立即撤销公报,总算在播出前几分钟将它成功截住。

会议重新开始,阿南却暂时对议题丧失兴趣。内相和法相依然反对立即投降,坚持要求更为有利的谈判条件。几乎没有阁僚支持他们,阿南也没有发言,表现得心不在焉,若有所思。

"若要重建日本,增进人类福祉,那么就必须实现和平。"东乡坚持道,"若要实现和平,就必须接受现有的答复。因为贝尔纳斯的这份答复,所代表的无疑是各同盟国所提出条件的最低共同标准。"

军方再次指出照会中存在某些语义和措辞上的问题。铃木大怒,打断道:"几位将军在贝尔纳斯的答复里面吹毛求疵,难道不是有意寻找借口,破坏我等为结束战争所作的努力?为什么不换一种我们认为合适的理解方式呢?"先前,许多大臣不愿发表意见,因此迟迟未能得出最后结论,此时铃木要求全体阁僚逐一明确表态。他点名法相发言,自然,法相与内相一样,站在阿南、丰田一方。几名大臣本不愿摆明立场——就像首相之前那样——此时在铃木的催促质问下,也只得表态:一人反对,余者皆支持投降。接下来,内阁全员就只剩下铃木自己还没有发言。

"值此危难之际,"铃木说道,"我已下定决心,依照陛下圣意,结束战争。在研究同盟国答复时,我也发现其中有几点看上去难以接受,但仔细推敲过后发现,美国提出那些条件,并没有心怀恶意。在我看来,美国并不打算改变天皇陛下之地位。既然如此,我等便必须遵从陛下圣意,结束战争。本次会议之一切详情,将由本人如实上奏,恳乞圣裁。"

上奏之后,圣裁如何,众人心知肚明。身为陆相,阿南本人无疑要对战争之结局负起责任,他的内心被两种相互冲突的忠诚撕裂,面对已然注定的结局,无法说服自己接受。内阁散会后,阿南跟着铃木来到办公室,里面有一名海军军医在等待首相。"能不能再给我两天时间,等下一次御前会议再作决定?"阿南问道。

"抱歉,"铃木答道,"眼下是和谈最佳时机,绝对不能放过。"阿南离开后,首相转身对军医说道:"假如再拖延下去,北海道、'满洲'、朝鲜半岛与桦太岛都将尽数落入苏联之手,那对日本而言,无异于致命打击。目前谈判对象主要限于美国一方,必须趁此机会,立即采取行动。"

"但这样下去,阿南大将可能会选择自裁。"

"是啊,"铃木说道,"我也觉得对不住他。"

密谋团体此时推举出一位领袖,但此人并不是阿南的内弟竹下中佐,而是军衔更低的畑中健二少佐。畑中为人喜静,勤奋好学,谦恭有礼,丝毫看不出革命者气质,而一旦谈及国体问题,他却又表现出毫不动摇的献身精神,这种决不妥协的态度使他在同侪之中赢得绝对威信。事情成败与否,仍然要看阿南的态度,因为各级指挥官无不对陆相抱有信任。此前,畑中曾两次托人与阿南接触,试图拉拢陆相。第一次,畑中满心以为由内弟说服姐夫并非难事,没想到竹下中佐并不愿利用裙带关系。第二次,畑中想到平泉澄教授宣扬皇道学说,在军方高层桃李满布,便请教授出马。尽管平泉早就给畑中写过信,劝异见者"切勿自行其是,轻举妄动",生性乐观的畑中却依然怀有希望,认为教授能够说服阿南参与密谋。平泉表面上答应,内心却打算敦促陆相无条件服从天皇旨意。当时,畑中亲自护送平泉前往阿南家中,经过漫长的等待,才得知陆相在宫中开会,一时半会无法赶回。于是,平泉最终也没能见到阿南。然而当天,也就是8月13日晚,阿南却主动邀请畑中一行,前来家中会面。

8月的夜晚寂静而闷热。晚8时,密谋者的核心人物齐聚阿南的寓所。那是一座朴素的单层木制建筑,在东京火灾之后临时作为陆相官邸使用。畑中认为,欲说服阿南,必先切断他与投降派之间的联系,便拿出谣言威吓,称"日本的巴多格里奥"正在谋划暗杀陆相。阿南不以为意,一笑置之。接着,密谋者又提出政变计划的具体内容:监禁木户、铃木、东乡、米内,宣布戒严,孤立宫城。阿南对此亦不感兴趣,毕竟若要实现该计划,东京地区的四位高级将领——阿南、梅津、田中、森必须通力合作。此事自然具有叛国性质,但阿南按下不表,只是拈出计划过程中的执行细节,加以质疑;比如,通信方面如何控制?

竹下不肯动摇,高喊:"计划势在必行!"并补充道,下一次御前会议将正式接受贝尔纳斯的照会,因此计划必须在此之前实施。阿南不置可否,使得密谋者拿不准其态度。荒尾兴功大佐打起退堂鼓,竹下仍然不肯放弃。

阿南不想与众人产生冲突,便答应"明天一大早"前去劝说梅津——梅津决意支持天皇,阿南自然清楚这点。青年军官要求行动更加迅速,阿南便同意与其中一名代表——荒尾大佐在深夜单独见面,并暗示那时他会更充分地考虑政变。如此一来,密谋者才算暂时满意。送众人出门时,阿南恳切地说道:"都小心点,搞不好有人监视。下次再来时最好分批,一起行动太招摇啦。"

竹下没有与众人一并离开,而是等到屋里只剩下他们时,以内弟的身份,开口问阿南究竟是否会参与政变。阿南只是简单抛出一句:"真心岂对众人言。"没有多作解释。竹下却认为二人心照不宣,告辞离去。

梅津、丰田两参谋长并未直接承受密谋者带来的压力,但每每念及接受无条件投降一事,总是感到心有郁结,于是托迫水组织一次私密会面,地点就在首相官邸的地下会议室。东乡外相从晚餐会上被中途召来,听说二人打算在最后一刻修改条款,连声拒绝道:"不行,绝对不行!"外边人声鼎沸,迫水满怀歉意地带来一名军方高层——"神风"特攻队创始人大西海军中将。大西走到丰田大将面前,哽咽着讲述自己如何去请求高松宫亲王劝谏天皇,又如何遭到拒绝。就如三笠宫训斥阿南那样,同为天皇之弟的高松宫自然也不会给大西好脸色,反过来指责道:"陛下已对尔等军人失去信心。"此时大西双眼泪水满盈,慷慨高呼道:"我等必须拟定一项足以取胜的计划,呈交天听,以请求陛下三思。实施计划之过程,也必须奋不顾身,务必使之实现。若能有2000万国民不惜性命,投入'特攻',我军便能够取胜!"然而,丰田并未作出回应。大西无奈,只得求助于东乡。

"假如胜利之希望真实存在,没人会产生接受《波茨坦公告》的念头。"东乡说道,"问题是,赢下一场战役,于战争本身无补。"

随着空袭警报响起,东乡借口散会,打道回府。车辆行经漆黑的街道,大西那牺牲2000万生命的建议盘旋在东乡脑海。次日必须达成最终决定以实现和平。"只要存在切实的回报,"东乡后来写道,"我等没有什么不能忍受。而军人举着弓箭竹矛夸夸其谈,许下的都是一纸空文罢了。"

第三十六章　宫城事件

1

8月14日,东京东方曙光初现,一架B-29轰炸机孤身飞过城市高空,在市中心投下一串类似炸弹的物件。这些物件接连炸开,竟化作漫开的传单,飘扬而下。传单内容由战时情报局在华盛顿仓促拟就,译作日文后,通过无线电传真发至塞班岛印制。

告日本国民
　　美军飞机今天投下的不是炸弹,而是传单,因为日本政府已提出投降,而每位日本国民都有权获知提议之内容,以及美国政府代表美、英、中、苏四国给出之答复。如今,日本政府有机会立即结束战争。

此外,传单也摘录了日方就接受《波茨坦公告》的提议与贝尔纳斯的答复。

传单也落在宫城内,木户侯爵捡到一张,便来到御文库,禀奏天皇称:官兵对和谈一无所知,此时拿到传单,恐有叛乱之虞。应火速召开御前会议,向与会大臣明确表示,天皇本人决意立即结束战争。

天皇拿起传单，迅速浏览一遍，命令内大臣立即去找铃木。幸运的是，铃木恰巧在接待室里等候。二人略作商议，铃木表示，事态紧急，等不及两个总长签署花押，最好能够打破惯例，不由内阁奏请，而是天皇亲自出面，主动召开御前会议。木户表示赞同，并希望打破另一个惯例：天皇与首相私下会面时，内大臣从不在场；此时，木户希望陪同铃木，一道谒见天皇。天皇的态度十分积极，不仅答应于上午10时30分召开御前会议，并且保证，假如双方争执不下，他会"命令"内阁接受贝尔纳斯的照会。

阿南依然未能摆脱密谋者的纠缠。午夜时，阿南曾与荒尾会面，秘书官林大佐原本建议长官应对荒尾坦率相告，却见阿南闪烁其词，愤愤道："阁下这番表态，连我也看不出究竟是支持还是反对。"此时，距离政变行动仅剩数小时。叛乱分子纷纷来到陆军省，要求阿南立即提供支持。阿南仍然无法直截了当地拒绝他们，便推说要与参谋总长商议，抽身出来，把众人撂在办公室。

梅津并不优柔寡断，明确告诉阿南，纵兵宫城无疑属于犯上作乱。返回办公室途中，阿南再次被密谋者截住，此次他斩钉截铁地回复道："与总长商议后，我决定不支持此次行动。"说罢，阿南大步离去，拒绝再作讨论。大楼门口停着一辆汽车，载着陆相前去首相的地下会议室参加内阁会议。①

会议刚刚开始，宫内省便传来通知：全体成员转移至御文库，参加紧急御前会议。自1941年12月1日那场具有历史意义的御前会议以来，这还是首次阁僚全员出席该会议。时间紧迫，大臣甚至来不及换上正装。军需相只得从宫内省一名官员那里借来领带，请厚生相帮助自己系上。短短五天之内，军方第二次被迫参加毫无准备的会议，一腔怒火只好发泄在铃木头上。

御文库地下会议室依旧逼仄、闷热而幽闭。阁僚鱼贯进入，发现由于人数增加，桌子已被移走，替换为两排长椅。众人如坐针毡地等待着，约

---

① 在空袭期间，或拉起警报时，内阁会议地点便会转移至赤坂地区的电话汇接局，那里更为安全。

10时50分,天皇身着军装,戴白手套,在侍从武官长莲沼将军陪同下,步入会议室。

铃木首先向天皇致歉——内阁未能就贝尔纳斯的照会达成一致,同时指出,主要反对者是丰田、梅津与阿南,并请三人把所思所想自行禀明天皇。梅津要求继续战争:如果说投降意味着国体终结,那么一亿国民都应投身于最终决战,舍生取义。丰田表示附议。阿南情难自已,声音颤抖,主张继续作战,除非同盟国明确承诺天皇之安全;胜机依然存在,即便最终失败,至少也能够在谈判桌上争取更为优渥的条件。

天皇等待其他阁僚发言,见无人起身,便点头道:"如果没有其他意见,那么希望各位同意朕的结论。就日本接受同盟国现有答复一事,反对者的意见阐述得十分清楚,但朕之决心依然没有改变。在对国内外局势深思熟虑之后,朕得出的结论是,继续战争绝不可行。"说着,天皇用戴着手套的手,轻轻擦拭脸颊上的泪水。数名与会者见状,也难以自持,抽泣不止。"至于同盟国之答复,朕亦有所研判,对我方数日前发出之照会中所提出之立场,该答复实质上持承认态度,在朕看来,并无不可接受之理。就天皇之最高统治权方面,也有观点对同盟国之意图表示怀疑,朕则同意外相的看法,即照会之目的并不是颠覆国体。陆海军将士忠勇如斯,却被迫缴械投降,眼见家国沦陷,甚至遭受指控,沦为战犯,此实有千般不甘,朕亦感同身受。"说到此处,天皇略作停顿,"无数将士捐躯殉国,留下家人挣扎于水深火热……朕每念及此,未尝不哀悯万分。"天皇再次用手套擦拭脸颊,"以上种种,于朕心实有难当之痛,亦唯有强忍之,以拯救万千臣民脱离苦海。若得如此,朕一人之性命,又何足惜。战火不息,必使社稷夷毁,苍生涂炭,朕何忍见之?故堪所难堪,忍所难忍,还顾三国干涉之时,踵武皇祖之决断。事至如今,朕亦别无选择,望诸位一心协力,将日本重建为和平之国。"天皇再次停顿,两名大臣悲痛难当,已倒在地板上。

"朕希望立即接受同盟国照会,请各位爱卿按此办理。国民对此一无所知,骤然获知政府决定,势必慌乱。只要能够安抚民众,朕愿意提供一切协助,比如发表广播演说,或者前往部队驻扎之处,劝说陆海军将士放下武器。希望内阁立即起草诏书,结束战争。"

与会者强抑痛苦与悲伤,彼此紧紧相拥。铃木吃力地站起身来,走到讲台前,鞠躬行礼,再次请罪。天皇起身,拖着疲乏的身躯朝门口走去。

早在梅津离开大本营陆军部准备参加内阁会议之前,便有两名密谋者闯入他的办公室。面对二人的痛斥,梅津安抚道,自己并不是"绝对"反对政变。二人闻言,立即冲过走廊,跑到竹下中佐所在的办公室,喊道:"梅津总长支持我们啦!"竹下希望尽快把进展通知阿南,便乘车赶到首相官邸,却惊诧地发现内阁会议已经中止,众人都移至御文库出席紧急御前会议了。来到宫中,竹下又不得不在宫内省等候,经过许久他才得到通知称,众人已返回首相官邸地下会议室继续召开内阁会议。赶回官邸后,竹下得知全体阁僚正在用午餐,只好继续焦急等待。

午餐过后,阿南与秘书官一道如厕。在林大佐看来,陆相的态度快活得不太自然。"刚刚收到消息,"阿南激动地说道,"美军舰队就在东京湾外!我们倾尽全力发动攻击,你看如何?"林见阿南从御前会议回来,立场依然摇摆不定,便觉有些恼火,答道:"不可行。首先,美军舰队开到东京湾外只是谣言。其次,陛下刚刚要求结束战争。"

阿南为人"信念坚定",能够从多个角度看到事情的价值。然而此时,正是这种能力却适得其反,使他在情感上一分为二,苦不堪言。距离休息时间结束还有几分钟,阿南决定先回一趟陆军省,与密谋者会面。经过接待室时,内弟竹下正等在那里,喊道:"梅津阁下回心转意啦!"

阿南重新燃起一丝希望,面露喜色道:"是吗?"话音刚落,便想到大势已去的事实,脸色重新黯淡下来,说道:"可惜啊,已成定局了。"

竹下中佐请求阿南在内阁会议上施加影响,见阿南摇头拒绝,便进一步建议道:"那您至少可以辞职。"只要阿南辞职,铃木政府便会解散,那样就无法结束战争。

阿南闻言,热情重新涌现,说道:"拿纸笔来,我这就写辞呈。"但他又一次改变主意:自己辞职与否,都无法影响和平最终实现。"假如辞职,"阿南补充道,"我就再也见不到陛下了。"

回到市之谷高地的办公室,阿南发现至少15名密谋者挤在里面,便决定放弃一切掩饰:"我刚从御前会议回来,陛下已作出最终决断,结束战争。"对辜负众人之期望,阿南表示歉意,在尴尬的沉默中,继续说道:"陆军上下必须谨遵圣意。日本即将面临一段困难时期,但我在此要求各位,无论生活多么艰苦,都要尽最大努力护持国体。"

一个名叫井田正孝的中佐质问道:"阁下何以首鼠两端?"

阿南紧闭双目,回想起上午在御文库地下会议室的那段痛苦经历,说道:"陛下心意已决,我又岂能违逆。"并描述道,当时天皇眼含泪水,特别转向自己,说道:"阿南,朕很清楚你心里尤为难过,希望你务必忍耐!"众人闻言,无不露出苦涩的表情,阿南却不打算宽慰他们,而是严肃坚决地说道:"陛下圣意如此,我等只有从命。若有哪个不服,先把我砍倒再说!"

事已至此,密谋者也明白多说无益。畑中少佐难以自持,泪流满面。阿南触动颇深,却也只是一言不发,转身离开。众人垂头丧气,随阿南走出办公室。

阿南返回内阁会议。铃木斥责阁僚连续两次逼迫天皇作出求和决定,这属于大不敬。阁僚听着首相厉声呵斥,无人反驳。在阿南的记忆里,自己从未如此顺服。最终,15名大臣遵从天皇旨意,在无条件接受《波茨坦公告》的文件上逐一署名。

还剩一个关键问题摆在众人面前:如何将决定通告全国。情报局总裁下村海南建议,由天皇亲自把诏书内容广播出去。这当然是个苦涩的决定,但"投降"二字若不是出自"金口玉言",任谁也不会相信。内阁一致同意,但有个附带条件:陛下通过广播直接对臣民讲话,于礼不合。合适的方法是播放录音。

2

阿南提到的那则谣言传遍整个陆军省:美军舰队已开至东京湾,敌军准备登陆,伞兵即将于各大机场空降。军官们恐慌不已,连忙把机密文件拖至院子里焚烧。一名自冲绳岛回国的大佐冲进英文广播与新闻翻译室,双手持着太刀,一边乱砍,一边大骂翻译人员散布投降主义:"就是被你们给骗了！都给我去死！"最终，大佐崩溃大哭，摔门离去。

负责守卫宫城的近卫第一师团师团长森赳中将悲愤难当，冲进参谋本部第二部部长有末精三中将的办公室，吼道："赶紧自杀！我先看你死，然后再切腹！"有末提醒道，森的职责是保卫天皇。"跟你没关系，陛下我会保护好。你要是不肯自杀，那我来动手。"有末大惊，连忙逃到对面参谋本部第一部部长宫崎周一中将办公室里，发现宫崎也被森威胁过。"这人算是疯了。"有末说道。

军纪涣散的情况开始出现在各级官兵之中。宪兵队士官奉命驻扎大楼，结果逃得无影无踪，顺手把衣服与食粮一攫而空；下级军官辱骂上级军官；部分高级军官锁起门来，纵饮威士忌与清酒。不过，混乱的情况反倒促使陆军高层团结一心。阿南、梅津、畑与杉山共同签署一份宣言——实际上只是短短的一句话，相当于军队信条："陆军上下至死遵从圣意行动。"各部长奉命前往第一会议室报到，聆听陆相阿南训话。

下午3时30分，阿南登上小讲台，对底下的高层军官发表训示："陛下决心结束战争，我等自当遵从圣意。各元帅在恭聆圣诲时，也深切感受到陛下对国体护持充满信心。前路艰难，不可避免。诸位既身居高位，必须直面现实，寻死绝不是履行责任，活下去才是——哪怕未来要食野草、枕荆棘、卧岩石。"

经过阿南此番训话，高层军官参与政变的可能性不复存在。仍然决心行动者，只有铁下心来的畑中少佐与另外几名顽固派。尽管势力微弱，但他们仍有机会占领宫城：森的师团里有两名少佐仍然拥护畑中等人的行动，其中一人名叫古贺秀正，乃是东条的女婿。不过，此时，对政变分子而言，优先级最高的是另一项新任务：在天皇录音被送到NHK（日本放送协会）大楼之前将它截获。

整个下午，畑中骑着自行车，冒着酷暑奔波在东京街头，试图为密谋计划拉拢新援军。执念驱使着他来到第一生命馆，田中静一大将把东部军管区司令部设在该建筑六楼的一处套房内。畑中也不敲门，大步走进田中的私人办公室内，谁知遭到一顿怒喝，顿时哑口无言，利落地敬个军礼，转身离去。

畑中并未因受挫而打消斗志，骑自行车返回市之谷，劝说那些退出密谋的同事重新入伙。他第一个找到的便是井田中佐。在阿南训话之后，井田中佐认为唯一的解决方案便是陆军省高级军官集体自裁，以向天皇及国民谢罪。只是该方案极少有人响应。

畑中称有"要事"相议，请求井田随他前往屋顶，在那里讲话不怕隔墙有耳。在屋顶，畑中讲述了当晚占领宫城的计划："近卫师团的大部分大队长、中队长已同意加入。"他的口吻听起来颇具说服力。

"陛下心意已决，占领宫城怕也没用。"井田说道，"师团长什么态度？"

"森阁下什么态度，我吃不准。"畑中承认道，"但总得想个办法，把他拉入伙。"井田表示，争取到森将军的支持恐怕比较困难。"确实困难，但不管怎样，我肯定要行动。接受《波茨坦公告》一定意味着能够护持国体吗？就算陛下本人，恐怕也不敢确定。对结局的把握甚至不足五成，我们去服从陛下，真的合适吗？"畑中解释称，此时正是历史的紧要关头，身为大和男儿，既然心中抱有疑问，便要挺身而出，绝不能坐视国家尊严遭到玷污。"我现在必须采取行动，为的正是证实心中的疑问。政变如若失败，那就证明陛下英明；如若成功，那就证明对的是我。无论做点什么，都比坐等来得好。"

井田并不认同畑中的逻辑，但对他这种"舍身求法"的精神感到钦佩，说道："既然你一片赤诚，那就放手去做吧，我不拦你。"

然而，畑中需要的不仅仅是赞许："希望你能助我一臂之力。"井田回答称，自己需要稍加考虑。而实际上，他无意改变想法。

在楼梯上，畑中遇到稻叶正夫中佐。当初稻叶曾擅自发出草拟布告，激励军队继续作战，此时却对畑中的密谋直斥不讳："内阁全员已在降书上签了字，明天陛下发表广播。都是徒劳，放弃吧。"

天皇广播诏书的详细文本，内阁仍在仔细推敲。阿南对"战局日益不利"这个说法表示无法接受，倘若广播出现该表述，那就证明大本营此前的所有公报都是连篇谎话。更何况，此时此刻战争还没有失败。

米内拿出日军在缅甸与冲绳岛惨败的事实反驳阿南。眼见争论又要没完没了，幸而迫水很有策略地提出修改方案，改为"战局未必好转"，双方皆表示同意。

休息时，阿南回到议会议事堂附近的住所，换上军装，准备参加签署仪式。待出门时，畑俊六元帅与前首相东条前来拜访。日本投降后，他们显然会作为战犯接受审判。东条希望全体高层作证，太平洋战争是一场自卫战争；畑则请求放弃元帅头衔。

内阁最终敲定诏书措辞，宫内省两名官员用毛笔誊写出两份诏书，一份作为官方文档，另一份供天皇录音时使用。天皇检阅定稿，提出五点小问题，希望修改。诏书汉字、假名共八百多字①，如重新誊写需要花费数小时，因此宫内省官员放弃重抄，而是把改动写在小纸片上，贴在原稿需修改处。此时首相打来电话，称阿南陆相要求再修改一处。修改时，众人又发现其中一份漏抄一句，无不大感沮丧。

晚8时30分，天皇在修修补补的文件上署名并加盖御玺。铃木在场，同样签下名字，但在投降文件正式生效并发往同盟国之前，需要内阁全体成员签字，这又花去将近一个半小时。晚11时左右，最后一名阁僚，即运输通信相来到铃木会议室签字。如此一来，官方正式确定投降。一名秘书官给外务省打去电话，指示将诏书的英文版本发送给日本驻瑞士和瑞典公使馆。两名公使奉命给美、英、苏、中四国发去以下电文：

> 日本政府8月10日发出有关接受《波茨坦公告》诸规定之照会，美国国务卿贝尔纳斯于8月11日发回美、英、苏、中四国政府之答复。就此，日本政府谨向四国政府答复如下：
>
> 1. 天皇陛下已诏令日本接受《波茨坦公告》诸项规定。
>
> 2. 为实现《波茨坦公告》诸项规定，天皇陛下准备授权日本政府及大本营签署所必须之各项条款；并对日本陆军、海军及航空部队当局及其所辖之一切武装力量发布命令，使之停止行动，交出武器，无论身在何处；亦将发布盟军最高司令所可能需要之其他命令，以促进

---

① 诏书定稿汉字、假名共815字。巧合的是，录音播出日期也是8月15日。

投降条款生效。

阁僚麻木地围坐在桌边。铃木见无须再作决议，便起身离开会议室。阿南身着全套军装，站起身来，走到老对手东乡面前，挺胸抬头，郑重地说道："有关同盟国占领军及解除武装问题，外相阁下起草之通告，本人拜读已毕，感激不尽。倘若事先知道如此处理，本人在御前会议上也就不必那样慷慨陈词了。"

东乡感觉阿南太过客套，便也略为生硬地答复道，对军方提出的投降条件，自己从情理上始终持赞同态度。

阿南扣好军刀，军帽夹在臂下，走进铃木的私人办公室，敬礼道："自和谈初始以来，本人之所作所为，令总理阁下为难之处实多，特此致歉。本人之一切行动，目的仅是护持国体而已，万望阁下谅解。为此，本人深表歉意。"

"我都明白。"铃木说着，走到泪流满面的阿南身边，握住他的手，"陛下每逢春秋祭祖，无不为和平祈愿，皇室必将永葆安泰。阿南兄，你放心就好。"

3

自下午3时起，NHK四名工作人员便等在宫内省，准备为天皇录制投降广播。在二楼相邻的房间里，NHK技术总监荒川大太郎已布置完毕设备。此前，天皇的声音只有过一次记录，那是在1928年12月2日，青年时期的天皇在向陆军宣读诏书时，由于某种异常的声学现象，NHK的收音麦克风在50码外无意间录下了他的声音。

晚11时30分，在众人随侍下，天皇来到麦克风前，麦克风后边则是一面两折金箔屏风。侍从户田康英的嗓音与天皇有几分相似，他对着麦克风开始试音，以便技术人员为天皇讲话调好音量。

"该用多大声音为好？"天皇问道。

情报局总裁下村说，陛下声音原本就足够响亮，正常讲话即可。然而，当天皇用独特的皇室语调宣读诏书时，却无意识地把嗓音压低：

朕深鉴世界大势与帝国现状，欲以非常措置收拾时局，兹告尔忠良臣民：

朕已旨使帝国政府，对美、英、中、苏四国，通告受诺其共同宣言。

抑图帝国臣民之康宁，偕万邦共荣之乐者，为皇祖皇宗之遗范，朕之拳拳所不措也。曩所以宣战美、英二国，亦实庶几出于帝国自存与东亚安定；如排他国主权、侵领土者，固非朕志。然交战已阅四岁，朕陆海将兵之勇战、朕百僚有司之励精、朕一亿众庶之奉公，各不拘于尽最善；而战局未必好转，世界大势亦不利于我。加之敌新使用残虐爆弹，频杀伤无辜；惨害之所及，真至不可测。而尚继续交战，终不仅招来我民族之灭亡，延可破却人类文明。如斯，朕何以保亿兆赤子，谢皇祖皇宗之神灵哉？是朕所以使帝国政府应于共同宣言也。

朕对与帝国共终始协力于东亚解放之诸盟邦，不得不表遗憾之意；致想帝国臣民，死于战阵、殉于职域、毙于非命者，及其遗族，五内为裂。且至于负战伤、蒙灾祸、失家业者之厚生，朕之所深轸念也。惟今后帝国可受之苦难，固非寻常；尔臣民之衷情，朕善知之。然时运所趋，朕堪所难堪、忍所难忍，欲以为万世开太平。

朕兹得护持国体，信倚尔忠良臣民之赤诚，常与尔臣民共在。若夫情之所激，滥滋事端，或如同胞排挤、互乱时局，为误大道、失信义于世界，朕最戒之。宜举国一家，子孙相传，确信神州不灭，念任重而道远，倾总力于将来之建设，笃道义，巩志操，誓发扬国体精华，可期不后于世界之进运。尔臣民，其克体朕意矣！①

天皇转头问道：“效果还行吗？”隔壁一名技术人员诚惶诚恐地表示，有几处没录清楚。天皇知道自己在录制过程中有几处结巴，加上对录音

---

① 此按诏书日文原文以复文形式译出，保留原诏书中所有汉字，唯将"米"改为"美"、"支"改为"中"。——译者注

本身兴趣渐浓,便要求再录一次。结果第二次音调太高,还漏掉一个字。"朕希望继续录制。"天皇客气地要求道,技术人员则认为这样对天皇来说"太过煎熬"。

经过商议,最终决定以第二次录的版本用作正式广播,第一次的版本则留以备用。两个版本各为两张10英寸胶盘,工作人员小心地将它们分别保存在两个纸板容器里,又在房间里找到一个棉口袋,将纸盒放入其内。剩下的问题是:如何存放最为保险?一般来讲,录音胶盘会由广播电台保管,然而那里易受攻击,假如叛乱的谣言属实,那么最好还是放在宫内省。于是,两份录音最终被锁在宫内省二楼一个小型保险箱里。

宫内省的判断可谓有先见之明。其时,叛军即将封锁宫城,隔绝天皇与外界的联系,甚至已有一名将军遭到刺杀。原来,畑中在陆军省吃过闭门羹后,便去找近卫师团第二联队联队长芳贺丰次郎大佐,信誓旦旦地表示,阿南、梅津、田中、森四位将军皆已参与密谋。芳贺虽不情愿,最终还是同意加入。接着,畑中又骑自行车返回市之谷,把井田中佐叫醒——过去一个星期以来,许多军官都在陆军省过夜。"近卫师团各联队长全部答应支持计划,只差说服师团长了!"畑中再次夸大后盾的力量。至于说服师团长森,畑中认为凭他自己很难做到(陆大求学时期,畑中的教官之一正是森将军,他至今仍被森视为"学生"),但井田军衔高他一级,发言也许更有分量。畑中发誓称,假如劝说森将军失败,那他就放弃整个计划。

井田之前虽未答应协助畑中,但对政变目的始终持赞同态度。此时,井田认为不妨与畑中共同行动。首先,假如真能说服森将军,那事情就可放心许多,"足以证明我等行动之正当性";其次,假如事有不谐,横生枝节,自己也能够随时阻止。

近卫师团的营地就设在宫城之外,距御文库只有数百码之遥。他们骑行穿过黑暗的街道,却由于轮胎漏气,直到晚11时才抵达营地,此时森将军正好外出巡夜。二人在文书室等到森巡夜结束,森却先接待另一位客人——他的妹夫白石通教中佐。午夜过后不久,畑中等得不耐烦,起身说道:"走,我们直接进去,别管那个客人!"二人来到办公室门口,畑中却驻足不前,称自己要再去争取下竹下中佐,劝他在姊夫阿南面前再努努力,便说道:"你先一个人进去吧。"井田见畑中转身离去,颇感恼火,差点想打道回府,但最终还是敲了敲门,走进办公室。

那天下午,森中将(此人生性好学,性格庄重,有个恰如其分的绰号叫作"和尚")在大本营训斥过两名对战败负有责任的将军,而当井田进来时,森的态度倒是十分和善,不问对方何事登门,开口便大谈人生与宗教哲理。森一讲便是半小时,井田好不容易找到插话的时机,说道:通常情况下,日本人对天皇陛下绝对服从乃是一种忠诚之美德。然而此时,真正的忠义之士应该肩负起责任,请求天皇收回成命。"盲目服从并不是真正的效忠。"森将军起初脸色大变,但逐渐显露出兴趣。井田见状,继续施压道:"假如同盟国确切保证护持国体,那自然要服从陛下;如今您根本没有把握,犯颜直谏,难道不是理所应当?"只是此时,重中之重乃是夺取天皇录音,否则一切都无从谈起。井田敦促森立即动员近卫师团。

森将军犹豫道:"我俩必有一方走在歧途上,但究竟是谁,我现在也拿不准。我想先去趟明治神宫,涤荡精神,再作决定。"正在此时,近卫师团参谋长水谷一生大佐推门走入。"来得正好。"森说道,接着转向汗出如浆的井田,"你去问问水谷,看他怎么想。"

水谷请井田去办公室详谈,同时,将军更衣,准备前往神宫。他们在走廊上遇到畑中少佐与另外几名同谋,交谈之下,得知竹下中佐已被说服会再次前去拜访阿南。

井田说,自己打算陪森将军去一趟明治神宫,但出发之前,得先与水谷大佐稍作交谈。

"别浪费时间了!"畑中气急败坏地喊道。

井田解释道,时间不会太久,并命令畑中先去森的办公室等候。

然而,畑中的耐心消磨殆尽,他焦躁已极,根本不想耽搁一分一秒,甚至打算铤而走险:倘若森将军不从,就当场将其击杀。带着几名咄咄逼人的同党,畑中大步闯入森办公室,不顾军礼,劈头盖脸地要求森加入行动,语气不容拒绝。森表示不愿鲁莽行事,要先去过神宫,再作决定。

政变分子无法容忍继续拖延。来自陆军航空士官学校的上原重太郎大尉拔出军刀,朝森冲去。白石中佐纵身上前,护住内兄,却被上原一刀砍翻,俯卧在地。另一名叛军少佐更是凶狠,挥刀斫向白石后颈,将其脑袋大半斩下。上原之所以痛下杀手,乃是由于懊丧情绪数日以来郁积难消,此时一股脑儿迸发出来。畑中掏出手枪,对准森,扣动扳机。森立时毙命,倒在白石尸体流出的血泊之中。

井田与水谷听到一声枪响,接着是一阵脚步声,便迅速跑到走廊上,发现畑中握着手枪,呆立原地,神情茫然。井田立刻猜出原委,吼道:"蠢货!"他无法理解畑中何以如此急躁,毕竟森将军若从明治神宫回来,很可能就会加入政变。

"时间紧迫,势不得已,见谅。"畑中低下头,喃喃道。随着森死去,近卫师团的指挥权自动归属田中大将。畑中决心依然坚定,请求井田跑一趟第一生命馆,再次尝试拉田中入伙。

井田陪同畑中前来近卫师团,本就不太情愿,其目的正是避免流血事件,但此时事态已发展到最坏情况。就结果而言,井田自己也难逃帮凶身份,便索性一条道走到黑。森一死,动用近卫师团占领宫城一事便减少许多阻力。水谷大佐此时已接近精神错乱状态,与井田一道乘车迅速赶至第一生命馆。上到六楼,水谷一头扎进田中办公室,井田则径直去找参谋长高岛辰彦少将,他对森的遇害之事只字不提,只是要求东部军管区与叛军合作。高岛原本"笑脸相迎热情似火,闻言瞬间面如寒冰"。井田见状,深感狼狈,那临时下定的决心便也烟消云散了。

东条女婿古贺少佐打来电话称,近卫师团坚决反对投降,现已举义,并强行要求东部军管区加入他们。高岛少将挂下电话,出门前往田中办公室,留下井田与一名参谋激烈辩论。那参谋坚称,田中大将绝没有一丝可能反对天皇。见参谋如此确定,井田也清醒过来,沉着脸说道:"我尽力让军队在天亮前撤出。"

近卫师团各联队长收到命令,进驻宫城,"保卫"天皇与国体;另有一支中队则前往占领NHK大楼,控制广播。命令书盖有森的印章,事实上盖下印章的是畑中,草拟命令的则是古贺。封锁宫城的部队共有1000余人,与"二二六"事件那时一样,大部分官兵并不知道行动内容属于叛乱。表面上,一切不过是对常驻岗哨的一次紧急增强。数分钟内,宫城全部大门都紧紧闭锁,天皇与外界就此失去联系。

没有畑中的命令,任何人,无论职位高低,都不能离开宫城。天皇录音结束后,下村总裁与NHK工作人员乘车离开宫内省。车辆开出不足100码,来到坂下门,几名士兵举着刺刀将众人拦下,其中一人走到排头那车窗户旁边,声称自己奉命搜寻内阁情报局总裁。下村的秘书承认了他们的身份,于是一行人皆被带到一间木制警卫室里,接受盘问。其中一人泄密称,录音胶盘由一名宫廷侍从保管。于是,叛军便组织起一支搜索队,前往宫内省。

宫内省四楼,内大臣木户睡在折叠床上,被侍从户田康英唤醒。那晚噪音不断——空袭警报声、远处的爆炸声[1]、大厅内播报损害情况的喇叭声,以及不久前行军脚步蹍过砾石发出的吱嘎声,木户本就睡得不沉。

户田报告称,叛军已进入宫内省大楼,正在搜寻录音唱片与木户本人;同时,御文库也遭到包围。木户的反应很冷静:"早就料到陆军会来这么一出,一群无药可救的死脑筋。"户田建议木户转移到宫内省御医的夜间值班室,在那里伪装成医生,毕竟内大臣的相貌在宫外鲜有人知。木户在御医的床上躺下,思忖道,假如他最终还是被叛军发现,揪出来处决,就像赤穗事件里躲藏起来的吉良一样,那真要传为笑柄。于是,木户回到办公室,把绝密文件匆匆收拢起来,撕成碎片,倒进马桶里冲掉。

侍从德川义宽赶来,再次请求木户躲入地下室仓库避难,态度十分强硬。军靴踩踏地板的声音已从走廊传来,木户只好放下手头的工作,随侍从走下漆黑的楼梯。

侍从户田则以为木户已安全地躲在御医值班室,便打算把紧急情况告知天皇身边的随侍人员。此时电话线全被切断,只有步行前往御文库。宫内省通往御文库有一条小型地道,乃是捷径,但户田担心它已遭叛军封锁,便转而绕道前往。途中,六名士兵从黑暗中闪出,堵住去路。户田表明侍从身份,谁知带头那人全然不为所动,用手枪抵住户田胸口,说道:

---

[1] 那天,斯帕茨将军希望上演一出"尽可能盛大的闭幕庆典",从马里亚纳群岛派出821架"超级堡垒"轰炸东京地区。

"回去,此路不通。"

户田回到宫内省,在入口遇到德川,二人一同进入地道。不出所料,御文库那端的地道出口布有哨兵,但没有军官指挥。他们态度倨傲,自称是奉命前来当值的侍从,哨兵便让出通路。进入御文库,他们把宫女唤醒,但叮嘱她们先不要惊扰皇室成员。身材瘦小的德川打算把铁制百叶窗放下来,却发现窗叶生锈,没有几个身强力壮的卫兵根本拉不动。通风报信的任务完成,二人返回宫内省,途中遭遇一名少尉;少尉大声喝止,他们拔腿便跑,最终成功逃脱。

叛军在宫内省正门处架设起重机枪,户田与德川分别从一处偏门进入。户田上到二楼,便被一群端着刺刀的叛军截住。另有一名俘虏被绑在此处,户田认出那是 NHK 的一名负责人。

"你是什么人?"一名士兵审问道。

"我是一名侍从。"户田答道。

士兵转而朝那名负责人发问:"从你手里接过胶片的,是这个人吗?"

"不是,那人身材高得多,鼻子也很大。"

事实上,当时接收胶片的是德川,其身材比户田矮。回到宫内省不久,德川便被刚刚遇到的那名少尉抓住。少尉命令士兵将他带到警卫室。

德川家毕竟是统治日本二百五十多年的古老家族,身为其后裔,侍从德川态度傲慢,拒绝动身。"若是有事相商,在此处开口便是。"双方争执之声吸引来另外两名叛军军官,其中一人喊道:"把他斩了!"德川神色不变,答道:"杀掉一名侍从,于尔等又有什么好处?"

"砍你确实无用,只是把刀弄脏罢了。"那名少尉嘴上嘲讽,内心显然被德川的气度所打动,接着便大谈政变之意义,称占领宫城乃是必要之举,因为一群奸佞近臣蒙蔽天听,"实属无耻之尤"!德川一言不发,只是凝视着少尉。少尉大怒,喝道:"你就没有一星半点大和男儿的精神吗!"

"我是一名侍从。"德川自豪地说,"保家卫国靠的并不仅仅是你们,那需要我们每一个人通力合作。"

一名士官狠狠扇去一个耳光,德川的眼镜被打歪,挂在一只耳朵上。德川叫来一名宫城警察(该组织力量微弱,无法公开抵抗叛军),喊道:"快联系侍从武官!"那名少尉连忙把警察拦下。德川上前阻止,态度就好像他在负责这里的一切:"他在执行任务。"少尉便把警察放开。另一名军官上前,礼貌地询问德川如何前往内大臣办公室。

德川指了指方向,说道:"估计大臣早就不在那里了。"说罢,便转身大步离去。叛军竟无人产生阻拦的念头。

德川来到天皇侍从武官办公室,中村俊久海军中将提醒道:"您可千万小心,外边那群人简直是疯子。"接着,他又向德川打听木户所在。

德川心想,情势如此紧急,堂堂中将却龟缩在办公室里,实在无法值得信任,便答道:"大臣所在不能向任何人透露,保证安全,您放心便是。"

畑中少佐成功使天皇与外界隔绝,却无法找到那份诏书录音。雪上加霜的是,肩负前去劝诱田中重任的井田中佐带回坏消息:宫城外部的力量不会提供援助。"东部军管区不愿介入,"井田说道,事实上,他本人也不再认为政变具有可行性,"近卫师团的官兵一旦发现师团长遇害,就不再会执行命令。我们强行推进下去,肯定会引发混乱。趁天没亮,赶紧把全体部队撤出吧。没有其他办法了。"畑中想要打断,井田举手示意,继续说道,"你得认清现实,政变失败了。但是,只要迅速把部队撤走,那今天夜里发生过什么,国民永远不会知道。"就像一场"仲夏夜之梦",梦去无痕。

畑中沉下脸来,说道:"我明白。"

"我去一趟陆相阁下那里,汇报情况。"井田说道,接着便问畑中能否保证撤走部队。畑中点点头。然而,随着井田离开,这番劝说也化作耳边风,畑中叛乱的劲头丝毫不曾减弱。畑中回到指挥据点——近卫师团兵营,遇上第二联队联队长芳贺大佐。芳贺长时间未见到森,疑心一刻强过一刻。畑中想方设法回避问题,古贺少佐却不愿继续沉默,便坦白森已身亡,并劝说芳贺接下近卫师团的指挥权。

芳贺大佐追问森死因,畑中、古贺二人佯作不知。心烦意乱的芳贺原本打算与异见者继续合作下去,谁知恰好接到东部军管区司令部打来的电话。电话那头,田中麾下参谋长高岛少将希望了解宫城内详细情况,芳贺也不了解具体信息,便把话筒递给畑中。

"参谋长阁下,我是畑中少佐。"畑中声音中带着颤抖,"我等一腔热忱,望您理解。"

高岛也没想到电话正好联系上罪魁祸首。陆军大学时期,畑中给高岛留下的印象,是一个聪明却幼稚的理想主义者。因此高岛决定"好言相劝,晓之以理,不搞命令或训斥那一套"。接着便说道,他理解反对派的心情,但天皇既已下旨,东部军①自然选择服从。"既然成功全无希望,那就不要再动用武力。造成更多无谓牺牲,又有何益……在日本,遇事服从陛下旨意,既切合实际,也符合道义。"高岛顿了顿,"你理解我的意思了吗?"

井田方才的预言正渐渐成为现实。畑中哽咽道:"十分理解,阁下。请允许我再考虑考虑。另外还有一个请求,陛下诏书广播之前,能不能给我十分钟时间广播?"畑中希望向国民大众解释年轻军官造反的缘由。

高岛指出,这仍是所谓"摇摆不定"的表现,此时最重要的是尽可能多地挽救生命。"大势已去,结局不是你我能够改变的。畑中,你懂我的意思吗?"电话那头没有答复,只是传来微弱的抽泣声。

尽管听不到高岛说了些什么,单从电话这头的反应来看,芳贺也恍然大悟:畑中、古贺瞒上欺下,东部军管区根本没有加入政变。芳贺顿时雷霆大怒,喝令二人,若不立即停止叛乱,当场格杀勿论。

自畑中举事以来,他遇到过许多强力阻碍,但他总是口头上屈从退让,内心却不甘罢休。此时,畑中准备采取另一套新方案:利用占领NHK大楼的部队强行阻止播放天皇录音,而他将亲自站上广播台对全体国民发出吁求。

竹下中佐来到议会议事堂附近陆相的简易寓所,拜访姊夫阿南。此举既是出于担心阿南自杀,也是在为异见者履行自己的承诺。阿南正坐在起居室的书桌旁,撰写遗嘱;桌旁铺着一床草席,上边挂着蚊帐。见竹

---

① 田中大将同时指挥东部军管区与第十二方面军两支部队,时人普遍将二者并称为"东部军"。

下来访，阿南匆忙叠好遗嘱，略带责备地问道："你来做什么？"

竹下看得出，阿南是在准备自杀。此时再谈叛乱也无意义，竹下便与姊夫饮酒，漫无边际地聊天。末了，阿南随口说道："我在考虑今晚自尽。"

"自尽或许也是一种选择，"竹下答道，"但未必非得在今晚，是不是？"

阿南闻言，如释重负。"原本以为你会劝阻。你能支持，那再好不过。"他把遗嘱拿给竹下看，落款日期是 8 月 14 日。"14 日是家父忌日，21 日是小儿阵亡的日子。究竟选哪一天，我还在犹豫。总觉得 21 日太晚，我实在不忍心听到明天陛下的广播。"

他们闲聊私事，直到凌晨 2 时。宫城方向传来一阵枪声，竹下这才想起对畑中的承诺，便把叛军最新的计划简述了一遍。① 阿南此时一心求死，只把政变看作一场必败无疑的行动。竹下想方设法推迟姊夫自杀，于是问道，喝了这么多酒之后，还能够顺利切腹吗？

"我可是剑道五段，不会失手。"阿南满怀信心，"酒能够加速血液流动，只会让人死得更快。当然，一旦出现什么差错，还得有劳你帮忙。"阿南脱掉上衣，拿一条白棉布裹住腹部。切腹仪式正在准备过程中，井田中佐恰好登门。井田原本打算把畑中的情况报告给陆相，最后却什么也没说，因为他不想给一位将要自杀之人"平添烦恼"。

"进来。我已准备好赴死。"阿南招呼井田入室，并问他对自杀怎么看。

"属下认为是不错的选择。"井田答道，并补充说，这不仅是因为他自己主张集体自裁，更是因为阿南以身作则，能够终止陆军内部的混乱，从而终止其他一切阴谋。井田强忍泪水，低头道："阁下安心上路，属下紧随其后。"

---

① 畑中并不是唯一策划叛乱的军官。另有约 40 人在横滨警备队队长的率领下，驱车来到东京，准备刺杀"日本的巴多格里奥"，亦即铃木政府各高官。8 月 15 日黎明前，一行人封锁首相官邸，企图把铃木与众大臣困在其中，谁知铃木当晚在家中休息。叛军纵火焚烧官邸，接着前往铃木私邸堵截。铃木一家赶在叛军抵达之前，乘坐一辆破烂的汽车逃离——那车只有依靠人力推动才能发动起来。一行人暗杀不成，便再次纵火，甚至持枪威胁消防队员，阻止灭火。失望之余，叛军赶往平沼男爵居所，又一次点起火来。年迈的男爵甚至来不及带走假牙，连忙从未被叛军封锁的花园后门溜走。

阿南抬手,狠狠给了井田一耳光。"我一人足矣,你绝不能自寻短见!"说罢,便把井田抱在怀里。二人相拥良久,泪流满面。"活下去,"阿南的声音细不可闻,"日本未来的建设还需要你。明白吗?"

"明白,阁下,我都明白。"井田尽管明白,却还是渴望自杀。

"来,让我们把酒话别。"阿南突然振奋起来。三人正饮酒时,林大佐闯进来,手臂上挂着阿南的外套,催促道:"阁下,陆军省里有紧急要事,您得马上走一趟。"

阿南转身怒道:"吵嚷什么,滚出去!"

三人重新饮酒。阿南拿出两幅卷轴,展开给井田看。其中一份署名"陆军大臣阿南惟几",写道:

深信神州不灭,唯有一死,以谢大罪。

另一幅写有一首"和歌",这是一种由31个音节组成的短诗:

吾身常沐浴,大君深恩重于天;辞世今在即,欲将心事付短笺,竟无只语与片言。

"阁下,天快亮了。"竹下提醒道。

"我这就上路。"阿南说道,"就此别过。"

井田鞠躬离去后,阿南再次请求竹下,假如切腹失败,就为自己介错,给个痛快。军服整整齐齐地叠放在壁龛里,阿南与内弟拥抱,提出最后一个请求:为尸体穿好军装。

四点钟左右,宪兵队司令官大城户三治中将登门,再次打断自杀进程。阿南让竹下出去应对,自己则把床上的草席拉到走廊上,面朝宫城方向,盘腿而坐。根据切腹礼仪,如果血液能够溅在榻榻米上,这就意味着自裁者可以认为自己没有过错。阿南冷静地把匕首深深插入腹部,接着猛拉两刀,一刀向右,一刀向上。这种切腹方法名为"割腹"(kappuku),疼痛剧烈,鲜少有人能够坚持。阿南端坐在原地,鲜血流至地板,把身边两幅卷轴浸透。外边传来脚步声,阿南大声问道:"谁在外边?"

来者是林大佐,听到阿南的呻吟声,连忙跑回会客室去找竹下。"麻烦您通知家姊,就说姊夫已切腹。"竹下说道,接着来到走廊,看到阿南身体微微前倾,左手摸索着颈静脉,右手握着滴血的短刀,突然抬手便往喉部刺去,奇怪的是没流出多少血来。竹下问道:"需要我来介错吗?"

"不用,"阿南喃喃道,"你走就行。"

竹下退去,但阿南的呻吟声又使他转身回来,问道:"很痛苦吧?"却发现阿南已失去知觉。竹下拿起短刀,朝阿南的颈背深深刺下,然后拿出那件佩满勋章的外衣,披在奄奄一息的阿南身上。

4

8月15日,又是酷热的一天。清晨时分,叛军依然占领着宫城,最初那则伪造的军令仍未撤销。

6时15分,侍从户田再次尝试前往御文库,却被一名青年军官拦下。户田谎称要护送天皇前往安全地带,因为空袭警报尚未解除,但他费尽唇舌却依然不管用。最终,一名年纪较大的军官允许户田进入。此人的看法是:录音胶盘尚不知藏在何处,既然全体部队很可能要集体闯入御文库搜寻,此时放进去一两个人也无关紧要。

进入御文库后,户田找到侍从长藤田尚德,告知称,叛军随时可能闯入,届时极有可能会有一场肉搏战,必须把天皇叫醒。6时40分,天皇身穿睡衣出现。前一夜发生的种种事情,使得天皇心痛不已,此时含着泪说道:"朕之心意,难道他们还不理解?把近卫师团全体官兵召集起来,朕亲自晓谕之。"

藤田等人选出一位温顺随和的侍从三井安弥作为代表,穿过警戒线与军方联系。三井走出不到50码,一名年长的军官便迎上来问道:"来者可是宫廷侍从?"

那军官正是田中大将。此人知书明理,奉公守法,早年曾于牛津留学,亦有过与东条同样的经历——在关东军里统领宪兵队。田中亲自前来恢复秩序,已将叛军的一名少佐逮捕,并命令芳贺大佐把全体部队撤回原驻地。

"毋须慌张。"田中鞠躬道,拿出一张大名片递给三井;三井与之交换名片,二人又互相鞠躬。"造成许多麻烦,实在愧疚难当,"田中说道,"请勿担心,一小时内,情况便会稳定下来,全体部队都会撤出。"①三井闻言,兴高采烈,忘记行礼便跑回御文库。

畑中少佐亲自坐镇NHK大楼,此时已有两小时之久。播音员馆野守男即将播报早间新闻,畑中拿枪逼他交出麦克风,以对全体国民讲话。馆野捏造出种种借口:空袭迫在眉睫,未经东部军管区允许不得进行广播;此外,全国联播需要联系各地电台协调,这要花费一段时间。

馆野来到控制室,要求连线田中大将办公室。技术人员会意,拿起一部已被叛军切断的电话,一番喊话,示意无法连通。畑中无可奈何地等待着,身旁一名尉官却耐不住性子,用手枪猛戳技术人员,威胁道若不迅速修复,就将其击毙。畑中拦下此人,对馆野说道:"我的所思所感,必须传达给国民大众。"语气之中,恳求多于强迫。畑中手里拿着一叠讲稿,上面是潦草的铅笔字迹。馆野瞥去一眼,发现第一行写着:"我等部队始终在保卫宫城……"

馆野要求众人耐心等待。"技术人员正在尽最大努力与东部军管区取得联系。"然而,随着另一部电话响起,馆野的把戏便宣告暴露。技术人员拿起话筒,听着对方讲话,犹疑地望向馆野。电话正是从东部军管区打来的,对方要求与"播音室内的军官"通话。

畑中接过话筒,没有任何辩解。毕竟,畑中早先已答应放弃叛乱,此时属于自食其言。东部军管区直接命令他立即停止行动,畑中依然请求能有一个机会对公众作出最终解释;馆野盯着畑中的反应,明显看出这个

---

① 8月24日晚,田中身着全套军装,坐在办公桌边,开枪自杀。此前,在向高岛少将交代后事时,田中表示,他决定自杀与这次叛乱并无联系,主要原因是东京轰炸时宫城起火,亦有大量市民丧生,自己身为东部军管区司令,应当负起责任,向天皇谢罪。同时,田中禁止东部军管区内任何人自杀,"所有人的责任,都由我来承担"。

请求遭到拒绝。畑中沮丧地放下话筒,一切都宣告终结。

7时21分,馆野向全国播放特别通知:"今日正午,天皇陛下将通过广播宣读诏书。请全体国民恭敬聆听玉音。各地区白昼未供电者,将获得临时电力。各工厂、火车站及政府部门也应提供方便,允许公众入内收听广播。玉音将于今日正午播送。"馆野心想,兜兜转转,最终又回到原点。1941年12月8日早晨,也正是馆野,在同一个麦克风上,第一个播报开战的消息。

尽管有组织的政变活动以失败告终,仍有许多顽固的个人或团体准备以自杀来阻止投降。宫内省担心录音胶盘再度受到威胁,甚至是当侍从把胶盘从二楼保险箱中取出,穿过宫内省,拿到宫城内庭中时,这一路上也有风险。胶盘被分为两组:一组写有"副本"字样,放入一个绘有皇室家徽的方形漆盒内,由宫内省总务课长笕素彦将其光明正大地捧着,穿过迷宫般的漆黑走廊带出;另一组写有"正本"字样,由一名侍从装入午餐袋,斜挂在肩上带出。二人都平安到达楼下。笕用一块紫色包袱布把漆盒包裹起来,乘上御用轿车前往播音室;午餐袋则交给另一名官员,此人乘警车离开。最终,副本安全地送至NHK大楼地下室备用播音室,正本则保管在NHK会长办公室的保险箱内。

在畑中与东部军管区通话过后,宪兵赶至NHK大楼。叛军顺从地撤离。畑中没有返回陆军省,而是去实现内心的一个想法:证明自己的诚意,并以一种恰如其分的方式结束暴力行为。椎崎二郎中佐是畑中最为坚定的同伴,自始至终不离不弃,此时与畑中茫然地来到宫城前广场上,作出最后一次徒劳的努力——散发传单,呼吁国民阻止投降。11时20分,畑中拔出射杀森的那把手枪,朝着自己的额头开火。椎崎拔刀刺入腰间,然后举起手枪,对准脑袋扣动扳机。

畑中的口袋里装着辞世之句:

圣世阴云散,我心无所悔。

尽管天皇并未亲临现场，玉音放送依然具有强烈的仪式感。NHK的工作人员，以及来自内阁、情报局、宫内省与军方的见证者，把第八播音室挤得满满当当。几乎就在畑中扣下扳机的同时，NHK会长把标有"正本"字样的胶片从保险箱中取出。有人提议，最好先进行试播，却又担心这将对天皇不敬。经过讨论，众人达成一致意见：为保证播放过程绝无差错，提前试播有其必要。

站在第八播音室外的一名宪兵中尉听到天皇的声音，登时跳起，拔出军刀吼道："广播的要是投降内容，你们哪个都活不了！"一名陆军尉官连忙抓住此人，命令卫兵将其赶出去。

播音室内，日本最受欢迎的广播员和田信贤①面色苍白，紧张地坐在麦克风前，全神贯注盯着时钟。当时针与分针有12点重合时，和田开口道："重大播送即将开始，请全国听众朋友起立。天皇陛下即将对全体国民宣读诏书。谨此播送玉音。"

国歌《君之代》庄严奏起，稍顿，广播中传出对国民大众而言极为神秘的声音：朕深鉴世界大势与帝国现状，欲以非常措置收拾时局，兹告尔忠良臣民……

---

① 原文（Chokugen Wada）有误，此人姓名读音当为"NobukataWada"。——译者注

第三十七章 鹤之一声

1

举国上下满怀敬畏地聆听着广播中那音调偏高,似乎并不真实的声音。由于皇室用语让人难以理解,加之收音机效果不佳,只有极少数臣民能够听懂天皇的发言。但至少有一点比较清晰:广播内容要么是投降,要么是与投降类似的灾难事件。

"笃道义,巩志操,誓发扬国体精华,可期不后于世界之进运。"

听众或肃立,或跪地,再也无法控制感情,任由情绪崩溃,恸哭之声打破长久的寂静。千百万人齐悲泣,从规模上讲,或许超过世界历史上其他任何一个时刻。然而,在屈辱与悲痛之余,无可否认也存在某种解脱感。战乱、死亡与破坏,长年以来沉重地压在国民身上,此时终于一扫而空。

御文库里,广播通过一台美国无线电公司战前生产的收音机传出,天皇凝神细听。而在宫内省,木户则百感交集,想到自己为和平苦心经营的事业终于得以实现,不禁暗自庆幸。

在大本营陆军部一座昏暗的礼堂里,以梅津为首的数百名军官,身着挂满勋章的华丽军服,佩戴白手套,腰悬军刀,肃立恭听,泪流满面。然而,对某些军官而言,战争并未结束。距离东京不远处的厚木航空基地内,第三〇二海军航空队司令小园安名大佐爬上跑道附近一处平台,对麾下飞行员发表演说称,投降命令意味着国体终结,服从命令无异于叛国。他进而嘶喊:随我杀敌!台下数十名官兵热血沸腾,高呼"万岁"。山本生前的参谋长——宇垣缠海军中将此时担任海军"神风"特攻部队司令长官,在九州东北部的大分航空基地内聆听广播之后,同样决心战死。山本坠亡的景象在他脑海中挥之不去,宇垣感到自己负有责任。不久前,在给渡边大佐的信中,宇垣写道:"为此,我必须付出代价。"天皇的广播激起耻辱心,更是让宇垣体会到:特攻队员既受我之命上阵送死,时至如今,自己又岂可苟且独生?

"鹤之一声"①也传至距离本土数千英里的哈尔滨。当地部队中有一位名叫山本智巳②的参谋,他失望地发现那位具有神格的领袖人物竟也会因犹豫而声音颤抖,进而想到自己曾朝宫城方向千百遍鞠躬,实属荒谬。然而,在周围啜泣声的感染下,山本也无法抑制泪水流淌。出于习惯,山本转身,面朝司令部大楼正门上方悬挂的天皇家纹,最后一次致军礼,接着换上便服:苏军正在长驱直入,身着军装难逃被俘的命运。

冲绳岛上,仍有一名大队长在坚持游击战。此人便是当初顽强死守前田高地的志村常雄大尉。为突围至岛屿北部,志村正准备偷窃一辆美军军车,头顶猛地升起一片曳光弹,像是美丽的烟花。略作思考之下,志

---

① 鹤在日本是天皇或君权的象征,就如英格兰使用皇冠象征在位的君主。(鹤在日本确实有此象征意义,但所谓的"鹤之一声"乃是日本俗语,形容位高权重之人一锤定音,亦有"禽鸟虽百,不如一鹤"的说法,与皇室并无关系,也并非只能描述天皇。——译者注)

② 正文中,此人姓名有误,当作"Tomomi Yamamoto"。按,此人乃是第二代日裔加拿大人,本名"彼得·忍·东"(Peter Shinobu Higashi),属媒体从业者,战争结束后被苏联俘虏,获释后任职于美联社,并出版纪实作品《地狱四年:我在铁幕之后沦为囚徒》(*Four Years in Hell: I was a Prisoner Behind the Iron Curtain*);所谓"山本智巳"(Tomomi Yamato),乃是撰写该书时使用的笔名。身为第二代日裔,此人无论真名还是笔名皆不以汉字书写,译者唯取常见汉字以译之。——译者注

村认为这是日军终于发动他期盼已久的反攻了，谁知侦察兵却回报称，这是美军在庆祝胜利，他们不仅纵酒狂欢，还朝空中鸣枪。看来又有一场新灾难降临在日本头上，究竟是什么呢？

四年有余的战争积累下太多负面情绪，即便是天皇亲口下旨，双方也不可能立刻握手言和。四天前，在九州岛上的福冈市，日军曾押送8名美军前往某火葬场附近的一座小丘上，施以斩首。而此时，日军又把俘获的约16名B-29机组人员押上卡车，运至此地，逼迫他们脱光衣服，逐一带入林中处决。

尽管日方尚未从美方那里获得投降的正式答复，海军已奉命在午夜前停火，陆军则希望在收到华盛顿方面的正式答复后再说。当天下午，铃木内阁举行最后一次会议，并获悉，那些在新几内亚与菲律宾孤立无援的部队，要等到十二天后才能收到命令。同盟国必须被告知这个通信方面存在的客观问题。

铃木表示，此时必须尽快组建新内阁，尽管羞愧万分，还是要"第二次烦扰陛下赐以圣裁"。下午3时前，铃木面圣，提出内阁总辞职。应天皇要求，木户最后一次奉命物色新首相。与"重臣"商议过后，木户认为最佳人选莫过于东久迩宫亲王。然而，亲王本人却志不在此，因为其父当年曾卷入政治斗争，最终落得倾家荡产。另外，此人个性特立独行，堪称罕有。就读陆军大学时，亲王领少尉衔，却拒绝明治天皇的晚宴邀请；后来又与皇太子（日后的大正天皇）发生口角，若不是一位陆军元帅出面调解，险些皇籍不保。数年后，亲王与明治天皇之女聪子内亲王成婚，但其心底的渴望，依然是做一个无拘无束的白身平民。

尽管有着上述问题，此时天皇却批准了木户的选择。亲王身为天皇的姑父，皇族成员的身份足以使他凌驾于政治之上，免受许多非难。

"正如昨晚所说，"东久迩宫对木户派来的使者说道，"我无意接受内阁总理大臣一职。但目前局势危急，且让我考虑考虑吧。"

在九州岛大分航空基地里，宇垣中将准备指挥最后一次"神风"特攻

任务,并在日记中鼓舞国人"卧薪尝胆":

> 日本至于今日之境地,其因非一,本人亦需承担责任。然而,从宏观角度看,主要原因乃是两国(日本与美国)国力相差悬殊。我希望,不止军人——一亿帝国臣民今后能够排除万难,发扬光大大和魂,为皇国重建尽最大努力,俾使我国于未来之日报仇雪恨。至于本人,亦决心效法楠公,永生永世,报国尽忠。

宇垣把军服上的肩章、徽章全部摘掉,带着双筒望远镜,佩上山本赠予的一把武士用的短刀,来到机场。按计划,此次行动共有3架飞机出击,不料停机坪上却停着11架小型轰炸机。见飞行员集合已毕,宇垣登上小讲台,问众人"是否愿意共同赴死",全员高高举手。于是,宇垣爬上领航机,坐上驾驶员后边的座位。原本坐在此处的准尉远藤秋章抗议道:"长官,这是我的位置。"

"我来替你。"宇垣笑道。远藤却不领情,爬上飞机,硬要挤在长官身旁。宇垣也不生气,挪了挪身子,腾出第三人的位置。

四架轰炸机因引擎故障被迫返航,余者则朝冲绳岛直飞而去。上午7时24分,远藤发回宇垣的告别电报,字里行间"充满感情":

> 过去半载,麾下各队英勇奋战,终未荡平骄寇,克尽护持神州之大任,皆因本职无能。
>
> 本职确信皇国与天无穷,航空部队特攻精神昂扬不灭。此去进攻冲绳,特攻队员自当凋谢如樱。皇国武人各需发挥本领,突入骄寇美军各舰,以击沉之。
>
> 麾下各队需体谅本职之意,克服未来一切艰难困苦,再建精强之军队,俾使皇祚万世无穷。
>
> 天皇陛下万岁!

数分钟后，远藤再次发回电报称，飞机正在朝一目标展开俯冲。①

陆军省旁一座建筑前方摆放着三具尸体：一具是阿南大将，另外两具是叛军首领——畑中与椎崎。大批吊唁者前来参加纪念仪式，列队向遗体致敬。人们尤其悼念阿南，认为他是为维持国家秩序而献出生命。

傍晚时分，那位曾勉强加入叛军组织的井田中佐写好遗书，与妻子告别，也前来参加吊唁。接着，井田来到自己的办公室，躺下为死亡做心理准备。周边彻底安静下来，井田起身，穿过黑暗的走廊，来到心目中的自杀地点——阿南的办公室，不料却在门口被一名姓酒井的少佐叫住。

"酒井，你来做什么？"

"中佐您又是为何而来？"

"你管得着吗？"井田说道，"赶紧走。"

酒井称自己奉命"密切留意"井田中佐，"您若有意寻死，得先把我杀掉"。

井田怒道："难道你不能理解一个武士的感受？"酒井毫不退让，二人争执起来，结果却将井田自杀的决心消磨殆尽。井田悔恨地想，切腹也有其时机，一旦错过，便再无法决然做到。

二人回到井田的办公室，在两张相邻的行军床上躺下，交谈数小时后方才入睡。次日一早，外边有人提出认领尸体的请求，将井田吵醒。来者是他的妻子与岳父（井田中佐乃是赘婿，故与岳父同姓）。井田尴尬至极，奋力解释，而妻子的表情似乎是在询问：为什么你还活着？

在东京市另一个区里，"神风"特攻队创始人大西泷治郎海军中将在家中尝试自裁，却落得重伤未死，便派人去请儿玉誉士夫。此人与大西既是政治伙伴，亦是知交好友；大西自尽所用之刀，正是前一天夜里自儿玉处借得。儿玉进屋，发现大西腹部已被剖开，胸部、喉部亦有数处刀伤，神志却依然清醒。大西抓住儿玉的手，说道："我有很多话要告诉你，都写在

---

① 这是七架出击飞机传回的最后一封电报。奇怪的是，根据美军方面的记录，当日并未遭到"神风"袭击。

遗嘱里了,就放在桌子上。另有一封写给内人的信,她在乡下。"旋即淡淡一笑:"还以为你的刀能快一点,也没切好嘛。"

刀落在地板上,儿玉捡起来,低声道:"将军,我陪您上路。"

"蠢货!"大西吼道,声音大得出奇,"你现在死,能换来什么?你要做的是——桌子上摆着另一封信,你带上它,立刻赶到厚木航空基地,把那些愣头青控制住。"大西额前汗珠满布,喘着粗气说道:"今后会有大批民族主义者起来闹事,你得把他们压下去!"

儿玉在桌上找到那封信。数日之前,大西中将还曾恳求丰田大将与东乡外相,以2000万人的性命为代价发起保卫本土的最后决战;而在信中,大西只是为未能取胜表示歉意,并希望日本青年从他的死中吸取教训。"切勿鲁莽,授敌以柄。须忍辱含羞,恭从圣意。当然,隐忍绝不意味着抛弃日本男儿之自豪。尔等皆是国之重宝,告别战场,更要发挥特攻精神,为日本民族之福祉,世界人类之和平而奋斗。"

旁边附有一首俳句,乃是大西之绝命辞:

飘风骤雨后
朗月一轮照心间
清新亦安闲

儿玉转身,发现大西吐血不止,便提出去乡下把夫人带来,请大西再坚持一段时间——大约需要五个小时。大西惨笑道:"身为军人,自尽不得即死,更要刻意拖延,只为夫妻最后见上一面——何等愚蠢,愚不可及!"说罢,便握住儿玉的手:"就此别过了。"

2

得知首相一职乃"钦定"后,东久迩宫便无法继续推却了。"局势如此严峻,确实不容我独善其身。"8月16日上午,东久迩宫对木户无奈地说道,"苟利国家,自当欣然从命。"不过,下定决心之前,他希望得知眼下时局究竟如何。

木户表示,麦克阿瑟将军要求日方迅速派出一名联络官,代表日本政府,前往马尼拉。"因此,尽快组阁乃是当务之急。内阁一日未组,日美两国便一日无法正常沟通,而如今每拖延一日,都会引起同盟国怀疑,从而使我国处境更为艰难。"从前一天夜里那场未遂之政变来看,新首相必须在陆军中也拥有威望。"殿下若拒辞不受,圣心亦必难安。"

东久迩宫心想:领导战败国无疑是一副重担,但我既有大将军衔,自可借助同僚之力,镇压陆军内部异见者之暴行。待日本前路明朗之际,再行辞职便是。于是下定决心:"谨受组阁大命。"

正午之前,接受日本投降的正式照会自华盛顿送达,大本营遂下令陆海两军停止敌对行动。此外,天皇还派出三位皇族成员,前往海外各司令部,向军队保证投降决定是出自天皇本人意愿:竹田宫恒德王中佐负责朝鲜军、关东军;朝香宫鸠彦王大佐①负责"中国派遣军""中国方面舰队";前参谋总长闲院宫载仁亲王之子闲院宫春仁王负责上海、广州、西贡、新加坡、印度支那与南京。三人同乘一架三菱制白色双引擎"Ki-57"陆军运输机,从羽田机场出发。

公开的叛乱行为仍然影响着本土。厚木航空基地派出飞机,在东京上空散发大量传单,指责"重臣"与铃木政府将天皇引入歧途。军方派出一名海军中将前往基地安抚,首领小园大佐依然态度强硬,进而指责天皇投降乃是失去心智。他力主继续战争,绝不动摇。然而,叛乱最终失败。那天晚上,小园胡言乱语,甚至辱骂天照大神。军方无奈,只得将其控制起来,注射吗啡,套上拘束衣,送往一所海军医院。

在大分航空基地,也就是日军最后一次"神风"任务的出击基地里,叛乱情绪同样浓厚。宇垣的继任者是历经珍珠港、中途岛等大战的宿将——草鹿龙之介海军中将。此时,草鹿召集全体高级军官开会,一群青年军官也不请自来,发表好战言论。草鹿表示,部分青年军官出于爱国主义,认为战争应当继续下去,此事自己已有所耳闻,但"只要我还未翻白眼

---

① 朝香宫鸠彦王此时军衔已是陆军大将。——译者注

(还活着),便绝不允许任何人轻举妄动",若有谁执意叛乱,"先把我砍成肉泥再说"。说罢,草鹿紧闭双目,等待军官拔刀上前。静默。不知持续了多久,草鹿听到抽泣声,便睁开眼睛。

"听长官一席话,我等确实冷静下来了。"一名青年军官承认道,并与几名同侪承诺,会严格管束部下。草鹿环顾房间,问道:"其他人呢?有谁不同意我的意见?"见无人应声,又道:"哪位如果改变主意,欢迎随时找我。夜里没有警卫。天气炎热,我睡觉时一丝不挂(毫不防备)。"

夜里,草鹿被一阵"长官!长官!"的喊声吵醒。来者是个中佐,佩着手枪、军刀,情绪激动地表示,自己刚刚"得到天启"称,日本必须发动最终决战,才能确保国家之前途。"天启里说,能够领导我等的唯有长官您一人。"

草鹿平静地看着中佐,说道:"你可以相信天启,但我不能——也许是我不够心诚。总之,我是在奉陛下旨意履行职责,相信上天,不如相信自己。"草鹿认为,中佐的问题仅是年轻气盛,留给时间解决即可,便建议他乘飞机前往东京,把天启报告给联合舰队司令长官、海相以及首相。①

当夜,被迫承担重任的新首相辗转难眠,一件忘却已久的往事突然在他脑海中复苏。那是二十五年前,亲王游学法国时,曾请一位老妪算命,自称只是一介画师。那老妪看了看亲王掌心,抬头道:"客人说笑了,您日后必为日本首相。"东久迩宫笑着承认,自己既是皇族,也是军官,"按日本惯例,皇室成员与军人皆不得从政。首相怎么可能让我来做呢。"

"日本会遭遇革命,也许是其他重大劫难,总之,您会当上首相。"

次日,亦即8月17日,上午11时,东久迩宫面圣,提交内阁成员名单:自铃木内阁留任者只有米内一人;外相一职,由于东乡辞却,交由其前任重光葵出任;近卫公爵则担任无任所大臣。天皇对全部人选皆无异议。

新政府的首要任务是派遣一个代表团前往马尼拉,与麦克阿瑟将军

---

① 中佐确实前往东京,受到联合舰队司令长官小泽和海相米内接见。等候面见首相东久迩宫时,中佐坐在长椅上休息,不慎入睡,从而错过会面时间。事后,中佐承认自己对天启有所误解,并表示"让我睡着也是天意"。

协调安排各战场日军投降事宜。受命担任代表团团长的是参谋次长河边虎四郎中将。由于不能完全排除叛乱的飞行员拦截座机的风险,代表团对出行流程作出精心安排。8月19日日出后不久,16名代表团成员来到羽田机场,分乘数架小型飞机,在东京湾上空盘旋数分钟后,飞至木更津航空基地着陆。基地里停着两架身经百战、弹痕累累的三菱轰炸机,形似雪茄,盟军称之为"贝蒂"。根据麦克阿瑟指示,两架飞机机身已改涂为白色,并绘有大型绿色十字标志。

代表团转乘轰炸机后,飞行员才把密封的命令打开:目的地是伊江岛,也就是厄尼·派尔葬身的那座小岛。两架"贝蒂"一同南行,来到九州岛上空时,发现一队飞机迎面而来——那是两架轰炸机与十余架战斗机,将"贝蒂"围在空中。代表们仓皇失措,直到发现来者机身上的美军标志,方才安心。日机发出暗号:"巴丹。"对方回复道:"我等正是巴丹看门狗,请跟紧。"代表团心中的大石彻底落下。他们在混编飞机的保护下,飞临南海上空,经过一个半小时,伊江岛的山峰才出现在视野之中。第一架"贝蒂"顺利地在伯奇机场着陆;第二架飞行员忘记放下着陆襟翼,飞机利落地平飞过跑道,却在着陆时碾过珊瑚礁,发出刺耳的声响,最终摇晃着勉强滑至停机坪。代笔团走下飞机,数百名美军海陆军官兵冲上前去,围住众人拍照。

16名代表换乘一架四引擎C-54美国飞机,中午在机上吃盒饭。两名美军士兵端来橙汁,外务省高级代表冈崎胜男挥挥手,示意秘书给两名士兵每人10美元小费。

黄昏前不久,C-54飞抵尼科尔斯机场。河边将军率代表团穿过停机坪,走到美方代表团排头那人面前。此人是麦克阿瑟麾下翻译部主任西德尼·马什比尔上校,他正要举手敬礼时,发现冈崎朝自己走来,似要握手。二人自战前便有交情,但此时马什比尔不希望与敌人握手,于是右手握拳,伸出拇指,向上摆动,作为一种非正式的问候——这个动作,马什比尔曾在镜子前练习过20次。在美方引领下,代表团与麦克阿瑟麾下情报部部长查尔斯·威洛比少将会面。无数士兵、平民,以及新闻记者蜂拥上前,照相机的咔嚓声此起彼伏,在冈崎听来,好似"用机枪朝着异形生物扫射"。

河边与威洛比同乘一辆轿车。在前往马尼拉途中,威洛比客气地询问河边希望使用什么语言交谈。河边提议讲德语,而德语恰好又是威洛比的母语,于是二人关系迅速拉近,出乎河边的意料。

通往杜威大道的狭窄通路上,挤满看热闹的人群。美军士兵笑嘻嘻地高呼"万岁";菲律宾人则心怀敌意,有人用日语大骂"混蛋",有人投掷石块,击中车身弹开,而日方代表只是目视前方。

马尼拉酒店附近有一座两层建筑,名叫罗萨里奥公寓。代表团刚在里边安顿下来,便享用到一顿火鸡大餐,直到多年以后,众人遥想当时,仍觉"津津有味"。晚餐过后,代表团乘车来到市政厅,被引领着来到一张大型会议桌边,与美方代表相对就座。正对着河边的是麦克阿瑟麾下参谋长萨瑟兰,萨瑟兰宣读《一般命令第一号》,指明分散于各地的日军武装力量应向哪一当局投降:驻留中国大陆、台湾岛与印度支那北部者,应向蒋介石政府投降;驻留伪满洲国、库页岛南部与朝鲜半岛北部者,应向苏联政府投降;余者则由英、美两国接管。正式投降仪式将于9月初举行,地点在东京湾内一艘美军舰艇上。此外,美方还命令日方代表列出所有部队与军舰的部署地点,以及机场、潜艇及"回天"鱼雷基地、弹药库与雷区的位置。

次日上午,会议再度召开。萨瑟兰拿出一份拟由天皇亲自颁布的降书草案,递给河边。河边手滑没接住,草案落在桌上。一名美国海军军官从旁观察,见河边小心翼翼地捡起草案,好像那文件是某种致命毒药。日方译员大竹贞雄少尉是纽约大学毕业生,英文名叫作罗伊。河边把草案交给他,命令道:"译出来!"

"我,日本国天皇裕仁——"大竹刚念出开头一句,便吓得面色苍白。天皇绝不会使用"我"(watakushi)作为第一人称,而是使用君主专属的"朕"(Chin)。河边听着翻译,双臂交叉,眼睛紧闭,表情痛苦。大竹念出"结束"(Owari)二字,河边便一拍桌子,说:"完(Shimai)!"

身为日本问题专家,马什比尔非常清楚,对日本人而言,让天皇使用此等直白词句属于大不敬。不难看出,日方代表"瘫坐在椅子里,像是沦为行尸走肉"。代表团回到罗萨里奥公寓,收拾行装准备回国时,马什比尔与威洛比对河边、冈崎加以安抚。"我可以保证,"马什比尔用日语说道,"最高司令并不是有意侮辱和贬低天皇在日本民众心目中的形象。"并表示,自己会亲自与麦克阿瑟将军探讨此事,日方不必理会草案的措辞,可以"按照诏书正常体例,以通行和习惯的方式结尾",自行起草一份。马什比尔把自己作出的承诺解释给威洛比听,威洛比无法理解日方代表何以如此郁郁不乐。

"威洛比将军,"冈崎用英语说道,"此事至关重要。重要程度之高,我甚至都没法向您解释!"

代表团离开罗萨里奥公寓时,大竹与一名二代日裔美国警卫攀谈起来。二人自报家门,大竹发现警卫姓高村,与自己的妻子同姓;警卫的妻子也是二代日裔,他们当初在美国成婚。"你有没有一个姐妹叫悦代?"大竹问道。警卫点点头。大竹道:"我就是悦代的丈夫。"二人握手。汽车发动时,大竹对舅子说道:"以后来日本,记得找我。"

马什比尔上校把允诺日方修改文件措辞一事上报给萨瑟兰将军,将军认为并无不妥,但还是希望上校亲自去向麦克阿瑟报备一下。麦克阿瑟搂着上校的肩膀说道:"马什比尔,你的处理完全正确。我当然无意贬低他(天皇)在日本民众心目中的形象。"通过裕仁维持日本政府战后之秩序,正是最佳手段。麦克阿瑟甚至问道,等自己到达东京,天皇是否会登门拜访。"如果他真来了,那是不是日本天皇历史上第一次做客?"

"是的,将军。我相信他一定会来。"

代表团返回伊江岛,准备登机回国,却发现其中一架三菱轰炸机无法起飞。有代表怀疑飞机遭人破坏,大竹只觉这想法荒唐可笑:出故障的飞机正是来时平坠着陆的那架。河边、冈崎与其他六名代表乘上那架运作正常的轰炸机,开始漫长的归国之旅。随行人员之中,有一人名叫竹内春海(此人后来成为日本驻菲律宾大使),在途中记录冈崎口述的备忘录。河边将军则陷入沉思,对美方人员表现出的尊重感到惊异。"人类彼此交往,若能真诚践行正义,贯彻人道,"河边后来写道,"那么战争之恐怖,绝大多数都能够避免。即便战争不幸爆发，胜者也不会不可一世，败者的痛苦自然随之缓解。要做到那些，先决条件是打造出一个真正伟大的文明国度。"

日落西山，夜幕降临。透过机身弹孔，凉气呼啸而入。八名代表为御寒，便喝起威士忌，最终沉沉睡去。约晚 11 时，飞行员把众人叫醒，称一油箱突然漏油，目前正飞往最近处陆地。假如未抵达陆地便坚持不住，轰炸机便只能在海面上短暂漂浮。在飞行员的要求下，众代表穿上救生衣。

代表团最担心的是文件。一旦文件丢失，这可能会被美方误解为是故意拖延投降仪式的阴谋诡计。冈崎早年有过运动员经历，曾于 1924 年巴黎奥运会上代表日本参与竞技。于是，文件便托付给冈崎保管。

发动机缓缓停止转动，机身随之下降。竹内从窗口望去，只见月光皎洁，海面明灭。他正欲伸手系紧救生衣，手指却冻得僵硬，不听使唤。众人默然不语，用手撑住前排座位，脑袋低垂；只有冈崎双手紧紧抓住宝贵的文件。飞机在海面上弹跳，海水飞溅在机窗上。它像是打水漂的石片，直到撞在什么东西上，霎时停住。

竹内听到有人说："还算平安。"接着感到脸上一阵黏稠，还以为是鲜血，其实是油桶从他身上滚过时洒落的油。飞行员打开一扇侧门。竹内感到机身受到海浪冲击，心想一定要在飞机沉没前逃脱，谁知抬头一看，发现飞行员正站在只有齐膝深的海水中。

迫降时，冈崎前额受到撞击，此时感到头晕目眩，他迈着踉踉跄跄的脚步，独自走出飞机，涉水上岸。举目望去，前方正是月色下的富士山。

3

在美国看来，此时，盟国比日本更难对付。斯大林要求更多战利品，他在给杜鲁门的电报中表示，千岛群岛早在雅尔塔会议上便"赏给"苏联，进而提出：千岛群岛，以及日本本土最北端的北海道岛北半部，驻留上述两处的日军应向苏联远东军司令投降。

......尤其是后一建议，对稳定苏联国内舆论具有特殊意义。众所周知，日本在1919年至1921年期间，曾侵占整个苏联远东地区。假使苏联军队不对日本合法领土之一部分加以占领，恐难平复国内舆论。

此等建议，实与大局无涉，深盼贵国不加任何反对。

杜鲁门怒不可遏，答复称，苏联占领千岛群岛，没有问题，但有一点需要苏方理解，即美方准备在千岛群岛某个岛屿上建立空军基地。至于北海道，杜鲁门寸步不让：本土四岛之投降安排，绝不能进行任何变更。

斯大林同样愤愤不平，并在两日后，亦即8月22日回应称，关于北海道问题，"不期答复如此"，至于美国在千岛群岛建立永久性空军基地一事，雅尔塔会议上从未提及。

......一个国家，受到此种性质之要求，通常只有两种情况：一是战争失败，遭到征服；二是力量不足以保卫部分领土，因而主动向盟国提供相应之基地。在本人看来，苏联不属于上述任何一种情况......鉴于来电之中，未加任何说明，就要求苏方授予一永久性基地之动机，本人亦须坦诚相告，包括本人在内的各位同志，皆无法理解，贵国何以向苏联提出此等要求。

杜鲁门的"第一反应是，电报充斥着强烈的敌对情绪，最好不去答复"，但在深思熟虑后，还是选择主动终止争执。在复电中，杜鲁门解释道，美国只是打算在占领日本期间于千岛群岛建立一处临时基地，以备不虞。

与苏联不同，中国方面的问题更加难以解决。八路军总司令朱德命令八路军尽可能占领大小城镇。蒋介石对此极为不满，称之为"唐突和非法之行动"，并命令朱德停止单独对日行动。共产党电台旋即谴责蒋介石为法西斯头子，并回应称："我们要向全国同胞和全世界人民宣布：重庆统帅部，不能代表中国人民和中国真正抗日的军队；中国人民要求，中国解放区抗日军队有在朱德总司令指挥之下,直接派遣他的代表参加四大盟国接受日本投降和军事管制日本的权利。"①

然而,红色中国提出的方案,却遭到苏方的阻碍。日本投降前一日,莫洛托夫与国民党政府签署条约。该条约具有侮辱性质,为此后数十年的苏中关系埋下隐患。

与此同时,苏联一心在亚洲大陆确立势力范围。关东军早已是强弩之末,苏军轻取伪满洲国,占领大部分地区。数以万吨计的小麦、面粉、大米、高粱与大豆,连同大型机械、铁路车辆、纸张、印刷机、摄影器材与电气设备,一并被运往苏联。办公室里的座椅、书桌、电话、打字机也遭到洗劫,无复孑遗。甚至连破旧家具与玻璃碎片,苏军也不放过,通过车队运往西边。对苏联而言,破铜烂铁统统都是宝贝。

苏军把日军战俘身上贵重物品掠夺一空,连嘴里镶的金牙也不放过。然而,这些行径并非源自仇恨或报复,而是一种继承自匈人首领阿提拉的习俗,是征服者在享受战争带来的奖赏。

4

抵制投降的极端思想并没有随着畑中、宇垣的死去而消失。爱宕山是东京市内的一座小丘,站在山上能够远眺美国大使馆。8月22日黄昏,10名自称"尊攘义军"(意即"维护帝国统治,驱逐外国人士的正义组织")的青年,头缠白布,占领该山。当局派出警察镇压,"义军"反以手枪与手榴弹相威胁。倾盆大雨之中,10名青年互挽臂膊,高唱日本国歌,齐呼三声"天皇陛下万岁",接着便是一阵巨响,五枚手榴弹几乎同时炸开,10人当场毙命。为首者留下绝命辞:"破碎山河犹在,徒闻如雨蝉鸣。"数日后,三名"义军"的遗孀也登上爱宕山顶自杀,二人身亡。其时,自我毁灭成为一股浪潮。信奉佛教某宗派的11名运输军官在宫城前自裁,14

---

① 此段文字,包括前文引用之文句,皆出自毛泽东在1945年8月13日为新华社撰写的社论《蒋介石在挑动内战》,译文摘自人民出版社《毛泽东选集》第4卷。——译者注

名青年学生则在代代木练兵场切腹自尽。

也有叛军持续对通信枢纽展开零星袭击。某陆军通信学校的66名士兵在1名少佐的率领下，短暂占领NHK设在川口市的放送所。而在松江市①，约40名平民，其中包括11名妇女，攻占NHK松江放送局，进而对邮局、发电站、报社甚至县厅发起袭击。

政府发布公告称，美军不久将占领日本。此举引起新的恐慌与动乱，谣言四起，民众惊惶：才传中国人登陆大阪，又闻数千美军在横滨掳掠奸淫。姑娘与财物都被转移至乡下或山区。报纸连番推出专栏，指导民众应如何与美军相处：女性"夜间切不可出门。手表等贵重物品须置于家中。遭遇强奸时，须展现出最大限度的尊严，大声呼救，不得屈从"，且要避免"挑逗行为"，例如吸烟，或者赤足。有些工厂则给女工分发毒胶囊。

8月28日，日出后不久，美军先遣部队在麦克阿瑟麾下参谋查尔斯·坦奇上校指挥下，搭乘45架C-47运输机飞临富士山。领头飞机在厚木机场着陆停稳，坦奇成为第一个踏上日本本土的征服者。一群日本人发出呐喊之声，从停机坪边缘冲来。有一瞬间，坦奇以为这是群狂热分子，就要拔出刀来把他砍翻在地，接着便注意到飞机旁站着一小群接待人员。一名身材矮小的军官走上前来，自称是有末精三中将。② 坦奇与有末朝接待区一顶帐篷走去，他们踏出的每一步，几乎都被记录在日方与美军摄影师的相机之中。进入帐篷，有末端出橙汁酒，坦奇顿时脸色苍白。

---

① 原文"松井市"（Matsui）有误，当为"松江市"（Matsue），亦即岛根县县厅所在市（相当于我国之省会城市）；日本将该暴动称为"松江骚乱事件"（松江骚扰事件）。——译者注

② 坦奇抵达两个小时前，三架涂作蓝色的美军战斗机从厚木机场上空俯冲而下，其中一架投下一根大长管。有末惊得动弹不得，眼睁睁地看着它坠落下来。他本以为这是美国国内激进分子要求继续战争从而投下的某种爆炸物，谁知管子落在草地上，并未炸开。部下小心翼翼地把管子抬来，有末发现顶端有一个螺帽，便将其拧开，拆除"引信"，里面竟是一卷15英尺长的布制横幅，上面写道：

欢迎美利坚合众国陆军
美利坚合众国海军赠

此外还附有一则说明，要求把横幅挂在机库一侧，让麦克阿瑟的部下一下飞机便能看到。有末"担心引起反感，进而导致异常状况"，便下令将其藏起来。

为表示没有下毒，有末先把自己那杯喝掉，坦奇依然心怀疑虑，只轻轻抿一小口。

在接下来的四十八小时，美军第十一空降师已将厚木机场占得满满当当。一连数小时，每隔两分钟便有一架隶属该师的四引擎运输机降落。机场刚确保安全，另一架 C-54 随即出现在天边。那是"巴丹"号，飞机里面坐着五星上将道格拉斯·麦克阿瑟与其军政秘书邦纳·费勒斯准将。费勒斯其人曾多次访问日本，此时正在与长官讨论日本的命运。"简单得很，"麦克阿瑟说道，"我们利用日本政府来实现占领。"在诸多事项之中，费勒斯注意到长官准备赋予日本女性以选举权。

"日本男性恐怕不会支持。"

"别管他们。我的目的就是把军方搞臭。毕竟，女人不会渴望战争。"

下午 2 时 19 分，身形庞大的 C-54 运输机着陆。麦克阿瑟第一个步出机舱，在舷梯顶端略作停留；费勒斯听到长官自言自语道："这就是结局。"麦克阿瑟点燃那根玉米芯烟斗，叼着它走下舷梯。罗伯特·艾克尔伯格将军数小时前便已抵达，此时上前与麦克阿瑟握手。"鲍勃，"麦克阿瑟咧嘴一笑，"墨尔本到东京，路途好是漫长啊，看起来总算抵达终点啦。"

麦克阿瑟一行乘上一排破旧的汽车，前往位于横滨的临时司令部。排头是一辆红色消防车，考特尼·惠特尼将军望着它，联想到图纳维尔手拉车①。消防车不时发出惊人的爆炸声，其余破烂车辆也吱嘎作响，缓缓朝着 15 英里外的横滨行进。沿途站岗的日军士兵约 30000 人，全部背朝麦克阿瑟站立。

美军一行下榻新格兰德酒店，该酒店建造于 1923 年关东大地震后，十分豪华。晚餐时，惠特尼警告长官称，牛排里有可能下毒。麦克阿瑟笑道："天下岂有长生不死者。"夜里，众军官聚集在房间内，麦克阿瑟说道："弟兄们，我们身居敌国腹地，兵力寥寥，却要盯紧 19 个全副武装的师团和 7000 万在外虎视眈眈的狂热分子。只要走错一步，敌人搞一场'阿拉

---

① 图纳维尔手拉车，出自美国漫画家方丹·福克斯于 20 世纪上半叶创作的漫画系列作品《图纳维尔百态》(Toonerville Folks)，乃是一辆红色手拉车，由一名白胡子老人拖曳前行。——译者注

莫屠杀'①，真比主日学校野餐会还简单。你我正在经历的，算是军事史上头号冒险行动啦。"

次日，自伪满洲国某战俘营得到释放的乔纳森·M.温莱特中将乘飞机抵达横滨。麦克阿瑟正在用晚餐，听说温莱特已到大厅，连忙下楼，去迎接那位巴丹战役中最为著名的幸存者。这位军官因投降而损失的部队数比其他任何一位美军指挥官都多。温莱特站在大厅，形容憔悴，头发雪白，骨瘦如柴，拄着拐杖，一件军服松松垮垮地挂在身上，衰老的模样远超其真实年龄。见麦克阿瑟拥抱上来，温莱特勉强微笑，却说不出话来。"别来无恙，皮包骨。"麦克阿瑟激动地说着，把双手搭在温莱特肩头。

温莱特喉头哽咽，半天才吐出一个词来："将军。"直到摄影师拍照时，他才重新说出话来，称率军投降、放弃菲律宾，在其本人看来乃是耻辱。②麦克阿瑟则安慰温莱特，请他说出愿望，并表示一定加以满足。

"将军，我现在只想指挥一个军。"温莱特嗓音沙哑，"从最开始，我想要的就只是一个军而已。"

"瞧你说的哪里话，吉姆，只要你想要，之前那个军随时都是你的。"

一支象征性的占领军被派往疮痍满目的东京，对随军记者而言，最值得采访的对象自然是"东京玫瑰"。9月1日，一位姓山下的日本记者在美国记者哈里·布伦迪奇与克拉克·李的拜托下，把"东京玫瑰"带到帝国饭店。她身着宽松长裤，梳着辫子，身边跟着一名神色肃穆的日葡混血青年。

"这位是伊娃·户栗郁子女士，也就是你们要找的'东京玫瑰'。旁边这位是伊娃女士的先生，菲利普·达基诺。"

---

① 1836年，得克萨斯独立战争期间，约200名得克萨斯士兵困守阿拉莫要塞，抗击数十倍于己方的墨西哥军，最终全员遭到杀害。该事件在美国家喻户晓。麦克阿瑟此处的意思是，并不是对日军放心，而是日军若心怀歹意，大可将美军一行尽数屠杀，不必在牛排中下毒。——译者注

② 在其本人的《回忆录》(Reminiscences)中，麦克阿瑟写道，当地获知温莱特的所思所想时，"大感震惊"。显然，麦克阿瑟已不记得1942年发给马歇尔的那几封电报，其中一封宣称自己的继任者温莱特"已暂时精神失常"。

"你真的是'东京玫瑰'吗?"布伦迪奇问道。

"货真价实,独一无二。"①伊娃微笑道。

布伦迪奇要求伊娃为《时尚》杂志提供一篇第一人称叙述的独家故事,稿件由布伦迪奇代笔,报酬是 2000 美元,条件则是在文章发表前,不得与其他记者、陆军情报部门及作战情报中心的人员接触。得到伊娃的同意后,布伦迪奇在便携式打字机上键入长达 17 页的笔记,最终整理为一篇具有讽刺意味的故事:一个天资聪颖、勤奋好学的妙龄女郎,在加州大学洛杉矶分校获得动物学学位;她热爱一个国家,却无奈沦为叛徒;她憎恶一个国家,却被迫为之效力,从事宣传广播工作,赚取 6.6 美元的微薄月薪——若不如此,便只有进入军火工厂干活。

自加州大学洛杉矶分校毕业后,伊娃突破重重阻力,前往日本,代替病重的母亲去探望生病的姨母。然而,在真正远渡重洋之后,她才发现自己几乎对日本的一切都心存厌恶,包括米饭,以及那些亲戚。然而,她还没来得及回国,战争便不幸爆发。伊娃先是给人做秘书维持生计,后来又在 NHK 当打字员,最后在一名前美军上尉的邀请下,进入播音行业。那上尉入伍之前曾做过电台评论员,此时沦为战俘,在日军劝说下重操旧业,为敌人服务。以盟军官兵为对象,伊娃每天进行 15 分钟广播,并在此期间,与多名为日军从事广播工作的美军战俘结下友谊。(那些战俘后来得到赦免,因为当时若不从命,便会"直接受到死亡或肉体残害之威胁"。)伊娃时常给战俘带去食物、药品、香烟等一切能够弄到的东西。"那些人的思考、感受都与我一样",伊娃后来写道,"能与他们交往,真是上天的恩赐。"

《时尚》杂志主编认为布伦迪奇是在与一名卖国贼做交易,大感惊诧,并发来电报要求解释。布伦迪奇一怒之下,便把特稿转给克拉克·李,自

---

① 事实上,"东京玫瑰"不止一人,当然也并不只在东京活动。当时美军官兵也无法判断自己听到的"东京玫瑰"究竟是谁,而其余女播音员在战后全部隐姓埋名,只有伊娃·户栗郁子主动承认身份。——译者注

己另写一篇,投给国际通讯社,立时发表。①

5

在海军部长福雷斯特尔的建议下,正式投降仪式定于9月2日,亦即麦克阿瑟抵日后第三天,在停泊于东京湾的战列舰"密苏里"号上举行。杜鲁门对这个选择尤其满意。作为世界上最大的四艘战列舰之一,"密苏里"号以总统的故乡密苏里州命名,命名者还是总统的女儿玛格丽特。

9月1日,在"密苏里"号甲板上,枪炮长霍勒斯·伯德中校指挥众人进行仪式排演。300名水兵集结于此,充当前来出席的各国显贵。开头十分顺利,而当乐队演奏起《海军上将进行曲》示意该尼米兹登场时,尼米兹却不见人影。扮演尼米兹的是一名身材魁梧的副水手长,绰号"双胆",此时呆立原地,挠着头,诚惶诚恐地说道:"海军上将,让我来演?那真演不了!"

次日清晨,海面上阴冷灰暗,伯德中校沮丧地望着太阳升起。约7时30分,一艘驱逐舰停靠在旁,各国记者登上"密苏里"号。每位记者都安排有固定位置,但只有日本记者吓得胆战心惊,在原位一步不敢挪动。苏联记者格外喧闹,在舰上肆意走动,"活像一群野人"。

美国媒体从业者则回忆起鲜活的往事。《纽约时报》记者罗伯特·特朗布尔永远无法忘记珍珠港遇袭那个早上的忙乱场景,那时他在檀香山某报社工作。在"密苏里"号上负责电台联播的韦伯利·爱德华兹也绝不会忘记,1941年12月7日那天早上,自己通过檀香山电台宣布:"消息真实可靠!"

---

① 后来,达基诺夫人因被指控叛国罪被捕。1948年9月,在大陪审团出席的法庭上,李与布伦迪奇"把罪名推给那名教唆'东京玫瑰'从事广播工作的陆军上尉",因为在他们看来,上尉的罪行更重。于是,陪审团要求同时起诉上尉与"东京玫瑰"二人,却得知上尉不在法庭管辖范围内,便拒绝对她提起诉讼。最终,公诉人向陪审团保证,上尉同样逃不过法律制裁,"东京玫瑰"这才受到审判,定为叛国罪,处以10年徒刑,罚款10000美金。然而,上尉始终没有受审,不仅如此,还晋升成为少校。

数艘驱逐舰驶来，哈尔西、赫尔弗里希、特纳、白思华、史迪威、温莱特、斯帕茨、肯尼、艾克尔伯格等盟军陆海军将领纷纷自驱逐舰转移至"密苏里"号。上午8时5分，尼米兹在军乐声中登舰，接着到来的是麦克阿瑟。然而，人群过于激动，没能注意到两位高级将领。伯德中校冲到众人面前，大喊："各位注意，麦克阿瑟将军、尼米兹将军到！"无人理会。伯德无奈，只得高喊："全体立正！"聚集在舰上的陆海军将领立即立正，甲板上顿时鸦雀无声，连海浪拍打军舰吃水线的声音也清晰可闻。

"兰斯当"号驱逐舰载着11名日本代表驶来，该舰之名称是为纪念飞艇"仙纳度"号的艇长兰斯当。早在出发之前，日方就首席代表人选发生过争论。新首相东久迩宫身为皇族，自然不可承受此等耻辱。近卫公爵曾为和平奔走，近两年间甚至朝不保夕，此时也不愿意站出来蒙羞。于是，重担便落在新任外相重光身上。重光认为"任务虽痛苦，却有其意义"，并为天皇钦点自己而感到荣幸。参谋总长梅津也受到天皇点名，被迫出席。军令部总长丰田则命令作战部长富冈海军少将代为出席，并说："仗是你打输的，所以该由你去。"富冈默默服从，却打定主意在仪式后切腹自尽。

日方代表甚至无法确定登舰之后的外交礼节。他们应该敬礼，鞠躬，握手，还是仅仅微笑？顾问马什比尔中校表示，军人需要敬礼，文官只需脱帽鞠躬，"而且我建议各位最好都摆出一副若无其事的表情"。

8时55分，马什比尔引领着一名文官代表走上"密苏里"号舷梯。那代表头戴丝质高礼帽，身着燕尾服，系阔领带，在登舷梯时显得异常艰难，每踏上一步便呻吟一声。此人正是重光，他多年前在上海遇刺，左腿被炸断，此时新更换的义肢使他感到极其痛苦。伯德俯视着舷梯，以为戴礼帽男子身后那个面容阴郁的将军会搀扶一下。那人乃是梅津，对重光心怀怨恚，视之为"日本的巴多格里奥"，对其难处视若无睹。伯德下来伸出手臂，重光起初摇头拒绝，最终还是硬着头皮，接受美军士兵的暂时帮助。

重光自后甲板攀登通往举行仪式的前甲板扶梯这段痛苦的过程，使他成为全舰所有人注目的焦点。一位美国记者注意到，围观者的眼神中带有"一种残酷的满足感"。伯德想再帮重光一把，却遭到拒绝。重光控制着面部表情,笨拙地踏上最后一阶。

日方代表就位后,牧师开始祈祷,接着喇叭播放《星条旗》,全员始终立正倾听。随后则是漫长的停顿,使代表感到如坐针毡。加濑俊一(此人先前是松冈洋右的秘书,此时是重光的秘书)注意到身旁的舱壁上画着数面微型旭日旗,这显然标志着该舰的战果,可能是指日军飞机,也可能是潜艇。加濑数着,不觉喉头哽咽。站在加濑身旁的富冈少将,此时的心情则是惊怒交加:惊的是美方丝毫没有流露出蔑视日方代表的迹象,怒的是苏联代表竟也在场——俄国人部分程度上也算亚洲人,却无视日方请求,不仅不肯出面调停,甚至还在"满洲"从背后捅刀。①

麦克阿瑟将军来到会场,迈着轻快的步子,与尼米兹、哈尔西一同穿过甲板,来到一张摆满文件的桌子旁。桌子原本为英方提供,用的是一张在日德兰海战中使用过的旧桌子,由于太小,伯德将它更换为较大的餐桌,桌上铺着一块沾有咖啡污渍的绿色毡布,文件恰好盖在污渍处以作遮掩。温莱特与白思华走到麦克阿瑟身边,在桌子后边站定。

"主要参战国的各位代表,"麦克阿瑟发表讲话,"今日我们在此齐聚一堂,缔结一项庄严协定,借以重新实现和平。政治理念之相异,意识形态之相违,在以世界为舞台的战场上分晓已见,此处无须再作讨论或是争辩。代表着地球上大多数民众,我等相聚于此,并不是怀着猜疑、恶意或仇恨的心态,而是要使我等胜败双方,共同上升至一种更为崇高的境界,只有这样才有助于实现我等将要为之奋斗的神圣目标,使我等所代表的所有人民,都能够全心全意地去信守双方在此正式取得的谅解。"

麦克阿瑟的话语中并不带有怨恨或复仇的情绪,使得富冈深受感动。曾陪同松冈出使柏林与莫斯科的永井八津次少将则目不转睛地盯着麦克阿瑟,心下慨叹道:与梅津总长相比,此人看上去何等年轻,何等健康!或

---

① 同一日,大元帅斯大林通过广播向苏联人民发表重要讲话称,苏联与日本之间,有一笔特别的账目需要清算,因为1904年,日军侵占萨哈林岛南部,又对库里尔群岛加强控制。

"1904年,俄军在日俄战争中战败,给我国人民留下痛苦回忆,给我国荣誉留下严重污点。我国人民满怀信心地期待着日本战败、污点抹消的那一天来临。老一辈俄国人,已等待足足40年,终于在今天得偿所愿。今天,日本正式承认战败,在无条件降书上签字⋯⋯"

许是战争失败带来的精神压力过重,才使得总长未老先衰? 当年在另一场投降仪式上担任过译员的杉田一次大佐也在场,目光游移之际,他与白思华将军四目相对,相互凝视。显然,二人都回忆起在新加坡福特工厂里的不堪往事。

"我本人有一个殷切的期望,"麦克阿瑟继续说道,"其实也是全人类的期望。那就是,从庄严的此时此刻起,让流血与屠杀成为过去,让一个更美好的世界从中诞生。那个世界建立在信义与谅解之上,那个世界致力于实现人类尊严,维护自由、宽容、公正等人类最为珍视的各种愿望。"

恰在此时,云开见日,富士山在远处的阳光之下闪闪发光。麦克阿瑟指向桌子对面的一把椅子,重光一瘸一拐地走上前,在椅子里坐下,不知所措地摸着帽子、手套与手杖,看上去好像是在拖延时间。哈尔西从旁干着急,甚至想要冲上去给重光一个耳光,命令他:"签!快他妈的签!"麦克阿瑟却看出来,重光是不知道该怎么签,便转过身,高声命令参谋长:"萨瑟兰,你来告诉他签在什么地方。"重光签过字后,梅津局促地走上前,也不落座,只是草草签下名字。然后,麦克阿瑟用另一支笔,以盟军最高司令身份签字。接着是各同盟国代表:五星上将尼米兹代表美国、徐永昌将军代表中国、海军元帅布鲁斯·弗雷泽爵士代表英国、K. 杰列维扬科中将代表苏联、陆军上将托马斯·布莱梅将军代表澳大利亚、L. 摩尔-科斯格雷夫上校代表加拿大、雅克·勒克莱尔将军代表法国、赫尔弗里希海军上将代表荷兰、空军中将 L. M. 伊希特爵士代表新西兰。

一则小插曲短暂地打破这个庄严的场面。某同盟国——并非美国——代表醉酒,冒失地朝日方代表做起鬼脸。重光逼视对方,面无表情,从容不迫地戴上礼帽,其余文官代表纷纷效仿。马什比尔心想,这也许是巧合,不过也可以说是反映东方文化精微奥妙的一个绝佳例子。

签署完毕后,麦克阿瑟再次致辞:"愿世界从此恢复和平,祈祷上帝永远保佑。我宣布,仪式到此结束。"麦克阿瑟走到哈尔西身旁,搂住其肩膀。伯德就在附近,隐约听到麦克阿瑟说:"比尔,飞机怎么还没来?"正在此时,远处传来隆隆声,似乎是在代替哈尔西作答。数千架舰载机与B-29自"密苏里"号上空掠过,景象震撼人心。

麦克阿瑟离开举行仪式的甲板，来到另一个麦克风前，对美国公众发表广播演说：

今天，枪炮不再轰鸣。长篇悲剧拉下幕布，伟大胜利终于来临。天空不再飘洒死亡之雨，海洋仅仅用于懋迁有无。各地人民得以抬头挺胸，行走于阳光之下。世界重归祥和与安宁。神圣之使命宣告完成……

在这个崭新的时代里，战胜带给我等的教益，乃是对未来之安全、文明之存续的密切关注……军事同盟、力量制衡、国际联盟，一切尝试全部以失败告终，接着便只剩下一条道路，亦即跳入战火的熔炉……

如今，战争发展为一种毁灭一切的行为，因此这唯一的道路也不再可行。摆在我等面前的，只有最后一次机会。倘若无法设计出某种更为伟大、更为公平的体制，那么，世界末日便近在眼前……

麦克阿瑟的发言，在很大程度上属于一种承诺，即美国将以谅解与同情的态度对待战败的敌人。而在日本各地，民众也从不堪忍受的痛苦命运中渐渐复苏。《日本时报》刊文劝诫读者，其意在于鼓舞时人，而自后来者观之，亦可谓有先见之明："倘若放任苦痛与耻辱在头脑中蔓延，滋生出复仇于未来的阴暗思想，那样带给我们的只有扭曲的精神、病态的心理、卑鄙的欲念……然而，同样是苦痛与屈辱，倘若将其作为一种鞭策，用于自省，用于改革，进而将那自省与改革作为动力，投身于伟大建设事业，那么，就没有什么力量，能够阻止我们在战败的余烬之上，重建一个彻底摆脱旧日糟粕，再度实现光辉灿烂的新日本，一个终将赢得世界尊重、借以证明自身荣光的新日本。"

尾　声

1

"密苏里"号上的投降仪式结束六天后，亦即9月8日，麦克阿瑟来到东京。正午，第一骑兵师的仪仗队正把一面具有历史意义的旗帜悬挂在升降索上，麦克阿瑟大步走上大使馆阳台，声音洪亮地说道："艾克尔伯格将军，且让美利坚国旗在东京的阳光下飘扬，作为被压迫者希望之象征，作为正义最终获胜之先兆，尽情展示它的荣耀。"随着军号响起，"珍珠港日"那天飘扬在华盛顿国会大厦上的那面旗帜，徐徐升上旗杆。

在宫城脚下羞辱性地升起美国国旗，是对麦克阿瑟入东京的一条注解。如果说，此一事实中所包含的全部意味，非日本普通民众所能理解，那么，对那些未能阻止外敌，对战争负有直接责任的军人而言，失败是难以直面的现实。此外，不少军方人士预计将接受审判。9月11日，麦克阿瑟下令将首批被指控的40名战犯逮捕归案。

名单上有一个人尽皆知的名字——东条英机。东条家宅是一座朴素的建筑，位于世田谷，几乎就在命令发布的同时，便遭到新闻记者与摄影师包围。曾任首相的东条被软禁在书房，此时正坐在一张大书桌前写字。房间里挂着一幅其本人的戎装全身像，十分显眼；另一面墙上则是一张虎皮，那是马来亚地区某个仰慕者寄来的礼物。

随着人群越来越拥挤，新闻记者冲进花园。下午3时前后，东条见屋外人声鼎沸，水泄不通，便让夫人带上女佣，迅速离家；几个孩子早已疏散至九州。东条夫人不情愿地离去，由于担心东条会自杀，临走前不断恳求道："您多保重，老爷，一定多保重。"面对鞠躬的妻子，东条只是不置可否地应了一声。

东条夫人带上女佣，从后门出去，绕过围墙，走上街道，朝车行道而去。当她朝自家宅邸望去时，发现视线已被车流与人群阻挡，于是便转而前往马路对面，进入一所住宅的花园内，此处地势较高。该住宅的主人是一位姓铃木的医生，此前不久，东条曾请他用炭笔在自己胸口画出心脏的位置。夫人从围墙上方望去，发现美军宪兵已把住宅团团围住。一名军官喊道："进去告诉那个黄皮杂种，说我们等得够久了！把他押出来！"突然，屋内传出一声沉闷的枪响。宪兵随即破门而入。即便在街道另一侧，东条夫人也能够听到门板破裂的声音。那时是下午4时17分。

执行逮捕任务的保罗·克劳斯少校率领宪兵冲进东条书房，身后跟着《纽约时报》记者乔治·琼斯。东条没穿外套，虚弱地站在安乐椅旁，衬衣被鲜血染得通红，右手握着一支点32口径柯尔特手枪，枪口对准冲进来的美军宪兵。

"别开枪！"克劳斯喊道。

东条的反应并不像听到喊声，但手枪掉落在地板上，发出"哐"的一声，随即自身也瘫倒在椅子里。跟随美军宪兵进入书房的有一名日本警卫员，东条示意此人端来一杯水，两三口便喝得精光，还要求再来一杯。

在马路对面的花园里，东条夫人双膝跪地，祷念佛经，脑海中想象着丈夫的痛苦，努力做好心理准备，以防因看到美军抬出尸体的一幕而崩溃。然而，一辆救护车驶来，一名日本医生冲进屋内。

下午4时29分，东条嘴唇微微颤动，陪同记者前来的两名译员做起笔录。"没能当场毙命，实在遗憾。"东条面部因痛苦而扭曲，声音微弱，美军人员俯视着他，并无同情之意。"大东亚战争乃是义战，"东条继续说道，"对国家，对大东亚诸民族，本人深感愧疚。征服者设立的法庭岂是审判之地，我等待着历史的公正裁决。"东条的声音渐渐洪亮起来，吐字却无法保持清晰,"我打算自杀,但自杀难免不能成功。"子弹打入铃木医生在他胸口画出的位置,几乎毫厘不差,却恰巧未能命中心脏。

医务人员把东条抬到一张长沙发上,东条低声道:"之所以没朝脑袋开枪,是希望保持容貌可辨,确切地告知人们,东条已死。"美军将他送往横滨第四十八野战医院。夜里,艾克尔伯格将军来到病床前,东条睁开眼睛,尝试鞠躬行礼,说道:"我快死了,给艾克尔伯格将军添麻烦了,很是抱歉。"

"您说添麻烦,指的是今天晚上,还是过去几年?"

"是指今晚。我那把新军刀,希望艾克尔伯格将军收下。"

东条活了下来,并以主要战犯身份接受审判。① 次日清晨,杉山元帅

---

① 审判在市之谷高地曾经的大本营陆军部大楼内举行。在冗长的审判程序接近尾声的某日,东条与儿玉誉士夫在巢鸭监狱的院子放风,看见两架美军飞机从头顶飞过。"儿玉,"东条说道,"假如此次审判能够根绝战争,那倒可以承认还有其意义。但你看啊,那伙人又在搞飞行训练,那是在准备对付苏联。审判结束后,美苏关系绝不会继续稳定下去。若是战火又起,那在此审判战犯又有什么意义。"

1948年11月12日,死刑判决下达。东条在狱中与此前判若两人,一心投入宗教之中,狱友称之为"寺小僧"(佛教僧侣)。处决前数小时,东条对佛教学者兼监狱教诲师花山信胜博士说道,死亡乃是值得欣慰之事:不仅是对国人之谢罪,也是日本迈向和平重建之第一步;而"躯体成灰,亦将化为祖国之土壤"。此外他还表示,自己"牙齿没剩几颗,老眼昏花,记忆力衰退,本也算得上是死期将至。与其作为尘世恩怨之牺牲品,在狱中了却残生,真不如痛快上路"。最后,东条又说,他知道彼岸乃是极乐世界,因此乐于迎接死亡。狱中生活甚至培养出他的幽默感,东条拿起一条坎农牌(Cannon)毛巾,笑道:"观音菩萨([Kannon-sama]佛教中以慈悲为怀的女性神祇)终于显灵啦。"

在临终遗言里,东条呼吁"美国不要对日本持敌对态度,同时要防止日本共产主义化。日本乃是亚洲唯一的反共堡垒,而"满洲"已成为亚洲共产主义化的根据地"。此外东条还预言,美国强使朝鲜南北分裂,此后必酿成大祸。

东条就日本军人犯下的暴行谢罪(关于"谢罪",东条遗言之原文如下:"もちろん、日本軍人の間に間違いを犯した者はあろう。これらについては衷心、謝罪する。"意为:"当然,日本军人中间,想来也有犯下错误之人。对此,我衷心表示谢罪。"不宜笼统视为"东条为战争谢罪"。——译者注),同时敦促美军就无差别空袭与两枚原子弹造成的悲惨结果,对日本民众表达怜悯与悔恨之意。此外,东条预言,美苏利益冲突必将导致第三次世界大战爆发,战场将会是在日本、中国与朝鲜。日本既手无寸铁,美国便有责任提供保护。

遗言以两节诗歌作结:
今夕远行辞故土,他日归来重报国恩似海深
此别且入青苔下,静待大和诸岛花香四溢时
12月22日夜,东条走上绞刑架的十三级阶梯。23日0时一过,脚下活板随即弹开。

作出与东条同样的选择，显然他的枪法更准，正中心脏。杉山夫人得知丈夫死讯后，效法乃木希典夫人，跪在室内佛龛之前，饮下少许氰化物，伏倒在短刀之上。乃木希典是日俄战争中日军总司令①，因麾下部队死伤惨重，自裁谢罪。

    日方高层无法容忍胜利者操纵的审判。近卫公爵身为贵族，自尊心胜过常人，更视审判为奇耻大辱：与其站上法庭，他宁可一死了之。某次半开玩笑时，近卫对一名友人说道："我这人疏懒成性，或许很能适应无忧无虑的监狱生活。"过去三十年里，近卫出门从不带钱包，洗澡时也从未拧过一条湿浴巾，"但'战犯'这种耻辱的称呼，我永远也无法接受。"

    在近卫进入巢鸭监狱服刑前夜，近卫的小儿通隆②在父亲卧室仔细检查了一番，并未发现武器或毒药。就寝之前，通隆仍觉担心，便再次前往父亲卧室，父子二人纵论"日华事变"、日美谈判，以及近卫本人自觉对天皇与国民负有的沉重责任。通隆建议父亲把这些所思所感记录下来。手头没有笔墨，近卫便用铅笔书写，最后把手稿交给儿子，说道："用词不一定准确，但它表达的正是我此时此刻的感受。"

    通隆预感到这或许是父子二人在一起的最后一夜，说道："长久以来，孩儿只给父亲添些麻烦，未尽孝道，实在惭愧。"

    近卫没让儿子说下去，反问道："什么叫'尽孝道'？"说罢，便转过脸去。父子二人默默而坐。最后，通隆开口道："夜色已深，父亲还请就寝。"迟疑片刻，又问道："您是明天出发？"

    近卫默不作声，见通隆不肯移开恳求的目光，便也看向儿子。在通隆看来，父亲的眼神似乎是在说："还以为你我心有灵犀。事到如今，何出此言？"那表情带有一种"陌生，厌烦"的感觉，通隆此前从未见过，这也是他第一次感受到父亲的求死之志。

    "夜里您若需要什么，吩咐便是。"通隆说道，"孩儿就睡在隔壁。"

---

    ① 日俄战争中日本陆军总司令是大山岩，乃木是第三军司令。——译者注

    ② 近卫共有两子，长子文隆（此人在普林斯顿大学读书时绰号"布奇"）在伪满洲国被苏军俘虏，后来死于莫斯科附近一座战俘营。

通隆直到接近天亮时，才勉强入眠，却很快便被母亲呼天抢地的痛哭声吵醒。他打算起床，却一时站不起身，只是坐在床上，双目紧闭，浑身颤抖。待站起来后，通隆来到父亲卧室，见近卫平躺在床上，躯体舒展，仿佛是在沉睡，面容不带一丝痛苦的表情，他已离开人世。一个褐色的空药瓶摆在枕头旁边。

不少美方人士认为，日本名义上的至高领袖天皇，也应当与东条一道为战争负起最大责任。此时，甚至部分思想解放的日本媒体也站出来痛骂天皇，称其为好色之徒、战争贩子。也有队伍来到麦克阿瑟总部门前游行示威，呼吁废黜皇室。苏联方面，以及美、澳两国报界同样存在类似的呼声，但麦克阿瑟对上述一切意见都置之不理。把天皇推上审判席，将在日本全境引发游击战，从而使军政府成为长期状态。

麦克阿瑟的部下建议把天皇召至最高司令部，以此昭示权威。该建议未被采纳，麦克阿瑟决心对天皇以礼相待："把他召来，反倒会激起日本民众的同情心，使天皇在国民心中成为殉道者。如今等待是最好的选择，时机一到，天皇自会主动前来。此等情况下，意欲达成我方之目标，需要的不是西方人的急迫，而是东方人的耐心。"

事实证明，麦克阿瑟的直觉准确无误。东条自杀未遂的两星期后，天皇本人请求会见盟军最高司令。一辆老式豪华轿车在大使馆门前停下，在侍从长藤田的陪伴下，天皇身着燕尾服、条纹裤，头戴高礼帽，脚踏纽扣鞋，刚一下车，便看到费勒斯将军立正敬礼。天皇握住费勒斯的手，一名年轻的日方译员解释道：陛下见到将军很高兴。

"见到您十分荣幸。"费勒斯将军答道。"请进，麦克阿瑟将军正在等您。"天皇颇感拘谨，请费勒斯在前带路，进入大使馆，走上宽阔的楼梯，来到二楼麦克阿瑟的办公室。

为打消天皇的拘束感，麦克阿瑟提及往事称，日俄战争后，自己曾谒见过裕仁之父大正天皇，然后更是考虑周到地屏退左右，只留下那名译员。三人围绕炉火坐定，并没有发现有两个人影正躲在红色窗帘后面偷窥——那是将军的夫人与幼子亚瑟。麦克阿瑟递出一根美国香烟，天皇接过，称谢。将军点烟时，发现天皇的手在颤抖。

在天皇启程前往大使馆前，木户给他的最后一则建议是，不要为战争承担任何责任。然而此时，天皇的表态却恰恰相反："日本国民进行战争时，在政治、军事方面所作出的一切决定、一切行动，我皆负有完全责任。麦克阿瑟将军，我此来拜访，为的正是听取贵方所代表之各国对我作出的裁决。"

麦克阿瑟后来描述道，天皇那番话"感人肺腑。那一瞬间，我意识到，坐在我面前的天皇，除却那层生而有之的身份，作为个人，也是日本最高尚的绅士"。

2

第二次世界大战结束了，解决掉一些旧麻烦，却遗留了更多问题。为挣脱西方统治的枷锁，整个亚洲烽烟四起，反抗的战火带来阵痛。战争从全球冲突转变为零星的民族主义解放斗争。

令人感到讽刺的是，日本的战争目标之一正在逐渐成为现实。亚洲终于走上摆脱白人的道路：英国已失去缅甸，对印度的统治也持续减弱；而在荷属东印度群岛，战时支持日本的艾哈迈德·苏加诺与穆罕默德·哈达①领导的独立运动同样如火如荼。

中国则是另一种情况。共产党与西方控制的国民党原本便围绕最高权力进行着斗争。抗日战争结束后，由于财产遭受大规模破坏，加之资本流失，国民党工业停滞不前，物价相较1937年上涨2000多倍；而在外汇方面，日本投降一个月内，中国货币贬值超过70%。通货膨胀对中国的中产阶级是一场致命打击，同时也使得知识分子产生幻灭。重重困难之中，共产党主张土地改革，而国民党不愿这么做，自然无法满足人民的需求。尽管不知前路是好是坏——对普通大众而言，也不可能更坏——中国的唯一希望是毛泽东。

---

① 原文有误，"Hatti"当作"Hatta"。——译者注

在印度支那，土地改革同样是新政府的基石。战争期间，共产党员胡志明领导越盟（全称"越南独立同盟会"），在英、美的同情与支持下，与维希法国及日本作战，发展为该国最主要的民族主义运动。随着和平时期到来，享乐帝王保大帝宣布退位，越盟借鉴美国，发表《独立宣言》，建立越南共和国①。然而，战时曾承诺印度支那独立的美国，此时已悄然改变其政策。1945年8月24日，杜鲁门通知戴高乐将军称，他赞同把印度支那归还予法国。1946年1月，在共和国首届选举中，越盟赢得新议会的多数席位。然而，美军派遣运输舰运来法国本土的援军，与越南境内的法军里应外合，占领西贡，拥护保大帝复辟。不止越南，柬埔寨与老挝也建立起傀儡王朝，而美国对这些政权都一概予以承认。

美国支持法国殖民主义一事表明，美国领导人有意遵循英国那套陈腐的"苏伊士以东"政策，笃信亚洲人不知道什么对他们自身、对世界安全最为有利，因此只把民族自决的权利交给欧洲国家，而不给亚洲国家。美国依然没能意识到，自己的国家付出鲜血与财富，投入战争之中，为胜利作出贡献，但那其实是两场截然不同的战争：一场是对欧洲法西斯主义的反抗，另一场却是对亚洲人民意志的打压。美国的政策，无可挽回地决定着接下来二十年、三十年，甚至四十年的世界历史进程。

战争结束数个月后，一位满脸皱纹的老樵夫，背上扛着一捆高起的柴火，路过麦克阿瑟新总部所在的第一生命馆，驻足伫立。他先是朝着麦克阿瑟的军旗深鞠一躬，接着转过身来，朝着广场另一边的宫城同样鞠躬行礼。美国人从旁看着，只觉有趣，却也困惑，仿佛东方那种模棱两可的微妙逻辑，正在此人身上得到活灵活现的展示。日本人看到那樵夫，却很能理解：大道两侧，是今时今日的将军（shogun）与自古以来的永恒。对前者的权力，他彻底承认；对后者的存在，他更是尊崇。

---

① 越盟建立的是"越南民主共和国"（Democratic Republic of Vietnam），俗称"北越"；"越南共和国"（Republic of Vietnam）则是随后建立起的反共政权，俗称"南越"。——译者注